DA AUTONOMIA DOGMÁTICA
DO DIREITO DO TRABALHO

MARIA DO ROSÁRIO PALMA RAMALHO

DA AUTONOMIA DOGMÁTICA DO DIREITO DO TRABALHO

Dissertação de Doutoramento em Ciências Jurídicas apresentada na Faculdade de Direito da Universidade de Lisboa

ALMEDINA

TÍTULO:	DA AUTONOMIA DOGMÁTICA DO DIREITO DO TRABALHO
AUTOR:	MARIA DO ROSÁRIO PALMA RAMALHO
EDITOR:	LIVRARIA ALMEDINA – COIMBRA www.almedina.net
DISTRIBUIDORES:	LIVRARIA ALMEDINA ARCO DE ALMEDINA, 15 TELEF. 239 851900 FAX 239 851901 3004-509 COIMBRA – PORTUGAL LIVRARIA ALMEDINA – PORTO RUA DE CEUTA, 79 TELEF. 22 2059773 FAX 22 2039497 4050-191 PORTO – PORTUGAL EDIÇÕES GLOBO, LDA. RUA S. FILIPE NERY, 37-A (AO RATO) TELEF. 21 3857619 FAX 21 3844661 1250-225 LISBOA – PORTUGAL LIVRARIA ALMEDINA ATRIUM SALDANHA LOJA 31 PRAÇA DUQUE DE SALDANHA, 1 TELEF. 21 371269/0 atrium@almedina.net
EXECUÇÃO GRÁFICA:	G.C. – GRÁFICA DE COIMBRA, LDA. PALHEIRA – ASSAFARGE 3001-453 COIMBRA Email: producao@graficadecoimbra.pt SETEMBRO, 2000
DEPÓSITO LEGAL:	155461/00

Toda a reprodução desta obra, por fotocópia ou outro qualquer processo, sem prévia autorização escrita do Editor, é ilícita e passível de procedimento judicial contra o infractor.

Ao António

Às nossas filhas,
Maria Inês e Maria Leonor

AGRADECIMENTOS

Algumas pessoas e instituições contribuiram para tornar menos árdua a tarefa de preparação desta dissertação. Cumpre agradecer.

Agradeço ao Conselho Científico da Faculdade de Direito da Universidade de Lisboa os três anos de dispensa de serviço docente que me concedeu, criando assim as condições necessárias à elaboração do trabalho.

Agradeço ao Professor Doutor António Menezes Cordeiro por ter aceite o encargo de orientar a dissertação, pela disponibilização do seu tempo e de bibliografia e pela forma como me foi incentivando ao longo do desenvolvimento do trabalho, aliás como em fases anteriores do meu percurso académico na Faculdade de Direito de Lisboa.

Agradeço também ao Professor Doutor Pedro Romano Martinez, com quem tenho colaborado na Faculdade de Direito nos dois últimos anos, pela disponibilização de bibliografia e pela forma como soube compreender as dificuldades de conjugação desta tarefa com o cumprimento das obrigações docentes.

Das instituições científicas estrangeiras que visitei durante este tempo, cabe destacar o Institut für Arbeitsrecht und Arbeitsbeziehungen in der Europäischen Gemeinschaft, em Trier, e agradecer ao seu director, o Professor Doutor Rolf Birk, pela forma simpática como me acolheu, pelas esplêndidas condições de trabalho que me proporcionou e, em especial, por me ter permitido aceder, sem restrições, à completíssima biblioteca do Instituto, o que teve uma importância fundamental para a elaboração desta dissertação.

Na Faculdade de Direito de Lisboa e fora dela, bem como em Trier, agradeço ainda a todos os Mestres, Colegas e Amigos que, de uma forma ou de outra, me incentivaram a perseverar nesta tarefa e estiveram presentes num ou noutro momento da sua realização.

Por último, agradeço aos meus Pais, que me ensinaram a pensar e muito me encorajaram neste projecto, ao meu Marido, cujo apoio, compreensão e carinho foram imprescindíveis para o levar a cabo, e às nossas Filhas, pelas incontáveis horas de atenção e de presença da sua mãe que a elaboração desta obra lhes retirou.

Lisboa, Maio de 2000

ABREVIATURAS E OUTRAS INDICAÇÕES DE LEITURA

A) Abreviaturas

ABGB	— Allgemeines Bürgerliche Gesetzbuch (Áustria)
Ac.	— Acórdão
AcP	— Archiv für die civilistische Praxis (Heidelberg)
ACT	— Acordo Colectivo de Trabalho
AD	— Acórdãos Doutrinais do Supremo Tribunal Administrativo
AE	— Acordo de Empresa
AJ	— Actualidade Jurídica
AOG	— Arbeitsordnungsgesetz — Gesetz zur Ordnung der nationalen Arbeit (Alemanha)
AR	— Assembleia da República
ArbGeb	— Der Arbeitgeber — Zeitschrift das Bundesvereinigung der deutschen Arbeitgeberverbände (Düsseldorf)
ArbR	— Arbeitsrecht — Zeitschrift für das gesamte Dienstrecht der Arbeiter, Angestellten und Beamten (Stuttgart)
ArbuR	— Arbeit und Recht. Zeitschrift für Arbeitsrechtspraxis (Köln -Deutz)
Arch.Ph.Dr.	— Archives de philosophie du droit (Paris)
AuA	— Arbeit und Arbeitsrecht. Monatszeitschrift für die betriebliche Praxis (München)
BB	— Der Betriebs-Berater. Zeitschrift für Recht und Wirtschaft (Heidelberg)
BeschFG	— Beschäftigungsforderungsgesetz vom 26 April 1985, geändert durch Gesetz vom 26. Juli 1994 (Alemanha)
BetrVG	— Betriebsverfassungsgesetz vom 10.10.52, und vom 23. Dezember 1988 (Alemanha)
BFDUC	— Boletim da Faculdade de Direito da Universidade de Coimbra (Coimbra)
BGB	— Bürgerliches Gesetzbuch (Alemanha)
BIT	— Bureau International du Travail
BMJ	— Boletim do Ministério da Justiça
BrG	— Betriebsrätgesetz von 4. Februar 1920 (Alemanha)

BTE	— Boletim do Trabalho e do Emprego
Cass.	— Cassazione (Itália)
Cass.	— Cour de Cassation (França/Bélgica)
CC	— Código Civil
CCom	— Código Comercial
CCT	— Convenção Colectiva de Trabalho / Contrato Colectivo de Trabalho
Civitas	— Civitas, Revista Española de Derecho del Trabajo (Madrid)
CJ	— Colectânea de Jurisprudência
CJCE	— Cour de Justice des Communautées Europeénes (*vd* TJ)
Col.	— Colecção de Acórdãos do Supremo Tribunal Administrativo
Conv.	— Convenção Internacional
CP	— Código Penal
CPC	— Código de Processo Civil
CPT	— Código de Processo de Trabalho
CREF	— Código dos Processos Especiais de Recuperação da Empresa e de Falência
CRP	— Constituição da República Portuguesa
CSC	— Código das Sociedades Comerciais
CSE	— Carta Social Europeia
Dalloz	— Recueil périodique et critique de jurisprudence, de législation et de doctrine (Paris)
DAR	— Deutsches Arbeitsrecht (Darmstadt)
DB	— Der Betrieb. Wochenschrift für Betriebswirtschaft, Steuerrecht, Wirtschaftsrecht, Arbeitsrecht (Düsseldorf)
Dec.	— Decreto
DG	— Diário do Governo
DG (Ap.)	— Diário do Governo (Apêndice)
DH	— Dalloz Hebdomadaire (Paris)
DH (Chr.)	— Dalloz Hebdomadaire — Chroniques (Paris)
Dir.	— Directiva Comunitária
Dir.	— O Direito (Lisboa)
Dir.RI	— Diritto delle relazioni industriali (Itália)
DJ	— Direito e Justiça (Lisboa)
DL	— Decreto-Lei
DLav.	— Il Diritto del Lavoro. Rivista di dottrina e di giurisprudenza (Roma)
DLRI	— Giornale di diritto del lavoro e delle relazioni industriale (Milano)
DNorm.	— Despacho normativo
Doc.Lab.	— Documentación Laboral (Madrid)

DR	— Diário da República
DR (Ap.)	— Diário da República (Apêndice)
DReg.	— Decreto Regulamentar
Droits	— Droits — Revue Française de Théorie Juridique (Paris)
Dr.ouv.	— Le Droit ouvrier (Montreuil)
DRdA	— Das Recht der Arbeit (Wien)
DS	— Droit Social (Paris)
DUDH	— Declaração Universal dos Direitos do Homem
DuR	— Demokratie und Recht (Köln)
Enc.Dir.	— Enciclopedia del Diritto (Milano)
ESC	— Estudos Sociais e Corporativos (Lisboa)
ETN	— Estatuto do Trabalho Nacional
ETT	— Empresa de trabalho temporário
Fest.	— Festschrift
Festg.	— Festgabe
GG	— Grundgezetz von 23. mai 1949 (Alemanha)
ILJ	— Industrial Law Journal (London)
ILR	— International Labour Review (Genève) — *vd* RIT
IRCT	— Instrumento de Regulamentação Colectiva do Trabalho
JCP	— Jurisclasseur périodique (Paris)
JhJb	— Jehrings Jahrbücher. Jahrbücher für die Dogmatik des heutigen römischen und deutschen Privatsrecht (Jena)
JO	— Jornal Oficial das Comunidades Europeias
JTT	— Journal des Tribunaux du Travail (Bruxelles)
JuBl.	— Jüristische Blätter (Wien)
JuJ	— Juristen Jahrbuch (Alemanha)
JurW	— Juristische Wochenschrift (Berlin)
JuS	— Juristische Schulung. Zeitschrift für Studium und Ausbildung (München)
JZ	— Juristen Zeitung (Tübingen)
KJ	— Kritische Justiz (Baden-Baden)
L	— Lei
LAP	— Regime Jurídico das Associações Patronais
LAT	— Regime Jurídico dos Acidentes de Trabalho
Lav.80	— Lavoro 80 (Milano)
Lav.80/Quaderni	— Lavoro 80/Quaderni (Milano)
Lav.Dir.	— Lavoro e diritto (Bologna)
LC	— Lei Constitucional
LCCG	— Regime Jurídico das Cláusulas Contratuais Gerais
LCCT	— Regime Jurídico da Cessação do Contrato de Trabalho e do Trabalho a Termo
LComT	— Regime Jurídico das Comissões de Trabalhadores

LCT	— Regime Jurídico do Contrato de Trabalho
LD	— Lei dos Despedimentos
LDT	— Regime Jurídico da Duração do Trabalho
LFFF	— Regime Jurídico das Férias, Feriados e Faltas
LG	— Regime Jurídico da Greve
LRCT	— Regime Jurídico das Relações Colectivas de Trabalho
LS	— Regime Jurídico das Associações Sindicais
LSCT	— Regime Jurídico da Redução e da Suspensão do Contrato de Trabalho
LTS	— Regime Jurídico do Trabalho Suplementar
LTT	— Regime Jurídico do Trabalho Temporário
Mass.GL	— Massimario di Giurisprudenza del Lavoro (Roma)
MitbestG	— Mitbestimmungsgesetz vom 4.Mai 1976 und geändert durch Gesetz vom 28 Oktober 1994 (Alemanha)
NJW	— Neue Juristische Wochenschrift (München)
Noviss.DI	— Novissimo Digesto Italiano
NZA	— Neue Zeitschrift für Arbeitsrecht (München)
OIT	— Organização Internacional do Trabalho
Par.PGR	— Parecer da Procuradoria-Geral da República
PE	— Portaria de Extensão
PIDESC	— Pacto Internacional dos Direitos Económicos, Sociais e Culturais
Polis	— Polis — Enciclopédia Verbo da Sociedade e do Estado (Lisboa — S. Paulo)
Port.	— Portaria
PR	— Presidente da República
Pront.LT	— Prontuário de Legislação do Trabalho (Lisboa)
PRT	— Portaria de Regulamentação do Trabalho
QL	— Questões Laborais (Coimbra)
RC	— Tribunal da Relação de Coimbra
RdA	— Recht der Arbeit. Zeitschrift für die Wissenschaft und Praxis des gesamten Arbeitsrechts (München)
RDE	— Revista de Direito e Economia (Lisboa)
RDES	— Revista de Direito e Estudos Sociais (Lisboa)
Rec.	— Recomendação
Reg.	— Regulamento
Rel.Lab.	— Relaciones Laborales. Revista Critica de Teoria e Pratica (Madrid)
Res.	— Resolução
REv	— Tribunal da Relação de Évora
Rev.AAFDL	— Revista Jurídica da Associação Académica da Faculdade de Direito de Lisboa (Lisboa)

Rev.Banca	— Revista da Banca (Lisboa)
Rev.DS	— Revue de droit social (Bruxelles)
Rev.Trab.	— Revista de Trabajo (Madrid)
Rev.trim.dr.civ.	— Revue trimmestrielle de droit civil (Paris)
RFDUL	— Revista da Faculdade de Direito da Universidade de Lisboa
RIDL	— Rivista italiana di diritto del lavoro (Milano)
RIT	— Revue internationale du travail (Genève) — *vd* ILR
Riv.dir.civ.	— Rivista di diritto civile (Padova)
Riv.dir.comm.	— Rivista del Diritto Commerciale e del Industriale e Maritimo; Rivista del Diritto Commerciale e del Diritto Generale delle Obbligazione (Milano)
Riv.soc.	— Rivista delle società (Milano)
Riv.trim.DPC	— Rivista trimmestriale di diritto e procedura civile (Milano)
Riv.DL	— Rivista di diritto del lavoro (Milano)
Riv.GL	— Rivista giuridica del lavoro (Roma)
RLx	— Tribunal da Relação de Lisboa
RMP	— Revista do Ministério Público (Lisboa)
ROA	— Revista da Ordem dos Advogados (Lisboa)
RP	— Tribunal da Relação do Porto
SIv	— Scientia Ivridica (Braga)
Soc.	— Arrêt de la Chambre sociale de la Cour de Cassation (França)
ST	— Sociologie du Travail (Paris)
STA	— Supremo Tribunal Administrativo
STJ	— Supremo Tribunal de Justiça
TC	— Tribunal Constitucional
TJ	— Tribunal de Justiça das Comunidades Europeias
TVG	— Tarifvertragsgesetz
TvO	— Tarifvertragsordnung von 23. Dezember 1918 (Alem.)
Verbo	— Verbo — Enciclopédia Luso-Brasileira de Cultura (Lisboa)
WSI-Mitt	— WSI — Mitteillung. Monatszeitschriften des Wirtschafts- und Sozialwissenschaftlichen Instituts in der Hans-Böckler-Stiftung (Köln)
WV	— Weimarer Verfassung (Alemanha, 1918)
ZAS	— Zeitschrift für Arbeitsrecht und Sozialrecht (Wien)
ZfA	— Zeitschrift für Arbeitsrecht (Köln)
ZIAS	— Zeitschrift für ausländisches und internationales Arbeits -und Sozialrecht (Heidelberg)

ZRP — Zeitschrift für Rechtspolitik (München)
ZZP — Zeitschrift für Zivilprozeb (Köln-Berlin-Bonn-München)

B) Outras indicações de leitura

- Na primeira citação, as obras são identificadas pelo nome completo do autor, título integral (e, quando se trate de contributo para obra colectiva ou publicação periódica, autor coordenador e título da obra colectiva ou abreviatura da publicação em questão), volume, edição, local de publicação, data, e, tratando-se de contributos para obras colectivas ou publicações periódicas, a primeira e última páginas; nas citações seguintes, as obras são referidas pelo nome abreviado do autor e pela primeira ou primeiras palavras do título, quer se trate de monografias, manuais e comentários, artigos em publicações periódicas ou contributos para obras colectivas.
- Excepto nos casos em que se generalizaram outros critérios de citação, na referência de publicações periódicas são indicados, sucessivamente, o nome do periódico (em abreviatura), o ano, o número e as páginas.
- Em caso de utilização utilização de mais do que uma edição da mesma obra, só assinalamos em texto (em expoente) a edição indicada em segundo lugar no índice bibliográfico.
- De acordo com o critério que temos por melhor em obras desta natureza, as transcrições são sempre feitas na língua original.
- A utilização de itálicos em texto não se limita às palavras em língua estrangeira e a latinismos, mas pode servir também para destacar uma ideia ou uma expressão.
- As remissões para outros pontos do texto, feitas em nota de rodapé, indicam sucessivamente o parágrafo, o número arábico, o número romano e, se for o caso, o número da nota que se pretende.
- Tomámos em consideração a doutrina, a jurisprudência e outra documentação publicadas até Dezembro de 1999. Apenas a título excepcional são referidas obras posteriores.

PLANO DO TRABALHO

INTRODUÇÃO

§ 1º — Preliminares
§ 2º — A delimitação tradicional do direito do trabalho
§ 3º — O reposicionamento do problema: a delimitação unitária do direito do trabalho a partir do seu objecto nuclear — a prestação subordinada de trabalho
§ 4º — Autonomia sistemática e autonomia dogmática: os conceitos e a sua aplicação ao direito do trabalho
§ 5º — O problema da autonomia dogmática do direito do trabalho — posicionamento, premissas metodológicas e enunciado do plano da investigação
§ 6º — Conclusões do capítulo

PARTE I
ENQUADRAMENTO CLÁSSICO DO PROBLEMA DA AUTONOMIA DOGMÁTICA DO DIREITO DO TRABALHO

I
A AUTONOMIZAÇÃO SISTEMÁTICA DO DIREITO DO TRABALHO

§ 7º — A afirmação histórica dos fenómenos laborais e a construção sistemática do direito do trabalho
§ 8º — Conclusões do capítulo

II
DA AUTONOMIA SISTEMÁTICA À AUTONOMIA DOGMÁTICA DO DIREITO DO TRABALHO

§ 9º — O ambiente jurídico que rodeou a colocação do problema da autonomia dogmática do direito do trabalho e as perspectivas doutrinais de reflexão

§ 10° — O processo de autonomização dogmática do direito laboral: do civilismo ao laboralismo
§ 11° — Conclusões do capítulo

III
A AFIRMAÇÃO DA AUTONOMIA DOGMÁTICA
DO DIREITO LABORAL A PARTIR DA CONCEPÇÃO
COMUNITÁRIO-PESSOAL DA RELAÇÃO DE TRABALHO

§ 12° — A caracterização comunitário-pessoal da relação de trabalho: a projecção da ideia de pessoalidade nos deveres de lealdade e de assistência e a sua justificação na empresa como comunidade de trabalho
§ 13° — O fundamento dogmático da relação de trabalho como relação comunitário-pessoal: o contratualismo e o institucionalismo
§ 14° — As projecções dogmáticas imediatas da justificação da natureza comunitário-pessoal da relação de trabalho: as bases da autonomia dogmática do direito do trabalho
§ 15° — Conclusões do capítulo

IV
A EVOLUÇÃO DA APRECIAÇÃO DOUTRINAL DO PROBLEMA
DA AUTONOMIA DOGMÁTICA DO DIREITO DO TRABALHO

§ 16° — A evolução da justificação dogmática da relação individual de trabalho como relação comunitário-pessoal: o declínio do institucionalismo e o «retorno» ao contratualismo. A reconfiguração contratualista estrutural da relação de trabalho
§ 17° — O direito do trabalho como direito de protecção do trabalhador na relação de trabalho — princípios e características
§ 18° — Conclusões do capítulo

PARTE II
A CRISE DOGMÁTICA DO DIREITO DO TRABALHO

I
A NEGAÇÃO DA AUTONOMIA DOGMÁTICA DO DIREITO DO TRABALHO A PARTIR DA CRÍTICA À CONCEPÇÃO COMUNITÁRIO-PESSOAL DA RELAÇÃO LABORAL

§ 19º — A crítica às concepções comunitário-pessoais e a reconstrução civilista do contrato e da relação laboral
§ 20º — A apropriação civilista do princípio da protecção e das suas concretizações: a negação da autonomia dogmática do direito do trabalho
§ 21º — Conclusões do capítulo

II
A DIMENSÃO SISTEMÁTICA DA CRISE: A SITUAÇÃO ACTUAL DO DIREITO LABORAL

§ 22º — O enquadramento sócio-económico e as manifestações da crise sistemática do direito laboral
§ 23º — A dimensão global da crise do direito do trabalho e a urgência da recolocação do problema da autonomia dogmática
§ 24º — Conclusões do capítulo

PARTE III
O REPOSICIONAMENTO DO PROBLEMA DA AUTONOMIA DOGMÁTICA DO DIREITO DO TRABALHO

I
OS ALICERCES ESTRUTURAIS DA CONSTRUÇÃO DOGMÁTICA AUTÓNOMA DO DIREITO DO TRABALHO: A SINGULARIDADE DOS PRINCIPAIS INSTITUTOS LABORAIS

§ 25º — A singularidade do contrato de trabalho e do vínculo laboral: a relação de trabalho e a relação de emprego
§ 26º — A singularidade das convenções colectivas de trabalho e da autonomia colectiva

§ 27º — A singularidade do direito de greve
§ 28º — Conclusões do capítulo

II
OS ALICERCES SISTEMÁTICOS DA CONSTRUÇÃO DOGMÁTICA AUTÓNOMA DO DIREITO DO TRABALHO

§ 29º — A dimensão colectiva integral do direito do trabalho
§ 30º — As especificidades do direito do trabalho na construção e na aplicação das suas normas e na tutela dos seus interesses: a maturidade do direito laboral enquanto área jurídica
§ 31º — Conclusões do capítulo

III
O RECONHECIMENTO DA AUTONOMIA DOGMÁTICA DO DIREITO DO TRABALHO: OS PRINCÍPIOS GERAIS DO DIREITO LABORAL

§ 32º — A inevitabilidade do reconhecimento da autonomia dogmática do direito do trabalho português
§ 33º — Os princípios próprios do direito do trabalho contemporâneo
§ 34º — As projecções e os limites da autonomia dogmática do direito laboral: a relação do direito do trabalho com o direito civil
§ 35º — Conclusões do capítulo

Teses

INTRODUÇÃO

§ 1º — Preliminares

I. O problema da autonomia dogmática do direito laboral pode enunciar-se através de uma interrogação fundamental: qual é, na nossa ordem jurídica, o estado actual de maturação do direito do trabalho, entendido como complexo de normas jurídicas reguladoras dos fenómenos laborais individuais e colectivos? Corresponde tal estado de maturação a um quadro normativo coerente e informado por princípios próprios, susceptíveis de justificar o reconhecimento da sua autonomia científica? Ou, pelo contrário, não é hoje o direito do trabalho, como alguns afirmam, apenas um conjunto de normas especiais, desviantes das normas civis por razões regimentais, mas, porque não correspondentes a valorações materiais específicas, reconduzíveis aos princípios gerais informadores do direito privado comum?

Este é, de uma forma simples, o enunciado do problema que nos propomos analisar nesta investigação. Mas a esta análise subjaz uma opção de fundo que, não sendo — nem podendo ser sob pena de ter a investigação um outro tema — objecto de discussão, se apresenta como um pressuposto sem o qual este trabalho não faria sentido: a convicção da utilidade da colocação, no estádio actual do pensamento jurídico, de uma questão dogmática de fundo sobre um ramo jurídico. Ao contrário do que é opinião divulgada em alguns sectores da doutrina, cremos termos o pensamento e as construções dogmáticas um interesse renovado na actual época jurídica. E, se assim entendemos em tese geral, de uma forma mais vigorosa o sustentamos relativamente a áreas jurídicas em torno das quais se não suscitaram movimentos de pensamento minimamente consensuais ou áreas em crise, como se diz ser o caso do direito do trabalho — como observa BYDLINSKI[1], se em épocas jurídicas

---

[1] Franz BYDLINSKI, *Gedanken über Rechtsdogmatik, in Arbeitsrecht und soziale Grundrechte,* Fest. Floretta, Wien, 1983, 3-15 (4 s).

pacíficas as reflexões dogmáticas podem ser consideradas despiciendas, elas constituem um recurso da maior valia em épocas de instabilidade do pensamento jurídico. É pois assumindo esta posição de princípio que nos arriscamos a apresentar a nossa própria reflexão sobre o estádio de maturação do direito do trabalho português.

Importa, contudo, frisar que não é intenção deste estudo discutir opções metodológicas de fundo, ou dilucidar o conteúdo de conceitos gerais determinantes, como os conceitos de sistema jurídico e de dogmática jurídica, de autonomia e de princípios jurídicos. Não sendo esta uma investigação das áreas da metodologia jurídica ou da teoria geral do direito, mas sim um estudo de incidência dogmática e de índole prática, a situar no âmbito do direito privado, limitamo-nos a apresentar o entendimento perfilhado dos conceitos metodológicos que reputamos nucleares para a abordagem do problema que nos ocupa, com o objectivo, voluntariamente limitado, de delimitar claramente o objectivo e o percurso da investigação. É pois com este sentido de instrumentalidade que deverão ser entendidas todas as referências metodológicas de ordem geral que formos fazendo ao longo do estudo.

Finalmente, cabe referir que não é pretensão deste estudo discutir o problema da função e do posicionamento actuais do direito laboral em termos genéricos mas apenas no âmbito do sistema jurídico nacional. Esta nossa opção decorre da incidência dogmática da pesquisa, que obriga a um apoio directo e recorrente da investigação no complexo normativo. Sendo este a instância final de validação das construções dogmáticas[2], não só a utilidade das contribuições de direito estrangeiro depende da sua compatibilidade com o nosso ordenamento, como não se nos afigura admissível a extrapolação das reflexões dogmáticas a que formos procedendo para outros sistemas. Este é pois um estudo de direito português e como tal se assume.

II. O direito do trabalho é usualmente qualificado como um dos mais jovens — e, para muitos, ainda imaturo — ramos jurídicos, sobretudo se comparado com a tradição milenar das áreas clássicas do direito privado. A sua origem é quase unanimemente fixada pela doutrina no final do século XIX e é corrente a sua caracterização como produto da Revolução Industrial e da massificação de processos produtivos que lhe

---

[2] BYDLINSKI, *Gedanken über Rechtsdogmatik* cit.

correspondeu³. Não obstante esta juventude, o direito do trabalho teve um percurso que não pode deixar de considerar-se espectacular, se atendermos à proliferação de normas laborais («*di formazione alluvionale*» na expressão de GIUGNI⁴) e ao desenvolvimento das áreas regulativas em que hoje se desdobra, em tão curto lapso de tempo. Uma breve digressão histórica pelos sistemas jurídicos europeus continentais permite observar a rapidez com que se evoluiu de menções legais tão sucintas a esta matéria nos códigos civis de oitocentos — assim, os dois artigos do *Code de Napoléon* sobre o *louage de gens de travail*, como modalidade do *louage de services* (arts. 1780° e 1781°), o segundo dos quais foi depois revogado pela *L. 2 août 1868*, a referência do *Codice civile* italiano de 1865 à prestação subordinada de trabalho como modalidade da locação de obra (art. 1570°), as referências sucintas do nosso Código de Seabra ao *serviço salariado*, em paralelo com a regulamentação minuciosa do *contrato de serviço doméstico* (dedicando apenas cinco artigos ao primeiro e vinte ao segundo — respectivamente arts. 1391° a 1395° e arts. 1370° a 1390°) — e que são, apesar de tudo, inovadoras na separação da figura em relação à sua âncora histórica na *locatio conductio* do direito romano, que as nossas Ordenações Filipinas tinham traduzido no contrato de locação-condução (Livro IV, Títulos 23 a 35 e 45)⁵ —, bem como o facto, que causa ainda maior surpresa pela época histórica mais recente em que ocorre, de o BGB não considerar de forma autónoma o contrato de trabalho, dedicando apenas algumas normas ao dever de protecção do empregador no *Dienstvertrag* (§§ 618 e 619) —, até ao emaranhado de regras que hoje constitui o normativo laboral destes sistemas, disseminado por múltiplas fontes, de grau hierárquico diverso e de harmonização difícil. Versando sobre fenómenos tão diferentes como o contrato e a relação de trabalho, as con-

---

³ *Infra*, § 7°, 12.
⁴ Gino GIUGNI, *Il diritto del lavoro negli anni '80*, DLRI, 1982, 373-409 (405); idem in Prospettive del diritto del lavoro per gli anni '80 — *Atti del VII Congresso Nazionale di diritto del lavoro, Bari, 23-25 aprile 1982*, Milano, 1983, 3-42.
⁵ Como é sabido, este contrato desdobrava-se nas figuras da locação de coisas e da locação de obras, e estas últimas podiam ser ajustadas ao tempo, pelo que nelas é incluído o serviço de criados e o contrato com oficiais e jornaleiros — sobre este ponto, por todos, M. A. Coelho da ROCHA, *Instituições de Direito Civil Portuguez*, 4ª ed., II, Coimbra, 1857, 666 ss., e José Pinto LOUREIRO, *Tratado da Locação*, I, Coimbra, 1946, 42 s.

venções colectivas e a greve, os sindicatos ou os comités de empresa, o sistema laboral da maioria dos países europeus — incluindo Portugal — tem hoje um âmbito tão alargado e abarca um conjunto tão diversificado de temáticas que acabou até por tornar usual a discutível opção pedagógica de divisão do conteúdo deste ramo jurídico nas impropriamente chamadas áreas do *direito do trabalho colectivo* e do *direito do trabalho individual*[6].

Poderia justificar-se a rapidez desta evolução com a velocidade de difusão do próprio fenómeno do trabalho subordinado livre desde meados de oitocentos — como já referia PERREAU[7] no início do século XX, o contrato de trabalho é talvez o contrato mais frequente e certamente o mais importante da era contemporânea, e, como mais recentemente afirmou HRODMAKA[8], se o século XIX foi o século dos trabalhadores independentes e da afirmação do direito comercial, o século XX virá certamente a ser classificado como o século dos trabalhadores subordinados. Mas basta uma apreciação superficial da evolução normativa para constatar a impossibilidade de a justificar apenas com o argumento estatístico do elevado número de contratos de trabalho. É que da regulação de (mais) um negócio jurídico, que, mesmo quando não directamente previsto na lei civil, poderia aí encontrar enquadramento por recurso a conceitos e a institutos gerais, se passou à regulação de um conjunto de fenómenos estranhos ao direito civil, bem como à admissibilidade de entidades e de procedimentos desconhecidos do direito comum. A relação jurídica singular entre trabalhador e empregador com vista à prestação de uma actividade laborativa subordinada passou a ser enquadrada por uma panóplia de entidades e de institutos jurídicos de cariz colectivo (como os sindicatos e as comissões de trabalhadores, os instrumentos de regulamentação colectiva de trabalho e a greve), com uma influência directa — por vezes até contra a vontade explícita das partes — no seu conteúdo e no seu desenvolvimento. Parece pois difícil de justificar no simples crescimento exponencial da prestação subordinada de trabalho livre a partir da industrialização o desenvolvimento de todo um complexo de regras jurídicas que vão muito para além da sua dimensão relacional individual.

---

[6] *Infra*, § 2º, 2.

[7] C. PERREAU, prefaciando a obra de Alexis MARTINI, *La notion du contrat de travail — Étude jurisprudentielle, doctrinale et législative*, Paris, 1912, I.

[8] Wolfgang HRODMAKA, *Arbeitsordnung und Arbeitsverfassung*, ZfA, 1979, 203-218 (214 s.).

III. À pluralidade e diversidade de conteúdos normativos em que se analisa o direito do trabalho não correspondeu, no entanto, uma afirmação de princípios diferenciados claros, inspiradores das normas laborais e da evolução global do direito positivo. Se a autonomização sistemática do direito do trabalho acabou por se impor — pela necessidade de considerar conjugadamente os inúmeros diplomas que, de uma forma mais ou menos caótica e a uma velocidade surpreendente, a fenomenologia laboral ia despoletando —, se a autonomia jurisdicional se tornou uma realidade na maioria dos sistemas e até a autonomia pedagógica acabou, mais cedo ou mais tarde, por lograr vencimento[9], o certo que é que não só qualquer esforço de afirmação dogmática do direito do trabalho mereceu durante décadas uma postura de desconfiança por parte da maioria da doutrina[10], como, mesmo quando foi tentado, o foi, no nosso entender, de um modo parcelar[11]. Em lugar de se procurar obter uma visão de conjunto dos vários fenómenos ligados ao trabalho subordinado e, a partir dessa perspectiva, inquirir pelos princípios orientadores das normas que os regulam, analisou-se o problema do posicionamento dogmático do direito laboral estritamente na óptica da relação de trabalho e do contrato de trabalho, procurando encontrar uma explicação para as especificidades desta relação e deste contrato no quadro dos negócios e das situações jurídicas obrigacionais. É nesta óptica que se caracteriza a relação de trabalho como uma relação pessoal e de comunidade (conceitos aparentemente inconciliáveis com a fisionomia patrimonial e de escambo das relações obrigacionais), e, em consequência, que se enfatizam os deveres não exclusivamente patrimoniais das partes, como os deveres de lealdade e de assistência (supostamente mais intensos aqui do que numa simples relação obrigacional de troca); e é também nesta perspectiva que se procura justificar a posição subordinada que o trabalhador ocupa no vínculo laboral apesar de natureza privada, logo igualitária, que lhe é reconhecida[12].

A discussão tradicional em torno do problema da autonomia dogmática do direito do trabalho é pois uma discussão sobre a natureza de apenas um dos seus fenómenos e, mesmo assim, estritamente focalizada na sua dimensão relacional individual: a prestação subordinada de

---

[9] *Infra*, § 7º, 14.
[10] *Infra*, § 9º, 16. e 17.
[11] *Infra*, § 9º, 17.
[12] *Infra*, § 10º, 20. e 21. e §§ 12º e 13º.

trabalho e o negócio jurídico que a enquadra — o contrato de trabalho; e o esforço de autonomização do direito do trabalho é usualmente reconduzido pela doutrina a um movimento de *emancipação* (é o termo corrente em grande parte da literatura jurídica que se ocupa do problema[13]) da situação laboral e do contrato de trabalho em relação ao seu berço civil e à sua caracterização obrigacional originária[14]. É a partir desta discussão e nesta perspectiva que os defensores do posicionamento autónomo do direito do trabalho na ordem jurídica alinham os seus argumentos em favor da autonomia e enunciam os valores fundamentais da área jurídica; assim como é nesta mesma perspectiva que os argumentos autonómicos são contestados por aqueles que subscrevem a integração dogmática do direito laboral no direito civil.

IV. Tendo por objecto uma situação jurídica com um forte envolvimento pessoal do trabalhador e implicando a sua integração numa organização predisposta pelo credor-empregador, o direito do trabalho não deixa de ser integrado na ordem jurídica privada (pela natureza privada da situação jurídica a que se reporta), mas é usualmente caracterizado como um direito especial, por ser dominado por regras de autoridade e obediência que constituem um desvio em relação ao princípio geral de igualdade que domina o direito privado. O binómio autoridade-obe-

---

[13] Recorrendo a esta terminologia, por exemplo, António da Rocha Menezes CORDEIRO, *Da situação jurídica laboral: perspectivas dogmáticas do direito do trabalho*, ROA, 1982, 89-149 (97 ss.) e *Manual de Direito do Trabalho*, Coimbra, 1991 (reprint 1999), 90; Theo MAYER-MALY, *Ausgewählte Schriften zum Arbeitsrecht*, Wien, 1991, 11 s.

[14] Ainda que compreensível, já que a afirmação autónoma do direito do trabalho significou, na sua génese, a separação do direito civil, não podemos deixar de observar como esta ideia de *emancipação* é, logo do ponto de vista linguístico, reveladora de uma postura de menor confiança da doutrina na abordagem deste problema. De forma implícita, a recondução do processo de afirmação do direito do trabalho a um movimento de emancipação remete a área jurídica para um estatuto de incapacidade ou de menoridade, e não apenas para um estatuto diferente do direito civil. A verdade é que, ao longo do seu desenvolvimento, o direito do trabalho sempre mostrou dificuldades em se libertar do estigma de menoridade que lhe é imputado pela doutrina civilista — como refere Gino GIUGNI, *Direito do trabalho*, RDES, 1986, 3, 305-365 (309 s.), o direito do trabalho é encarado como um «*droit enfant*» do direito civil; e, em sentido idêntico, Laura CASTELVETRI, *Le origini dottrinale del diritto del lavoro*, Riv.trim.DPC, 1987, I, 246-286 (285 s.), fala na «*collonizazzione [civile] del diritto del lavoro*».

diência é justificado, com diversas variantes, pelas necessidades de organização do trabalho e da comunidade empresarial e manifesta-se na situação de subordinação do prestador do trabalho, por um lado, e nos poderes laborais de direcção e disciplina do empregador, por outro[15]. Paralelamente, a admissibilidade da subordinação do prestador do trabalho ao empregador determina o surgimento de um outro princípio, de carácter compensatório, que se vai configurar como ideia-força norteadora do desenvolvimento do direito do trabalho na sua globalidade — o princípio da protecção do trabalhador[16].

Este princípio tem manifestações aos mais variados níveis. É ele que explica a presunção geral de imperatividade das normas laborais, o âmbito alargado dos deveres assistenciais do empregador, o apoio ao trabalhador em situações de risco social ou por força das vicissitudes inerentes ao desenvolvimento da relação de trabalho. As tradicionais garantias do trabalhador — como a inamovibilidade, a irredutibilidade salarial ou a reserva da vida privada, a protecção contra o despedimento sem justa causa ou sem aviso prévio — são encaradas como manifestações do princípio geral de protecção. Os próprios institutos e fenómenos do denominado direito do trabalho colectivo (sindicalismo, negociação colectiva e conflitos laborais colectivos) são justificados por arrastamento, como vias para assegurar a compensação da posição de inferioridade do trabalhador no negócio laboral, e sem qualquer indagação autónoma sobre a sua natureza e razão de ser.

A configuração de todo o edifício normativo laboral e a afirmação da autonomia dogmática do direito do trabalho, quando admitida, estão assim tradicionalmente alicerçadas nesta constatação simples: o trabalhador encontra-se, pela natureza da sua prestação e pela forma de organização do processo produtivo, numa posição de subordinação e, porque esta é uma situação singular numa relação negocial de direito privado, tem que ser compensada através da adequada protecção.

O direito do trabalho perfila-se assim como a área jurídica predestinada à protecção do trabalhador subordinado. O seu objectivo é assegurar que o desnível entre devedor e credor do trabalho não se acentue (mas também que não cesse, porque é sobre esse desnível que

---

[15] Infra, § 10º, 21. e §§ 12º e 13º.
[16] Infra, § 17º, 34. e 35.

assenta a estrutura do processo produtivo moderno[17]), o que faz melhorando progressivamente a situação do trabalhador, ao mesmo tempo que procura assegurar que o regime de protecção que vai desenvolvendo abranja um número cada vez maior de trabalhadores. No objectivo proteccionista que assume desde o início, o direito do trabalho prossegue uma dupla meta: a meta da progressividade irredutível[18], revelada na ideia de que a evolução do sistema jurídico laboral só pode ser feita num sentido mais favorável aos trabalhadores, que compense a sua «hiposuficiência»[19]; e a meta da universalização da protecção, que seria atingida quando todos os trabalhadores subordinados fossem abrangidos pela plenitude das garantias laborais.

V. O objectivo proteccionista na prossecução das suas metas da progressividade irredutível e da universalização constituiu o fio condutor do desenvolvimento do direito do trabalho até às décadas de sessenta e setenta. O sistema laboral tornou-se complexo e nos países europeus continentais a lei levou ao máximo o seu papel regulador e tutelar aos vários níveis da produção legislativa. Diversas Constituições dispõem em matéria laboral (por vezes mesmo através de normas de natureza imperativa e de aplicação directa), o direito internacional geral e o direito comunitário produzem normas laborais e, ao nível do direito interno ordinário, a lei regula esta matéria com um elevado grau de minúcia[20].

---

[17] Neste sentido, faz notar Wolfgang GAST, *Arbeitsrecht und Abhängigkeit*, BB, 1993, 1, 66-69 (67), que este objectivo tradicionalmente reconhecido ao direito do trabalho revela uma certa ambiguidade, porque, ao mesmo tempo que se salvaguarda o trabalhador de algumas consequências da dependência, não deixa de se confirmar essa mesma dependência.

[18] Não confundimos esta característica da *progressividade* do direito laboral (referida ao objectivo de melhoria global e constante do estatuto do trabalhador subordinado) com a característica do *progressismo*, também classicamente apontada ao direito do trabalho para reforçar a sua delimitação do direito comum — *infra*, § 2º, 1.2.II. e quanto às duas metas do princípio da protecção, § 17º, 36.

[19] A expressão é de Alfredo Montoya MELGAR, *Derecho del Trabajo*, 16ª ed., Madrid, 1995, 217.

[20] Como é sabido, no sistema jurídico português esta extensão e esta minúcia regulativas verificam-se até ao nível constitucional, por exemplo no que se refere às comissões de trabalhadores — o carácter regulamentar de algumas das normas do texto constitucional de 1976 só foi aliás atenuado progressivamente com as sucessivas revisões da CRP.

Paralelamente, fontes normativas especificamente laborais, como os instrumentos de regulamentação colectiva, os regulamentos e usos empresariais, contêm uma infinidade de disposições que contribuem para a complexidade do sistema, que mais não seja pela necessidade de operar a sua conjugação com as fontes comuns[21].

Não obstante esta complexidade, o sistema parece ter funcionado durante algum tempo de forma mais ou menos satisfatória em relação à prossecução do seu valor fundamental da protecção do trabalhador. A situação jurídica dos trabalhadores subordinados melhorou de forma inequívoca e as suas garantias foram progressivamente reforçadas, tanto ao nível do contrato de trabalho como através das instituições e dos mecanismos laborais colectivos. O sucesso do sistema evidenciou-se até nas diversas extrapolações de técnicas desenvolvidas no seu seio para outras áreas do direito privado — nomeadamente para o direito civil — e na influência mais ou menos explícita que teve em áreas do direito público, como o direito constitucional ou o direito administrativo[22].

Nas últimas duas décadas, esta situação mostra, contudo, sinais de inversão, tanto no que se refere ao valor fundamental da protecção e aos inerentes conteúdos regulativos, como no que se reporta ao posicionamento do sistema na constelação jurídica global. O direito do trabalho parece ter dificuldade em resistir ao impacto de dois factores: o impacto das alterações económicas conjunturais e estruturais dos últimos anos; e o impacto da própria evolução do direito civil.

VI. O factor económico exerce uma profunda influência no direito do trabalho[23]. Constata-se, porém, que muitas soluções encontradas pelas leis laborais não têm em conta as respectivas implicações económicas e que as ponderações de ordem económica são raras no discurso dos juslaboralistas.

Apesar da ausência de uma reflexão global em matéria económica, é forçoso reconhecer que o direito do trabalho desenvolveu o seu objec-

---

[21] *Infra*, § 30º, 66. e 67.
[22] *Infra*, § 17º, 36.
[23] Não terá sido por acaso que os primeiros institutos especializados em matéria laboral surgiram nas escolas económicas (Ulrich PREIS, *Perspektiven der Arbeitsrechtswissenschaft*, RdA, 1955, 6, 333-343 (333 s.) e que alguns dos primeiros teóricos do direito do trabalho tiveram formação económica.

tivo proteccionista num quadro económico de certo tipo e com uma determinada perspectiva de evolução — uma economia de tipo industrial clássico, baseada em médias ou grandes unidades produtivas, com uma organização hierárquica complexa, envolvendo uma clara distribuição de funções e ocupando trabalhadores a tempo integral; e uma economia em situação de expansão, logo, capaz de sustentar as pretensões de melhoria progressiva mas irredutível da qualidade de vida dos elementos nela intervenientes[24]. Ora, como é sabido, este quadro económico evoluiu profundamente nas duas últimas décadas, evolução esta que passou pela alteração de processos produtivos e de técnicas de gestão, pelo progresso tecnológico acelerado e pela estagnação do mercado de emprego.

Estas alterações tiveram repercussões imediatas no domínio laboral, pondo em causa a configuração tradicional da relação de trabalho e a pretensão de universalidade do sistema protectivo. Por um lado, desenvolveram-se novas formas de organização do trabalho que poucas afinidades têm com a sua estrutura clássica, hierarquizada e compartimentada (constituição de pequenas sub-unidades produtivas horizontais, trabalho em grupo, pluralidade e rotatividade de funções e *job sharing*). Por outro lado, proliferaram relações de trabalho marginais, que a doutrina apelida usualmente mas sem grande rigor de «atípicas» por não corresponderem ao modelo tradicional do trabalho a tempo inteiro, com integração plena na estrutura empresarial do credor/empregador; algumas destas situações são totalmente novas (como o trabalho temporário ou o trabalho por chamada), enquanto outras já existiam (como o trabalho no domicílio, o trabalho a termo ou o trabalho a tempo parcial), mas a sua frequência aumentou de tal modo que se torna obrigatório perguntar se a relação de trabalho clássica ou «típica» não terá perdido a sua posição dominante no sistema[25].

Independentemente das causas desta evolução (os economistas e os empresários não hesitam, aliás, em considerar a rigidez e o garantismo das normas laborais como um dos seus directos responsáveis), o facto é que ela obrigou a equacionar pela primeira vez matérias tradicionalmente ausentes do discurso doutrinal e não ponderadas pelas soluções normativas, acabando por conduzir a maioria dos sistemas jurídicos à

---

[24] *Infra*, § 22°, 48.1.
[25] *Infra*, § 22°, 48.2.

adopção de medidas pragmáticas e utilitárias de adaptação das suas normas a um novo contexto económico.

Se atentarmos nos tópicos de reflexão que, nos últimos anos, têm sido desenvolvidos pela doutrina laboral (mais cedo nos países economicamente mais avançados e mais tarde nos restantes), verificamos a intensidade com que são agora referidos problemas como os custos do trabalho, o efeito perverso do estatuto de protecção dos trabalhadores (nomeadamente em matéria de despedimento) no mercado de emprego, os efeitos negativos das garantias clássicas da inamovibilidade espacial e funcional na gestão das empresas, ou o aumento das situações de trabalho falsamente independente e do trabalho negro ou clandestino[26] como vias de fuga à rigidez do sistema laboral. Os temas clássicos do direito do trabalho são pela primeira vez objecto de uma abordagem crítica: em lugar da universalização do estatuto de protecção do trabalhador fala-se em diferenciação de categorias e estatutos profissionais, em lugar do progresso do estatuto protectivo dos trabalhadores refere-se a necessidade de flexibilização do sistema e admite-se algum retrocesso nos direitos já obtidos, em lugar da defesa da imperatividade das normas laborais fala-se em desregulamentação, afirmando-se a necessidade de incremento da autonomia das partes na celebração e na execução do contrato de trabalho e reconhecendo-se a aptidão renovada do direito civil para regular as pretensas especificidades da relação laboral[27] [28].

Ao mesmo tempo, o sistema normativo vai sendo obrigado a enquadrar novas formas de prestação de trabalho subordinado e vai admi-

---

[26] Sobre estas designações destes dois fenómenos *vd*, entre muitos outros, Robert DELOROZOY, *Le travail clandestin*, DS, 1981, 7/8, 580-596, Hélène RAULINE, *Le travail illégal*, DS, 1994, 2, 123-126, ou Hans-Jörgen EINEM, *Abhängige Selbständigkeit — Handlungsbedarf für den Gesetzgeber?*, BB, 1994, 1, 60-64.

[27] A importância que a doutrina laboral tem concedido nos últimos anos a estas temáticas é ilustrada até pela frequência de iniciativas de reflexão conjunta sobre estes problemas, promovidas em diversos países e dando origem a obras colectivas sobre estas matérias — por exemplo, *Prospettive del diritto del lavoro per gli anni'80 — Atti del VII Congresso Nazionale di Diritto del Lavoro, Bari, 23-25 Aprile 1982*, Milano, 1983; *Flexibilisierung des Arbeitsrechts — eine europäische Herausforderung — Kolloquium vom 19. bis 21. Februar 1987, Trier*, ZIAS, 1987, 221-407; e, entre nós, *Temas de Direito do Trabalho — Direito do Trabalho na Crise. Poder Empresarial. Greves Atípicas — IV Jornadas Luso-Hispano-Brasileiras de Direito do Trabalho*, Coimbra, 1990.

[28] *Infra*, § 22º, 49.

tindo algum aligeiramento no estatuto laboral protectivo: sob o espectro da crise económica e do desemprego, o trabalho a termo tende a ser incrementado, assim como o trabalho temporário, são previstas novas modalidades de contrato de trabalho para o desempenho de determinadas funções, os requisitos para a mobilidade do trabalhador tendem a ser aligeirados e é admitido algum retrocesso na protecção contra o despedimento — é o chamado «direito do trabalho da emergência»[29].

Mesmo que inevitáveis, estas tentativas de resposta do sistema laboral aos desafios colocados pela evolução económica são difíceis de compaginar com os valores tradicionais de progressividade e universalização da protecção que nortearam o desenvolvimento do direito do trabalho. Em contradição com o seu objectivo inicial e nuclear, não só se assiste a um retrocesso nos níveis de protecção, como se torna cada vez menor o universo de trabalhadores subordinados que gozam de um estatuto protectivo pleno — o sistema laboral apresenta assim uma fractura interna entre os denominados «trabalhadores típicos» e os «trabalhadores atípicos», que não tem deixado de se intensificar.

VII. Por outro lado, também a evolução do direito privado comum e, designadamente, o aperfeiçoamento de novos institutos civis gerais contribuem para aumentar as interrogações sobre o lugar do direito do trabalho na ordem jurídica global. Afirmado por oposição ao direito civil e com base nas especificidades do contrato de trabalho e da situação jurídica laboral, que decorrem da posição não igualitária das partes e do inerente objectivo proteccionista, o direito do trabalho perde muito do seu «particularismo»[30] a partir do momento em que, no seio do próprio direito civil, o dogma da igualdade dos entes jurídicos privados é questionado e, mais ainda, quando o sistema civil prevê e aperfeiçoa,

---

[29] A expressão foi difundida sobretudo pela doutrina italiana (por todos, neste sentido, Giuseppe PERA, *Compendio di Diritto del lavoro*, 4ª ed., Milano, 1997, 14), mas é utilizada também entre nós por autores como Mário F. C. PINTO, *A função do direito do trabalho e a crise actual*, RDES, 1986, 1, 33-63 (46), ou António de Lemos Monteiro FERNANDES, *Direito do Trabalho*, 11ª ed., Coimbra, 1999, 42. Sobre esta evolução recente dos sistemas laborais, *infra*, § 22º, 49.

[30] A expressão é de Paul DURAND, *Le particularisme du droit du travail*, DS, 1945, 8, 298-303.

ele próprio, mecanismos capazes de, em concreto, proteger a parte mais fraca dos negócios jurídicos em nome de valores de igualdade substancial e não meramente formal das pessoas jurídicas. Independentemente de se aceitar que, em casos não pouco significativos, esta evolução do direito civil foi desencadeada por situações ocorridas no domínio laboral (e alguma doutrina não hesita hoje em o admitir), o certo é que, em resultado de tal evolução, as especificidades da relação e do contrato de trabalho se tornam menos salientes e o direito civil renova a sua aptidão para resolver os problemas que tais especificidades colocam. Dirão então os defensores da recondução do direito do trabalho ao direito privado comum que as particularidades tradicionalmente reconhecidas àquela área jurídica ou já não existem, porque entretanto o direito civil as acolheu e regulou, ou correspondem a problemas de carácter geral, logo devem ser resolvidas em sede de teoria geral do direito civil ou de teoria das obrigações[31].

VIII. Nesta conjuntura, é óbvia a constatação de que o direito do trabalho se encontra actualmente num momento crucial da sua existência: o ponto de partida da desigualdade das partes no negócio laboral é assumido como uma entre outras manifestações de uma hipótese geral do direito comum, perdendo a singularidade que classicamente lhe era reconhecida e que permitiu o desenvolvimento sistemático autónomo da área jurídica; e o dogma do objectivo proteccionista, que orientou esse desenvolvimento nas duas metas da progressividade e da universalidade, e que justificou historicamente o reconhecimento da autonomia dogmática, é posto em causa por razões económicas e jurídicas.

A conjugação dos factores económico e jurídico determinou aquilo a que a doutrina dominante chama «a crise do direito do trabalho». Inicialmente encarada como um problema marginal causado pela conjuntura recessiva do mercado de emprego, esta crise é hoje considerada pela doutrina como um problema estrutural[32] (na expressão de D'ANTONA[33], como uma «*crisi d'identità*»), que atinge a generalidade

---

[31] *Infra*, § 20º, 43., 44. e 45., e § 23º, 50.

[32] Como escreve GIUGNI, *Il diritto del lavoro negli anni '80 cit.*, 395, «*il diritto del lavoro dell'emergenza si é ormai stabilizzato in un "diritto della crisi"*».

[33] Massimo D'ANTONA, *La subordinazione e oltre. Una teoria giuridica per il lavoro chi cambia*, in Marcello PEDRAZZOLI (dir.), *Lavoro subordinato e dintorni. Comparazioni e prospettive*, Bologna, 1989, 43-50 (46).

dos sistemas laborais independentemente do grau do seu desenvolvimento. Esta situação de crise leva alguns a profetizar o fim do direito do trabalho, a sua reabsorção pelo direito privado comum como consequência inevitável do desaparecimento da sua razão de ser, enquanto outros, mais moderados, apelam, pelo menos, à sua reconstrução em termos diversos, à sua reorientação global, como condição *sine qua non* da sua sobrevivência[34].

O sistema laboral português não é imune ao ambiente de crise que acabamos de descrever, até porque ocorrem também entre nós os factores de instabilidade económica que estão na sua origem. Embora de forma pontual, a doutrina nacional chama a atenção para os sintomas da crise da área jurídica e para a necessidade de repensar os seus valores fundamentais[35]. Contudo, ao contrário do que sucedeu noutros países, onde a reflexão doutrinal sobre esta matéria parece ter sido desencadeada pela inversão da tendência garantística e proteccionista do próprio direito positivo, no caso português esta reflexão antecedeu as medidas legislativas, que se apresentam nesta área com carácter esporádico e contraditório: ao lado de algumas tímidas iniciativas de flexibilização do regime jurídico do vínculo laboral, consentâneas com a evolução da generalidade dos sistemas europeus nos últimos anos[36], sucedem-se ini-

---

[34] *Infra*, § 23°.

[35] A título exemplificativo, MENEZES CORDEIRO, *Da situação jurídica laboral cit.*, e Bernardo da Gama Lobo XAVIER, *A crise e alguns institutos de direito do trabalho*, RDES, 1986, 4, 517-569.

[36] Ainda assim, são iniciativas de reduzido alcance (no domínio da cessação dos contratos de trabalho e da gestão da própria relação de trabalho pelo empregador), que não revelam uma inflexão decisiva do sistema. Assim, quanto à cessação do vínculo laboral, enquanto noutros sistemas se assiste à liberalização do despedimento, entre nós só em casos muito restritos ou por via indirecta se procedeu a algum aligeiramento dos requisitos para a cessação do contrato de trabalho — através da aprovação do regime da inadaptação do trabalhador e da extinção do posto de trabalho (DL n° 400/91, de 16 de Outubro, e arts. 26° ss. da LCCT, respectivamente) e com liberalização dos vínculos laborais de confiança (*regime jurídico do trabalho em comissão de serviço*, instituído pelo DL n° 404/91, de 16 de Outubro); e no domínio da gestão da relação de trabalho, apenas recentemente se admitiu alguma flexibilização da relação laboral do ponto de vista temporal e funcional (L. n° 21/96, de 23 de Julho) e se regulou o trabalho a tempo parcial (L. n° 103/99, de 26 de Julho). Sobre este ponto, *infra*, § 22°, 49.5.

ciativas legais que reforçam o carácter restritivo do sistema[37], o que revela não só alguma hesitação do legislador laboral quanto ao modo de encarar a conjuntura menos favorável do mercado de emprego dos últimos anos, mas também uma preocupante indefinição desta área jurídica em termos de valorações fundamentais. A crise geral do direito do trabalho parece assim ter também atingido o sistema nacional.

IX. É neste quadro e neste momento histórico que se posiciona a nossa investigação. Retomando a questão inicialmente formulada, o que está em causa é saber em que medida o sistema laboral actual é ainda capaz de responder às necessidades de enquadramento jurídico do fenómeno do trabalho subordinado livre que constitui o seu objecto, porque lhe subjazem valorações materiais fundamentais diferenciadas; ou se, pelo contrário, à sua apetência regulativa autónoma não correspondem valores específicos, pelo que tenderá a ser reabsorvido pelo (renovado) direito privado comum, a cujos princípios se deve subordinar.

Na perspectiva juslaboralista e de teoria geral do direito privado que adoptámos para a nossa investigação, entendemos que a colocação desta questão se justifica por uma razão geral de índole sistemática e por um concreto imperativo de justiça, que a actual situação de crise tornou mais intenso.

Do ponto de vista sistemático, a determinação do lugar actual do direito do trabalho no universo jurídico e a pesquisa das valorações materiais diferenciadas, que eventualmente estejam subjacentes ao sistema normativo, contribuem para a articulação coerente da ordem jurídica global, tanto na fase da produção das suas normas como no momento da respectiva interpretação e aplicação ao caso, e contribuem ainda para a articulação entre as várias áreas jurídicas e entre diversos sistemas jurídicos. Por um lado, as valorações materiais diferenciadas que o sistema laboral venha a revelar influenciam de forma determinante a produção

---

[37] Exemplo deste reforço do carácter garantístico do sistema laboral é o dos regimes do trabalho a termo e do trabalho temporário: enquanto a tendência geral é para facilitar a celebração destes contratos, entre nós o regime jurídico destas figuras encaminhou-se no sentido da excepcionalidade — LCCT, art. 41º ss., e *regime jurídico do trabalho temporário,* aprovado pelo DL nº 358/89, de 17 de Outubro, com as alterações introduzidas pela L. nº 39/96, de 31 de Agosto, e pela L. nº 146/99, de 1 de Setembro.

normativa. Por outro lado, tais valorações condicionam as operações de interpretação e integração das normas, no momento crucial da aplicação do direito à resolução de casos — e, se o sistema laboral puder ser entendido como um conjunto normativo organizado de um modo coerente em torno de um conjunto de eixos valorativos específicos (e não como um mero repositório de normas especiais desviantes do direito comum por razões puramente regimentais), ele poderá desenvolver critérios próprios para a fixação do sentido das suas normas e integração das respectivas lacunas. Finalmente, estas valorações materiais condicionam a relação do direito do trabalho com outras áreas jurídicas, nomeadamente com o direito civil, na sua qualidade de direito comum e subsidiário, fazendo depender a aplicação de normas civis gerais e obrigacionais a problemas laborais da concreta conformidade dessas regras com os princípios informadores do sistema laboral — o que assegura a coerência interna do próprio sistema.

O imperativo de justiça que nos leva a colocar o problema da autonomia dogmática do direito laboral decorre da consequência paradoxal a que o princípio da protecção e o desenvolvimento das suas metas da progressividade irredutível e da universalização parece estar a conduzir o sistema laboral na actualidade. É inequívoca a motivação de justiça social das primeiras normas laborais, que procuraram proteger os operários contra os excessos de poder do empregador, decorrentes do aproveitamento, em benefício próprio, de um enquadramento negocial formalmente igualitário associado ao carácter não intervencionista do Estado liberal. Mas é igualmente fácil de constatar que a evolução desta protecção difusa no sentido do reconhecimento de um princípio protectivo geral, com as características da irreversibilidade e da universalidade, foi possível pela relativa homogeneidade do grupo social objecto dessa protecção — a classe social dos operários ou do «*salariat*»[38], ou, na locução expressiva usada por alguns dos primeiros teóricos do direito laboral germânico, o grupo dos «*Besitzlosen*» ou dos

---

[38] Adéodat BOISSARD, *Contrat de travail et salariat,* Paris, 1910, 24; no mesmo sentido é utilizada a expressão «*droit ouvrier*», por autores clássicos como Georges SCELLE, *Le droit ouvrier — Tableau de la législation française actuelle*, 2ª ed., Paris, 1929; e, entre nós, Adolpho LIMA, *O Contrato do Trabalho*, Lisboa, 1909, 15, identifica o contrato de trabalho como «contrato de salariado» ou «contrato de trabalho operário».

«*Nichtstanden*», em oposição ao grupo dos proprietários[39]—, cujos membros estão unidos pela circunstância de terem como único bem a sua força de trabalho e de dependerem do salário para subsistir. A generalidade e a homogeneidade da situação de carência social e económica deste grupo justificou a meta da universalização da protecção; a gravidade desta situação justificou a meta da progressividade irredutível do estatuto protectivo.

Ao sistema laboral cabe o mérito de ter conseguido atenuar e compensar significativamente a situação de debilidade económica e jurídica dos trabalhadores subordinados, parecendo não haver dúvidas que tal sucesso se deve ao objectivo proteccionista. Mas é também forçoso constatar que a radicalização das metas da progressividade irredutível e da universalização muito contribuiu para a actual situação de crise do sistema e para alguns desvios ao imperativo de justiça que esteve na sua base. Por um lado, a melhoria genérica da situação dos trabalhadores subordinados retirou alguma justificação à exigência sistemática da natureza necessariamente mais favorável de todas as normas laborais e à proibição do retrocesso nos direitos adquiridos pelos trabalhadores; por outro lado, esta mesma ideia de irreversibilidade da protecção acabou por se revelar contraproducente em relação à meta paralela da universalização do estatuto protectivo, já que, sendo incapaz de assegurar um elevado nível de protecção a todas as categorias de trabalhadores, o sistema foi forçado a admitir situações laborais não protegidas. Em vez de actuarem paralelamente, as metas da universalização e da progressividade actuaram assim uma contra a outra.

Desta forma, pese embora o papel vital que desempenhou no desenvolvimento sistemático e na autonomização dogmática do direito do trabalho, o princípio da protecção tem, na época actual, um efeito perverso, que o desvia do objectivo que lhe deu causa. A fractura interna do sistema laboral, decorrente da admissibilidade de situações de trabalho subordinado não protegido, para fazer face às novas exigências da economia e do mercado de emprego, tem como consequência a circunscrição do regime laboral de tutela a um universo cada vez menor de trabalhadores; e os beneficiários deste regime protectivo são, afinal, aqueles trabalhadores que, em abstracto, menos careceriam de protecção, por já

---

[39] Anton MENGER, *Das bürgerliche Recht und die besitzlosen Volksklassen*, 1889/1890, ou Fritz BRECHER, *Das Arbeitsrecht als Kritik des Bürgerlichen Rechts*, Fest. Molitor, München-Berlin, 1962, 35-55 (37).

serem abrangidos pelas normas laborais, logo, pela regra da irredutibilidade das posições já adquiridas ao abrigo dessas normas[40]. Cria-se assim um fosso entre trabalhadores integrados e não integrados no sistema de tutela laboral (que alguma doutrina já qualifica, respectivamente, como «*insiders*» e «*outsiders*»[41]), que as épocas de instabilidade económica tenderão a acentuar. Em última instância, esta situação poderá reconduzir o sistema laboral a um conjunto de normas de privilégio que, ao lado da clássica oposição entre trabalhadores e empregadores, põe também em oposição trabalhadores subordinados cada vez mais protegidos e trabalhadores subordinados cada vez menos protegidos[42].

X. A situação descrita e as questões que ela suscita parecem-nos justificação suficiente para o interesse jurídico do tema objecto desta investigação, ao mesmo tempo que explicam a perspectiva de análise adoptada: porque a nossa pesquisa das valorações materiais significantes do sistema laboral se reconduz, afinal, a uma interrogação sobre o futuro do direito do trabalho na ordem jurídica global nacional, a nossa postura analítica é também uma postura juslaboralista e de teoria geral do direito privado.

Em conformidade com este objectivo final, adoptaremos uma metodologia investigatória estritamente apoiada no direito positivo nacional,

---

[40] Na expressão um pouco caricatural de Umberto ROMAGNOLI, *Origini, sviluppo e contraddizione del paradigma lavoro subordinato — Introduzzione, in* Marcello PEDRAZZOLI (dir.), *Lavoro subordinato e dintorni. Comparazioni e prospettive*, Bologna, 1989, 15-24 (21 s.), o princípio da irredutibilidade da protecção desembocou numa «*overdose*» de garantias atribuídas a sujeitos que não carecem de protecção, ou porque já beneficiam de uma larga tutela ou porque nunca dela careceram.

[41] Andrea ICHINO / Pietra ICHINO, *A chi serve il diritto del lavoro?*, RIDL, 1994, I, 495; Giorgio GHEZZI, *La complessità del «sociale» e l'ambiguità delle nostre scelte, in Prospettive del diritto del lavoro per gli anni'80 — Atti del XIV Congresso di Diritto del lavoro, Bari, 23-25 Aprile 1982*, Milano, 1983, 246-252 (250).

[42] Como decorre do exposto, empregamos aqui o termo *justiça* na acepção apresentada, por exemplo, em Herbert L.A. HART, *O Conceito de Direito* (trad. port. de A. Ribeiro Mendes), Lisboa, 1986, 171 ss., ou seja como instância de apreciação crítica das soluções jurídicas, que afere da forma como elas asseguram o tratamento equitativo de grupos de indivíduos.

já que entendemos que a utilidade do discurso dogmático, como meio de fundamentação das soluções de direito positivo, depende da sua capacidade de manter um estreito relacionamento com o sistema normativo de que parte[43]; mas não deixaremos de conceder uma atenção particular ao enquadramento histórico-social desse sistema normativo, porque este enquadramento influenciou decisivamente a forma de encarar o problema da autonomia dogmática e o alinhamento da argumentação doutrinal num ou noutro sentido.

Assim, após a operação preliminar de delimitação do objecto nuclear e dos conceitos operatórios da pesquisa (o conceito de direito do trabalho como ramo jurídico e o sentido que atribuimos à ideia de autonomia dogmática, para efeitos investigatórios), apreciaremos a forma como a doutrina equacionou tradicionalmente o problema da afirmação dogmática do direito do trabalho. Posteriormente, daremos conta da evolução dessa visão tradicional do problema e confrontá-la-emos com a crise de valores que é actualmente associada ao direito laboral. Num último momento, procuraremos proceder à reconstrução do problema, verificando até que ponto faz hoje sentido admitir a autonomia do direito do trabalho na ordem jurídica privada, quais os seus possíveis alicerces e em que medida é que os princípios clássicos do direito do trabalho são ainda operativos, ou se subjazem ou não ao sistema normativo laboral novas valorações materiais significantes.

---

[43] BYDLINSKI, *Gedanken über Rechtsdogmatik* cit., 3-15.

§ 2º — A delimitação tradicional do direito do trabalho

1. As dificuldades de delimitação do direito do trabalho como área jurídica

1.1. Generalidades

I. A pesquisa sobre a situação dogmática actual do direito do trabalho não pode ser iniciada sem se proceder à delimitação do *quid* objecto da reflexão. No caso presente, porque só o conjunto e a articulação das normas laborais poderão revelar e validar eventuais princípios orientadores diferenciados, a operação de delimitação reconduz-se à determinação do conteúdo e âmbito do direito laboral nacional entendido em sentido objectivo, i.e., de acordo com a noção geralmente aceite, como complexo de normas e de princípios dotados de uma certa especificidade do ponto de vista das realidades reguladas e da técnica de organização — objecto das nossas reflexões é pois o direito do trabalho como ramo, área ou sector da ordem jurídica global[44].

II. É afirmação corrente na literatura juslaboral que o direito do trabalho não constitui uma área jurídica de fácil delimitação, pela mul-

---

[44] Sobre os conceitos de direito objectivo e de ramo jurídico entre nós, a título exemplificativo, Luis Cabral de MONCADA, *Lições de Direito Civil (Parte Geral)*, 4ª ed. revista, Coimbra, 1995, 25; Inocêncio Galvão TELLES, *Introdução ao Estudo do Direito*, I, 11ª ed., Coimbra, 1999, 52 ss. e 153; José de Oliveira ASCENSÃO, *O Direito. Introdução e Teoria Geral. Uma Perspectiva Luso-Brasileira*, 10ª ed., Coimbra, 1999 (*reprint*), 39 s. e 329; João de Castro MENDES, *Introdução ao Estudo do Direito*, Lisboa, 1977, 279; João Baptista MACHADO, *Introdução ao Direito e ao Discurso Legitimador*, 6º reprint, Coimbra, 1993, 64 s. Ainda sobre o sentido objectivo do direito, por exemplo, Hans KELSEN, *Teoria Pura do Direito* (trad. port. de João Baptista Machado), 6ª ed., Coimbra, 1984, 56 ss., ou Karl LARENZ, *Metodologia da Ciência do Direito*, 6ª ed., 1991 (trad. port. de José Lamego), 3ª ed., Lisboa, 1997, 261.

tiplicidade e diversidade das temáticas que são objeto do seu complexo normativo⁴⁵. No nosso entender, esta dificuldade fica a dever-se a três tipos de razões: razões de ordem histórico-social, ligadas à rapidez do seu desenvolvimento e à sua porosidade sociológica e ideológica; razões de ordem sistemática, atinentes à forma dispersa de produção das suas normas e à densidade do seu complexo normativo; e razões de ordem dogmática, ligadas à natureza das suas normas e às dificuldades de assunção da singularidade da sua fenomenologia pela comunidade juscientífica.

1.2. Os factores histórico-sociais

I. Do ponto de vista histórico-social, contribui para dificultar a delimitação rigorosa do direito laboral o facto de a diversidade e multiplicidade de problemas por ele regulados estar aliada a um processo de crescimento muito rápido, bem como a sensibilidade do complexo normativo em relação ao ambiente sócio-político envolvente.

Por um lado, embora a doutrina dominante aponte a Revolução Industrial e o liberalismo económico como seus factores desencadeadores⁴⁶, não deve esquecer-se que, como área normativa, o direito do trabalho não tem mais do que um século de existência. De facto, apesar do crescimento massificado do fenómeno do trabalho subordinado livre ao longo de todo o século XIX, a tendência para a abstenção normativa que caracteriza o Estado liberal, aliada à prática de enquadramento da prestação subordinada de trabalho por tipos negociais já previstos nas leis civis⁴⁷, ditou algum atraso no enquadramento jurídico autónomo

---

⁴⁵ Na expressão de Gérard LYON-CAEN / Jean PÉLISSIER, *Droit du travail*, 16ª ed., Paris, 1992, 3, manifestando ao mesmo tempo as reivindicações dos trabalhadores e as exigências de um sistema económico baseado na empresa e no lucro, o direito do trabalho não pode reduzir-se a um «*code idéal de justice sociale qu'on pourrait graver une fois pour toutes sur les tables de la loi*». Também salientando as dificuldades de delimitação do direito do trabalho enquanto área jurídica, entre nós, por exemplo, MENEZES CORDEIRO, *Manual...cit.*, 22 ss.

⁴⁶ Por todos, a este propósito, *vd* a análise aprofundada de Manuel Alonso OLEA, *Introducción al Derecho del Trabajo*, 5ª ed., Madrid, 1994, 267 ss.

⁴⁷ A prestação subordinada de trabalho começa por ser configurada como modalidade do *contrat de louage* no Código de Napoleão (arts. 1780° e 1781°) ou é considerada como forma de prestação de serviço no Código de Seabra (art. 1391°

da fenomenologia laboral[48]. Embora se encontrem referências pontuais a regulamentos de oficina e algumas normas dispersas de limitação do trabalho infantil e das mulheres na primeira metade do século XIX[49], a produção regular de normas de incidência laboral, necessária ao esboço de uma nova área da ordem jurídica, apenas se iniciou a partir do final de oitocentos, e, em vários países, só veio a desenvolver-se de uma forma sistemática após a primeira guerra mundial[50][51]. O direito do tra-

---

sobre o serviço de jornaleiros, e arts. 1370° ss. sobre o serviço doméstico), no Código Civil italiano de 1865 (art. 1570°) ou ainda no Código Civil espanhol (art. 1583°), por exemplo.

[48] Neste sentido se compreende a afirmação de G. H. CAMERLYNCK, *Le contrat de travail*, in G. H. CAMERLYNCK (dir.), *Traité de Droit du travail*, I, 2ª ed., Paris, 1982, 8, segundo a qual o direito do trabalho não faz parte do sistema liberal consagrado no *Code Civil* e norteado pelos princípios de liberdade e igualdade proclamados pela Revolução Francesa, já que, não obstante a consagração da liberdade de exercício de qualquer profissão ou trabalho pela *Loi du 17 mars 1791* (o que equipara formalmente as posições jurídicas dos trabalhador e do empregador), todo o conteúdo da relação laboral é determinado pela via negocial — o direito do trabalho surgirá mais tarde, exactamente para limitar os excessos a que conduziu esta liberdade negocial (*idem*, 12); é também neste sentido que Manuel Alonso OLEA, *La abstencción normativa en las orígenes del Derecho del Trabajo moderno*, in *Estudios de Derecho del Trabajo en memoria del Professor Gaspar BAYON CHACÓN*, Madrid, 1980, 13-38 (14) caracteriza o enquadramento do fenómeno laboral no liberalismo como um caso de abstenção normativa.

[49] No direito francês é a *Loi du 22 mars 1941 «relative au travail des enfants, employés dans les manufactures, usines ou ateliers»*, que marca, para a doutrina, a origem das normas laborais de protecção — por todos, neste sentido, Jean BLAISE, *Réglementation du travail et de l'emploi*, in G. H. CAMERLYNCK (dir.), *Traité de Droit du Travail*, III, Paris, 1966, 4; nos sistemas germânico e austríaco, há referências a uma regulamentação prussiana de protecção do trabalho das crianças e dos jovens em 1939 e a uma lei policial de 1844 (*Zürcher Polizeigesetz von 1844*), que controla um pouco o poder dos empregadores, através da exigência de regulamentos internos como condição para a aplicação de sanções disciplinares — depois tornados obrigatórios para todas as empresas com mais de vinte trabalhadores pela *GewO de 20/12/1858 für das Kaisertum Österreich*.

[50] É o caso do direito nacional, em que as primeiras normas laborais remontam a 1889 e a 1891: a L. de 14 de Agosto de 1889 cria os tribunais de árbitros avindouros; em matéria de protecção do trabalho de crianças e de mulheres, o Dec. de 14 de Abril de 1891, depois alterado pela L. n° 297 de 22 de Janeiro de 1915, e o Reg. de 16 de Março de 1893 fixam a idade mínima para o trabalho em 12 anos, estabelecem regras sobre o tempo de trabalho, proíbem o desempenho de tarefas pesadas ou insalubres por crianças, protegem a maternidade atra-

vés da atribuição de uma licença de parto de quatro semanas e da imposição da criação de creches nas empresas com mais de 50 trabalhadores; as associações de classe são instituídas pelo Dec. de 9 de Maio de 1891 e um Dec. de 1 de Dezembro de 1892 cria as bolsas de trabalho. Já no século XX, a matéria do tempo de trabalho é objecto de diversa regulamentação: em 1907 assiste-se à proibição do trabalho nocturno das mulheres na indústria e à instituição do descanso semanal obrigatório (Dec. de 3 de Agosto de 1907), diversos diplomas limitam a jornada diária de trabalho (Leis nº 295 e 296, ambas de 22 de Janeiro de 1915, relativas ao sector do comércio e dos estabelecimentos de crédito e de câmbios e a todas as empresas com mais de cinco operários) bem como o trabalho suplementar (L. nº 296, de 22 de Janeiro de 1915); o regime geral da segurança, higiene e condições ambientais nos locais de trabalho é também do mesmo ano (Dec. nº 4351, de 29 de Maio); e em 1919, o Dec. nº 5516 fixa os limites máximos do período normal de trabalho diário e semanal em 8 e 48 horas. Um panorama geral sobre o desenvolvimento da legislação portuguesa nesta área pode encontrar-se, por exemplo, em Ruy Ennes ULRICH, *Legislação Operária Portugueza*, Coimbra, 1906, *maxime*, 43 ss.; e, em especial, sobre a regulamentação em matéria de acidentes de trabalho, ainda A. Ary dos SANTOS, *Acidentes de Trabalho*, Lisboa, 1932.

Em França, a produção regular de normas laborais iniciara-se uma década antes com o regime jurídico da protecção do trabalho das mulheres e das crianças (*Loi du 19 mars 1874*), revisto pela *Loi du 2 novembre 1892*; em 1884, a *Loi du 21 mars* reconhece a liberdade de associação profissional, pondo fim ao regime instituído pela *Loi Le Chapelier*, e em 1893 é estabelecido o regime da segurança e higiene nos estabelecimentos industriais (*Loi du 12 juin*); mas é a partir do início do século XX que se verifica o maior fluxo legislativo, destacando-se como principais medidas o estabelecimento do direito ao descanso semanal em 1906 (*Loi du 13 juillet*), a limitação do período normal de trabalho diário a oito horas em 1919 (*Loi du 23 avril*) e a limitação do trabalho nocturno das mulheres e crianças em 1925 (*Loi du 24 janvier*).

Em Espanha, as primeiras leis laborais remontam também ao último quartel do séc. XIX, intensificando-se a partir do início do séc. XX. A regulamentação incide na matéria da limitação do trabalho dos menores (*Ley de 24/07/1873, Ley de 26/07/1878, Ley de 13/03/1900*) e das mulheres (*Ley de 13/03/1900, Ley de 20/02/1912*) e *Ley de 11/07/1912*), na matéria da saúde e higiene no trabalho (*Ley de 24/07/1873*) e na matéria do tempo de trabalho, com o estabelecimento do descanso semanal pela *Ley de 3/03/1904*. O direito de coalisão e o direito à greve são admitidos pela *Ley de Huelgas de 27/04/1908* e a *Ley de 19/5/1908* cria os *Consejos de Conciliación y Arbitraje Industrial*.

Na Alemanha, embora a doutrina referencie o surgimento de regulamentação dispersa e com âmbito de incidência ao nível dos *Länder* para modalidades determinadas de contratos de trabalho, como o trabalho dos mineiros e o serviço doméstico, ao longo do séc. XIX (por todos neste sentido, Günther BERNERT, *Arbeitsverhältnisse im 19. Jahrhundert*, Marburg, 1972, 175), bem como alguma regulamentação estadual de protecção do trabalho infantil na indústria (neste sentido, Helmut ROSCHER, *Die Anfänge des modernen Arbeitsrecht — Ein Beitrag zur Geschichte des Jugendarbeitsschutzes unter besonderer Berücksichtigung der Entwicklung in Preußen*, Frankfurt — Bern — New York, 493 s., refere uma lei prussiana de 9 de Março de 1839 e outra de 16 de Maio de 1853), o diploma que constitui o arranque da legislação sobre condições de trabalho remonta a 1891 (*Arbeiterschutzgesetz von 1891*) e só na época de Bismarck surge legislação no domínio dos riscos sociais ligados à doença, aos acidentes de trabalho e à velhice, em 1883, 1884 e 1889 — evolução esta acompanhada na Áustria, com a regulação da matéria dos riscos ligados aos acidentes de trabalho e à doença em 1887 e 1888 e a revisão da GewO de 1859 em 1883 e em 1885. Mas o início da produção normativa laboral em termos sistemáticos parece poder fixar-se apenas depois da I Guerra, com a exigência do Art. 157 Abs. 1 da *Weimarer Verfassung* de elaboração de um direito laboral unitário, o que dará lugar ao surgimento dos dois diplomas basilares do sistema até hoje — o *Tarifvertragsordnung (Tvo) de 23/12//1918* e a *Betriebsrätgesetz (BrG) de 4/2/1920*.

Evolução cronologicamente próxima da nossa parece ter sido a do sistema jurídico italiano, onde é referida a emissão de legislação protectora do trabalho infantil e feminino em 1886, 1902 e 1907, de normas sobre infortunística laboral na indústria (1898) e sobre o trabalho dos imigrantes (1888, 1901, 1910 e 1913), bem como sobre o direito ao repouso (1907) e sobre o trabalho nocturno (1908) — sobre este ponto com amplas referências a esta evolução, por todos, Ferruccio PERGOLESI, *Introduzione al diritto del lavoro*, in U. BORSI / F. PERGOLESI, *Trattato di diritto del lavoro*, I (*Introduzione al diritto del lavoro*), 3ª ed., Padova, 1960, 1-436 (33 ss.); e, especialmente sobre o enquadramento jurídico dos fenómenos laborais colectivos, Cecilia ASSANTI, *Corso di diritto del lavoro*, Padova, 1993, 3 ss.

Com referência ao sistema jurídico belga, são indicadas como primeiras leis laborais uma lei de protecção dos salários de 1887, uma lei de protecção das mulheres e das crianças trabalhadoras de 1889, uma lei sobre os *réglements d'atelier*, de 1896, um diploma sobre a saúde e a segurança dos operários de 1899, o regime jurídico do contrato de trabalho dos operários, em 1900, e a consagração do Domingo como dia de descanso por um diploma de 1905 — por todos, quanto ao direito belga, Paul HORION, *Le contrat de travail en droit belge*, in G. BOLDT / G. CAMERLYNCK / P. HORION / A. KAYSER / M. G. LEVENBACH / L. MENGONI, *Le contrat de travail dans les pays membres de la C.E.C.A.*, Paris (s.d.), 155-224 (162 ss.) e Pierre DENIS, *Droit du Travail*, Bruxelles, 1992, 11.

[51] Convém notar que a nossa observação se restringe à Europa continental, dado o panorama substancialmente diferente que nos oferecem os sistemas anglo-

balho é pois um ramo jurídico jovem, sobretudo se comparado com as áreas clássicas do direito privado comum[52 53].

---

saxónicos nesta matéria. Embora a doutrina norte-americana aponte os excessos do liberalismo económico como os responsáveis pelo surgimento de regulamentação laboral, a verdade é que a falência deste sistema só é considerada a partir da depressão de 1929, pelo que a evolução do regime legal é aqui muito mais tardia — David A. DILTS / Clarence R. DEITSCH, *Labor Relations*, New York, 1983, 63. O sistema laboral baseia-se na *common law*, sendo tradicional a valoração criminal e depois civil das actividades laborais colectivas a partir do início do séc. XIX e até 1932, quando a matéria surge em *statutory law*, no *Norris-La Guardia Act* de 1932; este regime consolida-se em 1935 com o *National Labor Relations Act* (ou *Wagner Act*), reformulado em 1947 pelo *Taft-Hartley Act*, que, segundo a doutrina, constitui ainda hoje o cerne do sistema laboral norte-americano (DILTS/DEITSCH, *Labor Relations cit.*, 78). É ainda de salientar que, ao contrário do que sucede com os sistemas europeus continentais, o sistema norte-americano se desenvolve apenas em torno da fenomenologia colectiva (neste sentido, *vd*, por exemplo, Alvin L. GOLDMAN, *Labor Law and Industrial Relations in the United States of America*, 2ª ed., Deventer, 1984, 21 e 41, indicando como pilares do direito laboral norte-americano o *unionism* e os *collective agreements*, ou William B. GOULD IV, *A Primer on American Labor Law*, 3ª ed., Massachussets, 1993, 1 ss., limitando o âmbito da área jurídica à regulação dos fenómenos colectivos e, em especial, da actuação dos sindicatos e das matérias ligadas à negociação colectiva), encontrando-se apenas alguns *Acts* nas matérias mais sensíveis do domínio das relações individuais de trabalho — em matéria de discriminação sexual nos salários e no emprego são relevantes o *Equal Pay Act* de 1963 e o *Equal Employment Act* de 1972; em matéria de protecção das camadas menos jovens da população activa releva o *Age Discrimination in Employment Act* de 1967 e em matéria de segurança e saúde é importante o *Ocupational Safety and Health Act* de 1970. O fraco desenvolvimento da regulamentação incidente nas situações laborais individuais é, aliás, lamentado pela doutrina, que chama a atenção para a necessidade de revisão do sistema neste ponto (DILTZ/DEITSCH, *Labor Relations cit.*, 80). Para uma apreciação comparada da evolução dos sistemas jurídicos laborais da Europa e dos Estados Unidos, com referências aos mais importantes aspectos da fenomenologia laboral individual e colectiva, *vd* Arthur LENHOFF, *Considerazioni su alcuni istituti fondamentali del diritto del lavoro americano ed europeo*, Riv.DL, 1952, I, 272-308.

No sistema britânico assiste-se a uma evolução semelhante, reconhecendo a doutrina a influência do sistema norte-americano — por todos, Roger W. RIDEOUT, *Principles of Labour Law*, London, 1972, 45 ss., e B. A. HEPPLE / O'HIGGINS, *Employment Law*, 4ª ed., London, 1981, 3 ss. No domínio das relações colectivas, o *Industrial Relations Act de 1971* é o diploma fundamental em matéria de negociação colectiva, e, no que se refere às situações laborais individuais, a maioria dos aspectos do seu conteúdo é ainda determinada pela *common law*, sendo objecto de *statutory law* a matéria salarial (*Truck Acts* desde 1831 e o *Equal Pay Act* de 1970) e a matéria do tempo de trabalho (*Factories Act* de 1961, *Young Persons Employment Acts* de 1938 e 1964).

[52] Consoante o carácter menos ou mais tardio do desenvolvimento sistemático das normas laborais nos diversos países, a doutrina identifica o final do século passado ou o período posterior à primeira guerra mundial com o surgimento do direito do trabalho como área jurídica. No primeiro caso, encontra-se a doutrina nacional (por todos, Bernardo da Gama Lobo XAVIER, *Direito do Trabalho,* Polis, II, 579-601 (583) e *Curso de Direito do Trabalho,* 2ª ed., Lisboa, 1993 (*reprint* 1999), 33 s.), bem como a doutrina francesa (por exemplo, André ROUAST / Paul DURAND, *Précis de législation industrielle (Droit du travail),* Paris, 1943, 1, e, ainda de Paul DURAND, *La naissance d'un droit nouveau — du droit du travail au droit de l'activité professionnelle,* DS, 1952, 7, 437-441 (437), e a doutrina italiana (Giorgio GHEZZI / Umberto ROMAGNOLI, *Il rapporto di lavoro,* 2ª ed. (*reprint*), Bologna, 1987, 9; GIUGNI, *Direito do trabalho cit.,* 305 s.), considerando as leis de protecção de algumas categorias especiais de trabalhadores durante o século XIX como eventos esporádicos no enquadramento puramente civilista da fenomenologia laboral; este é também o entendimento de alguma doutrina francesa, que qualifica a legislação protectiva de oitocentos como algo de exterior ao contrato de trabalho (PERREAU, *La notion de contrat de travail cit.,* II s.). Já a doutrina germânica tende a fixar o surgimento do direito do trabalho como área jurídica no período posterior à I Guerra, fazendo-a coincidir com o diploma regulador dos *Tarifverträge* (neste sentido se pronunciam, entre outros, Franz WIEACKER, *História do Direito Privado Moderno,* 2ª ed., Göttingen, 1967 (trad. port. de A. M. Botelho Hespanha), Lisboa, 1993, 631, Herbert WIEDEMANN, *Das Arbeitsverhältnis als Austausch- und Gemeinschaftsverhältnis,* Karlsruhe, 1966, 2 s., ou Wolfgang ZÖLLNER / Karl-Georg LORITZ, *Arbeitsrecht — ein Studienbuch,* 5ª ed., München, 1998, 26). Na doutrina espanhola, por exemplo, MONTOYA MELGAR, *Derecho del Trabajo cit.,* 69, observa que até ao final da I Guerra a legislação laboral oscila entre «*el talante filantrópico y la pura e simple represión penal*»; mas já António Martín VALVERDE / Fermín Rodriguez-Sañudo GUTIÉRREZ / Joaquin García MURCIA, *Derecho del Trabajo,* 4ª ed., Madrid, 1995, 64 e s. e 72, fixam a origem do direito laboral nos primórdios do séc. XX, mas admitem que o carácter esporádico da legislação laboral só desaparece no final da I Guerra.

[53] Deve, de qualquer forma, salientar-se que esta qualificação do direito laboral como ramo jurídico jovem não implica qualquer opção sobre a origem histórica e o relevo jurídico do fenómeno do trabalho subordinado livre que constitui o objecto nuclear das suas normas — questão em que, como é sabido, a doutrina laboral se divide e sobre a qual nos debruçaremos oportunamente (*infra,* § 7°, 12.). O que pretendemos agora sublinhar é apenas o carácter relativamente recente do direito laboral enquanto área jurídica que se debruça de um modo autónomo

Mas se esta origem recente é, só por si, um factor que dificulta a delimitação clara das suas fronteiras, já que as soluções normativas e as valorações materiais subjacentes não passaram ainda a prova do tempo, a dificuldade aumenta consideravelmente ao verificarmos que o direito laboral aliou a esta juventude uma expansão invulgarmente rápida do âmbito dos seus conteúdos regulativos: em pouco tempo, as normas laborais deixaram de se reportar apenas à área originária da protecção dos trabalhadores para procederem ao enquadramento global da situação laboral, nos aspectos da sua constituição, desenvolvimento e vicissitudes, à admissão de novos entes jurídicos com competência em matéria laboral, à regulação de fenómenos laborais colectivos de natureza negocial e conflitual e ao enquadramento da matéria da segurança social — na expressão de HERSCHEL, evoluiu-se, praticamente a partir do nada, da *protecção dos trabalhadores* para o *direito do trabalho* («*vom Arbeitersschutz zum Arbeitsrecht*») em menos de um século[54].

A conjugação dos factores da juventude e da rapidez de crescimento do direito laboral não contribui, de qualquer forma, para facilitar a sua delimitação como área jurídica.

II. Por outro lado, constata-se a existência de uma forte sensibilidade do sistema laboral ao ambiente sócio-político envolvente[55], que não passa apenas pela projecção no domínio jurídico dos efeitos da evolução social do fenómeno nuclear sobre o qual incide (i.e., a evolução do fenómeno do trabalho subordinado e da forma de o perspectivar socialmente ao longo de um século), mas se reconduz àquilo que podemos considerar como uma verdadeira porosidade ideológica do sistema.

Naturalmente que a evolução do sistema normativo laboral vai reflectindo as grandes correntes de pensamento que correspondem às épocas

---

sobre o fenómeno em questão e não o momento em que o próprio fenómeno ganha relevo jurídico (estabelecendo esta distinção, entre muitos outros, Luigi A. MIGLIORANZI, *Comprensività del diritto del lavoro*, DLav., 1943, 169-175 (169).

[54] Wilhelm HERSCHEL, *Vom Arbeitersschutz zum Arbeitsrecht*, in *Hundert Jahre Deutsches Rechtsleben, Fest. zum Hundertjährigen Bestehen des Deutschen Juristentages, 1860-1960*, I, Karlsruhe, 1960, 305-315 (305); e, no mesmo sentido, constata HRODMAKA, *Arbeitsordnung und Arbeitsverfassung cit.*, 214 s., a rapidez com que o direito do trabalho se tornou uma área jurídica fundamental do século XX.

[55] BERNARDO XAVIER, *Curso...cit.*, 91.

do seu surgimento e desenvolvimento: é o contexto liberal subjacente às primeiras normas de protecção dos trabalhadores que explica o seu carácter pontual e o seu objectivo voluntariamente limitado de combate aos excessos de um sistema considerado genericamente eficaz e justo do ponto de vista dos interesses dos cidadãos; como são os princípios do Estado Social, desenvolvidos no século XX, que explicam o carácter sistemático e o pendor imperativo da intervenção normativa subsequente, a assunção de uma vocação protectiva genérica pelo sistema ou a política legislativa de tutela dos salários e de aumento da qualidade de vida dos trabalhadores subordinados; e são ainda as ideias-chave do Estado Providência que inspiram a ampla extensão do dever de assistência do empregador em matéria de riscos sociais, que está na base do moderno sistema de segurança social.

Mas, para além desta evolução, decorrente da interacção natural do mundo jurídico com a realidade social que lhe é subjacente e à qual se destina, encontramos no domínio laboral, mercê da delicadeza do fenómeno do trabalho subordinado do ponto de vista sociológico e económico, um terreno propício a conotações e aproveitamentos ideológicos com consequências jurídicas relevantes. É a importância sociológica e económica do fenómeno do trabalho subordinado que vai determinar a conotação do direito laboral com a difusão do ideário socialista no final do século XIX e nas duas primeiras décadas do século XX[56], e é

---

[56] Esta conotação é ilustrada, em diversos países, pelo *engagement* político ou pelas vincadas preocupações sociais dos primeiros estudiosos das matérias laborais. Exemplo paradigmático deste envolvimento é o que nos oferece o sistema germânico, onde, entre os autores usualmente reconhecidos como pioneiros do direito laboral, apenas Philipp LOTMAR, autor do primeiro enquadramento jurídico de fundo da fenomenologia laboral individual (*Der Arbeitsvertrag nach dem Privatrecht des Deutschen Reiches*, I e II, Leipzig, 1902 e 1908), é um académico que, aliás, acaba por ensinar em Bern depois de ter emigrado por motivos raciais e políticos; Arthur STADTHAGEN (*Das Arbeiterrecht*, Stuttgart, 1900) é deputado social-democrata, acabando por ser expulso da comissão de redacção do BGB por motivos ideológicos; Hugo SINZHEIMER, considerado por muitos como o verdadeiro fundador do direito do trabalho alemão (Ernst FRAENKEL, *Hugo Sinzheimer*, JZ, 1958, 15, 457-461 (457)), com a sua obra *Der korporative Arbeitsnormenvertrag*, I, II, Leipzig, 1907 e 1908, torna-se, mais tarde, um social-democrata fugitivo à perseguição nazi; e Heinz POTHOFF (*Probleme des Arbeitsrechtes*, Jena, 1912) é também perseguido por motivos políticos. Entre nós, as vincadas preocupações sociais podem também descortinar-se na obra de alguns dos pioneiros do estudo das matérias laborais, como MARNOCO e SOUSA, considerado, por alguns,

ainda ela que propiciará o aproveitamento do sistema pelas ideologias corporativas e pelo movimento nacional-socialista, a partir do final dos anos vinte. Estas conotações e estes aproveitamentos ideológicos não só vulgarizaram a utilização de uma linguagem menos técnica e rigorosa no discurso doutrinal e nos textos legais, de que ainda hoje se sentem os efeitos[57], como tiveram consequências dogmáticas que ultrapassaram o tempo de vigência das próprias correntes ideológicas que as influenciaram. É a difusão do ideário socialista[58] que vai facilitar o enquadramento jurídico de fenómenos laborais colectivos, como a negociação colectiva e as convenções colectivas, ou a greve, mas é também este ideário que contribui para difundir a visão do direito do trabalho como «direito de classe» (o *Berufstandesrecht*, na expressão generalizada entre os primeiros juslaboralistas germânicos[59]) ou «direito dos operários ou

---

como o pioneiro do direito laboral nacional, apesar de a sua actividade científica se ter espraiado sobretudo por matérias económicas — neste sentido, *vd* as referências de Maria de Fátima da Silva BRANDÃO, na sua *Introdução* à edição recente das prelecções de ciência económica feitas pelo autor (José Ferreira Marnoco e SOUSA, *Ciência Económica. Prelecções feitas ao Curso do Segundo Ano Jurídico do Ano de 1909-1910 (1910)*, Lisboa, 1997, IX ss.).

[57] É a este propósito que alguma doutrina refere, como uma das manifestações da situação actual de crise do direito do trabalho, a crise linguística — neste sentido, por exemplo, MENEZES CORDEIRO, *Da situação jurídica laboral...cit.*, 143 ss., e *Manual... cit.*, 101 s. O menor rigor do discurso doutrinal no âmbito juslaboral e, o que é mais importante, a utilização frequente de expressões ideologicamente conotáveis nos textos legais não contribui para a isenção e para o apuro do sistema do ponto de vista técnico, logo, para a sua clara delimitação.

[58] Nomeadamente através das correntes do denominado «socialismo jurídico», como refere LAURA CASTELVETRI, *Le origini dottrinali... cit.*, 255 ss.

[59] Por exemplo, Walter KASKEL, *Das neue Arbeitsrecht — systematische Einführung*, 4ª ed., Berlin, 1922, 1 e 26. Reveladoras desta dimensão classista são as expressões utilizadas para designar o direito do trabalho nos autores que mais cedo escreveram sobre esta matéria: STADTHAGEN, *Das Arbeiterrecht cit.*, identifica o direito laboral com o direito dos operários e DANKWART (*apud* Roland DUBISCHAR, *Zur Entstehung der Arbeitsrechtswissenschaft als Scientific Community — Eine Erinnerung*, RdA, 1990, 2, 83-97 (84)), utiliza o termo «*arbeitende Klasse*» em 1875, bem como Philipp LOTMAR, *Die Idee eines einheitlichen Arbeitsrechts (1912)*, in Joachim RÜCKERT (Hrsg.), *Philipp Lotmar Schriften zur Arbeitsrecht, Zivilrecht und Rechtsphilosophie*, Frankfurt am M., 1992, 603-614 (610), que invoca a homogeneidade deste grupo social, não obstante as diferenças materiais entre as várias categorias profissionais, como argumento em favor de uma legislação laboral

assalariados»⁶⁰, em actuação concertada contra os «empresários-proprietários burgueses»⁶¹, logo, como «direito progressista» em oposição ao direito civil, de cariz conservador⁶² — visão esta que, não obstante a sua ambiguidade⁶³, se mantém em certa medida até hoje. Por seu turno, as ideologias corporativa e nacional-socialista, ao aproveitarem a con-

---

nuclear, que encerrasse uma teoria geral do trabalho; também referindo o direito do trabalho como o «*Standesrecht der Arbeitnehmer*», cujo conteúdo classista seria semelhante ao do direito comercial, como direito especial dos comerciantes, por exemplo, Heinrich HOENIGER, *Grundformen des Arbeitsvertrages, in* H. HOENIGER / E. WEHRLE (Hrsg.), *Arbeitsrecht — Sammlung des reichsgesetzlichen Vorschriften zum Arbeitsvertrag,* 6ª ed., Mannheim — Berlin — Leipzig, 1925, XXII. Mas, contra esta qualificação, por exemplo, ROUAST / DURAND, *Précis de législation industrielle cit.,* 57 s. Sobre esta matéria, *vd* ainda DUBISCHAR, *Zur Entstehung... cit.,* 85, e dando nota da evolução destas designações classistas até à actual designação da área jurídica como *direito do trabalho,* com referências aos diversos sistemas jurídicos, ainda Ferruccio PERGOLESI, *Lineamenti sistematici del diritto del lavoro,* Riv.DL, 1954, I, 259-290 (259 ss.), e *Introduzione...cit.,* 257 ss.

⁶⁰ Mario CASANOVA, *Il diritto del lavoro nei primi decenni del secolo: rievocazioni e considerazioni,* RIDL, 1986, I, 231-259 (242); SCELLE, *Le droit ouvrier...cit.,* 1 s.; Louis JOSSERAND, *Sur la reconstitution d'un droit de classe,* DH, 1937, 1, Chr. 1, 1-4.

⁶¹ Neste sentido, Karl KORSCH, *Jus belli ac pacis nel diritto del lavoro (1919), in* G. ARRIGO / G. VARDARO (dir), *Laboratorio Weimar — conflitti e diritto del lavoro nella Germania prenazista,* Roma, 1982, 255-265 (257 s.) atribui ao direito laboral a função de organizar as «relações de guerra e paz» entre a burguesia e o proletariado.

⁶² Luigi MENGONI, *L'influenza del diritto del lavoro sul diritto civile, diritto processuale civile, diritto amministrativo — diritto civile,* DLRI, 1990, 45, I, 5-23 (6). A este propósito, *vd* CAMERLYNCK, *Le contrat de travail cit.,* 43 s. e nota [49], distinguindo esta característica de progressismo do direito laboral, aqui referida em sentido sociológico, do seu sentido jurídico, a reportar à orientação global do normativo laboral num sentido sempre mais favorável aos trabalhadores — é a característica que já designámos de *progressividade* do direito laboral, *supra,* § 1°, IV.

⁶³ A ambiguidade e a unilateralidade deste tipo de designações é bem salientada por Jean-Claude JAVILLIER, *Dits et non dits sur le droit du travail, in* F. GAMILLSCHEG / J. de GIVRY / B. HEPPLE / J-M. VERDIER (Hrsg.), *In Memoriam Sir Otto Kahn Freund,* München, 1980, 493-515 (498 s.), quando observa que, apesar de a sua história se confundir com a história do próprio proletariado, o direito do trabalho tanto pode ser visto como o «direito dos trabalhadores» como identificado com o «direito do capital», já que o capital é condição de existência do trabalho subordinado.

cepção da relação de trabalho como uma relação pessoal e comunitária para a subordinar aos interesses do Estado e da produção nacional[64], viabilizaram uma nova explicação para a sua natureza e para o posicionamento gobal do direito laboral na ordem jurídica, que sobreviveu ao seu próprio declínio como concepções ideológicas[65]. Qualquer uma destas perspectivas, ao fazer oscilar orientações fundamentais do sistema laboral e chegando a questionar globalmente algumas das suas áreas regulativas, contribuiu para diminuir o grau de certeza das suas normas[66] e para dificultar a sua delimitação, de uma forma que perdurou para além do seu próprio tempo[67].

---

[64] Esta funcionalização das relações laborais e dos interesses privados das partes ao interesse nacional está patente na *Arbeitsordnungsgesetz* (AOG) de 20/1/1934, que constitui a base do sistema laboral do nacional-socialismo, assim como em diversas disposições do *Codice civile* italiano de 1942, em observância dos princípios corporativos da *Carta del Lavoro* (arts. 2060°, 2088°, 2089°) ou, no caso português, no *Estatuto do Trabalho Nacional* (ETN), aprovado pelo Dec. nº 23048, de 23 de Setembro de 1933, através das projecções do princípio da solidariedade entre o capital e o trabalho (art. 11°) nas exigências de paz social e de mútua colaboração e na proibição da greve e do *lock-out* (arts. 5°, 22° e 9°), que pressupõem também uma concepção diferente do sindicalismo — um «sindicalismo integral» (como refere, por exemplo, Domingos Fézas VITAL, *Discurso inaugural pronunciado na sessão do Congresso de Barcelona (22 de Maio de 1929)*, BFDUC, 1929 (XI), 429-443 (433 ss.), em apreciação desta evolução no regime fascista italiano), que é visto como uma forma de aproximação e não de oposição entre as classes, subordina os interesses de classe aos interesses gerais e se sujeita, na sua actuação, à fiscalização pública.

[65] Um aproveitamento ideológico semelhante se constata, aliás, nos sistemas socialistas, já que também aqui toda a matéria se subordina ao dever de trabalho em benefício do Estado — neste sentido, em apreciação do Código Civil da antiga União Soviética, Andrea de CAPUA / Mario BATTAGLINI / Vittorio MARTUSCELLI, *Il Codice civile della Russia Sovietica (Esposizione e raffronto con il Codice Italiano)*, Milano, 1946, 113 s.

[66] Neste sentido, *vd* a descrição exemplar de Giuliano MAZZONI, *Certezza del diritto e autonomia dei privati nell'odierno diritto del lavoro* (1956), *in Scritti minori*, I, Milano, 1979, 153-174 (153 ss.), da situação de incerteza do sistema juslaboral italiano do pós-guerra, pela dificuldade de conciliar as normas corporativas que sobreviveram à queda do corporativismo (designadamente as constantes do *Codice civile*) com os novos princípios constitucionais em matéria laboral.

[67] Lembremos, a título de exemplo, a erradicação das mais importantes manifestações da fenomenologia laboral colectiva (a negociação colectiva e a greve)

Do ponto de vista histórico-social, o desenvolvimento do direito laboral tem pois sido condicionado e acompanhado por uma série de factores de instabilidade, que, de uma forma isolada, também se verificam noutras áreas do direito[68], mas cuja intensidade e conjugação dificilmente encontra paralelo no universo jurídico e muito contribui para dificultar a sua delimitação.

1.3. Os factores sistemáticos

I. Do ponto de vista sistemático, concorrem para as dificuldades de delimitação do direito laboral como área jurídica as características da dispersão na produção de regras laborais e da densidade do complexo normativo.

Referimos já[69] que, para além de proceder ao enquadramento jurídico do fenómeno do trabalho subordinado e de regular o desenvolvimento dinâmico do vínculo laboral, o direito do trabalho incide sobre a temática adjacente das condições de trabalho e sobre a fenomenologia laboral colectiva. Esta multiplicidade e diversidade de matérias tornou comum na doutrina a distinção no âmbito do direito laboral de três grandes centros regulativos ou áreas temáticas — os denominados *direito individual do trabalho, direito colectivo do trabalho e direito*

---

do âmbito do direito laboral durante o período do nacional-socialismo alemão — por todos, nesta matéria, Theo MAYER-MALY, *Nationalsozialismus und Arbeitsrecht*, RdA, 1989, 4/5, 233-240 (235). Embora a situação tenha sido revista depois de 1945, a singularização de todo o direito laboral que dela decorreu teve, no nosso entender, uma influência decisiva na fundamentação global desta área jurídica, que perdurou por muito mais tempo do que o da própria supressão dos institutos laborais colectivos. Situação semelhante se verificou noutros regimes corporativos, como o português ou o italiano — no mesmo sentido em apreciação do caso italiano, Gino GIUGNI, *Una lezione sul diritto del lavoro*, DLRI, 1994, 2, 203-211 (205 s.).

[68] A título meramente exemplificativo, recordamos o rápido crescimento e o pendor regulamentar das normas de áreas jurídicas novas, como o direito económico e, especialmente, o direito financeiro ou a delicadeza sociológica de matérias do direito privado comum como o arrendamento ou as alterações estruturais no direito da família em resultado da afirmação da igualdade dos sexos.

[69] *Supra*, § 1º, II.

*das condições de trabalho*⁷⁰ ⁷¹—, discutindo-se se a regulação autónoma da fenomenologia laboral colectiva antecedeu ou sucedeu historicamente às normas sobre a relação de trabalho e sobre as condições de trabalho⁷². Por outro lado, a matéria das condições de trabalho gerou, em parte, o actualmente chamado «direito da segurança social», cuja natureza e lugar na ordem jurídica global é, ainda hoje, uma questão não totalmente resolvida⁷³.

---

⁷⁰ Este critério de sistematização das matérias laborais transparece na maioria dos manuais de direito laboral entre nós e na literatura estrangeira da especialidade. A título exemplificativo neste sentido, *vd* MENEZES CORDEIRO, *Manual...cit.*, 227 ss. e 513 ss.; Pedro Romano MARTINEZ, *Direito do Trabalho*, Lisboa, I (*Parte Geral*), 3ª ed., Lisboa, 1998, II, tomos 1 e 2 (*Contrato de Trabalho*), 3ª ed., Lisboa, 1999, e II (*Relações Colectivas de Trabalho*), Lisboa, 1994/95; MONTEIRO FERNANDES, *Direito do Trabalho...cit.*, 283 ss. e 595 ss., António Jorge da Motta VEIGA, *Lições de Direito do Trabalho*, 6ª ed., Lisboa, 1995, 163 ss. e 339 ss.; Mário PINTO, *Direito do Trabalho — Introdução. Relações Colectivas de Trabalho*, Lisboa, 1996. Também procedendo a esta sistematização na doutrina alemã, *vd*, por todos, ZÖLLNER/LORITZ, *Arbeitsrecht... cit*, 145 ss., 341 ss. e 365 ss.; no direito austríaco, Theo MAYER-MALY / Franz MARHOLD, *Österreichiches Arbeitsrecht*, I — *Individualarbeitsrecht*, e II — *Kollektiv-arbeitsrecht*, Wien — New York, 1987 e 1991, respectivamente; no direito italiano, Giorgio GHEZZI / Umberto ROMAGNOLI, *Il diritto sindacale*, 2ª ed., Bologna, 1987, e *Il rapporto di lavoro cit.*; no direito francês, LYON-CAEN/PÉLISSIER, *Droit du travail cit.*, 52 ss., 341 ss., 524 ss.

⁷¹ É aquilo a que um sector da doutrina chama o «policentrismo» do direito do trabalho — neste sentido, MENEZES CORDEIRO, *Manual... cit.*, 19 ss.

⁷² Embora a orientação pedagógica tradicional seja no sentido de apresentar em primeiro lugar as matérias relativas à situação laboral individual e ao respectivo desenvolvimento e vicissitudes, alguma doutrina chama a atenção para o facto de a matéria relativa aos fenómenos colectivos e às condições de trabalho ter tido a precedência em termos de regulação autónoma, já que os problemas inerentes à relação de trabalho começaram por ser resolvidos por subsunção ao direito comum — neste sentido, por exemplo, MENEZES CORDEIRO, *Manual... cit.*, 21 e 227 ss., MOTTA VEIGA, *Lições... cit.*, 63 ss. e 339 ss., ou GHEZZI/ROMAGNOLI, *Il diritto sindacale cit.* e *Il rapporto di lavoro cit.*, que optam pela orientação pedagógica inversa.

⁷³ Tradicionalmente as normas legais em matéria de protecção dos riscos sociais inerentes à prestação subordinada de trabalho foram integradas no domínio laboral, mas a sua natureza pública e a progressiva assunção pelo Estado dos deveres inerentes à protecção social acabaram por ditar a consideração desta matéria como área jurídica *a se*. No entanto, não é raro encontrarmos esta temática referenciada como parcela do direito do trabalho em obras laborais básicas

Mais do que a diversidade das áreas temáticas — comum a todos os domínios jurídicos com algum grau de complexidade — contribui, no nosso entender, para dificultar a delimitação do ramo jurídico o facto de esta diversidade não corresponder a um desenvolvimento normativo concertado e coerente, mas a um modo disperso e descoordenado de produção de regras jurídicas. Ao contrário do que sucedeu noutras áreas do direito, que lograram traduzir a sua temática social de incidência num ou em poucos conceitos nucleares, capazes de assegurar alguma racionalidade na construção do edifício normativo correspondente[74], no direito laboral o fenómeno social nuclear e originário (i.e., o fenómeno do trabalho subordinado) não funcionou como factor aglutinador da produção normativa, nem conseguiu evitar o seu carácter disperso, fragmentado e, por vezes, contraditório[75]. O sistema normativo laboral é hoje constituído, na maioria dos países, por um conjunto de textos sempre volumoso, muitas vezes objecto de compilações que não correspondem, contudo, a uma codificação no sentido rigoroso do termo[76], e cuja

---

da actualidade — neste sentido, por exemplo, Giuliano MAZZONI (dir.), *Manuale di diritto del lavoro*, I e II, 6ª ed., Milano, 1988 e 1990, ou MONTOYA MELGAR, *Derecho del Trabajo cit.*, 599 ss.

[74] Lembremos, como exemplo paradigmático, o conceito de actos de comércio que, independentemente do seu rigor científico, funcionou como fio condutor do desenvolvimento do nosso direito comercial durante décadas, afirmando-se como o conceito nuclear da legislação comercial (neste sentido, por exemplo, José Joaquim BARROS, *Regime geral dos actos de comércio*, in José de Oliveira ASCENSÃO (dir.), *As Operações Comerciais — Trabalhos do Curso de Mestrado sob a orientação do Professor Doutor Oliveira Ascensão*, Coimbra, 1988, 11-92 (14)), e constituindo ainda hoje a base legal de caracterização das matérias comerciais — Branca Martins da CRUZ, *A teoria geral do acto de comércio. Sua relevância actual na determinação da matéria comercial*, in José de Oliveira ASCENSÃO (dir.), *As Operações Comerciais — Trabalhos do Curso de Mestrado sob a orientação do Professor Doutor Oliveira Ascensão*, Coimbra, 1988, 93-124 (95). Sobre o papel unificante deste conceito no direito comercial, vd, por todos, numa apreciação crítica, José de Oliveira ASCENSÃO, *Direito Comercial*, I (copiogr.), Lisboa, 1994 (*reprint*), 8 e 57 ss.

[75] MENEZES CORDEIRO, *Manual... cit.*, 19 ss.

[76] No nosso entender, a codificação existe, em sentido próprio, como produto final de uma regulamentação jurídica mais ou menos estabilizada e reveladora de algumas ideias nucleares e não como mera reprodução de disposições legais dispersas — sobre este sentido de codificação e a sua distinção das compilações, por exemplo, OLIVEIRA ASCENSÃO, *O Direito... cit.*, 359 ss. Ora, no direito laboral, a volatilidade dos textos legais tem impedido até ao momento o surgimento de uma

área de incidência se espalha pelos três grandes centros regulativos de uma forma muito variável[77].

---

verdadeira codificação, mesmo nos países que elaboraram leis gerais em matéria laboral (como o nosso *Regime Jurídico do Contrato de Trabalho* (LCT) ou o *Estatuto de los Trabajadores* em Espanha), ou até códigos laborais (como o *Code du travail* em França); entre nós, a incipiência e a falta de sedimentação da área jurídica foram também os argumentos apontados, no processo de revisão geral do Código de Seabra, em favor da exclusão da regulamentação das matérias laborais do Código Civil (à excepção de algumas normas gerais) e sua remissão para legislação especial, que acabou por se concretizar com o Código de 1966 — neste sentido, Adriano Paes da Silva Vaz SERRA, *A revisão geral do Código Civil — Alguns factos e comentários,* BMJ, 1947, 2, 24-76 (35 e 58 s.), e Inocêncio Galvão TELLES, *Contratos Civis (Projecto completo de um título de futuro Código Civil Português e respectiva Exposição de Motivos),* BMJ, 1959 (83), 113-282 (164), e, ainda do mesmo autor, por exemplo na 8ª ed. da sua *Introdução ao Estudo do Direito,* I, Lisboa, 1995, 143, nota [25] (já na 11ª ed. *cit.*, 200 ss., o autor se pronuncia, de forma mais desenvolvida e em termos genéricos sobre as vantagens e as desvantagens do movimento de codificação). É ainda este argumento de insegurança e instabilidade normativa que, para alguns autores, continua hoje a impedir a codificação das matérias laborais (neste sentido, por exemplo, Pedro Romano MARTINEZ, *Direito do Trabalho. Relatório,* Lisboa, 1998, 49 s., e ainda *Direito do Trabalho...cit,* I, 64 s.). Noutros sistemas, o carácter disperso da regulamentação laboral e os inconvenientes que daí resultam são também assinalados pelos autores — neste sentido, *vd,* por exemplo em relação ao sistema germânico, Gerhard BOLDT, *Le contrat de travail dans le droit de la République Fédérale d'Allemagne, in* G. BOLDT / G. CAMERLYNCK / P. HORION / A. KAYSER / M. G. LEVENBACH / L. MENGONI, *Le contrat de travail dans les pays membres de la C.E.C.A.,* Paris (s.d.), 225-310 (234).

[77] Fixando-nos apenas nos sistemas de direito europeu continental verificamos, por exemplo, que matérias como a greve e o *lock-out* só são previstas e reguladas na lei em muito poucos países, que o próprio contrato de trabalho ainda não é regulado de forma autónoma em sistemas como o germânico ou o austríaco, não obstante, desde o início deste século e até à actualidade já se terem sucedido e sido objecto de debate grande número de propostas de elaboração de legislação especial sobre esta matéria (a questão da uniformização da disciplina jurídica atinente à situação laboral individual é já discutida em 1912 por LOTMAR, *Die Idee eines einheitlichen Arbeitsrecht cit.,* e continua a sê-lo na actualidade, depois da última das propostas legais neste sentido, já posterior à reunificação alemã, e que é exaustivamente analisada por Wolfgang HRODMAKA, *Ein Arbeitsvertragsgesetz für Deutschland. Der Entwurf des Arbeitskreises, in* D. BOEWER / B. GAUL (Hrsg.), *Deutsches Rechtseinheit im Arbeitsrecht, Fest. Dieter GAUL,* Berlin, 1992, 357-395); ou que apenas em França existe um diploma específico sobre as liberdades dos trabalhadores dentro da empresa. Em contrapartida,

II. À característica da dispersão na produção normativa acresce um outro factor de ordem sistemática que, no nosso entender, contribui igualmente para dificultar a delimitação desta área jurídica: a densidade do próprio sistema normativo laboral.

A densidade do sistema normativo laboral decorre da pluralidade e da diversidade de formas de revelação das suas normas, evidenciando um quadro de fontes mais complexo neste domínio do que, porventura, noutras áreas jurídicas. A especial complexidade do sistema emerge não tanto do facto de as regras laborais serem reveladas em fontes de diferente grau hierárquico, que carecem de harmonização — como já tivemos ocasião de referir[78], encontram-se normas laborais ao nível do direito constitucional, do direito internacional e comunitário e nas diversas fontes infra-constitucionais, constatando-se, aliás, em sistemas jurídicos como o nosso, uma exagerada propensão regulamentar nesta matéria —, mas, sobretudo, da necessidade de harmonizar estas fontes comuns com as denominadas *fontes laborais específicas*, que, por sua vez, podem ter origem num acto de poder ou na auto-regulação de interesses pelos sujeitos laborais[79]. Reportando-nos apenas ao sistema português de fontes, tal como ele é enunciado no art. 12º da LCT, integramos aqui as convenções colectivas, nas suas diversas modalidades, as portarias de regulamentação do trabalho e as portarias de extensão, os regulamentos empresariais e os usos profissionais e das empresas. O facto de concorrerem na determinação de regras laborais fontes específicas e comuns e, sobretudo, a possibilidade de auto-regulação através das convenções colectivas (cujo conteúdo, limitado apenas em termos

---

matérias como a da representação dos trabalhadores na empresa e da cogestão obtiveram um desenvolvimento legal nos sistemas germânico e austríaco sem paralelo noutros sistemas (cfr., em especial, no sistema alemão a BetrVG de 1988 e a MitbestG de 1976), e que tornou até comum a distinção doutrinal de duas áreas temáticas na fenomenologia laboral colectiva — a área do *Tarifvertragsrecht* e a área do *Betriebsverfassungsrecht* (por todos, neste sentido, no direito germânico, Günther SCHAUB, *Arbeitsrecht Handbuch,* 6ª ed., München, 1987, 2 e, no direito austríaco, MAYER-MALY/ MARHOLD, *Österreichisches...cit.,* II, 5).

[78] *Supra,* § 1º, V.

[79] É a distinção entre fontes laborais gerais e específicas, heterónomas e autónomas, usual nas obras básicas de direito laboral, e que evidencia, por si só, a complexidade do sistema — neste sentido, a título exemplificativo na doutrina nacional, MONTEIRO FERNANDES, *Direito do Trabalho...cit.,* 62 s.; MENEZES CORDEIRO, *Manual... cit.,* 171; MOTTA VEIGA, *Lições... cit.,* 89.

negativos[80], se estende usualmente à globalidade das matérias atinentes à prestação de trabalho e à inserção dos trabalhadores na empresa[81]), dificulta a organização do sistema normativo e a harmonização das suas regras — o que contribui também para dificultar a delimitação da área jurídica.

1.4. Os factores dogmáticos

I. Aos factores de ordem histórico-social e de ordem sistemática acrescem ainda, no nosso entender, dois factores de ordem dogmática, que contribuem para dificultar a delimitação do direito laboral como área jurídica: por um lado, a dificuldade de inserção global do direito laboral na ordem jurídica privada ou pública, com a consequente sujeição aos respectivos princípios orientadores; por outro lado, a dificuldade de assunção da singularidade da fenomenologia laboral, nas suas manifestações individuais e colectivas, pela comunidade juscientífica.

No que se refere ao primeiro aspecto, uma breve análise do sistema normativo laboral nacional permite verificar que ele é constituído de uma forma predominante por preceitos imperativos, não só nas áreas regulativas atinentes à fenomenologia laboral colectiva e às condições de trabalho em sentido amplo, mas também na área relativa à situação laboral individual. No domínio colectivo e das condições de trabalho,

---

[80] Neste sentido, no nosso sistema, dispõem os arts. 5° e 6° da LRCT, conferindo o maior âmbito regulativo às convenções colectivas, apenas limitado pela necessidade de respeitarem os princípios constitucionais em matéria laboral, as normas legais imperativas e o princípio do tratamento mais favorável ao trabalhador.

[81] Uma breve apreciação histórica dos conteúdos das convenções colectivas de trabalho só no nosso sistema, que tem uma tradição de convenções colectivas não tuteladas pela Administração Pública ainda relativamente recente, demonstra a evolução das temáticas integrativas do seu conteúdo, que também se verificou noutros países com mais tradição neste domínio. Enquanto as convenções colectivas no período de 1974 a 1977 tendiam a circunscrever o seu conteúdo às matérias da fixação dos salários e da determinação das categorias, as convenções mais recentes regulam, de uma forma minuciosa, os mais diversos aspectos atinentes à formação, desenvolvimento e vicissitudes da relação de trabalho, à organização do trabalho, à carreira dos trabalhadores, ao seu posicionamento na empresa e às suas regalias sociais, ao papel e aos direitos dos seus representantes sindicais e na comissão de trabalhadores, etc...

§ 2º – A delimitação tradicional do direito do trabalho

a maioria das normas legais em matéria de entes laborais colectivos[82], de negociação colectiva e de greve[83] não admitem estipulação em contrário, e apresentam igualmente carácter imperativo a maior parte das normas sobre segurança, higiene e saúde no trabalho[84] e sobre os riscos sociais inerentes ao trabalho e respectiva cobertura[85]. No que se reporta ao contrato de trabalho, é sabido que, apesar da sua qualificação privada (tanto por aplicação do critério dos interesses prosseguidos, como pelo da posição dos sujeitos envolvidos[86]), o seu conteúdo é

---

[82] Respectivamente, *Regime Jurídico das Comissões de Trabalhadores* (LComT), aprovado pela L. nº 46/79, de 12 de Setembro, *Regime Jurídico das Associações Sindicais* (LS), aprovado pelo DL nº 215-B/75, de 30 de Abril, e *Regime Jurídico das Associações Patronais* (LAP), instituído pelo DL nº 215-C/75, de 30 de Abril.

[83] Respectivamente, *Regime Jurídico das Relações Colectivas de Trabalho* (LRCT), aprovado pelo DL nº 519-C1/75, de 29 de Dezembro e *Lei da Greve* (LG) — L. nº 65/77, de 26 de Agosto, alterada pela L. nº 30/92, de 20 de Outubro.

[84] *Regime Jurídico da Segurança, Higiene e Saúde no Trabalho*, estabelecido pelo DL nº 441/91, de 14 de Novembro e alterado pelo DL nº 133/99, de 21 de Abril, e pela L. nº 118/99, de 11 de Agosto.

[85] *Regime Jurídico dos Acidentes de Trabalho e Doenças Profissionais* (LAT), estabelecido pela L. nº 2127, de 3 de Agosto de 1965, regulamentada pelo Dec. nº 360/71, de 21 de Agosto, e actualmente contante da L. nº 100/97, de 13 de Setembro, regulamentada pelo DL nº 143/99, de 30 de Abril.

[86] A aplicação de qualquer dos critérios cimentados na doutrina (de entre a mais de uma centena de critérios existentes, de acordo com a indicação de Armando Manuel de A. Marques GUEDES, *A Concessão*, I, Coimbra, 1954, 129) para delimitar os domínios público e privado da ordem jurídica (em geral, sobre esta matéria, CABRAL DE MONCADA, *Lições...cit.*, 42 ss., GALVÃO TELLES, *Introdução*[11]*...cit.*, I, 165 ss.; OLIVEIRA ASCENSÃO, *O Direito... cit.*, 329 ss.; CASTRO MENDES, *Introdução...cit.*, 281 ss.; BAPTISTA MACHADO, *Introdução... cit.*, 65 s.; Marcelo Rebelo de SOUSA / Sofia GALVÃO, *Introdução ao Estudo do Direito*, 4ª ed., Mem Martins, 1998, 257 ss., Pedro Paes de VASCONCELOS, *Teoria Geral do Direito Civil*, I, Lisboa, 1999, 7 ss., ou ainda KELSEN, *Teoria Pura...cit.*, 378 ss.) à situação jurídica laboral determina a sua qualificação privada. Esta natureza privada decorre não apenas do carácter particular dos interesses prosseguidos pelas partes (o interesse do trabalhador na remuneração do seu trabalho e o interesse do empregador na satisfação das suas necessidades através da prestação laborativa), mas também da posição formalmente igualitária das partes no negócio jurídico. Um e outro critérios têm sido, aliás, apontados pela doutrina para delimitar a situação jurídica laboral dos serviços prestados no quadro de uma relação de funcionalismo público — *infra*, § 3º, 4.6.

delimitado muito menos pela vontade das partes do que pela aplicação de preceitos imperativos, de origem legal e convencional colectiva. A maioria das normas sobre o desenvolvimento e as vicissitudes do vínculo laboral é imperativa[87], como são cogentes os preceitos garantísticos previstos na lei ou em instrumentos de regulamentação colectiva de trabalho convencionais ou administrativos[88]: incidindo um e outro tipo de preceitos nos mais diversos aspectos do conteúdo da relação jurídica, desde a sua constituição até à sua cessação, é manifesto o fraco peso da vontade das partes na regulação dos seus interesses em matéria laboral.

Poderá parecer que a rigidez do sistema normativo é atenuada por dois factores: por um lado, uma boa parte dos preceitos imperativos é apenas dotada da característica que a doutrina tradicional designa como *imperatividade mínima*, por admitirem o afastamento num sentido mais favorável ao trabalhador[89] [90]; por outro lado, o fraco peso da autono-

---

[87] A título exemplificativo, recordem-se as normas sobre duração do trabalho, previstas no *Regime Jurídico da Duração do Trabalho* (LDT), aprovado pelo DL nº 409/71, de 27 de Setembro, o *Regime Jurídico das Férias, Feriados e Faltas* (LFFF), previsto no DL nº 874/76, de 28 de Dezembro, bem como a LCCT (art. 2º nº 1).

[88] Cfr., a ilustrar esta afirmação, o art. 21º da LCT — o conteúdo da relação laboral é objecto de normas garantísticas imperativas em matéria de tipo de trabalho e categoria profissional, remuneração, local de trabalho, tempo de trabalho, cessação do contrato e direitos dos trabalhadores na empresa.

[89] A designação de *imperatividade mínima*, difundida na doutrina laboral nacional tradicional, opõe-se à de *imperatividade absoluta*, característica dos preceitos laborais que não admitem derrogação em nenhum sentido — MONTEIRO FERNANDES, *Direito do Trabalho cit.*, 112 s. e 115 s.; José Barros MOURA, *Notas para uma Introdução ao Direito do Trabalho* (copiogr.), Lisboa, 1979/80, 369 ss., e *A Convenção Colectiva entre as Fontes de Direito do Trabalho*, Coimbra, 1984, 150 ss.; Luís Brito CORREIA, *Direito do Trabalho*, I (copiogr.), Lisboa, 1980/81, 150 ss.; José Acácio LOURENÇO, *Estudos sobre Temas de Direito do Trabalho*, Lisboa, 1982, 99; BERNARDO XAVIER, *Curso... cit.*, 256 s.; MOTTA VEIGA, *Lições... cit.*, 143. Estes diferentes níveis de imperatividade (ou, na terminologia preferida por autores como MENEZES CORDEIRO, *Manual...cit*, 212 e 219 s., esta conjugação de conteúdos imperativos e supletivos num mesmo preceito jurídico) ressalta do texto um tanto enviesado do art. 13º nº 1 da LCT e é por vezes afirmada expressamente pelos diplomas laborais — assim, por exemplo, a LS admite a derrogação das suas normas num sentido mais favorável aos trabalhadores (art. 53º), bem como a *Lei de Protecção da Maternidade e da Paternidade* (L. nº 4/84, de

mia privada ao nível do contrato de trabalho é compensado pela maior liberdade na auto-regulação de interesses ao nível colectivo, já que o âmbito regulativo das convenções colectivas é apenas objecto de uma delimitação negativa (art. 6º da LRCT) e, em alguns casos, as normas legais que não podem ser afastadas pelo contrato de trabalho, poderão sê-lo pela via convencional colectiva (art. 13º nº 2 da LCT)[91]. No nosso entender, estes factores não alteram, contudo, a essência predominantemente imperativa do sistema normativo laboral, não só porque o nível colectivo de regulamentação se encontra sujeito aos mesmos limites da imperatividade e da favorabilidade que coagem as estipulações negociais individuais (art. 6º nº 1 b) e c) da LRCT), como também porque a este nível se cria uma fonte suplementar de imperatividade, dada a sua imposição às situações individuais, de acordo com as regras de coordenação das fontes laborais (art. 14º nº 1 da LRCT e art. 13º nº 1 da LCT)[92]. O sistema jurídico laboral é pois um sistema em que predomi-

---

5 de Abril, no art. 34º, de acordo com numeração introduzida pela L. nº 142/99, de 31 de Agosto), ao passo que a LCCT afirma expressamente o carácter absolutamente imperativo das suas normas no art. 2º nº 1. Sobre este ponto, *infra*, § 30º, 67.

[90] A distinção de níveis de imperatividade nas normas laborais encontra-se também noutros sistemas jurídicos — é o caso do sistema francês (art. L. 132.4 do *Code du travail*) que, para este efeito, aplica tanto à regulamentação legal como à regulamentação convencional colectiva o conceito de *ordre public social*, que distingue do conceito geral de *ordre public* pelo facto de apenas vedar o estabelecimento de um regime menos favorável ao trabalhador — sobre esta distinção, por todos, CAMERLYNCK, *Le contrat de travail...* cit., 44, e Michel DESPAX, *Négociations, conventions et accords collectifs*, in G. H. CAMERLYNCK (dir.), *Traité de Droit du travail*, VII, 2ª ed., Paris, 1989, 83 ss. e 90 ss.

[91] São as denominadas *tarifdispositive Normen*, na expressão de Claus Wilhelm CANARIS, *Tarifdispositive Normen und richterliche Rechtsfortbildung*, in G. HUECK / /R. RICHARDI (Hrsg.), *Gedächtnisschrift für Rolf DIETZ*, München, 1973, 199-224, ou «normas convénio-dispositivas», de acordo com a terminologia introduzida entre nós por MENEZES CORDEIRO, *Manual...cit.*, 308. Sobre o desenvolvimento deste tipo de normas e, em especial, sobre a sua aplicação judicial no direito germânico, *vd,* por todos, Peter SCHWERDTNER, *Das Tarifdispositive Richterrecht als Methodenproblem*, in *Arbeitsrecht und juristische Methodenlehre*, Neuwied — Darmstadt, 1980, 109-130. Sobre este ponto, *infra*, § 30º, 67.

[92] Não se diga, a este propósito, que a limitação da autonomia privada ao nível do contrato de trabalho pelas convenções colectivas é ilusória porque as associações sindicais e patronais a exercem em representação dos trabalhadores e empregadores seus associados. Mais do que uma substituição dos níveis de mani-

nam os preceitos imperativos, o que constitui uma limitação importante do princípio da liberdade contratual dominante no direito privado.

Por outro lado, cabe salientar que a esta predominância de comandos imperativos, que, não sendo regra, não é, de qualquer modo, caso único no direito privado[93], acresce no sistema laboral uma outra característica que dificulta a sua inserção na ordem jurídica privada: o facto de muitas das suas normas serem ditadas, de uma forma directa e não reflexa, por interesses públicos. Se pensarmos nas normas sobre carteira profissional[94], em todo o normativo relativo às situações de risco social inerentes à prestação subordinada de trabalho, em algumas das normas que estabelecem obrigações dos empregadores para com o

---

festação da liberdade negocial, está em causa, com frequência, a imposição de conteúdos regulativos obtidos pela via convencional colectiva a sujeitos que não foram representados nessa negociação, como o ilustram diversos exemplos retirados do nosso sistema laboral — trabalhadores ainda não filiados no sindicato outorgante da convenção colectiva poderão vir a ser por ela abrangidos, como continuarão a ser abrangidos aqueles que entretanto se desvincularam do sindicato, mesmo que posteriormente se venham a filiar noutra associação sindical, não outorgante da convenção em causa (art. 8º da LRCT). Da mesma forma, trabalhadores com idênticas funções na empresa mas não sindicalizados têm direito ao salário previsto na convenção para a sua categoria profissional por aplicação do princípio da igualdade de tratamento remuneratório consagrado na Constituição (art. 59º nº 1 b)) e que, de acordo com a jurisprudência dominante, prevalece sobre o princípio da filiação sindical — neste sentido, por exemplo, os Acórdãos do STJ de 5/5/1988, BMJ 377-368, de 26/05/1988, BMJ 377-402, de 19/05/1988, AD 328--1017, e de 14/11/1990, AD 350-268, de 20/01/1993, CJ, 1993, I, 239, e de 8/02//1995, CJ, 1995, I, 267. Por outro lado, a extensão do âmbito de incidência de uma convenção colectiva por portaria ministerial, ao abrigo do art. 29º da LRCT, determina a sua aplicação a sujeitos não representados pelas associações sindicais ou patronais outorgantes. Em suma, uma pluralidade de situações previstas pela lei, por diversos motivos, extravasam em larga medida os quadros dogmáticos do instituto da representação, como instituto explicativo destes fenómenos. Teremos ocasião de aprofundar esta matéria, *infra*, § 26º, 58. e 59.

[93] Recordemos, por exemplo, a disciplina jurídica das relações familiares, quase toda imperativa, não obstante a sua inserção sistemática privada — sobre esta característica de injuntividade do direito da família, por todos, Carlos Pamplona CORTE-REAL, *Direito da Família e das Sucessões. Relatório,* RFDUL (Suplemento), Lisboa, 1995, 69.

[94] Art. 4º da LCT e DL nº 358/84, de 13 de Novembro, em especial art. 1º nº 1.

Estado ou que criam incentivos à contratação de certo tipo de trabalhadores[95], entre muitas outras, constatamos que o legislador utiliza com frequência as normas laborais para, de uma forma directa, prosseguir interesses gerais, ainda que, reflexamente, determinados trabalhadores singulares venham a beneficiar desse objectivo público[96][97]. E o peso destas normas de carácter público num sistema regulador de uma situação jurídica privada, compreensível embora pela importância social e económica do fenómeno do trabalho subordinado, não deixa de dificultar a resolução do problema da natureza prevalentemente privada ou pública da área jurídica — o que, por sua vez, não ajuda a discernir os valores fundamentais que a sustentam[98].

---

[95] Neste sentido, por exemplo, as obrigações impostas aos empregadores para assegurar a igualdade de tratamento entre os trabalhadores dos dois sexos, previstas nas leis da igualdade (DL nº 392/79, de 20 de Setembro, arts. 3º a 7º, e L. nº 105/97, de 13 de Setembro, art. 6º) ou para recorrerem ao trabalho de estrangeiros (L. nº 20/98, de 12 de Maio, arts. 3º a 6º); ou os incentivos ao emprego de certas categorias de trabalhadores, como os deficientes, os jovens ou os desempregados de longa duração, através da criação de regimes especiais para esses trabalhadores (assim, por exemplo, o *regime do emprego protegido* para os trabalhadores deficientes — DL nº 40/83, de 25 de Janeiro), ou através da concessão de incentivos financeiros ou ainda da redução ou dispensa temporária das obrigações contributivas do empregador perante a segurança social, no caso de contratação deste tipo de trabalhadores (neste sentido, por exemplo, o DL nº 34/96, de 18 de Abril, o DL nº 299/86, de 19 de Setembro, ou o DL nº 89/95, de 6 de Maio), bem como, em geral, a previsão de medidas de política de emprego e de combate ao desemprego (DL nº 132/99, de 21 de Abril e Port. nº 247/95 de 29 de Março).

[96] Ao contrário do que sucede com a disciplina imperativa de outros negócios jurídicos privados, que prossegue valores gerais de segurança jurídica (como é o caso do contrato de casamento) ou visa reforçar a protecção da parte mais débil do negócio (como no caso do arrendamento), estas normas laborais visam tutelar directamente interesses públicos determinados, proteger direitos fundamentais ou dar cumprimento a princípios constitucionais programáticos, como o da igualdade de oportunidades e de tratamento no domínio laboral ou o objectivo do pleno emprego e da inserção social de todas as categorias de cidadãos — arts. 13º, 58º nº 3 a) e b), 59º nº 1 a) e 71º nº 1 CRP, entre outros.

[97] A consciência da importância dos interesses públicos subjacentes a grande parte do normativo, por parte do legislador laboral, é evidenciada, aliás, pelo abrangente sistema contra-ordenacional de tutela que vigora nesta área (o *Regime Jurídico das Contra-Ordenações Laborais*, instituído pelo DL nº 491/85, de 26 de Novembro e actualmente estabelecido pela L. nº 116/99, de 4 de Agosto).

[98] Salientando exactamente esta dificuldade, Erich MOLITOR, *Das deutsche Arbeitsrecht und die Privatrechtswissenchaft*, RdA, 1948, 1, 44-46 (45), e *Priva-*

II. O segundo factor de ordem dogmática que, no nosso entender, contribui para dificultar a operação de delimitação do direito laboral enquanto área jurídica tem a ver com a tradicional desconfiança da comunidade juscientífica, ao longo do século XIX e no início do século XX, em relação à singularidade dos fenómenos laborais, que conduziu à convicção da dispensabilidade do seu enquadramento jurídico diferenciado — no caso dos fenómenos individuais, por se entender que eles podiam ser enquadrados pelo direito privado comum; no caso dos fenómenos colectivos, pelo contrário, por serem completamente novos e estranhos aos quadros de pensamento do direito civil, o que, durante largo tempo, contribuiu para manter a convicção da sua irrelevância jurídica.

No que se refere às matérias atinentes à situação laboral individual e às condições de trabalho, a menor predisposição da doutrina e do próprio legislador para aceitar a sua singularidade e, consequentemente, a necessidade do seu enquadramento jurídico específico, tem origem em motivos históricos e ideológicos. Por um lado, embora a massificação do fenómeno do trabalho subordinado livre seja uma novidade do século XIX, este fenómeno deixa-se enquadrar facilmente por um dos desdobramentos de uma figura negocial com raízes profundas no direito civil — a *locatio conductio*[99][100] — o que explica que não

---

trecht und öffentliches Recht im Arbeitsrecht, RdA, 1951, 7, 254-258, bem como MAYER-MALY, *Ausgewählte Schriften... cit.*, 15 s., ou Ludovico BARASSI, *Elementi di diritto del lavoro*, 7ª ed., Milano, 1957, 7, que a este propósito se refere, de uma forma expressiva, ao «*accostamento*» das duas grande zonas da ordem jurídica (o direito público e o direito privado) no domínio laboral.

[99] Neste sentido, os Códigos de oitocentos, optam pela recondução do fenómeno ou à figura da prestação de serviços (são as opções do Código de Seabra — arts. 1391º e 1370º — e do Código Civil italiano de 1865 — art. 1570º) ou à figura da locação (opção do Código napoleónico — arts. 1779º — e do Código Civil espanhol — art. 1583º). Mais tarde, o BGB regulará o *Dienstvertrag*, contrato de serviço em sentido amplo que inclui as modalidades do serviço dependente e independente (§ 611). Teremos ocasião de aprofundar a origem histórica comum destes enquadramentos na figura romana da *locatio conductio*, *infra*, § 7º, 12.II.

[100] Embora a opção pela recondução da prestação de trabalho às figuras da prestação de serviços ou da locação seja a mais comum na doutrina do final do século XIX e no ínício do século XX, e também a que teve tradução ao nível legislativo e da aplicação judicial, há autores que ensaiam outros enquadramentos do trabalho subordinado livre, reconduzindo-o às figuras da compra e venda ou do contrato de sociedade ou propondo soluções de combinação. Neste sentido,

§ 2º – A delimitação tradicional do direito do trabalho

seja objecto de referências específicas nas leis civis até muito tarde e, em alguns casos, até hoje[101]. Desta forma, em lugar de procurar o enquadramento jurídico diferenciado do fenómeno do trabalho subordinado, a maioria da doutrina contenta-se em assegurar a continuidade histórica deste enquadramento tradicional, invocando as origens romanas ou medievais do fenómeno[102], e alguns autores chegam a criticar a

---

veja-se a proposta de de Francesco CARNELUTTI, *Studi sulle energie come oggetto di rapporti giuridici*, Riv.dir.comm., 1913, I, 354-394, comparando a disposição da energia laborativa do trabalhador à disposição da energia eléctrica e reconduzindo, consequentemente, as duas situações à compra e venda; ou a posição de compromisso sustentada por Émile CHATELAIN, *Esquisse d'une nouvelle théorie sur le contrat de travail conforme aux principes du Code civil*, Rev.trim.dr.civ., 1904, 313-342 (319 ss.), *El Contrato de Trabajo* (trad. esp.), Madrid, 1904, 48 s.e 71 s., e *Une application de la nouvelle théorie du contrat de travail*, Rev.trim.dr.civ., 1905, 271, atribuindo ao contrato a natureza combinada de compra e venda (do produto do trabalho) e de sociedade (pela existência de uma «comunidade de produção» entre as partes). De qualquer forma, é patente a tendência para subsumir a prestação subordinada de trabalho a uma modalidade negocial já prevista na lei civil. Na parte subsequente do nosso estudo, teremos oportunidade de aprofundar estes diversos enquadramentos civilistas do fenómeno do trabalho subordinado, deles retirando as devidas ilações para o problema da autonomia dogmática — vd, infra, § 10º, 19.1.III.

[101] Exemplo paradigmático desta omissão é o BGB, que, seguindo a opinião maioritária na doutrina germânica da época, mas contra a opinião de alguns autores (como é relatado por DUBISCHAR, *Zur Entstehung...cit., passim*), não autonomizou o *Arbeitsvertrag* relativamente ao *Dienstvertrag* — que, por sua vez, era tradicionalmente considerado como uma *locatio* de serviços (por todos, quanto a esta concepção, Bernhard WINDSCHEID / Theodor KIPP, *Lehrbuch des Pandettenrechts, 9 Auflage unter vergleichender Darstellung des deutschen bürgerlicher Rechts*, II, Frankfurt, 1906 (*reprint* 1963), 719) — num momento histórico em que o primeiro era já um contrato de massas, abrangendo, segundo as referências de POTHOFF, *Probleme des Arbeitsrechts cit.*, 62, mais de 40 milhões de alemães. A mesma tradição se mantém também ainda hoje no sistema austríaco — § 1151 do ABGB. Comentando a fraca atenção do BGB em relação às matérias sociais, refere Gustav RADBRUCH, *Introducción a la Ciencia del Derecho* (trad. espanhola da 1ª ed.), Madrid, 1930, 92 ss., que, apesar de surgir num momento de viragem do direito, entre as concepções individualistas liberais do século XIX e as novas concepções de índole social do século XX, permanece solidamente ancorado às primeiras, cedendo apenas, de forma titubeante e ocasional, a preocupações sociais (o que se nota, no domínio laboral, nos deveres de cuidado relativos à pessoa e à saúde do prestador do serviço, impostos ao credor pelos §§ 618 e 619).

[102] É neste sentido que se compreendem os argumentos históricos tendentes ao enquadramento romanístico do trabalho subordinado livre, através do desdo-

locução «contrato de trabalho», que consideram vaga ou mesmo incorrecta, pelo facto de o *trabalho* poder ser objecto de diversos contratos, entre os quais o de locação[103]. Por outro lado, o contexto liberal subja-

---

bramento da figura da *locatio conductio* nas modalidades de locação de coisas e de serviços, que os pandectistas fizeram corresponder ao *Dienstvertrag* e ao *Werkvertrag* — por todos, quanto a esta concepção, Bernhard WINDSCHEID / Theodor KIPP, *Lehrbuch des Pandettenrechts, 9 Auflage unter vergleichender Darstellung des deutschen bürgerlicher Rechts*, II, Frankfurt, 1906 (*reprint,* 1963), 719; mas é também como forma de assegurar a continuidade histórica da figura que se compreendem as tentativas da sua filiação no *contrato de serviço fiel* (*Treudienstvertrag*), património da tradição jurídica medieval germânica (na concepção sustentada por Otto von GIERKE, *Las raíces del contrato de servicios* (trad.esp.), Madrid, 1982), comuns na doutrina civilista de oitocentos em apreciação desta matéria. Sobre este ponto, *vd infra,* § 7º, 12.II.

[103] Neste sentido, G. BAUDRY-LACANTINERIE / Albert WAHL, *Traité théorique et pratique de droit civil — Du contrat de louage,* 3ª ed., II (*Première Partie*), Paris, 1907, 4, consideram a expressão *contrat de de travail* como uma expressão vaga por não designar o tipo de prestação exigida ao salariado (preferindo-lhe a expressão «*location de l'activité des ouvriers*»), crítica que encontramos também em Luigi ABELLO, *Della locazione,* II (*Locazione di opere*), Parte II, 2ª impr., Napoli — Torino, 1910, 8 s., que considera ainda a expressão *locatio operarum* preferível à de *contratto di lavoro* pela sua maior correspondência com os termos legais; posição ainda mais crítica é a de Marcel PLANIOL, *Traité élémentaire de droit civil,* 6ª ed., II, Paris, 1912, 588, que considera a expressão *contrat de travail* como uma designação incorrecta, pelo facto de o trabalho poder ser objecto de diversos contratos, e prefere-lhe a expressão «*louage de travail*». Esta recondução do fenómeno do trabalho subordinado à figura da locação corresponde, aliás, à tradição da doutrina francesa no séc. XX — neste sentido, entre outros, M. TROPLONG, *De l'échange et du louage, in Le droit civil expliqué. Commentaire des Titres VII et VIII du livre III du Code Napoléon,* 3ª ed., II, Paris, 1859, 223 (embora este autor entenda que apenas num sentido amplo de locação se pode considerar que ela inclui o *louage d'ouvrage,* dada a singularidade da actividade humana como bem jurídico), C. AUBRY / C. RAU, *Cours de droit civil français,* IV, 4ª ed., Paris, 1871, 512 ss., A. M. DEMANTE, *Cours analytique de Code civil,* 2ª ed., VII, Paris, 1887, 226 ss. e 334 ss. — e está em consonância com o facto de, no estabelecimento do regime do *louage,* o *Code Napoléon* se inspirar directamente na estrutura tripartida da figura da *locatio conductio* no direito romano (salientando esta inspiração romanista do Código napoleónico, por exemplo, Manuel Henrique MESQUITA, *Obrigações Reais e Ónus Reais,* Coimbra, 1990, 161, nota [60]). Em resultado deste entendimento, a expressão «*contrat de travail*» só aparece, aliás, numa lei belga de 10 de Março de 1900, e, em França, numa lei de 1905 (a *Loi du 18 juillet 1905,* que virá a integrar os arts. 25º ss. do *Code du Travail*) mas, curiosamente, no sistema belga a expressão manteve sempre um

§ 2º – A delimitação tradicional do direito do trabalho 47

cente à época da grande difusão do trabalho subordinado e a inerente crença na bondade e eficácia dos princípios da liberdade negocial e da igualdade das partes nas relações de direito privado explicam a pouca predisposição da comunidade juscientífica[104] em relação a uma renovação normativa global nesta matéria e a consequente tendência para tratar as especificidades da situação laboral como desvios pontuais em relação ao sistema de direito civil, cuja adequação global para o enquadramento das matérias relativas à prestação subordinada de trabalho não é questionada — o que explica a natureza dispersa das normas laborais nesta área, que já tivemos ocasião de evidenciar[105].

---

significado restrito, designando apenas o vínculo laboral que envolve a prestação de trabalho predominantemente manual (ou seja, o tradicional contrato de trabalho dos operários) — a este propósito, por exemplo, PAUL HORION, *Le contrat de travail en droit belge cit.*, 159.

Entre nós, pelo contrário, a expressão «contrato de trabalho» foi, desde cedo, aplaudida por autores como Luis da Cunha GONÇALVES, *Tratado de Direito Civil em Comentário ao Código Civil Português*, VII, Coimbra, 1933, 572 ss., que se referia indiferentemente a este termo e ao termo «serviço salariado», utilizado pelo Código de Seabra, mas considerava o primeiro como mais correcto; tendo em conta a natureza particular da prestação em causa neste contrato (como no de empreitada e de serviço doméstico), este autor é, aliás, bastante crítico do enquadramento destas figuras com recurso ao contrato de locação e louva a opção do legislador português em reconduzi-los a modalidades do contrato de prestação de serviços — *idem*, 539 s. e 573.

[104] Ou, na expressão de DUBISCHAR, *Zur Entstehung...cit.,*83, um sentimento de certo desprezo dos pandectistas pelas matérias laborais e uma marcada preferência pelas matérias civis, mais consentâneas com os ideais da época. Esta mesma tendência era já assinalada entre nós, no princípio do séc. XX — neste sentido, refere MARNOCO E SOUSA, *Ciência Económica...cit.,* 188: «Os códigos civis dos povos civilizados regulam minuciosamente o direito de propriedade, ao passo que abandonam o trabalho, como uma mercadoria, à violência da concorrência e às alternativas da lei da oferta e da procura. O contrato de trabalho ocupa aí um lugar obscuro e secundário, quando todos os contratos que se referem à propriedade merecem a maior atenção e cuidado ao legislador»; RUY ULRICH, *Legislação Operária...cit.,* 119, considera «manifesta e inegavel a insuficiencia do nosso Codigo Civil na regulamentação do contracto de trabalho»; e CUNHA GONÇAVES, *Tratado de Direito Civil cit.,* VII, 572, estanha a pouca atenção dada pelo Código ao serviço salariado, comparativamente à regulamentação minuciosa do serviço doméstico «como se o problema do operariado não se antolhasse gravíssimo já nos meados do século XIX».

[105] *Supra*, 1.3.

No que respeita às temáticas do denominado direito colectivo do trabalho, a menor predisposição para aceitar a sua singularidade e para proceder ao seu enquadramento jurídico diferenciado por parte da comunidade juscientífica deve-se, pelo contrário, à total estranheza da fenomenologia laboral colectiva relativamente aos quadros de pensamento do sistema civil liberal — fenómenos colectivos conflituais e de pressão, como o boicote ou a greve, e mesmo fenómenos de concertação, como a negociação e as convenções colectivas, extravasam dos quadros de pensamento individualista liberal subjacentes ao direito privado de oitocentos, não só pela sua essência colectiva, como também por questionarem princípios fundamentais da ordem jurídica privada, como o do pontual cumprimento dos contratos (no caso da greve) ou os da liberdade negocial e da relatividade dos contratos (no que se refere às convenções colectivas, pelos efeitos que produzem no contrato de trabalho). É esta estranheza relativamente aos quadros do pensamento jurídico dominantes na época da sua difusão que explica que os fenómenos associativos e conflituais começassem por ser objecto de um enquadramento jurídico repressivo nos domínios civil e criminal[106] e

---

[106] Este enquadramento repressivo tem a ver com a erradicação das corporações com o advento do liberalismo. É o que se passa no sistema francês a partir da *Loi Le Chapelier, du 17 juin 1791*, na sequência da qual o Código Penal qualificará a coalisão como um delito, situação que se mantém até ao reconhecimento da liberdade de associação profissional pela *Loi du 21 mars 1884*; situação semelhante se verifica em Itália (*Codigo Sardo del 1859* e *Codice penale del 1889*), e também no sistema jurídico espanhol, a incriminação da greve está associada à proibição das associações profissionais, cuja constituição é qualificada como um delito pelo *Código Penal de 1822* (arts. 316° e 317°); entre nós, a extinção das corporações verifica-se um pouco mais tarde, com o Dec. de 7/05/1834 e, na sequência desta extinção, a greve é objecto de um desvalor penal, com a previsão de sanções de prisão e multa no art. 277° do Código Penal de 1852, mantido no art. 277° do Código Penal de 1886. Sobre este ponto, no direito português, *vd*, por exemplo, Luis da Cunha GONÇALVES, *Princípios de Direito Corporativo*, Lisboa, 1935, 30 ss. Teremos ociasião de voltar a apreciar esta matéria, *infra*, § 27°, 60.

Nos sistemas anglo-saxónicos é também comum desde o início do séc. XIX a subsunção à *Criminal Conspiracy Doctrine* da greve e de outros fenómenos conflituais como o boicote, bem como dos fenómenos de associativismo profissional, de acordo com a *common law*, por se entender que contrariam o valor social eminente da propriedade privada — por exemplo, *Mayor's Court decision from 1806 (Commonwealth v. Pullis)* contra um grupo de fabricantes de sapatos

que os fenómenos colectivos de concertação só muito tempo depois de se terem consolidado como práticas sociais viessem a ser objecto de recepção jurídica — uma recepção que, aliás, se limitou a consagrar legalmente, sem grandes inovações, o que há muito vinha sendo praticado pelos parceiros sociais[107].

Na verdade, esta atitude de desconfiança da comunidade científica em relação às matérias laborais afigura-se premonitória porque, como observa WIEACKER, será a intervenção jurídica para regulação deste tipo de fenómenos que irá permitir, sobretudo, a partir da década de vinte, a progressiva autonomização das áreas socialmente mais sensíveis do

---

em Filadélfia; a partir de meados do séc. XIX estes fenómenos passam a ser apenas objecto de desvalor civil, subsumindo-se à *Tort Doctrine*, e, em 1908, as matérias ligadas ao associativismo sindical são sujeitas, por decisão do *US Supreme Court (Loewe v. Lawlor)*, ao *Sherman Anti-Trust Act from 1890* — DILTS/DEITSCH, *Labor Relations cit.*, 54 ss.

[107] Neste sentido, encontramos, já em 1900, em Philipp LOTMAR, *Die Tarifverträge zwischen Arbeitgebern und Arbeitnehmer*, in Joachim RÜCKERT (Hrsg.), *Philipp Lotmar Shriften... cit*, 431-554 (*maxime* 433 e 548), referências à celebração de *Tarifverträge* há mais de cinquenta anos e um apelo à respectiva regulamentação; em sentido idêntico, assinala Horst MENGEL, *Tarifautonomie und Tarifpolitik*, in D. BOEWER / B. GAUL (Hrsg.), *Fest. Dieter GAUL*, Berlin, 1992, 407-427 (411 s.) a existência, em 1913, de treze mil convenções colectivas, abrangendo duzentas mil empresas e dois milhões de trabalhadores. No sistema francês, veja-se ainda em SCELLE, *Le droit ouvrier...cit.*, 64, a afirmação de que a negociação colectiva em França é muito anterior à legislação sobre associações sindicais e sobre convenções colectivas, e, no mesmo sentido, Jacques Le GOFF, *La naissance des conventions collectives*, Droits, 1990, 12, 67-79 (68), reconhece a existência de convenções colectivas desde 1830. Também referindo a prática da negociação colectiva desde o século XIX na Bélgica, por exemplo, G. MAGREZ-SONG, *Le droit conventionnel du travail*, in AA/VV, *Liber Amicorum Frédéric Dumon*, I, Antwerpen, 1983, 597-611 (597). E, em relação ao sistema italiano, Luisa SANSEVERINO, *Contratto colletivo di lavoro*, Enc.Dir., X (1962), 55-77 (56), dá conta de um acordo tarifário celebrado em Torino pelos trabalhadores tipógrafos, no ano de 1848, como o primeiro exemplo de convenção colectiva em Itália.

A importância das convenções colectivas desde o séc. XIX é ainda mais enfatizada nos sistemas anglo-saxónicos, pelo papel secundário que a lei desempenha nesses sistemas e pela difusão mais rápida da Revolução Industrial — neste sentido, refere sugestivamente KAHN-FREUND que, tendo a Revolução Industrial precedido largamente a abertura do Parlamento à classe operária em Inglaterra, os sindicatos nunca confiaram à *regulatory legislation* a defesa dos seus interesses, o que deu um impulso enorme ao desenvolvimento dos *collective agreements* (Paul DAVIES / Mark FREEDLAND, *Kahn-Freund's Labour and The Law*, London, 1983, 53).

direito privado, sendo assim responsável pela dissolução da sua unidade interna, tal como tinha sido concebida pela pandectística[108]. De qualquer forma, para o ponto que agora nos ocupa, interessa reter que a falta de receptividade da ordem jurídica em relação à regulação sistemática da fenomenologia laboral (seja ela motivada pela estranheza de uma parte desses fenómenos relativamente aos quadros de pensamento dominantes ou, pelo contrário, pela convicção da desnecessidade de tal regulação) propiciou um desenvolvimento disperso e descoordenado do direito do trabalho, o que dificulta a determinação do seu lugar na ordem jurídica global e a fixação das suas fronteiras.

2. As consequências das dificuldades de delimitação: a definição tripartida do direito laboral

I. As dificuldades de delimitação apontadas tiveram como consequência a definição tripartida do direito do trabalho e a parcelarização da sua apreciação dogmática. Por um lado, as áreas atinentes às situações laborais individuais, às situações colectivas e à matéria das condições de trabalho em sentido amplo tendem a transformar-se em centros regulativos autónomos, cujo desenvolvimento normativo se processa de forma independente — em lugar de um direito do trabalho unitário com diversas áreas temáticas, temos hoje um *direito individual do trabalho,* um *direito colectivo do trabalho* e um *direito das condições do trabalho.* Por outro lado, a resolução dos problemas da natureza e do posi-

---

[108] WIEACKER, *História do Direito Privado...cit.,* 628 ss., *maxime,* 632. Esta evolução decorre, afinal, do facto de as intervenções legislativas de índole social irem atacar os dois pilares do direito privado de oitocentos (i.e., o dogma da liberdade contratual e o direito de propriedade), que, apesar de manterem formalmente a sua importância, passam a ser encarados da perspectiva da limitação da sua actuação abusiva — ainda WIEACKER, *idem,* 633 ss. e 636 ss. Para alguns, a destruição da unidade dogmática do direito privado que decorreu da multiplicação de ramos especiais é um processo de fragmentação irreversível, restando apenas ao sistema jurídico prever soluções normativas para grupos e para áreas sociais delimitadas — neste sentido, por exemplo, Günther TEUBNER, *O Direito como Sistema Autopoiético* (trad. port. de J. Engrácia Antunes), Lisboa, 1989, 212 s. Problema geral do direito privado, este é, todavia, um problema que ultrapassa o âmbito das nossas reflexões.

cionamento do direito laboral na ordem jurídica global tem sido procurada pela doutrina de uma forma singular e independente para cada uma destas áreas regulativas.

II. A definição tripartida do direito laboral, sustentada pela generalidade dos juslaboralistas nacionais e estrangeiros[109], parece fundar-se, de acordo com as diversas noções doutrinais, na diversidade dos fenómenos objecto das normas laborais, que, como é muitas vezes afirmado, ultrapassam a dimensão da própria situação laboral[110]; e na diferente natureza dessas mesmas normas, que impediria a recondução global do sistema normativo ao direito privado ou ao direito público.

Assim, o *direito individual do trabalho* é usualmente definido como o complexo de normas reguladoras do contrato de trabalho e da relação jurídica emergente, nos aspectos do seu desenvolvimento e vicissitudes. Porque reportado a uma situação jurídica negocial envolvendo duas entidades privadas, na prossecução de interesses particulares, é qualificado como um conjunto de normas de direito privado, apesar da natureza imperativa da maioria dos seus comandos[111]. E, para reforçar a deli-

---

[109] A título exemplificativo, na doutrina nacional, MENEZES CORDEIRO, *Da situação jurídica laboral...cit.*, 91 s., e *Manual...cit.*, 24 ss., MONTEIRO FERNANDES, *Direito do Trabalho cit.*, 58, BERNARDO XAVIER, *Curso...cit.*, 81, ROMANO MARTINEZ, *Direito do Trabalho cit.*, I, 53, ou MÁRIO PINTO, *Direito do Trabalho...cit.*, 103; na doutrina italiana, entre muitos outros, Giuseppe D'EUFEMIA, *Diritto del lavoro*, Napoli, 1969, 2 s., Francesco SANTORO-PASSARELLI, *Specialità del diritto del lavoro*, in *Studi in memoria di Tulio Ascarelli*, IV, Milano, 1969, 1975-1994 (1982), ou GIUGNI, *Direito do Trabalho...cit.*, 315 s.; na doutrina austríaca e germânica, MAYER-MALY/MARHOLD, *Österreichiches...cit.*, I, 12, ou ZÖLLNER/LORITZ, *Arbeitsrecht...cit.*, 37 s. Esta noção tripartida foi também sustentada na doutrina francesa, por exemplo por ROUAST/ DURAND, *Précis de législation industrielle cit.*, 2 s., que designaram a área das relações colectivas de trabalho como a parcela do direito do trabalho relativa à «organização social do trabalho»; na segunda edição da obra, agora sob o título *Précis de droit du travail*, Paris, 1961, 3, esta área aparece já designada como «direito colectivo do trabalho».

[110] Neste sentido, MENEZES CORDEIRO, *Manual... cit.*, 18 e 23.

[111] Por exemplo, MONTEIRO FERNANDES, *Direito do Trabalho cit.*, 58; ROMANO MARTINEZ, *Direito do Trabalho...cit.*, I, 61 e 69 s, e *Direito do Trabalho. Relatório cit.*, 53; MAYER-MALY/MARHOLD, *Österreichiches... cit.*, I, 12. Mas contra, por exemplo, D'EUFEMIA, *Diritto del lavoro cit.*, 2 s. e 7, que, apesar de reconhecer a existência de normas privadas nesta parcela da área jurídica, entende que ela deve ser globalmente integrada no direito público, pela natureza pública da

mitação desta área regulativa relativamente a outras áreas do direito laboral, *verbi gratia*, em relação ao denominado direito laboral colectivo, é clássica na doutrina e frequente nos textos legais a afirmação, tecnicamente pouco rigorosa, do carácter *individual* do contrato e da relação de trabalho[112][113].

O *direito das condições de trabalho* é definido como o complexo de normas atinentes às matérias da segurança, saúde e higiene no trabalho, bem como à prevenção e reparação dos riscos sociais inerentes à prestação laborativa. Na medida em que faz surgir obrigações de sujeitos privados para com o Estado em matérias de interesse público, é quase sempre qualificado como um conjunto de normas imperativas de natureza pública[114].

---

maioria das suas normas e ainda porque o objectivo de protecção do trabalhador que anima o direito do trabalho corresponde a um interesse social geral.

[112] É curioso constatar a tendência da doutrina nacional e estrangeira da especialidade e, em certos casos, das próprias leis laborais, para repetidamente insistirem na adjectivação do contrato e da relação laboral como um contrato e uma relação *individuais* — neste sentido, vd, a título exemplificativo, entre nós, o preâmbulo da LCT, os arts. 1º nº 1 e 31º da LFFF, o art. 8º da L. 4/84, de 5 de Abril, os arts. 1º e 16º da LCCT. Tecnicamente pouco rigorosa, pela natureza intersubjectiva e relativa que tais situações jurídicas necessariamente revestem (José de Oliveira ASCENSÃO, *Teoria Geral do Direito Civil*, IV (copiogr.), Lisboa, 1985, 13, e António da Rocha Menezes CORDEIRO, *Tratado de Direito Civil Português*, I (*Parte Geral*), tomo I, Coimbra, 1999, 101), esta adjectivação, que não tem paralelo na designação de outros negócios de direito privado, com a mesma estrutura intersubjectiva e envolvendo até a prestação de um trabalho (a prestação de serviços, nas modalidades do mandato ou da empreitada, por exemplo), só é, no nosso entender, compreensível como forma de realçar que, ao lado do plano negocial de relacionamento entre o empregador e o trabalhador decorrente da constituição do seu vínculo laboral, pode surgir outro plano de relacionamento com a actuação das entidades laborais colectivas. Foi, aliás, também em resultado desta função delimitadora dos dois planos de relacionamento laboral que se vulgarizou em sistemas como o português, o francês ou o italiano a designação de *contrato colectivo de trabalho* (correspondente, no nosso sistema, a uma das modalidades de convenção colectiva, nos termos do art. 2º nº 2 da LRCT), *contrat collectif de travail* ou *contratto collettivo di lavoro* — nestes dois casos, com um conteúdo amplo, já que designam as convenções colectivas em geral.

[113] Pese embora a falta de rigor técnico desta adjectivação, continuaremos a utilizá-la por uma razão de facilidade prática, dada a sua grande difusão na doutrina juslaboralista e a sua expressividade linguística e cultural.

[114] MENEZES CORDEIRO, *Manual...cit.,* 27; MONTEIRO FERNANDES, *Direito do Trabalho cit.,* 58; MÁRIO PINTO, *Direito do Trabalho...cit.,* 104; SANTORO-PASSA-

Finalmente, o *direito colectivo do trabalho* é definido como o complexo normativo que estabelece o estatuto das entidades laborais colectivas e regula os fenómenos laborais colectivos de natureza negocial e conflitual. Uma vez mais, é comum na doutrina e na lei a adjectivação das situações objecto destas normas como situações laborais *colectivas* para bem as delimitar das situações laborais que não têm a intermediação de entidades colectivas[115], e a este complexo normativo é usualmente atribuída natureza híbrida, por combinar normas que prosseguem interesses privados com normas que visam interesses públicos, e situações jurídicas complexas entre particulares com deveres para com o Estado[116][117].

RELLI, *Specialità...cit.*, 1982 s.; MAYER-MALY/MARHOLD, *Österreichisches...cit.*, I, 12; contra, ROMANO MARTINEZ, *Direito do Trabalho...cit.*, I, 74 ss., e *Direito do Trabalho. Relatório cit.*, 56 ss.

[115] Também aqui é forçoso reconhecer a falta de rigor técnico desta adjectivação, já que há situações laborais colectivas que são protagonizadas directamente pelo empregador ou pelo trabalhador considerados na sua individualidade. Assim o empregador tem legitimidade para celebrar ou para aderir a convenções colectivas independentemente das associações patronais (arts. 3° n° 1 b) e 28° n° 1 da LRCT) e o recurso à greve pode, em certas condições, ser decidido directamente pelo plenário de trabalhadores independentemente das associações sindicais e é exercido individualmente por cada trabalhador (arts. 2° n° 2 e 7° da LG). Teremos ocasião de aprofundar este ponto, *infra*, § 29°, 63.2.

[116] MENEZES CORDEIRO, *Manual...cit.*, 26; MONTEIRO FERNANDES, *Direito do Trabalho cit.*, 58; MÁRIO PINTO, *Direito do Trabalho...cit.*, 106; contra, ROMANO MARTINEZ, *Direito do Trabalho...cit.*, I, 70 ss., e *Direito do Trabalho. Relatório cit.*, 55, que qualifica o direito colectivo como direito privado (excluindo, contudo, desta qualificação, a disciplina jurídica das portarias de extensão e de regulamentação do trabalho). Revelador das dificuldades que a coexistência de interesses públicos e privados nas normas laborais suscitam nesta área é o entendimento de MAYER-MALY/MARHOLD, *Österreichisches...cit.*, I, 12, que distinguem, dentro do direito colectivo, o *Arbeitsverfassungsrecht* e o *Betriebsverfassungsrecht*, de natureza não totalmente pública uma vez que incluem também normas não imperativas, do *Arbeitsverbandsrecht*, de natureza totalmente imperativa e pública.

[117] A estas três áreas normativas alguma doutrina adita ainda a área do direito processual do trabalho — neste sentido, entre nós, por exemplo, MENEZES CORDEIRO, *Manual...cit.*, 27 s., e ROMANO MARTINEZ, *Direito do Trabalho...cit.*, I, 53 e 55 ss. A natureza adjectiva e instrumental desta área normativa leva-nos a não a incluir nesta delimitação do âmbito do direito laboral — de acordo com o entendimento que subscrevemos, por exemplo, MÁRIO PINTO, *Direito do Trabalho...cit.*, 105. Já outros autores recusam esta tripartição sistemática do direito do trabalho e fornecem alternativas — neste sentido, por exemplo, Klaus

III. Esta definição tripartida do direito laboral apresenta, aparentemente, algumas vantagens, tanto do ponto de vista da compreensão sistemática das áreas normativas como do ponto de vista da abordagem dos problemas dogmáticos suscitados em cada área.

Do primeiro ponto de vista, este tipo de delimitação permite operar aquilo que poderíamos chamar de «coexistência pacífica» entre situações jurídicas de características diversas, envolvendo vários actores e prosseguindo interesses muito diferentes — utilizando a terminologia clássica, poderá dizer-se que à situação laboral individual, decorrente da celebração de um contrato de trabalho, acrescem os deveres de cada uma das partes em matéria de condições de trabalho em sentido amplo e as situações laborais colectivas protagonizadas pelos entes laborais colectivos. Esta coexistência permite explicar algumas das especificidades regimentais de cada uma das situações em causa (por exemplo, a substituição do conteúdo menos favorável do contrato de trabalho pelas disposições da convenção colectiva, contra a vontade expressa das partes, ou os efeitos da adesão à greve no contrato de trabalho — art. 14º nº 1 da LRCT e art. 7º nº 1 da LG), sem, todavia, pôr em causa a natureza de cada uma delas.

Do ponto de vista dogmático, esta forma de delimitação permite superar as dificuldades de recondução global do direito do trabalho à ordem jurídica pública ou privada. Se, tomado globalmente, o direito laboral não se deixa conter em nenhuma das parcelas desta *summa divisio* — o que conduz até um sector da doutrina a qualificá-lo globalmente como um *tertium genus* de natureza híbrida[118] ou de carácter

---

ADOMEIT, *Rechtsquellenfragen im Arbeitsrecht,* München, 1969, 75 s., propõe a divisão da área jurídica em três grandes centros, nos quais os elementos colectivo e individual se apresentam interligados: um centro relativo à relação de trabalho, que integra as normas reguladoras dos direitos e deveres dos trabalhadores e dos empregadores; um centro regulativo atinente aos grandes fundamentos do direito laboral, com referência ao contrato de trabalho, às convenções colectivas e aos aspectos públicos; e um centro regulativo determinado pelo critério dos sujeitos laborais, no qual se integram as normas disciplinadoras das organizações laborais.

[118] Neste sentido, são clássicas as tentativas de superação do problema na doutrina germânica em Hugo SINZHEIMER, *Grundzüge des Arbeitsrechts,* 2ª ed., Jena, 1927, 1, que considera a qualificação pública ou privada do direito do trabalho sem sentido porque as normas dos dois tipos que convergem no seu seio se

§ *2º – A delimitação tradicional do direito do trabalho* 55

social[119] —, relativamente a cada uma das áreas regulativas indicadas é possível proceder a essa integração, pelo menos em termos de prevalência, evitando o surgimento de contradições insanáveis de parte sig-

---

pressupõem mutuamente; ou em Lutz RICHTER, *Grundverhältnisse des Arbeitsrechts — Einführende Darstellung des gesamten Arbeitsrechts*, Berlin, 1928, 4 ss., que parte da classificação das áreas jurídicas em pessoais e patrimoniais, públicas e privadas para posicionar o direito do trabalho na intersecção desses termos de classificação; ou ainda, mais recentemente, em Ludwig Schnorr von CAROLSFELD, *Die Eigenständigkeit des Arbeitsrechts*, RdA, 1964, 8/9, 297-305 (297 e 300), considerando inviável a redução do direito laboral ao direito público ou ao direito privado pela natureza diversa e complexa dos interesses subjacentes às suas normas. Também subscrevendo a caracterização do direito laboral como um ramo jurídico híbrido pela coexistência no seu seio de normas públicas e privadas, mas criticando a sua recondução a um *tertium genus*, PERGOLESI, *Introduzione...cit.*, 261 ss. Entre nós, ainda hoje sustentam este carácter híbrido global da área jurídica, por exemplo, Mário Bigotte CHORÃO, *Notas para um curso de direito do trabalho*, Dir., 1970, 175-188 (178); BERNARDO XAVIER, *Curso...cit.*, 91; MOTTA VEIGA, *Lições...cit.*, 54; MÁRIO PINTO, *Direito do Trabalho...cit.*, 106. Sobre esta discussão da doutrina em torno da qualificação do direito do trabalho como direito público, direito privado ou direito social, *vd* ainda a apreciação de Lorenzo GAETA, *Pubblico e privato alle origini del diritto del lavoro. Storie di uomini e di schieramenti*, Lav.Dir., 1994, 2, 207-222.

[119] O recurso à ideia de *direito social* para resolver o problema da natureza jurídica do direito do trabalho difunde-se, sobretudo, no seio da doutrina germânica (assim, por exemplo, KASKEL, *Das neue Arbeitsrecht...cit.*,1, ou WIEACKER, *História do Direito Privado...cit.*, 632) e da doutrina francesa, onde, aliás, a designação *droit social* subsiste até hoje — neste sentido, por exemplo, Léon DUGUIT, *Le droit social, le droit individuel et la transformation de l'État*, 3ª ed., Paris, 1922, 115 ss., ou François EDWALD, *Le droit du travail: une légalité sans droit?*, DS, 1985, 11, 723-728 (724). Mas, também entre nós, autores como BAPTISTA MACHADO, *Introdução... cit.*, 65 e 74, qualificam o direito do trabalho como direito social por lhe considerarem inaplicáveis os critérios gerais de distinção entre o direito público e o direito privado. Por outro lado, os principais defensores da existência de um *direito social* ao lado de um *direito individual* (termos de uma *summa divisio* da ordem jurídica alternativa à clássica bipartição entre direito público e direito privado), recorrem às relações laborais para criticar aquela bipartição do sistema jurídico e consideram o direito do trabalho um dos domínios, por excelência, do direito social, nomeadamente pela irredutibilidade de institutos laborais como as convenções colectivas ao direito público ou ao direito privado — neste sentido, por exemplo, Georges GURVITCH, *L' Idée du Droit Social — Notion et système du droit social. Histoire doctrinale depuis le XVII ème Siècle jusqu'à la fin du XIX ème siècle*, Paris, 1932, 10 e 14. Ainda discutindo sobre as vantagens e os inconvenientes da recondução do direito laboral ao

nificativa das suas normas com princípios fundamentais do direito público ou do direito privado que decorre das tentativas de inserção global num ou noutro destes domínios.

Ao mesmo tempo, este tipo de delimitação permite equacionar separadamente as questões dogmáticas mais importantes em cada área. Assim, no domínio do *direito individual do trabalho*, coloca-se a questão da necessidade da sua autonomização em relação ao direito civil; no domínio do *direito das condições de trabalho*, assiste-se a uma evolução disjunta, respectivamente em relação aos aspectos da prevenção e da compensação dos riscos inerentes à prestação laborativa — as obrigações ligadas à saúde, segurança e higiene no trabalho, que impendem sobre o empregador, tendem a ser vistas como deveres contratuais acessórios, integrativos da sua posição negocial privada, ao passo que a matéria da compensação pelos riscos inerentes à prestação de trabalho subordinado caminha decisivamente para a autonomização como ramo jurídico *a se*, a integrar no direito público (o direito da segurança social), mercê da assunção progressiva da função de protecção social pelo Estado[120]; e, finalmente, no domínio do *direito colectivo do trabalho* coexistem no plano doutrinal as tendências de aproximação global ao direito privado ou ao direito público, conforme se acentue o pendor negocial das convenções colectivas e a posição igualitária das partes nas situações laborais colectivas, ou, pelo contrário, a vertente normativa das convenções colectivas e a natureza predominantemente imperativa dos comandos legais nesta matéria[121].

---

direito social, por exemplo, Carlo LEGA, *Diritto sociale e diritto del lavoro*, DLav., 1958, I, 209-220 (estudo também publicado em língua alemã, sob o título *Sozialrecht und Arbeitsrecht*, RdA, 1959, 5, 161-167).

[120] Referindo a autonomização da matéria da segurança social numa área jurídica independente e de índole pública por este motivo, já em 1961, por exemplo, ROUAST / DURAND, *Précis de droit du travail cit.*, 4, revelando, aliás, a evolução do direito francês nesta matéria, já que, na primeira edição da obra (*Précis de législation industrielle cit.*, 2) os autores a tinham integrado na área regulativa das condições de trabalho.

[121] Não podemos deixar de notar que não é completamente alheia à prevalência de uma ou de outra destas tendências doutrinais na área regulativa das situações laborais colectivas, o facto de ser nesta matéria que mais se reflecte a porosidade ideológica do direito do trabalho, para a qual já chamámos a atenção — *supra*,1.2.II. É a sensibilidade sociológica e política das situações laborais colectivas que determina a sua regulamentação por normas públicas no nacional-

IV. Sem procedermos a qualquer apreciação geral sobre a validade científica deste tipo de delimitação, entendemos que, na estrita óptica do direito laboral, ele apresenta algumas desvantagens. Por um lado, favorece-se a falta de unidade e de coerência global do sistema normativo: o desenvolvimento independente de cada uma das três áreas regulativas potencia contradições entre as soluções legais e aumenta a possibilidade de lacunas, sobreposições e repetições de normas[122] (aliás

---

-socialismo ou a tutela administrativa apertada a que estiveram submetidas nos sistemas corporativos, o que facilita a tendência para a assimilação dos instrumentos laborais colectivos à lei e o seu inerente afastamento da figura do contrato — como refere, por exemplo, CASANOVA, *Il diritto del lavoro...cit.*, 245, não foi por acaso que a eficácia geral e a inderrogabilidade das convenções colectivas pelos contratos de trabalho foram introduzidas no direito italiano por uma lei de 1926, já sob a influência do regime corporativo, de onde transitaram para o art. 2077° do *Codice civile* de 1942.

[122] Exemplo paradigmático da insegurança jurídica decorrente desta situação no nosso sistema jurídico é o do regime jurídico da suspensão do contrato de trabalho, revogado conjuntamente com outras normas da LCT de uma forma expressa pela LFFF (art. 31°), mas que, ao contrário do que sucedeu com as restantes matérias objecto desse diploma, não foi substituído até 1983, situação que obrigou a doutrina a sustentar a vigência das normas expressamente revogadas e os tribunais a aplicá-las aos casos concretos. Mas ainda depois do surgimento do novo *regime jurídico da redução e da suspensão do contrato de trabalho*, com o DL nº 398/83, de 2 de Novembro (LSCT), a lacuna não foi totalmente preenchida, uma vez que tal regime, pensado para as empresas em situação difícil no que se refere à suspensão por motivos ligados ao empregador (cfr. art. 5° n° 1), não se revelou adaptável a outras situações de suspensão — razão pela qual é, ainda hoje, sustentada a aplicação da norma constante do art. 78° da LCT para essas situações (neste sentido se pronunciam, por exemplo, Mário PINTO / Pedro Furtado MARTINS / António Nunes de CARVALHO, *Comentário às Leis do Trabalho*, I, Lisboa, 1994, 235, nota [II.1.], e MONTEIRO FERNANDES, *Direito do Trabalho...cit.*, 471 s. A falta de segurança jurídica nesta matéria é evidenciada pela não referência da norma em algumas colectâneas de legislação laboral (por exemplo, Jorge LEITE / F. Jorge Coutinho de ALMEIDA, *Legislação do Trabalho*, Coimbra, 14ª ed., Coimbra, 2000, 97), ao passo que outras a referem (por exemplo, António de Lemos Monteiro FERNANDES / José Acácio LOURENÇO, *Leis do Trabalho*, Coimbra, 6ª ed., 1992, 87, José João ABRANTES, *Legislação do Trabalho*, Lisboa, 1994, 58, António José MOREIRA, *Compêndio de Leis do Trabalho*, 6ª ed., Coimbra, 1999, 342, ou Isabel ROCHA / Nuno Gustavo PIMENTA (coord.), *Trabalho — Legislação*, Porto, 1999, 43 s.) e outras ainda anotam à referência as dúvidas sobre a vigência da norma — por exemplo, Abílio NETO, *Contrato de Trabalho — Notas Práticas*, 15ª ed., Lisboa, 1998, 264 s., nota [1].

salientadas pela mesma doutrina que sustenta a definição tripartida do direito laboral[123]), o que redunda numa maior dificuldade e insegurança na sua aplicação prática. Por outro lado, na medida em que conduz a uma análise parcelarizada da fenomenologia laboral, este tipo de delimitação favorece posturas redutoras em relação aos problemas dogmáticos colocados pelos fenómenos laborais (reveladas nas análises quase sempre dicotómicas de que são objecto na doutrina[124]), que empobrecem o discurso juscientífico e a própria área jurídica. E, finalmente, a ultrapassagem fácil, pela via da delimitação parcelarizada, das dificuldades de redução global do complexo normativo laboral a um dos termos da clássica divisão entre direito público e direito privado conduz a uma indefinição ao nível das valorações materiais subjacentes ao sistema normativo, em prejuízo da organização interna e da evolução coerente desse mesmo sistema[125].

---

[123] Por exemplo, MENEZES CORDEIRO, *Da situação jurídica laboral...cit.*, 94.

[124] Para além do exemplo paradigmático deste tipo de apreciação que constitui a análise doutrinal da questão da autonomia dogmática do direito do trabalho, toda feita, como teremos ocasião de verificar nesta investigação, a partir do contrato e da relação individual de trabalho, esta postura dicotómica constata-se também em relação a outros problemas laborais. Assim, a questão da natureza das convenções colectivas é apreciada, com frequência, numa óptica estritamente obrigacional ou numa óptica estritamente normativa (entre nós, por exemplo, António da Rocha Menezes CORDEIRO, *Convenções Colectivas de Trabalho e Alterações de Circunstâncias*, Lisboa, 1995, maxime 56 ss., ou BARROS MOURA, *A Convenção Colectiva...cit.*, maxime 109 ss.), o problema do fundamento dos poderes laborais e, designadamente, da justificação do poder disciplinar, é objecto de apreciações fundadas estritamente numa óptica organicista ou empresarial ou antes numa óptica exclusivamente contratualista (por todos, Maria do Rosário Palma RAMALHO, *Do Fundamento do Poder Disciplinar Laboral*, Coimbra, 1993), e a própria justificação da natureza da relação de trabalho é procurada a partir da oposição entre o elemento de patrimonialidade que se associa à sua natureza contratual e obrigacional e os aspectos de pessoalidade e de integração do trabalhador na organização do empregador, que parecem contrariar essa essência negocial. Sobre o problema da natureza jurídica das convenções colectivas, vd, infra, § 26°, 57. e 58; e sobre o problema da natureza jurídica da relação de trabalho, §§ 13° e 25°.

[125] Quer as valorações materiais subjacentes ao direito do trabalho sejam as do direito civil, quer se reconduzam a princípios próprios, a sua clarificação é indispensável para facilitar a resposta à questão dogmática fundamental de saber, na expressão de BYDLINSKI, *Gedanken über Rechtsdogmatik...cit.*, 11 s., o que é juridicamente correcto na aplicação do direito, ou seja, para fundamentar as

V. No nosso entender, bastariam as razões apontadas para justificar uma nova tentativa de delimitação unitária do direito do trabalho. Contudo, para além delas, um outro motivo nos impõe esta tarefa: é que da forma como seja delimitado o direito laboral como ramo jurídico decorre a fixação do plano em que teremos que colocar a questão da sua autonomia dogmática, que elegemos como problema nuclear da investigação: se o direito do trabalho se desdobrar em diversas áreas, não reconduzíveis a uma unidade, as reflexões dogmáticas terão que ser feitas separadamente em relação a cada uma delas; se, pelo contrário, for possível delimitar o direito laboral em termos unitários, poderemos equacionar o nosso problema em relação a essa unidade.

Resta saber se esta delimitação unitária é viável, uma vez que ela depende da existência de um critério capaz de funcionar como factor de unificação das diversas áreas regulativas do direito do trabalho. É a esta questão que vamos, de seguida, tentar responder.

---

normas na sua aplicação. A definição tripartida do direito do trabalho não facilita, no nosso entender, uma tal clarificação.

§ 3º — O reposicionamento do problema: a delimitação unitária do direito do trabalho a partir do seu objecto nuclear — a prestação subordinada de trabalho

3. Generalidades. Indicação de sequência

I. Partindo da convicção de que o agrupamento das matérias do universo jurídico em diversas áreas regulativas sistematicamente autónomas deve corresponder tanto à relativa homogeneidade ou afinidade sociológica dos fenómenos objecto das normas como a razões formais de coerência lógica e de facilitação do acesso às fontes, a abordagem do problema da delimitação do direito do trabalho como parcela da ordem jurídica passa, no nosso entender, pela procura de factores materiais de unificação das diversas áreas regulativas que o integram. Cabe indagar se, em face da pluralidade e diversidade dos fenómenos objecto das normas laborais, dos diferentes interesses por estas prosseguidos e da dificuldade de recondução global do seu conjunto ao direito público ou privado, é possível encontrar elementos ou factores capazes de assegurar simultaneamente a coerência interna do sistema e o seu lugar próprio na ordem jurídica global.

Nesta perspectiva, a delimitação unitária do direito do trabalho deverá ser feita a partir do fenómeno social que lhe serve de base — ou seja, a prestação livre de trabalho para outrem em posição de subordinação. Encontrando-se este fenómeno no âmago do direito laboral, cabe verificar até que ponto é que ele funciona efectivamente como factor aglutinador das diversas áreas regulativas que compõem o complexo normativo que sobre ele se debruça.

II. A referência à prestação subordinada de trabalho como factor de unificação global do direito laboral poderá parecer despicienda, uma vez que o trabalho subordinado foi já unanimemente identificado pela doutrina como factor originário desta área jurídica, como tivemos ocasião de salientar[126]. Contudo, não só esta identificação não obsta à impre-

---

[126] *Supra*, 1.3.

cisão do conteúdo da realidade identificada[127], como a doutrina que a advoga é a mesma que recusa circunscrever o direito laboral ao conjunto das normas reguladoras do fenómeno identificado (considerando que, mercê de condicionantes históricas diversas, o sistema normativo se desenvolveu para além do seu objecto originário[128]) e, em conformidade, procede à separação das situações laborais individuais e colectivas e ao tratamento diferenciado dos problemas dogmáticos suscitados nas áreas regulativas respectivas[129].

Desta forma, não podemos deixar de atribuir ao clássico reconhecimento doutrinal do trabalho subordinado, como fenómeno originário e objecto nuclear do direito laboral, um significado meramente cultural e nenhuma utilidade dogmática, já que o fenómeno identificado não assegura a coerência global e a afirmação diferenciada do sistema normativo a que se reporta — do ponto de vista da coerência do sistema, ele não conseguiu evitar o crescimento anárquico e disjunto das diversas áreas do complexo normativo, com as inerentes contradições das soluções legais e das próprias valorações materiais subjacentes; e do ponto de vista da diferenciação global do sistema laboral, ele não propiciou uma aproximação geral à área jurídica nem impediu a apreciação separada e parcelar dos problemas dogmáticos suscitados no seu seio.

Mais do que reconhecer o trabalho subordinado como fenómeno sociológico originário do direito laboral, o que propomos pois é aferir da sua aptidão para operar a sua delimitação unitária, como ramo jurídico, a partir do enquadramento que lhe é proporcionado pelo contrato de trabalho e pela relação de trabalho, tradicionalmente identificados como situações jurídicas laborais nucleares.

Nesta perspectiva, procuraremos, em primeiro lugar, proceder a uma apreciação crítica da delimitação conceptual do fenómeno do tra-

---

[127] Como teremos ocasião de verificar, *infra*, ponto seguinte.
[128] Neste sentido, entre nós, por exemplo, MENEZES CORDEIRO, *Manual... cit.*, 17 ss. e, em especial, 23 e nota [23], argumentando que uma parte das normas aplicáveis à situação laboral não são especificamente laborais, ao passo que algumas das normas laborais não se reportam directa ou indirectamente à prestação subordinada de trabalho — exemplo de normas de primeiro tipo seriam as normas obrigacionais relevantes em matéria de dever salarial do empregador; exemplo de normas laborais do segundo tipo seriam as normas sobre a capacidade patrimonial dos sindicatos.
[129] *Supra*, 1.4.

balho subordinado e das situações jurídicas do contrato de trabalho e da relação laboral, que procedem ao seu enquadramento; num segundo momento, avaliaremos estas situações na perspectiva do seu contributo para operar a delimitação do direito laboral como área jurídica.

4. Delimitação conceptual do fenómeno do trabalho subordinado — decomposição analítica e apreciação crítica dos seus elementos integrativos

4.1. Sequência

I. A afirmação do trabalho subordinado como objecto nuclear do direito laboral corresponde hoje a um lugar comum, razão pela qual a maioria das obras laborais básicas, tanto na literatura nacional como na literatura estrangeira da especialidade, inicia o tratamento das matérias laborais com a referência e a descrição deste fenómeno, que coloca no centro da regulamentação laboral[130].

II. A delimitação doutrinal tradicional do conceito de trabalho subordinado refere como seus elementos integrativos as ideias de actividade positiva para outrem, de liberdade, de onerosidade e de subordinação; a estes elementos é ainda aduzida a referência à natureza privada do credor. Na fixação do conteúdo do fenómeno cabe pois proceder brevemente à apreciação crítica de cada um destes elementos. É o que faremos de seguida.

---

[130] Neste sentido, por todos, entre nós, MENEZES CORDEIRO, Manual...cit., 15 ss.; na doutrina francesa, LYON-CAEN/PÉLISSIER, Droit du travail...cit., 1 ss.; na doutrina espanhola, ALONSO OLEA, Introducción...cit., 37 ss.; na doutrina germânica, SCHAUB, Arbeitsrecht...cit., 1; na doutrina austríaca, MAYER-MALY//MARHOLD, Österreichiches...cit., I, 1; e na doutrina italiana, Renato SCONAMIGLIO, Diritto del lavoro, 5ª ed., Napoli, 2000, 13 s.

4.2. A actividade de trabalho: apreciação crítica da delimitação doutrinal tradicional deste elemento. A multiplicidade de valências do fenómeno do trabalho e o relevo da contribuição sociológica para a sua compreensão jurídica

I. Procedendo à decomposição analítica do conceito de trabalho subordinado verificamos que ele se reconduz, em primeiro lugar, a uma actividade: a actividade de trabalho. Neste sentido, a doutrina inicia usualmente a pesquisa do conceito com a tentativa de determinação do sentido relevante do fenómeno do trabalho para efeitos juslaborais e com a caracterização da própria ideia de actividade em termos técnico-jurídicos.

Ao observarmos as diversas tentativas doutrinais de fixação do conteúdo relevante do fenómeno do trabalho para efeitos laborais, uma constatação se nos impõe de imediato: é que, apesar do reconhecimento, mais ou menos explícito, de que o trabalho relevante para este efeito é apenas uma das manifestações de uma realidade mais abrangente, há uma significativa imprecisão na fixação do seu conteúdo e alguma dificuldade em isolar a sua valência jurídica em relação a outros significados.

É certo que na apreciação do problema a doutrina reconhece, de um modo geral, que a noção de trabalho relevante no domínio laboral tem que decorrer de operações de delimitação sucessiva, exigidas pela riqueza de conteúdos do fenómeno em termos sociológicos e pela polissemia do termo *trabalho*[131] — desde o significado correspondente à sua origem etimológica no vocábulo latino *tripalium*[132], o termo *trabalho*

---

[131] Salientando a polissemia do termo *trabalho* entre nós, por exemplo, BERNARDO XAVIER, *Curso...cit.*, 13. Mesmo na sua utilização jurídica o termo não se distingue com clareza de termos afins como o de *serviço* ou o de *obra*, imprecisão esta que, na opinião de autores como Theo MAYER-MALY, *Römische Grundlagen des modernen Arbeitsrechts*, RdA, 1967, 8/9, 281-286 (282), remonta ao direito romano, onde se registava alguma oscilação semântica entre as expressões *labor, negotiae, operae e opus*.

[132] Instrumento composto por três varas cruzadas, utilizado para prender animais ou prisioneiros e como instrumento de tortura — R. CABRAL, *Trabalho*, Polis, V, 1235-1239 (1236) e *Trabalho*, Verbo, XVII, 1773-1777 (1773). Sobre a etimologia do termo *trabalho*, vd ainda Felice BATTAGLIA, *Filosofia del lavoro*, Bologna, 1951, 3 s.

desenvolveu-se em múltiplas acepções, de conteúdo moral, filosófico, sociológico, económico e até biológico, cujo elemento comum parece ser a ideia de penosidade ou de esforço ligados a uma certa actividade[133], e estas acepções têm que ser distinguidas do significado jurídico do fenómeno. Mas, para além do reconhecimento tácito da necessidade, inerente ao domínio jurídico, de apreender o fenómeno do trabalho numa dimensão externa e relacional, verifica-se alguma dificuldade em proceder à fixação do seu conteúdo. Assim, por vezes o fenómeno é reportado, num sentido amplo, a toda a actividade produtiva que envolve a aplicação de faculdades ou o dispêndio de energia humana para a produção de certa utilidade ou riqueza[134], enquanto noutros casos é refe-

---

[133] Já Lodovico BARASSI, *Il contratto di lavoro nel diritto positivo italiano*, I, 2ª ed., Milano, 1915, 22, chamava a atenção para a ideia de esforço, ou de aplicação de energia, como elemento comum às diversas acepções do termo trabalho; e, chamando também a atenção para esta ideia central de esforço e de transformação de energia, ainda BATTAGLIA, *Filosofia del lavoro cit.*, 5 ss. Na acepção biológica, Alain SUPIOT, *Critique du droit du travail*, Paris, 1994, 3 e nota [1], refere o sentido obstétrico do termo, dando nota de que a primeira asserção conhecida e a única comprovada até ao séc. XVI da palavra *travail* em França é a de trabalho de parto. Em sentido moral, é património da tradição judaico-cristã a ideia do trabalho como forma de realização pessoal e de colaboração com a obra divina (sobre estes sentidos, e, nomeadamente, sobre a delimitação entre o sentido subjectivo e objectivo do trabalho e o primado do primeiro sobre o segundo, *vd* a *Encíclica Laborem Exercens*, de João Paulo II (1981)). Em sentido económico, o trabalho é visto como um factor de produção, e, em sentido filosófico, é reconduzido a uma actividade humana e voluntária, implicando um certo esforço e visando um fim determinado (Paul DURAND / R. JAUSSAUD, *Traité de Droit du travail*, I, Paris, 1947, 3). Em sentido psicológico, é apreciado na perspectiva da satisfação pessoal que dele se retira (desenvolvendo esta perspectiva, por exemplo, Enzo CATALDI, *La psicologia del lavoro*, DLav., 1949, I, 439--466). Ilustrando esta pluralidade e diversidade de conteúdos, Alain COTTERAU, *Théories de l'action et notion de travail*, ST, 1994, XXXVI, 73-86, apresenta catorze sentidos para o termo, com distintas valências e importância, e, na procura da sua delimitação sociológica, Christophe DEJOURS / Pascale MOLINIER, *Le travail comme énigme*, ST, 1994, XXXVI, 35-43, referem-se-lhe como um bem enigmático, por incluir elementos de engenho, de cooperação e de mobilização subjectiva do prestador impossíveis de apreender objectivamente. Em geral, sobre as múltiplas acepções do termo e sobre a evolução histórica do mesmo, *vd* ainda Enzo CATALDI, *Il concetto di lavoro*, DLav., 1948, I, 46-77 (46 ss.), e, sobretudo, BATTAGLIA, *Filosofia del lavoro cit.*, 15 ss.

[134] Adéodat BOISSARD, *Contrat de travail...cit.*, 53; SCONAMIGLIO, *Diritto del lavoro... cit.*, 1; também avançando um conceito amplo de trabalho, mas chamando

rido num sentido mais restrito, como prestação de uma actividade para satisfação de necessidades de outrem[135] ou, num sentido ainda mais restritivo, como prestação de um serviço em situação de dependência[136].

Por outro lado, não há uma clara distinção entre a valência jurídica do fenómeno e outras formas de o perspectivar: enquanto alguns autores destacam a importância económica do trabalho, nomeadamente pela sua relação com os restantes meios de produção e, em alguns casos, relevando a sua ligação com a empresa[137], outros encaram-no como bem objecto de situações jurídicas[138], e outros ainda, considerando demasiado estreita esta perspectiva puramente técnica e relacional, salientam a dimensão antropológica do fenómeno, que procuram delimitar de acordo com vários critérios[139].

---

a atenção para a pluralidade de situações jurídicas a que pode dar lugar, Ernst WOLF, *Der Begriff Arbeitsrecht, in* F. GAMILLSCHEG (Hrsg.), *25 Jahre Bundesarbeitsgericht,* München, 1979, 709-726 (718 e nota [37]).

[135] Considerando este o significado juridicamente relevante do fenómeno do trabalho, por exemplo, SINZHEIMER, *Grundzüge...cit.,* 7.

[136] Neste sentido, por exemplo, Aldo ARANGUREN, *La determinazione qualitativa della prestazione nella struttura del rapporto di lavoro,* RivDL, 1961, II, 296--326 (297) e, do mesmo autor, *Principi generali e fonti, in* MAZZONI (dir.), *Manuale di diritto del lavoro,* I, 6ª ed., Milano, 1988, 1-222 (4).

[137] Neste sentido, Francesco CARNELUTTI, *Capitale e lavoro (schema per una discussione),* RivDL, 1954, 1-7 (1), refere a incindibilidade da relação entre o capital e o trabalho, *«più che a due fratelli, somigliano a marito e moglie».* Também relevando o significado económico do termo *trabalho,* PERGOLESI, *Introduzione... cit.,* 31. E distinguindo as acepções económica e jurídica do trabalho mas acentuando a ligação do fenómeno jurídico do trabalho à ideia de empresa no sistema jurídico italiano, Luisa Riva SANSEVERINO, *Conttrato individuale di lavoro, in* U. BORSI / F. PERGOLESI, *Trattato di diritto del* lavoro, II *(Il conttrato di lavoro),* 3ª ed., Padova, 1958, 1-379 (8 s.).

[138] Entre nós, por exemplo, ADOLPHO LIMA, *O Contrato de Trabalho cit.,* 13, que critica o conceito amplo de trabalho pelo seu conteúdo económico. Distinguindo as acepções económica e jurídica do trabalho, por exemplo, António PALERMO, *Sul concetto di lavoro e sullo stato giuridico del lavoratore,* DLav., 1956, I, 202-230 (202 s.), e ASCIAK, *Principi di diritto del lavoro,* Firenze, 1961, 15; diferenciando os sentidos amplo e restrito do termo, Renato SCONAMIGLIO, *Considerazioni sull'oggetto del diritto del lavoro,* RivDL, 1964, I, 3-20 (4 s.).

[139] Neste sentido, por exemplo, Alain SUPIOT, *Le travail, liberté partagée,* DS, 1993, 9/10, 715-724 (721), considera redutora a visão do trabalho como prestação de uma actividade no quadro de um contrato de trabalho e procura delimitar o fenómeno a partir daquilo a que chama as três oposições básicas da sua

II. As dificuldades de delimitação do conceito de actividade de trabalho em sentido jurídico resultam, na nossa perspectiva, da nem sempre reconhecida penetração de valências extrajurídicas na valência jurídica do fenómeno, que decorre da sua riqueza de conteúdos e da sua importância social, económica e cultural. Esta penetração constata-se, ao nível do direito positivo, no elevado número de normas legais que ponderam o fenómeno do trabalho na sua valência económica, como factor de produção, ou que têm em conta a sua dimensão moral, como forma de realização pessoal de um sujeito, e não os conceitos técnicos de prestação de actividade ou de bem jurídico[140]. Mas esta penetração evidencia-se também ao nível do discurso doutrinal na influência que as concepções sociológicas, culturais ou económicas dos autores sobre o fenómeno do trabalho mostram ter na abordagem das questões dog-

---

dimensão antropológica: a oposição entre trabalho e «não-trabalho» (ou trabalho gratuito), a oposição entre trabalho subordinado e independente e a oposição entre trabalho privado e emprego público. No nosso entender, as duas últimas oposições referidas correspondem já a manifestações jurídicas do fenómeno do trabalho — *infra*, 4.3.

[140] Na verdade, cremos que, apesar de não ser cabalmente assumida pelos juristas, a perspectiva económica sobre o trabalho foi sempre um elemento latente na construção da sua disciplina jurídica. A título exemplificativo, lembramos que foi o entendimento do trabalho como um factor de produção que tornou juridicamente admissível a ideia da sua alienidade (assente na sua recondução a um bem jurídico igual aos demais), que, ao longo de todo o séc. XIX, justificou a não autonomização da figura do contrato de trabalho relativamente à locação em muitos textos legais; assim como é a consciência dos custos do trabalho, enquanto factor de produção, que está na origem de regimes e institutos do direito do trabalho moderno, como a suspensão dos contratos de trabalho com fundamento na situação de crise da empresa (entre nós prevista na LSCT). Mas também as concepções morais cristãs e personalistas, que vêem no trabalho uma forma de realização e dignificação pessoal, se manifestam em diversos aspectos da regulamentação laboral, como na exigência do *salário justo*, desenvolvida por S. Tomás de Aquino como manifestação dos princípios da teologia moral, e justificada, em última instância, na máxima do *Evangelho segundo S. Lucas* (10,7) segundo a qual «o trabalhador merece o seu salário» — quanto a este ponto, entre outros, MENEZES CORDEIRO, *Manual..cit.*, 719, e Theo MAYER-MALY, *Vorindustrielles Arbeitsrechts*, RdA, 1975, 1, 59-63 (61). Como referem DURAND / JAUSSAUD, *Traité...cit.*, I, 3 s. e 8 ss., mesmo que se admita que o direito do trabalho tem na sua base uma concepção estrita do fenómeno do trabalho, as múltiplas valências deste fenómeno não deixam de ser ponderadas pelas suas normas.

máticas que ele suscita[141]. Neste contexto, é pois natural a influência de diversas perspectivas extra-jurídicas nas tentativas de delimitação do conceito de actividade de trabalho levadas a cabo pelos juristas.

III. No nosso entender, o sentido juridicamente relevante da ideia de actividade de trabalho tem exactamente que partir de um contributo extrajurídico: a valência sociológica do trabalho, que o reconduz à ideia de actividade humana de criação de utilidades implicando um certo esforço. Sendo esta ideia que traduz o sentir social mais profundo sobre o fenómeno já que, desde sempre, o trabalho, servil ou livre, autónomo ou subordinado, é socialmente perspectivado como uma actividade humana esforçada com vista à produção de certo resultado útil, ela não pode deixar de ser tomada em consideração pelas construções jurídicas.

Na nossa perspectiva, esta valência sociológica do fenómeno do trabalho contribui decisivamente para a delimitação do seu conteúdo jurídico essencial, já que, independentemente de posteriores delimitações, o trabalho releva também no domínio jurídico como actividade humana de produção de utilidades. Este conteúdo é, evidentemente, um conteúdo amplíssimo, porque a ideia de actividade de criação de utilidades quadra tanto ao trabalho em proveito próprio como ao trabalho para outrem, ao trabalho servil como ao trabalho livre, ao trabalho gratuito como ao trabalho remunerado, ao trabalho autónomo como ao trabalho dependente, ao trabalho prestado a uma entidade privada como a uma entidade pública. Mas a valorização deste sentido amplo do conceito de trabalho tem, quanto a nós, uma importância considerável em três aspectos: por um lado, este conteúdo essencial permite isolar a valência jurídica do fenómeno do trabalho relativamente às valências moral e económica que lhe são também associadas e que já contribuiram para alguma incerteza na sua conceptualização jurídica; por outro lado, a pon-

---

[141] A título exemplicativo, recorde-se que foi um entendimento sociológico personalista da prestação de trabalho que esteve na base das tentativas doutrinais da doutrina laboral germânica do início do século XX para integrar o direito do trabalho no âmbito do direito das pessoas, afastando-o do direito das obrigações (neste sentido, por exemplo, Heinz POTHOFF, *Das Deutsche Arbeitsrecht,* Berlin, 1935, 13), e foi a visão económica do trabalho como factor de produção aproveitada pelo pensamento marxista que influenciou alguma doutrina na forma de justificar os poderes laborais (nesta perspectiva, por exemplo, António Garcia PEREIRA, *O Poder Disciplinar da Entidade Patronal — seu Fundamento,* Lisboa, 1983).

deração deste sentido amplo permite isolar o fenómeno do trabalho relativamente a outras formas de produção de utilidades juridicamente relevantes, através da ideia de actividade humana; e, finalmente, o conteúdo essencial do fenómeno do trabalho, que se retira desta delimitação, permite explicar as amplas zonas de convergência regimental entre as várias formas de trabalho com relevo jurídico, bem como a tendência expansionista do sistema laboral.

No que se refere ao primeiro aspecto, a delimitação do trabalho como actividade humana produtiva permite, nos próprios termos em que é enunciada, separar as valências estritamente económica e moral do fenómeno do trabalho do seu conteúdo jurídico: à valência moral do trabalho, que o encara como uma forma de realização pessoal do sujeito, falta, pelo seu carácter intimista, a dimensão de exterioridade presente na ideia de actividade; à valência estritamente económica, que vê no trabalho um factor material de produção, falta a dimensão de humanidade inerente ao conceito de actividade[142].

Em segundo lugar, a identificação deste conteúdo essencial do fenómeno do trabalho permite distingui-lo de outras formas de produção de utilidades — o que, em termos jurídicos, possibilita o isolamento do bem jurídico *trabalho* relativamente a outros bens. O trabalho tem a ver com um comportamento humano, i.e., com a prestação de uma actividade pelo sujeito e não com uma operação de entrega de um *quid* material, anterior à prestação[143] [144].

---

[142] Naturalmente que este entendimento não significa a irrelevância jurídica do trabalho nas acepções económica e moral, como já vimos. O que pretendemos evidenciar é que, no seu significado jurídico, o fenómeno se distancia destas acepções. A este propósito se refere Enzo CATALDI, *La logica del lavoro,* DLav., 1949, I, 233-262 (239 s.), à característica de *instrumentalidade* do trabalho humano (que coloca em paralelo às características da *humanidade* e da *penosidade*), para evidenciar que o trabalho humano é um meio de obtenção de utilidades externas ao sujeito que o efectua.

[143] A tradução jurídica desta distinção encontra-se de uma forma clara por exemplo no BGB, que distingue entre os contratos versando sobre coisas (*Sachleistungsverträge)* e os contratos que têm por objecto a prestação de serviços (*Dienstleistungsverträge*) — figuras genéricas que abarcam contratos como a compra e venda, o mútuo ou a locação, por um lado, e a empreitada ou o contrato de serviços, por outro lado — Reinhard RICHARDI, *J. von Staudingers Kommentar zum Bürgerlichen Gesetzbuch mit Einführungsgesetz und Nebengesetzen,* 13ª ed., II — *Recht der Schuldverhältnisse (§§ 611-615),* Berlin, 1999, 8.

[144] Esta identificação permitirá também delimitar, em termos jurídicos, o tra-

Finalmente, ao desembocar num conceito amplíssimo de trabalho, susceptível de enquadrar as mais diversas formas de produção de utilidades, desde que originadas num comportamento humano, esta primeira delimitação do fenómeno do trabalho tem o mérito de evidenciar o facto de a actividade prestada, considerada em si mesma, como actividade de produção de utilidades, ser, em todos estes tipos de trabalho, idêntica. Ora, este facto permite não apenas situar o trabalho subordinado como uma manifestação de um fenómeno mais amplo como compreender a existência de amplas zonas de convergência regimental entre o enquadramento jurídico das várias formas de trabalho e a tendência de expansionismo do direito laboral[145].

4.3. A actividade de trabalho como actividade livre para outrem: a delimitação negativa do conceito sociológico de trabalho e a importância dos contributos axiológicos para a delimitação do fenómeno do trabalho em sentido jurídico. O conceito de actividade laborativa

I. Na fixação do conceito de actividade de trabalho, a doutrina costuma ainda introduzir dois elementos adicionais: a exigência da destinação *ab initio* do serviço para outrem; e o estatuto de liberdade do prestador.

No nosso entender, esta delimitação adicional é uma necessidade decorrente do conteúdo amplíssimo do conceito sociológico de actividade produtiva a que se reconduz, em última análise, a actividade de trabalho, nos termos que acabámos de enunciar: quadrando a ideia de actividade produtiva em sentido sociológico a múltiplas formas de produção de utilidades, os elementos indicados permitem operar uma dupla delimitação negativa do fenómeno, isolando duas formas de actividade produtiva com relevo sociológico mas sem relevo jurídico autó-

---

balho em proveito próprio do trabalho para outrem, resolvendo o problema em que se sucedem uma actividade de produção de utilidades (ou seja, um trabalho) e a transmissão do produto dessa actividade (ou desse trabalho) — assim, por exemplo, um pintor que pinta um quadro e depois o vende. Estando em causa dois tipos de bens, a ordem jurídica optará pela valoração de um ou do outro. *Infra*, 4.3.

[145] *Infra*, 4.3., 4.4. e 4.5., bem como § 17º, 36.VI.

nomo — o trabalho para si mesmo, ainda que com resultados exteriores; e o trabalho servil. De qualquer modo, tendo estas duas delimitações carácter jurídico, deve notar-se que, enquanto a primeira corresponde a uma necessidade técnica (a necessidade de justificar a valorização da actividade de trabalho como bem jurídico autónomo), a segunda decorre de um imperativo de ordem axiológica que, sendo hoje um *acquis* pacífico na delimitação jurídica do fenómeno do trabalho, foi o produto de uma evolução cultural muito lenta e atribulada.

II. A exigência da destinação *ab initio* da actividade de trabalho para outrem pretende significar que não relevam, por si sós, como trabalho em sentido jurídico, as actividades de produção de utilidades para satisfação de necessidades da própria entidade produtora — ou seja, o trabalho para si mesmo, ainda que com resultados externos ao sujeito. Embora numa perspectiva sociológica este tipo de actividade seja encarado também como *trabalho*, porque é uma actividade que envolve um determinado esforço e produz resultados úteis, o interesse jurídico deste *trabalho* depende de actos posteriores ao desenvolvimento da própria actividade e que dela formalmente se separam, porque se reportam a bens jurídicos diferentes da actividade produtiva em si mesma considerada[146]. Para que a actividade produtiva em que se consubstancia o fenómeno do trabalho tenha relevo jurídico autónomo, é pois neces-

---

[146] Pense-se no agricultor que vive dos produtos que ele próprio cultiva e trata, ou no escritor, no músico ou no pintor, que escrevem um livro ou uma peça musical ou pintam um quadro. Embora a actividade que realizam integre o conceito sociológico de trabalho, a sua relevância jurídica decorre de um acto posterior: a venda dos produtos do agricultor, o contrato de edição da obra literária ou musical ou a transmissão dos direitos de autor inerentes a estas criações, por exemplo. Recorrendo ainda à distinção germânica entre contratos sobre coisas e sobre serviços (*supra,* nota [143]), é fácil verificar que os bens jurídicos em causa nestes contratos são a própria obra musical ou literária, ou o produto agrícola, e não a actividade de trabalho que foi necessária para os produzir. Não é, de qualquer forma, necessário salientar que estas actividades do escritor, do pintor, do músico ou do agricultor podem ser valoradas de per si como bens jurídicos e, nessa medida, constituir o objecto de um contrato de prestação de serviço (o escritor ou o pintor que escrevem um livro ou pintam um quadro por encomenda, ou o músico que dá um concerto) ou de um contrato de trabalho (o trabalhador agrícola que desenvolve a sua actividade no quadro de um contrato de trabalho rural).

sário que esteja *ab initio* vocacionada à satisfação de necessidades de outrem[147][148].

É esta delimitação negativa que permite à doutrina proceder, sem dificuldades, ao enquadramento da actividade de trabalho pelo conceito técnico-jurídico de prestação, uma vez que esta actividade se analisa num comportamento desenvolvido no interesse do credor[149]. Dentro das

---

[147] Desta exigência da destinação *ab initio* da actividade à satisfação das necessidade de outrem para a valoração jurídica autónoma do trabalho deve distinguir-se a referência, comum num sector da doutrina, à característica da *alienidade* da prestação, que permitiria distinguir o trabalho dependente (ou trabalho *por conta de outrem*) do trabalho independente ou *por conta própria,* através do reforço da ideia da transferência das utilidades decorrentes da prestação para a esfera jurídica do credor no primeiro caso — neste sentido, por exemplo, MOTTA VEIGA, *Lições...cit.,* 25 s. e 28 ss., e Bernardo da Gama Lobo XAVIER, *Iniciação ao Direito do Trabalho,* Lisboa — S. Paulo, 1994, 21. A característica que agora identificamos tem, pelo contrário, um sentido comum às duas formas de prestação do trabalho, porque em ambas se visa, desde o início, satisfazer as necessidades do credor da prestação. Num sentido não muito diferente do que sustentamos, embora refira a ideia da alienidade, Luisa Riva SANSEVERINO, *Diritto del lavoro,* 14ª ed., Padova, 1982, 37; referindo-se à ideia de alienidade, quer no sentido da destinação *ab initio* da actividade produtiva, quer para distinguir entre o trabalho autónomo e o trabalho dependente, por exemplo, Manuel Alonso OLEA / Maria Emilia Casas BAAMONDE, *Derecho del Trabajo,* 16ª ed., Madrid, 1998, 41 s.

[148] Numa perspectiva substancialmente próxima desta ideia de destinação *ab initio* do serviço para outrem, embora com uma formulação diferente, observa RICHTER, *Grundverhältnisse des Arbeitsrechts...cit.,* 7, que o trabalho só ganha relevo jurídico autónomo quando retira o trabalhador da sua esfera jurídica, fazendo-o entrar em relações jurídicas — exemplos da falta desta relevância autónoma seriam, para o autor, os casos da pessoa que trabalha no seu próprio jardim ou à sua secretária. Na mesma linha, estabelece também esta exigência de exterioridade do trabalho como condição da sua relevância jurídica, por exemplo, Ferruccio PERGOLESI, *Contratto di lavoro, contratto di opera e contratti affini,* DLav., 1942, I, 201-207 (201).

[149] Adriano Paes da Silva Vaz SERRA, *Objecto da obrigação. A prestação — suas espécies, conteúdo e requisitos,* BMJ, 1958, 74 15-282 (31 s.); João de Castro MENDES, *Teoria Geral do Direito Civil,* I, Lisboa, 1978 (*reprint* 1983), 421; João de Matos Antunes VARELA, *Das Obrigações em Geral,* I, 9ª ed., Coimbra, 1998, 80 s.; Inocêncio Galvão TELLES, *Direito das Obrigações,* 7ª ed., Coimbra, 1997, 36; Mário Júlio de Almeida COSTA, *Direito das Obrigações,* 7ª ed., Coimbra, 1998 (*reprint* 1999), 125; José Dias MARQUES, *Noções Elementares de Direito Civil,* 7ª ed., Lisboa, 1992, 137; Carlos Alberto da Mota PINTO, *Teoria Geral do Direito Civil,* 3ª ed., Coimbra, 1985 (*reprint* 1999), 331; MENEZES

várias modalidades de comportamento prestativo, trata-se, de acordo com a classificação comum na doutrina civilista, de uma prestação de *facere*[150], já que é o próprio serviço ou comportamento humano positivo em que se consubstancia a actividade que é valorizado pelo direito como bem jurídico[151]; e, dentro das modalidades de prestação de facto, a actividade de trabalho reconduz-se a uma prestação positiva, uma vez que se manifesta num comportamento juridicamente activo[152].

III. A segunda delimitação negativa exigida pelo conteúdo amplo do conceito de actividade humana produtiva é a que decorre do requisito da liberdade do prestador. Elemento hoje considerado pacífico na configuração jurídica do fenómeno do trabalho, o requisito da liberdade do prestador é o resultado da evolução das valorações axiológicas de que este fenómeno foi objecto ao longo do tempo, que manifestam as concepções culturais dominantes em cada época — como é, de uma forma exemplar, descrito por ALONSO OLEA[153], a história das relações

---

CORDEIRO, *Tratado...cit.*, I, 143, e *Direito das Obrigações*, I, Lisboa, 1980 (reprint 1988), 335.

[150] CASTRO MENDES, *Teoria Geral...cit.*, I, 421 s.; ANTUNES VARELA, *Das Obrigações...cit.*, I, 84 s.; GALVÃO TELLES, *Direito das Obrigações...cit.*, 37; ALMEIDA COSTA, *Direito das Obrigações...cit.*, 126; Luís A. Carvalho FERNANDES, *Teoria Geral do Direito Civil*, I, 2ª ed., Lisboa, 1995, 588 s.; MENEZES CORDEIRO, *Tratado...cit.*, I, 143, e *Direito das Obrigações...cit.*, I, 338.

[151] Qualificando a actividade laborativa como prestação de facto positiva na doutrina laboral, por exemplo, BARASSI, *Il contratto di lavoro...cit.*, I, 2, ARANGUREN, *La determinazione qualitativa..cit.*, 297, e, entre nós, MENEZES CORDEIRO, *Manual...cit.*, 15, ou MOTTA VEIGA, *Lições...cit.*, 348.

[152] Mesmo as actividades de mera presença ou vigilância, como a do modelo que se deixa pintar, as da sentinela ou do guarda, são, neste sentido, de qualificar juridicamente como prestações positivas *de facere,* ainda que, materialmente, se manifestem sobretudo em atitudes passivas — MENEZES CORDEIRO, *Manual...cit.*, 16, nota [2]; MONTEIRO FERNANDES, *Direito do Trabalho...cit.*, 122 s.; BERNARDO XAVIER, *Curso...cit.*, 286; SCHAUB, *Arbeitsrecht...cit.*, 29. Também, salientando a diversidade de comportamentos em que a prestação de trabalho se pode consubstanciar e o sentido amplo em que tem sido interpretada pela jurisprudência nacional, Fernanda Nunes AGRIA / Maria Luiza Cardoso PINTO, *Contrato Individual de Trabalho,* Coimbra, 1972, 23 s.

[153] Manuel Alonso OLEA, *De la Servidumbre al Contrato de Trabajo*, 2ª ed., Madrid, 1987, 156 s. Sobre a evolução do trabalho servil para o trabalho livre na história portuguesa, *vd* ainda ADOLPHO LIMA, *O Contrato de Trabalho cit.,*

de trabalho é um lento e nem sempre linear caminhar do trabalho servil para o trabalho livre[154], através da limitação progressiva das relações de servidão, nomeadamente em termos temporais, com a recusa de relações laborais perpétuas.

A característica da liberdade associada ao fenómeno do trabalho tem uma dupla dimensão: por um lado, ela significa que o prestador do trabalho deve ter o estatuto de homem livre, condição *sine qua non* da formação voluntária do vínculo laboral[155]; e, por outro lado, que o

---

maxime 32 ss. E ainda incidentalmente sobre este problema, também de Manuel Alonso OLEA, *Alienacion. Historia de una Palavra,* Madrid, 1974, obra de certo modo percurssora de *La Servidumbre* e onde, tratando o tema da alienação, o autor aprecia a sua relação com o fenómeno do trabalho em autores como HEGEL, MARX e MARCUSE (*op cit., maxime,* 68 ss., 148 ss., e 172 ss.).

[154] Embora a exaltação da escravatura como condição natural do Homem provenha da Antiguidade (por exemplo, em ARISTÓTELES, que enaltece as suas vantagens tanto para o amo como para o servo, pela aptidão natural do primeiro para a vida política e do segundo para as tarefas físicas — *Les politiques* (trad. francesa), Paris, 1990, 102 s.), e não se compadeça com os valores cristãos, muito tempo depois do advento do cristianismo se admitem diversas situações e graus de servidão, como demonstra ALONSO OLEA (*De la Servidumbre...cit., passim),* na sua análise do problema em SOTO, BODINO, SUÁREZ, GROCIO, HOBBES, ESPINOSA, PUFFENDORF, LEIBNIZ, LOCKE ou MONTESQUIEU, evidenciando como o discurso filosófico traduz a delicadeza do problema do ponto de vista cultural. Neste sentido, é paradigmática, por exemplo, a justificação da escravatura dos negros das colónias, apesar de condenar genericamente a situação de servidão, por contrariedade que entende contrária ao direito natural, em MONTESQUIEU, que afirma no seu *L'esprit des lois* (ed. de 1864, Paris, 203 s.): «*Si j'avais à soutenir le droit que nous avons eu de rendre les négres esclaves, voici ce que je dirais:* [...] *Le sucre serait trop cher, si l'on ne faisait travailller la plante qui le produit par des esclaves.*[...] *On ne peut se mettre dans l'esprit de Dieu, qui est un être très-sage, ait mis une âme, surtout une âme bonne, dans un corps tout noir».* Ainda sobre o trabalho escravo na Antiguidade e a sua evolução, CATALDI, *Sul concetto...cit.,* 51 ss, e *La logica del lavoro...cit.,* 245 ss. Noutro escrito (*Etica del lavoro,* DLav., 1948, I, 445-471 (453), o autor chama a atenção para a herança histórica deixada pela escravatura do mundo antigo noutras situações de servidão, como a servidão da gleba na Idade Média, o tráfico de escravos depois dos descobrimentos e o colonialismo.

[155] Neste sentido, a Convenção Internacional do Trabalho n° 29, de 1930 (aprovada para ratificação por Portugal, pelo DL n° 40 646, de 16/06/56) proíbe o trabalho forçado, bem como a Carta Internacional de Direitos Civis e Políticos de 1966 (art. 8°) É este também o sentido em que o requisito da liberdade é geralmente associado pela doutrina ao trabalho subordinado — a título exemplificativo,

contrato de trabalho tem, também ele, que ser livre, no sentido de não ser forçoso, i.e., de não resultar de qualquer forma de coacção sobre o trabalhador ou sobre o empregador[156][157].

O requisito da liberdade do prestador de trabalho subordinado teve, desde sempre, uma importância fundamental para a construção dogmática da figura do contrato de trabalho, já que é a partir da verificação da sua existência que a doutrina procura dilucidar o problema da origem histórica da figura, o que não é indiferente para a compreensão da sua natureza jurídica. Assim, enquanto alguns autores identificam as relações jurídicas estabelecidas no sistema romano ao abrigo da figura da *locatio conductio operarum* como a génese do contrato de trabalho hodierno, por se configurarem já como prestações de trabalho livre[158],

---

ROMANO MARTINEZ, *Direito do Trabalho...cit.*, I, 44 s., e BERNARDO XAVIER, *Iniciação... cit.*, 21 s., dando exactamente como exemplos actuais de trabalho forçado, logo, subtraído ao âmbito do direito laboral, o trabalho penitenciário (DL nº 265/79, de 1 de Agosto, com as alterações introduzidas pelo DL nº 49/80, de 22 de Março) e o trabalho a favor da comunidade (arts. 58º e 59º do CP); ou ainda Antoine JEAMMAUD, *Les fonctions du droit du travail*, in F. COLLIN / R. DHOQUOIS / P.H. GOUTIERRE / A. JEAMMAUD / G. LYON-CAEN / A. ROUDIL, *Le Droit capitaliste du travail*, Grenoble, 1980, 149-254 (179).

[156] Salientando esta segunda dimensão da ideia de liberdade associada ao fenómeno do trabalho, por exemplo, Manuel Alonso GARCIA, *El nacimiento del contrato de trabajo*, in *Estudios in Homenage a Jordana de Pozas*, III, Madrid, 1961, 47-64 (47 s.) e, entre nós, MONTEIRO FERNANDES, *Direito do Trabalho... cit.*, 11.

[157] Em apreciação desta dupla dimensão da ideia de liberdade na actividade de trabalho deve salientar-se que, se o requisito da liberdade do prestador do serviço é uma aquisição cultural inquestionada, já a dimensão negocial deste requisito (ou seja, a que se refere à liberdade de celebração e de estipulação das partes no contrato de trabalho) é hoje motivo renovado de reflexão entre os juslaboralistas pela consciência da falta de liberdade negocial em algumas situações laborais — assim, ao trabalhador que celebra um contrato de trabalho de adesão (art. 7º da LCT) não assiste liberdade de estipulação e carece de liberdade de celebração o empregador que, na fase final de um concurso para admissão em que dois candidatos ficam em igualdade de circunstâncias, tem que escolher o candidato do sexo feminino e não o do sexo masculino, por imposição de uma lei de acções positivas para diminuição das discriminações sexuais de facto no acesso ao emprego em determinado sector (situação que já ocorreu noutros sistemas jurídicos e que, em abstracto, é concebível no sistema jurídico nacional, ao abrigo do art. 3º nº 2 do DL nº 392/79, de 20 de Setembro).

[158] Neste sentido, a título exemplificativo, Francesco M. de ROBERTIS,

outros recusam essa mesma identificação exactamente com base no argumento da natureza parcial ou formal da liberdade do trabalhador romano que, enquanto *locator,* se mantinha numa situação de servidão similar à do escravo na *locatio hominis,* locando-se a si próprio como *res* [159 160].

I rapporti di lavoro nel diritto romano, Milano, 1946, 127; MAYER-MALY, *Römische Grundlagen...cit.,* 282 e 285, Alejo HERNÁNDEZ, *El Derecho laboral romano,* Rev.Trab., 1956, I, 395-401 (396 s.); MONTOYA MELGAR, *Derecho del Trabajo cit.,* 52; entre nós, sustentam a origem do actual contrato de trabalho na *locatio conductio operarum,* e do contrato de prestação de serviço, em geral ou em algumas das suas modalidades, na *locatio conductio operis faciendo,* por exemplo, Alexandre PROENÇA, *Trabalho subordinado («locatio conductio operum») ou autónomo («locatio conductio operis»)?,* SIv., 1978, XXVII, 295-318 (317), MENEZES CORDEIRO, *Manual...cit.,* 38; ROMANO MARTINEZ, *Direito do Trabalho...cit.,* I, 90 s.

[159]Na *locatio hominis,* muito frequente no sistema romano, o *dominus* cedia temporariamente o seu escravo a outrem, para rendibilização da sua energia de trabalho. Dada a condição jurídica do escravo como bem integrativo do património do senhor (sobre a condição jurídica do escravo em Roma, como única *res* humana, *vd,* por todos, W. W. BUCKLAND, *The Roman Law of Slavery — the Condition of the Slave in Private Law from Augustus to Justinian,* Cambridge, 1908, *(reprint* 1970), *maxime* 5 ss.) esta era uma das modalidades da *locatio conductio rerum* — Luis Petschen KUTZ, *Naturaleza juridica del contrato de trabajo,* Rev.Trab, 1945, 1942, II, 973-975 (973). Comparando a situação do escravo locado e do liberto ou do homem livre que cede a sua força de trabalho, no sistema romano, e fazendo apelo à própria concepção cultural de vileza em que é tido o fenómeno social do trabalho na Antiguidade (neste sentido *vd* as referências de ARISTÓTELES, *Les politiques...cit.,* 132, ao «destino de escravidão parcial» dos operários livres e as referências a Cícero feitas, por exemplo, em BOISSARD, *Contrat de travail...cit.,* 56), alguns autores identificam as situações jurídicas dos trabalhadores servil e livre para este efeito — neste sentido, BOISSARD, *Contrat de travail...cit.,* 56, não hesita em afirmar que, enquanto trabalhador, o liberto mantém a qualidade de servo e é locado como tal; VON GIERKE, *Las raíces del contrato de servicios cit.,* 14, refere o papel meramente substitutivo do trabalho livre oneroso em relação ao trabalho escravo, já que o único trabalho livre digno em Roma é o trabalho gratuito; DESCHAMPS, *Sur l'expression locare operas et travail comme objet de contrat à Rome, Mélanges Girardin,* 157, *apud* Francesco CARNELUTTI, *Studi sulle energie...cit.,* 386, qualifica a posição jurídica dos libertos, que desenvolvem a maior parte do trabalho remunerado não servil em Roma, como uma posição intermédia entre as categorias da pessoa e da coisa; e Luciano Spagnuolo VIGORITA, *Subordinazione e diritto del lavoro — problemi storico-critici,* Napoli, 1967, 79, considera idênticas as situações do servo locado e do liberto

Por outro lado, a característica da liberdade é um factor indispensável para se compreender a evolução histórica do enquadramento jurídico das relações de trabalho no início da industrialização e ao longo de todo o séc. XIX: o imperativo axiológico da liberdade do prestador, manifestado de uma forma expressa na proibição dos vínculos laborais perpétuos no art. 1780° do *Code de Napoléon* (mas também no art. 1371° do nosso Código de Seabra) teve como corolário técnico a difusão da ideia da separabilidade da actividade de trabalho da pessoa do trabalhador, o que redundou nas consequências conhecidas da materialização da actividade laboral, vista como um elemento do património do trabalhador, livremente alienável enquanto tal (ou seja, na expressão de TROPLONG[161], «*un capital commercial, pouvant servir de sujet à un contrat*»); e, naturalmente, este entendimento não deixou de facilitar o enquadramento dogmático dominante do fenómeno do trabalho subordinado livre pelas figuras da locação, da prestação de serviços ou da compra e venda, que já tivemos ocasião de referir[162][163].

---

que a si próprio se cede para a prestação de um trabalho, bem como PALERMO, *Sul concetto di lavoro...cit,* 207.

A questão subjacente a este problema é, afinal, a de saber se a figura romana da *locatio conductio* tem ou não uma estrutura unitária comum às três modalidades que lhe são usualmente reconhecidas — a *locatio conductio rerum* (relativa à locação de coisas), a *locatio conductio operis* (cujo objecto é a prestação de uma obra) e a *locatio conductio operarum* (incidente sobre uma actividade ou serviço) — implicando sempre a cedência temporária de um bem material, ou se a modalidade da *locatio operarum* reveste autonomia, conciliando-se com a manutenção da liberdade do prestador do serviço. Está no fundo em causa a génese do próprio trabalho subordinado livre, no sentido em que o entendemos hoje. Teremos ocasião de apreciar esta matéria, *infra*, § 7°, 12.II. e III.

[160] *De l'échange...cit.,* 222.

[161] Embora, como refere alguma doutrina, fosse já exigida no final da Idade Média e na Idade Moderna nos textos de alguns glosadores, exactamente com base no argumento de que a perpetuidade da promessa de serviço redundava na servidão do prestador — neste sentido, por exemplo, MAYER-MALY, *Vorindustrielles Arbeitsrechts cit.*,59-63 (60 e nota [13]) refere PACIONUS (*De locatione et conductione tratactus*, 1677, 140), e *idem*, do mesmo autor, *Ausgewählte Schriften...cit.,* 64 — é o Código napoleónico que, pela primeira vez, traduz esta ideia no plano legal. Em especial sobre a alcance desta norma do código napoleónico, *vd* ainda F. LAURENT, *Principes de droit civil français*, XXV, 3ª ed., Bruxelles — Paris, 1878, 542 ss.

[162] *Supra*, 1.4.II. e nota [100]. Teremos ocasião de apreciar este enquadramento dogmático, *infra*, § 10°, 19.

[163] Neste sentido, por exemplo, SUPIOT, *Critique...cit., maxime* 14 ss. e 50,

Finalmente, o requisito da liberdade exige uma conjugação, nem sempre fácil, com a característica da subordinação do prestador, que delimita a situação laboral relativamente ao trabalho autónomo — liberdade e subordinação são, afinal, duas faces da mesma realidade. A inseparabilidade do nexo que as une é ainda realçada por ALONSO OLEA, quando refere que a evolução histórica do trabalho servil para o trabalho livre passa não só pela limitação temporal do vínculo de trabalho, como pela funcionalização dos poderes do empregador ao objecto do negócio laboral (ou à «*rázon del oficio*»[164]), também ela resultado de um lento processo de maturação. E esta limitação é, naturalmente, o produto da evolução dos valores sócio-culturais dominantes ao longo da história.

IV. A adição dos critérios da destinação da prestação laborativa para outrem e do estatuto de liberdade do prestador ao conteúdo sociológico nuclear da actividade de trabalho como forma de produção de utilidades permite-nos isolar o conceito que designamos como *actividade ou prestação laborativa*, ou actividade de trabalho em sentido amplo relevante para efeitos jurídicos — i.e., a ideia de conduta produtiva livre para outrem.

O conteúdo amplo do conceito de actividade laborativa representa o denominador comum às várias formas de prestação de trabalho valoradas pela ordem jurídica — na prestação de trabalho gratuito ou oneroso, no contexto de um negócio jurídico privado ou de uma relação de direito público e de forma autónoma ou dependente, o bem jurídico em causa é sempre a prestação livre de um serviço para outrem, que aproveitará as inerentes utilidades[165].

---

refere que a emancipação do trabalhador como pessoa, resultante do fim da concepção do vínculo laboral como vínculo de suserania pessoal, comum no *Ancien Régime*, e que veio a ser enquadrada por diversas figuras contratuais no séc. XIX e, mais tarde, pelo contrato de trabalho, passa necessariamente pela patrimonialização do vínculo jurídico e pela visão da força de trabalho como um bem susceptível de alienação onerosa pelo seu proprietário.

[164] *De la Servidumbre...cit.,*156. Também, com CASAS BAAMONDE, *in Derecho del Trabajo..cit.,* 44 s., o autor se refere a estes dois limites — o limite temporal à vinculação do trabalhador, e o limite funcional à sua subordinação ou dependência.

[165] Este conceito amplo de actividade laborativa retoma a delimitação tradicional germânica entre *Sachleistungenverträge* e *Dienstleistungenverträge,* que, no

§ 3º – O reposicionamento do problema

A afirmação deste conteúdo nuclear, comum a todas as formas de trabalho valoradas pela ordem jurídica (que não se descortina de uma forma explícita na apreciação doutrinal do fenómeno), parece-nos importante tanto por uma razão de clarificação regimental como por um motivo de rigor dogmático. Desde logo, ficam explicadas as amplas zonas de convergência no regime jurídico das diversas formas de prestação de trabalho valoradas pelo direito[166] — elas não são mais do que

---

nosso entender, evidencia da forma mais expressiva o núcleo essencial comum aos vários enquadramentos jurídicos da prestação de um serviço para outrem. Contudo, para a designação deste núcleo comum preferimos a expressão *actividade laborativa* ou *actividade de trabalho* às expressões *prestação de serviço* ou *actividade de serviço*, mais próximas da tradição germânica coeva do BGB, já que estas últimas estão conotadas no nosso sistema com uma das modalidades que a prestação de trabalho em sentido amplo pode revestir — o contrato de prestação de serviço, previsto e regulado nos arts. 1154 º ss. do CC. O significado que propomos corresponde, aliás, à expressão *Arbeitsvertrag* no sentido em que era empregue pelos pioneiros do direito laboral germânico: ou seja, a ideia de *contrato de trabalho em sentido* amplo (como «gemeinschaftlichen Oberbegriff», na expressão de Arthur NIKISCH, *Die Grundformen des Arbeitsvertrags und der Anstellungsvertrag*, Berlin, 1926, 80), que abrangia a prestação de uma obra ou de um serviço, em termos autónomos ou subordinados e que o BGB reconduziu aos conceitos de prestação de serviço (*Dienstvertrag*) e de prestação de obra (*Werkvertrag*) — neste sentido, por exemplo, LOTMAR, *Die Idee eines einheitlichen Arbeitsrecht cit.*, 606, SINZHEIMER, *Grundzüge... cit.*, 117; HOENIGER, *Grundformen..cit.*, XXIII e 23, ou NIKISCH, *Die Grundformen des Arbeitsvertrags...cit*, 39 s. A ideia de trabalho em sentido amplo, englobando o trabalho autónomo e o trabalho subordinado, encontra-se também noutros contextos doutrinais — neste sentido, com referência ao sistema jurídico italiano, por exemplo, MIGLIORANZI, *Comprensività del diritto...cit.*, 173, que, sustenta, com base neste conteúdo comum, o âmbito amplo do direito do trabalho, por forma a abranger tanto os trabalhadores subordinados como os trabalhadores autónomos, Carlo LEGA, *Il diritto del lavoro e il lavoro autonomo,* RivDL, 1950, 115-158 (*maxime* 133 ss. e 157), e, mais recentemente, Pietro ICHINO, *Subordinazione e autonomia nel diritto del lavoro,* Milano, 1989 (72 ss.), que chama a atenção para a existência de uma prestação de actividade (pessoal) (um «*fare personale*»), no trabalho subordinado como no trabalho autónomo, directamente a partir da respectiva delimitação legal, nos arts. 2094º e 2222º do *Codice civile*. Na nossa doutrina, este tronco comum às duas formas de trabalho era já salientado por ADOLPHO LIMA, *O Contrato de Trabalho cit.*, 140 s., que acabava, aliás, por sustentar que a figura do contrato de trabalho incluía tanto o serviço assalariado como a empreitada, pelo carácter meramente formal das diferenças entre as duas figuras.

[166] O exemplo mais flagrante de convergência regimental, no nosso sistema,

o ressurgir da identidade fundamental do fenómeno do trabalho para lá das diversas formas que pode assumir. Por outro lado, do ponto de vista dogmático, a identificação da actividade laborativa, como conceito nuclear comum a todas as formas de trabalho com relevo jurídico autónomo, conduz, de uma forma inequívoca, à conclusão de que as diversas valorações a que o fenómeno é submetido pelo direito[167] têm origem em factores adicionais qualificativos desta realidade e não na alteração dos seus elementos estruturais, que se mantêm incólumes — o que explica, por um lado, a falibilidade dos critérios de delimitação dos diversos tipos de trabalho que, de um modo ou de outro, tentaram alterar os elementos estruturais do conceito de actividade laborativa acima identificados[168] e, por outro lado, as situações de sobreposição

---

é o que se verifica entre os regimes jurídicos do trabalho subordinado e do emprego público, tanto no que se refere aos direitos colectivos como no que respeita à regulamentação da situação individual. No primeiro aspecto, como é sabido, os direitos colectivos fundamentais de associativismo sindical, negociação colectiva e greve, tradicionalmente reconhecidos aos trabalhadores privados, têm vindo a ser estendidos aos trabalhadores públicos (neste sentido, vd., quanto ao associativismo sindical, o art. 50° da LS e o DL n° 84/99, de 19 de Março, quanto à negociação colectiva, o DL n° 45-A/84, de 3 de Fevereiro, e a L. n° 23/98, de 26 de Maio, e quanto ao direito de greve, o art. 12° da LG); no segundo aspecto, é comum à situação laboral e ao emprego público a natureza hierárquica do vínculo, a que inere a situação de subordinação do prestador do trabalho e a titularidade de poderes de direcção e disciplina pela outra parte — neste sentido, vd, por exemplo, as afinidades entre o Estatuto Disciplinar dos Funcionários e Agentes da Administração Central, Regional e Local e a regulamentação do poder disciplinar do empregador privado (respectivamente, DL n° 28/84, de 16 de Janeiro, e art. 27° ss. da LCT e 9° ss. da LCCT), que já tivemos ocasião de apreciar com maior detalhe no nosso *Do Fundamento...cit.*, maxime 197 ss. Também se referindo à aproximação entre os dois tipos de vínculo na matéria disciplinar e relativamente aos direitos colectivos, Ana Fernanda NEVES, *Relação Jurídica de Emprego Público*, Coimbra, 1999, 263 ss. e 301 s.

Mas também entre a regulamentação da prestação subordinada de trabalho e o regime legal do contrato de prestação de serviço se encontram afinidades, não só pela possível identidade das prestações desempenhadas num e noutro enquadramento negocial, como pela existência de poderes de direcção e de deveres de obediência nos dois contratos, como já demonstrámos — *Do Fundamento...cit.*, 279 ss.

[167] Salientadas, por exemplo, em WOLF, *Der Begriff Arbeitsrecht...cit*, 718 e nota [37].

[168] O exemplo paradigmático das tentativas de delimitação do trabalho subordinado pela via da alteração da estrutura do conceito de actividade laborativa (neste

dos critérios delimitadores ou a necessidade da sua combinação em relação a alguns tipos de trabalho.

É pois com estas prevenções que terão, na nossa opinião, que ser apreciados os elementos de delimitação positiva do conceito de trabalho subordinado a que a doutrina faz ainda alusão: o elemento da onerosidade e o elemento da subordinação[169].

4.4. A onerosidade da prestação laborativa

I. Corolário da exigência do estatuto de liberdade do prestador do trabalho, uma vez que a ideia de pagamento do serviço faz sentido para o trabalho prestado de uma forma livre e voluntária e não para o trabalho servil[170], o requisito da onerosidade é considerado como um elemento essencial do conceito de trabalho subordinado: como fenómeno nuclear do direito laboral, a prestação laborativa subordinada pressupõe a ideia de retribuição.

A associação do elemento da onerosidade ao fenómeno do trabalho é feita directamente pela lei, que, para além de tratar os problemas regimentais suscitados por esta matéria, considera a retribuição como elemento essencial do contrato de trabalho na respectiva definição (é o caso português — arts. 1152º do CC e 1º da LCT)[171], ou liga-a à deli-

---

caso através da ficção de dois momentos relevantes nessa actividade) é o critério clássico de distinção entre o contrato de trabalho e o contrato de prestação de serviço pela relevância da actividade do trabalhador ou do resultado dessa actividade. *Infra*, 4.5.

[169] Que enunciámos, *supra*, 4.1.

[170] Ainda que no caso do trabalho servil haja lugar a um pagamento, como é frequente em Roma, com a prática da locação de escravos, ele é feito pelo beneficiário do serviço ao *dominus*, no quadro de uma relação jurídica reconduzível à figura da *locatio rerum* — pela sua condição jurídica de *res*, o escravo é o objecto e não o sujeito desta relação jurídica.

[171] É também esta a opção do sistema belga, que integra o elemento da retribuição na noção legal de contrato de trabalho — art. 1º nº 2 da *Loi du 3 juillet 1978 relative aux contrats de travail*, com as alterações introduzidas pela *Loi du 17 juillet 1985*. Mesmo em sistemas que, tradicionalmente, não autonomizam na lei civil a figura do contrato de trabalho em relação à locação ou à prestação de serviços, como é o caso, respectivamente, do sistema francês e do sistema germânico, a exigência da remuneração consta expressamente da lei — neste sentido, o *Code civil* refere o *prix* como elemento obrigatório do *contrat de louage d'ouvrage*,

mitação da figura do trabalhador subordinado (é o caso dos sistemas espanhol e italiano[172]). Por outro lado, o elemento da onerosidade é objecto de reconhecimento unânime pela doutrina[173] e pela jurisprudência[174].

A exigência de retribuição tem um relevante significado dogmático ao possibilitar a caracterização do vínculo laboral como um vínculo obrigacional oneroso e sinalagmático[175] — a existência de um salário iguala a posição das partes no contrato do ponto de vista das vantagens que dele retiram (as utilidades decorrentes da prestação laborativa para o empregador e o enriquecimento patrimonial do trabalhador que decorre do salário), ao mesmo tempo que evidencia a reciprocidade das suas obrigações negociais, uma vez que o dever de pagar a

---

do qual o *contrat de louage du travail* é uma das modalidades (arts. 1710º e 1711º) e o BGB exige o *Vergütung* como elemento essencial do *Dienstvertrag* (§ 611), do qual o *Arbeitsvertrag* é uma das modalidades.

[172] Nestes dois sistemas, o elemento da retribuição é referido a propósito da delimitação do conceito de trabalhador subordinado — art. 1º nº 1 do *Estatuto de los Trabajadores, aprovado pela Ley 8/1980, de 10 de marzo*, alterado pelo *Real Decreto Legislativo 1/1995, de 24 de marzo* — Salvador del Rey GUANTER (dir.), *Legislación de las Relaciones Laborales*, Madrid, 1995; e art. 2094º do *Codice civile* italiano. Procedendo a uma apreciação comparada sobre a forma como este elemento essencial do contrato de trabalho é desenvolvido nos diversos sistemas jurídicos europeus, G. CAMERLYNCK, *Rapport de synthèse*, in G. BOLDT / G. CAMERLYNCK / P. HORION / A. KAYSER / M. G. LEVENBACH / L. MENGONI, *Le contrat de travail dans les pays membres de la C.E.C.A.*, Paris (s.d.), 9-153 (24 ss.).

[173] FERNANDA AGRIA / LUIZA CARDOSO PINTO, *Contrato Individual de Trabalho...cit.*, 26 s.; Mário FROTA, *Contrato de Trabalho*, I, Coimbra, 1978, 28; MONTEIRO FERNANDES, *Direito do Trabalho cit.*, 130; MENEZES CORDEIRO, *Manual...cit.*, 133; BERNARDO XAVIER, *Curso...cit.*, 290, e *Iniciação...cit.*, 151; MOTTA VEIGA, *Lições...cit.*, 351; ROMANO MARTINEZ, *Direito do Trabalho*, II, tomo 1 (*Contrato de Trabalho*) *cit.*, 11.

[174] Neste sentido, entre muitos outros, o Ac. STJ de 19/01/1984, BMJ, 333--338, o Ac. RC de 29/10/1985, CJ, 1985, IV, 113, o Ac. STJ de 14/11/1990, AD, 350-261, ou o Ac. STJ de 7/10/1998, CJ, 1998, III, 251.

[175] Em geral, sobre estas características dos negócios jurídicos, *vd*, entre nós, a título exemplificativo, Manuel A. Domingos de ANDRADE, *Teoria Geral da Relação Jurídica*, II, 7º reprint, Coimbra, 1987, 43 e 54 ss.; Inocêncio Galvão TELLES, *Manual dos Contratos em Geral*, 3ª ed., Lisboa, 1965 (reprint 1995), 401 ss. e 406 ss., e *Direito das Obrigações cit.*, 95 ss.; ANTUNES VARELA, *Das Obrigações...cit.*, I, 405 ss. e 414 ss.; ALMEIDA COSTA, *Direito das Obrigações cit.*, 306 ss. e 313 ss.; MENEZES CORDEIRO, *Direito das Obrigações cit.*, I, 422 ss.

remuneração se configura tecnicamente como a contraprestação do dever de trabalho[176]. Este significado, que um sector da doutrina faz remontar à configuração da própria figura romana da *locatio*[177], facilitou o enquadramento dogmático do fenómeno do trabalho subordinado pelas figuras da locação ou da prestação de serviço no séc. XIX[178] e, mais tarde, a caracterização obrigacional e patrimonial do contrato de trabalho, encarado como um contrato de escambo entre duas prestações patrimoniais correspectivas (o trabalho e o salário), que é, até hoje, preponderante na doutrina.

II. Por outro lado, o elemento da onerosidade é referenciado como critério de delimitação do trabalho subordinado em relação à actividade laborativa não remunerada[179]. Todavia, a doutrina e a jurisprudência

---

[176] Qualificando o contrato de trabalho como oneroso e sinalagmático, no sentido que apontamos, por exemplo, GALVÃO TELLES, *Manual dos Contratos...cit.*, 406; ANTUNES VARELA, *Das Obrigações... cit.*, I, 407; FERNANDA AGRIA / LUIZA CARDOSO PINTO, *Contrato Individual de Trabalho...cit.*, 26; MÁRIO FROTA, *Contrato de Trabalho cit.*, I, 39 ss.; ABÍLIO NETO, *Contrato de Trabalho... cit.*, 112, nota [10.I]; MENEZES CORDEIRO, *Manual...cit.*, 519; MONTEIRO FERNANDES, *Direito do Trabalho cit.*, 171; BERNARDO XAVIER, *Curso...cit.*, 293; ROMANO MARTINEZ, *Direito do Trabalho*, II, tomo 1 (*Contrato de Trabalho*) *cit.,*19 ss.; MOTTA VEIGA, *Lições...cit.*, 351; na doutrina espanhola, por todos, MONTOYA MELGAR, *Derecho del Trabajo cit.*, 266; na doutrina italiana, Marco PAPALEONI, *Il rapporto di lavoro*, in G. MAZZONI (dir.), *Manuale di diritto del lavoro*, I, 6ª ed., Milano, 1988, 221-1142 (230 ss.); na doutrina germânica, ZÖLLNER / LORITZ, *Arbeitsrecht cit.*, 153.

[177] Neste sentido, refere expressamente MAYER-MALY, *Römische Grundlagen...cit.*, 285, que não há *locatio conductio operarum* sem *merces,* que se configura já no sistema romano como a contraprestação da *operae* ou serviço prestado, fundamentando assim a construção dogmática da ideia de sinalagma contratual, que vem a ser aproveitada pela pandectística na configuração conceptual da figura do *Dienstvertrag* no século XIX.

[178] A que já aludimos, *supra,* § 2°, 1.4.II.

[179] Neste sentido se pronunciou alguma doutrina na delimitação entre o contrato de trabalho e o contrato de mandato — RUY ULRICH, *Legislação Operária...cit.*, 110, Nuno Cabral BASTO, *O contrato de trabalho — colaboração e subordinação,* ESC, 1967, 23, 83-109 (89), ou José Martín BLANCO, *El Contrato de Trabajo — Estudio sobre su Naturaleza Juridica,* Madrid, 1957, 52 ss. e 77 s. —, aliás, na sequência da solução apontada no séc. XIX por um sector da doutrina, para distinguir o mandato do *louage d'ouvrage* — neste sentido, por todos, TROPLONG, *De l'échange...cit.*, 225 ss.

reconhecem a sua eficácia reduzida nesta função de delimitação, não só porque a maioria das outras formas de trabalho é também necessariamente remunerada, como também porque, mesmo quando o elemento da onerosidade se não configura como essencial, ele se apresenta, ainda assim, como uma característica tendencial. Remetendo-nos apenas ao sistema jurídico nacional, verificamos que a actividade laborativa é necessariamente remunerada nos contratos de empreitada e de agência (art. 1207º do CC e art. 1º nº 1 do DL nº 178/86, de 3 de Julho, na redacção dada pelo DL nº 118/93, de 13 de Abril, respectivamente)[180][181], bem como na relação de emprego público (DL nº 184//89, de 2 de Junho e DL nº 427/89, de 7 de Dezembro) — o que invalida o critério de delimitação. E, mesmo relativamente ao contrato de mandato (art. 1158º do CC)[182], em que o serviço pode ser prestado de forma gratuita ou onerosa, a predominância do mandato oneroso sobre o mandato gratuito na prática é hoje tão marcada que a operacionalidade do critério delimitador se torna muito reduzida[183].

---

[180] Sobre a natureza necessariamente onerosa do contrato de empreitada, por todos, Fernando Andrade Pires de LIMA / João de Matos Antunes VARELA, Código Civil Anotado, II, 4ª ed., Coimbra, 1997, 867, nota [5], e Pedro Romano MARTINEZ, Contrato de Empreitada, in MENEZES CORDEIRO (dir.), Direito das Obrigações, III, 2ª ed., Lisboa, 1991, 409-561 (468).

[181] Sobre a natureza necessariamente onerosa do contrato de agência, por exemplo, António Pinto MONTEIRO, Contrato de Agência (Anotação ao Decreto--Lei nº 178//86, de 3 de Julho), Coimbra, 1987, 19, e Carlos Lacerda BARATA, Anotações ao Novo Regime do Contrato de Agência, Lisboa, 1994, 12, nota [2].

[182] Sobre a natureza gratuita ou onerosa do contrato de mandato, na doutrina nacional, por exemplo, PIRES DE LIMA / ANTUNES VARELA, Código Civil Anotado cit., II, 789, notas [1] e [2]., e Manuel Januário da Costa GOMES, Contrato de Mandato, in MENEZES CORDEIRO (dir.), Direito das Obrigações, III, 2ª ed., Lisboa, 1991, 263-408/C (283 ss.).

[183] Salientando a reduzida utilização do mandato gratuito e a consequente falibilidade do elemento da onerosidade como critério de delimitação em relação ao contrato de trabalho, por exemplo, Pierre-Dominique OLLIER, Le droit du travail, Paris, 1972, 74; André BRUN / Henri GALLAND, Droit du travail, I, 2ª ed., Paris, 1978, 391; Luigi ANGIELLO, Autonomia e subordinazione nella prestazione lavorativa, Padova, 1974, 74.

4.5. A subordinação do prestador: da ideia de actividade laborativa ao conceito de actividade laboral

I. O último elemento usualmente apontado na delimitação do conceito de trabalho subordinado é o elemento da dependência do trabalhador: a actividade laborativa sobre a qual se debruçam as normas laborais é apenas aquela em que se verifica a sujeição do prestador aos poderes de autoridade do credor-empregador.

O elemento da subordinação é revelado de forma directa ou indirecta pela lei, ou na própria definição de contrato de trabalho, quando feita pelo direito positivo[184], ou na delimitação da posição negocial das partes[185], ou ainda no reconhecimento de poderes de direcção e disciplina na titularidade do empregador[186].

---

[184] É o caso do sistema jurídico nacional, que enuncia a «autoridade e direcção» do empregador como elemento essencial do contrato de trabalho na respectiva noção legal — arts. 1152º do CC e 1º da LCT. Em sentido idêntico podemos apontar o sistema belga, cuja *Loi du 3 juillet 1978 relative aux contrats de travail,* com as alterações introduzidas pela *Loi du 17 juillet 1985,* exige expressamente, como elemento comum às diversas modalidades de contrato de trabalho, o desempenho da actividade laboral «*sous l'autorité d'un employeur*» (art. 1º). Num e noutro sistemas, a lei procede ao desenvolvimento do elemento de autoridade através do reconhecimento e da regulação dos poderes de direcção e disciplina do empregador e do correspondente dever de obediência do trabalhador — neste sentido, dispõem no nosso sistema os arts. 20º nº 1 c) e nº 2 e 26º e ss. da LCT e o art. 9º e ss. da LCCT; e no sistema belga, os arts. 17º nº 2 e 35º da *Loi du 3 juillet 1978.*

[185] É o caso do sistema jurídico italiano, que, não fornecendo (aliás como a maioria dos sistemas) uma noção legal de contrato de trabalho, caracteriza a relação laboral como um vínculo de dependência hierárquica a partir da posição intersubjectiva das partes — o *imprenditore* é definido como o «*capo dell'impresa*» (art. 2086º) e o *lavoratore* é delimitado pelo seu posicionamento «*alle dipendenze e sotto la direzione dell'imprenditore*» (art. 2094º); *a contrario sensu,* o trabalho autónomo é expressamente delimitado na lei pela ausência de um «*vincolo di subordinazione*» (art. 2222º); e, em desenvolvimento da delimitação do contrato de trabalho pelo elemento da subordinação, é fixada a sujeição do trabalhador aos poderes directivo e disciplinar do empregador (arts. 2104º a 2106º do *Codice* e art. 7º do *Statuto dei Lavoratori*). Na mesma orientação se integra o sistema espanhol que, fazendo parte do grupo de sistemas que não autonomiza na lei civil o contrato de trabalho relativamente a figuras mais amplas (neste caso o *arrendamiento de servicios,* previsto nos arts. 1582º ss. do *Codigo Civil*), define, no art. 1º nº 1 do *Estatuto de los Trabajadores,* como trabalhadores a ele sujeitos

II. A conjugação do elemento da dependência com os restantes elementos delimitadores do fenómeno do trabalho subordinado demonstra, de forma imediata, a sua mais valia na operação de delimitação, já que é ele que permite distinguir o fenómeno das outras formas de actividade laborativa com relevo jurídico autónomo. Enquanto as características da liberdade do prestador e da onerosidade da actividade produtiva são comuns à maioria das outras modalidades de trabalho, as posições respectivas de dependência do trabalhador e de autoridade do empregador, manifestadas na sujeição do primeiro aos poderes directivo e disciplinar do segundo, parecem configurar-se como uma característica particular do trabalho subordinado.

É a consciência deste valor acrescentado que leva a doutrina e a jurisprudência a atribuirem a maior importância ao elemento da subor-

---

aqueles que «*voluntariamente presten sus servicios retribuidos por conta ajena y dentro del ámbito de organización y dirección de otra persona, física o jurídica, denominada empleador o empresario*», e estabelece o dever de obediência do trabalhador e o poder de direcção do empregador nos arts. 5º a) e c) e 20º, bem como a vertente disciplinar da posição de autoridade do empregador, através da enumeração de um elenco de infracções e sanções disciplinares e da previsão do despedimento por motivos disciplinares (arts. 54º e 58º).

[186] Este é o caso do sistema francês que também não autonomiza na lei civil a figura do contrato de trabalho relativamente à figura da *location d'ouvrage* (arts. 1708º e 1711º do *Code civil*): não referindo expressamente a posição de autoridade do empregador no contrato, a regulamentação específica da matéria laboral no *Code du travail* prevê a vigilância directa e habitual do credor da prestação sobre o trabalhador (neste sentido, *a contrario sensu*, o art. L. 721-1, § 1, prescindindo da exigência de um vínculo de subordinação e dispensando tal vigilância do credor no caso do trabalho no domicílio), bem como a existência de *fautes graves* do trabalhador, conotadas à prática de infracções disciplinares e constitutivas de justa causa de despedimento (art. L. 122-6, L. 122-8 e L. 122-9); e na *Loi nº 82.629, du 4 aout 1982, relative aux libertés des travailleurs dans l'entreprise*, que revogou as disposições do *Code du travail* sobre regulamentos internos (Livro I, Capítulo II, Secção IV), a matéria disciplinar é prevista como conteúdo necessário do regulamento interno, obrigatório para as empresas com mais de vinte trabalhadores (art. L. 122-33 e L. 122-34). Ainda nesta orientação, podemos incluir o sistema germânico, uma vez que o BGB prevê, embora apenas incidentalmente, a propósito do dever de protecção do trabalhador contra os riscos inerentes à prestação do trabalho, que a prestação seja desenvolvida sob a fiscalização e a chefia do credor — § 618 Abs. 1. Para uma apreciação comparada sobre a forma como a ideia da subordinação foi desenvolvida em diversos sistemas europeus, *vd* CAMERLYNCK, *Rapport de synthèse cit.*, 28 ss.

§ 3º – O reposicionamento do problema

dinação, em dois aspectos essenciais: por um lado, identificando-o como traço verdadeiramente diferenciador da actividade laboral; por outro lado, reconhecendo a sua aptidão qualificativa determinante na delimitação entre o contrato de trabalho e figuras negociais afins, que enquadram outras formas de actividade laborativa — *maxime*, o contrato de prestação de serviço, nas suas diversas modalidades.

No primeiro aspecto, a doutrina e a jurisprudência procuram proceder à integração do conceito de subordinação, reconduzindo-a ao dever de obediência do trabalhador em relação aos ditames emanados dos poderes de autoridade do empregador, *verbi gratia*, do poder directivo[187] — este recorte conceptual da subordinação permite caracterizá-

---

[187] Neste sentido, a generalidade da doutrina considera o dever de obediência como a manifestação genérica da posição de subordinação do trabalhador correspondente ao poder directivo do empregador — neste sentido, a título exemplificativo, entre nós, Raul Jorge Rodrigues VENTURA, *Teoria da Relação Jurídica de Trabalho — Estudo de Direito Privado*, I, Porto, 1944, 104 ss., MÁRIO FROTA, *Contrato de Trabalho cit.*, I, 34, BRITO CORREIA, *Lições...cit.*, 94; BARROS MOURA, *Notas para uma Introdução... cit.*, 26; ABÍLIO NETO, *Contrato de Trabalho... cit.*, 113, nota [2]; João Moreira da SILVA, *Direitos e Deveres dos Sujeitos da Relação Individual de Trabalho*, Coimbra, 1983, 53; Messias de CARVALHO / Vitor Nunes de ALMEIDA, *Direito do Trabalho e Nulidade do Despedimento*, Coimbra, 1984, 5; MENEZES CORDEIRO, *Manual...cit.*, 127; BERNARDO XAVIER, *Curso...cit.*, 325, e *Iniciação...cit.*, 173; MOTTA VEIGA, *Lições...cit.*, 382; MONTEIRO FERNANDES, *Direito do Trabalho cit.*, 14 e 135, que afirma até, de forma sugestiva, noutra sede, que, para o trabalhador «*cumprir é essencialmente obedecer*» (*Sobre o fundamento do poder disciplinar*, ESC, 1966, 18, 60-83 (61) — itálico no original). Também realçando o dever de obediência do trabalhador como expressão da subordinação jurídica correspondente aos poderes do empregador e, nomeadamente ao poder directivo, no direito italiano, entre outros, BARASSI, *Elementi...cit.*, 140 s., Luisa Riva SANSEVERINO, *Il contratto individuale di lavoro nell'ordinamento positivo italiano*, RivDL, 1958, I, 204-220 (209), e *Diritto del lavoro cit.*, 43 e 241 ss., Enrico REDENTI, *Variazioni sul tema del verbo commandare*, Riv.Trim.DPC, 1959, 777-794 (778), Vincenzo CASSÌ, *La subordinazione del lavoratore nel diritto del lavoro*, 2ª ed., Milano, 1961, 149, Giuseppe SUPPIEJ, *La struttura del rapporto di lavoro*, II, Padova, 1963, 9 ss., Carlo SMURAGLIA, *La persona del prestatore nel rapporto di lavoro*, Milano, 1967, 279 s., Luigi ANGIELLO, *Autonomia e subordinazione...cit.*, 44, Mario GHIDINI, *Diritto del lavoro*, 6ª ed., Padova, 1976, 344, Massimo BIANCA, *Le autorità private*, Napoli, 1977, 28, PAPALEONI, *Il rapporto di lavoro cit.*, 238 e 591, PERA, *Compendio...cit.*, 106 e 187, ou Carlo CESTER / Giuseppe SUPPIEJ, *Lavoro subordinato (contratto e rapporto)* NovissDI, IV (Apendice), 1983, 757-797 (761); mas outros autores

-la como uma situação de conteúdo jurídico e não económico[188 189] (reconduzida por alguns autores ao conceito técnico-jurídico de sujei-

---

consideram o critério da sujeição ao poder directivo do empregador, actuado na empresa onde o trabalhador se insere, como insuficiente para delimitar o conceito de subordinação — neste sentido, por exemplo, ICHINO, *Subordinazione e autonomia...cit.,* 98 ss., dando diversos exemplos da insuficiência deste critério, em casos em que o trabalhador está distante do empregador (como o trabalho no domicílio ou o tele-trabalho) ou em que à possibilidade de heterodeterminação da prestação se sobrepõem a capacidade ou as qualidades pessoais do trabalhador (como sucede no trabalho de artistas ou de atletas). Nas doutrinas francesa e belga, a importância do dever de obediência, como expressão da subordinação, e a sua correspondência ao poder directivo é salientada, por exemplo, em BRUN / / GALLAND, *Droit du travail cit.,* I, 688, Michel DESPAX, *L'évolution du lien de subordination,* DS, 1982, 1, 11-19 (13 e 15), Danièle LOSCHAK, *Le pouvoir hiérarchique dans l'entreprise privée et dans l'administration,* DS, 1982, 1, 22-40 (30 s.), ou Micheline JAMOULLE, *Le contrat de travail,* I, Liège, 1982, 12. No mesmo sentido, na doutrina espanhola, MONTOYA MELGAR, *Derecho del Trabajo cit.,* 359, MARTÍN VALVERDE / F. R.-S. GUTIÉRREZ / J. G. MURCIA, *Derecho del Trabajo cit.,* 170, e ALONSO OLEA / CASAS BAAMONDE, *Derecho del Trabajo cit.,* 361. Na doutrina germânica e austríaca, a subordinação é considerada também como o traço característico da actividade laboral, sendo reconduzida pela doutrina à ideia de dependência pessoal (*persönliche Abhängigkeit*) do trabalhador relativamente ao poder directivo do empregador — neste sentido, BOLDT, *Le contrat de travail dans la République...cit.,* 236, Hans C. NIPPERDEY / Heinz MOHNEN / Dirk NEUMANN, *Der Dienstvertrag,* Berlin, 1958, 1106, Theodor TOMANDL, *Wesensmerkmale des Arbeitsvertrages in Rechtsvergleichender und Rechtspolitischer Sicht,* Wien — New York, 1971, 182 ss., SCHAUB, *Arbeitsrechts...cit.,* 115 s.; RICHARDI, *Staudingers Kommentar... cit.,* II, 49 s.; Alfred SÖLLNER, *Grundriβ des Arbeitsrecht,* 9ª ed., München, 1987, 1 ss., entre muitos outros; mas contra esta valorização da ideia de dependência pessoal como paradigma da actividade laboral e elemento delimitador da sujeição às normas laborais, se pronunciaram alguns autores, como Wolfgang GAST, *Das Arbeitsrecht als Vertragsrecht,* Heidelberg, 1984, 23 ss., e *Perspektiven des Arbeitsrechts,* BB, 1986, 23, 1513-1520 (1515), considerando o critério ultrapassado, designadamente por não ter em conta o facto de o empregador também depender do trabalhador. Na doutrina anglo-saxónica, a subordinação do trabalhador e também considerada como um elemento típico da relação de trabalho, de acordo com a *common law,* sendo o dever de obediência do trabalhador a sua manifestação — neste sentido, por todos, Bob HEPPLE / Sandra FREDMAN, *Labour Law and Industrial Relations in Great Britain,* Antwerp-London-Frankfurt-Boston-New York, 1986, 99, e Roger BENEDICTUS / Brian BERCUSSON, *Labour Law: Cases and Materials,* London, 1987, 6 ss.

[188] Neste sentido, afirma-se a subordinação do trabalhador pela sua sujeição

às directrizes patronais e independentemente da sua situação económica — RAUL VENTURA, *Teoria... cit.*, I, 105; GALVÃO TELLES, *Contratos Civis — Exposição de Motivos cit.*,166; PIRES DE LIMA / ANTUNES VARELA, *Código Civil Anotado cit.*, II, 779, nota [2]; MONTEIRO FERNANDES, *Direito do Trabalho cit.*, 134, MÁRIO FROTA, *Contrato de Trabalho cit.*, I, 31 ss., F. J. Coutinho de ALMEIDA, *Os poderes da entidade patronal no direito português*, RDE, 1977, 301-334 (302); MOTTA VEIGA, *Lições... cit.*, 350, PERA, *Compendio...cit.*, 106, ARANGUREN, *La determinazione qualitativa...cit.*, 307 s., CESTER / SUPPIEJ, *Lavoro subordinato...cit.*, 760, TOMANDL, *Wesensmerkmale...cit.*, 184, NIPPERDEY / MOHNEN / NEUMANN, *Der Dienstvertrag cit.*, 1107 s., SÖLLNER, *Grundriβ...cit.*, 245, RICHARDI, *Staudingers Kommentar... cit.*, II, 50, MONTOYA MELGAR, *Derecho del Trabajo cit.*, 37. Deve, contudo, ter-se em atenção que, nos primórdios do desenvolvimento do direito do trabalho, era comum a ligação do requisito da subordinação à existência de dependência económica do prestador (neste sentido, por exemplo, Erich MELSBACH, *Deutsches Arbeitsrecht — zu seiner Neuordnung*, Berlin-Leipzig, 1923, 21 s.), ou a defesa de formulações intermédias, que reconhecessem o sentido jurídico da subordinação mas permitissem o reforço das normas de protecção nas situações em que ela reveste também carácter económico (nesta orientação intermédia encontramos autores como RICHTER, *Grundverhältnisse des Arbeitsrechts...cit.*, 14 s., ou Erich MOLITOR, *Das Wesen des Arbeitsvertrages*, Leipzig, 1925, 73). Mais recentemente, alguns autores continuam a subscrever soluções de combinação entre os elementos económicos e pessoais do conceito de dependência para efeito da construção de um critério de delimitação da actividade laboral — nesta orientação *vd*, por exemplo, a construção de Georg HEUBERGER, *Sachliche Abhängigkeit als Kriterium des Arbeitsverhältnis*, Königstein, 1982, *maxime* 153 ss.

[189] A natureza jurídica e não económica da posição subordinada do trabalhador é também referida em alguma jurisprudência, nomeadamente para a compatibilizar com a autonomia técnica (neste sentido, entre nós, por exemplo, os Ac. STA de 19/03/1971, DG (Ap.), de 3/10/1972, 137, e de 1/06/1976, DR (Ap.) de 15/10/1979, 441; bem como o Ac. RLx de 19/01/1979, CJ, 1979, I, 94 e o Ac. RC de 20/03/1981, CJ, 1981, II, 77), e é comum a recondução do conceito de dependência económica à exigência da simples percepção de um salário e não à ideia da necessidade do salário para a subsistência material do trabalhador e da sua família — é neste sentido estrito que um número considerável de acórdãos qualifica tanto a dependência jurídica como a dependência económica como elementos essenciais do contrato de trabalho (Ac. STA de 18/10/1960, DG (Ap.), 2ª S., de 30/12/1961, 277; de 3/04/1962, ESC, 1962, 3, 139, de 19/2/1971, DG (Ap.) de 3/10/1972, de 16/03/1976, DR (Ap.), de 15/02/78, 229, de 1/06/1976, DR (Ap.) de 15/10/1979, 441; Ac. RC de 23/02/1995, CJ, 1995, I, 78; Ac. RLx. de 19/02/1997, CJ, 1997, I, 183; Ac. STJ de 20/01/1999, CJ, 1999, I, 265).

ção[190]), que permite diversas gradações e se basta até com a ideia de potencialidade[191].

No segundo aspecto, o elemento da subordinação é considerado como o critério delimitador por excelência do contrato de trabalho em relação a figuras afins, capaz de ultrapassar as limitações qualificativas dos critérios clássicos da gratuitidade ou onerosidade do trabalho e da forma de cálculo da remuneração[192], e da prevalência da actividade ou

---

[190] A qualificando da posição jurídica do trabalhador subordinado como um estado de sujeição é tradicional na doutrina italiana — neste sentido, entre outros, Pietro GASPARRI, *Osservazione sulla cosidetta subordinazione dei lavoratori*, DLav., 1940, I, 101-105 (104 s.), Ubaldo PROSPERETTI, *La posizione professionale del lavoratore subordinato*, Milano, 1958, 11 ss., SUPPIEJ, *La struttura del rapporto...cit.*, 63 ss., REDENTI, *Variazioni sul tema...cit.*, 779, PAPALEONI, *Il rapporto di lavoro cit.*, 238, PERA, *Compendio...cit.*, 106. Entre nós, sustentam esta qualificação Fernando Ribeiro LOPES, *Direito do Trabalho* (copiogr.), Lisboa, 1977/78, 22, ou MENEZES CORDEIRO, *Manual... cit.*, 127 e 535. Contra a qualificação da situação de subordinação do trabalhador como um *status subjectionis*, por exemplo, António de Lemos Monteiro FERNANDES, *Sobre o objecto do contrato de trabalho*, ESC, 1968, 25, 13-35 (19), Luigi de LITALA, *Il contratto di lavoro*, 3ª ed., Torino, 1937, 234, M. SAVINO, *Il lavoro nei rapporti di diritto privato*, Torino, 1950, 43 ss., Carlo LEGA, *Il potere disciplinare del datore di lavoro*, Milano, 1956, 89 ss., e 94; CASSÌ, *La subordinazione...cit.*, 86 s. e 125; SMURAGLIA, *La persona del prestatore...cit.*, 280 s., ANGIELLO, *Autonomia e subordinazione...cit.*, 30 s., ou Sofo BORGHESE, *Nozioni di diritto del lavoro*, 6ª ed., Milano, 1987, 28 e 45.

[191] Neste sentido a doutrina refere a existência de subordinação jurídica do trabalhador desde que o empregador possa exercer os seus poderes de autoridade e ainda que os não exerça efectivamente ou que o trabalhador disponha e exercite a sua autonomia técnica — MONTEIRO FERNANDES, *Direito do Trabalho cit.*, 132; MICHELINE JAMOULLE, *Le contrat de travail... cit.*, I, 149 ss; Antoine COLENS / / Dominique COLENS, *Le contrat d'emploi — contrat de travail des employés*, 6ª ed., Bruxelles, 1980, 13 e 334 ss., ou PIERRE DENIS, *Droit du travail cit.*, 24. No mesmo sentido tem apontado a jurisprudência — Acs. STA de 5/04/1949, Col., XI-202, de 3/03/1953, Col., XV-111, de 8/07/1958, Col. XX-623, de 28/03/1970, Col. XXIII-455, de 5/11/1963, AD 25-83, de 19/2/1971, DG (Ap.) de 3/10/1972; bem como o Ac. RP de 15/12/1980, CJ, 1980, V, 157, o Ac. REv. de 23/10//1990, CJ, 1990, IV, 304, o Ac. STJ, de 17/02/1994, CJ, 1994, I, 293, o Ac. RC de 23/02/1995, CJ, 1995, I, 78, ou o Ac. RLx. de 19/02/1997, CJ, 1997, I, 183.

[192] Sobre a delimitação entre o contrato de trabalho e outras formas de prestação de serviço pelo critério da onerosidade/gratuitade, *vd supra*, 4.4.II. O critério da forma de cálculo da remuneração (em função do tempo de trabalho ou do resultado produzido) é um critério clássico entre os primeiros teóricos do direito

do resultado como objecto da prestação laborativa[193] [194]. Neste aspecto, a jurisprudência teve, como é sabido, um papel determinante, especialmente nos sistemas que não individualizam o contrato de trabalho na

---

laboral, nomeadamente na doutrina germânica, sendo subscrito, por exemplo, por LOTMAR, *Die Idee eines einheitlichen Arbeitsrecht cit.*, 606, para distinguir o contrato de obra do contrato de serviço, que inclui o trabalho autónomo e dependente. Entre nós, numa linha não muito diversa, já que postula também um sentido amplo para o contrato de trabalho, incluindo tanto a empreitada como serviço salariado, ADOLPHO LIMA, *O Contrato de Trabalho cit.*, 140 s., refere o critério da forma de cálculo da retribuição (por tempo ou à peça) como critério delimitador entre o trabalho assalariado e a empreitada. Mas a falibilidade deste critério é apontada pela jurisprudência que chama a atenção para o facto de não ser essencial o cálculo da remuneração laboral em função do tempo e de ser possível essa forma de cálculo num contrato de prestação de serviço — neste sentido, em apreciação da distinção entre o contrato de trabalho e o contrato de avença, por exemplo, o Ac. STJ de 7/10/1998, CJ, 1998, III, 251.

[193] É a doutrina germânica que mais desenvolve o critério da prevalência da actividade ou do resultado como objecto da prestação laborativa para delimitar o contrato de serviço e o contrato de obra ou empreitada, a partir das referências do próprio BGB ao termo *serviço* e ao termo *obra*, na definição do *Dienstvertrag* e do *Werkvertrag* (que faria relevar no primeiro a actividade em si mesma (*Wirken/ /Tätigkeit*), e a obra produzida (*Werk/Erfolg*) no segundo — por todos, neste sentido, tradicionalmente WINDSCHEID / KIPP, *Lehrbuch des Pandetten cit.*, 723, MOLITOR, *Das Wesen des Arbeitsvertrages...cit.*, 32 ss., e Arthur NIKISCH, *Die Grundformen des Arbeitsvertrages...cit.*, 44 s., e *Arbeitsrecht*, 3ª ed., Tübingen, 1961, 158 s.), e na doutrina moderna, Rudi MÜLLER-GLÖGE, *Münchener Kommentar zum Bürgerlichen Gesetzbuch*, IV — *Schuldrecht. Besonder Teil II (§§ 607- 704)*, 3ª ed., München, 1997, 157-312 (165). Da dogmática germânica, este critério irradiou para outros sistemas — neste sentido, por exemplo, na doutrina italiana, Alberto ASQUINI, *Del contratto di trasporto*, in Leone BOLLAFIO / Cesare VIVANTE (dir.), *Codice del Commercio commentato*, VI, (Parte Seconda) — art. 388º-416º, 5ª ed., Torino, 1925, 82, e Luisa Riva SANSEVERINO, *Lavoro autonomo*, in Antonio SCIALOJA / Giuseppe BRANCA (dir.), *Commentario del Codice civile*, libro V — *Del lavoro (art. 2188º-2246º)*, 2ª ed., Bologna-Roma, 1963, 154 ss., bem como *Conttrato individuale di lavoro cit.*, 19. Entre nós, a validade deste critério foi sustentada a partir da própria terminologia definidora dos contratos de prestação de serviço e de trabalho no Código Civil (enquanto o art. 1152º define a prestação do trabalhador como uma «actividade intelectual ou manual», o art. 1154º refere-se ao débito do prestador do serviço através da fórmula «resultado do seu trabalho intelectual ou manual», fórmula esta depois concretizada nas expressões «acto jurídico» e «obra», nas definições dos contratos de mandato e de empreitada — arts. 1157º e 1207º CC), para delimitar o contrato de trabalho

dos contratos de mandato e de empreitada, tanto ao nível da jurisprudência como da doutrina — neste sentido, por exemplo, Acs. do STA de 4/07/1968, AD 71-1644, de 23/07/1968, AD 83-1507, de 11/02/1972, DG (Ap.) de 23/01/1974; Ac. RC de 13/12/1978, CJ, 1978, V, 1515; Ac. RP de 30/04/1979, CJ, 1979, II, 579; Ac. REv. de 10/01/1984, CJ, 1984, I, 315; ou o Ac. STJ de 7/10/1998, CJ, 1998, III, 251 (mas, quanto a este último, com uma advertência para a falibilidade do critério em resultado do facto de a actividade o resultado estarem presentes tanto no contrato de trabalho como no contrato de prestação de serviço); e, na doutrina, por exemplo, GALVÃO TELLES, Contratos civis — Exposição de motivos...cit., 165, Adriano Paes da Silva Vaz SERRA, Empreitada, BMJ, 1965, 145, 19-190, e 146, 33-247 (19), MONTEIRO FERNANDES, Direito do Trabalho cit., 128 ss., BERNARDO XAVIER, Curso...cit., 300, e Iniciação...cit., 156, MOTTA VEIGA, Lições...cit., 348 e 354 ss., ou ROMANO MARTINEZ, Direito do Trabalho, II, tomo 1 (Contrato de Trabalho) cit., 10.

[194] A debilidade dos restantes critérios delimitadores do contrato de trabalho foi desde cedo apontada pela doutrina. Ao critério da forma de cálculo da remuneração é objectada a identidade do posicionamento do prestador do trabalho, tanto do ponto de vista das tarefas que desempenha como do seu posicionamento subjectivo perante o credor, quer seja pago à peça ou em função do tempo (por exemplo, HOENIGER, Grundformen...cit.,XXIII), e o facto de o modo como a remuneração é paga (e não a remuneração em si mesma) ser um elemento acessório do contrato (neste sentido, entre nós, CUNHA GONÇAVES, Tratado de Direito Civil cit., VII, 575). Por seu turno, o critério da prevalência da actividade ou do resultado é questionado no seio da própria doutrina germânica por alguns autores (por exemplo, Gustav RÜMELIN, Dienstvertrag und Werkvertrag, Tübingen, 1905, 1 ss., e ainda HOENIGER, Grundformen...cit., XXIII), que invocam a intimidade da ligação entre a actividade, em si mesma considerada, e o resultado a que ela conduz — relação íntima esta que foi tão bem expressa na afirmação de GALVÃO TELLES, Contratos civis — Exposição de Motivos...cit., 165, de que «todo o trabalho conduz a algum resultado e este não existe sem aquele». Para ilustrar a debilidade do critério, diversos autores fornecem exemplos de relevância directa do resultado no contrato de trabalho e de relevância directa da actividade no contrato de prestação de serviço (neste sentido, vd, por exemplo, Renato CORRADO, La nozione unitaria del contratto di lavoro, Torino, 1956, 70 ss., ou Giorgio ARDAU, Riflessioni sulla causa dei contratti di lavoro subordinato e di lavoro autonomo, Riv.dir.civ., 1983, II, 689-695 (690)).

Desta forma, o critério da subordinação é usualmente considerado como o critério mais seguro de distinção, nomeadamente nos casos em que as dúvidas de qualificação persistem após a aplicação dos restantes critérios delimitadores, ou na zona a que um sector da doutrina chama «zona cinzenta» entre o trabalho subordinado e o trabalho autónomo (BERNARDO XAVIER, *Iniciação... cit.*, 158). Neste sentido, entre nós, para a delimitação do contrato de trabalho relativamente às diversas modalidades da prestação de serviços e a outras figuras negociais, CUNHA GONÇAVES, *Tratado de Direito Civil cit.*, VII, 575 (referindo, contudo, que a subordinação não é só jurídica como também económica), GALVÃO TELLES, *Contratos civis — Exposição de Motivos...cit.*, 166, RAUL VENTURA, *Teoria...cit.*, I, 57., PIRES DE LIMA / ANTUNES VARELA, *Código Civil Anotado cit.*, II, 779, nota [2], e 863 s., notas [1] e [2], MÁRIO FROTA, *Contrato de Trabalho cit.*, I, 65 e 73, 78 s. e 90, MONTEIRO FERNANDES, *Direito do Trabalho cit.*, 131, BERNARDO XAVIER, *Curso...cit.*, 287 s., e *Iniciação...cit.*, 153 ss.; MENEZES CORDEIRO, *Manual...cit.*, 521 ss.; MOTTA VEIGA, *Lições...cit.*, 355 ss., ROMANO MARTINEZ, *Direito do Trabalho*, II, tomo 1 (*Contrato de Trabalho*) *cit.*, 40. Na literatura estrangeira, a subordinação é também, de um modo geral, apontada como critério delimitador fundamental do contrato de trabalho relativamente a figuras afins, sendo os elementos da forma de cálculo da remuneração, da natureza dos actos praticados pelo prestador, da prevalência da actividade ou do resultado ou da incidência do risco considerados como critérios auxiliares de delimitação ou como indícios da situação de subordinação. Aplicando este critério na doutrina francesa, por exemplo, G. CAMERLYNCK, *Le contrat de travail en droit français, in* G. BOLDT / G. CAMERLYNCK / P. HORION / A. KAYSER / M. G. LEVENBACH / L. MENGONI, *Le contrat de travail dans les pays membres de la C.E.C.A.*, Paris (s.d.), 311-413 (330), e *Contrat de travail cit...*, 76 s., Jean RIVERO / Jean SAVATIER, *Droit du travail*, 8ª ed., Paris, 1981, 86, BRUN / GALLAND, *Droit du travail cit.*, I, 360 ss. e 392 ss., Hubert GROUTEL, *Le critère du contrat de travail, in Tendances du droit du travail français contemporain. Études offertes à G.H. Camerlynck*, Paris, 1978, 49-62 (49), e *Droit du travail*, Paris, 1974, 33, OLLIER, *Le droit du travail cit.*, 73, LYON-CAEN / PÉLISSIER, *Droit du travail cit.*, 151, Marie-Laure MORIN, *Louage d'ouvrage et contrat d'entreprise, in* A. SUPIOT (dir.), *Le travail en perspectives*, Paris, 1998, 125-143 (134 ss.). Na doutrina belga, por todos, PIERRE DENIS, *Droit du travail cit.*, 29 ss.. Na doutrina italiana, Aldo GRECO, *Il contratto di lavoro in* Filippo VASSALI (dir.), *Trattato di diritto civile italiano*, VII (tomo III), Torino, 1939, 53, Pietro GASPARRI, *Il rapporto di lavoro autonomo*, DLav., 1942, I, 109-127 e 153-171 (113 ss.), BARASSI, *Elementi...cit.*, 251 ss., Luigi MENGONI, *Le contrat de travail en droit italien, in* G. BOLDT / G. CAMERLYNCK / P. HORION / A. KAYSER / M. G. LEVENBACH / L. MENGONI, *Le contrat de travail dans les pays membres de la C.E.C.A.*, Paris (s.d.), 415-521 (444 ss.), Aldo GRECHI, *Il lavoro nei rapporti associativi, in* U. BORSI / F. PERGOLESI, *Trattato di diritto del* lavoro, I (*Introduzione al diritto del lavoro*), 3ª ed., Padova, 1960, 437-375 (439 ss.), Sergio MAGRINI, *Lavoro (contratto individuale di)*, Enc.Dir., XXIII, 369-418 (379), Giovanni GIACOBBE, *Lavoro autonomo*, Enc. Dir., XXIII,

lei[195], afinando progressivamente os chamados «indícios de subordinação», i.e., os factores reveladores da posição de dependência (jurídica) do prestador do trabalho face ao credor, cuja concorrência permite, por

---

1973, 418-440 (420 e 428 s.), Giuseppe SUPPIEJ, *Il rapporto di lavoro*, Padova, 1982, 9 ss., Doro Muscari TOMAJOLI, *Istituzione di diritto del lavoro*, 4ª ed., Milano, 1985, 134 ss., Franco TOFFOLETTO, *Subordinazione e carattere durevole della prestazione*, RIDL, 1986, II, 514-521 (515 s.), Paolo GIORGI, *La distinzione fra lavoro autonomo e lavoro subordinato nella giurisprudenza*, RIDL, 1986, II, 522-525 (523), Francesco SANTORO-PASSARELLI, *Nozioni di diritto del lavoro*, 35ª ed., Napoli, 1995, 86 ss., PAPALEONI, *Il rapporto di lavoro...cit.*, 233 ss.. Nas doutrinas germânica e austríaca, SCHAUB, *Arbeitsrechts... cit.*, 114 s., ZÖLLNER / LORITZ, *Arbeitsrecht cit.*, 46 ss.; RICHARDI, *Staudingers Kommentar...cit.*, 49 s., MAYER--MALY / MARHOLD, *Österreichisches Arbeitsrecht*, I, 6 s. Na doutrina espanhola, por exemplo, ALONSO OLEA, *Introducción...cit.*, 61, VALVERDE / GUTIÉRREZ / MURCIA, *Derecho del Trabajo cit.*, 170, MONTOYA MELGAR, *Derecho del Trabajo cit.*, 267 ss., *maxime* 271. É também este o entendimento da doutrina anglo-saxónica na delimitação entre a relação *employer-worker* e outras formas de prestação de trabalho, nomeadamente com um *agent* ou *independant contractor* — embora sejam indicados como critérios distintivos adicionais a duração do contrato, a titularidade dos meios de produção ou o tipo de remuneração, o grau de subordinação do prestador e o grau de controlo do credor relativamente à execução do serviço são usualmente apontados como critérios delimitadores do *employment contract* (neste sentido, GOLDMAN, *Labour Law... cit.*, 67 s., e HEPPLE / HOGGINS, *Employment Law cit.*, 65). Ainda sobre o desenvolvimento do critério da subordinação na delimitação do contrato de trabalho no sistema jurídico britânico, *vd* a apreciação comparativa de Maria Ilda BENVENUTI, *Il problema della qualificazione del rapporto di lavoro nell'ordinamento inglese: profili comparatistici*, RIDL, 1991, I, 95-139.

[195] É o caso do sistema francês, cuja doutrina não hesita em qualificar a subordinação jurídica como um conceito de origem jurisprudencial, já que foram os tribunais que procederam à delimitação do seu conteúdo e à afinação da sua aptidão como critério delimitador do contrato de trabalho — neste sentido, por todos, CAMERLYNCK, *Le contrat de travail cit.*, 58, e, com referências mais profundas à jurisprudência nesta matéria, Gérard LYON-CAEN / Jean PÉLISSIER, *Les grands arrêts de droit du travail*, Paris, 1978, 213, GROUTEL, *Le critère du contrat de travail... cit.*, 50 ss., e ainda de G.H. CAMERLYNCK, *Le contrat de travail* in CAMERLYNCK (dir.), *Traité de droit du travail*, I, 2ª ed. — *Mise à jour 1984*, Paris, 1984, 14 ss. De qualquer modo, mesmo nos sistemas que referem o elemento da subordinação de forma directa ou indirecta na lei, como é o caso português, italiano ou belga, a jurisprudência não deixou de ter um relevante papel na concretização e no desenvolvimento das referências legais. Neste sentido, a jurisprudência nacional maioritária considera decisivo o critério da subordinação jurídica para a qualificação laboral do contrato (entre muitos outros, Ac. STA de 18/10/1960, DG (Ap) de 30/12/1961, 277; Ac. STA de 6/11/1962, AD, 14-237;

um método tipológico[196], qualificar o seu vínculo jurídico como um vínculo laboral[197].

Ac. STA de 15/01/1971, AD, 113-803; Ac. STA de 19/02/1971, DG (Ap.) de 3/10/1972, 48; Ac. STA de 19/03/1971, DG (Ap.) de 3/10/1972, 137; Ac. STA de 3/04/1972, AD, 11-1140; Ac. STA de 16/03/1976, DR (Ap.) de 15/02/1978, 229; Ac. STA de 1/06/1976, DR (Ap.) de 15/10/1979, 441; Ac. RC de 13/12//1978, CJ, 1978, V, 1515; Ac. RLx de 12/02/1979, CJ, 1979, II, 150; Ac. REv. de 22/07/1979, CJ, 1979, IV, 1340; Ac. STJ de 15/10/1980, AD 227-1351; Ac. RC de 30/10/1980, AD 241-133; Ac. STJ de 4/02/1981, AD 242-253; Ac. RLx de 14/12/1981, CJ, 1981, V, 234; Ac. STJ de 17/02/1994, CJ, 1994, I, 293; Ac. RC de 23/02/1995, CJ, 1995, I, 78; Ac. RLx. de 19/02/1997, CJ, 1997, I, 183; Ac. STJ de 7/10/1998, CJ, 1998, III, 251; ou Ac. STJ de 20/01/1999, CJ, 1999, I, 265. Nesta mesma orientação, se pode apontar a jurisprudência italiana (por exemplo, Cass. 16/05/1966 n. 1238, Cass. 16/11/1964, n. 2604, Cass. 8/11/1962, n. 3093, Cass., 25/09/1964, n. 2420, referenciados em Antonio d'Harmant FRANÇOIS / Roberto PESSI, *Il contratto di lavoro nella giurisprudenza*, Padova, 1975, 17 ss., 41 ss, 52 ss. e 56 ss., respectivamente), bem como a jurisprudência belga (por exemplo, Cass. 13/06/1968, Cass. 6/06/1968, Cass. 22/2/1968, Cass. 20/03/1967, Cass. 3/12/1965, Cass. 30/06/1966, referidos em R. GEYSEN / Régine MEERT / Raoul Van de PUT, *Jurisprudence du travail (1966-1970) avec notes critiques*, Bruxelles, 1972, respectivamente 112, 113, 114, 116, 119 e 139. Sobre o papel da jurisprudência na afinação dos critérios de delimitação do trabalho subordinado, vd ainda Danilo VITALI, *Orientamenti giurisprudenziali in tema di lavoro subordinato*, RIDL, 1989, 2, 220-240; e, numa perspectiva de direito comparado, Francisco Perez de los Cobos ORIHUEL, *El trabajo subordinado como tipo contractual*, Doc.Lab., 1993, I, 39, 29-48 (40 ss.).

[196] Salientando a essência tipológica do método de determinação do elemento de subordinação ou dependência no contrato de trabalho, ZÖLLNER/LORITZ, *Arbeitsrecht...cit.*, 50, RICHARDI, *Staudingers Kommentar... cit.*, II, 51, Luca NOGLER, *Metodo tipologico e qualificazione dei rapporti di lavoro subordinato*, RIDL, 1990, I, 182-223 (192 ss. e 200 ss.), e PEREZ DE LOS COBOS ORIHUEL, *El trabajo subordinado...cit.*, 37 ss.; e desenvolvendo o método tipológico para a determinação da subordinação em contratos de trabalho especiais, ainda Antonino CATAUDELLA, *Spunti sulla tipologia dei rapporti di lavoro*, DLav., 1983, I, 77-90 (81 ss.). A natureza tipológica do método de determinação da subordinação no contrato de trabalho é também reconhecida pela jurisprudência — neste sentido, por exemplo, o Ac. STJ de 17/02/1994, CJ, 1994, I, 293. Em geral, sobre o método e o pensamento tipológicos aplicados ao direito e aos contratos, entre nós, José de Oliveira ASCENSÃO, *A Tipicidade dos Direitos Reais*, Lisboa, 1968, maxime 19 ss., Pedro Pais de VASCONCELOS, *Contratos Atípicos*, Coimbra, 1995, 85 ss. e passim, e Rui Pinto DUARTE, *Tipicidade e Atipicidade dos Contratos*, Coimbra, 2000, 30 ss. e 79 ss.

[197] Como indícios de subordinação são usualmente apontados pela jurispru-

III. Apreciando a forma como a doutrina tem abordado a temática da subordinação associada à prestação laborativa, constatamos que, não obstante o consenso sobre a importância deste elemento na delimitação conceptual da actividade laborativa e na identificação da figura do contrato de trabalho, se têm suscitado algumas dificuldades no seu tratamento dogmático, situação compreensível se tivermos presente que

---

dência o local de trabalho, a titularidade dos meios de produção, a sujeição a horário de trabalho, a forma de organização do trabalho, a forma de cálculo da retribuição, entre outros. Fornecendo uma lista destes indícios na doutrina, por exemplo, Fernando Ribeiro LOPES, *Trabalho subordinado ou trabalho autónomo: um problema de qualificação*, RDES, 1987, 1, 57-80 (64 ss.), BERNARDO XAVIER, *Curso...cit.*, 303, e *Iniciação... cit.*, 158, MONTEIRO FERNANDES, *Direito do Trabalho cit.*, 143 ss., MENEZES CORDEIRO, *Manual...cit.*, 532 ss., MOTTA VEIGA, *Lições... cit.*, 356 ss., ROMANO MARTINEZ, *Direito do Trabalho cit.*, II, tomo 1 (*Contrato de Trabalho*) cit., 41 ss., PAPALEONI, *Il rapporto di lavoro cit.*, 254 ss., Pietro ICHINO, *Libertà formale e libertà materiale del lavoratore nella qualificazione della prestazione come autonoma o subordinata*, RIDL, 1987, II, 70-85 (77 ss.), e ainda *Criteri «prioritari» e criteri «sussidiari» di qualificazione del rapporto di lavoro*, RIDL, 1990, II, 365-367; VALVERDE / GUTIÉRREZ / MURCIA, *Derecho del Trabajo cit.*, 170 s., ORIHUEL, *El trabajo subordinado...cit.*, 40, CAMERLYNCK, *Contrat de travail cit.*, 51 ss., Hubert GROUTEL, *Droit du travail...cit.*, 32 s., Jacques GHESTIN / Philippe LANGLOIS, *Droit du travail*, 5ª ed., Paris, 1983, 171 s., Jean-Claude JAVILLIER, *Droit du travail*, 3ª ed., Paris., 1990, 26 ss., NIPPERDEY / MOHNEN / NEUMANN, *Der Dienstvertrag cit.*, 1108, e ainda RICHARDI, *Staudingers Kommentar...cit.*, II, 51 ss., com referências à jurisprudência. No plano jurisprudencial, exemplificando o recurso a estes elementos, tomados como indicadores da subordinação jurídica, vd, entre outros, o Ac. RLx 12/02/1979, CJ, 1979, II, 150, referindo o local de trabalho, a propriedade dos instrumentos de produção, o horário de trabalho e o tipo de fiscalização do empregador, o Ac. STA de 14/02/1978, DR (Ap.) de 15/02/1982, referindo o carácter não determinante dos factores da exclusividade e da proibição de concorrência com a actividade do empregador e da sujeição a directrizes para a execução da prestação, quando não correspondam a uma autoridade efectiva do credor sobre o prestador, bem como, no mesmo sentido, o Ac. STA de 19/02/1971, DG (Ap.) de 3/10/1972, 48, a propósito das instruções dadas a um gestor pelo representado; ainda referindo como indícios da subordinação do trabalhador, o local de trabalho, o horário de trabalho, a exclusividade, a relevância da actividade prestada em si mesma, o modo de organização do trabalho, e propriedade dos instrumentos de produção e a existência de outros trabalhadores subordinados do mesmo empregador, por exemplo, o Ac. STJ, de 17/02/1994, CJ, 1994, I, 293, o Ac. RC de 23/02/1995, CJ, 1995, I, 78, o Ac. RLx. de 19/02/1997, CJ, 1997, I, 183, ou o Ac. STJ de 20/01/1999, CJ, 1999, I, 265.

se trata de admitir a posição de domínio de uma das partes numa situação jurídica privada e num contrato de direito privado. Estas dificuldades explicam que um sector doutrinal, coevo dos primórdios da afirmação do direito laboral como área jurídica no início do século XX, tenha chegado a recusar o recurso a este elemento para a delimitação do fenómeno laboral, alegando a incompatibilidade de uma relação de direito privado com a atribuição de poderes de autoridade a uma das partes[198]. Mas, mesmo reconhecida a imprescindibilidade deste elemento no vínculo laboral, são ainda estas dificuldades que explicam, no nosso entender, a atitude redutora da doutrina, tanto no que respeita à delimitação do seu conteúdo como no que se refere à sua justificação científica: ainda que de uma forma não explicitamente assumida, a doutrina tem tentado, na construção dogmática do elemento da subordinação, diminuir a carga axiológica de poder ou de domínio implícita na posição do empregador a que ela corresponde, por forma a assegurar a sua compatibilidade com os princípios gerais do direito privado.

Na delimitação do conteúdo da subordinação, este objectivo é prosseguido sobretudo através da ideia da funcionalização dos poderes do empregador ao âmbito da prestação[199]; *in extremis*, o elemento da subordinação é reconduzido por alguma doutrina ao conceito, linguisticamente mais neutro e privatisticamente mais aceitável, de *heterodeterminação*, comum à generalidade das obrigações de conteúdo relativamente indeterminado[200]. Por outro lado, manifestam esta tendência

---

[198] Neste sentido é significativa a posição de ADOLPHO LIMA, *O Contrato de Trabalho cit.*, 140 s., identificando os mesmos elementos no contrato de salariado e no contrato de empreitada, desde que os materiais sejam fornecidos nos dois casos pelo credor, exactamente porque considera a distinção com base na subordinação de uma das partes à outra contrária ao princípio da igualdade que domina o direito privado.

[199] Sobre a funcionalização dos poderes do empregador, ou, tal como é eufemisticamente colocado o problema na doutrina, sobre a funcionalização da subordinação do trabalhador às exigências da prestação laborativa, por exemplo, BERNARDO XAVIER, *Iniciação...cit.*, 22, Renato CORRADO, *Trattato di diritto del lavoro*, II, Torino, 1966, 306, RIVA SANSEVERINO, *Diritto del lavoro cit.*, 42, PERA, *Compendio...cit.*, 106 e 187. Na mesma linha, também Matteo DELL'OLIO, *I collaboratori dell'imprenditore*, in P. RESCIGNO (dir.), *Trattato di diritto privato*, 15 *(Impresa e lavoro)*, I, 1986, 223-270 (234), se refere à subordinação jurídica como um modo de ser da prestação de trabalho.

[200] É a orientação sustentada, entre outros, por PERA, *Compendio...cit.*, 106,

doutrinal para a diluição do elemento de poder inerente à ideia de subordinação as referências ao seu sentido jurídico e não económico — indispensáveis para delimitar rigorosamente o âmbito de aplicação do normativo laboral, estas referências deslocam a discussão sobre a situação de inferioridade do trabalhador do plano social (ao nível do qual se suscitou o problema da debilidade económica dos trabalhadores livres que esteve na origem do direito laboral) para o terreno jurídico da sua posição negocial face ao credor, passível de uma justificação de índole técnica[201].

Na justificação dogmática da subordinação, procura-se atenuar o efeito de colisão da posição dominial do empregador com o princípio da igualdade das partes nas situações jurídicas privadas e, no caso da manifestação disciplinar desse domínio, com o princípio do monopólio da justiça pública, já que o poder disciplinar se configura como um poder privado de punir[202].

O problema da contrariedade ao princípio da igualdade é resolvido a partir da natureza da prestação laborativa ou recorrendo a factores externos ao relacionamento negocial. Pela via da prestação, procura-se justificar a posição dominial do credor a partir da ideia da alienidade (sendo a prestação *ab initio* destinada ao empregador-credor, os poderes laborais de direcção e disciplina correspondem à necessidade lógica de adequar o comportamento do prestador à satisfação dos interesses do credor[203]) e/ou da recondução do seu conteúdo à ideia de actividade

---

e, entre nós, por MENEZES CORDEIRO, *Manual... cit.,* 16, mas já classicamente referida, por exemplo, em HOENIGER, *Grundformen..cit.,* XXXI.

[201] Ainda assim, como é sabido, a realidade da dependência económica perpassa em muitos aspectos do normativo laboral, como na exigência de um salário mínimo (art. 59° n° 2 a) da CRP), no regime jurídico aplicável aos trabalhadores formalmente autónomos mas economicamente dependentes (art. 2° da LCT e DL n° 440/91, de 14 de Novembro) ou na impenhorabilidade parcial das remunerações do trabalho (art. 824° n° 1 a) do CPC), entre muitos outros aspectos.

[202] Wolfgang ZÖLLNER, *Betriebsjustiz,* ZZP, 1970, 365-393 (369 s.); já nos pronunciámos também neste sentido — Maria do Rosário Palma RAMALHO, *Sobre os limites do poder disciplinar laboral,* in A. MOREIRA (coord.), *I Congresso Nacional de Direito do Tabalho — Memórias,* Coimbra, 1998, 181-198 (186 s.), e ainda *Do Fundamento...cit.,* 17.

[203] O argumento da alienidade é comum na doutrina espanhola, que o conecta intimamente com a característica da dependência do prestador — neste sentido,

relativamente indeterminada (reconduzindo-se o débito laboral não a um resultado concreto mas à actividade que para ele tende, ou até à atitude de disponibilidade do prestador para a realizar[204], os poderes do credor afiguram-se essenciais para adequar em concreto a actividade laboral às utilidades que dela espera retirar[205]). Num e no outro caso, a compatibilidade do estado de subordinação do trabalhador com o princípio da igualdade é assegurada em sede do próprio contrato de trabalho, considerando-se que, no momento em que o celebra, o trabalhador aceita, explícita ou implicitamente[206], colocar-se numa posição de inferioridade; trata-se pois de uma justificação de índole contratatualista.

---

por exemplo, VALVERDE / GUTIÉRREZ / MURCIA, *Derecho del Trabajo cit.*, 170, MONTOYA MELGAR, *Derecho del Trabajo cit.*, 267, e ALONSO OLEA, *Introducción...cit.*, 61, que é, aliás, particularmente crítico em relação ao termo *dependencia* quando utilizado sem uma referência sequencial imediata à característica da alienidade, da qual decorre.

[204] Reconduzindo a prestação laborativa à ideia de disponibilidade para o desenvolvimento da actividade a determinar pelo empregador-credor, por exemplo, PERA, *Compendio...cit.*, 106; num sentido intermédio, afirma, entre nós, MONTEIRO FERNANDES, *Sobre o objecto...cit.*, 20 s., que o trabalhador se encontra numa «*posição mista* de abstracta disponibilidade e de concreta actividade» (itálico no original); em sentido idêntico, *vd* ainda GHIDINI, *Diritto del lavoro cit.*, 174 s.

[205] Justificando a subordinação e os poderes laborais com base na indeterminação da prestação de trabalho, por exemplo, BERNARDO XAVIER, *Curso... cit.*, 286 s., e *Iniciação... cit.*, 147 s., RIVA SANSEVERINO, *Diritto del lavoro cit.*, 43, OLLIER, *Le droit du travail cit.*, 97, e SAVINO, *Il lavoro nei rapporti... cit.*, 47 s.; na mesma linha, ainda Roberto PESSI, *Il potere direttivo dell'imprenditore ed i suoi nuovi limiti dopo la legge 20 maggio 1970, n. 300*, RivDL, 1973, 28-105 (59), que, em consequência, reconduz o poder directivo a um poder de especificação do objecto do negócio, pelo credor, e, neste mesmo sentido, WOLF, *Der Begriff Arbeitsrecht cit.*, 716 s. Era, aliás, já esta a orientação de HOENIGER, *Grundformen..cit.*, XXVI, que ligava a característica da subordinação à distinção entre a promessa de serviços determinados (trabalho em espécie — *Spezíearbeit*) e a promessa de serviços genéricos (trabalho em género — *Gattungsarbeit*), para chamar a atenção para o facto de, no primeiro caso, o objecto do contrato estar, à partida, perfeitamente delimitado, ao passo que, no segundo caso, a determinação da prestação é feita posteriormente, sendo justamente este facto que exige a subordinação do prestador.

[206] Como refere SAVINO, *Il lavoro nei rapporti... cit.*, 51 ss., não é sequer necessária a expressa aquiescência do trabalhador em relação à posição de autoridade do empregador, já que, quando livremente celebra o contrato, ele aceita de forma implícita as normas e os usos que o regem e que conferem ao credor uma

Em alternativa ou em cumulação com esta justificação pela via da prestação, a subordinação é ainda justificada em factores externos ao contrato de trabalho — a necessidade de coordenação das diversas prestações na empresa ou organização do empregador[207], ou o acto de integração ou incorporação do trabalhador nessa empresa ou organização. No primeiro caso, a subordinação é justificada por um conjunto de exigências extra-negociais, que se somam à lógica da relação *inter partes*, mas que não desvirtuam a qualificação do contrato como negócio obrigacional e cuja admissibilidade numa relação de direito privado continua a radicar, em última instância, na liberdade de celebração[208]

---

tal supremacia. Também acentuando a fundamentação dos poderes laborais e, nomeadamente, do poder directivo, no contrato livremente celebrado pelo trabalhador, entre nós, por exemplo, MENEZES CORDEIRO, *Manual...cit.*, 662.

[207] Defendida por autores como BARASSI, por exemplo em *Elementi... cit.*, 136, esta concepção voltou a ser dominante após o declínio das concepções institucionalistas, e é sustentada pela maioria da doutrina, com ou sem conjugação com a justificação pela via da indeterminação da prestação — neste sentido, por exemplo, Luigi MENGONI, *Recenti mutamenti nella strutura e nella gerarchia dell'impresa*, Riv.soc., 1958, 689-724 (692 ss.), e *Contratto e rapporto di lavoro nella recente dottrina italiana*, Riv.soc., 1965, 674-688 (679 ss. e 687), RIVA SANSEVERINO, *Diritto del lavoro cit.*, 42 e 253 ss., SANTORO-PASSARELLI, *Nozioni...cit.*, 200 e 204, PAPALEONI, *Il rapporto di lavoro cit.*, 599 ss., TOMAJOLI, *Istituzioni...cit.*, 225 s.; RIVERO / SAVATIER, *Droit du travail cit.*, 206 s.; OLLIER, *Le droit du travail cit.*, 97 e 126 s., ALONSO OLEA / CASAS BAAMONDE, *Derecho del Trabajo cit.*, 358 e 371, e só de ALONSO OLEA, *Introducción...cit.*, 65, bem como MONTOYA MELGAR, *Derecho del Trabajo cit.*, 227; FERNANDA AGRIA / LUIZA CARDOSO PINTO, *Contrato Individual de Trabalho...cit.*, 25 s., Jorge Manuel Coutinho de ABREU, *A Empresa e o Empregador em Direito do Trabalho*, Coimbra, 1982, 51 s. Alguns autores conjugam a justificação organizacional dos poderes laborais com a justificação pela via da necessidade de determinação da prestação laborativa (neste sentido, BERNARDO XAVIER, *Curso... cit.*, 288 s., e *Iniciação... cit.*, 149, PERA, *Compendio...cit.*, 187 s.), enquanto outros acentuam como argumentos complementares da justificação organizacional o carácter continuado da prestação (Luciano Spagnuolo VIGORITA, *Impresa, rapporto di lavoro, continuità*, Riv.dir.civ., 1969, I, 545-578 (549 ss.)), o direito de propriedade do empresário, ainda que adequado às exigências da gestão moderna (Jean SAVATIER, *Pouvoir patrimonial e direction des personnes*, DS, 1982, 1, 1-10 (2)), a assunção do risco pelo empresário (Francesco SANTORO-PASSARELLI, *Libertà e autorità nel diritto civile*, Padova, 1977, 253 s., ou RICHARDI, *Staudingers Kommentar...cit.*, II, 21 s.).

[208] É esta referência ao contrato de trabalho que permite separar esta concepção das doutrinas institucionalistas, mas a separação não é muito nítida, como

— é ainda uma justificação contratualista, embora não assente em elementos estruturais do contrato mas nas suas projecções empresariais ou organizacionais[209]. No segundo caso, a subordinação é explicada pela justaposição ao vínculo negocial (de índole obrigacional), do elemento da incorporação do trabalhador na empresa, considerando-se que é este elemento que, de uma forma autónoma senão substitutiva, confere à relação de trabalho a sua dimensão laboral — porque assentam na qualificação da empresa como uma instituição, estas teses ficaram conhecidas como teses institucionalistas[210] [211].

O problema da contrariedade ao princípio do monopólio da justiça pública, inerente ao reconhecimento da componente disciplinar na posição de domínio do empregador, é resolvido através da redução do poder disciplinar a uma manifestação acessória do poder directivo, que

---

já tivemos ocasião de salientar a propósito da justificação do poder disciplinar — *Do Fundamento... cit.,* 335 e nota [57].

[209] Sobre a distinção entre as várias vertentes das doutrinas contratualistas na fundamentação dos poderes laborais, *vd* ainda o nosso *Do Fundamento...cit.,* 317 ss. e 330 ss.

[210] Difundidas sobretudo a partir da década de 30, a partir da Alemanha, por autores como Wolfgang SIEBERT (por exemplo em *Die Begründung des Arbeitsverhältnisses,* DAR, 1937, 11, 305-310 e 338-342), POTHOFF (por exemplo em *Das Deutsche Arbeitsrecht cit.,* 11) ou Alfred HUECK (por exemplo em *Die Begründung des Arbeitsverhältnisses,* DAR, 1938, 7/8, 180-182), estas concepções obtiveram, durante décadas, uma larga aceitação noutros países, sendo utilizadas não apenas para explicar os poderes laborais, mas também para alicerçar uma nova construção dogmática da situação jurídica laboral, a partir da aplicação à empresa do conceito de instituição, difundido por autores como Maurice HAURIOU, *La théorie de l'institution et de la fondation — Cahiers de la Nouvelle Journée,* IV, Paris, 1925, ou Santi ROMANO, *L'ordinamento giuridico,* 2ª ed., Firenze, 1945: neste sentido, na doutrina francesa, em especial, Alfred LÉGAL / Jean Brèthe de la GRESSAYE, *Le pouvoir disciplinaire dans les institutions privées,* Paris, 1938, 61 ss., e DURAND / JAUSSAUD, *Traité...cit.,* I, *maxime* 421 ss.; na doutrina italiana, GRECO, *Il contratto di lavoro cit.,* 56 ss., ou M. F. RABAGLIETTI, *Introduzzione alla teoria del lavoro nell'impresa,* Milano, 1956, II ss.; e, entre nós, RAUL VENTURA, *Teoria...cit.,* I, 73. Sobre esta matéria, *infra,* § 13°, 26.

[211] Teremos ocasião de aprofundar a apreciação destas duas grandes orientações doutrinais clássicas de justificação da posição dominial do empregador na relação laboral, na parte seguinte do nosso estudo. O que pretendemos deixar por ora esboçado é a consciência geral, por parte da doutrina, das dificuldades suscitadas pelo elemento da subordinação no contexto privado em que se situa a relação laboral, independentemente das justificações para ele encontradas.

tem como objectivo assegurar a respectiva eficácia[212]. Operada esta funcionalização, também as diversas justificações dogmáticas do poder disciplinar revelam o esforço da doutrina para atenuar o peso da posição dominial do empregador na relação de trabalho, que se faz aqui sentir de uma forma particularmente intensa: assim, o poder disciplinar é justificado ou por uma via obrigacional (reduzindo as sanções disciplinares à categoria de cláusulas penais[213]), ou, numa perspectiva puramente formal (por remissão directa para a lei em conjugação com a ideia de liberdade do trabalhador na celebração do contrato[214]), ou ainda, numa perspectiva laboral, mas sempre por arrastamento em relação ao poder directivo — para as teorias contratualistas, o poder disciplinar é justificado, de forma mediata, pelo contrato de trabalho[215] ou pelas exigências de organização do credor que explicam o poder directivo[216]; para

---

[212] É o entendimento da maioria da doutrina, independentemente da posição subscrita quanto à questão da fundamentação do poder — neste sentido, por exemplo, António de Lemos Monteiro FERNANDES, *As sanções disciplinares e a sua graduação*, ESC, 1970, 36, 23-54 (27); COUTINHO DE ABREU, *A empresa e o empregador...cit.*, 51; COUTINHO DE ALMEIDA, *Os poderes...cit.*, 316; MENEZES CORDEIRO, *Manual...cit.*, 749; Luisa Riva SANSEVERINO, *Il lavoro nell'impresa*, in Antonio SCIALOJA (dir.), *Commentario del codice civile, Libro V — Del lavoro (art. 2188º-2246º)*, 2ª ed., Bologna-Roma, 1943, 149 e 266, e *Diritto del lavoro cit.*, 252 s., GRECO, *Il contratto di lavoro...cit.*, 322, PAPALEONI, *Il contratto di lavoro...cit.*, 602; Nicole CATALA, *L'entreprise*, in G.H. CAMERLYNCK, *Traité de droit du travail*, IV, Paris, 1980, 363; Bernard TEYSSIÈ, *Droit du travail*, Paris, 1980, 207.

[213] Luigi de LITALA, *Il contratto di lavoro...cit.*, 237; G. Bayón CHACÓN / E. Perez BOTIJA, *Manual de Derecho del Trabajo*, II, 2ª ed., Madrid 1968/69, 112; Enrico REDENTI, *Variazioni sul tema...cit.*, 784; CORRADO, *La nozione unitaria...cit.*, 340 ss.; Fritz BAUR, *Betriebsjustiz*, JZ, 1965, 163-167 (165).

[214] Por exemplo, LEGA, *Il potere disciplinare...cit.*, 116 s.; Domenico NAPOLETANO, *Il lavoro subordinato*, Milano, 1955, 76 ss.; MONTOYA MELGAR, *Derecho del Trabajo cit.*, 363, reconhecendo ainda nas exigências de organização empresarial o fundamento sociológico deste poder; ainda próximo desta concepção, entre nós, MENEZES CORDEIRO, *Manual...cit.*, 763. A remissão para a lei e para a jurisprudência, conjugada com a justificação organizacional, para fundamentar, em termos globais, a posição de poder do empregador no vínculo laboral, é tambem sustentada por um sector da doutrina germânica — neste sentido, por exemplo, Rolf BIRK, *Die Arbeitsrechtliche Leitungsmacht*, Köln — Berlin — Bonn — München, 1973, 23 ss. (*maxime*, 76 s.).

[215] Neste sentido, por exemplo, PESSI, *Il potere direttivo...cit.*, 63 s. e GHIDINI, *Diritto del lavoro cit.*, 175.

as teorias institucionalistas, ele é funcionalizado aos interesses da empresa-instituição, que justificam também a componente directiva do poder do empregador[217].

IV. Não cabe nos parâmetros do nosso estudo pronunciarmo-nos sobre as virtudes desta posição redutora da doutrina na análise do elemento da subordinação jurídica. O que nos parece necessário evidenciar, desde já, é que a introdução deste elemento na delimitação do fenómeno nuclear do direito laboral desloca inequivocamente o cerne da delimitação de um plano objectivo para um plano subjectivo, porque se a subordinação se reconduz à situação de sujeição do trabalhador aos poderes laborais da contraparte, ela não tem, afinal, a ver com a actividade de trabalho em si mesma mas sim com a posição do sujeito que a presta — ou seja, apesar de a subordinação ser usualmente apresentada como uma característica do próprio trabalho[218], este

---

[216] Por exemplo, Giuliano MAZZONI, *Contenuto e limiti del potere disciplinare dell'imprenditore*, Mass.GL, 1965, 150-160 (153), PAPALEONI, *Il rapporto di lavoro cit.*, 602 s.; Pierre-Dominique OLLIER, *Réflexions sur le droit de se faire justice à soi-même dans les rapports de travail*, DS, 1967, 9/10, 496-505 (497), João Francisco de Almeida POLICARPO / António de Lemos Monteiro FERNANDES, *Fundamento do poder disciplinar*, ESC, 1967, 24, 17-51 (24), salientando, aliás, o carácter rudimentar do poder disciplinar nas relações laborais não empresariais; Bernardo da Gama Lobo XAVIER, *Regime Jurídico do Contrato de Trabalho Anotado*, 2ª ed., Coimbra, 1972, 84, nota [II]; Alberto Santos Pinheiro XAVIER, *O Poder Disciplinar do Dador de Trabalho* (dact.), Lisboa, 1965, 22 ss.; Pedro de Sousa MACEDO, *Poder Disciplinar Patronal*, Coimbra, 1990, 8 s.

[217] A justificação do poder disciplinar por arrastamento ao poder directivo é uma constante nas teorias institucionalistas, tanto nas versões que mais destacam o elemento da comunhão de interesses na empresa-instituição, como naquelas que atribuem um maior peso ao elemento da organização hierarquizada e autoritária da empresa — sobre a delimitação destas duas grandes vertentes, que então designámos como *perspectiva comunitarista* e *perspectiva organizacional/autoritária*, vd o nosso *Do Fundamento... cit.*, 364 ss. No primeiro caso, a justificação do poder directivo na comunhão de interesses dos membros da empresa-instituição é estendida ao poder disciplinar; no segundo caso, o poder disciplinar é visto como um corolário das necessidades de organização da empresa que justificam o poder de direcção. Neste sentido, por todos, na perspectiva comunitarista, DURAND / JAUSSAUD, *Traité...cit*, I, 424, e, na perspectiva organizacional/autoritária, GRECO, *Il contratto di lavoro cit.*, 56 ss.

[218] Desta tendência generalizada de associação do elemento da subordinação à actividade de trabalho deve exceptuar-se o sistema germânico. Reconhecendo

é subordinado não porque a actividade laborativa o seja mas porque o trabalhador o é ao sujeitar-se aos poderes de direcção e disciplina do empregador!

Esta dimensão subjectiva do elemento da subordinação tem, no nosso entender, um duplo significado para a delimitação da actividade de trabalho como fenómeno nuclear do direito laboral, porque evidencia simultaneamente o seu elemento individualizador e aqueles traços que são comuns às restantes formas de actividade laborativa.

Por um lado, se conjugarmos o elemento da subordinação com os restantes elementos delimitadores do fenómeno do trabalho para efeitos laborais, verificamos que a mais valia qualificativa daquele elemento decorre exactamente da dimensão subjectiva que ele introduz na operação de delimitação: ao contrário do que sucede com as outras formas de prestação de trabalho com relevo jurídico autónomo, o vulgarmente chamado *trabalho subordinado* caracteriza-se pela adição, ao binómio objectivo de troca entre a actividade laborativa e a remuneração, de um

---

que é, afinal, uma característica do prestador e não uma característica da prestação que constitui o elemento decisivo para a qualificação laboral do fenómeno do trabalho, a maioria dos autores coloca no âmago do direito laboral não o conceito de *trabalho subordinado* mas o conceito de *trabalhador subordinado* ou de *trabalhador em situação de «dependência pessoal» (persönliche Abhängigkeit)*, e analisa-o exaustivamente nesta perspectiva. Neste sentido, já Erich MOLITOR, *Arbeitnehmer und Betrieb — zugleich ein Beitrag zur einheitlichen Grundlegung des Arbeitsrechts,* Marburg, 1929, 9, considerava a noção de trabalhador dependente como o conceito fundamental do direito do trabalho, e esta perspectiva perdura até hoje na dogmática germânica — assim, salientam a dimensão normativa do conceito de *persönliche Abhängigkeit* do trabalhador como critério de delimitação do âmbito de aplicação das normas laborais, entre muitos outros, autores como Götz HUECK, *Einige Gedanken zum Begriff des Arbeitnehmers,* RdA, 1969, 7/8, 216-220 (217), Marie Luise HILGER, *Zum Arbeitnehmer-Begriff,* RdA, 1989, 1, 1-7 (1), ou Hans-Joachim BAUSCHKE, *Auf dem Weg zu einem neuen Arbeitnehmerbegriff,* RdA, 1994, 4, 205-215 (209); mas contra, advogando a relativização do conceito de trabalhador como conceito nuclear do direito laboral, por exemplo, Reinhard RICHARDI, *Arbeitnehmerbegriff und Arbeitsvertrag,* in Dieter WILKE (Hrsg.), *Fest. zum 125jährigen Bestehen der Juristischen Gesellschaft zu Berlin,* Berlin — New York, 1984, 607-624 (*maxime* 621 ss.). Na mesma linha entre nós, é afirmado, por exemplo, por Fernanda AGRIA, *O conceito de trabalhador e o direito laboral,* ESC, 1966, 20, 15-35 (16 e 20), que, sendo o conceito de trabalho a «pedra angular» do sistema laboral, a sua tradução subjectiva é o conceito jurídico de trabalhador.

binómio subjectivo, atinente ao modo como as partes se relacionam com vista ao desenvolvimento da prestação laborativa — o binómio subordinação do trabalhador-domínio do empregador. Independentemente da justificação dogmática encontrada para esta posição desigual das partes num vínculo de direito privado, é este conteúdo dominial do vínculo que permite, em definitivo, isolar o fenómeno do trabalho (subordinado) como fenómeno nuclear do direito laboral.

Por outro lado, a dimensão subjectiva do elemento da subordinação confirma o sentido unitário e abrangente do próprio conceito de actividade laborativa que delimitámos anteriormente[219], uma vez que a sua estrutura objectiva de escambo de duas prestações patrimoniais não se deixa afectar por este elemento — o que confirma a qualificação do trabalho subordinado como uma forma de actividade laborativa, idêntica às restantes formas se considerado apenas na dimensão objectiva da troca entre o trabalho e a remuneração. É, aliás, este conteúdo comum que explica a possibilidade de desempenho da mesma actividade produtiva num enquadramento jurídico laboral ou num enquadramento jurídico de outro tipo.

Tendo em atenção esta conjugação de elementos objectivos e subjectivos poderemos pois definir, em moldes definitivos, o fenómeno do trabalho subordinado como a actividade produtiva livre e onerosa em que o prestador se encontra sujeito à posição dominial do credor — do ponto de vista do conteúdo, este fenómeno apresenta assim uma parcela comum a todas as formas de *actividade laborativa* (a parcela objectiva, relativa aos bens trocados) e uma parcela que permite operar a sua diferenciação para efeitos laborais (a parcela subjectiva, atinente à posição relativa das partes). É a actividade de trabalho saída da conjugação destes dois elementos que designaremos, de forma simples, como *actividade laboral*[220].

---

[219] *Supra*, 4.3.IV.

[220] Retomamos pois a distinção que já esboçáramos noutra sede (*Do Fundamento...cit., maxime* 148 s.) entre os conceitos de *actividade laborativa* e *actividade laboral*, o primeiro evidenciando o conteúdo patrimonial de troca trabalho-remuneração, comum à maioria das actividades produtivas, e o segundo reportando-se ao conteúdo de relacionamento intersubjectivo de domínio que se manifesta no elemento diferenciador da subordinação jurídica. Como teremos ocasião de demonstrar (*infra*, § 25°, *maxime* 56.), a delimitação destes dois

4.6. O requisito da natureza ou actuação jurídica privada do credor: a actividade laboral privada

I. O último elemento a apontar na delimitação conceptual do trabalho subordinado como fenómeno nuclear do direito laboral é o requisito da natureza ou actuação jurídica privada do credor do trabalho: apenas releva para o direito laboral o trabalho subordinado cujo credor é um ente de direito privado ou um ente de direito público que actue despido do seu *ius imperii*.

A necessidade desta delimitação decorre da similitude da actividade laborativa prestada e do relacionamento das partes no vínculo laboral e nos vínculos de serviço público: as características da destinação da actividade produtiva para outrem, da liberdade do prestador, da onerosidade e da subordinação estão presentes nos dois vínculos jurídicos e uma aproximação superficial ao seu regime evidencia as profundas afinidades entre o conteúdo material da prestação principal e dos deveres acessórios do trabalhador e do funcionário, bem como a similitude das posições jurídicas do empregador privado e do empregador público, nomeadamente no que se refere ao dever remuneratório e aos poderes directivo e disciplinar[221] — afinidades que, segundo alguma doutrina, o direito positivo tem vindo a acentuar através da progressiva aproximação dos regimes[222].

---

conteúdos é da maior importância para explicar as peculiaridades do enquadramento jurídico do fenómeno do trabalho subordinado.

[221] Neste sentido, a doutrina refere a semelhança da actividade prestada e da relação das partes no vínculo laboral e no vínculo de emprego público (*verbi gratia* no que se refere ao factor delimitador essencial da subordinação), apesar das discussões sobre a natureza negocial ou não negocial do vínculo público e sobre a justificação dogmática da posição dominial do «credor» do trabalho nos dois casos — neste sentido, por exemplo, PAPALEONI, *Il rapporto di lavoro cit.*, 225, 288 e 292 ss.; VALVERDE / GUTIÉRREZ / MURCIA, *Derecho del Trabajo cit.*, 48.

[222] Realçando a tendência de aproximação dos regimes jurídicos do trabalho subordinado privado e público, com a importação de institutos de direito público para o âmbito do direito laboral, por exemplo, ARANGUREN, *Principi generali...cit.,* 59, PAPALEONI, *Il rapporto di lavoro cit.,* 292 ss., ou Eugenio Perez BOTIJA, *Aportaciones del derecho administrativo al derecho del trabajo, in Estudios in Homenage a Jordana de Pozas,* III, Madrid, 1961, 1-46 (12 ss.); fazendo notar, pelo contrário, a influência do direito laboral no direito administrativo e, nomeadamente, no regime da função pública, GIUGNI, *Il diritto del lavoro negli anni '80 cit.,* 393 s., e Andrea Orsi BATTAGLINI, *L'influenza del diritto del lavoro su diritto civile,*

II. A identidade substancial do fenómeno do trabalho subordinado num enquadramento privado laboral ou num enquadramento público administrativo conduz a generalidade da doutrina a situar o requisito da natureza ou actuação jurídica privada do credor do trabalho não ao nível da actividade de trabalho mas ao nível das situações jurídicas que procedem ao respectivo enquadramento — ou seja, a propósito do contrato de trabalho e da posição jurídica dos contraentes. Neste sentido, a doutrina acentua a natureza jurídica privada do contrato de trabalho e da relação laboral, pela posição de igualdade formal das partes manifestada na ausência de *jus imperii* do credor do trabalho[223] e/ou no carácter particular dos interesses prosseguidos pelos contraentes[224].

Esta é, à primeira vista, a forma mais rigorosa de colocar a questão, já que este elemento delimitador se reporta ao posicionamento relativo das partes e não à actividade laborativa, cujo recorte objectivo se mantém intacto. Contudo, é forçoso reconhecer alguma incoerência nesta perspectiva de apreciação deste elemento relativamente à própria caracterização do elemento da subordinação jurídica, reportado, também ele, à posição de uma das partes (mesmo quando justificado por características da prestação), e que a doutrina liga, como vimos[225], à actividade

---

diritto processuale civile, diritto amministrativo — diritto amministrativo, DLRI, 1990, I, 39-57 (42 s.). Alguns autores reconhecem a existência de uma tendência para a chamada «privatização» da relação de emprego público (neste sentido, por exemplo, Mario COLOMBO, *Equilibrio tra garantismo legislativo e autonomia contrattuale,* in Prospettive del Diritto del lavoro per gli anni'80 — Atti del VII Congresso di Diritto del lavoro, Bari, 23-25-Aprile 1982, Milano, 1983, 79-88 (84), e Franco CARINCI, *Contratto e rapporto individuale di lavoro,* in La riforma del rapporto di lavoro pubblico, DLRI, 1993, 3/4, 653-789 (653)), enquanto outros falam na interpenetração das suas áreas regulativas, alegando que à «privatização» do regime jurídico da função pública corresponde uma «publicização» do contrato de trabalho (neste sentido se pronunciou, por exemplo, Paul DURAND, *Naissance d'un droit nouveau...cit.,* 440).

[223] LYON-CAEN / PÉLISSIER, *Droit du travail cit.,* 21; JAVILLIER, *Droit du travail...cit.,* 32; TOMAJOLI, *Istituzioni...cit.,* 143 ss.; SCHAUB, *Arbeitsrecht...cit.,* 113; MAYER-MALY / MARHOLD, *Österreichisches...cit.,* I, 2; ou, entre nós, MONTEIRO FERNANDES, *Direito do Trabalho cit.,*14, MENEZES CORDEIRO, *Manual...cit.,* 530 s.; MOTTA VEIGA, *Lições...cit.,* 39 ss.; BERNARDO XAVIER, *Iniciação...cit.,* 22; ROMANO MARTINEZ, *Direito do Trabalho,* II, tomo 1 (*Contrato de Trabalho*) *cit.,* 15 s.

[224] Por exemplo, SOFO BORGHESE, *Nozioni...cit.,* 12 s.

[225] *Supra,* 4.5.IV.

laboral e não à posição relativa dos sujeitos no vínculo. Por outro lado, as dificuldades de tratamento dogmático de grande parte dos problemas do direito laboral decorrem exactamente do enquadramento privado da situação laboral — ou seja, do facto de à subordinação do prestador do trabalho não corresponder uma posição de supremacia natural do credor, admitida pela ordem jurídica em nome de interesses públicos e por esses mesmos interesses justificada. A dificuldade de explicar a posição dominial do empregador a que corresponde a subordinação do trabalhador está na necessidade de compatibilizar aquela posição com a natureza ou a actuação jurídica privada do seu titular.

Em todo o caso, independentemente do rigor dos critérios de apreciação deste elemento delimitador, o seu sentido é claro: apenas se configura como actividade laboral, no sentido em que a delimitámos acima, a actividade de trabalho prestada por um sujeito subordinado, que tenha como credor um sujeito privado ou que actue sem poderes de autoridade.

4.7. Conclusão: a actividade laboral privada como objecto nuclear do direito do trabalho

I. Chegados a este passo da nossa reflexão, estamos aptos a responder à questão inicialmente colocada sobre o conteúdo do fenómeno do trabalho subordinado, como fenómeno originário e objecto nuclear do direito laboral. As sucessivas operações de delimitação que acabamos de efectuar permitem-nos concluir que o direito laboral não se ocupa de todos os fenómenos do trabalho mas apenas daqueles que têm um relevo jurídico autónomo, como actividade produtiva destinada *ab initio* à satisfação das necessidades de outrem, e que se caracterizem pela onerosidade da prestação, pela natureza ou actuação jurídica privada do credor e pela conjugação na situação jurídica do prestador dos requisitos da liberdade e da subordinação.

Para efeitos investigatórios, designaremos este fenómeno pelo termo *actividade laboral privada* ou, simplesmente *actividade laboral*, que preferimos ao termo tradicional *trabalho subordinado,* por motivos de ordem formal e substancial. De um ponto de vista formal, cremos que a designação escolhida associa o rigor técnico a uma maior neutralidade linguística, contornando a imprecisão decorrente das múltiplas

§ 3º – O reposicionamento do problema

valências do termo *trabalho*[226] e evitando as conotações menos inócuas do termo *subordinação* no contexto privado em que se desenvolve o fenómeno[227]. De um ponto de vista substancial, entendemos que esta designação contribui para melhor isolar, de entre as múltiplas valências do fenómeno do trabalho (de índole económica, moral, sociológica ou filosófica), aquela que corresponde ao seu sentido jurídico, porque destaca os elementos de exterioridade e de comportamento prestativo indispensáveis à sua valoração pelo direito[228]; e esta designação permite evidenciar, em simultâneo, a filiação do trabalho subordinado privado no conceito mais amplo de actividade laborativa[229] e o traço que o diferencia de outras formas de trabalho juridicamente relevantes — ou seja, o *elemento laboral*, no sentido que atribuímos ao termo, de conjugação da subordinação do trabalhador com a posição dominial mas privada do credor[230].

II. Assim delimitada, a actividade laboral privada constitui o objecto nuclear do direito do trabalho. Fixado o seu conteúdo, podemos retomar a questão que colocámos no início da nossa indagação, i.e., a questão de saber até que ponto é que esta actividade pode funcionar como factor aglutinador do direito laboral e potenciador da sua delimitação unitária enquanto área jurídica.

Para responder a esta questão, cabe apreciar a forma como o ordenamento jurídico procede ao enquadramento da actividade laboral. É à análise crítica deste enquadramento que procederemos de imediato.

---

[226] *Supra*, 4.2.I.

[227] Nomeadamente a sua conotação com a ideia de dependência pessoal de um sujeito privado em relação a outro e a dificuldade de isolar as suas acepções jurídica e económica — *supra*, 4.5.

[228] *Supra*, 4.2.III.

[229] *Supra*, 4.3.

[230] *Supra*, 4.5. e 4.6.

5. O enquadramento jurídico da actividade laboral

5.1. O enquadramento jurídico tradicional da actividade laboral: os conceitos de contrato de trabalho, de relação de trabalho e de prestação efectiva de trabalho. Apreciação crítica

I. Se apreciarmos, ainda que de forma sumária, o modo como o sistema jurídico tem procedido ao enquadramento da actividade laboral, constatamos que, tanto ao nível dos textos legais como do desenvolvimento jurisprudencial e doutrinal, uma ideia-chave se encontra sempre presente, de forma explícita ou implícita, no tratamento desta matéria: a ideia de relação de trabalho. Objecto de diversas construções dogmáticas, que acentuam o seu carácter obrigacional ou não obrigacional, feita decorrer do contrato de trabalho ou considerada de forma autónoma, é através da figura da relação de trabalho que o cunho laboral da actividade laborativa, expresso no elemento delimitador da subordinação, tem sido desenvolvido nos diversos estratos do sistema jurídico.

De uma forma esquemática e com a superficialidade inerente ao objectivo preliminar de delimitação do objecto do nosso estudo que neste momento prosseguimos[231], podemos considerar que o desenvolvimento do conceito de relação de trabalho, como conceito fundamental para o enquadramento jurídico da actividade laboral, foi feito em duas perspectivas, clássicas na doutrina: ou em conexão com a figura do contrato de trabalho, como fonte da relação laboral; ou de forma autónoma relativamente ao contrato, cuja importância é secundarizada ou mesmo excluída em favor de outro acto constitutivo da relação — a incorporação do trabalhador na organização do credor e a prestação efectiva do trabalho.

II. As concepções doutrinais historicamente dominantes e ainda hoje maioritárias ligam a relação de trabalho à figura do contrato de trabalho, que perspectivam como seu facto jurídico constitutivo — são as denominadas *teorias contratualistas*. Nesta construção, as características da actividade laboral que atrás enunciámos[232] são transpostas para

---

[231] Sem prejuízo do posterior desenvolvimento desta matéria na parte seguinte do nosso estudo, *infra*, §§ 10° ss.

[232] *Supra*, 4.

o contrato de trabalho, ressaltando directamente da respectiva noção legal (em sistemas como o português ou o belga), da descrição legal da posição das partes (como sucede nos sistemas italiano ou espanhol), ou da construção jurisprudencial ou doutrinal do conceito de contrato de trabalho (situação exemplificada pelos sistemas francês ou alemão), e/ou ainda de diversos aspectos do regime legal do contrato: a delimitação objectiva da actividade laborativa como actividade produtiva transparece na afirmação do trabalho ou do serviço como objecto do contrato e na previsão do carácter intelectual ou manual desse trabalho[233]; a destinação *ab initio* para outrem do trabalho é especialmente enfatizada a propósito do conceito de trabalhador, em alguns sistemas[234]; o necessário estatuto de liberdade do prestador é uma característica tradicionalmente associada ao contrato de trabalho, mesmo antes do seu recorte conceptual autónomo, através da proibição do seu carácter vitalício[235]; a onerosidade é reconduzida à categoria de elemento essencial do contrato de trabalho, pela exigência de remuneração feita directamente pela lei, nos vários sistemas, como já referimos[236]; e, finalmente, a subordinação é considerada como um elemento essencial do contrato, ou a partir de referências directas da lei ou através da construção jurisprudencial ou doutrinal, como já salientámos[237].

---

[233] Neste sentido, o objecto do contrato de trabalho é traduzido no nosso sistema pelas expressões «actividade intelectual ou manual» (arts. 1152º do CC e 1º e 5º nº 1 da LCT) e no sistema belga pelas expressões «*travail manuel*» e «*travail intelectuel*», (art. 1º da *Loi du 3 juillet 1978, relative aux contrats de travail*); a expressão *Dienst* identifica o objecto do contrato de serviço no § 611 do BGB e a expressão *servicios* identifica o débito do trabalhador no *Estatuto de los Trabajadores* espanhol (art. 1º nº 1); no sistema francês, a referência ao *louage de travail* como modalidade do *contrat de louage* no art. 1711º do *Code civil*, delimita-se exactamente pelo objecto da locação, que é constituído por um trabalho; e no direito italiano a delimitação da prestação do trabalhador é também feita através dos conceitos de *lavoro intelletuale e manuale* — art. 2094º do *Codice civile*.

[234] É o caso do sistema espanhol, que define explicitamente o trabalhador como o prestador de serviços por conta alheia — art. 1º nº 1 do *Estatuto de los Trabajadores*.

[235] *Vd, supra,* 4.3.III.

[236] *Vd, supra,* 4.4.

[237] *Vd, supra,* 4.5.I. e II.

Operada a delimitação do contrato, a justificação das suas particularidades laborais, expressas no elemento da subordinação, é tradicionalmente apresentada a partir da caracterização da relação jurídica dele emergente: a denominada *relação comunitário-pessoal de trabalho*[238]. Com justificações diversas, é a alegada singularidade deste vínculo relativamente à generalidade dos vínculos obrigacionais (de cunho patrimonial e implicando uma contraposição e não uma comunhão de interesses das partes) que explica a posição dominial do credor a que corresponde a subordinação do trabalhador, bem como os desvios das normas laborais em relação ao direito civil. Sob o invólucro do contrato (origem da denominação destas doutrinas como doutrinas contratualistas) a relação laboral é pois tradicionalmente apresentada como o conceito nuclear do direito do trabalho[239].

---

[238] O termo é de origem germânica (*personenrechtliches Arbeitsverhältnis*) e pretende realçar, como elementos essenciais do vínculo laboral, os elementos de pessoalidade e de comunhão entre as partes, em detrimento dos elementos de troca patrimonial. Desenvolvida ao longo das primeiras décadas do século XX, a partir da dogmática germânica e com base na construção de VON GIERKE, *Las raíces del contrato de servicios cit., maxime* 37 e ss. — que fixa a origem histórica do *Dienstvertrag* na figura medieval do «contrato de serviço fiel» (*Treudienstvertrag*) e não, como era tradicional, na *locatio conductio operarum* (exactamente para dar ênfase aos elementos de pessoalidade e lealdade desse contrato, que, para o autor, seriam ainda no contrato de serviços da actualidade mais importantes do que o binómio de troca patrimonial que constituia a essência da *locatio* — esta concepção comunitário-pessoal da relação de trabalho valoriza o elemento de confiança do vínculo e a integração do trabalhador na organização do credor e secundariza, no conjunto dos deveres contratuais, o binómio trabalho-salário em relação ao binómio lealdade-assistência (*Treuepflicht-Fürsorgepflicht*). Salientando a origem deste entendimento doutrinal dominante da relação de trabalho em Von Gierke, por exemplo, WIEDEMANN, *Das Arbeitsverhältnis als Austausch...cit.,* 3 s., ou Peter SCHWERDTNER, *Gemeinschaft, Treue, Fürsorge — oder: die Himmelfahrt des Wortes,* ZRP, 1970, 3, 62-67 (63), este último adoptando, aliás, uma posição crítica em relação à concepção de Von Gierke (*idem,* 64); no mesmo sentido, ainda de SCHWERDTNER, *Fürsorgetheorie und Entgelttheorie im Recht der Arbeitsbedingungen,* Heidelberg, 1970, 23. Teremos ocasião de aprofundar esta matéria a propósito da fundamentação doutrinal clássica da autonomia dogmática do direito do trabalho, *infra,* Parte I, Capítulo III, *maxime,* §§ 12° e 13°.

[239] Teremos ocasião de referir com maior detalhe estas concepções, que procuram conciliar a natureza comunitária e pessoal da relação de trabalho com a sua configuração negocial, *infra,* § 13°, 25., e § 16°, 31.

Um outro entendimento, com projecção sobretudo entre as décadas de trinta e cinquenta[240] — ainda a partir da dogmática germânica mas com sucesso noutros contextos doutrinais[241] —, coloca também no centro do sistema jurídico laboral o conceito de relação (comunitário--pessoal) de trabalho, mas aqui de um modo explícito, na medida em que a autonomiza do contrato de trabalho.

Este entendimento, que, no sistema germânico, não é alheio à falta de autonomia do contrato de trabalho na lei civil, concomitantemente com as diversas referências à *relação de trabalho* em sede do regime legal do *Dienstvertrag*[242], dá lugar às denominadas *teorias institucionalistas*, que deslocam o cunho laboral da actividade de trabalho do momento do consenso negocial para a fase do desenvolvimento da relação na organização (instituição) do credor, de uma de duas formas: ou negando qualquer relevância ao contrato, como facto constitutivo da relação laboral, que substituem pelo acto material de prestação efectiva do

---

[240] Embora com afloramentos desde o final da I Guerra, é, sobretudo, a partir da década de trinta que estas doutrinas se difundem na dogmática germânica, o que é facilitado pelo surgimento da AOG, que coloca a empresa (e não o contrato de trabalho) no centro do sistema laboral, pela proliferação de particularidades regimentais da relação de trabalho relativamente às relações obrigacionais, e pelo próprio movimento de contestação à validade geral da figura do contrato na dogmática civil. Desenvolveremos este ponto, *infra*, § 13°, 26.2.

[241] Adaptando este entendimento ao sistema jurídico francês, por exemplo, Paul DURAND / André VITU, *Traité de droit du travail,* II, Paris, 1950, 209 ss., 209 ss.; defendendo-o no sistema italiano, GRECO, *Il contratto di lavoro cit.,* 55 ss., e, entre nós, RAUL VENTURA, *Teoria...cit.,* I, 70 ss. Para mais desenvolvimentos, *vd, infra*, § 13°, 26.5.

[242] De facto, embora o BGB não autonomize a figura do contrato de trabalho relativamente ao contrato de serviço e refira apenas de forma indirecta e incidental a subordinação do prestador de serviço, a propósito dos deveres de cuidado do credor em determinadas modalidades do contrato de serviço (§ 618), distingue claramente entre a relação de serviço e a relação de trabalho para certos efeitos. Nunca recorrendo à designação *Arbeitsvertrag* mas sempre à designação *Dienstvertrag* (de cuja delimitação conceptual o termo *Arbeit* está, aliás, ausente — § 611) o Código refere o termo *Arbeitsverhältnis* a propósito dos prazos de rescisão (§§ 622 e 627) e da capacidade de trabalho dos menores (§ 113). No nosso entender, esta técnica legal influenciou a tendência da doutrina para autonomizar a relação de trabalho da sua fonte negocial. Em geral sobre os deveres de assistência do empregador no BGB, *vd* Martin LORENZ, *Münchener Kommentar zum Bürgerlichen Gesetzbuch,* IV — *Schuldrecht. Besonder Teil II (§§ 607--704)*, 3ª ed., München, 1997 (544-571).

trabalho (são as formulações mais extremas destas doutrinas, designadas como *teorias da incorporação*[243]), ou reconhecendo no contrato de trabalho um acto preliminar no processo de formação da relação de trabalho, a que se vêm somar os actos materiais de inserção do trabalhador na organização do credor e de execução efectiva da actividade laboral[244]. Nesta última perspectiva, mais moderada e também mais difundida, ao momento da celebração do contrato de trabalho são reportados os elementos delimitadores da liberdade do prestador, da onerosidade da prestação e da posição privada do credor (ou seja, as características que a actividade laboral tem em comum com as outras formas de actividade laborativa[245]), mas é ao momento da incorporação que é reportada a característica delimitadora da subordinação e, consequentemente, o surgimento do vínculo laboral[246].

Teremos ocasião, numa fase mais adiantada do estudo, de apreciar estas concepções, que tiveram a maior importância no enquadramento clássico do problema da autonomia dogmática do direito do trabalho. Cabe neste momento referir apenas que, em qualquer destas formulações do institucionalismo, como, aliás, também nas teorias contratualistas, é de acordo com esta concepção comunitário-pessoal que o conceito de relação de trabalho se perfila como conceito fundamental do direito do trabalho[247].

---

[243] Por exemplo, Arthur NIKISCH, *Arbeitsvertrag und Arbeitsverhältnis*, Berlin, 1941, *maxime* 79 ss., numa primeira fase do seu pensamento. Sobre este ponto com desenvolvimentos, *infra*, § 13º, 26.4.I. e II. e 26.5.II.

[244] Neste sentido, por exemplo, SIEBERT, *Die Begründung...cit.*, *maxime* 307 e 338 ss.. Sobre este ponto com desenvolvimentos, *infra*, § 13º, 26.4. e 26.5.II.

[245] *Supra*, 4.5.II.

[246] Neste sentido, ainda, por exemplo, Arthur NIKISCH, *Die Eingliederung in ihrer Bedeutung für das Arbeitsrecht*, RdA, 1960, 1, 1-5 (3 s.), e *Arbeitsrecht... cit.*, 160 ss., na fase mais tardia do seu pensamento. É também esta perspectiva de combinação entre o contrato e a empresa-instituição que melhor se difunde noutros contextos doutrinais — assim, por exemplo, no sistema francês, DURAND / / VITU, *Traité...cit.*, II, 209 ss., no sistema italiano, GRECO, *Il contratto di lavoro cit.*, 55 s., ou, entre nós, RAUL VENTURA, *Teoria...cit.*, I, 78 ss. — *infra*, § 13º, 26.5.III., IV. e V. respectivamente.

[247] Na expressão de SIEBERT, *Die Begründung... cit.*, 306, este conteúdo comunitário-pessoal é o ponto de partida metodológico para a apreciação da questão do fundamento da relação de trabalho, tanto na perspectiva contratualista como na perspectiva institucionalista. Também salientando o conteúdo essencial idêntico da relação de trabalho para estas duas perspectivas doutrinais, por exemplo,

§ 3° – O reposicionamento do problema

Numa posição diferente destes dois entendimentos, para efeito da questão que nos ocupa, cabe referir ainda as concepções que, recusando a autonomização da relação de trabalho relativamente ao acto negocial constitutivo, recusam igualmente a qualificação da relação laboral como relação comunitário-pessoal. De acordo com este entendimento, que se desenvolveu mais tardiamente mas tem hoje grande peso doutrinal, a relação de trabalho é o produto do contrato de trabalho, que assegura a voluntariedade da conformação do trabalhador ao estatuto de sujeição inerente à situação jurídica laboral mas, tal como a maioria das outras relações obrigacionais, assenta na contraposição e não na comunhão de interesses das partes e reveste natureza patrimonial[248]. Com esta configuração, a especificidade do elemento da subordinação deixa de ser imputada ao envolvimento pessoal do trabalhador no vínculo ou às necessidades da organização do credor, para se justificar directamente na conjugação da natureza relativamente indeterminada da prestação com o carácter continuado do vínculo negocial. Em qualquer dos casos, mesmo nestas concepções, o conceito de relação laboral não deixa de ser considerado como o conceito charneira do direito do trabalho, embora aqui com um pendor fortemente obrigacional[249].

III. Não cabe, a este passo da investigação, apreciar as motivações complexas subjacentes a estes entendimentos[250]. Na operação de

---

Vassili MAVRIDIS, *Eingliederungstheorie, Vertragstheorie und Gemeinschaft*, RdA, 1956, 12, 444-448 (445), e ainda Bernd RÜTHERS, *Die unbegrenzte Auslegung. Zum Wandel der Privatordnung im Nationalsozialismus*, 2ª ed., Frankfurt, 1973, 383 ss.

[248] Teremos ocasião de apreciar também esta concepção, que foi sustentada, por exemplo, por SCHWERDTNER, *Gemeinschaft, Treue, Fürsorge...cit.*, e *Fürsorgetheorie und Entgelttheorie...cit.*, maxime 66 ss., e, entre nós, por MENEZES CORDEIRO, *Da situação jurídica laboral...cit.*, 115 ss., e *Manual...cit.*, 94 ss. — *infra*, § 19°, 41.3.

[249] Neste sentido, por exemplo, WOLF, *Der Begriff Arbeitsrecht cit.*, 718 s. e 725, considera a relação de trabalho como único conceito fundamentador do direito laboral. Também para MENEZES CORDEIRO, *Da situação jurídica laboral...cit.*, 89, e *Manual...cit.* 89, a situação jurídica laboral (que define como aquela situação em que «uma pessoa está adstrita a desenvolver, em benefício e sob a direcção de outra, uma actividade mediante remuneração») é o fundamento da dogmática básica do direito do trabalho.

[250] Aprofundaremos esta matéria na Parte I (capítulos II e III) e na Parte II (capítulo I, § 19°) do estudo.

delimitação do direito laboral como área jurídica para efeitos de fixação do objecto do estudo, que agora nos ocupa, pretendemos apenas verificar em que medida o conceito de relação de trabalho, ligado à figura do contrato de trabalho ou à ideia de prestação efectiva de uma actividade laboral, pode funcionar como conceito fundamental, aglutinante do sistema jurídico laboral nacional, de uma forma que viabilize a sua delimitação unitária. E, no nosso entender, tanto na sua formulação autónoma como nas formulações (de pendor comunitário ou obrigacional) de conjugação com o contrato, este conceito não revela uma aptidão unificadora do direito laboral, favorecendo, antes pelo contrário, a visão redutora ou desmembrada que já vimos decorrer da delimitação tradicional desta área jurídica[251].

É que, para lá das diferenças de formulação, a relação de trabalho é inevitavelmente encarada pela doutrina apenas na dimensão intersubjectiva que estruturalmente a caracteriza — ou, utilizando uma expressão cara aos juslaboralistas, como relação *individual* de trabalho, estabelecida entre o empregador e o trabalhador, titulares de certos direitos e adstritos a determinados deveres, e cujos efeitos se circunscrevem, nos termos gerais, aos próprios sujeitos[252]. A colocação do conceito de relação de trabalho no âmago do sistema jurídico laboral facilita pois, no nosso entender, a visão do direito do trabalho como o *direito da relação de trabalho* ou, quando esta é encarada como projecção do contrato, como o *direito do contrato de trabalho* — com a inerente e inevitável secundarização da fenomenologia laboral colectiva e até de alguns fenómenos tradicionalmente integrados na área regulativa individual do direito laboral, aos quais não quadra tão facilmente uma explicação de índole negocial ou relacional.

IV. A afirmação que acabamos de fazer é facilmente comprovada pela verificação das consequências de qualquer destes entendimentos doutrinais, tanto ao nível da organização sistemática das regras laborais, como ao nível do tratamento dogmático dos problemas suscitados pela fenomenologia laboral. No plano sistemático, a visão do direito

---

[251] *Supra,* 2.IV.

[252] Neste sentido individualista, vd, por exemplo, a noção de relação de trabalho em HUECK, *Vertragstheorie und Eingliederungstheorie,* RdA, 1955, 9, 323-328 (324), ou a noção de situação jurídica laboral em MENEZES CORDEIRO, que referimos, *supra,* nota [249].

laboral como direito do contrato ou da relação de trabalho condiciona o enquadramento dos fenómenos laborais mais difíceis de integrar na lógica de relacionamento intersubjectivo individual que lhe está subjacente: no domínio do direito laboral colectivo, matérias como a greve, o sindicalismo e a actuação das comissões de trabalhadores, bem como a própria matéria da negociação colectiva não são consideradas em conjunto com os fenómenos laborais *individuais*[253], e as normas que lhes respeitam acabam por ser «acopladas» à parcela regulativa *individual* da área jurídica — o que favorece o desmembramento e a falta de homogeneidade do sistema normativo. No plano dogmático, a dimensão necessariamente individual (no sentido de intersubjectiva) do conceito de relação jurídica, ligada ou desligada da figura do contrato, não deixa de influenciar as justificações encontradas para as especificidades dos institutos laborais, de uma forma que favorece uma visão parcelar e redutora da área jurídica: as especificidades das normas laborais tendem a ser reduzidas a particularidades do contrato ou da relação de trabalho relativamente a outros contratos ou relações obrigacionais e a apreciação das questões dogmáticas suscitadas nesta área jurídica não é, por regra, feita numa perspectiva de conjunto, mas de um forma parcelar ou por arrastamento — neste sentido, o problema da autonomia dogmática do direito do trabalho é tradicionalmente reduzido à questão da singularidade do contrato e da relação de trabalho relativamente aos contratos civis, com a inerente secundarização das implicações que decorrem da dimensão colectiva da área jurídica[254]; mas também a aprecia-

---

[253] Neste sentido, é exemplar a posição de WOLF, *Der Begriff Arbeitsrecht cit.,* 709 e nota [5], advogando a exclusão de qualquer referência às relações colectivas de trabalho na própria definição de direito laboral, por considerar que se trata de relações não individualizáveis e acessórias da relação de trabalho, que constitui o objecto desta área jurídica.

[254] Esta é, como teremos ocasião de verificar, na parte subsequente do nosso trabalho, a posição comum na doutrina, desde que o problema começou a ser colocado (por volta década de vinte, na dogmática germânica) e tanto na visão tradicional da relação de trabalho como relação comunitário-pessoal como na construção obrigacional do vínculo. Assim, desde a construção de POTHOFF, *Deutsches Arbeitsrecht...*cit., 13, que fundamenta a autonomia do direito laboral em relação ao direito civil e a sua qualificação como direito das pessoas exclusivamente na característica da pessoalidade da relação de trabalho, passando pelas diversas concepções que desenvolveram as ideias de comunidade e pessoalidade do vínculo laboral, nas perspectivas contratualista e institucionalista (numa como

ção dos problemas dogmáticos suscitados pelos fenómenos laborais colectivos (como o problema da natureza das convenções colectivas ou o problema da natureza e dos efeitos da greve), sofrem esta influência; e alguns institutos e fenómenos laborais particularmente difíceis de conciliar com os princípios do direito privado são justificados por encostamento a outras figuras (é o caso do poder disciplinar, tradicionalmente explicado por encostamento ao poder directivo, mais fácil de enquadrar numa lógica negocial privada[255]) ou são, pura e simplesmente, ignorados (é o que sucede com o fenómeno do relacionamento entre os trabalhadores da empresa, manifestado nos diversos deveres de respeito e colaboração impostos pela lei, mas não redutíveis a uma lógica negocial, ou com matérias como a carreira ou a antiguidade, cujas projecções dogmáticas são raramente ponderadas pela doutrina[256]).

Em conclusão, consideramos pois que o conceito de relação de trabalho, na dimensão individual que geneticamente o caracteriza, não favorece uma delimitação do direito laboral que possibilite o enquadramento unitário e conjugado das suas diversas áreas regulativas. Resta verificar se é possível a sua remodelação por forma a assegurar o objectivo de enquadramento unitário que procuramos. É esta tarefa que empreenderemos de seguida.

---

na outra perspectiva, o problema colocado é sempre o da autonomização da relação individual de trabalho em relação ao direito civil, pela sua fisionomia particular e as suas especificidades regimentais), até à reconstrução moderna da relação de trabalho como relação obrigacional, cujos defensores tendem a acentuar ainda mais a perspectiva «individualista» sobre o problema da autonomia dogmática, focalizando-o exclusiva ou prevalentemente na relação de trabalho — neste sentido, Franz BYDLINSKI, *Arbeitsrechtskodification und allgemeines Zivilrecht*, Wien-New York, 1969, WOLF, *Der Begriff Arbeitsrecht cit.*, ou Reinhard RICHARDI, *Der Arbeitsvertrag im Zivilrechtssystem*, ZfA, 1988, 3, 221-225 (254 s.), entre muitos outros. Porventura mais nítida na dogmática germânica — por ter sido aqui que o problema foi também mais aprofundado —, deve, contudo, dizer-se que esta forma de perspectivar a questão da autonomia dogmática é comum noutros ordenamentos — neste sentido, entre nós, veja-se a apreciação do problema em MENEZES CORDEIRO, *Da situação jurídica laboral...cit.*, próxima da perspectiva germânica.

[255] Cfr. o nosso *Do Fundamento...cit.*, maxime 324 ss. e 424 s.

[256] Ainda assim, entre nós, quanto à matéria da categoria e da carreira, António Nunes de CARVALHO, *Das Carreiras Profissionais no Direito do Trabalho* (dact.), Lisboa, 1990.

5.2. A alternativa: as situações jurídicas laborais nucleares inerentes à qualidade de trabalhador subordinado e à qualidade de empregador

I. No nosso entender, o direito do trabalho só é susceptível de uma delimitação unitária se for possível enquadrar a actividade laboral por um ou vários conceitos operatórios que apresentem as seguintes qualidades: por um lado, evidenciarem o traço característico do trabalho subordinado, ou seja, o seu conteúdo *laboral*, no sentido que atribuímos ao termo[257]; por outro lado, propiciarem uma apreciação integrada das diversas parcelas regulativas da área jurídica, por representarem aquilo a que poderemos chamar um «denominador comum» a toda a fenomenologia laboral; finalmente, viabilizarem, pelo seu carácter eminentemente técnico, as diversas valorações substanciais associadas aos fenómenos laborais, nas suas dimensões individual e colectiva, patrimonial ou pessoal.

Na nossa perspectiva, o conceito que melhor traduz juridicamente a actividade laboral e apresenta as qualidades referidas é o conceito de situação jurídica laboral, não reportado à relação de trabalho[258] mas aos sujeitos presentes, de forma directa ou indirecta, em todos os fenómenos laborais: o trabalhador e o empregador. Neste sentido, propomos como referência operatória de unificação do direito laboral, em alternativa ao conceito de relação de trabalho, a referência à *situação jurídica de trabalhador subordinado* e à *situação jurídica de empregador*.

II. Reportada ao trabalhador e ao empregador, a situação jurídica laboral nuclear pode ser definida como a realidade normativa individual[259] em que se encontram investidas as pessoas do prestador e do credor da actividade laboral, em virtude da promessa ou da prestação

---

[257] *Supra,* 4.5.IV.

[258] Como é feito, por exemplo, entre nós, por MENEZES CORDEIRO, *Manual...cit.,* 89 — como decorre da noção de situação jurídica laboral avançada por este autor (referida, *supra,* nota [249]), trata-se de uma situação jurídica relativa, logo, num sentido diverso do que aqui sustentamos.

[259] Utilizamos esta expressão, na esteira das delimitações conceptuais de autores como OLIVEIRA ASCENSÃO, *Teoria Geral...cit.,* IV, 3 ss., e MENEZES CORDEIRO, *Tratado...cit.,* I, 99, para evidenciar a natureza não fáctica mas normativa ou valorativa da situação, bem como a sua dimensão individual, no sentido de operar a subjectivação da regra jurídica.

efectiva dessa mesma actividade; na realidade, ela desdobra-se em duas situações nucleares de conteúdo estatutário, dado que emergem da qualidade dos sujeitos nelas investidos: a situação jurídica de trabalhador subordinado e a situação jurídica de empregador.

Recorrendo, para caracterização destas situações, aos critérios de classificação das situações jurídicas propostos pela doutrina[260], diremos que elas são situações unisubjectivas, na medida em que postulam um único sujeito (o trabalhador subordinado e o empregador, respectivamente); absolutas, porque não dependem da existência de uma outra situação de sinal contrário (a situação de trabalhador subordinado e de empregador produz efeitos jurídicos independentes da relação jurídica que venha a ser estabelecida entre eles); e compreensivas, na medida em que se desdobram em diversos elementos de conteúdo activo e passivo — da qualidade de trabalhador subordinado e da qualidade de empregador decorrem posições jurídicas manifestadas em direitos e deveres diversos, que podem consubstanciar-se noutras tantas situações jurídicas absolutas e relativas e são, assim, valoradas autonomamente pelo direito.

III. Na nossa opinião, os conceitos operatórios de situação jurídica de trabalhador subordinado e de situação jurídica de empregador manifestam maior aptidão para proceder à delimitação unitária desta área jurídica do que o conceito clássico de relação de trabalho por patentearem as qualidades que acima enunciámos.

Em primeiro lugar, o conteúdo essencial destas situações evidencia, de forma explícita, a dimensão laboral da actividade de trabalho, já que a ideia de subordinação, que verdadeiramente permite identificar essa dimensão laboral (como demonstrámos[261]), tem um significado eminentemente subjectivo, reportando-se às posições do trabalhador e do empregador e não à actividade laborativa: o trabalhador subordinado é o devedor real ou potencial de uma actividade produtiva, que se sujeita a poderes de autoridade, e é nesta particular posição subjectiva que se distingue de outros prestadores de serviços; e o empregador é o credor real ou potencial de uma actividade produtiva, para cujo direccionamento dispõe dos poderes de domínio correspondentes ao estatuto de subordinação (os poderes laborais) — nisso se distinguindo de outros credores

---

[260] MENEZES CORDEIRO, *Tratado...cit.*, I, 100 ss.
[261] *Supra*, 4.5.IV.

privados. Da noção de trabalhador subordinado e da noção de empregador ressalta pois, de uma forma directa e clara, a natureza laboral da actividade de trabalho.

Em segundo lugar, a referência directa às situações jurídicas de trabalhador subordinado e de empregador tem uma aptidão unificadora geral dos fenómenos laborais que falta ao conceito de relação de trabalho e que transparece no próprio sistema normativo. Se a análise de muitos preceitos laborais revela a dificuldade de os integrar na lógica de relacionamento intersubjectivo negocial imposta pelos parâmetros conceptuais da figura da relação jurídica laboral, é fácil constatar que o legislador procedeu, nesses mesmos preceitos, à ponderação directa das posições de subordinação e de domínio inerentes às qualidades de trabalhador subordinado e de empregador: o enquadramento normativo de matérias como a carreira e a antiguidade do trabalhador (arts. 21º nº 1 c) e 23º da LCT) justifica-se com menos facilidade a partir do contrato do que da tutela directa da situação jurídica de trabalhador subordinado[262];

---

[262] De facto, ainda que se admita que a ascensão na carreira ou a contagem da antiguidade são efeitos acessórios do contrato ou da relação de trabalho, parecem difíceis de justificar numa lógica negocial estrita alguns dos mais importantes aspectos do regime jurídico destas figuras. Assim, a contagem da antiguidade em situações de suspensão do contrato de trabalho — como sucede, por exemplo, com as várias licenças ligadas à maternidade e à paternidade previstas na Lei da Protecção da Maternidade e da Paternidade (arts. 10º, 11º, 17º, 18º e 23º da L. nº 4/84, de 5 de Abril, de acordo com a redacção e a renumeração introduzidas pela L. nº 142/99, de 31 de Agosto), bem como com outras licenças sem retribuição, a pedido do trabalhador ou para frequência de cursos de formação profissional (art. 16º nº 5 da LFFF), com a suspensão prolongada do contrato de trabalho (art. 3º nº 1 da LSCT), ou com a suspensão do contrato por motivo de greve (art. 7º nº 3 da LG) — é aberrante se encarada numa estrita lógica negocial, prejudicando duplamente o empregador, que, não só sofre as consequências da situação de suspensão (independentemente da justeza da admissibilidade desta), como ainda tem que tratar o trabalhador como se ela não tivesse ocorrido, respeitando, por exemplo, as exigências de melhor tratamento salarial, ou de promoção automática em função do tempo de serviço. Da mesma forma, em relação à carreira do trabalhador, regras estabelecidas frequentemente em convenções colectivas como a das promoções automáticas em função do tempo, ou regras legais como a da irreversibilidade da categoria (art. 21º nº 1 d) da LCT) subtraem-se à estrita lógica negocial, uma vez que se não baseiam na ponderação das prestações correspectivas das partes mas noutros valores; e escapa também a esta lógica a previsão das diuturnidades, ou a obrigatoriedade legal de pagamento dos subsídios de

prerrogativas do empregador como o *jus variandi* ou a polivalência funcional, a possibilidade de alterar unilateralmente o local de trabalho ou de exigir trabalho suplementar (respectivamente, art. 22° n°s 2 a 8 da LCT, na redacção introduzida pela L. n° 21/96, de 23 de Junho, art. 24° da LCT e art. 3° da LTS) são mais facilmente explicadas como manifestações da tutela da situação jurídica do empregador do que como desvios ao sinalagma contratual[263]; a interconexão das situações jurídicas dos diversos trabalhadores de uma empresa, manifestada nos mútuos deveres de colaboração e de respeito previstos na lei[264], não

---

Natal e de férias (art. 2° do DL n° 88/96, de 3 de Julho, e art. 6° da LFFF). Em qualquer destas situações, é directamente ponderada pelo sistema a situação jurídica do trabalhador subordinado, beneficiário destas normas.

[263] Trata-se, como teremos ocasião de verificar, de actuações do empregador à revelia do princípio do cumprimento pontual dos contratos (art. 406° n° 1 do CC), já que lhe é lícito impor, unilateralmente, alterações ao conteúdo do negócio acordado pelas partes. Enquanto, noutros contratos de direito privado, as alterações unilaterais ao conteúdo do negócio apenas são admitidas a título excepcional (assim, por exemplo, as alterações que o dono da obra pode impor ao empreiteiro já em fase de execução do projecto acordado, nos termos do art. 1216° do CC — por todos, sobre a excepcionalidade deste preceito, PIRES DE LIMA / ANTUNES VARELA, *Código Civil Anotado cit.*, II, 886, nota [3], e Jorge Brito PEREIRA, *Do conceito de obra no contrato de empreitada*, ROA, 1994, 596-622 (607)) no caso laboral, pelo contrário, é pacificamente reconhecida alguma normalidade à polivalência e ao *jus variandi*, à mudança de local de trabalho e à exigência de trabalho suplementar, desde que justificadas nas necessidades de gestão do empregador — aliás expressamente exigidas pela lei nos casos do *jus variandi* e do trabalho suplementar (art. 22° n° 7 da LCT e art. 4° da LTS). Sobre estes pontos, que aprofundaremos numa fase ulterior do estudo (§ 25°, 54.1. e 54.2), por todos, Bernardo da Gama Lobo XAVIER, *A determinação qualitativa da prestação de trabalho*, ESC, 1964, 10, 9-45 (26 ss. e 34 ss.), e António de Lemos Monteiro FERNANDES, *O lugar da prestação de trabalho*, ESC, 1970, 33, 11-61 (31). Difícil de explicar numa lógica negocial, este regime torna-se compreensível se atendermos directamente à situação jurídica do sujeito empregador, na sua qualidade de empresário ou simplesmente de organizador das prestações laborativas. Neste caso é pois directamente a tutela do empregador e dos seus interesses que justifica este tipo de normas.

[264] A peculiaridade da situação jurídica do trabalhador nesta matéria é evidenciada, no nosso sistema, na imposição legal dos deveres de lealdade, respeito e urbanidade não só em relação ao empregador como em relação aos colegas de trabalho, terceiros relativamente ao seu contrato — art. 20° n° 1 a) da LCT. No mesmo sentido, a relevância da conduta do trabalhador para com os seus colegas de trabalho é evidenciada pela previsão de sanções disciplinares para as situações

cabe nos parâmetros da relação negocial entre empregador e trabalhador, mas é fácil de entender se tomarmos directamente em consideração o estatuto de trabalhador subordinado ou as exigências da organização do empregador; as relações do trabalhador com o sindicato não se deixam explicar pelo contrato de trabalho, mas justificam-se directamente pela sua qualidade de trabalhador subordinado (o que explica, por exemplo, que sobrevivam à cessação do contrato de trabalho[265]), assim como é a qualidade de empregador e não os contratos de trabalho por ele celebrados que permite a sua inscrição numa associação patronal[266]; o elenco dos direitos das comissões de trabalhadores, enunciado na CRP (art. 54°) e desenvolvido na LComT (arts. 18° e ss.), extravasa largamente o âmbito da relação negocial entre cada trabalhador e o empregador, justificando-se directamente pela tutela dos interesses do conjunto dos trabalhadores da empresa[267]; assim como são os

---

em que o trabalhador provoque ou possa vir a provocar a «desmoralização dos companheiros» (art. 40° n° 2 da LCT) e pela qualificação como justa causa para despedimento disciplinar do comportamento do trabalhador que consista na provocação de conflitos com outros trabalhadores ou na prática de violências físicas, injúrias ou outras ofensas punidas por lei sobre outros trabalhadores — art. 9° n° 2 c) e i) da LCCT. Teremos ocasião de aprofundar este problema e de retirar as competentes ilações dogmáticas deste tipo de normas, *infra*, § 25°, 54.3.

[265] Neste sentido, o art. 16° n° 3 da LS exige como condição do associado sindical a qualidade de «assalariado» e não a existência de um contrato de trabalho. Apesar da manifesta falta de rigor técnico do preceito, parece inequívoca a interpretação no sentido de que a qualidade de sindicalizado decorre do estatuto de trabalhador subordinado e não de uma relação de trabalho efectiva e actual — assim, o trabalhador desempregado pode manter a sua filiação sindical mas aquele que se encontra à procura do primeiro emprego não poderá sindicalizar-se. Sobre este ponto, *infra*, §§ 25° e 26°.

[266] Nesta direcção aponta directamente a definição legal de entidade patronal no regime jurídico das associações patronais: como refere o art. 1° n° 2 a) da LAP, é empregador «a pessoa, individual ou colectiva, de direito privado, titular de uma empresa, que tenha, *habitualmente,* trabalhadores aos seu serviço» (itálico nosso).

[267] Neste sentido, é elucidativo o direito de intervenção dos trabalhadores na reorganização das empresas, permitido pela Constituição desde a IV Revisão Constitucional, aprovada pela LC n° 1/97, de 13 de Setembro: de acordo com a nova redacção do art. 54° n° 5 c) da CRP, as comissões de trabalhadores têm o direito de participar nos processos de reestruturação da empresa, quando ocorram alterações das condições de trabalho, especialmente no que toca a acções de formação. Relevam pois aqui interesses do conjunto dos trabalhadores.

interesses colectivos dos trabalhadores que justificam a admissibilidade dos piquetes de greve e as actividades que eles desenvolvem junto de cada trabalhador para o persuadir a aderir à paralisação — art. 4º da LG. A situação jurídica de trabalhador subordinado e a situação jurídica de empregador, tomadas de per si, apresentam-se assim como o denominador comum de toda a fenomenologia laboral, integrando a segunda qualidade que considerámos essencial ao critério delimitador para assegurar a unidade do direito laboral enquanto área jurídica.

Finalmente, do nosso ponto de vista, como conceitos operatórios de delimitação do direito do trabalho, as situações de trabalhador subordinado e de empregador têm a vantagem de facilitar a apreciação dogmática integrada dos fenómenos laborais — e, consequentemente, das normas que os regulam —, exactamente por não estiolarem as diferentes valorações substanciais subjacentes às várias áreas regulativas do direito do trabalho através da referência redutora ao conceito clássico de relação jurídica. Situações jurídicas laborais nucleares, subjacentes a todo o complexo normativo, as situações do trabalhador subordinado e do empregador são passíveis de múltiplas e diversas projecções em novas situações jurídicas, de carácter relativo ou absoluto, patrimonial ou pessoal e de âmbito individual ou colectivo — é aquilo que podemos designar como o *efeito multiplicador das situações laborais nucleares*.

Recuperando a clássica divisão das áreas regulativas do direito laboral para ilustrar este efeito multiplicador, diremos que, no domínio individual, as situações laborais nucleares de trabalhador subordinado e de empregador se projectam, de forma conjugada, na *situação jurídica emergente do contrato de trabalho,* ou *relação de trabalho* (situação jurídica intersubjectiva, relativa e de conteúdo complexo, que, por sua vez, se desdobra em inúmeras outras situações jurídicas, activas e passivas, patrimoniais e pessoais), mas também noutras *situações jurídicas que prosseguem interesses atinentes apenas ao trabalhador ou apenas ao empregador* (por exemplo, o direito potestativo de aderir à greve, que assiste a cada trabalhador, ou o direito potestativo de fazer variar a prestação laboral, que assiste ao empregador — art. 7º nº 1 da LG e art. 22º da LCT), e ainda em *situações jurídicas que os relacionam com outras entidades*, de forma necessária ou voluntária (a relação do trabalhador com a comissão de trabalhadores da empresa e com a associação sindical, respectivamente[268], e a relação do empregador com a associação patronal a que pertence)[269]. No domínio colectivo, as situações jurídicas de trabalhador subordinado e de empregador determinam o surgimento de novas situações jurídicas, de carácter institucional, entre o empregador ou as associações patronais e os entes colectivos que representam os trabalhadores (a relação com a comissão de trabalhadores e a relação com as associações sindicais, com vista à negociação colectiva ou no quadro de um conflito colectivo de trabalho), bem como o surgimento de relações não formais entre o empregador e grupos de trabalhadores da empresa, para diversos fins (a relação do empregador com a comissão de greve ou com o piquete de greve, por exemplo — arts. 3º, 4º e 9º da LG), e ainda o desenvolvimento de relações internas ao grupo de trabalhadores[270] (como a relação dos trabalhadores com a comissão de greve que os representa — art. 3º nº 1 da LG) e de relações internas ao grupo dos empregadores e ao grupo dos representantes dos trabalhadores (as relações decorrentes dos vários níveis das associações patronais, das associações sindicais e das comissões de trabalhadores, bem como de cada uma delas com os seus representantes, membros ou delegados — arts. 1º nº 2, 3º, e 18º ss. da LComT, art. 2º e arts. 25º ss. da LS, arts. 1º e 3º da LAP)[271].

---

[268] No primeiro caso, a representação reveste um carácter necessário, uma vez que, nos termos legais, a comissão de trabalhadores é única e representa a totalidade de trabalhadores da empresa — incluindo os que a não elegeram (art. 3º nº 1 da LComT); no segundo caso, o princípio da liberdade sindical (art. 55º da CRP) determina o carácter voluntário do nexo de representação.

[269] Embora estas matérias sejam tradicionalmente integradas no âmbito do *direito colectivo do trabalho*, por nelas intervirem sujeitos laborais colectivos, as situações jurídicas a que agora nos referimos têm uma dimensão individual e não de grupo uma vez que se reportam à relação do sujeito laboral colectivo com cada trabalhador ou empregador associado ou representado. Teremos ocasião de retirar as competentes ilações dogmáticas deste contínuo entrecruzamento entre elementos colectivos e individuais no direito do trabalho, § 29º.

[270] Que autores como Franz GAMILLSCHEG, *Die Solidarität als Rechtsbegriff*, Fest. *Fechner*, Tübingen, 1973, 135-153 (137), reconduzem à palavra-chave de solidariedade entre os trabalhadores (*Solidarität der Arbeiterschaft*).

[271] Mesmo que algumas destas situações pressuponham ou dêem lugar a situações jurídicas de âmbito individual — o exercício da greve pressupõe a adesão de cada trabalhador e as relações entre os trabalhadores da empresa pressupõem, por exemplo, o cumprimento, por cada um deles, dos deveres de respeito, lealdade e colaboração impostos pela lei (art. 20º nº 1 a) da LCT) — o que pretende-

Como facilmente se pode constatar, o elemento comum a estas situações é a situação jurídica de trabalhador subordinado e/ou a situação jurídica de empregador e é exactamente pelo facto de as normas laborais ponderarem sempre, de uma forma conjunta ou disjunta, estas situações, que podemos qualificar as situações jurídicas delas decorrentes como situações laborais derivadas — uma das quais é a relação de trabalho. Nesta perspectiva, a referência à qualidade de empregador e à qualidade de trabalhador subordinado permite uma apreciação dogmática integrada dos fenómenos laborais que, no nosso entender, não é viável se tomarmos o conceito clássico de relação de trabalho como conceito fundamental para o enquadramento jurídico da actividade laboral.

IV. Em face do exposto, propomo-nos considerar as situações jurídicas de trabalhador subordinado e de empregador como referências unificadoras gerais do direito laboral, enquanto área jurídica. Se não se nos parece possível conceber o direito do trabalho como o complexo de normas jurídicas reguladoras do contrato de trabalho ou da relação de trabalho[272], porque esta concepção deixa de fora os fenómenos laborais colectivos e mesmo alguns dos fenómenos tradicionalmente integrados no *direito individual do trabalho*, já se nos afigura razoável perspectivar o direito do trabalho como a área normativa que regula as matérias atinentes à situação jurídica de trabalhador subordinado e à

---

mos aqui realçar é o facto de o conjunto destes comportamentos individuais corresponder a uma actuação de grupo, que constitui uma situação jurídica *a se,* ou seja, uma nova realidade normativa, autonomamente valoradas pelo sistema. Ao permitir o direito à greve, por exemplo, o sistema jurídico valora — neste caso de forma positiva — não só o direito individual que assiste ao trabalhador de aderir à greve, mas também — e sobretudo! — o comportamento colectivo de abstenção do trabalho pelo conjunto dos trabalhadores, sem o qual o direito individual de adesão veria o seu conteúdo esvaziado. Da mesma forma, ao permitir a formação de piquetes de greve, o sistema normativo prevê um comportamento colectivo, independentemente das consequências que possam advir para a situação laboral individual de cada trabalhador, por exemplo do eventual exercício abusivo dos seus poderes de persuasão sobre os trabalhadores não aderentes. O que pretendemos aqui salientar é a valorização directa de comportamentos de carácter colectivo ou de grupo pelo sistema laboral. Sobre este ponto, que desenvolveremos na última parte do nosso estudo, *infra,* § 29°.

[272] Como faz, por exemplo, WOLF, *Der Begriff Arbeitsrecht cit.,* 709 e 718.

situação jurídica de empregador, porque são exactamente essas situações que representam o denominador comum a toda a fenomenologia laboral.

O entendimento que propomos pode ser alvo de duas críticas: a crítica do subjectivismo, por facilitar a visão do direito do trabalho como um direito classista ou de grupo; e a crítica da imprecisão, por poder conduzir a uma maior indefinição das fronteiras do direito laboral, já que a diversidade das situações jurídicas atinentes à qualidade de empregador e à qualidade de trabalhador dificultará a exclusão do seu domínio de matérias que, de uma forma lenta mas relativamente segura, dele se têm vindo a emancipar — *maxime*, as matérias da segurança social.

V. A objecção do subjectivismo é, afinal, a recuperação de uma crítica tradicional em alguns sectores da doutrina, que tem a ver com a forma de surgimento e de desenvolvimento sistemático do direito laboral: à semelhança de outras áreas jurídicas, o direito do trabalho surgiu em atenção a um determinado grupo social (o operariado)[273], e foi a relativa homogeneidade desse grupo que possibilitou o desenvolvimento de regimes jurídicos bastante uniformes e a sua orientação axiológica pelo objectivo, bem definido, da protecção dos trabalhadores. Neste sen-

---

[273] A este propósito, a doutrina chama a atenção para as afinidades genéticas entre o direito do trabalho e o direito comercial, pelo facto de ambos terem surgido a partir da consideração da posição particular dos destinatários das suas normas (respectivamente, os trabalhadores subordinados e os comerciantes), tendo procurado distanciar-se do direito civil a partir desta constatação — neste sentido, por exemplo, HEINRICH HOENIGER, *Grundformen des Arbeitsvertrages cit.*, XXI, SANTORO-PASSARELLI, *Specialità del diritto del lavoro cit.*, 1991, ou BYDLINSKI, *Arbeitsrechtskodifikation...cit.*, 18; e as afinidades reconhecidas às duas áreas jurídicas são tão grandes que alguns autores chegaram a propor a sua apreciação integrada — assim, por exemplo, Erwin JACOBI, *Grundlehren des Arbeitsrechts*, Leipzig, 1927. Pelo contrário, altamente crítico em relação a esta comparação se mostra, por exemplo, WOLF, *Der Begriff Arbeitsrecht cit.*, 710 ss., exactamente pela visão estatutária a que conduz. Em geral, sobre a configuração genética do direito comercial como direito da classe dos comerciantes, de origem medieval, *vd*, por exemplo, Francesco GALGANO, *História do Direito Comercial* (trad. port.), Lisboa, 1980, 37 ss.; e, entre nós, A. Ferrer CORREIA, *Lições de Direito Comercial*, Lisboa, 1994 (*reprint*), 12 ss., e Alberto Souto de MIRANDA, *A autonomia do direito comercial, in* José de Oliveira ASCENSÃO (dir.), *As Operações Comerciais — Trabalhos do Curso de Mestrado sob a orientação do Senhor Professor Doutor Oliveira Ascensão*, Coimbra, 1988, 291-348 (299 ss.).

tido, o direito laboral começou por ser — e como tal é ainda por muitos hoje considerado — um direito de classe[274]. As dificuldades de enquadrar esta concepção «classista» do direito laboral na lógica civilista da relação jurídica, a sua contribuição para estreitar o âmbito de incidência das normas laborais (uma vez que a homogeneidade social da classe em questão não é total, não se estendendo, *verbi gratia*, à categoria dos empregados), bem como o facto de facilitar os aproveitamentos ideológicos do sistema jurídico[275], contribuiram para a sua falta de rigor técnico e, consequentemente, para o recurso à ideia da relação de trabalho, como critério alternativo de delimitação — um critério, à partida, mais apto para enquadrar as situações correspondentes às diversas categorias de trabalhadores e, assim, para facilitar a universalização do objectivo de protecção que norteou o desenvolvimento da área jurídica; e, ao mesmo tempo, um critério mais idóneo e fácil de tratar do ponto de vista técnico.

Contudo, no entendimento que sustentamos, cremos que esta crítica não procede: o direito do trabalho não se reconduz ao direito dos operários, nem sequer ao direito dos trabalhadores subordinados, no sentido estrito em que foi originariamente entendido, mas deve ser perspectivado como o complexo de normas e princípios atinentes aos trabalhadores subordinados e aos empregadores, uma vez que são as situações jurídicas decorrentes da qualidade de empregador e de trabalhador que constituem o denominador comum à fenomenologia laboral. A ponderação global e integrada dos fenómenos laborais e das normas que os disciplinam, na perspectiva preconizada, contraria a visão clássica unilateral do direito do trabalho, como um direito de vocação proteccionista de uma categoria social. A ser qualificado como um «direito de grupo», teria que ser, em qualquer caso, considerado como o *direito do grupo dos trabalhadores subordinados* e *do grupo dos empregadores*[276].

Por outro lado, importa frisar que a consideração das situações jurídicas atinentes às qualidades de trabalhador e de empregador para o enquadramento da actividade laboral nos termos explicitados não pode, no nosso entendimento, ser desligada do reconhecimento do efeito mul-

---

[274] *Supra*, § 2º, 1.2.II. e notas [59] e [60].
[275] Destes aproveitamentos ideológicos demos já conta, *supra*, § 2º, 1.2.II.
[276] Teremos ocasião de aprofundar esta ideia na última parte do nosso estudo, *infra*, § 29º e § 33º, 70.2.

plicador que acima referimos: subjacentes a todos os fenómenos laborais, estas situações nucleares desdobram-se em diversas outras situações, de natureza derivada, entre as quais ocupa um lugar de relevo a situação jurídica relativa emergente do contrato de trabalho. Na perspectiva que sustentamos, não recusamos que o direito do trabalho seja *também* o direito do contrato de trabalho ou o direito da relação de trabalho; o que recusamos é que ele seja *apenas* o direito do contrato de trabalho ou da relação de trabalho, porque esta dimensão estritamente relacional e intersubjectiva nos parece incapaz de abarcar, só por si, a diversidade de conteúdos das normas laborais e a riqueza das valorações axiológicas que lhes são inerentes.

VI. A segunda crítica ao critério de delimitação que sustentamos tem a ver com o perigo de descaracterização do direito do trabalho enquanto área jurídica: perspectivar o direito laboral a partir das situações jurídicas de trabalhador subordinado e de empregador e não pelo prisma da relação de trabalho favorece o alargamento das suas fronteiras, podendo conduzir à respectiva indefinição — paradoxalmente, é a estreiteza do conceito de relação laboral (ao contrário das referências ao estatuto de trabalhador ou de empregador, de carácter mais aberto) que contribui para a sua solidez como conceito fundamental da área jurídica. A questão que aqui se coloca é, afinal, a de saber se perspectivar o direito do trabalho a partir das situações jurídicas de trabalhador subordinado e de empregador, mas sem a intermediação clássica da figura da relação de trabalho, chama para o seu âmbito todas as normas que, de uma foma directa ou indirecta, se reportam ao trabalhador subordinado ou ao empregador.

O conteúdo da situação jurídica do trabalhador subordinado e da situação jurídica do empregador, que acima delimitámos[277], permite-nos responder negativamente a esta questão: apenas são de integrar no âmbito do direito do trabalho aquelas normas que se justificam, directa ou indirectamente, na promessa, na efectivação ou no aproveitamento de uma actividade de conteúdo laboral, no sentido que atribuímos ao termo — ou seja, uma actividade de trabalho que implique uma especial posição de subordinação de um dos sujeitos e de autoridade do outro, apesar da natureza privada do respectivo vínculo. Pelo contrário,

---

[277] *Supra,* II.

todos os fenómenos que decorram da qualidade de trabalhador subordinado e/ou de empregador, mas não pressuponham ou não actuem, de forma conjunta ou disjunta, as respectivas posições laborais, não são fenómenos laborais, e, consequentemente, as normas que os regulam não se integram no âmbito do direito do trabalho[278].

Esta clarificação parece-nos de especial valia para operar uma delimitação clara entre o direito laboral e outras áreas jurídicas que lhe são próximas — *verbi gratia*, o chamado *direito da segurança social*. É que, apesar de o fenómeno social subjacente ao direito da segurança social ter sido, na origem, o trabalho subordinado, apesar de o seu desenvolvimento normativo ter prosseguido o objectivo de protecção dos traba-

---

[278] A delimitação que acabamos de estabelecer é facilmente ilustrada com alguns exemplos de situações jurídicas laborais e não laborais, com origem nas qualidades de trabalhador subordinado e de empregador. É laboral a relação jurídica entre o trabalhador e o empregador que decorre da celebração do contrato de trabalho, porque ambos actuam, conjugadamente, as suas posições subjectivas respectivas de subordinação e de domínio; é laboral a relação entre o trabalhador e o seu sindicato ou entre o empregador e a sua associação patronal, porque uma e outra prosseguem interesses ponderados pela ordem jurídica em atenção à posição de subordinação dos primeiros e à posição dominial dos segundos — neste caso, relevando de forma autónoma; são laborais os deveres do empregador perante o Estado em matéria de condições de trabalho (higiene e segurança das instalações, mapas de horários de trabalho, comunicações à administração pública laboral nas mais diversas matérias, entre outros) porque prosseguem interesses atinentes à protecção dos trabalhadores que a ordem jurídica acautela exactamente em razão do seu estatuto subordinado; e são laborais os deveres de natureza pública dos trabalhadores grevistas relativamente à prestação de serviços mínimos num processo de greve (art. 8º da LG) porque constituem um limite ao seu direito de greve, cujo reconhecimento pelo sistema jurídico tem origem na constatação da sua posição de inferioridade negocial face ao credor. Pelo contrário, não são laborais as situações jurídicas do âmbito da segurança social porque, embora decorram da qualidade de trabalhador subordinado e da qualidade de empregador (no caso deste como sujeito passivo, contribuindo para o financiamento do sistema e, no caso daquele, como contribuinte e como beneficiário desse sistema) não actuam as posições laborais do sujeito empregador e do sujeito trabalhador; assim como não é laboral a relação do empregador com a empresa seguradora, emergente da celebração de contratos de seguro para cobertura dos riscos de acidentes de trabalho e de doenças profissionais dos trabalhadores aos seu serviço, porque, embora tais contratos resultem de uma imposição legal decorrente da qualidade de empregador (art. 37º nº 1 da LAT), não há aqui a actuação de quaisquer poderes de domínio ou a prossecução de interesses atinentes à posição laboral de empregador.

lhadores[279], e apesar de o sistema de financiamento da segurança social (no que se refere ao regime contributivo) assentar, até hoje, na repartição dos custos do trabalho subordinado entre o trabalhador e o empregador[280], esta área jurídica tem vindo a distanciar-se da sua origem laboral, não só pelo facto de, actualmente, apenas uma parcela das suas normas se continuar a reportar ao fenómeno do trabalho subordinado — em razão da substituição do objectivo originário da protecção do trabalhadores dependentes pelo objectivo da extensão da protecção social a todos os cidadãos em situação de risco social —, mas também, no nosso entender, porque, mesmo quando se reportam ao trabalho subordinado, as situações jurídicas que regulam não têm conteúdo laboral, no sentido que indicámos[281].

6. Conclusão: noção, âmbito e inserção sistemática do direito do trabalho

6.1. Noção e âmbito do direito do trabalho

I. Chegados a este ponto do estudo, cremos ser possível proceder à delimitação unitária do direito laboral e estabelecer uma primeira con-

---

[279] Reconhecendo o objectivo da protecção dos trabalhadores como fundamento histórico comum ao direito do trabalho e ao actual direito da segurança social, por exemplo, Bernd von MAYDELL, *Zum Verhältnis von Arbeitsrecht und Sozialrecht*, in M. HEINZE / A. SÖLLNER (Hrsg.), *Arbeitsrecht in der Bewährung*, Fest. für Otto Rudolf KISSEL, München, 1994, 761-772 (771 s.). Sobre este objectivo proteccionista no direito do trabalho, vd, *infra*, § 7°, 13.4.

[280] É o que dispõe a *Lei de Bases da Segurança Social* — L. n° 28/84, de 14 de Agosto, art. 52°.

[281] Evidentemente que esta evolução não significa que o fenómeno do trabalho subordinado tenha perdido importância para o sistema de segurança social, já que, tanto no que se refere ao financiamento do sistema como no que se reporta às diversas prestações sociais — algumas das quais continuam a beneficiar apenas os trabalhadores subordinados — ele se mantém como um referente fundamental do sistema na actualidade. Todavia, o objectivo de universalização do direito à protecção social, que é considerado como um direito social fundamental pelo art. 63° n° 2 da CRP, e a assunção deste objectivo pelo Estado, afastam inexoravelmente as duas áreas jurídicas, até pela publicização do direito da segurança social.

clusão sobre o lugar que ocupa na ordem jurídica. No nosso entender, o direito do trabalho reconduz-se ao complexo de normas e princípios jurídicos atinentes à actividade laboral (actividade produtiva livre para outrem, desenvolvida em situação de subordinação[282]) e às situações jurídicas laborais que ela desencadeia — as situações laborais nucleares, inerentes às qualidades de trabalhador subordinado e de empregador, e as situações laborais destas derivadas[283]. O traço específico destas situações jurídicas está na conjugação do seu carácter privado com a posição subjectiva peculiar dos seus titulares — no caso do trabalhador, uma posição de subordinação; no caso do empregador, uma posição de domínio.

II. Atendendo à ponderação prevalente dos interesses de cada trabalhador ou de cada entidade empregadora considerados na sua individualidade, ou, pelo contrário, dos interesses de grupos de trabalhadores ou de grupos de empregadores pela ordem jurídica, podem distinguir-se, *grosso modo,* no âmbito do direito laboral, duas áreas regulativas: a *área das situações laborais individuais* (que, no nosso entender, absorveu também os preceitos relativos à área regulativa tradicional das condições de trabalho que não se encaminharam para o âmbito do direito da segurança social) e a *área das situações laborais colectivas.* Deve, contudo, ficar claro que esta distinção tem um objectivo estritamente pedagógico e sistemático (trata-se de facilitar a ordenação e a apresentação dos conteúdos normativos), pelo que não deve, em caso algum, constituir um obstáculo à apreciação dogmática integrada dos fenómenos laborais individuais e colectivos. As particularidades do universo laboral — justificativas ou não do seu posicionamento dogmático autónomo na ordem jurídica — decorrem exactamente da conjugação da natureza privada dos titulares das situações laborais com a sua posição relativa desigual no vínculo de trabalho e da conjugação das dimensões individual e colectiva das diversas situações laborais. A consideração conjunta das suas duas grandes áreas regulativas é pois um imperativo na apreciação da questão do posicionamento dogmático do direito laboral no universo jurídico global, que nos propusemos dilucidar neste estudo.

---

[282] *Supra,* 4.5.IV.
[283] *Supra,* 5.2.III.

II. Pelo contrário, impõe-se retirar do âmbito da nossa investigação as matérias hoje integradas no direito da segurança social, em razão da evolução de uma parte da terceira área regulativa tradicional do direito do trabalho[284] — a área das condições de trabalho. A encarar como uma área jurídica sistematicamente autónoma, o actual direito da segurança social prossegue hoje metas próprias que, se não justificarem o seu reconhecimento como área jurídica autónoma do âmbito do direito público, pelo menos o afastam da sua origem laboral; e as suas normas prosseguem interesses gerais e lidam com situações de carácter público[285]. A apreciação da questão da autonomia dogmática do direito laboral não tem pois, no nosso entender, que equacionar os problemas ligados à segurança social, porque esta matéria não integra o âmbito do direito do trabalho.

Cabe, contudo, referir que esta delimitação negativa do âmbito do direito laboral não ilude a necessidade de ter em consideração os múltiplos pontos de contacto entre as duas áreas jurídicas, que se influenciam reciprocamente[286]. Por isso, ponderaremos esta mútua influência quando necessário, ao longo do estudo.

---

[284] *Supra*, § 2°, 2.III.

[285] Como refere GAETA, *Pubblico e privato alle origini...cit.*, 220, «diritto di lavoro "in senso stretto" e diritto della previdenza sociale (o legislazione sociale o legislazione del lavoro) seguono strade proprie». Na mesma linha, mas com referência ao sistema jurídico germânico, VON MAYDELL, *Zum Verhältnis...cit.*, 771 s., considera que o objectivo de protecção dos trabalhadores, que uniu historicamente as matérias laborais e da segurança social, não obstou à separação entre o direito do trabalho e o direito da segurança social, que devem hoje ser considerados como disciplinas jurídicas afins. Ainda sobre este ponto, Herman HEUßNER, *Das abhängige Beschäftigungsverhältnis — Bindesglied zwischen Arbeits — und Socialversicherungsrecht*, ArbuR, 1975, 10, 307-312, distinguindo as duas áreas jurídicas pelo diferente critério de determinação do âmbito de aplicação das respectivas normas, mas realçando também os múltiplos pontos de contacto entre elas.

[286] Inclusivamente, como teremos ocasião de verificar, *infra*, § 22°, 48., os elevados encargos do empregador no financiamento do sistema de segurança social são indicados como um dos responsáveis pela situação de «crise», que tem sido associada ao direito do trabalho nos últimos anos. Não concordamos, por isso, com a afirmação de GAETA, *Pubblico e privato alle origini...cit.*, 220, de que as duas áreas jurídicas raramente se cruzam. Ainda sobre as múltiplas influências entre as duas áreas jurídicas, por exemplo, Paul PIGASSOU, *L'évolution du lien de subordination en droit du travail et de la sécurité sociale*, DS, 1982, 7/8, 578-590.

6.2. A inserção do direito do trabalho na ordem jurídica privada

I. Para completarmos a operação de delimitação do direito laboral enquanto área jurídica e, assim, fixarmos o objecto da nossa investigação, cabe ainda resolver o problema da sua inserção no universo jurídico global. No nosso entender, o direito do trabalho deve inserir-se no âmbito do direito privado, pela natureza tendencialmente privada das suas normas, que, no caso, decorre tanto da aplicação do critério dos interesses prosseguidos como do critério da posição relativa dos titulares das situações jurídicas laborais nucleares e derivadas[287]. É, contudo, importante referir que, assim como se nos afigurou possível delimitar unitariamente o direito laboral enquanto área jurídica a partir da consideração das situações laborais nucleares atinentes à qualidade de trabalhador subordinado e de empregador, cremos ser também possível proceder a esta inserção em termos unitários, i.e., ponderando as normas laborais em conjunto e não — como vimos ser usual na doutrina — separando cada uma das áreas regulativas que tradicionalmente são integradas no seu âmbito.

II. No que se refere ao critério dos interesses primacialmente prosseguidos pelas normas laborais, cremos que estes interesses são, sobretudo, de índole privada, em qualquer das duas grandes áreas do direito laboral: no que se refere à área regulativa individual, as normas laborais prosseguem os interesses do trabalhador e/ou do empregador, ao passo que na área regulativa colectiva são prosseguidos interesses de grupos de trabalhadores e/ou de grupos de empregadores — em qualquer dos casos, trata-se de interesses de carácter privado, atinentes, directa ou indirectamente, às situações jurídicas laborais nucleares protagonizadas pelo trabalhador e pelo empregador. À qualificação privada do direito laboral por este critério não nos parece oponível a objecção tradicional da natureza imperativa da maioria das normas laborais[288], não só porque a predominância de preceitos legais imperativos se verifica também noutras áreas do direito privado[289], mas também porque esta imperatividade se encontra, no domínio laboral, ao serviço dos interes-

---

[287] Em geral, sobre estes critérios de delimitação entre o direito público e o direito privado, vd, supra, § 2°, 1.4.I. e nota [86].
[288] Supra, § 2°, 1.4.I.
[289] Como já referimos, supra, § 2°, 1.4.I. e nota [93].

ses privados dos respectivos beneficiários. Na verdade, a maioria das normas laborais imperativas pretende proteger o trabalhador dos efeitos que decorrem da sua posição de subordinação[290].

A afirmação da operacionalidade geral do critério do interesse para a qualificação privada do direito laboral não dispensa, contudo, duas observações complementares. Por um lado, tratando-se de um critério de prevalência — aquisição dogmática hoje inquestionável — esta qualificação privada não impede que interesses públicos sejam reflexamente protegidos por muitas normas laborais (por exemplo, o interesse da promoção do pleno emprego, presente no regime de protecção do trabalhador contra o despedimento, ou o interesse social de protecção da maternidade e da família subjacente ao regime laboral de conjugação entre a vida profissional e familiar), assim como não colide com a prossecução directa de interesses públicos por outras tantas normas laborais (por exemplo, o assegurar das necessidades vitais da comunidade social na imposição de serviços mínimos numa greve que afecte um sector económico de produção de bens ou serviços essenciais — art. 8º nº 2 da LG[291]). O critério é de preponderância e como tal se assume[292].

Por outro lado, o facto de o objectivo de tutela do trabalhador justificar grande parte das normas laborais imperativas não significa qualquer opção apriorística por uma visão unilateral do direito do trabalho, como área jurídica exclusivamente vocacionada para a protecção do trabalhador. Como já tivemos ocasião de observar, diversas normas labo-

---

[290] As normas laborais imperativas que impõem deveres ao empregador em matéria de condições de trabalho, de protecção contra o despedimento, ou de não discriminação por motivo de adesão à greve (para dar um exemplo de cada uma das tradicionais áreas regulativas do direito laboral) têm subjacentes interesses privados do trabalhador de diversa índole e como fundamento mediato a necessidade de tutela da sua situação laboral nuclear de subordinação.

[291] Demos já outros exemplos de normas laborais que directamente prosseguem interesses públicos, *supra,* § 2º, 1.4.I e, especialmente, nota [95]. Para aí remetemos.

[292] A este propósito, refere, por exemplo, Franz GAMILLSCHEG, *Zivilrechtliche Denkformen und die Entwicklung des Individualarbeitsrechts,* AcP, 1976, 176, 197-220 (198 ss.), que a qualificação privada do direito laboral, tanto no domínio das relações individuais como no das relações colectivas de trabalho, justificada de forma clara num sistema assente na propriedade privada e na livre iniciativa, com a inerente secundarização do papel do Estado, não exclui a existência de normas laborais que prosseguem interesses públicos.

rais prosseguem directamente interesses privados do empregador ou do grupo de empregadores[293]. A qualificação privada do direito laboral pelo critério do interesse não determina pois a assunção da vocação proteccionista como sua vocação exclusiva.

III. Por aplicação do critério da posição relativa dos sujeitos, o direito laboral é ainda, no nosso entender, de qualificar prevalentemente como direito privado pela natureza ou actuação jurídica privada dos sujeitos destinatários das suas normas. Como já salientámos a propósito da delimitação do conceito de actividade laboral, esta actividade caracteriza-se, entre outros aspectos, pela destinação do serviço prestado a um sujeito privado ou que, apesar de público, não actue os seus poderes de autoridade[294]. E, como então referimos, as dificuldades de construção dogmática do direito laboral decorrem exactamente da necessidade de conjugar a natureza ou actuação privada do credor do trabalho com os poderes laborais de autoridade que o próprio sistema jurídico lhe reconhece, já que não se trata de poderes de autoridade no sentido público do termo (ou seja, prerrogativas inerentes à qualidade de sujeito público, actuadas em prossecução de interesses gerais da comunidade, que, só por si, justificam a *potestas* dos respectivos titulares), mas antes de poderes privados, que prosseguem interesses particulares do sujeito titular. De acordo com este critério, o direito laboral é pois também de qualificar como direito privado.

Desta qualificação devem exceptuar-se as normas laborais que determinam deveres para com o Estado ou entidades públicas actuando o seu *ius imperii*, bem como aquelas cujo objectivo é considerado suficientemente relevante do ponto de vista social para justificar a tutela por via contra-ordenacional ou penal — estas serão, naturalmente, também pelo critério da posição relativa dos sujeitos, normas laborais de carácter público. Contudo, parece-nos importante completar esta caracterização com duas observações adicionais: por um lado, e, porventura, ao contrário do que sucedeu nos primórdios do desenvolvimento sistemático do direito do trabalho, estas normas não são já privativas de algumas das áreas regulativas laborais (o direito das condições de tra-

---

[293] Demos já a este propósito o exemplo das normas sobre polivalência e *jus variandi,* transferência do local de trabalho e trabalho suplementar — *supra,* 5.2.III.

[294] *Supra,* 4.6.

§ 3º – O reposicionamento do problema 137

balho ou o direito laboral colectivo), mas encontram-se hoje disseminadas por todas as suas áreas[295] — o que, do nosso ponto de vista, inviabiliza a apreciação parcelarizada do problema, que vimos ser comum na doutrina[296] [297]; por outro lado, apesar do seu carácter público, estas normas não deixam de ponderar, de forma indirecta, os interesses privados subjacentes às situações laborais nucleares atinentes à qualidade de trabalhador subordinado ou de empregador — ou porque são normas acessórias de tutela dos interesses inerentes à posição de empregador ou de trabalhador[298], ou porque são normas de limitação de direitos

---

[295] Como se pode constatar pelo regime jurídico das contra-ordenações laborais, a tutela contra-ordenacional é prevista para inúmeras normas laborais — L. nº 116/99, de 4 de Agosto.

[296] *Supra*, § 2º, 2.

[297] Esta apreciação fragmentada do problema da natureza das normas laborais é fácil de compreender se tivermos em atenção o tipo de intervenção do legislador nos primórdios do desenvolvimento do direito laboral: o facto de o trabalho subordinado poder ser enquadrado por figuras tradicionais do direito civil, permitiu que o legislador laboral se concentrasse na tutela de interesses ligados à necessidade de protecção do trabalhador mas de uma forma pontual, estabelecendo um conjunto desarticulado de regras, a maioria das quais de natureza imperativa e muitas impondo obrigações para com o Estado, mas que, durante largo tempo, mantiveram incólume a área laboral individual. Cfr., *supra*, § 2º, 1.1., e as referências aí feitas sobre as matérias objecto das primeiras normas laborais. É pois em relação a estas regras (sobre as condições de trabalho e, mais tarde, sobre a fenomenologia laboral colectiva), que começa por se colocar a questão da eventual natureza pública, uma vez que, como refere GAETA, *Pubblico e privato alle origini...cit.*, 207, a melhor forma de prosseguir o objectivo de tutela do trabalhador que orienta o direito do trabalho, é publicizar as normas laborais.

[298] Com efeito, a maioria das normas públicas, que encontramos tanto na parcela regulativa individual como na parcela colectiva do direito laboral, prossegue ainda o interesse privado de tutela do trabalhador subordinado ou (menos frequentemente) os interesses do empregador: assim, por exemplo, a necessidade de autorização ou da aprovação administrativa laboral para a prática de determinados actos pelo empregador — a autorização para a diminuição da retribuição, para a descida de categoria do trabalhador ou para a isenção de horário de trabalho (arts. 21º nº 1 c) e 23º da LCT e art. 13º da LDT), ou a exigência de aprovação administrativa do regulamento interno (art. 39º nº 3 da LCT) —, as diversas comunicações que o empregador é obrigado a fazer à administração laboral (por exemplo, comunicações sobre sanções disciplinares ou sobre os mapas dos quadros de pessoal — art. 32º nº 3 da LCT e DL nº 332/93, de 25 de Setembro, respectivamente), a previsão da punição do empregador pela prática irregular de diversos actos (por exemplo, actos que contrariem as garantias legais dos trabalhadores —

dos trabalhadores inerentes ao seu estatuto de subordinação, que asseguram a compaginação de tais direitos com interesses sociais relevantes[299]. Encontrando-se o interesse fundamental (privado) de tutela das situações laborais nucleares sempre presente, ele não pode deixar de ser considerado decisivo para a operação de qualificação, que tem aqui um fundamento teleológico.

Desta forma, entendemos que também o critério da posição relativa dos sujeitos aponta para a inserção do direito laboral, no conjunto das suas áreas regulativas, na ordem jurídica privada. A qualificação assume-se, em todo o caso, como tendencial, compaginando-se com a existência de normas laborais públicas.

IV. Como decorre do exposto, a qualificação jusprivada tendencial do direito do trabalho é uma imposição do sistema de direito positivo, pela natureza privada da maioria das suas normas, atendendo aos dois critérios tradicionais de delimitação entre os domínios privado e público da ordem jurídica, e com o reforço do elemento teleológico de interpretação. A validade científica da operação de qualificação está assim assegurada.

Na perspectiva dogmática em que nos colocamos nesta investigação, deve, contudo, esclarecer-se que a operação de qualificação não

---

art. 21º nº 3 da LCT), que acresce, nos termos gerais, à responsabilidade civil; os poderes de inspecção da administração laboral (DL nº 327/83, de 8 de Julho, e DL nº 219/93, de 16 de Junho), a possibilidade de aplicação de sanções contra-ordenacionais (L. nº 116/99, de 4 de Agosto), ou os poderes ministeriais de extensão do âmbito de convenções colectivas por via de portarias de extensão, e os poderes de regulamentação autónoma das relações de trabalho através de portarias de regulamentação de trabalho (arts. 29º e 36º da LRCT). Em todas estas situações, subjacente à destinação pública dos deveres cominados nas normas, à sua imperatividade e à sua eficácia reforçada pela tutela contra-ordenacional, está o objectivo (privado) de assegurar a compensação da posição de subordinação do trabalhador perante o empregador.

[299] Era o caso da norma que determinava os poderes ministeriais de intervenção no processo de fixação dos serviços mínimos numa greve afectando um sector económico vital (art. 8º nº 5 e 6 da LG) e que foi entretanto considerada inconstitucional, embora por razões formais — Ac. TC nº 868/96, DR, I S-A, de 16/10/1996, 3619. Neste caso, era necessário compatibilizar um direito dos trabalhadores (admitido para compensação da sua situação de subordinação, logo, em prossecução de um interesse laboral fundamental) com interesses sociais gerais. A norma, de natureza pública, limita o direito (privado) de greve dos trabalhadores.

tem valor por si mesma, mas pela contribuição que dá para a resolução de problemas práticos de aplicação das normas jurídicas a situações da vida, ao definir os parâmetros de discussão desses mesmos problemas. No caso, a qualificação privada do direito do trabalho significa o enquadramento jusprivado da problemática laboral, o que tem implicações de ordem geral e, especificamente, na matéria objecto do presente estudo: em termos gerais, este enquadramento obriga, na apreciação das questões dogmáticas suscitadas no domínio laboral, a equacionar as soluções encontradas com os princípios da igualdade e da liberdade que norteiam o direito privado[300] — equação essa que se tem revelado difícil em relação a diversos problemas[301]; especificamente em relação ao tema do nosso estudo, a qualificação privada unitária do direito laboral implica a colocação do problema da sua autonomia dogmática como um problema de direito privado e a sua discussão nos parâmetros do direito privado. Ao sustentarmos a natureza jurídica privada do direito laboral no caso português, estamos conscientes destas implicações.

---

[300] Por todos, sobre a importância fundamental destes princípios na ordem jurídica privada, MENEZES CORDEIRO, *Tratado...cit.,* I, 26 s.

[301] Matérias como o poder disciplinar do empregador ou o direito de greve dos trabalhadores, paralelamente à proibição do *lock-out,* são tradicionalmente apontadas como limitações ao princípio da igualdade entre os sujeitos privados, ao passo que, por exemplo, a prevalência da regulamentação convencional colectiva sobre o contrato de trabalho e as múltiplas disposições legais imperativas sobre o desenvolvimento da relação de trabalho parecem questionar o princípio da liberdade negocial. Ao longo do estudo, teremos ocasião de reflectir sobre estas dificuldades de compatibilização de normas e institutos laborais fundamentais com princípios gerais do direito privado.

§ 4º — Autonomia sistemática e autonomia dogmática: os conceitos e a sua aplicação ao direito do trabalho

7. Razão de ordem

I. Completada a delimitação do direito do trabalho enquanto área jurídica, cabe agora proceder à segunda parte da operação de delimitação do objecto da presente investigação: a determinação do conceito de autonomia dogmática na sua aplicação laboral.

Tal como a enunciámos nas primeiras páginas do estudo[302], a questão nuclear que nos propomos tratar é a de saber se, no seu estádio actual de elaboração normativa e de maturação científica, o direito do trabalho se pode considerar como uma área jurídica dogmaticamente autónoma no direito privado, porque dotada de princípios ou valorações materiais específicas, ou se, pelo contrário, se deve integrar no direito privado comum, seu reduto histórico originário, pela falta de valorações materiais próprias e diferenciadas dos valores dominantes do direito comum.

II. Basta o enunciar da questão para a qualificar como um problema de dogmática jurídica: está em causa a elaboração científica do direito, i.e., a procura de articulação sistemática do complexo normativo e dos valores que lhe são subjacentes, enfim, a permanente evolução da ordem jurídica manifestada na ligação interactiva mutável das partes que a compõem na procura de um todo unitário e coerente. O problema da autonomia dogmática do direito do trabalho é pois uma questão de interesse geral, susceptível de ser apreciada numa perspectiva estritamente metodológica.

---

[302] *Supra*, § 1º, I. De acordo com o que então referimos, tomamos o princípio da validade geral do pensamento dogmático como um princípio apodítico, não cabendo no objecto deste estudo qualquer discussão de ordem geral sobre este problema.

Não é essa, todavia, a perspectiva em que nos colocamos nesta investigação. Como tivemos ocasião de referir logo no início da exposição, o presente estudo assenta num acto de fé, assume uma dimensão científica limitada e prossegue objectivos de ordem prática bem definidos: o acto de fé está em tomarmos como ponto de partida axiomático da investigação a afirmação da possibilidade e utilidade do discurso dogmático[303]; a limitação da dimensão científica do estudo decorre do facto de perspectivarmos a questão da autonomia dogmática do direito do trabalho não como um problema metodológico geral mas como um problema do próprio direito laboral e de teoria geral do direito privado, movendo-nos pois no espaço de reflexão em que a doutrina tradicionalmente o discute, e limitando ainda a análise ao âmbito do sistema jurídico nacional[304]; os objectivos práticos têm a ver com o facto de entendermos que a utilidade e a oportunidade histórica desta indagação residem no contributo que ela pode dar para dilucidar a alegada situação de «crise» do direito do trabalho (que, sendo de âmbito geral, também se vai desenhando entre nós), que resulta do questionamento dos seus valores tradicionais, e, nessa medida, para melhor resolver questões colocadas pela aplicação das normas aos casos e problemas de orientação axiológica do sistema normativo[305].

III. A perspectiva laboralista e de teoria geral do direito privado em que nos colocamos justifica o carácter sucinto das referências aos conceitos de sistema jurídico, de sistemática e de dogmática, de autonomia sistemática e de autonomia dogmática, que vamos fazer já de seguida. Interessando-nos como conceitos operatórios da reflexão e não como conceitos fundamentantes gerais do pensamento jurídico, limitar-nos-emos a apresentar o sentido em que os tomamos para efeitos da investigação, no intuito limitado de completar a delimitação do respectivo objecto. É pois de acordo com a brevidade e a simplicidade inerentes a este objectivo que deverão ser lidas as referências subsequentes.

---

[303] *Supra,* § 1º, I.
[304] *Supra,* § 1º, I.
[305] *Supra,* § 1º, VIII e IX.

8. Os conceitos de sistemática jurídica e de dogmática jurídica na delimitação do direito laboral

I. No discurso metodológico geral, os conceitos de sistemática e de dogmática jurídicas podem hoje ser considerados — com um sentido que não traduz, aliás, fielmente o significado etimológico originário dos termos *sistema* e *dogma*[306] — como conceitos genética e funcionalmente incindíveis[307], que se complementam na tarefa de elaboração científica da realidade jurídica.

Em termos gerais, é comum referir-se que a sistemática jurídica pressupõe a possibilidade de ordenação e o carácter unitário das normas[308], e procura proceder a essa ordenação de acordo com determina-

---

[306] Conceitos de origem grega, *sistema* (σύστημα) e *dogma* (δόγμα), parecem ter respectivamente os sentidos de «conjunto unitário» e de «o que aparece como justo, verdadeiro» — A. de OLIVEIRA, *Sistema*, Verbo, XVII, 1975, 282, e J. B. LIBÂNIO, *Dogma,* Verbo, VI, 1967, 1636-1638 (1636); na expressão de Pio FEDELE, *Dogma,* Enc.Dir., XIII, Milano, (s.d.), 670-671, dogma é a verdade objecto de fé ou crença porque revelada por Deus e objecto de uma definição universal e solene, correspondendo a dogmática à apresentação e investigação destas verdades. Em termos jurídicos, contudo, embora o conceito de sistema traduza também a ideia de conjunto unitário na medida em que se liga a ordem, o conceito de dogmática não se reconduz à ideia de verdade necessária, objecto de crença, mas a uma compreensão lógica do mundo jurídico — neste sentido, por todos, Luis Cabral de MONCADA, *Dogmática jurídica,* Verbo, VI, 1967, 1638-1639 (1638). A utilização do termo *dogmática* pelos juristas pode, de qualquer modo, segundo alguns autores, ficar a dever-se historicamente à unidade do pensamento medieval, no qual o direito era parte da revelação divina (sentido em que o termo *dogma* indicaria «verdade jurídica») — Enrico PARESCE, *Dogmatica giuridica*, Enc.Dir., XIII, Milano, (s.d.), 678-712 (679).

[307] Ilustrativa desta relação incindível é a noção de dogmática jurídica de CABRAL DE MONCADA, *Dogmática jurídica cit.*,1638, como «conjunto de *dogmas,* formando um *sistema*, com que trabalha o jurista» (itálicos nossos) ou a noção de sistema jurídico sugerida por BYDLINSKI, *Arbeitsrechtskodifikation...cit.,* 13, como *ordem* de reconhecimentos de acordo com *princípios* uniformes (itálicos nossos).

[308] Claus-Wilhelm CANARIS, *Pensamento Sistemático e Conceito de Sistema na Ciência do Direito* (trad. port. da 2ª ed., da autoria de A. Menezes Cordeiro), 2ª ed., Lisboa, 1996, 13 ss., considerando que a possibilidade da ordenação sistemática do direito deriva da imanência ao domínio jurídico dos conceitos de ordem e de unidade, impostos pelos postulados da justiça e da igualdade. Sobre esta matéria *vd* ainda, por exemplo, Norberto BOBBIO, *Teoria dell'ordinamento giuridico,* Torino, 1960, 69 ss., e *Il positivismo giuridico,* Torino, 1979, 232 s., assentando o

dos critérios[309]. Não cabendo, na perspectiva em que nos colocamos nesta investigação, proceder a qualquer apreciação metodológica aprofundada sobre o conceito de sistema jurídico, nem sobre a possibilidade real ou as limitações[310] do ordenamento sistemático do direito[311], limitamo-nos a referir com LARENZ, CANARIS, CASTANHEIRA NEVES ou MENEZES CORDEIRO[312], que o sistema jurídico não pode hoje ser entendido em

---

reconhecimento do ordenamento jurídico nas características de unidade, coerência interna e completude das normas que o compõem; e, entre nós, António Castanheira NEVES, *A unidade do sistema jurídico: o seu problema e o seu sentido (Diálogo com Kelsen)*, in Estudos em Homenagem ao Prof. Doutor J. J. Teixeira Ribeiro, II, Coimbra, 1979, 73-184 (96 ss.), também ligando a possibilidade de sistematização do direito ao conceito de ordem e à necessária unidade dessa ordem, para evitar antinomias e vazios normativos; bem como João Baptista MACHADO, *O sistema científico e a teoria de Kelsen,* RFDUL (sep.), XXVI, 9-45 (13, 17 e 22), indicando, como ideia central do conceito de sistema, a ideia de coesão ou interconexão dos seus elementos integrativos e considerando a ciência jurídica como uma ciência necessariamente sistemática neste sentido. Ainda sobre a necessidade do pensamento sistemático em direito, Nicolò LIPARI, *Sistematica giuridica e nuovo conttratualismo,* Riv.DC, 1986, 5, 225-241 (225 s. e 238 ss.).

[309] Sobre as diversas acepções do sistema jurídico, de acordo com a diferente natureza dos critérios ordenadores, vd, por exemplo, em CANARIS, *Pensamento Sistemático...cit.,* 26 ss., a delimitação entre sistema externo e interno, sistema de puros conceitos fundamentais, sistema lógico-formal, sistema axiomático-dedutivo, sistema de conexão de problemas ou como estrutura de perguntas, sistema de relações da vida, ou sistema de decisões de conflitos, bem como o conceito valorativo de sistema sustentado pelo autor (*idem,* 66 ss.); e ainda Hans-Martin PAWLOWSKI, *Einführung in die Juristische Methodenlehre. Ein Studienbuch zu den Grundlagenfächern Rechtsphilosophie und Rechtstheorie,* Heidelberg, 1986, 68 ss., 101 ss., 116 ss., 119 ss., e *passim.*

[310] Salientando as contingências do conceito de sistema quando aplicado ao domínio jurídico, por contraposição com a sua aplicação às ciências físicas, por exemplo, Roberto J. VERNENGO, *Le droit est-il un système?*, ArchPhDr., 1991, 36, 253-264. E sobre as diferenças do pensamento sistemático no domínio jurídico e noutros domínios da ciência, ainda LIPARI, *Sistematica giuridica...cit.,* 226.

[311] Desta forma, assumimos a crítica que CASTANHEIRA NEVES, *A unidade do sistema jurídico...cit.,* 79 s., imputa à maioria dos juristas de referirem o conceito de sistema jurídico como um dado adquirido prévio à reflexão — ou seja, numa postura acrítica.

[312] Karl LARENZ, *Metodologia...cit.,* 241, CANARIS, *Pensamento Sistemático...cit.,* 66 ss., CASTANHEIRA NEVES, *A unidade do sistema jurídico...cit., maxime* 123 ss.; em sentido idêntico, refere António de Menezes CORDEIRO, *Introdução à edição portuguesa* da obra de Claus-Wilhelm CANARIS, *Pensamento Sistemático e*

termos puramente lógico-formais mas deve ser validado por critérios axiológicos e valorativos.

Por sua vez, a dogmática jurídica tende modernamente a ser apresentada não como um conjunto de postulados axiomáticos fundamentantes emitidos e aceites em nome de uma qualquer autoridade, de origem divina, positiva, ou puramente racional[313], mas como instância de justificação e validação axiológica das regras jurídicas[314].

Não cabendo, em sede deste estudo, aprofundar as reflexões sobre o conceito geral de dogmática — cuja imprecisão é, aliás, salientada por alguma doutrina[315] — limitamo-nos a considerar, como BYDLINSKI[316], a tendência actual para acentuar a importância do pensamento

---

Conceito de Sistema na Ciência do Direito, 2ª ed., Lisboa, 1996, VII-CXIV, que o sistema jurídico é uma ordenação de realidades jurídicas que sintetiza a respectiva lógica interna e o modo da sua formulação, sendo o pensamento sistemático que manifesta os elementos culturais e históricos do direito — maxime LXIX e C.

[313] Sobre a formação e o desenvolvimento histórico da dogmática jurídica tradicional e as suas bases no pensamento dialéctico grego, redescoberto pelos glosadores com a intermediação da ideia do divino, e, mais tarde, assente no racionalismo cartesiano, vd Vincenzo Piano MORTARI, *Dogmatica giuridica — Premessa storica*, Enc.Dir., XIII, Milano, 671-678. Em apreciação crítica deste entendimento tradicional da dogmática jurídica, por exemplo, Miguel Teixeira de SOUSA, *Da crítica da dogmática à dogmática crítica*, Dir., 1989, IV, 729-739 (729 ss.).

[314] Neste sentido, LARENZ, *Metodologia...cit.*, 325, afirma como tarefa da dogmática a permanente mediação entre normas, princípios e valores fundamentais da ordem jurídica e as suas singulares aplicações, cumprindo a sua função na medida em que consiga desenvolver um pensamento jurídico valorativo — e não, como postula Joseph ESSER, *Möglichkeiten und Grenzen des dogmatischen Denken im modernen Zivilrecht*, AcP, 1972 (172), 2/3, 97-130 (103 s.), um pensamento jurídico valorativamente neutro; também referindo a orientação valorativa da dogmática jurídica moderna, por exemplo, Uwe DIEDERICHSEN, *Fritz Baur — Zivilrechtsdogmatik und Menschlichkeit*, AcP, 1993, 5, 391-421 (415); e, na mesma linha, CASTANHEIRA NEVES, *A unidade do sistema jurídico...cit.*, 135 s., refere que a justificação axiológica da dogmática transforma a tradicional «dogmática de autoridade» ou «dogmatismo» numa «dogmática de fundamentação».

[315] Neste sentido, por exemplo, Gerard SCHNORR, *Grundfragen der Arbeitsrechtsdogmatik in der Bundesrepublik Deutschland und in Österreich*, RdA, 1979, 6, 387-393 (389), referindo a dificuldade de delimitação entre a dogmática jurídica e a ideologia, que considera aliás, especialmente acentuada no domínio laboral.

[316] Nesta linha, BYDLINSKI, *Gedanken über Rechtsdogmatik...cit.*, 11 s., indica como função essencial da dogmática jurídica definir o que, no momento da apli-

dogmático, enquanto instância de validação axiológica do direito, no momento concreto da aplicação da norma ao caso — i.e., a dimensão prática da dogmática[317], ou, na expressão de TEIXEIRA DE SOUSA[318], a sua natureza crítica[319].

De qualquer forma, parece-nos evidente, mesmo sem uma apreciação aprofundada dos dois conceitos, que o actual reconhecimento da necessidade de ponderações axiológicas, tanto na tarefa de ordenação sistemática do direito como no momento do controlo dogmático da aplicação concreta das normas, manifesta o nexo genético e funcional dos conceitos de sistemática e de dogmática jurídicas, que se pressupõem e justificam mutuamente[320].

---

cação da norma, é juridicamente correcto, ou seja, fundamentar a aplicação da norma ao caso concreto. No mesmo sentido, ainda TEIXEIRA DE SOUSA, *Da crítica da dogmática...cit.,* 734.

[317] Por exemplo, Thomas DIETRICH, *Arbeitsrechtsprechung und Rechtswissenschaft — Gedanken zu einem nicht störungsfreien Gespräch,* RdA, 1955, 6, 321-326 (322). Também ESSER, *Möglichkeiten und Grenzen...cit.,* 129, refere a função pragmática (*die pragmatische Aufgabe*) da dogmática para a situar no plano intermédio entre a construção científica de modelos e a prática, embora defenda a neutralidade valorativa do pensamento dogmático, considerado de per si.

[318] *Da crítica da dogmática...cit.,* 735. É ilustrativa ainda, neste sentido a qualificação da dogmática jurídica, como «consciência crítica» qualificada historicamente pela experiência jurídica em Nicolò LIPARI, *Il diritto tra sociologia e dogmatica — riflessioni sul metodo, in Studi in onore di Francesco Santoro-Passarelli,* III, Napoli, 1972, 99-158 (*maxime* 145 ss. e 154 s).

[319] Também salientando esta dimensão da dogmática jurídica como instância de verificação racional e de apreciação crítica das soluções jurídicas, António da Rocha Menezes CORDEIRO, *Da Boa Fé no Direito Civil,* Coimbra, 1984 (*reprint,* 1997), 30.

[320] A incindibilidade é genética porque sistemática e dogmática jurídicas se pressupõem mutuamente — o pensamento dogmático pressupõe uma certa ordenação e, por sua vez, os critérios de ordenação do sistema jurídico não são valorativamente neutros porque a ordem jurídica também o não é (CANARIS, *Pensamento Sistemático...cit.,* 66 s.) — e é funcional porque o sistema tem que ter uma intenção final de validade (a prossecução dos valores axiológicos fundamentais da comunidade, na expressão de CASTANHEIRA NEVES, *A unidade do sistema jurídico...cit.,* 179 s.). Também realçando a incindibilidade da sistemática e da dogmática jurídicas, que se impulsionam reciprocamente, ainda Niklas LUHMANN, *Sistema Juridico y Dogmatica Juridica,* 1974 (trad. espanhola de I. O. Prado), Madrid, 1983, 38 e *passim.*

II. Apesar da incindibilidade dos dois conceitos, é usual depararmos com a sua distinção quando aplicados ao relacionamento entre as várias áreas regulativas que integram a ordem jurídica global. Empregues como conceitos operativos de delimitação, os conceitos de sistemática e dogmática jurídicas podem, não obstante a respectiva interpenetração, ser reconduzidos às duas ideias-chave que traduzem o conteúdo nuclear de cada um deles (neste sentido se aproximando até mais do seu significado etimológico originário[321]): a ideia-chave da *ordenação* e a ideia-chave da *redução valorativa*.

Neste contexto, o conceito de sistemática jurídica tende a ser reportado pela doutrina à ideia de ordenação das regras de direito de acordo com determinados critérios ou pontos de vista, e o conceito de dogmática jurídica é referido à recondução (ou redução) de um conjunto ordenado de comandos normativos (ou seja, de um sistema jurídico) a valorações axiológicas fundamentais, compreensivas e informadoras do próprio sistema normativo[322]. Neste sentido, ao pensamento sistemático é atribuída primacialmente a função didáctica de facilitar a compreensão das regras jurídicas a partir do exterior, através da sua arrumação lógica, e a função construtiva de lograr a plenitude e a coerência da ordem jurídica, através da erradicação das suas lacunas e antinomias normativas[323]; à elaboração dogmática é reconhecida a função fundamentante e crítica de legitimar axiologicamente o sistema de direito positivo, através do isolamento das valorações materiais que lhe subjazem e que informam a sua evolução[324].

---

[321] *Supra*, nota [306].

[322] Neste sentido, por exemplo, Kurt BALLERSTEDT, *Probleme einer Dogmatik des Arbeitsrechts*, RdA, 1976, 1, 5-14 (6), ou MENEZES CORDEIRO, *Da situação jurídica laboral...cit.*, 95 s.

[323] Como refere Helmut COING, *Bemerkungen zum überkommen Zivilrechtssystem*, in E. von CAEMMERER / A. NIKISCH / K. ZWEIGERT (Hrsg.), *Vom Deutschen zum Europäischen Recht, Fest. für Hans Dölle*, I, Tübingen, 1963, 25-40 (25), um sistema jurídico bem construído é aquele que consegue ordenar os problemas concretos numa determinada área jurídica e tornar compreensíveis as normas positivas que permitem a sua resolução.

[324] Neste sentido, BALLERSTEDT, *Probleme einer Dogmatik...cit.*, 6, enuncia como objectivo da sistemática jurídica a delimitação clara das áreas jurídicas, e atribui à dogmática jurídica a tarefa de combinação dos conceitos nucleares de uma ordem normativa e a procura da sua validade. Também SCHNORR, *Grundfragen der Arbeitsrechtsdogmatik...cit.*, 390 s., atribui à dogmática jurídica a função

III. Embora a incindibilidade estrutural do pensamento sistemático e do pensamento dogmático determine a relatividade da destrinça entre as ideias de ordenação e de redução valorativa das regras jurídicas, a distinção tem um interesse didáctico inegável quando aplicada à delimitação dos vários domínios da ordem jurídica, por dois motivos: por um lado, ela permite acompanhar, em cada momento e de forma independente, o estádio de desenvolvimento de um certo complexo normativo e o seu grau de maturidade científica; por outro lado, ela permite avaliar o tipo de relacionamento estabelecido entre as diversas áreas normativas dentro da ordem jurídica global, apreciando a importância relativa de cada uma delas e o modo como cada novo complexo normativo se integra na constelação jurídica global. Por outras palavras, esta apreciação diferenciada permite acompanhar o percurso autonómico das áreas jurídicas.

A análise separada mas complementar do desenvolvimento de um determinado complexo normativo e da sua relação com outras áreas regulativas pode revelar a existência de uma aglomeração de normas dispersas, não organizadas sistematicamente por falta de carácter unitário; como pode revelar um conjunto normativo dotado de uma certa unidade e como tal ordenado ou ordenável num subsistema determinado, de acordo com os critérios lógicos mais diversos e atendendo às necessidades de inteligibilidade exterior e de coerência interna do conjunto normativo; e pode finalmente evidenciar, para além da unidade sistemática, a orientação das normas por princípios ou valorações materiais, específicas do subsistema em causa, distintas e porventura conflituantes com as valorações subjacentes ao universo jurídico comum — no primeiro caso, estamos perante meras *conglomerações de normas*, de junção arbitrária, logo assistemática[325]; no segundo caso, será de reconhecer a independência ou *autonomia sistemática* da área jurídica em

---

de desenvolver de forma organizada, a partir do direito positivo (que constitui o seu objecto), conceitos, institutos e princípios jurídicos, mas de uma forma flexível e sem imobilismo, ou seja, verificando, em cada momento, a respectiva justificação.

[325] É esclarecedora, a este propósito, a exigência de BYDLINSKI, *Arbeitsrechtskodifikation...cit.*, 12 s., de que o sistema jurídico não seja uma compilação puramente informativa de normas correspondentes a situações material típicas, mas que tal compilação permita o desenvolvimento de valorações gerais (*allgemeine Wertungen*). É a falta dessas valorações unitárias que se constata nos aglomerados normativos que agora referimos e que os torna assistemáticos.

causa, possibilitada pela unidade subjacente ao seu desenvolvimento normativo; e no último caso poderá afirmar-se a *autonomia dogmática* ou a *maioridade científica* da área jurídica, adquirida com a revelação de princípios gerais diferenciados [326][327].

IV. É neste contexto que tem sido colocada a questão da emancipação de algumas áreas jurídicas relativamente ao direito privado comum, bem como do relacionamento entre áreas normativas recentes

---

[326] O termo *autonomia* é aqui utilizado no sentido comum e amplo de independência ou de separação (susceptível de graus diversos), não originário do mundo jurídico (Francesco CALASSO, *Autonomia — premessa historica*, Enc.Dir., IV, 349--356 (349)), e não no sentido técnico-jurídico estrito de autonomia privada, como capacidade de dar a si próprio um ordenamento — sobre estes significados, por todos Arnaldo de VALLES, *Autonomia,* Noviss.DI, I (tomo II), 1558-1559, Emilio BETTI, *Autonomia privata,* Noviss.DI, I (tomo II), 1559-1561 (1559) e Salvatore PUGLIATI, *Autonomia — autonomia privata,* Enc.Dir., IV, 366-369 (367). Como veremos, no domínio laboral, o conceito técnico-jurídico de autonomia privada assume uma dimensão particular com o reconhecimento da denominada autonomia colectiva (*infra,* § 26°, esp. 59.

[327] Para ilustrar esta distinção entre a autonomia sistemática e a autonomia dogmática de uma área jurídica, um sector da doutrina germânica recorre aos termos *Selbständigkeit* e *Eigenständigkeit* — neste sentido, por exemplo, Reinhard RICHARDI, *Arbeitsrecht und Zivilrecht,* ZfA, 1974, 1, 3-27 (5 e 7). Não passíveis de uma distinção qualitativa rigorosa na linguagem comum (no léxico comum, os dois termos são identificados com as ideias de autonomia, independência ou soberania — cfr. DUDEN, *Deutsches Universalwörterbuch,* 2ªed., Mainhem — Wien -Zurich, 1989, 393 e 1386) esta utilização doutrinal aproveita a diferente carga intensiva que lhes pode ser associada para evidenciar os vários estádios do processo de autonomização da área jurídica: enquanto a *Selbständigkeit* é reportada à organização sistemática diferenciada de um ramo jurídico, propiciada pelo desenvolvimento progressivo unitário do seu complexo normativo e acompanhada, eventualmente, da separação de jurisdições, a *Eigenständigkeit* exige a ponderação da aplicabilidade dos princípios fundamentais vigentes na ordem jurídica comum às questões suscitadas no âmbito da disciplina autónoma, em virtude da afirmação de princípios (*Grundsätze*) próprios desta. Também reportando o termo *Eigenständigkeit* à afirmação de princípios diferenciados no direito laboral, por exemplo, SCHNORR VON CAROLSFELD, *Die Eigenständigkeit des Arbeitsrechts cit.,* 297. Mesmo que não totalmente rigorosas do ponto de vista linguístico, em termos jurídicos estas denominações permitem talvez estabelecer uma diferenciação de conteúdos mais clara e expressiva do que as nossas locuções, linguisticamente mais neutras, *autonomia sistemática* e *autonomia dogmática* ou *autonomia científica*.

da esfera do direito público ou de natureza híbrida[328]. É também com este sentido que a doutrina tem colocado os problemas da autonomia sistemática e da autonomia dogmática do direito do trabalho[329]. Será pois neste contexto que posicionaremos o problema nuclear da nossa investigação.

---

[328] É o caso clássico da discussão doutrinal sobre a autonomia científica do direito comercial relativamente ao direito civil — sobre esta matéria, não podemos deixar de referir, entre nós, Orlando de CARVALHO, *Critério e Estrutura do Estabelecimento Comercial,* I — *O Problema da Empresa como Objecto de Negócios,* Coimbra, 1967, 120 ss., nota [64], e FERRER CORREIA, *Lições...cit.,* 18 ss., mas também, por exemplo, Pedro Roque do Vale de Sá NOGUEIRA, *As actuais coordenadas do direito comercial face ao direito civil (portugueses),* in José de Oliveira ASCENSÃO (dir.), *As Operações Comerciais — Trabalhos do Curso de Mestrado sob a orientação do Senhor Professor Doutor Oliveira Ascensão,* Coimbra, 1988, 349-396, e SOUTO DE MIRANDA, *A autonomia do direito comercial* cit. A delimitação entre os conceitos de autonomia sistemática e de autonomia dogmática e a discussão sobre o grau de autonomia que possuem é feita também em relação ao direito económico e relativamente ao direito bancário (sobre a autonomia do direito da economia, por todos, António L. de Sousa FRANCO, *Noções de Direito da Economia,* I, Lisboa, 1982/83 (*reprint* 1992), 42 ss.; sobre a autonomia do direito bancário, Fernando Conceição NUNES, *Direito Bancário* (copiogr.), Lisboa, 1992, 61 ss., e António da Rocha Menezes CORDEIRO, *Manual de Direito Bancário,* Coimbra, 1998, 17 ss.). Como já tivemos ocasião de referir (*supra,* § 3º, 5.2.VI.), também o caso da emancipação do direito da segurança social relativamente à sua origem laboral se analisa, pela publicização desta área, num problema de autonomia.

[329] Estabelecendo de uma forma clara esta delimitação entre os conceitos de autonomia sistemática e de autonomia dogmática na sua aplicação laboral, independentemente da opção que acabam por subscrever sobre o grau de autonomia do direito laboral, *vd,* a título puramente exemplificativo, BYDLINSKI, *Arbeitsrechtskodifikation...cit.,* 15 ss., RICHARDI, *Arbeitsrecht und Zivilrecht...cit.,* BALLERSTEDT, *Probleme einer Dogmatik...cit.,* 6, ASCIAK, *Principi di diritto del lavoro* cit., 211 s., Luigi VIESTI, *L'autonomia scientifica del Diritto del lavoro,* DLav., 1946, I, 8-14 (9 s.), Giuliano MAZZONI, *Contiene il diritto del lavoro principi generali propri?,* in *Scritti giuridici in onore della CEDAM nel cinquantenario della sua fondazione,* Padova, 1953, 525-533 (527), MENGONI, *L'influenza del diritto del lavoro sul diritto civile...cit.,* 9 s., ou, entre nós, MENEZES CORDEIRO, *Da situação jurídica laboral...cit.,* 95 ss.

§ 5º — O problema da autonomia dogmática do direito do trabalho — posicionamento, premissas metodológicas e enunciado do plano da investigação

9. Posicionamento do problema da autonomia dogmática do direito do trabalho

I. Chegados a este ponto, estamos aptos a proceder à delimitação do problema da autonomia dogmática do direito do trabalho, que elegemos como questão nuclear deste estudo.

Aplicando a distinção acima enunciada entre os conceitos de autonomia sistemática e de autonomia dogmática[330], diremos que a questão da autonomia dogmática do direito laboral se configura como uma pesquisa de princípios jurídicos: o problema que colocamos neste trabalho é o de saber se e até que ponto ao hodierno direito laboral português subjazem princípios próprios ou ponderações axiológicas diferenciadas[331]

---

[330] *Supra,* § 4º, 8.II. e III.

[331] Empregamos pois o termo *princípios,* tradicional na nossa cultura jurídica, no sentido de valorações culturais e éticas subjacentes ao ordenamento normativo e não no sentido de arquétipos axiomáticos formais do sistema. De acordo com as tendências recentes do pensamento dogmático atrás enunciadas (*supra,* § 4º, 8.I.), o termo é utilizado com o sentido expresso na fórmula de LARENZ, *Metodologia...cit.,* 316, ou seja, como «pautas gerais de valoração ou preferências valorativas em relação à ideia do Direito, que todavia não chegaram a condensar-se em regras jurídicas imediatamente aplicáveis, mas que permitem apresentar "fundamentos justificativos" delas», ou, na acepção de CANARIS, *Pensamento Sistemático...cit.,* 77, como os valores fundamentais da ordem jurídica, a *ratio juris* subjacente à lei e à própria *ratio legis;* ainda neste sentido, entre outros, DIEDERICHSEN, *Fritz Baur — Zivilrechtsdogmatik...cit.,* 417, e, também acentuando a dimensão valorativa dos princípios jurídicos, Giorgio COSTA, *I principi del dirittto tra norma e filosofia,* Riv.trim.DPC, 1993, 2, 593-603, *maxime,* 602 s. É tendo presente este conteúdo axiológico ou valorativo que referiremos indiferentemente ao longo do texto, o termo *princípios,* o termo *valorações* e o termo *valores,* até porque entendemos, como Robert ALEXY, *Derecho y Razón Práctica* (trad. para língua espanhola), México, 1993, 16, que a diferença entre os dois

(ou seja, na formulação de CANARIS[332], «princípios "gerais" autónomos», com um menor grau de generalidade porque se referem a certa matéria, área ou subsistema dentro da ordem jurídica global), que imponham a sua afirmação independente no universo jurídico e, informando o sistema normativo, orientem a aplicação das suas normas ao caso concreto e a própria evolução desse sistema; ou se, pelo contrário, a especificidade das normas reguladoras dos fenómenos laborais não preclude a validade nesta área jurídica dos valores fundamentais do direito privado comum.

II. O facto de a pesquisa que vamos empreender se configurar como uma pesquisa dogmática[333] não dispensa, todavia, a análise do processo de autonomização sistemática da área jurídica porque o objecto da reflexão dogmática é justamente o direito positivo. É que, se à autonomia sistemática dos ramos jurídicos não corresponde sempre a sua independência no plano dogmático (negada por muitos autores em relação a domínios do direito considerados pacificamente como ramos jurídicos sistematicamente autónomos[334]) esta última pressupõe naturalmente aquela, seu antecedente histórico no percurso de maturação científica. A autonomização de uma área do direito no universo jurídico é um processo que se inicia com o enquadramento jurídico individualizado dos fenómenos sociológicos de que se ocupam as suas normas, passa pela organização separada e coerente do seu complexo normativo (é a autonomia no plano sistemático), e pode, independentemente da importância social da área jurídica em causa[335], chegar ou não a uma autonomia no plano dogmático ou dos valores[336].

---

termos é, sobretudo, uma diferença de perspectiva — deontológica, no primeiro caso, e axiológica no segundo. Ainda sobre o papel dos princípios jurídicos e sobre a sua relação com as nornas, *vd* Joseph ESSER, *Grundsatz und Norm in der richterlichen Fortbildung des Privatrechts,* 3ª ed., Tübingen, 1974, *maxime,* 267 ss. Sobre as características e a função dos princípios jurídicos, *infra,* § 33º, 69.III.

[332] *Pensamento Sistemático...cit.,* 79.
[333] *Supra,* § 4º, 7.II.
[334] A questão é clássica no direito comercial, como já referimos, *supra,* § 4º, 8.IV. e nota [328].
[335] RICHARDI, *Arbeitsrecht und Zivilrecht...cit.,* 8 s.
[336] Neste sentido considera, por exemplo, BRECHER, *Das Arbeitsrecht als Kritik...cit.,* 35, que para a autonomia de uma área jurídica não basta o seu posicionamento particular no universo jurídico, em resultado da delimitação temporal,

Deste modo, a apreciação do modo como se desenvolveu o direito laboral — desde o reconhecimento jurídico do seu fenómeno sociológico nuclear (o fenómeno do trabalho subordinado, com as características de prestação de uma actividade produtiva livre, onerosa e dependente para outrem, que isolámos[337]), até à organização sistemática das suas normas, de acordo com critérios lógicos (o que inclui a delimitação mais ou menos feliz das áreas regulativas tradicionais do direito colectivo e do direito individual do trabalho que já referimos[338] e os esforços de codificação separada dos regimes laborais nos países que integram tradicionalmente a regulação do trabalho subordinado na lei civil) e passando pela autonomização da jurisdição laboral[339] — é um contributo indispensável na pesquisa das suas valorações materiais.

---

espacial e sociológica do seu objecto, mas é necessário o surgimento de determinado «estilo de pensamento» (*Denkstil*), que se vai desenvolvendo nessa área a partir de «concepções de base» (*Grundkonzeptionen*) que as pessoas integradas num grupo homogéneo vão criando; na mesma linha, observa BYDLINSKI, *Arbeitsrechtskodifikation...cit.,* 11 s., que a autonomia de uma área jurídica não decorre directamente da afirmação das particularidades sociológicas da situação material típica objecto do normativo, mas da relação desta com valorações normativas gerais.

[337] *Supra*, § 3°, 4.7., em síntese.
[338] *Supra*, § 2°, 2.
[339] Independência de jurisdições e codificação separada são usualmente referidos pela doutrina como factores indicativos do grau de autonomia dos ramos jurídicos — no domínio do direito laboral, sobre esta matéria, por exemplo, DURAND, *Le particularisme...cit.,* 301 s., distinguindo as consequências da autonomia ao nível da codificação, ao nível jurisdicional e ao nível doutrinal; ou Maurice DUVERGER, *Essai sur l'autonomie du droit professionel,* DS, 1944, 8, 276--279, e 1945, 1, 20-24 (276), ligando à separação total ou parcial de jurisdições e de princípios os conceitos de autonomia absoluta e relativa das áreas jurídicas. Nos sistemas alemão e austríaco, os apelos à autonomização do direito do trabalho ao nível jurisdicional e, sobretudo, ao nível legal, são também recorrentes desde a exigência da criação de um direito laboral unitário para todo o *Reich* pelo § 2° do art. 157° da Constituição de Weimar, ainda que não haja concordância quanto ao tipo de codificação a adoptar — sobre esta matéria, por exemplo, PREIS, *Perspektiven der Arbeitsrechtswissenchaft cit.,* 342, HRODMAKA, *Ein Arbeitsvertragsgesetz für Deutschland...cit.,* 358 ss., Karl KUMMER, *Aktuelle Fragen des Arbeitsrechts in Österreich,* RdA, 1960, 1, 9-14 (9 s.), BYDLINSKI, *Arbeitsrechtskodifikation...cit.,* 20 ss., ou MAYER-MALY, *Ausgewählte Schriften...cit.,* 21 s. No sistema italiano, a discussão sobre a conveniência de uma codificação autónoma das matérias laborais ocupou igualmente a doutrina — a este propósito, por exemplo,

Nesta perspectiva, referiremos o processo de autonomização sistemática do direito laboral português como antecedente histórico natural do problema da autonomia dogmática.

III. Para completar o enunciado do problema que nos propusemos tratar parece-nos ainda importante delimitar a questão da autonomia dogmática do direito do trabalho do problema da sua especialidade — ou seja com a questão do seu reconhecimento como ramo especial do direito privado, a separar do direito civil por se reportar a situações da vida dos sujeitos privados, não enquanto cidadãos comuns mas na qualidade de trabalhadores subordinados[340][341].

Estando em causa, tanto no problema da especialidade do direito do trabalho como no da sua autonomia dogmática, a relação entre diferentes ordens normativas, estes são dois problemas que inevitavelmente se cruzam mas que não se confundem: a questão da especialidade de um ramo jurídico, como questão de preclusão de normas gerais em favor de normas especiais mais adaptáveis a certas circunstâncias particulares ponderadas pelo ordenamento jurídico, é uma questão necessariamente regimental e sistemática, porque na base deste raciocínio de preclusão do legislador está um juízo sobre a necessidade de adaptação das regras comuns a determinadas situações particulares, mas está também um juízo de conformidade da regulamentação especial com os prin-

---

MAZZONI, *È opportuna la codificazione del diritto del lavoro?* (1958), in *Scritti minori cit.*, I, 207-222. De qualquer forma, apesar de reconduzíveis ao nível sistemático do processo de autonomização do direito laboral, as autonomias de codificação e de jurisdição favorecem o desenvolvimento de princípios diferenciados susceptíveis de vir a fundamentar a autonomia dogmática da área jurídica.

[340] Neste sentido, qualificando o direito do trabalho como direito privado especial, entre nós, por exemplo, CASTRO MENDES, *Teoria Geral...cit.*, I, 25 e 31 s., MOTA PINTO, *Teoria Geral...cit.*, 35 e 37 ss., José de Oliveira ASCENSÃO, *Direito Civil. Teoria Geral*, I, Coimbra, 1997, 16, e *O Direito...cit.*, 345, MENEZES CORDEIRO, *Manual...cit.*, 66, e ROMANO MARTINEZ, *Direito do Trabalho cit.*, I, 80 ss., e *Direito do Trabalho. Relatório cit.*, 63 ss.

[341] Em sentido idêntico, o direito comercial é qualificado como ramo especial do direito privado, por incidir sobre as situações atinentes à qualidade de comerciante em sentido amplo, tendo em conta as respectivas particularidades — neste sentido, entre nós, por todos, FERRER CORREIA, *Lições...cit.*, 27 s., OLIVEIRA ASCENSÃO, *Direito Comercial cit.*, I, 27 ss., e *O Direito...cit.*, 344 s., e Luís Brito CORREIA, *Direito Comercial*, I, 1987 (*reprint* 1990), 31.

cípios do direito comum, aos quais é reconhecida validade geral[342]; pelo contrário, implícito no reconhecimento da autonomia dogmática de uma área do direito está um juízo de preclusão que incide directamente nos princípios do direito comum, cuja validade na área jurídica em questão é posta em causa, perante a orientação desta por princípios específicos, alternativos ou mesmo opostos aos princípios comuns[343].

Esboçada a distinção, cabe, de qualquer forma, deixar clara a mútua influência dos dois problemas, que se manifesta, embora de formas diferentes, qualquer que seja a conclusão a que cheguemos no que se refere ao problema da autonomia dogmática do direito laboral: se concluirmos pela negação da autonomia dogmática, a qualificação do direito do trabalho como ramo especial do direito privado será a via normal para resolver os problemas colocados pelas lacunas do sistema normativo laboral; mas, pelo contrário, se concluirmos pelo reconhecimento da autonomia dogmática do direito laboral, essa conclusão não inviabilizará, só por si, o recurso às normas do direito civil para inte-

---

[342] A este propósito, na delimitação do conceito de especialidade reportado aos ramos de direito, refere OLIVEIRA ASCENSÃO, *Direito Comercial cit.*, I, 28, que «a especialidade é uma relação de concretização que consiste em adaptar um regime a circunstâncias particulares, sem contrariar o princípio normativo em causa» — neste sentido, ainda do mesmo autor, vd *O Direito...cit.*, 344 e 519, e *Direito Civil...cit.*, I, 15 s. Em geral, sobre a noção de direito especial e as relações entre direitos especiais e direito comum, CASTRO MENDES, *Teoria Geral...cit.*, I, 25, MOTA PINTO, *Teoria Geral... cit.*, 34 ss., ou MENEZES CORDEIRO, *Tratado...cit.*, I, 28 s.

[343] A afirmação que acabamos de fazer não significa, naturalmente, que, no recurso ao direito comum, para integrar as lacunas regulativas da área jurídica especial, não sejam feitas ponderações de ordem axiológica ou valorativa (eventualmente mesmo com um apelo directo aos princípios), até porque estas ponderações são inerentes às operações de interpretação e integração das normas. O que queremos aqui evidenciar é apenas que a qualificação de uma área jurídica como direito especial, pela especificidade da situação social sobre que incidem as suas normas, pressupõe a validade geral dos princípios da área jurídica «maior», da qual se separou, ao passo que na questão da autonomia científica é exactamente a validade dos princípios comuns na área jurídica em questão que está em causa. Ainda apreciando, em geral, os diversos graus de especialidade das áreas jurídicas, justificativos ou não do reconhecimento da sua autonomia ao nível dos princípios, mas com referências ao problema no domínio laboral, vd CARVALHO FERNANDES, *Teoria Geral...cit.*, I, 24 ss.

gração das suas lacunas (funcionando este, nos termos gerais, como direito subsidiário), embora, evidentemente, faça depender a aplicabilidade dessas normas de concreta verificação da sua compatibilidade com os valores específicos do direito laboral.
Da análise destas questões nos ocuparemos oportunamente na investigação.

10. Premissas metodológicas e plano da investigação

10.1. Premissas metodológicas

I. Equacionado o problema que nos vai ocupar neste estudo, resta explicitar as premissas metodológicas da investigação, que decorrem, por um lado, da delimitação do conceito, âmbito e natureza do direito do trabalho enquanto ramo jurídico, e, por outro lado, da incidência dogmática da pesquisa. De uma forma esquemática, estabeleceremos como premissas metodológicas da investigação o carácter necessariamente unitário da questão da autonomia do direito do trabalho, o contexto de direito privado em que ela se coloca e a imperatividade das referências recorrentes ao sistema de direito positivo no desenvolvimento do estudo.

II. A primeira premissa apontada decorre da delimitação unitária do direito do trabalho a que procedemos, com recurso aos conceitos de situações laborais nucleares — as situações jurídicas atinentes à qualidade de trabalhador subordinado e à qualidade de empregador[344]. Sendo possível delimitar de uma forma unitária o direito laboral, naturalmente que essa delimitação obriga a colocar o problema da autonomia dogmática também em termos globais, ou seja, em relação ao conjunto das suas áreas regulativas — a abordagem do problema da autonomia deve pois, da nossa perspectiva, ser feita de uma forma integrada.

Como já tivemos ocasião de salientar[345], não é esta a posição tradicional da doutrina na apreciação do problema, classicamente apresen-

---

[344] *Supra*, § 3º, e, em síntese, 5.2. e 6.1.
[345] *Supra*, § 1º, III. e § 2º, 2.IV. e nota [124].

tado na óptica exclusiva da situação laboral individual e sem uma atenção significativa às particularidades da fenomenologia colectiva e das situações laborais colectivas. A premissa metodológica que agora assumimos tem pois implícita uma postura crítica na apreciação do entendimento doutrinal clássico desta matéria, que vamos desenvolver.

III. A segunda premissa metodológica que nos parece importante estabelecer decorre da qualificação privada tendencial do direito do trabalho a que procedemos aquando da sua delimitação como área jurídica[346]: integrando-se o direito laboral no universo jurídico privado, tanto em razão da natureza particular dos interesses primacialmente prosseguidos pelas suas normas, como pela posição de igualdade formal dos sujeitos laborais, o seu processo autonómico é um processo que se desenvolve necessariamente a partir do direito privado comum: a verificar-se, a autonomia dogmática do direito laboral é pois uma autonomia em relação ao direito civil.

Fica desta forma claro o contexto privado em que nos moveremos na indagação subsequente. Assim colocada, a questão da autonomia do direito laboral reconduz-se ao problema das suas relações com o direito civil, já que o que procuraremos verificar é em que medida se mantém (ou se renova) hoje a operacionalidade geral das valorações materiais do direito civil no domínio laboral; ou se se suscita, antes pelo contrário, a necessidade de reequacionar tais valorações e, eventualmente, de as afastar em nome da prevalência de valores materiais específicos do direito do trabalho.

O estudo que vamos empreender assume-se pois como um estudo de direito laboral, que pretende lidar com as suas fronteiras com o direito civil.

IV. A última premissa metodológica que gostaríamos de enunciar decorre da fixação do sentido pretendido para a investigação que acima enunciámos — i.e., da sua delimitação como uma pesquisa de princípios ou valorações axiológicas fundamentantes do direito laboral[347].

O significado axiológico e não formal do conceito de princípios que aqui perfilhámos obriga à sua procura directamente a partir do sis-

---

[346] *Supra*, § 2°, 6.1.
[347] *Supra*, 9.1.

tema juspositivo. Podendo ser objecto de formulações diversas, plasmados na Constituição ou na lei, ou revelados pela jurisprudência, os princípios gerais do direito do trabalho terão, em qualquer caso, que se alicerçar no sistema de direito positivo, porque ele é, ao mesmo tempo, o «instrumentário do pensamento dogmático» (*dogmatisches Denk-Instrumentarium*), na expressão de ESSER[348], e a instância última de controlo da validade e operacionalidade históricas dos princípios que alicerça. Desta forma, o sistema de direito positivo nacional será uma instância de referência recorrente na nossa pesquisa.

Desta necessidade de apoio constante da investigação no sistema de direito positivo decorre a circunscrição da parte construtiva do nosso estudo ao âmbito do direito nacional, que assumimos logo nas primeiras páginas do nosso estudo[349]: dependendo a validade e a operacionalidade das construções dogmáticas do seu apoio normativo, a diversidade dos sistemas laborais de direito positivo de que já demos conta[350] impede a discussão do problema a um nível transnacional. Deste modo, embora na apreciação das diversas construções doutrinárias que o problema suscitou tenhamos em consideração as convenientes aportações de direito comparado, a tentativa de reconstrução do problema será necessariamente limitada ao sistema jurídico nacional. Este é, como já referimos, um estudo de direito português.

10.2. Sequência da investigação

I. Completada a delimitação do objecto da investigação e enunciadas as respectivas premissas metodológicas, resta indicar a sua sequência, que comportará três partes: uma parte dedicada à apreciação do processo de emancipação sistemática e dogmática da área jurídica do seu berço civil; uma parte destinada à apreciação da crise sistemática e dogmática actualmente imputada à área jurídica; e uma parte destinada ao reposicionamento do problema da autonomia dogmática.

---

[348] *Möglichkeiten und Grenzen...cit.*, 111. O autor refere-se, a este propósito, à necessária vinculação do jurista à lei, mas entende esta em sentido amplo, aqui integrando as normas escritas, os precedentes e outras *legal authorities* (*idem*, 110).

[349] *Supra*, § 1º, I.

[350] *Supra*, § 2º, 1.3.I. e nota [33].

II. Destinada a enquadrar o problema da autonomia dogmática do direito do trabalho, tal como ele foi classicamente apresentado pela doutrina, a primeira parte do nosso estudo comportará quatro capítulos. No primeiro capítulo, apreciaremos, em linhas gerais, o percurso do direito do trabalho desde a massificação do trabalho subordinado e da afirmação histórica de outros fenómenos laborais até ao reconhecimento da sua autonomia sistemática perante o direito civil, que constitui, como referimos, o primeiro estádio no processo da sua maturação científica. No segundo capítulo, acompanharemos o percurso da área jurídica desde o reconhecimento da autonomia sistemática até à colocação do problema da autonomia dogmática e apresentaremos os alicerces da construção tradicional do problema da autonomia dogmática. No terceiro capítulo, apreciaremos a afirmação tradicional da autonomia dogmática do direito do trabalho a partir do desenvolvimento das concepções comunitário-pessoais da relação de trabalho, nas suas formulações de índole contratualista e institucionalista. E, no quatro e último capítulo, apreciaremos a forma como o tratamento do problema da autonomia dogmática foi evoluindo na doutrina e enunciaremos os princípios orientadores do direito laboral, como ramo jurídico autónomo, de acordo com a construção tradicional do problema.

A segunda parte do nosso estudo será dedicada à apreciação da crise dogmática do direito do trabalho e será dividida em dois capítulos. No primeiro capítulo, apreciaremos a tendência recente de negação da autonomia dogmática do direito do trabalho, a partir da crítica às concepções comunitário-pessoais e através da reconstrução da relação laboral em moldes obrigacionais e da apropriação civilista do princípio da protecção do trabalhador, e procederemos à respectiva crítica. No segundo capítulo, analisaremos as projecções sistemáticas da crise do direito do trabalho na actualidade, dando ainda conta da sua dimensão e justificando a urgência da recolocação do problema da autonomia.

Na terceira e última parte do nosso estudo apresentaremos o nosso próprio contributo para a reconstrução do problema da autonomia dogmática do direito do trabalho português em três capítulos: os dois primeiros destinam-se a alicerçar a construção sustentada em termos estruturais e sistemáticos, e o último a retirar as ilações finais que essa construção legitima para o problema que nos ocupa.

§ 6º — Conclusões do capítulo

I. A pesquisa sobre a autonomia dogmática do direito do trabalho exige a sua delimitação enquanto área jurídica. Esta delimitação é dificultada por factores de ordem histórico-social, ligados à sua juventude e à rapidez do seu desenvolvimento normativo, bem como à sua porosidade ideológica; por factores de ordem sistemática, atinentes à dispersão e à densidade do seu complexo normativo; e por factores de ordem dogmática, decorrentes da dificuldade da sua inserção global na ordem jurídica pública ou privada e da dificuldade de assunção da singularidade da sua fenomenologia pela comunidade juscientífica.

II. As dificuldades de delimitação do direito do trabalho vulgarizaram a sua tripartição nas áreas do direito individual do trabalho, do direito colectivo do trabalho e do direito das condições de trabalho. Estas áreas regulativas foram objecto de uma evolução disjunta e de apreciações dogmáticas separadas. A delimitação tradicional do direito laboral como área jurídica não tem pois carácter unitário.

III. A delimitação unitária do direito do trabalho deve ser feita a partir do conceito de trabalho subordinado, que constitui o seu fenómeno originário e o seu objecto nuclear. O trabalho subordinado é uma forma de actividade laborativa e esta delimita-se, a partir de contributos sociológicos e axiológicos, como a actividade produtiva para outrem, desenvolvida de forma livre, com carácter gratuito ou oneroso e num contexto jurídico privado ou público.

IV. O trabalho subordinado ou actividade laboral distingue-se das restantes formas de actividade laborativa pelo relacionamento desigual entre as partes, manifestado na posição de subordinação do trabalhador e na posição de domínio do empregador, conjugada com a sua natureza ou actuação jurídica privada. A dimensão subjectiva do elemento da subordinação manifesta a especificidade do fenómeno laboral, ao mesmo tempo que confirma o sentido unitário do conceito de actividade laborativa, na sua estrutura objectiva. O elemento da subordinação tem sido objecto de uma visão redutora da doutrina, na apreciação das componentes directiva e disciplinar da posição de domínio do empregador, pela dificuldade de a conjugar com a sua natureza ou actuação jurídica privada.

V. A actividade laboral é tradicionalmente enquadrada pela figura da relação de trabalho, considerada em ligação com a figura do contrato de trabalho ou com a ideia de prestação efectiva de trabalho. O conceito de relação de trabalho é, contudo, de rejeitar como conceito nuclear do direito do trabalho pela sua dimensão estritamente negocial e «individual», que o torna incapaz de traduzir a riqueza de conteúdos dos fenómenos laborais.

VI. O direito do trabalho pode ser objecto de uma delimitação unitária a partir da consideração das situações inerentes à qualidade de trabalhador subordinado e à qualidade de empregador, porque estas situações subjazem a todo o normativo laboral e são por ele valoradas, de forma conjunta ou disjunta. Estas situações laborais nucleares têm um efeito multiplicador, projectando-se noutras situações jurídicas, de dimensão individual ou colectiva e de natureza relativa ou absoluta: são as situações laborais derivadas, uma das quais é a relação de trabalho.

VII. O direito do trabalho pode ser definido em termos unitários como o complexo de normas e de princípios jurídicos atinentes às situações laborais nucleares e derivadas. Reportando-se estas tanto à qualidade de trabalhador subordinado como à qualidade de empregador, o direito do trabalho não é uma área jurídica de pendor unilateral e de vocação exclusivamente proteccionista de um único grupo social. A delimitação unitária do direito do trabalho significa que a sua divisão nas áreas regulativas individual e colectiva tem um alcance estritamente pedagógico e sistemático, não contendendo com a sua coerência dogmática interna.

VIII. O direito do trabalho é uma área a inserir globalmente na ordem jurídica privada, tanto pela natureza privada dos interesses que primacialmente prossegue, como pela natureza ou actuação jurídica privada dos sujeitos titulares das situações laborais. Sendo tendencial, esta qualificação compagina-se com a existência de normas laborais que prosseguem interesses públicos.

IX. Não obstante a incindibilidade estrutural que lhes assiste como conceitos operatórios da construção científica do direito, os conceitos de sistemática e de dogmática jurídicas podem ser reconduzidos às ideias-chave da ordenação e da redução valorativa das regras jurídicas, para facilitar a análise do desenvolvimento normativo e científico das diversas áreas jurídicas. Neste sentido têm sido aplicados à apreciação do processo de construção sistemática e de maturação dogmática do direito do trabalho.

X. O problema da autonomia dogmática do direito do trabalho reconduz-se à verificação da existência de princípios ou valorações axiológicas diferenciados, subjacentes ao sistema positivo e informadores da sua evolução. O sentido axiológico desta pesquisa permite delimitá-la da questão da especialidade da área jurídica, de natureza regimental, mas os dois problemas estão em estreita conexão.

XI. Em termos metodológicos, a delimitação unitária do direito do trabalho impõe a abordagem do problema da autonomia dogmática de forma integrada e não de forma separada para cada uma das suas áreas regulativas; a qualificação privada do direito laboral determina o posicionamento da questão da autonomia como um problema de relação entre o direito do trabalho e o direito civil; e a incidência dogmática da pesquisa exige uma referência constante ao sistema de direito positivo, instância última de validação das construções dogmáticas, e determina a circunscrição da própria construção dogmática à órbita do direito nacional.

PARTE I
ENQUADRAMENTO CLÁSSICO DO PROBLEMA DA AUTONOMIA DOGMÁTICA DO DIREITO DO TRABALHO

11. Sequência

I. Fixado o objecto da investigação, com a delimitação do direito do trabalho enquanto área jurídica e a fixação do conceito de autonomia dogmática para efeitos da pesquisa, cabe proceder à apreciação da forma como tradicionalmente a doutrina tem apresentado e solucionado o problema da autonomia dogmática do direito laboral. É a esta tarefa que dedicaremos esta parte do nosso estudo.

Na nossa perspectiva, esta apreciação deve iniciar-se com uma referência à construção do direito do trabalho em termos sistemáticos, não só porque, no processo de maturação científica da área jurídica, a ordenação dos conteúdos regulativos precede histórica e logicamente o apuramento dos princípios fundamentantes, mas sobretudo porque, no caso do direito do trabalho, a arrumação sistemática das normas jurídicas tem sido um factor condicionante da perspectiva de abordagem do problema da autonomia dogmática pela doutrina. Completada esta tarefa, é então possível aceder à apreciação do problema que ocupa o centro das nossas reflexões.

II. Assim, estruturaremos a exposição subsequente em quatro capítulos. No primeiro capítulo, faremos uma breve referência ao percurso de construção sistemática do direito laboral, desde a massificação do trabalho subordinado com a Revolução Industrial, não tanto numa perspectiva histórico-descritiva exaustiva mas com o objectivo de isolar os aspectos mais marcantes deste processo de afirmação sistemática[1]. No segundo capítulo, daremos conta do ambiente jurídico que rodeou a colocação do problema da autonomia dogmática do direito do trabalho e que condicionou toda a reflexão doutrinal sobre este problema, e apresentaremos as ideias-chave sobre as quais a doutrina assentou tradicionalmente a emancipação dogmática do direito laboral — a ideia de dependência e a ideia de pessoalidade. No terceiro capítulo, procederemos à apresentação do problema da autonomia dogmática, tal como foi tradicionalmente equacionado pela doutrina, ou seja, com base na singularização da relação de trabalho, a partir da sua configuração como uma relação comunitário-pessoal, apreciaremos as duas grandes orientações de justificação desta configuração comunitário-pessoal (a orientação contratualista e a orientação institucionalista) e verificaremos como elas contribuiram para reconhecimento da autonomia dogmática da área jurídica. No quarto e último capítulo, daremos conta da evolução do tratamento doutrinal do problema da autonomia num passado mais recente, apreciando a evolução da concepção comunitário-pessoal do vínculo laboral e a consolidação tradicional do direito laboral como área jurídica autónoma norteada pelo objectivo da protecção do trabalhador. Relativamente a cada um dos pontos indicados, procuraremos ir alinhando conclusões parcelares.

---

[1] Deve pois ficar claro que não é nossa pretensão fazer uma descrição exaustiva do processo de desenvolvimento normativo do direito laboral, mesmo que limitada ao caso português (tema que seria susceptível de constituir o objecto de uma outra investigação), mas apenas apresentar um quadro geral sobre a evolução da área jurídica até ao reconhecimento da sua autonomia sistemática, porque este reconhecimento constitui um *prius* histórico e lógico em relação ao problema que nos ocupa. É pois de acordo com este objectivo instrumental que devem ser entendidas as observações subsequentes sobre o processo de construção sistemática do direito laboral.

I
A AUTONOMIZAÇÃO SISTEMÁTICA DO DIREITO DO TRABALHO

§ 7º — A afirmação histórica dos fenómenos laborais e a construção sistemática do direito do trabalho

12. A afirmação do direito do trabalho com a Revolução Industrial. A relativa modernidade da actividade laboral e a importância dos contributos pré-industriais para a ordenação sistemática e para a apreciação dogmática das matérias laborais

I. Como tivemos ocasião de referir no início deste estudo[2], o direito do trabalho é usualmente considerado pela doutrina como uma área jurídica jovem, cuja origem histórica remonta ao período da Revolução Industrial e cuja construção sistemática tem início entre o final do século XIX e o início do século XX[3]. Como área normativa, o direito do trabalho é apresentado assim, de uma forma relativamente pacífica, como uma consequência do processo de industrialização e da denominada «questão social»[4].

---

[2] *Supra,* § 2º, 1.2.I.

[3] Como então referimos, apesar de o crescimento massivo do fenómeno do trabalho subordinado vir acompanhando o desenvolvimento da indústria desde o início do século XIX, é só no final de oitocentos que as matérias laborais começam a ser objecto de uma intervenção normativa regular, razão pela qual a maioria da doutrina situa entre o final do século XIX e as primeiras décadas do século XX o surgimento do direito do trabalho como área jurídica. Tendo já ilustrado estas afirmações, limitamo-nos a fazer a competente remissão — *supra,* § 2º, 1.2.I., e, em especial, notas [49] a [52].

[4] Neste sentido, a título meramente exemplificativo, na doutrina nacional e estrangeira, BERNARDO XAVIER, *Curso...cit.,* 16 e 25, José João ABRANTES, *Direito do Trabalho. Ensaios,* Lisboa, 1995, 21 e 24, Jean-Emmanuel RAY, *Muta-*

II. Se o momento da afirmação sistemática do direito laboral como área jurídica é objecto de um relativo consenso doutrinal, já, pelo contrário, é tema clássico de discussão entre os juslaboralistas a questão conexa da génese histórica do fenómeno do trabalho subordinado livre e, nomeadamente, o problema da aptidão da figura romana da *locatio conductio operarum* para proceder ao seu enquadramento jurídico. Neste sentido, enquanto um sector da doutrina chama a atenção para a relevância do trabalho subordinado livre em Roma[5], afirma a continuidade histórica do fenómeno ao longo do tempo[6] e sublinha a importância da figura negocial da *locatio conductio operarum* no seu enquadramento jurídico moderno[7] [8], outros autores consideram que, com as caracterís-

---

tion économique et droit du travail, in *Les Transformations du droit du travail. Études offertes à G. Lyon-Caen*, Paris, 1989, 11-31 (11), POTHOFF, *Probleme des Arbeitsrecht cit.*, 60, KASKEL, *Das neue Arbeitsrecht...cit.*, 1, Riccardo del GIUDICE, *Apunti sulla elaborazione del diritto del lavoro*, DLav., 1959, I, 3-8 (3), Mario GRANDI, *Diritto del lavoro e società industriale*, Riv.DL, 1977, I, 3-23 (4), e sobretudo, a análise de ALONSO OLEA, *Introducción...cit.*, 267 ss.

[5] Por exemplo, Reinhold TRINKNER / Maria WOLFER, *Modernes Arbeitsrecht und seine Beziehungen zum Zivilrecht und seiner Geschichte*, BB, 1986, 1, 4-9 (6), MAYER-MALY, *Römische grundlagen...cit.*, 282. MENEZES CORDEIRO, *Manual...cit.*, 35, chama a atenção para a existência de normas de protecção dos trabalhadores no mundo romano, tomadas na sequência de movimentos de conflito social; MAYER-MALY, *Ausgewählte Schriften...cit.*, 58, considera que a atitude de desdém em relação à prestação de serviços remunerados para outrem por cidadãos romanos era mais importante para os filósofos do que significativa do ponto de vista prático e económico, já que, ao lado do trabalho escravo, havia diversas ocupações desempenhadas de forma livre e remunerada; e ALEJO HERNÁNDEZ, *El Derecho Laboral Romano cit.*, 399 s., recorda a origem romana do termo *proletário*, que aparece na Lei nas XII Tábuas (I, 4) identificado com a plebe, a propósito da capacidade de ser fiador («*Adsiduo vindex adsiduus esto; proletario (iam civi) quis volit vindex est*»), mas também é utilizado num outro sentido, para identificar aqueles que não têm capacidade para contribuir para o erário público embora fortaleçam a República através da prole — sentido em que, segundo o autor, o termo se poderia reportar aos trabalhadores livres.

[6] Neste sentido, por exemplo, MAYER-MALY, *Vorindustrielles Arbeitsrechts cit.*, 62, e ainda *Der Weg zur heutigen Ordnung der Arbeit*, in F. BYDLINSKI / T. MAYER-MALY (Hrsg.), *Die Arbeit: ihre Ordnung — ihre Zukunft — ihr Sinn*, Wien, 1995, 21-33 (23 e 33), ou CASANOVA, *Il diritto del lavoro nei primi decenni...cit.*, 234.

[7] Neste sentido, salienta MENEZES CORDEIRO, *Manual...cit.*, 36 ss., a importância das influências romanísticas do sistema civil no direito laboral, reveladas

ticas que hoje lhe assistem, o fenómeno do trabalho subordinado livre é irredutível à figura da *locatio*, cuja estrutura implica necessariamente a transmissão temporária da posse de um bem material, e sustentam, em consequência, a relativa modernidade do fenómeno[9].

Ainda que nem sempre ponderadas pela doutrina, as implicações da questão da génese do trabalho subordinado livre com o problema da afirmação sistemática do direito laboral são evidentes: para os que perfilham o segundo entendimento, a construção sistemática recente do direito do trabalho é uma consequência da própria modernidade do fenómeno do trabalho subordinado livre, que seria típico da forma de produção iniciada com a Revolução Industrial; ao passo que para os defensores do primeiro entendimento o direito do trabalho é uma área jurídica jovem *apesar* da origem remota do trabalho subordinado livre, apenas porque a necessidade de regulação específica do fenómeno se fez sentir somente com a sua massificação, propiciada pelo processo moderno de industrialização.

III. Não cabe nos parâmetros da presente investigação proceder a uma análise aprofundada sobre a génese histórica do fenómeno do trabalho subordinado livre, nem sobre a sua relevância e enquadramento jurídico em Roma — não poderia tal análise ser feita sem uma pesquisa histórica de fundo sobre a estrutura e a natureza jurídica da figura da *locatio* no sistema jurídico romano que, obviamente, extravasa os limites deste estudo.

Contudo, porque a afirmação desta origem remota do trabalho subordinado livre e da filiação do actual contrato de trabalho na figura da

---

de uma forma directa na sobrevivência de certos institutos jurídicos — a *locatio conductio operarum* seria um desses institutos. Também TRINKNER / WOLFER, *Modernes Arbeitsrecht...cit.*, 8 s., fornecem exemplos de diversos institutos do direito romano que ainda hoje têm aplicação no domínio laboral — sobre esta matéria, *vd infra*, neste mesmo ponto, VI, e nota [39].

[8] Este entendimento, defendido por autores contemporâneos do surgimento da área jurídica, como BARASSI, *Il contratto di lavoro...cit.*, I, XXV, é ainda hoje maioritário na doutrina — neste sentido, entre nós, por exemplo, MENEZES CORDEIRO, *Manual...cit.*, 37 s., ROMANO MARTINEZ, *Direito do Trabalho cit.*, I, 90 s., ou Rui Carlos PEREIRA, *A garantia das obrigações emergentes do contrato de trabalho*, Dir., 1974/1987, 225-270 (232 s.).

[9] Por exemplo, BERNARDO XAVIER, *Curso...cit.*, 17, JEAMMAUD, *Les fonctions du droit du travail cit...*, 181 s., ou GIUGNI, *Direito do trabalho cit.*, 319 s.

locatio conductio operarum tiveram reflexos não só no enquadramento jurídico tradicionalmente proposto para o fenómeno do trabalho subordinado, como no próprio percurso sistemático da área jurídica, não podemos deixar de tecer algumas considerações sobre a matéria nesta sede, ainda que não em termos gerais mas na estrita óptica da sua relevância laboral.

Da leitura da discussão doutrinal sobre esta matéria ressalta, como ponto fulcral do debate, a questão da possibilidade de conciliação do requisito axiológico da liberdade do prestador de trabalho subordinado, tal como o entendemos hoje[10], com a essência da figura da *locatio conductio operarum* no sistema jurídico romano. Mas a resposta dada a esta questão encontra-se, nos diversos autores, estreitamente relacionada com o problema — de índole geral — da natureza unitária ou não unitária da figura genérica da *locatio conductio*, dadas as três modalidades em que se desdobra: a *locatio conductio rei*, incidente sobre uma coisa (e incluindo também a locação de escravos ou *locatio hominis*), a *locatio conductio operis faciendo*, reportada à realização de uma obra, e a *locatio conductio operarum*, que tem objecto a prestação de actividades mediante uma *merces*[11].

Para um sector da doutrina, estas três modalidades tradicionais da *locatio conductio* têm como conteúdo nuclear comum, que assegura a estrutura unitária da figura, a ideia da cedência temporária e onerosa de um bem material pelo locador ao locatário[12]. Pelo contrário, para

---

[10] *Supra*, § 3°, 4.3.III.

[11] Sobre a delimitação geral destas três modalidades da *locatio conductio* no direito romano, que não nos pode aqui ocupar, *vd*, por todos, Rodolfo SOHM, *Instituciones de Derecho Privado Romano — Historia y Sistema*, 17ª ed. (trad. espanhola de W. Roces), Madrid, 1928, *maxime* 395 ss., e, entre nós, António da Rocha Menezes CORDEIRO, *Da natureza do direito do locatário*, Sep. ROA, Lisboa, 1980, 26 ss.

[12] Veja-se, neste sentido, a obra de SPAGNUOLO VIGORITA, *Subordinazione e diritto del lavoro...cit.*, 75 ss., que, após um estudo aprofundado da figura da *locatio* no sistema jurídico romano, conclui pela sua natureza unitária e elementar, considerando, em consequência, a delimitação das suas três modalidades como uma criação artificiosa moderna. A natureza unitária da figura no direito romano é também referida, entre outros autores, por Paul JÖRS / Wolfgang KUNKEL, *Derecho Privado Romano* (trad. espanhola da 2ª ed.), Barcelona — Madrid — Buenos Aires — Rio de Janeiro, 1937, 337 ss., Carlo LEGA, *Il contratto d'opera, in*

outros autores, estas três modalidades revelam a estrutura tripartida da figura genérica da *locatio*, que teria sido *ab initio* compatível com uma diferenciação substancial do objecto negocial em cada uma delas[13].

Os autores que sustentam este último entendimento aplicam a distinção às relações de trabalho para distinguirem o trabalho subordinado livre do trabalho servil[14], assegurando, por esta via, a compatibilidade do primeiro com o pressuposto axiológico fundamental da liberdade do prestador, que referimos acima: o trabalho livre é prestado no quadro da *locatio conductio operarum*, que se caracteriza pela cedência temporária pelo trabalhador (*locator*) dos seus serviços ao «empregador» (*conductor*) — dado o seu estatuto de homem livre, o trabalhador é parte no contrato e o objecto do negócio é constituído pela actividade prestada e pela correspondente *merces*[15]; já o trabalho servil é prestado pelo escravo ao seu *dominus* com base na situação jurídica de propriedade (uma vez que o escravo integra o património do senhor), ou pelo escravo a um terceiro, no quadro da *locatio hominis*, quando o *dominus* cede temporariamente o seu servo a outrem para que este aproveite a sua energia laborativa[16] — neste caso, pela sua condição jurídica de *res*[17], o «trabalhador» não é sujeito mas sim objecto do negócio jurídico[18]. Nesta construção, reconhece-se que, apesar da nova projecção

---

U. BORSI / F. PERGOLESI, *Trattato di diritto del lavoro*, I (*Introduzione al diritto del lavoro*), 3ª ed., Padova, 1960, 477-663 (479), MAGRINI, *Lavoro...cit,* 370, ou MENGONI, *Le contrat de travail en droit italien cit.*, 424 e 440.

[13] BARASSI, *Il contratto di lavoro...cit.*, I, 41 s., 246, 541 ss., e 597 ss.; MAYER-MALY, *Römische grundlagen...cit.*, 284, considerando, todavia, que esta estrutura tripartida não colide com a unidade intrínseca das três modalidades de *locatio*; MENEZES CORDEIRO, *Da natureza...cit.*, 28, e *Manual...cit.*, 36 s.; ROMANO MARTINEZ, *Direito do Trabalho cit.*, I, 90 s.

[14] E também para delimitar a prestação autónoma de serviços e o trabalho subordinado — relevando esta distinção sobretudo para a delimitação conceptual da figura do contrato de trabalho, *verbi gratia*, para a sua distinção do contrato de prestação de serviço, dela não nos ocupamos neste momento.

[15] Alguns autores consideram até que nestas relações de trabalho se encontram já presentes as ideias de lealdade e de assistência que a doutrina laboral tradicional associa ao moderno contrato de trabalho — neste sentido, TRINKNER / / WOLFER, *Modernes Arbeitsrecht...cit.*, 8.

[16] PINTO LOUREIRO, *Tratado da Locação cit.*, I, 42.

[17] BUCKLAND, *The Roman Law of Slavery...cit.*, 3 ss.

[18] Von GIERKE, *Las raíces...cit.*, 13 s.. Alguns autores referem, apesar de tudo, a imprecisão de contornos desta distinção, porque ao trabalho escravo podia

que ganhou na sociedade industrial moderna, o fenómeno do trabalho subordinado livre é já objecto de um enquadramento jurídico diferenciado no direito romano através da figura da *locatio conductio operarum*, que corresponde dogmaticamente ao actual contrato de trabalho[19].

Pelo contrário, os autores que sustentam o carácter estruturalmente unitário da figura da *locatio*, por incidir sempre necessariamente sobre um bem material, não negam que o trabalho não servil e remunerado seja enquadrado no sistema jurídico romano pela figura da *locatio conductio operarum*, mas invocam o carácter formal do estatuto de liberdade do trabalhador para diferenciar este trabalho do fenómeno do trabalho subordinado, tal como hoje o entendemos. De acordo com esta construção, o trabalho dependente não escravo em Roma é enquadrado pela figura da *locatio conductio operarum* não porque esta se adeque ao trabalho livre mas, pelo contrário, porque, na celebração do negócio o trabalhador «livre» renuncia voluntariamente à sua liberdade, colocando-se sob o domínio da outra parte e fazendo da sua pessoa o objecto do negócio — situação que não repugna às concepções sociais romanas, que têm o trabalho na conta de tarefa vil, a desempenhar pelos servos e apenas de forma substitutiva por não escravos (nomeadamente por libertos)[20]. Deste modo, implicando necessariamente a transmissão da posse de um bem patrimonial da esfera do locador para a do locatário, a *locatio conductio operarum* é vista como uma variação da *locatio conductio rei*, em que o bem é a pessoa do prestador, que a si próprio se loca[21] — o que, sendo incompatível com o requisito de liber-

---

ser reconhecido algum valor monetário, possibilitando, designadamente, ao servo adquirir, através dele, a sua liberdade — ALEJO HERNÁNDEZ, *El Derecho laboral romano cit.,* 400 s.

[19] Neste sentido, expressamente, MENEZES CORDEIRO, *Da natureza...cit.,* 28, e *Manual...cit.,* 38, e ROMANO MARTINEZ, *Direito do Trabalho cit.,* I, 91; TRINKNER / WOLFER, *Modernes Arbeitsrecht...cit.,* 6, e MAYER-MALY, *Römische grundlagen...cit.,* 282 e 284, identificam também a *locatio conductio operarum* com o *Dienstvertrag*.

[20] Sobre o carácter substitutivo do trabalho subordinado livre relativamente ao trabalho servil e o destino de escravidão parcial dos trabalhadores dependentes não escravos em Roma, em razão da conotação de vileza associada ao trabalho remunerado, *vd* as referências doutrinais que fizemos a propósito do requisito da liberdade na delimitação conceptual da actividade laboral — *supra,* § 3º, 4.3. III., *maxime,* nota [159].

[21] Referindo a *locatio operarum* como uma variante da *locatio hominis* neste sentido, por exemplo, DURAND / VITU, *Traité... cit.,* II, 228, Ferdinando TREG-

dade associado ao trabalho subordinado, retira qualquer valor fundamentante à figura romana[22].

IV. Não sendo possível, do nosso ponto de vista, sustentar qualquer conclusão segura sobre a estrutura da *locatio* no sistema jurídico romano nem sobre a extensão da liberdade do prestador de serviços não escravo na sociedade romana sem a adequada investigação histórico-jurídica, não nos podemos pronunciar de forma definitiva sobre a aptidão da figura da *locatio conductio operarum* para enquadrar juridicamente o fenómeno do trabalho subordinado, tal como ele é hoje concebido, ou sobre a importância desta figura como antecedente dogmático do contrato de trabalho. Por outro lado, ocupando-se o nosso estudo do direito do trabalho como área jurídica interessa-nos, sobretudo, fixar o ponto de partida do seu desenvolvimento sistemático e não tanto isolar a génese do contrato de trabalho.

No entanto, parece-nos que, mesmo sem uma indagação histórica mais profunda sobre a figura da *locatio*, a delimitação do conceito de actividade laboral e a própria delimitação unitária do direito laboral como área jurídica, a que procedemos na parte introdutória do estudo[23], aponta para a modernidade do fenómeno do trabalho subordinado, que deve assim ser reconhecido como um produto da Revolução Industrial. Este

---

GIARI, *La prestazione d'opera: fatti e idee nello «Schema» (1898) di Giuseppe Brini*, Riv.trim.DPC, 1995, 2, 431-454 (441), em recensão do projecto de Brini para um Código Civil da República de S. Marino; ALDO ARANGUREN, *Principi generale...cit.*, 6. De forma idêntica, SPAGNUOLO VIGORITA, *Subordinazione e diritto del lavoro...cit.*, 79, considera equivalentes as expressões *locare servum* e *se locare*, e Jean LESCUDIER, *Le salarié. Notion juridique*, Paris, 1932, 36 s., assimila o trabalho humano prestado por homens livres ao trabalho prestado por animais domésticos ou por outros instrumentos laborativos, em Roma. E, ainda nesta linha, escreve CATALDI, *Il concetto...cit.*, 52: «*Presso gli antichi, in fatti, la condizione del lavoratore fu, di solito, quella dello schiavo*».

[22] Nesta segunda orientação *vd,* por exemplo, BOISSARD, *Contrat de travail...cit.*, 57, LESCUDIER, *Le salarié...cit.*, 34 s., DURAND / VITU, *Traité...cit.*, II, 227, JEAMMAUD, *Les fonctions du droit du travail...cit.*, 181 s., ASCIAK, *Principii...cit.*, 31, Umberto ROMAGNOLI, *Diritto del lavoro: quando e perchè?*, in *Studi in Memoria di Mariano Offedu*, Padova, 1988, 541-555 (548 ss.), SPAGNUOLO VIGORITA, *Subordinazione e diritto del lavoro...cit*, 75 ss., MAGRINI, *Lavoro...cit.*, 370, PALERMO, *Sull concetto di lavoro...cit.*, 207, ou GIUGNI, *Direito do trabalho cit.*, 319 s.

[23] *Supra,* § 3º.

entendimento justifica-se, na nossa perspectiva, por dois motivos: por um lado, porque a dimensão axiológica actual do requisito da liberdade do trabalhador, que vimos ser essencial ao conceito de de actividade laboral[24], é de origem recente, decorrendo da conjugação da ideia de liberdade com o princípio da igualdade proclamado na Revolução Francesa; por outro lado, porque a parcela regulativa colectiva do direito do trabalho, que vimos ser indispensável à sua diferenciação como área jurídica ao lado da parcela regulativa individual[25], só ganha significado na sociedade moderna.

No que se refere ao requisito da liberdade do trabalhador subordinado, vimos já que o seu conteúdo não se esgota na afirmação do prestador do trabalho como homem livre mas exige a garantia efectiva dessa liberdade ao longo do desenvolvimento do vínculo laboral[26]. Todavia, a exigência desta garantia, assegurada pelas diversas limitações impostas à subordinação do trabalhador[27], só se faz sentir quando, a partir da Revolução Francesa, a ideia da liberdade passa a ser conjugada com o princípio da igualdade de todos os cidadãos e são postas formalmente em questão as relações de suserania pessoal ou de domínio de um grupo social sobre outro, pacificamente aceites no *Ancien Régime*.

Deste modo, mesmo que se admita a relevância autónoma do trabalho subordinado livre em Roma, forçoso é concluir que o requisito da liberdade do prestador não pode ter nessa época histórica, nem ao longo de toda a Idade Média e ainda na Idade Moderna, o significado que hoje lhe assiste. Sendo comuns os vínculos sociais de domínio pelo significado diminuto da ideia de igualdade[28], as «relações de trabalho

---

[24] *Supra*, § 3°, 4.3.III.
[25] *Supra*, § 3°, 6.1.II.
[26] *Supra*, § 3°, 4.3.
[27] ALONSO OLEA, *De la servidumbre...cit.*, 156, e, *supra*, § 3°, 4.3.III.
[28] Pensamos nas relações de domínio no seio da família, entre o *pater* e os seus dependentes, incluindo a mulher e os libertos, na posição dominial do proprietário em relação aos servos, no domínio sobre os povos conquistados, nas prerrogativas dos cidadãos romanos sobre não romanos, etc... A falta de significado da ideia de igualdade nas relações privadas manter-se-á na Idade Média, como é facilmente ilustrado pela situação dos servos da gleba ou por outras relações de suserania típicas do feudalismo e sobrevive mesmo, com matizes diversas, na Idade Moderna — sobre esta matéria, por todos, MONTESQUIEU, *L'esprit des lois*

§ 7º – A afirmação histórica e a construção sistemática do direito do trabalho 175

livre» são então mais uma categoria de relações de base patriarcal[29], cuja origem histórica remota é o trabalho servil[30] e que não carece de justificação especial; a ideia de liberdade tem um valor relativo, sendo

---

cit., I maxime Livres quinzième et sizième, 200 ss. e 214 ss., ALONSO OLEA, Introducción...cit, 163 ss. e, quanto à evolução portuguesa, ADOLPHO LIMA, O Contrato de Trabalho cit., 32 ss.; em especial sobre as diversas situações de semi-servidão na organização social medieval portuguesa, ainda Marcelo CAETANO, História do Direito Português, I, Lisboa — São Paulo, 1981, 180 ss., e, sobretudo, Ruy de ALBUQUERQUE / Martim de ALBUQUERQUE, História do Direito Português, I (tomo II), Lisboa, 1983, 43 ss., dando bem a ideia dos diversos graus de de dependência e do carácter relativo da liberdade pessoal dos membros de algumas destas categorias do estrato social amplo da «população-vilã».

[29] Qualificando as relações de «trabalho» nos mesteres, a relação de serviço doméstico ou na agricultura, durante a Idade Média e a Idade Moderna, como relações de tipo patriarcal, por exemplo, Hugo SINZHEIMER, La democratizzazione del rapporto di lavoro (1928), in G. ARRIGO / G. VARDARO (dir.), Laboratorio Weimar — conflitti e diritto del lavoro nella Germania prenazista, Roma 1982, 53-78 (54), LAURA CASTELVETRI, Le origini dottrinale...cit., 249 s., e Thilo RAMM, Die Arbeitsverfassung des Kaiserreichs, Fest. Walter MALLMANN, Baden-Baden, 1978, 191-211 (199); referindo-se a estes vínculos como relações de natureza «familiar», mas com um sentido idêntico, Paul OURLIAC, Le droit social du Moyen Age, in Histoire du droit social — Mélanges en hommage à Jean Imbert, Paris, 1989, 447-456 (450), ou ALDO ARANGUREN, Principi generali...cit., 9. Sobre esta matéria, vd ainda o estudo de Werner OGRIS, Geschichte des Arbeitsrechts vom Mittelalter bis in das 19.Jahrhundert, RdA, 1967, 8/9, 286-297 (que se situa, aliás, na linha de análise de VON GIERKE, Las raíces...cit., 22 ss.), sobre vários tipos de relações de «trabalho livre» da era pré-industrial (relações de trabalho dos servidores domésticos, dos artífices, dos trabalhadores das manufacturas, dos embarcados, dos ajudantes de comércio e dos jornaleiros), e a propósito das quais o autor vai descortinando dois tipos de elementos que afastam substancialmente estas relações do actual vínculo de trabalho — por um lado, elementos de vinculação pessoal entre as partes e de domínio do credor do serviço sobre o prestador, que contendem com a configuração obrigacional e patrimonial actualmente reconhecida ao contrato de trabalho; e, por outro lado, envolventes corporativas que condicionam decisivamente o conteúdo do vínculo de serviço, afastando-o das modernas relações de trabalho. Pelo contrário, encontrando traços de aproximação do actual direito do trabalho ao direito medieval das corporações e dos actuais empregadores e trabalhadores aos mestres e aos aprendizes, por exemplo, CASANOVA, Il diritto del lavoro nei primi decenni...cit., 234, CUNHA GONÇALVES, Princípios de Direito Corporativo cit., 22, ou ROMANO MARTINEZ, Direito do Trabalho...cit., I, 93 ss.

[30] Sobre esta origem histórica, reconhecida de forma unânime pela doutrina, vd, por todos, ALONSO OLEA, De la servidumbre...cit., e, supra, § 3º, 4.3.III. Com

compatível com situações diversas de privação ou de auto-limitação, porque a posição de inferioridade em que o sujeito fica colocado perante a outra parte não é objecto de um desvalor social relevante.

Pelo contrário, a conjugação dos princípios da igualdade e da liberdade na Revolução Francesa confere ao elemento da liberdade uma dimensão axiológica nova enquanto pressuposto do trabalho subordinado: afirmado o valor da igualdade, a ideia da privação voluntária da liberdade pelo prestador, que quadra às relações de serviço de tipo patriarcal e familiar dominantes na época anterior, é agora considerada iníqua[31] e passa a ter significado a limitação positiva da subordinação do prestador do trabalho em termos temporais e funcionais (através da proibição das relações de trabalho vitalícias, da procura de alguma determinação do débito laboral e da funcionalização dos poderes do empregador ao objecto negocial[32]), procurando-se assegurar a manutenção efectiva da liberdade do trabalhador ao longo do desenvolvimento do vínculo e a sua posição formalmente igualitária em relação ao empregador. Ora, se é só nesta época histórica que a ideia de liberdade

---

base nesta origem, SINZHEIMER, *La democratizzazione...cit.,* 53, não hesita, aliás, em qualificar o enquadramento do fenómeno do trabalho na era pré-industrial como um enquadramento de direitos reais, baseado no direito de propriedade sobre a força de trabalho do homem/coisa.

[31] LAURA CASTELVETRI, *Le origini dottrinale...cit.,* 249 s. Deve, contudo, ter-se em atenção que a projecção do princípio da igualdade nas relações de trabalho, de que resultou o juízo negativo sobre a sua estrutura patriarcal, se vai fazendo de uma forma lenta e sectorial. Como observa RAMM, *Die Arbeitsverfassung...cit.,* 199 ss., as normas reguladoras dos três tipos de relações de trabalho que identifica no século XIX (o *Gesinderecht,* incidente sobre o serviço doméstico, o *Beamtenrecht,* incidente sobre as relações de funcionalismo, e o *Recht der gewerblichen Arbeitnehmer,* relativo ao trabalho subordinado industrial), tanto ao nível geral como ao nível dos *Länder,* revelam a subsistência da configuração patriarcal e não negocial nos dois primeiros vínculos, e a influência da ideia de igualdade, acompanhada da exigência de legitimação do vínculo através de um contrato apenas no caso da relação de trabalho industrial.

[32] ALONSO OLEA, *De la servidumbre...cit.,* 156, e, *supra,* § 3°, 4.3.III. A este propósito, refere também BERNERT, *Arbeitsverhältnisse im 19. Jahrhundert cit.,* 178, em apreciação das relações de trabalho no século XIX, que a preocupação essencial do legislador a partir do início de oitocentos foi a de garantir a liberdade do trabalhador na formação da sua vontade negocial, através da eliminação da obrigatoriedade de celebração de contratos de origem corporativa e da limitação da duração da relação de trabalho.

[33] *Supra,* § 3°, 4.5. e 4.7.I.

ganha esta dimensão axiológica, apenas neste momento se pode considerar que o fenómeno do trabalho subordinado adquire os seus actuais contornos — trata-se pois de um fenómeno moderno.

Contra este entendimento, poderá objectar-se a incoerência de fixar a origem de um fenómeno, cuja natureza dominial assumimos já explicitamente neste estudo[33], justamente na época em que a posição desigual das partes nas situações jurídicas de direito privado é globalmente posta em causa pelo princípio da igualdade — pelo contrário, poderia fazer mais sentido fixar esta origem num momento anterior, quando as relações privadas de domínio fossem mais comuns, e defender a «sobrevivência» do carácter dominial da relação laboral após a afirmação do valor da igualdade. A objecção não nos parece, contudo, procedente: a singularidade do fenómeno do trabalho subordinado, difundido com a Revolução Industrial, decorre exactamente da necessidade de conjugar o estatuto de liberdade do prestador com a sua posição de subordinação no vínculo jurídico[34]. Com a configuração privada mas dominial que hoje lhe é reconhecida, a situação jurídica laboral define-se exactamente a partir deste momento, mesmo que o seu enquadramento possa ser feito com recurso a figuras já conhecidas da ordem jurídica.

O segundo motivo que nos leva a sustentar a relativa modernidade do fenómeno do trabalho subordinado, tal como o entendemos hoje, tem a ver com a dimensão colectiva que lhe está, de uma forma directa ou indirecta, sempre associada. É que, mesmo reconhecendo alguma expressão ao trabalho subordinado livre na era pré-industrial (ainda que com a relatividade do conceito de liberdade que referimos), só com a Revolução Industrial este fenómeno se afirma com a característica que foi determinante para o desenvolvimento sistemático do direito do trabalho e que continua até hoje a dificultar a sua integração no direito privado comum — ou seja, como fenómeno de grupo.

---

[34] A este propósito, JEAMMAUD, *Les fonctions du droit du travail cit.*, 189, refere-se sugestivamente ao enquadramento jurídico do fenómeno do trabalho subordinado nesta época como uma «proeza» jurídica, porque consegue articular num contrato de direito civil a igualdade das partes com a subordinação de uma delas à outra. Efectivamente, a singularidade do fenómeno surge desta articulação, mas apenas porque a Revolução Francesa tinha dado um significado novo ao valor da igualdade.

Como refere um sector da doutrina, o direito do trabalho começou por se afirmar de forma diferenciada na sua área regulativa colectiva, nasceu como direito colectivo[35] ou até, segundo alguns, como um

---

[35] Salientando esta essência colectiva do direito do trabalho, por exemplo, Heinz POTHOFF, *Die Einwirkung der Reichsverfassung auf das Arbeitsrecht*, in Thilo RAMM (Hrsg.), *Arbeitsrecht und Politik. Quellentexte (1918-1933)*, Luchterland, 1966, 1-77 (6 s. e 53), ou Knut Wolfgang NÖRR, *Grundlinien des Arbeitsrechts der Weimarer Republik*, ZfA, 1986, 4, 403-447 (403 s. e 411), ambos fazendo decorrer este carácter colectivo da própria Constituição de Weimar, e, por isso, mesmo, fixando já depois da I Guerra o surgimento do direito laboral alemão. Nas doutrinas francesa e italiana, também referindo como traço mais característico do direito do trabalho o facto de considerar os sujeitos laborais não como indivíduos mas como elementos de um grupo, por exemplo, Alain SUPIOT, *Pourquoi un droit du travail?*, DS, 1990, 6, 485-492 (488); afirmando a omnipresença do elemento colectivo no direito laboral, SANTORO-PASSARELLI, *Specialità del diritto del lavoro cit.*, 1976 s.; CASANOVA, *Il diritto del lavoro nei primi decenni...cit.*, 237, afirmando a convenção colectiva como o instituto fundamental do direito do trabalho, motor da sua evolução; ou ainda GIUGNI, *Direito do Trabalho cit.*, 319, indicando como elemento distintivo do sistema laboral o princípio da liberdade sindical. Entre nós, autores como JOSÉ JOÃO ABRANTES, *Direito do Trabalho... cit.*, 26, fazem notar que o factor fundamental do desenvolvimento do direito do trabalho é a desvalorização da autonomia individual e a valorização da autonomia colectiva, e mesmo autores que sustentam a origem romana do actual trabalho subordinado, não deixam de reconhecer que, no processo de afirmação sistemática do direito laboral, a sua área regulativa colectiva se diferenciou em primeiro lugar — neste sentido, por exemplo, MENEZES CORDEIRO, *Manual...cit.*, 229.

[36] Neste sentido refere, por exemplo, EDWALD, *Le droit du travail...cit.*, 723 ss. e 729, que a ideia nuclear do direito do trabalho é uma ideia de conflito (conflito jurídico com o direito civil e conflito social entre grupos) e que o seu problema fundamental é o de reflectir sobre esses conflitos e de propor para eles soluções de transacção ou de compromisso; também enfocando este carácter transaccional do direito do trabalho, pelo seu papel de composição de conflitos sociais, Jesús M. Galiano MORENO, *Reflexiones sobre el caracter transaccional del Derecho del Trabajo*, in *Estudios de Derecho del Trabajo en Memoria del Profesor Gaspar Bayón Chacón*, Madrid, 1980, 537-549 (540 s.). Na mesma linha, A. ROUDIL, *La génèse du droit du travail*, in F. COLLIN / R. DHOQUOIS / P. H. GOUTIERRE / A. JEAMMAUD / G. LYON-CAEN / A. ROUDIL, *Le droit capitaliste du travail*, Grenoble, 1980, 23-54 (54), qualifica o direito do trabalho como um «*droit de combat*», tal como KORSCH, *Jus belli ac pacis...cit.*, 258 s.; JOSSERAND, *Sur la reconstitution...cit.*, 4, refere-se-lhe como um instrumento de guerra civil e não de paz social; Hellmut Georg ISELE, *Das Arbeitsverhältnis in der Zivilrechtsordnung*, JuJ, 1967/68, 8, 63-78 (63), considera-o como o produto de um movimento de insurreição (*Aufstand*) contra o BGB e contra os quadros de pensamento pandectis-

direito de conflitos colectivos[36]. Ora, no nosso entender, esta circunstância fica a dever-se não tanto ao facto de a situação laboral individual poder, com maior ou menor rigor, subsumir-se a figuras negociais já existentes (o que retardou a sua regulação diferenciada), como à dimensão colectiva que ela assume, com a tomada de consciência por parte dos trabalhadores da sua maior força negocial como grupo — o que, evidentemente, só acontece com as grandes concentrações fabris inerentes à forma de produção industrial típica dos dois últimos séculos.

Deste modo, entendemos que, sendo esta dimensão colectiva estranha às relações de serviço dependente da era pré-industrial, ela contribui para afirmar a relativa modernidade do fenómeno do trabalho subordinado, tal como hoje é concebido[37].

---

tas, e BRECHER, *Das Arbeitsrecht als Kritik...cit.,* 35, refere-se-lhe como o resultado de uma afirmação de massas. Esta mesma ideia de conflitualidade transparece também em perspectivas sociológicas sobre a área jurídica — nesta perspectiva, por exemplo, Günther KÜCHENHOFF, *Das Arbeitsrecht als Ordnung individueller und sozialer Grundkräfte des Menschen, in* T. MAYER-MALY / A. NOWAK / T. TOMANDL (Hrsg.), *Fest. für Hans Schmidt,* I, Wien-München, 1967, 109-121, identifica o direito do trabalho como o ordenamento das relações sociais básicas de força conexas com o fenómeno do trabalho, aos níveis individual e colectivo, privado e público, nacional e internacional.

[37] Como última nota relativa à origem histórica do fenómeno do trabalho subordinado, parece-nos importante salientar que, ao contrário do que é referido por alguns autores, que também sustentam a origem recente do fenómeno, para nós esta origem recente não fica, em termos jurídicos, a dever-se nem ao fenómeno económico da separação entre o trabalho e o capital (razão que é apresentada, por exemplo, por BERNARDO XAVIER, *Curso...cit.,* 17), nem ao regime económico capitalista (neste sentido, por exemplo, BOISSARD, *Contrat de travail...cit.,* 3, que considera equivalentes as expressões «regime capitalista» e «regime assalariado») e, muito menos, é tributária de uma visão marxista das relações de trabalho (neste sentido, em apreciação crítica, por exemplo, ROMANO MARTINEZ, *Direito do Trabalho* cit., I, 85). Na nossa opinião, do ponto de vista jurídico, está em causa a existência de uma relação de domínio entre dois sujeitos, num sistema que afirma a igualdade de todos os entes privados, e o facto de, apesar de se configurar como uma relação negocial de permuta entre *dois* sujeitos, essa relação ter projecções diversas de âmbito colectivo e potenciar o surgimento de outras relações entre cada uma uma das partes e terceiros (as relações dos trabalhadores entre si, com o seu sindicato ou com a comissão de trabalhadores, e as relações dos empregadores com as associações patronais), bem como de sofrer os efeitos de relações colectivas protagonizadas por terceiros (as relações entre sindicatos e

V. Aceite a origem recente do fenómeno do trabalho subordinado, importa deixar claro que esta modernidade não preclude a relevância dos contributos pré-industriais para a sua compreensão jurídica — a diferenciação do trabalho subordinado com a industrialização é o produto de uma evolução social e cultural com raízes em épocas anteriores e, por isso, não poderá ser cabalmente entendida sem as adequadas referências históricas[38]. A este propósito parece-nos importante sublinhar dois pontos: por um lado, o desenvolvimento do trabalho subordinado industrial não trouxe consigo a imediata necessidade de uma renovação normativa global, porque diversos problemas que ele colocou puderam ser resolvidos com recurso a instrumentos jurídicos da tradição romanística e medieval e, sobretudo, porque a figura da *locatio conductio operarum* se mostrou apta para o enquadrar em moldes aparentemente compatíveis com os princípios da liberdade e da igualdade que passaram a constituir os fundamentos axiológicos do seu regime jurídico após a Revolução Francesa; por outro lado e paradoxalmente, a novação estrutural do fenómeno do trabalho dependente, imposta por aqueles princípios, começou por ser jurídica e só depois foi real no sentido de que a proclamação formal das ideias da igualdade e da liberdade não impediu que a essência dominial dos vínculos de trabalho continuasse a persistir ainda durante décadas.

No que se refere ao primeiro aspecto, deve salientar-se a importância do património civilista de base romanística e medieval para a resolução de problemas regimentais suscitados pelo trabalho subordinado industrial[39], bem como as raízes pré-industriais de noções e princí-

---

empregadores para a celebração de uma convenção colectiva ou no decurso de uma greve) — cfr. o enunciado das situações laborais derivadas que fizemos, *supra,* § 3º, 5.2.III. No nosso entender, o trabalho subordinado é um fenómeno singular no sistema moderno de direito privado, pelas razões apontadas, independentemente do contexto ideológico e económico em que historicamente se desenvolveu.

[38] Parafraseando LARENZ, *Metodologia...cit.,* 263, diremos que «Quem quiser compreender o Direito do presente no seu estádio actual tem também que ter em vista o seu devir histórico».

[39] Neste sentido, TRINKNER/WOLFER, *Modernes Arbeitsrecht...cit.,* 8 s., dão o exemplo de diversos institutos do direito romano que são hoje aplicáveis no domínio laboral, ou que estiveram na origem de institutos laborais modernos, como a *exceptio onerandae libertatis causa*, que salvaguarda a esfera de intimidade e a personalidade do prestador do trabalho, ou a *stipulatio aquiliana*, que impede o

pios básicos do direito do trabalho hodierno[40]; mas deve, sobretudo, atentar-se na importância e nos efeitos do enquadramento do fenómeno do trabalho subordinado pela figura da *locatio conductio operarum* — a actividade laboral não exigiu de imediato uma renovação normativa porque uma figura tradicional da dogmática civilística procedeu ao seu enquadramento de um modo formalmente compatível com a nova dimensão axiológica do fenómeno imposta pelos princípios da liberdade e da igualdade. Quer tenha sido utilizada pela doutrina de uma forma condizente com a sua configuração originária, quer tenha sido, para este efeito, objecto de uma reconstrução dogmática mais ou menos rigorosa[41], é indesmentível que a figura da *locatio conductio operarum* teve este mérito.

Contudo, é exactamente por causa deste enquadramento que se suscita a segunda observação que fizemos acima: a concepção igualitária

---

surgimento de novas pretensões do trabalhador após a cessação do contrato. Também MENEZES CORDEIRO, *Manual...cit.*, 40, refere diversos aspectos do regime da *locatio conductio operarum* no sistema romano que ainda hoje integram o regime da prestação de trabalho subordinado, como a necessária condição de homens livres das partes, o requisito da licitude do objecto do contrato, a consensualidade do negócio, a estipulação de um termo pelas partes, ou a incidência geral do risco sobre o *conductor*, pela manutenção do dever de pagar a *merces* em algumas situações de não prestação do trabalho.

[40] Neste sentido, autores como MAYER-MALY, *Vorindustrielles Arbeitsrecht cit.*, 59 ss., situam o surgimento da doutrina laboral no período da alta Idade Média, com o início das discussões entre os glosadores e os comentadores sobre a admissibilidade do trabalho servil e do trabalho perpétuo e com o desenvolvimento dogmático da figura da *locatio* e da teoria geral do trabalho em aspectos tão importantes como o dos tipos de trabalho, da noção e das categorias de trabalhadores, da protecção social, da situação económica dos trabalhadores e do salário justo ou do conceito de justa causa — no mesmo sentido *vd* ainda, do mesmo autor, *Der Weg zur heutigen Ordnung...cit.*, 21 ss., e *Ausgewählte Schriften...cit.*, 62 ss; e, nesta mesma linha, também TRINKNER/WOLFER, *Modernes Arbeitsrecht...cit.*, 6 s., OGRIS, *Geschichte des Arbeitsrechts...cit.*, 296 s., ou MENEZES CORDEIRO, *Manual...cit.*, 41.

[41] É a opinião de autores como LAURA CASTELVETRI, *Le origini dottrinale...cit.*, 249, segundo a qual o *Code de Napoléon* teria afinal criado, sob a antiga denominação de *locatio,* uma figura totalmente nova (o contrato de trabalho); na mesma linha, SCONAMIGLIO, *Diritto del lavoro cit.,* 9, entende que a doutrina moderna recuperou os conceitos da *locatio conductio operarum* e da *locatio conductio operis* com um sentido diverso do original, exactamente para conseguir enquadrar o fenómeno do trabalho subordinado industrial.

do vínculo laboral, viabilizada tecnicamente pela figura da *locatio conductio* desde o início de oitocentos[42], não impede a subsistência, na prática e durante décadas, da estrutura dominial ou de semi-servidão que caracterizara o trabalho dependente no *Ancien Régime*[43] [44]. Embora, formalmente, a *locatio* forneça ao fenómeno do trabalho subordinado uma moldura conforme com os ideais de igualdade e liberdade da época, na prática a estrutura dominial do vínculo laboral manter-se-á sem alterações de fundo até ao fim do século XIX, porque é só por esta altura que as denúncias sobre a situação de miséria do operariado[45] e os fenó-

---

[42] Este enquadramento aparece, com este sentido igualitário, logo em 1804, no *Code de Napoléon*, que tem, por isso mesmo, o cuidado de proibir o estabelecimento de vínculos laborais perpétuos, para assegurar a manutenção da liberdade do prestador ao longo do desenvolvimento da relação (art. 1780°).

[43] Neste sentido se compreende a afirmação de Umberto ROMAGNOLI, *Alle origini del diritto del lavoro: l'età pre-industriale*, RIDL, 1985, 514-527 (520 s.), segundo a qual, no início da industrialização, não se registou uma transformação radical dos esquemas corporativos e sociais da era pré-industrial. No mesmo sentido, MAYER-MALY, *Der Weg zur heutigen Ordnung...cit.*, 23, afirma a continuidade do fenómeno do trabalho antes e depois da industrialização, RAMM, *Die Arbeitsverfassung...cit.*, 199 ss., descortina elementos patriarcais nas relações laborais do século XIX, e TRINKNER/WOLFER, *Modernes Arbeitsrecht...cit.*, 7, consideram mesmo que depois do século XVIII se verificou uma regressão na evolução das condições dos trabalhadores subordinados que se vinha processando anteriormente.

[44] No caso português, exemplifica este alcance limitado dos princípios da igualdade e da liberdade no domínio laboral a situação do trabalho indígena nas colónias, ao longo de todo o século XIX e ainda no século XX. Muito depois da extinção formal da categoria dos libertos, a lei prevê o trabalho obrigatório dos indígenas (L. de 29 de Abril de 1875) e consagra o seu dever de trabalhar, prevendo até a sua imposição forçada em caso de não cumprimento voluntário (Reg. de 9 de Novembro de 1899), situação que se mantém quase sem alteração após a proclamação da República (Reg. de 27 de Maio de 1911 e Reg. de 4 de Outubro de 1914); e o *Código do Trabalho Indígena* de 1928 (aprovado pelo Dec. n° 16199, de 6 de Dezembro) admite ainda o trabalho indígena obrigatório, embora apenas para fins de interesse público (art. 3°). Estas são pois excepções ao trabalho subordinado livre, ainda no século XX. Sobre esta matéria, por todos, J. M. da Silva CUNHA, *O Trabalho Indígena — Estudo de Direito Colonial*, Lisboa, 1949, *maxime* 171 ss.

[45] Quanto a este ponto, veja-se a transcrição do célebre *Rapport Villermé — Tableau de l'état physique et moral des ouvriers employés dans les manufactures de coton, de laine et de soie* (1840), por exemplo em BERNARDO XAVIER,

menos laborais colectivos ganham peso suficiente para forçarem a ordem jurídica a reconhecer que a formal liberdade e igualdade entre trabalhadores e empregadores corresponde, na prática, à real inferioridade jurídica e económica dos primeiros em relação aos segundos, e a iniciar uma intervenção legislativa regular no domínio laboral[46]. É pois neste sentido que consideramos que a concepção igualitária sobre a prestação de trabalho subordinado, propiciada pela figura da *locatio conductio*, começa por ser formal e só muito mais tarde tem tradução prática.

Esta dupla herança histórica é, do nosso ponto de vista, indispensável para compreender não só o hiato regulativo de décadas entre a difusão do trabalho subordinado industrial e a regularidade da intervenção normativa no domínio laboral[47], mas também para perceber as características dessa intervenção normativa, que a seguir referiremos em breve esquiço.

Curso...cit., 25. Já perto do final do final do século XIX, esta situação será denunciada tanto pela doutrina social da Igreja (designadamente, com a *Encíclica Rerum Novarum,* do Papa Leão XIII, em 1891) como pelos movimentos ligados à difusão das ideologias socialistas e do sindicalismo operário.

[46] Como observa expressivamente Georges RIPERT, *Les forces créatrices du droit,* Paris, 1955, 250, «*le mouvement législatif est bien postérieur à la naissance de la grande industrie. Ce n'est pas la misère des hommes mais leur force qui motive les régles juridiques*». Por isso, como refere este autor, a evolução do direito do trabalho está ligada ao crescimento da força política do operariado e, nomeadamente, à difusão do unionismo e à proliferação das greves (*idem,* 250 e 258 ss.). Também assinalando as consequências perversas da proclamação dos valores da liberdade e da igualdade pela Revolução Francesa para a situação dos trabalhadores no século XIX e a importância do unionismo para superar essas consequências no caso português, Luis da Cunha GONÇALVES, *A Evolução do Movimento Operário em Portugal,* Lisboa, 1905, *maxime* 40 s., 43 ss e 55 ss.

[47] No sistema jurídico nacional, por exemplo, as corporações de artes e ofícios são extintas pelo Decreto de 7 de Maio de 1834, que impõe também o princípio da igualdade no domínio dos contratos civis, mas a primeira legislação laboral remonta a 1889. E um hiato ainda maior se verifica em França onde a extinção das corporações e a proibição do associativismo profissional, bem como a proclamação do direito de livre iniciativa privada e da liberdade de trabalho, remontam a 1791 (*Loi Le Chapelier, du 14 juin,* e *Decret d'Allarde, du 17 mars*), mas a produção regular de normas laborais só tem início em 1874 — *supra,* § 2º, 1.2.I., notas [48] e [50].

13. A construção sistemática do direito laboral — referências de enquadramento

13.1. Sequência

I. Para compreender a forma como a ciência jurídica equacionou tradicionalmente o problema da autonomia dogmática do direito do trabalho, é importante ter em atenção não apenas a querela doutrinal sobre a origem remota ou moderna do fenómeno do trabalho subordinado e sobre a aptidão da figura da *locatio conductio operarum* para o enquadrar juridicamente — que acabámos de expor —, mas também o processo de construção da área jurídica em termos sistemáticos.

II. Do nosso ponto de vista, há três traços essenciais no processo de construção sistemática do direito do trabalho, que se podem isolar a partir da delimitação da área jurídica a que procedemos na parte introdutória deste estudo[48], e que tiveram as maiores implicações na forma de abordagem do problema da autonomia dogmática: em primeiro lugar, o carácter tardio do desenvolvimento normativo da área jurídica; em segundo lugar, o facto de esse desenvolvimento partir da constatação da ineficácia do direito civil para enquadrar a fenomenologia laboral e se processar, assim, segundo uma lógica de oposição ao direito comum, mas de uma forma desequilibrada no tratamento dos fenómenos individuais e dos fenómenos colectivos; por último, a determinação finalística desse desenvolvimento pelo *Leitmotiv* da protecção do trabalhador. De uma forma breve, passaremos em revista estes três aspectos.

13.2. O carácter tardio da afirmação sistemática do direito laboral e a influência dos factores económico e sócio-político no seu desenvolvimento sistemático

I. O primeiro traço do desenvolvimento sistemático do direito laboral, que influenciará a ciência jurídica no tratamento do problema da

---

[48] *Supra*, § 2º.

autonomia dogmática, é o seu carácter tardio: como já tivemos ocasião de referir[49], apesar de a massificação do trabalho subordinado industrial se vir processando desde o início de oitocentos, só no final do século XIX se regularizou a produção de normas jurídicas com incidência neste fenómeno[50].

No nosso entender, a tendência de abstenção normativa no domínio laboral que caracterizou o século XIX[51] tem uma justificação jurídica imediata e uma motivação económica e político-social de fundo: do ponto de vista jurídico, esta tendência reflecte a atitude genérica de abstencionismo legislativo do Estado liberal que, no domínio do direito privado, se salda pelo amplo espaço de liberdade e autonomia dos sujeitos na regulação dos seus interesses particulares; em termos económicos e político-sociais, ela decorre da crescente importância económica do trabalho industrial[52] e da sua permeabilidade ao ambiente sócio-político envolvente, para que chamámos oportunamente a atenção[53] — o século XIX é o século da burguesia empreendedora, que não é naturalmente receptiva a uma legislação susceptível de pôr em causa o sistema de liberalismo económico que domina[54].

A conjugação destes dois factores explica o carácter tardio e arrastado da intervenção normativa em matéria laboral. Ao contrário do que se passara, por exemplo, com a legislação comercial, que rapidamente conquistou um lugar de relevo na ordem jurídica privada[55], a

---

[49] *Supra*, § 2°, 1.2.I.

[50] *Supra*, § 2°, 1.2.I., notas [49] e [50].

[51] ALONSO OLEA, *La abstencción normativa...cit.*, 14, e, *supra*, § 2°, 1.2.I. e nota [48].

[52] Neste sentido, refere PREIS, *Perspektiven der Arbeitsrechtswissenschaft cit.*, 333 s., a consciência da importância vital do direito do trabalho, do ponto de vista económico e social, logo na época de Weimar.

[53] *Supra*, § 2°, 1.2.II.

[54] Por isso, alguma doutrina considera o silêncio dos códigos liberais sobre o fenómeno do trabalho subordinado como uma atitude deliberada — neste sentido, em apreciação do Código napoleónico, por exemplo, ALONSO OLEA, *La abstencción normativa...cit.*, 14, e SCELLE, *Le droit ouvrier...cit.*, 6 s.

[55] Alguns autores estabelecem um paralelo entre a facilidade de desenvolvimento do direito comercial e a dificuldade de afirmação sistemática do direito do trabalho no século XIX: tendo ambos uma origem classista (o direito comercial como complexo normativo regulador das situações jurídicas atinentes à qualidade de comerciante e o direito do trabalho como conjunto de normas de protecção da categoria dos trabalhadores subordinados), esta diferença é imputada ao facto de

legislação laboral começa a ser produzida regularmente com décadas de atraso em relação ao início da industrialização; e a actividade normativa desenvolve-se a custo (e, na opinião de alguns autores, como uma «concessão» da classe dominante em face de uma situação inevitável mas cujo objectivo é assegurar a sobrevivência do próprio sistema económico, do qual o factor trabalho se tornara entretanto uma peça-chave[56]), limitando-se, no início, a colmatar as situações de injustiça social mais clamorosas (é o objectivo das primeiras normas de protecção dos trabalhadores em matéria de condições e de riscos de trabalho) ou a consagrar na lei práticas sociais há muito desenvolvidas (como sucede na Alemanha ou em França, com a regulamentação legal da negociação colectiva)[57] [58].

II. Deve, além disso, referir-se que, mesmo após a regularização da produção normativa, a importância económica do fenómeno do trabalho e a sua permeabilidade ideológica continuarão a influenciar decisivamente a construção sistemática do direito laboral, contribuindo para o carácter contingente de muitas das suas normas e para o pendor oscilante da evolução das várias parcelas regulativas da área jurídica.

Por um lado, a importância económica do fenómeno do trabalho subordinado contribui para o carácter contingente de muitas normas laborais, chamadas frequentemente a prosseguir objectivos conjunturais de

---

o primeiro corresponder, de uma forma directa, aos interesses da classe dominante, ao passo que o segundo contraria esses interesses — DUBISCHAR, *Zur Entstehung... cit.,* 85.

[56] Neste sentido, observa ADOLPHO LIMA, *O Contrato de Trabalho cit.,* 208 s., 306 e 315, que a primeira legislação laboral é uma legislação de concessão por parte da classe dominante, quando, sob pressão do movimento operário, compreende que é essa a via para assegurar a sobrevivência do sistema económico que domina. Também ROUDIL, *La genèse du droit du travail cit.,* 26 ss., reconhece a utilidade da legislação operária para a classe dominante, porque lhe permite diminuir a intensidade dos conflitos sociais e manter o sistema de produção industrial dentro de limites aceitáveis. E, relativamente à primeira legislação operária italiana, refere GRANDI, *Diritto del lavoro e società industriale cit.,* 7, que ela não prossegue estratégias consequentes mas é o produto ocasional de problemas históricos contingentes, que as classes dominantes tiveram que resolver.

[57] LOTMAR, *Die Tarifverträge zwischen...cit.,* 433, e SCELLE, *Le droit ouvrier...cit.,* 64.

[58] Quanto à justificação deste desenvolvimento tardio, cfr. ainda, *supra,* 12.V. e nota [46].

política social ou económica — a relação entre o direito laboral e a economia foi sempre estreita e a situação de crise actualmente imputada à área jurídica é apenas o mais recente exemplo da intensidade e importância dessa relação.

Por outro lado, os factores ideológicos e políticos foram, com frequência, os responsáveis pela evolução oscilante do sistema normativo laboral. Como já fizemos notar[59], são as ideologias colectivistas no final do século XIX que propiciam o surgimento da consciência de classe nos trabalhadores e contribuem para a difusão dos fenómenos laborais colectivos[60]; mas são também estas ideologias que melhor projectam o sentido económico do fenómeno do trabalho (ou seja, o conceito de trabalho abstracto como factor de produção paralelo ao capital), que viabilizou o seu enquadramento em moldes negociais e, com ele, a posição formalmente igualitária das partes[61]. Da mesma forma, as ideolo-

---

[59] *Supra*, § 2º, 1.2.II.

[60] Neste sentido, afirma, por exemplo, SCELLE, *Le droit ouvrier...cit.*, 47, que a história do direito do trabalho é a história da afirmação da força política do operariado, acompanhando os movimentos de universalização do sufrágio e de associativismo sindical; e, na mesma linha, SINZHEIMER, *La democratizzazione...cit.*, 57, considera que o direito laboral é o produto do movimento operário. Ainda sobre a influência da ideologia burguesa no carácter tutelar do direito do trabalho no início do seu desenvolvimento e, mais tarde, sobre a influência das ideologias colectivistas no desenvolvimento do direito laboral colectivo, vd Otto KAHN--FREUND, *Il mutamento della funzione del diritto del lavoro (1932)*, in G. ARRIGO / G. VARDARO (dir), *Laboratorio Weimar — conflitti e diritto del lavoro nella Germania prenazista*, Roma, 1982, 221-253 (222 ss. e 227).

[61] Como refere SUPIOT, *Critique du droit du travail cit.*, 44 ss., é o conceito económico de *trabalho abstracto* — no sentido de desligado da pessoa do prestador — que possibilita à relação de trabalho um enquadramento negocial formalmente compatível com os princípios da liberdade e da igualdade dos sujeitos privados. O conceito de trabalho abstracto permite a deslocação do objecto do contrato da pessoa do trabalhador (situação inconciliável com a sua necessária liberdade) para a actividade que ele presta, vista como uma mercadoria, de que ele pode dispor — ou seja, patrimonializa o vínculo jurídico. A ideia de alienação da actividade ou da energia laborativa pelo trabalhador será desenvolvida exaustivamente pelas doutrinas marxistas mas tem, afinal, uma raiz liberal, porque se baseia num enquadramento negocial legitimado por uma situação jurídica de natureza real — a visão da energia de trabalho como um bem integrativo do património do sujeito e, por isso mesmo, alienável. Estão aqui presentes os dois grandes pilares dos códigos civis liberais, como o Código Napoleónico, o nosso Código de Seabra, ou o BGB, i.e., a ideia de propriedade e a ideia de *lex privata*

gias nacional-socialista e corporativa, difundidas a partir do final dos anos vinte, são responsáveis pela erradicação dos aspectos mais originais da parcela colectiva do direito do trabalho, mas são também essas ideologias que, valorizando os elementos de pessoalidade e de integração comunitária na relação laboral, permitirão o seu afastamento dos vínculos obrigacionais e justificarão o seu regime desviante do direito comum. A sensibilidade sócio-política do fenómeno laboral tem sido pois determinante para a evolução sistemática pendular do direito do trabalho e das suas áreas regulativas[62].

III. Do nosso ponto de vista, o carácter tardio e contingente das normas laborais e a evolução sistemática oscilante do direito do trabalho que acabamos de descrever, conjugados com o enquadramento originário do fenómeno do trabalho subordinado pela figura da *locatio conductio operarum* que descrevemos no ponto anterior, têm importantes implicações dogmáticas, porque dificultam a formação de valorações gerais orientadoras e contribuem para instalar, entre os juristas, um clima de desconfiança quanto à possibilidade de tratamento científico dos problemas laborais. Estas implicações condicionam também naturalmente a apreciação do problema da autonomia dogmática.

(neste sentido, quanto à apreciação destes diplomas, MENEZES CORDEIRO, *Tratado...cit.*, I, 50 e 67; em especial quanto ao Código Civil francês, BOBBIO, *Il positivismo giuridico cit.*, 67 ss.; e relativamente ao BGB, RADBRUCH, *Introducción...cit.*, 93). Também realçando aquilo que designa como o «erro da doutrina marxista» de identificar como objectivo exclusivo da relação de trabalho a troca entre o trabalho e o salário, por considerar que ao empregador apenas interessa o proveito económico que pode retirar da actividade alienada pelo trabalhador, Heinz POTHOFF, *Ist das Arbeitsverhältnis ein Schuldverhältnis?*, ArbuR, 1922, 5, 267--284 (283 s.).

[62] Entre nós, esta oscilação também se verificou em momentos chave da história portuguesa do século XX: se a implantação da República favoreceu o reconhecimento dos fenómenos laborais colectivos, e, nomeadamente, do direito à greve, o Estado Novo tirou à fenomenologia colectiva o seu significado, que só foi reposto depois de 1974. Outros sistemas exemplificam esta oscilação, como é o caso germânico: a Constituição de Weimar consagra os princípios básicos do direito do trabalho colectivo, que o III Reich se encarregará de erradicar — KAHN-FREUND, *Il mutamento della funzione...cit.*, 227 ss. e 246 ss. E, nos dias de hoje, é ainda a oscilação do mercado de emprego que contribui para a denominada «crise» do direito do trabalho — *supra*, § 1º, VI., e *infra*, Parte II e §§ 22º e 23º.

13.3. O ponto de partida do desenvolvimento sistemático do direito do trabalho: a inadequação das normas civis aos fenómenos laborais. A lógica desviante e lateralizante da construção sistemática do direito laboral e o desenvolvimento disjunto das suas áreas regulativas

I. É comum na doutrina a afirmação de que o desenvolvimento do direito do trabalho é o produto da tomada de consciência da ineficácia das normas civis no enquadramento dos fenómenos laborais[63], não apenas em aspectos pontuais do regime jurídico da prestação de trabalho e dos fenómenos colectivos, mas, em termos genéricos, pela constatação do resultado contraproducente a que a proclamação dos princípios da igualdade dos entes jurídicos privados e da liberdade negocial conduziu no domínio laboral.

Pontualmente são reconhecidas algumas dificuldades do direito privado comum e, nomeadamente, do regime dos contratos obrigacionais, para enquadrar certas particularidades da relação laboral, seja por escassez da regulamentação civil[64] seja pela sua inadequação. Por um lado, problemas como o dos desvios às regras gerais de capacidade no contrato de trabalho[65], o dos efeitos do contrato de trabalho inválido mas

---

[63] Assim, BOISSARD, *Contrat de travail...cit.*, 53, refere expressamente que as normas do *Code civil* não são adequadas ao contrato de trabalho, enquanto PAUL DURAND, *Le particularisme...cit.*, 298, sustenta a inadequação da teoria geral dos contratos à realidade laboral. Relativamente ao BGB, RAMM, *Die Arbeitsverfassung des Kaiserreichs cit.*, 208, considera que, embora ele contenha a primeira regulamentação geral do contrato de trabalho, se trata de um regime inadequado até porque não integrou os regimes parcelares já previstos ao nível dos *Länder* para diversas categorias de trabalhadores.

[64] O carácter escasso e lacunoso do regime civil da locação ou do contrato de serviços na sua aplicação laboral é denunciado pelos primeiros juslaboralistas germânicos (por exemplo, STADTHAGEN, membro da comissão de redacção do BGB, que, aliás, acaba por abandonar — DUBISCHAR, *Zur Entstehung...cit.*, 86), mas é reconhecido ainda hoje até pelos autores que não subscrevem uma regulamentação das matérias laborais separada do BGB — é o caso de RICHARDI, *Der Arbeitsvertrag im Zivilrechtssystem cit.*, 224 e 254 ss.

[65] Autores como PAUL DURAND, *Le particularisme...cit.*, 299, referem, a este propósito, a capacidade da mulher casada e dos menores para a celebração de contratos de trabalho como desvios à regra geral de incapacidade destas pessoas.

executado[66] e das denominadas «relações laborais de facto»[67], entre outras particularidades inerentes à natureza continuada do vínculo[68], o da justificação dos poderes laborais do empregador[69] (incluindo o poder de introduzir unilateralmente modificações no conteúdo do contrato[70]), o das especificidades do regime da transmissão da posição contratual do empregador, do regime do incumprimento e do regime da cessação do contrato de trabalho[71], o da assunção do risco pelo empregador, em

---

[66] Referindo as dificuldades de conciliação da não retroactividade da declaração de nulidade ou da anulação do contrato de trabalho com a teoria geral do negócio jurídico, por exemplo, SCELLE, *Le droit ouvrier...cit.*, 111 s., PAUL DURAND, *Le particularisme...cit.*, 299, BERNERT, *Arbeitsverhältnisse im 19. Jahrhundert cit.*, 179, Friedhelm FARTHMANN, *Anfechtung des Arbeitsvertrages — BAGE 5, 159*, JuS, 1964, 4, 141-147, DERSCH, *Entwicklungstendenzen im Arbeitsrecht unter Abweichung vom BGB*, RdA, 1958, 12, 441-447 (444), GAMILLSCHEG, *Zivilrechtliche Denkformen...cit.*, 215, Wolfgang DÄUBLER, *Individuum und Kollektiv im Arbeitsrecht, Mélanges Alexandre Berenstein — Le Droit social à l'aube du XXI siècle*, Lausanne, 1989, 235-265 (254).

[67] DÄUBLER, *Individuum und Kollektiv...cit.*, 254. Como refere MOLITOR, *Das deutsche Arbeitsrecht...cit.*, 45, é a propósito da sua manifestação no domínio laboral que a categoria genérica das relações contratuais de facto é objecto, pela primeira vez, de tratamento dogmático.

[68] Uma vez que ainda não há uma teorização geral das relações obrigacionais duradouras, como refere BERNERT, *Arbeitsverhältnisse im 19. Jahrhundert cit.*, 178.

[69] PAUL DURAND, *Le particularisme...cit.*, 299. Já MENGONI, *L'influenza del diritto del lavoro sul diritto civile...cit.*, 14, faz notar como especificidade do fenómeno laboral a admissibilidade, no âmbito do poder disciplinar, das sanções conservatórias e sem objectivo ressarcitório. E DÄUBLER, *Individuum und Kollektiv...cit.*, 254 s., acentua, como especificidade do regime jurídico laboral, a maior limitação dos direitos do empregador no domínio laboral do que noutras áreas do direito privado, chamando a atenção para as limitações que os poderes de inspecção e fiscalização dos locais de trabalho, atribuídos à administração laboral, impõem ao direito de propriedade do empregador sobre o estabelecimento.

[70] Com referência a esta matéria, autores como Gérard COUTURIER, *Les techniques civilistes et le droit du travail*, DH, 1975, 25, Chr. XXIV, 151-158, e 38, Chr. XXXVI, 221-228 (222), apontam a possibilidade que assiste ao empregador de introduzir modificações no conteúdo do contrato como um desvio aos princípios do direito civil.

[71] Em geral sobre os desvios do regime laboral na matéria do incumprimento e da cessação do contrato de trabalho, vd, entre outros, BERNERT, *Arbeitsverhältnisse im 19. Jahrhundert cit.*, 178 s., PAUL DURAND, *Le particularisme...cit.*, 300, Alberto NICCOLAI, *Il recesso dal rapporto di lavoro fra diritto comune e diritto*

§ 7º - *A afirmação histórica e a construção sistemática do direito do trabalho* 191

casos de não prestação da actividade laboral por razões atinentes ao trabalhador e, em geral, o da justificação dos deveres do empregador em situações de quebra do sinalagma contratual[72], entre outros, são problemas novos para o direito das obrigações do final do século XIX e do início do século XX ou a que ele não responde adequadamente. Por outro lado, os fenómenos laborais colectivos suscitam questões novas em termos de eficácia dos contratos, no caso das convenções colectivas[73], ou das consequências do incumprimento voluntário da pres-

---

speciale, Lav.Dir., 1991, 4, 667-689, ou MENGONI, *L'influenza del diritto del lavoro sul diritto civile...cit.*, 14; e, especificamente no sistema germânico, quanto ao regime do despedimento modificativo (*Teilkündigung* ou *Änderungskündigung*), também DERSCH, *Entwicklungstendenzen im Arbeitsrecht...cit.*, 446, que aponta a singularidade desta figura em relação às regras gerais do cumprimento dos negócios jurídicos. No que se refere ao problema da transmissão da posição negocial, *vd* Lucien FRANÇOIS / Philippe HALLET, *À propos de la cession d'entreprise: un arrêt sybillin*, JTT, 1976, 120, 97-101 (98), que fazem notar a especificidade do regime laboral pelo facto de esta transmissão não carecer do acordo do trabalhador, apesar de implicar a extinção da obrigação de fornecimento de trabalho e de pagamento do salário, que incumbem ao empregador (ou seja, uma transmissão de dívidas).

[72] A ideia do risco da empresa é uma novidade para o direito civil da época e um desvio aos princípios gerais da responsabilidade civil, como faz notar a doutrina — por exemplo, SCELLE, *Le droit ouvrier...cit.*, 186 s., DURAND, *Le particularisme...cit.*, 299, DERSCH, *Entwicklungstendenzen im Arbeitsrecht...cit.*, 442. Também MENGONI, *L'influenza del diritto del lavoro sul diritto civile...cit.*, 14, refere esta matéria como exemplo da modificação das categorias civilistas na sua aplicação laboral — no caso, o princípio da equivalência de prestações nos contratos permutativos — e MOLITOR, *Das deutsche Arbeitsrecht...cit.*, 46, não hesita em afirmar que é no domínio laboral que tem origem a teoria das esferas, sobre o problema da repartição da responsabilidade civil pelo risco. Especialmente sobre a necessidade de adequação de conceitos básicos da responsabilidade civil às situações de responsabilidade do trabalhador, *vd* ainda Gérard COUTURIER, *Responsabilité civile et relations individuelles de travail*, DS, 1988, 5, 404-415.

[73] Como refere BOISSARD, *Contrat de travail...cit.*, 194 s., extravasando os quadros do direito individualista de oitocentos, as convenções colectivas abrem uma brecha no princípio da necessidade de aprovação dos actos jurídicos privados por todos aqueles a quem esses actos respeitem, afirmando-se como uma excepção à regra *res inter alios acta* — na expressão de MOLITOR, *Das deutsche Arbeitsrecht...cit.*, 45, conceitos como os de *Betriebsvereinbarung* e *Normenvertrag* são desconhecidos ciência jurídica. E, refere RICHARDI, *Arbeitsrecht und Zivilrecht cit.*, 9, que o facto de as cláusulas das convenções colectivas só admitirem derrogação no sentido mais favorável ao trabalhador constitui uma limitação importante do princípio da liberdade negocial.

tação, no caso da greve⁷⁴, que se revelam difíceis de conciliar com as regras gerais em, matéria de contratos.

Mas, mais do que uma incapacidade para lidar com este ou aquele aspecto da fenomenologia laboral, o direito civil vê reconhecida a incapacidade genérica dos seus mecanismos de tutela com as denúncias da denominada «questão social» — a desastrosa situação económica e social da maioria dos trabalhadores subordinados no final do século XIX, denunciada tanto pelas doutrinas socialistas como pela doutrina social da Igreja, demonstra, à evidência, que os princípios da liberdade e da igualdade eram profundamente ilusórios quando aplicados à relação laboral⁷⁵. É perante este reconhecimento que a tendência de abstenção legislativa que caracterizara os três primeiros quartos do século XIX vai começando a ceder perante a exigência de uma intervenção normativa regular nesta matéria, que seja capaz de compensar efectivamente a inferioridade negocial e económica do trabalhador subordinado⁷⁶ e

---

⁷⁴ Como refere SCELLE, *Le droit ouvrier...cit.,* 117 s., o efeito contratual meramente suspensivo da greve é incompatível com a própria noção de contrato já que o objectivo visado pela paralisação nunca pode ser, por definição, a manutenção do contrato «suspenso» mas, quando muito, a sua alteração. Também RICHARDI, *Arbeitsrecht und Zivilrecht cit.,* 9, considera que o direito de greve põe em causa o dever de lealdade no cumprimento dos contratos, e DERSCH, *Entwicklungstendenzen im Arbeitsrecht...cit.,* 446 s., aponta a matéria dos conflitos laborais como um desvio às regras do direito civil.

⁷⁵ Denunciando o carácter formal do princípio da liberdade negocial durante o liberalismo, na sua aplicação laboral, por possibilitar na prática a determinação unilateral das condições negociais pelo empregador, o que se traduz nas péssimas condições de vida e de trabalho dos operários, por exemplo, PREIS, *Perspektiven der Arbeitsrechtswissenschaft cit.,* 333 e 338 s., HRODMAKA, *Arbeitsordnung und Arbeitsverfassung cit.,* 204, SANTORO-PASSARELLI, *Specialità del diritto del lavoro cit.,* 1985 s., SCONAMIGLIO, *Diritto del lavoro cit.,* 4 s., e, entre nós, ADOLPHO LIMA, *O Contrato de Trabalho cit.,* 113 s., 153 e 158 ou CUNHA GONÇALVES, *A Evolução do Movimento Operário...cit.,* 40 s.

⁷⁶ Não obstante o relativo consenso doutrinal quanto ao sentido jurídico da posição de inferioridade do trabalhador no vínculo laboral (ou seja, de acordo com a ideia de subordinação, como sujeição do prestador do trabalho ao poder directivo e ao poder disciplinar do empregador, que permite delimitar a actividade laboral em relação às outras formas de actividade laborativa — *supra,* § 3°, 4.5.II. e nota [188]) referimos aqui expressamente o conteúdo económico da posição de inferioridade do trabalhador porque foi este conteúdo que forçou o legislador a emitir as normas laborais protectivas. A questão social é, antes de mais, uma questão de sobrevivência material de uma categoria de pessoas, cuja única forma de

de assegurar a sua própria segurança física[77]. Só que esta intervenção normativa, que constitui a génese do direito do trabalho como ramo jurídico, põe em causa aquilo a que SCELLE chamou os dois dogmas mais importantes das ciências sociais de oitocentos: o dogma do direito comum, segundo o qual, sendo todos os cidadãos iguais perante a lei, o direito comum, civil e penal, é suficiente para regular a globalidade das situações jurídicas privadas; e o dogma liberal da não intervenção do Estado na economia, a que corresponde no plano jurídico a confiança no princípio da liberdade negocial[78]. Mas, neste contexto, tornam-se compreensíveis as afirmações de autores como RADBRUCH ou RIPERT, que enfatizam o facto de o desenvolvimento do direito do trabalho se ter processado por reacção ou em oposição ao direito civil[79].

---

produzir riqueza e de sustentar os seus dependentes é o trabalho por conta de outrem. Como refere Mario GRANDI, *Diritto del lavoro, techniche di protezione garantista e società industriale*, in *Prospettive del diritto del lavoro per gli anni' 80 — Atti del VII Congresso di Diritto del lavoro, Bari, 23-25 Aprile 1982*, Milano, 1983, 156-163 (157), a situação de debilidade económica e social dos trabalhadores faz parte da hereditariedade histórica do direito do trabalho.

[77] Como refere SUPIOT, *Pourquoi un droit du travail? cit.*, 487, foi a objectivização do corpo humano nas relações de trabalho (de acordo com o conceito de trabalho abstracto ou trabalho-mercadoria) que revelou a insuficiência dos mecanismos civis para garantir a segurança física do trabalhador na empresa. A protecção do trabalhador em matéria acidentária constitui pois o primeiro objectivo das normas legais e o reduto originário do direito laboral.

[78] SCELLE, *Le droit ouvrier...cit.*, 3 ss. Em sentido semelhante, embora com uma formulação diferente, afirma Wolfgang GAST, *«Herr und Knecht» — Hegels Dialektik und die Dogmatik des Arbeitsrecht*, in M. HEINZE / A. SÖLLNER (Hrsg.), *Arbeitsrecht in der Bewährung, Fest. für Otto Rudolf KISSEL*, München, 1994, 249--264 (250 s.), que a posição de desigualdade material das partes característica do vínculo de trabalho entra em colisão com a premissa da igualdade ou simetria dos sujeitos privados, que alicerçou a afirmação dos conceitos básicos do direito civil (*die bürgerlichrechtliche Grund-Sätze*) — os conceitos de sujeito jurídico, de autonomia privada e de negócio jurídico — e, em consequência, colide também com o interesse de maximização da liberdade de acção dos entes privados, que subjaz a esses mesmos conceitos.

[79] Neste sentido, refere RADBRUCH, *Introducción...cit.*, 114: «*El Derecho Obrero costituye una reacción contra el espíritu del Derecho Civil*»; e observa RIPERT, *Les forces créatrices...cit.*, 251: «*L' essentiel est de le [le Code du travail] dresser en face du Code civil*»; e continua um pouco mais à frente (*idem*, 264): «*il [le Droit social] n'est conçu que par opposition au droit actuel*».

II. Ora, na nossa opinião, é exactamente este ponto de partida civilista e esta postura de oposição que estiverem na origem do desenvolvimento sistemático do direito do trabalho que melhor explicam a característica de dispersão e a lógica de desvio ou lateralizante que historicamente caracterizou a produção das normas laborais.

Em primeiro lugar, resulta claramente das referências à legislação laboral, que fizemos na parte introdutória do estudo[80], que a produção normativa não obedeceu a uma lógica de intervenção global do legislador, orientada por critérios racionais unificadores ou por um conceito técnico-jurídico propiciador do apuro normativo[81], mas, bem pelo contrário, à necessidade de dar resposta a problemas diversos colocados pelo fenómeno do trabalho subordinado e que a lei civil não resolvia — como então vimos, a produção normativa no domínio laboral caracteriza-se pela proliferação de leis avulsas, sobre as mais diversas matérias[82], com um âmbito de incidência variado[83] e com uma relação nem sempre transparente com os instrumentos de regulamentação colectiva do trabalho, o que dificulta a coerência interna do sistema normativo[84].

Esta dispersão na produção das normas jurídicas, de que a maioria dos sistemas laborais sente ainda hoje os efeitos, é, contudo, facil-

---

[80] *Supra*, § 2°, 1.2.I., *maxime* notas [49] a [51].

[81] Como o conceito de relação jurídica no BGB e no nosso CC, por exemplo. Como já demonstrámos (*supra*, § 3°, 3.II.) o conceito de trabalho subordinado não conseguiu desempenhar esse papel unificador.

[82] No sistema germânico, MELSBACH, *Deutsches Arbeitsrecht...cit.*, 14 s., refere a existência, em 1923, de noventa leis e regulamentos principais em matéria laboral, aos quais acrescem trezentos diplomas complementares, dos quais perto de uma centena se reportam a matéria de segurança social. Com referência ao nosso sistema jurídico, *vd* as indicações exaustivas sobre a legislação portuguesa em matéria laboral em RUY ULRICH, *Legislação Operaria...cit., passim;* e, especificamente em relação à legislação acidentária, ARY DOS SANTOS, *Acidentes de Trabalho cit., passim.*

[83] Neste sentido, MELSBACH, *Deutsches Arbeitsrecht...cit.*, 15, e BERNERT, *Arbeitsverhältnisse im 19. Jahrhundert cit.*, 175, referem o carácter plurifacetado e lacunoso da legislação laboral germânica, pela limitação da incidência de muitos dos diplomas a categorias especiais de trabalhadores ou aos *Länder*. É, aliás, este carácter lacunoso e disperso das normas laborais que determina, segundo outros autores, a exigência explícita da elaboração de um sistema unitário de direito laboral constante da Constituição de Weimar (art. 157°) — neste sentido, por exemplo, PREIS, *Perspektiven der Arbeitsrechtswissenschaft cit.*, 333.

[84] *Supra*, § 2°, 1.3. I. e II. e 2.IV.

mente compreensível se tivermos em conta o ponto de partida civilista e a lógica de oposição, acima referidos: tendo origem na constatação da inaptidão das normas civis para regular as especificidades dos fenómenos laborais, a intervenção normativa neste domínio pretende ser uma intervenção pontual e pragmática, e não uma regulamentação global para um fenómeno social novo — por isso mesmo, é uma intervenção naturalmente dispersa.

Todavia, a mesma constatação inicial da incapacidade das normas civis para resolverem os problemas laborais conduz, na prática, a um resultado desequilibrado em termos sistemáticos: enquanto na regulação dos problemas atinentes à relação de trabalho, as normas laborais se apresentam, de facto, como normas de adaptação ou de integração das lacunas do direito comum dos contratos (uma vez que o enquadramento do fenómeno do trabalho subordinado está formalmente assegurado pela figura da *locatio conductio*, sob a moldura do contrato de locação ou sob a moldura do contrato de prestação de serviço), já no que se refere à regulação dos fenómenos colectivos não é possível uma intervenção normativa deste tipo, pela profunda estranheza destes fenómenos em relação aos quadros de pensamento individualistas do direito civil de oitocentos. Assim, enquanto no primeiro caso o direito civil se mantém como referência das normas laborais, que se assumem, em consequência, como normas desviantes ou de adaptação[85], no segundo caso, a produção normativa tem um âmbito mais amplo e genérico, mas é *ab initio* afastada das leis civis porque se mostra incompatível com os seus pressupostos dogmáticos — ou seja, é uma regulamentação lateral.

Perante este quadro, está aberto o caminho à evolução separada das várias áreas regulativas do direito do trabalho. Em lugar da aglutinação dos seus comandos normativos em torno de uma ou de várias ideias nucleares unificadoras, a referência civilista propicia o desenvolvimento disjunto das áreas clássicas do *direito individual*, do *direito colectivo* e do *direito das condições de trabalho*, que identificámos oportunamente[86] [87], e cada uma destas áreas vai evoluir de acordo com as

---

[85] MAYER-MALY, *Ausgewählte Schriften...cit.*, 12. Como o autor refere noutra sede (*Arbeitsrecht und Privatrechtsordnung*, JZ, 1961, 7, 205-209 (206)), esta lógica desviante subsiste mesmo quando o número de «desvios» é já considerável.

[86] *Supra*, § 2º, 2.

[87] É a este propósito que MENEZES CORDEIRO, *Manual...cit.*, 19 ss., se refere ao *policentrismo* do direito do trabalho: a produção normativa desenvolveu-se não

suas próprias necessidades regulativas — se aplicássemos aqui a distinção metodológica entre sistemática central e sistemática periférica[88], caracterizaríamos o desenvolvimento sistemático do direito laboral como um desenvolvimento do segundo tipo.

III. Resta dizer que esta forma de desenvolvimento sistemático do direito laboral tem consequências importantes para a questão que ocupa o centro das nossas reflexões: a produção das normas laborais a partir do direito civil, com a apontada lógica de oposição e de desvio, e o consequente desenvolvimento sistemático tripartido do direito do trabalho têm o maior significado dogmático porque legitimam a abordagem doutrinal parcelarizada dos problemas dogmáticos suscitados nesta área jurídica e, nomeadamente, do problema da sua autonomia científica, como teremos ocasião de verificar.

13.4. A determinação finalística do desenvolvimento sistemático do direito laboral pelo objectivo da protecção do trabalhador

I. É em conformidade com a exigência de correcção efectiva da posição de inferioridade do trabalhador no vínculo laboral, reconhecida no final do século XIX, que se vai cimentar aquele que será reconhecido pela generalidade da doutrina como o objectivo norteador de toda a evolução do direito laboral em termos sistemáticos e que virá também a ter importantes projecções dogmáticas: o objectivo de protecção do trabalhador subordinado[89]. Embora as normas laborais se apliquem

---

porque o legislador tivesse assumido explicitamente a intenção de regular em termos sistemáticos o fenómeno do trabalho subordinado, mas pela necessidade de enquadrar juridicamente diversos problemas suscitados por esse fenómeno, em torno dos quais se foram formando não um mas vários centros regulativos.

[88] Por todos, sobre esta distinção, MENEZES CORDEIRO, *Introdução ao «Pensamento Sistemático e Conceito de Sistema» cit.*, LXX ss., e *Tratado...cit.*, I, 39 ss.

[89] Afirmando a vocação proteccionista como ponto de partida e motor do desenvolvimento do direito laboral, por exemplo, MELSBACH, *Deutsches Arbeitsrecht...cit.*, 13, Rudolf LUKES, *Vom Arbeitnehmerschutz zum Verbraucherschutz*, RdA, 1969, 7/8, 220-223 (220), Wilhelm HERSCHEL, *Zur Dogmatik des Arbeitsschutzrechts*, RdA, 1978, 2, 69-74 (69), DÄUBLER, *Individuum und Kollektiv...cit.*, 256, PREIS, *Perspektiven der Arbeitsrechtswissenschaft cit.*, 333, Rolf

tanto a trabalhadores como a empregadores[90], o direito do trabalho assume, desde o início do seu desenvolvimento sistemático, uma vocação unilateral, preferencial[91] ou paternalista[92], que é a da protecção de um determinado grupo social — ou seja, na expressão de KISSEL, uma *Schutzfunktion*[93]. E, apesar de corresponder a uma situação sem precedentes no direito privado (e que, segundo alguns autores, volta de certa forma a «objectivar» o trabalhador, enquanto beneficiário da protecção[94]), esta intenção final unilateral do sistema parece ser progressivamente aceite pelo legislador, pelos tribunais e pela própria doutrina civilista.

BIRK, *Competividade das empresas e flexibilização do direito do trabalho*, RDES, 1987, 3, 281-307 (286), RÜTHERS, *35 Jahre Arbeistrecht in Deutschland*, RdA, 1995, 326-333 (328), GAST, *Arbeitsrecht und Abhängigkeit cit.*, 67, GIULIANO MAZZONI, *Contiene il diritto del lavoro principi generali propri? cit.*, 528, SANTORO-PASSARELLI, *Specialità del diritto del lavoro cit.*, 1987, SCONAMIGLIO, *Diritto del lavoro cit.*, 13, GRANDI, *Diritto del lavoro e società industriale cit.*, 4, Gérard LYON-CAEN, *Grundlagen des Arbeitsrechts und Grundprinzipien im Arbeitsrecht*, RdA, 1989, 4/5, 228-233 (233), e, entre nós, por todos, MONTEIRO FERNANDES, *Direito do Trabalho cit.*, 23. Acentuando a importância deste princípio como forma de resposta à questão social, ainda HERSCHEL, *Vom Arbeiterschutz zum Arbeitsrecht cit.*, 305, ou Meinhard HEINZE, *Arbeitsrecht in der gesellschaftlichökonomischen Ordnung der Bundesrepublik Deutschland*, in D. BOEWER / B. GAUL (Hrsg.), Fest. Dieter Gaul, Berlin, 1992, 305-325 (314).

[90] Salientando a incongruência formal da concepção do direito laboral como um direito do trabalhadores quando são destinatários das suas normas tanto os trabalhadores como os empregadores, por exemplo, RÜTHERS, *35 Jahre Arbeistrecht... cit.,* 327.

[91] A expressão aparece, por exemplo, em FERNANDA AGRIA / LUIZA CARDOSO PINTO, *Contrato Individual de Trabalho cit.,* 7.

[92] Por exemplo, SCELLE, *Le droit ouvrier...cit.,* 10 e 213, ou GRANDI, *Diritto del lavoro e società industriale cit.,* 8. Sobre esta característica do direito do trabalho, vd, infra, § 17°, 36.I.

[93] Rudolf KISSEL, *Arbeitsrecht im Spannungsfeld zwischen Manchestertum und Gleichmacherei*, RdA, 1988, 4, 193-202 (194).

[94] A este propósito, é curiosa a afirmação de HERSCHEL, *Vom Arbeiterschutz zum Arbeitsrecht cit.,* 306, de que este sistema proteccionista trata o trabalhador não como membro pleno da ordem jurídica e social mas como um objecto carecido de protecção. Parecendo-nos a afirmação excessiva em face do reconhecimento formal da liberdade e da igualdade dos sujeitos laborais, ela tem o mérito de chamar a atenção para o carácter tutelar do direito laboral, que decorre do seu objectivo proteccionista. Como nota ainda HERSCHEL (*idem,* 309 ss.), apenas com a evolução do direito de protecção dos trabalhadores para o direito do trabalho se

Este objectivo proteccionista que anima o sistema jurídico na produção de normas laborais vai ser determinante para a evolução do direito do trabalho num duplo sentido: por um lado, multiplicam-se as normas imperativas de tutela dos trabalhadores subordinados, em detrimento da liberdade das partes na determinação do conteúdo do contrato de trabalho — por este motivo, a evolução do direito do trabalho é reconduzida por alguns autores à limitação da autonomia privada em nome da tutela dos trabalhadores[95]; por outro lado, a actuação laboral colectiva de concertação e de conflito acaba, mais cedo ou mais tarde por ser aceite pela lei, como forma de compensar a debilidade jurídica e económica do trabalhador individual — por este motivo, a evolução do direito do trabalho é também reconduzida pelos autores à ideia da descoberta da nova forma de autonomia privada que é a autonomia colectiva[96].

II. A determinação finalística do direito laboral pelo objectivo da protecção do trabalhador tem uma influência decisiva não só na sua construção sistemática como também na forma de apreciação dos problemas dogmáticos suscitados no seu seio e, entre eles, na abordagem da questão da autonomia. Uma vez compatibilizado com o princípio da igualdade dos sujeitos privados (o que se consegue com o reconhecimento da inferioridade inicial do trabalhador no contrato de trabalho e com o argumento da consequente necessidade de uma igualização em

---

altera qualitativamente o estatuto do trabalhador, que de objecto de protecção passa a parceiro social (*ibidem*, 312).

[95] Por exemplo, BIRK, *Competividade das empresas...cit.*, 286. Neste sentido refere também HRODMAKA, *Arbeitsordnung und Arbeitsverfassung...cit.*, 204, que a história do direito laboral é a história da procura de uma composição de interesses equitativa entre os trabalhadores e os empregadores, situada entre o ideal liberal do *laissez faire* e o princípio social da protecção dos trabalhadores; e GAST, «*Herr und Knecht*»...*cit.*, 251 s., qualifica a dogmática laboral como uma dogmática pendular, ou de conciliação de antinomias, já que vai oscilando entre os valores da protecção dos trabalhadores e da autonomia privada. Ainda neste sentido, entre nós, por exemplo, MONTEIRO FERNANDES, *Direito do Trabalho cit.*, 21 e 24.

[96] Por exemplo, JOSÉ JOÃO ABRANTES, *Direito do Trabalho... cit.*, 26. Considerando de forma conjugada as valências individual e colectiva da autonomia privada no domínio laboral, refere GIULIANO MAZZONI, *Contiene il diritto del lavoro principi generali propri? cit.*, 531, como princípio do direito laboral a prevalência da segunda sobre a primeira.

termos substanciais), o objectivo da protecção do trabalhador passa a constituir a justificação para grande parte das normas laborais que se desviam do regime geral dos contratos civis e é rapidamente erigido em princípio geral do direito do trabalho, que prossegue as metas da extensão da tutela laboral a todos os trabalhadores e da progressividade irredutível do regime de tutela, que referimos nas primeiras páginas deste estudo[97]. Em termos sistemáticos, o princípio da protecção perfila-se assim, em pouco tempo, como o fio condutor do desenvolvimento do direito laboral; em termos dogmáticos, este princípio assume-se também como instância última de justificação dos regimes laborais mais difíceis de reduzir aos parâmetros dogmáticos do direito civil. Ele desempenhará, em consequência, um papel da maior importância na construção tradicional do problema da autonomia dogmática do direito do trabalho, como teremos ocasião de verificar[98].

14. O reconhecimento da autonomia sistemática do direito do trabalho e as suas projecções: autonomia normativa, autonomia jurisdicional e autonomia pedagógica. A questão da codificação laboral (breve referência)

I. Aplicando ao domínio laboral a distinção entre os conceitos de autonomia sistemática e autonomia dogmática que isolámos aquando da delimitação do objecto da investigação[99], podemos dizer que o direito do trabalho é, no caso português como na generalidade dos países europeus, uma área diferenciada no universo jurídico e, nomeadamente, na ordem jurídica privada, porque dotado de autonomia sistemática.

De facto, apesar das dificuldades históricas de afirmação da área jurídica, de que temos vindo a dar conta, ao inicial aglomerado assistemático de preceitos com incidência no fenómeno do trabalho subordinado acabou por suceder um complexo normativo que obedece aos requisitos necessários ao reconhecimento de um lugar próprio na ordem jurídica privada: assim, a natureza laboral dos preceitos normativos é facilmente apreensível pela sua referência directa ou indirecta ao fenómeno nuclear da área jurídica (ou seja, por referência à activi-

---

[97] *Supra*, § 1°, IV.
[98] *Infra*, § 17°.
[99] *Supra*, § 4°, 8.II. e III.

dade laboral[100]); por outro lado, aplicando aos preceitos laborais a ideia-
-chave da *ordenação*, que delimita, para este efeito, o conceito de
sistemática[101], pode dizer-se que estes preceitos formam um corpo normativo organizado, segundo uma certa lógica, em torno dos centros
regulativos do direito individual do trabalho e do direito colectivo do
trabalho[102]; e, por último, este complexo normativo é susceptível de uma
apreciação unitária, a partir dos conceitos aglutinantes das situações
laborais nucleares inerentes à qualidade de trabalhador subordinado e
de empregador e das situações laborais derivadas[103]. Há pois autonomia
no plano sistemático.

II. Como é sabido, no caso português, a consolidação do direito
do trabalho como ramo jurídico sistematicamente autónomo, integrado
pelas duas grandes áreas regulativas que hoje lhe reconhecemos (a área
regulativa individual e a área regulativa colectiva), não seguiu o percurso linear que teve noutros países (ou que, pelo menos, foi mais rapidamente retomado nesses países[104]), já que, por força do corporativismo
e durante décadas, não só os fenómenos colectivos conflituais foram
erradicados do sistema[105], como as normas relativas às instituições laborais colectivas (sindicatos e grémios) e às convenções colectivas de
trabalho foram subtraídas ao direito laboral e incluídas no âmbito do
direito corporativo[106], determinando a compressão das fronteiras do pri-

---

[100] *Supra*, § 3°, 4.7.
[101] *Supra*, § 4°, 8.II.
[102] *Supra*, § 3°, 6.1.
[103] *Supra*, § 3°, 5.2.
[104] Como já referimos, dada a extrema porosidade ideológica dos fenómenos laborais, o sistema jurídico laboral foi intensamente influenciado pelas ideologias e pelos regimes políticos em diversos países — assim sucedeu com o regime nacional-socialista na Alemanha e na Áustria, com o regime fascista na Itália, e com o franquismo em Espanha. Todavia, à excepção do caso espanhol, essas influências dissiparam-se mais rapidamente, pelo que o direito do trabalho voltou, também mais depressa, à linha de evolução que inicialmente o caracterizara.
[105] Pela substituição da ideia de luta de classes pelo princípio da colaboração interclassista e que redundou na proibição e na incriminação da greve e do *lock-out*, primeiro pelos Decretos n° 13138, de 15/02/1927, e n° 23203, de 6/11/1933, e, depois, pela Constituição de 1933 (art. 39°) e pelo ETN (art. 9°), ao abrigo dos quais foi instituído um novo regime punitivo pelo Dec. n° 23870, de 18/05/1934.
[106] A integração dos sindicatos e grémios no âmbito do direito corporativo é uma consequência da sua recondução a organismos corporativos públicos

§ 7º – A afirmação histórica e a construção sistemática do direito do trabalho 201

meiro e, de certa forma, lançando a dúvida sobre a sua global diluição no âmbito do segundo[107].

Não havendo hoje dúvidas sobre o âmbito do direito do trabalho português — recuperadas as suas fronteiras originais na sequência da alteração da ordem jurídico-constitucional subsequente a 1974 — e sobre

---

— neste sentido, entre outros, CUNHA GONÇALVES, *Princípios de Direito Corporativo cit.*, 154 ss., 166 ss. e 181 ss., Marcello CAETANO, *O Sistema Corporativo*, Lisboa, 1938, 70 s. e 85, José Joaquim Teixeira RIBEIRO, *Lições de Direito Corporativo*, I, Coimbra, 1938, 81, FÉZAS VITAL, *Curso de Direito Corporativo*, Lisboa, 1940, 100. No que se refere às convenções colectivas, esta integração também não suscita dúvidas, pela sua qualificação como fontes do direito corporativo, que é, aliás, independente da discussão do problema da sua natureza jurídica — ponto sobre o qual teremos oportunidade de nos debruçar, *infra*, § 26º, 58, — neste sentido, entre outros, CUNHA GONÇALVES, *Princípios de Direito Corporativo cit.*, 132, MARCELLO CAETANO, *O Sistema Corporativo cit.*, 59, FÉZAS VITAL, *Curso de Direito Corporativo cit.*, 117, ou Pedro Soares MARTINEZ, *Manual de Direito Corporativo*, 2ª ed., Lisboa, 1967, 238 s. Esta mesma evolução se verificava, aliás, noutros sistemas corporativos — neste sentido, *vd*, quanto ao sistema jurídico italiano, que influenciou de forma particular o sistema português nessa época, as referências à natureza pública dos sindicatos de trabalhadores e de empregadores e à publicização das convenções colectivas, também qualificadas como fontes de direito corporativo, em autores como Carlo COSTAMAGNA, *Diritto corporativo italiano*, 2ª ed., Torino, 1928, 78 e 240 ss., Lodovico BARASSI, *Diritto sindacale e corporativo*, 2ª ed., Milano, 1934, *maxime* 245 ss., e 332 ss., Guido ZANOBINI, *Corso di diritto corporativo*, Milano, 1937, 93 ss., e 256 ss., ou Nicola JAEGER, *Principii di diritto corporativo*, Padova, 1939, 155, e 282 ss. E, para uma visão de conjunto sobre as profundas alterações que a ideologia corporativa introduziu no direito do trabalho italiano, ainda ASSANTI, *Corso...cit.*, 6 ss.

[107] A redução do direito do trabalho à disciplina do contrato de trabalho e às normas de protecção do trabalhador e a discussão do problema das suas fronteiras com o direito corporativo encontra-se em diversos autores — entre outros, CUNHA GONÇALVES, *Princípios de Direito Corporativo cit.*, 129 ss., MARCELLO CAETANO, *O Sistema Corporativo cit.*, 62, ou SOARES MARTINEZ, *Manual...cit.*, 216 ss. O problema também se coloca no sistema jurídico italiano, onde é suscitada a hipótese de autonomização, entre o direito do trabalho e o direito corporativo, de um direito sindical — sobre esta discussão, entre outros, BARASSI, *Diritto sindacale e corporativo cit.*, 97 ss. Por outro lado, deve dizer-se que, independentemente do problema da autonomia da área jurídica, a regulamentação legal específica do contrato de trabalho é saudada pela doutrina como uma novidade da teoria dos contratos — é a opinião que encontramos, por exemplo, em Manuel A. Rodrigues de ANDRADE, *Sobre a recente evolução do direito privado português*, BFDUC, 1946 (XXII), 284-343 (304).

a sua autonomia sistemática, comprovada pela aplicação dos critérios acima enunciados, estas vicissitudes da sua evolução têm apenas um interesse histórico, que dispensa, num estudo de incidência dogmática como o nosso, uma apreciação mais aprofundada. Recordamo-las, ainda assim, neste momento, apenas porque elas contribuem para explicar alguns aspectos do actual sistema normativo laboral, que, este sim, constitui o objecto das nossas reflexões, bem como algumas tendências doutrinais na aproximação dogmática aos fenómenos laborais e, designadamente, ao problema da autonomia dogmática: por um lado, estas vicissitudes históricas explicam o atraso no processo de consolidação das actuais fronteiras do direito laboral português relativamente a outros sistemas, atraso este que, por sua vez, se reflectiu no tratamento tardio das matérias laborais nos planos académico e juscientífico; por outro lado, estas vicissitudes ajudam a compreender algumas tendências desviantes do actual sistema normativo português relativamente às tendências dominantes noutros sistemas laborais, que teremos ocasião de analisar num momento mais adiantado do nosso estudo; e finalmente, estas vicissitudes contribuem para explicar algumas tendências doutrinais na abordagem dos problemas dogmáticos suscitados no domínio laboral (como o problema da natureza das convenções colectivas, por exemplo) e, especificamente no que se refere ao problema da autonomia dogmática do direito laboral, a escassez de referências a este problema na doutrina, ao contrário do que sucedeu noutros contextos doutrinais. Ao longo do estudo, chamaremos oportunamente a atenção para estas influências.

III. Evidenciam a autonomia sistemática do direito laboral as suas projecções aos níveis jurisdicional e pedagógico.

A separação da jurisdição e do processo laboral corresponde a uma exigência tradicional da doutrina, em nome da necessidade de uma maior aproximação dos aplicadores do direito às especificidades da fenomenologia laboral[108], e esta exigência encontrou eco, desde cedo, na

---

[108] Neste sentido, entre outros, PAUL DURAND, *Le particularisme...cit.,* 301 s., e, entre nós, RUY ULRICH, *Legislação Operária...cit.,* 305. Também neste sentido se pronunciou LOTMAR, *Die Idee eines einheitlichen Arbeitsrecht cit.,* 608, argumentando que a disseminação da jurisdição das questões laborais por diversos tribunais impedia a aplicação uniforme do direito e o nivelamento da protecção dos trabalhadores.

§ 7º – A afirmação histórica e a construção sistemática do direito do trabalho 203

maioria dos sistemas[109], embora alguns autores refiram que esta separação formal não alterou a primitiva visão, conservadora e liberal, da jurisprudência sobre os fenómenos laborais[110].

A autonomia sistemática do direito laboral projectou-se também ao nível pedagógico, com o ensino separado das matérias laborais nas universidades, embora o reconhecimento da dignidade científica destas matérias seja geralmente considerado tardio pelos cultores da área jurídica dada a inclusão em disciplinas económicas até tarde[111], e se notem

---

[109] Entre nós, como já referimos, com a criação dos tribunais de árbitros avindouros em 1889 (Lei de 14 de Agosto) — por todos, sobre o funcionamento e a competência destes tribunais, RUY ULRICH, *Legislação Operária...cit.*, 30 ss., e, exigindo o aumento destes tribunais, CUNHA GONÇALVES, *A Evolução do Movimento...cit.*, 156. Durante o corporativismo, os tribunais do trabalho foram mantidos como tribunais especiais (arts. 50º ss do ETN), mas integrados na jurisdição administrativa e, a partir da Lei Orgânica dos Tribunais Judiciais de 1977 (L. nº 82/77, de 6 de Dezembro, arts. 65º ss.), foram qualificados como tribunais judiciais de competência especializada (passando as sentenças a admitir recurso para a nova Secção Social do STJ, em lugar da Secção Social do STA, que foi extinta), qualificação que mantêm até hoje (de acordo com o art. 85º da Lei Orgânica dos tribunais judiciais — L. nº 3/99, de 13 de Janeiro); a esta separação de jurisdições corresponde também uma lei processual própria — o CPT, actualmente constante do DL nº 480/99, de 9 de Novembro. Para indicações mais pormenorizadas sobre esta evolução, *vd*, por exemplo, Álvaro Lopes CARDOSO, *Manual de Processo do Trabalho*, Lisboa (*reprint*), 1998, 12 s., e Pedro Romano MARTINEZ, *A razão de ser do Direito do Trabalho*, in A. MOREIRA (coord.), *II Congresso Nacional de Direito do Trabalho — Memórias*, Coimbra, 1999, 127-144 (138 s.). No sistema germânico, a existência de tribunais com competência especializada em matéria laboral é referenciada em Peter HANAU, *Arbeitsrecht und Arbeitsgerichtsbarkeit von Kaiser Wilhelm II bis Bundeskanzler Dr. Kohl — Gedanken zum 100 jährigen Bestehen des Deutschen Arbeitsgerichtsverbandes*, NZA, 1993, 8, 338-341 (338), a uma lei de 11 de Junho de 1893, e RICHARDI, *Staudingers Kommentar...cit.*, II, 140, indica uma lei de 23/12/1926 como diploma de separação formal da jurisdição laboral.

[110] Neste sentido, por exemplo, KAHN-FREUND, *Il muttamento della funzione...cit.*, 237 ss. Também DUBISCHAR, *Zur Entstehung...cit.*, 85, recorda que as primeiras intervenções judiciais em matéria laboral foram ao nível penal, para punir as greves e os boicotes.

[111] A este propósito, na Alemanha, DUBISCHAR, *Zur Entstehung...cit.*, 85, refere-se à queixas de Pothoff e Sinzheimer, na primeira edição do periódico «*Arbeitsrecht*», em 1914, pelo facto de a matéria laboral não integrar ainda o *curriculum* dos estudos jurídicos universitários — a cátedra universitária de direito laboral apenas surgirá em 1918, desencadeando um período muito profícuo de pro-

também a este nível os efeitos da permeabilidade ideológica da área jurídica — o caso português constitui, aliás, um exemplo paradigmático do tratamento tardio e oscilante das matérias laborais ao nível universitário, por razões ideológicas conhecidas[112], mas hoje não se susci-

---

dução científica ao nível académico (*idem*, 90 s.). Com referência à França e à Itália, a inclusão das matérias laborais no programa das disciplinas económicas é-nos relatada por José Ferreira Marnoco e SOUSA / José Alberto dos REIS, *O Ensino Jurídico em França e na Itália*, Coimbra, 1910, 21 ss. e 130 ss. (onde se referem prelecções sobre greves, sindicalismo e convenções colectivas, integradas na disciplina de Economia Social, nestes dois países).

[112] No caso português, a autonomização do estudo das matérias laborais no ensino jurídico universitário foi também tardia, pela tradição da sua integração nas disciplinas económicas. Para além das referências pontuais a matérias do trabalho e do salário, na cadeira de Economia Política (criada na Faculdade de Direito de Coimbra, em 1836) e a propósito do tratamento do contrato de locação-condução, previsto nas Ordenações Filipinas, nas *Instituições de Direito Civil* de COELHO DA ROCHA, o grande impulso para o estudo das matérias laborais foi dado, já no princípio do século XX, por MARNOCO E SOUSA (por este motivo considerado por alguns como o percursor do direito do trabalho — neste sentido, Fernando Jorge Coutinho de ALMEIDA, *O ensino de Direito do Trabalho em Portugal*, in *Jornadas Hispano-Luso-Brasileñas de Derecho del Trabajo*, Madrid, 1985, 395-426 (404)), que as incluiu na disciplina de Economia, que regia na Faculdade de Direito da Universidade de Coimbra, mas as desenvolveu amplamente durante os anos em que deteve a regência — vejam-se, por exemplo, as referências ao contrato de trabalho e ao contrato colectivo do trabalho, bem como ao regime de protecção dos trabalhadores, ao sindicalismo e aos sindicatos operários, ou à questão social in *Ciência Económica...cit.* (1910), 79 ss., 188 s., 226 ss., e 236 ss.). Depois da reforma de 1911 (Decreto de 18 de Abril de 1911), estas matérias passaram a integrar o programa da disciplina de Economia Social (do qual constam referências ao estudo do contrato e da relação de trabalho, dos fenómenos laborais colectivos e dos acidentes de trabalho) nas Faculdades de Direito de Lisboa e de Coimbra. A partir de 1933, as matérias laborais passaram a integrar o programa da disciplina de Direito Corporativo, que substitui a disciplina de Economia Social, e, com a Reforma Jurídica de 1945, foi criada uma disciplina de Direito do Trabalho, que integrava o Curso Complementar, mantendo-se a disciplina de Direito Corporativo como disciplina do Curso Geral — para indicações mais pormenorizadas sobre esta evolução, *vd* COUTINHO DE ALMEIDA, *O Ensino...cit.*, 403 ss. e 410 ss., bem como ROMANO MARTINEZ, *Direito do Trabalho. Relatório cit.*, 18 ss. e 34 ss., e, especificamente quanto à Faculdade de Direito da Universidade de Lisboa, ainda Marcello CAETANO, *Apontamentos para a história da Faculdade de Direito de Lisboa*, BFDUL, 1959, XIII, 11-182, *maxime* 42 s., 106 s., e 162 s. A autonomização curricular plena da disciplina de Direito do Trabalho no Curso

tam quaisquer dúvidas sobre a dignidade científica destas matérias e regista-se até uma tendência para a ampliação do tempo de estudo universitário que lhes é consagrado[113].

As projecções jurisprudencial e didáctica da afirmação sistemática do direito laboral tiveram uma influência decisiva na construção dogmática da área jurídica por dois motivos. Por um lado, porque foi da prática judicial e das reflexões da doutrina que resultaram a elaboração de conceitos operativos e o aperfeiçoamento de técnicas específicas de tratamento dos problemas laborais, bem como o desenvolvimento de institutos e de princípios laborais hoje considerados fundamentais[114] — é reconhecida a origem jurisprudencial e/ou doutrinal de conceitos operativos básicos como o conceito de subordinação jurídica[115], assim como de princípios como o do tratamento mais favorável ao trabalhador ou o do respeito pelos direitos adquiridos (que traduzem a ideia de irreversibilidade da protecção que referimos no início deste estudo[116]), e é da

---

Geral de Direito verificou-se pois apenas em 1975, tanto na Faculdade de Direito da Universidade de Lisboa, como na Faculdade de Direito da Universidade de Coimbra, e o Direito do Trabalho é também uma disciplina autónoma nos cursos de Direito que surgiram posteriormente noutras instituições universitárias (para mais indicações, ainda COUTINHO DE ALMEIDA, *O Ensino...cit.*, 423 ss., e ROMANO MARTINEZ, *Direito do Trabalho. Relatório cit.*, 39 ss.).

[113] MENEZES CORDEIRO, *Manual...cit.*, 83 e nota [39], que também faz notar, aliás, o reconhecimento tardio da dignidade científica das matérias laborais — *op. e loc. cits.*

[114] Sobre a importância da jurisprudência na construção dogmática do direito laboral em geral, Franz GAMILLSCHEG, *Gedanken zur Rechtsfindung im Arbeitsrecht*, in T. MAYER-MALY / A. NOWAK / T. TOMANDL (Hrsg.), *Fest. für Hans Schmidt*, I, Wien-München, 1967, 68-81; noutra sede (*Die Grundrechte im Arbeitsrecht*, AcP, 1964 (164), 5/6, 385-444 (388), este autor não hesita até em afirmar o juiz como o «*eigentliche Herr des Arbeitsrechts*». Na mesma linha, MÜLLER-GLOGE, *Münchener Kommentar...cit.*, IV, 187, qualifica o direito do trabalho como «direito dos juízes» (*Richterrecht*) em resultado da importância da jurisprudência no seu desenvolvimento, pela falta de codificação separada das matérias laborais.

[115] Como já tivemos ocasião de referir, este conceito é considerado um conceito de criação jurisprudencial, por exemplo em França e de origem eminentemente doutrinal, com a difusão da ideia da *persönliche Abhängigkeit* na Alemanha — cfr., *supra*, § 2° , 4.5.II e em especial, notas [152] *in fine*, e[195].

[116] *Supra*, § 1°, IV.

prática judicial que decorre o aperfeiçoamento dos critérios de delimitação tipológica do contrato de trabalho em relação a figuras afins[117]. Por outro lado, porque a construção dogmática dos principais institutos laborais colectivos (as convenções colectivas e a greve), é feita pela doutrina[118], a quem também é devida a concepção comunitário-pessoal do contrato e da relação de trabalho, que constituiu a base da autonomização dogmática do direito do trabalho, como vamos verificar[119].

Poderá parecer despiciendo acentuar a importância dos contributos doutrinal e jurisprudencial para a elaboração dogmática do direito laboral — o pensamento dogmático, como reflexão axiológica sobre as soluções jurídicas, é elaborado exactamente a estes níveis, e o direito positivo constitui o seu objecto. O que pretendemos salientar é que, perante um sistema normativo tão complexo como o sistema laboral, com as características de incompletude, dispersão e contingência que lhe são reconhecidas, as reflexões dogmáticas se tornam mais difíceis, e, nessa medida, a separação formal das instâncias judiciais e a autonomização dos estudos académicos sobre as matérias laborais contribuiram para sensibilizar os operadores jurídicos para a especificidade dos valores em jogo e para favorecer a investigação científica dos problemas laborais pelos cultores do direito.

IV. A generalidade da doutrina reconhece a autonomia sistemática do direito laboral em relação ao direito privado comum. Este reconhecimento é tanto mais significativo porquanto ultrapassa as diferenças dos vários sistemas, quer em termos de técnica legal quer em termos de aprofundamento substancial das matérias reguladas, e ainda porque se mostra independente da posição sustentada pelos autores quanto à questão da autonomia dogmática da área jurídica.

Assim, a autonomia sistemática do direito do trabalho é reconhecida tanto em sistemas dotados de uma legislação especial sobre os fenómenos laborais individuais e colectivos relativamente abrangente (como é o caso dos sistemas francês ou português), como em sistemas que

---

[117] Cfr., *supra*, § 3º , 4.5.II e em especial, nota [197].

[118] Teremos ocasião de nos pronunciar oportunamente sobre estas matérias, na óptica da sua contribuição para a dilucidação do problema da autonomia dogmática — *infra,* Parte III, §§ 26º e 27º.

[119] *Infra,* §§ 12º e 13º.

tratam uma parte significativa das matérias laborais em sede da lei civil (é o caso italiano) e ainda em sistemas que regulam o contrato e a relação de trabalho na lei civil de uma forma escassa, complementando-a por diplomas especiais avulsos, incidentes em aspectos específicos da fenomenologia laboral individual e, em termos mais genéricos, nas matérias do direito colectivo (é o caso germânico).

Por outro lado, o reconhecimento da autonomia sistemática do direito do trabalho ultrapassa as diferenças substanciais dos diversos sistemas jurídicos, já que ela é afirmada tanto naqueles sistemas que tradicionalmente se ocuparam mais dos fenómenos colectivos (como é o caso alemão), como naqueles em que a regulamentação laboral incidiu sobretudo nas matérias atinentes ao contrato e à relação de trabalho (como foi, até há vinte anos, o caso português)[120]. O diferente peso das diversas áreas regulativas laborais, consoante os países, não impediu pois a organização lógica do complexo normativo laboral e o reconhecimento do lugar diferenciado do direito do trabalho na ordem jurídica global.

Finalmente, deve salientar-se que o reconhecimento da autonomia sistemática do direito do trabalho é independente da posição subscrita pelos autores quanto à questão da autonomia dogmática: não só a corrente doutrinal que tradicionalmente sustenta a emancipação dogmática do direito laboral perante o direito civil afirma, como grau anterior no seu processo de maturação centífica, a sua independência sistemática, como também os autores que negam a autonomia dogmática do direito laboral, por não lhe reconhecerem valorações materiais diferenciadas das do direito civil, não põem em dúvida a sua construção sistemática autónoma[121].

---

[120] Tendo já dado conta da diversidade de áreas a que o legislador laboral dedicou a sua atenção nos vários sistemas jurídicos, na parte introdutória do estudo, limitamo-nos a fazer a competente remissão — *vd, supra*, § 2º, 1.3.I., *maxime* nota [77].

[121] Por exemplo, BYDLINSKI, *Arbeitsrechtskodifikation...cit.*, 11 e 48 s., RICHARDI, *Staudingers Kommentar...cit.*, II, 40 ss. e *Arbeitsrecht und Zivilrecht cit.*, 5, aplicando, para distinguir os dois níveis de autonomia, a distinção entre *Selbständigkeit* e *Eigenständigkeit*, a que já fizemos referência, *supra*, § 4º, 8.III., nota [327]; bem como MENGONI, *L'influenza del diritto del lavoro sul diritto civile...cit.*, 9 s., ou, entre nós, MENEZES CORDEIRO, *Da situação jurídica laboral...cit.*, 148, e *Manual...cit.*, 103.

V. Como última nota sobre a autonomia sistemática do direito laboral, importa delimitar claramente esta questão do problema da codificação autónoma das normas laborais.

A codificação separada e abrangente das normas laborais é uma exigência tradicional na doutrina[122], que persiste até hoje naqueles sistemas que ainda ancoram na lei civil uma parcela significativa destas normas[123]. Por outro lado, já tivemos ocasião de constatar a inexistên-

---

[122] Por exemplo, PAUL DURAND, *Le particularisme...cit.*, 301.

[123] A questão tem sido exaustivamente discutida na Alemanha e na Áustria, na sequência das várias propostas de uma legislação laboral autónoma abrangente, que retire do BGB e do ABGB a matéria da relação individual de trabalho, que se têm sucedido desde a exigência de elaboração de um direito laboral uniforme, feita expressamente pelo art. 157 § 2 da *Weimarer Verfassung* ou, segundo alguns autores, mesmo desde o surgimento do BGB (já que, na opinião de autores como Dirk NEUMANN, *Der sächsische Entwurf eines Arbeitsvertragsgesetz*, in FARTHMANN / HANAU / ISENHARDT / PREIS (Hrsg.), *Rückblick in Arbeitsgesetzgebung und Arbeitsrechtsprechung, Fest. E. Stahlhacker,* Berlin, 1995, 349-361 (349), a ausência de referências específicas ao contrato de trabalho no BGB teria criado expectativas quanto a uma regulação da matéria laboral em lei especial), até hoje, com o renovar de tal exigência no Art. 30°, Abs. 1, Nr. 1 do *Einigunsvertrag vom 31.08.1990,* que enquadrou juridicamente o processo de reunificação das duas Alemanhas — quanto a este ponto, por exemplo, PREIS, *Perspektiven der Arbeitsrechtswissenschaft cit.,* 342, referindo as propostas germânicas de 1923, 1938, 1942, 1977 e 1992, e, especificamente em apreciação da exigência de codificação no tratado de reunificação, ainda Steffen HEITMANN, *Arbeitsrecht im Systemwandel, in Die Arbeitsgerichtsbarkeit, Fest. zum 100 jährigen Bestehen des Deutschen Arbeitsgerichtsverbandes,* Berlin, 1994, 31-37 (36), e Friedericke GRAFE, *Arbeitsvertragsgesetzentwurf — Forsetzung einer Tradition,* AuA, 1997, 1, 3-5; nesta matéria, relativamente ao direito austríaco, por exemplo, Hans FLORETTA, *Zentrale Probleme der Kodifikation des Österreichischen Arbeitsrechtes, in* T. MAYER-MALY / A. NOWAK / T. TOMANDL (Hrsg.), *Fest. für Hans Schmitz,* I, Wien--München, 1967, 43-54 (43), ou Theo MAYER-MALY, *Probleme der Kodifikation des Arbeitsrechts in Österreich,* JZ, 1961, 18, 553-564, e, em apreciação da proposta de codificação geral do direito laboral austríaco, completada em 1962, do mesmo autor, *Arbeitsrechtskodifikation festgefahren?,* JuBl, 1963, 19/20, 501-507, bem como Wilhelm HERSCHEL, *Der erste Teilentwurf einer Österreichischen Kodifikation des Arbeitsrecht,* RdA, 1962, 6, 208-217).

Para autores como SCHNORR, *Grundfragen der Arbeitsrechtsdogmatik...cit.,* 387, uma tal sucessão de propostas sem qualquer resultado prático demonstra alguma duplicidade na preocupação recorrente de codificação separada da matéria laboral nestes sistemas, mas o certo é que a doutrina se divide quanto às vantagens e desvantagens de uma regulamentação laboral autónoma ou integrada na lei civil. Assim, a remissão da matéria atinente à situação jurídica laboral para lei especial era já propugnada, no início do século XX, por autores como LOTMAR, *Die Idee eines einheitlichen Arbeitsrecht cit.*, 610 s., (que defendia a unificação do direito laboral germânico através da elaboração, ao lado dos diplomas especiais para as diversas categorias de trabalhadores, de uma legislação nuclear, que constituísse uma teoria geral do direito do trabalho), POTHOFF, *Probleme des Arbeitsrechts cit.,* 99 ss., ou MELSBACH, *Deutsches Arbeitsrecht... cit.,* 17, 27 e 42 (que pugnavam em 1912 e em 1923, respectivamente, por uma codificação laboral conjunta das matérias do direito individual e do direito colectivo do trabalho, aplicável a todas as categorias de trabalhadores), e foi mais recentemente defendida por autores como Karl KUMMER, *Die Entwicklung des Arbeitsrechtes in Österreich sei 1945,* RdA, 1956, 4, 134-138 (137), Günther SCHELP, *Es muβ der Anfang gemacht werden — Betrachtungen zur Schaffung eines Gesetzbuchs der Arbeit,* RdA, 1960, 4, 127-133 (133), FLORETTA, *Zentrale Probleme...cit.,* 43, ou Peter HANAU, *Die Leistung des Arbeitsrechtskommission,* in FARTHMANN / HANAU / ISENHARDT / PREIS (Hrsg.), *Rückblick in Arbeitsgesetzgebung und Arbeitsrechtsprechung, Fest. E. Stahlhacker,* Berlin, 1995, 149-155, e Ulrich PREIS, *Ist die Kodifikation des Arbeitsverhältnisrechts im Zuge der deutsch-deutschen und europäischen Rechtsangleichung erforderlich?,* ZRP, 1990, 8, 311-314, e, do mesmo autor, ainda *Perspektiven der Arbeitsrechtswissenschaft cit.,* 342 (onde afirma expressamente que tal codificação é uma obrigação do Estado, pelo direito dos milhões de pessoas envolvidos em relações de trabalho a verem diminuída a insegurança jurídica inerente ao carácter lacunoso das regras civis nesta matéria), e *Die Zeit ist reif für ein modernes Arbeitsvertragsrecht,* AuA, 1996, 2, 41-46. Numa perspectiva difrente, outros autores consideram a regulamentação especial das matérias laborais deve abranger apenas a matéria do contrato e da relação individual de trabalho e não a matéria do direito colectivo, suficientemente acautelada através da autonomia colectiva (é a posição sustentada, por exemplo, por Arthur NIKISCH, *Das Arbeitsgesetzbuch und die Lehre vom Arbeitsverhältnis,* in H.C. NIPPERDEY (Hrsg.), *Fest Molitor,* Berlin, 1962, 83-105 (93)). E, finalmente, um terceiro grupo de autores mantém-se crítico em relação a uma regulamentação laboral autónoma e defende a manutenção do sistema regulativo vigente (é a posição classicamente sustentada por autores como Hans KRELLER, *Zum Entwurf eines Allgemeinen Arbeitsvertragsgesetzes,* AcP, 1924 (122), 1, 1-35 (*maxime* 35), em apreciação da proposta de lei geral sobre o contrato de trabalho de 1923); mais recentemente, manifesta também grandes reservas à codificação separada do direito laboral austríaco, por exemplo, Theodor TOMANDL, *Entwurf eines Österreichichen Arbeitsgesetzbuch,* RdA, 1961, 1, 9-13), enquanto outros autores se pronunciam pela inserção das normas relativas à situação laboral individual no Código Civil, acompanhada da actualização ou reformulação deste (neste sentido,

cia de uma codificação no sentido rigoroso do termo mesmo naqueles países que já autonomizaram genericamente a regulamentação das matérias laborais, mantendo na lei civil apenas um preceito geral definidor e uma norma remissiva — como sucede, no caso português (arts. 1152º e 1153º do CC). A juventude e a instabilidade das normas laborais, em razão da sua reconhecida sensibilidade económica e social, impediram, até agora, a formação dos consensos necessários, tanto do ponto de vista das soluções positivas como do das valorações materiais subjacentes, à elaboração de uma verdadeira codificação[124].

Deve, contudo, ficar claro que a inexistência de uma codificação autónoma do conjunto das normas laborais ou, sequer, de uma parte delas, não obsta ao reconhecimento da autonomia sistemática da área jurídica em causa. Como bem refere BYDLINSKI[125] está em causa na questão da autonomia sistemática de uma área jurídica o reconhecimento das especificidades do(s) fenómeno(s) sociológico(s) sobre o qual incidem as respectivas normas (no caso, o trabalho subordinado livre e os fenómenos com ele conexos), a organização diferenciada do corpo normativo e o reconhecimento das especificidades da área jurídica para efeitos jurisdicionais e pedagógicos; já na codificação, sendo pressuposta a estabilização das valorações subjacentes ao complexo normativo, está em causa, sobretudo, um problema de técnica legal e sobressaem as preocupações de economia legislativa e de evitar as contradições e antinomias normativas[126]. Desta forma se compreende que, sendo a exigên-

---

por exemplo, MAYER-MALY, *Arbeitsrecht und Privatrechtsordnung cit.,* 209, e *Ausgewählte Schriften...cit.,* 15 ss. e 20 ss., BYDLINSKI, *Arbeitsrechtskodifikation...cit.,* 175 s.).

Embora menos aprofundada, por razões que se prendem com a maior intervenção da lei nesta matéria, o problema da codificação laboral também foi discutido noutros ordenamentos — assim, por exemplo no direito italiano, é clássica a posição de BARASSI, *Il contratto di lavoro...cit.,* I, IXXX ss., contra a codificação autónoma global do direito do trabalho, que considerou irrealista por entender que qualquer código laboral estaria em poucos anos desactualizado, e impossível porque seria incapaz de abarcar todas as situações laborais respeitando a sua diversidade. Já na doutrina francesa, a codificação separada e abrangente das matérias laborais foi defendida de forma vigorosa, por exemplo por PAUL DURAND, *La codificazione del diritto del lavoro,* DLav., 1951, I, 3-16 (*maxime* 7 s. e 11).

[124] *Supra,* § 2º, 1.3.I. e nota [76].
[125] *Arbeitsrechtskodifikation...cit.,* 11 e 20 s.
[126] Exactamente por ter subjacente a estabilização das valorações materiais básicas na área em causa, o problema da codificação não pode ser isolado do

§ 7º – A afirmação histórica e a construção sistemática do direito do trabalho

cia de uma codificação autónoma e abrangente das suas normas uma consequência natural do reconhecimento da autonomia sistemática do direito laboral[127], mesmo os autores que defendem uma solução de integração das normas laborais na lei civil reconheçam a autonomia sistemática da área jurídica[128].

---

problema da autonomia dogmática do direito do trabalho, como muito bem faz notar SCHNORR, *Grundfragen der Arbeitsrechtsdogmatik...cit.,* 387 s. No mesmo sentido, em apreciação da proposta de codificação unitária do direito laboral austríaco de 1962, MAYER-MALY, *Arbeitsrechtskodifikation festgefahren? cit.,* 506, distingue os problemas de política legislativa que a proposta coloca, ao romper com distinção tradicional entre empregados e operários ou em matéria de diminuição do tempo de trabalho, assim como os problemas que suscita em relação a questões jurídicas fundamentais como a da relação do direito laboral com o direito civil e com o direito constitucional, e para cuja resolução considera imprescindível a contribuição da ciência jurídica.

[127] Neste sentido, expressamente, Theo MAYER-MALY, *Grundsätztliches zur Kodifikatorischen Ordnung des deutschen Arbeitsrechts,* RdA, 1964, 1-7 (5).

[128] É o caso de MAYER-MALY, *Arbeitsrecht und Privatrechtsordnung cit.,* 205, e *Ausgewählte Schriften...cit.,* 12, que considera exemplar a emancipação do direito laboral relativamente ao direito civil, apesar de se pronunciar depois em favor de uma regulação integrada das matérias laborais (*idem,* 209 e 15 ss., respectivamente); ou de BYDLINSKI, *Arbeitsrechtskodifikation...cit.,* 11, que considera o reconhecimento do direito do trabalho como área autónoma do sistema jurídico compatível com uma codificação ampla das suas normas integrada no código civil (*idem,* 20).

§ 8º — Conclusões do capítulo

I. Com as características que hoje lhe reconhecemos, o fenómeno do trabalho subordinado é um fenómeno moderno, porque só o advento do liberalismo conferiu ao requisito da liberdade do trabalhador a sua actual dimensão axiológica e só com a industrialização e a inerente concentração fabril surgiram as condições para o desenvolvimento da dimensão colectiva que constitui hoje uma das suas componentes essenciais. A origem recente do fenómeno não obscurece, contudo, a relevância dos contributos pré-industriais para a construção sistemática e para o desenvolvimento dogmático do direito do trabalho.

II. A afirmação sistemática do direito do trabalho é tardia e influenciada pelo enquadramento civilista originário proposto para o vínculo laboral, através da figura da *locatio conductio operarum*, e pela sensibilidade económica e sócio-política do fenómeno do trabalho industrial. São estes factores económicos e sócio-políticos que explicam o carácter contingente e instável de grande parte das normas laborais e o pendor oscilante do desenvolvimento sistemático da área jurídica.

III. O ponto de partida para o desenvolvimento sistemático do direito do trabalho é a constatação da ineficácia do direito civil para resolver alguns problemas laborais em concreto e para compensar genericamente a situação de debilidade económica e jurídica do trabalhador subordinado; o objectivo deste desenvolvimento é a protecção do trabalhador — razão pela qual o direito do trabalho se apresenta como um direito proteccionista. O carácter unitário deste objectivo não obsta ao desenvolvimento disjunto das parcelas regulativas individual e colectiva da área jurídica.

IV. O direito do trabalho é dotado de autonomia sistemática porque o seu fenómeno sociológico nuclear se identifica com facilidade, porque as normas laborais se organizam logicamente em torno dos centros regulativos do direito do trabalho individual e colectivo, evidenciando a ideia-chave de ordenação inerente ao conceito de sistemática jurídica, e porque este corpo normativo pode ser apreciado em termos unitários a partir dos critérios unificadores das situações laborais nucleares atinentes à qualidade de trabalhador subordinado e à qualidade de empregador e das situações jurídicas destas derivadas.

V. A autonomia sistemática do direito do trabalho projecta-se ao nível jurisdicional com a especialização da jurisdição e do processo laboral, e ao nível pedagógico com a dignificação curricular e científica do ensino das matérias laborais; e é reconhecida pela doutrina, independentemente das diferenças dos vários países na forma de organização dos seus sistemas laborais e da posição sustentada pelos autores quanto ao problema da autonomia dogmática e quanto à questão da codificação separada ou integrada das normas laborais.

II
DA AUTONOMIA SISTEMÁTICA À AUTONOMIA DOGMÁTICA DO DIREITO DO TRABALHO

15. Generalidades. Prevenção metodológica

I. Reconhecida a autonomia sistemática do direito laboral, estamos aptos a apreciar a forma como foi tradicionalmente equacionado o problema da sua autonomia dogmática.

Na análise desta questão começaremos por fazer algumas referências ao ambiente jurídico civilista em que se suscitou o problema, já que, do nosso ponto de vista, este ambiente influenciou decisivamente a doutrina no tratamento do tema, justificando, designadamente, a tendência de circunscrição das reflexões aos problemas colocados pelos fenómenos laborais individuais, *verbi gratia*, à questão da natureza do contrato e da relação de trabalho. Feitas estas referências, percorreremos os caminhos trilhados pela doutrina desde o reconhecimento da autonomia sistemática até à afirmação da autonomia dogmática da área jurídica.

II. Antes de iniciarmos este percurso cabe, contudo, fazer uma prevenção metodológica, imposta pela necessidade de conjugar a análise que vamos fazer com as referências ao direito positivo, que reputamos essenciais para validar e tornar útil o discurso dogmático[129].

Na delimitação do objecto da investigação, a que procedemos na parte introdutória do estudo, equacionámos o problema da autonomia dogmática do direito do trabalho como uma pesquisa dos valores fundamentais da área jurídica, a partir do direito positivo. Objecto das nossas reflexões é, no caso, o sistema jurídico laboral e, porque o

---

[129] *Supra,* § 4º, 8.II. e § 5º, 10.IV.

inserimos no âmbito do direito privado, as relações desse sistema com o direito civil; e a finalidade dessas reflexões é contribuir para o aperfeiçoamento e a iluminação desse mesmo sistema através da clarificação das valorações materiais que lhe sejam subjacentes[130]. Todavia, como então observámos, a função de validação axiológica crítica das soluções jurídicas por via das reflexões dogmáticas não só exige o seu constante apoio no direito positivo como impede a extrapolação das conclusões para fora do âmbito do sistema jurídico do qual partem — o que nos levou, aliás, a circunscrever o âmbito da discussão sobre o problema da autonomia ao direito português[131].

Na análise que vamos agora empreender verifica-se, contudo, alguma dificuldade em apreciar o problema da autonomia dogmática directamente com referência ao caso português, porque este problema não foi tratado entre nós — pode dizer-se que, ao longo de um século de existência, o direito laboral português cresceu em termos sistemáticos até ao grau de complexidade que hoje lhe assiste e se desenvolveu em termos dogmáticos a partir de algumas ideias que são consideradas na doutrina estrangeira como pilares da sua independência científica[132], sem que tal desenvolvimento fosse acompanhado de um debate alargado sobre o problema do lugar que deve ocupar na ordem jurídica[133].

---

[130] *Supra*, § 5º. 9.I.

[131] *Supra*, § 1º, I. e § 4º, 10.1.IV.

[132] As referências ao princípio da protecção do trabalhador como princípio geral norteador do direito do trabalho e o reconhecimento das suas diversas projecções nas situações laborais individuais e colectivas, bem como o relevo dado à autonomia colectiva, ao conceito de subordinação jurídica ou à afirmação da natureza comunitário-pessoal da relação de trabalho (argumentos em que tradicionalmente se alicerçou o reconhecimento da autonomia dogmática do direito laboral, como teremos ocasião de verificar, *infra,* no próximo capítulo) são uma constante na maioria das obras laborais básicas entre nós — neste sentido, a título puramente exemplificativo, FERNANDA AGRIA / LUIZA CARDOSO PINTO, *Contrato Individual de Trabalho,* cit., 7, MONTEIRO FERNANDES, *Direito do Trabalho* cit., 24 e *passim*, ou BERNARDO XAVIER, *Curso...cit.,* 86 ss.

[133] As razões da falta de tratamento deste problema na doutrina mais antiga prendem-se com as vicissitudes históricas por que passou o nosso sistema juslaboral e a que tivemos oportunidade de fazer referência *supra*, § 7º, 14.II. Todavia, o facto é que, uma vez ultrapassadas estas condicionantes, o problema continua a ser aflorado apenas incidentalmente em alguns manuais, usualmente para afirmar a autonomia do direito do trabalho em face do direito civil (neste sentido, por exemplo, BERNARDO XAVIER, *Curso...cit.,* 86, ou MOTTA VEIGA, *Lições...cit.,*

Por outro lado, na discussão do problema da autonomia noutros contextos doutrinais constata-se o ancoramento estreito das reflexões da doutrina nos respectivos sistemas de direito positivo — o que impede extrapolações para o direito português, que tem a suas próprias especificidades, tanto do ponto de vista técnico como do ponto de vista substantivo.

Neste quadro, questão prévia a qualquer reflexão nesta matéria é a da possibilidade de debate do problema a partir das contribuições doutrinais estrangeiras: ou seja, a questão de saber se, num estudo que se assumiu como um estudo de direito português, fazem sentido e têm validade argumentos a favor ou contra a emancipação dogmática do direito laboral relativamente ao direito comum, enunciados e desenvolvidos noutros contextos doutrinais e que são naturalmente (e correctamente) condicionados pelos respectivos sistemas de direito positivo.

Entendemos que esta questão deve ter uma resposta positiva, por três motivos: por um lado, porque o facto de a afirmação sistemática do direito do trabalho ter tido o mesmo ponto de partida (i.e, a constatação da ineficácia do direito civil para dar resposta aos problemas laborais e para assegurar a efectiva igualdade entre os sujeitos laborais) e de ter sido finalisticamente determinada pelo mesmo objectivo (a protecção do trabalhador subordinado), nos vários sistemas jurídicos, como já verificámos[134], revela que, para além das diferenças de índole técnica e material inerentes a cada complexo normativo, a área jurídica tem um escopo e um conteúdo essencial comum; por outro lado, porque a apreciação da forma de abordagem do problema da autonomia dogmática do direito laboral nos diversos países demonstra, como teremos ocasião de verificar, uma notável constância dos argumentos fundamentais quer em favor quer contra a autonomia, apesar das diferenças ao nível do direito positivo[135]; e, finalmente, porque, mesmo em

---

50 ss.) e só foi até hoje objecto de uma análise aprofundada, da autoria de MENEZES CORDEIRO, *Da situação jurídica laboral...cit.*, e *Manual...cit.*, 89 ss. Deve, contudo, salientar-se que o escasso tratamento da matéria ao nível doutrinal não se verifica apenas entre nós mas também noutros sistemas jurídicos — na verdade, apenas na literatura germânica da especialidade o problema é amplamente discutido, encontrando-se também algumas contribuições sobre esta matéria na doutrina italiana e num ou outro autor francófono, como teremos ocasião de verificar.

[134] *Supra*, § 7º, especialmente, 13.3.
[135] Como teremos ocasião de verificar, ressalvadas as diferenças de intensi-

países que, como o nosso, não discutiram aprofundadamente o problema, a evolução do sistema normativo e da jurisprudência e até as preocupações dominantes da doutrina revelam a existência de idênticos valores norteadores.

Neste quadro, a riqueza dos contributos doutrinais estrangeiros, como elemento de direito comparado[136] para um estudo de direito português, parece-nos indubitável, mesmo tomando atenção, em cada caso, à incindível ligação dos argumentos e das teorias sustentadas com as caraterísticas particulares dos sistemas positivos que as suportam.

É nesta perspectiva e com esta prevenção que vamos apreciar a forma como a doutrina equacionou tradicionalmente o problema da autonomia dogmática do direito laboral; no reposicionamento crítico que procuraremos fazer na última parte do nosso estudo, teremos ocasião de aferir da adequação dos argumentos apresentados ao nosso específico contexto jurídico.

---

dade em relação às matérias laborais com maior permeabilidade ideológica, nos países em que houve mutações políticas mais radicais, e os argumentos directamente retirados dos vários modelos de organização do sistema jurídico privado, as razões em favor ou contra a autonomia dogmática do direito laboral estão, em maior ou menor grau, presentes na doutrina dos diversos países.

[136] Em geral, sobre a importância do estudo dos sistemas jurídicos estrangeiros numa perspectiva de direito comparado e sobre as funções do direito comparado, tanto em relação aos direitos nacionais como na perspectiva da uniformização e da harmonização dos sistemas jurídicos, e ainda com o objectivo de aperfeiçoamento de regras e princípios comuns a várias ordens jurídicas, *vd*, por todos, entre nós, Carlos Ferreira de ALMEIDA, *Introdução ao Direito Comparado*, 2ª ed., Coimbra, 1998, 15 ss.; e, na literatura estrangeira, Konrad ZWEIGERT / Hein KÖTZ, *Einführung in die Rechtsvergleichung*, 3ª ed., Tübingen, 1996, com realce para a contribuição que o direito comparado pode dar no processo de construção de normas jurídicas de âmbito nacional (como auxiliar do legislador) e nas operações de interpretação das normas, bem como a sua contribuição para a unificação sistemática das leis e para o desenvolvimento de um direito privado supra-nacional — *maxime*, 14 ss., 16 ss., 23 ss. e 27 ss.

§ 9º — O ambiente jurídico civilista que rodeou a colocação do problema da autonomia dogmática do direito do trabalho e as perspectivas doutrinais de reflexão

16. O carácter tardio da elaboração dogmática no domínio laboral e o direito civil como quadro de referência dessa elaboração

I. Na leitura das reflexões doutrinais sobre a construção dogmática do direito do trabalho, a primeira observação com que deparamos é a afirmação do carácter tardio do tratamento científico dos problemas e das normas laborais — como observa GIUGNI[137], à produção legal profusa e ao labor jurisprudencial intenso no domínio laboral, que se verificou desde o final do século XIX (já de si tardios em relação à difusão do trabalho industrial subordinado, como verificámos no capítulo anterior[138]), não correspondeu de imediato uma *dogmática*, uma elaboração construtiva de sistematização e conceptualização em termos jus-científicos.

Sendo certo que a elaboração dogmática é, natural e logicamente, subsequente à construção normativa, é certo também que no domínio laboral há um desfasamento particularmente significativo entre a regularização da produção de normas laborais e o respectivo tratamento dogmático. Como refere MENEZES CORDEIRO, o facto de os códigos civis continuarem a dedicar muito pouca atenção ao trabalho subordinado, numa época em que já é reconhecida a sua importância social e em que prolifera legislação avulsa na matéria[139], manifesta uma incapacidade real da ciência jurídica para lidar com os fenómenos laborais[140].

---

[137] *Direito do trabalho cit.*, 309 s.
[138] *Supra*, 13.2.I.
[139] Cfr., *supra*, § 2º, 1.2. I, e notas [49] e [50].
[140] MENEZES CORDEIRO, *Manual...cit*, 49, referindo-se especificamente ao BGB, não só por se tratar do expoente máximo do movimento de codificação, mas por ser elaborado numa época em que o trabalho subordinado é já um fenómeno de massas.

E, da mesma forma, a origem não académica de alguns dos mais importantes pioneiros do direito do trabalho[141] e o tardio reconhecimento da dignidade académica das matérias laborais (com a sua referência até muito tarde noutras áreas do saber — *verbi gratia*, nas áreas económicas)[142], permitem compreender porque é que a área laboral é usualmente considerada como uma das áreas de interesse mais recente da ciência do direito[143]; e explicam também porque é que o direito do trabalho demora muito tempo a ser reconhecido como uma área jurídica *a se*[144] e, quando o consegue, é considerado como uma área acessória do direito privado[145], um *droit enfant* do direito civil (como lhe chama GIUGNI[146]), em suma, na expressão de RÜTHERS, um conjunto normativo «sem uma codificação própria e sem uma dogmática duradoura e de confiança» (*ohne eigene Kodifikation und ohne dauerhafte, verläßliche Dogmatik*)[147].

II. No nosso entender, este desequilíbrio entre o desenvolvimento sistemático e a elaboração dogmática no domínio laboral tem origem em dois factores: por um lado, fica a dever-se à dificuldade de isolar as reflexões dogmáticas sobre a fenomenologia laboral das apreciações

---

[141] Realçando este facto, por exemplo, Thilo RAMM, *Arbeitsrecht und Politik... cit.*, XII.

[142] Que também assinalámos oportunamente, *supra*, § 7º, 14.III. e nota [111].

[143] Neste sentido, por exemplo, Günther BEITZKE, *Arbeitsrecht und Zivilrechtsdogmatik*, JBl., 1959, 6, 153-155 (154), atribuindo o facto ao enquadramento tradicional do trabalho subordinado pela figura da *locatio* e ao fraco interesse da pandectística pelo fenómeno; ou GIUGNI, *Direito do trabalho cit.*, 310 s., situando o lançamento da ciência jurídica laboral já em meados deste século, embora reconheça que os seus primeiros passos remontam ao início do século na Alemanha. Na sua apreciação do sistema laboral germânico no início dos anos 30, também Hugo SINZHEIMER, *La crisi del diritto del lavoro (1933)*, in G. ARRIGO / G. VARDARO (dir), *Laboratorio Weimar — conflitti e diritto del lavoro nella Germania prenazista* (trad. italiana), Roma, 1982, 79-88 (83), considera que a ciência jurídica laboral não atingiu ainda a sua maturidade, pela consideração de menoridade em que é tido o direito laboral.

[144] Neste sentido atente-se, entre nós, na ausência de referências ao direito laboral como ramo do direito privado, por exemplo, em Guilherme Alves MOREIRA, *Instituições de Direito Civil*, I *(Parte Geral)*, Coimbra, 1907, 7 s., que, pelo contrário, já refere o direito comercial como direito privado espacial.

[145] SINZHEIMER, *La crisi del diritto del lavoro cit.*, 82.

[146] *Direito do trabalho cit.*, 309.

[147] RÜTHERS, *35 Jahre Arbeitsrecht...cit.*, 326.

que o fenómeno do trabalho industrial suscita a outros níveis; por outro lado, explica-se pela circunstância de o direito civil ser o quadro de referência do pensamento jurídico jusprivatista no momento da afirmação histórica do direito laboral. O primeiro factor apontado é de ordem sociológica, enquanto o segundo é um factor jurídico; a sua conjugação explica o carácter tardio e o condicionamento das reflexões da ciência jurídica no domínio laboral, bem como a radicalização das perspectivas doutrinais de aproximação dogmática a esta área do direito.

Em primeiro lugar, o desenvolvimento dogmático do direito laboral é condicionado em termos sociológicos pela sensibilidade social do fenómeno do trabalho subordinado industrial e pela sua porosidade ideológica, que já tivemos ocasião de referir noutro ponto do estudo[148]: a importância social do fenómeno e a sua conexão com movimentos de luta social explica a postura tradicional de desconfiança da comunidade jurídica em relação à possibilidade do seu tratamento científico, e a sua porosidade ideológica conduz à tendência de associar as manifestações de interesse sobre as matérias laborais ao *engagement* político dos seus subscritores. Como refere RÜTHERS[149], o direito do trabalho está envolvido por um «clima especial» (*ein Sonderklima*) por emergir directamente da questão social — ora, este «clima» não favorece o rigor das reflexões dogmáticas.

Compreende-se que, só por si, a sensibilidade sócio-ideológica do fenómeno do trabalho subordinado tenha atrasado o desenvolvimento dogmático do direito laboral. Mas, na verdade, este factor sociológico influenciou o próprio conteúdo das reflexões dogmáticas, pela dificuldade de separar o nível juscientífico do debate de outros níveis de apreciação do fenómeno: em muitos casos, a pré-compreensão dos autores sobre o significado social e ideológico do trabalho industrial exerce uma profunda influência no curso das suas reflexões dogmáticas e propicia justificações extrajurídicas para os problemas científicos suscitados nesta área[150].

---

[148] *Supra*, § 2°, 1.2.II. e 1.4.II.

[149] *35 Jahre Arbeitsrecht...cit.*, 326 s. Para o autor, o dramatismo que envolve a questão social, que se encontra na origem do direito do trabalho, faz desta área jurídica uma área «com coração» (*mit Hertz*), que suscita o envolvimento emocional dos juristas que se lhe dedicam. Estes juristas tendem a ser considerados pelos juristas clássicos das áreas do direito civil e do direito penal como «emigrantes sem residência fixa», que representam e promovem conflitos sociais.

[150] Neste sentido, é ilustrativa a distinção entre as perspectivas classista e

Por outro lado, em termos jurídicos, os valores dominantes do pensamento dogmático civilista, na época histórica em que surgiu o direito laboral, contribuiram para retardar o desenvolvimento científico da nova área jurídica.

Verificámos já que a afirmação sistemática do direito laboral foi feita por referência ao direito civil, numa lógica de desvio ou lateralizante, respectivamente em relação à regulação dos fenómenos laborais individuais e dos fenómenos laborais colectivos[151]. Contudo, se esta lógica de desvio não obstou ao rápido desenvolvimento da área jurídica em termos sistemáticos, forçoso é reconhecer que ela contribuiu para retardar o surgimento das reflexões de fundo sobre o novo complexo normativo — no caso das normas atinentes às situações laborais individuais, o seu carácter pontual e o seu objectivo pragmático não propiciaram uma reflexão dogmática global sobre a sua compatibilidade com o sistema de direito civil, mas antes reflexões de «retorno» a esse mesmo sistema (numa lógica hermenêutica do tipo «norma geral (civil) — norma especial (laboral) — norma geral (civil)»); no caso das normas relativas aos fenómenos colectivos, a sua ostracização do sistema de direito civil, pela estranheza destes fenómenos em relação às concepções individualistas que sustentam a dogmática civilista, acaba, na prática, por dispensar as reflexões dogmáticas no seio desse mesmo sistema. Parece-nos pois que, neste aspecto, o direito civil exerceu uma influência contraditória na evolução sistemática e dogmática do direito laboral: em termos sistemáticos, os princípios da igualdade e da liberdade, que constituem os seus pilares, não obstaram à assunção pelo legislador de um objectivo de beneficiação de um particular relativamente a outro numa relação de direito privado[152], nem à regulação das

---

civilista de aproximação dogmática ao direito laboral descrita em VIGORITA, *Subordinazione e diritto del lavoro...cit.,* 103 s., que referiremos já a seguir. Também referindo a perspectiva classista de um sector da doutrina em relação ao direito laboral, ainda RÜTHERS, *35 Jahre Arbeitsrecht...cit.,* 327.

[151] *Supra,* 13.3.II.

[152] Note-se que a exigência da igualdade em termos substanciais e não meramente formais — hoje associada ao princípio de uma forma imediata — não é ainda claramente assumida na dogmática civilista quando o objectivo de protecção do trabalhador se manifesta, logo com as primeiras normas laborais e se começa a consolidar como fio condutor de todo o desenvolvimento do direito laboral.

situações jurídicas laborais sobretudo através de normas imperativas — as necessidades concretas de regulamentação sobrepuseram-se aos princípios jurídicos, efectuando o respectivo controlo axiológico de validade; em termos dogmáticos, contudo, o ambiente civilista de referência atrasou a discussão de fundo sobre a compatibilidade substancial da nova regulamentação com aqueles mesmos princípios.

17. O âmbito parcelar das reflexões doutrinais sobre o problema da autonomia dogmática do direito laboral e as perspectivas tradicionais na sua apreciação

I. Os factores sociológicos e jurídicos referidos não só atrasaram como condicionaram fortemente a perspectiva e o conteúdo das reflexões da doutrina sobre a questão do lugar do direito do trabalho na ordem jurídica e sobre a sua relação com o direito privado comum. Do nosso ponto de vista, é exactamente a conjugação destes factores que explica a visão do problema da autonomia como um problema de emancipação do direito do trabalho em relação ao direito civil, a consequente tendência para limitar o problema à discussão sobre a natureza jurídica do contrato e da relação de trabalho e as duas perspectivas doutrinais clássicas de análise deste tema.

II. Em primeiro lugar, decorre do ambiente civilista que referimos a configuração do problema da autonomia dogmática como um problema de *emancipação* do direito laboral relativamente ao direito civil — perante o desenvolvimento das normas laborais procura-se verificar até que ponto esse desenvolvimento corresponde à maioridade da área jurídica em termos dogmáticos[153].

O facto de o problema ser equacionado como um problema de relação com o direito civil não causa estranheza. Pretendendo-se veri-

---

[153] Empregamos pois aqui o termo «emancipação», a que recorre alguma doutrina neste contexto, como já tivemos ocasião de referir, *supra*, § 1°, III, no sentido próprio, para evidenciar o estatuto de menoridade que tradicionalmente foi associado ao direito do trabalho. Neste sentido, refere, por exemplo, MAYER-MALY, *Arbeitsrecht und Privatrechtsordnung cit.*, 205, que a expressão «*Weg vom BGB*» foi o mote dos discursos dos pioneiros do direito do trabalho.

ficar até que ponto subjazem às normas laborais valorações materiais específicas, está naturalmente em causa a confrontação destas normas com os princípios fundamentais do direito privado comum (*verbi gratia*, os princípios da igualdade e da liberdade) e com os institutos jurídicos básicos em que eles se projectam (designadamente, os institutos da propriedade e do contrato). O que nos parece importante salientar é que, sendo esta perspectiva sobre o problema contemporânea do reconhecimento das diversas áreas normativas do direito do trabalho (os tradicionais *direito individual do trabalho*, *direito colectivo do trabalho* e *direito das condições de trabalho*) e sendo a separação dessas áreas feita, entre outros, pelo critério da natureza das respectivas normas[154], ela limita o alcance das reflexões dogmáticas, uma vez que a ideia de emancipação apenas faz sentido relativamente às matérias laborais teoricamente enquadráveis pelo direito comum — ou seja, as normas atinentes ao contrato e à relação de trabalho. Com estes parâmetros reflexivos, o problema da autonomia tende pois a ficar circunscrito à área regulativa incidente na fenomenologia laboral individual.

Na verdade, o quadro civilista de referência é decisivo para fixar o alcance parcelar das reflexões dogmáticas na questão da autonomia do direito do trabalho: como veremos[155], apesar de enunciado em termos gerais, o problema é reconduzido pela maioria da doutrina (nomeadamente pela doutrina germânica, onde é exaustivamente analisado) à reflexão sobre a singularidade do contrato e da relação de trabalho perante a generalidade dos contratos e das relações obrigacionais de troca — é, afinal, esta a discussão possível e lógica no quadro dogmático de referência. Desta reflexão ou está ausente qualquer ponderação sobre os fenómenos laborais colectivos ou então não é estabelecida, para efeitos da questão da autonomia, uma ligação profícua entre as reflexões sobre os fenómenos laborais individuais e colectivos e sobre os respectivos regimes jurídicos[156].

---

[154] *Supra*, § 2°, 2.
[155] *Infra*, ao longo do capítulo III desta parte do estudo.
[156] Neste sentido afirma, por exemplo, MAYER-MALY, *Arbeitsrecht und Privatrechtsordnung cit.,* 207 s., que só para a parcela privada do direito do trabalho se coloca o problema da autonomia. Embora o autor se refira expressamente à questão da codificação das normas laborais, o facto é que ele restringe a análise ao problema da natureza da relação de trabalho e ao papel do princípio da protecção do trabalhador, mas retira dessa análise a conclusão dogmática geral de

Esta circunscrição do âmbito das reflexões dogmáticas obriga pois a caracterizar a apreciação doutrinal tradicional do problema da autonomia dogmática do direito do trabalho como uma apreciação limitada e parcelar.

III. Em segundo lugar, o ambiente civilista tem uma influência decisiva na perspectiva da doutrina sobre o problema da autonomia dogmática. Sendo os parâmetros da análise dogmática fornecidos pelo pensamento jurídico civilista, esta análise não é neutra mas tende a assumir uma posição de princípio relativamente ao sistema civil, como termo de comparação — ou uma postura de ruptura ou uma postura de conciliação dogmática, consoante se considere que a relativa falibilidade das normas civis na resolução dos problemas laborais[157] traduz uma incompatibilidade dogmática de fundo entre o direito do trabalho e o direito civil ou é, apesar de tudo, compatível com uma redução das normas laborais aos princípios e às categorias do direito comum.

A este propósito, alguma doutrina costuma distinguir duas perspectivas de aproximação dogmática aos fenómenos laborais e, designadamente, ao problema do enquadramento do contrato e da relação de trabalho: a *orientação civilista* e a *orientação classista*[158]. A primeira orientação tomaria como pressuposto a aptidão genérica do direito civil para enquadrar a fenomenologia laboral e, nomeadamente, a aptidão da figura da *locatio conductio operarum* para enquadrar a prestação subordinada de trabalho, uma vez operada a sua distinção da *locatio operis*, pelo critério do objecto do negócio; e, assumido este ponto de partida, procuraria aferir do grau de especialidade das novas categorias e institutos laborais em face dos correspondentes institutos civis e operar a sua redução aos quadros dogmáticos do direito civil e, designadamente, à lógica do contrato. A segunda perspectiva seria uma orientação classista no sentido em que procuraria retirar efeitos jurídicos directos da origem histórica das normas laborais na questão social, que reflecte a contraposição de interesses entre dois grupos sociais (o pro-

---

que é ainda no direito privado comum que se encontram os fundamentos para a compreensão de todo o direito laboral, com excepção das suas normas públicas, que devem ser reconduzidas ao direito administrativo.

[157] Que, como vimos, está na origem do desenvolvimento das normas laborais — *supra*, § 7°, 13.3.I.

[158] Por exemplo, VIGORITA, *Subordinazione e diritto del lavoro...cit.*, 103 s.

letariado e os capitalistas) — para esta orientação, mais do que verificar da adequação da *fattispecie* da *locatio* ao fenómeno do trabalho subordinado, importaria criar um regime de protecção que, em concreto, diminuísse os efeitos da inferioridade económica dos trabalhadores subordinados, independentemente da compatibilidade ou incompatibilidade formal dessas normas protectivas com o direito civil e com os respectivos fundamentos axiológicos.

Não subscrevemos esta classificação, tal como é enunciada, pela falta de rigor dos termos da comparação, que correspondem, do nosso ponto de vista, a diferentes níveis de análise — a *perspectiva civilista* é uma apreciação jurídica, ao passo que a *perspectiva classista* é uma apreciação de índole sociológica. Ora, na nossa opinião, seria legítimo comparar, em termos jurídicos, uma perspectiva civilista com uma não civilista ou uma perspectiva civilista com uma publicista, mas não é rigoroso comparar níveis jurídicos e não jurídicos de apreciação; e, na situação em análise, estando em causa a adequação de conceitos e valorações elaborados num certo contexto jurídico a outro contexto jurídico, o problema é, inequivocamente, um problema jurídico. Por outro lado, do ponto de vista terminológico, a referida classificação pode induzir em erro ao obnubilar, por um lado, o facto de, em termos jurídicos, o direito laboral se poder configurar como um *direito de classe* (não no sentido sociológico de «direito da luta de classes» mas no sentido de «direito da classe ou grupo social dos trabalhadores subordinados», como, por exemplo, o direito comercial pode ser qualificado como o «direito da classe dos comerciantes»[159]), independentemente da perspectiva de aproximação dogmática à fenomenologia laboral que seja subscrita; e, por outro lado, ao esquecer o facto de o valor da protecção do trabalhador ser considerado da maior importância em qualquer das duas perspectivas assinaladas[160].

Contudo, se a reconduzirmos ao nível da apreciação juscientífica, a distinção poderá ter o maior interesse, porque manifesta exactamente

---

[159] Vd., *supra*, a nossa referência a este entendimento classista do direito laboral e do direito comercial, § 2°, 1.2.II., e notas [59] e [60].

[160] De qualquer forma, nos próprios termos em que é enunciada, a classificação é útil para demonstrar a dificuldade em separar a apreciação dogmática das questões laborais do enquadramento não jurídico da fenomenologia laboral e por evidenciar a profunda influência da pré-compreensão cultural e sociológica sobre o fenómeno do trabalho industrial na sua apreciação jurídica.

a diferente perspectiva analítica dos seus subscritores: uma perspectiva de conciliação dogmática entre o direito do trabalho e o direito civil ou, pelo contrário, uma perspectiva de ruptura entre as duas áreas jurídicas. Estas diferentes perspectivas não podem deixar de influenciar o curso das reflexões dogmáticas dos seus subscritores sobre os fenómenos laborais.

Na verdade, a perspectiva de conciliação dogmática (ou *perspectiva civilista*, na expressão de VIGORITA[161]) baseia-se no carácter desviante ou lateralizante que historicamente assumiu o desenvolvimento do sistema normativo laboral e assume como posição de princípio a aplicabilidade geral das normas civis e a validade dos princípios do direito comum no domínio laboral — ou seja, à comprovação da inaptidão de parte das normas civis para resolver os problemas laborais não se faz corresponder um juízo apriorístico de incompatibilidade dogmática entre o direito laboral e o direito civil. Fixado o ponto de partida, os defensores desta perspectiva analítica procuram enquadrar os fenómenos laborais com recurso aos conceitos operatórios, às categorias, aos institutos e aos princípios do direito privado comum, por forma a viabilizar a sua integração dogmática no direito civil — é de acordo com esta perspectiva que se compreende a afirmação, frequente num sector da doutrina, de que o direito do trabalho se desenvolveu em termos dogmáticos com base nos mesmos princípios e institutos que nortearam o sistema jurídico civil, designadamente os princípios da autonomia privada e da igualdade e os institutos jurídicos da propriedade e do contrato[162].

A segunda perspectiva (correspondente, na terminologia de VIGORITA, à *orientação classista*[163], mas que nos parece preferível de designar como *perspectiva laboralista,* não só porque é uma perspectiva de oposição ao direito civil, mas também pela maior neutralidade socioló-

---

[161] *Subordinazione e diritto del lavoro...cit.,* 103 e s.

[162] Neste sentido refere, por exemplo, Gérard LYON-CAEN, *Du rôle des principes généraux du droit civil en droit du travail (première approche),* Rev.trimm.dr.civ., 1974, 229-248 (233), o ambiente civilista que rodeou o crescimento do direito do trabalho, considerando que diversos fenómenos laborais são explicados e regulados com recurso a conceitos e institutos civilistas, como o conceito de propriedade (que explicaria, por exemplo, o encerramento técnico das empresas), o princípio da liberdade económica (que justificaria o poder directivo) ou a ideia de contrato (que justificaria a subordinação jurídica).

[163] *Op. e loc. cits.*

gica dos termos) é, pelo contrário, uma perspectiva de ruptura com a dogmática civilista. Partindo da inaplicabilidade geral das normas civis à fenomenologia laboral, pela sua inadequação à situação de inferioridade jurídica e económica do trabalhador, esta perspectiva faz a correspondente transposição dogmática, considerando que o direito do trabalho se opõe globalmente ao direito civil pela sua origem na situação de inferioridade negocial e económica de um sujeito e pela sua vocação proteccionista unilateral. Provado o formalismo dos princípios básicos do direito civil (*verbi gratia,* do princípio da liberdade e do princípio da igualdade) pela miséria económica dos trabalhadores subordinados a que conduziu a respectiva aplicação laboral, estarão justificadas a elaboração do sistema normativo laboral e a compreensão dogmática desse sistema não a partir dos conceitos e institutos do direito comum, mas directamente a partir do objectivo da protecção dos trabalhadores subordinados — nesta perspectiva se compreende a afirmação de outro sector doutrinal de que o desenvolvimento dogmático do direito do trabalho passou pela negação dos princípios e das categorias do direito civil[164].

Culturalmente mais conciliadora, a primeira perspectiva apontada é também tendencialmente mais rigorosa do ponto de vista técnico, uma vez que lida com conceitos operatórios estáveis e com princípios jurídicos afinados por uma longa tradição dogmática. Pelo contrário, a segunda perspectiva manifesta uma maior preocupação social e está mais próxima da realidade do trabalho industrial, mas tem, por isso mesmo, um fundamento técnico menos apurado e a sua análise é mais facilmente influenciada por factores extra-jurídicos. Deve notar-se, todavia, que, ainda neste caso, se trata de uma análise jurídica e não de uma análise sociológica, porque o que está em causa é sempre a discussão sobre a operacionalidade dos conceitos e categorias do direito civil no domínio laboral e sobre a validade, nesse mesmo domínio, dos princípios gerais do direito privado — ou seja, uma discussão de índole dogmática.

---

[164] Neste sentido, DUBISCHAR, *Zur Entstehung...cit.,* 93 s., refere que as primeiras reflexões dogmáticas sobre a matéria laboral evidenciam a estranheza da fenomenologia laboral relativamente aos conceitos de propriedade e de património subjacentes ao BGB; e BRECHER, *Das Arbeitsrecht als Kritik...cit.,* 37 s., faz notar a dificuldade de adequação de conceitos fundamentais do direito civil, como o conceito de pessoa e o conceito de bem, ao domínio laboral.

IV. As tendências de conciliação e de ruptura com o sistema jurídico civil, relativamente ao problema da autonomia, dominaram sucessivamente a doutrina em fases diferentes da história do direito do trabalho, e o predomínio de cada uma delas foi determinado tanto por factores atinentes à evolução do pensamento jurídico privado como pelo contexto sociológico envolvente. Assim, nos primórdios do desenvolvimento do direito laboral, entre o final do século XIX e o início do século XX, o perfil liberal individualista do pensamento jurídico fez predominar a tendência de conciliação dogmática, com a inerente qualificação do direito laboral como uma área jurídica acessória do direito privado comum, sujeita aos respectivos princípios orientadores[165], sendo então minoritária a doutrina que assume a ruptura desta área jurídica com o sistema civil e com as suas categorias básicas, justificando directamente as suas normas na situação de desigualdade entre os sujeitos laborais e na sua vocação para a protecção de um deles[166]. Pelo contrário, a partir dos anos vinte, é a tendência de ruptura com o direito civil que se torna maioritária na doutrina[167], traduzindo-se em diversas tentativas de fundamentação não civilista do contrato de trabalho e da relação de trabalho[168], mas à nova tendência não é alheio o ambiente social que, na época, rodeia o fenómeno do trabalho subordinado e que vai contribuir para o desenvolvimento das doutrinas comunitaristas e da incorporação a partir da década de trinta[169]. E, modernamente, é a evolução do próprio direito civil que é apontada pelos autores para justificar a tendência de retorno aos parâmetros civilistas, na apreciação dogmática dos fenómenos e das normas laborais[170].

---

[165] Que transparece na obra de autores como BARASSI (*Il contratto di lavoro...cit.*, I, por exemplo) ou LOTMAR (*Der Arbeitsvertrag nach dem Privatrecht...cit.*, por exemplo). *Infra*, ponto seguinte.

[166] Neste sentido, expressamente SINZHEIMER, *La crisi del diritto del lavoro cit.*, 83. Este entendimento transparece na obra de autores como STADTHAGEN, *Das Arbeiterrecht cit.*, ou POTHOFF, por exemplo em *Probleme des Arbeitsrechtes cit.*

[167] Ainda pela mão de autores como SINZHEIMER (por exemplo, *Grundzüge...cit.*), POTHOFF (por exemplo, *Das Deutsche Arbeitsrecht cit.*), MOLITOR, *Das deutsche Arbeitsrecht...cit.*, ou NIKISCH, (por exemplo, *Die Grundformen des Arbeitsvertrags... cit.*). *Infra*, § 10º, 20.

[168] *Infra*, §§ 12º e 13º.

[169] Entre outros, SIEBERT (*Die Begründung des Arbeitsverhältnisses*, por exemplo) ou NIKISCH (*Die Eingliederung...cit.*, por exemplo). *Infra*, § 13º.

[170] Sustentada por autores como RICHARDI (*Arbeitsrecht und Zivilrecht cit.*,

Deve, contudo, referir-se que, apesar do seu diferente ponto de partida, cada uma destas perspectivas de análise deu um contributo relevante para a evolução dogmática do direito laboral — assim, a perspectiva de conciliação das normas laborais com o direito civil contribuiu para alicerçar o direito individual do trabalho em termos dogmáticos, ao passo que a orientação de ruptura contribuiu decisivamente para o lançamento dos alicerces dogmáticos do direito laboral colectivo.

É tendo em atenção este quadro que vamos proceder de imediato à apresentação do processo de autonomização científica do direito do trabalho.

---

por exemplo), BYDLINSKI (por exemplo em *Arbeitsrechtskodifikation...cit.*), ou, entre nós, MENEZES CORDEIRO (por exemplo em *Da situação jurídica laboral cit.*). *Infra*, § 19º, 41.

§ 10º — O processo de autonomização dogmática do direito laboral: do civilismo ao laboralismo

18. Sequência

I. Fixado o ambiente civilista de referência das construções dogmáticas em matéria laboral, compreende-se que o problema da autonomia seja tradicionalmente equacionado a partir das reflexões sobre a natureza jurídica do contrato e da relação de trabalho — na verdade, o percurso de autonomização dogmática do direito laboral é, todo ele, feito com base na singularização do contrato de trabalho ou da relação de trabalho em face de outros contratos e de outras relações obrigacionais.

Tirando partido do domínio sucessivo das duas perspectivas de aproximação dogmática às matérias laborais que atrás enunciámos (a perspectiva civilista ou de conciliação e a perspectiva laboralista ou de ruptura), ainda que sem grandes preocupações de rigidez cronológica[171], vamos seguir as várias fases do percurso da doutrina no processo de autonomização dogmática da área jurídica: assim, começaremos por apreciar a *perspectiva civilista* tradicional sobre o contrato de trabalho e sobre a relação de trabalho, que primeiro dominou a doutrina e que, naturalmente, procurou explicá-los a partir da figura da *locatio conductio operarum*; num segundo momento, apreciaremos a *perspectiva laboralista*, que, criticando a visão obrigacional do contrato e da relação de trabalho, procedeu ao respectivo enquadramento a partir dos seus aspectos especificamente laborais — a posição de dependência do tra-

---

[171] Adoptamos este critério cronológico com a consciência de que não se trata de um critério absolutamente rigoroso, uma vez que a concepção civilista é, como já tivemos ocasião de referir, contestada desde o início do século XX por alguns autores. No entanto, porque é, de facto, possível, identificar tendências doutrinais dominantes nas várias épocas históricas referidas, o critério pareceu-nos substancialmente correcto, tendo ainda a vantagem de facilitar a exposição das matérias. As reflexões que se seguem deverão, de qualquer modo, ser lidas nesta perspectiva de preponderância doutrinal.

balhador e a pessoalidade do vínculo laboral. Verificado o domínio desta perspectiva, a partir da década de vinte, procederemos, num terceiro momento, à apreciação da evolução dogmática dos argumentos da dependência e da pessoalidade até ao conceito nuclear em que a doutrina tem tradicionalmente alicerçado o reconhecimento da autonomia dogmática do direito laboral: o conceito de relação de trabalho como relação comunitário-pessoal.

II. Antes de iniciarmos a apresentação destas duas concepções, cabe referir que elas têm em comum, para além do facto de assentarem as suas reflexões de forma quase exclusiva nos fenómenos laborais individuais e, mais especificamente, no problema da natureza jurídica do contrato e da relação de trabalho, a visão unilateral e proteccionista do direito do trabalho, que, como vimos, constituiu o *Leitmotiv* do seu desenvolvimento sistemático[172] — independentemente do entendimento subscrito quanto ao lugar que deve ocupar no universo jurídico, o direito do trabalho é considerado como a área do direito privado (ou entre o direito privado e o direito público) vocacionada para a protecção dos trabalhadores dependentes. A ideia da protecção do trabalhador perpassa pois também na explanação dos argumentos doutrinais sobre esta matéria, e é, neste sentido, um elemento comum às duas perspectivas dogmáticas, que diferem, sobretudo, no modo como articulam esta visão unilateral e este objectivo proteccionista da área jurídica com a questão do seu posicionamento dogmático.

19. A apreciação dogmática do vínculo laboral a partir da figura da *locatio conductio operarum*: o enquadramento civilista da relação de trabalho

19.1. Os pressupostos axiológicos e técnico-jurídicos deste enquadramento: os princípios da liberdade e da igualdade dos sujeitos privados e a tripartição da figura da *locatio conductio*

I. A perspectiva de integração dogmática do vínculo de trabalho no sistema civil foi, como já referimos, dominante nos primórdios do desenvolvimento do direito laboral e até à década de vinte. Tendo a

---

[172] *Supra*, § 7°, 13.4.

sua origem moderna na referência do art. 1779° do *Code Napoléon* ao *louage des gens de travail*, esta perspectiva encontra apoio directo nos mais importantes códigos civis de oitocentos, como o código italiano de 1865 (art. 1570°), o código espanhol (art. 1583°) ou o nosso Código de Seabra (art. 1391°) e, finalmente, o BGB (§ 611° ss.). Na doutrina, esta perspectiva é subscrita pela grande maioria dos autores, não só na Alemanha, onde a discussão é mais aprofundada por coincidir com o surgimento do BGB, como em países como a Itália ou a França[173].

Esta perspectiva doutrinal assenta em dois pressupostos axiológicos e num pressuposto técnico-jurídico, de cuja conjugação emerge uma certa concepção da relação de trabalho; esta concepção tem consequências regimentais e profundas implicações dogmáticas, como veremos de imediato.

II. Os pressupostos axiológicos do enquadramento dogmático civilista da relação laboral são os princípios da liberdade e da igualdade dos entes jurídicos privados afirmados pela Revolução Francesa e que puseram em causa a componente de suserania ou domínio pessoal característica dos vínculos de trabalho pré-industriais[174]. Na aplicação destes princípios basilares do direito privado ao domínio laboral, a doutrina discute a origem remota ou recente do fenómeno do trabalho subordinado em função do real significado da liberdade do prestador ao longo

---

[173] É por força desta tendência doutrinal (a que nos referimos, *supra*, § 2°, 1.4.II e nota [101]) que o BGB mantém a integração do trabalho subordinado na figura genérica do *Dienstvertrag*, apenas cuidando da delimitação desta modalidade contratual relativamente ao *Werkvertrag* e estabelecendo alguns deveres assistenciais do credor do serviço em caso de dependência do prestador (§§ 618 e 619) — favorável a esta tendência de integração do vínculo laboral no *Dienstsvertrag*, por exemplo, LOTMAR, *Der Arbeitsvertrag nach dem Privatrecht...cit.*, *passim*; mas contra, por exemplo, Wilhelm ENDEMANNS, *Die Behandlung der Arbeit im Privatrecht*, in *Jahrbüchern für Nationalökonomie und Statistik (Separatdruck)*, 1896, MENGER, *Das bürgerliche Recht...cit.*, ou STADTHAGEN, *Das Arbeiterrecht cit.* Na Itália, é especialmente importante para este enquadramento do vínculo laboral a obra de BARASSI, *Il contratto di lavoro nel diritto...cit.*, I, que influenciou toda a construção doutrinal posterior; e, em França, construções de referência neste sentido regulativo são as dos tratadistas do direito civil (que referenciámos, *supra*, § 2°, 1.4.II e nota [103]), que influenciaram a doutrina durante largos anos.

[174] Cfr. *supra*, § 7°, 12.IV., a apresentação que fizemos destes dois princípios na perspectiva da sua aplicação às relações de trabalho subordinado.

da História[175], e divide-se ainda quanto à fixação da génese do trabalho industrial moderno na formulação originária da *locatio conductio operarum* no sistema jurídico romano[176] ou nos contratos feudais de vassalagem, como o «contrato de serviço fiel» (*Treudienstvertrag*) da tradição medieval germânica[177], mas está geralmente de acordo em considerar as ideias da liberdade e da igualdade entre o trabalhador e o empregador como o ponto de partida da construção dogmática da relação de trabalho moderna.

Os pressupostos da liberdade e da igualdade dos entes jurídicos privados permitem subsumir o fenómeno do trabalho subordinado à figura do contrato, instrumento jurídico por excelência de prossecução dos interesses privados e de enquadramento das operações económicas no século XIX[178] — na verdade, segundo autores como ROPPO, o significado mais profundo da figura do contrato para a ideologia liberal manifesta-se exactamente no domínio laboral, uma vez que é o recurso a esta figura que possibilita a «liberalização da força de trabalho», através da sua transformação em mercadoria, livremente transaccionável e, enquanto tal, passível de constituir o objecto de um negócio jurídico[179].

---

[175] *Vd supra*, § 7°, 12.II. e III., as referências que fizemos a esta discussão.

[176] *Supra*, § 3°, 4.3.III., e § 7°, 12.II.

[177] É o entendimento de VON GIERKE, *Las raíces... cit.*, que referimos *supra*, § 3°, 5.1.II. e nota [238]. Ainda sobre esta concepção, *vd, infra*, 20.1. e nota [227].

[178] Por todos, sobre a aptidão da figura do contrato para enquadrar juridicamente as operações de troca inerentes à forma de produção industrial e para traduzir a evolução social no sentido do progressivo afastamento das incapacidades dos sujeitos jurídicos ligadas à visão estatutária da sociedade pré-industrial, Enzo ROPPO, *O Contrato* (trad. port. de A. Coimbra e M. J. C. Gomes), Coimbra, 1988, 25 ss. De salientar, no entanto, que a figura se adequa melhor às relações laborais nos sistemas jurídicos da Europa continental do que nos sistemas anglo-saxónicos — não tendo a teoria geral dos contratos sido tão desenvolvida nestes sistemas, pela sua base voluntarista e individualista, o domínio das relações de trabalho é mesmo indicado por alguns autores como um domínio jurídico estranho à ideia de contrato, já que a relação jurídica se rege muito mais pelos usos e pela lei do que pela vontade das partes. Apesar da tendência de substituição da designação tradicional do regime jurídico da relação de trabalho através da expressão *master and servant law* pela expressão, mais inócua, de *labor law* (sobre estas designações, por todos, GOLDMAN, *Labor Law...cit.*, 67), ela mantém-se claramente no âmbito da *statutory law*, em razão desta origem histórica — neste sentido, por exemplo, René DAVID, *Les contrats en droit anglais*, Paris, 1973, 65 s.

[179] ROPPO, *O Contrato cit.*, 39.

De acordo com o princípio da liberdade contratual, com a amplitude máxima que lhe é reconhecida no liberalismo[180], a relação de trabalho é concebida como uma relação negocial, entre dois sujeitos iguais — porque formalmente declarados como tal pelo próprio sistema jurídico — que prosseguem os seus interesses de forma livre. Esta liberdade manifesta-se no momento da celebração do contrato, porque a vinculação dos sujeitos é voluntária (o acordo negocial assegura, designadamente, a liberdade do trabalhador na disponibilização da sua energia laborativa), manifesta-se ainda no conteúdo do negócio, que é o produto do acordo dos contraentes, e evidencia-se finalmente na total responsabilização das partes pelos compromissos assumidos e na ampla possibilidade de pôr termo ao vínculo que assiste a qualquer delas, exactamente para evitar o esvaziamento do conteúdo do princípio da liberdade[181].

III. O pressuposto técnico-jurídico deste enquadramento dogmático é a concepção tripartida da figura da *locatio conductio,* nas modalidades da *locatio conductio rei,* da *locatio conductio operis faciendo* e da *locatio conductio operarum,* que referimos a propósito da origem do fenómeno do trabalho subordinado livre[182]. Como então observámos,

---

[180] Ou seja, no duplo sentido de autonomia dos sujeitos, formalmente iguais, quanto à decisão de contratar e quanto à determinação do conteúdo do contrato (com um mínimo de restrições a essa liberdade pelo Estado) e da responsabilidade total das partes pelo conteúdo dos contratos livremente celebrados (é o princípio *pacta sunt servanda)* — ainda ROPPO, *O Contrato cit.,* 32 ss.

[181] É, aliás, este objectivo que explica a preocupação das leis civis em proibir os vínculos de serviço perpétuos, numa época marcada pelo absentismo legislativo nestas matérias — como já tivemos ocasião de referir (*supra,* § 3°, 4.3.III.). Esta preocupação manifesta-se logo no Código napoleónico (art. 1780°), mas também no Código Civil italiano de 1865 (art. 1628°) e no nosso Código de Seabra (art. 1371°). A questão não é, apesar de tudo, pacífica, já que, ainda perto do final do século XIX, a admissibilidade de vínculos de serviço perpétuos é sustentada em certos sectores — neste sentido refere, por exemplo, STADTHAGEN, *Der Arbeiterrecht cit.,* 7, e nota [3], que o § 600 da proposta legislativa referente ao BGB previa a possibilidade de vincular perpetuamente o trabalhador a efeitos desvantajosos decorrentes da prestação de serviço. Ainda que não tenha vindo a constar da redacção final do código, esta norma contemporiza com situações de domínio pessoal sobre o trabalhador, o que não deixa de surpreender no momento histórico em que surge.

[182] *Supra,* § 7°, 12.III.

apesar de discutir a origem histórica remota ou recente desta estruturação tripartida da figura da *locatio conductio*[183], a doutrina reconhece, em qualquer caso, a sua aptidão para proceder ao enquadramento dogmático do fenómeno do trabalho industrial através da modalidade da *locatio conductio operarum,* cujo traço específico reside no bem locado — a actividade de trabalho.

Para além de assegurar formalmente a conformidade do vínculo laboral com os princípios fundamentais da liberdade e da igualdade (já que os sujeitos são livres de celebrar o contrato e de nele inscreverem as cláusulas que entenderem, e estão numa posição juridicamente idêntica, enquanto credores e devedores de duas prestações obrigacionais correspectivas), este enquadramento dogmático coaduna-se facilmente com as ideias-força do pensamento juscivilista de oitocentos (a ideia de pessoa e o instituto da propriedade): por um lado, a recondução da actividade de trabalho a um bem separável do sujeito prestador e a fixação deste bem como objecto do negócio, contribui para dignificar o trabalhador como pessoa, na medida em que permite enquadrar o fenómeno do trabalho industrial sem recorrer a elementos de domínio pessoal de um sujeito privado sobre outro sujeito privado; por outro lado, esta materialização da actividade laborativa tem subjacente o instituto da propriedade, caro ao pensamento juscivilista da época, porque se pode conceber que, ao disponibilizar a sua energia de trabalho em favor do empregador, o trabalhador não esteja senão a exercer os poderes de administração ou de disposição[184] que integram o seu direito de propriedade[185].

---

[183] Como vimos, *supra,* § 7°, 12.III., as opiniões dividem-se entre aqueles que consideram que esta estrutura tripartida da *locatio* é originária do sistema jurídico romano e aqueles que entendem tratar-se de uma criação da ciência jurídica moderna com o objectivo de adaptar a figura a novas situações do tráfego jurídico.

[184] Na verdade, embora a este propósito a doutrina empregue usualmente o termo «alienação» para reforçar o facto de o trabalhador transmitir a sua actividade produtiva a outrem, esta ideia de disponibilização da energia laborativa pode corresponder quer a um acto de administração quer a um acto de disposição, consoante se enquadre o fenómeno do trabaho subordinado com recurso ao contrato de locação ou ao contrato de compra e venda: no primeiro caso, a ideia de cedência temporária do direito de dirigir a energia laborativa ao empregador-credor corresponde, do lado do trabalhador, a uma certa forma de rendibilização do seu património (logo, ao conceito de acto de administração); no segundo caso, trata-se da transmissão definitiva de um bem (a actividade de trabalho ou a energia laborati-

§ *10º – O processo de autonomização dogmática do direito laboral* 237

Com efeito, o pressuposto da separação da actividade de trabalho (ou mesmo da energia laborativa) relativamente à pessoa do trabalhador e a sua recondução à categoria de bem material permitem o enquadramento dogmático do fenómeno do trabalho industrial por diversas figuras contratuais — neste sentido se compreende a assimilação do vínculo laboral ao contrato de compra e venda, na construção de CARNELUTTI[186], ou a um contrato misto entre os contratos de compra e venda e de sociedade em CHATELAIN[187], ou ainda a sua configuração como

---

va, separadas do sujeito produtor), mediante um preço (o salário), logo, de um acto de disposição. Em geral, sobre os conceitos de acto de administração e de acto de disposição, por todos, CASTRO MENDES, *Teoria Geral...cit.*, I, 348.

[185] Como refere, por exemplo, François GÉNY, *Une théorie nouvelle sur les rapports juridiques issus du contrat de travail*, Rev.trimm.dr.civ., 1902, I (*reprint* 1970), 333-343 (338 e 342), o direito de propriedade do trabalhador sobre o seu trabalho é o pressuposto da possibilidade da sua alienação através da prestação do trabalho e é por isso que esta prestação pode ser enquadrada pela figura comum do *louage de services*. Para o autor, o direito de «propriedade» sobre o trabalho corresponde a um caso de propriedade por acessão.

[186] *Studi sulle energie...cit.* Como já referimos (supra, § 2º, 1.4.II., nota [100]), este autor reconduz o negócio envolvendo a prestação de trabalho à compra e venda através da assimilação da energia laborativa a outros tipos de energia, que constituem o objecto de outros contratos de compra e venda (dando como exemplo o contrato de fornecimento de energia eléctrica) — *op cit.*, 371. Ora o pressuposto de tal recondução é, necessariamente, a materialização da energia, no sentido do seu reconhecimento como coisa ou bem para efeitos jurídicos, separável da entidade que a produz (no caso, o corpo humano) e, logo, susceptível de constituir objecto do direito real de propriedade e da respectiva transmissão onerosa. Neste sentido, o autor afirma a autonomia da energia humana relativamente ao corpo que a produz, para poder qualificá-la como coisa em sentido jurídico e assegurar assim que o negócio jurídico através do qual ela é transaccionada não implica um poder sobre o próprio corpo de que emana (*idem*, 375); operada a separação entre o bem e o respectivo titular, pode este, no exercício do seu direito de propriedade, dele dispor, mediante um preço e através de um contrato de compra e venda (*ibidem*, 381 s. e 393 s.). A autonomização da energia laborativa como objecto do contrato assegura a igualdade dos contraentes e permite enquadrar a situação em causa através de um dos institutos mais tradicionais e mais caros à dogmática juscivilista — o instituto da propriedade.

[187] *Esquisse d'une nouvelle théorie...cit.*, 319 ss., *El Contrato de Trabajo...cit.*, 48 s.e 71 s., e *Une application de la nouvelle théorie...cit.*, 271. Esta concepção do contrato de trabalho como um negócio com elementos dos contratos de compra e venda e de sociedade assenta na identificação de um bem, separado da pessoa do trabalhador e comum aos dois contraentes: o produto do trabalho. Proprie-

um contrato obrigacional novo, proposta por ADOLPHO LIMA[188], por exemplo. O enquadramento do fenómeno pela figura da *locatio* (que se traduz, no plano legal, na sua subsunção às figuras da locação ou da prestação de serviços, consoante os sistemas) corresponde, deste modo, apenas ao entendimento doutrinal dominante, facilitado pela tradição histórica, e, porventura, pelo carácter simultaneamente continuado e temporário dos contratos de locação e de prestação de serviço (e não do contrato de compra a venda), que, na opinião de alguns autores, se compatibiliza melhor com o tipo de bem presente na relação de trabalho e ainda com a regra da proibição dos vínculos laborais perpétuos, que assegura a subsistência da liberdade do prestador do trabalho[189].

Deste enquadramento dogmático do trabalho subordinado pela figura da *locatio conductio operarum* decorre uma determinada concepção da relação de trabalho, com importantes projecções nos planos regimental e dogmático, como veremos já de seguida.

---

dade comum do trabalhador e do empregador, que o primeiro cede ao segundo antes da própria produção, por razões ligadas às suas necessidades económicas, este bem é vendido posteriormente ao cliente pelo empregador, para que, deduzidos os gastos de produção, volte a ser distribuído entre os dois, numa espécie de partilha dos lucros societários. Para o autor, é a conjugação destes elementos da compra e venda e da sociedade que assegura a igualdade das partes no negócio jurídico (*El Contrato de Trabajo...cit.*, 104 s.). O princípio da igualdade, aqui prosseguido através da ideia de sociedade, a separação do bem trabalho relativamente à pessoa do prestador e o instituto da propriedade são, também aqui, os alicerces da construção. Assim se compreende que os autores que criticam este entendimento não deixem de elogiar o recurso à ideia da propriedade sobre o trabalho, como pressuposto da qualificação do contrato — neste sentido se pronunciou, por exemplo, GÉNY, *Une théorie nouvelle...cit.*, 341, que recusa a recondução do contrato de trabalho ao contrato de sociedade, por não considerar concebível a comparticipação do trabalhador nas perdas, mas desenvolve a ideia de propriedade sobre o bem trabalho, em que assenta a concepção de CHATELAIN.

[188] *O Contrato de Trabalho cit.*, 147 s. O autor opta por esta qualificação depois de considerar impossível a recondução do vínculo laboral aos contratos de compra e venda, de sociedade e de locação. O «novo» contrato é caracterizado como um contrato bilateral entre um operário, que se obriga à produção de utilidades através do esforço próprio, e o patrão, que se obriga ao pagamento de uma remuneração calculada em função do tempo e do esforço gastos.

[189] É com base nestes argumentos que CAMERLYNCK, *Rapport de synthèse cit.*, 15, justifica a opção do *Code de Napoléon* pela recondução do trabalho subordinado ao *louage* e não à compra e venda; e a mesma conclusão retira MENGONI, *Le contrat de travail en droit italien cit.*, 425, relativamente à opção do Código Civil italiano de 1865.

19.2. A configuração do contrato e da relação de trabalho na perspectiva civilista e respectivas implicações dogmáticas

I. Da conjugação dos pressupostos axiológicos da liberdade e da igualdade com a admissibilidade da tripartição da figura da *locatio conductio* e a inerente subsunção do trabalho subordinado à *locatio conductio operarum* emerge uma configuração da relação de trabalho que é, em tudo, correspondente à qualificação obrigacional e patrimonial da própria *locatio conductio*.

Assim, a relação de trabalho é caracterizada como uma relação de direito privado pela posição jurídica igualitária dos sujeitos laborais e pela natureza particular dos interesses em jogo[190]; como uma relação obrigacional ou de crédito[191], de natureza complexa porque envolve a troca de duas prestações entre as partes — a prestação de uma actividade produtiva (prestação de *facere*) e a prestação de uma retribuição (prestação de *dare*) —, mas estas assumem em simultâneo as posições jurídicas de credor e de devedor[192]; como uma relação patrimonial e sinalagmática, dada a natureza económica do binómio de troca e a correspectividade das prestações em causa[193]; e como uma relação duradoura, uma vez que a troca tende a prolongar-se durante algum tempo[194].

Com esta configuração, a relação de trabalho apresenta-se pois como um vínculo substancialmente idêntico a outras relações jurídicas obrigacionais de escambo entre duas prestações patrimoniais, que enquadram juridicamente as transacções económicas entre sujeitos pri-

---

[190] Sobre a aplicação destes critérios de distinção entre os domínios privado e público da ordem jurídica à situação laboral, *vd* as nossas referências a esta matéria a propósito da delimitação do conceito de actividade laboral, *supra* § 2º, 1.4.I. e nota [86].

[191] No sentido técnico de vínculo jurídico em que uma das partes (o credor) pode exigir da outra (o devedor) uma certa conduta (prestação) para satisfação de um interesse legítimo — por todos, neste sentido, ANTUNES VARELA, *Das Obrigações...cit.*, I, 62.

[192] Por todos, sobre esta qualificação, ainda ANTUNES VARELA, *Das Obrigações...cit.*, I, 65 ss.

[193] Sobre esta caracterização das prestações das partes e da relação jurídica laboral, *vd, supra*, § 3º, 4.3.II. e 4.4.II.

[194] Sobre a noção de relação obrigacional duradoura, por todos, ainda ANTUNES VARELA, *Das Obrigações...cit.*, I, 94 ss.

vados no mercado[195], e este facto vai ser decisivo para a perspectiva adoptada pela doutrina na delimitação do contrato de trabalho. Por um lado, esta identidade substancial explica que ao contrato de trabalho comece por ser reconhecido um conteúdo amplíssimo, que inclui os actuais contratos de prestação de serviço e de empreitada — as primeiras referências ao termo *Arbeitsvertrag* entre os pioneiros da dogmática laboral germânica e, entre nós, ao termo «contrato de trabalho» aparecem exactamente neste sentido[196], e é com este sentido amplo que é reconduzido à categoria de *Dienstleistungsvertrag* e distinguido dos contratos sobre coisas (*Sachleistungsverträge*)[197]. Por outro lado, esta identidade substancial assegura a compatibilidade do vínculo laboral com os quadros dogmáticos civilistas, pelo que à doutrina e à jurisprudência caberá apenas encontrar, dentro desta categoria ampla de contrato de trabalho ou de serviço (que se projecta legalmente nas figuras da prestação de serviços ou da locação, consoante os casos), o traço distintivo do vínculo laboral — é para este efeito que a doutrina e a jurisprudência vão afinando os critérios da forma de cálculo da remuneração

---

[195] A este propósito, é curiosa a observação de RICHTER, *Grundverhältnisse... cit.,* 13 s., sobre o significado económico das designações de trabalhador e de empregador — *Arbeitnehmer* e *Arbeitgeber*. Para o autor, esta terminologia tem uma motivação económica directa decorrente da visão da actividade laborativa como um bem (que traduz no plano jurídico a ideia de materialização da força de trabalho): estas designações ilustram a visão do vínculo de trabalho como um vínculo económico ou de mercado, caracterizado, do lado do trabalhador, pela procura de obtenção de um ganho através do seu trabalho e, do lado do empregador, pelo fornecimento dessa possibilidade de ganho — assim o primeiro é o *tomador do trabalho* e o segundo o *dador do trabalho*. Na verdade, cremos que, apesar da sua difusão no vocabulário jurídico e até ao nível dos textos legais noutros sistemas (a expressão *datore di lavoro* consta do *Codice civile* italiano, por exemplo), esta designação carece de rigor jurídico, porque tem em conta a operação de troca económica e não as prestações, i.e., os comportamentos exigíveis aos devedores em que essa operação juridicamente se traduz — em termos jurídicos, quem *dá* o trabalho é efectivamente o trabalhador, porque é a ele que é exigível a prestação da actividade, enquanto ao empregador é exigível a remuneração.

[196] Por exemplo, LOTMAR, *Die Idee eines einheitlichen Arbeitsrecht cit.,* 606, RÜMELIN, *Dienstvertrag und Werkvertrag cit.,* 304, ou SINZHEIMER, *Grundzüge... cit.,* 117, e, entre nós, ADOLPHO LIMA, *O Contrato de Trabalho cit.,* 149.

[197] RICHARDI, *Staudingers Kommentar...cit.*, II, 8, e *supra,* § 3°, 4.2.III. e nota [143].

(sobretudo a partir de LOTMAR[198]), ou da prevalência do resultado ou da actividade na delimitação do objecto do negócio (sobretudo a partir de BARASSI[199]), como critérios de delimitação entre o contrato de empreitada e o contrato de serviço, mas incluindo neste último o contrato de trabalho[200]. De qualquer modo, fica claro que subjacente a esta delimitação está a convicção da possibilidade de enquadramento do fenómeno do trabalho subordinado através de figuras e categorias gerais do direito civil.

II. O enquadramento civilista do contrato e da relação de trabalho nos termos enunciados não objectou, como já tivemos ocasião de verificar a propósito da afirmação sistemática da área jurídica, a que o desenvolvimento do sistema normativo laboral fosse claramente norteado pelo objectivo de protecção do trabalhador[201]. Este enquadramento foi, todavia, determinante para fixar a perspectiva e o curso das reflexões dogmáticas sobre a generalidade dos fenómenos laborais e sobre o significado axiológico da ideia de protecção.

Neste sentido, constata-se não só alguma reticência da doutrina em proceder ao tratamento jurídico dos fenómenos laborais colectivos mais importantes[202] (a convenção colectiva e a greve)[203], mas, mesmo quando

---

[198] Por exemplo, *Die Idee eines einheitlichen Arbeitsrecht cit.*, 606; mas também aplicando este critério, entre nós, ADOLPHO LIMA, *O Contrato de Trabalho cit.*, 140 s.

[199] Embora este critério de delimitação também seja sustentado na doutrina germânica a partir das críticas ao critério da forma de cálculo da retribuição, desenvolvido por LOTMAR (por exemplo, MOLITOR, *Das Wesen des Arbeitsvertrages...cit.*, 32 ss.), a sua formulação pioneira parece ficar a dever-se a BARASSI, *Il contratto di lavoro...cit.*, I, 597 ss., que desenvolveu, a este propósito, a distinção entre obrigações de meios e obrigações de resultado.

[200] Vd as referências mais desenvolvidas que já fizemos a estes critérios a propósito da delimitação do conceito de actividade laboral, *supra*, § 3°, 4.4. e 4.5.

[201] *Supra*, § 7°, 13.3. e 13.4.

[202] Como refere KAHN-FREUND, *Il mutamento della funzione del diritto del lavoro cit.*, 224 s., em apreciação da evolução histórica do direito laboral germânico nesta época, o desígnio assistencial ou protectivo subjacente às normas laborais neste período e a visão tutelar da ordem jurídica relativamente ao trabalhador determinam a consideração deste em termos individuais e não como elemento de um grupo, o que explica a pouca atenção dada à fenomenologia laboral colectiva.

[203] Neste sentido, por exemplo, LOTMAR, *Die Tarifverträge...cit.*, 433 e 435, lamenta a falta de tratamento das convenções colectivas ao nível jurídico, quando

tal reticência é ultrapassada, a tendência para apreciar esses fenómenos numa perspectiva de redução aos quadros dogmáticos civilistas. Assim, aplicando a lógica negocial, a doutrina qualifica a convenção colectiva como um contrato entre o empregador ou as associações de empresariais e as associações de trabalhadores[204], que, como qualquer outro contrato de direito privado, só pode ter um efeito indirecto sobre os contratos individuais de trabalho[205]; e, de acordo com a mesma lógica, a greve é usualmente perspectivada como um incumprimento do dever de trabalho (embora alguns autores acentuem que se trata de um incumprimento justificado)[206], sem que seja atribuído qualquer significado jurídico à sua dimensão colectiva.

é certo que elas têm um enorme significado prático e foram objecto de apreciações de índole política e económica.

[204] Nesta perspectiva civilista em relação às convenções colectivas, são pioneiras as reflexões de LOTMAR, *Die Tarifverträge...cit., passim*. Apesar de tudo, este autor reconhece as insuficiências da análise civilista nesta matéria, pela sua incapacidade de equacionar em termos jurídicos a conexão da negociação colectiva com os meios de pressão ou de auto-tutela dos trabalhadores, como seria necessário para uma compreensão global da figura da convenção colectiva (*idem*, 436). Também numa perspectiva civilista sobre as convenções colectivas, VON GIERKE, *Las Raíces...cit.*, 53 s., ou SINZHEIMER, *Der Korporative Arbeitsnormenvertrag cit.* — a tendência privatista do estudo deste último autor é, aliás, evidenciada pelo subtítulo da obra (*Eine privatrechtliche Untersuchung*), embora o seu conteúdo seja, em muitos aspectos, inovador. Entre nós, a configuração negocial da convenção colectiva, como acordo sinalagmático entre os operários e o empregador, é referida em ADOLPHO LIMA, *O Contrato de Trabalho cit.*, 372 s., que, contudo, admite a sua aplicação a todos os trabalhadores, quer sejam associados do sindicato outorgante quer não sejam (*idem*, 378). Teremos ocasião de aprofundar esta matéria na Parte III do estudo — *infra*, § 26°, 57.

[205] Realçando a qualificação dos *Tarifverträge* como contratos de direito privado neste sentido, por exemplo, VON GIERKE, *Las Raíces...cit.*, 53 s., que justifica o efeito indirecto no facto de as partes do contrato individual de trabalho serem terceiros em relação à convenção colectiva. Desta forma, de acordo com as regras gerais dos negócios jurídicos, a convenção colectiva terá efeitos na esfera individual apenas na medida em que o seu conteúdo vincula a actuação das partes no futuro e desde que não seja afastada por declaração em sentido divergente no contrato de trabalho.

[206] Neste sentido, LOTMAR, *Die Tarifverträge...cit.*, 434, qualifica a greve como um abandono do trabalho (*Arbeitsniederlung*), e MELSBACH, *Deutsches Arbeitsrecht...cit.*, 64, refere-se-lhe como uma recusa do trabalho, embora justifique na dependência económica do trabalhador o seu tratamento legal especial

§ 10° – O processo de autonomização dogmática do direito laboral 243

Por outro lado, as obrigações impostas pela lei ao empregador em matéria acidentária ou de condições de trabalho ou ainda no desenvolvimento do vínculo laboral, são justificadas como limitações ao princípio da autonomia privada na prossecução de interesses gerais ou públicos[207] — na opinião de autores como BARASSI[208], os únicos com importância suficiente para se sobreporem à liberdade individual.

Finalmente, esta construção civilista do vínculo laboral aceita a ideia de protecção do trabalhador, que inspira as normas laborais, como forma de compensação da sua inferioridade em face do empregador, mas entende esta inferioridade em sentido material e não em termos jurídicos, por não admitir a contrariedade ao princípio da igualdade das partes nos negócios de direito privado — neste sentido se compreende a limitação tradicional do regime laboral de protecção não pelo estatuto jurídico do trabalhador mas pela sua situação económica, provada pelo *quantum* do seu salário[209]. A quebra relativa da igualdade das partes, que se manifesta na atenuação da responsabilidade do trabalhador pelo incumprimento e no débito acrescido do empregador evidenciado nos seus deveres de assistência, bem como as restrições à liberdade das partes na fixação do conteúdo do negócio laboral, têm assim uma justificação directa nas situações de dependência económica do trabalhador[210],

---

(*idem*, 62). Também ADOLPHO LIMA, *O Contrato de Trabalho cit.*, 201 ss., encara a greve nesta perspectiva negocial, chamando-lhe a «própria sanção do contrato».

[207] Neste sentido, VON GIERKE, *Las Raíces...cit.*, 47, justifica as obrigações de natureza pública do empregador e as normas de protecção que limitam a autonomia negocial no facto de as relações de serviço serem essenciais à organização — estas obrigações correspondem pois a um interesse geral.

[208] Lodovico BARASSI, *Il contratto di lavoro nel diritto positivo italiano*, II, 2ª ed., Milano, 1917, 119 ss.

[209] Assim se justificou a limitação originária das normas protectivas em matéria acidentária e de seguro social aos trabalhadores industriais e a limitação da sua extensão aos empregados privados através do estabelecimento de tectos salariais, que resistiram durante bastante tempo à crítica — noutros ramos de actividade ou acima de um determinado nível salarial considerava-se que o estatuto de igualdade formal entre trabalhadores e empregador afastava a dependência económica do primeiro, pelo que não se justificaria a extensão do regime de protecção. Numa postura crítica em relação a estas limitações, por exemplo, POTHOFF, *Probleme des Arbeitsrechts cit.*, 60 s. e 89.

[210] Neste sentido, por exemplo, MELSBACH, *Deutsches Arbeitsrecht...cit.*, 62, justifica as limitações ao direito de despedimento do trabalhador no facto de o

e as normas de protecção são vistas como um meio de fazer corresponder a inferioridade económica do trabalhador à igualdade jurídica que o sistema lhe reconhece.

III. No quadro que acabamos de descrever, a questão da autonomia dogmática do direito laboral não chega pois a colocar-se, mesmo para os autores que defendem a codificação separada das matérias laborais[211].

Em termos de articulação sistemática das normas civis e laborais, a concepção civilista do contrato de trabalho contribui para manter a visão do direito do trabalho como um conjunto de normas especiais desviantes do direito civil apenas pela necessidade de adequação pontual deste a aspectos regimentais específicos da fenomenologia laboral, em nome do objectivo de protecção do trabalhador — independentemente da amplitude e do significado dos desvios regulativos, o direito do trabalho não é pois reconhecido como um corpo normativo unitário[212]. Em consequência, na articulação entre os dois complexos normativos a doutrina invoca as amplas zonas de convergência entre o contrato de trabalho e as outras formas de *Dienstvertrag*[213] e tende a reconhecer a aplicabilidade directa das normas de direito das obrigações (*verbi gra-*

---

trabalho ser o seu único meio de subsistência, pelo que não deve ser possível ao empregador colocá-lo em situação de não o poder rendibilizar.

[211] É, como vimos, o caso de LOTMAR, *Die Idee eines einheitlichen...cit.*, 610 ss. e *supra*, § 7º, 14.V. e nota [123]. Como refere o autor, a criação de uma legislação nuclear do direito do trabalho é uma questão legislativa a par da qual está o problema do reconhecimento científico do direito do trabalho — ainda considerado como um «enteado» pela comunidade jurídica (*idem*, 612 s.).

[212] Neste sentido, observa LOTMAR, *Die Idee eines einheitlichen...cit.*, 606 s., que a regulamentação específica de alguns contratos laborais se deveu ao reconhecimento da diferença de peso dos parceiros negociais (apesar da uniformização formal plena levada a cabo pelo BGB) e do subsequente reconhecimento da necessidade de protecção do trabalhador; mas esta regulamentação específica reconduziu-se a uma pluralidade de regimes laborais de alcance limitado, sem qualquer uniformidade espacial ou material. Em vez de um direito do trabalho unitário, o autor considera que há assim uma grande variedade no direito do trabalho («*eine große Mannigfaltigkeit des Arbeitsrechts*») — *idem*, 607.

[213] É o argumento referido por KRELLER, *Zum Entwurf...cit.*, 33 s., para recusar a autonomização formal do contrato de trabalho em relação ao *Dienstvertrag*.

tia, das normas sobre a *locatio*[214]) e das normas civis gerais no domínio laboral, sempre que não sejam expressamente afastadas por normas laborais especiais[215], bem como a aptidão do direito civil para integrar as lacunas do regime jurídico do contrato de trabalho[216] — uma vez que a natureza especial das normas laborais impede a extensão do respectivo âmbito por via analógica, na falta de norma especial só se considera existir uma lacuna se não houver um preceito civil directamente aplicável ao caso, e, na falta deste, a integração terá que ser feita através da aplicação analógica de outro preceito de direito comum.

Por outro lado, esta construção civilista do vínculo de trabalho conduz à afirmação da plena validade dos princípios fundamentais do direito privado no domínio laboral: o contrato de trabalho é fundado no princípio da autonomia privada, pela liberdade de celebração que assiste às partes; esta liberdade tem subjacente o reconhecimento da igualdade da posição jurídica dos contraentes, tem como corolário a ideia

---

[214] Neste sentido discute-se no direito germânico a aplicabilidade ao trabalho subordinado do conjunto das prescrições legais do *Dienstvertrag* e do próprio *Werkvertrag*, uma vez que estas duas modalidades contratuais se inserem no conceito amplo de *Arbeitsvertrag* e, por outro lado, o trabalho subordinado não é autonomizado da prestação de serviços. Assim, por exemplo, RÜMELIN, *Dienstvertrag und Werkvertrag cit.*, 182 ss., discute a aplicabilidade das normas previstas para o *Werkvertrag* ao *Dienstvertrag*, a possível extensão do dever de assistência previsto para o *Dienstvertrag* ao *Werkvertrag* (*idem*, 262 ss.), e a aplicabilidade da norma sobre a substituição do prestador no cumprimento, prevista para o *Dienstvertrag* (§ 613 BGB), às situações em que as qualidades pessoais do prestador sejam particularmente relevantes, como sucede com a prestação de serviços na dependência (*Unterordnung*) de ordens do credor, e ainda ao caso em que o trabalhador seja pago em função do tempo (*ibidem*, 257) — ou seja, às situações de trabalho subordinado. Sobre a aplicabilidade genérica das prescrições obrigacionais do BGB às relações laborais nesta época do desenvolvimento do direito laboral, vd ainda BERNERT, *Arbeitsverhältnisse im 19. Jahrhundert cit.*, 240 ss.

[215] Assim, por exemplo no direito germânico, sustenta RÜMELIN, *Dienstvertrag und Werkvertrag cit.*, 177, que, não sendo a lei tão exigente em relação à conformação da prestação no contrato de serviços como no contrato de obra (§ 633 BGB), no primeiro contrato o conteúdo da prestação terá que se determinar pela vontade das partes e por aplicação dos princípios gerais, nomeadamente pela boa fé (§ 242 BGB). Em termos genéricos, sustenta-se pois a aplicabilidade das regras de teoria geral do direito civil às matérias da formação do contrato de trabalho, bem como aos problemas colocados durante a sua execução e por ocasião da sua cessação.

[216] Ainda BERNERT, *Arbeitsverhältnisse im 19.Jahrhundert cit.*, 243.

de responsabilidade plena das partes pelos compromissos assumidos no negócio laboral e só é limitada por interesses gerais — os princípios da liberdade e da igualdade actuam pois sem grandes limitações.

Será necessário questionar a natureza obrigacional e patrimonial do contrato e da relação de trabalho e recusar a sua filiação na *locatio* para que se inicie a emancipação da nova área jurídica em termos dogmáticos. É este caminho para o laboralismo que referiremos já a seguir.

20. A apreciação dogmática da relação de trabalho a partir das ideias da dependência do trabalhador e da pessoalidade do vínculo laboral: a perspectiva laboralista

20.1. O ponto de partida da construção: a crítica dos pressupostos axiológicos e técnico-jurídicos e da configuração da relação de trabalho na concepção civilista

I. A construção dogmática do contrato e da relação de trabalho, que rompe com o enquadramento obrigacional tradicional acima apresentada, desenvolve-se, sobretudo, a partir da segunda década do século XX e vai atacar a concepção civilista tanto quanto aos seus pressupostos axiológicos e técnico-jurídicos como quanto à configuração patrimonial do vínculo laboral. Desta crítica vão emergir as duas ideias--chave em que se fundou historicamente a emancipação da situação jurídica laboral relativamente às suas congéneres obrigacionais e em que a doutrina veio a apoiar a autonomização dogmática do direito do trabalho: a ideia de dependência do trabalhador e a característica da pessoalidade do vínculo laboral.

II. Em primeiro lugar, esta concepção critica os pressupostos axiológicos da liberdade e da igualdade das partes, em que se fundara a recondução da relação laboral à figura da *locatio conductio operarum* na construção civilista[217] — como referem os autores, a situação de miséria material dos operários fabris evidencia a natureza meramente for-

---

[217] *Supra*, 19.1.

§ 10º – O processo de autonomização dogmática do direito laboral 247

mal da afirmação da sua igualdade em face do empregador e faz do princípio da liberdade contratual um princípio fictício, que redunda, na prática, na «ditadura contratual» de uma das partes[218].

O formalismo dos pressupostos axiológicos da liberdade e da igualdade dos entes privados, na sua aplicação laboral, obriga a questionar a própria aptidão da categoria do contrato para enquadrar a relação de trabalho: a aceitar-se o recurso à figura para este efeito, ela terá que ser compatibilizada com o traço que verdadeiramente diferencia a relação de trabalho — i.e., a posição de dependência do prestador do trabalho relativamente ao credor-empregador, que não só determina unilateralmente o conteúdo do negócio[219] como dirige o trabalhador na execução da prestação[220].

---

[218] Neste sentido, por exemplo, SCELLE, *Le droit ouvrier cit.*, 10, SINZHEIMER, *La democratizzazione del rapporto di lavoro cit.*, 54 e 57, ou Ernst FRAENKEL, *Il significato politico del diritto del lavoro* (1932), in G. ARRIGO / G. VARDARO (dir.), *Laboratorio Weimar — conflitti e diritto del lavoro nella Germania prenazista*, Roma, 1982, 119-131 (120 s.). Na mesma linha, entre nós, escreve MARNOCO E SOUSA, *Ciência Económica...cit.*, 188: «De nada vale a liberdade dos contratos, que é um dogma em matéria de obrigações, desde o momento em que os contraentes não são igualmente livres, vendo-se obrigados os operários a trabalhar para não morrerem de fome»; no caso do contrato de trabalho (como refere mais à frente — *idem*, 242), o seu abandono às regras da liberdade contratual pelo liberalismo acabou por produzir consequências exactamente opostas aos próprios ideais liberais. E, no mesmo sentido, CUNHA GONÇALVES, *A Evolução do Movimento...cit.*, 40 s., afirma (de uma forma que virá a retomar, quase textualmente, nos seus *Princípios de Direito Corporativo cit.*, 31): «Para defender a liberdade e o individualismo, chegaram a um sistema de pulverisação social e de isolamento do indivíduo [...]. A liberdade de discutir o salário — como se o necessitado tivesse tal liberdade! — foi sujeitar ainda mais o operário ao capitalista, salva a liberdade de estoirar de fome!».

[219] A este propósito, BOISSARD, *Contrat de travail...cit.*, 15, refere a importância dos *réglements d'atélier*, onde o empregador estabelece unilateralmente as condições contratuais que entende. Também no nosso sistema, a existência de regulamentos de oficina e a sua importância normativa, como instrumentos de fixação unilateral das condições de trabalho pelo empregador (ainda que formalmente se reconduzam a instrumentos negociais tacitamente aceites pelo trabalhador), desde meados do século XIX, é documentada, por exemplo, em ADOLPHO LIMA, *O Contrato de Trabalho...cit.*, 320 e 322 s. e 352.

[220] Neste sentido, por exemplo, SINZHEIMER, *Grundzüge...cit.*, 117, aceita o fundamento negocial da relação de trabalho e identifica no seio do contrato de trabalho em sentido amplo (o *Arbeitsvertrag*, que inclui o contrato de serviços e

III. Em segundo lugar, esta concepção critica a delimitação do contrato de trabalho pelo critério do objecto, que é a base da construção civilista, em dois aspectos essenciais: a dificuldade de separar a actividade laboral do seu resultado; e a dificuldade de separar a actividade laboral da pessoa do trabalhador. Assim, quanto ao primeiro aspecto, os autores acentuam a falibilidade do critério do objecto na delimitação do negócio laboral porque a actividade laboral e o resultado a que ele conduz são interdependentes, sendo difícil determinar qual é o que mais releva para o empregador — enunciada, pela primeira vez, por RÜMELIN[221], esta crítica tornar-se-á clássica na doutrina[222] — e apontam, adicionalmente, a falibilidade do critério da forma de cálculo da remuneração[223]. Quanto ao segundo aspecto, a doutrina põe em causa a base técnica do enquadramento tradicional do trabalho subordinado pela *locatio conductio operarum*, por considerar impossível separar a actividade laboral da própria pessoa do prestador, pelo grau de envolvimento que este tem no cumprimento da prestação e nos mais diversos aspectos do desenvolvimento do vínculo jurídico — neste sentido, SINZHEIMER[224] observa que a actividade de trabalho é inseparável da pessoa do trabalhador porque este envolve toda a sua natureza no seu desempenho, e, deste modo, não pode ser, ao mesmo tempo, fonte de rendimentos e objecto desses mesmos rendimentos; enquanto SCELLE qualifica de «totalmente imaginária» a ideia da separabilidade da faculdade de trabalho da pessoa do trabalhador, recusando, por isso,

---

o contrato de obra) a modalidade que designa como *Anstellungsvertrag*, que identifica como a subespécie de *Dienstvertrag* que tem como objecto a prestação de trabalho dependente, ou desenvolvido sob a direcção do credor.

[221] *Dienstvertrag und Werkvertrag cit.*, 1 e 10. A propósito da distinção entre o contrato de serviço e o contrato de obra no BGB, o autor observa que a actividade e o resultado têm uma ligação tão estreita que não é possível determinar qual deles foi considerado pelas partes como objecto do negócio.

[222] Como vimos a propósito da delimitação do conceito de actividade laboral — *supra*, § 3°, 4.5.II., nota [194].

[223] Por exemplo, HOENIGER, *Grundformen...cit.*, XXIV s., na doutrina germânica; mas também MARTINI, *La notion du contrat de travail...cit.*, 135, e Paul CUCHE, *La définition du salarié et le critérium de la dépendance économique*, DH, 1932, 30, Chr., 101-104 (102), na doutrina francesa.

[224] *Grundzüge...cit.*, 7 s.; e, em sentido idêntico, MOLITOR, *Das Wesen des Arbeitsvertrages cit.*, 13.

o enquadramento do fenómeno do trabalho subordinado pela figura do *louage*[225].

A primeira crítica obriga à procura de um critério de delimitação do contrato de trabalho alternativo ao critério do objecto — será o critério da dependência; da segunda crítica emerge a importância do elemento da pessoalidade na relação de trabalho (que aproveita a concepção personalista do *Dienstvertrag,* enunciada por VON GIERKE no seu estudo crítico sobre a origem histórica da figura[226]), que irá desempenhar um papel fundamental, não só na construção dogmática autónoma do vínculo de trabalho, como no processo de autonomização científica do direito laboral[227].

---

[225] SCELLE, *Le droit ouvrier...cit.,* 110. Também partindo da ideia da inseparabilidade do trabalho relativamente à pessoa do prestador, BOISSARD, *Contrat de travail et salariat cit.,* 58 s., critica igualmente a recondução do vínculo laboral ao *louage de services* por considerar que na base desta figura se encontra a ideia de disponibilização de um bem que é incompatível com a referida inseparabilidade.

[226] *Las Raíces...cit., passim.*

[227] Como já tivemos ocasião de referir, *supra,* § 3°, 5.1.II. nota [238] e 19.1.II., VON GIERKE, *Las Raíces...cit,* 14 ss. e 37 s., contesta, contra a opinião dominante no seu tempo, a origem histórica do *Dienstvertrag* na figura da *locatio conductio operarum* e sustenta a sua filiação no *Treudienstvertrag,* que qualifica como um vínculo de natureza dominial e pessoal, porque assente na promessa de fidelidade do servidor e na promessa de protecção por parte do senhor. O facto de o autor considerar este contrato como o antecedente do contrato de serviços do BGB permite-lhe justificar a essência dominial da relação de serviço moderna (ou seja, o seu significado como relação de força ou de poder — *Machtverhältnis* ou *Gewaltverhältnis*), bem como a incidência do poder na própria pessoa do prestador do serviço, inseparável da prestação. Deve, contudo, notar-se que esta concepção personalista de VON GIERKE não pretende subtrair o contrato de serviço ao direito comum, mas tão somente encontrar explicação para algumas das suas particularidades relativamente aos negócios obrigacionais — nomeadamente, os deveres de assistência do credor do serviço, previstos nos §§ 618 e 619 do BGB. Realçando a componente pessoal do vínculo de serviço, o autor mantém ainda uma perspectiva civilista sobre o vínculo, solidamente ancorada no princípio da liberdade e no instituto da propriedade — neste sentido, faz questão de salientar a liberdade do prestador, apesar do carácter dominial do vínculo (aliás, um dos motivos que invoca para recusar a filiação do contrato de serviço na *locatio conductio operarum* é exactamente o facto de esta ser um desdobramento da *locatio hominis,* não assegurando a liberdade do prestador, que, pelo contrário, seria um pressuposto da vinculação do servidor no contrato de serviço fiel — *idem,* 13

20.2. A configuração da relação de trabalho na perspectiva laboralista e respectivas implicações dogmáticas

I. Das críticas enunciadas emerge uma configuração do contrato e da relação de trabalho substancialmente diversa da subscrita pelo entendimento civilista. Por um lado, o contrato de trabalho é delimitado de outros negócios jurídicos envolvendo a prestação de um serviço a partir da posição de dependência do prestador[228] — a desigualdade dos sujeitos envolvidos é assim, pela primeira vez, assumida em termos jurídicos e a doutrina preocupa-se, sobretudo, em delimitar tecnicamente esta dependência[229] e em encontrar um paralelo entre o contrato assim delimitado e outras situações dominiais do âmbito do direito privado, como as emergentes do casamento ou da filiação, por exemplo[230]. Por outro lado, a afirmação da inseparabilidade da actividade laboral relativamente à pessoa do trabalhador volta a «subjectivar» o objecto do negócio jurídico, o que conduz ou à recusa da qualificação obrigacional do contrato de trabalho e à sua caracterização como um vínculo de carácter pessoal — nesta perspectiva, considera POTHOFF[231] que o con-

---

e 15) e acaba por justificar o domínio do empregador sobre o trabalhador na relação de serviço moderna no direito de propriedade do primeiro sobre a empresa (*ibidem*, 39). A ideia de pessoalidade contribui pois para justificar as especificidades regimentais do contrato de serviço, mas o seu valor para a emancipação global da área jurídica em relação ao direito civil só virá a ser explorado pela doutrina uma década mais tarde — *infra*, 21.2.

[228] Neste sentido, por exemplo, JACOBI, *Grundlehren des Arbeitsrechts cit.*, 46, refere-se, dentro da categoria genérica dos contratos que têm o trabalho como objecto (é o sentido amplo do termo *Arbeitsvertrag*), à divisão entre o *Werkvertrag* e o *Dienstvertrag*, e indica, como modalidades deste último tipo, o contrato de serviço independente e o contrato de serviço dependente ou contrato de trabalho (*selbständige Dienstvertrag* e *unselbständige Dienstvertrag* ou *Arbeitsvertrag*). Na doutrina francesa, o critério da dependência é já referido em 1912, por exemplo em MARTINI, *La notion du contrat de travail...cit.*, 13 ss. e 70, que o considera de origem jurisprudencial.

[229] Esta delimitação vai processar-se no sentido da evolução da ideia de dependência económica para o conceito de subordinação jurídica, como teremos ocasião de verificar no ponto seguinte.

[230] POTHOFF, *Ist das Arbeitsverhältnis ein Schuldverhältnis? cit.*, 273 s., ou JACOBI, *Grundlehren des Arbeitsrechts cit.*, 56.

[231] *Die Einwirkung der Reichsverfassung...cit.*, 26, ou *Ist das Arbeitsverhältnis ein Schuldverhältnis? cit.*, 271 s. Como o autor refere neste último escrito, o

trato não é obrigacional porque tem como objecto o próprio trabalhador, que coloca a sua pessoa ao serviço do empregador para que este a aproveite na sua organização — ou, pelo menos, à reformulação da qualificação obrigacional através do aditamento de um elemento pessoal ao elemento patrimonial do vínculo — nesta óptica, entendem autores como MOLITOR[232], SINZHEIMER[233], RICHTER[234] ou NIKISCH[235], que o contrato de trabalho contém um elemento obrigacional (a promessa de prestação da actividade laborativa e a promessa da remuneração), e um elemento pessoal, que consiste na colocação do trabalhador à disposição do empregador para que este possa aproveitar a sua energia laborativa[236].

---

objecto do negócio é a pessoa do trabalhador, porque a sua situação económica dependente não lhe deixa outra possibilidade senão a de colocar-se à disposição de outrem, ao contrário do que sucede noutras modalidades de *Dienstvertrag* e também no *Werkvertrag,* cuja qualificação obrigacional e patrimonial é justificada pela liberdade de escolha do prestador, que inere à sua independência material. De acordo com a qualificação personalista do vínculo laboral em resultado do envolvimento do trabalhador na prestação, ainda JACOBI, *Grundlehren des Arbeitsrechts cit.,* 54, que, todavia, admite que a relação de trabalho possa ter também uma origem não negocial (*idem,* 60 s.).

[232] *Das Wesen des Arbeitsvertrages cit.,* 12 s. Para este autor, o contrato é obrigacional porque envolve um dever de um sujeito jurídico; mas é também pessoal porque esse dever é cumprido através da utilização do corpo do trabalhador, que constitui o objecto do negócio (*idem,* 9).

[233] *Grundzüge des Arbeitsrecht cit.,* 118 s. O autor admite, contudo, que a relação de trabalho surja também por via não negocial.

[234] *Grundverhältnisse des Arbeitsrechts cit.,* 33 e 72 ss. Tal como SINZHEIMER, este autor admite, em paralelo, a origem não negocial da relação de trabalho e faz questão de salientar que o perfil obrigacional do contrato nada esclarece sobre a natureza jurídica da relação de trabalho.

[235] *Die Grundformen des Arbeitsvertrags...cit.,* 154 ss. A separação nítida entre o momento contratual (obrigacional) e o momento (laboral) da inserção do trabalhador na organização do credor, que fez de NIKISCH um dos expoentes das doutrinas da incorporação, será esboçada um pouco mais à frente — *infra,* 26.4.

[236] A este propósito deve referir-se ainda a concepção de MELSBACH, *Deutsches Arbeitsrecht...cit.,* 29 e 50 s., difundida também no início da década de 20, porque, apesar de algumas diferenças substanciais, adita igualmente um elemento pessoal à estrutura obrigacional da relação de trabalho. Partindo da consideração de que o objectivo do operariado é exactamente a igualização da sua condição em face dos empregadores, o autor considera que este objectivo é prosseguido através da qualificação da relação laboral como relação obrigacional, porque o elemento pessoal permite ver o trabalhador e o empregador como colaboradores na

De todo o modo, em qualquer um destes entendimentos a conjugação dos elementos da pessoalidade e da dependência permite distinguir o contrato de trabalho (em sentido estrito[237]) das outras modalidades negociais envolvendo uma actividade laborativa — *verbi gratia*, as outras formas do contrato de serviço e o contrato de empreitada[238].

II. Com o inequívoco mérito da maior proximidade à realidade sociológica do trabalho industrial, esta concepção do contrato e da relação de trabalho é naturalmente mais difícil de justificar em termos dogmáticos, pela dificuldade de conciliar as ideias de dependência e de pessoalidade com a inserção jusprivada do vínculo laboral — admitir que, numa relação de direito privado, a posição jurídica das partes não é idêntica e que o prestador do serviço integra, com a sua pessoa, o objecto do contrato, é, afinal, pôr em causa o princípio da igualdade e o princípio da liberdade, que constituem os pilares do direito privado. Por este motivo, a justificação dogmática desta construção não passa apenas pela afirmação da singularidade da relação de trabalho relativamente às suas congéneres obrigacionais, mas tende a ser encontrada a partir da afirmação da singularidade do direito do trabalho como área jurídica — ou seja, através da procura da sua emancipação global em relação ao direito civil. Da recusa da recondução do vínculo de trabalho à figura da *locatio conductio operarum* a doutrina passa à afirmação da autonomia do direito do trabalho relativamente ao direito privado comum, recusando a sua qualificação como direito patrimonial e classificando-o como uma área jurídica do âmbito do direito das pessoas

---

prossecução de uma obra comum. Nesta concepção está já implícita uma ideia de comunidade, que se irá desenvolver nas décadas seguintes como verificaremos, *infra*, 21.2.II.

[237] Ou seja, na expressão de autores como JACOBI, *Grundlehren des Arbeitsrechts cit.*, 48, SINZHEIMER, *Grundzüge des Arbeitsrecht cit.*, 118 s., ou NIKISCH, *Die Grundformen des Arbeitsvertrags...cit.*, 144, o *Anstellungsvertrag*; na terminologia de RICHTER, *Grundverhältnisse des Arbeitsrechts cit.*, 33, o *Beschäftigungsvertrag*.

[238] Na doutrina germânica, a junção das ideias de pessoalidade e de dependência será traduzida pela expressão «dependência pessoal» (*persönliche Abhängigkeit*), que aparece já em 1926, por exemplo em NIKISCH, *Die Grundformen des Arbeitsvertrags... cit.*, 96, e que, até hoje, é referida na literatura como critério de delimitação do contrato de trabalho — como tivemos ocasião de referir, *supra*, § 3º, 4.5. II., nota [187], *in fine*, e IV, nota [218].

(é a construção de POTHOFF[239] ou de JACOBI[240]) ou como uma área jurídica especial, *tertium genus* entre o direito público e o direito privado e entre o direito patrimonial e o direito das pessoas (é o entendimento de RICHTER[241]). Está assim aberto o caminho para a autonomização dogmática da área jurídica.

III. De facto, as ideias da dependência do trabalhador e da pessoalidade do vínculo laboral são ricas em consequências dogmáticas, que ultrapassam o âmbito estrito da relação negocial entre o empregador e o trabalhador, contribuindo para a afirmação autónoma da área jurídica, e que serão exploradas pela doutrina sobretudo a partir dos anos vinte[242]. Quatro destas consequências nos parecem especialmente

---

[239] *Ist das Arbeitsverhältnis ein Schuldverhältnis? cit.*, 275 s.
[240] *Grundlehren des Arbeitsrechts cit.*, 54.
[241] *Grundverhältnisse des Arbeitsrechts cit.*, 4 ss. Partindo da distinção das grandes áreas da ordem jurídica pelo critério da posição dos sujeitos (que permite delimitar os domínios público e privado do sistema jurídico) e pelo critério do tipo de relação jurídica em causa (que possibilita a distinção entre direito das pessoas e direito patrimonial), RICHTER recusa a qualificação do direito do trabalho como direito patrimonial, por causa do envolvimento da personalidade do trabalhador na prestação (e da subsequente necessidade de assegurar o respeito pela sua pessoa e pela sua dignidade, enquanto estiver vinculado ao contrato de trabalho), mas recusa também a recondução global da área jurídica ao direito das pessoas pelo valor patrimonial que a prestação de trabalho tem para o empregador; desta forma, embora reconheça que a especificidade do direito do trabalho decorre do envolvimento da personalidade do trabalhador no vínculo jurídico (*idem*, 9) o autor considera-o como uma área jurídica especial, na qual concorrem elementos de patrimonialidade e de pessoalidade e elementos de direito público e de direito privado (*ibidem*, 10 ss.). Na mesma linha, SINZHEIMER, *Grundzüge des Arbeitsrecht cit.*, 6 s., classifica o direito do trabalho como uma área jurídica especial, com um elemento material (o trabalho dependente) e um elemento pessoal (o trabalhador), em que concorrem normas de direito público e normas de direito privado e cuja autonomia é uma imposição do art. 157º da WV.

[242] Ainda que haja afloramentos destas ideias anteriormente, o seu desenvolvimento tem lugar neste período, *verbi gratia* na doutrina germânica, onde é desencadeado pela Constituição de Weimar — são especialmente importantes para este desenvolvimento a afirmação do carácter unitário do direito do trabalho alemão e a exigência da uniformização dos regimes laborais (art. 157º nº 2 da WV), o reconhecimento do dever de protecção social do Estado em relação aos trabalhadores (art. 157º nº 1) e o reconhecimento das convenções colectivas (arts. 159º e 165º). Sobre esta matéria, POTHOFF, *Die Einwirkung der Reichsverfassung...cit.*, *passim*.

significativas para o desenvolvimento científico do direito laboral: a diferente forma de articulação entre as normas laborais e o direito comum, facilitada pela afirmação da singularidade do contrato de trabalho; o reforço da concepção do direito laboral como direito social dos trabalhadores, propiciado pela valorização do elemento da pessoalidade, e a difusão da ideia da protecção como meio de compensação da dependência dos trabalhadores; a legitimação dos fenómenos laborais colectivos, ainda através da ideia da protecção, e a ponderação da valência colectiva do direito laboral; e a valorização dogmática dos fenómenos laborais que transcendem a relação individual de trabalho.

Por um lado, o isolamento conceptual da figura do contrato de trabalho, a partir das ideias da dependência e do envolvimento pessoal do trabalhador na prestação, facilita a sua subtracção à lei civil[243], tornando desnecessária a justificação casuística das particularidades do seu regime jurídico e facilitando a articulação global entre as normas laborais e as normas civis: as normas de favorecimento do trabalhador (em matéria de acidentes de trabalho, de invalidade do contrato, de limitação da responsabilidade contratual do trabalhador e de acréscimo do débito negocial do empregador, através dos deveres de assistência) deixam de ter que ser justificadas, caso a caso, como desvios ao regime dos negócios obrigacionais[244], porque a natureza pessoal do vínculo dispensa, à partida, tal comparação e porque a ideia de dependência favorece uma justificação genérica de base teleológica — o objectivo de compensação da inferioridade do trabalhador. Da mesma forma, as restrições à liberdade de estipulação no contrato de trabalho, para protecção do trabalhador, são justificadas genericamente pela pessoalidade do vínculo, em nome da necessidade de assegurar a dignidade da vida do trabalhador, que pode ser especialmente afectada pelo envolvimento da sua personalidade na relação[245]. A articulação entre o sistema normativo laboral

---

[243] Neste sentido, POTHOFF, *Ist das Arbeitsverhältnis ein Schuldverhältnis?* cit., 279 ss., refere expressamente a não sujeição do contrato de trabalho ao BGB e retira desta afirmação a justificação para os diversos aspectos do regime laboral que directamente contrariam o regime dos contratos obrigacionais, como, por exemplo, o regime especial em matéria de impossibilidade de cumprimento ou de risco.

[244] *Vd* as referências que fizemos a estes «desvios», *supra*, § 7°, 13.3.I.

[245] É a justificação sustentada, por exemplo, por RICHTER, *Grundverhältnisse des Arbeitsrechts* cit., 18 s. Como refere o autor, se a restrição da liberdade negocial não faz sentido em relações patrimoniais, já no domínio das relações

e o direito comum pode assim ser feita de uma forma global, a partir da ideia de protecção que, ligada à ideia de dependência, ganha um novo significado dogmático como princípio justificativo geral do direito do trabalho.

Por outro lado, a valorização da componente de pessoalidade do vínculo laboral tem como consequência o reconhecimento da importância fundamental do trabalhador no sistema — na expressão de RICHTER[246], se é do trabalhador que emerge a característica de envolvimento pessoal, que diferencia o direito do trabalho na ordem jurídica global, então o trabalhador deve ser reconhecido como o cerne do direito laboral. Este reconhecimento traduz-se assim no reforço do entendimento do direito do trabalho como *direito dos trabalhadores*[247], mas de um modo diferente do que tinha sido proposto pela doutrina nos primórdios do seu desenvolvimento sistemático: em lugar da visão do complexo normativo laboral como um conjunto de preceitos especiais, vocacionados para a protecção da parte débil de um contrato obrigacional e patrimonial[248], a qualificação do direito do trabalho como direito dos trabalhadores é agora conjugada com a ideia de *direito social*[249], que

---

pessoais o direito tem que assegurar que a parte socialmente mais fraca não acabe por abdicar da sua personalidade na relação — sendo isso o que sucede nas relações laborais, impõe-se a restrição da liberdade de estipulação.

[246] *Grundverhältnisse des Arbeitsrechts cit.*, 9 e 31. A afirmação da importância do conceito de trabalhador como conceito nuclear do direito laboral encontra-se noutros autores da mesma época (neste sentido, por exemplo, HOENIGER, *Grundformen...* cit., XXI, ou MOLITOR, *Arbeitnehmer und Betrieb...cit.*, 9) e virá a ser reconhecida pela generalidade da doutrina germânica, como já tivemos ocasião de assinalar a propósito da delimitação da actividade laboral, *supra*, § 3º, 4.5.II. nota [218].

[247] Que encontramos também expressamente em POTHOFF, *Probleme des Arbeitsrechts cit.*, 61.

[248] Deve salientar-se, contudo, que esta visão paternalista é, ainda nesta época, sustentada por alguns autores. Neste sentido, por exemplo, KRELLER, *Zum Entwurf... cit.*, 3, numa apreciação que ele próprio qualifica como civilista (*idem*, 2) da proposta de regulamentação unitária autónoma das matérias laborais de 1923, afirma que o conceito de trabalhador é essencial para o desenvolvimento da ciência jurídica laboral, mas identifica o trabalhador, nos termos tradicionais, como a pessoa que *vive* do seu trabalho e que por isso carece de especial protecção.

[249] Neste sentido KASKEL, *Das neue Arbeitsrecht...cit.*, 1, chega a identificar os termos *Arbeitsrecht* e *Sozialrecht*, e MELSBACH, *Deutsches Arbeitsrecht...cit.*, 25, identifica como direito social o conjunto das normas laborais de protecção do trabalhadores.

se caracteriza, na construção de autores como POTHOFF[250], como o «direito que privilegia as pessoas sobre os bens, o Homem sobre o património» — ou seja, em termos assumidamente personalistas. Neste sentido, a ideia de pessoalidade leva a doutrina a exigir não só a protecção dos trabalhadores economicamente dependentes, como também a pugnar pelo reconhecimento da importância do fenómeno do trabalho em termos jurídicos (o que implica a extensão do regime de protecção a novas categorias de trabalhadores subordinados)[251] e pela assunção, por parte do Estado, da obrigação de condução de uma política de índole social[252].

Em terceiro lugar, a conjugação das ideias de pessoalidade e de dependência abre caminho ao desenvolvimento e à legitimação jurídica dos fenómenos laborais colectivos[253]. A configuração do direito do trabalho como direito de um grupo social e a valorização do princípio da protecção como princípio geral de tutela da personalidade e da dignidade dos trabalhadores tem como corolário a afirmação do direito do

---

[250] *Probleme des Arbeitsrechts cit.*, 61 e 66. Neste sentido se compreende a referência do autor ao carácter *associal* e *patrimonial* do direito civil alemão, cujos reflexos, no caso das relações de trabalho considera remontarem à base romanista do contrato de serviços do BGB, a que inere uma avaliação do trabalhador em termos patrimoniais (*idem,* 62). De notar ainda que, na opinião deste autor (*Ist das Arbeitsverhältnis ein Schuldverhältnis? cit.,* 283 s.), a concepção patrimonial do contrato de trabalho, perfilhada pelo BGB, terá sido especialmente favorecida pela visão marxista do trabalhador, que considera que ele apenas interessa ao empregador como fonte de rendimentos económicos — o pensamento personalista e social deste autor é pois também uma crítica a esta concepção marxista.

[251] Neste sentido, o direito do trabalho como direito de classe deixa de ser identificado com o direito dos trabalhadores fabris para ser identificado com o direito das pessoas profissionalmente ocupadas em situação de dependência (na expressão de KASKEL, *Das neue Arbeitsrecht...cit.,* 1, «*ein neues berufsständisches Arbeitsrecht*»).

[252] Ainda POTHOFF, *Probleme des Arbeitsrechts cit.,* 66 ss. Já depois da *Weimarer Verfassung,* o autor volta a referir-se a esta função social do Estado para a fundamentar directamente no art. 157º nº 1 da WV (*Die Einwirkung der Reichsverfassung...cit.,* 2).

[253] Esta legitimação é facilitada no sistema germânico pelo reconhecimento constitucional dos fenómenos laborais colectivos, *verbi gratia* das convenções colectivas, como já referimos, *supra,* nota [242]. Por todos, sobre o papel da WV no lançamento das bases do direito laboral colectivo alemão, NÖRR, *Grundlinien des Arbeitsrecht...cit.,* 411 ss., e KAHN-FREUND, *Il mutamento della funzione del diritto del lavoro cit.,* 227 ss.

trabalho como um *direito colectivo*, por se ocupar do trabalhador não em termos individuais mas como elemento de um grupo[254], e a aceitação das formas específicas de compensação da dependência do trabalhador ao nível colectivo — o associativismo laboral, as convenções colectivas e a greve[255]. É para este objectivo de dignificação das condições de vida dos trabalhadores que se orientam os esforços das suas associações, que veem, desta forma, legitimada a sua actuação como uma função social[256]; assim como é em atenção a este objectivo que a greve é vista como um fenómeno de grupo[257] e considerada por alguns como a pedra angular do direito do trabalho[258]; e, finalmente, que a concepção contratualista tradicional sobre as convenções colectivas tende a ceder em favor da sua qualificação como actos normativos[259].

---

[254] Neste sentido, por exemplo, POTHOFF, *Die Einwirkung der Reichsverfassung...cit.*, 6 s. e 53.

[255] Assim, por exemplo, KASKEL, *Das neue Arbeitsrecht...cit.*, 27 s., considera como aspectos fundamentais do novo direito do trabalho, saído do período imediatamente subsequente à I Guerra, a maior força reconhecida à auto-regulação dos problemas laborais pela via das convenções colectivas e o papel reconhecido às associações laborais no seu diálogo com os empregadores em representação dos trabalhadores; na mesma linha, SINZHEIMER, *Grundzüge des Arbeitsrecht cit.*, 67, considera a autonomia colectiva (*autonome Sozialbestimmung*) como o meio colectivo de compensação da debilidade individual dos trabalhadores, e, noutra sede (*La democratizzazione del rapporto di lavoro cit.*, 61 e ss. e 69 ss.), justifica com o mesmo argumento o direito de participação dos trabalhadores na gestão; também HOENIGER, *Grundformen des Arbeitsvertrages cit.*, XLI ss., justifica o direito de cogestão (que entende em sentido amplo, por forma a incluir a auto-regulamentação das matérias laborais pelas convenções colectivas e a actuação intra-empresarial das comissões de trabalhadores) como meio de compensar o carácter dominial da relação de trabalho; e, em sentido idêntico, se manifestam na doutrina francesa, por exemplo, BOISSARD, *Contrat de travail...cit.*, 167, ou SCELLE, *Le droit ouvrier...cit.*, 212.

[256] POTHOFF, *Probleme des Arbeitsrechts cit.*, 61; é esta também a justificação de SINZHEIMER. *Grundzüge des Arbeitsrecht cit.*, 67, para o direito de coalisão.

[257] Neste sentido, BOISSARD, *Contrat de travail...cit.*, 128 s., qualifica-a como uma forma colectiva de pressão sobre os empregadores para os obrigar à revisão das convenções colectivas.

[258] Por exemplo, POTHOFF, *Die Einwirkung der Reichsverfassung...cit.*, 28.

[259] Ainda POTHOFF, *Die Einwirkung der Reichsverfassung...cit.*, 23. Neste sentido, o autor considera até incorrecta a designação tradicional das convenções como *Tarifverträge*, considerando preferível a expressão «acordo colectivo»

Finalmente, a conjugação da maior abertura em relação aos fenómenos colectivos com a afirmação da singularidade do contrato de trabalho e do direito laboral a partir das ideias de pessoalidade e de dependência, fornece a primeira oportunidade para apreciar a pluralidade de situações e de vínculos jurídicos conexos mas não integrados na relação de trabalho — apreciação esta dificilmente compaginável com o enquadramento civilista originário do vínculo laboral, que se concentrava, sobretudo, na relação entre o empregador e o trabalhador. É ainda RICHTER[260] que, em prossecução do objectivo de uniformização científica do direito laboral, procura isolar aquilo a que chama as «relações fundamentais do direito do trabalho» (*die Grundverhältnisse des Arbeitsrechts*), a partir do conceito de trabalhador, nelas incluindo as situações em que o trabalhador é titular de uma posição jurídica (são as relações laborais fundamentais de primeira ordem), mas também aquelas em que o empregador é titular de uma posição jurídica (relações laborais fundamentais de segunda ordem), e ainda as situações em que trabalhador e empregador não são titulares de posições jurídicas a título individual, mas apenas como elementos de um grupo (relações laborais fundamentais de terceira ordem) — para além da clássica relação de trabalho, de base negocial, são assim objecto de um tratamento dogmático diferenciado as situações jurídicas de carácter colectivo que se estabelecem entre trabalhadores e empregadores, as situações jurídicas que surgem entre cada um deles e o grupo profissional em que se inserem e ainda as que os relacionam com terceiros, incluindo o próprio Estado. Está aberto o caminho para a apreciação científica integrada de todos os fenómenos laborais.

IV. Como referimos[261], a tendência de ruptura com o sistema civil no enquadramento dogmático da relação de trabalho torna-se dominante

---

(*Tarifvereinbarungen*). Na doutrina francesa, também SCELLE, *Le droit ouvrier...cit.,* 70 s. e 99, critica o primitivo enquadramento negocial das convenções colectivas e admite a sua natureza regulamentar, e BOISSARD, *Contrat de travail...cit.,* 158, classifica-as como regulamentos convencionais, com grandes diferenças em relação aos contratos comuns, nomeadamente quanto à eficácia perante terceiros, apesar de continuar a reconhecer-lhes natureza contratual (*idem,* 194 s.). Teremos ocasião de desenvolver esta matéria, *infra,* Parte III, § 26°.

[260] RICHTER, *Grundverhältnisse des Arbeitsrechts cit.,* 30 ss.
[261] *Supra,* 20.1.I.

a partir do final dos anos vinte[262]. É certo que, independentemente dos factores atinentes aos vários sistemas jurídicos, esta evolução se explica também por factores extra-jurídicos: por um lado, pelo facto de nesta época se ter verificado um enorme aumento do número de trabalhadores subordinados, não só nos sectores tradicionais da indústria e do serviço doméstico, como também no sector dos serviços e na própria administração pública; por outro lado, pelo recrudescimento dos fenómenos colectivos ligados ao trabalho subordinado (*verbi gratia,* das greves) neste período; e, finalmente, pela assunção de preocupações sociais por parte do Estado, em resultado da gradual afirmação das concepções do Estado Social de Direito. Ora, este reforço da intervenção normativa do Estado em matéria laboral e social, quase sempre através de legislação avulsa imperativa, o desenvolvimento da fenomenologia laboral colectiva e a expansão do universo dos trabalhadores subordinados compaginam-se mais facilmente com o enquadramento não estritamente civilista do vínculo laboral que acabamos de descrever.

A difusão desta perspectiva não civilista sobre o vínculo laboral entre a doutrina vai desencadear o aprofundamento das reflexões dogmáticas sobre as ideias da dependência e da pessoalidade. É deste aprofundamento, realizado ao nível doutrinal e jurisprudencial, que decorrerá a concepção da relação de trabalho como relação comunitário-pessoal, e é nesta concepção que será cimentado o reconhecimento da autonomia dogmática do direito laboral, esboçado pelas concepções personalistas dos anos vinte e trinta. Já de seguida daremos conta destas reflexões.

---

[262] Reconhecemos a importância deste período histórico em termos gerais. As diferenças de alguns anos entre uns e outros países devem-se a factores histórico-sociais de incidência diversa, como a I Guerra, ou, no caso português, a proclamação da República.

21. A evolução dogmática das ideias de dependência e de pessoalidade na sua aplicação laboral: da dependência económica à subordinação jurídica; da pessoalidade do vínculo laboral à concepção comunitário-pessoal da relação de trabalho

21.1. A evolução dogmática da ideia de dependência: da dependência económica à subordinação jurídica

I. Como um dos pilares em que assenta a apreciação dogmática não civilista da relação de trabalho, a ideia de dependência do trabalhador é naturalmente objecto de enorme atenção por parte da doutrina e da jurisprudência, que procuram delimitá-la de uma forma rigorosa e dela retirar as competentes projecções dogmáticas. No que se refere ao seu conteúdo, o conceito de dependência tende a evoluir do primitivo significado económico para um significado jurídico — é o conceito de subordinação jurídica, cuja justificação é tentada por diversas vias. Uma vez apurado o conceito de subordinação jurídica, as reflexões da doutrina e o trabalho da jurisprudência vão testar a sua valia como critério delimitador do contrato de trabalho e a sua aptidão explicativa em relação a vários aspectos da fenomenologia laboral individual e colectiva. Referiremos brevemente cada um destes pontos.

II. A primeira questão sobre a qual incidem as reflexões doutrinais é, naturalmente, a questão da delimitação do conceito de dependência. Como vimos, como justificação para as normas laborais de protecção, a dependência começou por ser encarada no seu significado económico — i.e., reportada à necessidade de disponibilização da sua energia laborativa pelo trabalhador para assegurar a sua subsistência e a da sua família. Contudo, duas razões ditaram a progressiva substituição desta delimitação económica por uma delimitação do conceito por critérios jurídicos: por um lado, a progressiva extensão do regime laboral protectivo a novas categorias de trabalhadores, em situação económica menos precária; por outro lado, a falta de idoneidade do conceito como critério delimitador da aplicação do normativo laboral, na primitiva acepção económica, uma vez que a qualificação laboral das situações a partir do sector produtivo em que se insere o trabalhador ou do *quantum* do salário que aufere é, afinal, uma decisão não jurídica e que estigmatiza o direito do trabalho como uma espécie de «direito dos pobres», quando é certo que muitas das normas de protecção se devem aplicar a todas as categorias de trabalhadores dependentes.

Por este motivo, desde o início dos anos vinte que a maioria da doutrina afirma, como traço distintivo da actividade laborativa duradoura e heterodeterminada ou como traço distintivo da figura do trabalhador dependente (consoante as orientações e os sistemas[263]), o facto de o prestador se encontrar numa posição de sujeição pessoal em relação ao empregador no vínculo de trabalho[264]; esta posição de sujeição (designada, de uma forma que ilustra a preocupação de demarcação das conotações económicas do termo até então prevalentes, por expressões como «*persönliche Abhängigkeit*» na Alemanha[265], «*subordinazione*» em Itália[266], ou «*subordination juridique*» em França[267]), projecta-se num amplo dever de obediência do traballhador, a que corresponde, do lado do empregador, a titularidade de um poder jurídico — o poder de direcção[268]. Neste quadro, a debilidade económica do trabalhador passa a ser encarada apenas como um pressuposto de facto, uma característica sintomática dos vínculos laborais[269], ou, quando muito, como um

---

[263] Como já tivemos ocasião de referir, a propósito da delimitação do conceito de subordinação como elemento diferenciador da actividade laboral, *supra*, § 3º, 4.5.IV. e nota [218], a subordinação é reportada à actividade produtiva em alguns sistemas, enquanto noutros é referida directamente à pessoa do trabalhador, conforme nos parece mais correcto.

[264] Logo nos anos vinte, a natureza jurídica da subordinação é exigida, na doutrina germânica, por autores como SINZHEIMER, *Grundzüge... cit.*, 10 s., RICHTER, *Grundverhältnisse des Arbeitsrechts cit.*, 14, JACOBI, *Grundlehren des Arbeitsrechts cit.*, 49, 52 s. e 64, ou NIKISCH, *Die Grundformen des Arbeitsvertrags...cit.*, 93 ss.; na doutrina francesa, por MARTINI, *La notion du contrat de travail...cit.*, 53, 70, 81, e SCELLE, *Le droit ouvrier...cit.*, 168, por exemplo; e, na doutrina italiana, a ideia da subordinação neste sentido jurídico é aflorada por BARASSI, *Il contratto di lavoro...cit.*, I, 600, embora o autor desenvolva, sobretudo, a delimitação do contrato de trabalho pelo critério da prestação.

[265] Por todos, NIKISCH, *Die Grundformen des Arbeitsvertrags...cit.*, 96.

[266] Por todos, BARASSI, *Il contratto di lavoro...cit.*, I, 600.

[267] Por todos, LESCUDIER, *Le salarié...cit.*, 43 s. e 80 s.

[268] Por exemplo, HOENIGER, *Grundformen des Arbeitsvertrages cit.*, XXXVI, RICHTER, *Grundverhältnisse des Arbeitsrechts cit.*, 78, NIKISCH, *Die Grundformen des Arbeitsvertrags...cit.*, 93 ss., MARTINI, *La notion du contrat de travail...cit.*, 53, 70 e 81, ou SCELLE, *Le droit ouvrier...cit.*, 168.

[269] Como refere NIKISCH, *Die Grundformen des Arbeitsvertrags...cit.*, 93 ss., o reconhecimento de direitos especiais, como é o caso do direito laboral, tem de

critério adicional de delimitação, pela função alimentar do salário e pela necessidade de atingir algumas situações em que a falta de subordinação jurídica do prestador coexiste com uma tal debilidade económica que se justifica a extensão do regime laboral de protecção[270].

III. A evolução da ideia de dependência para o conceito de subordinação jurídica tem, contudo, de ser acompanhada de uma justificação dogmática cuidadosa, pela necessidade de conjugar o reconhecimento da essência desigual da relação negocial com a sua inserção jurídica privada. Se a conotação económica da dependência deixa formalmente intocado o dogma da igualdade das partes no vínculo jurídico, o novo significado da subordinação volta a realçar a posição desigual dos sujeitos, uma vez que as ideias de sujeição pessoal e de poder traduzem no domínio jurídico a essência dominial do vínculo.

Desta forma, a doutrina dedica uma grande atenção à justificação das posições relativas do trabalhador e do empregador na relação de trabalho. Esta justificação é encontrada na indeterminação relativa da prestação laborativa e na correspondente necessidade de concretização (é a formulação de HOENIGER[271], por exemplo), ou é construída a par-

---

decorrer de particularidades do tipo negocial e não da situação social dos destinatários das normas — ainda que a dependência económica corresponda à maioria das situações laborais, o que é relevante é o seu sentido pessoal, manifestado na sujeição da vontade do trabalhador (*Willensunterworfenheit*) ao empregador. Também reconduzindo a dependência económica a um pressuposto normal ou a uma característica sintomática da relação de trabalho, por exemplo, RICHTER, *Grundverhältnisse des Arbeitsrechts cit.*, 14, JACOBI, *Grundlehren des Arbeitsrechts cit.*, 52 s. e 64, ou LESCUDIER, *Le salarié...cit.*, 212.

[270] É o entendimento de CUCHE, *La définition du salarié...cit.*, 102, que assim justifica, por exemplo, a extensão das normas laborais de protecção às situações de trabalho no domicílio.

[271] *Grundformen...cit.*, XXV ss. Partindo da distinção entre «trabalho em espécie» e «trabalho em género» (*Speziesarbeit versus Gattungsarbeit*), HOENIGER considera que, quando a promessa de trabalho é feita em termos genéricos pelo trabalhador, ela carece de ser determinada pelo credor ao longo do desenvolvimento do contrato e é essa circunstância que justifica o poder de direcção — é aquilo que o autor designa como trabalho heterodeterminado (*Fremdbestimmte Arbeit*); pelo contrário, se a promessa for feita em termos específicos à partida, o trabalhador pode desenvolver a actividade de trabalho em autonomia, porque é ele que determina o modo de cumprimento da prestação (é o trabalho autodeterminado ou *Selbstbestimmte Arbeit*). É pois a indeterminação da prestação que directamente

§ 10º - O processo de autonomização dogmática do direito laboral

tir da conjugação do envolvimento pessoal do trabalhador com o carácter duradouro do contrato e com a natureza indeterminada da prestação (é a posição defendida por autores como RICTHER ou JACOBI[272]), aliada ao critério da repartição do risco entre as partes, em alguns autores[273]. Paralelamente, um outro argumento justificativo da subordinação do prestador, que vai ganhando progressivamente mais adeptos entre a doutrina, é o argumento da inserção do prestador na organização do credor e das necessidades desta organização[274] — nesta perspectiva, POTHOFF[275] qualifica a relação de trabalho como uma «relação de organização social» (*eines soziales Organisationsverhältnis*), considerando que a tarefa do trabalhador não é tanto a realização da prestação como a integração na empresa, e MOLITOR[276] difunde o conceito de «pertença à empresa» (*Betriebszugehörigkeit*), que terá, a partir de então, a maior importância na construção dogmática do vínculo laboral[277] [278].

---

justifica o *Direktionsrecht*, cujo objectivo é assegurar a concretização do débito negocial do trabalhador — idem, XXXII.

[272] RICHTER, *Grundverhältnisse des Arbeitsrechts cit.*, 15 s., considera que o carácter duradouro mas não fraccionável da prestação de trabalho e o envolvimento da personalidade do trabalhador no vínculo exigem o controlo do seu desempenho pelo credor — o que justifica o poder directivo; também referindo a conjugação do carácter indeterminado da prestação, do envolvimento pessoal do trabalhador e da natureza duradoura do vínculo para explicar a dependência do prestador, JACOBI, *Grundlehren des Arbeitsrechts cit.*, 48 e 54.

[273] Autores como HOENIGER, *Grundformen des Arbeitsvertrages cit.*, XXXII, apontam o critério da incidência do risco como critério adicional do critério decisivo de delimitação do vínculo laboral, que é o da forma autónoma ou heterónoma de determinação da prestação; e SCELLE, *Le droit ouvrier cit.*, 168, justifica a incidência do risco na esfera jurídica do credor como contrapartida natural do seu poder de direcção.

[274] Por exemplo, HOENIGER, *Grundformen des Arbeitsvertrages cit.*, XXXV s., considera que a verificação do modo como a prestação se integra na estrutura empresarial do destinatário é um factor decisivo (apesar de estar apenas implícito na lei), para concluir sobre a situação de dependência — considerando que há dependência quando a promessa de trabalho visar uma inserção sistemática na estrutura económica do credor, sendo esta inserção que justifica a sujeição do trabalhador a instruções do empregador, emitidas ao abrigo do seu direito de direcção.

[275] *Die Einwirkung der Reichsverfassung...cit.*, 24.

[276] *Arbeitnehmer und Betrieb...cit.*, 27 ss.

[277] Que teremos oportunidade de apreciar, *infra*, 24. e 26.

[278] Deve, ainda assim, notar-se que alguns autores se mantêm críticos em relação a este último argumento, que consideram apenas como uma consequência

IV. Assim delimitada e justificada, a ideia de subordinação jurídica ganha o maior significado para a construção dogmática do contrato e da relação de trabalho e mesmo para o processo de autonomização científica do direito laboral, na medida em que revela uma grande aptidão explicativa em relação a diversos aspectos da fenomenologia laboral individual e colectiva.

No que se refere ao contrato de trabalho, é com este significado jurídico que a ideia de dependência ou subordinação vai ser exaustivamente desenvolvida, pela doutrina e pela jurisprudência, como critério delimitador da figura em relação a contratos afins — como já vimos[279], o critério da subordinação jurídica ultrapassa as deficiências dos restantes critérios de delimitação, isolando o traço verdadeiramente característico da actividade laboral, e, nesta função delimitadora, a sua operacionalidade vai sendo progressivamente apurada através do tratamento jurisprudencial dos denominados «indícios de subordinação»[280].

Como é sabido, esta eficácia do conceito de subordinação para delimitar o contrato de trabalho mantém-se até hoje, o que faz dele o conceito-chave para a aplicação das normas laborais: a subordinação do prestador do trabalho decide da qualificação laboral do contrato e essa qualificação permite ao trabalhador beneficiar do correspondente regime protectivo. Mas para além da valia que revela na operação de qualificação do contrato, o elemento da subordinação apresenta, afinal, uma valia geral, uma vez que se vai constituir como instância de justificação dos fenómenos laborais individuais e colectivos e da própria construção dogmática autónoma da área jurídica: assim, no plano individual, a subordinação não serve apenas de justificativo geral para o regime de protecção do trabalhador, como parte débil do contrato de trabalho, mas será chamada a justificar directamente a relação de trabalho quando a doutrina a autonomiza da sua fonte negocial[281], bem como as mais importantes manifestações do conteúdo dominial do vínculo laboral — o poder de direcção e o poder disciplinar; no que se reporta aos fenómenos colectivos, é ainda a subordinação que é chamada a justifi-

---

comum do contrato de trabalho. Neste sentido, por exemplo, KRELLER, *Zum Entwurf...cit.*, 33, KASKEL, *Das neue Arbeitsrecht...cit.*, 27, ou JACOBI, *Grundlehren des Arbeitsrechts cit.*, 52.

[279] *Supra*, § 3°, 4.5.II. e nota [194].
[280] *Supra*, § 3°, 4.5.II. e nota [197].
[281] *Infra*, § 13°, 26.

car os mecanismos colectivos de compensação da debilidade negocial do trabalhador, tanto pela via negocial como pela via conflitual; e, em termos gerais, a subordinação constitui a instância de justificação da construção dogmática autónoma do direito do trabalho com base no princípio da protecção, que se vai pouco a pouco delineando[282].

21.2. A evolução dogmática da ideia de pessoalidade: do elemento pessoal do contrato de trabalho à concepção comunitário--pessoal da relação de trabalho

I. Paralelamente à evolução da ideia de dependência até ao conceito de subordinação jurídica verifica-se uma evolução da ideia de pessoalidade, que será também da maior valia para a autonomização dogmática do direito do trabalho. Esta evolução caracteriza-se, por um lado, pela perda de importância do acordo negocial na justificação do elemento pessoal do vínculo laboral; e, por outro lado, pela adição à ideia de pessoalidade do factor da inserção do trabalhador na organização do credor, que evolui posteriormente num sentido comunitário.

Como vimos, a ideia da pessoalidade começa por ser associada pela doutrina ao contrato de trabalho[283]. Verificado o envolvimento pessoal do trabalhador na prestação, ao vínculo de trabalho é atribuído um carácter misto ou, na concepção mais extrema, um carácter pessoal, que o diferencia de outros vínculos jurídicos envolvendo um serviço; mas, como refere POTHOFF[284], se a pessoalidade do vínculo laboral obsta à sua qualificação obrigacional, ela em nada contende com a sua natureza negocial, porque a relação jurídica pessoal emerge do acordo livre das partes, tal como sucede, aliás, com outros negócios pessoais de direito privado[285]. Nesta concepção, o elemento da pessoalidade altera a caracterização estrutural da relação de trabalho mas continua a ser reportado ao contrato, e, nessa medida, o estado pessoal de sujeição em que ele se projecta encontra-se directamente legitimado no acordo das partes.

---

[282] *Infra*, § 17º.
[283] *Supra*, 20.2.I.
[284] *Ist das Arbeitsverhältnis ein Schuldverhältnis?* cit., 273 s.
[285] O autor compara o contrato de trabalho com o contrato de casamento — *Ist das Arbeitsverhältnis ein Schuldverhältnis?* cit., 273 s.

A partir do final da década de vinte e durante as duas décadas seguintes, o tratamento dogmático do elemento da pessoalidade evolui, todavia, no sentido do abandono desta justificação negocial em favor de uma fundamentação directa na relação de trabalho e nas características especiais que para ela decorrem do facto de se desenvolver no seio de uma organização predisposta pelo credor e em conjunto com outras relações laborais.

Já apontada como justificação para o elemento da subordinação[286], a ideia da inserção do trabalhador na organização do credor revela, com efeito, uma particular aptidão para explicar o elemento da pessoalidade e também para colmatar algumas das deficiências patenteadas pela justificação negocial da relação laboral. Por um lado, a inserção do trabalhador na organização do empregador explica mais facilmente o envolvimento da sua personalidade no vínculo laboral — ao contrário do que sucede com outras formas de prestação de serviços, o trabalhador subordinado não trabalha *para* mas sim *dentro de* uma organização alheia, sendo por isso natural um envolvimento global da sua pessoa no vínculo, que não faz sentido em trabalhadores externos à organização[287]. Por outro lado, a relevância dada ao acto de inserção do trabalhador na organização do empregador permite ultrapassar algumas das deficiências evidenciadas pela justificação negocial da relação de trabalho (mesmo quando entendida como uma relação jurídica de carácter pessoal), uma vez que se configura como uma instância de justificação alternativa ao contrato de trabalho: em primeiro lugar, o acto de inserção na organização do credor pode ser considerado como a fonte da relação de trabalho quando esta não seja instituída por via contratual, ou porque provém de um acto de autoridade pública[288] ou porque a ausência de liberdade de estipulação retira à fonte negocial qualquer legitimidade como acto jurídico fundamentante[289]; em segundo lugar, o

---

[286] *Supra,* ponto anterior, III.

[287] Neste sentido, autores como MOLITOR, *Arbeitnehmer und Betrieb...cit.,* 14 s., consideram essencial na relação de trabalho a possibilidade de adequação da prestação laboral aos objectivos da empresa em que o trabalhador está integrado.

[288] Neste sentido, autores como JACOBI, *Grundlehren des Arbeitsrechts cit.,* 60 s., SINZHEIMER, *Grundzüge des Arbeitsrecht cit.,* 118 s., ou RICHTER, *Grundverhältnisse des Arbeitsrechts cit.,* 72, admitem a origem da relação de trabalho num acto público ou na prestação efectiva de trabalho.

[289] Nestes casos, autores como SCELLE, *Le droit ouvrier...cit.,* 168 s., consideram que o contrato de trabalho é um pseudo-contrato e que a fonte da relação

acto de inserção permite explicar a produção de efeitos juslaborais independentemente da validade ou das vicissitudes do contrato de trabalho — ou seja, o regime jurídico aplicável quando o contrato é nulo ou inexistente[290], em casos de suspensão do contrato[291] ou até depois da sua cessação — e facilita ainda a justificação dos deveres de assistência do empregador, como forma de compensação das limitações que decorrem para o trabalhador do facto de prescindir de organizar, ele próprio, o trabalho, integrando-se globalmente numa organização alheia.

II. Embora a relevância do factor da inserção do trabalhador na organização do empregador, para explicar o elemento de pessoalidade e para colmatar as deficiências da justificação negocial do vínculo laboral, seja apontada desde cedo por alguns autores[292], o aproveitamento dogmático pleno deste factor ocorre, sobretudo, a partir da década de trinta, quando a doutrina procede ao seu desenvolvimento em termos institucionalistas. Este desenvolvimento será fundamental tanto para a reconstrução do elemento da pessoalidade no vínculo laboral, como para a reconstrução dogmática global desse mesmo vínculo.

No que se refere à ideia de pessoalidade, a doutrina considera que, por força da sua integração na empresa ou na comunidade doméstica do empregador, o trabalhador não tem apenas que se sujeitar aos objectivos da organização mas passa verdadeiramente a comungar desses objectivos — é o desenvolvimento da ideia de comunidade laboral, de certa forma já implícita na construção de VON GIERKE sobre a origem histórica do *Dienstvertrag*[293], mas que é agora explicitamente traduzida nos

---

laboral é o acto de inserção do trabalhador na empresa (*embauchage*), que reveste a natureza de acto-condição e, só por si, determina a sujeição do trabalhador a determinado estatuto — a «lei da empresa» (*loi de l'usine*).

[290] Por exemplo, RICHTER, *Grundverhältnisse des Arbeitsrechts cit.*, 72.

[291] A este propósito, MOLITOR, *Arbeitnehmer und Betrieb...cit.*, 27, dá o exemplo da interrupção longa do trabalho, que não contende com a produção de alguns efeitos laborais, porque estes efeitos decorrem directamente do vínculo de pertença do trabalhador à empresa.

[292] Neste sentido, autores como SINZHEIMER, *Grundzüge des Arbeitsrecht cit.*, 118 s., RICHTER, *Grundverhältnisse des Arbeitsrechts cit.*, 72, ou SCELLE, *Le droit ouvrier...cit.*, 168 s., admitem o fundamento não negocial da relação de trabalho; e, na mesma linha, JACOBI, *Grundlehren des Arbeitsrechts cit.*, 60 s., coloca, por esse motivo, no centro do sistema laboral, a relação de trabalho (*Anstellungsverhältnis*) e não o contrato de trabalho.

[293] VON GIERKE, *Las raíces... cit.*, 35; como se sabe, esta construção aplica

conceitos de «*Betrieb*» e «*Arbeitsgemeinschaft*» na Alemanha[294], ou «*azienda*» e «*comunità di lavoro*»[295] em Itália.

No que se refere à reconstrução dogmática global da relação de trabalho, o aditamento do elemento comunitário à ideia de pessoalidade vai contribuir decisivamente para a autonomização do vínculo laboral relativamente aos seus congéneres vínculos obrigacionais envolvendo a prestação de serviços, porque permite diluir ou mesmo ultrapassar a ideia de contraposição de interesses subjacente à estrutura de troca desses vínculos. A partir deste momento, a singularidade da relação de trabalho vai ser justificada não só no elemento da pessoalidade como num elemento de comunidade: o elemento pessoal evidencia-se no envolvimento integral do trabalhador na prestação, em razão da incindível ligação entre a sua pessoa e a actividade laboral; o elemento comunitário emerge da ponderação da inserção do trabalhador na organização do credor, que o faz comungar dos objectivos dessa organização. É nesta perspectiva que a relação de trabalho deixa de ser qualificada apenas como uma relação pessoal para passar a ser qualificada também como uma rela-

---

ao contrato em questão a concepção genérica do autor sobre a essência comunitária do direito germânico, expressa em *Das Deutsche Genossenschaftsrecht,* I, II, e III, 1ª ed. (*reprint*), Darmstadt, 1954 — nesta concepção, o autor procura identificar a componente associativa na evolução histórica do direito germânico (*maxime,* I), e desenvolve depois os conceitos de *Körperschaft* e de *Genossenschaft* (II, maxime 829 ss. e 865 ss.), a propósito dos quais se refere expressamente à existência de «comunidades de trabalho» (*Arbeitsgenossenschaft*) — *idem,* II, 918.

[294] Conceitos como o de *Betrieb, Genossenschaft* e *Arbeitsgemeinschaft* encontram-se, já no início dos anos vinte, em autores como MELSBACH, *Deutsches Arbeitsrecht...cit.,* 29 s., com este significado comunitário: para este autor, o trabalhador pode ser valorizado como colaborador do empregador e o direito do trabalho deve ser visto como um direito das pessoas, no sentido de que patronato e operariado se nivelam pelo facto de se encontrarem ambos ao serviço da empresa e da indústria (e não os segundos ao serviços dos primeiros), o que justifica os mútuos deveres de lealdade e cooperação; o seu desenvolvimento dogmático nesta perspectiva comunitária será, contudo, feito sobretudo a partir do início da década de trinta. Por sua vez, o conceito de empresa na sua dimensão laboral será desenvolvido a partir da construção de MOLITOR, *Arbeitnehmer und Betrieb...cit., passim.*

[295] O conceito de *azienda* é desenvolvido no domínio laboral por autores como GRECO, *Il contratto di lavoro...cit.,* 58 ss. Sobre a evolução do conceito de *comunità del lavoro* no sistema jurídico italiano, *vd* ainda Carlo LEGA, *La comunità del lavoro nell'impresa,* Milano, 1963.

ção comunitária — esta dupla caracterização é entronizada pela doutrina através da expressão «relação comunitário-pessoal» (*personenrechtliches Gemeinschaftverhältnis*)[296][297].

III. É de acordo com esta concepção comunitário-pessoal que a relação de trabalho passa a ser entendida a partir da década de trinta, pela esmagadora maioria da doutrina, não só na Alemanha, onde esta construção é mais desenvolvida[298], mas também, por influência da dogmática germânica, na maioria dos outros sistemas jurídicos da Europa continental, e, entre eles, em Portugal.

Esta concepção manter-se-á ao longo das décadas seguintes e será objecto de elaborados desenvolvimentos, que, por diversas vias, procuram justificar o conteúdo comunitário-pessoal do vínculo laboral e resolver o problema da sua relação com o contrato de trabalho. Deve, contudo, dizer-se que, apesar das diferenças destes múltiplos desenvolvimentos, é sempre reconhecida esta natureza comunitário-pessoal à relação de trabalho e é com esta configuração que ela se transforma no segundo conceito-chave do direito laboral (ao lado da ideia de subordinação, que constitui o critério decisivo para a aplicação das normas laborais), e que é apontada pela doutrina como o sustentáculo da posição dogmaticamente autónoma do direito laboral na ordem jurídica, como veremos já a seguir.

---

[296] Por todos, sobre esta designação, MÜLLERREISERT, *Das Arbeitsverhältnis als Vertrag und als Gemeinschaft des Personenrechts,* DAR, 1938, II, 280-283 (280), e SIEBERT, *Das Recht der Arbeit — Systematische Zusammenstellung der wichtigsten arbeitsrechtlichen Vorschriften,* 5ª ed., Berlin-Leipzig-Wien, 1944, 5.

[297] Desenvolveremos esta concepção no parágrafo seguinte.

[298] O maior desenvolvimento desta concepção na dogmática germânica fica a dever-se ao apoio legal proporcionado a esta construção pela reordenação da matéria laboral de acordo com a ideologia nacional-socialista (*verbi gratia,* através da AOG, em 1934), como veremos no ponto seguinte. De qualquer forma, deve dizer-se que esta concepção se difundiu com facilidade não só à sombra das ideologias de pendor corporativo, como sucedeu em Itália, em Espanha e em Portugal, mas também em países como a França ou a Bélgica, por exemplo.

§ 11º — Conclusões do capítulo

I. O desenvolvimento dogmático do direito do trabalho não acompanhou o crescimento da área jurídica em termos sistemáticos pela dificuldade da doutrina em ultrapassar a sensibilidade sócio-política do fenómeno do trabalho industrial e pelo ambiente civilista dominante no pensamento jurídico da época. Estes factores contribuiram para a tendência de redução da apreciação dogmática dos fenómenos laborais ao problema da natureza jurídica do contrato e da relação de trabalho, bem como para a radicalização das perspectivas de análise deste problema numa postura civilista e numa postura laboralista.

II. A perspectiva dogmática civilista da relação de trabalho tem como pressupostos axiológicos e técnico-jurídicos os princípios da liberdade e da igualdade dos sujeitos privados e a estrutura tripartida da figura da *locatio conductio*. Nesta concepção, o vínculo de trabalho é reconduzido à *locatio conductio operarum* e a relação laboral é caracterizada, de acordo com a natureza jurídica privada e obrigacional desta figura, como uma relação de escambo entre duas prestações patrimoniais. Deste enquadramento dogmático do contrato e da relação de trabalho emerge a recondução do direito do trabalho a um conjunto não unitário de normas jurídicas desviantes do direito civil, com o objectivo de colmatar as pontuais falhas deste em relação ao trabalhador na prossecução dos princípios da liberdade e da igualdade. Neste contexto, o problema da autonomia dogmática do direito do trabalho não chega a colocar-se.

III. A perspectiva laboralista da relação de trabalho tem como ponto de partida a crítica dos pressupostos da concepção civilista e assenta no reconhecimento da dependência do trabalhador e na pessoalidade do vínculo laboral. Nesta concepção, é recusada a recondução do contrato de trabalho à figura da *locatio conductio operarum,* pela negação da sua natureza obrigacional e patrimonial, e, em consequência, o direito do trabalho é qualificado como uma área jurídica especial, de características híbridas ou pessoais e cujo objectivo é a protecção do grupo social dos trabalhadores dependentes. Esta concepção dogmática facilita a subtracção genérica da fenomenologia laboral às normas civis, o reconhecimento da importância do trabalhador no sistema laboral e a legitimação dos fenómenos laborais colectivos como fenómenos de grupo.

IV. A ideia de dependência evolui dogmaticamente até ao conceito de subordinação jurídica, que tem como principal expressão o dever de obediência do trabalhador e que a doutrina justifica no conteúdo relativamente indeterminado da prestação laborativa e/ou nas necessidades de organização do credor; a subordinação jurídica é reconhecida como traço delimitador do contrato de trabalho e marca distintiva do direito laboral, justificativa da sua vocação proteccionista e explicativa das suas singularidades.

V. A ideia de pessoalidade, inicialmente reportada à especificidade da prestação laborativa, pela sua inseparabilidade da pessoa do prestador, evolui dogmaticamente num sentido comunitário, através da conjugação do factor do envolvimento pessoal do trabalhador com a sua inserção na organização do credor e com a ideia de partilha dos respectivos objectivos. A relação de trabalho é qualificada, a partir deste momento, como uma relação jurídica comunitário-pessoal.

III
A AFIRMAÇÃO DA AUTONOMIA DOGMÁTICA DO DIREITO LABORAL A PARTIR DA CONCEPÇÃO COMUNITÁRIO-PESSOAL DA RELAÇÃO DE TRABALHO

22. Preliminares. O pressuposto ideológico da concepção comunitário-pessoal da relação de trabalho — referência de enquadramento

I. Como referimos, a relação de trabalho, entendida como relação comunitário-pessoal, vai desempenhar um papel decisivo no processo de emancipação do vínculo laboral relativamente à sua génese obrigacional e, por inerência, constitui também o argumento fundamental da doutrina para a afirmação da autonomia dogmática do direito do trabalho em relação ao direito civil[299]. Por este motivo, é necessário examinar a forma como a doutrina procedeu à sua caracterização e fundamentação, para podermos depois apreciar o modo como justificou a autonomização dogmática da área jurídica. É a esta análise que dedicaremos o presente capítulo.

No que se refere à caracterização da relação de trabalho em termos comunitário-pessoais, pode dizer-se que os traços essenciais desta concepção são o papel proeminente reconhecido aos deveres de lealdade e de assistência das partes, como projecções da ideia de pessoalidade, e o desenvolvimento do sentido comunitário da empresa.

No que respeita à justificação dogmática da natureza comunitário-pessoal da relação de trabalho, ela foi perspectivada em termos substancialmente distintos por duas grandes correntes doutrinais (com algu-

---
[299] Uma vez que, como já tivemos ocasião de salientar, *supra*, § 8º, 17.II., a apreciação deste problema é tradicionalmente confinada à temática da relação individual de trabalho.

mas variantes internas), habitualmente designadas como «teorias contratualistas» e «teorias institucionalistas», por apreciarem a relação laboral a partir do contrato de trabalho e a partir da empresa como instituição, respectivamente. Sem uma preocupação de absoluto rigor cronológico, pode dizer-se que a justificação contratualista é dominante na doutrina quase até ao final da década de trinta e volta a ser maioritária a partir da década de cinquenta, enquanto a fundamentação institucionalista se começa a desenvolver nos anos trinta e tem o seu apogeu nos anos quarenta, após o que entra progressivamente em declínio.

O maior esforço doutrinal de caracterização e de fundamentação da relação de trabalho verificou-se no seio da doutrina germânica, de onde irradiou para outros sistemas. A apreciação a que vamos proceder tomará pois o caso germânico como paradigma, não deixando, contudo, de referir contribuições doutrinais de outros sistemas, nomeadamente para dar conta das variantes de justificação apontadas por alguns autores e que atendem à tradição jurídica dos seus próprios países.

II. Antes de procedermos à análise desta problemática, cabe apenas referir que tanto a caracterização da relação laboral como relação comunitário-pessoal como a sua fundamentação dogmática, em qualquer das perspectivas apontadas, foram inicialmente influenciadas por um pressuposto ideológico incontornável, que foi também determinante para algumas das suas mais importantes projecções dogmáticas gerais: o desenvolvimento do nacional-socialismo na Alemanha e das diversas formas de corporativismo noutras zonas da Europa, a partir do final dos anos vinte e do início da década de trinta.

Se a ordem jurídica não é, em termos gerais, imune às orientações sócio-ideológicas dominantes nas diversas épocas históricas[300], e se a área jurídica laboral se mostra, como já tivemos ocasião de salientar, especialmente permeável em termos ideológicos[301], no caso em apreço

---

[300] Por todos, neste sentido, Wolfgang ZÖLLNER, *Arbeitsrecht und Politik,* DB, 1970, 1/2, 54-62 (55), que não hesita em caracterizar a relação entre o direito e a política como uma relação de confusão; ou K. STOYANOVITCH, *Sens du môt droit et idéologie,* Arch.Ph.Dr., 1974, XIX, 181-195 (*maxime,* 194), considerando incindível a ligação entre o direito e a ideologia, por ser esta que confere ao direito a sua especificidade, na apreciação da realidade a que se aplica.

[301] *Supra,* § 2º, 1.2.II. Como refere Jean-Claude JAVILLIER, *Dits et non-dits...cit.* 495 s., subjacentes à apreciação das matérias laborais têm estado sempre interpelações ideológicas de um ou de outro tipo. Ainda sobre a permeabili-

a influência foi profunda pelo reconhecimento da importância fundamental do trabalho como tarefa social, bem como pelas ideias de colaboração interclassista e de sujeição dos interesses particulares ao interesse nacional (prosseguido a diversos níveis e em diversas células sociais), que estão associadas a estas ideologias[302]. É o princípio da colaboração interclassista que ditará a erradicação dos fenómenos laborais colectivos de luta e determinará o controlo administrativo de mérito sobre o conteúdo das convenções colectivas e o controlo das associações de classe, mas é também ele que favorecerá o reconhecimento da eficácia geral das convenções colectivas de trabalho, o entendimento comunitário do vínculo laboral (facilmente reconduzido a uma relação de colaboração social) e a visão da empresa como uma instituição, célula sócio-pro-

---

dade ideológica do direito laboral, Bernd RÜTHERS, *Arbeitsrecht und Ideologie, in* Hans G. LESER (Hrsg.), *Arbeitsrecht und Zivilrecht in Entwicklung, Fest. Hyung Bae-Kim*, Berlin, 1995, 103-124 (103 ss. e 123 s.); bem como ZÖLLNER, *Arbeitsrecht und Politik cit.,* 55, apreciando as influências políticas nas diversas áreas regulativas do direito do trabalho e nos diversos planos de construção da área jurídica (os planos negocial e legal, o plano judicial e o plano da ciência jurídica); e, numa perspectiva de comparação das influências das concepções sociais, económicas e políticas nos sistemas jurídico-laborais das então RFA e RDA, ainda Wofgang ZÖLLNER, *Arbeitsrecht und politisches System*, Frankfurt a.M., 1973.

[302] Neste sentido, MAYER-MALY, *Nationalsozialismus und Arbeitsrecht cit.,* 233 s., considera que o direito do trabalho foi uma das áreas jurídicas mais atingidas pelo nacional-socialismo, não só pela sua origem recente e consequente falta de sedimentação científica, mas também pela total incompatibilidade entre a ideia de oposição de interesses das partes e o princípio de colaboração interclassista que integra o ideário nacional-socialista — um e outro factores contribuiram pois para a acrescida permeabilidade ideológica desta área jurídica. No mesmo sentido, RÜTHERS, *Arbeitsrecht und Ideologie cit.,* 108 s., considera que os valores básicos do direito do trabalho no nacional-socialismo, expressos nos §§ 1º e 2º da AOG de 1934 (o princípio do chefe, ou *Führerprinzip*, a visão da empresa como comunidade e do trabalho como dever de honra perante o Estado, e o empolamento dos deveres de lealdade e de assistência) não são mais do que a expressão, no mundo laboral, de ideias-chave da ideologia nacional-socialista, traduzidas juridicamente em conceitos como o de «ordenamentos concretos» ou o de «pertença», desenvolvidos por autores como CARL SCHMITT ou LARENZ. Uma análise exaustiva da relação entre o ideário nacional-socialista e a difusão da explicação comunitário-pessoal da relação de trabalho pode ver-se ainda em Ernst WOLF, *Das Arbeitsverhältnis. Personenrechtliches Gemeinschaftsverhältnis oder Schuldverhältnis?*, Marburg, 1970, 41 ss.

dutiva por excelência[303] — ora, se o declínio das ideologias nacional--socialista e corporativa põe termo aos aspectos do regime jurídico laboral que tinham uma evidente conotação ideológica (como a proibição das lutas laborais ou o controlo administrativo das associações sindicais e patronais e das convenções colectivas), o certo é que o entendimento comunitário da relação de trabalho subsiste durante décadas, que a empresa mantém uma importância fundamental no sistema laboral e que a eficácia geral das convenções colectivas é pacificamente aceite até hoje, assim como persistem muitas normas laborais com origem nesse período histórico[304]. Apesar da afirmação de autores como NIPPERDEY[305], no sentido de que, com o final da II Guerra, o direito do trabalho alemão teve que se renovar completamente, pelo vazio legislativo de doze anos de nacional-socialismo, a verdade é que o ponto de partida não foi já o mesmo, nem na Alemanha nem noutros sistemas jurídicos.

---

[303] Parece-nos, por isso, premonitória a referência de SINZHEIMER, em 1933 (*La crisi del diritto del lavoro cit.*, 79 ss.) — a propósito de um diploma laboral de 1932 —, aos perigos da aplicação laboral das ideias de universalismo e de comunitarismo, que qualifica como traduções jurídicas de concepções ideológicas militaristas, que substituem o valor do homem pelo das máquinas e consideram o trabalhador apenas como um elemento da «comunidade produtiva». O período histórico imediatamente subsequente irá dar razão ao autor.

[304] A título de exemplo, MAYER-MALY, *Nationalsozialismus und Arbeitsrecht cit.*, 237 s., recorda as regras da AOG sobre interpretação dos contratos, que afastam o recurso às normas gerais do BGB nesta matéria, em certas situações, as normas sobre invalidade do negócio laboral por erro e sobre nulidade parcial do contrato de trabalho, bem como a norma que prevê a manutenção do contrato em caso de transmissão do estabelecimento e outras normas de protecção do trabalhador. Noutros casos, verificou-se durante o nacional-socialismo o desenvolvimento de princípios laborais anteriores, que, por isso, perduraram muito depois da guerra e, alguns deles, até hoje, como os princípios da igualdade de tratamento entre os trabalhadores ou da limitação da responsabilidade do trabalhador por prejuízos causados ao empregador. Também Wolfgang SIEBERT, *Einige Grundgedanken des gegenwärtigen Arbeitsrecht*, RdA, 1956, 1, 13-17 (13), reconhece a influência no sistema laboral do pós-guerra de normas oriundas desta época histórica em matérias como o direito a férias, o tempo de trabalho, a remuneração, o risco ou os deveres de lealdade e de assistência.

[305] Hans Carl NIPPERDEY, *L'évolution du droit du travail dans la République Fédèrale d'Allemagne depuis 1945: I*, RIT, 1954, 1, 27-46 (27).

A influência ideológica na construção e na justificação dogmática da relação laboral como relação comunitário-pessoal não diminui, de modo algum, o seu mérito jurídico. A valia científica destas concepções é provada pela sua sobrevivência ao declínio das ideologias à sombra das quais floresceram, em termos de grande credibilidade científica, uma vez expurgadas dos aspectos com maiores conotações ideológicas[306][307].

Neste quadro, parece-nos, contudo, inevitável ter em conta o ambiente político que rodeou o desenvolvimento dogmático destas concepções, não só porque alguns dos argumentos apresentados em seu apoio no período em causa e a própria terminologia utilizada[308] apenas se explicam por efeito directo desse ambiente, mas também pela sua profunda influência no desenvolvimento posterior da dogmática laboral.

É pois tendo em atenção este pressuposto ideológico que vamos apreciar a construção dogmática da relação laboral como relação comunitário-pessoal, a sua fundamentação contratualista e institucionalista e, por último, a sua influência na problemática da autonomia dogmática do direito do trabalho.

---

[306] Neste sentido, veja-se, por paradigmática, a evolução do pensamento de SIEBERT, desde o seu *Recht der Arbeit...cit.*, até, por exemplo, a *Einige Entwicklungslinien im neueren Individualarbeitsrecht*, RdA, 1958, 10, 366-370.

[307] Como salienta RÜTHERS, *Die unbegrenzte Auslegung...cit.*, 392 s., a importância dos efeitos das concepções doutrinais, desenvolvidas nesta época, está demonstrada pelo facto de a natureza comunitário-pessoal da relação de trabalho ser ainda hoje sustentada pela maioria dos autores e pela jurisprudência dominante. E, a este propósito, recorda, por exemplo, Mozart Vitor RUSSOMANO, *I fondamenti del diritto del lavoro*, DLav., 1954, I, 229-247 (237), que algumas das melhores obras de direito laboral foram produzidas durante esta época.

[308] Expressões comuns na doutrina laboral da época, como «séquito» ou «homem do séquito» (*Gefolgschaft* ou *Gefolgsmann*), que substituíram os termos *Belegschaft* e *Arbeitnehmer*, o termo *Betriebsführer*, vulgarmente utilizado em lugar de *Arbeitgeber* (embora se mantenha a referência à figura do empresário — *Unternehmer*), a referência aos sujeitos da relação de trabalho não como adversários, titulares de interesses contrapostos, mas como «companheiros» (*Genossen*), segundo a tradição de VON GIERKE, ou a referência às antigas comissões de trabalhadores (*Betriebsrat*) como «comissões de honra» (*Vertrauensrat*) e a alteração da designação tradicional das convenções colectivas (*Tarifverträge*) para *Tarifordnung*, ilustrando bem a perda do seu significado negocial, são expressão directa do ambiente ideológico subjacente à elaboração juscientífica. Cfr., quanto à utilização desta terminologia, entre muitos outros, POTHOFF, *Das Deutsche Arbeitsrecht cit.*, MÜLLERREISERT, *Das Arbeitsverhältnis als Vertrag...cit.*, NIKISCH, *Arbeitsvertrag und Arbeitsverhältnis cit.*, ou SIEBERT, *Das Recht der Arbeit...cit.*

§ 12° — A caracterização comunitário-pessoal da relação de trabalho: a projecção da ideia de pessoalidade nos deveres de lealdade e de assistência e a sua justificação na empresa como comunidade de trabalho

23. O binómio dever de lealdade-dever de assistência como cerne da relação laboral

I. A grande evolução dogmática possibilitada pela concepção comunitário-pessoal da relação de trabalho consiste na deslocação definitiva do âmago do vínculo laboral do binómio de troca entre duas prestações patrimoniais (o trabalho e a remuneração) para o binómio pessoal dever de lealdade-dever de assistência — completando, desta forma, o processo de emancipação da situação jurídica em relação ao seu primitivo enquadramento obrigacional.

Recuperando e desenvolvendo a teorização de VON GIERKE sobre o contrato de serviço fiel (cuja qualificação obrigacional fora expressamente criticada por POTHOFF, pela falta de liberdade do vassalo e pelo elemento de suserania pessoal nele implícito[309]), a doutrina evidencia a importância da relação de confiança pessoal entre o empregador e o trabalhador (de acordo com a terminologia então corrente, *Betriebsführer* e *Gefolgsmann*[310]) no moderno vínculo laboral, e a ideia de lealdade em sentido amplo que lhe está subjacente[311] — na expres-

---

[309] *Ist das Arbeitsverhältnis ein Schuldverhältnis?* cit., 269 s.; o autor considera mesmo este contrato como um contrato de direitos reais.

[310] Como refere POTHOFF, *Das Deutsche Arbeitsrecht* cit., 11, as clássicas designações de *Arbeitgeber* e *Arbeitnehmer* estão conotadas com a ideia de luta de classes, que não faz sentido na ordem jurídica nacional-socialista. A nova designação do trabalhador evoca, aliás, directamente, a designação do vassalo no contrato de serviço fiel, tratado por VON GIERKE.

[311] Neste sentido, ainda POTHOFF, *Das Deutsche Arbeitsrecht* cit., 14, mas também, por exemplo, Werner MANSFELD, *Vom Arbeitsvertrag — eine arbeitsrechtliche Selbstbesinnung*, DAR, 1936, 118-130 (129), ambos justificando a impor-

são de NIKISCH, o dever de lealdade não é *mais um* entre os vários deveres acessórios das partes na relação laboral mas um dever abrangente, que «penetra» todo o vínculo[312].

II. Embora neste sentido amplo o dever de lealdade se reconduza a um conceito geral, relativamente indeterminado, e cuja concretização só pode ser feita caso a caso[313], a doutrina isola, como suas mais importantes manifestações, o dever de lealdade em sentido estrito, a cargo do trabalhador (manifestação moderna do dever de fidelidade do vassalo, no *Treudienstvertrag)*, e o dever de assistência, a cargo do empregador (reconstituição dogmática do dever de protecção do senhor, no contrato de serviço fiel)[314]. O conteúdo do dever de lealdade em sentido amplo é feito decorrer da conjugação do elemento da pessoalidade com o elemento da inserção na empresa — ou seja, partindo da indeterminação inicial da prestação e da sua inseparabilidade da pessoa do prestador para valorizar o seu envolvimento pessoal no vínculo, por um lado, e, por outro lado, valorizando a integração do trabalhador na organização do credor (seja ela uma organização de maior dimensão, como a empresa, ou uma organização mais simples como a comunidade familiar do empregador) num sentido comunitário, para justificar o seu empenhamento integral nos respectivos objectivos.

De acordo com estes parâmetros, o dever de lealdade do trabalhador (em sentido estrito) reporta-se à exigência do seu empenhamento

---

tância deste dever no carácter predominantemente ético (e não patrimonial) da relação de trabalho.

[312] Arthur NIKISCH, *Die Bedeutung der Treupflicht für das Arbeitsverhältnis*, DAR, 1938, 7/8, 182-186 (183); no mesmo sentido, POTHOFF, *Das Deutsche Arbeitsrecht...cit.*, 14.

[313] Neste sentido, por exemplo, Rolf DIETZ, *Die Pflicht der ehemaligen Beschäftigten zur Verschwiegenheit über Betriebsgeheimnisse*, in R. FREISLER / G. A. LÖNING / H. C. NIPPERDEY (Hrsg), Fest. Justus Willhelm Hedemann, Jena, 1938, 330-350 (332 s.), ou NIKISCH, *Die Bedeutung der Treupflicht cit.*, 184.

[314] Já neste sentido HOENIGER, *Grundformen des Arbeitsvertrages cit.*, XXXIX s., qualificara o contrato de trabalho como um contrato de fidelidade (*ein Treuvertrag*) — embora admitisse que a moderna massificação do fenómeno do trabalho dependente tinha atenuado o elemento de lealdade e confiança pessoal — e JACOBI, *Grundlehren des Arbeitsrechts cit.*, 54, se referira à projecção do elemento da pessoalidade nos deveres de lealdade e de assistência. É, contudo, a partir da década de trinta que a ideia de lealdade vai ser considerada como o eixo da relação laboral, independentemente da origem negocial desta.

pessoal e integral na prossecução dos objectivos e dos interesses da organização em que está inserido[315] — conteúdo este que vai, naturalmente, muito para além do conteúdo do dever de lealdade que assiste aos devedores comuns de não actuarem, no cumprimento da obrigação, de forma a frustar as expectativas e os interesses da contraparte[316]. Mais do que lealdade ao contrato, trata-se aqui de lealdade à empresa[317].

Por seu turno, o dever de assistência do empregador manifesta-se numa obrigação positiva de cuidado em relação à integridade física e ao bem estar do trabalhador[318] e é justificado pela natureza fiduciária e comunitária do vínculo laboral: da integração do trabalhador na comunidade empresarial decorre a sua disponibilidade acrescida para com o empregador e o seu empenhamento integral na prossecução dos objectivos empresariais; mas porque essa disponibilidade e esse empenhamento determinam prejuízos para a personalidade e a vida do trabalhador, os deveres assistenciais do empregador têm a função de compensar esses prejuízos[319].

III. Delimitados os deveres de lealdade e de assistência no sentido exposto, a doutrina reconhece-lhes uma importância fundamental no complexo debitório da relação laboral, qualificando-os como deve-

---

[315] Por exemplo, NIKISCH, *Die Bedeutung der Treupflicht cit.*, 184, ou JOERGES, *Die Arbeitsverhältnis und Betriebsgemeinschaft.Wesen und Rechtsgrund*, DAR, 1938, 6, 91-95 (92).

[316] Sobre este sentido geral do dever de lealdade das partes na pendência dos contratos, por todos, MENEZES CORDEIRO, *Da Boa Fé...cit.*, 606, que chama, aliás, a atenção para a especial projecção da ideia de lealdade no domínio laboral, nomeadamente durante o nacional-socialismo, época em que se apresenta como um traço específico da situação laboral, em conexão com a concepção comunitário-pessoal — *idem*, 607. Como veremos, *infra*, § 19º, 40., este autor é especialmente crítico em relação a esta concepção.

[317] Delimitando expressamente o dever de lealdade do trabalhador do dever de lealdade nos contratos obrigacionais, pela referência do primeiro aos fins da empresa, por exemplo, MANSFELD, *Vom Arbeitsvertrag...cit.*, 129, ou Ernesto BASSANELLI, *L'obbligazione negativa del prestatore d'opera*, Riv.dir.comm., 1939, I, 358-372 (*maxime* 372).

[318] NIKISCH, *Die Bedeutung der Treupflicht cit.*, 129, ou JOERGES, *Die Arbeitsverhältnis und Betriebsgemeinschaft...cit.*, 92.

[319] É a justificação que encontramos, por exemplo, em NIKISCH, *Die Bedeutung der Treupflicht cit.*, 185.

res essenciais das partes[320], e invertendo a forma tradicional de os relacionar com os deveres de trabalho e de remuneração, correspondentes ao binómio de troca patrimonial valorizado pelo enquadramento obrigacional do vínculo de trabalho através da figura da *locatio conductio operarum*. De acordo com a nova construção, estes deveres pessoais são considerados tão ou mais importantes do que os deveres de trabalho e de pagamento da remuneração: para uns autores, os deveres pessoais estão no mesmo plano que os deveres patrimoniais, mas estes últimos passam a ser vistos como projecções da aludida essência pessoal do vínculo laboral — é a posição sustentada por NIKISCH[321]; para outros, os deveres pessoais são considerados como os deveres nucleares da relação jurídica laboral, dos quais emanam todos os outros, incluindo o dever de prestação da actividade laborativa e o dever remuneratório — é a posição de autores como SIEBERT[322] ou DIETZ[323].

Em qualquer caso, o binómio lealdade-assistência passa a constituir o cerne da relação laboral e a importância da ideia de lealdade é suficiente para justificar todos os «desvios» que o seu regime jurídico apresenta relativamente ao regime das suas congéneres relações obrigacionais de serviço. Neste sentido, é paradigmática a construção de NIKISCH que, apesar de não imputar todos os deveres laborais à ideia de lealdade, considerando alguns deles como uma emanação directa da disponibilização da força laborativa do trabalhador para utilização do empresário (designadamente, o dever de trabalhar e o dever de remunerar)[324], acaba por recorrer à ideia de lealdade para explicar todos os

---

[320] NIKISCH, *Die Bedeutung der Treupflicht cit.*, 183, fundamentando essa essencialidade na natureza comunitária da relação laboral.

[321] NIKISCH, *Die Bedeutung der Treupflicht cit.*, 183 ss.

[322] Wolfgang SIEBERT, *Das Arbeitsverhältnis in der Ordnung der nationalen Arbeit*, 1935, 100 ss., e *Das Recht der Arbeit...cit.*, 5 s.

[323] *Die Pflicht der ehemaligen Beschäftigten...cit.*, 330 s., e nota [6].

[324] NIKISCH, *Die Bedeutung der Treupflicht cit.*, 183 ss. O autor nega que todos os deveres das partes decorram do dever de lealdade, por considerar que a relação de trabalho não é uma relação de comunidade total (como a relação de casamento, por exemplo), mas antes uma relação comunitária objectivamente determinada, pelo que os deveres comunitários têm que resultar desse objectivo. Contudo, faz questão de afirmar que este entendimento em nada diminui o valor fundamental do dever de lealdade, como traço característico do vínculo laboral, que informa o seu contéudo pessoal, e, como referimos acima, chega a equacionar os deveres «patrimoniais» das partes a partir da ideia de pessoalidade —

traços do regime jurídico do vínculo laboral que não consegue imputar directamente à ideia de disponibilização da força laborativa — assim, por exemplo, embora considere o direito do empregador a exigir a prestação de trabalho suplementar como uma emanação do direito de aproveitar a força laborativa do trabalhador, já, pelo contrário, considera o *jus variandi* como uma emanação do dever de lealdade, porque determina uma alteração do tipo de trabalho prometido pelas partes no acordo inicial; e, apesar de considerar, em termos gerais, o dever de pagamento do salário como uma consequência da disponibilização da força laborativa, qualifica o dever de continuar a pagar ao trabalhador em situações de indisponibilidade involuntária para o trabalho como um desvio ao regime comum dos contratos, apenas compreensível como concretização da ideia de assistência[325]. O mesmo tipo de raciocínio se encontra, aliás, noutros autores para justificar aspectos diversos do regime jurídico da relação de trabalho — assim, por exemplo, DIETZ, justifica a especial intensidade do dever de sigilo no vínculo laboral e, designadamente, a sua eficácia *post pactum finitum*, qualificando este dever como uma projecção directa do dever de lealdade[326]; e DENECKE justifica os desvios ao princípio da correspectividade das prestações das partes no vínculo laboral nos deveres de lealdade e de assistência, considerando que apenas estes deveres poderão explicar que o trabalhador continue obrigado a prestar a sua actividade em caso de não percepção da remuneração, ou que o empregador continue vinculado ao pagamento da remuneração em caso de suspensão da prestação laboral, em razão

---

assim, em lugar de entender o dever de trabalho como dever de prestação de uma actividade produtiva, identifica-o com a ideia de disponibilização pessoal do trabalhador, aproveitada e dirigida pelo empregador; e não perspectiva o dever salarial como a contrapartida da promessa de trabalho mas como a compensação do trabalhador pela sua disponibilização pessoal, que não seria possível sem um valor que assegurasse as suas necessidades de subsistência. Também numa posição intermédia, encontramos DENECKE, *Das Wesen des Lohnes nach dem Akademie--Entwurf eines Arbeitsverhältnisgesetzes und die praktischen Folgerungen daraus*, DAR, 1938, 7/8, 190-193 (191 s.), que, em apreciação da natureza da prestação remuneratória do empregador à luz do entendimento comunitário-pessoal da relação laboral, recusa a sua recondução a uma manifestação do dever de assistência e considera que ela se continua, apesar de tudo, a justificar como contrapartida da prestação da actividade laborativa.

[325] NIKISCH, *Die Bedeutung der Treupflicht cit.*, 185 s.
[326] DIETZ, *Die Pflicht der ehemaligen Beschäftigten...cit.*, maxime 338 e 344 s.

de doença ou por motivo de férias do trabalhador, ou que seja ele a suportar o risco da não obtenção dos resultados pretendidos com a prestação[327].

24. A justificação comunitária dos deveres de lealdade e de assistência: a empresa como comunidade de trabalho. A natureza desigual da comunidade empresarial

I. A justificação para a importância dos deveres de lealdade e de assistência e para a inerente configuração da relação de trabalho como um vínculo de confiança pessoal vai ser elaborada pela doutrina a partir do significado comunitário da empresa, introduzido pela AOG (§§ 1º e 2º), que, de uma forma sem precedentes no domínio laboral, a projecta para o centro do ordenamento jurídico das relações de trabalho[328].

De acordo com o texto da AOG e em consonância com a ideologia dominante, a empresa é a célula social em que o empresário e os trabalhadores trabalham em conjunto para a prossecução do objectivo empresarial, e, mediatamente, para o bem comum da sociedade e do Estado[329]. Trata-se pois de uma organização social autónoma, com um objectivo unitário, prosseguido através da actuação dos seus membros, que cumprem, eles próprios, uma função social na organização[330]: do lado do empresário, a função de gestão da unidade produtiva para prossecução do seu objectivo económico, subordinado aos objectivos sócio-económicos gerais; do lado dos trabalhadores, o desempenho da sua tarefa social, que consiste na disponibilização diligente da sua energia

---

[327] DENECKE, *Das Wesen des Lohnes...cit.,* 192 s.

[328] Reconhecendo expressamente à AOG este papel impulsionador da empresa no domínio laboral, por exemplo, NIKISCH, *Arbeitsvertrag und Arbeitsverhältnis cit.,* 18.

[329] Refere expressamente o § 2º da AOG: «*Im Betriebe arbeiten der Unternehmer als Führer des Betriebes, die Angestellten und Arbeiter als Gefolgschaft gemeinsam zur Förderung der Betriebszwecke und zum gemeinen Nutzen von Volk und Staat*».

[330] Por exemplo, DENECKE, *Vermögensrechtliches oder personenrechtliches Arbeitsverhältnis,* DAR, 1934, 7/8, 219-224 (220), bem como JOERGES, *Die Arbeitsverhältnis und Betriebsgemeinschaft...cit.,* 92.

laborativa para o bem (comum) da empresa e do Estado[331]. A empresa é, neste sentido, um organismo comunitário.

II. Alguns autores procuram limitar o alcance do pensamento comunitário, e, consequentemente, da AOG, às matérias directamente atinentes à empresa[332], ou manter a ideia de comunidade empresarial no domínio das relações sociais e da ética, para justificarem, por outra via, a dimensão pessoal da relação de trabalho. Neste sertido, MANS-FELD[333] reconduz a relação de trabalho entre o empregador e o trabalhador a uma parcela da relação empresarial comunitária, e, apesar de admitir que o direito do trabalho assenta nesta dimensão ética comunitária da empresa, considera que os deveres de lealdade não têm apenas fundamento na ACG mas também no próprio BGB; e JOERGES[334] sustenta o carácter interno da dimensão ética e emocional que subjaz à comunidade empresarial e considera que, do ponto de vista externo (e, nessa medida, jurídico), essa comunidade se manifesta no conjunto das relações individuais de trabalho que se estabelecem entre empregadores e trabalhadores.

A doutrina dominante tende, no entanto, a reconhecer a incidência laboral geral da ideia de comunidade empresarial expressa na AOG e sustenta a sua aptidão para justificar juridicamente a proeminência dos deveres de lealdade e de assistência na relação de trabalho[335]. Para

---

[331] Neste sentido observa, por exemplo, JOERGES, *Der Arbeitsvertrag als Begründung des Arbeitsverhältnis in seiner geschichtlichen Entwicklung*, DAR, 1938, 6, 157-159 (158), que a relação de trabalho em sentido comunitário é a relação que permite aos participantes dedicarem as suas forças à comunidade popular, através da comunidade empresarial, ao mesmo tempo que garantem as suas necessidades individuais e familiares de subsistência.

[332] Aplicando, para o efeito, a distinção entre o regime jurídico da relação de trabalho (*Arbeitsverhältnisrecht*) e o regime jurídico da constituição da empresa (*Betriebsverfassungsrecht*), no qual inclui, em sentido amplo, a regulamentação dos fenómenos laborais colectivos.

[333] *Vom Arbeitsvertrag...cit.,*129 e 118.

[334] *Die Arbeitsverhältnis und Betriebsgemeinschaft...cit.,* 93 s.

[335] Neste sentido, por exemplo, SIEBERT, *Das Recht der Arbeit...cit.,* 5, mostra-se altamente crítico em relação à separação das matérias da relação de trabalho e da constituição da empresa para este efeito. Fundamentando directamente os deveres de lealdade e de assistência na natureza comunitária da empresa, ainda POTHOFF, *Das Deustche Arbeitsrecht...cit.,* 20, NIKISCH, *Die Bedeutung der Treupflicht cit.,* 183, JOERGES, *Der Arbeitsvertrag als Begründung...cit.,* 158,

este efeito, a doutrina invoca, desde logo, o argumento da importância da própria AOG — diploma fundamental na reordenação das relações de trabalho em conformidade com o ideário nacional-socialista, a sua influência na conceptualização da relação de trabalho e na justificação dos deveres que a diferenciam substancialmente das situações afins é considerada inevitável[336], como acaba, aliás, por ser reconhecido pela jurisprudência[337]. Por outro lado, considera-se que a justificação dos deveres de lealdade e de assistência na ideia de comunidade de trabalho traduz, em termos jurídicos, o novo significado social e ético do trabalho subordinado e a revalorização do trabalhador como pessoa que são propalados pelo ideário-nacional socialista[338].

É pois com base neste significado da empresa como célula social comunitária que a maioria dos autores retoma a ideia da inserção do trabalhador na organização do credor (que, como vimos, fora avançada ainda nos anos vinte[339]) e procede à sua reconstrução dogmática em moldes comunitários: em lugar de conceber a inserção na empresa como uma integração do trabalhador numa esfera jurídica alheia, a doutrina

---

HUECK, *Die Begründung des Arbeitsverhältnisses cit.*, 180, ou DENECKE, *Vermögensrechtliches oder personenrechtliches...cit.*, 221.

[336] Assim considera expressamente Wolfgang SIEBERT, *Die Entwicklung der Lehre vom Arbeitsverhältnis im Jahre 1936,* DAR, 1937, 14-19 (14), que a AOG tem que ser a base para a apreciação de todos os problemas laborais e, naturalmente, também para a construção dogmática da relação de trabalho, até porque nesta relação se manifestam quase todos os conceitos e institutos jurídicos do novo ordenamento juslaboral, como as ideias de comunidade empresarial e de pertença à empresa, o efeito normativo das convenções colectivas ou a protecção contra o despedimento. Também DENECKE, *Vermögensrechtliches oder personenrechtliches...cit.*, 219, observa que, sendo a AOG a tradução jurídica global do ideário nacional-socialista em matéria de trabalho subordinado, o seu alcance não pode ser limitado às matérias do direito do trabalho público.

[337] A este propósito, veja-se em JOERGES, *Die Arbeitsverhältnis und Betriebsgemeinschaft...cit.,* 91, a referência a uma decisão do *Reichsarbeitsgericht* de 18.3.1936, que admite a existência dos deveres comunitários estabelecidos pela AOG em qualquer relação de trabalho.

[338] Neste sentido, por exemplo, POTHOFF, *Das Deustche Arbeitsrecht...cit.,* 13. Em sentido idêntico, refere WESTPFAHL, *Warum trägt das Arbeitsverhältnis personenrechtlichen Charakter,* DAR, 1938, 12, 329-330 (330), que a AOG desloca o centro do sistema laboral do trabalho, como mercadoria objecto de troca, para os homens que trabalham, valorizados como tal na sua personalidade.

[339] *Supra,* § 10°, 21.2.I.

passa a entendê-la como uma participação do trabalhador numa organização comunitária, de que o empresário também é membro e cujos objectivos são comuns a todos os elementos da organização[340]. Esta comunhão dos objectivos empresariais entre o empregador e os trabalhadores faz da empresa uma comunidade de trabalho (a *Arbeitsgemeinschaft* ou *Betriebsgemeinschaft*[341]) e é esta comunidade de trabalho que fundamenta a nova concepção do vínculo laboral e que justifica directamente a importância do binómio dever de lealdade-dever de assistência nesse vínculo[342].

III. A construção da relação de trabalho como relação comunitário-pessoal no sentido indicado passa ainda pela caracterização da comunidade empresarial como uma comunidade desigual. Apesar da qualificação tanto do empresário como dos trabalhadores como membros da empresa e da afirmação da natureza comum dos objectivos empresariais, a doutrina reconhece o diferente papel que cada um deles desempenha na prossecução desses objectivos: ao empresário cabe defini-los e coordenar a actividade dos diversos trabalhadores com vista à sua prossecução; aos trabalhadores cabe seguir as directrizes do empresário quanto à forma de desenvolvimento da prestação. A este diferente papel dos membros da comunidade empresarial corresponde pois uma relação hierárquica, que se manifesta nos poderes laborais do empresário e no dever de obediência do trabalhador.

Embora a desigualdade da posição das partes seja reconhecida desde o início do desenvolvimento da concepção comunitário-pessoal da relação de trabalho, deve dizer-se que ela é objecto de uma justificação especial sob a égide do nacional-socialismo, por se reconduzir com faci-

---

[340] DENECKE, *Vermögensrechtliches oder personenrechtliches...cit.,* 221.

[341] Os dois termos são utilizados indiferentemente pelos autores, que, por vezes, chegam a identificá-los (neste sentido, NIKISCH, *Arbeitsvertrag und Arbeitsverhältnis cit.,* 19, refere expressamente que a comunidade de trabalho é a comunidade da empresa). Apesar desta identificação, não parece haver dúvidas que a comunidade de trabalho se pode desenvolver não apenas na empresa mas também na organização familiar do empregador.

[342] Assim SIEBERT, *Das Recht der Arbeit...cit.,* 2 e 5, e *Der Entwicklung der Lehre...cit.,* 14, ou DENECKE, *Vermögensrechtliches oder personenrechtliches...cit.,* 221.

lidade a um princípio geral desta ideologia que foi entronizado sob a designação de *princípio do chefe* (*Führerprinzip*)[343].

A aplicação do *Führerprinzip* no domínio laboral tem um duplo alcance: por um lado, este princípio permite explicar a subordinação do trabalhador em termos objectivos, porque a justifica no interesse empresarial comum e este é, por sua vez, subordinado ao interesse geral; por outro lado, ele permite distinguir a relação de trabalho de outras relações comunitárias de direito privado.

Nesta linha, NIKISCH[344] salienta que é o poder de disposição do empresário sobre a força laborativa dos «homens do séquito» que permite distinguir a relação comunitária de trabalho de outras relações comunitárias (como as relações familiares), porque àquele poder corresponde um dever de obediência do trabalhador[345], que se estende não só aos aspectos iniciais da determinação do tipo, do local, do tempo e dos limites da prestação laboral mas também às modificações dessa prestação introduzidas posteriormente pelo empregador em função do interesse da empresa[346]. E, na mesma orientação, DENECKE[347] observa que é a prossecução do objectivo empresarial, em consonância com o bem social comum, que exige a determinação das tarefas não em termos igualitários mas através do poder decisório do empresário (*Enstcheidungsbefugnis des Unternehmer*), na qualidade de *Führer* da empresa — até

---

[343] Neste sentido, por exemplo, POTHOFF, *Das Deutsche Arbeitsrecht cit.*, 14. Para autores como RÜTHERS, *Arbeitsrecht und Ideologie cit.*,108 s., as ideias básicas do direito do trabalho nacional-socialista são exactamente a ideia da empresa como comunidade, o *Führerprinzip*, a visão do trabalho como dever de honra perante o Estado e a importância do binómio lealdade-assistência na relação laboral. Já MAYER-MALY, *Nationalsozialismus und Arbeitsrecht cit.*, 238, em apreciação da evolução do direito do trabalho durante o nacional-socialismo, reforça a importância do princípio do chefe como princípio genuinamente nacional-socialista e faz notar que a concepção comunitário-pessoal e a ideia da empresa como comunidade são anteriores a esta época.

[344] *Die Bedeutung der Treupflicht cit.*, 183.

[345] A este dever de obediência o autor chama expressamente *Arbeitspflicht* — *idem*, 185.

[346] *Idem*, 185.

[347] *Vermögensrectliches oder personenrechtliches...cit.*, 220 s. Tal como NIKISCH, este autor considera ainda adicionalmente que a qualificação negocial da relação de trabalho é incompatível com o poder de modificação unilateral da prestação, que assiste ao empregador em função das necessidades da empresa — *idem*, 222.

porque é também o empresário que se responsabiliza socialmente pelos resultados alcançados.

A natureza não igualitária do vínculo de trabalho, apesar da sua qualificação privada, encontra-se assim justificada: o facto de a relação jurídica se inserir numa organização comunitária justifica a subordinação do trabalhador às directrizes do empregador, porque é a este que cabe definir os interesses a prosseguir, mas a natureza comum dos objectivos retira o cunho de suserania pessoal tradicionalmente implícito na posição dominial do empregador — a subordinação é pessoal porque o vínculo o é, mas é funcional porque se justifica objectivamente nos interesses comunitários. Como refere POTHOFF[348], o *Führer* personaliza o objectivo comum e, porque dirige a empresa na qualidade de representante social, exerce os seus poderes laborais em prossecução dos interesses da empresa e da comunidade e não de interesses próprios.

A justificação do carácter desigual da comunidade laboral através do *Führerprinzip* é historicamente datada. Contudo, como veremos[349], a ideia de um interesse da empresa corporizado pelo empregador (e partilhado ou não pelos trabalhadores), que tem origem nesta época histórica, vai manter-se na caracterização do vínculo de trabalho muito depois da II Guerra e é, até hoje, utilizada pela maioria da doutrina para justificar os poderes laborais.

IV. A construção comunitário-pessoal da relação de trabalho que acabamos de descrever confirma-a como situação jurídica nuclear do direito laboral[350] e estabelece, em definitivo, a sua delimitação relativamente às congéneres relações de serviço, de perfil obrigacional e patrimonial. Por este motivo, a doutrina vai preocupar-se com a sua fundamentação dogmática, que encontra no contrato de trabalho ou na prestação efectiva de trabalho após a inserção do trabalhador na empresa. São estas fundamentações, de índole contratualista e de índole institucionalista, que referiremos nas próximas páginas.

---

[348] Neste sentido, POTHOFF, *Das Deutsche Arbeitsrecht cit.*, 14 e 17.
[349] *Infra*, § 16º, 32.2.II.
[350] Neste sentido, expressamente, HUECK, *Die Begründung des Arbeisverhältnisses cit.*, 180.

§ 13º — O fundamento dogmático da relação de trabalho como relação comunitário-pessoal: o contratualismo e o institucionalismo

25. As teorias contratualistas: o contrato «pessoal» de trabalho como fonte da relação comunitário-pessoal de trabalho

I. Para um sector da doutrina (dominante no início dos anos de trinta e ainda com alguns adeptos no final dessa década e nos anos seguintes), a natureza comunitário-pessoal da relação de trabalho não é incompatível com a sua origem negocial[351]. Neste sentido, considera-se que a comunidade de trabalho na empresa e o envolvimento pessoal integral do trabalhador no vínculo laboral pressupõem um acordo com o empregador, que se traduz juridicamente no contrato de trabalho. Como explica MÜLLERREISERT[352], não há qualquer oposição entre as ideias de relação comunitária e de relação negocial porque subjacente à constituição da primeira, no domínio laboral ou noutras áreas jurídicas especiais, está sempre a ideia de uma promessa ou de um acordo, ou seja, um estádio negocial. Por outro lado, salienta POTHOFF[353], é a existência deste acordo negocial que assegura a voluntariedade do processo pelo qual o trabalhador se coloca à disposição do credor, para trabalhar de acordo com as suas instruções e para ele produzir utilidades — o que, adicionalmente, permite distinguir a relação laboral de outras situações envolvendo prestações laborativas, mas cuja base é um vínculo de tipo familiar ou de tipo associativo, uma situação de coacção pública ou uma relação de favor[354].

---

[351] Neste sentido, por exemplo, POTHOFF, *Das Deutsche Arbeitsrecht cit.*, 11 e 30, MANSFELD, *Vom Arbeitsvertrag...cit.*, 129, MÜLLERREISERT, *Das Arbeitsverhältnis als Vertrag...cit.*, 280 s., DENECKE, *Vermögensrechtliches oder personenrechtliches...cit.*, 222, HUECK, *Die Begründung des Arbeitsverhältnis cit.*, 180, ou JOERGES, *Arbeitsverhältnis und Betriebsgemeinschaft...cit.*, 95 s.
[352] *Das Arbeitsverhältnis als Vertrag...cit.*, 280 s.
[353] *Das Deutsche Arbeitsrecht cit.*, 11.
[354] *Idem*, 12.

A fonte da relação de trabalho é pois o contrato de trabalho, e a justificação das diversas projecções da sua natureza comunitário-pessoal (designadamente, o envolvimento pessoal e integral do trabalhador e a sua sujeição aos poderes laborais em consequência da estrutura desigual da comunidade empresarial, que constituem os aspectos mais difíceis de conciliar com os princípios gerais da liberdade e da igualdade) é encontrada no acordo negocial, que assegura também a voluntariedade da disponibilização e da sujeição do trabalhador no vínculo jurídico.

II. A afirmação do contrato de trabalho como fonte da relação laboral não significa, contudo, o reconhecimento de um momento obrigacional e patrimonial na constituição do vínculo jurídico, porque o contrato de trabalho é claramente delimitado do contrato de serviços através da sua caracterização como contrato pessoal[355]. Corolário da qualificação do próprio direito do trabalho como direito das pessoas já sustentada anteriormente (como tivemos ocasião de verificar[356]), a afirmação da natureza pessoal do contrato de trabalho é, nesta época histórica, justificada adicionalmente pelas ideias da comunidade empresarial e da propalada redignificação ética do trabalhador pelo ideário nacional-socialista[357].

Neste contexto, os autores consideram que, como pressuposto da relação jurídica laboral, o contrato de trabalho é um negócio jurídico de carácter pessoal e não um negócio obrigacional, porque o seu objecto não consiste na permuta de prestações patrimoniais, correspondentes a interesses contrapostos das partes, mas sim na conjugação do interesse comum dos intervenientes, através do desenvolvimento de um vínculo de colaboração e de confiança, que envolve a disponibilização global da energia laborativa do trabalhador (visto como sujeito e não como objecto do negócio) ao empregador, dirigido ao objectivo empresarial. Por este motivo, o conteúdo do contrato é reconduzido, de forma simples, ao objectivo (comum) de constituição da relação laboral de

---

[355] Neste sentido, por exemplo, POTHOFF, *Das Deutsche Arbeitsrecht cit.*, 17, JOERGES, *Die Arbeitsvertrag als Begründung des Arbeitsverhältnisses cit.*, 158, HUECK, *Die Begründung des Arbeitsverhältnis cit.*, 181, e ainda DENECKE, *Vermögensrechtliches oder personenrechtliches...cit.*, 222, que estabelece uma comparação entre o contrato de trabalho e o contrato de casamento, dado o relevo deste elemento pessoal.

[356] *Supra*, especialmente § 10°, 20.2.II.

[357] *Supra*, § 12°, 24.II.

§ 13º – O fundamento dogmático da relação comunitário-pessoal de trabalho 293

comunidade — na expressão de HUECK[358], o contrato é o acto jurídico que torna possível o surgimento do vínculo comunitário, e, para MÜLLERREISERT[359], é um estádio no processo de constituição da comunidade, que ficará completo com o ingresso do trabalhador na empresa[360]. E a importância atribuída à comunhão dos interesses empresariais pelo empregador e pelos trabalhadores é tão grande que alguns autores chegam a propor a substituição da designação tradicional do negócio laboral como «contrato de trabalho» (historicamente mais conotada com a ideia de interesses contrapostos) pela expressão «acordo de trabalho» (*Arbeitseinung* ou *Arbeitsvereinbarung*)[361], enquanto outros consideram inadequada a referência ao empregador e ao trabalhador como «partes» desse acordo, pelo mesmo motivo[362].

O fundamento negocial da relação comunitário-pessoal passa pois pelo reconhecimento da autonomia do contrato de trabalho em relação à sua génese obrigacional e patrimonial e pela sua caracterização como contrato pessoal e comunitário[363].

III. Esboçada a fundamentação contratualista da relação comunitário-pessoal de trabalho, resta observar que os seus subscritores procuram retirar consequências dogmáticas de alcance geral desta construção, mas que não deixam de lhe reconhecer algumas limitações e, em consequência, continuam a valorizar o elemento da inserção do traba-

---

[358] *Die Begründung des Arbeitsverhältnis cit.*, 180 s.

[359] *Das Arbeitsverhältnis als Vertrag...cit.*, 282 s.

[360] Ainda nesta linha, considera JOERGES, *Der Arbeitsvertrag als Begründung... cit.*, 158 s., que o conteúdo do contrato de trabalho se analisa no requerimento do trabalhador para ser integrado na empresa e na aceitação desse requerimento pelo empregador; no mesmo sentido, vd ainda, do mesmo autor, *Der Arbeitsverhältnis und Betriebsgemeinschaft...cit.*, 95.

[361] É uma proposta que encontramos em JOERGES, *Der Arbeitsvertrag als Begründung...cit.*, 159, embora este autor acabe por desaconselhar a renomeação do contrato de trabalho, por entender que a clássica designação *Arbeitsvertrag* é a designação mais difundida.

[362] Neste sentido, POTHOFF, *Das Deutsche Arbeitsrecht cit.*, 17.

[363] Não é assim correcta, do nosso ponto de vista, a recondução, que encontramos em alguma doutrina, da ideia de comunidade apenas às teorias institucionalistas — neste sentido, por exemplo, DURAND / VITU, *Droit du travail cit.*, II, 200 ss. A ideia comunitária, como elemento qualificador da relação de trabalho, é um pressuposto tanto da fundamentação institucionalista como da fundamentação contratualista.

lhador na empresa como elemento explicativo adicional e a considerar a relação de trabalho como conceito nuclear do direito laboral, independentemente do fundamento negocial que lhe atribuem.

Como consequências da origem negocial da relação laboral, a doutrina refere a importância do contrato de trabalho para assegurar a liberdade do prestador na constituição do vínculo jurídico e para fixar o conteúdo desse mesmo vínculo — nesta linha, salientam autores como POTHOFF[364] ou HUECK[365] que os direitos e os deveres dos sujeitos laborais resultam do acordo negocial, com os limites que lhe são impostos pelas normas laborais imperativas de origem legal, colectiva ou empresarial. Por outro lado, visando o negócio laboral a constituição da comunidade na empresa, outros autores chamam a atenção para os efeitos do contrato de trabalho na comunidade empresarial — é uma projecção assinalada por MÜLLERREISERT[366], por exemplo. Finalmente, da conjugação do fundamento negocial da relação laboral com a qualificação pessoal e comunitária do próprio contrato de trabalho a doutrina retira a consequência de que as normas civis sobre o negócio jurídico apenas são aplicáveis ao contrato de trabalho quando não colidirem com os elementos de pessoalidade e de comunidade que o caracterizam[367].

Como referimos acima, a doutrina reconhece, apesar de tudo, algumas limitações à fundamentação negocial da relação de trabalho, nomea-

---

[364] POTHOFF, *Das Deutsche Arbeitsrecht* cit., 30 s., referindo que este conteúdo do contrato integra as próprias convenções colectivas e pode ser objecto do acordo tácito das partes.
[365] *Die Begründung des Arbeitsverhältnis* cit., 181.
[366] *Das Arbeitsverhältnis als Vertrag...cit.*, 281.
[367] Neste sentido, por exemplo, DENECKE, *Vermögensrechtliches oder personenrechtliches...cit.*, 222. A este propósito, é interessante a construção de HUECK quanto ao problema dos efeitos da anulação do contrato de trabalho inválido: partindo do pressuposto de que este contrato desencadeia uma relação de comunidade duradoura, o autor distingue as situações em que o trabalho já foi iniciado daquelas que ainda não houve prestação efectiva de trabalho — neste último caso, porque não surgiu ainda qualquer comunidade, as regras gerais sobre os efeitos da invalidade do negócio são plenamente aplicáveis, enquanto no primeiro caso, a existência de um vínculo comunitário torna impossível a restituição do que tiver sido prestado, justificando assim os efeitos não retroactivos da impugnação. O fundamento para a não aplicação das normas do BGB é assim a natureza comunitária da relação laboral.

damente para resolver questões práticas atinentes à existência de vícios no contrato ou aos casos em que a celebração do contrato não coincide temporalmente com o início da prestação efectiva de trabalho. Assim se compreende que HUECK[368] afirme a inaptidão geral da mera prestação efectiva de trabalho para constituir a relação laboral, mas reconheça que, nas situações em que à celebração do contrato não sucede a imediata ocupação do trabalhador, se produzem já determinados efeitos jurídicos, apesar de não haver ainda uma relação laboral plena; e assim se explica que POTHOFF[369] admita que, apesar de o contrato de trabalho ser o acto constitutivo-regra do vínculo laboral, o factor determinante para a aplicação de muitas e importantes normas laborais e de segurança social e para justificar os desvios às regras civis em matéria de invalidade no caso do contrato de trabalho é a existência de uma relação laboral de facto.

Por outro lado, deve notar-se que o reconhecimento do fundamento negocial da relação de trabalho não impede a doutrina contratualista de valorizar o acto de inserção do trabalhador na empresa, não só para justificar as situações laborais «desviantes» (como os casos do contrato de trabalho inválido mas executado), mas em termos genéricos e positivos. Assim, por exemplo, MÜLLERREISERT[370] justifica no acto de inserção do trabalhador na empresa, conjugado com o elemento comunitário do contrato, a natureza estatutária da relação de trabalho[371]; e a importância da ideia da integração empresarial do trabalhador transparece também exemplarmente na distinção de JOERGES[372], entre aquilo que designa como «relações laborais originárias» e «relações laborais derivadas» — reportando as duas categorias ao contrato de trabalho, o autor considera que as segundas nascem gradualmente a partir de factos adicionais, como a prestação efectiva de trabalho após o ingresso do trabalhador na empresa.

Finalmente, parece-nos importante salientar que, não obstante a valorização do papel do contrato de trabalho na fundamentação da relação laboral, a doutrina contratualista não deixa de reconhecer, como con-

---

[368] *Die Begründung des Arbeitsverhältnis cit.*, 180 s.
[369] *Das Deutsche Arbeitsrecht cit.*, 32.
[370] *Das Arbeitsverhältnis als Vertrag...cit.*, 281 s.
[371] A natureza estatutária da relação comunitário-pessoal de trabalho é também salientada por WESTPFAHL, *Warum trägt...cit.*, 330.
[372] *Arbeitsverhältnis und Betriebsgemeinschaft...cit.*, 95 ss.

ceito nuclear do direito do trabalho, a relação jurídica laboral (entendida em termos comunitário-pessoais) e não o contrato, como era habitual na construção civilista clássica do vínculo laboral[373] — embora se possa considerar que se trata apenas de uma questão de perspectiva, a verdade é que os autores deixam de olhar para a relação laboral como consequência jurídica do contrato, para passarem a olhar para o contrato como pressuposto ou acto constitutivo da relação de trabalho.

26. As teorias institucionalistas: a prestação efectiva de trabalho como fonte da relação comunitário-pessoal de trabalho; a incorporação; a caracterização da empresa como instituição para efeitos laborais

26.1. Sequência

I. Embora as concepções contratualistas começassem por ser dominantes, verifica-se, sobretudo a partir da segunda metade da década de trinta, o progressivo avanço das denominadas «teorias institucionalistas» de fundamentação da relação comunitário-pessoal de trabalho[374].

---

[373] Neste sentido, expressamente, HUECK, *Die Begründung des Arbeitsverhältnis cit.*, 180. É também com este sentido que MÜLLERREISERT, *Das Arbeitsverhältnis als Vertrag und als Gemeinschaft...cit.*, 282 s., se refere ao contrato de trabalho como um *estádio* para a constituição da relação de comunidade.

[374] A designação destas teorias não é uniforme na doutrina, sendo umas vezes denominadas «teorias institucionalistas» (sobretudo na doutrina francesa e também entre nós — por todos, neste sentido, LÉGAL / BRÈTHE DE LA GRESSAYE, *Le pouvoir disciplinaire dans les institutions privées cit.*), outras vezes referidas como «teorias da incorporação» (de acordo com tradição germânica — neste sentido, por todos, Eduard BÖTTICHER, *Vertragstheorie und Eingliederungstheorie*, RdA, 1955, 9, 321-333) e outras vezes ainda como «teorias comunitaristas» (designação que faz apelo ao léxico germânico tradicional *Gemeinschaft*). Preferimos utilizar aqui a primeira designação, por uma questão de rigor: na verdade, a denominação «teorias comunitaristas» não se nos afigura correcta porque, como já demonstrámos (*supra*, ponto anterior, II, e nota [363]), sendo a ideia de comunidade, aplicada à relação laboral, um pressuposto comum a todas as tentativas de a justificar dogmaticamente em termos autónomos, não é um critério idóneo para diferenciar as diversas vias de justificação; e também porque a importância

§ 13º – O fundamento dogmático da relação comunitário-pessoal de trabalho

Com o seu berço histórico na Alemanha, onde foram especialmente desenvolvidas, estas concepções difundiram-se também em países como a Itália, a França, ou Portugal; e, apesar de terem inicialmente florescido num certo quadro ideológico, sobreviveram, pelo menos nas suas concepções menos radicais, ao declínio dessa ideologia, vindo a ter projecções dogmáticas da maior importância na área do direito individual do trabalho como na área do direito colectivo.

II. Na nossa opinião, a difusão destas teorias ficou a dever-se a factores de ordem sócio-ideológica mas também a factores jurídicos. Na sua essência, estas teorias apresentam as ideias da prestação efectiva do trabalho e da inserção do trabalhador na organização empresarial do empregador como justificação do vínculo laboral alternativo ao contrato de trabalho; e concebem o vínculo de trabalho a partir da conjugação dos conceitos de empresa laboral e de instituição, que desenvolvem em várias formulações, não só na dogmática germânica, mas também noutros sistemas, com o aproveitamento de contributos da tradição jurídica local. No entanto, porque as diferenças entre estas formulações não têm significado qualitativo, mas decorrem apenas do valor relativo atribuído aos vários elementos integrativos do conceito de empresa-instituição, substrato de todas elas, é possível isolar, neste grupo de teorias, projecções dogmáticas de ordem geral.

São estes os aspectos que vamos apreciar nas próximas páginas. Uma vez mais, consideraremos o caso alemão como o paradigma da apreciação, porque foi a dogmática germânica que mais aprofundou estas concepções, mas não deixaremos de referir as variantes de formulação desenvolvidas noutros sistemas.

---

atribuída ao elemento comunitário da empresa-instituição não é idêntica nas várias formulações do institucionalismo, como teremos ocasião de verificar, *infra*, 26.5. Quanto à designação destas teorias como «teorias da incorporação» cremos que ela tem o mérito de chamar a atenção para o acto mais importante na fundamentação da relação laboral, na perspectiva dos seus subscritores (o acto de integração do trabalhador na empresa), mas não nos parece também uma designação rigorosa pela falta de abrangência, uma vez que está conotada, sobretudo, com a corrente mais radical do grupo das teorias institucionalistas — *infra*, 26.5. A designação «teorias institucionalistas» é assim, do nosso ponto de vista, a mais correcta, porque isola o elemento verdadeiramente distintivo destas concepções em relação às orientações contratualistas (a recondução da empresa à categoria de instituição) e que está presente em todas as suas formulações.

26.2. As razões do desenvolvimento da fundamentação institucionalista da relação de trabalho

I. Numa perspectiva histórico-jurídica, pode dizer-se que a tendência de autonomização do fundamento do vínculo comunitário-pessoal de trabalho em relação à figura do contrato se fica a dever a um factor sociológico e a dois factores jurídicos, um de índole geral e outro especificamente laboral: por um lado, esta tendência é influenciada pelo ambiente ideológico dominante na Alemanha durante a década de trinta e a primeira metade da década de quarenta; por outro lado, ela manifesta, de certa maneira, a atitude crítica em relação à figura do contrato, que se vai desenhando em alguns sectores doutrinais, e a correspondente tendência de afirmação da valia científica de conceitos alternativos ou paralelos, como o conceito de instituição; finalmente, em termos práticos, ela fica a dever-se à aparente incapacidade das teorias contratualistas para explicar as mais relevantes particularidades do regime jurídico do vínculo laboral.

II. Por um lado, parece não haver dúvidas sobre a influência do ideário nacional-socialista e do ideário corporativista, então dominantes na Alemanha, na Itália ou entre nós, no desenvolvimento das doutrinas institucionalistas — se é certo que estas doutrinas lograram sobreviver ao declínio daquelas concepções ideológicas, parece quase certo também que não teriam florescido tão facilmente noutro contexto; e se, como já referimos[375], a concepção comunitário-pessoal da relação de trabalho foi em termos gerais influenciada pela ideologias referidas, foi nas teorias institucionalistas que essa influência mais se notou. Por um lado, o papel nuclear reconhecido à empresa, como célula social produtiva por excelência, nestas ideologias[376] e a natural organização hierárquica (projectada no *Führerprinzip*) fazem dela um campo privilegiado para a aplicação do conceito de instituição; por outro lado, o princípio corporativista da integração dos indivíduos em grupos sociais propicia o desenvolvimento da ideia de pertença no âmbito empresarial (manifestada no conceito de *Betriebszugehörigkeit*, de MOLITOR[377]), que con-

---

[375] *Supra*, 22.1.II.
[376] Sobre este ponto, quanto ao corporativismo, por exemplo, Giuliano MAZZONI, *L'exercizio dell'impresa nell'ordinamento corporativo* (1935), in *Scritti minori cit.*, I, 5-33.
[377] *Supra*, § 10°, 21.1.III.

§ 13º - O fundamento dogmático da relação comunitário-pessoal de trabalho 299

tribui, de forma decisiva, para a justificação da natureza comunitária da relação laboral, mas também para a aceitação da configuração desigual da comunidade em prol da ordem empresarial e da ordem social geral; finalmente, o princípio da colaboração interclassista e a superação formal da ideia de luta de classes justificam eticamente a comunhão de interesses das partes na relação de trabalho e, por inerência, a nova perspectiva jurídica sobre a colaboração na empresa e sobre os fenómenos colectivos. Independentemente do mérito jurídico das novas concepções, o seu desenvolvimento científico teve pois uma envolvente ideológica incontornável.

III. Por outro lado, a fundamentação institucionalista da relação laboral desenvolveu-se numa época jurídica em que a aptidão geral da figura do contrato, como facto constitutivo por excelência das situações jurídico-privadas, e a força do princípio da liberdade, que o sustenta, são postas em causa por alguns sectores da doutrina — como refere BATIFFOL[378], a importância reconhecida à figura do contrato pela dogmática de oitocentos e pelas próprias codificações civis[379], atestada pela sua auto-suficiência enquanto fonte de direitos e obrigações (já que uns e outros se consideram suficientemente legitimados pela aceitação das partes e o Estado apenas intervém para afirmar a obrigatoriedade de sujeição dos contraentes ao que tiver sido convencionado), é objecto de críticas nesta época, em resultado das sucessivas limitações do princípio fundamentante da liberdade negocial, impostas pela lei ou decorrentes da diferente posição negocial das partes[380]. As relações jurídicas laborais que, como já referimos, constituiram um dos mais importantes domínios de projecção da ideia de contrato[381], foram tam-

---

[378] Henri BATIFFOL, La «crise du contrat» et sa portée, Arch.Ph.Dr., 1968, XIII, 13-30 (13 s.).

[379] Neste sentido faz notar, por exemplo, H. G. LESER, L'évolution du contrat en droit allemand avec un brief aperçu do droit anglais, in L'évolution contemporaine du Droit des Contrats — Journées René Savatier (Poitiers, 24-25 octobre 1985) Paris, 1986, 73-96 (73), a importância dada à figura do contrato pelo BGB, que o considera, ao lado do delito, como a principal fonte das obrigações.

[380] Como refere François TERRÉ, Sur la sociologie juridique du contrat, Arch.Ph.Dr., 1968, XIII, 71-88 (71 e 79 s.), numa apreciação crítica da denominada «crise do contrato», esta crise decorre da apreciação da figura do contrato apenas na perspectiva das situações de declínio da liberdade negocial e de diminuição do papel da vontade na formação do negócio.

[381] Supra, § 10º, 19.1.II.

bém um dos exemplos paradigmáticos dessas limitações[382,383]. Este ambiente crítico favorece o desenvolvimento de conceitos fundamentantes alternativos ao conceito de contrato — como é o caso do conceito de instituição, desenvolvido em França por HAURIOU[384] e, na sua esteira,

---

[382] BATIFFOL, *La «crise du contrat»...cit.,* 14 ss. Para ilustrar as limitações dogmáticas da figura do contrato, o autor dá o exemplo dos contratos de adesão e dos limites decorrentes das normas imperativas, que coartam a liberdade negocial de estipulação ou mesmo a liberdade de celebração, impondo o dever de contratar, estendendo os efeitos do contrato para além da esfera jurídica das partes ou permitindo a alteração do conteúdo do contrato sem o acordo de todos os contraentes.

[383] Entre nós, referindo aquilo que designa como a «substituição, de certo modo, da relação de trabalho ao contrato de trabalho» como uma das manifestações do declínio da concepção clássica do contrato, desenvolvida no Código civil francês ou no nosso Código de Seabra, por exemplo, Adriano Paes da Silva Vaz SERRA, *Efeitos dos contratos (princípios jurídicos),* BMJ, 1958, 74, 333-369 (363). A este propósito, é ainda curiosa a observação de RENÉ DAVID, *Les contrats en droit anglais cit.,* 66, sobre a evolução do sistema jurídico britânico nesta matéria, já que, apesar de partir de uma tradição jurídica totalmente diferente, acaba por chegar à mesma conclusão, no que se refere à relação laboral: para o autor, naquele sistema a ideia moderna de relação de trabalho, como base da autonomização do direito laboral em relação ao direito dos contratos, é uma ideia com raízes profundas, exactamente por se tratar de uma área jurídica estatutária e não contratual (qualificação que o autor ilustra, entre outros argumentos, com a própria inexistência de uma expressão correspondente à de *contrato de trabalho* no léxico jurídico inglês). Na literatura jurídica anglo-americana, são, aliás, usuais as referências a situações do foro laboral como exemplos da falta de liberdade dos sujeitos na fixação do conteúdo das relações jurídicas que estabelecem e a indicação destas situações para demonstrar o declínio geral da figura do contrato — neste sentido, por exemplo, P. S. ATIYAH, *The Rise and Fall of Freedom of Contract,* Oxford, 1979, 717, 723, 725 e 737, refere a fixação do nível dos salários pelo Estado, a sujeição dos trabalhadores às regras internas das empresas, independentemente da base negocial da sua relação de trabalho, a especificidade das convenções colectivas enquanto contratos, ou a exigência de justa causa para o despedimento.

[384] Maurice HAURIOU, *La théorie de l'institution et de la fondation...cit.* Na verdade, como refere O. P. BRODERICK, *La notion d'«institution» de Maurice Hauriou dans ses rapports avec le contrat en droit positif français,* Arch.Ph.Dr., 1968, XIII, 143-160 (144 e 146), a referência aos fenómenos institucionais surge na obra de Hauriou logo em 1896 (*La science sociale traditionnelle,* Paris, 1896, 193 s.), sendo depois desenvolvida no seu *Précis de Droit Administratif,* 6ª ed., Paris, 1907, 1 a 37; é, contudo na obra *La théorie de l'institution et de la fondation...cit,* de 1925, que o conceito de instituição é definido uma forma mais completa pelo autor.

por RENARD[385] e DELOS[386], em Itália, o conceito de *ordinamenti giuridichi*, desenvolvido por SANTI-ROMANO[387], e na Alemanha, o conceito de ordenamentos concretos (*konkrete Ordnungen*), teorizado por SCHMITT[388], como conceito básico do pensamento jurídico ordinalista, alternativo ao pensamento jurídico positivista — e o domínio das relações de trabalho empresariais revela-se um terreno especialmente fecundo para a aplicação destes novos conceitos[389].

IV. Finalmente, o desenvolvimento da fundamentação institucionalista da relação comunitário-pessoal de trabalho ficou a dever-se a um motivo jurídico concreto, que se pode resumir na insuficiência explicativa das doutrinas contratualistas relativamente a alguns aspectos do regime jurídico do vínculo laboral — neste sentido, chegam a afirmar expressamente autores como MAYER-MALY[390] que a explicação institucionalista da relação laboral na dogmática germânica se desenvolveu por razões puramente práticas, ligadas a esta incapacidade explicativa das teorias contratualistas.

Assim, os autores chamam desde logo a atenção para a dificuldade da doutrina contratualista em explicar a ressalva dos efeitos produzidos pelo contrato de trabalho declarado nulo ou anulado durante a sua execução — na ausência de um preceito civil geral, que legitime a não retroactividade da declaração de nulidade ou da anulação do negó-

---

[385] G. RENARD, *La théorie de l'institution. Essai d'ontologie juridique*, I, Paris, 1930.

[386] J.-T. DELOS, *La Théorie de l'Institution. La solution réaliste du Problème de la Personnalité Morale et le Droit à fondement objectif*, Arch.Ph.Dr., 1931, 1/2, 97-153.

[387] SANTI ROMANO, *L'ordinamento giuridico cit.*

[388] Carl SCHMITT, *Sobre as três modalidades científicas do pensamento jurídico* (1934), trad. port., BMJ, 1951, 26, 5-39, e 27, 5-35. Este autor aplaude expressamente tanto a construção de HAURIOU como a de SANTI ROMANO, embora não postule a tradução da expressão «instituição» para o léxico jurídico alemão por considerá-la equívoca (BMJ, 1951, 27, 18 ss.).

[389] Indicando expressamente como um dos motivos do desenvolvimento da justificação institucionalista da relação de trabalho o ambiente de crítica generalizada à figura do contrato e ao seu papel na dogmática jurídica moderna, DURAND / VITU, *Traité...cit.*, II, 205.

[390] *Nationalsozialismus und Arbeitsrecht cit.*, 238.

cio, a doutrina conclui que a limitação *ex nunc* dos efeitos da invalidade manifesta o formalismo da explicação contratualista da relação de trabalho[391], já que, apesar de inválido, o contrato é tratado como válido se tiver sido executado[392].

Em segundo lugar, os autores chamam a atenção para as relações de trabalho independentes da existência de contrato, ou porque não há coincidência entre os momentos da celebração do negócio e do início da execução efectiva da prestação[393], ou porque não é possível isolar qualquer negócio na origem da relação laboral, por falta de liberdade negocial de uma das partes, ou ainda porque o princípio negocial *pacta sunt servanda* não é respeitado no domínio laboral. Neste segundo grupo de situações, a doutrina aponta a falta de liberdade de estipulação do trabalhador, quando se limita a aderir a um contrato previamente elaborado pelo empregador, e os casos de falta de liberdade do empregador, nas situações em que a lei lhe impõe a obrigação de contratar, como quebras aos princípios da igualdade e da liberdade negocial; e indica a incompatibilidade da possibilidade superveniente de alteração do negócio, de forma unilateral pelo empregador, ou por efeito de convenção celebrada por terceiros (a convenção colectiva), com a exigência do consenso das partes para a alteração do objecto do negócio.

Por outro lado, a doutrina refere o problema da eficácia *supra partes* da relação de trabalho, a propósito dos efeitos das convenções colectivas nos contratos individuais de trabalho, da interdependência das

---

[391] Neste sentido, por exemplo, NIKISCH, *Arbeitsvertrag und Arbeitsverhältnis cit.*, 51 ss. e 55 ss. Também referindo esta matéria como exemplo da incapacidade da explicação contratualista da relação laboral, no direito francês, PAUL DURAND, *Le particularisme du droit du travail cit.*, 299, que apresenta ainda como exemplos de desvio às regras contratuais gerais, o regime laboral em matéria de risco, de capacidade negocial e de compensação do trabalhador por cessação do vínculo — *idem*, 299 s.

[392] Nesta linha, alguns autores consideram que é sobretudo ao problema das relações laborais de facto que se deve o sucesso das teorias institucionalistas — neste sentido, por todos, BYDLINSKI, *Arbeitsrechtskodifikation...cit.*, 78.

[393] Sobre esta matéria, *vd,* por exemplo, SIEBERT, *Die Begründung des Arbeitsverhältnisses cit.,* 308, apreciando diversos casos de não coincidência entre os momentos da celebração do acordo negocial e do início da execução do trabalho, com ou sem justificação (a não prestação da actividade pelo trabalhador, por doença ou por recusa injustificada, ou o caso da recusa de fornecimento do trabalho pelo empregador).

várias relações de trabalho que se constituem na empresa (com as projecções conhecidas em matéria de despedimento colectivo ou de deveres de colaboração com os colegas, por exemplo)[394], o da sobrevivência do contrato à sucessão na posição jurídica do empregador, no caso da transmissão do estabelecimento. Também aqui, o regime jurídico laboral não se coaduna com o princípio geral da limitação da eficácia dos negócios à esfera jurídica dos contraentes[395].

Finalmente, a doutrina chama a atenção para o elevado número de situações em que o regime laboral de protecção se aplica sem a verificação prévia da existência de um contrato de trabalho, bastando-se com a existência de uma relação efectiva de serviço dependente[396].

Na verdade, ainda que estas e outras incapacidades explicativas não sejam exclusivas do domínio laboral — as relações laborais de facto são apenas um dos exemplos da categoria geral das relações contratuais de facto[397], a questão da não retroactividade da destruição dos efeitos do contrato nulo é um problema comum à generalidade das situações obrigacionais duradouras, o problema dos contratos de adesão é de âmbito geral, a questão dos efeitos externos dos negócios jurídicos coloca-se noutros casos (como o do contrato a favor de terceiro ou o da impugnação pauliana, por exemplo) e alguns desvios à regra da necessidade do consenso para a alteração superveniente do objecto do negócio encontram-se noutras áreas jurídicas[398] —, o certo é que, no domínio laboral, a verificação cumulativa (e em alguns casos, pioneira) de todas estas situações, conjugada com a permeabilidade da empresa ao

---

[394] Assim, NIKISCH, *Arbeitsvertrag und Arbeitsverhältnis* cit., 49, chama a atenção para a incapacidade da figura do contrato para explicar os deveres dos trabalhadores para com o chefe da empresa, quando este não seja o empregador, bem como os deveres para com outros trabalhadores, por exemplo.

[395] Por todos, sobre este princípio, VAZ SERRA, *Efeitos dos contratos...cit.*, que dá, aliás, como exemplo de excepção a este princípio, entre outros, a subsistência dos contratos de serviço no caso de transmissão do estabelecimento (341 s.).

[396] Assinalando estes casos, ainda NIKISCH, *Arbeitsvertrag und Arbeitsverhältnis cit.*, 13, bem como DURAND / VITU, *Traité...cit.*, II, 207 s.

[397] Por todos, sobre esta categoria, Günther HAUPT, *Über faktisches Vertragsverhältnisse*, Fest. für H. SIBER, II, 1943, 5-37.

[398] BATIFFOL, *La «crise du contrat»...cit.*, 21, dá o exemplo da alteração do contrato de sociedade, nas sociedades anónimas, por aplicação da regra da maioria e não da unanimidade, que é extensível a outros tipos societários.

conceito de instituição, teve reflexos profundos no enquadramento dogmático da relação de trabalho e levou à procura de alternativas de justificação ao contrato de trabalho.

V. É com o estímulo dado pelos factores descritos que as doutrinas institucionalistas vão desenvolver uma fundamentação alternativa da relação comunitário-pessoal de trabalho, desligada da figura do contrato de trabalho e apoiada directamente na ideia da prestação efectiva de trabalho e na valorização jurídica do acto de incorporação do trabalhador na empresa, entendida como uma instituição.

Elaboradas, como muitas outras doutrinas jurídicas, sobre uma negação, as teorias institucionalistas têm a sua operacionalidade dependente da possibilidade de aplicação do conceito de instituição à realidade empresarial. A apreciação do desenvolvimento laboral destas concepções obriga pois a proceder a uma breve análise dos conceitos operatórios que as sustentam: o conceito de instituição e o conceito de empresa. É o que faremos de seguida.

26.3. Os conceitos operatórios da fundamentação institucionalista da relação de trabalho: o conceito de instituição e o significado institucional da empresa no domínio laboral

I. Não cabendo no âmbito da presente investigação proceder à dilucidação dos conceitos de instituição e de empresa em termos gerais ou sequer opinar sobre a sua valia juscientífica[399], permitimo-nos partir do conceito de instituição apresentado por HAURIOU, na última e mais elaborada fase das suas reflexões sobre o significado jurídico do fenómeno, que, do nosso ponto de vista, isola os três elementos que delimitam conceptualmente a realidade institucional: «*une idée d'oeuvre*

---

[399] Justificativos, cada um deles, de uma investigação científica autónoma, apreciaremos os conceitos de instituição e de empresa estritamente na perspectiva da sua operacionalidade para suportar o desenvolvimento da justificação institucionalista da relação comunitário-pessoal de trabalho, abstendo-nos voluntariamente de referir as diversas formulações doutrinais do próprio institucionalismo. As observações que se seguem devem ser lidas de acordo com este objectivo instrumental.

§ *13º – O fundamento dogmático da relação comunitário-pessoal de trabalho*   305

ou d'entreprise qui se réalise et dure juridiquement dans un milieu social; pour la réalisation de cette idée, un pouvoir s'organise qui lui procure des organes; d'autre part, entre les membres du groupe social intéressés à la réalisation de l'idée, il se produit des manifestations de communion dirigées par les organes du pouvoir et reglées par des procédures»[400] [401].

De acordo com a opinião que já tivemos ocasião de exprimir noutra sede[402], o conceito de instituição é o resultado do desenvolvimento da ideia de grupo, qualificado por um elemento finalista (o objectivo comum do grupo), por um elemento temporal (a durabilidade do agrupamento) e por um elemento organizacional (a estrutura hierárquica interna) — ou seja, pelas ideias de comunhão de objectivos, permanência e organização autónoma hierarquizada[403].

---

[400] *La théorie de l'institution...cit.*, 10. Como referimos, *supra*, ponto anterior, III, nota [384], as reflexões deste autor sobre o fenómeno institucional remontam a 1896, considerando-o então já como um fenómeno social fundamental, de características pacíficas apesar de ter frequentemente uma origem violenta (*La science sociale traditionnelle cit.*, 193 s.); as reflexões sobre a validade jus-científica do conceito de instituição são desenvolvidas, sobretudo quanto ao domínio do direito público, na sexta edição do *Précis de droit administratif*, em 1907, mas a elaboração final do conceito e o reconhecimento do seu âmbito geral datam de 1925. Em apreciação do percurso de Hauriou no tratamento científico do fenómeno institucional, vd GURVITCH, *L' Idée du Droit Social...cit.*, 647 ss.

[401] Abstemo-nos também de considerar os diversos significados em que o termo instituição é utilizado no discurso jurídico, com maior ou menor propriedade, identificando-o com um instituto jurídico, com um órgão, ou com uma colectividade — sobre a ambiguidade terminológica desta designação, vd, por todos, OLIVEIRA ASCENSÃO, *O Direito....cit.*, 28.

[402] *Do Fundamento...cit.*, 354.

[403] Incluindo estes elementos no conceito de instituição, por exemplo, RENARD, *La théorie de l'institution...cit.*, I, 256 ss. — que, numa perspectiva tomista, releva, sobretudo, os elementos da ideia criadora (256 ss.) e do relacionamento orgânico e autoritário (266 ss., e 310 ss.); DELOS, *La Téorie de l'Institution...cit.*, 100 s.; e SANTI ROMANO, *L'ordinamento giuridico cit.*, 29 ss. Outros autores definem a instituição de uma forma mais simples, como a organização de um grupo com vista a um determinado fim — é a noção que encontramos, por exemplo, em Pierre di MALTA, *Essai sur la notion de pouvoir hiérarchique*, Paris, 1961, 18. Também a ideia de ordenamento concreto de CARL SCHMITT, *Sobre os três modalidades...cit.*, BMJ, 1951, 27 (16, 22 e 27) tem uma componente comunitária

Neste sentido, a instituição é pois um corpo social duradouro[404], que integra um conjunto de pessoas[405], unidas na prossecução de um objectivo comum[406], e que é, para esse efeito, dotada de uma organização interna. Na opinião de autores como LÉGAL e BRÈTHE DE LA GRESSAYE[407], em termos sociológicos a instituição é uma consequência natural da dimensão colectiva do Homem e do seu instinto gregário, que o leva a integrar-se em comunidades que o transcendem[408]; como refere OLIVEIRA ASCENSÃO[409], trata-se de uma realidade objectiva, supra-individual embora sem existência própria, que manifesta as ligações culturais entre os participantes de determinada sociedade (no sentido de grupo), agrupando-os numa nova unidade.

A este significado sociológico originário corresponde um significado jurídico quando aos elementos da comunhão de objectivos e da durabilidade se vem juntar o elemento da organização hierárquica ou autoritária, essencial para fazer prevalecer o interesse geral comum sobre os interesses particulares dos membros e para assegurar o reconhecimento externo do grupo — é o elemento que HAURIOU[410] exprime através da locução «*organisation de pouvoir*», que RENARD[411] e LÉGAL e BRÈTHE DE LA GRESSAYE[412] referenciam como o «elemento de autori-

---

e uma componente orgânica, sendo-lhe referidos os conceitos de chefia, honra, fidelidade e disciplina.

[404] SANTI ROMANO, *L'ordinamento giuridico cit.*, 29 e 33.

[405] Neste sentido, SANTI ROMANO, *L'ordinamento giuridico cit.*, 31, refere o substrato pessoal da realidade institucional.

[406] Na expressão de HAURIOU, *La science sociale traditionnelle cit.*, 193, está envolvida no processo de institucionalização a descoberta de similitudes entre os membros da organização e a sua união na prossecução de um objectivo — «*s'instituer c'est se donner un principe interne, une âme*» refere o autor, *op. e loc. cits.* Extravasa do âmbito das nossas reflexões a apreciação da querela doutrinal sobre a natureza interna ou externa do objectivo ou do fim do grupo institucional.

[407] *Le pouvoir disciplinaire...cit.*, 34.

[408] Como refere DELOS, *La Théorie de l'Institution...cit.*, 99 s., o conceito de instituição adapta-se àquelas situações intermédias entre a lei e o contrato, em que o indivíduo não é considerado em si mesmo mas como membro de um grupo.

[409] *O Direito...cit.*, 23 s.

[410] *La théorie de l'institution...cit.*, 10.

[411] *La théorie de l'institution...cit.*, 283 ss. e 310 ss.

[412] *Le pouvoir disciplinaire...cit.*, 24 ss.

dade» e que, na formulação de SANTI ROMANO[413], se reconduz ao conceito de «ordenamento jurídico autónomo» (i.e., a afirmação do grupo de uma forma objectiva, diferenciada do conjunto dos seus membros, e apreensível como tal do exterior).

Do nosso ponto de vista, o significado jurídico da instituição decorre exactamente do facto de a organização interna corresponder a uma existência objectiva, que se revela no reconhecimento do grupo (corpo social finalisticamente determinado e hierarquicamente organizado), como centro autónomo de imputação de normas jurídicas, pelo direito. A ligação da valência jurídica do conceito de instituição à imputabilidade de normas jurídicas não significa, só por si, o reconhecimento da personalidade jurídica do grupo — embora, como refere DELOS[414], este reconhecimento possa ocorrer quando o grau de institucionalização do grupo social seja pleno[415]; contudo, implícito no conceito jurídico de instituição está sempre o reconhecimento, por parte do direito, da capacidade de organização do corpo social em termos autónomos e vinculativos para os seus membros, na prossecução do objectivo comum. O reconhecimento externo do grupo institucional neste sentido permite legitimar as normas de funcionamento do grupo e as relações de poder estabelecidas no seu seio como normas e poderes do corpo social, independentes das pessoas dos seus membros e funcionalmente limitadas pelo objectivo do próprio corpo social[416].

---

[413] *L'ordinamento giuridico cit.*, 29 e 35.

[414] *La Théorie de l'Institution...cit.*, 101 s.

[415] A ideia de «graus» de institucionalização, amplamente desenvolvida por RENARD, *La théorie de l'institution cit.*, I, 225 ss., mas também subscrita, por exemplo, por DELOS, *La Théorie de l'Institution...cit.*, 101 s., pretende salientar, por um lado, a constância dos grupos institucionais na sociedade, e, por outro lado, a sua diversidade em termos de coesão interna — que, de uma forma algo vaga, os autores imputam à intensidade da integração da ideia criadora do grupo pelos seus membros (aquilo a que RENARD, *La théorie de l'institution cit.*, I, 288 ss., chama a «intimização» da ideia institucional). O que pretendemos aqui salientar é que, independentemente do reconhecimento do grupo institucional como uma nova pessoa jurídica (situação que corresponde, na construção destes autores, ao grau superior de institucionalização), o significado jurídico da realidade institucional surge quando o corpo social é visto pelo sistema como um centro autónomo de imputação de normas.

[416] Recorrendo ainda a DELOS, *La Théorie de l'Institution...cit.*, 104, diremos que está aqui em causa o reconhecimento das normas de organização do grupo

II. A ideia de instituição é objecto de desenvolvimentos dogmáticos de alcance geral, cuja apreciação sai naturalmente fora do âmbito deste estudo. Para o problema que aqui nos ocupa, importa sim referir que o conceito jurídico de instituição é desenvolvido pela doutrina em alternativa ao contrato e à lei, como fontes das situações jurídicas, quando estejam em causa situações colectivas ou de grupo[417]. Implícita no conceito de instituição está a recusa de uma perspectiva bipolar sobre a ordem jurídica, assente na *summa divisio* direito privado / direito público, que, no limite, pode ditar a redefinição desta delimitação clássica do sistema jurídico a partir de novos critérios (é a tese subscrita, por exemplo, por GURVITCH, que, para o efeito, apresenta os conceitos de *faits normatifs de communion et de rapport avec autri*[418]), mas que, no mínimo, obriga a repensar o papel do contrato como fonte primordial das situações jurídicas privadas e o papel da lei na legitimação das situações jurídicas de direito público. Como referem os seus defensores, a realidade institucional ultrapassa as fronteiras desta divisão, sendo comum aos dois grandes domínios da ordem jurídica[419]: no domínio

---

institucional como um *sistema jurídico interno* à própria realidade institucional e sem o qual ela decairia necessariamente. Parece-nos que não só a referência expressa de SANTI ROMANO à característica da autonomia mas também a referência de HAURIOU aos órgãos de poder da instituição apontam neste sentido, porque o que está em causa é o reconhecimento dessa forma de organização pela ordem jurídica.

[417] Neste sentido, é qualificada por DELOS, *La Théorie de l'Institution...cit.*, 99 s., como um *tertium genus* entre a lei e o contrato, um conceito que corresponde ao terceiro grupo de realidades jurídicas (as realidades de grupo), a situar entre a realidade Estado e a realidade *indivíduos* — *idem*, 130. De notar, contudo, que este autor acaba depois por criticar esta divisão, pelo significado abrangente que atribui à teoria da instituição na ordem jurídica, a partir da ideia de que a instituição é a expressão jurídica natural da organização social — *ibidem*, 131.

[418] GURVITCH, *L'Idée du droit social...cit.*, *maxime* 132 ss. e 142 ss. A crítica deste autor à divisão tradicional da ordem jurídica em direito público e direito privado é construída exactamente a partir da apreciação das fontes de direito (a que chama «factos normativos»), que classifica em duas categorias essenciais: os factos normativos de união ou de comunhão e os factos normativos de relação com outrem — os primeiros têm natureza institucional e dão lugar ao direito social, enquanto os segundos dão lugar ao direito individual; estas duas áreas jurídicas devem, na perspectiva do autor, substituir a separação tradicional entre os domínios público e privado do direito.

[419] DELOS, *La Théorie de l'Institution...cit.*, 100; LÉGAL / BRETHE DE LA GRESSAYE, *Le pouvoir disciplinaire...cit.*, 61.

§ 13º – O fundamento dogmático da relação comunitário-pessoal de trabalho

do direito público, a valorização jurídica do conceito de instituição permite dar ênfase ao elemento de organização dos grupos, que subjaz ou em que se projecta a atribuição legal das competências; no domínio do direito privado, este conceito faz relevar as projecções jurídicas da inserção do indivíduo nos diversos grupos sociais (o grupo familiar, o grupo profissional, o grupo empresarial, etc...), que não são plenamente apreensíveis a partir da ideia de contrato.

No contexto reflexivo de direito privado em que nos colocamos nesta investigação, é como alternativa ao contrato que a ideia de instituição tem especial interesse. Independentemente do significado atribuído pelos diversos autores à relação entre os dois conceitos — enquanto para alguns se trata de conceitos antagónicos, pela impossibilidade de conciliar a oposição de interesses inerente ao contrato com a ideia criadora comum que constitui a base da associação institucional (é a posição de RENARD[420]), ou pela incompatibilidade estrutural entre os elementos de paridade e de autoridade que caracterizam respectivamente o contrato e a instituição (é o entendimento de LÉGAL e BRÈTHE DE LA GRESSAYE[421]), para outros trata-se de conceitos complementares, porque na base do contrato se encontra também uma ideia comum às partes e da sua celebração decorre, por isso, a criação de uma instituição entre elas (é a posição sustentada por DELOS[422]) — o certo é que os «desvios» aos princípios básicos do direito privado, que se observam no regime de algumas situações jurídicas privadas e se revelam de justificação difícil enquanto essas situações se mantêm associadas à figura do contrato, parecem encontrar uma explicação natural quando apreciados de acordo com a lógica do relacionamento institucional. Assim, de acordo com esta lógica, a liberdade negocial é reportada ao momento do ingresso do indivíduo na instituição mas não se projecta posteriormente na imutabilidade do acordo inicial, já que é o interesse da instituição que justifica a alteração superveniente desse acordo, quando tal se revele necessário ou adequado; assim como é o objectivo da ins-

---

[420] *La Théorie de l'Institution cit.*, I , 258 s.

[421] *Le pouvoir disciplinaire...cit.*, 35.

[422] *La Théorie de l'Institution...cit.*, 134. O autor alicerça aqui a defesa do conceito de instituição como um conceito não oposto ao de contrato, dotado de valor geral e com importância suficiente para justificar uma visão global do direito em termos institucionais — *idem*, 136 ss.

tituição que explica o efeito externo das situações jurídicas surgidas no seu seio e legitima a quebra do princípio da igualdade evidenciada nos poderes hierárquicos da organização institucional.

Não cabe nesta sede apreciar a validade destas justificações institucionais para a teoria geral do direito privado. Compreende-se, no entanto, facilmente que, num domínio em que os «desvios» às regras gerais do negócio jurídico são tão evidentes como é o domínio laboral, o conceito de instituição encontre um terreno fértil para se desenvolver. Para tanto, basta à doutrina encontrar no domínio laboral uma realidade à qual possa aplicar a qualificação institucional. Essa realidade é, naturalmente, a empresa.

III. Sendo, como realidade económica, um fenómeno de fácil apreensão, em termos jurídicos o conceito de empresa é, reconhecidamente, um conceito de fixação difícil. Talvez pelo facto de ter estado durante largo tempo «escondido» sob o instituto da propriedade (como observa RIPERT[423]), para o direito a empresa é, até hoje, nas palavras de NICOLE CATALA, *«une notion diffuse, qui semble irréductible à une définition unique»*[424] — o que se traduz numa pluralidade de significados jurídicos e em frequentes oscilações terminológicas[425].

---

[423] Georges RIPERT, *Aspects juridiques du capitalisme moderne,* 2ª ed., Paris, 1951, 268. Neste sentido, escreve o autor: *«L'entreprise est restée cachée sous la proprieté. Jusqu'ici le droit n'a pas jugé utile de la faire apparaître parce que la proprieté lui suffisait».* Também chamando a atenção para as ligações entre a realidade empresarial e o instituto da propriedade, entre nós, José de Oliveira ASCENSÃO, *A empresa e a propriedade,* Brotéria, 1970, 591-607 (591 ss.).

[424] NICOLE CATALA, *L'entreprise cit.,* VI. A autora refere, dentro dos sentidos do termo com relevo para o direito, o significado ecónomico da empresa, a sua acepção social e a sua identificação con uma universalidade, fazendo notar que esta fisionomia multifacetada está ligada à própria perspectiva jurídica do analista — numa perspectiva de direito comercial ou numa perspectiva de direito social a empresa não tem o mesmo significado (*op. e loc. cits.*). Acentuando também o carácter fluido e impreciso do conceito jurídico de empresa, em contraposição à sua estabilidade como conceito económico, M. MAGREZ, *L'entreprise en droit social ou l'efflorescence d'une institution, in Liber Amicorum Frédéric* DUMON, Antwerpen, 1983, 581-586 (585), Jean SAVATIER, *Le groupe de sociétés et la notion d'entreprise en droit du travail, in Études de droit du travail offertes à André* BRUN, Paris, 1974, 527-546 (527), ou Gérard LYON-CAEN, *Le droit du travail. Une technique réversible,* Paris, 1995, 14, que a designa como *«un concept fuyant».* O carácter impreciso e difuso do conceito de empresa é também

§ 13º - *O fundamento dogmático da relação comunitário-pessoal de trabalho* 311

Não cabendo nos parâmetros da nossa investigação proceder à dilucidação geral do conceito de empresa, é, contudo, inevitável constatarmos as projecções laborais das apontadas dificuldades de delimitação. Por um lado, os textos legais não são imunes à dificuldade de fixação do conceito de empresa, parecendo referi-la umas vezes num sentido restrito, como local de trabalho, identificando-a outras vezes com o conceito de estabelecimento e referindo-a, ainda noutros casos, em sentido

---

evidenciado, entre nós, na apreciação histórico-comparada de António da Rocha Menezes CORDEIRO, *Da Responsabilidade Civil dos Administradores das Sociedades Comerciais*, Lisboa, 1997, 498 ss., sobre a origem e a difusão da ideia de empresa nas tradições jurídicas germânica e latina, no termo da qual o autor acaba por concluir que o legislador nacional, como outros, tem recorrido à locução *empresa* para «sem se embaraçar com uma técnica jurídica precisa, indicar destinatários para as suas normas, designadamente as de natureza económica» — *idem*, 516.

[425] Sobre esta matéria vd, na doutrina portuguesa, ORLANDO DE CARVALHO, *Critério e Estrutura...cit.*, I, 5 ss. e nota [3] e 293 ss., Fernando OLAVO, *Direito Comercial*, I, 2ª ed. (reprint), Lisboa, 1974, 250 ss., OLIVEIRA ASCENSÃO, *Direito Comercial cit.*, I, 134 ss., e ainda Jorge Manuel Coutinho de ABREU, *Da Empresarialidade (As Empresas no Direito)*, Coimbra, 1996, 4 ss., anotando também as dificuldades terminológicas de outros sistemas jurídicos nesta matéria.

A dificuldade de fixação do conceito de empresa em termos jurídicos e as oscilações terminológicas em torno deste conceito verificam-se também noutros sistemas jurídicos, como o sistema italiano ou o sistema germânico. Neste sentido, no sistema italiano, *vd*, por exemplo, MENGONI, *Contratto e rapporto di lavoro...cit.*, 679 ss., sobre o conceito de empresa no *Codice civile* de 1942, ou a apreciação comparada dos conceitos de *impresa* e de *azienda* em GRECO, *Contratto di lavoro...cit.*, 59 s., em Giorgio ARDAU, *Corso di diritto del lavoro*, Milano, 1947, 78 ss., e ainda desenvolvendo particularmente o conceito de *azienda*, JAEGER, *Principii di diritto corporativo cit.*, 3 ss.; no sistema germânico, sobre os diversos sentidos de empresa e, designadamente, sobre a delimitação entre os conceitos de *Betrieb* e de *Unternehmen*, vd, por exemplo, HESSEL, *Zum Begriff des Betriebs*, RdA, 1951, 12, 450-452, Karl HAX, *Betriebswirtschaftliche Deutung der Begriffe «Betrieb» und «Unternehmung»*, in K. BALLERSTEDT / E. FRIESENHAHN / O. v. NELL-BREUNING (Hrsg.), *Recht und Rechtsleben in der sozialen Demokratie, Festg. für Otto KUNZE zum 65. Geburstag*, Berlin, 1969, 109-126, Detlev JOOST, *Betrieb und Unternehmen als Grundbegriffe im Arbeitsrecht*, München, 1988, *maxime* 3 ss. e 171 ss., 337 ss. e 395 ss.; na doutrina francesa, por exemplo, SAVATIER, *Le groupe de sociétés...cit.*, 528, dá nota de uma certa «indistinção» entre os conceitos de *entreprise* e de *établissement* nos textos legais; e ainda procedendo a uma apreciação comparada deste conceito nos ordenamentos jurídicos alemão, francês e estado-unidense, Franz GAMILLSCHEG, *«Betrieb» und «Bargaining unit» — Versuch des Vergleichs zweier Grundbegriffe*, ZfA, 1975, 357-400.

amplo, como unidade de produção, ou como ente jurídico diferenciado[426] [427]. Por outro lado, a imprecisão das fontes não permitiu a identificação de uma valência especificamente laboral da realidade empre-

---

[426] As leis portuguesas testemunham exemplarmente a variedade de acepções em que a empresa é tomada só no domínio laboral, de acordo com a situação em causa e com os interesses que se pretendem acautelar, bem como a frequente oscilação terminológica entre as designações de empresa e de estabelecimento e até, em alguns casos, a utilização imprópria destes termos. Assim, por exemplo, o termo «estabelecimento» tanto é referido em sentido objectivo estrito para designar o local de execução da prestação laboral, a propósito da mudança de local de trabalho (art. 24º nº 1 da LCT) dos períodos de funcionamento (arts. 23º nº 2, 24º, 26º nº 1, 33º nº 1 e 35º nº 1 da LDT), da substituição dos trabalhadores grevistas (art. 6º da LG) ou dos contratos equiparados e do trabalho no domicílio (art. 2º da LCT e DL nº 440/91, de 14 de Novembro), como é referido em sentido amplo, como universalidade, a propósito da transmissão da posição contratual do empregador (art. 37º da LCT), da aplicação das convenções em caso de mudança da titularidade da empresa (art. 9º da LCCT), ou das obrigações durante a greve (art. 8º da LG), e é ainda impropriamente equiparado a cantinas ou economatos explorados pelo empregador para fornecimento de bens ou prestação de serviços aos trabalhadores (art. 21º nº 1 g) da LCT). Por seu turno, o termo «empresa» é referido por vezes em sentido objectivo, como estabelecimento, ou em sentido amplo, como entidade jurídica (assim, por exemplo, as referências às empresas públicas a propósito da regulamentação das relações colectivas de trabalho, no art. 4º nº 1 d) da LRCT) ou ainda como organização de factores de produção — por exemplo, a propósito da redução do período normal de trabalho e da suspensão dos contratos de trabalho em situação de crise da empresa (art. 5º nº 1 da LSCT), a propósito da noção de entidade patronal (art. 1º nº 2 a) da LAP), a propósito da delimitação do conceito de acordo de empresa (art. 2º nº 3 da LRCT) ou a propósito das comissões de trabalhadores, em cujo regime jurídico é distinguida do conceito objectivo e estrito de estabelecimento (LComT., art. 2º nº 5 e 6, art. 3º nº 2, e art. 19º nº 3).

[427] Esta oscilação terminológica constata-se também nos textos legais de outros sistemas jurídicos, como o sistema italiano — neste sentido, vd a apreciação dos diversos sentidos de *impresa* no *Codice civile* de 1942, feita por MENGONI, *Contratto e rapporto di lavoro...cit.*, 679 ss., em que o autor identifica um sentido subjectivo de empresa, como organização de pessoas (arts. 2086º, 2094º, 2103º e 2109º do *Codice*), um sentido objectivo-patrimonial, como organização de bens, que associa ao conceito de *azienda* (art. 2255º), e um sentido funcional, que identifica com a ideia de actividade económica vocacionada para a satisfação de necessidades do mercado (art. 2082º do *Codice*); também em apreciação do *Codice civile*, Francesco SANTORO-PASSARELLI, *Soggetività dell'impresa, in Scritti in Memoria di Alessandro GRAZIANI*, V — *Impresa e società*, Napoli, 1968,

§ 13º - O fundamento dogmático da relação comunitário-pessoal de trabalho 313

sarial, nem um conceito de *empresa laboral* decorre com clareza de qualquer uma das acepções usualmente associadas à realidade empresarial pela doutrina, apesar de muitos autores salientarem a importância de empresa no domínio laboral[428] — alguns sectores da doutrina limitam-se a identificar, de uma forma simples, a empresa laboral como aquela cujos trabalhadores estão sujeitos ao direito individual e colectivo do trabalho[429], enquanto outros focalizam a dimensão laboral da realidade empresarial na figura do empregador, remetendo o conceito de empresa (como unidade de produção, dotada de uma certa organização) para o domínio económico (é o retomar da distinção entre empresário e empregador para este efeito[430] [431]), e outros ainda relevam no

---

1767-1773 (1772), chama a atenção para as diversas normas do código que evidenciam uma intenção de subjectivização da empresa, através da sua distinção da figura do empresário — ou seja, a visão da realidade empresarial num pendor institucionalista.

[428] Neste sentido, por exemplo, Orlando de CARVALHO, *Empresa e Direito do Trabalho*, in *Temas de Direito do Trabalho — Direito ao Trabalho na Crise. Poder Empresarial. Greves Atípicas — IV Jornadas Luso-Hispano-Brasileiras de Direito do Trabalho*, Coimbra, 1990, 9-17 (17), considera a empresa como o «princípio energético» do direito do trabalho, que seria, sem ela, «ininteligível na sua génese, na sua lógica, no seu *pathos* e até na sua força de irradiação e de expansão».

[429] Entre nós, neste sentido, por exemplo, COUTINHO DE ABREU, *A Empresa e o Empregador...cit.*, 10, e *Da Empresarialidade...cit.*, 299.

[430] A focalização da valência laboral da empresa na pessoa do empregador (delimitada essencialmente a partir da sua posição negocial como credor da prestação laboral e devedor da retribuição, ou a partir da ideia da titularidade de poderes de autoridade na relação de trabalho, e a sua delimitação relativamente ao conceito de empresário retiraria, para estes autores, relevo laboral autónomo ao conceito de empresa, uma vez que ela é sempre encarada em conjunto com o seu titular (neste sentido, entre nós, respectivamente, MENEZES CORDEIRO, *Manual...cit.*, 116 ss., e COUTINHO DE ABREU, *A Empresa e o Empregador...cit.*, 23 s.).

[431] A delimitação entre as figuras do empresário e do empregador para efeitos laborais tem tradição também noutros sistemas jurídicos, como o italiano (que, para o efeito, distingue entre o *datore di lavoro* e o *imprenditore*), o francês (onde se distingue entre *employeur* e *entrepreneur*) ou o germânico (onde é usual a distinção entre *Arbeitgeber* e *Unternehmer*), nela assentando, entre outras projecções, a autonomização do poder organizativo no elenco dos poderes laborais do empregador, sustentada por um sector da doutrina italiana e da doutrina francesa — entre outros, neste sentido, Antonio PALERMO, *Manuale di diritto del lavoro e della sicurezza sociale*, II, Milano, 1957, LEGA, *Il potere disciplinare...cit.*, 13 e 35,

SAVINO, *Il lavoro nei rapporti...cit.,* 53, GHIDINI, *Diritto del lavoro cit.,* 344 e 349, Giuliano MAZZONI, *Manuale di diritto del lavoro,* 4ª ed., Milano, 1971, 137 ss., ALDO ARANGUREN, *Principi generali...cit.,* 102 ss., ou DANIÈLE LOSCHAK, *Le pouvoir hiérarchique...cit.,* 29 s. Reportado à organização e gestão dos factores de produção, em prossecução de um determinado objectivo económico, o poder organizativo é estruturalmente um poder do empresário, que manifesta o seu direito de livre iniciativa económica (neste sentido, por exemplo, Manlio MAZ-ZIOTTI, *Il diritto al lavoro,* Milano, 1956, 151 ss., ou LEGA, *Il potere disciplinare...cit.,* 13, e, entre nós, ALBERTO XAVIER, *O Poder Disciplinar...cit.,* 4 s.), mas tem efeitos laborais, quando a organização do processo produtivo passa pela celebração de contratos de trabalho (é aquilo que, noutra sede, designámos como *manifestação inicial* do poder organizativo), e pode reconduzir-se a uma manifestação do poder directivo, quando é essa mesma organização que justifica algumas das posteriores vicissitudes que podem atingir os contratos — é aquilo que designámos como *manifestações subsequentes* do poder organizativo e que podem ser exemplificadas com as situações de *jus variandi* ou de alteração do local de trabalho em razão da mudança do estabelecimento (arts. 22º e 24º da LCT), ou com os casos de cessação do contrato em razão de despedimento colectivo ou da extinção do posto de trabalho (arts. 16º ss. e 26º ss. da LCCT). Sobre esta matéria, *vd* o nosso *Do Fundamento... cit.,* 150 ss. e, em geral, sobre os efeitos laborais do poder de organização, ainda Philippe LANGLOIS, *Le pouvoir d'organisation et les contrats de travail,* DS, 1982, 1, 83-92 (83 ss.).

A distinção entre os conceitos de empregador e de empresário não se apresenta, contudo, de forma nítida, nem na doutrina nem na lei. Assim, no direito italiano, diversas normas laborais são reportadas directamente à figura do *imprenditore* e não ao *datore di lavoro* (arts. 2086º, 2087º ou 2094º do *Codice civile*) e, na nossa lei, é frequente a confusão entre as noções de empresário e de entidade patronal (neste sentido, *vd* o caso paradigmático da recondução do objecto das associações patronais à «defesa e promoção dos seus interesses *empresariais*» [itálico nosso], feita pelo art. 1º nº 1 da LAP). No sistema germânico, por exemplo, HESSEL, *Zum Begriff des Betriebs cit.,* 450 s., atribui três significados ao termo *Betrieb,* que relevam em áreas diferentes do direito do trabalho — *Betrieb* no sentido de *Unternehmen,* como produto da actividade do empresário, *Betrieb* no sentido relevante para o direito do contrato de trabalho, e *Betrieb* no sentido relevante para o direito da constituição da empresa (*Betriebsverfassungsrecht*); Franz GAMILLSCHEG, *Betrieb und Unternehmen — Zwei Grundbegriffe des Arbeitsrechts,* ArbuR, 1989, 2, 33-37 (33), faz notar a natureza não unitária do conceito de *Betrieb* na sua aplicação laboral, pelo diverso sentido que lhe é atribuído em diferentes aspectos da fenomenologia laboral (de notar, contudo, que este autor critica a importância tradicionalmente reconhecida a este conceito no domínio laboral — *idem,* 37); e RICHARDI, *Staudingers Kommentar...cit.,* 126, chama a atenção para

domínio laboral o significado social da empresa, ou seja, a sua configuração como organização unitária que desenvolve u.1a determinada actividade produtiva⁴³².

Na ausência de um conceito laboral unitário de empresa e interessando-nos delimitar a realidade empresarial numa perspectiva instrumental, como pressuposto da justificação institucionalista do vínculo laboral, permitimo-nos partir da noção genérica de empresa, que já sustentámos noutra sede⁴³³, para procurarmos isolar, entre as mais importantes acepções que a doutrina associa usualmente ao conceito, o sentido de que as teorias institucionalistas se socorrem para apoiar a sua construção dogmática da relação de trabalho. Neste sentido considerando a empresa como conjunto de factores económicos e humanos, materiais e imateriais, aglomerados de uma forma duradoura e organizada para prossecução de um determinado objectivo produtivo, com utilidade para o direito⁴³⁴, verificamos que, das três acepções mais frequentemente associadas pela doutrina à realidade empresarial⁴³⁵ — a acepção subjectiva,

---

o facto de o conceito de *Betrieb* relevar esencialmente como local de trabalho para o direito do contrato de trabalho, e como entidade organizada e autónoma para o *Betriebsverfassungsrecht*.

⁴³² Neste sentido, por exemplo, NICOLE CATALA, *L'entreprise cit.*, VII, ou MAGREZ, *L'entreprise en droit social...cit.*, 581.

⁴³³ *Do Fundamento...cit.*, 358.

⁴³⁴ Sobre o conceito de empresa, vd. ainda, entre outros, BARASSI, *Flementi...cit.*, 30, SANTORO-PASSARELLI, *Libertà e autorità...cit.*, 251, Paulo SENDIN, *Lições de Direito Comercial e de Direito da Economia*, I (copiogr.), Lisboa, 1979//80, 220 ss., António da Rocha Menezes CORDEIRO, *Direito da Economia* (copiogr.), Lisboa, 1986, 234, e *Manual...cit.*, 117. De acordo com o sentido de empresa que aqui subscrevemos, por exemplo, ROMANO MARTINEZ, *Direito do Trabalho cit.*, I, 161 s.

⁴³⁵ Permitimo-nos realçar estas três acepções porque correspondem à delimitação mais difundida na doutrina, mas tendo a consciência de que outros significados podem ser atribuídos à realidade empresarial — assim, por exemplo, OLIVEIRA ASCENSÃO, *Direito Comercial cit.*, I, 134 ss., identifica cinco sentidos possíveis para a realidade empresarial (empresa como sujeito, empresa como objecto, empresa como actividade, empresa como corporação e empresa como instituição); e HAX, *Betriebswirtschaftliche Deutung...cit.*, 114, identifica quatro sentidos para o termo *Betrieb*, a partir do conceito de organização, desde o significado mais amplo de entidade organizada com um certo fim, a organização com um fim económico, organização com um fim económico produtivo e organização com uma determinada estrutura técnica.

que identifica a empresa com a actividade do empresário[436], a acepção objectiva, que a identifica com um bem integrativo do seu património ou com a noção de estabelecimento[437], e a acepção orgânica, que a encara como um organismo funcionalmente determinado que transcende a pessoa do empresário[438] —, é a terceira acepção que é aproveitada pelas teorias institucionalistas para justificarem a natureza comunitário--pessoal da relação de trabalho de uma forma independente do contrato de trabalho

---

[436] Esta acepção, que, para autores como PAULO SENDIN, Lições...cit., I, 22), é a primeira a individualizar-se por se manifestar inicialmente na própria ideia criadora do empresário, parece ser a acepção considerada no art. 230° do CCom., e vai-se projectando, ao longo da vida da empresa, na actividade do empresário em prossecução do objectivo delineado. Sobre esta acepção da empresa, por exemplo, RAUL VENTURA, Teoria...cit., I, 87, OLIVEIRA ASCENSÃO, Direito Comercial cit., I, 134, FERNANDO OLAVO, Direito Comercial cit., I, 252 ss., Abílio NETO, Código Comercial, Código das Sociedades, Legislação Complementar Anotados, 7ª ed., Lisboa, 1986, 284, nota [1], ou BRITO CORREIA, Direito Comercial cit., I, 213 s. Na doutrina italiana, realçam o significado subjectivo da empresa, por exemplo, RIVA SANSEVERINO, Il lavoro nell'impresa cit., 126 s., ou Giuseppe BRANCA, Istituzioni di diritto privato, 6ª ed., Bologna, 1982, 594.

[437] É nesta acepção que, na opinião de alguns autores, o termo «estabelecimento» está referido no art. 24° do CCom. — sobre esta acepção, ainda RAUL VENTURA, Teoria...cit., I, 87, OLIVEIRA ASCENSÃO, Direito Comercial cit., I, 135, FERNANDO OLAVO, Direito Comercial cit., I, 252 ss., ABÍLIO NETO, Código Comercial...cit., 58, nota [7], BRITO CORREIA, Direito Comercial cit., I, 214, ou COUTINHO DE ABREU, A Empresa e o Empregador...cit., 4. Também identificando a empresa com o estabelecimento comercial neste sentido, por exemplo, FERRER CORREIA, Lições...cit., 117, ou ORLANDO DE CARVALHO, Critério e Estrutura...cit., I, 293.

[438] Neste sentido, SANTORO-PASSARELLI, Libertà e autorità...cit., 251, Giuliano MAZZONI, L'incidenza dell'evoluzione del diritto del lavoro sulla struttura dell'impresa (1975), in Scritti minori, I, Milano, 1979, 275-285 (277 ss.), e ainda L'exercizio dell'impresa...cit., 14 ss., BRANCA, Istituzioni...cit., 594 (que, contudo, não admite a sua natureza institucional), ALDO ARANGUREN, Principi generali...cit., 104 s., PAULO SENDIN, Lições...cit., I, 222 s. e 228, BRITO CORREIA, Direito Comercial cit., I, 215, ou OLIVEIRA ASCENSÃO, Direito Comercial cit., I, 135 ss. A ligação do elemento organizacional à empresa no domínio laboral pode também constatar-se na dogmática juslaboral germânica mais tradicional, em autores como MOLITOR (verbi gratia na já referida obra Arbeitnehmer und Betrieb) ou Erwin JACOBI, Betrieb und Unternehmer als Rechtsbegriffe, Leipzig, 1926, 9. Também HAX, Betriebswirtschaftliche Deutung...cit., 113 e 119 ss., aprecia a empresa a partir do conceito de organização e reconhece o seu significado institucional.

IV. Na verdade, se considerada no sentido orgânico, a empresa revela-se uma realidade muito receptiva à qualificação institucional, porque nela se podem descortinar todos os elementos do conceito de instituição que isolámos: a configuração como um organismo juridicamente autónomo mais ou menos duradouro, a animação por um objectivo unitário comum aos seus membros, e a organização interna em termos hierárquicos. São exactamente estes elementos, valorizados em diversos outros contextos jurídicos[439] e até em apreciações não jurídicas da realidade empresarial[440], que irão também ser salientados pela doutrina para afirmar a natureza institucional da empresa para efeitos laborais e para justificar, numa nova base, a essência comunitário-pessoal da relação de trabalho.

No que se reporta ao elemento da comunhão de objectivos, ele é particularmente fácil de adaptar à realidade empresarial através da ideia da partilha do escopo empresarial entre o empresário e os trabalhadores. No que se refere ao elemento da organização autónoma e diferenciada do grupo institucional, a sua adequação à realidade empresarial é também fácil, por ressaltarem da própria empresa indícios diversos da sua transcendência em relação à pessoa do empresário — uma vez criada, a empresa afirma-se como uma entidade independente, capaz de sobreviver à mudança do titular inicial, com a sua organização interna, e reconhecida do exterior como centro autónomo de imputação

---

[439] Nomeadamente no âmbito do direito comercial. Neste sentido, entre nós, é de apontar a posição sustentada por OLIVEIRA ASCENSÃO, *Direito Comercial cit.*, I, 135 ss., considerando que o significado mais relevante da empresa é exactamente o significado institucional, que parte da ideia de empresa como corpo social, e, a partir desta ideia, a visualiza não como um conjunto organizado de pessoas (é o sentido corporativo ou de «instituição-pessoa»), mas como corporização de uma obra ou de um objectivo numa organização, dotada de meios materiais e humanos e sujeita a uma certa ordem (na expressão do autor, em sentido institucional estrito, como «instituição-coisa» — idem, 136). Também propugnando uma visão institucionalista da empresa e sublinhando as respectivas vantagens, RIPERT, *Aspects juridiques...cit., maxime* 311 ss.; mas contra esta visão, por exemplo, BRANCA, *Istituzioni...cit.*, 594 e, entre nós, BRITO CORREIA, *Direito Comercial cit.*, I, 215 s.

[440] Referindo a importância do conceito de instituição na análise económica e sociológica da empresa, COUTINHO DE ABREU, *A Empresa e o Empregador...cit.*, 29 ss.; e, numa perspectiva económica, John Kenneth GALBRAITH, *O Novo Estado Industrial* (trad. port.), Lisboa, 1973, 89 ss.

de normas (ou seja, na expressão de SANTI ROMANO[441], como um ordenamento jurídico *a se*)[442]. Finalmente, a ideia de autoridade adequa-se com particular facilidade à realidade empresarial, já que a organização vertical da empresa não só corresponde ao modelo organizativo mais comum mas é também apresentada, em termos económicos, como uma condição de eficácia do próprio processo produtivo — o desnivelamento da posição dos sujeitos, em termos jurídicos, aparece assim com um cunho de inevitabilidade, pelo que a doutrina se limita a procurar justificá-lo em moldes objectivos, apelando directamente às necessidades da organização para ultrapassar os escolhos inerentes à admissibilidade de uma posição de domínio pessoal de um sujeito sobre outro numa situação de direito privado.

Veremos, já de seguida, como é que a doutrina procedeu ao desenvolvimento do conceito de instituição no domínio laboral.

26.4. A afirmação alternativa do institucionalismo: a prestação efectiva de trabalho e a incorporação como fontes da relação laboral e a natureza institucional da empresa como fundamento da sua natureza comunitário-pessoal

I. Estimulada pelas insuficiências explicativas do contrato e apoiada na facilidade de aplicação do conceito de instituição no domínio laboral, a doutrina institucionalista vai elaborar a fundamentação dogmática da relação comunitário-pessoal de trabalho a partir de três afirmações legitimadoras sucessivas: o reconhecimento da prestação efectiva de trabalho como situação material relevante para o surgimento da relação laboral; a afirmação do acto de incorporação do trabalhador na empresa ou na organização do credor como facto jurídico constitutivo da relação de trabalho alternativo ao contrato de trabalho, que permite operar a delimitação do vínculo laboral em relação a outros vínculos de serviço e explicar as suas particularidades; e a justificação dogmática da natu-

---

[441] *L' ordinamento giuridico* cit., 55.

[442] Salientando esta ideia da transcendência da empresa em relação às vicissitudes que atingem o empresário, ainda MAZZONI, *L'exercizio dell'impresa...cit.*, 15 s., Jean Brèthe de la GRESSAYE, *Les transformations juridiques de l'entreprise patronale*, DS, 1939, 1, 2-6 (4), ou MAGREZ, *L'entreprise en droit social...cit.*, 586.

reza comunitário-pessoal da relação de trabalho no carácter institucional da empresa ou da organização do empregador.

Em primeiro lugar, da dispensa da verificação do elemento negocial em muitas situações laborais a doutrina retira a consequência do relevo da prestação efectiva de trabalho na empresa ou na organização do credor como facto constitutivo autónomo da relação laboral — como refere SIEBERT, aplicando ao domínio laboral as linhas metodológicas propostas por SCHMITT[443], a relação comunitário-pessoal de trabalho, que constitui o cerne do direito laboral[444], não se funda num qualquer dever negocial, dependente da vontade, mas é uma relação da vida («uma relação natural de homem para homem» — *die natürliche Beziehung von Mann zu Mann*), e a sua valência ética, evidenciada na revalorização da personalidade do trabalhador e traduzida nas ideias de lealdade e de assistência, de honra e de chefia, de acordo com a ideologia dominante, não pode depender da vontade das partes ou dos compromissos negociais, mas decorre do sentimento de «companheirismo popular» (*Volksgenossen*), que faz da actividade de trabalho um serviço a outros companheiros e à comunidade[445][446]. E, em sentido idêntico, NIKISCH[447] considera que o conceito de comunidade (que se encontra

---

[443] *Sobre as três modalidades...cit.*

[444] SIEBERT, *Die Begründung des Arbeitsverhältnisses cit.*, 306.

[445] SIEBERT, *Die Entwicklung der Lehre...cit.*, 19, e também *Das Recht der Arbeit...cit.*, 5.

[446] É este repúdio da figura do contrato, através da qualificação da relação de trabalho como uma «relação da vida», que se encontra, em termos metodológicos gerais, no pensamento ordinalista de SCHMITT, *Sobre as três modalidades...cit.*, BMJ, 1951, 26, 18 ss. — o autor reconhece a existência de relações de tipo institucional em sectores da vida humana que não considera passíveis de uma configuração meramente técnica e relacional, porque têm uma substância própria, anterior e independente da norma, e são dotados, eles próprios, de um ordenamento (com os inerentes conceitos de ordem, disciplina e honra); exemplo deste tipo de relações seriam os casos das relações familiares, das corporações e das relações na empresa. Mais adiante (BMJ, 1951, 27, 16 ss. e 27 ss.), o autor reconhece que os conceitos de fidelidade, honra e chefia, inerentes a estas relações institucionais e aos respectivos ordenamentos, foram relançados com o renascimento da vida comunitária sob a égide do nacional-socialismo e, como exemplo deste relançamento, refere a AOG de 1934, que considera como um avanço notável na superação do individualismo e dos conceitos respectivos de relação jurídica e de contrato pelo pensamento ordinalista comunitário.

[447] *Arbeitsvertrag und Arbeitsverhältnis cit.*, 46 s.

no domínio das relações de trabalho como noutras áreas da ordem jurídica) é um conceito que se reporta directamente à vida das pessoas e à realidade dos factos e não carece, em consequência, de qualquer legitimação formal pela via do contrato, legitimando-se antes, de per si, pela proximidade entre os elementos da comunidade na prossecução do objectivo unitário. Relevante para a constituição da relação jurídica de trabalho é pois a prestação efectiva de trabalho numa organização e não o negócio jurídico que eventualmente a titula.

Deve, contudo, dizer-se que, apesar deste apeio à legitimação social directa da relação de trabalho no sentido apontado, a doutrina liga o significado jurídico da prestação efectiva de trabalho a um outro acto, que qualifica, em alternativa ao contrato, como o facto constitutivo da relação laboral — é o acto que designa como «acto de incorporação» ou, simplesmente, «incorporação» (*Eingliederung*)[448]. A referência a este acto, que poderia parecer despicienda em face do exposto, é, no entanto, essencial: é que, estando aqui em causa uma relação privada de domínio de um sujeito sobre outro, é necessário continuar a assegurar (com a naturalidade com que a ideia de acordo negocial o fazia) a liberdade do trabalhador na assunção do estado de sujeição ou de subordinação que a relação laboral para ele representa. Essa função é cumprida na construção institucionalista pelo acto de incorporação, que deixa de ser qualificado como um facto jurídico secundário, efeito do acordo negocial (nos termos sustentados pelos contratualistas), para passar a ser reconhecido como facto jurídico essencial, voluntário e unilateral (ou seja, um acto jurídico em sentido estrito mas não um negócio jurídico[449]), que constitui a fonte autónoma da relação de trabalho[450].

---

[448] Este termo tem origem na dogmática germânica (por exemplo, SIEBERT, *Die Begründung des Arbeitsverhältnisses cit., passim*, ou NIKISCH, *Arbeitsvertrag und Arbeitsvërhaltnis cit., passim*, embora este autor também refira a expressão «*Einstellung*» — *idem*, 80 — aliás como SIEBERT, *Das Recht der Arbeit...cit.*, 6), mas é traduzida noutros sistemas jurídicos por expressões equivalentes — assim, na doutrina italiana fala-se em *ingresso* do trabalhador na empresa (por exemplo, GRECO, *Il contratto di lavoro cit.*, 60) e na doutrina francesa em *embauchage* (SCELLE, *Le droit ouvrier...cit.*, 109, ou DURAND / VITU, *Traité...cit.*, II, 210); entre nós, RAUL VENTURA, *Teoria...cit.*, I, 309, refere-se, neste sentido, à *inserção* do trabalhador na empresa.

[449] Esta qualificação como acto jurídico e não como negócio jurídico é justificada pelos autores pelo facto de o acto de inserção se reportar a uma situação da vida — por exemplo, NIKISCH, *Arbeitsvertrag und Arbeitsverhältnis cit.*, 84.

Na apreciação dos efeitos do acto de incorporação, a doutrina desenvolve finalmente a ideia de que este acto permite ao trabalhador aceder a uma comunidade institucional — a empresa ou a organização do credor. É esta ideia de integração numa organização (que transparece na própria designação «Eingliederung», proveniente do termo *Glied*, ou membro, e ressalta com a mesma facilidade da expressão portuguesa «incorporação») que conduz a doutrina a qualificar a relação laboral como uma relação de pertença (na expressão de SIEBERT[451], *ein Betriebszugehörigkeitsverhältnis*), desenvolvendo o conceito inicialmente apresentado por MOLITOR[452] — independentemente da relação negocial estabelecida entre as partes, ao integrar-se na empresa o trabalhador torna-se membro de uma comunidade ou *corpo social* mais amplo, que é a comunidade de trabalho ou a comunidade empresarial, e são as necessidades dessa organização que ditam o conteúdo do seu vínculo jurídico[453]. Como decorre do exposto, o peso do elemento da vontade é muito menor nesta construção do que na construção contratualista: uma vez assegurada a liberdade do trabalhador no acesso à empresa, pela natureza voluntária do acto de incorporação, o conteúdo da relação jurídica laboral pode escapar à vontade do trabalhador, já que é determinado pelas necessidades dessa mesma organização e não pelo acordo das partes.

II. Para além de melhor corresponder à realidade social, a justificação da relação laboral a partir do acto de incorporação é defendida pelos autores em nome de duas vantagens práticas: a maior facilidade de delimitação do vínculo laboral relativamente aos outros vínculos de

---

Naturalmente que esta oposição entre «negócio jurídico» e «situação da vida» é de compreender, no contexto, como a oposição entre situação formal (jurídica) e situação material (real).

[450] SIEBERT, *Die Begründung des Arbeitsverhältnisses cit.*, 305.

[451] *Die Begründung des Arbeitsverhältnisses cit.*, 307.

[452] Reconhecendo em MOLITOR a origem desta construção, por exemplo, NIKISCH, *Arbeitsvertrag und Arbeitsverhältnis cit.*, 14.

[453] A este propósito, SIEBERT, *Die Begründung des Arbeitsverhältnisses cit.*, 307, distingue entre a relação negocial (entre o *Arbeinehmer* e o *Unternehmer*), e a relação comunitário-pessoal de pertença (entre o *Arbeitnehmer* e o *Betriebsführer*). O conceito de pertença é também considerado fundamental por NIKISCH, *Arbeitsvertrag und Arbeitsverhältnis cit.*, 32 s., embora de forma um pouco diferente, como teremos oportunidade de verificar um pouco mais à frente.

serviço; e a justificação mais fácil, por esta via, dos desvios das normas laborais em relação ao direito comum.

No que se refere ao primeiro aspecto, é especialmente relevante a contribuição de NIKISCH[454], que, para o efeito, estabelece uma distinção entre o dever de trabalho e o dever de serviço (*Arbeitspflicht und Dienstpflicht*): considerando que o BGB utiliza o termo *Dienst* num sentido amplo e neutro[455], compatível com vários tipos de prestação laborativa, o autor faz assentar a dependência pessoal do trabalhador não na sua sujeição ao poder directivo do empregador (para o autor, o poder directivo não permite delimitar o vínculo laboral porque, como poder de concretização da prestação, existe também no contrato de serviços autónomo e, por outro lado, porque o vínculo laboral é compatível com um grau considerável de autonomia do prestador[456]), mas no facto de essa dependência implicar a sujeição do trabalhador à esfera de domínio pessoal do credor do serviço, fazendo surgir na sua titularidade, ao lado do dever de cumprimento das tarefas que lhe sejam exigidas, um dever genérico de disponibilização da sua energia laborativa, que o empregador aproveitará de acordo com as suas necessidades — o primeiro dever é o «dever de trabalho» (*Arbeitspflicht*), que se repete a cada prestação e existe em qualquer contrato de serviço; o segundo é o «dever de serviço» (*Dienstpflicht*), tem um carácter continuado, surge com a incorporação e constitui o objecto da relação comunitário-pessoal de trabalho. É este dever que revela a pessoalidade intrínseca do vínculo jurídico laboral, uma vez que o interesse do empregador na disponibilização continuada do trabalhador se baseia necessariamente nas qualidades pessoais que lhe reconhece, e que o trabalhador abdica da sua autonomia para se colocar ao *serviço* do empregador (o termo *Dienst* é aqui empregue já não num sentido neutro, mas com a carga axiológica da dependência)[457] — o que explica, por exemplo, a inadmissibilidade

---

[454] *Dienstpflicht und Arbeitspflicht cit.*

[455] Para ilustrar esta neutralidade do BGB nas referências ao termo *Dienst*, o autor observa que o termo é utilizado pelo código «num sentido descolorido» (*in einem ganz farblosen Sinne*) — idem, 66.

[456] *Dienstpflicht und Arbeitspflicht cit.*, 68 e 70 s. Também em *Die Eingliederung...cit.*, 1 s., o autor faz exactamente esta crítica ao poder directivo como critério de delimitação da dependência pessoal do trabalhador, qualificando-o apenas como um sintoma dessa dependência.

[457] *Dienstpflicht und Arbeitspflicht cit.*, 68.

da substituição do trabalhador na prestação do serviço (admissível num contrato de serviços sem dependência), a subsistência do dever remuneratório em casos de suspensão da prestação laborativa, quando se mantenha a disponibilidade do trabalhador, ou a distinção entre as situações de inadimplemento da prestação laborativa e d° cumprimento tardio[458].

Resta referir que, apesar de a aptidão delimitadora da ideia da incorporação ser especialmente valorizada pela doutrina germânica (o que, a nosso ver, se fica também a dever à menor clareza do BGB nesta matéria), ela é também sustentada noutros contextos doutrinais. Neste sentido, o elemento da incorporação é desenvolvido no seio da doutrina italiana por VIGORITA[459], que procura conjugá-lo com a subordinação como critério delimitador clássico do contrato de trabalho. Em crítica à aplicação laboral da distinção entre obrigações de meios e de resultado e à referência da subordinação ao poder de direcção do empregador, tradicional na doutrina contratualista italiana desde a construção de BARASSI[460], este autor faz notar as deficiências de uma delimitação do vínculo laboral totalmente apoiada no poder directivo e evidencia, em alternativa, o valor qualificativo do elemento de continuidade do vínculo, que decorre da inserção do trabalhador na organização produtiva do empregador e se revela na sua atitude de disponibilidade

---

[458] *Idem*, 68 ss. e 77 ss.

[459] Por exemplo, em *Impresa, rapporto...cit.*, 550 ss. e 557 ss., mas também em *Subordinazione e diritto del lavoro...cit*, 31 ss., 47 ss., 125 ss. , e, mais recentemente, em *Le apparenti contraddizzioni del nostro ordinamento in tema di subordinazione*, in M. PEDRAZZOLI (dir), *Lavoro subordinato e dintorni — Comparazioni e prospettive*, Bologna, 1989, 93-99 (94). Subjacentes às reflexões do autor, em qualquer dos escritos apontados, parecem estar duas preocupações: por um lado, a necessidade de enquadrar situações laborais diferentes do trabalho subordinado típico (que o autor identifica com o trabalho manual do proletário), em relação às quais é mais difícil operar a recondução tradicional da subordinação ao poder directivo pela tendência de re-autonomização técnica do prestador, sendo pois necessário reequacionar o critério delimitativo em função de outros elementos — a disponibilidade continuada do trabalhador, possibilitada pela sua inserção na organização do empregador, será um deles; por outro lado, a preocupação de apreciar o contrato e a relação de trabalho não de forma isolada mas no contexto organizacional onde se desenvolvem, ou seja, conjuntamente com outras relações de trabalho e em ordem à prossecução do objectivo do empresário — o que volta a evidenciar a importância do elemento da incorporação.

[460] Cfr., *supra*, § 10°, 19.3.I. e nota [72].

perante ele — o carácter continuado desta disponibilidade, mesmo quando o poder directivo está ausente ou se dilui, prova, segundo o autor, a aptidão qualificativa do critério. A influência do pensamento de NIKISCH parece-nos aqui evidente.

Por outro lado, os autores invocam a mais valia da ideia de incorporação para explicar outras especificidades do vínculo laboral, como os deveres acessórios do empregador e o seu direito de introduzir unilateralmente alterações ao vínculo, o regime das relações laborais de facto ou os efeitos decorrentes da integração do trabalhador em diversos grupos no seio da empresa.

Nesta linha, MOLITOR[461] evidencia a importância do acto de incorporação para justificar os deveres de assistência e de protecção do empregador, que considera de reportar directamente à relação de trabalho e não ao contrato. Na mesma linha, NIKISCH justifica no acto de incorporação e na subsequente relação de pertença (a que reconhece os elementos de pessoalidade e de comunidade típicos do vínculo laboral) o direito do empregador a introduzir modificações no acordo negocial, em nome do interesse da empresa, mas também as acrescidas limitações legais à liberdade negocial para protecção do trabalhador[462]; e justifica nesse vínculo de pertença os aspectos não exclusivamente negociais mas estatutários da situação de trabalhador subordinado, como a sua sujeição ao ordenamento interno da empresa ou a sua integração na comunidade dos trabalhadores e, como membro dessa comunidade, a sua participação na gestão[463].

Finalmente, a valia da teoria institucionalista é invocada a propósito do problema das relações laborais de facto e dos efeitos do contrato de trabalho inválido executado — problema clássico na dogmática germânica. Em relação a esta questão, NIKISCH[464] considera que as relações laborais de facto constituem uma categoria especial dentro das

---

[461] *Kündigung...cit.*, 42.
[462] *Dienstpflicht und Arbeitspflicht cit.*, 77.
[463] *Idem*, 73 ss.
[464] Por exemplo em *Über «faktische Vertragsverhältnisse»*, in E. v. CAEMMERER / A. NIKISCH / K. ZWEIGERT (Hrsg.), Vom Deutschen zum Europäischen Recht, Fest. für Hans DOLLE, I, Tübingen, 1963, 79-102, onde delimita especificamente o problema em apreciação da obra de HAUPT sobre as relações contratuais de facto.

relações contratuais de facto, cujos traços particulares residem na existência de uma vontade negocial, apesar da invalidade do título negocial, e na integração comunitária dos sujeitos (*ein Einordnung in eine Gemeinschaft*)[465]. Uma vez delimitada a categoria, o autor justifica a produção de efeitos laborais, nestes casos, directamente no acto de incorporação do trabalhador, tomado como fonte autónoma da relação jurídica comunitária; e justifica os efeitos *ex nunc* da declaração de nulidade do contrato na natureza pessoal do vínculo surgido entre as partes com a incorporação, e no inerente dever de lealdade — é este vínculo pessoal que, por uma razão de inevitabilidade e independentemente da situação negocial que o titula, justifica a especificidade do regime laboral nesta matéria[466]. Em sentido idêntico, a propósito do despedimento com fundamento em vício do negócio laboral, MOLITOR[467] justifica também a não retroactividade dos efeitos do despedimento no facto de ele se reportar à relação de trabalho e à incorporação e não ao contrato.

É pois também em nome da sua maior valia explicativa prática que a fundamentação institucionalista da relação comunitário-pessoal de trabalho é sufragada pelos autores.

---

[465] Na construção do autor, o acto de integração comunitária aproxima a relação laboral de outras relações comunitárias, como a relação jurídica societária, ao passo que a ideia da existência de uma vontade negocial das partes, ainda que não traduzida num contrato válido, afasta o caso laboral das outras categorias de relações contratuais de facto — ao contrário do que sucede com os comportamentos sociais típicos, em que ao comportamento de aparência negocial corresponde, de facto, a ausência de vontade de celebrar o negócio, nas relações laborais de facto as partes quiseram efectivamente celebrar o contrato, mas ele é, por qualquer motivo, inválido. Há pois, nestes casos, liberdade negocial, o que explica a produção de efeitos apesar do vício — *Über «faktische Vertragsverhältnisse» cit.*, 92 e 97 s.

[466] Adicionalmente, a ideia de pessoalidade permite também a NIKISCH não estender o regime da eficácia meramente *ex nunc* da invalidação do contrato de trabalho nulo mas executado a outros negócios obrigacionais duradouros, como o contrato de mútuo ou o contrato de locação. É que, para o autor, a especificidade das relações laborais de facto não reside no carácter duradouro mas na pessoalidade do vínculo; não se verificando esta pessoalidade nos negócios referidos, não se justifica também o regime especial em matéria de efeitos da declaração de nulidade — *Über «faktische Vertragsverhältnisse» cit.*, 96 s. O problema subjacente a esta opção do autor ultrapassa, pela sua dimensão geral, o âmbito das nossas reflexões.

[467] MOLITOR, *Kündigung...cit.*, 41.

III. Fixado o acto de incorporação do trabalhador na empresa ou organização do empregador como facto constitutivo autónomo da relação laboral e comprovadas as suas vantagens explicativas sobre o contrato, o fundamento dogmático para a natureza comunitário-pessoal do vínculo laboral é encontrado pela doutrina nas características e nas necessidades da empresa como instituição. Conceito que os autores traduzem em expressões como *Betrieb* no sistema germânico, *impresa* ou *azienda* no sistema italiano[468], ou *fundo de trabalho*, segundo a concepção desenvolvida, entre nós, por RAUL VENTURA[469], o conceito de empresa-instituição é objecto de um amplo desenvolvimento em todos os seus elementos. É este desenvolvimento que vamos, de imediato, apreciar.

---

[468] Apesar de o *Codice civile* se referir frequentemente à *impresa* no domínio das relações laborais, alguns autores desenvolvem, para efeitos laborais, o conceito de *azienda*, que caracterizam em termos institucionais — neste sentido, por exemplo, GRECO, *Il contratto di lavoro... cit.*, 59 ss., na sua apreciação comparativa dos conceitos de *impresa* e de *azienda*, define a *azienda* como um complexo objectivo, dotado de uma série de elementos, que formam uma organização económica e se prestam a ser tratados como uma unidade funcional autónoma, e reconhece a este conceito uma especial aptidão para explicar as particularidades da relação de trabalho na eventualidade da transmissão do estabelecimento; neste mesmo sentido, ARDAU, *Corso...cit.*, 75 e 78 ss., refere o conceito de *entità aziendali*. Também BARASSI, *Elementi...cit.*, 30 s., apesar da sua perspectiva contratualista, distingue os dois conceitos, aplicando ao domínio laboral a ideia de *azienda* para abranger as relações laborais desenvolvidas em organizações cujo carácter rudimentar impede a recondução ao conceito de empresa, embora reconheça a «*azienda-impresa*» como realidade laboral paradigmática; ainda sobre o conceito de *azienda* no direito italiano, por exemplo, BRANCA, *Istituzioni...cit.*, 599 ss.

[469] *Teoria...cit.*, I, 73. O conceito de «fundo de trabalho» (que o autor define como «o grupo formado por pessoas que recebem e dão o trabalho, as quais, comungando da mesma idéia, se distribuem hierárquicamente, sujeitando-se as segundas à autoridade das primeiras e às regras por elas ditadas») é reconduzido pelo autor a uma forma rudimentar de organização (*idem,* 73 e nota [2]), tendo, por isso, um conteúdo mais amplo do que o conceito de empresa. Na ideia de fundo de trabalho descortinam-se, no entanto, de uma forma clara, os elementos do conceito de instituição, como o próprio autor reconhece.

26.5. As formulações e o desenvolvimento do institucionalimo na sua aplicação laboral: a concepção comunitarista germânica e a concepção organizacional /autoritária italiana. O papel do contrato de trabalho nestas construções

I. A justificação doutrinal da natureza comunitário-pessoal da relação de trabalho, através da caracterização institucional da empresa, é feita a partir da valorização especial de dois dos elementos integrativos do conceito de instituição, no sistema germânico e no sistema italiano (de onde irradiaram para outros países): o elemento da comunhão de objectivos e o elemento da organização autoritária do grupo institucional, respectivamente no primeiro e no segundo sistema apontados.

Por se apoiarem na maior valorização relativa de cada um dos elementos referidos, pode dizer-se que estes desenvolvimentos correspondem a duas grandes tendências doutrinais, cuja origem se encontra na tradição jurídica e no contexto ideológico particular de cada sistema. Assim, no sistema alemão, a qualificação institucional da empresa ou da organização do credor e, consequentemente, a justificação dogmática institucionalista da relação de trabalho assentam na sobrevalorização do elemento da comunhão de objectivos, porque a ideia de comunidade (*Gemeinschaft*) é tradicional no pensamento jurídico germânico, tendo sido desenvolvida décadas antes por autores como VON GIERKE[470] e vem sendo aplicada no domínio laboral desde a década de vinte[471] — o nacional-socialismo limita-se pois a proceder ao aproveitamento desta ideia de acordo com o seu próprio perfil ideológico[472]. Já no sistema italiano, e, por influência deste, no sistema português, a justificação institucionalista da relação de trabalho é elaborada sobretudo a partir do elemento organizativo da empresa-instituição, não só porque nestes sistemas o pensamento comunitarista não foi nunca levado tão longe, mas também em razão do maior empolamento dado ao elemento da organização hierárquica no conceito de *ordinamento,* na construção clássica de SANTI ROMANO[473].

---

[470] *Das deutsche Genossenschaftsrecht* cit., e *Las raíces...*cit..
[471] *Supra,* § 10º, 21.
[472] Neste sentido, expressamente, SCHWERDTNER, *Fürsorgepflicht und Entgelttheorie...*cit., 27.
[473] Como refere este autor, *L'ordinamento giuridico* cit., 33, «*C'è una parola* [...] *che potrebbe sembrare necessaria e sufficiente per chiarire la natura dell'istituzione, ed la parola "organizzazione"*».

Recorrendo à terminologia que já utilizámos noutro contexto[474], designaremos estas tendências como *comunitarista* e *organizacional/ /autoritária*. Sobre esta designação cabe, no entanto, fazer duas observações: em primeiro lugar, parece-nos importante referir que se trata de meras *formulações*, já que estas tendências não correspondem a visões substancialmente distintas do fenómeno institucional mas apenas a uma diferença de perspectiva na sua apreciação — apesar do diferente valor reconhecido a um ou a outro elemento do conceito de instituição na sua aplicação laboral, os três elementos estão presentes nas várias construções e do seu conjunto emanam projecções gerais idênticas[475]; em segundo lugar, deve dizer-se que a designação das formulações germânicas como formulações *comunitaristas* pretende apenas isolar o conteúdo nuclear da reflexão institucionalista mas não permite esquecer que a visão comunitarista da relação laboral tem na dogmática germânica um sentido mais amplo, uma vez que é também, como vimos[476], o ponto de partida para a explicação contratualista da relação de trabalho — a novidade das doutrinas institucionalistas neste aspecto reside apenas na valorização do elemento comunitário não em sede do contrato mas em sede da empresa ou da organização do credor.

Por outro lado, constata-se que, apesar da unanimidade quanto à justificação directa da relação de trabalho na empresa-instituição, não há um entendimento doutrinal uniforme sobre o papel do contrato de trabalho nesta construção — enquanto para alguns autores o acto de incorporação tem um efeito substitutivo total (é a versão extrema do institucionalismo, subscrita por alguma doutrina germânica), para outros o contrato tem ainda um papel a desempenhar. Na exposição subsequente daremos também conta desta diferença.

II. A justificação da natureza institucional da empresa na doutrina germânica assenta na transposição dogmática do elemento de comuni-

---

[474] *Do Fundamento...cit.*, 366 ss. e 377 ss.

[475] Evidenciando a similitude das teorias institucionalistas, apesar das diferenças de formulação, numa apreciação comparada do seu desenvolvimento nos sistemas jurídicos germânico e francês, por exemplo, Anne-Françoise DAVID, *Remarques sur la conception institutionnelle de la relation de travail subordoné*, JTT, 1976, 131, 3, 305-313 (310).

[476] Razão pela qual não designámos inicialmente as teorias institucionalistas como teorias comunitaristas — *supra*, 26.1.I, nota [374].

dade do âmbito do contrato de trabalho para o âmbito empresarial — a base desta construção é pois a ideia de comunhão de objectivos, ínsita ao conceito de empresa-instituição, ou seja, a ideia de comunidade da empresa (*Betriebsgemeinschaft*).

A deslocação do elemento da comunhão de objectivos para a própria empresa é justificada pelo reforço do papel desta como célula social produtiva, de acordo com a ideologia dominante. Neste sentido, o objectivo produtivo a que empresa se propõe não é visto como um objectivo do empresário mas como um objectivo do grupo empresarial, uma *obra* de todos os seus membros no desempenho da função social da empresa — a ideia de objectivo comunitário não se reconduz assim à ideia de *objectivo comum às partes* mas à ideia de *objectivo unitário, próprio da empresa*, da qual tanto os trabalhadores como o empresário fazem parte[477].

Sendo o elemento de comunidade directamente reportado ao objectivo empresarial, o acto relevante para a constituição da relação comunitário-pessoal de trabalho deixa de ser o acordo das partes para passar a ser o facto que permite ao trabalhador tornar-se membro do grupo comunitário (ou seja, passar a ser considerado como «homem do séquito» (*Gefolgsmann*), de acordo com a terminologia corrente) — este facto é o acto de incorporação. A relação laboral que se constitui a partir deste acto é configurada como uma «relação de pertença à empresa» (*ein Betriebszugehörigkeitsverhältnis*)[478], mas, pela natureza institucional desta, o conceito de pertença não se reporta à inserção do trabalhador numa esfera jurídica alheia (que acarreta a necessidade de adequação da sua conduta às regras de funcionamento definidas pelo titular da organização no exercício dos seus poderes de domínio), mas é perspectivado como a consequência do acesso do trabalhador à quali-

---

[477] A diferença entre a referência do elemento comunitário aos dois contraentes e à empresa, no sentido referido, não é uma diferença semântica: como observa SIEBERT, *Die Begründung...cit.*, 341, está aqui em causa o reconhecimento de que a empresa tem uma causa própria e que, consequentemente, a relação comunitária de trabalho, com origem na incorporação, não é uma relação de cumprimento do contrato de trabalho, como é típico da visão contratualista. Por outro lado, está também em causa o reconhecimento da natureza genérica da comunidade, à partida generalizada a todos os membros do «séquito», como salienta NIKISCH, *Arbeitsvertrag und Arbeitsverhältnis cit.*, 19.

[478] Neste sentido, por exemplo, SIEBERT, *Die Begründung...cit.*, 307.

dade de membro de um grupo social, de cujos objectivos passa a partilhar com os restantes membros do «séquito», como refere NIKISCH[479].

Deve dizer-se ainda que, apesar de pôr o acento tónico na ideia de comunhão de objectivos, a doutrina germânica não deixa de aplicar no domínio laboral os outros elementos do conceito de instituição — a ideia de organismo autónomo e a ideia de estruturação hierárquica. Na verdade, embora a ideia de comunidade da empresa seja apontada como justificação geral para a natureza comunitário-pessoal da relação de trabalho, algumas das projecções desta essência comunitário-pessoal do vínculo são explicadas, em termos imediatos, pela aplicação à empresa das ideias de autonomia e de organização autoritária.

Assim, quanto ao aspecto da autonomia, os autores sustentam a qualificação da empresa como uma entidade jurídica diferenciada do empresário — é neste sentido que SIEBERT se refere à empresa como entidade orgânica, com o seu ordenamento e vida próprios[480], e desenvolve o conceito de pertença à empresa como a ligação de um sujeito a um corpo social autónomo[481]; também NIKISCH, embora crítico do desenvolvimento da ideia de pertença em SIEBERT[482], reconhece na empresa uma nova unidade (o *Arbeitorganismus*), que é fonte directa dos direitos e obrigações laborais e que considera dotada de um ordenamento jurídico próprio — composto pelo ordenamento laboral colec-

---

[479] *Arbeitsvertrag und Arbeitsverhältnis cit.*, 18 s.
[480] SIEBERT, *Die Begründung...cit.*, 307 s., e 341.
[481] Ainda sobre a ideia de empresa como organismo autónomo, gerador de relações de pertença, por exemplo, DENECKE, *Vermögensrechtliches oder personenrechtliches...cit.*, 220.
[482] A diferença entre as construções de NIKISCH e de SIEBERT neste aspecto parece ter a ver, sobretudo, com o momento a partir do qual consideram relevante a ideia de comunidade da empresa. Assim, enquanto SIEBERT assenta o fundamento da relação de trabalho na pertença do trabalhador à empresa e na assunção do interesse da empresa como próprio, independentemente do vínculo negocial anteriormente estabelecido pelas partes, NIKISCH nega uma tão grande relevância ao elemento de pertença à partida, considerando que o trabalhador começa por fazer a sua promessa de trabalho ao empregador, mas resolve o problema através da qualificação da relação laboral como um vínculo estatutário. Como refere este autor, *Arbeitsvertrag und Arbeitsverhältnis cit.*, 79, o carácter comunitário da relação laboral não decorre tanto do facto de as partes trabalharem em conjunto mas da inserção do trabalhador no organismo de trabalho, onde o empregador aproveita e destina a sua força laborativa.

tivo, ou *Tarifordnung* (que sucedeu às convenções colectivas — *Tarifverträge*), e pelo ordenamento empresarial interno, ou *Betriebsordnung*[483]. Este reconhecimento é da maior importância para a relação de trabalho, porque justifica a determinação do seu conteúdo não pela vontade das partes mas pelas prescrições que constituem o ordenamento jurídico objectivo da empresa.

Em relação ao elemento da organização autoritária do grupo institucional, a doutrina germânica desenvolve, agora em aplicação directa à empresa, o «princípio do chefe» (*Führerprinzip*) — princípio que, na opinião de alguns autores, acaba por constituir a contribuição mais original da justificação da relação comunitário-pessoal de trabalho nesta época, já que não tem tradição no pensamento jurídico germânico ao contrário do que sucede com a ideia de comunidade[484]. Facilitada pelo ambiente ideológico envolvente, a aplicação do princípio do chefe à empresa permite configurar a relação de trabalho como uma relação de colaboração pessoal desnivelada, pelo diferente papel dos membros na organização empresarial, justificando-se este desnível como uma condição para a prevalência do interesse do grupo, que é considerado como um interesse comum a todos os seus membros apesar de corporizado no chefe da empresa.

Na verdade, esta aplicação empresarial do princípio do chefe permite explicar algumas das particularidades mais singulares da relação de trabalho como relação jurídica de direito privado. Assim, no que se refere ao trabalhador, a sua sujeição aos poderes laborais, a recondução do cumprimento à ideia de obediência e a extensão do seu dever de lealdade passam a ser explicados pela necessária adequação do comportamento de todos os membros da empresa às exigências do seu processo produtivo e ao seu papel social — ou seja, têm uma justificação objectiva no chamado *interesse da empresa*; e, do lado do empregador, é ainda a verticalização da organização empresarial, inerente à sua qualificação como instituição, que legitima a titularidade dos poderes de direção e de disciplina[485] (uma vez mais de acordo com o interesse da

---

[483] NIKISCH, *Arbeitsvertrag und Arbeitsverhältnis* cit., 49, 72 e 79.

[484] Neste sentido, afirma, por exemplo, MAYER-MALY, *Nationalsozialismus und Arbeitsrecht* cit., 228, que o *Führerprinzip*, como princípio genuinamente racional-socialista, é a verdadeira novidade da explicação da relação de trabalho nesta época, uma vez que a ideia de comunidade é anterior e a relevância do elemento de lealdade remonta ao século XIX.

[485] Na expressão de DENECKE, *Vermögensrechtliches oder personenrechtli-*

empresa), e é o papel social da empresa que explica a sua responsabilização pelos trabalhadores, evidenciada no dever de assistência.

Sendo relativamente consensual sobre os aspectos apontados, a doutrina institucionalista germânica divide-se apenas quanto ao papel reservado ao contrato na construção dogmática do vínculo laboral — enquanto para alguns autores a relação de trabalho se constitui a partir da conjugação do acordo negocial com o acto de incorporação, para outros o acto de incorporação tem uma função substitutiva total do contrato celebrado pelas partes, apresentando-se como o único facto constitutivo da relação laboral.

A primeira orientação é defendida, por exemplo, por SIEBERT[486]. Considerando que as características de comunidade e de pessoalidade têm origem no acto de incorporação, mas reconhecendo alguns efeitos laborais ao acordo negocial entre o trabalhador e o empregador, este autor propõe uma fórmula de conciliação dos dois momentos — «*Einigung + Eingliederung in den Petrieb*» (aspas no original) — e desenvolve os conceitos de relação preparatória e relação plena de trabalho: o contrato ou acordo de trabalho cria a denominada «relação preparatória ou preliminar de trabalho» (*Vorarbeitsverhältnis*), de cujas promessas negociais decorrem os efeitos individuais da relação laboral; a «relação completa de trabalho» (*Vollarbeitsverhältnis*), com o seu perfil comunitário-pessoal, surge apenas com o acto de incorporação[487], já que a ideia de comunidade e o envolvimento pessoal integral do trabalhador (projectado nas ideias de chefia, honra e lealdade) são incompatíveis com a existência de interesses negociais opostos. Assim, ainda que uma parte do conteúdo da relação jurídica seja determinada pelo BGB, a sua natureza e os seus efeitos comunitários só podem ser explicados pela natureza comunitária da própria empresa e pelo facto de esta ter vida própria, configurando-se como um organismo autónomo[488].

O representante mais importante da segunda orientação é NIKISCH[489], que considera irrelevante o acordo negocial eventualmente

---

ches...cit., 220, a disciplina é uma necessidade da empresa enquanto organismo autónomo.

[486] Por exemplo, *Die Begründung des Arbeitsverhältnisses cit.*, 338 ss.
[487] *Idem*, 328 ss.
[488] *Ibidem*, 306 ss., e *Die Entwicklung der Lehre...cit.*, 18 s.
[489] Por exemplo em *Arbeitsvertrag und Arbeitsverhältnis cit.*.

existente entre as partes para o surgimento da relação laboral. Considerando a ideia de comunidade incompatível com a contraposição de interesses inerente ao conceito de contrato[490], NIKISCH recusa a qualificação do vínculo laboral como relação negocial e qualifica-o antes como uma relação estatutária duradoura. Esta relação, que designa como «relação de ocupação ou de emprego» (*Beschäftigungsverhältnis/Anstellungsverhältnis*), decorre do acto de incorporação e tem como objecto não a prestação de um determinado número de horas de trabalho pelo trabalhador nas a colocação da sua personalidade à disposição do credor, para que este possa articular a sua prestação com a dos demais membros da organização de trabalho (*Arbeitorganismus*)[491]. Sobre o conteúdo desta relação, o autor considera que os deveres das partes ou têm origem directa no ordenamento jurídico da empresa como organismo autónomo (i.e., nas *Tarifordnung* e na *Betriebsordnung*)[492], não carecendo, para a sua conformação, da prévia anuência das partes, ou, quando têm origem na lei (como sucede com o dever de assistência), apenas ganham significado laboral com o acto de incorporação. Nesta construção, ao acordo das partes cabe pois apenas a função de concretizar aqueles aspectos da relação jurídica laboral, que possam ser conformados ao nível individual[493] — como referimos, é a formulação mais radical da teoria da incorporação.

Como é sabido, numa posterior reformulação do seu pensamento, NIKISCH acaba por reconhecer algum valor laboral ao elemento negocial[494], aproximando-se da concepção subscrita por SIEBERT. Deve, contudo, dizer-se, que mesmo nesta formulação inicial, há acordo quanto aos pontos essenciais da construção: a natureza comunitária da relação de trabalho é reportada à empresa e apenas surge com o acto de incorporação; a haver uma relação anterior entre as partes é uma relação entre o trabalhador e o empresário (*Unternehmer*), que, para o efeito,

---

[490] *Idem*, 70 ss. e 84.
[491] *Ibidem*, 14, 37 ss. e 79.
[492] *Ibidem*, 49.
[493] *Ibidem*, 70 ss., 77 s. e 84.
[494] Já neste sentido menos radical, vd, por exemplo, *Die Eingliederung...cit.*, 3, *Die Arbeitsgesetzbuch...cit.*, 96 s. e 102 e s., bem como *Arbeitsrecht...cit.*, I, na sua 3ª edição (1961). 158 ss.

se distingue do chefe da empresa (*Betriebsführer*)[495]; e a relação laboral fundamental é exactamente esta relação do *Führer* com todos e cada um dos membros do séquito (*Gefolgschaft*), que integram a organização empresarial[496].

III. Apreciada a construção institucionalista da relação comunitário--pessoal de trabalho na dogmática germânica, cabe referir os aspectos desviantes que ela apresenta noutros contextos doutrinais — é a formulação que designámos como *organizacional/autoritária*, difundida sobretudo em Itália e, a partir dela, também noutros sistemas.

Os institucionalistas italianos partem também da consideração do acto de inserção do trabalhador na empresa, como acto constitutivo da relação de trabalho, e estabelecem como pressuposto da construção dogmática a natureza institucional da organização do credor[497]. Contudo, a apreciação do tratamento dogmático de cada um destes aspectos revela algumas diferenças em relação à construção germânica, tanto no que se refere à conjugação entre o acto de incorporação e o contrato (o elemento negocial tem aqui um maior peso), como no que respeita à importância relativa dos elementos constitutivos do conceito de empresa-instituição (com a maior relevância do elemento de autoridade sobre o elemento comunitário). No nosso entender, a primeira diferença justifica-se pelo diverso contexto normativo subjacente às elaborações dogmáticas, enquanto a segunda se fica a dever ao peso dos contributos dogmáticos locais no desenvolvimento do conceito de instituição e ainda, mediatamente, às concepções corporativas sobre as relações entre os grupos sociais que, neste aspecto, divergem do ideário nacional--socialista.

No que se refere à relação entre o elemento negocial e o elemento institucional, apesar de reconhecer a importância do acto de inserção

---

[495] Apesar de esta distinção ter maior interesse nos casos em que não é o titular da empresa que procede à sua gestão, ela é referida pelos autores para realçar o facto de que também o empresário, ao iniciar a relação laboral comunitária com o trabalhador após a integração deste na organização, assume uma função na empresa que vai para além dos deveres que lhe caberiam apenas como parte num contrato.

[496] NIKISCH, *Arbeitsvertrag und Arbeitsverhältnis* cit., 18, e SIEBERT, *Die Begründung...cit.*, 341.

[497] Neste sentido, por exemplo, GRECO, *Il contratto di lavoro...cit.*, 54 ss.

do trabalhador na empresa para o surgimento da relação laboral (neste sentido GRECO refere a essencialidade deste acto para constituir o trabalhador na situação de subordinação[498]), a doutrina italiana maioritária não advoga a sua função substitutiva do contrato nem aceita a secundarização dos deveres patrimoniais na relação de trabalho. Assim, por um lado, o contrato de trabalho continua a ser encarado como o meio normal de acesso à instituição-empresa[499] — sendo considerado indispensável para assegurar a liberdade do trabalhador na constituição do estado de sujeição a que corresponde a subordinação, e a sua liberdade de pôr fim ao vínculo, bem como para limitar os poderes laborais do empregador[500] — e as promessas negociais são tomadas em conta para a delimitação do conteúdo dos deveres laborais; e, por outro lado, os deveres de trabalho e de remuneração continuam a ser considerados como deveres principais, enquanto o dever de obediência e o dever de lealdade são qualificados como deveres acessórios, ainda que lhes seja reconhecida uma importância idêntica à do dever de trabalho[501]. Como refere GRECO[502], não há um abismo entre os conceitos de instituição e de contrato, embora deva distinguir-se entre a origem normal do vínculo institucional (o negócio laboral) e as exigências do seu desenvolvimento (as necessidades organizativas da instituição); desta forma, a relação hierárquica, que se estabelece por força da inserção e da permanência, transitória ou duradoura, do trabalhador na organização, é *autónoma* mas não *independente* da relação creditícia emergente do contrato[503].

A subsistência da valorização do elemento negocial em paralelo com a qualificação institucional da relação laboral poderá parecer estranha se pensarmos que o conceito de instituição se assume, em termos gerais, como uma fonte de situações jurídicas privadas alternativa ao

---

[498] GRECO, *Il contratto di lavoro...cit.*, 60.
[499] GRECO, *Il contratto di lavoro...cit.*, 56.
[500] Neste sentido, ainda GRECO, *Il contratto di lavoro...cit.*, 320 s.
[501] GRECO, *Il contratto di lavoro...cit.*, 260 ss.
[502] *Il contratto di lavoro...cit.*, 56.
[503] A autonomia da relação empresarial hierárquica é exemplificada por GRECO com a possibilidade de aplicação de sanções disciplinares por quebra de regras empresariais, mesmo em situações em que a prestação laborativa seja diligentemente executada — *Il contratto di lavoro...cit.*, 57. Também estabelecendo esta relação entre o domínio do contrato e o domínio institucional, ARDAU, *Corso...cit.*, 75, e RABAGLIETTI, *Introduzione alla teoria...cit.*, 67.

contrato[504]. Contudo, se tivermos presente o contexto normativo italiano, esta opção conciliadora da doutrina apresenta-se com um cunho de quase inevitabilidade, uma vez que é a própria lei que autonomiza o contrato de trabalho e o trata em termos específicos — ao contrário do que sucede com a lei germânica. A medida do desenvolvimento do institucionalismo italiano (tal como do institucionalismo francês ou português, como veremos) não pode deixar de ser aquela que o respectivo sistema normativo permite, porque é este que constitui o objecto das reflexões dogmáticas[505].

No que se refere à concepção institucional da empresa ou da organização do credor, a grande diferença entre as construções italiana e germânica reside no facto de a primeira reconhecer uma maior importância relativa aos elementos de ordenamento autónomo e de organização hierárquica no conceito de instituição do que ao elemento da comunhão de objectivos, privilegiado pela doutrina germânica. No nosso entender, esta diferença fica a dever-se a um factor extra-jurídico e a um factor jurídico. Por um lado, o valor secundário do elemento da comunhão de objectivos explica-se pelo contexto ideológico envolvente,

---

[504] Cfr., *supra*, 26.2.III.

[505] Alguns autores não subscrevem, apesar de tudo, esta visão conciliadora ainda hoje. É o caso de SCONAMIGLIO, *Considerazioni sull'oggetto...cit.*, 12 s., e *Diritto del lavoro cit.*, 10 ss., que propõe como conceito nuclear unificante do direito laboral, substitutivo do contrato de trabalho, o conceito de relação de trabalho (definida como a relação de domínio em que um sujeito se coloca na dependência de outro para a prestação de trabalho remunerado), justificando esta substituição com três argumentos: em primeiro lugar, a importância das limitações à liberdade negocial das partes, de origem legal e colectiva, que não têm paralelo noutros negócios de direito privado e que põem em causa a ideia de autonomia contratual; em segundo lugar, o âmbito alargado e a intensidade e continuidade da posição de sujeição do trabalhador no vínculo laboral, sem paralelo noutros vínculos de direito privado e incompatível com o princípio da igualdade (neste aspecto, o autor considera que a dependência do trabalhador subordinado não se reduz à situação negocial de uma das partes que se sujeita à determinação do conteúdo do contrato pela outra parte, como sucede nos contratos de massas, mas antes a uma situação de sujeição com incidência global, com efeitos familiares e económicos, e de natureza continuada porque acompanha toda a execução do contrato); em terceiro lugar, a possibilidade de reportar à relação de trabalho, em termos autónomos, todas as matérias relativas à posição jurídica do trabalhador, *verbi gratia*, as que extravasam o domínio negocial.

§ 13º – O fundamento dogmático da relação comunitário-pessoal de trabalho   337

já que, como é sabido, mais do que afirmar a identidade de interesses entre os grupos sociais, o ideário corporativo realça a possibilidade de harmonização desses interesses, através de relações de colaboração entre os membros desses grupos e em subordinação ao interesse nacional — desta forma se justifica, aliás, o valor atribuído ao princípio da colaboração na ordem jurídica corporativa e, designadamente, no direito laboral italiano e no direito português[506]. Por outro lado, o maior relevo da ideia de ordenamento autónomo e de organização explicam-se pelo apoio directo do conceito de instituição na teoria dos ordenamentos jurídicos menores, proposta por SANTI ROMANO, que dá a maior ênfase a estes dois elementos — é a motivação jurídica.

Assim os autores consideram a empresa ou a *azienda* como a manifestação laboral do conceito geral de instituição, desenvolvido por SANTI ROMANO, nela identificando os três elementos integrativos da realidade institucional (ordenamento autónomo, organização hierárquica e comunhão de objectivos)[507] — aliás, como o próprio SANTI ROMANO já fizera, ao enunciar a empresa como um dos exemplos da categoria das instituições infra-estaduais[508] — mas, na ponderação destes elementos, tendem a dar mais ênfase aos dois primeiros do que à ideia de comunhão de objectivos. Nesta óptica, BARASSI[509] considera irrealista a ideia germânica de *Betriebsgemeinschaft,* porque assenta numa identidade de interesses do empregador e do trabalhador que não existe, e valoriza o

---

[506] Neste sentido, BARASSI, *Diritto sindacale e corporativo cit.,* 47 ss.; e quanto ao desenvolvimento deste princípio no direito português, *infra,* V.

[507] Por exemplo GRECO, *Il contratto di lavoro... cit.,* 55 ss.

[508] SANTI ROMANO, *L'ordinamento giuridico cit.,* 86 ss. e 103 s. Tivemos já ocasião de salientar noutra sede (*Do Fundamento...cit.,* 383 e nota [75]) o carácter profundamente inovador desta qualificação da empresa, uma vez que a obra de SANTI ROMANO é anterior ao *Codice civile* de 1942, que, este sim, virá a reconhecer à empresa um papel fundamental, legitimando assim as concepções que estamos a apreciar. Escrevendo numa época em que a perspectiva contratualista sobre a empresa é ainda dominante, o autor resolve o problema reconhecendo à empresa uma dupla valência: uma valência externa, que tem a ver com as relações que estabelece com o Estado, e uma valência interna, que tem a ver com a sua própria organização — na primeira valência, a empresa é perspectivada apenas como o local do cumprimento do negócio laboral entre o credor e o devedor do trabalho (ou seja, em termos puramente contratualistas), mas na segunda valência ela impõe-se como um ordenamento jurídico autónomo, vinculativo para os seus membros independentemente do reconhecimento exterior (*idem,* 161 ss.).

[509] *Diritto sindacale e corporativo cit.,* 47 e 53.

princípio da colaboração como princípio fundamental das relações de trabalho na *azienda*, porque permite a conciliação dos interesses diversos de cada um deles; e GRECO remete para o domínio ético o elemento comunitarista do envolvimento do trabalhador nos objectivos da empresa e elege o princípio da autoridade (*prinzipio di autorità*) ou princípio hierárquico (*prinzipio gerarchico*) — que não considera como um princípio organizativo exclusivo dos vínculos de natureza pública, mas como um princípio geral, comum a todos os ordenamentos jurídicos hierárquicos — como princípio básico do ordenamento empresarial, no qual alicerça também a qualificação hierárquica da relação de trabalho[510].

A qualificação da relação laboral como relação hierárquica justifica o desnivelamento das posições jurídicas das partes, que, como GRECO faz questão de notar, não se reconduz à diferença entre as posições activa e passiva das partes de um contrato obrigacional, mas se analisa no estado jurídico de sujeição do trabalhador e na titularidade dos poderes de direcção e disciplina do empregador[511] — é ainda o desenvolvimento do princípio da colaboração interclassista e, por isso, desnivelada; e são as necessidades da organização institucional que justificam a emissão de regras internas e a previsão de sanções disciplinares para a respectiva quebra — é a justificação dos poderes laborais directamente na empresa-instituição[512]. Por outro lado, em consequência da sobrevalorização do elemento da organização autoritária relativamente ao elemento da comunhão de objectivos, constata-se na construção italiana um menor empolamento do dever de lealdade, que, apesar de referido como um dever acessório «tão importante» como o dever de obediência e directamente justificado nas exigências da organização empresarial, não assume um papel substitutivo do dever de trabalho e

---

[510] GRECO, *Il contratto di lavoro... cit.*, 54 e 261 s. Sobre a importância deste princípio, como princípio organizativo fundamental dos vínculos público-administrativos e da organização dos serviços públicos, *vd*, por todos, na doutrina italiana, Giovanni MARONGIU, *Gerarchia amministrativa*, Enc.Dir., XVIII, Milano, 616-628; na doutrina francófona, Pierre di MALTA *Essai sur la notion...cit.*, e, entre nós, Marcello CAETANO, *Manual de Direito Administrativo*, I, 10ª ed. (*reprint*), Coimbra, 1980, 244 ss., e Paulo OTERO, *Conceito e Fundamento da Hierarquia Administrativa*, Coimbra, 1992.

[511] *Il contratto di lavoro...cit.*, 319 s.

[512] Ainda GRECO, *Il contratto del lavoro...cit.*, 56 ss., mas também, por exemplo, ARDAU, *Corso...cit.*, 77.

vê o seu conteúdo jurídico reconduzido sobretudo ao dever de sigilo e ao dever de não concorrência[513].

IV. Resta referir que a construção institucionalista da relação laboral, tanto na formulação comunitarista como na formulação organizacional autoritária, teve reflexos noutros contextos doutrinais, vindo a influenciar, designadamente, a doutrina francesa e a doutrina portuguesa.

A formulação comunitarista teve maior influência na doutrina francesa. Assim, por exemplo, DURAND e VITU[514] referem a possibilidade de transposição dogmática do conceito germânico de *Gemeinschaft* para o conceito de instituição, desenvolvido por HAURIOU e, tal como BRÈTHE DE LA GRESSAYE[515], reconhecem o carácter institucional da empresa, por nela concorrerem os elementos da combinação de forças humanas e materiais, ordem interna e fim comum; à ideia de incorporação na comunidade fazem corresponder o conceito de *embauchage*[516], que qualificam como fonte da relação de trabalho entre o chefe da empresa e os membros da instituição.

Mas, já no que se refere à relação entre as categorias da instituição e do contrato e ao papel deste na construção dogmática da relação de trabalho, as opiniões dividem-se entre aqueles que sufragam a ideia germânica da oposição estrutural entre as duas categorias e os que sustentam a ideia da sua complementaridade. Na primeira orientação encontramos autores como BRÈTHE DE LA GRESSAYE[517], que considera haver

---

[513] Ainda GRECO, *Il contratto di lavoro...cit.*, 262. De qualquer forma, a doutrina entende que os deveres de lealdade e de obediência exigem não apenas uma dedicação pessoal do trabalhador mas a sua abstenção de toda e qualquer conduta contrária aos fins da empresa em está integrado — neste sentido, por exemplo, BASSANELLI, *L'obbligazione negativa...cit.*, 372, que, por isso, qualifica este dever como um dever de conteúdo negativo.

[514] *Traité...cit.*, II, 209 s.

[515] *Les transformations juridiques...cit.*, 3. No mesmo sentido, vd, do mesmo autor em colaboração com LÉGAL, *Le pouvoir disciplinaire...cit.*, 62 s. Para estes autores, a empresa é uma instituição privada não igualitária, com carácter permanente, uma regulamentação interna e um interesse comum, que se distingue do interesse lucrativo do empresário — *Le pouvoir disciplinaire...cit.*, 62 ss.

[516] Conceito já anteriormente apresentado por SCELLE, *Le droit ouvrier...cit.*, 109 e 168 s., e ao qual o autor reconhecera a natureza de acto-condição nos casos de ausência de liberdade de estipulação do trabalhador. Cfr., *supra*, § 10º, 21.2.I. e nota [289].

[517] *Les transformations juridiques...cit.*, 3.

uma oposição entre a categoria de contrato e a categoria de instituição (porque esta se baseia numa ideia de autoridade e aquela se funda na ideia de igualdade) e que, na aplicação do conceito de instituição à empresa, realça a importância da sua organização hierárquica (e dos inerentes poderes laborais) e do seu direito interno — vertido nos estatutos e regulamentos empresariais, este direito interno, ou «direito corporativo» da instituição tem, para o autor, uma componente constitucional (em que se procede à definição dos órgãos institucionais e à delimitação das respectivas competências), uma componente disciplinar (em que se estabelece a tipologia das infracções e das sanções disciplinares) e uma componente privada (em que se regulam as relações entre a instituição e os seus membros)[518]. Já na segunda orientação se situam autores como DURAND e VITU[519], que consideram não haver oposição mas sim complementaridade entre o contrato de trabalho e a instituição-empresa, e recusam a secundarização total da primeira figura[520] por entenderem que ela constitui a causa normal da adesão dos sujeitos ao grupo institucional, tendo ainda o papel de assegurar a liberdade das partes na constituição da relação jurídica e de definir o respectivo conteúdo, enquadrando, designadamente, os pontos de divergência de cada um dos vínculos laborais em relação ao regime unitário decorrente das regras empresariais[521]. Por este motivo, estes autores referem-se à empresa como um ordenamento objectivo imperativo, dotado de regras próprias (estabelecidas pelo Estado ou decorrentes dos poderes do empregador), mas entendem que estas regras são completadas pelos contratos de trabalho, que possibilitam a sua aplicação ao nível individual e cuja celebração é a condição normal de acesso à instituição. Uma vez mais se observa aqui a ponderação do contexto normativo subjacente à elaboração dogmática, uma vez que o sistema jurídico francês regula autonomamente o contrato de trabalho.

---

[518] *Idem*, 3 s.
[519] *Traité...cit.*, II, 210 ss.
[520] Como referem estes autores, *Traité...cit.*, II, 210, é de rejeitar a substituição, sem mais, de uma categoria jurídica de longuíssima tradição em favor de um conceito de contornos ainda imprecisos.
[521] *Traité...cit.*, II, 213. Também no sentido da complementaridade entre as duas categorias se manifesta Pierre HEBRAUD, *Le régime des institutions disciplinaires instituées au sein de l'entreprise*, DS, 1949, 188-190 (189), posição que o autor resume na expressão «*l'institution naît du contrat sans le détruire*».

Independentemente das diferenças apontadas, pode dizer-se que a contribuição mais relevante da orientação doutrinal institucionalista francesa reside na importância reconhecida à empresa como unidade autónoma (porque dotada de permanência e estabilidade) para efeitos laborais. Como refere BRÈTHE DE LA GRESSAYE[522], o desenvolvimento do *droit social* desde os anos trinta deve-se à evolução da visão contratualista e classista da empresa, assente nos conceitos de propriedade e de contrato (que dominara no século XIX), para uma visão estatutária autónoma — é com este significado autónomo que a empresa passa a ser chamada a explicar a maioria das lacunas e dos desvios do direito do trabalho em relação ao direito dos contratos e os seus aspectos mais singulares enquanto área jurídica especial do direito privado.

Neste sentido, é particularmente significativo, tanto no sistema jurídico francês como no sistema belga, o desenvolvimento jurisprudencial e doutrinal do conceito de *interêt de l'entreprise*[523] [524] e da distinção entre o empregador e o chefe da empresa, que também põem em evidência a valência institucional, ou simultaneamente institucional e negocial, da relação de trabalho. Neste sentido, BRUN[525] distingue na situação jurídica do trabalhador subordinado aquilo que designa como «nexo empresarial» e «nexo contratual», justificando com o primeiro a integração do trabalhador na organização do credor, o dever de lealdade, os poderes laborais, a eficácia geral das convenções colectivas ou a manutenção da relação de trabalho em caso de transmissão da posição do empregador; mais recentemente, MAGREZ[526] explica a partir da visão institucionalista da empresa, fundada na comunidade de trabalho, a sua sobrevivência às vicissitudes que afectam o empresário, o regulamento empresarial como parcela do seu direito objectivo interno, a distribuição de competências e os poderes laborais, nomeadamente o poder disciplinar, como poderes da instituição e condições do seu fun-

---

[522] *Les transformations juridiques...cit.*, 2. Ainda sobre esta evolução, vd RIPERT, *Aspects juridiques...cit.*, 301 ss.

[523] Porque se trata, no nosso entender, de uma projecção geral das teorias institucionalistas, remetemos a apreciação mais detalhada deste ponto para um momento mais adiantado do estudo — cfr., *infra*, § 16°, 32.2.II.

[524] Neste sentido, entre muitos outros, BRUN, *Le lien d'entreprise,* JCP, 1962, I, 1719, MAGREZ, *L'entreprise en droit social...cit.*, 586 ss. e 595.

[525] *Le lien d'entreprise cit., passim.*

[526] *L'entreprise en droit social...cit.*, 586 ss.

cionamento; e muitos autores justificam os poderes laborais como poderes da empresa, seja em razão da qualificação desta como instituição[527], seja apesar da negação formal dessa qualificação[528]; enquanto outros ainda sustentam a qualificação institucional da empresa, apesar de defenderem genericamente a fundamentação dos poderes laborais por via contratual[529] — na verdade, como já tivemos ocasião de observar,

---

[527] Neste sentido, por exemplo, Paul ROUBIER, *Les prérogatives juridiques*, Arch.Ph.Dr., 1960, V, 65-131 (124 s.), refere-se à empresa como uma unidade colectiva (que vai para além da soma dos seus membros), dotada de um objectivo comum e de uma organização que comporta poderes, e qualifica-a expressamente como uma instituição, nela justificando directamente os poderes do empresário.

[528] Neste sentido, por exemplo, NICOLE CATALA, *L'entreprise cit.,* 146 ss., 177 ss., 200 ss. e 361 ss. A posição desta autora quanto à qualificação da empresa em sentido jurídico é, aliás, no nosso entender, ilustrativa do peso da herança da visão institucionalista da empresa na doutrina francesa. Apesar de não admitir a qualificação institucional da empresa, por considerar que não existe uma verdadeira comunidade entre as partes, e de qualificar a apreciação institucionalista como uma abordagem sociológica do fenómeno empresarial, a autora reconhece a autonomia do interesse da empresa e da organização empresarial em relação ao interesse do empregador (*idem,* 149 s.) e explica a empresa a partir da conjugação daquilo a que chama os elementos humano e económico, incluindo no primeiro a referência aos poderes laborais e no segundo a referência à actividade comum duradoura da empresa. Subjacente a esta abordagem parece pois estar não a visão laboral tradicional da empresa, como local de desenvolvimento dos contratos de trabalho, mas uma perspectiva senão institucional pelo menos orgânica da empresa — *ibidem,* 4 ss. e 65 ss.

[529] Neste sentido, por exemplo, RIVERO/ SAVATIER, *Droit du travail cit.,* 206 s., reconhecem a natureza institucional da empresa e dela retiram argumentos importantes para a justificação dos poderes laborais, embora não aceitem a legitimidade destes poderes independentemente do contrato de trabalho e sustentem, em termos gerais, o fundamento negocial da relação de trabalho. Também DANIÈLE LOSCHAK, *Le pouvoir hiérarchique...cit.,* apesar de afirmar o contrato de trabalho como fonte da subordinação, reconhece as vantagens da abordagem da empresa numa perspectiva institucionalista para tornar compreensíveis aqueles aspectos do seu ordenamento interno que são, em tudo, similares aos das organizações públicas (*verbi gratia,* aos da administração pública), ainda que nestas o fundamento dogmático das inerentes relações jurídicas de poder seja diferente — cfr., *maxime* 26 ss. Ainda nesta linha, podem apontar-se as reflexões de RIPERT, *Aspects juridiques...cit.,* 301 s., que, não deixando de referir a oposição de interesses entre empresários e trabalhadores e de situar no domínio económico qualquer solidariedade entre eles, salienta as vantagens que podem advir da visão da empresa como uma instituição comunitária, designadamente para explicar (e limitar) os poderes

a fronteira entre a justificação institucionalista dos poderes laborais (ou da subordinação jurídica do trabalhador, na perspectiva tradicional de abordagem deste problema na doutrina) e a justificação contratualista que, de forma dominante na actualidade, conjuga o elemento negocial com o elemento organizacional ou empresarial, não é fácil de estabelecer[530].

V. Entre nós, a justificação institucionalista da relação de trabalho foi desenvolvida por RAUL VENTURA[531], com base na ideia de «fundo de trabalho» e numa construção directamente legitimada pelo princípio da colaboração entre o trabalho e o capital, enunciado pela Constituição de 1933 (art. 35°) e pelo ETN (art. 11°). A partir da noção de fundo de trabalho, que o autor prefere, para este efeito, à designação de empresa[532] e na qual se descortinam, como já vimos[533], os três elementos do conceito de instituição, o autor alicerça no carácter institucional da relação jurídica laboral a distinção entre o trabalho subordinado e o trabalho autónomo, entendendo que, no primeiro caso, há uma aglutinação de pessoas na prossecução de uma obra comum, independente dos objectivos próprios de cada elemento do grupo; e caracteriza ainda o fundo de trabalho como um grupo institucional não igualitário (pela sua estrutura interna hierarquizada) e que não carece de personalidade jurídica[534] [535].

---

regulamentar e disciplinar e para associar o trabalhador aos objectivos empresarial — *idem*, 311 s.

[530] Cfr., *supra*, § 3°, 4.5.III. e notas [207] e [210], e, para um cotejo entre estas vias de fundamentação dos poderes laborais, vd o nosso *Do Fundamento...cit.*, 330 ss. e 383 ss.

[531] *Teoria...cit.*, I, 70 ss.

[532] *Teoria...cit.*, I, 89 ss. O autor apresenta como razões desta preferência os vários significados do termo *empresa*, nem todos compatíveis com o conceito de instituição, e a maior amplitude do conceito de fundo de trabalho, nomeadamente por não estar associado à ideia de lucro que acompanha normalmente a ideia de empresa.

[533] *Supra*, 26.4.III. e nota [469].

[534] A ideia de obra comum e o reconhecimento do carácter igualitário do fundo de trabalho revelam as influências do pensamento comunitarista germânico e da construção autoritária italiana e continuarão a ser subscritas pela doutrina, ao longo do corporativismo português — neste sentido, por exemplo, João MOURA, *A integração do trabalhador na empresa e a forma de remuneração*, ESC, 1962, 4, 42-75 (48 s.), afirma a empresa como uma comunidade de trabalho, que deve

Para o autor, a qualificação do fundo de trabalho como instituição, no sentido indicado, permite explicar diversos aspectos do regime jurídico do vínculo laboral, como a alteração superveniente do acordo negocial, compreensível como uma consequência da autonomização da própria ideia institucional em relação aos fundadores da instituição[536]; a limitação técnica da subordinação, através da aplicação do princípio da especialidade[537]; a importância do elemento de confiança ou o carácter fiduciário do vínculo laboral, como reflexo da natural intimidade entre os elementos de um grupo institucional[538]; as relações entre os diversos trabalhadores, como produto da coesão interna da instituição[539]; as regras da empresa (nomeadamente as regras disciplinares), como emanações do direito objectivo do grupo institucional necessário à prossecução dos seus fins e inerente ao elemento de autoridade que integra o próprio conceito de instituição; e o poder disciplinar, como um poder empresarial[540].

---

tender para a integração total do trabalhador; João de Almeida POLICARPO, *A colaboração na empresa — noção e fundamentos do princípio da colaboração*, ESC, 1962, 1, 72-82 (75 ss.), desenvolve o conceito de «subordinação colaborativa», na esteira da concepção de BARASSI (por exemplo, *Diritto sindacale e corporativo cit.*, 47 ss., e *Il dovere della colaborazione*, Riv.DL, 1950, 1-15 (3 ss.)); Mário Bigotte CHORÃO, *A colaboração na empresa perante o Direito Português*, Dir., 1971, 9-22 (9 e 14 ss.), aplicando o princípio corporativo da colaboração à relação laboral, qualifica-a como uma relação comunitário-pessoal, de cooperação entre as partes, a desenvolver «em espírito de solidariedade, e em clima de paz social e a coordenar-se em função dos interesses superiores dos vários ramos de actividade e do bem comum da colectividade nacional» (*idem*, 9), e CABRAL BASTO, *O contrato de trabalho...cit.*, 104 ss., desenvolve o conceito de «colaboração subordinada», procurando compatibilizar a ideia de colaboração com a estrutura hierárquica inerente à organização empresarial (de notar, contudo, que este autor não admite que a relação laboral de colaboração tenha carácter associativo ou comunitário — *idem*, 109).

[535] *Teoria...cit.*, I, 70 ss. e 75 ss.
[536] *Idem*, 76 s.
[537] *Ibidem*, 79.
[538] *Ibidem*, 82 s.
[539] *Ibidem*, 83. Trata-se daquilo a que o autor chama a relação de «coesão horizontal», paralela à relação de «coesão vertical» entre o credor e o devedor do trabalho — o fundamento de ambas é a comunhão dos membros do grupo na mesma ideia directriz.
[540] *Ibidem*, 86 s.

§ 13º – O fundamento dogmático da relação comunitário-pessoal de trabalho

No que se retere ao nexo entre o vínculo institucional e o vínculo negocial, a construção de RAUL VENTURA denota uma maior influência das concepções italianas do que das concepções germânicas em dois aspectos[541]: por um lado, não é negada a contraposição dos interesses das partes mas preconizada a sua coordenação, ao serviço das necessidades produtivas gerais; por outro lado, não se recusa a relevância do vínculo obrigacional inicial entre credor e devedor de trabalho, que é antes considerado como o título normal de acesso do trabalhador à comunidade institucional, de acordo com o quadro normativo vigente — não há pois oposição entre as categorias de relação obrigacional e de relação institucional, mas a conjugação dessas categorias, que o autor acaba, aliás, por sintetizar na sua caracterização da relação de trabalho como uma «relação de obrigação de tipo institucional»[542].

---

[541] O que o autor admite, aliás, de forma expressa — *ibidem*, 85.
[542] *Ibidem*, 85 ss.

§ 14º — As projecções dogmáticas imediatas da justificação da natureza comunitário-pessoal da relação de trabalho: as bases da autonomia dogmática do direito do trabalho

27. Razão de ordem

I. Como teremos ocasião de verificar no capítulo subsequente, a concepção comunitário-pessoal da relação de trabalho, que acabamos de descrever, veio a evoluir, depois da II Guerra na maioria dos países e mais tardiamente noutros, de uma forma que determinou, na aparência, o declínio do institucionalismo e o retorno ao contratualismo, mas que, do nosso ponto de vista, traduz uma verdadeira renovação estrutural da concepção contratualista. Tendo sido ao abrigo desta nova configuração que a maioria da doutrina sustentou, entre as décadas de cinquenta e de setenta, a definitiva emancipação do direito do trabalho em relação ao direito civil, enunciando e desenvolvendo os princípios laborais correspondentes, poderia parecer mais correcto apreciar, em primeiro lugar, a evolução da concepção comunitário-pessoal da relação de trabalho no sentido indicado, para só depois avaliar a sua contribuição para o processo de autonomização global da área jurídica.

Não escolhemos esse caminho voluntariamente, porque nos parece que, independentemente do aperfeiçoamento subsequente, a origem da autonomização dogmática do direito laboral se deve fixar nesta época histórica, já que a concepção comunitário-pessoal de trabalho contém, logo na sua formulação inicial e em qualquer das vias de fundamentação que descrevemos, os elementos de singularidade que justificam o afastamento da área jurídica em relação à sua génese civil e apoiam um conjunto de valorações materiais diferenciadas. Apesar da incipiência ao nível dos princípios, a autonomia dogmática do direito laboral deve pois, na nossa opinião, considerar-se adquirida desde esta época histórica.

II. É por este motivo que referiremos de imediato as projecções dogmáticas gerais da concepção comunitário-pessoal da relação laboral na sua formulação inicial. No ponto seguinte, ocupar-nos-emos da evolução desta concepção nas décadas subsequentes à II Guerra.

Dentro destas projecções parece-nos, contudo, importante, distinguir aquelas que decorrem directamente ao quadro ideológico que esteve subjacente ao surgimento e ao florescimento desta configuração da relação laboral (conforme referimos antes da respectiva apresentação[543]) e que apenas se compreendem nesse mesmo quadro; e aquelas que sobreviveram à alteração do ambiente ideológico originário de referência e vieram a influenciar o desenvolvimento dogmático subsequente do direito laboral e a sua relação com o direito civil. Embora as segundas sejam as mais relevantes, as primeiras não são uma simples curiosidade histórica, porque foi ao abrigo delas que se consolidou a emancipação da área jurídica em termos científicos; e esse facto não mais deixou de influenciar a abordagem do problema da autonomia dogmática, como teremos ocasião de comprovar.

De uma forma breve procuraremos, de seguida, isolar umas e outras projecções.

28. A funcionalização ideológica da concepção comunitário-pessoal da relação de trabalho no nacional-socialismo e no corporativismo: a perversão ideológica do direito do trabalho

I. Do ambiente ideológico que rodeou o desenvolvimento da concepção comunitário-pessoal da relação de trabalho resultaram projecções dogmáticas de alcance geral, comuns às justificações contratualista e institucionalista e com incidência no domínio da fenomenologia laboral individual e no domínio da fenomenologia laboral colectiva, e que decorrem da fácil compatibilização desta concepção do vínculo laboral com alguns princípios-chave das ideologias dominantes: o princípio da colaboração interclassista, a ideia da sobreposição do grupo ao indivíduo e a valorização deste enquanto membro daquele, o já referido princípio do chefe e a subordinação dos interesses individuais e de grupo aos interesses nacionais[544].

---

[543] *Supra*, 22.II.

[544] Relevando estes aspectos, por exemplo, WOLF, *Das Arbeitsverhältnis...cit.*, 52 s.

No domínio das relações individuais de trabalho, para além das óbvias consequências da ideologia envolvente (*verbi gratia*, no caso do nacional-socialismo) no enquadramento da relação de trabalho de algumas categorias de trabalhadores, que culmina com a sua exclusão do regime laboral de tutela[545], e de algumas projecções laborais da forte intervenção do Estado na organização do trabalho[546], isolamos, como projecção dogmática directa do ambiente ideológico dominante, a consolidação da visão da relação de trabalho como uma relação de tipo associativo (que vinha sendo ensaiada por um sector da doutrina desde a década de vinte), em razão da fácil conjugação da ideia de comunhão de objectivos (associada ou não à visão institucionalista da empresa) com o princípio da colaboração interclassista, que substitui a ideia de luta de classes — como refere DENECKE[547], a oposição entre trabalhadores e empregadores deixa de fazer sentido quando ambos cooperam para a prossecução de um objectivo comum; e é nesta mesma linha que se compreende a crítica de POTHOFF[548] à utilização do termo «partes» na relação laboral, ou, em JOERGES[549], a proposta de substituição da expressão «contrato de trabalho» por outras expressões menos conotadas com a ideia de uma oposição de interesses, que não se verificaria aqui. A relação de trabalho é pois perspectivada como uma relação de tipo associativo.

Em segundo lugar, o entendimento comunitário da relação de trabalho conjuga-se com o princípio da sobreposição dos interesses do grupo

---

[545] Pensamos, naturalmente, nas relações de trabalho envolvendo judeus e estrangeiros, objecto de um regime jurídico autónomo nesta época histórica, na Alemanha — cfr., por exemplo, SIEBERT, *Das Recht der Arbeit....cit.*, maxime 237 ss., e MAYER-MALY, *Nationalsozialismus und Arbeitsrecht cit.*, 237.

[546] Assim, refere, por exemplo, MAYER-MALY, *Nationalsozialismus und Arbeitsrecht cit.*, 236 s., aspectos como o da reintrodução da exigência de cartas de trabalho pelo Estado, para controlar a circulação dos trabalhadores, a justificação da obrigação de renúncia dos trabalhadores aos direitos de autor sobre as suas invenções em favor do empregador, com o argumento da importância dessas invenções para a guerra, ou ainda o objectivo de perpetuação da raça ariana que estaria subjacente ao regime legal de protecção da maternidade e do trabalho dos jovens.

[547] *Vermögensrechtliches oder personenrechtliches...cit.*, 221 s.

[548] *Das Deutsche Arbeitsrecht cit.*, 17.

[549] *Der Arbeitsvertrag als Begründung des Arbeitsverhältnis...cit.*, 159, como já salientámos, *supra*, § 13°, 25.II. e nota [361].

aos interesses individuais e da valorização das pessoas como elementos de um grupo, característico destas ideologias[550]. O conceito de pertença à empresa (*Betriebszugehörigkeit*) é de fácil apropriação ideológica, permitindo justificar a sobreposição dos fins da empresa aos fins individuais dos seus membros e a funcionalização dos objectivos empresariais aos fins gerais do Estado[551], explicando os efeitos externos do vínculo laboral, nomeadamente as relações entre trabalhadores, como relações de companheirismo (*Kamaradschaft*, na expressão de DENECKE[552]) e, obviamente, legitimando o diferente regime das relações laborais de alguns trabalhadores apenas com base no diferente grupo social ou rácico em que se integram[553].

Finalmente, a ideia de subordinação dos interesses individuais aos interesses do grupo justifica a organização hierárquica do próprio grupo, através do princípio do chefe, nos termos já explicitados, que, no limite, determina o entendimento dos poderes laborais como poderes estaduais especiais delegados no chefe da empresa — é este entendimento que se encontra na base de institutos típicos do direito laboral nacional-socialista como a «jurisdição de honra social» (*Sozialen Ehrengerichtsbarkeit*), jurisdição de tipo disciplinar, paralela à jurisdição penal e à jurisdição laboral, com incidência sobre os empregadores e sobre os trabalhadores e baseada na acção dos denominados «inspectores da honra do trabalho» (*Treuenhändern der Arbeit*)[554].

De qualquer forma, deve dizer-se que, apesar da tendência de invasão de todos os espaços da vida privada do trabalhador pela comunidade laboral na ideologia nacional-socialista, a que se referem alguns

---

[550] Neste sentido, ainda DENECKE, *Vermögensrechtliches oder personenrechtliches...cit.*, 220, e RÜTHERS, *Arbeitsrecht und Ideologie cit.*,108 s.

[551] DENECKE, *Vermögensrechtliches oder personenrechtliches...cit.*, 220. Referindo também esta funcionalização dos interesses empresariais privados aos interesses produtivos gerais, no corporativismo italiano, por exemplo, BARASSI, *Diritto sindacale e corporativo cit.*, 47 s., e *Elementi...cit.*, 7 s.; e, com referência ao sistema jurídico português, por exemplo, MARCELLO CAETANO, *O Sistema Corporativo cit.*, 8, ou TEIXEIRA RIBEIRO, *Lições...cit.*, 70.

[552] *Vermögensrechtliches oder personenrechtliches...cit.*, 222.

[553] Na verdade, como refere RÜTHERS, *Arbeitsrecht und Ideologie cit.*,109 s., a ideia de comunidade empresarial exprime a orientação rácica do conceito geral de comunidade no nacional-socialismo, sendo pois natural a exclusão de algumas categorias de trabalhadores do seu âmbito.

[554] MAYER-MALY, *Nationalsozialismus und Arbeitsrecht cit.*, 235.

autores⁵⁵⁵, esta componente ideológica não introduziu alterações dogmáticas profundas no domínio das situações laborais individuais, limitando-se a aproveitar em seu favor concepções oriundas da tradição jurídica anterior⁵⁵⁶ ⁵⁵⁷.

II. Pelo contrário, no domínio do direito laboral colectivo, a influência ideológica da concepção comunitário-pessoal da relação de trabalho teve projecções dogmáticas de fundo, em resultado das alterações introduzidas pelos princípios da colaboração interclassista e da subordinação dos interesses individuais e de grupo ao interesse nacional nos principais institutos e actores do sistema laboral colectivo.

Assim, no que se refere às associações sindicais e patronais, estes princípios legitimam a alteração da sua natureza jurídica e das suas funções, consumadas com a publicização destas entidades (acompanhada de uma forte intervenção administrativa de fiscalização nos aspectos da sua constituição, composição e organização internas e actuação) e com a proclamação dos princípios da unicidade e da exclusividade na representação dos interesses das diversas categorias profissionais e económi-

---

⁵⁵⁵ É a opinião expressa por MAYER-MALY, *Nationalsozialismus und Arbeitsrecht cit.*, 236, relativamente ao regime nacional-socialista. Mas com referência aos sistemas corporativos, *vd*, em BASSANELLI, *L'obbligazione negativa...cit.*, 362 s., como exemplo desta mesma tendência de invasão do domínio privado do trabalhador, a indicação das cláusulas de instrumentos de regulamentação colectiva de trabalho durante o corporativismo italiano, estabelecendo, como deveres laborais acessórios do trabalhador, uma conduta moralmente irrepreensível na sua vida privada, a não incompatibilização pessoal com a orientação política geral do Estado ou uma atitude consentânea com a religião católica.

⁵⁵⁶ Na verdade, como já tivemos ocasião de referir, é durante esta época que surge alguma regulamentação laboral de protecção dos trabalhadores, que ainda hoje subsiste — cfr., *supra*, 22.II. e nota [304].

⁵⁵⁷ Contra este entendimento, considera WOLF, *Das Arbeitsverhältnis...cit.*, 53 ss. e 57 s., que, neste aproveitamento da tradição jurídica anterior (nomeadamente, das concepções comunitárias de VON GIERKE), o nacional-socialismo procedeu à ideologização total do direito e, logo, também da relação de trabalho, mascarando, sob os conceitos de comunidade, lealdade e honra, a sua completa descaracterização jurídica em prol do seu entendimento como vínculo material de domínio. Desta forma, a perversão ideológica do direito laboral teria também atingido fortemente a relação de trabalho. Deve, contudo, notar-se que a apreciação do autor se reporta ao problema da natureza da relação de trabalho e não ao seu regime jurídico.

cas, que passa a ser entregue a uma única entidade sindical/patronal de âmbito nacional (neste sentido, dispõem, quanto ao sistema jurídico português, os arts. 41º e 42º do ETN, bem como o regime jurídico dos sindicatos nacionais, constante do Dec. nº 23 050, de 23 de Setembro de 1933, especialmente arts. 3º, 8º, 9º, 15º § 5º, e 16º; e, quanto ao sistema jurídico italiano, a lei de 3 de Abril de 1926 e o parágrafo III da *Carta del Lavoro*)[558].

No que se refere à intervenção dos trabalhadores no seio da empresa, é o princípio da colaboração interclassista que justifica a alteração da fisionomia e das funções das comissões de trabalhadores, particularmente evidente no sistema jurídico germânico (em razão do grande desenvolvimento que o *Mittbestimmungsrecht* tinha tido anteriormente) e que culmina na substituição dos *Betriebsräte* pelos «conselhos de confiança da empresa» (*Vertrauensrates des Betriebes*), aos quais são reconhecidas funções meramente consultivas, mas que acabam por absorver os sindicatos[559].

No que respeita às convenções colectivas, é no princípio da subordinação dos interesses da categoria ao interesse nacional que se justifica o controlo administrativo de mérito a que passam a ser sujeitas

---

[558] Em resultado desta evolução do regime legal, a doutrina reconhece unanimemente as associações sindicais e patronais como entes jurídicos públicos (e, no casos italiano ou português, como organismos corporativos) — neste sentido, entre outros, COSTAMAGNA, *Diritto corporativo italiano cit.*, 78, Giuseppe CHIARELLI, *La personalità giuridica delle associazioni professionali*, Padova, 1931, 100 ss., BARASSI, *Diritto sindacale e corporativo cit.*, 74 ss., ZANOBINI, *Corso di diritto Corporativo cit.*, 97 s., JAEGER, *Principii di diritto corporativo cit.*, 155; e, entre nós, MARCELLO CAETANO, *O Sistema Corporativo cit.*, 70 s. e 88, CUNHA GONÇALVES, *Princípios de Direito Corporativo cit.*, 181, ou FÉZAS VITAL, *Direito Corporativo cit.*, 97 s. Os princípios da unicidade sindical e da exclusividade sindical são também explanados pela doutrina — a este propósito, ainda CHIARELLI, *La personalità giuridica...cit.*, 100 s., ZANOBINI, *Corso di diritto Corporativo cit.*, 96 s., JAEGER, *Principii di diritto corporativo cit.*, 140 ss.

[559] POTHOFF, *Das Deutsche Arbeitsrecht cit.*, 14 s.; MAYER-MALY, *Nationalsozialismus und Arbeitsrecht cit.*, 235. Sobre a abolição dos sindicatos livres, em Maio de 1933, e a sua substituição pelos conselhos de confiança das empresas, directamente dependentes da autoridade pública, *vd* ainda Thilo RAMM, *Das deutsche kollektive Arbeitsrecht zwischen den beiden Weltkriegen*, ZfA, 1988, 2, 157--173 (161), e Thomas BLANKE / Rainer ERD / Ulrich MÜCKENBERGER / Ulrich STASCHEIT (Hrsg.), *Kollektives Arbeitsrecht — Quellentexte zur Geschichte des Arbeitsrecht in Deutschland*, II — *1933-1974*, Hamburg, 1975, 15.

(que passa pela sua apreciação e aprovação governamental — art. 33º do ETN); a extensão da sua eficácia a todos os membros da categoria profissional ou económica respectiva, independentemente da filiação destes nos organismos outorgantes (é a regra que decorre, no nosso sistema jurídico, dos arts. 32º, 33º e 42º do ETN, e do art. 22º do Dec. nº 23 052, mas que encontramos também, por exemplo, no sistema jurídico italiano — art. 10º da L. de 3 de Abril de 1926)[560]; e, por efeito destas alterações do seu regime, a discussão sobre a natureza jurídica destes instrumentos, na qual se nota a tendência para substituir a sua tradicional qualificação negocial por uma qualificação público-normativa (a substituição da designação tradicional *Tarifverträge* pela designação *Tarifordnung*, operada pela lei germânica mas também propugnada noutras ordens jurídicas, evidencia esta novação estrutural[561]) [562].

Finalmente, no que se refere aos conflitos colectivos de trabalho, é o princípio da comunhão ou da solidariedade dos interesses sociais que permite erradicá-los sumariamente do sistema laboral (no caso português, eles são expressamente proibidos pelo art. 39º da Constituição

---

[560] Sobre a imposição das convenções colectivas a todos os membros da categoria profissional e económica respectiva, *vd*, no direito português, CUNHA GONÇALVES, *Princípios de Direito Corporativo cit.*, 219, ou FÉZAS VITAL, *Direito Corporativo cit.*, 100; e, no direito italiano, BARASSI, *Diritto sindacale e corporativo cit.*, 385, ZANOBINI, *Corso di diritto corporativo cit.*, 98, JAEGER, *Principii di diritto corporativo cit.*, 285, CASANOVA, *Il diritto del lavoro nei primi...cit.*, 245 s.

[561] POTHOFF, *Das Deutsche Arbeitsrecht cit.*, 14 e 32, que enfatiza a origem destes instrumentos colectivos num acto do *Reich*, directamente ou por delegação; JOERGES, *Der Arbeitsvertrag als Begründung des Arbeitsverhältnis...cit.*, 158. Sobre as diferenças substanciais entre os *Tarifverträge* e os *Tarifordnung*, vd ainda NIPPERDEY / MOHNEN / NEUMAN, *Der Diensvertrag cit.*, 1221. Na doutrina italiana, por exemplo, COSTAMAGNA, *Diritto corporativo italiano cit.*, 247, considera errónea a designação tradicional «*contratto collettivo*» e propõe a sua substituição pela expressão «*concordato intersindacale*», exactamente para reforçar a natureza normativa destes instrumentos, que considera totalmente estranhos à figura do contrato. Também entre nós, CUNHA GONÇALVES, *Princípios de Direito Corporativo cit.*, 199, chama a atenção para o carácter equívoco da designação «contrato colectivo».

[562] Teremos oportunidade, numa fase mais adiantada do nosso estudo, de aprofundar o problema da natureza jurídica das convenções colectivas — cfr., *infra*, Parte III, § 26º. O que pretendemos neste momento salientar é o facto de a construção dogmática da figura ter sido influenciada pelos factores ideológicos descritos.

e pelos arts. 9º e 37º do ETN) — como observa DENECKE[563], estes conflitos não fazem qualquer sentido numa relação jurídica comunitária pela ausência de um conflito de interesses a dirimir.

O alcance dogmático destas alterações é evidente. Elas vêm pôr em causa os dois pilares da construção do sistema laboral colectivo até esse momento: o princípio da autonomia colectiva (que desaparece com o fim da independência dos sindicatos, com a visão normativo-publicista das convenções colectivas e com o controlo administrativo de mérito sobre o respectivo conteúdo)[564] e, com o fim da possibilidade de recurso às lutas laborais, o princípio da auto-tutela, que assegurava a eficácia da actuação dos parceiros laborais na defesa dos seus interesses.

Em apreciação desta evolução, os autores reconhecem que ela se traduziu na amputação da parte mais original da área jurídica (é uma observação que encontramos em GIUGNI[565]), na alteração da sua função, através da sua instrumentalização global pelo Estado (como observa KAHN-FREUND[566]), ou mesmo no desaparecimento do direito laboral colectivo, tal como era até então concebido (como salienta MAYER--MALY[567]) — no mínimo podemos dizer que, por efeito dos princípios acima referidos, o direito do trabalho e, designadamente, a sua parcela colectiva, foram objecto de uma perversão ideológica, a que, como salienta MENEZES CORDEIRO[568], nenhuma área e nenhuma concepção jurídica são imunes.

---

[563] *Vermögensrechtliches oder personenrechtliches...cit.*, 222 s., Na opinião deste autor, as lutas laborais baseavam-se nas concepções materialistas de base romanista sobre o contrato de trabalho, que nele viam um contrato de troca de prestações patrimoniais e que deixam de fazer sentido com o novo entendimento comunitário da empresa. Ainda sobre a abolição dos conflitos colectivos de trabalho nesta época histórica, RAMM, *Das deutsche kollektive Arbeitsrecht...cit.*, 161 ss.
[564] RAMM, *Das deutsche kollektive Arbeitsrecht...cit.*, 172.
[565] *Una lezione...cit.*, 205 s.
[566] *Il mutamento della funzione...cit.*, 246. Neste sentido, RAMM, *Das deutsche kollektive Arbeitsrecht...cit.*, 172, caracteriza o sistema laboral do nacional--socialismo como um sistema corporativo.
[567] *Nationalsozialismus und Arbeitsrecht cit.*, 235 ss.
[568] *Da situação jurídica laboral...cit.*, 102. Também qualificando a evolução do direito laboral neste período como uma perversão ideológica GIUGNI, *Una lezione...cit.*, 205 s.

III. Muitas das projecções ideológicas da concepção comunitário--pessoal da relação de trabalho que acabamos de enunciar são, como é sabido, historicamente datadas, não tendo sobrevivido ao declínio das concepções ideológicas que as determinaram: com a queda do nacional--socialismo alemão e do corporativismo italiano após a II Guerra, (ou, no caso de Portugual e Espanha, com o fim do corporativismo, muitos anos mais tarde), o direito laboral colectivo relançou as suas bases em moldes privatísticos e desenvolveu-se rapidamente[569] e, embora de uma forma mais lenta, a tendência de identificação da relação de trabalho com uma relação jurídica associativa foi-se esbatendo[570]. No nosso entender, estas projecções não revestem, contudo, para o analista jurídico de hoje, um interesse meramente histórico, porque contribuiram para a conformação especial de alguns dos mais típicos fenómenos laborais (basta lembrar as convenções colectivas e os regulamentos de empresa), que se mantém até hoje, e ainda porque o fenómeno de «singularização» do direito do trabalho, em que se traduziu a diluição da sua parcela colectiva, continuou a influenciar a ciência juslaboral na apreciação de diversas matérias muito depois do seu termo — *verbi gratia,* na apreciação do problema da autonomia dogmática da área jurídica.

Para além destas projecções ideológicas, e em certa medida, por elas influenciadas, a concepção comunitário-pessoal da relação de trabalho teve projecções dogmáticas de alcance geral que sobreviveram à alteração do quadro ideológico à sombra do qual tinham prosperado e que sustentaram o reconhecimento da autonomia científica do direito laboral. São essas projecções que vamos de imediato referir.

---

[569] Sobre o desenvolvimento do direito laboral colectivo alemão depois da guerra, NIPPERDEY, *L'évolution du droit du travail...cit.,* 31 ss.; e, na Itália, BARASSI, *Elementi...cit.,* 9 ss., ou MAZZONI, *Certezza del diritto...cit.,* 156 ss., este último salientando a incerteza jurídica que caracterizou o período do pós-guerra nesta matéria, como nas outras grandes questões do direito laboral, pela dificuldade de compatibilizar as normas corporativas, que não foram revogadas, com o novo quadro constitucional.

[570] Assim, por exemplo, BARASSI, *Elementi...cit.,* 31, nega expressamente a natureza associativa do vínculo laboral, apesar da enorme importância que reconhece ao elemento da colaboração nesse vínculo — *idem,* 29 e 31 ss.

29. As projecções dogmáticas gerais da concepção comunitário-pessoal da relação de trabalho: a viabilização da autonomia dogmática do direito do trabalho pela inadequação das normas e dos princípios gerais do direito civil aos problemas laborais

I. Independentemente do ambiente ideológico que propiciou o seu desenvolvimento, dos excessos a que tal desenvolvimento conduziu e das diferenças entre a sua fundamentação contratualista e institucionalista, a concepção comunitário-pessoal da relação de trabalho teve projecções da maior importância no desenvolvimento científico subsequente do direito do trabalho, vindo a constituir o sustentáculo da autonomização dogmática desta área jurídica. Como refere MENEZES CORDEIRO, foi o reconhecimento dos elementos de pessoalidade e de comunidade na relação laboral que permitiu a sua distinção das relações obrigacionais, viabilizando assim «a nível dogmático, uma verdadeira emancipação do Direito do Trabalho»[571].

Numa primeira leitura, esta afirmação pode parecer excessiva. É certo que a caracterização comunitário-pessoal da relação laboral revela a sua absoluta singularidade no panorama das situações jurídicas privadas, porque a junção dos elementos de pessoalidade, de comunidade e de autoridade[572] no seu conteúdo não tem paralelo no direito privado. Ainda que noutras situações, do domínio privado e público da ordem jurídica, sejam também detectáveis estes elementos, contrariamente ao que sucede aqui eles apresentam-se de forma isolada ou têm uma justificação de índole pública — assim, por exemplo, relações privadas com elementos de pessoalidade e de comunidade, como as emergentes dos contratos de casamento ou de sociedade, não têm elementos explícitos de autoridade, enquanto noutras situações com uma componente autori-

---

[571] MENEZES CORDEIRO, *Da situação jurídica laboral...cit.*, 102.

[572] Autonomizamos a referência ao elemento de autoridade, nesta concepção da relação de trabalho, porque, embora ele não seja referido com a mesma ênfase dos elementos de pessoalidade e de comunidade pela doutrina, tanto as orientações contratualistas como as orientações institucionalistas lhe atribuem um valor fundamental, através do reconhecimento da natureza necessariamente desigual da comunidade de trabalho, como tivemos ocasião de demonstrar ao longo da exposição precedente — cfr., sobretudo, § 12º, 24.III., § 13º, 26.5.II. e III. Na verdade, é a adição do elemento da autoridade aos dois outros elementos da construção comunitário-pessoal do vínculo laboral que mais dificulta o seu enquadramento civilista.

tária, como a relação de poder paternal no domínio privado, ou a relação de funcionalismo no domínio público, a autoridade se apresenta como um atributo natural de uma das partes, justificado, respectivamente, no interesse do destinatário do poder (como refere expressamente o art. 1878º nº 1 do CC, quanto ao poder paternal) ou em interesses gerais corporizados pelas instituições administrativas[573]. A relação de trabalho é pois, com esta configuração comunitário-pessoal, uma relação jurídica absolutamente singular no direito privado.

Mas, se, em tese geral, o reconhecimento da singularidade de uma situação jurídica não acarreta, só por si, a negação das valorações materiais dominantes na respectiva área de inserção sistemática, no caso em apreço a resolução do problema da natureza da relação de trabalho, através da sua reconstrução dogmática em termos comunitário-pessoais, ultrapassou largamente o objectivo inicial de colmatar as insuficiências explicativas do primitivo enquadramento civilista do vínculo de trabalho, acabando por questionar a validade de princípios gerais do direito civil no domínio laboral e potenciando, nessa medida, o surgimento de valorações materiais alternativas para esta área jurídica. Ora, se conjugarmos este facto com a tendência *absorvente* do vínculo laboral em relação a toda a fenomenologia laboral (que começa com a tentativa de justificar todos os fenómenos laborais desviantes também a partir dos elementos de comunidade e de pessoalidade da relação de trabalho e termina na secundarização do direito laboral colectivo, que acima descrevemos), a importância da relação de trabalho torna-se ainda maior e a sua construção comunitário-pessoal serve não apenas para confirmar a sua singularidade na ordem jurídica privada mas também para justificar o afas-

---

[573] Sobre o interesse do menor como interesse principal tutelado no exercício do poder paternal, *vd*, por todos, Fernando Andrade Pires de LIMA / João de Matos Antunes VARELA, *Código Civil Anotado*, V, Coimbra, 1995, 331 e nota [4]. No caso das relações de funcionalismo público, a natureza hierárquica (logo desigual) do vínculo (que envolve a atribuição de poderes de direcção, controlo e disciplina ao superior hierárquico, e do dever de obediência ao subalterno) é justificada pela prossecução das atribuições das instituições administrativas ou das pessoas colectivas de direito público (Marcelo Rebelo de SOUSA, *Lições de Direito Administrativo*, I, Lisboa, 1994//95, 261; neste sentido, também PAULO OTERO, *Conceito e Fundamento...cit.,* 123 refere a justificação tradicional dos comandos hierárquicos na necessidade de «assegurar o bom funcionamento da Administração») — logo, pelos interesses públicos que estão subjacentes a essas atribuições.

tamento global do direito do trabalho em relação ao direito civil e o reconhecimento da sua autonomia dogmática[574].

II. As implicações da concepção comunitário-pessoal da relação laboral no processo de autonomização dogmática do direito do trabalho constatam-se no desenvolvimento de cada um dos elementos em que a doutrina alicerça a afirmação da singularidade da relação laboral, nesta concepção — o elemento de pessoalidade, o elemento de comunidade e o elemento de autoridade.

Como vimos, a doutrina começa por reportar o elemento de pessoalidade da relação de trabalho à natureza especial do débito do trabalhador, pelo facto de dificilmente se separar da sua pessoa ou, pelo menos, de exigir o amplo envolvimento da personalidade do prestador no cumprimento[575]; e, a partir daqui é reforçada, em detrimento da valência patrimonial da relação, a importância do dever de lealdade, cujo conteúdo se concretiza, do lado do trabalhador, no dever de actuação em conformidade com os interesses da empresa ou do empregador, e, do lado deste, no dever de assistência[576]. Contudo, o reconhecimento da importância acrescida destes deveres «pessoais» na relação de trabalho tem um alcance geral, porque permite justificar todos os desvios do regime da relação laboral em relação ao regime comum das suas congéneres relações obrigacionais de serviço, em que predomina o nexo patrimonial, e, designadamente, a inaplicabilidade, no domínio laboral, de princípios do direito comum dos contratos, como o princípio da correspectividade das obrigações das partes nos contratos sinalagmáticos, a regra da responsabilidade total dos sujeitos pelas obrigações assumidas ou a da eficácia plena da invalidação dos negócios jurídicos viciados[577]. As implicações dogmáticas de fundo da afirmação da natureza pessoal da relação de trabalho são pois evidentes.

Por sua vez, o elemento comunitário da relação laboral — que, como vimos, é reconduzido pela doutrina ao envolvimento do trabalhador nos objectivos da organização do credor, reconhecida ou não como

---

[574] Cfr., a delimitação do conceito de autonomia dogmática a que procedemos, *supra*, § 4º, 8.
[575] *Supra*, § 10º, 20.1.III.
[576] Cfr., *supra*, § 12º, 23.I. e II.
[577] Uma vez que já exemplificámos e justificámos estes desvios, limitamo--nos a fazer a competente remissão — *supra*, § 10º, 23.III.

§ 14º – As bases da autonomia dogmática do direito do trabalho 359

uma instituição[578] — contribui para explicar as limitações da liberdade negocial do trabalhador e a sua sujeição a alterações posteriores da sua prestação e da posição que ocupa no seio da organização, introduzidas pelo empregador, bem como os efeitos externos ao seu próprio vínculo jurídico[579]; mas, com esta justificação, a ideia de comunidade afasta também a aplicabilidade de princípios básicos do direito dos contratos no domínio laboral, como o princípio *pacta sunt servanda*, ou a regra da eficácia *inter partes* dos negócios jurídicos. A caracterização da relação de trabalho como uma relação jurídica de comunidade contende pois também com valorações substanciais do direito privado.

Finalmente, a justificação objectiva da componente de autoridade da relação de trabalho nas necessidades de coordenação das diversas prestações laborais na organização do credor ou directamente nas necessidades da empresa, na concepção comunitário-pessoal, permite operar a juridicização da subordinação e possibilita, consequentemente, a limitação objectiva do dever de obediência do trabalhador e dos poderes laborais de direcção e disciplina, que lhe correspondem na titularidade do empregador[580]; mas, ao legitimar juridicamente a natureza dominial da relação laboral, esta concepção assume a quebra do princípio da igualdade que domina o direito privado, bem como, no que se refere ao poder disciplinar laboral, do princípio da justiça pública. Uma vez mais, as implicações dogmáticas desta caracterização da relação laboral são incontornáveis.

III. Na medida em que a relação de trabalho absorve o essencial da fenomenologia laboral e, na sua singularidade, entra em colisão com regras e princípios gerais do direito privado comum, ela viabiliza, de per si, a autonomização dogmática do direito do trabalho — não sendo operacionais, no todo ou em parte, no domínio laboral, os princípios do direito civil, a nova área jurídica deve estruturar-se de forma independente e encontrar as suas próprias valorações materiais.

É neste pressuposto que, no nosso entender, devem ser compreendidas as afirmações de autores como POTHOFF, JACOBI, RICHTER, SINZHEIMER ou KASKEL no sentido da qualificação do direito do trabalho como parcela do direito das pessoas ou como direito especial híbrido

---

[578] Cfr., *supra*, § 13º, 25.II. e 26.5.II., III. e IV.
[579] Cfr., *supra*, § 13º, 26.4.I., parte final.
[580] Cfr., *supra*, § 12º, 24.III. e § 13º, 26.5. e *passim*.

ou como direito social[581]. Ainda que nem sempre os autores retirem explicitamente desta qualificação da área jurídica a consequência do reconhecimento da sua posição dogmaticamente independente no sistema, é esse objectivo que nos parece estar subjacente ao seu pensamento, porque a qualificação é feita por oposição ao direito comum e tem um intuito prático. Por um lado, como vimos, a característica de pessoalidade do direito do trabalho é afirmada por oposição à característica de patrimonialidade, que domina o direito civil (*verbi gratia*, o direito das obrigações), e a sua natureza social é sustentada em contraposição ao perfil individualista-liberal do direito civil da época[582]. Por outro lado, a incidência dogmática da operação de qualificação manifesta-se claramente na ponderação das respectivas consequências, uma vez que os autores procuram alinhar novas e específicas valorações materiais orientadoras da área jurídica (é neste sentido que o princípio da protecção do trabalhador deixa de ser visto apenas como um objectivo de política legislativa no domínio laboral, para passar a ser encarado como um princípio geral da área jurídica)[583], defendem a subtracção genérica

---

[581] Como já tivemos ocasião de referir, *supra*, § 10°, 20.2.II., POTHOFF, *Ist das Arbeitsverhältnis ein Schuldverhältnis? cit.*, 275 s., sustenta a natureza pessoal do direito do trabalho, bem como JACOBI, *Grundlehren des Arbetsrechts cit.*, 54; RICHTER, *Grundverhältnis des Arbeitsrechts cit.*, 54, e SINZHEIMER, *Grundzüge des Arbeitsrecht cit.*, 6 s., defendem a qualificação híbrida mas especial do direito do trabalho, por nele reconhecerem elementos de pessoalidade e de patrimonialidade e características típicas do direito público, ao lado de características de direito privado; e KASKEL, *Das neue Arbeitsrecht...cit.*, 1, qualifica o direito laboral como direito social.

[582] É um argumento que encontramos ainda em POTHOFF, *Probleme des Arbeitsrechts cit.*, 62.

[583] De qualquer modo, deve dizer-se que, a este nível, a elaboração dogmática se encontra ainda numa fase incipiente. Assim, por exemplo, MOLITOR, *Das deutsche Arbeitsrecht...cit.*, 44, limita-se a constatar a autonomia do direito do trabalho a partir da I Guerra, a enunciar os desvios que ele apresenta em relação à teoria geral do negócio jurídico e a salientar a sua importância para o progresso do pensamento jurídico. E POTHOFF, *Das Deutsche Arbeitsrecht cit.*, 13, sustenta a autonomia dogmática do direito do trabalho com base em quatro princípios de valor e incidência muito diversos: o princípio de que o trabalhador não promete prestações singulares mas a sua força de trabalho, o que determina a qualificação do direito laboral como direito das pessoas; o princípio da interdependência das relações laborais na empresa, que obriga o direito laboral a ocupar-se não só de cada relação de trabalho mas dos vínculos de colaboração entre os trabalhadores;

§ 14º – As bases da autonomia dogmática do direito do trabalho

da relação de trabalho ao regime jurídico civil[584], e exigem o controlo prévio da conformidade das normas de direito comum às valorações específicas do direito do trabalho, quando se suscite a necessidade da sua aplicação aos problemas laborais, como normas subsidiárias[585].

Desta forma, consideramos que estas concepções constituem o primeiro esboço da autonomização dogmática do direito do trabalho. Veremos já de seguida a forma como a doutrina desenvolveu esta autonomização nas décadas seguintes.

---

o princípio da necessária uniformidade das condições de trabalho nas grandes empresas, que justifica a não determinação destas condições em sede do contrato de trabalho; e o princípio de que o direito do trabalho deve ser um direito imperativo e não paritário, porque o seu objectivo é proteger o trabalhador contra o poder económico do empregador e porque se configura como um direito social, de sobrevalorização do homem sobre os bens materiais. Apesar dos termos em que são enunciados este princípios, facilmente decorre do exposto que o essencial da concepção do autor é a afirmação da pessoalidade da área jurídica e a afirmação da sua vocação proteccionista; e é também interessante verificar a ausência de referências a princípios de âmbito colectivo, num autor que já sustentara a natureza eminentemente colectiva do direito do trabalho e que qualificara o direito de greve como sua pedra angular (por exemplo em *Die Einwirkung der Reichsverfassung...cit.*, 23 e 28), o que se explica pelo momento histórico em que surge esta obra.

[584] Assim, por exemplo, POTHOFF, *Ist das Arbeitsverhältnis ein Schuldverhältnis? cit.*, 279 ss., ou JOERGES, *Der Arbeitsvertrag als Begründung...cit.*, 159.

[585] Neste sentido, ainda JOERGES, *Der Arbeitsvertrag als Begründung...cit.*, 159.

§ 15º — Conclusões do capítulo

I. A concepção comunitário-pessoal da relação de trabalho foi historicamente influenciada por um pressuposto ideológico, mas manteve-se como uma referência fundamental da dogmática laboral durante décadas, constituindo o sustentáculo da autonomização dogmática do direito do trabalho.

II. De acordo com esta concepção, o cerne da relação laboral não reside no binómio de escambo entre as prestações patrimoniais trabalho-remuneração mas no binómio dever de lealdade-dever de assistência, cuja importância é justificada pela integração natural do trabalhador na organização do empregador, onde se desenvolve uma relação de comunidade desigual. A justificação dogmática para a natureza comunitário-pessoal da relação de trabalho é encontrada no contrato de trabalho ou no acto de incorporação do trabalhador na empresa, respectivamente para as teorias contratualistas e para as teorias institucionalistas.

III. Para as teorias contratualistas, o fundamento da natureza comunitário-pessoal do vínculo laboral encontra-se no acordo das partes manifestado no contrato de trabalho, mas este contrato tem natureza pessoal e não obrigacional porque o seu objecto é a conjugação do interesse comum dos contraentes na constituição de um vínculo comunitário na organização do credor. Apenas em casos pontuais o contrato não é o acto constitutivo da relação de trabalho.

IV. As teorias institucionalistas de fundamentação da relação comunitário-pessoal de trabalho desenvolveram-se por um motivo extra-jurídico, por um motivo jurídico geral e por um motivo jurídico especificamente laboral — a maior permeabilidade dos seus conceitos operatórios ao ambiente ideológico subjacente, o declínio da figura do contrato e a emergência de categorias jurídicas alternativas, como a categoria de instituição, e a incapacidade das teorias contratualistas para explicar alguns traços do regime jurídico da relação de trabalho, respectivamente. Tendo como pressuposto a aplicabilidade do conceito de instituição à empresa ou organização do empregador (na qual reconhecem um organismo autónomo, prosseguindo um objectivo unitário partilhado pelo conjunto dos seus membros, e dotado de uma organização hierárquica), as teorias institucionalistas fundamentam a natureza comunitário-pessoal da relação de trabalho na própria empresa-instituição e consideram o acto de incorporação do trabalhador na empresa ou na organização do empregador como facto constitutivo autónomo do vínculo jurídico laboral. Nesta construção, ao contrato de trabalho apenas é reconhecida eficácia obrigacional mas não eficácia laboral. As teorias institucionalistas desenvolveram-se em formulações de pendor mais comunitarista ou mais autoritário, consoante valorizam mais o elemento da comunhão de objectivos ou o elemento da organização autoritária na empresa-instituição; e em formulações mais moderadas ou mais radicais consoante reconhecem algum papel ao contrato de trabalho na construção ou o consideram totalmente irrelevante.

V. A fundamentação contratualista e a fundamentação institucionalista têm em comum a afirmação da natureza comunitário-pessoal da relação de trabalho e o reconhecimento do seu papel nuclear no sistema juslaboral. Para além dos efeitos decorrentes do seu aproveitamento ideológico durante as décadas de trinta e quarenta (e, em países como Portugal, até mais tarde) sobretudo no domínio do direito colectivo do trabalho, elas influenciaram de forma decisiva toda a evolução dogmática subsequente do direito do trabalho, contribuindo para justificar o seu afastamento do direito civil a partir da afirmação da singularidade da relação de trabalho e para fixá-la como objecto nuclear da área jurídica laboral, com a inerente secundarização do tratamento dogmático da fenomenologia colectiva e com a maior importância reconhecida ao valor da protecção.

VI. Independentemente dos seus condicionamentos ideológicos e da diversidade das teorias justificativas, a concepção comunitário-pessoal da relação de trabalho viabilizou a autonomização dogmática do direito laboral, porque os elementos de pessoalidade, comunidade e autoridade, com que caracteriza o vínculo laboral, comprovam a inadequação das normas do direito civil à fenomenologia laboral e entram em contradição com os princípios gerais do direito comum. Ainda que carecendo do amadurecimento proporcionado pelo desenvolvimento de valorações materiais específicas, a autonomia dogmática do direito do trabalho pode considerar-se adquirida a partir deste momento.

IV
A EVOLUÇÃO DA APRECIAÇÃO DOUTRINAL DO PROBLEMA DA AUTONOMIA DOGMÁTICA DO DIREITO DO TRABALHO

30. Sequência

I. Como comprovámos no capítulo precedente, a década de quarenta marca o momento da afirmação da autonomia dogmática do direito do trabalho como área jurídica especial reguladora da relação de trabalho, entendida como um vínculo comunitário-pessoal. É com base neste entendimento que, ao longo dos anos seguintes, o direito do trabalho se vai continuar a desenvolver em termos sistemáticos e que a doutrina vai sustentar a sua posição dogmaticamente autónoma na ordem jurídica e enunciar as correspondentes valorações materiais específicas.

II. É a apreciação desta fase de maturação científica da área jurídica que nos ocupará neste capítulo. Porque o factor central neste processo de amadurecimento continua a ser a relação de trabalho, começaremos por acompanhar o percurso da doutrina na justificação da sua natureza comunitário-pessoal. Neste sentido, daremos conta da relativa continuidade do discurso dogmático quanto ao conteúdo dos elementos da pessoalidade e da comunidade, embora expurgados dos contornos ideológicos originários, e referiremos a evolução das teorias justificativas após a II Guerra, no sentido do declínio da fundamentação institucionalista, do retorno progressivo do contratualismo e da evolução estrutural da própria construção contratualista. Num momento subsequente, enunciaremos as valorações materiais isoladas pela doutrina como suporte da posição cientificamente autónoma do direito do trabalho, bem como as características usualmente reconhecidas à área jurídica na sua configuração autónoma. Num último momento, procederemos à apreciação crítica desta construção. Uma vez mais, tomaremos como paradigma da análise a discussão da matéria no seio da doutrina germânica, por ter sido a que mais aprofundou o problema, contando, aqui e ali, com contribuições provenientes de outros contextos doutrinais.

§ 16º — **A evolução da justificação dogmática da relação individual de trabalho como relação comunitário-pessoal: o declínio do institucionalismo e o «retorno» ao contratualismo. A reconfiguração contratualista estrutural da relação de trabalho**

31. A delimitação conceptual da relação laboral: a persistência do consenso doutrinal sobre a importância e o conteúdo essencial dos elementos de pessoalidade e de comunidade

I. Das reflexões sobre a natureza da relação de trabalho, que se encontram, de uma forma profusa, no seio da doutrina germânica e, pontualmente, em autores italianos ou de língua francesa, entre as décadas de cinquenta e sessenta, sobressaem duas constatações essenciais: a primeira é a da persistência do consenso doutrinal quanto à natureza comunitário-pessoal da relação jurídica de trabalho; a segunda é a da recuperação das teorias contratualistas de justificação da relação laboral, em prejuízo das teorias institucionalistas — ou seja, invertendo a tendência das duas décadas anteriores.

A primeira constatação põe em relevo a continuidade do discurso dogmático nesta matéria. Apesar da alteração do ambiente sociológico, que propiciara e condicionara o desenvolvimento da concepção comunitário-pessoal da relação de trabalho[586], o reconhecimento desta natureza comunitário-pessoal e a colocação do vínculo laboral, assim configurado, no centro do direito do trabalho, continua a ser, tanto na doutrina germânica como noutros contextos doutrinais e tanto entre os contratualistas como entre os institucionalistas, objecto de um larguíssimo consenso[587], ponteado aqui e ali por raras vozes discordan-

---

[586] Cfr., *supra,* 22.II.
[587] Reafirmando a natureza comunitário-pessoal da relação laboral durante este período na doutrina germânica e austríaca, por exemplo, na década de cinquenta e numa perspectiva contratualista, HUECK, *Vertragstheorie...cit.,* 325,

tes[588]. Como referem expressivamente KASKEL e DERSCH[589] o reconhecimento da natureza comunitário-pessoal da relação de trabalho (com o inerente empolamento dos deveres de lealdade e dos princípios comunitários) é já um *Allgemeingut*.

Provada a valia dogmática desta concepção pelo consenso sobre os seus aspectos essenciais, constata-se, contudo, alguma evolução na forma como é desenvolvida. Procurando, naturalmente, expurgar a concepção dos seus primitivos contornos ideológicos, esta evolução manifesta-se, por um lado, numa nova leitura do elemento comunitário e, por outro lado, na maior ênfase dada ao elemento da pessoalidade.

Wilhelm HERSCHEL, *Entwicklungstendenzen des Arbeitsrechts,* RdA, 1956, 5, 161--168 (164 s.), BOLDT, *Le contrat de travail dans la République...cit.,* 238 s., ou KUMMER, *Die Entwicklung des Arbeitsrechtes...cit.,* 137; numa perspectiva institucionalista, Arthur NIKISCH, *Dienstpflicht und Arbeitspflicht, in* R. DIETZ / A. HUECK / R. REINHARDT (Hrsg.), *Fest. Nipperdey,* München-Berlin, 1955, 65-82 (69); e, numa posição intermédia, Walter KASKEL / Hermann DERSCH, *Arbeitsrecht,* 5ª ed., Berlin — Göttingen — Heidelberg, 1957, 19; na década de sessenta, ainda HERSCHEL, *Vom Arbeiterschutz zum Arbeitsrecht cit.,* 312 s., ou WIEDEMANN, *Das Arbeitsverhältnis als Austausch...cit.,* 8, 33 e 40, ambos numa perspectiva contratualista, bem como NIKISCH, por exemplo em *Die Eingliederung...cit.,* 2 s., mantendo a sua orientação institucionalista. Entre nós, a natureza comunitário-pessoal da relação de trabalho continua também a ser sustentada na doutrina por autores como BIGOTTE CHORÃO, *A colaboração na empresa...cit.,* 14, mas num contexto sociológico diverso, como é sabido.

[588] Neste sentido, é de apontar a crítica de Franz NEUMANN, *Das Arbeitsrecht in der modernen Gesellschaft,* RdA, 1951, 1, 1-5 (com tradução italiana sob o título *Il diritto del lavoro nella società moderna, in* G. VARDARO (dir.), *Il diritto del lavoro fra democrazia e dittatura,* Bologna, 1983, 395-406) à concepção comunitário-pessoal da relação laboral e a sua tentativa de reenquadramento obrigacional do contrato de trabalho, pioneira na época (cfr., *maxime* 2 s. do original e 397 s. da tradução). Também se registam algumas tentativas de explicação obrigacional das particularidades da relação de trabalho, como a tentativa de justificar o dever de assistência como concretização do princípio geral da boa fé e não, como era usual na época, como projecção dos elementos de pessoalidade e comunidade da relação, que encontramos em Vassili MAVRIDIS, *Vor- und Nachwirkungen der Fürsorgepflicht im Arbeitsrecht,* ArbuR, 1957, 225-230 (227 e 230). De salientar, contudo, que o autor inicia a exposição pondo de parte qualquer discussão sobre a natureza comunitário-pessoal da relação de trabalho, obviamente ligada ao problema que trata (*idem,* 225).

[589] *Arbeitsrecht cit.,* 19.

II. Começando pela evolução do elemento comunitário, parecem-nos de salientar três pontos. Presentes nas reflexões da maioria dos autores, apenas a sua importância diverge, em consonância com o maior ou menor relevo que lhes tinha sido reconhecido nos vários contextos doutrinais e nas perspectivas institucionalista e contratualista de justificação da natureza comunitário-pessoal da relação laboral.

Por um lado, verifica-se uma clara tentativa de reconstruir o conceito de comunidade de trabalho em face da renovação ética imposta pela queda do nacional-socialismo e do corporativismo italiano, que arrastam consigo a ideia da funcionalização da comunidade de interesses entre o empregador e o trabalhador aos interesses gerais do Estado[590] — a comunidade laboral deixa assim de ser referida como uma manifestação da comunidade social geral. Em consequência desta evolução, a literatura jurídica germânica deixa de se referir a este ponto, ao passo que a doutrina italiana procura proceder a uma interpretação actualista do princípio corporativo da mútua colaboração das partes na relação de trabalho, ou em conexão com a ideia de subordinação (é o desenvolvimento feito por autores como BARASSI[591] ou LEGA[592]), ou em ligação com a ideia de trabalho conjunto entre empregadores e trabalhadores na comunidade empresarial (é o desenvolvimento proposto por MAZZONI[593]).

Por outro lado, como ponto mais relevante para a concepção institucionalista, transparece também das reflexões dos seus subscritores (sobretudo na doutrina germânica) uma diminuição da importância do elemento de comunhão e a sua conjugação explícita com outros elementos da empresa-instituição. Assim, continuando a afirmar a natureza comunitária do vínculo laboral, os autores conjugam de uma forma mais clara o elemento de comunidade com o elemento dominial da relação e acentuam o aspecto da autonomia da organização empresarial, numa aproximação às concepções autoritárias do institucionalismo italiano[594] — neste sentido, NIKISCH refere-se à inserção do trabalhador

---

[590] Neste sentido, por todos, BARASSI, *Elementi...cit.*, 7 s.
[591] *Il dovere della colaborazzione cit.*, maxime 3 ss., e *Elementi...cit.*, 29, 43 s., e 139 s.
[592] *La comunità del lavoro...cit.*, 70 ss.
[593] Giuliano MAZZONI, *Crisi o evoluzione del diritto del lavoro?*, DLav., 1954, I, 9-19 (12).
[594] Cfr., *supra*, § 13°, 26.5.III.

na empresa, comunidade de trabalho mais importante[595], como a integração na esfera de domínio pessoal do credor do serviço (*Herrschaft des Dienstherrn*, ou *Herrschaftsbereich des ArbG*), sem justificar esse domínio em razões de interesse geral[596].

Finalmente, preocupação comum a institucionalistas e contratualistas parece ser a de compatibilizar a natureza comunitária da relação de trabalho com a existência de interesses diversos e potencialmente conflituantes na titularidade das partes — uma compatibilização, afinal, inevitável, em face do restabelecimento dos princípios da autonomia colectiva e da auto-tutela colectiva pela lei. Neste sentido, por exemplo, KASKEL e DERSCH[597], HERSCHEL[598] ou SIEBERT[599] afirmam a compatibilidade da comunidade da empresa com os interesses conflituantes das partes; e LEGA, numa exposição aprofundada sobre o assunto[600], considera compatível a oposição fundamental dos objectivos pessoais do empregador e do trabalhador na relação de trabalho (o aumento do lucro e o aumento dos salários, respectivamente)[601] com a existência de uma comunidade de interesses entre eles, que tem lugar na empresa e se refere ao desenvolvimento das prestações laborais, sendo nessa comunidade que justifica os deveres legais de colaboração, diligência e lealdade, bem como a respectiva tutela disciplinar[602].

Mas, se a compatibilização do conceito de comunidade com a oposição dos interesses pessoais das partes atenua, de certa forma, a impor-

---

[595] Embora não única, uma vez que as relações de trabalho se podem desenvolver também na «comunidade da casa» (*Wohngemeinschaft*) do empregador — NIKISCH, *Die Eingliederung...cit.*, 3.

[596] *Dienstpflicht und Arbeitspflicht cit.*, 68, e *Die Eingliederung...cit.*, 2. Apesar de o autor procurar demarcar-se de outras referências a esta ideia de domínio pessoal, chegando a qualificar a concepção de VON GIERKE sobre o *Treudienstvertrag* como uma visão romântica da relação laboral (*Dienstpflicht und Arbeitspflicht cit.*, 6), a envolvência senhorial privada da concepção gierkiana, assinalada, por exemplo, por POTHOFF (como vimos, *supra*, § 12°, 23.I.), acaba por pairar subtilmente sobre esta construção.

[597] *Arbeitsrecht cit.*, 41 e 114.

[598] *Entwicklungstendenzen...cit.*, 166.

[599] *Einige Entwicklungslinien...cit.*, 367.

[600] *La comunità del lavoro...cit.*

[601] Oposição esta que, na sua opinião, constitui argumento suficiente para recusar a qualificação da empresa como instituição — *idem*, 220 s.

[602] *Ibidem*, 229, 74 ss. e 82 ss.

tância do elemento comunitário na construção dogmática do vínculo laboral, ele mantém-se como um conceito de conteúdo muito rico, já que, ao lado desta (limitada) comunidade entre empregador e trabalhador, são desenvolvidas outras valências do conceito, como a da comunidade dos empregadores e a da comunidade entre os próprios trabalhadores[603].

Em termos gerais, pode pois considerar-se que a ideia de comunidade laboral mantém os seus traços essenciais, tanto na justificação institucionalista como na justificação contratualista da relação de trabalho — independentemente da aceitação ou da recusa da qualificação institucional da empresa ou da comunidade doméstica do empregador, e da qualificação do acto de incorporação ou do contrato de trabalho como factos constitutivos da relação, o vínculo laboral continua a ser visto como um vínculo jurídico de integração de um sujeito numa organização comunitária, que implica a partilha de objectivos entre as partes; e é a partir desta ideia de pertença que muitas das especificidades da relação laboral continuam a ser explicadas[604]. Os conceitos de *Arbeitorganismus*, *Betriebszugehörigkeit* e *Betriebsgemeinschaft* demonstram assim a sua vitalidade.

III. No que se refere ao elemento de pessoalidade da relação de trabalho, verificamos que a sua importância é reforçada nesta fase tanto

---

[603] LEGA, *La comunità del lavoro...cit.*, 133 ss. A comunidade entre os próprios trabalhadores é também reconhecida, por exemplo, por Hans REHHAHN, *Der inhaltsleere Arbeitsvertrag und die Betriebsnormen*, ArbuR, 1963, 238-244 (238 e 244), embora numa perspectiva diferente, porque a considera a única possível em face do anonimato das relações de trabalho nas grandes empresas. Como veremos, *infra*, § 19º, 40.II., este argumento voltará a ser usado, mais tarde, para criticar a configuração comunitário-pessoal da relação de trabalho. Desenvolvendo ainda as diversas valências do conceito de comunidade no domínio laboral, e distinguindo, para o efeito, três vínculos comunitários (a comunidade da empresa, a comunidade do pessoal e a relação entre cada trabalhador e o empregador), na doutrina alemã, WIEDEMANN, *Das Arbeitsverhältnis als Austausch...cit.*, 40.

[604] Neste sentido, por todos, Wilhelm HERSCHEL, *Die Betriebszugehörigkeit als geschütztes Rechtsgut*, RdA, 1960, 4, 121-127 (122 ss.), justificando na ideia de pertença a tutela do trabalhador em matéria de ocupação efectiva, local de trabalho, reserva da sua personalidade e despedimento, bem como os efeitos extra--negociais da relação de trabalho.

pela doutrina contratualista como pela doutrina institucionalista[605], já que ambas empolam o papel deste elemento na delimitação da relação laboral perante as relações obrigacionais/patrimoniais de serviço (passando, assim, a perspectivá-lo como um conceito eminentemente técnico, liberto das conotações éticas que lhe tinham sido associadas nas décadas anteriores[606]) e nele fazem assentar a singularidade do próprio direito do trabalho.

Neste sentido, autores como SIEBERT[607] acentuam a relação directa entre a pessoalidade e o dever de assistência, considerando que a negação da primeira implica a objecção ao segundo, o que é inaceitável por ser este dever que justifica directamente diversas especificidades da relação jurídica — como a repartição do risco, os efeitos da cessão da posição contratual do empregador ou a pretensão do trabalhador a um valor mínimo de salário; enquanto NIKISCH, fiel à concepção institucionalista, apesar de reconhecer agora um papel mais importante ao contrato de trabalho do que nas suas primeiras reflexões sobre este problema[608], justifica directamente no elemento da pessoalidade a autonomização do dever de serviço do trabalhador subordinado relativamente ao dever de trabalho de outros prestadores[609].

Mas é, sobretudo, a doutrina contratualista que reforça a importância do elemento da pessoalidade na relação de trabalho, fazendo-o decorrer directamente da especificidade da prestação laboral, que justifica na impossibilidade de recondução do trabalho a uma mercadoria objecto de troca e na sua inseparabilidade da pessoa do prestador, integralmente envolvido no cumprimento[610]. Autores como BALLERSTEDT

---

[605] Neste aspecto, é especialmente significativo o reforço do elemento da pessoalidade como elemento fundamental da relação de trabalho, concomitantemente com a substituição das referências à ideia de comunidade por referências à natureza estatutária da relação de trabalho, em SIEBERT, *Einige Entwicklunslinien...cit.*, 367 s.

[606] Como vimos, *supra*, § 12°, 24.II.

[607] *Einige Entwicklungslinien...cit.*, 368 s.

[608] Quanto a esta primeira fase do pensamento de NIKISCH, *vd, supra*, § 13°, 26.5.II., parte final.

[609] NIKISCH, *Dienstpflicht und Arbeitspflicht cit., passim*.

[610] Neste sentido, por exemplo, KASKEL / DERSCH, *Arbeitsrecht cit.*, 19.

[611] Kurt BALLERSTEDT, *Arbeitskraft und Handlungsbegriff*, JZ, 1953, 13, 389--391 (389 s.); e BOLDT, *Le contrat de travail dans la République...cit.*, 239, este

§ 16º – A evolução da justificação dogmática da relação de trabalho 373

ou BOLDT⁶¹¹ consideram a pessoalidade como a característica singular do contrato e da relação de trabalho, que impede a sua qualificação como contrato obrigacional; esta mesma singularidade é invocada, por exemplo, por HERSCHEL⁶¹², para qualificar o trabalhador como um *partner* (*ein Teilhaber*) da empresa e a relação de trabalho como uma relação de participação pessoal no organismo de trabalho, o que inviabiliza o seu enquadramento exclusivamente obrigacional e patrimonial; e do envolvimento pessoal do trabalhador nos objectivos do empregador, pela natureza continuada e participada da sua actividade laboral, retira WLOTZKE o reconhecimento da importância da pessoa do trabalhador no contrato e, como consequência, a qualificação comunitário-pessoal do vínculo laboral⁶¹³.

O elemento da pessoalidade é também considerado fundamental por um largo sector da doutrina italiana, para a conformação do contrato de trabalho e do próprio direito do trabalho — neste sentido, por exemplo, SANTORO-PASSARELLI justifica a natureza complexa do contrato de trabalho e as especificidades do vínculo laboral no envolvimento pessoal do trabalhador, que considera o elemento-chave do direito do trabalho⁶¹⁴; e MAZZONI⁶¹⁵ afirma o elemento da pessoalidade

---

último afirmando que o desvanecimento do elemento pessoal no vínculo de trabalho teria como consequência a (re)consideração do trabalhador como uma mercadoria susceptível de troca — o que iria ao arrepio da evolução das concepções modernas sobre o vínculo laboral.

⁶¹² *Entwicklungstendenzen...cit.*, 164 s.

⁶¹³ Otfried WLOTZKE, *Leistungspflicht und Person des Arbeitnehmers in der Dogmatik des Arbeitsvertrages*, RdA, 1965, 5/6, 180-191 (183 s.).

⁶¹⁴ Francesco SANTORO-PASSARELLI, *Spirito del diritto del lavoro*, DLav., 1948, I, 273-276. Para este autor, o envolvimento pessoal do trabalhador no vínculo de trabalho é, na verdade, o elemento-chave do direito laboral. Manifestando-se, por um lado, na inseparabilidade da prestação de trabalho em relação ao sujeito prestador e, por outro lado, na dependência económica do trabalhador em relação ao salário, o primeiro aspecto explica a complexidade do vínculo laboral (pela indivisibilidade do objecto da prestação), e o segundo explica a função alimentar do salário, que impede a sua recondução a um simples correspectivo obrigacional, ou obriga, pelo menos, como o autor refere noutra sede (*Lineamenti attuali del diritto del lavoro in Italia*, DLav., 1953, 3-12 (7 e 10), à sua qualificação como contrapartida da prestação do trabalho mas também da disponibilização pelo trabalhador da sua própria pessoa no vínculo laboral. Também valorizando o elemento de pessoalidade no contrato de trabalho, pela inseparabilidade da prestação de trabalho relativamente à pessoa do prestador (que considera determinante

como a característica mais importante do direito laboral, determinante para a sua qualificação como área jurídica eminentemente pessoal e não patrimonial.

32. O declínio e a «herança» do institucionalismo laboral: as críticas da doutrina e a posição adoptada. A improcedência da justificação institucionalista da relação de trabalho e as contribuições originais do institucionalismo para o desenvolvimento dogmático do direito do trabalho

32.1. O declínio do institucionalismo laboral: críticas da doutrina e posição adoptada

I. Se relativamente à configuração estrutural do vínculo de trabalho há uma certa continuidade no discurso dogmático, já no que se refere à justificação da sua natureza comunitário-pessoal se constata, a partir da década de cinquenta, um declínio da fundamentação institucionalista em favor das concepções contratualistas. Embora continuem a ser subscritas por alguns autores[616], as teorias institucionalistas são agora objecto de críticas e a maioria da doutrina tende a justificar os elementos de pessoalidade e de comunidade no contrato de trabalho, ou quando mui-

---

para a sua caracterização como um contrato *intuitus personae*), vd ainda ARANGUREN, *La determinazione qualitativa...cit.*, 318 ss., bem como Mario GRANDI, *La prestazione di lavoro subordinato e la persona del lavoratore*, Riv.DL, 1969, 415-491

[615] *Crisi o evoluzione...cit.*, 16.

[616] Na doutrina germânica, a teoria institucionalista continua a ser sufragada, entre outros autores, por NIKISCH, por exemplo em *Dienstpflicht und Arbeitspflicht cit.*, e em *Die Eingliederung...cit*, por SIEBERT, *Einige Entwicklungslinien... cit.*, 367 (embora não de uma forma tão desenvolvida), e por MOLITOR, *Kündigung des Arbeitsvertrags...cit.*, 41. Nas doutrinas francesa e italiana, perfilham esta concepção, entre outros, DURAND e VITU, *Traité...cit.*, II, 209 ss. (também na segunda edição do *Précis de Droit du Travail cit.* (1961), elaborada em conjunto com ROUAST, DURAND continua a subscrever este entendimento), BRUN, *Le lien d'entreprise cit.*, ou SCONAMIGLIO, por exemplo em *Considerazioni sull'oggetto... cit.*, e depois no seu *Diritto del lavoro cit.*, numa posição que tem reiterado nas sucessivas edições (neste sentido, quanto à última edição, já do ano 2000, 10 ss.).

to, em soluções de compromisso entre o institucionalismo e o contratualismo[617][618].

No nosso entender, o declínio da visão institucionalista da relação comunitário-pessoal de trabalho e o predomínio da fundamentação contratualista fica a dever-se a um motivo sociológico, a uma razão jurídica de âmbito geral e a motivos especificamente laborais. Os dois primeiros motivos apontados traduzem uma inflexão no contexto sócio-jurídico que, alguns anos antes, tinha propiciado o desenvolvimento das concepções institucionalistas, conforme tivemos ocasião de assinalar[619]; as razões especificamente laborais têm a ver, por um lado, com os progressos da ciência jurídica na refutação das críticas dos institucionalistas relativamente à incapacidade explicativa do contrato de trabalho e, por outro lado, com as falhas da própria construção institucionalista.

II. Responsável pelo declínio do institucionalismo é, antes de mais, a alteração do quadro sociológico que propiciara o seu desenvolvimento no domínio laboral. Como tivemos ocasião de referir[620], foram as teorias institucionalistas que se mostraram mais permeáveis ao contexto sociológico subjacente à concepção comunitário-pessoal da relação de

---

[617] É a posição sustentada, por exemplo, por KASKEL / DERSCH, *Arbeitsrecht cit.*, 24 ss., que consideram o contrato como o fundamento normal da relação de trabalho, mas admitem a relevância constitutiva autónoma do acto de incorporação em caso de nulidade do contrato.

[618] Posição claramente contrária a esta tendência é a de REHHAHN, *Der inhaltsleere Arbeitsvertrag...cit.*, 238 ss., que persiste na negação de qualquer relevância do contrato de trabalho, numa visão da relação laboral que se pode qualificar como puramente normativista. Em crítica aberta às teorias contratualistas mas não subscrevendo, pelo menos aparentemente, a visão institucionalista, o autor invoca o caso típico do trabalho nas médias e grandes empresas para concluir que, apenas cabendo às partes exprimirem a vontade de iniciar a relação (uma vez que os mais importantes aspectos do conteúdo do vínculo — desde o *quantum* da remuneração até ao tipo de trabalho, passando pelas respectivas condições — são inicialmente indeterminados e vêm a ser determinados pelo ordenamento já vigente na empresa e estabelecido pelas normas colectivas e empresariais), a ideia de um acordo negocial é totalmente fictícia; por outro lado, como estas normas são aceites em bloco e sem discussão, a ideia da sua recepção contratual não corresponde também à realidade. A relação de trabalho empresarial reveste assim, para este autor, um carácter puramente orgânico e normativo.

[619] *Supra*, § 13°, 26.2.II. e III.

[620] *Supra*, § 13°, 26.2.II.

trabalho, porque foram elas que mais longe levaram a deslocação do fundamento das ideias de comunidade, de pessoalidade e de autoridade do plano jurídico para o plano ético, e porque, na sua aplicação laboral, o conceito de instituição manifestou uma permeabilidade ideológica muito mais evidente do que a figura do contrato, tanto pela facilidade de funcionalização directa da empresa-instituição aos objectivos políticos do Estado como pela também mais fácil ultrapassagem dos dogmas do acordo de vontades e da igualdade a partir da ideia de inserção do trabalhador no seio da organização institucional.

Desta forma, cremos que, apesar de colocadas no plano jurídico, as críticas feitas ao institucionalismo nesta época não deixam de traduzir a tomada de consciência, por parte da doutrina, da maior facilidade de instrumentalização ideológica dos seus conceitos básicos (*verbi gratia*, do conceito de instituição), mau grado as tentativas de adaptação da construção institucionalista ao novo contexto sociológico, de que demos conta no ponto anterior.

III. A segunda razão a que, do nosso ponto de vista, está ligado o declínio do institucionalismo laboral é uma razão jurídica de índole geral, que tem a ver com a «recuperação» da categoria do contrato na sua relação dialéctica com a categoria da instituição, como fontes de situações de direito privado.

Não cabendo no âmbito deste estudo qualquer apreciação desta matéria em termos gerais, limitamo-nos a observar que, tal como a visão institucionalista da relação laboral fora favorecida pelo desenvolvimento dogmático geral do conceito de instituição[621], também o posterior recrudescimento das críticas e a desconfiança da doutrina em relação à valia juscientífica desta figura (pela imprecisão dos seus contornos e pela indeterminabilidade das suas consequências jurídicas), e as subsequentes tentativas de a remeter para o seu domínio sociológico originário, determinaram uma tendência geral para revalorizar o contrato como categoria fundamental do direito privado, que se reflectiu, naturalmente, no domínio laboral[622] — esta evolução do ambiente jurídico geral não só

---

[621] Como tivemos ocasião de salientar, *supra*, § 13°, 26.2.III.

[622] Referindo o cariz sociológico e tecnicamente pouco apurado do conceito de instituição como um argumento de crítica à construção institucionalista da relação de trabalho, por exemplo, Nikitas ALIPRANTIS, *L'entreprise en tant qu'ordre juridique, in Le Droit collectif du travail — Études en hommage à Madame le*

facilitou a recusa das concepções mais radicais do institucionalismo laboral, mas também a crítica às concepções menos radicais, que partem do pressuposto, não consensual, da compatibilidade entre as categorias da instituição e do contrato[623].

Independentemente de outros motivos, a recuperação da fundamentação contratualista da relação laboral é pois, no nosso entender, uma manifestação da revitalização geral da figura do contrato, como fonte das relações jurídicas privadas e expressão dos princípios básicos do direito privado.

Professeur Hélène Sinay, Frankfurt, 1994, 185-206 (186 s.); e salientando a dificuldade de delimitação do conceito em termos jurídicos, também numa perspectiva crítica sobre esta concepção, ANNE-FRANÇOISE DAVID, *Remarques...cit.,* 307). Por outro lado, a revitalização geral da figura do contrato é exemplificada com a figura do contrato de trabalho, por exemplo, por TERRÉ, *Sur la sociologie...cit.,* 81, com apoio no facto de as limitações legais à liberdade de estipulação das partes serem compensadas pela maior extensão da liberdade negocial ao nível das convenções colectivas.

[623] Neste sentido, ANNE-FRANÇOISE DAVID, *Remarques...cit.,* 313, aponta como deficiência estrutural destas formulações a tentativa de conciliação de duas lógicas de relacionamento jurídico contraditórias — a lógica do relacionamento negocial, por natureza igualitário e livre ou autodeterminado; e a lógica do relacionamento institucional, por natureza desigual (pela autoridade inerente ao grupo institucional) e heterodeterminado (pela limitação da liberdade ao acto inicial de adesão ao grupo). Em apreciação crítica daquilo a que chama a concepção «a-legal» ou «a-estadual» do institucionalismo laboral em DURAND e em BRÈTHE DE LA GRESSAYE (que considera, ao contrário do que os próprios invocam, substancialmente diversa da construção de HAURIOU, por não fazer depender a legitimidade da instituição privada de uma «autorização» do direito estadual), a autora entende que é desta incompatibilidade entre as lógicas de relacionamento institucional e contratual que decorre a incapacidade das teorias institucionalistas de estabelecerem uma distinção clara entre os dois domínios na relação de trabalho: se a defesa do institucionalismo na sua versão mais radical é de recusar, entre outros motivos, por não deixar lugar à livre determinação da vontade das partes numa relação de direito privado, a versão moderada do institucionalismo também não será aceitável pela incompatibilidade genética entre as categorias do contrato e da instituição. Também criticando a secundarização ou a obnubilação da figura do contrato nas construções institucionalistas (em qualquer das suas versões) e reafirmando a importância do elemento negocial na relação laboral, para delimitar os deveres principais e alguns dos deveres acessórios das partes e para modelar a subordinação do trabalhador, ainda JEAMMAUD, *Les polyvalences du contrat de travail, in Les transformations du droit du travail, Études offertes à Gérard* LYON--CAEN, Paris, 1989, 299-316 (305 ss.).

IV. Para além destas razões de índole geral, o declínio do institucionalismo fica a dever-se a motivos especificamente laborais. A este propósito, encontra-se na doutrina um acervo de críticas à fundamentação institucionalista da relação de trabalho, entre as quais destacamos as seguintes: as referências às deficiências estruturais da construção, nomeadamente em relação à aplicabilidade do conceito de instituição à empresa e à excessiva importância que lhe é atribuída nesta concepção; e, consoante os sistemas, as referências à inadequação das teorias institucionalistas ao quadro normativo ou o desaparecimento das motivações práticas subjacentes ao seu desenvolvimento. A primeira razão apontada é de ordem geral; a segunda e a terceira devem ser apreciadas separadamente no caso germânico e nos restantes casos. No nosso entender, a estas razões deve ainda acrescentar-se uma outra que confirma, em definitivo, a improcedência da justificação institucionalista da relação de trabalho.

Nas críticas à concepção institucionalista destacam-se, desde logo, as que se reportam à qualificação institucional da empresa para efeitos laborais (por falta dos elementos de comunhão e de autonomia inerentes ao conceito de instituição), e aos próprios limites operativos do conceito de instituição. Atacando os alicerces da construção institucionalista da relação de trabalho, estas são críticas de índole estrutural.

Alguns autores rejeitam a justificação institucionalista da relação laboral invocando os limites do conceito de instituição, que consideram de natureza exclusivamente pública — é a posição de GHIDINI[624], por exemplo. Mas a maioria da doutrina refere-se directamente ao caso laboral para rejeitar a existência de uma relação de comunidade de base exclusivamente institucional, considerando que este tipo de relação envolve uma comunhão de objectivos de tipo associativo, que não se verifica no caso laboral, por vários motivos: em primeiro lugar, porque não se produzem aqui os efeitos normais das relações associativas (não há, designadamente, a partilha de benefícios nem a assunção comum das perdas pelas partes, como referem LYON-CAEN e CAMERLYNCK[625]);

---

[624] *Diritto del lavoro cit.*, 176.

[625] Gérard LYON-CAEN, *Défense et illustration du contrat de travail,* Arch.Ph.Dr., 1968, XIII, 59-69 (66), e CAMERLYNCK, *Le contrat de travail en droit français cit.*, 405. A crítica da incompatibilidade da posição jurídica de trabalha-

em segundo lugar, porque uma relação associativa não é compatível com a evidente conflitualidade de interesses das partes que caracteriza o vínculo laboral (o interesse do trabalhador em salários mais altos e o interesse do empregador no aumento dos lucros são interesses opostos)[626]; e, finalmente, porque um vínculo associativo não se compadece com a admissibilidade legal de extrapolação dos conflitos das partes em actuações directamente movidas contra a outra parte (a greve e o *lock-out*). Tendo subjacente a dúvida sobre a solidariedade dos interesses das partes, que é o pressuposto sociológico da construção institucionalista[627], esta crítica leva os autores a optarem por reportar o elemento comunitário da relação de trabalho directamente ao contrato, o que apresenta duas vantagens: o facto de haver outros vínculos negociais privados de natureza duradoura e comunitária torna a situação laboral menos singular; e a fonte negocial permite certificar a origem do regime jurídico laboral e, designadamente, da subordinação do trabalhador na vontade livre das partes[628].

Por outro lado, é também posta em causa a autonomização das figuras da empresa e do empresário em relação à figura do empregador para efeitos laborais, considerando alguns autores que empresário, chefe da empresa e empregador se confundem, que o interesse da empresa se identifica com o do empresário (já que é este que define o respectivo ordenamento interno e que a gere) e que os trabalhadores se mantêm externos em relação à empresa — é a crítica formulada, por exemplo,

---

dor dependente com uma visão «associativa» da relação de trabalho que equiparasse o trabalhador a uma espécie de sócio do empregador, tinha já sido dirigida às teorias institucionalistas italianas na fase histórica da sua maior pujança, por exemplo, por Giovanni ROBERTI, *Il rapporto di lavoro e l'azienda,* DLav., 1940, I, 33-37 (35).

[626] A este propósito se refere Luigi MENGONI, *Diritto e valori,* Bologna, 1985, 357 ss., ao facto de a concepção institucional da empresa mascarar, através de uma pretensa relação de colaboração, a real conflitualidade de interesses entre empregador e trabalhadores.

[627] Neste sentido, por exemplo, ANNE-FRANÇOISE DAVID, *Remarques...cit.,* 313, ou ALIPRANTIS, *L'entreprise...cit.,* 186.

[628] Neste sentido, por exemplo, HUECK, *Vertragstheorie...cit.,* 325 s., indicando como relações privadas semelhantes à relação laboral, quanto ao elemento comunitário e ao fundamento negocial, as relações de sociedade e de casamento.

por LYON-CAEN[629], que põe assim em causa o elemento orgânico ou de autonomia indispensável ao conceito de instituição.

Finalmente, é criticada a importância reconhecida à empresa na construção institucionalista — alguns autores referem a ambiguidade da própria noção da empresa[630], enquanto outros argumentam que a sua excessiva valorização é contraproducente em relação ao elemento de pessoalidade da relação laboral, já que, numa lógica exclusivamente empresarial, o trabalho tende a ser reconduzido a uma entre outras forças produtivas, «dessubjectivando» o trabalhador e secundarizando a dimensão pessoal do vínculo, quando é esta dimensão que o torna singular no direito privado[631].

As críticas enunciadas parecem-nos certeiras mas suscitam uma observação. Na verdade, sendo os interesses directos do trabalhador e do empregador manifestamente opostos, a haver qualquer comunhão quanto ao desenvolvimento da relação, ou até quanto ao envolvimento conjunto na prossecução das metas da empresa, ela só pode ser qualificada como uma comunhão secundária, que interessa a cada um dos intervenientes apenas na medida em que ajuda a viabilizar os seus objectivos individuais[632] — ora, no conceito de instituição, a comunhão de objec-

---

[629] *Défense et illustration...cit.*, 66 s. Também CAMERLYNCK, *Le contrat de travail en droit français cit.*, 406, chama a atenção para o facto de o direito francês não reconhecer a empresa como uma entidade jurídica autónoma e salienta o facto de o trabalhador não integrar a empresa mas estar antes ao seu serviço — *idem*, 410. Também nesta linha, quanto ao sistema jurídico germânico, BOLDT, *Le contrat de travail dans la République...cit.*, 309, considera que o direito germânico não autoriza o reconhecimento de um conceito de *«entreprise en soi»*, que permita autonomizar a empresa das relações contratuais entre empresário e trabalhador.

[630] Neste sentido, ainda LYON-CAEN, *Défense et illustration...cit.*, 66. Noutra sede (*Du rôle des principes géneraux...cit.*, 234), o autor chega a considerar que a noção de empresa devia ser banida do direito do trabalho e substituída por referências ao local de trabalho ou ao estabelecimento, muito menos ambíguas.

[631] Neste sentido, por exemplo, BALLERSTEDT, *Arbeitskraft...cit.*, 390 s., critica a concepção de *Betrieb* como uma ordenação das forças produtivas, que ao equiparar a força humana de trabalho a outros factores, esquece a sua dimensão pessoal. A característica da pessoalidade que, segundo o autor, singulariza a relação laboral, decorre pois directamente do contrato de trabalho.

[632] Assim, ao trabalhador interessa naturalmente contribuir para a melhoria da produção, porque isso pode reverter no aumento da sua remuneração; e ao

tivos é sempre apontada como o suporte ou a razão de ser da realidade institucional. Por outro lado, apenas nas grandes empresas se pode efectivamente descortinar uma autonomia do organismo empresarial em relação ao empresário/empregador, o que põe em causa o elemento orgânico do conceito. Parece-nos pois evidente esta falha estrutural da concepção institucionalista.

Não queremos, contudo, deixar de referir que, em termos substanciais, nos parece estar subjacente a esta questão um problema mais vasto, que não pode ser iludido pelos argumentos dos contratualistas. É que a oposição de interesses e objectivos das partes continua a ser essencial se se fixar, como fonte da relação laboral, o contrato; e, no nosso entender, isso põe em causa a essência comunitária da relação, independentemente da índole contratualista ou institucionalista da justificação dogmática para ela encontrada, como teremos ocasião de comprovar[633].

V. O segundo grupo de críticas dirigidas às teorias institucionalistas é de ordem prática e destaca, por um lado, a inadequação global destas teorias ao sistema normativo e, por outro lado, o desaparecimento ou a atenuação das suas motivações práticas, ou porque o direito positivo evoluiu num sentido contratualista ou porque a doutrina contratualista conseguiu entretanto refutar as deficiências que lhe tinham sido tradicionalmente apontadas.

Em primeiro lugar, os autores referem a inadequação global da construção institucionalista ao sistema jurídico positivo, que se oporia à consideração e ao tratamento da relação de trabalho sem uma referência ao contrato como seu facto constitutivo. Esta crítica (de inequívoca importância, porque testa a validade intrínseca e a utilidade da construção dogmática a partir do seu próprio objecto[634]) tem, todavia, um peso maior no seio das doutrinas francesa, belga ou italiana do que na doutrina germânica, porque se apoia no facto de os respectivos sistemas juspositivos delimitarem o contrato de trabalho de outros contratos de serviço, de forma directa ou indirecta, na lei, e orientarem o regime legal da relação de trabalho a partir da sua origem negocial.

---

empregador pode interessar pagar melhor para obter uma maior produtividade e, assim, aumentar os seus lucros.

[633] *Vd, infra,* § 19°, 42.

[634] *Vd, supra,* § 4°, *maxime* 8.II., o sentido em que valorizámos o discurso dogmático.

Neste sentido, por exemplo, LUCIEN FRANÇOIS e HALLET[635] consideram que a separação das relações laborais empresariais da sua fonte negocial é contrária ao sistema legal belga, e MICHELINE JAMOULLE[636] partilha a mesma opinião, apesar de reconhecer a irredutibilidade de alguns aspectos da organização da empresa às regras do negócio jurídico; na mesma linha, RIVA SANSEVERINO[637] justifica nas soluções do *Codice civile* italiano para diversas questões laborais a origem necessariamente negocial da relação laboral, enquanto LYON-CAEN[638] procura demonstrar a vitalidade da figura do contrato de trabalho nas soluções encontradas para os contratos nulos, para as situações assimiladas ao contrato de trabalho (como o trabalho no domicílio ou o trabalho dos agentes comerciais), ou para as relações de trabalho de origem estatutária, acabando por concluir que a existência de um contrato de trabalho se mantém como critério natural e como condição necessária e suficiente para a aplicação das normas laborais. Já no que se refere ao sistema germânico, persistindo a falta de uma delimitação clara do contrato de trabalho na lei, os autores limitam-se a invocar o carácter mais consentâneo da justificação contratualista da relação de trabalho com os princípios gerais do direito privado e com o papel fundamental que aí continua a ser desempenhado pela figura do contrato[639] [640].

---

[635] *À propos de la cession d'entreprise...cit.*, 99. Era já a posição sustentada por PAUL HORION, *Le contrat de travail en droit belge cit.*, 220 ss., que afirmava o carácter absolutamente excepcional das relações laborais sem um título contratual e insistia sobre a base negocial de todo o regime jurídico do vínculo laboral no sistema belga.

[636] Micheline JAMOULLE, *Seize leçons sur le droit du travail*, Liège, 1994, 80 ss. e 90 ss.

[637] *Diritto del lavoro cit.*, 116 ss. A inadequação da explicação institucionalista ao sistema juspositivo italiano tinha já sido apontada anteriormente por GIOVANNI ROBERTI, *Il rapporto di lavoro...cit.*, 36, e é reafirmada por Matteo DELL'OLIO, *La prestazione di fatto del lavoro subordinato*, Padova, 1970, 179 e *passim*, que realça a estranheza dos conceitos de ocupação e de inserção na empresa ao ordenamento jurídico italiano, em apreciação do problema das relações laborais de facto.

[638] *Défense et illustration...cit.*, 63 s. Na mesma linha, CAMERLYNCK, *Le contrat de travail en droit français cit.*, 410 ss.

[639] Neste sentido, por exemplo, HUECK, *Vertragstheorie...cit.*, 325 s.

[640] O menor peso desta crítica no caso germânico decorre ainda, no nosso entender, do maior desenvolvimento do institucionalismo laboral neste mesmo sis-

Apesar da escassez de referências a esta matéria entre nós, esta crítica parece-nos particularmente adequada ao sistema português, que constrói todo o regime jurídico da relação de trabalho a partir da figura do contrato de trabalho e delimita claramente este contrato na lei. Parece-nos, contudo, importante observar que a justeza da crítica depende de um pressuposto que não é referido pelos seus subscritores: é o pressuposto da incompatibilidade genética entre as categorias do contrato e da instituição. Se, pelo contrário, as duas categorias forem consideradas compatíveis (como propugna, aliás, a maioria dos institucionalistas), nada obsta, no nosso entender, à relevância do elemento institucional ou estatutário da relação de trabalho num sistema jurídico baseado no contrato[641].

Em segundo lugar, os defensores da visão contratualista da relação de trabalho procuram refutar as reservas dos institucionalistas à função legitimadora do contrato na relação de trabalho, que assentam tradicionalmente na falta de liberdade negocial e na sua incapacidade para explicar as mais relevantes especificidades da relação laboral[642]. Para este efeito, os autores estabelecem paralelos entre a situação laboral e outras situações jurídicas, ou equacionam as questões colocadas pelos institucionalistas em sede de teoria geral do negócio jurídico; e, ao mes-

---

tema. Se, como tivemos ocasião de referir, *supra*, § 13°, 26.2.IV., as teorias institucionalistas se desenvolveram, entre outros motivos, pela necessidade de encontrar soluções alternativas para problemas práticos colocados pela relação de trabalho e aos quais a teoria geral dos contratos não conseguira dar resposta, é o facto de esta situação se ter mostrado particularmente candente no sistema jurídico germânico (pela ausência de regulamentação legal em matéria de limitação dos efeitos da nulidade nos contratos obrigacionais duradouros e também, na nossa opinião, pela não delimitação da figura do contrato de trabalho na lei), que explica que essas teorias tenham sido levadas tão longe, nomeadamente no que se refere à secundarização do papel do contrato; e é a persistência de algumas lacunas legais que impede, no caso germânico, a formulação de objecções globais ao institucionalismo a partir do próprio sistema normativo e que explica que a doutrina desenvolva aqui um maior esforço de reconstrução dogmática do contrato de trabalho, a fim de ultrapassar os problemas regimentais que continuam a ser suscitados pela relação laboral e que, noutros sistemas, foram resolvidos pela lei.

[641] Como, aliás, sucede, noutros domínios jurídicos, como o direito societário ou o direito da família.

[642] Cfr. *supra*, § 13°, 26.2.IV.

mo tempo, chamam a atenção para alguns novos problemas suscitados pelas teorias institucionalistas.

Assim, em relação às limitações da liberdade negocial no contrato de trabalho, os autores estabelecem um paralelo com outros contratos de direito privado, em que a liberdade de estipulação é também fortemente limitada por normas imperativas ou em que uma das partes se limita a aderir às condições negociais unilateralmente predispostas pela outra, considerando que, tanto nesses casos como no caso laboral, o contrato desempenha ainda a sua função de garante da livre composição de interesses entre sujeitos privados, porque subsiste o reduto essencial de liberdade que é a liberdade de celebração[643].

Quanto ao problema das relações laborais de facto e da não retroactividade dos efeitos da nulidade do contrato de trabalho, embora as construções doutrinais voltem a reflectir a diversidade dos sistemas normativos nesta matéria, os autores concordam quanto ao enquadramento do problema em termos contratuais. Assim, na doutrina italiana, por exemplo, RIVA SANSEVERINO invoca a resolução legal directa da questão, através da consagração da não retroactividade dos efeitos do contrato de trabalho nulo no art. 2126° do *Codice civile*, como um argumento contra as teorias institucionalistas, uma vez que se trata de uma solu-

---

[643] Neste sentido, por exemplo, RIVA SANSEVERINO, *Diritto del lavoro cit.*, 116 s. A autora refere ainda em apoio desta posição o facto de, no caso do contrato de trabalho, serem exactamente as limitações legais à liberdade de estipulação que facilitam o equilíbrio das partes, ao diminuirem a supremacia natural do empregador sobre o trabalhador — são pois estas limitações que contribuem para que o contrato prossiga o valor da igualdade e a sua função social de pacificação e de composição de conflitos (*idem,* 117); e no mesmo sentido, *vd,* ainda desta autora, *Contratto individuale di lavoro cit.*, 87. Na mesma linha, LYON-CAEN, *Défense et illustration...cit.,* 69, considera que o contrato mantém o seu papel como fonte da relação de trabalho, porque manifesta o consentimento das partes relativamente ao respectivo conteúdo, referindo que este consentimento não é fictício mesmo quando seja tácito, enquanto JEAMMAUD, *Les polyvalences...cit.,* 304, argumenta no mesmo sentido com o carácter excepcional das imposições à celebração de contratos de trabalho. Também SANTORO-PASSARELLI, *Lineamenti attuali...cit.,* 6, considera perigosa a descentralização da relação de trabalho da figura do contrato, por ser o elemento de contratualidade que assegura a liberdade do trabalhador na aceitação da actividade laboral, e MENGONI, *Le contrat de travail en droit italien cit.,* 521, chama a atenção para o facto de as limitações à liberdade negocial não serem um problema específico do direito do trabalho, mas uma circunstância comum a outros contratos.

ção pela via do contrato e não da prestação efectiva do trabalho[644]. E, na dogmática germânica, onde o problema se continua a colocar de forma candente, a doutrina ultrapassa-o com um argumento de generalização, considerando que se trata de uma questão comum a todos os contratos obrigacionais duradouros[645], e resolve-o, nessa sede, através da aplicação das regras gerais dos negócios jurídicos, por uma de duas vias: ou advogando o carácter parcial da nulidade do contrato e, em consequência, a subsistência da parte não afectada pelo vício (é a solução preconizada, por exemplo, por BEUTHIEN[646]); ou justificando a não retroactividade a partir da qualificação dos deveres de protecção do trabalhador (sempre indicados como razão de ser do regime especial da nulidade), não como deveres contratuais mas como deveres legais — o que explicaria a sua imunidade em relação ao vício do negócio e, consequentemente, o não surgimento da obrigação de indemnizar com base na nulidade e ainda a irrepetibilidade das prestações efectuadas na relação laboral de facto (é a solução de CANARIS, que não deixa também de chamar a atenção para o carácter geral do problema[647]).

---

[644] RIVA SANSEVERINO, *Diritto del lavoro cit.*, 117 s. No mesmo sentido se pronuncia CORRADO, *Trattato...cit.*, II, 32 e 40, e, ainda a propósito desta matéria, MENGONI, *Le contrat de travail en droit italien cit.*, 519, considera o art. 2126º como uma excepção apenas aparente à regra da origem contratual da relação de trabalho. Em geral sobre este problema na doutrina italiana, *vd* ainda DELL'OLIO, *La prestazione di fatto...cit., passim.*

[645] Neste sentido, por exemplo, HUECK, *Vertragstheorie...cit.*, 327, ou BYDLINSKI, *Arbeitsrechtskodifikation...cit.*, 79 e 103 s. Invocando este argumento de generalização para refutar as objecções ao contratualismo no caso belga, MICHELINE JAMOULLE, *Seize leçons...cit.*, 86 s.

[646] Volker BEUTHIEN, *Das fehlerhafte Arbeitsverhältnis als bürgerlich-rechtliches Abwicklungsproblem*, RdA, 1969, 6, 161-174 (162 e 173). Para o autor, a nulidade é parcial porque apenas afecta o binómio de troca trabalho-salário, deixando intocados os deveres acessórios, e desta forma se justifica a não retroactividade em relação a estes deveres.

[647] Claus Wilhelm CANARIS, *Atypische faktische Arbeitsverhältnisse*, BB, 1967, 4, 165-171. Para este autor, o problema em causa não é um problema de limitação dos efeitos da nulidade, mas de equilíbrio das pretensões das partes: uma vez que a relação laboral de facto não se pode configurar como uma relação jurídica plena, por ausência dos deveres principais (os deveres de trabalho e de remuneração), não há fundamento para a restituição do que tiver sido prestado, mas o problema é de índole geral e não especificamente laboral. Por outro lado, sendo os deveres de lealdade e de assistência deveres legais de protecção, eles subsis-

Como argumentos adicionais contra as concepções institucionalistas, os autores recordam que estas teorias se desenvolveram por causa dos problemas suscitados pelos vícios do contrato de trabalho e apontam a incorrecção metodológica que consiste em qualificar uma situação jurídica pela sua patologia, quando é certo que, na esmagadora maioria dos casos, a relação laboral surge e se desenvolve ao abrigo de um contrato válido — é um argumento apresentado por BYDLINSKI[648]. Ao mesmo tempo, chamam a atenção para as deficiências das concepções institucionalistas no enquadramento de algumas situações laborais — é o caso, referido, por exemplo em HUECK, BYDLINSKI e CORRADO[649], da dificuldade de justificar os deveres surgidos entre a celebração do negócio e a integração na empresa, quando o trabalhador que celebrou um contrato válido não é logo ocupado efectivamente, por qualquer motivo; como salientam os autores, num caso como este apenas a consideração do contrato como fonte da relação comunitário-pessoal de trabalho pode justificar a subsunção da situação ao direito laboral, evitando as consequências socialmente inadequadas que decorreriam da teoria da incorporação.

VI. Às críticas enunciadas deve juntar-se uma outra que, do nosso ponto de vista, determinaria, só por si, a improcedência da justificação institucionalista da relação de trabalho: é o problema da ineficácia explicativa global destas teorias, pela inadaptação do conceito de instituição às relações laborais de escopo não empresarial.

Como vimos, a doutrina institucionalista não limita a aplicação laboral do conceito de instituição à empresa, referindo, de uma forma recorrente, a sua extensão a outras *comunidades de trabalho*. Contudo, a verdade é que, se este conceito encontra na empresa um terreno fértil para o seu desenvolvimento (pela facilidade de recondução do grupo empresarial à ideia de organismo autónomo, dotado de uma estrutura hierárquica e prosseguindo um objectivo unitário), ele é, pelo contrário,

---

tem apesar da nulidade, impedindo a formação de pretensões indemnizatórias na própria declaração de nulidade. Ainda sobre esta matéria, *vd* o desenvolvimento de Günther KÜCHENHOFF, *Faktische Vertragsverhältnisse und faktische Arbeitsverhältnisse?*, RdA, 1958, 4, 121-130 (*maxime* 130).

[648] *Arbeitsrechtskodifikation...cit.*, 80 s.

[649] HUECK, *Vertragstheorie...cit.*, 326; BYDLINSKI, *Arbeitsrechtskodifikation... cit.*, 81; CORRADO, *Trattato...cit.*, II, 34 s.

de aplicação difícil nas relações de trabalho não empresariais e mesmo naquelas que, podendo integrar um conceito amplo de empresa, apenas exigem uma organização rudimentar[650], já que, nestes contextos, as ideias de hierarquia, disciplina, divisão e estratificação de funções e organicidade, em que se corporiza a instituição, não têm qualquer significado autónomo. É certo que também nestes casos o prestador do trabalho se sujeita às determinações do empregador, a quem cabe a organização do trabalho, e se sujeita igualmente ao poder de controlo e de disciplina do empregador. Simplesmente, parece-nos que o conceito de instituição, com a configuração hierárquica em que foi desenvolvido no domínio laboral, só com artificialismo se pode transpor para o plano de um relacionamento negocial directo entre as partes, não envolvido por uma organização estratificada relevante — como já referimos noutra sede, a ideia de organização hierárquica não pode confundir-se com a ideia de heterodeterminação[651].

A justificação institucionalista da relação de trabalho é pois, do nosso ponto de vista, apenas adequada às relações laborais de escopo empresarial e a sua extensão às relações não empresariais é artificiosa. Ora, não sendo concebível uma justificação diferenciada para um e outro tipo de relações laborais, já que ambas têm o mesmo conteúdo nuclear (em qualquer delas se verifica a subordinação do prestador e a sua necessidade de protecção e, também nas duas, à posição dominial do credor corresponde o seu dever de assistência), o fundamento institucionalista do vínculo de trabalho não consegue ultrapassar os limites do seu próprio conceito operatório e deve ser recusado.

32.2. As contribuições originais do institucionalismo para o desenvolvimento dogmático do direito do trabalho

I. Na apreciação das justificações institucionalistas da relação comunitário-pessoal de trabalho, feita pela doutrina laboral mais recente, encontra-se por vezes a ideia de que estas concepções teriam acabado

---

[650] Pense-se no caso da relação de trabalho entre o pequeno comerciante e o seu ajudante no estabelecimento, entre o profissional liberal e a sua secretária, ou entre a dona de casa e a empregada doméstica.

[651] Em desenvolvimento deste argumento, embora confinado ao problema da justificação do poder disciplinar laboral, vd. o nosso *Do Fundamento...cit.*, 401 s.

por não dar um contributo relevante para a evolução dogmática do direito do trabalho, porque corresponderiam a uma visão de pendor mais sociológico do que jurídico sobre o vínculo laboral e, nesse sentido, constituiriam apenas um complemento da apreciação técnico-jurídica desse vínculo, a fazer a partir do contrato de trabalho[652].

No nosso entender, apesar de não se suscitarem dúvidas sobre a improcedência da justificação institucionalista da relação de trabalho, decorrem do institucionalismo laboral algumas contribuições originais, que não costumam ser valorizadas pela doutrina, mas que, por tocarem em pontos-chave do sistema laboral, exerceram, muito tempo depois do seu próprio declínio e, na verdade, até hoje, uma influência decisiva na evolução dogmática do direito do trabalho. Destas contribuições originais destacamos, como mais significativas, o impulso definitivo que estas teorias deram para o reconhecimento da importância da empresa no domínio laboral e para o reconhecimento da eficácia geral das convenções colectivas e das normas empresariais, e ainda o seu contributo para a reconstrução estrutural do contrato de trabalho feita pelas próprias concepções contratualistas, quando voltaram a ser dominantes.

II. No que se refere ao primeiro contributo apontado, cremos que é a concepção institucional da empresa que, definitivamente, a coloca no centro do sistema laboral. Apesar de as teorias contratualistas reconhecerem a importância da empresa como local normal do desenvolvimento da relação emergente do contrato de trabalho (até em termos de considerar que o principal ou mesmo o único objectivo do contrato é possibilitar a inserção do trabalhador na organização empresarial do credor — ou, o mesmo é dizer que o escopo do contrato é o trabalho na empresa[653]), são as teorias institucionalistas que, ao conceberem a em-

---

[652] Especificamente em relação à contraposição das teorias institucionalista e contratualista na fundamentação dogmática do poder disciplinar laboral, afirma, por exemplo, MENEZES CORDEIRO, *Manual...cit.*, 760 s., que não se trata de apreciações comparáveis, pelo diferente plano de análise que adoptam — a perspectiva contratualista tendendo para uma apreciação jurídico-positiva do problema, e a perspectiva institucionalista para a sua compreensão político-social; também considerando que se trata apenas de duas perspectivas diferentes e complementares de apreciação deste problema, ainda ROMANO MARTINEZ, *Direito do Trabalho* II, tomo 1 (*Contrato de Trabalho*) *cit.*, 419.

[653] *Supra,* § 13º, 25.II.

presa como organismo juridicamente autónomo e ao emanciparem o vínculo laboral empresarial da sua fonte negocial, deslocam em definitivo o centro do direito do trabalho para fora do contrato.

Esta autonomização da empresa tem as maiores implicações em qualquer dos níveis da produção e da reflexão jurídicas em matéria laboral. Ao nível doutrinal, é o reconhecimento da autonomia da empresa, em termos institucionais, que permitirá «integrar» as lacunas do direito contratual, explicando a situação jurídica do trabalhador subordinado a partir da conjugação entre factores negociais e empresariais — posição dualista sustentada por muitos autores até hoje; e é a importância laboral da empresa que faz com que ela continue ainda agora a ser chamada a justificar diversos fenómenos laborais pelos contratualistas, apesar da negação do seu carácter institucional — é o caso da justificação dos poderes laborais hoje maioritária na doutrina, que combina o elemento contratual com as necessidades de organização da empresa[654], ou da referência, comum na doutrina germânica até hoje, ao poder disciplinar

---

[654] A importância laboral da empresa é ilustrada com a justificação contratualista hoje dominante dos poderes laborais — a justificação organizacional. Entendendo estes poderes como poderes negociais, pela imprescindibilidade do acordo do trabalhador para o surgimento da situação de subordinação em que se projectam, a maioria dos autores conjuga esta origem contratual com uma justificação nas necessidades da empresa e aponta o interesse da empresa como critério de delimitação do conteúdo e do exercício dos poderes laborais. Esta posição é maioritária na doutrina italiana, onde é sustentada por autores como BARASSI, *Elementi...cit.*, 136, SANTORO-PASSARELLI, *Nozioni...cit.*, 200 ss., SANSEVERINO, *Diritto del lavoro cit.*, 42 e 253 ss., MAZZONI, *Contenuto e limiti...cit.*, 153, PAPALEONI, *Il rapporto di lavoro cit.*, I, 602 s., MENGONI, *Recenti mutamenti...cit.*, 689 ss., e *Contratto e rapporto di lavoro...cit.*, 674 ss., TOMAJOLI, *Istituzioni...cit.*, 225 s., SPAGNUOLO VIGORITA, *Impresa, rapporto di lavoro...cit.*, 548 ss., 557 ss. e 567 ss.; tem também adeptos na doutrina francesa, entre os quais se encontram autores como OLLIER, *Le droit du travail cit.*, 97 e 126 s., e *Réflexions sur le droit...cit.*, 497, e na doutrina espanhola, por exemplo, por ALONSO OLEA / CASAS BAAMONDE, *Derecho del Trabajo cit.*, 371; e é sustentada pela maioria da doutrina nacional — neste sentido, por exemplo, ALBERTO XAVIER, *O Poder Disciplinar...cit.*, 22 ss., COUTINHO DE ABREU, *A Empresa e o Empregador...cit.*, 51 s., ALMEIDA POLICARPO / MONTEIRO FERNANDES, *Fundamento...cit.*, 22 ss. e 36, ou BERNARDO XAVIER, *Regime Jurídico...cit.*, 84, nota [II], SOUSA MACEDO, *Poder Disciplinar...*cit., 8 ss. Sobre esta matéria, vd o nosso *Do Fundamento...cit.*, 330 ss.

laboral como a «justiça da empresa» (*Betriebsjustiz*)[655]. Como reconhecem os autores, a importância laboral da empresa, na perspectiva organicista, é enorme e manifesta-se nos mais diversos aspectos da disciplina jurídica dos fenómenos laborais[656].

Nos domínios jurisprudencial e legal, foi também esta «emancipação» da empresa em relação à figura do empregador que possibilitou o desenvolvimento da ideia de *interesse da empresa*, amplamente tratada, por exemplo, na jurisprudência francesa, como critério de objectivização e de limitação das prerrogativas patronais — é o denominado *interêt de l'entreprise*[657] —, e objecto de referências legais directas em diversos sistemas[658], apesar das reconhecidas dificuldades de fixação do pró-

---

[655] Neste sentido, por exemplo, BAUR, *Betriebsjustiz cit.*, ZÖLLNER, *Betriebsjustiz cit.*, ou Goetz-Joachim KUHLMANN, *Betriebsjustiz*, JZ, 1976, 18, 537-546.

[656] Neste sentido, por todos, BERNARDO XAVIER, *Curso...cit.*, 200.

[657] A ideia de *interesse da empresa* permite proceder à limitação funcional e objectiva dos poderes laborais, ao mesmo tempo que ultrapassa as dificuldades de justificação destes poderes e da correspondente subordinação do trabalhador num vínculo de direito privado. No que se refere ao poder directivo, a sua delimitação em termos objectivos, e a consequente diminuição do grau de arbítrio no seu exercício, são facilitadas pela referência às necessidades empresariais de gestão. No que respeita ao poder disciplinar, cuja essência punitiva é ainda mais difícil de compatibilizar com a inserção jusprivada do vínculo laboral, a deslocação da sua titularidade da pessoa do empregador para a entidade *empresa*, a que inere a sua concepção como a parcela do respectivo ordenamento jurídico que assegura a eficácia da actuação do empresário na prossecução dos fins sociais, retira-lhe o cunho de domínio pessoal que sempre lhe fora associado, sem necessidade de diminuir a sua intensidade. Neste sentido, por exemplo, LÉGAL / BRÈTHE DE LA GRESSAYE, *Le pouvoir disciplinaire...cit.*, 18, 69, 94 e 414 s., e ainda de Jean Brèthe de la GRESSAYE, *La discipline dans les entreprises, les syndicats et les professions organisées*, Arch.Ph.Dr., 1953/54, 75-108 (76 e 78 s.), e *Les transformations juridiques...cit.*, 3 s.; DURAND, *Le particularisme du droit du travail cit.*, 299; BRUN, *Le lien d'entreprise cit.*, *passim*; HEBREAU, *Le régime des institutions disciplinaires...cit.*, 189. Também referindo a importância do conceito de interesse da empresa no sistema laboral italiano, por exemplo, BARASSI, *Il dovere...cit.*, 9.

[658] Neste sentido, por exemplo, o art. 2104º do *Codice civile* italiano e, entre nós, inúmeras disposições laborais. Assim, uma das condições de licitude do *jus variandi* é o interesse da empresa, nos termos do art. 22º nº 7 da LCT, na redacção dada pela L. nº 21/96, de 23 de Julho; uma das infracções disciplinares justificativas de despedimento com justa causa é a lesão de interesses patrimoniais sérios da empresa, nos termos do art. 9º nº 2 e) da LCCT; e outros preceitos legais referem-se às necessidades de viabilidade da empresa para certos

§ 16º - A evolução da justificação dogmática da relação de trabalho   391

prio conceito jurídico de empresa e das dúvidas genéricas sobre a sua viabilidade dogmática[659]. Ainda no domínio legal, alguns diplomas mais recentes parecem continuar a considerar a empresa na acepção institucional (é a opinião defendida, por exemplo, por GHEZZI e ROMAGNOLI[660],

---

efeitos — neste sentido, por exemplo, o art. 5º nº 1 da LSCT estabelece como condição para a aplicação de medidas de redução ou de suspensão dos contratos de trabalho, em situações de crise da empresa, a indispensabilidade de tais medidas para assegurar a viabilidade da empresa, e o art. 4º nº 2 da LTS permite o recurso ao trabalho suplementar quando indispensável «para prevenir ou reparar prejuízos graves para a empresa ou para assegurar a sua viabilidade». Ao nível jurisprudencial, encontram-se também referências a estas diversas concretizações da ideia de interesse da empresa — assim, limitando-nos à jurisprudência mais recente, vd, a título meramente exemplificativo, o Ac. STJ de 18/11/1998, CJ, 1998, III, 273, sobre o requisito do interesse da empresa no *jus variandi* (designadamente, estabelecendo a distinção entre o interesse da empresa e as conveniências pessoais do empregador e realçando a necessidade de apreciação do interesse da empresa em termos objectivos), o Ac. RC de 17/09/1998, CJ, 1998, IV, 66, sobre o despedimento com justa causa por lesão de interesses patrimoniais sérios da empresa, e o Ac. RLx. de 1/07/1998, CJ, 1998, III, 159 ss., tocando o problema da justificação do trabalho suplementar na necessidade de prevenir ou reparar prejuízos graves para a empresa ou em acréscimos eventuais de trabalho.

[659] Cfr., *supra*, § 13º, 26.3.III. Para autores como MENEZES CORDEIRO, *Da Responsabilidade Civil...cit.*, 517, o conceito autónomo de interesse de empresa é um conceito dogmaticamente inviável, até por força da inviabilidade dogmática da própria noção de interesse. Não cabendo, nesta fase do nosso estudo, pronunciarmo-nos sobre esta matéria, anotamos apenas o facto de as referências recorrentes à ideia de interesse da empresa no domínio laboral, que encontramos tanto na lei como na jurisprudência, se ficarem a dever historicamente à difusão das teorias institucionalistas.

[660] *Il rapporto di lavoro cit.*, 26 s. Apreciando a empresa à luz do *Statuto dei lavoratori* — portanto num momento histórico em que já predominam as teses contratualistas, uma vez que o diploma data de 1970 — estes autores sustentam a manutenção da sua natureza institucional no sistema jurídico italiano, por concluirem que o *Statuto* encara o empregador na qualidade de *capo dell'impresa* (nomeadamente para lhe negar algumas das suas prerrogativas contratuais) e o trabalhador como membro da empresa-instituição, e não tanto, um e outro, como partes de um contrato — as limitações legais à posição dominial do empregador, relativamente ao tempo e à vida do trabalhador, são, na opinião destes autores, limitações à sua actuação como chefe da empresa; e os direitos reconhecidos aos trabalhadores têm subjacente a sua qualidade de membros da organização empresarial e não a sua posição jurídica negocial. Noutra sede (*Lavoratori e sindacati tra vecchio e nuovo diritto*, Bologna, 1974, 118), ROMAGNOLI reafirma esta

em relação ao *Statuto dei lavoratori*); e é, finalmente, a influência da empresa que se detecta, desde esta época e até hoje, na maioria dos sistemas juslaborais europeus, ao ponto de muitas das suas regras pressuporem uma realidade empresarial, não sendo aplicáveis fora do contexto empresarial, ou podendo sê-lo apenas com adaptações[661].

---

concepção institucional da empresa do *Statuto*, que, por ver nela um ordenamento jurídico *a se*, se limita a disciplinar os inerentes elementos de autoridade, assegurando, por diversas vias, o respeito pela dignidade dos trabalhadores nela integrados.

[661] Neste sentido, o sistema laboral italiano assenta, desde o *Codice civile* de 1942, no trabalho empresarial, como facilmente se infere da sistematização legal e da própria epígrafe do *Titolo II* do *Libro V* (*Del lavoro nell'impresa*), bem como da evidente vocação empresarial de muitas das normas do código (como o dever de obediência em relação aos superiores hierárquicos ou o regime da transmissão do estabelecimento, por exemplo — arts. 2104º § 2º, e 2112º, respectivamente) e das normas do *Statuto dei Lavoratori* (L. 20 maggio 1970, n. 300), que conduzem a doutrina a reconhecer a inaplicabilidade ou a necessidade de adaptação dessas normas às situações laborais não empresariais — neste sentido, por todos, BARASSI, *Elementi...cit.*, 30 s. Também o sistema laboral francês acusa a enorme importância da empresa em diversas normas do *Code du travail*, que têm incidência apenas no trabalho empresarial — para apontar apenas um exemplo paradigmático lembramos a substituição integral da Secção IV do Capítulo II do Título do Livro I do Código pela *Loi nº 82.689 du 4 août 1982, relative aux libertés des travailleurs dans l'entreprise,* que estabelece a obrigação de elaboração de regulamentos internos nas empresas com 20 ou mais trabalhadores, regula o poder disciplinar e o direito de expressão dos trabalhadores na empresa. Da mesma forma, no direito espanhol, pressupõem a inserção empresarial do trabalhador as normas do *Estatuto de los Trabajadores (Real Decreto Legislativo 1/1995, de de 24 de Marzo)* sobre categoria profissional e promoções, por exemplo (Título I, Capítulo II, Secção 3ª). E, no sistema jurídico germânico, toda a regulamentação da matéria da constituição da empresa (*Betriebsverfassung*), em que sobressaem a *BetrVG vom 23. Dezember 1988*, e a *MitbestG vom 4. Mai 1976 (geändert durch Gesetz vom 28. Oktober 1994)*, que integra a problemática relativa à cogestão, às comissões de trabalhadores e aos sindicatos, pressupõe igualmente um ambiente empresarial subjacente ao desenvolvimento da relação de trabalho; e o conceito de *Betrieb* é reconhecido como um dos conceitos fundamentais do direito do trabalho, sendo apontado como justificação directa de inúmeras normas laborais, mesmo em autores que criticam as teorias institucionalistas e a própria concepção comunitário-pessoal do vínculo de trabalho — neste sentido, entre muitos outros, MÜLLER-GLÖGE, *Münchener Kommentar..cit.*, 196, ou RICHARDI, *Staudingers Kommentar...cit.*, 122 e 126.

§ 16º – A evolução da justificação dogmática da relação de trabalho   393

O sistema laboral português é, aliás, um exemplo paradigmático desta relevância, que se nota tanto na área regulativa individual como na área regulativa colectiva. Assim, no domínio do *direito individual de trabalho*, as normas relativas à mudança de categoria (art. 21º nº 1 d) e art. 23º da LCT), à mudança do estabelecimento (art. 21º nº 1 e) e art. 24º da LCT), à transmissão da posição contratual do empregador (art. 37º da LCT), bem como os regimes de conjugação da duração do trabalho com os períodos de funcionamento dos estabelecimentos (arts. 23º ss. da LDT e DL nº 48/96, de 15 de Maio), e do direito a férias com o encerramento da empresa (art. 4º da LFFF) não fazem sentido para contratos de trabalho não empresariais, assim como supõem um contexto empresarial as diversas referências legais aos superiores hierárquicos do trabalhador, em sede dos deveres do trabalhador ou do exercício dos poderes laborais (art. 20º nº 1 a) e nº 2, e art. 26º nº 2 da LCT); a própria configuração do processo disciplinar e, designadamente, o direito de reclamação do trabalhador da sanção aplicada para o escalão hierárquico superior (art. 31 nº 4 da LCT), pressupõem também o desenvolvimento da relação de trabalho na empresa; e é este ambiente empresarial que se encontra subjacente ao regime jurídico do *lay-off* (LSCT, arts. 5º ss.), aos regimes jurídicos da comissão de serviço (DL nº 404/91, de 16 de Outubro) e do contrato de trabalho temporário (DL nº 358/89, de 17 de Outubro), bem como a diversas hipóteses de recurso ao trabalho a termo (art. 41º nº 1 da LCCT); finalmente, em matéria de cessação do contrato, não só o processo disciplinar para despedimento está organizado no pressuposto do desenvolvimento empresarial da relação jurídica (o que permite compreender, por exemplo, a intervenção da comissão de trabalhadores no processo e a simplificação dos trâmites processuais nas empresas com menos de dez trabalhadores — art. 10º nºˢ 2 e 8 e art. 15º da LCCT), como a matéria da cessação dos contratos de trabalho por causas objectivas relativas à empresa (tanto no caso do despedimento colectivo como no caso da extinção do posto de trabalho — arts. 16º e 26º da LCCT) não fazem sentido fora do contexto empresarial. Mas também no domínio do *direito colectivo do trabalho*, a empresa é a realidade subjacente a todo o regime jurídico das comissões de trabalhadores (LComT), à parte do regime jurídico dos sindicatos que se refere à sua actuação na empresa (arts. 25º ss. da LS), ao regime das associações patronais (veja-se, por exemplo, a exigência do art. 2º nº 2 a) da LAP de que as entidades patronais que integram a associação sejam titulares de uma empresa com trabalhadores ao seu serviço), bem como a boa parte das normas da LRCT, que têm como condição de aplicação um contexto empresarial (por exemplo, a previsão legal das várias modalidades de convenção colectiva, algumas das regras de concorrência de convenções ou os efeitos da convenção em caso de transmissão da empresa ou do estabelecimento — arts. 2º nº 3, 14º e 9º, respectivamente), e ao regime legal de suspensão dos instrumentos de regulamentação colectiva nas empresas em situação económica difícil (DL nº 353-H/77, de 29 de Agosto); finalmente, toda a matéria do direito à greve está regulada na LG no pressuposto da actuação desse direito num contexto empresarial, fora do qual, ainda que possível e legítimo, este meio de auto-tutela terá pouca eficácia[662].

Em face do exposto, consideramos, em conclusão, como um dos contributos originais do institucionalismo o impulso decisivo que deu para o reconhecimento da importância da empresa no domínio laboral, na acepção organicista do conceito de empresa, e que é hoje independente da aceitação ou da recusa do seu carácter institucional.

III. O segundo contributo do institucionalismo que, na nossa opinião, teve uma influência relevante na evolução dogmática subsequente do direito laboral, relaciona-se com a natureza das convenções colectivas de trabalho e dos regulamentos empresariais.

No que se refere às convenções colectivas, a verdade é que, ainda que o seu efeito normativo e a sua eficácia geral viessem sendo admitidas na prática desde há décadas, era reconhecida a dificuldade de equacionar esta eficácia genérica com as regras gerais do negócio jurídico[663]

---

[662] Como se sabe, esta importância da empresa no sistema juslaboral português era até explicitamente assumida no Projecto de GALVÃO TELLES para a LCT de 1969 — Inocêncio Galvão TELLES, *Parecer nº 45/VII à Câmara Corporativa — Regime do Contrato de Trabalho (Projecto de Proposta de L. nº 517)*, in *Pareceres da Câmara Corporativa (VII legislatura)*, 1961, II, Lisboa, 1962, 515-560 —, que, na esteira do sistema do *Codice civile* italiano, distinguia e regulava separadamente o trabalho subordinado prestado dentro e fora do âmbito empresarial (respectivamente Secções II e III). Apesar de esta orientação não ter logrado vencimento no texto final da LCT (que optou antes por uma regulação genérica do fenómeno do trabalho subordinado), a verdade é que a importância do elemento empresarial perpassa desde a origem em muitas normas da LCT e se manteve nos diplomas laborais que se lhe seguiram.

[663] Como é reconhecido, logo nos primórdios do desenvolvimento do direito do trabalho, por autores como LOTMAR, *Die Tarifverträge zwischen...cit.*, 436 s.

§ 16º – A evolução da justificação dogmática da relação de trabalho 395

e é esta equação que vai ser facilitada pelo institucionalismo. Encaradas não já — ou não somente — como o produto de um acordo entre os sindicatos (manifestando a vontade dos trabalhadores seus representados) e os empregadores ou as associações de empregadores, mas como uma parcela do ordenamento objectivo da própria empresa (ou grupo de empresas), inerente à sua qualificação institucional, as convenções colectivas veem o seu efeito normativo ser reconhecido naturalmente e explicados com facilidade os aspectos do seu regime que, numa óptica exclusivamente negocial, faziam parte do elenco dos «desvios» do regime da situação laboral às regras gerais dos negócios obrigacionais — a extensão a todos os trabalhadores da empresa, mesmo que não representados pelo sindicato outorgante, a sobrevivência da convenção à alteração do empregador, a preferência negocial pelo sindicato mais representativo, a limitação do conteúdo da convenção pelo requisito da maior favorabilidade em relação à regulamentação legal e outros[664].

É certo que para esta evolução muito contribuiu a dimensão publicista reconhecida às convenções colectivas na época histórica correspondente à maior difusão do institucionalismo laboral, em razão do ambiente ideológico subjacente[665] — não é evidentemente por acaso que os traços regimentais em que se baseou o reconhecimento da índole normativa pública das convenções colectivas obtiveram consagração legal nesta época histórica. Vendo-se a empresa como a célula sócio-produtiva por excelência, cujo interesse unitário, subordinado aos interesses sócio-produtivos gerais, tem também uma índole pública, o conteúdo normativo e a eficácia geral das convenções colectivas são o corolário da justificação dos poderes do empresário para outorgar as convenções com base na ideia de uma delegação de poderes do Estado na prossecução dos interesses sociais — deixando de ser vistas como uma forma de composição de interesses negocialmente contrapostos, as convenções colectivas são antes perspectivadas como um instrumento de organização da cooperação dos sujeitos privados na prossecução do interesse unitário da instituição-empresa, ao serviço do interesse social comum. A equiparação das convenções a uma fonte legal, que decorre do reconheci-

---

[664] Sobre estes traços regimentais, vd as referências que fizemos supra, 22.II.
[665] Tendo tido uma influência genérica nas concepções comunitário-pessoais do vínculo laboral, este ambiente ideológico reflectiu-se de uma forma particularmente intensa no direito colectivo e, portanto, influenciou também a construção dogmática da figura da convenção colectiva.

mento da sua natureza normativa, encontra pois uma justificação directa nesta ideia de delegação de poderes públicos; e a sua eficácia geral é justificada directamente por essa natureza normativa.

Como já vimos[666], esta evolução das convenções colectivas conduziu, *in extremis*, à total adulteração do papel destes instrumentos, que perderam a característica da autonomia — aspecto, aliás, parcelar do processo de adulteração global do direito laboral colectivo durante o período histórico de predomínio das ideologias nacional-socialista e corporativista na Europa. Contudo, a verdade é que, quando se deu o relançamento do direito colectivo na sequência do declínio destas ideologias, o efeito normativo das convenções era já um *acquis* jurídico, que não mais deixou de ser ponderado na apreciação da sua natureza jurídica, ainda que em moldes não publicistas mas de verdadeira autonomia colectiva[667].

Também no que se refere aos regulamentos empresariais, cremos que foi a visão institucionalista da relação de trabalho que decisivamente contribuiu para a sua actual estruturação bi-unívoca, consagrada em alguns sistemas directamente na lei (é o caso do direito português, como decorre expressamente dos arts. 7º e 39º nºs 2 e 3 da LCT)[668], e aceite pela maioria da doutrina[669]: destinando-se, por um lado, a integrar o conteúdo do contrato de trabalho, o regulamento interno soma a

---

[666] *Supra*, § 14º, 28.II.

[667] Teremos ocasião de aprofundar este problema e de avaliar as suas implicações na questão da autonomia dogmática do direito do trabalho — *infra*, Parte III, § 26º. O que queremos, a este passo, salientar é apenas a importância histórica das teorias institucionalistas para a evolução dogmática subsequente do direito do trabalho, no que toca a esta matéria.

[668] É também o caso do sistema francês — arts. L. 122-33 ss. do *Code du travail*, na redacção introduzida pela *Loi n. 82.689 du 4 août, relative aux libertés des travailleurs dans l'entreprise*.

[669] Entre nós, neste sentido, por exemplo, João de Almeida POLICARPO, *O regulamento de empresa — sua função*, ESC, 1969, 29, 15-32 (*maxime* 30 s.), Bernardo da Gama Lobo XAVIER / Maria Cândida Almeida RIBEIRO, *Regulamento de empresa (subsídios para a elaboração de regulamentos de empresa)*, ESC, 1973, 36, 87-121 (91), COUTINHO DE ALMEIDA, *Os poderes da entidade patronal...cit.*, 312; RIBEIRO LOPES, *Direito do Trabalho cit.*, 203 s., BRITO CORREIA, *Lições...cit.*, 155, MONTEIRO FERNANDES, *Direito do Trabalho cit.*, 286 s., MENEZES CORDEIRO, *Manual...cit.*, 179 s., ou ROMANO MARTINEZ, *Direito do Trabalho cit.*, II, tomo 1 (*Contrato de Trabalho*), 156 ss. e 390.

este conteúdo negocial um conteúdo normativo, através do qual o empregador (ou o chefe da empresa) impõe aos trabalhadores um conjunto de regras que podem estar relacionadas com o objecto dos respectivos contratos de trabalho ou apenas com a empresa — regras de comportamento, de segurança, de higiene, de disciplina, de traje, de deslocação nas instalações e muitas outras[670]. É certo que a emissão de regulamentos de empresa tem uma longa tradição histórica no domínio laboral[671], sendo clássica a visão destes instrumentos como emanações do direito de propriedade do empresário sobre o estabelecimento ou a empresa[672]. É, contudo, a perspectiva institucionalista sobre a relação de trabalho que, em definitivo, funcionaliza os regulamentos internos ao interesse da empresa e os torna compreensíveis como uma parte do ordenamento objectivo desta, acentuando assim a sua valência normativa, apesar da inserção jusprivada do vínculo laboral[673]. Perdurando este entendimento

---

[670] No nosso sistema jurídico, o regulamento empresarial integra as regras de organização e disciplina do trabalho, como refere o art. 39º nº 2 da LCT. No direito francês, o art. L. 122-34 do *Code du travail* prevê a sua integração por regras em matéria de higiene e de segurança na empresa ou no estabelecimento e por regras disciplinares.

[671] Como já referimos, *supra*, § 2º, 1.2.I. e nota [50], a figura dos *réglements d'atelier* foi objecto de regulamentação legal na Bélgica em 1896.

[672] Neste sentido, por exemplo, CORRADO, *La nozione unitaria...cit.*, 232 ss. Sobre esta justificação vd o nosso *Do Fundamento...cit.*, 181 s.

[673] Na doutrina francesa, por exemplo, a relevância atribuída ao conteúdo normativo do regulamento empresarial conduz até alguns autores a qualificar o poder regulamentar como um poder normativo — neste sentido, por exemplo, Bernard SOINNE, *Le contenu du pouvoir normatif de l'employeur*, DS, 1983, 7/8, 509--519, ou LYON-CAEN / PÉLISSIER, *Droit du travail cit.*, 342. É, aliás, esta mesma faceta normativa que conduz à discussão sobre a admissibilidade de um poder deste tipo numa relação de direito privado, dividindo-se as opiniões entre aqueles que consideram o regulamento interno e o poder regulamentar como uma inerência às necessidades de organização da empresa (neste sentido, por exemplo, NICOLE CATALA, *L'entreprise cit.*, 200 s., ou OLLIER, *Le droit du travail cit.*, 114) e aqueles que o consideram uma «anomalia jurídica» (é a opinião de Gérard LYON--CAEN, *Une anomalie juridique: le réglement interieur*, Dalloz (Chr.), 1969, n. 14, 284), ao passo que outros postulam a sua supressão em favor da determinação das regras empresariais, determinadas por acordo entre o empregador e os trabalhadores (neste sentido, por exemplo, Jean PÉLISSIER, *Le réglement intérieur et les notes de service*, DS, 1982, 1, 75-82 (81)). Ainda acentuando a vertente normativa do poder regulamentar, alguns autores chegam a estabelecer um parale-

muito depois do declínio das teorias institucionalistas, pode considerar-se que este foi um dos *apports* originais destas concepções para a dogmática laboral.

IV. A última marca do institucionalismo que, na nossa opinião, deixou raízes profundas na evolução dogmática subsequente do direito laboral, tem a ver com a reconstrução do próprio contrato de trabalho como contrato obrigacional e patrimonial.

Se pensarmos que a justificação institucionalista da relação de trabalho procurou exactamente afastar a relevância do contrato como seu facto jurídico constitutivo, assentando directamente no acto de incorporação os elementos delimitadores da comunidade e da pessoalidade, a afirmação que acabamos de fazer pode parecer paradoxal. Mas a verdade é que esta deslocação do fundamento da natureza comunitário-pessoal da relação de trabalho para um acto exterior ao negócio laboral determina a alteração estrutural do próprio negócio, no sentido da sua re-patrimonialização — porque a componente laboral do vínculo é situada fora do contrato, este volta naturalmente a assumir a sua configuração obrigacional originária, como ficou patente na explanação das versões menos radicais das concepções institucionalistas, que tivemos ocasião de apresentar[674]. Ora, é esta configuração do contrato de trabalho que vai perdurar muito depois do declínio das concepções institucionalistas e que se mantém até hoje, tendo sido aproveitada pelos próprios contratualistas.

O significado cabal deste contributo do institucionalismo laboral apenas pode ser entendido após a descrição do processo de «retorno» das teorias contratualistas de fundamentação da relação de trabalho, de que nos ocuparemos de seguida.

33. O «retorno» ao contratualismo: a reconfiguração contratualista estrutural da relação comunitário-pessoal de trabalho

I. O declínio do institucionalismo laboral teve como consequência natural a recuperação das teorias contratualistas na justificação da rela-

---

lismo entre este poder na empresa e o poder legislativo estadual — neste sentido, por exemplo, SOUSA MACEDO, *Poder Disciplinar...cit.*, 16, ou Alain SUPIOT, *La réglementation patronale de l'entreprise*, DS, 1992, 3, 215-226 (216).

[674] Cfr., *supra*, § 13º, 26.5.

ção comunitário-pessoal de trabalho. No entanto, ao contrário do que possa parecer, mais do que um retorno às teorias contratualistas, verifica-se, no nosso entender, uma verdadeira reconfiguração estrutural do contrato e da relação de trabalho por estas teorias, que podemos qualificar, em termos cuja expressividade compensa o menor rigor linguístico, como uma «re-obrigacionalização parcial» da relação laboral.

A observação que acabamos de fazer pode comprovar-se facilmente cotejando as referências da maioria dos autores ao contrato e à relação de trabalho, desde a década de cinquenta, com as formulações iniciais das teorias contratualistas, nos anos vinte e trinta. Enquanto nestas últimas o objectivo de subtracção global do contrato de trabalho ao enquadramento civilista propiciado pela figura da *locatio conductio* conduzira a doutrina a qualificar o contrato de trabalho como um negócio jurídico de natureza exclusivamente pessoal, informado pela ideia de lealdade, e, consequentemente, a deslocar o cerne do seu conteúdo do binómio de troca patrimonial *dever de trabalho-dever remuneratório* para o binómio pessoal *dever de lealdade-dever de assistência*[675], nas formulações modernas das teorias contratualistas a doutrina posiciona-se de forma diferente, tanto quanto à questão da natureza do contrato e da relação de trabalho, como quanto à importância relativa dos deveres das partes que integram o seu conteúdo.

No que se refere à sua natureza jurídica, o contrato e a relação de trabalho são agora qualificados, pela esmagadora maioria dos autores, como um negócio e uma relação jurídica complexos, com uma componente obrigacional/patrimonial e com uma componente pessoal, traduzidas num duplo nexo debitório das partes — o nexo entre o dever de trabalho e o dever de remuneração, que manifesta o elemento de troca económica do vínculo e ao qual volta a ser dada importância; e o nexo entre o dever de lealdade e o dever de assistência, que manifesta as componentes de pessoalidade e de comunidade da relação jurídica[676].

---

[675] Como vimos, *supra*, § 12°, 23.I.

[676] Reconhecendo a natureza jurídica complexa da relação laboral com este duplo nexo debitório, por exemplo, Erich FECHNER, *Sozialer Rechtsstaat und Arbeitsrecht*, RdA, 1955, 5, 161-168 (162), WIEDEMANN, *Das Arbeitsverhältnis als Auschtausch...cit.*, 9 ss. e 40 ss., NIPPERDEY / MOHNEN / NEUMANN, *Der Dienstvertrag cit.*, 1103, SIEBERT, *Einige Entwicklungslinien...cit.*, 367 s., BOLDT, *Le contrat de travail dans la République...cit.*, 238 s. e 310, ou, mais recentemente, Hans--Joachim DARWIG, *Arbeitsrecht: Bemerkungen zu einer Kritik*, ArbuR, 1979, 2,

O primeiro nexo referido volta a ser considerado essencial[677] e dele retiram alguns autores, como consequência imediata, o reconhecimento da oposição entre os interesses individuais das partes e a consequente impossibilidade de qualificar a relação de trabalho como uma relação associativa, por falta da *affectio societatis* inerente a esta qualificação[678]; do segundo nexo é retirada a especificidade do vínculo laboral relativamente a outros vínculos de serviço.

Esta nova configuração estrutural do vínculo tem efeitos imediatos na classificação dos deveres das partes. Assim, embora aceite a importância dos elementos de pessoalidade e de comunidade na relação laboral, a doutrina volta a classificar os deveres de trabalho e de remuneração como deveres principais e os deveres de lealdade e de assistência como deveres acessórios, decomponíveis em diversos deveres menores. Na classificação destes deveres acessórios, os autores distinguem entre os que são separáveis da prestação principal de cada uma das partes e os que lhe são inerentes[679], e aplicam a essa distinção o

---

5-53 (51); a referência ao contrato ou à relação de trabalho como relação simultaneamente patrimonial e pessoal aparece ainda em autores como SANTORO-PASSARELLI, *Spirito...cit.*, 275 s., MAZZONI, *Crisi o evoluzione...cit.*, 16, BARASSI, *Il dovere della colaborazione cit.*, 7, RIVA SANSEVERINO, *Diritto del lavoro cit.*, 122 s., ou SCONAMIGLIO, *Diritto del lavoro cit.*, 86 s.

[677] Por exemplo, NIPPERDEY / MOHNEN / NEUMANN, *Der Dienstvertrag cit.*, 1105. Neste sentido, refere WIEDEMANN, *Das Arbeitsverhältnis als Auschtausch... cit.*, 9, a palavra de ordem «*Ohne Arbeit kein Lohn*», para considerar que estão definitivamente ultrapassadas as construções doutrinais que acoplaram à qualificação comunitário-pessoal da relação de trabalho a negação do seu carácter obrigacional (*idem*, 10); e Günther TRIESCHMANN, *Grundbegriffe des Arbeitsrechts*, ArbuR, 1962, 2, 42-47, chama a atenção para a necessidade de delimitar o contrato de trabalho e a relação laboral não só pelo critério da dependência pessoal do trabalhador mas também pelo critério da necessidade de remuneração.

[678] Neste sentido, por exemplo, SANTORO-PASSARELLI, *Lineamenti attuali...cit.*, 7. A natureza oposta dos interesses das partes no contrato de trabalho e a caracterização deste contrato como um contrato de escambo é apontada também por GRECHI, *Il lavoro nei rapporti associativi cit.*, 443 ss., como critério distintivo do contrato de trabalho em relação a contratos associativos.

[679] Uma das classificações mais completas destes deveres é a de Wilhelm HERSCHEL, *Haupt — und Nebenpflichten im Arbeitsverhältnis*, BB, 1978, 12, 569--572. O autor distingue entre os deveres acessórios do trabalhador que são inerentes ao seu dever principal de trabalho (são os «deveres acessórios da actividade» — *Nebenleistungspflichten*) e os deveres acessórios independentes dessa

regime dos contratos sinalagmáticos (categoria contratual em que integram o contrato de trabalho[680]) para explicar algumas das especificidades da relação laboral[681]. Verifica-se pois uma revalorização da dimensão patrimonial do contrato e, nessa medida, uma «re-obrigacionalização» da relação jurídica laboral.

---

prestação (que designa como «deveres de protecção» — *Schutzpflichten*): no primeiro grupo inclui, por exemplo, o dever de diligência, e no segundo grupo inclui os deveres de custódia, de segurança e de não concorrência; do lado do empregador, o dever principal é o dever de remuneração, mas é de qualificar como dever acessório integrativo deste dever principal, por exemplo, o dever de pagar ao trabalhador em caso de doença ou em férias, ao passo que o dever de zelar pela segurança do trabalhador na empresa é qualificado como um dever acessório independente do dever principal. Entre nós, a classificação dos deveres acessórios das partes no domínio laboral é referida, com indicação da sua origem na concepção comunitário-pessoal da relação de trabalho, em MENEZES CORDEIRO, *Da Boa Fé...cit.*, 607, que a desenvolve mais tarde (em *Concorrência laboral e justa causa de despedimento*, ROA, 1986, 487-526 (497 ss), e *Manual...cit.*, 129 ss.), embora numa perspectiva de crítica a esta concepção de relação de trabalho, mas que continua a revelar bem a complexidade da posição debitória das partes. No nosso *Do Fundamento...cit.*, 211 s., tivemos também ocasião de desenvolver esta classificação dos deveres laborais acessórios, que se encontra ainda, por exemplo, em MOREIRA DA SILVA, *Direitos e Deveres...cit.*, 21 ss. (*maxime* 51). Já numa perspectiva comparada da situação dos trabalhadores subordinados e dos funcionários públicos, que evidencia também a complexidade das respectivas posições debitórias, vd João CAUPERS, *Situação jurídica comparada dos trabalhadores da Administração Pública e dos trabalhadores abrangidos pela legislação reguladora do contrato individual de trabalho*, RDES, 1989, 1/2, 243-254 (251 s.).

[680] WIEDEMANN, *Das Arbeitsverhältnis als Auschtausch...cit.*, 9. Na expressão de RIVA SANASEVERINO, *Diritto del lavoro cit.*, 186, o sinalagma do contrato de trabalho é genético e funcional, porque a correspectividade se estende ao desenvolvimento das prestações, em razão do carácter «institucionalmente continuativo» da prestação de trabalho inserida numa determinada organização produtiva, e em razão do complexo de contraprestações do empregador.

[681] Neste sentido, por exemplo, HERSCHEL, *Haupt — und Nebenpflichten...cit.*, 570 ss., integra os deveres acessórios inerentes à prestação principal no âmbito do sinalagma contratual, e situa os restantes fora desse sinalagma, daí fazendo decorrer a suspensão dos primeiros, em caso de suspensão da actividade de trabalho ou do dever de remunerar, e a manutenção dos segundos nessa situação — o que explica o dever de pagamento das férias ou a subsistência do dever de zelar pela segurança do trabalhador em caso de inactividade, por exemplo.

II. No nosso entender, a evolução descrita revela o aproveitamento de contributos dogmáticos das doutrinas institucionalistas, nas suas formulações moderadas, já que tinham sido estas doutrinas a procurar combinar o elemento patrimonial/obrigacional do contrato de trabalho com os elementos de pessoalidade e de comunidade característicos da relação laboral. Apesar de a similitude entre as duas concepções se quedar por aqui (como vimos[682], os institucionalistas apenas reconhecem valor laboral ao nexo pessoal lealdade/assistência e este não é feito decorrer do contrato mas do acto de incorporação, ao passo que a ideia de relação laboral complexa, posteriormente desenvolvida pelos contratualistas, tem, toda ela, origem no contrato e é por esse mesmo contrato legitimada), este aproveitamento possibilita um avanço significativo na construção dogmática do vínculo laboral, uma vez que consegue tirar partido da distinção entre os elementos pessoais e patrimoniais sem acarretar com os ónus que os institucionalistas tinham encontrado no seu desenvolvimento — ou seja, sem a dificuldade de conciliar uma categoria jurídica estável e dogmaticamente aperfeiçoada (o contrato) com uma categoria nova, de contornos imprecisos, de justificação difícil e de alcance jurídico duvidoso (a instituição). Por este motivo, entendemos que a reconstrução dogmática da relação comunitário-pessoal de trabalho em moldes contratualistas, nos termos citados, não é uma recuperação da construção contratualista original mas uma construção de síntese.

III. Deve, no entanto, referir-se que, apesar de revalorizarem a componente patrimonial na reconstrução dogmática da relação de trabalho no sentido apontado, os autores continuam a reconhecer o valor fundamental dos deveres de lealdade e de assistência no complexo debitório das partes, perspectivando-os como manifestações dos elementos de pessoalidade e de comunidade da relação laboral e chamando a atenção para a sua influência no próprio nexo de troca patrimonial. Não só os elementos pessoais e comunitários continuam a ser considerados essenciais para operar a caracterização e a emancipação da relação laboral relativamente à sua génese civil — neste sentido, observa WLOTZKE[683] que o dever de lealdade no contrato de trabalho é mais

---

[682] *Supra*, § 13º, 26.5.II.
[683] *Leistungspflicht...cit.*, 189.

do que a concretização do princípio geral da boa fé, porque implica o envolvimento pessoal do trabalhador no objectivo prosseguido pelo empregador; e nota MAVRIDIS, a propósito do dever de assistência, que a sua qualificação como dever acessório em nada diminui a sua importância e a sua eficácia, que se manifesta logo na fase pré-contratual, ao longo da execução do contrato e até depois do seu termo[684] —, como são considerados inseparáveis do elemento patrimonial e, por este motivo, influenciam a correspectividade do sinalagma patrimonial do contrato — nesta óptica se compreende, por exemplo, a referência de BARASSI[685] à especificidade do contrato de trabalho enquanto contrato de escambo, justificando na inseparabilidade da actividade laborativa em relação à pessoa do trabalhador o envolvimento deste nos fins da empresa e, de forma correspondente, justificando na inseparabilidade entre as funções retributiva e alimentar da remuneração, a preocupação do empregador quanto à dignidade dos salários que paga. Por este motivo, nos referimos a esta reconstrução dogmática da relação laboral como um processo de «re-obrigacionalização parcial».

Como veremos[686], a «re-obrigacionalização» total da relação de trabalho apenas será propugnada a partir da década de setenta, com a negação dos elementos de pessoalidade e de comunidade por um sector da doutrina. Até lá, é com este perfil complexo e misto que a doutrina continuará a afirmar a singularidade do vínculo laboral, a justificar nessa singularidade a autonomia dogmática do direito laboral e a enunciar os princípios próprios desta área jurídica, como veremos a seguir.

---

[684] MAVRIDIS, *Vor- und Nachwirkungen...cit.*, 225 ss. Também reforçando a importância do dever de assistência, SIEBERT, *Einige Entwicklungslinien...cit.*, 368, DERSCH, *Entwicklungstendenzen...cit.*, 445 s., ou BOLDT, *Le contrat de travail dans la République...cit.*, 281 ss.
[685] *Il dovere della colaborazione cit.*, 7 s.
[686] Cfr., *infra*, § 19°, 41.2.

§ 17º — O direito do trabalho como direito de protecção do trabalhador na relação de trabalho — princípios e características

34. A afirmação da autonomia dogmática do direito laboral — efeitos práticos e parâmetros axiológicos: o direito do trabalho como área jurídica vocacionada para a protecção do trabalhador na relação de trabalho

I. Justificada, em termos institucionalistas ou contratualistas, a natureza comunitário-pessoal da relação laboral, um sector importante da doutrina laboral sustenta, sobretudo a partir da década de cinquenta e, em alguns sectores, até hoje, a autonomia dogmática ou científica do direito do trabalho — é uma afirmação frequente no seio das doutrinas germânica e austríaca[687], italiana[688] e francesa[689], e também nas doutrinas espanhola[690] e portuguesa[691].

---

[687] A título exemplificativo, reconhecem a autonomia dogmática do direito laboral, nas doutrinas germânica e austríaca, autores como KASKEL / DERSCH, *Arbeitsrecht cit.*, 4 s., VON CAROLSFELD, *Die Eigenständigkeit...cit.*, 297 ss., NIKISCH, *Arbeitsrecht cit.*, I, 48, Hermann GELLER, *Gestaltungsfaktoren des Arbeitsrechts*, ArbuR, 1962, 12, 365-370 (370), GAMILLSCHEG, *Zivilrechtliche Denkformen...cit.*, 199, BRECHER, *Das Arbeitsrecht als Kritik...cit.*, ou FLORETTA, *Zentrale Probleme...cit.*, 46, embora não de uma forma tão clara; e, mais recentemente, DÄUBLER, *Individuum und Kollektiv...cit.*, 256 ss.

[688] Reconhecendo a autonomia dogmática do direito do trabalho na doutrina italiana, por exemplo, MAZZONI, *Contiene il diritto del lavoro...cit.*, 527 ss., LEGA, *Il diritto del lavoro...cit.*, 123, D'EUFEMIA, *Diritto del lavoro cit.*, 6, ASCIAK, *Principii...cit.*, 212, Riccardo del GIUDICE, *I confini del diritto del lavoro*, DLav., 1957, I, 313-324 (322), VIESTI, *L'autonomia scientifica...cit.*, 10, Giorgio ARDAU, *Manuale di diritto del lavoro*, I, Milano, 1972, 177, SCONAMIGLIO, *Diritto del lavoro cit.*, 14, ou ASSANTI, *Corso...cit.*, 40 s. Uma posição intermédia parece ser a de SANTORO-PASSARELLI, *Lineamenti attuali...cit.*, 3 s., ou *Specialità...cit.*, 1990 s., que considera ultrapassado o problema da autonomia do direito do trabalho pela sua qualificação como direito especial, cuja originalidade reside no facto de

Considerando a especificidade do seu objecto, a extensão e a unidade da área jurídica em termos sistemáticos, a separação de jurisdições e a incapacidade do direito civil para explicar os fenómenos laborais, os autores concluem que o direito do trabalho atingiu também o estádio de maturidade científica que lhe permite emancipar-se definitivamente do direito comum e constituir um subsistema jurídico diferenciado e orientado pelas suas próprias valorações[692]. Autores como

---

perspectivar as pessoas não em termos individuais mas como membros de um grupo (o grupo profissional) — o que, na opinião do autor, manifestaria uma nova e «terceira dimensão» do jurídico. Reconhecendo a emancipação do direito laboral em relação ao direito civil, nomeadamente pela originalidade da sua dimensão colectiva, e reconhecendo mesmo como seus princípios específicos o princípio da tutela dos trabalhadores e o princípio da autonomia colectiva, pela eficácia geral das convenções colectivas (*Specialità...cit.,* 1989 s.), o autor não chega, no entanto, a retirar desta singularidade o reconhecimento da autonomia dogmática da área jurídica.

[689] Na doutrina francesa, entre muitos outros, ROUAST / DURAND, *Précis de législation...cit.,* 63 s., e *Précis de droit du travail cit.,* 88 s., reconhecem o «particularismo» do direito laboral, que entendem dever configurar-se como uma área jurídica autónoma, apesar de regular um contrato civil e de lhe serem aplicáveis as normas civis — posição também subscrita por RIVERO e SAVATIER, *Droit du travail cit.,* 29, com fundamento na irredutibilidade das normas e institutos laborais às categorias civis tradicionais e na vocação expansionista da área jurídica. Também reconhecendo a autonomia dogmática do direito do trabalho, G. H. CAMERLYNCK, *L'autonomie du droit du travail,* DH, 1956, Chr. VI, 23-26, COUTURIER, *Le techniques civilistes...cit.,* 151, ou Jean PÉLISSIER, *Le droit civil et le contrat individuel de travail,* DS, 1988, 5, 387-394 (391) — mas quanto a este último autor, veja-se a evolução do seu pensamento na obra conjunta com G. LYON-CAEN, *Droit du travail cit.,* 35.

[690] Na doutrina espanhola, sustenta a autonomia dogmática do direito laboral, por exemplo, MONTOYA MELGAR, *Derecho del Trabajo cit.,* 38 s. Já, pelo contrário, a solução do problema pela via da qualificação do direito laboral como direito especial, em face do direito civil como direito comum (o que possibilita o afastamento de muitas das normas deste, mas mas não o afastamento dos seus princípos e molduras conceptuais) é sustentada por VALVERDE/ GUTIÉRREZ/ MURCIA, *Derecho del Trabajo cit.,* 49 — solução que é, aliás, expressamente criticada por MONTOYA MELGAR, *op. e loc. cits.*

[691] Neste sentido, por exemplo, RAUL VENTURA, *Teoria da Relação...cit.,* I, 159, BIGOTTE CHORÃO, *Notas...cit.,* 181, e, mais recentemente, BERNARDO XAVIER, *Curso...cit.,* 86, e *Direito do Trabalho (Polis) cit.,* 591 s., ou MOTTA VEIGA, *Lições...cit.,* 50 s.

[692] Assim ASCIAK, *Principii...cit.,* 212, ou VIESTI, *L'autonomia scientifica...cit.,*

§ 17º – O direito do trabalho como direito da protecção do trabalhador

SCONAMIGLIO enunciam os aspectos a ter em conta para a elaboração de uma «teoria geral» do direito do trabalho[693] e, nos sistemas que não dispõem ainda de uma regulamentação perfeitamente separada das matérias laborais, a doutrina renova os apelos à codificação na sequência do reconhecimento da autonomia[694].

Para alguns autores, a autonomia do direito do trabalho impede a sua recondução global ao direito privado ou ao direito público, porque nele se cruzam, num sistema unitário, interesses particulares das partes, interesses gerais, económicos e sociais, e interesses colectivos — é a posição defendida, por exemplo, por VON CAROLSFELD, que advoga, em consequência, a qualificação do direito laboral como área especial, *tertium genus* entre os domínios privado e público da ordem jurídica[695].

---

10 ss., consideram que a autonomia dogmática do direito laboral se evidencia na vastidão, na organização diferenciada e no carácter unitário do sistema normativo laboral italiano, na delimitação clara das suas fronteiras em relação a outras áreas jurídicas, na especificidade dos seus princípios e na natureza peculiar de alguns dos seus institutos; na mesma linha, ROUAST / DURAND, *Précis de législation...cit.,* 63 s., e *Précis de droit du travail cit.,* 88 s., são claros (sobretudo na segunda obra citada, p. 89 s.) na qualificação do direito laboral como um sistema jurídico independente, pela incapacidade do direito civil para explicar figuras laborais como o regulamento interno, as convenções colectivas, a greve, a arbitragem e a própria relação de trabalho (no mesmo sentido, *vd* ainda DURAND, *Le particularisme...cit.,* 298 ss.); também MONTOYA MELGAR, *Derecho del Trabajo cit.,* 38 s., considera estarem preenchidas as condições necessárias para o reconhecimento da autonomia científica do direito laboral — i.e., a identificação de um objecto diferenciado e relevante para a área jurídica, um sistema normativo próprio e dotado de institutos especialmente adaptados ao objecto em questão, a inspiração desse sistema por princípios orientadores não fornecidos por outras áreas jurídicas. Entre nós, RAUL VENTURA, *Teoria...cit.,* I, 159, BERNARDO XAVIER, *Curso...cit.,* 86, e *Direito do Trabalho (Polis) cit.,* 591 s., bem como MOTTA VEIGA, *Lições...cit.,* 50 s., assentam o reconhecimento da autonomia na relevância dos princípios e conceitos gerais específicos desta área jurídica, para além da importância e vastidão do seu objecto e da especificidade da sua metodologia.

[693] SCONAMIGLIO, *Considerazioni...cit.,* 15. Estes aspectos são, para o autor, o estudo da fisionomia do contrato e da relação de trabalho, da autonomia colectiva, e das fontes laborais.

[694] Neste sentido, por exemplo, VON CAROLSFELD, *Die Eigenständigkeit...cit.,* 305.

[695] VON CAROLSFELD, *Die Eigenständigkeit...cit.,* 297 ss. O autor considera como interesses particulares das partes os que se manifestam no contrato de trabalho e nas convenções colectivas, qualifica como interesses gerais de natureza

Para outros autores, a autonomia dogmática do direito do trabalho determina a sua qualificação como direito eminentemente pessoal (apesar do reconhecimento de elementos patrimoniais na relação de trabalho)[696], ou como um direito pessoal e patrimonial, sem ser necessária a sua classificação como *tertium genus,* porque este carácter misto é compatível com o reconhecimento da natureza pública de parte das suas normas e de alguns dos seus institutos e com a natureza privada dos restantes[697].

II. A maioria dos autores assenta o reconhecimento da autonomia dogmática do direito do trabalho na irredutibilidade da relação laboral ao direito civil, pelos elementos de pessoalidade e de comunidade que se projectam no seu regime jurídico[698]; a dimensão colectiva da área jurídica é também indicada por alguns autores[699] como factor justifica-

---

social as preocupações de uniformização das posições sociais dos indivíduos e de protecção da personalidade dos trabalhadores, decorrentes do princípio do Estado Social, e salienta ainda a influência dos interesses económicos nos salários, por exemplo. Também DÄUBLER, *Individuum und Kollektiv...cit.*, 253, considera que o reconhecimento da autonomia dogmática do direito laboral determina a sua equidistância em relação ao direito público e ao direito privado.

[696] Neste sentido, NIKISCH, *Arbeitsrecht cit.*, I, 49.

[697] Neste sentido, por exemplo, NIKISCH, *Arbeitsrecht cit.*, I, 48 ss., MONTOYA MELGAR, *Derecho del Trabajo cit.*, 40 s., GAMILLSCHEG, *Zivilrechtliche Denkformen...cit.,* 198 s., LEGA, *Il diritto del lavoro...cit.,* 123, ou RAUL VENTURA, *Teoria...cit.,* I, 159 e 150 ss., bem como BRECHER, *Das Arbeitsrecht als Kritik...cit.,* 37 ss., que parte das dificuldades de adaptação dos conceitos básicos do direito civil (o conceito de bem e o conceito de pessoa) à relação laboral — o conceito de bem, em razão da especificicidade do objecto da relação laboral pela inseparabilidade entre a prestação e a pessoa do trabalhador; o conceito de pessoa, pela dimensão não estritamente individualista que assume no domínio laboral (e que lhe não assiste no direito civil), pela natureza comunitária da relação de trabalho e pelo elemento colectivo do direito laboral.

[698] Neste sentido, na doutrina germânica, entre outros, KASKEL / DERSCH, *Arbeitsrecht cit.,* 4 s., ou NIKISCH, *Arbeitsrecht cit.,* I, 49. Na doutrina italiana, justificando a autonomia dogmática do direito do trabalho na especificidade da relação de trabalho, LEGA, *Il diritto del lavoro...cit.,* 122 s.; em França, CAMERLYNCK, *L'autonomie... cit.,* 26, justifica a autonomia dogmática do direito do trabalho na inadaptação do direito civil à desigualdade das partes no contrato de trabalho, enquanto PÉLISSIER, *Le droit civil...cit.,* 391, a considera inquestionável em face da profunda originalidade do contrato de trabalho (também pela posição de desigualdade das partes), que impede a sua recondução a um contrato civil.

[699] Assim, na doutrina francesa, ROUAST / DURAND, *Précis de législation...cit.,*

tivo complementar da sua autonomia. O argumento da singularidade da relação de trabalho é mais realçado no seio da doutrina germânica e o argumento colectivo noutros contextos doutrinais[700].

Deste fundamento da autonomia do direito do trabalho na singularidade da relação de trabalho decorrem duas consequências vitais para a sua configuração enquanto área jurídica autónoma: a relação de trabalho (ligada ou não ao contrato de trabalho, consoante as perspectivas doutrinais) mantém-se como o seu objecto nuclear[701]; e, verificada a dependência do trabalhador nesta relação, os parâmetros da compreensão

---

63 s., e *Précis de droit su travail cit.*, 88 s., referem como argumentos justificativos do «particularismo» do direito laboral a crescente intervenção pública no sistema normativo, a progressiva institucionalização das colectividades laborais (designadamente, dos sindicatos) e a natureza específica de instrumentos laborais como as convenções colectivas. Na doutrina italiana, ASCIAK, *Principii...cit.*, 180 ss. e 208 ss., refere-se à dimensão colectiva do direito laboral para justificar a sua autonomia dogmática. Na doutrina espanhola, MONTOYA MELGAR, *Derecho del Trabajo cit.*, 39 s., salienta a incapacidade explicativa do direito civil em relação ao contrato de trabalho e à convenção colectiva. E, entre nós, a coexistência das relações laborais individuais com as relações laborais colectivas é apontada por MOTTA VEIGA, *Lições...cit.*, 53, como o traço de maior originalidade da área jurídica laboral.

[700] No seio da doutrina germânica e austríaca, a justificação da autonomia dogmática tende a ser apoiada exclusivamente na relação de trabalho, mesmo em autores que reconhecem a importância da dimensão colectiva da área jurídica, como Arthur NIKISCH (por exemplo em *Individualismus und Kollektivismus im heutigen Arbeitsrecht*, RdA, 1953, 3, 81-85). Apenas alguns autores referem, como argumento de apoio à afirmação da autonomia, o argumento a unidade entre o direito individual e o direito colectivo do trabalho — neste sentido, por exemplo, VON CAROLSFELD, *Die Eigenständigkeit...cit.*, 300, DÄUBLER, *Individuum und Kollektiv...cit.*, 235 ss. e 264 s., ou FLORETTA, *Zentrale Probleme...cit.*, 46, que justifica, aliás, nessa indissociabilidade a sua opção por uma codificação autónoma abrangente do direito laboral. Criticando expressamente a doutrina germânica por não atender à dimensão colectiva para fundamentar a autonomia dogmática do direito do trabalho, ainda ASCIAK, *Principii...cit.*, 180 ss. e 208 ss

[701] Neste sentido, por exemplo, NIPPERDEY / MOHNEN / NEUMANN, *Der Dienstvertrag cit.*, 1181, ou LEGA, *Il diritto del lavoro...cit.*, 122. Entre nós, RAUL VENTURA, *Teoria...cit.*, I, 147 e 151, nota [1], refere expressamente que o único direito laboral é o que regula a relação de trabalho. Apesar de ter que se situar no contexto corporativo envolvente (cfr., o entendimento do autor sobre as relações entre o direito do trabalho e o direito corporativo, *idem*, 155 ss.), esta observação não deixa de manifestar a importância reconhecida à relação individual pelo autor.

dogmática da área jurídica giram em torno da ideia da compensação dessa dependência através da adequada protecção. O direito do trabalho continua pois a ser configurado como o direito especial dos trabalhadores subordinados[702], vocacionado para a respectiva protecção — o seu conceito operatório-chave é o conceito de subordinação ou dependência, critério delimitador do fenómeno objecto do complexo normativo; e a valoração axiológica essencial que lhe está subjacente é a ideia de protecção do trabalhador[703].

O elemento da subordinação está implícito na própria configuração comunitário-pessoal da relação laboral. Reportado à actividade laboral ou à pessoa do trabalhador, consoante os sistemas[704], e justificado na inserção do trabalhador na organização do empregador, no seu envolvimento pessoal no contrato, na natureza heterodeterminada da prestação laboral e/ou nas necessidades da organização empresarial, o elemento da dependência é omnipresente, constitui a marca distintiva do fenómeno objecto da área jurídica e, na medida em que permite operar a delimitação do contrato e da relação de trabalho relativamente a negócios e a situações jurídicas afins, é também o critério decisivo para a determinação do âmbito de aplicação das normas laborais[705] — neste sentido, a jurisprudência procura aperfeiçoar os critérios para a sua determinação e a doutrina refere a sua importância vital para o direito do trabalho, também do ponto de vista da sua autonomização científica[706].

No que se refere ao objectivo proteccionista, a afirmação da autonomia dogmática do direito laboral vai conferir-lhe uma enorme projecção, já que passa a ser reconhecido não apenas como princípio de

---

[702] O direito do trabalho é identificado como o direito especial dos trabalhadores dependentes ou do trabalho dependente em autores como NIPPERDEY / / MOHNEN / NEUMANN, *Der Dienstvertrag cit.*, 1180, NIKISCH, *Arbeitsrecht cit.*, 48, ou GELLER, *Gestaltungsfaktoren...cit.*, 365, entre muitos outros.

[703] Referindo conjuntamente estes dois elementos no sentido que apontamos, por exemplo, GIUGNI, *Direito do trabalho cit.*, 324.

[704] Como vimos, *supra*, § 3°, 4.5.IV. e nota [218].

[705] Cfr., *supra*, § 3°, 4.5.II. e III., o desenvolvimento desta matéria, para o qual nos limitamos agora a remeter.

[706] Referindo o elemento da subordinação como conceito operatório básico para a determinação do âmbito de aplicação do regime jurídico laboral e do inerente regime de protecção, e salientando, por esse motivo, a importância vital deste elemento para a afirmação da autonomia dogmática, por exemplo, D'ANTONA, *La subordinazione e oltre...cit.*, 44, ou LEGA, *Il diritto del lavoro...cit.*, 117 s.

política legislativa, incidente no desenvolvimento sistemático da área jurídica, mas como sua valoração material fundamentante. Como veremos no número seguinte, este princípio será reconhecido como o princípio fundamental do direito laboral e todos os restantes princípios específicos da área jurídica, enunciados pela doutrina, se apresentam como suas concretizações.

III. A afirmação da autonomia dogmática do direito laboral não se reduz a uma declaração metajurídica mas tem um alcance prático imediato, como fazem notar os seus defensores. Para além de legitimar a codificação separada das matérias laborais e a separação de jurisdições, o reconhecimento da autonomia tem implicações nas relações entre o direito laboral e o direito comum, nomeadamente no que se refere à conjugação das respectivas normas. Assim, entendem os autores que embora a autonomia não signifique a separação total da nova área jurídica em relação ao direito comum[707] — não só porque nenhuma área jurídica é totalmente independente das restantes[708] mas também porque a filiação histórica do direito laboral no direito civil criou entre eles um nexo genético que impede o primeiro de dispensar totalmente as normas do segundo[709] —, ela determina a subordinação das normas do

---

[707] Neste sentido, autores como COUTURIER, *Le techniques civilistes...cit.*, 151 ss., salientam que o reconhecimento da autonomia dogmática do direito laboral não implica a recusa sistemática da aplicabilidade das normas civis no domínio laboral, com base num juízo apriorístico de inadequação genérica do direito civil à finalidade social do direito laboral, até porque, em diversas situações, a solução decorrente da aplicação dos preceitos civis é a mais justa — para ilustrar esta ideia, o autor dá diversos exemplos de aplicação judicial das técnicas e preceitos do direito comum dos contratos a problemas laborais.

[708] Neste sentido, por exemplo, ROUAST / DURAND, *Précis de législation...cit.*, 64, e *Précis de droit du travail cit.*, 90, e DURAND, *Le particularisme...cit.*, 298, que, por este motivo, preferem à expressão «autonomia» o termo «particularismo». Também PÉLISSIER, *Le droit civil...cit.*, 388, se refere à inter-disciplinaridade das várias áreas jurídicas, e LYON-CAEN, *Du rôle des principes...cit.*, 230 s., considera que a autonomia não tem a pretensão de ser total, sob pena de se cair no vazio jurídico. Na mesma linha, VIESTI, *L'autonomia scientifica...cit.*, 10, observa que a autonomia dogmática não significa a separação dos ramos jurídicos, uma vez que há sempre zonas de interferência normativa e princípios comuns, mas decorre da extensão homogénea das matérias, da afirmação de princípios específicos e de uma metodologia própria do direito do trabalho.

[709] Neste sentido, por exemplo, MICHELINE JAMOULLE, *Seize leçons...cit.*, 95,

direito comum aos princípios próprios da área jurídica especial, quando se preveja a sua aplicação nesta área.

Esta subordinação do direito comum manifesta-se na afirmação da natureza subsidiária das normas civis perante o direito laboral e na exigência de controlo destas normas quando se suscite a necessidade da sua aplicação laboral — neste sentido, a doutrina justifica na autonomia do direito do trabalho a inaplicabilidade dos preceitos do direito comum que se mostrem incompatíveis com a especificidade da relação laboral[710] ou com as valorações sociais dominantes na área jurídica[711], e afirma a prevalência das normas laborais imperativas sobre as normas civis imperativas e das normas laborais supletivas sobre as normas supletivas comuns[712].

Deve, no entanto, notar-se que, subjacente a esta afirmação, não está a aplicação do critério da especialidade como critério comum de

---

ou RIVERO e SAVATIER, *Droit du travail cit.*, 29 s., bem como MONTOYA MELGAR, *Derecho del Trabajo cit.*, 40, que assinala não só as conexões do direito laboral com o direito civil, mas também com diversas outras áreas jurídicas, como o direito constitucional, o direito administrativo, o direito processual ou o direito internacional; entre nós, também BIGOTTE CHORÃO, *Notas...cit.*, 181 s., assinala as relações do direito laboral, enquanto ramo jurídico autónomo, com o direito civil, e, *verbi gratia,* com o direito das obrigações, mas também com o direito administrativo, pela ampla intervenção pública na determinação do regime jurídico do trabalho subordinado. Já numa perspectiva mais radical, CAMERLYNCK, *L'autonomie...cit.*, 26, considera que as ligações que ainda subsistem entre o direito do trabalho e o direito civil se deveriam romper.

[710] Neste sentido, por exemplo, FLORETTA, *Zentrale Probleme...cit.*, 47. Na opinião de KASKEL / DERSCH, *Arbeitsrecht cit.*, 4 s., 18 s., esta incompatibilidade verifica-se sempre que os preceitos civis revelem os princípios patrimonialistas de raiz romana, que dominam o direito privado comum.

[711] Neste sentido, considera, por exemplo, GAMILLSCHEG, *Zivilrechtliche Denkformen...cit.*, 199 e 202 s., que a autonomia do direito laboral não significa a exclusão de conexões com o BGB, mas se salda numa ampla preclusão das suas normas e exige que a aplicação de qualquer delas à resolução de questões laborais seja precedida da verificação, pelo juiz, da respectiva conformidade com as actuais representações do Estado Social. Também exigindo esta verificação prévia da compatibilidade das normas civis com o particularismo do direito laboral em cada caso, PÉLISSIER, *Le droit civil...cit.*, 392.

[712] Neste sentido, por exemplo, DURAND, *Le particularisme...cit.*, 303, ou PÉLISSIER, *Le droit civil...cit.*, 389 ss.

resolução de antinomias normativas[713], que, só por si, poderia justificar a prevalência dos preceitos laborais nos termos indicados, independentemente do reconhecimento da autonomia dogmática da área jurídica especial em causa. Na verdade, o que parece implícito nesta exigência de controlo da compatibilidade das normas comuns com a especificidade do direito laboral é a obrigação de ponderar a aplicabilidade das normas comuns ainda quando não exista norma laboral expressa em contrário (ou seja, numa situação de antinomia meramente virtual), porque o juízo de compatibilidade se tem que fazer relativamente ao sistema laboral no seu todo e às valorações materiais diferenciadas que o informam[714] — em caso de conflito com tais valorações, não só será de excluir a aplicação da norma comum, como poderá ser aplicada outra norma laboral por analogia ou pode até sobrevir a resolução do problema de acordo com o espírito do sistema laboral. É esta ponderação global do sistema, possibilitada pela sua maioridade científica, que vai muito para além do juízo de generalidade-especialidade feito sobre cada uma das suas normas, e que, em nome da sua unidade e coerência internas, exige uma pesquisa no seu próprio seio em caso de obscuridade dos textos legais[715] e impede o recurso sistemático e acrítico às

---

[713] Ao contrário do que pode decorrer, por exemplo, da solução proposta por SANTORO-PASSSARELLI, *Lineamenti attuali...cit.,* 3 s., e *supra,* neste mesmo número, I e nota [688].

[714] Neste sentido, refere, por exemplo, MICHELINE JAMOULLE, *Seize leçons... cit.* 101 ss., que nas situações em que o legislador não se pronuncia expressamente em sentido oposto, pode haver uma concorrência virtual entre duas tendências normativas contrárias. Neste caso, se as normas laborais forem objecto de uma interpretação exegética e, em nome da sua natureza especial, for excluída a sua aplicação analógica, será aplicada a norma civil, mas tal aplicação redunda no tratamento diferenciado de situações jurídicas similares — porque uma é coberta pela norma laboral (especial) e na outra a ausência de preceito especial determina a solução pela via civil. Sendo tal solução de rejeitar, até porque, no caso laboral, o seu resultado prático é a reposição da autonomia da vontade, com a inerente neutralização dos mecanismos laborais de protecção, as normas laborais devem pois ser contempladas no seu conjunto e o juízo de compatibilidade não deve ser feito só entre as duas normas em oposição, mas entre as tendências normativas do sistema civil e do sistema laboral. Também no sentido do afastamento da norma civil não só quando haja uma norma laboral directamente aplicável mas também quando a norma laboral seja apenas indirectamente aplicável, PÉLISSIER, *Le droit civil...cit.,* 389.

[715] Neste sentido, por exemplo, CAMERLYNCK, *L'autonomie...cit.,* 26.

normas civis para o preenchimento das lacunas do sistema normativo[716].

No caso da qualificação do direito laboral como área jurídica *a se* entre o direito privado e público, as implicações práticas da autonomia são também salientadas — como refere VON CAROLSFELD[717], o reconhecimento da autonomia apenas exige a conformação do direito laboral pelos seus próprios princípios e pelos princípios gerais da ordem jurídica, o que tem a maior importância para a produção normativa e para a resolução dos casos concretos, exigindo, quanto a esta última, que seja feita de uma forma integrada e não meramente subsuntiva[718].

35. Os princípios do direito do trabalho: o princípio da protecção do trabalhador e as suas concretizações nos domínios individual e colectivo da área jurídica

35.1. O princípio da protecção do trabalhador como princípio fundamentante geral do direito do trabalho

I. A afirmação da maioridade científica do direito do trabalho não tem conteúdo útil se não for acompanhada do desenvolvimento dos princípios que suportem o sistema normativo em termos axiológicos e clarifiquem as suas relações com o direito comum, possibilitando a aplicação

---

[716] Neste sentido, MICHELINE JAMOULLE, *Seize leçons...cit.*, 105 s., considera invocáveis os argumentos de interpretação *a pari* ou *a contrario sensu*, na aplicação analógica das normas laborais, bem como aquilo a que a autora chama a «indução amplificante» *(induction amplifiante)*, ou seja, a elaboração de uma regra intermédia, que faça a ponte entre a situação prevista pela norma laboral e a situação similar não prevista. Se a operação de indução for feita numa perspectiva supra--legal, poderão dela emergir princípios laborais gerais.

[717] VON CAROLSFELD, *Die Eigenständigkeit...cit.*, 297 s. Em resultado desta qualificação do direito do trabalho, o autor considera que as normas do BGB têm que provar, em cada caso, a sua adequação às questões laborais, e que os princípios do direito comum têm que demonstrar a sua validade no domínio laboral — *idem*, 30 ss.

[718] *Idem*, 304. Neste sentido, refere também DÄUBLER, *Individuum und Kollektiv...cit.*, 253, que a autonomia possibilita o desenvolvimento dos princípios próprios do direito laboral, bem como o desenvolvimento jurisprudencial de normas e técnicas especificamente laborais.

racional das suas normas — como refere DURAND[719], só a construção de um sistema jurídico coerente, através do desenvolvimento destes princípios, permite a aplicação das respectivas normas «*par autorité de la raison*» e não «*en raison d'autorité*»[720].

É em prossecução deste objectivo que os autores procuram alinhar alguns princípios fundamentais do direito do trabalho. Da leitura das reflexões doutrinais sobre esta matéria ressaltam, no entanto, de imediato, dois aspectos: em primeiro lugar, há um consenso muito significativo quanto à valoração material fundamental da área jurídica; em segundo lugar, apesar das diferenças patenteadas pelos autores, na forma de apresentação dos princípios laborais, na sua classificação e no valor que atribuem a cada um deles, a maioria dos princípios referidos pela doutrina tem uma função de concretização ou de desenvolvimento daquela valoração material fundamental. Desta forma, pode dizer-se que a construção dogmática autónoma do direito laboral se processou em torno de uma ideia ou de um princípio unitário. Este princípio fundamental e unitário é o *princípio da protecção do trabalhador*.

II. O princípio da protecção do trabalhador é considerado pela generalidade da doutrina como a valoração material ou axiológica nuclear do direito laboral — desenvolvendo-se através de normas legais de protecção e da auto-regulamentação laboral protectiva, ele é, na locução expressiva de KASKEL e DERSCH[721], o *Grundgedank des Arbeitsrecht*, ou, como refere BERNARDO XAVIER[722], o «elemento teleológico fundamental» da área jurídica.

---

[719] *Le particularisme...cit.*, 302.

[720] Sublinhando também a importância da formulação de princípios gerais no direito do trabalho, refere Gérard LYON-CAEN, *Les principes généraux du droit du travail, in Tendances du droit du travail français contemporain. Études offertes à G. H.* CAMERLYNCK, Paris, 1978, 35-45 (35), o seu papel como guia da interpretação e aplicação das normas laborais pelos tribunais, a sua influência na evolução do direito positivo e na delimitação das exigências mínimas de harmonização do direito do trabalho ao nível internacional, e o facto de possibilitarem a expansão do normativo laboral para lá das suas fronteiras originárias.

[721] *Arbeitsrecht cit.*, 8 e 18. Também, por exemplo, FLORETTA, *Zentrale Probleme...cit.*, 44, se refere a este princípio como o *Leitgedank* do direito laboral e D'EUFEMIA, *Diritto del lavoro cit.*, 7, identifica-o como princípio fundamentante e unificador da área jurídica.

[722] *Curso...cit.*, 86, e *Direito do Trabalho (Polis) cit.*, 592.

Não deixando de ter em conta a sua dimensão sistemática, como *Leitmotiv* do desenvolvimento normativo do direito laboral[723] — como escreve GAMILLSCHEG[724], «*die Entwicklung des Arbeitsrechts eine solche des Arbeitsnehmerschutzrechts war*» —, os autores salientam a incidência dogmática do valor da protecção, como princípio geral de compensação da situação de dependência do trabalhador que singulariza e afasta o direito laboral do direito comum[725]. É que esta função compensatória tem subjacente o reconhecimento de que o direito do trabalho parte de uma situação de desigualdade jurídica entre dois sujeitos privados num vínculo de direito privado, o que contraria os axiomas do direito comum[726]. Assumindo essa desigualdade, o princípio da protecção tem pois um inegável conteúdo dogmático, como valoração nuclear específica do direito laboral que faz dele um direito tutelar[727].

---

[723] Cfr. a nossa referência à importância do princípio da protecção como princípio geral orientador do desenvolvimento sistemático do direito laboral, *supra*, § 7º, 13.4. I.

[724] *Die Grundrechte...cit.*, 388.

[725] Ligando directamente o princípio da protecção à situação de dependência do trabalhador com este alcance, por exemplo, SIEBERT, *Einige Grundgedanken...cit.*, 14, WIEDEMANN, *Das Arbeitsverhältnis als Auschtausch...cit.*, 12 s., ou GAST, «*Herr und Knecht*»...*cit.*, 250 s. Como refere MAZZONI, *Contiene il diritto del lavoro...cit.*, 528, este princípio decorre da presunção de que o trabalhador é o contraente débil; no entanto, deve referir-se que este autor enuncia outros princípios do direito laboral, em paralelo com o princípio da protecção e não como suas projecções, ao contrário da maioria da doutrina.

[726] Como refere HERSCHEL, *Zur Dogmatik des Arbeitsschutzrechts cit.*, 69, a dificuldade de muitos juristas em admitir o direito laboral como disciplina jurídica autónoma decorre exactamente do facto de o motor do seu desenvolvimento ser a ideia de protecção do trabalhador e esta assentar na verificação de uma situação de desigualdade. Para FLORETTA, *Zentrale Probleme...cit.*, 44, a ideia da protecção põe em questão o valor absoluto da liberdade contratual vigente no direito civil.

[727] Em desenvolvimento desta vocação tutelar do direito laboral, veja-se, por exemplo, Ferruccio PERGOLESI, *Principii costituzionali di diritto del lavoro.*, DLav., 1959, 4, 217-238 (227 ss.), que, reconhecendo na compensação da situação de inferioridade do trabalhador o princípio fundamental, informador de todo o direito do trabalho, considera que a tutela do trabalhador se efectiva através da garantia legal de um nível mínimo no tratamento do trabalhador (é a tutela legislativa) e através de duas formas de auto-tutela dos trabalhadores (a auto-tutela sindical, assegurada pela eficácia *erga omnes* das convenções colectivas, e a auto-tutela especial propiciada pelo reconhecimento do direito de greve).

A importância dogmática do princípio da protecção não decorre apenas do facto de ele evidenciar a singularidade do ponto de partida do direito do trabalho, mas também da circunstância de a construção autónoma desta área jurídica ser feita, como já vimos[728], em torno da relação de trabalho. No nosso entender, é este facto que justifica, por um lado, que alguns autores reconheçam o alcance alargado do princípio, enunciando-o expressamente como princípio abrangente de compensação da dependência do trabalhador, não só no vínculo de trabalho como nas situações laborais colectivas (é a opinião de SIEBERT e de FLORETTA[729], por exemplo), que outros autores o qualifiquem como um princípio de ordem pública (é a opinião de LYON-CAEN, que se lhe refere como «*principe d'ordre public de protection*»[730]), e que a maioria da doutrina justifique as mais significativas especificidades do regime jurídico laboral (quer na área regulativa individual quer na área regulativa colectiva) como suas projecções directas — neste sentido, entre muitos outros, KASKEL e DERSCH[731] consideram que o princípio da protecção se manifesta em múltiplos aspectos do direito individual e colectivo do trabalho, como as restrições à liberdade das partes no contrato de trabalho, as limitações ao despedimento, a sobreposição das convenções colectivas ao contrato de trabalho ou a regra da inderrogabilidade *in pejus* do regime convencional colectivo; LYON-CAEN[732] justifica directamente no princípio da protecção a fixação de salários mínimos, de condições mínimas de trabalho ou de valores mínimos de indemniza-

---

[728] *Supra*, capítulo anterior, *maxime* § 14º, 29. e, neste capítulo, 34.

[729] *Einige Grundgedanken...cit.*, 14, e *Zentrale Probleme...cit.*, 45, respectivamente.

[730] LYON-CAEN, *Grundlagen...cit.*, 233. Apesar da importância que reconhece a este princípio, o autor não deixa de referir, como princípio paralelo a este, o «*principe d'ordre public de direction*», que, na sua opinião, prossegue os interesses empresariais — para o autor, a coexistência dos dois princípios evidencia a natureza compromissória do direito laboral, que oscila entre as necessidades de protecção do trabalhador e as exigências empresariais — *op. e loc. cits.* Também chamando a atenção para os casos de tutela legal dos interesses empresariais, com o objectivo (formulado embora apenas como uma hipótese de trabalho, na expressão do próprio autor) de delinear, como princípio correspondente ao *favor laboratoris*, um princípio geral de favorecimento do empregador, *vd* Salvatore HERNANDEZ, *Il «favor» del lavoratore come tutela compensativa*, DLav., 1969, I, 293-300 (298 e 300).

[731] *Arbeitsrecht cit.*, 114 ss.

[732] *Grundlagen...cit.*, 233.

ção em caso de cessação do contrato de trabalho; NIPPERDEY, MOHNEN e NEUMANN[733] nele justificam directamente a imperatividade das normas laborais em matéria de tempo de trabalho, de protecção de certas categorias de trabalhadores, de limitação do despedimento ou de restrições à liberdade negocial, bem como a separação da jurisdição laboral. Na mesma linha, GELLER[734] salienta como projecções directas do princípio da protecção aspectos tão diversos do regime jurídico laboral como a tutela penal da violação das normas laborais pelo empregador, a protecção do trabalhador na situação de desemprego ou noutras situações de risco social ligadas ao trabalho, o dever de assistência, a especialidade da jurisdição laboral, a natureza pessoal da relação de trabalho ou a cogestão; e MAZZONI[735] refere como aplicações directas deste princípio o carácter irrenunciável e indisponível dos direitos adquiridos pelo trabalhador a partir do trabalho (o que explica a inadmissibilidade da cessão da sua posição contratual, a infungibilidade da prestação ou a proibição de renúncia aos direitos de protecção da sua personalidade), a tutela especial em matéria de retribuição, a regra do tratamento mais favorável, a presunção da subsistência do contrato de trabalho (demonstrada na sua sobrevivência à transmissão do estabelecimento e à falência da empresa, bem como nas soluções legais de conversão de contratos de trabalho a termo em contratos por tempo indeterminado, e ainda na preferência do sistema por sanções conservatórias do vínculo laboral em caso de incumprimento), bem como o dever de assistência e a assunção genérica do risco pelo empregador.

Por outro lado, é ainda a importância do princípio da protecção do trabalhador que explica que muitos dos outros princípios específicos da área jurídica enunciados pelos autores sejam justificados por remissão para a ideia de protecção, como comprovaremos de imediato.

---

[733] *Der Dienstvertrag cit.*, 1184 s.
[734] *Gestaltungsfaktoren...cit.*, 370.
[735] MAZZONI, *Contiene il diritto del lavoro...cit.*, 528 ss. Na mesma linha, ARDAU, *Manuale...cit.*, 179 s., identifica o princípio da indisponibilidade dos direitos do trabalhador e o princípio da inderrogabilidade das normas laborais *in pejus* como concretizações do princípio da protecção.

35.2. As concretizações do valor da protecção: os princípios laborais derivados

I. Para além do princípio da protecção do trabalhador, a doutrina enuncia vários princípios específicos do direito laboral com incidência nos domínios individual e colectivo da área jurídica. Este enunciado não obedece a um critério uniforme, evidencia o diferente peso reconhecido aos vários princípios, consoante os sistemas e os autores, e até a sua natureza diversa — alguns autores limitam-se a enumerar os princípios sem os classificar[736], outros enunciam conjuntamente princípios de diversa índole e alcance[737] e outros ainda classificam-nos de acordo com a sua incidência no direito colectivo ou no direito individual do trabalho[738], pelo critério da sua fonte (autonomizando, designadamente,

---

[736] Procedendo a um enunciado não classificatório dos princípios laborais específicos, por exemplo, VIESTI, *L'autonomia scientifica...cit.*, 13 s., que enuncia princípios como o da realização efectiva da igualdade jurídica dos contraentes laborais, o da defesa do contraente débil, o da inderrogabilidade das normas protectivas e da cominação da nulidade dos pactos que as contrariem, o da ordem pública laboral, o da especialização da jurisdição e do processo laboral ou o da necessidade de estabelecimento de garantias especiais dos trabalhadores.

[737] Vejam-se, por exemplo, os princípios indicados por RUSSOMANO, *I fondamenti...cit.*, 241 ss., como princípios fundamentais do direito laboral: o princípio da progressividade racional da legislação laboral (exigindo que as leis laborais satisfaçam as pretensões dos trabalhadores de uma forma gradual e não abrupta, pela recusa da «revolução proletária»); o princípio da sinceridade das leis laborais (que asseguraria a coerência e o rigor do sistema normativo); os princípios económicos de ponderação custos/benefícios entre as necessidades de protecção do grupo social «deficitário» e os interesses da sociedade em geral; o princípio da tutela oficial dos direitos dos trabalhadores (que se manifesta na assunção da obrigação de tutela dos trabalhadores, pelo Estado, aos níveis administrativo e judicial — tendo, neste último caso, como princípio complementar, o princípio da simplicidade e da celeridade dos processos laborais), e o princípio da igualdade jurídica e económica dos sujeitos laborais. Como decorre da enumeração, encontram-se aqui princípios de política legislativa no domínio laboral, princípios jurídicos gerais e afirmações correspondentes a opções políticas e a ponderações económicas. Também ARDAU, *Manuale...cit.*, 186 ss., enuncia em paralelo princípios de diferente índole, como o princípio da prevalência dos interesses colectivos sobre os interesses individuais e o princípio do expansionismo do direito laboral (com o qual pretende relevar a tendência de aplicação do regime laboral a siuações juridicamente distintas mas economicamente próximas da situação laboral).

[738] Procedendo a esta classificação, por exemplo, SIEBERT, *Einige Grundgedanken...cit.*, 14 ss.

os princípios laborais constitucionais⁷³⁹, ou realçando a origem jurisprudencial de alguns deles⁷⁴⁰), ou ainda em função da sua natureza liberal ou social⁷⁴¹, ou do seu carácter explícito ou latente⁷⁴².

---

⁷³⁹ Autonomizando os princípios laborais constitucionais, por exemplo, NIKISCH, *Arbeitsrecht cit.*, 30 ss. e 39 ss., ou GAMILLSCHEG, *Die Grundrechte...cit.*, e, mais recentemente, em *Die allgemeinen Lehren der Gundrechte und das Arbeitsrecht*, ArbuR, 1996, 2, 41-48, onde aprecia, designadamente, a questão da aplicabilidade directa destes princípios constitucionais. Na doutrina francesa, por exemplo, Antoine JEAMMAUD, *Les principes dans le droit français du travail*, DS, 1982, 9/10, 618-629 (619 ss. e 624 s.), distingue entre princípios fundamentais (constitucionais, internacionais e comunitários) e princípios gerais do direito do trabalho, integrando na primeira categoria os princípios da autonomia colectiva, da liberdade de associação e da liberdade sindical, bem como da liberdade de trabalho, e na segunda categoria princípios como o do tratamento mais favorável ou o do respeito pelos direitos pessoais dos trabalhadores na empresa. Também dando grande relevo aos princípios laborais constitucionais, na doutrina italiana, por exemplo, Ubaldo PROSPERETTI, *Problemi di diritto del lavoro*, I, Milano, 1970, 9 ss., que destaca a sua função unificadora e orientadora do sistema laboral (12).

⁷⁴⁰ Neste sentido, por exemplo, GAMILLSCHEG, *Gedanken zur Rechtsfindung...cit.*, 72 ss., classifica como princípios laborais de origem jurisprudencial o princípio da solidariedade, o princípio da subsidariedade e o princípio da protecção do trabalhador, e reforça o papel do juiz no desenvolvimento de uma metodologia especificamente laboral.

⁷⁴¹ Procedendo a esta classificação, por exemplo, LYON-CAEN, *Grundlagen...cit.*, 229 ss., identifica os princípios liberais do direito do trabalho com as valorações mais importantes que presidiram ao seu desenvolvimento inicial — ou seja, as ideias da liberdade (que inclui a liberdade de coalisão, a liberdade empresarial e comercial e a liberdade contratual) e da igualdade (que inclui o princípio da não discriminação); e qualifica como princípios sociais, decorrentes da vocação social do Estado moderno (e, por isso, de natureza constitucional), que acabaram por corrigir os efeitos perversos dos princípios liberais, o direito ao trabalho, o direito de participação dos trabalhadores na determinação das suas condições de trabalho e na gestão da empresa e, de novo, a liberdade sindical e o direito de greve.

⁷⁴² Sobre esta classificação, ainda LYON-CAEN, *Les principes généraux...cit.*, 37 ss. O autor enuncia, como princípios gerais explícitos do direito do trabalho, os princípios da autonomia colectiva, da ordem pública social e do nível mínimo de protecção, da tutela da maternidade, dos direitos adquiridos, da proibição do trabalho forçado, da liberdade sindical e da não discriminação; e, como princípios gerais latentes, os princípios do interesse da empresa, da unidade económica e social e da natureza jurídica da subordinação — eles são latentes porque não reconhecidos explicitamente, mas devem qualificar-se como princípios gerais do

§ 17º – O direito do trabalho como direito da protecção do trabalhador

Mais do que o aspecto formal, interessa-nos neste enunciado e nestas classificações dos princípios laborais apreciar o seu estádio de desenvolvimento em termos substanciais, verificando até que ponto eles traduzem valorações materiais especificamente laborais e de que forma são relacionados com o princípio nuclear da protecção. Sendo este o nosso objectivo e porque nos parece que, para lá das diferenças patenteadas, se regista algum consenso quanto aos pontos fundamentais no discurso doutrinal[743], permitimo-nos dispensar uma enumeração que diferencie cada autor ou cada orientação doutrinal e referir os princípios que aparecem de forma recorrente nas reflexões doutrinais sobre esta matéria, agrupando-os pelo critério, que nos parece mais simples e também mais abrangente, da sua incidência nos domínios colectivo ou individual do direito laboral.

II. Com maior incidência na área regulativa individual do direito do trabalho, um dos princípios mais referidos pelos autores é o da tutela da personalidade e dos direitos do trabalhador, como parte débil no contrato. Justificado pela natureza comunitário-pessoal da relação de trabalho e, por inerência, no envolvimento pessoal e na dependência do trabalhador no vínculo, os autores consideram como valor fundamental do direito do trabalho a garantia da sua dignidade, segurança e liberdade em face do empregador[744].

Em concretização desta ideia geral de tutela da personalidade e dos direitos do trabalhador, vários outros princípios, de incidência diversa, são desenvolvidos por uns ou outros autores. Assim, é referido o princípio da indissociabilidade do bem *trabalho* relativamente à

---

direito laboral porque revelam interesses específicos desta área jurídica que a prática jurisprudencial tem recorrentemente ponderado — *idem*, 42.

[743] Como refere LYON-CAEN, *Grundlagen...cit.*, 229, apesar da diversidade das referências aos princípios laborais nos vários sistemas jurídicos, há uma certa identidade entre eles.

[744] Referindo este princípio, por exemplo, NIPPERDEY / MOHNEN / NEUMANN, *Der Dienstvertrag cit.*, 1185, ou SIEBERT, *Einige Grundgedanken...cit.*, 14, que o justificam na natureza comunitário-pessoal da relação de trabalho; SANTORO-PASSARELLI, *Spirito...cit.*, 276, que o justifica no envolvimento pessoal integral e na dependência do trabalhador no vínculo; PERGOLESI, *Principii costituzionali...cit.*, 229; e BERNARDO XAVIER, *Curso...cit.*, 88 s., e *Direito do Trabalho (Polis) cit.*, 592.

pessoa do prestador[745]; o princípio da liberdade (que se consubstancia na proibição do trabalho forçado, na liberdade de escolha do emprego — que, por sua vez, pressupõe o direito ao trabalho, autonomizado por alguns autores[746] — e na exigência de liberdade negocial, pelo menos ao nível da celebração do contrato)[747]; o princípio da igualdade entre as partes[748] e o princípio da não discriminação entre trabalhado-

---

[745] Por exemplo, BERNARDO XAVIER, *Curso...cit.*, 86 s., e *Direito do Trabalho* (Polis) *cit.*, 592 s., que faz decorrer directamente deste princípio o afastamento no domínio laboral de alguns dogmas contratuais do direito civil, no que se refere à autonomia da vontade, ao carácter sinalagmático e à consensualidade do contrato de trabalho.

[746] Neste sentido, autores como LYON-CAEN, *Grundlagen...cit.*, 231 e s., consideram o direito ao trabalho como o primeiro dos princípios laborais de natureza pessoal, apesar de reconhecerem a sua reduzida eficácia prática. Também NIKISCH, *Arbeitsrecht cit.*, 42 ss., I, e PERGOLESI, *Principii costituzionali...cit.*, 236 s., referem o direito ao trabalho como um dos princípios constitucionais mais relevantes em matéria laboral, bem como PROSPERETTI, *Problemi...cit.*, I, 37 ss.

[747] Por exemplo, LYON-CAEN, *Les principes généraux...cit.*, 40 s., e *Grundlagen... cit.*, 230, que o classifica como um princípio liberal do direito do trabalho; paralela à valência da ideia de liberdade para o trabalhador, o autor refere a liberdade que assiste ao empregador de escolher os seus trabalhadores, e, como pressuposto destas duas valências, indica os princípios da liberdade profissional e empresarial. Já para outros autores, a exigência da liberdade do prestador do trabalho não é reconduzida a um princípio do direito laboral, mas referida como um pressuposto originário do princípio da protecção — é a posição sustentada, por exemplo, por KASKEL / DERSCH, *Arbeitsrecht cit.*, 28.

[748] LYON-CAEN, *Les principes généraux...cit.*, 40 s., e *Grundlagen...cit.*, 231. Para este autor, sendo o princípio da igualdade um princípio de origem liberal, não resistiu à constatação da efectiva desigualdade entre trabalhadores e empregadores. Outros autores salientam, apesar de tudo, a importância deste princípio nas relações entre as partes, pela necessidade de promoção da igualdade efectiva das respectivas posições jurídicas — é a opinião que encontramos, por exemplo, em VIESTI, *L'autonomia scientifica...cit.*, 13, em BERNARDO XAVIER, *Curso...cit.*, 88, bem como em SIEBERT, *Einige Grundgedanken...cit.*, 14 (este último designando este princípio como o princípio da tutela do interesse da generalidade dos sujeitos laborais, a assegurar através da promoção da paridade entre trabalhadores e empregador).

[749] Para autores como LYON-CAEN, *Les principes généraux...cit.*, 40 s., e *Grundlagen...cit.*, 231, este princípio é hoje a mais importante manifestação da ideia de igualdade no domínio laboral, até pelo seu reconhecimento ao nível do direito comunitário; também referindo a importância deste princípio e a sua origem jurisprudencial, ainda KASKEL / DERSCH, *Arbeitsrecht cit.*, 114 s.; e salien-

res[749]; o princípio da protecção da maternidade[750]; o princípio da colaboração empresarial[751]; o princípio da imperatividade mínima das normas laborais (que alguns autores designam como «princípio da ordem pública social e do mínimo da protecção»[752] ou ainda como «princípio da inderrogabilidade das normas protectivas»[753]), que assegura que as vantagens legais reconhecidas aos trabalhadores não sejam objecto de redução por via convencional, mas apenas de acréscimo[754]; e, como princípio de resolução de conflitos entre fontes laborais ligado à ideia de

---

tando-o como limitação ao princípio da liberdade negocial, ainda DERSCH, *Entwicklungstendenzen...cit.*, 444, ou NIKISCH, *Individualismus und Kollektivismus...cit.*, 84, que, noutra sede (*Arbeitsrecht cit.*, I, 41 s.), o refere como princípio constitucional; e ainda Erich FREY, *Der Grundsatz der Gleichbehandlung im Arbeitsrecht bei geldlichen Ansprüchen*, Köln, 1963, 11.

[750] Por exemplo, Franz GAMILLSCHEG, *Mutterschutz und Sozialstaat*, in H.-C. NIPPERDEY (Hrsg.), *Fest. für Erich MOLITOR*, München — Berlin, 1962, 57-82 (*maxime* 58), que classifica este princípio como um princípio de base constitucional; ou LYON-CAEN, *Les principes généraux...cit.*, 38 s., reconhecendo a extensão deste princípio para fora do âmbito do direito laboral, *verbi gratia*, para o domínio das relações de funcionalismo público — para o autor, trata-se de um princípio explícito do direito laboral, de origem jurisprudencial (*vd* ainda *Grundlagen...cit.*, 233).

[751] Por exemplo, MAZZONI, *Contiene il diritto del lavoro...cit.*, 532, que o refere como princípio autónomo do princípio da protecção, a justificar no interesse comum do empresário e dos trabalhadores na empresa, que implica a colaboração activa e não apenas a subordinação passiva do trabalhador. Este princípio é desenvolvido sob a designação de «princípio da subordinação colaborativa» em autores como BARASSI, *Il dovere della collaborazione cit.*

[752] LYON-CAEN, *Les principes généraux...cit.*, 38 s. O autor considera este princípio (que qualifica como um dos princípios gerais explícitos do direito laboral) como a concretização do princípio geral da ordem pública no domínio social. Neste mesmo sentido, BERNARDO XAVIER, *Curso...cit.*, 89, e *Direito do Trabalho (Polis) cit.*, 593, desenvolve o «princípio de ordem pública de tutela ao trabalhador subordinado», do qual retira a irrenunciabilidade e a indisponibilidade pelo trabalhador dos direitos e garantias que lhe são assegurados pelo estatuto mínimo de protecção estabelecido pela lei.

[753] Neste sentido, por exemplo, VIESTI, *L'autonomia scientifica...cit.*, 13. Também referindo o princípio da inderrogabilidade das normas laborais protectivas como princípio fundamental do direito laboral, de origem constitucional, PERGOLESI, *Principii costituzionali...cit.*, 229.

[754] Afirmando este princípio, por exemplo, NIKISCH, *Individualismus und Kollektivismus...cit.*, 84.

imperatividade mínima, o princípio do tratamento mais favorável ao trabalhador, que assegura, nos limites legais, a resolução dos problemas de concorrência normativa pela forma que mais favoreça os trabalhadores[755] — sendo um princípio de incidência geral e não só do domínio individual do direito laboral, este princípio tem, em todo o caso, como objectivo essencial assegurar a tutela do trabalhador, já que apenas se justifica no pressuposto da sua posição negocial mais débil, como é, aliás, reconhecido expressamente pelos autores[756].

III. Com maior incidência na área regulativa colectiva do direito do trabalho, sobressaem nas reflexões da doutrina as referências ao princípio da liberdade de coalisão, ao princípio da autonomia colectiva, ao princípio da solidariedade, ao direito de participação dos trabalhadores na gestão da empresa e na definição das condições de trabalho, e ao direito de greve.

A liberdade de coalisão (que inclui a liberdade de associação sindical e de associação patronal) é referida em diversos autores como um dos mais importantes princípios laborais de índole social — a doutrina salienta as facetas positiva e negativa deste princípio e indica como suas projecções a proibição de discriminação no tratamento dos trabalhadores em razão da sua filiação sindical, a liberdade de constituição de sindicatos, o dever de não ingerência do Estado nos sindicatos, a liberdade de acção sindical[757], e ainda a sua influência no direito convencional colectivo e na arbitragem[758].

O princípio da autonomia colectiva é referido por alguns autores como um princípio de concretização do princípio geral da liberdade

---

[755] Referindo este princípio, por exemplo, SANTORO-PASSARELLI, *Lineamenti attuali...cit.*, 6, PERGOLESI, *Principii costituzionali...cit.*, 229, ou MAZZONI, *Contiene il diritto del lavoro...cit.*, 530.

[756] Neste sentido, por exemplo, SANTORO-PASSARELLI, *Lineamenti attuali...cit.*, 6, MAZZONI, *Contiene il diritto del lavoro...cit.*, 528 e 530, ou Wolfgang SIEBERT, *Kollektivnorm und Individualrecht im Arbeitsverhältnis*, in R. DIETZ / A. HUECK / / R. REINHARDT (Hrsg.), *Fest. für H.-C. NIPPERDEY*, München — Berlin, 1955, 119-145 (122 s.).

[757] Neste sentido, por exemplo, LYON-CAEN, *Grundlagen...cit.*, 232.

[758] Neste sentido, SIEBERT, *Einige Grundgedanken...cit.*, 15, considerando que o reconhecimento constitucional do direito de coalisão inclui a tutela dos mais importantes aspectos do direito laboral colectivo. Também NIPPERDEY / MOHNEN / NEUMANN, *Der Dienstvertrag cit.*, 1184 s., referem a importância do direito de coalisão para ultrapassar as limitações na negociação laboral ao nível individual.

negocial, acentuando-se o seu carácter não substitutivo mas complementar em relação ao princípio geral (é a opinião que encontramos em autores como LYON-CAEN ou SANTORO-PASSARELLI[759]); pelo contrário, outros autores perspectivam a autonomia colectiva como um princípio de prevalência sobre a autonomia das partes no contrato de trabalho (é a visão de MAZZONI, por exemplo[760]); e outros ainda salientam a especificidade do princípio da autonomia colectiva, que imputam ao efeito normativo das convenções colectivas, conjugado com a sua natureza de auto-regulamentação, dada a não ingerência do Estado na negociação colectiva (é o aspecto enfocado por autores como SIEBERT ou NIPPERDEY, MOHNEN e NEUMANN[761]).

O princípio da solidariedade é apontado por alguns autores para realçar a inter-conexão dos vínculos laborais na empresa, manifestada nas diversas situações em que os interesses do empregador e os interesses do conjunto dos trabalhadores da empresa são objecto de uma

---

[759] Neste sentido, por exemplo, LYON-CAEN, *Grundlagen...cit.*, 230, e *Principes généraux...cit.*, 137 s., ou Francesco SANTORO-PASSARELLI, *Autonomia — autonomia colletiva*, Enc. Dir., IV, 369-372 (369 s.), que se refere à autonomia como a forma específica de autonomia privada que se reporta às categorias profissionais.

[760] MAZZONI, *Contiene il diritto del lavoro...cit.*, 531. Este autor enuncia como consequências do princípio da autonomia colectiva a substituição automática das cláusulas dos contratos individuais pelas disposições mais favoráveis da convenção colectiva, a ampla possibilidade de auto-regulamentação colectiva das relações laborais e a eficácia geral das convenções colectivas, bem como o direito de suspensão colectiva da prestação de trabalho.

[761] SIEBERT, *Einige Grundgedanken...cit.*, 15, e NIPPERDEY / MOHNEN / NEUMANN, *Der Dienstvertrag cit.*,1186. Também referindo este princípio (que designam como princípio de «auto-determinação colectiva» — *kollektive autonome Selbstbestimmung*), KASKEL / DERSCH, *Arbeitsrecht cit.*, 19 s., reconhecem-lhe um papel de destaque na prossecução dos interesses laborais, quer ao nível profissional (através da elaboração de convenções colectivas pelas associações sindicais e patronais), quer ao nível empresarial (através das comissões de trabalhadores e na celebração de acordos de empresa) e tanto através de actuações conciliatórias como de actuações de conflito. A especificidade do princípio da autonomia colectiva é também referida por SANTORO-PASSARELLI, *Lineamenti attuali...cit.*, 4 s., apesar de este autor considerar este princípio como uma concretização do princípio da autonomia privada, como referimos acima — *supra*, nota [759]. E, salientando o aspecto da auto-regulamentação com referência a este princípio, vd ainda BIGOTTE CHORÃO, *Notas...cit.*, 180, ou BERNARDO XAVIER, *Curso...cit.*, 89 s., e *Direito do Trabalho (Polis) cit.*, 594.

ponderação concertada — nesta óptica, considera GAMILLSCHEG[762] que manifestam o princípio da solidariedade alguns deveres negativos e positivos que concretizam o dever geral de lealdade do trabalhador (como o dever de paz social, o dever de respeito pelos colegas, ou o dever de abstenção de concorrência desleal, bem como os deveres de higiene e segurança ou de prestação de trabalho suplementar); e faz notar as importantes projecções deste princípio em matéria de convenções colectivas e no direito de greve.

O princípio da participação dos trabalhadores é entendido em sentido amplo, por forma a englobar tanto o seu direito de participação na determinação das condições de trabalho como o direito de participação na gestão[763], e alguns autores justificam expressamente este princípio na natureza comunitária da empresa, por entenderem que é esta natureza que confere aos trabalhadores a qualidade de parceiros do empregador na organização[764].

Finalmente, é também referida a existência de um princípio laboral de auto-tutela, que se projecta no direito de greve e, em alguns sistemas, no direito ao *lock-out*[765]. Para alguns autores, este princípio integra-se no próprio princípio da autonomia colectiva (é a opinião subscrita, por exemplo, por BERNARDO XAVIER[766]); outros autores destacam o facto de este princípio traduzir a confiança do sistema na capacidade reconhecida às partes para reequilibrarem os seus interesses laborais (é um

---

[762] *Die Solidarität...cit.*, maxime 139 s. O autor reconhece, no entanto, a falta de aprofundamento dogmático que o princípio mereceu até agora, apesar de ser reconhecido pela jurisprudência — idem, 134 e 151 s. Numa formulação embrionária, a ideia da conexão entre os diversos trabalhadores na empresa, pela sua sujeição a deveres recíprocos quando não há qualquer vínculo jurídico entre eles, é também referida como uma especificidade do direito laboral em BRECHER, *Das Arbeitsrecht als Kritik...cit.*, 54.

[763] Reconhecendo no princípio da participação estas duas dimensões, ainda LYON-CAEN, *Grundlagen...cit.*, 232.

[764] Neste sentido, expressamente, SIEBERT, *Einige Grundgedanken...cit.*, 14 s., que reconhece, aliás, ao princípio da participação uma dimensão individual e uma dimensão colectiva. Também referindo o princípio da cogestão como uma manifestação da comunidade de interesses entre empregador e trabalhadores na empresa, NIPPERDEY / MOHNEN / NEUMANN, *Der Dienstvertrag cit.*, 1185.

[765] LYON-CAEN, *Grundlagen...cit.*, 232 s.; SANTORO-PASSARELLI, *Lineamenti attuali...cit.*, 5; SIEBERT, *Einige Grundgedanken...cit.*, 16.

[766] É a opinião de BERNARDO XAVIER, *Curso...cit.*, 89 s.

aspecto focado por SANTORO-PASSARELLI[767]); e um terceiro grupo de autores chama a atenção para a necessidade de conjugar este princípio com o princípio da adequação social, e com a projecção principal deste último princípio, que identificam com o dever de paz social (é uma observação que encontramos em KASKEL e DERSCH, bem como em SIE-BERT[768]).

IV. Enunciados os princípios específicos do direito do trabalho mais referidos na doutrina, cabe justificar a afirmação que fizemos acima sobre o seu estreito relacionamento com o princípio da protecção do trabalhador. É que, na maioria das reflexões doutrinais sobre a matéria, estes princípios são apresentados como princípios de concretização do valor fundamental da protecção ou são justificados por remissão para o princípio da protecção.

Esta afirmação é facilmente ilustrada com alguns exemplos: assim, a natureza comunitário-pessoal da relação laboral, o princípio da auto-determinação colectiva e o princípio da jurisdição laboral especial e da arbitragem laboral são referidos como princípios de concretização do princípio geral da protecção por KASKEL e DERSCH[769]; SIEBERT[770] justifica directamente na ideia da protecção a maioria dos princípios laborais específicos que elenca, tanto na área regulativa individual como na área regulativa colectiva; NIPPERDEY, MOHNEN e NEUMANN reportam directamente à ideia de protecção o direito de coalisão e o princípio da cogestão[771]; PERGOLESI[772] justifica directamente os princípios da inder-

---

[767] *Lineamenti attuali...cit.*, 5.
[768] KASKEL / DERSCH, *Arbeitsrecht cit.*, 326 ss.; SIEBERT, *Einige Grundgedanken...cit.*, 16.
[769] *Arbeitsrecht cit.*, 18 ss.
[770] *Einige Grundgedanken...cit.*, 14 s. O autor apela ao princípio da protecção para justificar o princípio da igualdade entre os sujeitos laborais, a tutela da personalidade do trabalhador, a intervenção dos trabalhadores na gestão e o princípio da auto-tutela. E relativamente à autonomia colectiva, refere noutra sede (*Kollektivnorm und Individualrecht...cit.*, 122 s.), como objectivo das convenções colectivas, a uniformização das condições de trabalho e a protecção do trabalhador.
[771] NIPPERDEY / MOHNEN / NEUMANN, *Der Dienstvertrag cit.*, 1184 ss. Relativamente à cogestão, estes autores consideram que ela prossegue directamente o princípio da protecção (ao possibilitar a defesa dos interesses dos trabalhadores pela comissão de trabalhadores) e o princípio da tutela da personalidade do trabalhador, que se manifesta também na prossecução de interesses comuns entre trabalhadores e empregador.
[772] *Principii costituzionali...cit.*, 229.

rogabilidade das normas laborais e do tratamento mais favorável na função tutelar do direito laboral; e BERNARDO XAVIER[773] refere os três princípios que elenca como valorações fundamentais do direito laboral (a especificidade da prestação de trabalho, a ordem pública de tutela ao trabalhador subordinado e a autonomia colectiva) como concretizações do elemento teleológico nuclear da protecção[774].

Desta forma, pode dizer-se que a construção do direito do trabalho como área jurídica dogmaticamente autónoma assenta no objectivo da protecção do trabalhador, que se apresenta como sua valoração material fundamentante com eficácia geral. O princípio da protecção do trabalhador não é apenas o mais importante princípio específico do direito laboral, mas é um princípio envolvente, que funciona como argumento justificativo geral para os desvios das normas laborais em relação ao direito privado comum e como instância última de justificação dos outros princípios específicos da área jurídica, entendidos como seus derivados. O direito do trabalho é assim configurado, também no plano dogmático, pela maioria dos autores[775], como o direito da protecção do trabalhador na relação individual de trabalho.

---

[773] *Curso...cit.*, 86 ss., e *Direito do Trabalho* (Polis) *cit.*, 592.

[774] Ainda nesta óptica de concretização, por exemplo, BIGOTTE CHORÃO, *Notas...cit.*, 180, qualifica o princípio da autonomia colectiva como um desenvolvimento do princípio da protecção.

[775] Ainda assim, veja-se a apreciação crítica de HERSCHEL, *Vom Arbeitersschutz...cit.*, 306 s., em relação àquilo que qualifica como um excessivo empolamento do objectivo proteccionista do direito laboral, revelador de uma concepção paternalista da área jurídica, que parte da visão do trabalhador como sujeito carecido de uma tutela especial, logo como um *objecto* da protecção e não como um *sujeito* da relação jurídica. Para este autor, ainda que se deva reconhecer a importância do princípio da protecção, ele é apenas um dos princípios do direito laboral, uma vez que já se completou a integração plena do trabalhador na ordem jurídica, como entidade igual ao empregador; e, em consequência, a protecção do trabalhador deve ser vista como uma parcela do actual direito do trabalho, que é também o direito dos empregadores. Também Gerhard MÜLLER, *Einflüsse des kollektiven Arbeitsrecht auf das Arbeitsverhältnis (Teil I, II)* DB, 1967, 21, 903--909, e 22, 948-950 (*maxime* 903 e 950), entende que a visão do direito do trabalho a partir da relação laboral é uma visão limitativa, por não tomar em consideração as múltiplas influências do direito colectivo, e aconselha a sua superação por uma visão integrada dos dois domínios regulativos da área jurídica. Deve notar--se, no entanto, que, no momento histórico em que surgem, estas reflexões não têm grande significado, em face da tendência doutrinal largamente maioritária no sentido que acabámos de expor.

É com base neste entendimento que se irá processar o desenvolvimento posterior do direito do trabalho e que se tornam compreensíveis algumas das mais marcantes características que até hoje o acompanham, como veremos já a seguir.

36. As projecções do valor da protecção na compreensão global do sistema laboral — a caracterização do direito do trabalho como um direito unilateral, tendencialmente imperativo e uniforme, progressivo, garantístico e de vocação expansionista

I. A construção dogmática autónoma do direito do trabalho a partir do princípio da protecção, como princípio geral de compensação da situação de dependência do trabalhador no vínculo laboral, explica a orientação sistemática que assumiu a partir daí, bem como as características que, enquanto área jurídica *a se,* lhe são tendencialmente apontadas até hoje pela doutrina, e que se evidenciam também no caso português. Ao longo deste estudo, tivemos já ocasião de dar nota de algumas destas características; a descrição do processo de maturação científica do direito direito laboral que acabámos de fazer, permite-nos agora compreender a sua razão de ser, situando-as como projecções do princípio geral fundamentante da área jurídica.

II. A primeira característica usualmente reconhecida pela doutrina ao direito do trabalho, que se deixa explicar facilmente como projecção do princípio da protecção, é a característica da *unilateralidade*[776]: ainda que algumas normas laborais espelhem os interesses do empregador (como as normas que reconhecem os seus poderes laborais ou as que explicitam os deveres do trabalhador, por exemplo), o direito laboral é encarado globalmente como um direito *dos* trabalhadores e *para* os trabalhadores, porque é a protecção destes que está essencialmente em jogo. Em consequência, a regulação dos direitos e prerrogativas do empregador na relação de trabalho é feita no pressuposto da sua inevitabilidade e na óptica da sua limitação — não sendo contestável a posição dominial do empregador, que é, antes pelo contrário, usualmente afirmada directamente na lei (entre nós, nos arts. 20º nº 2 e 26º da LCT) e con-

---

[776] Apontando esta característica, por exemplo, ROUAST / DURAND, *Précis de législation...cit.,* 62.

firmada nas convenções colectivas[777], procura-se apenas, como refere expressivamente SUPIOT[778], «civilizá-la» através da imposição ao seu exercício das limitações necessárias para salvaguardar os direitos e garantias essenciais dos trabalhadores. Na verdade, é este objectivo pragmático de limitação da posição dominial do empregador no vínculo labo-

---

[777] Neste sentido, veja-se, entre nós, a frequência com que as convenções colectivas reafirmam expressamente a existência dos poderes de direcção e, sobretudo, do poder disciplinar na titularidade do empregador, quando tal afirmação é dispensável em face do respectivo reconhecimento legal — neste sentido dispõem, entre outros, o *ACT entre a CIMIANTO — Sociedade Técnica de Hidráulica, S.A. e outras e a FETESE — Federação dos Sindicatos dos Trabalhadores de Escritórios e Serviços e outros*, BTE, I S., nº 12, de 29/03/1988 (cláusula 48ª nº 1), o *ACT entre empresas e agências de navegação aérea e o SITAVA — Sindicato dos Trabalhadores da Navegação Aérea e Aeroportos*, BTE, I S., nº 44, de 29/11/1988 (cláusula 42ª nº 1), o *CCT entre a Associação Portuguesa de Empresas Cinematográficas e outra e o Sindicato da Actividade Cinematográfica e outro*, BTE, I S., nº 38, de 15/10/1988 (cláusula 76ª nº 1), o *CCT entre a APMM — Associação Portuguesa dos Armadores da Marinha Mercante e o Sindicato dos Trabalhadores de Terra da Marinha Mercante, Aeronavegação e Pesca e outro*, BTE, I S., nº 10, de 15/03/1989 (cláusula 20ª), o *CCT entre a Associação dos Operadores Portuários do Porto de Viana do Castelo e o Sindicato dos Estivadores, Lingadores e Conferentes de Viana do Castelo*, BTE, I S., nº 11, de 22//03/1989 (cláusula 107ª), o *AE entre a COVINA — Companhia Vidreira Nacional, S.A., e a FETESE — Federação dos Sindicatos dos Trabalhadores de Escritórios e Serviços e outros*, BTE, I S., nº 11, de 22/03/1989 (cláusula 61ª), o *AE entre a ANA — Aeroportos e Navegação Aérea , E.P., e o SITAVA — Sindicato dos Trabalhadores da Aviação e Aeroportos e outros*, BTE, I S., nº 23, de 22/06//1989 (cláusula 21ª nº 1), o *CCT entre a Associação Livre dos Industriais de Gessos e Cales e a Federação dos Sindicatos das Indústrias de Cerâmica, Cimento e Vidro de Portugal e outras*, BTE, I S., nº 26, de 15/07/1989 (cláusula 47ª nº 1), o *AE entre a QUIMIGAL — Química de Portugal, S.A. — e a FETESE — Federação dos Sindicatos dos Trabalhadores de Escritório e Serviços*, BTE, I S., nº 5, de 8/02/1990 (cláusula 111ª), o *AE entre a QUIMIGAL — Química de Portugal, S.A. — e o SERS — Sindicato dos Engenheiros da Região Sul e outros*, BTE, I S., nº 5, de 8/02/1990 (cláusula 111ª), o *CCT entre a Associação de Industriais de Ouriversaria do Sul e a Federação dos Sindicatos da Metalurgia, Metalomecânica e Minas de Portugal*, BTE, I S., nº 7, de 22/02/1990 (cláusula 56ª nº 1), o *CCT entre a APEB — Associação Portuguesa das Empresas de Betão Pronto e a Federação dos Sindicatos das Indústrias de Cerâmica, Cimento e Vidro de Portugal e outros*, BTE, I S., nº 10, de 15/03/1990 (cláusula 76ª nº 1), ou o *ACTV do sector bancário*, BTE, I S., nº 42, de 15/11/1994 (cláusula 115ª).

[778] *Pourquoi un droit du travail?* cit., 488.

ral que está na base da consagração dos mais importantes direitos e garantias dos trabalhadores (como o direito à irredutibilidade salarial, à invariabilidade da prestação, ao local de trabalho, a um limite máximo de horas de trabalho diário e semanal ou a férias pagas); é ainda este objectivo que se manifesta na exigência de funcionalização do poder directivo do empregador ao objecto do contrato de trabalho (que comporta, designadamente, o respeito pelos aspectos pessoais da vida do trabalhador); e é ainda ele que se evidencia no cuidado posto pelos vários sistemas jurídicos na regulação da manifestação mais forte da posição de poder do empregador, que é o poder disciplinar, tanto no aspecto da sua configuração estrutural, como no aspecto do seu exercício — foi esta preocupação limitativa que conduziu ao estabelecimento de princípios e regras como os da processualização da actuação disciplinar, da proporcionalidade entre a infracção e a sanção disciplinares, do direito de defesa e de reclamação do trabalhador, dos limites à sanção de multa, da preferência das sanções disciplinares conservatórias em relação à sanção de despedimento, da possibilidade de assistência técnica do trabalhador e de intervenção dos seus órgãos representativos no processo disciplinar, e até do controlo jurisdicional do exercício do poder disciplinar (arts. 28º e 31º da LCT e art. 10º da LCCT), que são, aliás, amplamente desenvolvidos nas convenções colectivas[779].

---

[779] Como tivemos ocasião de demonstrar no nosso *Do Fundamento...cit.*, 71 ss. Esta perspectiva eminentemente pragmática de assegurar os direitos e garantias dos trabalhadores sem negar a posição dominial do empregador mostra-se também noutros sistemas, como o italiano, o francês ou o espanhol, que regulam a matéria nesta óptica de tutela dos trabalhadores (perspeciva que ressalta, aliás, logo da designação dos diplomas reguladores como «*Statuto dei lavoratori*», «*Loi sur les libertés des travailleurs dans les entreprises*» e «*Estatuto de los Trabajadores*», respectivamente) e evidencia-se ainda nas reflexões doutrinais sobre esta matéria. Nesta óptica, veja-se, a título meramente exemplificativo, o tratamento doutrinal de questões como a da limitação da subordinação jurídica e dos correspondentes poderes directivo e regulamentar, orientado no sentido de evitar o seu exercício abusivo e de assegurar o respeito pela liberdade, convicções pessoais e vida privada do trabalhador — por exemplo, Antoine JEAMMAUD / Antoine LYON-CAEN, *Droit et direction du personnel*, DS, 1982, 1, 56-69, Jean SAVATIER, *La liberté dans le travail*, DS, 1990, 1, 49-58, e *La protection de la vie privée des salariés*, DS, 1992, 4, 329-336, Josseline de la CLAUSADE, *Le réglement intérieur d'entreprise et les droits de la personne, Conseil d'État 25 janvier 1989*, DS, 1990, 2, 201-204, Bernard BOSSU, *Droits de l'homme et pouvoirs du chef d'entreprise: vers un nouvel équilibre*, DS, 1994, 9/10, 747-758, ou DESPAX,

L'évolution du rapport de subordination...cit., 13 ss. Ainda a este propósito, mas desenvolvendo aspectos específicos desta problemática, *vd,* por exemplo, Theo MAYER-MALY, *Das Gewissen und das Arbeitsrecht, in Arbeitsleben und Rechtspflege, Fest. Gerhard* MÜLLER*,* Berlin, 1981, 325-332, sobre os problemas suscitados pelo conflito entre a prestação de trabalho e os imperativos de consciência do trabalhador; e, entre nós, António da Rocha Menezes CORDEIRO, *A liberdade de expressão do trabalhador, in* A. MOREIRA (coord.), *II Congresso Nacional de Direito do Trabalho — Memórias,* Coimbra, 1999, 24-43 (*maxime* 41 s.), apreciando os problemas colocados pela «fricção» entre a situação jurídica laboral e a liberdade de expressão do trabalhador, e, mais genericamente, sobre a dialética entre o contrato de trabalho e os direitos fundamentais dos trabalhadores, José João Nunes ABRANTES, *Contrato de trabalho e direitos fundamentais, in* A. MOREIRA (coord.), *II Congresso Nacional de Direito do Trabalho — Memórias,* Coimbra, 1999, 105-114. Também em muitas reflexões doutrinais em matéria disciplinar se nota esta preocupação de salvaguardar a posição do trabalhador perante as prerrogativas disciplinares do empregador sem questionar este poder — nesta perspectiva, vejam-se as reflexões da doutrina sobre a conciliação do poder disciplinar com o estatuto do trabalhador na empresa (por exemplo, Gilles BÉLLIER, *Droit disciplinaire et citoyenneté dans l'entreprise dans la réforme des droits des travailleurs,* DS, 1982, 5, 407-416), sobre o direito de reclamação do trabalhador da sanção disciplinar aplicada (por exemplo, João de Almeida POLICARPO, *O direito de reclamação do trabalhador,* ESC, 1969, 32, 41-60), sobre os limites do poder disciplinar (Maria do Rosário Palma RAMALHO, *Sobre os limites do poder disciplinar laboral, in* A. MOREIRA (coord.), *I Congresso Nacional de Direito do Trabalho — Memórias,* Coimbra, 1998, 181-198), sobre o princípio da proporcionalidade entre a infracção e a sanção disciplinar (por exemplo, MONTEIRO FERNANDES, *As sanções disciplinares...cit.*), sobre o exercício do poder disciplinar e sobre o seu controlo jurisdicional (por exemplo, Françoise VENNIN, *L'aménagement du pouvoir disciplinaire de l'employeur,* DS, 1983, 7/8, 486-493; Yves DEZALAY, *Le conseil de discipline: une juridiction à la charnière de l'ordre domestique et de l'ordre juridique,* ST, 1986, 3, 286-303; Jean-Luc CROZAFON, *Le contrôle juridictionnel de la sanction disciplinaire dans l'entreprise et dans l'administration,* DS, 1985, 3, 201-206; Jean SAVATIER, *Les formes de l'avertissement disciplinaire et le rôle du juge des référés prud'homal dans le contrôle des sanctions disciplinaires — jurisprudence commentée,* DS, 1984, 3, 184-189, e *Le contrôle judiciaire du pouvoir disciplinaire de l'employeur depuis la loi du 4 août 1982,* DS, 1986, 6, 501-505; Jean-Emmanuel RAY, *Contrôle minimum ou contrôle normal du juge judiciaire en matière disciplinaire?,* DS, 1987, 4, 365-367), ou sobre a possibilidade de amnistia das sanções disciplinares (por exemplo, Jean SAVATIER, *L'amnistie des sanctions disciplinaires dans les entreprises (loi du 4 août 1981),* DS, 1981, 9/10, 609-620). A perspectiva prática de delimitação da posição dominial do

§ 17º – O direito do trabalho como direito da protecção do trabalhador 433

A destinação de uma grande parte do normativo laboral à tutela do trabalhador evidencia esta característica de unilateralidade do direito do trabalho.

III. Em segundo lugar, a importância do objectivo proteccionista explica a característica da *imperatividade tendencial* das normas laborais. Porque a protecção do trabalhador se justifica na sua situação de dependência e esta se manifesta, entre outros aspectos, na ausência ou no fraco peso da sua liberdade negocial, o objectivo de igualização efectiva da posição jurídica das partes passa pela restrição dos poderes de autodeterminação do conteúdo do contrato (que, no caso, assistem sobretudo ao empregador) através de normas imperativas. Independentemente da sua qualificação como uma parcela do direito privado ou como uma área jurídica híbrida (ponto sobre o qual a doutrina se divide, como já tivemos ocasião de observar[780]), o direito laboral é pois caracterizado como uma área jurídica tendencialmente imperativa pelos autores[781].

Manifestam esta característica, no caso português, a presunção da natureza imperativa mínima das normas laborais (art. 13º nº 1 da LCT), a regra da impossibilidade de afastamento das normas legais imperativas pelo contrato de trabalho excepto no sentido mais favorável ao trabalhador (art. 14º nº 2 da LCT), a regra da recepção automática das cláusulas mais favoráveis de convenções colectivas pelo contrato de trabalho (art. 14º nº 1 da LRCT), ou ainda as normas convénio-dispositivas (art. 13º nº 2 da LCT), que apenas admitem a derrogação por convenção colectiva de trabalho mas não pelo contrato de trabalho[782].

---

empregador na relação de trabalho é revelada expressivamente por autores como ROMAGNOLI, *Lavoratori e sindacati...cit.*, 116, na afirmação de que, sendo inegável a autoridade da empresa, deve procurar-se apenas garantir que esta autoridade não se transforme em autoritarismo.

[780] *Supra*, § 2º, 2.II. e III., e § 17º, 34.I.

[781] Apontando esta característica, por exemplo, ROUAST / DURAND, *Précis de législation...cit.*, 61, e *Précis de droit du travail cit.*, 85.

[782] Teremos ocasião de retirar as devidas ilações dogmáticas destas regras na reconstrução do problema da autonomia dogmática, que vamos fazer na última parte do nosso estudo — em especial sobre os pontos referidos em texto, § 30º, 66. e 67. A este passo pretendemos apenas dar nota da caracterização genérica do direito do trabalho como complexo normativo tradicionalmente imperativo, que este tipo de regras alicerça, no sistema jurídico português como noutros sistemas.

IV. Em terceiro lugar, o princípio da protecção explica aquilo que um sector da doutrina designa como a característica da *progressividade* ou do *progressismo* do direito laboral[783]. Esta característica — a entender no sentido técnico e não sociológico do termo — analisa-se na orientação da área jurídica para a intensificação e para a universalização do estatuto laboral protectivo. Uma vez justificado o princípio da protecção como princípio fundamental de compensação da dependência do trabalhador no vínculo laboral, o direito do trabalho assume como seu objectivo primordial a melhoria do estatuto protectivo dos trabalhadores subordinados e a extensão desse regime protectivo a um número cada vez maior de trabalhadores.

A prossecução do objectivo de intensificação da protecção é exemplificada por situações como a actualização periódica dos salários mínimos, a progressiva diminuição dos períodos normais de trabalho diário e semanal e o aumento do período de férias pagas, ou ainda o aumento do número de situações de risco social cobertas pelos deveres assistenciais do empregador.

O objectivo de universalização da protecção[784] é prosseguido, numa primeira fase, através da extensão do regime protectivo a algumas categorias de trabalhadores subordinados que tradicionalmente dele estavam excluídos (em primeiro lugar, os trabalhadores não industriais e, mais tarde, os trabalhadores subordinados não típicos, como os trabalhadores a termo, os trabalhadores temporários ou até os trabalhadores dirigentes[785]); e, numa segunda fase, pela tendência de extensão do

---

[783] Referindo esta característica, por exemplo, CAMERLYNCK, *Traité...cit.*, 42 s. e nota [49].

[784] Alguns autores identificam esta valência horizontal da característica da progressividade do direito laboral com a sua tendência expansionista (neste sentido, por exemplo, Luigi MENGONI, *La questione della subordinazione in due trattazioni recenti*, RIDL, 1986, I, 5-19 (8), ou GHEZZI / ROMAGNOLI, *Il rapporto di lavoro cit.*, 28 ss.). Na nossa perspectiva, que exporemos já a seguir, a característica do expansionimo do direito laboral evidencia, sobretudo, a capacidade de exportação de técnicas e de princípios típicos desta área jurídica para outros domínios do direito.

[785] Relativamente ao regime jurídico dos trabalhadores temporários, *vd*, por exemplo, Maria Regina Gomes REDINHA, *Empresas de trabalho temporário*, RDE, 1984/85, 137-171, e da mesma autora, *A Relação Laboral Fragmentada — Estudo sobre o Trabalho Temporário*, Coimbra, 1995, ou Jean de MAILLARD, *Scolie sur le rapport de subordination*, DS, 1982, 20-21; sobre os trabalhadores diri-

regime de protecção laboral a trabalhadores não formalmente subordinados mas economicamente dependentes, como os trabalhadores no domicílio[786], por exemplo.

De uma forma geral, a universalização do estatuto protectivo é ligada pelos autores à ideia da uniformização desse mesmo estatuto, no sentido de que não basta a extensão do regime protectivo a todas as categorias de trabalhadores subordinados mas é também necessário assegurar que nessa extensão se atinja o *standard* de protecção do grupo originário, ou, pelo menos, que se reconheça um reduto mínimo de direitos e garantias comum a todos os trabalhadores, directamente justificado na qualidade de trabalhador subordinado e independente das diferenças inerentes à conformação específica de cada um dos vínculos laborais[787]. Esta característica da uniformização foi naturalmente acentuada pela regu-

---

gentes, *vd*, por exemplo, Hélène SINAY, *Le statut juridique des cadres dirigeants*, DS, 1982, 1, 70-74.

[786] A propósito destas categorias de fronteira, a doutrina tem ensaiado a extensão do conceito técnico-jurídico delimitador da subordinação, por diversas vias — neste sentido, o conceito de *parasubordinazione* é desenvolvido amplamente na doutrina italiana (sobre esta matéria, por exemplo, Giuseppe SANTORO-PASSARELLI, *Il lavoro parasubordinato*, Milano, 1983, Marcello PEDRAZZOLI, *Prestazione d'opera e parasubordinazione*, RIDL, 1984, 506-556, MENGONI, *La questione della subordinazione...cit.*, 18, Maria Vittoria BALLESTRERO, *L'ambigua nozione di lavoro parasubordinato*, Lav.Dir., 1987, 1, 41-67, ou GHEZZI / ROMAGNOLI, *Il rapporto di lavoro cit.*, 28 s.); entre nós difundiu-se o conceito de *contratos equiparados ao contrato de trabalho*, apresentado no art. 2º da LCT, e amplamente tratado pela doutrina nacional (por exemplo, António de Lemos Monteiro FERNANDES, *Notas sobre os contratos «equiparados» ao contrato de trabalho (art. 2º da LCT)*, ESC, 1970, 34, 11-35, ou Manuela AGUIAR, *A regulamentação do trabalho domiciliário*, ESC, 1973, 35, 59-66), e a doutrina francesa trata amplamente os problemas do trabalho no domicílio (neste sentido, por exemplo, Roger JAMBU-MERLIN, *Les travailleurs intelectuels à domicile*, DS, 1981, 7/8, 561-568). Sobre esta matéria, *vd* ainda a apreciação comparada de Maria da Conceição Tavares da SILVA, *Trabalho no domicílio*, ESC, 1962, 4, 13-41, que refere, como tendência geral dos sistemas jurídicos, «a atracção destes [trabalhadores no domicílio] para a esfera do trabalho subordinado» (*idem*, 29). Na verdade, como faz notar Arturo Carlo JEMOLO, *Prestazione professionale e lavoro subordinato*, Riv.dir.civ., 1968, II, 405-407 (407), sendo difícil delimitar as fronteiras entre o trabalho autónomo e o trabalho subordinado, parece não haver dúvidas sobre a tendência de estreitamento do âmbito do primeiro e de alargamento da esfera do segundo.

[787] Sobre este ponto, por exemplo, MENGONI, *La questione della subordinazione... cit.*, 10 ss.

lamentação laboral por via convencional colectiva[788] e pelos fenómenos de internacionalização e de comunitarização do direito do trabalho, que muito têm contribuído para o desenvolvimento deste reduto mínimo de direitos e garantias, em matérias como a igualdade salarial e a igualdade de tratamento no acesso ao emprego e nas condições de trabalho, a protecção da maternidade ou a livre circulação dos trabalhadores[789].

V. Ligada à progressividade está ainda a característica que alguns autores designam como o *garantismo* do direito laboral[790], e que se analisa na irreversibilidade do estatuto protectivo — o princípio da protecção impõe não apenas que o regime de tutela laboral vá sendo cada vez mais abrangente mas também que as vantagens obtidas não possam ser retiradas ao trabalhador. Manifestam esta característica, no nosso sistema jurídico, as normas que consagram os chamados direitos adquiridos dos trabalhadores, a irredutibilidade da retribuição e da irreversibilidade da categoria profissional (art. 21º nº 1 c) e d) da LCT), o direito ao lugar em casos de suspensão do contrato (art. 2º nº 1 da

---

[788] Como refere, por exemplo, KISSEL, *Arbeitsrecht im Spannungsfeld...cit.,* 195.

[789] Assim, alguns autores reconhecem, neste domínio, a existência de verdadeiros princípios de direito laboral comunitário, que prosseguem o objectivo de harmonização das condições de trabalho referido no Tratado de Roma e reforçado no Tratado de Maastricht — neste sentido, *vd*, por exemplo, as referências de Mario GRANDI, *Diritto del lavoro e Comunità Europea,* RIDL, 1995, I, 133-163 (138 e 153 s.), aos princípios da livre circulação de trabalhadores, da protecção das condições de trabalho e de vida, da igualdade de oportunidades e de tratamento entre trabalhadores dos dois sexos, da promoção de um elevado nível de ocupação e de protecção social, do diálogo social, e dos direitos de informação e de participação dos trabalhadores; ou as referências de Massimo D'ANTONA, *Armonizzazione del diritto del lavoro e federalismo nell'Unione Europea,* Riv.trim.DPC, 1994, 3, 695--717 (700 s.), às várias formas de harmonização das condições de trabalho desenvolvidas ao nível do direito comunitário. Especificamente sobre o tratamento comunitário do problema da livre circulação de trabalhadores, *vd* ainda Maria Luisa DUARTE, *Tribunal das Comunidades Europeias (Acórdãos de 27 de Setembro de 1989 e 27 de Março de 1990 — Livre Circulação de Trabalhadores) — Comentário,* ROA, 1991, I, 255-290.

[790] O termo «garantismo» difundiu-se sobretudo na doutrina italiana (por exemplo ROMAGNOLI, *Lavoratori e sindacati...cit.,* 110 s., e GHEZZI / ROMAGNOLI, *Il rapporto di lavoro cit.,* 15, ou Aldo CESSARI / Raffaelle de Luca TAMAJO, *Dal garantismo al controllo,* 2ª ed., Milano, 1987.

LSCT, art. 17º nº 1 da LFFF, art. 23º nᵒˢ 2 e 3 da L. nº 4/84, de 5 de Abril, de acordo com a redacção e a renumeração introduzidas pela L. nº 142/99, de 31 de Agosto), ou o direito à inamovibilidade (art. 21º nº 1 e) da LCT).

VI. Uma última característica do direito do trabalho, que nos parece reflectir o seu desenvolvimento sistemático e a sua maturidade científica a partir da década de cinquenta, é a da sua *tendência expansionista*, que se manifesta no facto de muitas das técnicas e dos institutos desenvolvidos no domínio laboral, em prossecução do princípio fundamental da protecção, tenderem a ser utilizados noutros contextos relacionais e por outras áreas jurídicas[791].

O exemplo paradigmático desta tendência expansionista situa-se no âmbito do direito administrativo e é dado pelo regime jurídico das relações de emprego público. Não só se verifica uma grande afinidade entre as situações jurídicas do trabalhador público e do trabalhador subordinado privado (como tivemos ocasião de salientar, a propósito da delimitação do conceito de actividade laboral, é a posição do credor do trabalho e não a posição do trabalhador que permite estabelecer a distinção entre o trabalho subordinado e o vínculo de emprego público[792]), como se constata o recurso das entidades públicas aos mecanismos laborais de contratação[793], e ainda a exportação de figuras e institutos colectivos tipicamente laborais, como as associações sindicais, os instrumentos de regulamentação colectiva do trabalho e o próprio direito de greve, para o domínio das relações de serviço público[794], de uma

---

[791] Referindo a tendência de expansão dos institutos e regimes típicos do direito laboral neste sentido, por exemplo, SANTORO-PASSARELLI, *Specialità...cit.*, 1993; também Enzo CATALDI, *Il diritto del lavoro nell'ordinamento giuridico generale*, DLav., 1953, I, 205-221 (216), se refere a este fenómeno como a tendência centripta do direito do trabalho, que atrai a si e às suas técnicas a regulamentação das profissões liberais, do emprego público ou do trabalho agrário.

[792] *Supra*, § 3º, 4.6.

[793] Neste sentido, veja-se no nosso sistema jurídico, por exemplo, a previsão legal do recurso ao contrato de trabalho a termo na Administração Pública (DL nº 427/89, de 7 de Dezembro, arts. 18º a 21º), com as alterações introduzidas pelo DL nº 407/91, de 17 de Outubro, pela L. nº 19/92, de 13 de Agosto, e pelo DL nº 218/98, de 17 de Julho; e, no que se refere à administração local, *vd* o DL nº 427/87, de 17 de Junho (arts. 44º ss.).

[794] Neste sentido, o nosso sistema jurídico regula o exercício da liberdade

forma que leva alguns autores a reconhecerem a ampla penetração publicista do direito do trabalho ou a admitirem a existência de uma tendência para a «privatização» da relação de serviço público[795].

---

sindical dos trabalhadores públicos e a negociação colectiva nas relações de serviço público (DL n° 84/99, de 19 de Março, e L. n° 23/98, de 26 de Maio, respectivamente) e assegura genericamente o direito de greve aos trabalhadores públicos (art. 12° da LG). Especificamente sobre a extensão do direito de greve à função pública e aos serviços públicos essenciais, vd, por exemplo, o tratamento da questão do direito à greve dos magistrados judiciais por Francisco Liberal FERNANDES, *Gozam os magistrados do direito à greve?*, Pront.LT, 1993, 42, 12-14, ou a discussão do problema da greve dos médicos em serviços hospitalares públicos em Vincenzo Spagnuolo VIGORITA, *Sciopero dei medici ospidalieri a autodisciplina nei servizi pubblici essenziali*, RIDL, 1984, I, 287-302.

[795] A penetração publicista do direito laboral é evidenciada por autores como Giovanni ROBERTI, *Espansione e sviluppo del diritto del lavoro*, DLav., 1964, I, 31-46 (33), Paul DURAND, *Il diritto del lavoro nel quadro delle scienze sociali alla metà del XX secolo*, DLav., 1958, I, 193-203 (196), e, do mesmo autor, *Naissance d'un droit nouveau...cit.*, 438 e 440; e, mais recentemente, CESTER, *Lavoro subordinato...cit.*, 763, CARINCI, *Contratto e rapporto di lavoro...cit.*, 653 s., COLOMBO, *Equilibrio tra garantismo legislativo...cit.*, 84, BATTAGLINI, *L'influenza del diritto del lavoro...cit.*, 40 ss. e 56, e Maria Vittoria BALLESTRERO, *Emploi privé, emploi public: de la différence au droit commun*, in A. SUPIOT (dir.), *Le travail en perspectives*, Paris, 1998, 375-389 (381 ss.), quanto ao caso italiano; Simon DEAKIN, *Privatisation, transformation des entreprises et droit du travail en Grande-Bretagne*, também em A. SUPIOT (dir.), *Le travail en perspectives*, Paris, 1998, 391-401, quanto ao caso britânico; Max RODD, *Aspects de la législation applicable aux fonctionnaires aux Pays-Bas*, ainda em A. SUPIOT (dir.), *Le travail en perspectives*, Paris, 1998, 403-411 (409 s.), quanto ao caso holandês; e, quanto ao caso francês, Nicole MAGGI-GERMAIN, *L'emploi public en voie de disparition? L'exemple des entreprises de service public*, bem como Yannick MOREAU, *Transformation de la relation de travail dans les entreprises de service publique*, ambos in A. SUPIOT (dir.), *Le travail en perspectives*, Paris, 1998, respectivamente 413-426 e 427-442. Na doutrina nacional, também realça esta penetração do direito laboral nos vínculos de trabalho público JOSÉ JOÃO ABRANTES, *Direito do Trabalho — Ensaios cit.*, 20, considerando como pontos de maior penetração os aspectos da regulamentação colectiva. Salientando, pelo contrário, a influência do direito administrativo no direito laboral (embora reconheça a penetração do direito do trabalho na regulamentação do vínculo de funcionalismo público), por exemplo, PEREZ BOTIJA, *Aportaciones...cit.*, 12 ss. Já outros autores consideram que, mais do que uma tendência para o recuo do direito público perante o direito laboral na regulamentação dos vínculos de trabalho modernos, os dois domínios mantêm uma relação intrincada nesta matéria, sem perda de importância do domí-

§ 17° – O direito do trabalho como direito da protecção do trabalhador 439

Mas, para além deste caso, é reconhecida a influência do direito do trabalho noutras áreas jurídicas, como o direito constitucional[796], o direito internacional[797], o direito comercial[798], ou o direito processual[799], bem como o aproveitamento de diversos institutos e técnicas laborais noutros contextos e, nomeadamente, no âmbito do direito civil, que os desenvolveu em termos genéricos.

Nesta última área de expansão, é reconhecida a contribuição do direito laboral para o desenvolvimento da teoria geral do negócio jurídico em diversos aspectos. Assim, os autores reconhecem que o direito laboral contribuiu para o desenvolvimento da teoria do tipo, com o aperfeiçoamento do método tipológico na delimitação do contrato de traba-

---

nio público — é a opinião subscrita por Alain SUPIOT, *Le travail et l'opposition public/privé*, in A. SUPIOT (dir.), *Le travail en perspectives*, Paris, 1998, 335-345 (336 ss.).

[796] Assim, a influência do direito do trabalho no direito constitucional é salientada por autores como FECHNER, *Sozialer Rechtstaat...cit.*, 167, GAMILLSCHEG, *Die allgemeine Lehren...cit.*, ou GIUGNI, *Direito do trabalho cit*, 352, o primeiro referindo o contributo do direito laboral para o desenvolvimento do pensamento social ao nível constitucional, e o segundo e o terceiro enfatizando o sua importância no desenvolvimento da questão do efeito directo dos direitos fundamentais.

[797] Neste sentido, refere DURAND, *Il diritto del lavoro nel quadro...cit.*, 198, a importância do direito do trabalho para o surgimento de instituições como a OIT.

[798] Neste sentido, ainda DURAND, *Il diritto del lavoro nel quadro...cit.*, 197, chamando a atenção para a influência do direito do trabalho em matérias de incidência comercial como a cogestão, o regime jurídico das falências, a situação dos agentes comerciais ou a situação dos trabalhadores dirigentes das sociedades. Reconhecendo também a influência do direito laboral no direito comercial, mais recentemente, ALAIN SUPIOT, *Pourquoi un droit du travail? cit.*, 488 s.

[799] A este propósito, Andrea Proto PISANI, *L'influenza del diritto del lavoro sul diritto civile, diritto processuale civile, diritto amministrativo — diritto processuale civile*, DLRI, 1990, I, 23-38 (23 ss.), realça a importância do direito laboral na evolução da ciência jurídica processualista moderna, ajudando à recuperação de dois dos seus valores básicos: a ligação entre o direito substantivo e o direito processual e o valor da eficácia da tutela jurisdicional como valor primário do processo. Para este autor, foram as questões laborais que puseram mais em evidência a distância entre os progressos da legislação substantiva e o imobilismo das normas processuais, o que contribuiu para o desenvolvimento científico do direito processual, no debate de questões como a da admissibilidade de processos sumários e de processos especiais, ou a dos limites da execução forçada das sentenças relativas a prestações de *facere*, por exemplo.

lho; que contribuiu para a evolução dogmática do conceito de objecto do negócio jurídico, com a delimitação entre deveres principais e deveres acessórios; que fez progredir genericamente a teoria do contrato, desde a fase negocial (com a admissibilidade da imposição de deveres de negociar e até de celebrar o contrato em certos casos) até à fase de execução do contrato (por exemplo com a admissibilidade de poderes de controlo sindical e administrativo sobre o desenvolvimento do vínculo); que teve grande importância para a evolução do tratamento jurídico dos contratos de execução continuada, em aspectos que vão desde a admissibilidade do enfraquecimento do nexo de correspectividade entre os deveres das partes (pela sobrevivência da relação laboral em casos de suspensão da prestação de trabalho) até à matéria da invalidade (com a limitação *ex nunc* dos seus efeitos no contrato de trabalho), passando pelos problemas da perturbação da prestação (com a preferência reconhecida às sanções conservatórias do vínculo sobre as sanções resolutivas); que contribuiu para enriquecer a teoria geral das fontes do negócio jurídico (com a figura das convenções colectivas, com a ideia de negociação das normas e com a admissibilidade das denominadas «leis de experimentação»[800]); e, finalmente, que contribuiu para o desenvolvimento do instituto da responsabilidade civil (com a responsabilidade acidentária), da teoria geral da indemnização (com a ideia da reintegração em caso de despedimento ilícito), e da construção dogmática dos direitos de personalidade (pela forma como concilia o envolvimento pessoal do trabalhador no vínculo com o poder directivo do empregador)[801].

---

[800] É a expressão utilizada por Antoine LYON-CAEN, *Changement politique et changement du droit du travail, in Les Transformations du droit du travail. Études offertes à G. LYON-CAEN,* Paris, 1989, 1-10 (7 s.), para referir a prática laboral de emissão de diplomas assumidos à partida como transitórios ou cuja aplicação fica fortemente dependente do controlo do Estado.

[801] Referindo a maioria destes pontos para exemplificar a influência do direito do trabalho no direito civil, Antonino CATAUDELLA, *Apporti di diritto del lavoro a talune categorie civilistische,* RIDL, 1991, I, 24-33 (25 ss.), ou GIUGNI, *Direito do trabalho cit.,* 352 ss. Em especial, realçando a influência do direito laboral no desenvolvimento da teoria da responsabilidade civil objectiva, por exemplo, Schnorr Von CAROLSFELD, *Das Arbeitsverhältnis als Rechtskomplex, zugleich ein Beitrag zum Komplexdenken im Recht,* RdA, 1969, 7/8, 238-244 (243 s.); salientando a contribuição da ciência jurídica laboral para a evolução do conceito de objecto do negócio jurídico, da teoria dos contratos de execução continuada e das situações de perturbação da prestação e da teoria da indemnização, BRECHER,

Como veremos[802], a tendência expansionista do direito laboral vai ser aproveitada pelos sectores doutrinais mais críticos da autonomia dogmática da área jurídica para invocar contra ela um argumento de superação histórica do problema: para estes autores, ainda que as especificidades da fenomenologia laboral tenham historicamente justificado a autonomização do direito do trabalho, o facto de o direito comum ter aproveitado as suas técnicas explicativas especiais e alguns dos seus institutos, generalizando umas e outros, permitiu ultrapassar o problema da autonomia, que se teria assim tornado desnecessária.

Nesta fase da exposição, é prematuro formular qualquer juízo sobre este entendimento. Contudo, cremos ser importante referir esta característica de expansionismo na medida em que ela manifesta a capacidade de intervenção geral do direito laboral, provando que, se não hoje pelo menos numa fase não muito distante da sua história, ele esteve na origem do debate de algumas das questões dogmáticas de ponta das últimas décadas, e veio, com as soluções que para elas encontrou, a contribuir de forma significativa para o progresso geral da ciência do direito[803].

VII. Apresentadas estas características, deve dizer-se que a construção científica do direito laboral a partir do princípio da protecção possibilitou, entre as décadas de cinquenta e de setenta, um enorme desenvolvimento da área jurídica em termos sistemáticos e dogmáticos — no primeiro aspecto, prosseguindo de uma forma satisfatória as metas da intensificação e da universalização do estatuto laboral protectivo; e, no segundo aspecto, consolidando o afastamento da área jurídica em relação ao direito civil, com a consolidação das suas valorações específicas e da sua metodologia própria, recorrentemente testadas na prática jurisprudencial.

Das Arbeitsrecht als Kritik...cit., 44 s.; referindo a influência do direito laboral no direito civil, a propósito da regulamentação das profissões liberais, ALAIN SUPIOT, *Pourquoi un droit du travail? cit.,* 488 s.; e salientando a contribuição do direito laboral para o desenvolvimento geral da teoria das fontes do direito, pelo facto de ter lançado a ideia da negociação das leis, como alternativa à sua imposição unilateral e de ter dado oportunidade à prática de leis de experimentação, A. LYON-CAEN, *Changement politique...cit.,* 6 ss.
  [802] *Infra,* § 20°, 43. e 45.1.
  [803] Neste sentido, GIUGNI, *Una lezione...cit.,* 208 s., que, noutra sede (*Direito do trabalho cit.,* 352 s.), não hesita até em afirmar o direito do trabalho como o motor da evolução recente do direito privado.

Apesar de tudo, esta construção dogmática do direito do trabalho com base na relação de trabalho e no princípio da protecção é, no nosso entender, inaceitável, como demonstraremos já a seguir.

37. Apreciação crítica da construção dogmática do direito laboral a partir da relação de trabalho e do princípio da protecção — a ineptidão inicial desta construção

I. A construção dogmática autónoma do direito do trabalho que acabamos de expor será posta em causa a partir da década de setenta, com a refutação dos seus alicerces — a natureza comunitário-pessoal da relação laboral é, desde essa época, negada por diversos sectores doutrinais e a bondade e a suficiência do princípio da protecção do trabalhador são questionadas pelos seus efeitos perversos. Este movimento de crítica está na origem da denominada «crise dogmática», que hoje é imputada ao direito do trabalho, e que nos ocupará na parte seguinte do nosso estudo. Para esse momento, reservamos pois a nossa apreciação final sobre estes dois pilares da construção dogmática autónoma da área jurídica.

Antes de entrarmos na apreciação desta nova fase da dogmática laboral, parece-nos, contudo, importante, chamar a atenção para um facto, que não é usualmente apontado pelos autores, mas que julgamos constituir a incongruência originária desta construção científica — a sua desadequação em relação ao sistema laboral positivo. Embora compreensível no contexto histórico em que a construção se desenvolveu, esta desadequação põe em causa a sua validade e contribui, tanto como os vícios de fundo, usualmente apontados pela crítica, para explicar o seu posterior fracasso. Porque se torna manifesto com a articulação da construção ao sistema de direito positivo vigente, aquando do seu desenvolvimento, este facto deve ser apontado de imediato.

II. Como verificámos, apesar da afirmação de princípios de incidência colectiva, a justificação da autonomia dogmática do direito laboral é encontrada pela doutrina, exclusiva ou primacialmente, na singularidade da relação individual de trabalho em razão dos seus elementos de comunidade e de pessoalidade — afirmação comum no seio da doutrina germânica, mas também noutros contextos doutrinais. É a importância nuclear que continua a ser reconhecida à relação de trabalho nesta

§ 17º – O direito do trabalho como direito da protecção do trabalhador 443

construção que explica a omnisciência e a suficiência do princípio da protecção como princípio fundamentante geral da área jurídica e a inerente recondução dos princípios de incidência colectiva a princípios derivados ou de concretização do valor da protecção. A visão do direito do trabalho como área jurídica autónoma continua pois, numa linha corrente com a abordagem clássica do problema da autonomia, a ser uma visão eminentemente privatística[804], no sentido em que afirma a autonomia a partir do reconhecimento da singularidade da relação laboral e valoriza esta relação na sua dimensão individual — ou seja, como um vínculo jurídico (negocial ou institucional) de direito privado, que se estabelece entre dois sujeitos singulares, prosseguindo interesses particulares (divergentes ou convergentes).

No nosso entender, esta perspectiva de abordagem do problema da autonomia dogmática do direito do trabalho é, de certa forma, incongruente com o desenvolvimento sistemático da área jurídica na época, já que o período do pós-guerra corresponde, na maioria dos países da Europa ocidental, ao relançamento da parcela regulativa colectiva do direito laboral e ao desenvolvimento dos seus principais institutos (convenção colectiva e greve) no sentido da recuperação da sua função originária[805]. Ora, parece-nos que, se a focalização do debate sobre a

---

[804] Reconhecendo expressamente a essência privatística desta construção, por exemplo, Wolfgang SIEBERT, *Beiträge zum System des geltenden Arbeitsrecht*, RdA, 1959, 5, 167-173 (172 s.), que considera, em consequência, o direito privado como um quadro jurídico suficientemente rico para enquadrar tanto as situações laborais individuais como as do foro colectivo.

[805] Não incluimos obviamente aqui o caso português ou o caso espanhol, por razões conhecidas e que dispensam aprofundamento. Já em sistemas jurídicos como o germânico (a partir de certa altura, reportado apenas à RFA, uma vez que o contexto ideológico do sistema jurídico da RDA é totalmente diverso — sobre esta matéria, por todos, RÜTHERS, *Arbeitsrecht und Ideologie cit.*, 114 ss.), bem como o austríaco, o italiano, o belga ou o francês, a doutrina é unânime na indicação deste período histórico como a época do relançamento do direito laboral colectivo e da recuperação das ideias de autonomia colectiva e de auto-tutela colectiva pelos seus principais institutos e actores sociais. Neste sentido, *vd*, por todos, na doutrina germânica, NIPPERDEY, *L'évolution du droit du travail...cit.*, 31 ss., referindo o renascimento dos sindicatos e a abolição das limitações impostas às associações patronais nos anos subsequentes à guerra, bem como o estabelecimento das bases da cogestão e o termo da ingerência pública no conteúdo das convenções colectivas, na sequência da afirmação da liberdade de coalisão no art.

autonomia no problema da natureza da relação de trabalho tinha uma justificação óbvia na fase de afirmação diferenciada da situação jurídica em causa relativamente à sua génese civil (ou seja, nos primórdios do direito laboral) e podia ainda compreender-se na fase histórica de secundarização dos fenómenos e institutos laborais colectivos (que correspondeu à década de trinta e à primeira metade da década de quarenta), a partir do momento em que as entidades e os institutos do direito laboral colectivo reassumem o seu protagonismo e que é aceite a sua influência na relação de trabalho causa, no mínimo, alguma perplexidade a insistência da doutrina numa visão marcadamente individualista da área jurídica, com a inerente secundarização das normas e dos princípios laborais de incidência colectiva.

Esta incongruência é, aliás, particularmente evidente no caso germânico. É que, se é a doutrina germânica que mais insiste na suficiência da relação comunitário-pessoal de trabalho para justificar a autonomia dogmática do direito laboral, é também no sistema jurídico alemão que os instrumentos e os institutos laborais colectivos atingem um maior grau de desenvolvimento — mais do que em qualquer outro sistema europeu se aperfeiçoaram aqui, desde os anos cinquenta, mecanismos

---

9° n° 3 da GG de 1949; na doutrina austríaca, no mesmo sentido, KUMMER, *Die Entwicklung des Arbeitsrechtes...cit.,* 136 s.; na doutrina italiana, por todos, CASANOVA, *Il diritto del lavoro nei primi...cit.,* 237 e 256, referindo a renovação das convenções colectivas após a guerra, e classificando-as como o instituto fundamental do direito do trabalho, em resultado dos princípios introduzidos pela Constituição de 1948; ainda especificamente sobre as convenções colectivas na doutrina belga, G. MAGREZ-SONG, *Le droit conventionnel...cit.,* 597, considerando que o seu estatuto jurídico especial apenas foi reconhecido depois de 1945; na doutrina francesa, por exemplo, DESPAX, *Négociations...cit.,* 46, 54 ss. e 2, nota [1], refere o período da guerra como uma fase de hibernação da negociação colectiva («*la "mise en sommeil" des conventions collectives*»), e indica a *Loi du 11 février 1950* como o ponto de partida para o relançamento da negociação colectiva em França, dando conta da celebração de mais de 30 000 convenções a partir desse ano; na mesma linha, Jean-Maurice VERDIER, *Syndicats et droit syndical, in* G. H. CAMERLYNCK (dir.), *Droit du travail,* V (tome II — *Le droit syndical dans l'entreprise),* 2ª ed., Paris, 1984, 4, fixa o ano de 1945 como o ano de reconstituição das associações e confederações sindicais, após a sua dissolução pelo Governo de Vichy, e Hélène SINAY, *La gréve, in* G. H. CAMERLYNCK (dir.) *Traité de droit du travail,* VI, Paris, 1966, 89 s. e 28, indica a liberdade de greve, reconhecida pelo preâmbulo da Constituição de 1946, como o momento de juridicização da greve, e o movimento grevista de Agosto de 1953 como o prelúdio das greves modernas.

§ 17º – O direito do trabalho como direito da protecção do trabalhador 445

autónomos de regulamentação colectiva de trabalho ao nível profissional e empresarial, bem como sistemas complexos e eficazes de composição arbitral dos conflitos laborais e, de uma forma também sem paralelo, foi aceite, delimitada e regulamentada a intervenção dos trabalhadores na gestão das empresas[806].

III. A incongruência referida é, apesar de tudo, fácil de explicar no contexto histórico em que se desenvolveu a construção dogmática autónoma do direito laboral. Do nosso ponto de vista, esta incongruência não é apenas uma herança da perspectiva mais difundida de abordagem do problema da autonomia na doutrina, durante o período que antecedeu o relançamento do direito laboral colectivo, mas é também o resultado da persistência de dois factores que sempre influenciaram o desenvolvimento do direito laboral em termos sistemáticos e que já tivemos oportunidade de referir noutros passos da exposição: como factor especificamente germânico, a tradicional ausência de previsão autónoma da figura do contrato de trabalho na lei civil e a consequente tendência para associar as questões da autonomia dogmática e da codificação do direito do trabalho no discurso doutrinal[807]; como factor comum à generalidade dos sistemas laborais europeus, a tendência de crescimento sistemático disjunto das diversas áreas regulativas do direito do trabalho[808].

Por um lado, a ciência jurídica germânica foi influenciada de uma forma decisiva pelo carácter lacunoso do BGB em matéria laboral. A opção do código pela não autonomização da figura do contrato de trabalho relativamente ao contrato de serviço constituiu um desafio à elaboração doutrinal (talvez por isso mesmo extremamente rica), mas levou os analistas a concentrarem a sua atenção no problema da delimitação do contrato e da relação de trabalho relativamente à figura genérica do *Dienstvertrag* (encarando-a assim, verdadeiramente, como um problema de *emancipação*) e foi naturalmente associada à exigência

---

[806] Sobre este desenvolvimento do direito laboral colectivo nesta época, vd, por todos, NIPERDEY / MOHNEN / NEUMANN, *Der Dienstvertrag cit.*, 1181 s., que, a este propósito, distinguem no direito do trabalho as áreas regulativas relativas às convenções colectivas (o *Tarifvertragsrecht*), à constituição da empresa (o *Betriebsverfassungsrecht*) e aos acordos de empresa (o *Betriebsvereinbarungsrecht*).
[807] *Supra*, § 7º, 14.V.
[808] *Supra*, § 2º, 1.3.I. e 2. e § 7º, 13.3.II.

recorrente da regulamentação separada das matérias laborais, a que aludimos oportunamente[809]. Com esta questão prática subjacente, compreende-se o interesse redobrado da doutrina germânica pelo problema da autonomia dogmática da área jurídica, mas também o papel central e, de certo modo, asfixiante, que neste problema continuou a desempenhar a discussão sobre a natureza da relação de trabalho.

Por outro lado, cremos que contribuiu para esta incongruência o crescimento descoordenado do direito do trabalho e a consequente configuração sistemática tripartida que ele hoje apresenta na maioria dos países[810]. O desenvolvimento disjunto das áreas regulativas laborais, aliado à tendência de publicização da área regulativa colectiva durante as décadas de trinta e quarenta, nos termos e pelos motivos que expusemos no lugar próprio[811], justificou a colocação da área regulativa individual no centro do direito do trabalho — é nesta óptica que, por exemplo, CATALDI[812] se refere a um sentido estrito e a um sentido amplo do direito laboral, reportando o primeiro à disciplina da relação individual de trabalho e o segundo ao direito colectivo e previdencial do trabalho. E este papel central reconhecido à disciplina do vínculo laboral explica, por seu turno, a persistência da discussão do problema da autonomia dogmática a partir do domínio *privado individual* do direito do trabalho, mesmo quando o relançamento do direito laboral colectivo nos seus moldes originários possibilitaria uma abordagem diferente do problema. Reconduzida a questão da autonomia ao problema da emanci-

---

[809] Não deve com isto estabelecer-se qualquer confusão entre os dois problemas, na verdade bem diferenciados na doutrina germânica, como já tivemos ocasião de assinalar, *supra*, § 7°, 14.V. O que pretendemos salientar é que a questão da autonomia é apresentada em conjunto com a da codificação por muitos autores, dado o carácter lacunoso do sistema civil. A ser regulado especificamente o contrato de trabalho, como modalidade do *Dienstvertrag*, os autores interrogam-se sobre as valorações subjacentes a esse regime e são levados e apoiar nessas valorações a sua opção relativamente a uma regulamentação integrada ou separada da lei civil.

[810] *Supra*, § 2°, 2.

[811] *Supra*, § 14°, 28.II.

[812] *Il diritto del lavoro nell'ordinamento...cit.*, 207 ss. O autor refere-se exactamente à profunda diferença nos pressupostos do direito colectivo e do direito individual do trabalho (pela natureza normativa e pública das convenções colectivas e das suas normas) para desaconselhar a fusão e a apreciação científica conjunta das duas áreas regulativas (*idem*, 212).

pação da relação de trabalho da genérica relação de serviço, fica explicada a secundarização das situações laborais colectivas e a recondução dos princípios laborais de dimensão colectiva à categoria de princípios derivados, porque a justificação de uma e de outros é ainda o valor da protecção do trabalhador subordinado na relação *individual* e comunitário-pessoal de trabalho.

IV. Ainda que compreensível em termos históricos, esta incongruência não pode, na nossa opinião, ser negligenciada. A pouca atenção da doutrina às implicações da dimensão colectiva do direito laboral no problema da autonomia (especialmente no caso germânico) manifesta a incapacidade da ciência jurídica para proceder à redução dogmática da evolução do sistema de direito positivo — o que não pode deixar de se traduzir na desadequação da construção científica proposta, já que é o sistema de direito positivo a sua instância última de validação.

Desta forma, cremos que, independentemente dos vícios de fundo que também lhe assistam, a construção tradicional do problema da autonomia nos termos expostos é inicialmente inepta, porque a questão que coloca e a questão que resolve são questões diferentes: colocando o problema da autonomia dogmática do direito laboral, ela resolve unicamente o problema da emancipação da parcela da área jurídica que é o *direito da relação de trabalho* relativamente à sua génese civil.

Como vimos, esta ineptidão inicial não obstou ao acolhimento da construção dogmática em causa por sectores importantes da doutrina, nem ao sucesso do princípio da protecção como valoração fundamentante geral e como motor do desenvolvimento da área jurídica em termos sistemáticos durante as décadas seguintes, na prossecução das metas da universalização e da intensificação do regime protectivo. Contudo, no nosso entender, este vício inicial não pode deixar de ser referido, porque condicionou o desenvolvimento dogmático posterior do direito laboral ao criar a ilusão da suficiência do princípio da protecção como seu princípio geral fundamentante, impedindo a pesquisa de outras valorações pela ciência juslaboral — tarefa aparentemente dispensável nesta perspectiva de abordagem do problema. Os efeitos perversos deste facto vieram a revelar-se mais tarde, quando as dúvidas sobre o princípio da protecção precipitaram a crise do direito do trabalho por ausência de valorações fundamentantes alternativas, como verificaremos na parte subsequente do nosso estudo.

§ 18º — Conclusões do capítulo

I. Durante a fase de maturação científica do direito laboral (a partir do final da II Guerra) a configuração da relação de trabalho como vínculo comunitário-pessoal continuou a ser sustentada pela doutrina, verificando-se apenas uma nova leitura do elemento comunitário, consentânea com a renovação ética da época, e uma tendência para a diminuição relativa do seu peso na construção e para o reforço do elemento da pessoalidade. Na justificação da natureza da relação de trabalho, esta época caracteriza-se pelo declínio das teorias institucionalistas e pela recuperação das teorias contratualistas.

II. O declínio da justificação institucionalista da relação de trabalho deve-se a motivos jurídicos de ordem geral e a motivos especificamente laborais, evidenciando-se, na primeira categoria, a recuperação geral da figura do contrato em face da figura da instituição e, na segunda categoria, as deficiências estruturais do institucionalismo na sua aplicação laboral, a sua desadequação aos sistemas positivos articulados a partir da figura do contrato de trabalho e a sua ineficácia explicativa global, que decorre da dificuldade de adaptação do conceito de instituição às relações laborais de escopo não empresarial. Estes motivos determinam a improcedência desta justificação da relação de trabalho.

III. Apesar de improcedentes, as teorias institucionalistas corresponderam a uma apreciação jurídica e não sociológica do vínculo de trabalho (porque se baseiam num conceito jus-operatório alternativo ao de contrato) e deram um importante contributo para a evolução dogmática subsequente do direito do trabalho, cujos efeitos perduram até hoje. A estas teorias se ficam a dever o reconhecimento do papel nuclear da empresa no sistema laboral, a aceitação pacífica do conteúdo normativo a e da eficácia geral das convenções colectivas, a aceitação das normas empresariais e a reconfiguração estrutural subsequente do contrato de trabalho.

IV. A recuperação da justificação contratualista da relação comunitário-pessoal de trabalho não se traduz num retorno às primitivas formulações do contratualismo mas numa reconstrução dogmática desta concepção, que aproveita os contributos da visão institucionalista. De acordo com a nova configuração, ao contrato e à relação de trabalho é reconhecida uma estrutura mista e complexa, com uma componente patrimonial (o binómio trabalho-remuneração), que volta a ser qualificada como essencial, e uma componente pessoal (o binómio lealdade-assistência), que é integrada por um conjunto de deveres acessórios, autónomos ou integrantes das prestações principais. A importância reconhecida aos elementos de troca patrimonial consubstancia uma re-obrigacionalização do contrato e da relação de trabalho; mas esta re-obrigacionalização é parcial, porque a especificidade laboral do vínculo continua a ser encontrada nos elementos pessoais.

V. A afirmação da autonomia dogmática do direito do trabalho com fundamento na singularidade da relação de trabalho, pela sua natureza comunitário-pessoal, passa, a partir desta época, a ser comum nos diversos contextos doutrinais. Para além de legitimar a codificação autónoma e a separação de jurisdições, a afirmação da autonomia tem como efeito prático mais significativo a exigência de subordinação do direito comum às valorações próprias do direito do trabalho, através de um controlo efectivo da compatibilidade das suas normas com aquelas valorações, nas operações de interpretação/aplicação do direito, e da preferência por critérios intra-laborais, legais e supra-legais, na resolução de antinomias normativas explícitas e virtuais e na integração de lacunas do sistema normativo.

VI. De acordo com a doutrina dominante, a autonomia dogmática do direito do trabalho apoia-se numa valoração axiológica nuclear — o princípio da protecção do trabalhador — e em diversos outros princípios, com incidência nos domínios individual e colectivo da área jurídica. Porque estes princípios são usualmente apresentados como concretizações do princípio fundamental da protecção e por ele mediatamente justificados, têm a natureza de princípios derivados, o que confirma a configuração do direito laboral como a área jurídica vocacionada para a protecção do trabalhador na relação individual de trabalho.

VII. A construção dogmática autónoma do direito laboral em torno do valor da protecção do trabalhador explica a sua caracterização como um direito unilateral, tendencialmente imperativo e uniforme, progressivo, garantístico e de tendência expansionista.

VIII. Apesar de ter propiciado o desenvolvimento do sistema juslaboral nas décadas seguintes e a consolidação da emancipação do vínculo laboral relativamente à sua génese civil, esta construção dogmática do direito do trabalho é de recusar porque, não tendo em conta a globalidade do sistema positivo, não pode resolver o problema que coloca. Ao não dar a devida atenção à dimensão colectiva do direito laboral, numa fase histórica que corresponde ao seu relançamento, optando por fundamentar a autonomia, exclusiva ou principalmente, na singularidade da relação de trabalho, esta construção resolve apenas o problema da natureza do vínculo laboral e do seu posicionamento face às similares situações jurídicas civis. Ela manifesta, assim, a incapacidade da ciência jurídica para proceder à redução dogmática do sistema positivo no seu todo. Independentemente dos seus vícios de fundo, esta deficiência inicial torna esta construção inepta, e impede, naturalmente, a sua posterior legitimação pelo próprio ordenamento positivo.

PARTE II
A CRISE DOGMÁTICA DO DIREITO DO TRABALHO

38. Preliminares. Indicação de sequência

I. Se, ao longo das décadas de cinquenta e de sessenta, a construção dogmática autónoma do direito do trabalho, apoiada na singularidade da relação laboral e no princípio da protecção do trabalhador, foi objecto de ampla aceitação doutrinal e se mostrou apta a sustentar o desenvolvimento sistemático da área jurídica no sentido da intensificação e da universalização do estatuto protectivo, pode dizer-se que a década de setenta marcou, *grosso modo* — com as diferenças inerentes à maturidade de cada sistema —, o início da fase actual da área jurídica, comumente referida entre os autores como a fase da «crise» do direito laboral. É à apreciação desta fase que dedicaremos esta parte do nosso estudo.

II. Da leitura das reflexões doutrinais sobre a matéria decorre que o termo «crise» é empregue de uma forma ampla mas não muito precisa pelos autores, sendo reportado tanto à inversão da tendência normativa de universalização e de intensificação do estatuto protectivo, clássica no sistema laboral, como directamente à construção científica tradicional da área jurídica baseada na singularidade da relação laboral e no princípio da protecção do trabalhador — a crise do direito do trabalho apresenta uma dimensão sistemática e uma dimensão dogmática.

No plano sistemático, a crise evidencia-se na tendência — comum à maioria dos sistemas europeus nas três últimas décadas, ainda que desenvolvida mais precoce ou mais tardiamente e em graus diferentes em cada um deles — para a atenuação da vocação proteccionista unilateral das normas laborais e para a diversificação de regimes laborais. É reflectindo esta nova orientação do direito positivo que a doutrina renova, de uma forma cada vez mais directa, as críticas aos excessos e aos efeitos perversos do proteccionismo e os apelos à flexibilização, à desregulamentação e ao pragmatismo do direito laboral, assim como é neste contexto que surgem as referências ao «direito do trabalho da emergência»[1] e se reconhece a fractura interna do sistema jurídico laboral. Nesta dimensão sistemática, o *Leitmotiv* da protecção do trabalhador, orientador tradicional da produção normativa laboral, parece pois em declínio.

No plano dogmático, a crise do direito laboral é imputada pela doutrina à fragilidade da sua construção científica autónoma a partir da singularidade da relação de trabalho e da especificidade do princípio da protecção do trabalhador. Neste plano da reflexão, os autores dirigem as suas críticas à natureza comunitário-pessoal da relação laboral, voltando a concebê-la como um vínculo obrigacional e patrimonial; e procedem à «apropriação civilista» do princípio da protecção do trabalhador, considerando-o como a manifestação laboral de um princípio geral do direito privado. Desmontado o alicerce técnico da construção e negada a especificidade da valoração material fundamentante do direito laboral, estas críticas desembocam na recusa da sua autonomia científica. Como crise de valores, a crise do direito do trabalho é pois também uma crise dogmática.

Em termos comparados, pode dizer-se que a valência estritamente dogmática da crise do direito do trabalho foi tratada sobretudo no seio da doutrina germânica, desde o início da década de setenta, embora seja também referida noutros contextos doutrinais e por um sector da doutrina nacional, mais recentemente; já as projecções sistemáticas da crise têm merecido a atenção dos mais diversos autores na maioria dos contextos doutrinais, também desde a década de setenta, mas, de forma mais intensa, ao longo dos anos oitenta e noventa.

III. A delimitação destas duas valências da crise do direito laboral tem um objectivo meramente instrumental ou de clarificação, dada a interpenetração estrutural dos níveis sistemático e dogmático do discurso jurídico — como referimos num passo anterior do nosso estudo[2], dogmática e sistemática jurídicas são conceitos incindíveis, que se completam na tarefa de elaboração científica do direito; e, na perspectiva

---

[1] Neste sentido, por exemplo, PERA, *Compendio...cit.*, 14, mas também, entre nós, MONTEIRO FERNANDES, *Direito do Trabalho cit.*, 42.
[2] Cfr., *supra*, § 4°, 8.I.

prática e crítica em que julgámos mais útil o desenvolvimento das reflexões dogmáticas, esta incindibilidade manifesta-se justamente na necessidade de validação das construções científicas pelas normas que constituem o seu objecto — ou seja, em termos sistemáticos.

No entanto, deve dizer-se que, no caso em apreço, nem sempre as duas valências referidas surgem associadas, pelo menos de forma explícita, nas reflexões doutrinais sobre a matéria. Assim, a crítica à construção dogmática tradicional do direito laboral é feita sem a ponderação de eventuais valorações específicas alternativas ao princípio da protecção, a retirar da evolução recente do direito positivo, mas usualmente apenas na óptica da ultrapassagem do problema da autonomia pela solução clássica do retorno ao direito comum; e, da mesma forma, as novas linhas de orientação das normas laborais tenderam, até há pouco tempo, a ser secundarizadas pela doutrina, que salientou as suas motivações extra-jurídicas e circunstanciais para assegurar a sua compatibilidade com a visão tradicional da área jurídica, baseada no princípio da protecção — demonstrando assim alguma incapacidade para proceder à redução axiológica da evolução do direito positivo.

No nosso entender, as dimensões sistemática e dogmática da crise têm ser ponderadas conjuntamente, não só por um motivo de rigor e de completude do discurso juscientífico, mas também porque são as projecções práticas da crise, manifestadas na evolução normativa, que tornam urgente a discussão do problema da autonomia do direito do trabalho. Por um lado, a evolução do direito positivo num sentido que contrarie, ou, simplesmente, que não prossiga o princípio da protecção obriga a reflectir sobre a suficiência e a bondade deste princípio, como valoração fundamentante geral da área jurídica, e à pesquisa de outros valores sustentadores a partir do sistema normativo; e, de forma correspondente, a negação da singularidade da relação laboral e da especificidade do princípio da protecção do trabalhador, no plano dogmático, legitima uma evolução diferente do sistema normativo, que volta a carecer de enquadramento dogmático. Por outro lado, é a inflexão desviante das normas laborais em relação ao princípio orientador que torna urgente a recolocação do problema do posicionamento dogmático do direito do trabalho na ordem jurídica, uma vez que, na ausência de valorações materiais específicas alternativas, o questionamento deste princípio põe em causa a sua subsistência como área jurídica *a se* — ora, como já sustentámos[3], mesmo que as ponderações dogmáticas fossem dispensáveis em termos gerais, nos momentos de menor estabilidade do sistema jurídico elas tornam-se imprescindíveis.

IV. Tendo em conta este pressuposto, a apreciação que se segue procurará contemplar as duas valências referidas. Por uma questão de facilidade e de sequência da exposição, começaremos por dar conta da dimensão estritamente dogmática da crise, apresentando os argumentos contra a singularidade da relação de trabalho e do princípio da protecção mais frequentemente referidos pela doutrina, e procedendo à respectiva apreciação crítica; no momento subsequente, procuraremos dar conta das projecções da crise do direito laboral no plano sistemático, para demonstrar a urgência da recolocação do problema da autonomia.

---

[3] *Supra,* § 1º, I.

I
A NEGAÇÃO DA AUTONOMIA DOGMÁTICA DO DIREITO DO TRABALHO A PARTIR DA CRÍTICA À CONCEPÇÃO COMUNITÁRIO-PESSOAL DA RELAÇÃO LABORAL

39. Sequência

I. Apesar de nunca ter merecido um total consenso, é a partir do final da década de sessenta e do início da década de setenta que a construção dogmática autónoma do direito laboral, baseada na singularidade da relação laboral e na especificidade do princípio da protecção, começa a ser objecto de uma contestação ampla em sectores importantes da doutrina — como referimos, esta contestação, difundida sobretudo no seio da doutrina germânica, teve ecos noutros contextos doutrinais e, designadamente, entre nós[4], e perdura até hoje de uma forma, que, não podendo ser qualificada como dominante, tem, pelo menos, ampla aceitação.

A recusa da autonomia dogmática do direito laboral assenta em dois argumentos essenciais, que atingem a construção no seu alicerce técnico e na sua valoração material nuclear: por um lado, os autores não reconhecem a natureza comunitário-pessoal da relação de trabalho, negando a singularidade dos elementos de comunidade e de pessoalidade; por outro lado, negam a especificidade do princípio da protecção, reconduzindo-o a uma manifestação do princípio civil geral de tutela do contraente débil.

Do ponto de vista histórico, pode dizer-se que o primeiro argumento começou a ser desenvolvido logo na década de sessenta — já que a concepção comunitário-pessoal da relação de trabalho foi, desde

---

[4] Neste sentido, é de especial importância o aprofundamento deste problema, levado a efeito por MENEZES CORDEIRO, *Da situação jurídica laboral...cit.*

cedo, objecto de algumas críticas[5] — e o segundo alguns anos mais tarde. Na sequência das críticas às concepções comunitário-pessoais, os autores procedem à reconstrução do contrato e da relação de trabalho em termos patrimoniais (terminando assim o processo de re-obrigacionalização que tinha sido iniciado pela doutrina anterior[6]); e, com a negação da especificidade do princípio da protecção (completado, em alguns autores, com a redução civilista de alguns dos seus princípios concretizadores e com a invocação do princípio da unidade do sistema jurídico), consideram ultrapassado o problema da autonomia pela renovação da aptidão do direito civil para enquadrar a fenomenologia laboral.

II. Já de seguida, daremos conta desta evolução da doutrina, começando pela apresentação da crítica aos elementos de pessoalidade e de comunidade no vínculo laboral, descrevendo depois a reconstrução dogmática civilista do contrato e da relação de trabalho, e procedendo, finalmente, à nossa própria apreciação da matéria, na perspectiva da adequação das críticas e da construção ao caso português. Num momento subsequente, enunciaremos o segundo argumento que justificou a negação da autonomia dogmática do direito laboral, daremos conta das consequências dessa negação e procederemos a uma apreciação final sobre a validade deste entendimento.

---

[5] Neste sentido, por exemplo, NEUMANN, *Das Arbeitsrecht in der modernen...cit.*, 2 ss., e, na trad. italiana, *Il diritto del lavoro nella società moderna cit.*, 399 ss., MAVRIDIS, *Eingliederungstheorie, Vertragstheorie...cit.*, 446, Friedhelm FARTHMANN, *Der «personenrechtliches Charakter» des Arbeitsverhältnisses*, RdA, 1960, 1, 5-9 (7 ss.), ou Helmut PINTHER, *Ist das Arbeitsverhältnis ein personenrechtliches Gemeinschaftsverhältnis?*, ArbuR, 1961, 8, 225-230 (225 ss.). Da obra destes autores não transparecem, no entanto, ainda críticas ao princípio da protecção, mas antes a tentativa de conciliação entre a construção obrigacional do vínculo laboral e aquele princípio e, no caso de FARTHMANN, ainda o objectivo de compatibilizar os elementos de pessoalidade com os elementos obrigacionais no vínculo laboral — *idem*, 7 s.

[6] *Supra*, § 16º, 33.I. e III.

§ 19º — A crítica às concepções comunitário-pessoais e a reconstrução civilista do contrato e da relação laboral

40. A negação da natureza comunitário-pessoal da relação de trabalho

I. A crítica à concepção comunitário-pessoal da relação de trabalho passa pela negação da especificidade ou pela atenuação da importância de cada um dos elementos caracterizadores do vínculo laboral nesta concepção: o elemento de comunidade e o elemento de pessoalidade.

Começando pelo elemento comunitário, a doutrina refere, em primeiro lugar, a imprecisão do seu conteúdo e, nomeadamente, a facilidade da sua confusão com o elemento da pessoalidade, como prova da fraqueza metodológica das concepções comunitário-pessoais[7]; procede, de seguida, à enumeração das diversas acepções em que este elemento pode ser tomado no domínio laboral, para procurar fixar esse conteúdo; e conclui, finalmente, pela sua irrelevância na delimitação jurídica do vínculo laboral relativamente a outros vínculos de serviço.

Tomando em consideração as diversas acepções do conceito de comunidade, apresentadas em autores como MAVRIDIS[8], SCHWERDTNER[9] ou MENEZES CORDEIRO[10] — a acepção jurídica estrita, que reporta o conceito a uma situação de contitularidade de direitos, a acepção ampla, que o refere à comunhão de interesses das partes, e a acepção socioló-

---

[7] Neste sentido, MAVRIDIS, *Eingliederungstheorie, Vertragstheorie...cit.*, 445, ou Otto SCHMIDT, *Kritische Gedanken zu Kollektivwirkung, Individualbereich und personenrechtlichem Gemeinschaftsdenken im Arbeitsrecht*, AcP, 1963 (162), 4, 305-353 (332). Também WOLF, *Das Arbeitsverhältnis...cit.*, 7 s., aponta, como um vício metodológico insanável destas doutrinas, a indefinição e a confusão entre os conceitos de comunidade e de pessoalidade.
[8] *Eingliederungstheorie, Vertragstheorie...cit.*, 445.
[9] *Fürsorgetheorie und Entgelttheorie...cit.*, 46 ss.
[10] *Da situação jurídica laboral...cit.*, 113 ss., e *Manual...cit.*, 93 s.

gica do conceito, reportada ao *animus* de colaboração dos sujeitos na prossecução de uma obra comum (a comunidade empresarial) —, a doutrina considera que, no caso laboral, estas acepções ou não podem ser aplicadas ou não têm uma relevância específica.

Para a maioria dos autores, a acepção jurídica estrita do conceito de comunidade é inaplicável no caso laboral porque não se verifica no vínculo de trabalho qualquer contitularidade de direitos ou de deveres das partes, mas antes direitos e deveres diferentes, senão contrapostos[11].

Por seu turno, a existência de uma comunidade de interesses é secundarizada por autores como MAVRIDIS[12] (que a considera, em certa medida, comum a todos os vínculos jurídicos) ou SCHMIDT[13] (que não admite a sua relevância jurídica), e negada por autores como NEUMANN[14], FARTHMANN[15], PINTHER[16], SCHWERDTNER[17], SÖLLNER[18] ou

---

[11] Neste sentido, MAVRIDIS, *Eingliederungstheorie, Vertragstheorie...cit.*, 445, considera inaplicável ao caso laboral o § 741 BGB; também recusando a existência de uma comunhão jurídica no sentido da contitularidade de direitos ou de deveres, pela diversidade das posições jurídicas das partes no vínculo laboral, WOLF, *Das Arbeitsverhältnis...cit.*, 19, MENEZES CORDEIRO, *Da situação jurídica laboral...cit.*,114, ou SCHWERDTNER, *Fürsorgetheorie und Entgelttheorie...cit.*, 46 s., este último considerando, aliás, que, do ponto de vista jurídico, uma tal comunidade é contrária à concepção do BGB sobre o contrato de serviços e ao reconhecimento constitucional da liberdade de coalisão e do direito de greve; noutra sede (*Gemeinschaft, Treue, Fürsorge...cit.*, 65), este autor nega também a aplicação ao caso laboral do § 741 BGB, aliás como SÖLLNER, *Grundriβ...cit.*, 246.

[12] *Eingliederungstheorie, Vertragstheorie...cit.*, 445.

[13] *Kritische Gedanken...cit.*, 349 ss. Este autor admite a existência de uma certa identidade de interesses das partes na relação laboral e do colectivo dos trabalhadores com o empregador na empresa, no que se refere ao processo produtivo, mas considera que esta identidade não corresponde a uma comunidade jurídica.

[14] *Das Arbeitsrecht in der modernen...cit.*, 2, e *Il diritto del lavoro nella società moderna cit.*, 399.

[15] *Das «personenrechtliches Charakter»...cit.*, 6. Para este autor, é exactamente a conflitualidade dos interesses das partes que demonstra a irredutibilidade da relação laboral a um vínculo societário, onde há efectivamente uma identidade de interesses — *op. e loc cits.*, e, no mesmo sentido, por exemplo, SÖLLNER, *Grundriβ...cit.*, 246.

[16] *Ist das Arbeitsverhältnis...cit.*, 229.

[17] *Fürsorgetheorie und Entgelttheorie...cit.*, 46 s. e 56, e *Gemeinschaft, Treue, Fürsorge...cit.*, 65. Este autor não só se refere à falta de repartição dos lucros e dos custos para negar a existência de uma comunidade de interesses entre as par-

MENEZES CORDEIRO[19], porque julgada incompatível com a origem conflitual do direito laboral, traduzida na diversidade e mesmo na oposição das pretensões individuais fundamentais de cada uma das partes (o interesse do trabalhador no aumento do salário e o interesse do empregador em maiores lucros) e com a legitimação desse clima de conflitualidade no desenvolvimento da área jurídica. Na verdade, como faz notar MENEZES CORDEIRO, é, no mínimo, insólito, senão inútil ou impossível, o desenvolvimento da ideia de comunidade para enquadrar uma situação jurídica em que os conflitos de interesses atingem uma intensidade que «põe por vezes em causa o próprio Direito»[20].

Finalmente, a acepção sociológica do conceito (manifestada na ideia de colaboração dos sujeitos na prossecução da obra comum) é considerada, por alguns autores, como intransponível para o plano jurídico do vínculo entre cada trabalhador e o empregador, embora seja admitida no plano sociológico (neste sentido se refere, por exemplo, MAVRIDIS[21] à comunidade entre o conjunto dos trabalhadores e o empregador), mas,

---

tes no vínculo laboral, como chama a atenção para a essência estrutural da conflitualidade de interesses das partes, que se revela nas formas mais radicais de oposição entre elas (a greve o o *lock-out*) e, diariamente, em fenómenos como o poder disciplinar e a fiscalização do trabalho. Neste sentido, o autor não admite sequer a existência de uma relação de comunidade meramente instrumental, como fora sustentado por um sector da doutrina germânica, criticando expressamente este entendimento em WIEDEMANN (cfr., *supra*, § 16°, 31.II. e nota [603]) — *op. e loc cits.* Em apoio da posição de SCHWERDTNER, *vd* ainda Herbert FENN, *Fürsorgetheorie und Entgelttheorie im Recht der Arbeitsbedingungen (Rezenzion über P. Schwerdtner)*, ArbuR, 1971, 11, 321-327 (326).

[18] SÖLLNER, *Grundriβ...cit.*, 246.

[19] *Da situação jurídica laboral...cit.*, 114 ss., *Concorrência laboral...cit.*, 499, e *Manual...cit.*, 93 s. Para este autor, os interesses comuns ao empregador e ao trabalhador reconduzem-se aos interesses comuns de qualquer devedor e de qualquer credor num vínculo obrigacional, não tendo, por isso, um significado específico.

[20] MENEZES CORDEIRO, *Da situação jurídica laboral...cit.*, 115.

[21] MAVRIDIS, *Eingliederungstheorie, Vertragstheorie...cit.*, 446. Este autor reconhece que a ideia de comunidade empresarial (entre o empregador e o colectivo dos trabalhadores) prossegue um objectivo político de pacificação das relações de tensão dentro da empresa; mas não considera possível, nem sequer compatível com o sistema juspositivo, a transposição deste ideal de política jurídica para o plano da regulação do vínculo laboral entre cada trabalhador e o empregador, que assenta, aliás, na unilateralidade do regime legal — o que, só por si, afasta qualquer comunhão. Também recusando a relevância jurídica do elemento de

mesmo quando vista nesta perspectiva, é limitada por outros autores às modalidades de contrato de serviço em que ocorre, de facto, uma integração na esfera do empregador (neste sentido, BERNERT[22] admite a existência de uma comunidade no caso do serviço doméstico, embora negue a sua relevância jurídica); e é negada por outros, pela recusa da qualificação do interesse da empresa como um interesse ou um fim unitário e comum às partes (é a posição defendida por MENEZES CORDEIRO[23]), ou pela recusa da existência, mesmo no plano sociológico, de qualquer comunhão entre elas (é o entendimento de SCHWERDTNER[24]).

II. No que se refere ao elemento da pessoalidade, a doutrina começa por fazer notar a dificuldade de fixação do seu conteúdo jurídico — neste sentido, por exemplo, MENEZES CORDEIRO procede a uma pesquisa sobre os vários sentidos possíveis do termo «pessoalidade», acabando por concluir pela inadequação de qualquer deles ao vínculo laboral[25]. Mas, para além das dificuldades de determinação do significado

---

comunidade, porque reportado não ao conjunto dos trabalhadores, mas à relação entre cada trabalhador e o empregador, BALLERSTEDT, *Probleme einer Dogmatik...cit.*, 9. Já PINTHER, *Ist das Arbeitsverhältnis... cit.*, 229, recusa até a existência de qualquer consciência comunitária ao nível sociológico, dando como exemplo da sua falta o despedimento dos trabalhadores mais antigos das empresas em situações de recessão económica.

[22] BERNERT, *Arbeitsverhältnisse im 19. Jahrhundert cit.*, 241.
[23] *Da situação jurídica laboral...cit.*, 115, e *Manual...cit.*, 93 s.
[24] *Fürsorgetheorie und Entgelttheorie...cit.*, 49 ss., e *Gemeinschaft, Treue, Fürsorge...cit.*, 65. Procedendo a uma comparação entre os contratos de trabalho e de sociedade, por um lado, e o contrato de casamento, por outro, este autor conclui que, nos dois primeiros, as partes prosseguem interesses egoístas, incompatíveis com qualquer conceito de comunidade; e que, mesmo no terceiro caso, a relação de comunidade sociológica entre as partes não tem também projecções jurídicas, já que o direito reduz a relação comunitária de casamento a um contrato — *Fürsorgetheorie und Entgelttheorie...cit.*, 49 ss.
[25] MENEZES CORDEIRO, *Da situação jurídica laboral...cit.*, 116 ss., e *Manual...cit.*, 94 s., procura determinar os vários sentidos juridicamente relevantes da ideia de pessoalidade, mas conclui sempre pela sua inadequação ao caso laboral: a relação laboral não pode ser qualificada como uma relação pessoal no sentido de situação jurídica creditícia (ou seja, em oposição à ideia de situação jurídica real), porque a construção comunitário-pessoal visa exactamente afastar o vínculo laboral do domínio do direito das obrigações; não é também de qualificar como pessoal no sentido de não patrimonial, pela importância do binómio patrimonial de troca trabalho-salário e pela acessoriedade dos deveres de lealdade e

laboral deste elemento, emergem das reflexões dos autores dois grandes argumentos para a sua recusa como factor de singularização da relação de trabalho e, logo, como seu critério delimitador em relação a outros vínculos de serviço: um argumento de generalização e um argumento prático.

Por um lado, é rebatida a ideia do maior envolvimento do trabalhador no vínculo laboral com a afirmação de que há um envolvimento pessoal das partes em todas as relações jurídicas (é a posição sustentada por MAVRIDIS[26], que considera, em consequência, a diferença no envolvimento do trabalhador no vínculo laboral como uma mera diferença de grau) ou, pelo menos, em todas as relações obrigacionais duradouras (é a opinião de PINTHER[27] ou WOLF[28]) — o elemento de pessoalidade carece assim de especificidade, o que revela a sua deficiência estrutural como elemento delimitador do vínculo laboral.

Por outro lado, os autores consideram que, mesmo que o envolvimento pessoal do trabalhador subordinado pudesse ter sido no passado um aspecto individualizador do vínculo laboral, ele não teria já o mesmo peso pela tendência para o anonimato que se pode observar nas relações laborais da actualidade — na maioria dos casos, o empregador é uma entidade distante e inacessível, muitas vezes uma pessoa colectiva, com quem o trabalhador nem sequer entra em contacto, e a forma de organização das tarefas permite um distanciamento cada vez maior do prestador do trabalho em relação à empresa[29]. Em termos práticos,

---

de assistência; não é ainda de qualificar como pessoal no sentido de corresponder a uma obrigação não fungível do prestador do trabalho, porque tal característica contende com a actual massificação dos vínculos laborais; e, finalmente, não é de qualificar como pessoal por se reportar a direitos de personalidade, porque estes não estão em causa.

[26] *Eingliederungstheorie, Vertragstheorie...cit.*, 445. Também SCHWERDTNER, *Fürsorgetheorie und Entgelttheorie...cit.*, 85 s., considera que o elemento da pessoalidade não determina consequências jurídicas especiais no caso laboral, porque todas as relações jurídicas são pessoais no sentido em que são protagonizadas por pessoas.

[27] *Ist das Arbeitsverhältnis...cit.*, 229.

[28] Ernst WOLF, «*Treu und Glauben*», «*Treu*» *und* «*Fürsorge*» *im Arbeitsverhältnis*, DB, 1971, 39, 1863-1868 (1866 s.).

[29] Como refere SCHAUB, *Arbeitsrecht cit.*, 113 s., o trabalhador moderno não se considera um «servidor» do empregador — que muitas vezes nem sabe quem é —, mas antes um seu adversário e tende a encarar o seu trabalho como um

a estrutura massificada e anónima do actual processo produtivo e a forma de organização do trabalho nas grandes empresas teriam pois retirado ao elemento da pessoalidade e da confiança a sua tradicional aptidão delimitadora do vínculo laboral[30].

Deixando de ser concebido como o traço característico da relação de trabalho, ao elemento da pessoalidade é apenas reconhecida a função de assegurar que o cumprimento da prestação é feito em exclusivo pela pessoa do trabalhador e não a integração ao negócio laboral, e, muito menos, da área jurídica, no direito das pessoas[31]. Mas, da fraca relevância actual deste elemento, alguns autores chegam mesmo a retirar a conclusão da fungilibidade da prestação laboral, pela substituibilidade genérica dos trabalhadores, bem como a configurar em abstracto a hipótese de o trabalhador ser, tal como o credor do trabalho, uma pessoa jurídica colectiva — é a possibilidade aventada, entre nós, por MENEZES CORDEIRO[32].

III. Das críticas apontadas os autores retiram a conclusão da improcedência da concepção comunitário-pessoal do vínculo laboral. Na expressão de SCHWERDTNER[33], esta concepção reconduzir-se-ia a uma

---

«job». Também referindo o anonimato das relações laborais modernas, como argumento em favor da menor relevância do elemento da pessoalidade, por exemplo, PINTHER, *Ist das Arbeitsverhältnis...cit.,* 225 s. e 228; e, em sentido idêntico, SCHWERDTNER, *Fürsorgetheorie und Entgelttheorie...cit.,* 58, qualifica as relações laborais actuais como «relações frias», para exprimir o distanciamento das partes que nelas se verifica.

[30] Neste sentido, por exemplo, FARTHMANN, *Der «personenrechtliches Charakter»...cit.,* 7, PINTHER, *Ist das Arbeitsverhältnis...cit.,* 228, REHHAHN, *Der inhaltsleere Arbeitsvertrag...cit.,* 243 s., ou Herbert BUCHNER, *Fürsorgetheorie und Entgelttheorie im Recht der Arbeitsbedingungen (Rezenzion über P. Schwerdtner),* RdA, 1970, 6/7, 214-215 (215); MENEZES CORDEIRO, *Da situação jurídica laboral...cit.,* 119, e *Manual...cit.,* 94 s. Também salientando o anonimato dos vínculos laborais na actualidade, SCHMIDT, *Kritische Gedanken...cit.,* 308 e 335 ss., ou SCHWERDTNER, *Fürsorgetheorie und Entgelttheorie...cit.,* 41 s., que recorrem a este argumento para sublinhar o afastamento das relações de trabalho da sua pretensa origem no *Treudienstvertrag* e da ideia gierkiana de comunidades da vida.

[31] É a opinião sustentada por SÖLLNER, *Grundriβ...cit.,* 246, e por SCHAUB, *Arbeitsrecht cit.,* 114.

[32] *Manual...cit.,* 520 e 108.

[33] *Fürsorgetheorie und Entgelttheorie...cit.,* 48; noutra sede (*Gemeinschaft, Fürsorge...cit.,* 66), o autor chega a qualificar estas concepções como um «exor-

«criação poética» falhada da ciência jurídica, sem correspondência com a realidade do fenómeno do trabalho subordinado moderno[34]. Ela estaria na origem das dificuldades crónicas de enquadramento dos problemas laborais e, por isso, a sua contribuição para a evolução dogmática do direito laboral teria sido ilusória[35].

Da recusa das concepções comunitário-pessoais emerge a tentativa de reconstrução dogmática do contrato e da situação jurídica laboral em termos obrigacionais, que apreciaremos já no ponto seguinte. Um pouco mais à frente, veremos em que medida é que esta recusa influenciou o entendimento dos autores sobre a questão da autonomia dogmática do direito do trabalho.

41. A reconstrução civilista do contrato e da relação de trabalho

41.1. Sequência

I. Em alternativa à concepção comunitário-pessoal do vínculo laboral, a doutrina vai proceder à reconstrução dogmática do contrato de trabalho em moldes obrigacionais e patrimoniais. Embora tenha sido

---

cismo formal», por procurarem ultrapassar pelas palavras a realidade da luta de classes e reconhece-lhes, em consequência, apenas um valor ideológico e nenhuma validade científica. Na mesma linha, BALLERSTEDT, *Probleme einer Dogmatik...cit.,* 9, considera que estas concepções conseguiram legitimar juridicamente uma relação de domínio de um sujeito sobre outro e, através da ideia de comunidade, acabaram por constituir um obstáculo à ponderação dogmática da fenomenologia laboral colectiva, enquanto RICHARDI, *Staudingers Kommentar...cit.,* 148, chama a atenção para a facilidade de aproveitamento ideológico destas concepções.

[34] Também qualificando as concepções comunitário-pessoais como idealistas, pela sua inadequação à configuração das relações de trabalho modernas, PINTHER, *Ist das Arbeitsverhältnis...cit.,* 230.

[35] SCHWERDTNER, *Fürsorgetheorie und Entgelttheorie...cit.,* 69 e 72 s., e, no mesmo sentido, MAVRIDIS, *Eingliederungstheorie....cit.,* 447. Também BALLERSTEDT, *Probleme einer Dogmatik...cit.,* 9, considera que esta concepção não trouxe qualquer enriquecimento para a compreensão dogmática do contrato de trabalho, e MÜLLER-GLOGE, *Münchener Kommentar...cit.,* IV, 186, considera-a totalmente ultrapassada.

ensaiada por alguns autores anteriormente[36], esta concepção é desenvolvida sobretudo nos anos setenta e é hoje subscrita por um sector relevante da doutrina. Porque completa a inversão do processo de emancipação do vínculo laboral em relação à sua génese civil, iniciado nos anos vinte, de que demos conta na parte anterior do nosso estudo, pode qualificar-se esta concepção como uma concepção obrigacional do vínculo laboral.

II. A reconstrução obrigacional da relação de trabalho assenta em dois alicerces fundamentais, possibilitados pela negação dos elementos de pessoalidade e de comunidade: a deslocação definitiva do cerne do vínculo laboral do binómio pessoal lealdade-assistência para o binómio patrimonial de troca trabalho-salário; e o enquadramento civilista dos próprios deveres de lealdade e de assistência. A compatibilidade desta construção com a dogmática civil é ainda assegurada pela atenuação da importância do elemento da subordinação, através da sua funcionalização à prestação laborativa. Apreciaremos, de imediato, estes aspectos.

41.2. A deslocação do cerne do vínculo laboral para o binómio de troca trabalho-salário: a re-obrigacionalização definitiva dos deveres laborais essenciais

I. No que se refere ao núcleo central da relação laboral, pode dizer-se que a sua fixação no binómio patrimonial de troca trabalho-remuneração é uma consequência directa da recusa dos elementos de pessoalidade e de comunidade pela doutrina.

A negação do elemento de pessoalidade permite deslocar o objecto do negócio da pessoa do trabalhador para a actividade por ele prestada. Tal como tinha sido sustentado pelos pioneiros do direito laboral, em consonância com o conceito económico e sociológico de trabalho abstracto, a doutrina volta a centrar o objecto do negócio fora da pessoa do prestador; e, embora esta exteriorização do objecto do negócio em relação à pessoa do trabalhador não seja feita pelos mesmos moti-

---

[36] Neste sentido, por exemplo, MAVRIDIS, *Eingliederungstheorie....cit.*, 447 s., NEUMANN, *Das Arbeitsrecht...cit.*, 3, e *Il diritto del lavoro...cit.*, 400, ou PINTHER, *Ist das Arbeitsverhältnis....cit.*, 230.

vos[37], mas em resultado da propalada irrelevância juslaboral específica do envolvimento pessoal do trabalhador na prestação, a verdade é que ela assegura, agora como nas concepções primitivas, a patrimonialidade do vínculo e, com isso, a necessária subtracção do trabalhador ao domínio pessoal de outrem, considerada incompatível com a inserção jusprivada da situação laboral — como refere SCHWERDTNER[38], só a fixação do objecto do contrato na força de trabalho, em lugar da pessoa do trabalhador, assegura que o vínculo não seja uma relação dominial de um sujeito sobre outro, inaceitável para o direito.

Por outro lado, da negação do elemento de comunidade a doutrina retira a qualificação do vínculo laboral como um vínculo de escambo entre duas prestações patrimoniais, correspondentes a interesses opostos das partes — a actividade laboral e a remuneração. O inequívoco valor económico destas duas prestações confirma a relação de trabalho como um vínculo patrimonial; a correspectividade entre elas, bem como as vantagens que ambos os contraentes delas retiram, permitem caracterizar o contrato de trabalho como contrato sinalagmático e oneroso; finalmente, o facto de esta troca se prolongar no tempo determina a sua caracterização como um contrato duradouro[39].

Operada a «exteriorização» da prestação laboral, assegurada a patrimonialidade do vínculo de trabalho, pelo valor económico dos deveres negociais, e confirmada a oposição dos interesses das partes, a relação laboral é pois reconhecida, em termos definitivos, como uma relação obrigacional, duradoura e com origem contratual, cujo cerne é a troca entre o trabalho e o salário — é a posição subscrita por autores como

---

[37] Como virros, nos primórdios do desenvolvimento do direito laboral, a preocupação subjacente a esta separação da actividade laboral em relação à pessoa do trabalhador é assegurar a subtracção deste a qualquer forma de domínio do empregador sobre a sua pessoa — ou, dito de outra forma, assegurar a sua liberdade. A equiparação da actividade laboral a um bem integrativo do património do trabalhador assegura esse objectivo, uma vez que, enquanto bem jurídico, o trabalho pode ser objecto de um contrato de locação ou de compra e venda. Cfr., *supra*, § 10º, 19.1. II. e III.

[38] *Fürsorgetheorie und Entgelttheorie...cit.,* 86.

[39] Sobre esta caracterização do contrato de trabalho, *vd*, por todos, MENEZES CORDEIRO, *Manual...cit.,* 518 s.

[40] *Eingliederungstheorie....cit.,* 446 s.

MAVRIDIS⁴⁰, PINTHER⁴¹, NEUMANN⁴², WOLF⁴³, SCHWERDTNER⁴⁴, FENN⁴⁵, SÖLLNER⁴⁶, ou BERNERT⁴⁷, entre muitos outros.

II. No nosso entender, a contribuição original desta concepção não reside, todavia, no enquadramento obrigacional do eixo nuclear do vínculo laboral, até porque, como vimos⁴⁸, apesar de retirarem a especificidade da relação de trabalho dos elementos não obrigacionais, as últimas formulações das teorias comunitário-pessoais já reconheciam a dimensão patrimonial do vínculo e classificavam como deveres essenciais das partes os deveres de trabalho e de remuneração.

O maior contributo dogmático da concepção obrigacional da relação de trabalho reside sim no facto de estender o enquadramento civilista aos deveres acessórios de lealdade e assistência, tratados até então como deveres de natureza pessoal. É este aspecto que vamos apreciar de imediato.

41.3. O enquadramento civilista dos deveres laborais acessórios: a integração do dever de assistência no conceito amplo de remuneração e a recondução do dever de lealdade ao princípio da boa fé

I. O enquadramento civilista dos deveres de lealdade e de assistência começou por ser ensaiado pelos primeiros críticos das teorias comunitário-pessoais — assim, refere MAVRIDIS⁴⁹ que, apesar de terem sido desenvolvidos no domínio laboral como conceitos estranhos ao direito

---

⁴¹ *Ist das Arbeitsverhältnis...cit.*, 230.
⁴² *Das Arbeitsrecht in der modernen...cit.*, 3, e *Il diritto del lavoro nella società...cit.*, 400. Este autor insiste, contudo, na compatibilidade da natureza obrigacional do vínculo com a sua essência dominial — *idem*, ? e 397, respectivamente.
⁴³ *Das Arbeitsverhältnis...cit.*, 20, 79 e 89 ., e *Ler Begriff...cit.*, 719.
⁴⁴ *Fürsorgetheorie und Entgelttheorie...cit.*, 8., e *Gemeinschaft, Treue...cit.*, 66.
⁴⁵ *Fürsorgetheorie und Entgelttheorie... it.*, 326.
⁴⁶ *Grundriβ...cit.*, 247.
⁴⁷ *Arbeitsverhältnisse im 19. Jahrhundert cit.*, 242.
⁴⁸ Cfr., *supra*, § 16°, 33.I. e III.
⁴⁹ *Eingliederungstheorie....cit.*, 447.

das obrigações, os conceitos de lealdade e de assistência são apenas uma manifestação (porventura mais intensa) do dever obrigacional de colaboração negocial das partes, comum a qualquer contrato; algum tempo depois, BYDLINSKI[50] reconhece também apenas uma diferença de intensidade entre os deveres de lealdade e de assistência no contrato de trabalho e deveres análogos noutros contratos obrigacionais. Mas é sobretudo a partir da década de setenta que a redução dogmática civilista dos deveres de lealdade e de assistência é desenvolvida pela doutrina.

Da leitura das reflexões doutrinais sobre a matéria, durante este período, decorrem diferentes soluções, que vão desde a simples negação dos deveres de lealdade e de assistência no vínculo laboral, pela redução do trabalhador e do empregador às posições jurídicas de devedor e de credor de um serviço duradouro e relativamente indeterminado — é a visão radical de WOLF[51] — até à solução da recondução do dever de lealdade a princípios gerais e da substituição do dever de assistência pela ideia de remuneração em sentido amplo — é o entendimento de SCHWERDTNER[52], apresentado na denominada «teoria da remuneração» (*Entgelttheorie*).

As reacções vivas, quer de adesão quer de crítica, que estas concepções desencadearam na doutrina deram, por sua vez, origem a diversas construções intermédias, que tratam os deveres acessórios de uma forma não simétrica, procurando conciliar o enquadramento obrigacional do vínculo de trabalho com a sua especificidade laboral — é a perspectiva de RICHARDI[53], MAYER-MALY[54] ou ZÖLLNER[55], entre outros. De uma forma breve, passaremos em revista estas perspectivas de apreciação e daremos conta do modo como vieram a influenciar a evolução subsequente da construção dogmática do vínculo laboral.

---

[50] *Arbeitsrechtskodifikation...cit.*, 138 s.
[51] *Das Arbeitsverhältnis...cit.*, de 1970; o autor reitera esta posição em «*Treu und Glauben*»...*cit.* (1971).
[52] *Fürsorgetheorie und Entgelttheorie...cit.*
[53] Reinhard RICHARDI, *Entwicklungstendenzen der Treue- und Fürsorgepflicht in Deutschland*, in T. TOMANDL (Hrsg.), *Treue- und Fürsorgepflicht im Arbeitsrecht*, Wien-Stuttgart, 1975, 41-70.
[54] Theo MAYER-MALY, *Treue- und Fürsorgepflicht in rechtstheoretischer und rechtsdogmatische Sicht*, in T. TOMANDL, (Hrsg.), *Treue- und Fürsorgepflicht im Arbeitsrecht*, Wien-Stuttgart, 1975, 71-90.
[55] Wolfgang ZÖLLNER, *Die vorvertragliche und die nachwirkende Treue- und Fürsorgepflicht im Arbeitsverhältnis*, in T. TOMANDL, (Hrsg.), *Treue- und Fürsorgepflicht im Arbeitsrecht*, Wien-Stuttgart, 1975, 91-106.

II. Começando pela posição de WOLF, verificamos que ela parte de uma crítica metodológica às concepções comunitário-pessoais, assenta no pressuposto da incompatibilidade entre a categoria das relações jurídicas obrigacionais e a categoria das relações jurídicas pessoais e tem como objectivo a construção dogmática do contrato de trabalho nos parâmetros do contrato de serviços.

A crítica de WOLF[56] aponta como vícios metodológicos determinantes da concepção comunitário-pessoal do vínculo de trabalho, para além da imprecisão dos próprios conceitos operatórios de comunidade e de pessoalidade[57], o erro na identificação das relações patrimoniais como relações com um objecto não pessoal (o que iria contra o conceito jurídico de actividade, necessariamente pessoal) e, sobretudo, a miscigenação de elementos obrigacionais e não obrigacionais na relação jurídica, aperfeiçoada pelas últimas formulações das teorias comunitário-pessoais[58], que considera conceptualmente incompatível com a categoria das relações obrigacionais, tal como é concebida pelo sistema jurídico privado.

Afirmada a incompatibilidade dos elementos comunitário-pessoais com a essência obrigacional do contrato de trabalho, o autor aprecia o vínculo laboral a partir da recondução das figuras do empregador e do trabalhador às posições jurídicas de credor e de devedor, nos termos previstos para o *Dienstvertrag*. Nesta perspectiva, nega a existência, na titularidade do empregador, de um dever de assistência, como dever de cuidado em sentido amplo, por entender que um tal dever coarta a liberdade e a personalidade do trabalhador; e nega a adstrição do trabalhador a um dever de lealdade em sentido amplo, porque considera que um dever deste tipo evidencia uma sujeição ao empregador (até porque é usualmente apresentado em conjunto com o dever de pertença) que é juridicamente inadmissível[59]. Como crítica adicional à concepção comunitário-pessoal do contrato de trabalho, acrescenta que, mesmo que se aceitasse a relevância destes deveres em termos restritos, eles se reconduziriam a manifestações do princípio da boa fé, não podendo assim constituir a marca distintiva do contrato de trabalho pela natureza geral deste princípio — em relação ao qual se mostra, aliás, bastante crítico[60].

---

[56] *Das Arbeitsverhältnis...cit.*, 7 s. e 11 s.
[57] Que referimos no ponto anterior — cfr., *supra*, 40.I. e nota [7].
[58] Cfr., *supra*, § 16º, 33.I.
[59] *Das Arbeitsverhältnis...cit.*, 17 e 29 ss., e «*Treu und Glauben*»...*cit.*, 1867 s.

§ 19º – A reconstrução civilista do contrato de trabalho   471

III. O contributo mais relevante para o enquadramento dogmático civilista dos deveres acessórios — e, especialmente, do dever de assistência — é, no entanto, o contributo de SCHWERDTNER, através da teoria da remuneração[61].

Partindo da crítica aos elementos de pessoalidade e de comunidade, SCHWERDTNER recusa a relevância, nas relações laborais modernas, tanto do dever de lealdade como do dever de assistência, na sua concepção tutelar tradicional, que considera incompatíveis com a configuração actual do vínculo laboral e com a posição de igualdade que os contraentes nele ocupam[62]. Debruçando-se depois mais detalhadamente sobre o dever de assistência do empregador, o autor propõe — numa clara inversão da perspectiva das concepções comunitário-pessoais, que o concebiam como dever englobante da posição jurídica do empregador até em matéria remuneratória[63] — a substituição da ideia de assistência pelo conceito de remuneração em sentido amplo, considerando que as obrigações do empregador para com o trabalhador têm carácter patrimonial. Com este conteúdo amplo, o dever de remuneração do empregador engloba não apenas o dever de pagamento do salário, contrapartida directa da prestação da actividade laboral, mas também o dever de pagamento de gratificações, subsídios de férias ou de doença, enfim, o conjunto de outras prestações a cargo do empregador, que constituem a contrapartida da durabilidade do vínculo laboral conjugada com a necessidade da sua coordenação com outros vínculos laborais na organização — é o conceito de *Entgelt für die Arbeitsleistung des Arbeitnehmers*, ou, de forma abreviada, de *Entgeltspflicht*, na designação do autor[64].

---

[60] Neste ponto, a posição do autor parece estar mais clara em «*Treu und Glauben*»...*cit.*, 1866 s., uma vez que em *Das Arbeitsverhältnis...cit.*, 26 ss., é manifesta uma forte desconfiança em relação à admissibilidade do próprio princípio da boa fé, pela dificuldade de fixação do seu conteúdo.

[61] Esta teoria é apresentada pelo autor em *Fürsorgetheorie und Entgelttheorie... cit.*, e sintetizada em *Gemeinschaft, Treue...cit.*. Mais tarde, o autor faz ainda algumas referências ao enquadramento civilista dos deveres de assistência e de lealdade, a propósito da codificação do direito laboral, em *Fürsorge- und Treuepflichten im Gefüge des Arbeitsverhältnis oder: vom Sinn und Unsinn einer Kodifikation des Allgemein Arbeitsvertragsrechts*, ZfA, 1979, 1-42.

[62] SCHWERDTNER, *Fürsorgetheorie und Entgelttheorie...cit.*, 88 e 211.

[63] Cfr., *supra*, § 12º, 23.III.

[64] *Fürsorgetheorie und Entgelttheorie...cit.*, 211 s., e, do mesmo autor, *Gemeinschaft, Treue...cit.*, 67. De notar que, embora esta ideia de remuneração

Esta acepção ampla do dever remuneratório do empregador no vínculo laboral é, na opinião de SCHWERDTNER, mais consentânea com a realidade do fenómeno do trabalho subordinado moderno[65], ao mesmo tempo que dispensa uma elaboração dogmática autónoma dos deveres de lealdade e de assistência. Considerando que estes deveres têm um conteúdo complexo, o autor reconduz os deveres de assistência de conteúdo patrimonial ao dever remuneratório amplo do empregador, os deveres de assistência que asseguram a protecção da vida e da saúde do trabalhador a uma manifestação do princípio geral da tutela dos direitos de personalidade[66], e os deveres de lealdade (*verbi gratia*, o dever de não concorrência) também a manifestações de deveres civis gerais de protecção (*Interessenwahrungspflichten*)[67].

IV. As construções de WOLF e de SCHWERDTNER foram objecto de diversas apreciações na doutrina. De uma forma geral, pode dizer-se que a concepção de WOLF mereceu críticas severas mas acabou por ser parcialmente aproveitada; e que a concepção de SCHWERDTNER, aplaudida por uns e objecto de críticas moderadas de outros, abriu o cami-

---

em sentido amplo tenha sido desenvolvida por SCHWERDTNER, já BYDLINSKI, *Arbeitsrechtskodifikation....cit.*, 1421 s., propugnara a integração das prestações patrimoniais extra-salariais do empregador no conceito comum de remuneração, considerando supérfluo um conceito laboral específico de remuneração.

[65] *Fürsorgetheorie und Entgelttheorie...cit.*, 211 s.

[66] *Fürsorgetheorie und Entgelttheorie...cit.*, 97 ss. Ainda a propósito do dever de protecção da vida e da saúde do trabalhador, é de assinalar a construção de Giuseppe D'EUFEMIA, *Norme inderrogabili e interessi legitimi nel rapporto di lavoro*, DLav., 1969, 3-19 (4 e 14 ss.). Para este autor, este dever do empregador não é um dever negocial mas um dever legal, imposto por uma norma imperativa (no caso, o art. 2087º do *Codice civile*) e assente num interesse geral; pela sua natureza pública, este dever não investe o trabalhador num direito subjectivo ao cumprimento (embora corresponda a um interesse legítimo do trabalhador), pelo que a sua violação determina apenas a responsabilidade extra-contratual do empregador; apesar de esta qualificação arredar este dever do âmbito do sinalagma negocial, o autor considera que o seu incumprimento pelo empregador constitui violação de uma norma de ordem pública, que permite ao trabalhador recusar licitamente a sua prestação.

[67] *Fürsorgetheorie und Entgelttheorie...cit.*, 211 s., *Fürsorge- und Treuepflichten im Gefüge...cit.*, 19 ss., 31 ss. e 39 ss. Deve, contudo, salientar-se que a exposição de SCHWERDTNER se debruça, de forma mais aprofundada, sobre os deveres de assistência do que sobre os deveres de lealdade.

não para a superação do preconceito tradicional da incapacidade da dogmática civil para explicar as amplas obrigações das partes (e em especial do empregador) i o vínculo de trabalho, representando assim um ponto de viragem na ciência juslaboral[68].

A concepção de WOLF é criticada pelo seu formalismo. Como refere MAYER-MALY[69], a negação dos deveres de lealdade e de assistência com fundamento na sua incompatibilidade com os conceitos e as categorias jurídico-formais pré-definidos pelo sistema civil corresponde a um raciocínio formal, de teoria do direito mas não de dogmática jurídica, porque a reflexão dogmática tem que partir das normas para o isolamento de princípios e é a essas mesmas normas que terá que voltar para ponderar as consequências dos princípios encontrados, nomeadamente a sua aptidão para a resolução de problemas concretos. Na perspectiva de dogmática que subscrevemos, a crítica parece-nos totalmente certeira: partindo dos conceitos e não das normas, a construção de WOLF não resolve nenhum dos problemas que a complexidade da posição debitória do empregador e do trabalhador inequivocamente suscita num enquadramento negocial comum. O carácter puramente conceptual dos argumentos utilizados por este autor deixa a sua construção destituída de valor dogmático[70].

Deve, contudo, notar-se que a concepção de WOLF deixou algumas marcas na evolução subsequente da dogmática laboral, particularmente no que se refere à forma de perspectivar o vínculo laboral e os deveres acessórios do empregador e do trabalhador. Por um lado, a ideia da recondução do empregador e do trabalhador às posições jurídicas de credor e de devedor num contrato obrigacional e a apreciação do vínculo laboral centrada, não na relação de trabalho, como era tradicional, mas no contrato de trabalho (WOLF[71] considera óbvia a recondução da relação de trabalho a uma modalidade do contrato de serviços, em con-

---

[68] Salientando a importância da obra de SCHWERDTNER para este efeito, MENEZES CORDEIRO, *Da situação jurídica laboral...cit.*, 123 s., e *Manual... cit.*, 95 s.

[69] *Treue- und Fürsorgepflicht...cit.*, 72 ss.

[70] Ainda em crítica a WOLF, por exemplo, RICHARDI, *Entwicklungstendenzen der Treue- und Fürsorgepflicht...cit.*, 59, que considera os argumentos deste autor contra os deveres de lealdade e de assistência destituídos de carácter jurídico.

[71] *Das Arbeitsverhältnis...cit.*, 79.

sonância com o sistema do BGB), e a visão deste contrato como um negócio obrigacional puro, não mais deixaram de estar presentes nas subsequentes apreciações do problema da natureza jurídica do vínculo laboral — como veremos, esta mudança de perspectiva contribui para diminuir o peso do elemento da dependência no vínculo laboral e facilita a recondução do direito do trabalho à área jurídica reguladora do contrato e da relação individual de trabalho, numa visão que será acolhida por outros autores[72]. Por outro lado, esta concepção veio a ser aproveitada num outro aspecto, que tem a ver com a negação da especificidade dos deveres laborais de lealdade e de assistência pela sua recondução ao princípio da boa fé: ainda que correspondendo a uma ideia já avançada anteriormente por outros autores, e que parece, aliás, nem ser particularmente grata a WOLF, esta recondução vai ser retomada e desenvolvida por um sector importante da doutrina e desse desenvolvimento resultará a negação da especificidade desta parte do conteúdo do vínculo laboral.

A concepção de SCHWERDTNER merecerá o aplauso de autores como BUCHNER ou FENN[73] (que elogiam a revalorização do elemento de troca patrimonial do vínculo laboral e a recondução dos deveres acessórios a deveres gerais de protecção), bem como de BÖTTICHER[74], quanto à ideia de remuneração em sentido amplo, e virá a ser desenvolvida por autores como SÖLLNER[75], que propõe também uma leitura dos deveres acessórios à luz do princípio da boa fé e dos deveres gerais de protecção. Para este autor, o dever laboral de lealdade determina a obrigação de respeito por alguns objectivos do empregador e tem assim um conteúdo útil, englobando um conjunto de deveres menores, com

---

[72] *Infra*, § 20º, 45.2.

[73] BUCHNER, *Fürsorgetheorie und Entgelttheorie...cit.*, e FENN, *Fürsorgetheorie und Entgelttheorie...cit.*

[74] Eduard BÖTTICHER, *Arbeitsrecht: Bemerkungen zu einigen Grundprinzipien*, ZfA, 1978, 621-644 (628). A posição deste autor é, apesar de tudo, mais moderada do que a de SCHWERDTNER, na medida em que, apesar da qualificar o vínculo laboral como um vínculo obrigacional, admite a existência de deveres pessoais — *idem*, 626 s.

[75] *Grundriß...cit.*, 256. Seguindo de perto a orientação de SÖLLNER, quanto à recondução dos deveres de assistência do empregador à categoria de deveres específicos de protecção ou a emanações do princípio da boa fé, ainda MÜLLER--GLOGE, *Münchener Kommentar...cit.*, IV, 255 s.

aspectos positivos e negativos; no entanto, este conteúdo do dever não significa a existência de qualquer lealdade pessoal do trabalhador ao empregador, mas é a concretização do princípio geral da boa fé (§ 242 do BGB), que preside ao cumprimento da generalidade dos contratos[76]. Por este motivo, os deveres acessórios incluídos no dever geral de lealdade têm natureza obrigacional e a sua inobservância corresponde a uma situação de incumprimento do contrato. É um entendimento semelhante que é sustentado, entre nós, por MENEZES CORDEIRO (que subscreve, aliás, em termos gerais, a concepção de SCHWERDTNER[77] quanto ao significado amplo do dever de remuneração), em relação ao dever de lealdade: como refere este autor, sendo inviável a sua justificação num vínculo comunitário-pessoal, em face da massificação e do anonimato que caracterizam as relações empresariais modernas, o dever de lealdade apenas faz sentido reportado ao contrato — ou seja, como exigência de cumprimento das obrigações assumidas com a celebração do negócio; mas, com esta configuração, não constitui, naturalmente, uma marca distintiva da situação jurídica laboral[78].

V. Já numa posição de crítica moderada à construção de SCHWERDTNER e ao seu desenvolvimento posterior em SÖLLNER se posicionam autores como RICHARDI[79] ou MAYER-MALY[80], que procuram conciliar a recusa das concepções comunitário-pessoais com o reconhecimento de alguma especificidade dos deveres laborais de protecção.

Desde logo, ambos os autores consideram que as críticas recentes à ideia da lealdade e da assistência esquecem o contributo essencial que estas ideias deram para o desenvolvimento dogmático do direito laboral e até para a evolução geral do pensamento jurídico — neste sentido, MAYER-MALY[81] recorda que a teorização laboral dos deveres de lealdade e de assistência contribuiu para a integração do direito

---

[76] Neste sentido, ainda, por exemplo, BERNERT, *Arbeitsverhältnisse im 19. Jahrhundert cit.*, 241.

[77] MENEZES CORDEIRO, *Da situação jurídica laboral...cit.*, 123 s., e *Manual...cit.*, 95 s.

[78] MENEZES CORDEIRO, *Da situação jurídica laboral...cit.*, 125 s. e 137 s., e *Manual...cit.*, 96.

[79] *Entwicklungstendenzen der Treue- und Fürsorgepflicht...cit.*, 54 s.

[80] *Treue- und Fürsorgepflicht...cit.*, 77 ss.

[81] *Treue- und Fürsorgepflicht...cit.*, 89 s.

individual do trabalho com o direito da segurança social, com o direito público e com o direito colectivo do trabalho (é o que designa como a «função integrativa» destes deveres — *Integrationsfunktion*), para a evolução geral do pensamento jurídico (é a «função de recepção» — *Rezeptionsfunktion*) e para a flexibilização do regime da relação de trabalho nos aspectos em que o enquadramento negocial demonstrava uma maior rigidez (é a «função de flexibilização» — *Elastizitätsfunktion*); e, na mesma linha, RICHARDI[82] lembra que uma boa parte do material jurídico que hoje permite a crítica das ideias de lealdade e de assistência no contrato de trabalho, a partir de um argumento de índole geral, não teria existido sem o desenvolvimento dogmático dessas mesmas ideias no domínio laboral. Para estes autores, a posição de SCHWERDTNER é, pois, uma posição redutora.

Feita a crítica, os autores esforçam-se por justificar a especificidade dos deveres de lealdade e de assistência no domínio laboral. Para este efeito, MAYER-MALY[83] considera que, apesar da contribuição que a teorização geral dos deveres de protecção dá para a compreensão dos deveres laborais de lealdade e de assistência, a recondução destes deveres a meras manifestações daquela categoria geral deve ser recusada porque obscurece as especificidades da relação de trabalho e porque estabelece uma confusão entre o princípio geral da protecção e a necessidade específica de tutela do trabalhador, que não é desejável nem corresponde à real diferença dos interesses subjacentes e da natureza e âmbito da tutela conferida, num e noutro casos — enquanto os deveres gerais de protecção apenas asseguram uma tutela negativa (*verbi gratia,* dando lugar a pretensões indemnizatórias dos sujeitos lesados pela sua violação), os deveres laborais acessórios asseguram a protecção positiva do trabalhador na pendência do contrato; enquanto aqueles prosseguem bens jurídicos dos contraentes que não se reportam à prestação negocial, os deveres laborais acessórios podem ter origem na prestação principal (são os deveres acessórios integrantes), na necessidade de tutela de outros bens das partes (são os deveres acessórios independentes) ou no princípio da boa fé, e apenas estes últimos se deixam integrar na categoria geral dos deveres de protecção. Por seu turno, RICHARDI[84]

---

[82] *Entwicklungstendenzen der Treue- und Fürsorgepflicht...cit.,* 54 s. e 59.
[83] *Treue- und Fürsorgepflicht...cit.,* 77 ss.
[84] *Entwicklungstendenzen der Treue- und Fürsorgepflicht...cit.,* 59.

admite a actual diluição dos deveres de lealdade e de assistência no direito das obrigações, pela recondução da relação de trabalho a um vínculo obrigacional, mas considera-a, ainda assim, como uma relação obrigacional singular por conter um elemento de organização sem paralelo noutros vínculos obrigacionais (nesse sentido se lhe refere como uma «relação de organização» — *ein Organisationsverhältnis*), por incluir deveres que extravasam o nexo sinalagmático do vínculo (especialmente no caso do empregador) e por ter uma terceira dimensão (manifestada, por exemplo, no princípio da igualdade de tratamento ou na sobrevivência dos contratos de trabalho à insolvência do empregador), que, sendo externa à relação trabalhador-empregador, é de qualificar como extra-obrigacional.

Justificada a singularidade dos deveres laborais de protecção, os autores recusam, contudo, a sua justificação comunitário-pessoal[85], propondo soluções intermédias, que passam ou pelo entendimento destes deveres como um desenvolvimento laboral específico dos deveres gerais de protecção ou pelo tratamento não simétrico de cada um deles. Seguindo a primeira orientação, MAYER-MALY[86] recusa a recondução destes deveres a meras concretizações dos deveres gerais de protecção, comuns a todos os contratos, mas qualifica-os como um desenvolvimento dos deveres de protecção dos contratos obrigacionais duradouros, que tem como escopo especificamente laboral a tutela dos interesses da contraparte na relação de trabalho (o trabalhador está interessado em assegurar, com a sua prestação, a subsistência da empresa, e, por sua vez, o empregador está interessado em assegurar a manutenção da integridade do trabalhador), da qual depende o interesse próprio de cada uma das partes. Preferindo a segunda orientação, RICHARDI[87] propõe uma leitura não simétrica dos deveres de assistência e de lealdade: no dever de assistência reconhece uma obrigação ampla do empregador, directamente fundada na organização e que qualifica mesmo como dever principal e não como dever acessório — nesta obrigação, o autor inclui os deveres exigidos pela sujeição do trabalhador ao poder organizativo do empregador, como o dever de protecção da vida e da saúde

---

[85] MAYER-MALY, *Treue- und Fürsorgepflicht...cit.*, 84 s., e RICHARDI, *Entwicklungstendenzen der Treue- und Fürsorgepflicht...cit.*, 63 s.

[86] *Treue- und Fürsorgepflicht...cit.*, 84 ss.

[87] *Entwicklungstendenzen der Treue- und Fürsorgepflicht...cit.*, 60 ss., e 64 s.

do trabalhador, mas também o dever de preservação da sua personalidade na empresa e o dever de manutenção do local e do posto de trabalho; no dever de lealdade reconhece uma designação sintética do conjunto dos deveres acessórios do trabalhador, que manifestam o princípio da boa fé no cumprimento do dever principal de trabalho ou no cumprimento de outros deveres acessórios sem ligação à prestação principal, como o dever de sigilo ou o dever de não concorrência. Ora, sendo o dever de assistência qualificado como dever principal e dotado de um fundamento autónomo, e sendo o suposto dever de lealdade um conjunto de vários deveres acessórios, não faz sentido qualquer raciocínio de correspectividade entre eles e ficam explicadas a subsistência do dever de assistência em algumas situações que extravasam o âmbito do sinalagma negocial, bem como a referida «terceira dimensão» da relação laboral, que decorre do dever de lealdade.

Finalmente, numa posição que também se pode considerar intermédia, coloca-se ZÖLLNER[88], que resolve o problema dos deveres acessórios a partir do isolamento de dois vínculos na relação laboral: a relação laboral negocial, que se inicia com a celebração do contrato de trabalho e se desenvolve até à sua cessação; e a relação laboral de protecção, que tem a ver com a tutela da pessoa, dos rendimentos e do património do trabalhador e do empregador. Para o autor, os diversos deveres tradicionalmente integrados no dever de lealdade (como os deveres de sigilo e de não concorrência), devem reportar-se ao vínculo laboral negocial; e as outras manifestações do binómio lealdade-assistência (como, por exemplo, a matéria da reintegração ou da reforma do trabalhador) são de reportar ao vínculo de protecção.

VI. Das construções obrigacionais de WOLF, SCHWERDTNER e SÖLLNER, relativamente aos deveres acessórios do vínculo laboral, como da respectiva crítica, em MAYER-MALY ou em RICHARDI, sobressai a recuperação da dimensão creditícia da relação de trabalho em termos globais — nos primeiros autores, pela extensão da explicação civilista das *singularidades* da situação laboral aos deveres acessórios; nos segundos, pelo enquadramento dessas singularidades como *desvios* ou *especificidades* laborais de uma categoria civil geral.

Para completar o processo de re-obrigacionalização da relação laboral falta apenas dar conta do entendimento redutor sobre o conceito

---

[88] *Die vorvertragliche und die nachwirkende...cit.,* 105 s.

técnico-jurídico usualmente apontado pela doutrina como critério distintivo do vínculo laboral: o conceito de subordinação jurídica.

41.4. A funcionalização da dependência do trabalhador: a recondução da subordinação à actividade laboral e a sua justificação pela ideia de heterodeterminação

I. Na reconstrução obrigacional do contrato de trabalho, a doutrina dedica ainda alguma atenção ao enquadramento do elemento da dependência do trabalhador, não só porque, sendo tradicionalmente associado às ideias de comunidade e de pessoalidade — como vimos, a comunidade laboral é configurada, tanto na perspectiva contratualista como na perspectiva institucionalista, como uma comunidade desigual; e o trabalhador é colocado numa situação de sujeição pessoal ao empregador, que permite a este último conformar e até alterar unilateralmente o conteúdo da prestação em prossecução do interesse da empresa —, este elemento é um dos alvos naturais das críticas às concepções comunitário-pessoais, como também porque a re-obrigacionalização do vínculo laboral volta a tornar candente o problema da compatibilização da sua essência dominial com o princípio da igualdade dos entes jurídicos privados.

Desta apreciação crítica do elemento da subordinação resulta ou a sua negação como critério delimitador do contrato de trabalho ou, pelo menos, a tentativa de atenuação da sua importância no vínculo laboral.

II. A recusa dos elementos de pessoalidade e de comunidade no vínculo laboral conduz alguns autores à recusa do próprio elemento da subordinação, como critério delimitador do contrato de trabalho, por considerarem insustentável a posição de domínio de um sujeito sobre outro num vínculo de direito privado — é a perspectiva de autores como WOLF[89], que subscreve, em consequência, a delimitação do contrato pelo critério da natureza genérica do serviço prometido, conjugado com o critério da durabilidade do vínculo, à maneira dos pioneiros do direito laboral.

---

[89] Por exemplo em *Der Begriff...cit.*, 716 s., e em *Das Arbeitsverhältnis...cit.*, 15 s. e 98.

Não recusando o elemento da subordinação como critério delimitador do contrato de trabalho, a maioria dos autores considera, todavia, que as concepções comunitário-pessoais contribuiram, ao contrário do que seria desejável, para empolar o valor deste elemento no vínculo laboral, por mascararem, sob a aparência do interesse comum, a realidade da sujeição dos interesses dos trabalhadores ao interesse do empregador, que detém a posição de poder na empresa — é uma crítica que encontramos logo em NEUMANN e, mais tarde, em SCHWERDTNER, por exemplo[90]. Desta forma, a negação dos elementos de pessoalidade e de comunidade é acompanhada, na maioria da doutrina, de um esforço de atenuação do peso do elemento da dependência do trabalhador no vínculo laboral.

III. No nosso entender, a atenuação do valor do elemento da dependência do trabalhador no vínculo laboral foi conseguida em duas etapas: num primeiro momento, através da associação da ideia de subordinação não à pessoa do trabalhador mas à actividade laboral; num segundo momento, através da justificação deste elemento, e, consequentemente, do poder correspondente do empregador, nas próprias características da prestação laboral. Estas duas etapas desenvolveram-se gradualmente desde a difusão da crítica às concepções comunitário-pessoais e transparecem, de forma clara, no tratamento deste elemento na doutrina laboral mais recente. Como argumento complementar para a atenuação do peso do elemento da dependência do trabalhador, encontramos ainda em alguns autores a referência às chamadas «dependências do empregador».

Em primeiro lugar, é hoje comum — designadamente na dogmática germânica, onde a tendência tradicional era a oposta, como já tivemos ocasião de salientar[91] — a associação do elemento da subordina-

---

[90] NEUMANN, *Das Arbeitsrecht in der modernen...cit.*, 2 ss., e, na trad. italiana, *Il diritto del lavoro nella società moderna cit.*, 399; SCHWERDTNER, *Fürsorgetheorie und Entgeltteorie...cit.*, 70. Para este último autor, este facto contribuiu até para conotar negativamente os conflitos laborais colectivos, difundindo a ideia de que eles são, em princípio, indesejáveis, pelo que devem ser apenas objecto da tolerância da ordem jurídica — *idem*, 71 s. É exactamente este ponto de vista que transparece ainda na apreciação de Thilo RAMM, *Das Recht des Arbeitskampfes nach der Rechtsprechung des Bundesarbeitsgerichts*, JZ, 1961, 9, 273-275, sobre a perspectiva da jurisprudência laboral relativamente aos conflitos colectivos.

[91] Cfr., *supra*, § 3°, 4.5.IV. e nota [218].

ção não à pessoa do trabalhador mas à actividade laboral. Considerando que o trabalhador se constitui num estado de sujeição com a celebração do contrato de trabalho, os autores reportam esse estado de sujeição não a uma posição de poder pessoal de um sujeito privado sobre outro mas directamente à actividade laboral — neste sentido se compreende, por exemplo, que MENEZES CORDEIRO ou MENGONI[92] se refiram à subordinação como uma característica da actividade laboral ou um modo de ser da prestação de trabalho, que RICHARDI[93] dilua o conceito de «dependência pessoal», tradicional na dogmática germânica, na exigência de que a prestação seja efectuada pela pessoa do próprio trabalhador, ou ainda que ZÖLLNER e LORITZ[94] critiquem esse conceito, observando que a dependência do trabalhador não é relevante nem em termos económicos nem em termos pessoais (ainda que estes dois aspectos se verifiquem na prática), mas como dependência ou subordinação (*Unselbständigkeit*) no desempenho da actividade de serviço. Ora, esta objectivação do elemento da dependência tem como efeito imediato a diminuição da carga axiológica de domínio pessoal que tradicionalmente lhe era associada e, nessa medida, facilita a compatibilização do vínculo laboral com as categorias e os princípios do direito privado comum.

Associada à actividade laboral, a subordinação tende, por outro lado, a ser justificada como uma inevitabilidade em face da natureza indeterminada da prestação laboral e/ou do carácter duradouro do vínculo laboral.

É tendo em consideração a natureza indeterminada da prestação que muitos autores desenvolvem a ideia da *disponibilidade* e da *heterodeterminação*. A ideia de disponibilidade para o trabalho é apresentada em alternativa ou para complemento da ideia de *actividade* laboral, a propósito da fixação do objecto negocial — neste sentido, observa, por exemplo, MONTEIRO FERNANDES[95], mais do que prestar uma actividade

---

[92] MENEZES CORDEIRO, *Manual...cit.*, 127, e MENGONI, *L'influenza del diritto del lavoro...cit.*, 6 s.
[93] *Staudingers Kommentar...cit.*, II, 150.
[94] *Arbeitsrecht cit.*, 45 s.
[95] *Direito do Trabalho cit.*, 124 (itálico no original). Anteriormente, em *Sobre o objecto...cit.*, 21, este autor tinha já desenvolvido a ideia de que o débito negocial do trabalhador se manifestava numa «*posição mista* de abstracta disponibilidade e de concreta actividade» (itálico no original).

concreta está em causa no vínculo laboral a obrigação do trabalhador de «colocar e manter aquela força de trabalho *disponível* pela entidade patronal enquanto o contrato vigorar». A ideia de *heterodeterminação* é também associada ao conceito de actividade laboral com este mesmo sentido — como salientam PERA ou MENEZES CORDEIRO[96], a actividade laboral é uma actividade heterodeterminada, porque o seu conteúdo preciso carece de ser fixado unilateralmente por outrem. É para a fixação deste conteúdo que é essencial o estado de sujeição do trabalhador, a que corresponde o poder de direcção, mas, com esta configuração, este poder potestativo do empregador corresponde apenas ao poder de concretização que assiste a qualquer credor de uma prestação de conteúdo indeterminado[97] — ou seja, na expressão de RICHARDI[98], reconduz-se a um poder de adequação.

Tendo em conta o carácter duradouro do vínculo laboral, outros autores justificam a dependência do trabalhador nessa característica, que consideram como facto distintivo do vínculo relativamente a situações jurídicas afins, mas não lhe reconhecem também qualquer cunho pessoal — é a posição subscrita, por exemplo, por RICHARDI[99].

Finalmente, alguns autores chamam a atenção para a situação de dependência do próprio empregador nos vínculos laborais, uma vez que os seus objectivos empresariais apenas são atingíveis mediante a colaboração de outrem — neste sentido, considera GAST[100] que a dependência do empregador é o contra-peso da dependência do trabalhador e deverá ser ponderada em termos dogmáticos; e, desenvolvendo esta mesma ideia, HERNANDEZ[101] ensaia, a partir da análise de diversas situações legais de favorecimento do credor do trabalho (que vão desde o reconhecimento dos poderes laborais até à importância reconhecida à liberdade da empresa privada e aos objectivos produtivos, passando pelo

---

[96] PERA, *Compendio...cit.*, 106; MENEZES CORDEIRO, *Manual...cit.*, 16, 125 e 658.

[97] WOLF, *Das Arbeitsverhältnis...cit.*, 15, e *Der Begriff...cit.*, 716 s., ou MENEZES CORDEIRO, *Manual...cit.*, 127 e 658 ss.

[98] *Arbeitnehmerbegriff...cit.*, 622 s.

[99] *Der Arbeitsvertrag im Zivilrechtssystem cit.*, 252, e *Arbeitnehmerbegriff... cit.*, 624.

[100] *Arbeitsrecht und Abhängigeit cit.*, 68.

[101] *Il «favor» del lavoratore...cit.*, 298 ss.

jus variandi, ou pela aferição da diligência do prestador do trabalho não em termos médios mas em função dos objectivos empresariais), a formulação de um princípio geral de tutela do empregador, que poderia corresponder ao princípio da protecção do trabalhador.

Reportado à prestação de trabalho e justificado a partir das características desta ou com base na característica de durabilidade do vínculo laboral, e com o seu peso axiológico tradicional reduzido pelo reconhecimento das «dependências» do empregador, o elemento da dependência do trabalhador perde assim a sua essência dominial e torna-se compatível com o princípio da igualdade.

41.5. Conclusão: o contrato de trabalho como contrato de prestação heterodeterminada de serviços. A re-obrigacionalização definitiva do vínculo laboral

I. Recusados os elementos de pessoalidade e de comunidade do vínculo laboral e operada a reconstrução do contrato e da relação de trabalho em termos obrigacionais, tanto no que respeita ao binómio fundamental de troca actividade laboral-retribuição como no que se refere aos deveres acessórios, compreende-se a afirmação inicial que fizemos no sentido de ficar completo o processo de re-obrigacionalização da relação de trabalho.

A construção que acabamos de descrever traz, no nosso entender, dois grandes contributos para o enquadramento dogmático do contrato e da relação laboral: o primeiro tem a ver com a contratualização definitiva do vínculo laboral; o segundo com a superação do preconceito da incapacidade do direito civil para resolver os problemas colocados por este vínculo. Para além destes contributos, deve dizer-se que esta concepção viabiliza ainda a reaproximação dogmática do contrato de trabalho às figuras negociais congéneres previstas na lei civil. Aqueles contributos e esta viabilização têm uma influência determinante na perspectiva de apreciação do problema da autonomia dogmática do direito do trabalho.

II. Em primeiro lugar, a concepção obrigacional consolida, em definitivo, o contrato de trabalho como facto constitutivo da relação laboral, o que determina a qualificação do vínculo laboral como um vínculo negocial[102] — *in extremis*, WOLF[103] exprime exemplarmente esta consolidação quando considera sem significado material a distinção entre contrato e relação de trabalho porque esta se baseia necessariamente naquele. Ora, interessando as qualificações jurídicas pelos seus efeitos práticos, no caso em apreço tal qualificação dissipa as dúvidas sobre a aplicabilidade das normas civis sobre o negócio jurídico no domínio laboral[104].

Em segundo lugar, esta construção parece, de facto, compatibilizar alguns dos aspectos mais singulares do vínculo laboral com o direito civil, ao justificar, em termos gerais, tanto a qualificação positiva do contrato (como contrato oneroso, sinalagmático e duradouro) como os seus desvios às regras negociais comuns em diversas matérias — o problema dos limites à eficácia da invalidade do contrato é perspectivado como um problema geral dos contratos obrigacionais duradouros, o âmbito alargado dos deveres das partes é explicado pela teorização geral da complexidade da posição debitória das partes nos contratos duradouros e os desvios ao sinalagma negocial são justificados por recurso a um princípio civil geral, a uma concepção ampla de patrimonialidade, ou, em último caso, pela limitação do próprio nexo sinalagmático. Ainda que algum contributo para este tipo de justificação tenha origem no desenvolvimento específico destas matérias, levado a efeito pela dogmática laboral (como é, aliás, expressamente reconhecido por alguns autores), a verdade é que se torna manifesta a renovação da aptidão da dogmática civil para resolver os problemas colocados pela relação de trabalho.

III. Mas, para além destes contributos, cremos que a concepção obrigacional facilita a aproximação dogmática do contrato de trabalho aos congéneres negócios obrigacionais que também envolvem a prestação de uma actividade produtiva (os contratos de prestação de serviços ou de locação, consoante os sistemas), numa tendência inversa ao pro-

---

[102] Neste sentido, regista-se até uma tendência para referir de forma indiferenciada o contrato e a relação de trabalho na doutrina. WOLF, *Das Arbeitsverhältnis...cit.*, 79, refere-se à relação de trabalho como modalidade do *contrato* de serviços, e SCHWERDTNER, *Fürsorgetheorie und Entgeltheorie...cit.*, 81, identifica-a como um *contrato* de troca, por exemplo.

[103] *Der Begriff...cit.*, 725.

[104] Neste sentido, por todos, BYDLINSKI, *Arbeitsrechtskodifikation...cit.*, 77 s.

cesso histórico anterior de emancipação do vínculo laboral em relação à sua génese civil.

É certo que, em sistemas como o germânico e o austríaco, esta aproximação é facilitada pela não autonomização do contrato de trabalho ao nível da lei — no nosso entender, o quadro legal legitima directamente a afirmação do contrato de serviços como tipo contratual genérico do contrato de trabalho, comum nestes contextos doutrinais[105], e a consequente exigência de que um e outro contratos partilhem os mesmos elementos essenciais, tal como são definidos no BGB[106]; e é ainda a omissão de referências explícitas da lei à situação de subordinação do prestador que facilita a tendência dominante de diluição da ideia de dependência no conceito de heterodeterminação, comum a todas as obrigações genéricas e, nessa medida, consentâneo com a dogmática civil.

Mas a verdade é que esta concepção viabiliza a reaproximação do contrato de trabalho a outras modalidades negociais envolvendo o desenvolvimento de uma actividade produtiva para outrem, a título oneroso, mesmo em sistemas como o nosso, que formalmente delimitam o contrato de trabalho do contrato de prestação de serviço na lei civil – arts. 1152º e 1154º do CC. Não fora esta a opção do legislador e o contrato de trabalho deveria, na opinião de autores como MENEZES CORDEIRO[107], ser reconduzido a uma «particular modalidade da prestação de serviços», ao lado dos contratos de mandato, de depósito e de empreitada. Para esta qualificação tende a repatrimonialização do objecto negocial, por um lado, e a funcionalização do elemento da subordinação à própria prestação, por outro. Em termos dogmáticos, o contrato de trabalho deixa-se pois conceber como um «contrato de prestação heterodeterminada de serviços»[108].

42. Apreciação da crítica às concepções comunitário-pessoais e do enquadramento civilista do contrato de trabalho e sua adequação ao caso português

I. Apresentada a crítica às concepções comunitário-pessoais e a reconstrução do contrato de trabalho em termos patrimoniais, cabe agora

---

[105] Neste sentido, por exemplo, RICHARDI, *Der Arbeitsvertrag im Zivilrechtssystem cit.*, 252, ou *Arbeitnehmerbegriff...cit.*, 611.
[106] Neste sentido, por exemplo, WOLF, *Das Arbeitsverhältnis...cit.*, 89 s.
[107] *Manual...cit.*, 521 e nota [5].
[108] MENEZES CORDEIRO, *Manual...cit.*, 518.

proceder à respectiva apreciação e verificar da sua adequação ao sistema jurídico nacional.

No primeiro aspecto, consideramos que as objecções da doutrina aos elementos de pessoalidade e de comunidade tal como foram desenvolvidos pelas concepções conmunitário-pessoais, são, em termos gerais, correctas e adequadas ao caso português — por este motivo, as observações que se seguem revestem carácter complementar ou limitam-se a destacar um ou outro argumento que não consideramos adequado ou relevante no quadro do nosso sistema jurídico. Já no que se refere à reconstrução patrimonial do vínculo laboral, cremos que, apesar de globalmente adequada à configuração do contrato de trabalho no sistema jurídico nacional, ela merece algumas reservas porque algumas das suas projecções não são validadas pelo direito positivo; ora, este facto obriga a um esforço de reapreciação destes elementos, que, a nosso ver, os subscritores da concepção obrigacional do vínculo laboral se abstêm de fazer, bastando-se com um raciocínio de retorno do vínculo laboral aos quadros dogmáticos do direito civil.

Sendo ainda prematuro nesta fase do estudo encetar uma pesquisa reconstrutiva, limitamo-nos, por agora, a apreciar as críticas da concepção obrigacional aos elementos de pessoalidade e de comunidade e a referir os argumentos desta concepção que, do nosso ponto de vista, não encontram apoio no sistema positivo português. Na última parte do nosso trabalho, retomaremos o problema na perspectiva da sua reconstrução.

II. Começando pela crítica aos elementos de pessoalidade e de comunidade, cremos que o valor patrimonial inequívoco das prestações essenciais em jogo no vínculo de trabalho e a manifesta oposição dos interesses dos sujeitos envolvidos inviabiliza, também no sistema jurídico nacional, a configuração do vínculo laboral como um vínculo pessoal e comunitário: no que se refere ao elemento de comunidade, em razão da sua inconsistência dogmática, por contrariedade directa ao direito positivo e pela falta de correspondência à realidade sociológica subjacente ao vínculo; no que se reporta ao elemento da pessoalidade, não tanto pela sua irrelevância nas relações laborais modernas, mas pelo seu carácter acessório, que constitui um obstáculo metodológico decisivo à sua aptidão qualificativa.

No que se refere à caracterização do vínculo laboral como vínculo comunitário, concordamos com a afirmação da sua inconsistência dogmática, por falta de correspondência com o significado jurídico de comunidade, entendido, em termos estritos, como contitularidade de situações jurídicas activas ou passivas pelas partes — uma tal contitularidade não se verifica, de facto, na situação jurídica laboral[109].

Já no que se refere ao significado amplo do conceito de comunidade, identificado com a situação de comunhão de interesses das partes, cremos que o nosso sistema positivo não autoriza uma recusa liminar desta valência do conceito, uma vez que admite e tutela interesses comuns ao trabalhador e ao empregador em diversas situações — atente-se, por exemplo, no dever de manutenção do equipamento e das instalações da empresa durante a greve, pelos trabalhadores (art. 8º nº 3 da LG), que corresponde ao interesse comum de assegurar as condições de subsistência do vínculo negocial após o termo do conflito[110]; ou no interesse no aumento da produtividade da empresa, cujo carácter comum não suscita dúvidas, designadamente quando estejam em causa prémios de produtividade ou a distribuição de lucros aos trabalhadores, bem como nos casos em que os trabalhadores sejam também accionistas da empresa[111]. Contemplando o nosso ordenamento juspositivo alguns interesses empresariais comuns e tendo esses interesses incidência nos diversos vínculos laborais, parece-nos que a ideia de comunidade

---

[109] Cfr., *supra*, § 19º, 40.I.

[110] O interesse aqui subjacente é o denominado interesse de manutenção do suporte de emprego — neste sentido, por exemplo, Bernardo da Gama Lobo XAVIER, *Direito da Greve*, Lisboa, 1984, 185, e Maria do Rosário Palma RAMALHO, *Lei da Greve Anotada*, Lisboa, 1994, 59, nota [2]; e, ainda sobre esta matéria, António de Lemos Monteiro FERNANDES, *Direito de Greve — Notas e Comentários à Lei nº 65/97 de 26 de Agosto*, Coimbra, 1982, 60. Embora esta designação privilegie o interesse dos trabalhadores em assegurarem a subsistência dos seus vínculos laborais após a cessação do conflito colectivo, parece-nos manifesto o interesse idêntico do empregador em que tal suceda.

[111] Não nos pode ocupar neste trabalho a questão da compatibilidade do estatuto jurídico de trabalhador subordinado com o estatuto de sócio. O problema que aqui colocamos apenas faz sentido para as posições sociais minoritárias adquiridas pelos trabalhadores em grandes empresas, nomeadamente em sociedades anónimas, situação que a jurisprudência tem considerado compatível com a subsistência da qualidade de trabalhador subordinado — Neste sentido, entre outros, o Ac. STJ de 7/07/1989, AJ, 1-1, ou o Ac. STJ de 13/03/1992, BMJ 415-425. Nestes casos, surge um interesse comum às duas partes, mesmo que na situação jurídica do trabalhador seja dissociável, em termos jurídicos estritos, a sua qualidade de trabalhador subordinado e a sua qualidade de sócio.

laboral, como comunidade de interesses, tem significado jurídico[112]. Simplesmente, a ideia de comunidade no sentido indicado não chega para qualificar o vínculo laboral como um vínculo comunitário, porque estes interesses comuns às partes não podem deixar de ser considerados como instrumentais em relação aos interesses essenciais opostos de cada uma delas. Não pelo argumento da inexistência, mas pelo da acessoriedade dos interesses comuns das partes, a qualificação comunitária do vínculo laboral é pois de recusar.

No nosso entender, é, contudo, a ausência de comunhão em sentido sociológico, manifestada na essência conflitual do fenómeno do trabalho dependente e dos outros fenómenos sociais com ele conexos, que obsta, em definitivo, à qualificação comunitária da relação laboral — o facto é que o clima de conflitualidade social subjacente ao sistema juslaboral se projecta directamente e com uma tal intensidade nesse sistema que torna artificial e utópico qualquer pensamento comunitário. É certo que todo o direito tem na sua origem relações sociais de efectivo ou potencial conflito, mas, no caso laboral, é o próprio sistema positivo que inviabiliza qualquer ideia de comunhão ao legitimar e, em alguns casos, ao proteger essas relações de conflito, como é facilmente ilustrado com alguns exemplos: assim, na regulamentação do direito de greve, o facto de ser a própria lei a permitir que um dos contraentes cause um prejuízo ao outro, a assegurar a efectividade desse prejuízo (com a admissibilidade dos piquetes de greve e as limitações à substituição dos grevistas — arts. 4° e 6° da LG) e a isentar o autor do prejuízo das consequências normais da sua conduta em termos de responsabilidade contratual por incumprimento (pelo efeito contratual suspensivo da adesão à greve, previsto no art. 7° n° 1 da LG), demonstra, de forma paradigmática, a recepção e a tutela jurídica de uma relação de conflito social que é incompatível com qualquer tipo de comunhão entre os respectivos protagonistas; mas a ausência de espírito comunitário é também demonstrada, entre outros casos, na previsão legal do controlo da gestão pelas comissões de trabalhadores (art. 54° n° 5 b) da CRP, e art. 18° n° 1 b) da LComT), no reconhecimento do poder de fiscalização e do poder disciplinar sobre o trabalhador (art. 26° da LCT), no estabelecimento da obrigatoriedade de consulta das comissões

---

[112] Contra, como vimos, MENEZES CORDEIRO, *Da situação jurídica laboral...cit.*, 114 ss., embora o autor trate a questão em termos gerais.

de trabalhadores no processo de despedimento e noutras exigências desse processo, bem como do processo disciplinar comum (art. 10º da LCCT e art. 31º da LCT), na facilidade de dissolução do vínculo laboral pelo trabalhador independentemente de justa causa (arts. 38º s. da LCCT) ou no regime do *lay-off* (arts. 5º ss. da LSCT). Independentemente da justificação destas normas ou destes institutos, eles traduzem em termos jurídicos o clima de conflitualidade e de oposição de interesses que subjaz aos fenómenos laborais, porque apenas fazem sentido na previsão de comportamentos de uma das partes que directamente prejudiquem a outra ou da manifesta prevalência dos seus interesses particulares sobre os interesses comuns[113]. O realismo do sistema normativo laboral no reconhecimento da essência conflitual do mundo do trabalho — que levou autores como G. LYON-CAEN a referir-ao ao direito do trabalho como «*une machine à transformer l'illégal en légal*»[114] — torna, de facto, inverosímil (até em termos semânticos, como escreve

---

[113] Em qualquer destes casos, não só é evidente a conflitualidade sociológica subjacente ao vínculo como é clara a opção do legislador não por soluções de consenso, mas pela tutela do interesse que, no caso reputa mais importante. O poder de controlo das comissões de trabalhadores apenas faz sentido pela ponderação da possibilidade de a gestão da empresa vir a prejudicar os trabalhadores, o que contraria a ideia de um interesse comum, tal como contraria essa ideia a facilidade de suspensão dos contratos de trabalho através do regime do *lay-off*, em que as motivações económicas são consideradas mais importantes do que a relação de confiança e de pertença à empresa; da mesma forma, a garantia do direito à greve e a garantia da sua eficácia põem directamente em causa a colaboração negocial entre as partes, manifestada no princípio do cumprimento pontual, podem ameaçar a liberdade de trabalho dos não aderentes (através dos piquetes de greve) e a liberdade profissional do empregador; na mesma linha, pode dizer-se que a facilidade de dissolução do vínculo negocial pelo trabalhador, independentemente de justa causa, demonstra a prevalência da sua liberdade (individual) de trabalho sobre o interesse empresarial; e o poder disciplinar tem subjacente a prática de infracções pelo trabalhador, mas as cautelas impostas ao seu exercício pressupõem a possibilidade da actuação abusiva deste poder por parte do empregador. Parece-nos assim fora de dúvida que o legislador tem consciência do clima de conflitualidade sociológica que subjaz aos fenómenos laborais e que é incompatível com a ideia de comunidade.

[114] Gérard LYON-CAEN, *La crise actuelle du droit du travail*, in F. COLLIN / R. DHOQUOIS / P. H. GOUTIERRE / A. JEAMMAUD / G. LYON-CAEN / A. ROUDIL, *Le droit capitaliste du travail*, Grenoble, 1980, 255-271 (268), em apreciação de fenómenos como a greve, a ocupação dos locais de trabalho, as instalações dos trabalhadores dentro da empresa e muitos outros.

ORLANDO DE CARVALHO[115]) a ideia de uma comunidade laboral, no sentido pretendido pelas teorias comunitário-pessoais.

Desta forma, porque o elemento de comunidade não tem correspondência nem com a realidade sociológica subjacente nem com o sistema de direito positivo que a traduz, consideramos que, também no caso português, ele carece da consistência dogmática necessária para justificar a qualificação comunitária do vínculo laboral.

III. No que se refere ao elemento da pessoalidade, cremos que a sua inaptidão para determinar a singularidade do vínculo laboral decorre, no caso português, do facto de se tratar de um elemento acessório do contrato de trabalho e não tanto, como consideram alguns dos defensores da concepção obrigacional, da falta de significado específico do envolvimento pessoal do trabalhador no vínculo laboral e da atenuação deste envolvimento nas relações de trabalho modernas[116].

No nosso entender, não obstante o envolvimento pessoal dos sujeitos ser comum a todos os negócios jurídicos e, nomeadamente, aos contratos duradouros, o envolvimento do trabalhador no vínculo laboral é superior e qualitativamente diferente do que aquele que se verifica quer em contratos incidentes sobre outro tipo de bens jurídicos quer em contratos que envolvem, como o contrato de trabalho, a prestação de uma actividade. Quanto à primeira categoria, é naturalmente superior o envolvimento do sujeito nos contratos que têm como objecto o desenvolvimento de uma actividade continuada, porque esta actividade se analisa numa conduta humana, valorada em si mesma pela ordem jurídica — é esta uma das projecções da distinção entre prestações de *dare* e de *facere*, que não carece de mais demonstração[117]. Mas também em relação a outros contratos duradouros, que têm por objecto o desenvolvimento de uma actividade (designadamente, no nosso sistema jurídico, o contrato de prestação de serviço, que enquadra o trabalho autónomo), se verifica, na nossa opinião, uma diferença qualitativa no envolvimento pessoal do trabalhador, que os defensores da concepção obrigacional ten-

---

[115] *Empresa e direito do trabalho* cit., 15. Esta referência do autor é feita a propósito da pressão empresarial para a aprovação do regime jurídico do *lay-off*. Ela parece-nos, contudo, perfeitamente legítima em termos gerais.
[116] Cfr., *supra*, § 19º, 40.II.
[117] *Vd.*, *supra*, § 3º, 4.3. *maxime* II., as nossas referências à ideia de actividade, a propósito da delimitação do conceito de actividade laboral.

dem a sub-avaliar e que resulta da necessidade de conjugação da inseparabilidade da prestação laboral em relação à pessoa do trabalhador com a situação de dependência em que este se encontra: o trabalhador subordinado está mais envolvido na prestação porque o *quid* a prestar é a sua própria actividade, mas também porque para o desenvolvimento dessa actividade depende, em cada momento, das orientações do credor-empregador, dada a indefinição relativa do conteúdo da prestação, e porque a eficácia dessas orientações é assegurada, de forma directa e imediata, pela possibilidade de actuação do poder disciplinar. Ainda que nos contratos de prestação de serviço o devedor do serviço se sujeite também a instruções vinculativas do credor (vejam-se os arts. 1161º a), e 1208º e 1216º nº 1 do CC, em relação aos contratos de mandato e de empreitada, bem como o art. 7º a) do DL nº 178/86, de 3 de Julho, relativamente ao contrato de agência), a dependência (jurídica) do prestador do serviço não é assimilável à dependência do trabalhador subordinado, porque falta na titularidade do credor um poder privado de punir, que directamente compele ao cumprimento estrito da prestação laboral, bem como à observância de múltiplos deveres acessórios, inerentes ou independentes daquela prestação. No nosso entender, é a junção na titularidade do empregador dos poderes directivo e disciplinar que diferencia a situação do trabalhador subordinado da situação jurídica de outros devedores de serviços e que obriga à sua constante disponibilização pessoal no contrato.

Por outro lado, não subscrevemos a ideia de que a tendência recente para o anonimato das relações de trabalho diminua a importância do envolvimento pessoal do trabalhador no vínculo, nem, muito menos, que possibilite a fungibilidade das prestações laborais ou torne obsoleta a caracterização do vínculo laboral como um vínculo *intuitu personae*, por dois motivos: em primeiro lugar, porque esta tendência para o anonimato caracteriza apenas um certo tipo de relações de trabalho (as que se desenvolvem em grandes empresas ou unidades produtivas), não podendo assim, ser considerada como uma tendência geral; em segundo lugar, porque as qualidades pessoais do trabalhador relevam sempre e tanto em relação a trabalhadores especializados como em relação a trabalhadores «indiferenciados»[118], porque todos eles são con-

---

[118] O termo é naturalmente equívoco. A ele recorremos apenas pela sua expressividade linguística, já que há sempre alguma diferença entre os trabalhadores, que é tomada em consideração pelo empregador.

tratados pelas suas aptidões pessoais para a função em causa, avaliadas em comparação com as de outros candidatos — é porque é mais novo, ou, pelo contrário, porque é mais experiente, porque é mais forte, porque tem melhor trato, ou porque é mais disponível, que aquele trabalhador é, entre outros trabalhadores «indiferenciados», o escolhido pelo empregador[119], e o relevo das suas qualidades pessoais manifesta-se na possibilidade de anulação do contrato pelo empregador com base em erro sobre estas qualidades, se forem essenciais (art. 251º do CC[120]). Desta forma, cremos que o contrato de trabalho se deve continuar a caracterizar, em termos gerais, como um contrato *intuitu personae* e que não é configurável a fungibilidade da prestação laboral — nomeadamente, porque pratica uma infracção disciplinar o trabalhador que se faça substituir na realização da tarefa a que estava adstrito por outro colega, mesmo que essa tarefa venha a ser desempenhada de forma satisfatória por este. E, em face desta caracterização do contrato, conjugada com a essencialidade do elemento da dependência na sua delimitação na nossa lei, não consideramos também compatível com o ordenamento jurídico a hipótese, aventada por alguns autores, de o trabalhador ser uma pessoa colectiva[121].

O facto de não subscrevermos a atenuação da componente de pessoalidade na relação laboral não significa, no entanto, que admitamos o valor qualificativo determinante deste elemento, no sentido pretendi-

---

[119] Na verdade, nem sequer para o trabalhador são indiferentes as qualidades ou a situação concreta do empregador no momento em que decide celebrar ou rescindir o contrato de trabalho (nestas decisões, o trabalhador ponderará a situação económico-financeira da empresa, por exemplo), pelo que se pode considerar que a importância de factores pessoais se verifica para as duas partes. É, todavia, a propósito da situação jurídica do trabalhador que a questão do anonimato foi suscitada pela doutrina.

[120] Não faria sentido não aplicar esta norma à hipótese em que o empregador contrata para dactilógrafa uma pessoa que não sabe escrever à máquina ou para motorista alguém que não tem carta de condução. No caso, trata-se de erro sobre qualidades do declaratário, que foram determinantes para a formação da vontade negocial do declarante, pelo que, verificados os restantes requisitos de relevância do erro, o negócio é anulável, nos termos gerais.

[121] É o caso de MENEZES CORDEIRO, como vimos, *supra,* § 19º, 40.II. A componente de pessoalidade implicada na prestação de uma actividade, que é, necessariamente, uma conduta humana, e o elemento essencial da subordinação, nomeadamente na sua componente disciplinar, parecem-nos, neste caso, inaplicáveis, situação, que só por si, desqualificaria o negócio como laboral.

do pelas doutrinas comunitário-pessoais. Reportando-nos, uma vez mais, ao caso nacional, entendemos que o nexo pessoal entre as partes (evidenciado pelo clássico binómio dever de lealdade-dever de assistência) não permite a qualificação pessoal do vínculo laboral, nos termos propugnados por estas doutrinas, porque se trata de um elemento acessório — e esta natureza acessória fica clara se ponderarmos os mais importantes interesses em jogo no negócio laboral. Como foi sublinhado pelos críticos da concepção comunitário-pessoal, esta concepção não era apenas idealista na referência à existência de uma comunhão entre as partes, mas também na ideia de que as partes valorizariam mais o vínculo de lealdade que as unia do que os proveitos económicos que cada uma delas retiraria do vínculo — o que, obviamente, não corresponde à realidade. Na verdade, mesmo que se admita a importância dos deveres pessoais das partes no vínculo laboral, eles não podem deixar de ser qualificados como deveres acessórios dos deveres principais de trabalho e de remuneração. Ora, nesta qualidade, carecem de aptidão para determinar a qualificação do vínculo de trabalho como um vínculo pessoal.

IV. Reconhecida a importância secundária dos elementos de comunidade e de pessoalidade no vínculo laboral, a sua reconstrução em termos patrimoniais, propugnada pelos defensores da concepção obrigacional, é a consequência natural e lógica. Do nosso ponto de vista, no caso português, esta configuração patrimonial do contrato de trabalho é confirmada, em termos gerais, pelo direito positivo, do qual se retiram argumentos literais e sistemáticos em favor da configuração patrimonial do contrato de trabalho.

Em termos literais, logo a noção de contrato de trabalho estabelece, como elementos essenciais, o elemento da actividade e o elemento da retribuição — nos termos dos arts. 1152º do CC e 1º da LCT, apenas releva como trabalho subordinado o trabalho manual ou intelectual retribuído; como objecto do negócio jurídico laboral, por parte do trabalhador, releva assim uma actividade humana (o que é confirmado pelo art. 5º nº 1 da LCT), mas essa actividade é necessariamente avaliável em dinheiro, ou seja, tem, por definição, valor patrimonial. A essência patrimonial do contrato de trabalho está pois patente logo na sua delimitação legal.

Dos argumentos sistemáticos que confirmam a qualificação patrimonial do vínculo laboral, realçamos a inserção do contrato de trabalho no Código Civil, a ampla tutela da remuneração, aos níveis laboral, processual e constitucional, e a orientação geral da lei laboral no modo como enuncia os deveres dos sujeitos laborais.

Relativamente à inserção sistemática do contrato de trabalho, deve ter-se em atenção que, apesar de remeter a sua regulamentação para diploma especial (art. 1152° do CC), a lei civil não deixou de o conceber como um negócio obrigacional. Na sua inserção sistemática civil, o contrato de trabalho é pois (mais) um contrato envolvendo prestações patrimoniais, integrado numa área jurídica que se rege por princípios de patrimonialidade e que, tradicionalmente, se tem até mostrado relutante na protecção de interesses não patrimoniais (veja-se a exigência da gravidade dos danos não patrimonais que condiciona a pretensão da sua compensação, estabelecida pelo n° 1 do art. 496° do CC).

Por outro lado, deve referir-se que é com o objectivo de protecção do valor patrimonial da actividade laboral que se compreende o amplo regime jurídico de tutela da remuneração previsto nas leis laborais (desde a celebração até à cessação do contrato)[122], mas também em sede da lei processual (relativamente à impenhorabilidade parcial do salário — art. 824° n° 1 a) do CPC), em sede da lei civil e comercial (relativamente aos privilégios creditórios dos trabalhadores estabelecidos no art. 737° n° 1 d) do CC, que se mantêm após a declaração de falência da empresa — art. 152° do CREF, *a contrario sensu*) e até em sede constitucional (quanto ao salário mínimo ou ao princípio da igualdade remuneratória — art. 59° n° 2 a) e n° 1 a) da CRP). Podendo dizer-se que a motivação última deste regime é a preservação da dignidade da vida do trabalhador e da sua família (o que, de certa forma, se pode entender como uma extensão da tutela da sua personalidade), não deve esquecer-se que esta tutela é assegurada através da valorização patrimonial da actividade laboral por ele desenvolvida.

Para esta configuração patrimonial do vínculo laboral concorre finalmente a forma de enumeração dos deveres das partes na LCT: nos ter-

---

[122] Pensamos, entre outras, em matérias que vão desde a delimitação dos conceitos de retribuição e de remuneração (arts. 82° ss. da LCT), e da fixação do princípio da irredutibilidade da retribuição (art. 21° n° 1 c) da LCT) até à previsão das compensações por cessação do vínculo laboral (arts. 6° n° 2, 23° n° 1, 31°, 36°, 46° n° 3, 50° n° 4, 52° n° 4 da LCCT), passando pelas regras especiais em matéria de retribuição em caso de isenção de horário de trabalho (art. 14° n° 2 da LDT) ou de prestação de trabalho suplementar (art. 7° da LTS).

mos explícitos do art. 20º, o dever de lealdade do trabalhador é reportado, numa perspectiva algo limitada, aos aspectos da não concorrência e do sigilo — e não, como era pretendido pelas teorias comunitário-pessoais, numa perspectiva ampla, como um dever essencial ou de conteúdo abrangente. Ainda que se possa descortinar um sentido amplo para este dever de lealdade, que abranja o conjunto dos deveres acessórios do trabalhador (deveres como os de assiduidade, de zelo ou de custódia manifestam também o comportamento mais correcto no cumprimento do contrato e, nessa medida, projectam o dever de lealdade como emanação do princípio da boa fé, nos termos previstos pelo art. 762º do CC), ele não deixa de ocupar uma posição acessória no complexo debitório do trabalhador, não substituindo o dever de prestação da actividade laboral como dever principal. Desta forma, cremos que, também por esta via, o sistema de direito positivo confirma a configuração patrimonial do núcleo essencial do vínculo laboral no caso português.

V. Se a configuração patrimonial do vínculo laboral não nos suscita dúvidas e a caracterização do contrato de trabalho como um contrato obrigacional, oneroso, duradouro e sinalagmático, proposta pelos defensores da concepção obrigacional[123], nos parece também conforme com o sistema jurídico nacional, já algumas das projecções desta construção se nos afiguram excessivas ou incompatíveis com o nosso direito positivo. Dentro destas projecções salientamos a total patrimonialização do vínculo laboral, pelo enquadramento patrimonial-generalista dos deveres acessórios das partes; a funcionalização objectiva da subordinação jurídica e a consequente diluição do poder directivo na ideia de heterodeterminação; e a concepção dogmática do contrato de trabalho como modalidade de prestação de serviços. Embora a justificação das reservas que estes pontos nos suscitam só possa ficar completa com a exposição do nosso entendimento sobre o contrato de trabalho — a que procederemos na parte subsequente do estudo[124] — pensamos ser possível adiantar, desde já, algumas observações, que se justificam directamente em pontos anteriores da exposição.

No que se refere à patrimonialização total do vínculo laboral, viabilizada pela teoria da remuneração e pela recondução dos deveres acessórios ao instituto da boa fé (que constituiu o contributo mais original

---

[123] Cfr., supra, 41.2.I.
[124] Infra, Parte III, § 25º.

destas concepções), cremos que ela é excessiva, porque não toma em consideração o aspecto do envolvimento pessoal do trabalhador no vínculo (cuja singularidade decorre da sua situação de dependência, conforme observámos acima) e porque não tem em conta alguns deveres acessórios das partes, de natureza pessoal, que não se deixam diluir na ideia de remuneração em sentido amplo nem no princípio geral da boa fé aplicado ao cumprimento dos contratos, porque nada têm a ver com o objecto do negócio — pensamos, entre outros, em deveres como o dever de respeito ou de urbanidade entre empregador e trabalhador (arts. 19º a) e 20º nº 1 a) da LCT), no dever de respeito do trabalhador para com os colegas (art. 20º nº 1 a) *in fine* da LCT), nos deveres de apresentação ou de conduta do trabalhador não exigidos directamente pela actividade laboral que ele desempenha[125], ou ainda nas diversas relações que se estabelecem entre os sujeitos laborais que convivem na empresa e que têm repercussões nas situações laborais de cada um. Dificilmente compreensíveis numa visão patrimonial abrangente do vínculo, pela sua natureza pessoal, estes deveres não podem deixar de ser tomados em consideração na construção dogmática da situação jurídica, porque integram o respectivo conteúdo e são objecto de tutela legal, nomeadamente em termos disciplinares — veja-se, por exemplo, a possibilidade de sancionar disciplinarmente um trabalhador que injuriou um colega, ainda que ele se mostre particularmente diligente no desenvolvimento da sua actividade.

Desta forma, embora aceitemos a configuração patrimonial do contrato de trabalho, tanto quanto ao seu nexo debitório essencial como em relação a uma parte dos deveres acessórios das partes (como, por exemplo, os deveres de pagamento das férias ou do subsídio de férias), afigura-se-nos que a diluição total da sua componente pessoal, propugnada pelos subscritores da concepção obrigacional, é redutora e não tem em consideração a riqueza dogmática do vínculo laboral, que decorre exactamente da complexidade da posição jurídica das partes.

Um outro aspecto relativamente ao qual esta construção patrimonial do contrato de trabalho nos suscita reservas é o aspecto da funcio-

---

[125] Lembramos o dever de usar farda em estabelecimentos que não estão abertos ao público ou em que tal não se justifique por razões ligadas à actividade desenvolvida, ou o dever de não fumar no local de trabalho, quando não imposto por razões de segurança.

nalização da subordinação à actividade laboral, conseguida através da sua justificação pela natureza indeterminada desta e da inerente recondução do poder directivo a um poder de concretização. Sem prejuízo de voltarmos mais adiante a este problema[126], parece-nos desde já possível alinhar duas observações críticas, que decorrem da delimitação inicial do conceito de actividade laboral a que procedemos na parte introdutória deste estudo[127].

No que se refere à funcionalização estrita da subordinação às exigências da prestação laborativa, parece-nos que ela esquece que, com este conteúdo, há subordinação do devedor em todos os contratos implicando o desenvolvimento continuado de uma actividade humana a definir pelo credor — a propósito do problema do envolvimento pessoal do trabalhador na prestação, já exemplificámos esta afirmação com a referência ao poder instrutório do credor no contrato de prestação de serviço[128]; e esquece ainda que as instruções do empregador que correspondem à posição de subordinação do trabalhador podem dirigir-se a múltiplos aspectos do comportamento deste, dos quais apenas uma parte diz respeito à actividade por ele prometida no contrato e que carece de concretização. No nosso entender, sendo louvável nos seus propósitos, esta objectivação da subordinação opera uma redução da componente dominial do vínculo laboral que o descaracteriza perante os vínculos afins e que é artificial. Como já tivemos de referir noutro passo do estudo[129], a subordinação tem um sentido eminentemente subjectivo porque se reporta ao comportamento do trabalhador, quer na observância das instruções emanadas do poder directivo do empregador, quer no acatamento das sanções disciplinares que eventualmente lhe venham a ser inflingidas — aliás, a ideia de disponibilidade, desenvolvida por alguns autores como alternativa à ideia de actividade na delimitação do objecto do negócio, aponta exactamente neste sentido, na medida em que a disponibilidade é, necessariamente, um estado subjectivo.

No que se refere ao entendimento minimalista do poder directivo sustentado pelos defensores desta concepção, consideramos que ele não tem em conta a extensão dos comandos do empregador, nem a essência dominial deste poder, demonstrada pela respectiva tutela disciplinar.

---

[126] *Infra*, § 25°, 55.2.
[127] Cfr., *supra*, § 3°, *maxime* 4.5.
[128] Cfr., *supra,* neste número, III.
[129] Cfr., *supra,* § 3°, 4.5.

Ora, num sistema como o nosso, que consagra directamente o poder disciplinar na lei (art. 26º da LCT), o seu significado como poder privado de punir, expressão máxima da posição de autoridade em que a lei investe o empregador no contrato de trabalho, não pode deixar de ser tido em consideração na construção dogmática do contrato de trabalho.

Corolário natural das reservas que acabamos de expor, é a reserva que nos suscita a recondução dogmática do contrato de trabalho a uma modalidade de prestação de serviços — aventada, entre nós, por autores como MENEZES CORDEIRO[130], embora como simples hipótese teórica dada a opção contrária do legislador civil. Abstraindo da contrariedade desta ideia à opção do legislador, que formalmente afasta as duas figuras, quer pelo critério do objecto quer pelo critério da posição subordinada ou autónoma do prestador, cremos que, mesmo em abstracto, esta recondução só será viável através da descaracterização do elemento da subordinação jurídica e da redução dos poderes laborais a poderes de concretização (que o autor também subscreve, como vimos). Não sendo essa a nossa perspectiva, não podemos também subscrever este entendimento.

VI. Apresentadas as críticas à concepção comunitário-pessoal da relação laboral e a reconstrução patrimonial do contrato de trabalho e enunciadas as reservas que construção nos suscita — e que nos vão obrigar a recolocar o problema da natureza do vínculo laboral numa fase mais adiantada da investigação — cabe proceder à apresentação do segundo argumento que serviu de base à negação da autonomia dogmática do direito do trabalho, conforme referimos no início deste capítulo: o argumento da refutação da especificidade laboral do princípio da protecção do trabalhador. É o que vamos fazer no próximo parágrafo.

---

[130] Cfr., *supra*, 41.5.III.

§ 20º — A apropriação civilista do princípio da protecção e das suas concretizações: a negação da autonomia dogmática do direito do trabalho

43. A diluição do princípio da protecção do trabalhador no princípio civil geral de tutela do contraente débil

I. Como referimos no início desta parte do nosso estudo, a crise dogmática do direito do trabalho fica a dever-se não apenas à inconsistência da concepção comunitário-pessoal do vínculo laboral, que constitui o seu alicerce técnico, como também à fragilidade do princípio da protecção do trabalhador, como valoração material fundamentante geral da área jurídica. A crítica ao princípio da protecção do trabalhador não é, no entanto, uniforme, extremando-se em duas posições opostas: para alguns autores, o princípio é de recusar liminarmente, por incompatibilidade com o princípio da igualdade que domina o direito privado; para outros, pelo contrário, este princípio tem razão de ser mas carece de especificidade, porque se dilui no princípio geral da igualdade; e tem, além disso, uma menor importância prática nas relações laborais modernas, pela real melhoria da situação dos trabalhadores subordinados e pelas formas de compensação da sua dependência negocial, que entretanto se desenvolveram — não sendo nem específico nem necessário, este princípio não pode pois fundamentar a autonomia científica da área jurídica.

II. Na primeira linha de argumentação, o princípio da protecção do trabalhador é liminarmente recusado como valoração material fundamentante do direito laboral por ser considerado incompatível com o princípio geral da igualdade. Neste sentido, WOLF[131] observa que o princípio constitucional da igualdade se opõe a que qualquer área jurídica privada tutele uma categoria determinada de pessoas, em detrimento de

---

[131] *Das Arbeitsverhältnis...cit.*, 15.

outras, e entende, por outro lado, que o sistema jurídico não se dirige a grupos individualizados de pessoas mas a relações com valor jurídico. Assim, a assunção deliberada do objectivo de protecção do grupo social dos trabalhadores subordinados pelo direito laboral é inconstitucional e o direito do trabalho não deve ser perspectivado como o direito de protecção destes trabalhadores, mas sim como a área jurídica que regula o contrato e a relação de trabalho.

Mau grado o seu formalismo, a crítica de WOLF vai, uma vez mais, deixar as suas marcas. Como veremos, apesar de a doutrina dominante não concordar com esta visão conceptual do princípio da igualdade, nem com o raciocínio teórico da adequação da realidade social ao sistema jurídico — e não o inverso! —, a verdade é que a visão do direito laboral a partir do vínculo jurídico de trabalho e não em função dos destinatários das normas laborais, como era tradicional, virá a ser subscrita por muitos autores.

III. No entanto, a maioria das críticas ao princípio da protecção do trabalhador não assenta na sua negação, mas apenas na recusa da sua natureza específica, conseguindo, por esta via, ultrapassar o problema da sua incompatibilidade com o direito civil. Nesta linha, os autores acentuam que, apesar da sua razão de ser, este princípio não corresponde hoje a um valor específico do direito do trabalho porque o próprio direito civil reconhece a necessidade de protecção do contraente débil como forma de prossecução do princípio da igualdade em termos substanciais — em lugar de representar uma valoração material oposta a um princípio geral do direito privado, o princípio da protecção do trabalhador reconduz-se, afinal, a uma manifestação desse mesmo princípio geral, em virtude da evolução da própria dogmática civil.

Não cabe no âmbito deste estudo apreciar *ex professo* esta evolução da dogmática civil, mas apenas aquilatar da sua importância no domínio laboral. Nesta perspectiva limitada, é, apesar de tudo, fácil de constatar a influência desta evolução do sistema jurídico civil no realinhamento dogmático do direito do trabalho, porque o domínio laboral foi uma daquelas áreas em que as deficiências da dogmática civil de base liberal se mostraram particularmente evidentes. Se tomarmos em conta, por exemplo, a enumeração de COING[132] das situações jurídicas

---

[132] *Bemerkungen zum überkommen...cit.*, 34 s.

privadas mais difíceis de compaginar com a lógica individualista do sistema civil de base liberal e com os princípios da liberdade e da igualdade — as situações jurídicas de âmbito colectivo, as situações de cooperação de interesses e as situações de dependência e de poder ou envolvendo organizações hierárquicas privadas —, verificamos a existência de todas elas no domínio laboral, apesar de não constarem das referências exemplificativas do autor[133]. As dificuldades do direito civil em proceder ao enquadramento dogmático integrado das situações laborais protagonizadas pelos sindicatos, pelas comissões de trabalhadores ou pelo conjunto dos trabalhadores decorrem da dificuldade de conciliar a sua natureza colectiva com um sistema civil baseado em posições jurídicas singulares; a dificuldade da dogmática civil em enquadrar fenómenos como a cogestão ou a solidariedade e a interdependência dos vínculos laborais dentro da empresa decorre do facto de estas situações jurídicas não corresponderem à clássica oposição de interesses entre dois sujeitos privados mas a vínculos de cooperação; e, finalmente, a incapacidade explicativa do direito civil relativamente ao contrato e à relação laboral decorre da dificuldade de conciliar a sua configuração como uma relação hierárquica, envolvendo uma posição de poder, com o princípio da igualdade, e da dificuldade de compatibilizar as amplas restrições à liberdade negocial das partes com o princípio da autonomia privada.

Ora, como refere ainda COING[134], a evolução moderna do sistema civil provou a sua capacidade para responder a este tipo de situações através da criação de novos institutos de protecção, que permitiram redimensionar o valor da liberdade, não apenas como delimitação da esfera de actuação livre de cada indivíduo, mas como delimitação de formas de cooperação livre entre as pessoas; e que legitimaram o entendimento do princípio da igualdade em termos substanciais, para responder às situações de real desigualdade das partes nos vínculos jurídicos privados — o que passa pela assunção do objectivo de protecção do contraente débil contra a posição de poder da outra parte ao nível da própria dogmática civil e da teoria geral do contrato[135]. Parafraseando

---

[133] Apenas *en passant* o autor se refere às situações de poder surgidas no seio das empresas — cfr. COING, *Bemerkungen zum überkommen...cit.*, 35.

[134] *Idem*, 39 s.

[135] Neste sentido, considera, por exemplo, LESER, *L'évolution du contrat...cit.*, 77 ss. e 83, que a evolução do direito civil, em matérias como a interpretação dos negócios jurídicos, a relevância dos comportamentos de facto, a culpa *in con-*

RICHARDI, diremos que esta evolução se traduz na valorização do pensamento social como tarefa de todo o direito civil, i.e., na assunção do princípio do Estado social como princípio geral do direito pela ordem jurídica privada[136].

É tendo em atenção esta evolução da dogmática civil num sentido social — da qual, segundo PREIS[137], a ciência jurídica e a jurisdição laboral se alhearam, exactamente por se terem desenvolvido a partir da convicção da incapacidade protectiva do sistema civil — que muitos autores enunciam outras situações de dependência no domínio do direito privado e a forma eficaz como o sistema civil operou a respectiva compensação, para realçar a falta de especificidade do princípio

---

trahendo, a pos-eficácia das obrigações, a limitação dos efeitos da invalidade do negócio jurídico, a consagração dos deveres acessórios, a objectivação da responsabilidade civil, a teoria da alteração das circunstâncias ou a possibilidade de resolução unilateral dos contratos duradouros, possibilitou a transformação do contrato num instrumento geral de acção, capaz de englobar as medidas de protecção para as situações de desequilíbrio negocial. Apesar de exemplificar estes aspectos da evolução da dogmática civil com o caso laboral apenas a propósito da questão da limitação dos efeitos da invalidade dos contratos, a verdade é que todos eles têm significado e muitos têm origem exactamente no domínio laboral, como já tivemos ocasião de verificar noutros pontos da pesquisa.

[136] RICHARDI, *Arbeitsrecht und Zivilrecht cit.*, 23 e 25; e, na mesma linha, no *Staudingers Kommentar...cit.*, II, 42, o autor chama a atenção para o facto de o direito civil de hoje não ser já o direito dos burgueses, aliás como o direito do trabalho já não é o direito dos trabalhadores no sentido classista original do termo. Lembrando também a evolução do BGB neste sentido social, provada pelo desenvolvimento dos mecanismos gerais de protecção, Klaus-Peter MARTENS, *Die Einheit des Privatrechts und das Arbeitsrecht*, JuS, 1987, 5, 337-344 (343). Mas, por exemplo, Volker BEUTHIEN, *Arbeitsrecht und Vereinsfreiheit — Gedanken zum Verhältnis von Arbeitsrecht und Gesellschaftsrecht*, in F. GAMIILSCHEG (Hrsg.), *25 Jahre Bundesarbeitsgericht*, München, 1979, 1-16 (10 ss.), chama a atenção para os perigos deste desenvolvimento, se ele vier a fazer da ideia de protecção a bitola não só do direito laboral mas de todo o direito privado, o que considera manifestamente excessivo, e apela, em consequência, ao reforço da autonomia privada. Também fazendo um apelo ao reforço da autonomia privada, como princípio fundamentante geral do direito privado, que foi objecto de limitações diversas nas últimas décadas, Wolfgang ZÖLNNER, *Die politische Rolle des Privatrechts*, JuS, 1988, 5, 329-336, que ilustra essas limitações com o regime jurídico do arrendamento e, evidentemente, com o regime jurídico da relação de trabalho.
[137] *Perspektiven der Arbeitsrechtswissenschaft cit.*, 338 s.

laboral da protecção. Neste sentido, MAYER-MALY[138] refere as normas de tutela dos menores, enquanto BYDLINSKI[139] ou RICHARDI[140] chamam a atenção para os regimes de protecção do locatário, da usura ou das cláusulas contratuais gerais para porem em evidência as preocupações sociais do legislador civil; PREIS[141] lembra o facto de as desigualdades entre os parceiros negociais constituirem uma realidade comum a quase todos os contratos; e MENEZES CORDEIRO[142] enuncia os institutos da boa fé, do abuso do direito, da culpa *in contrahendo*, entre outros, como mecanismos civis de protecção da parte débil do negócio jurídico, capazes de dar também resposta às necessidades de protecção do trabalhador subordinado.

Neste novo quadro dogmático, o princípio da protecção do trabalhador é pois facilmente compreensível como a manifestação laboral do princípio geral de tutela do contraente débil, carecendo assim de especificidade; e a justificação social que tradicionalmente orientou o desenvolvimento do direito do trabalho deixa de ter um alcance dogmático particular pelo reconhecimento da dimensão social global da ordem jurídica privada. Neste sentido, refere MENEZES CORDEIRO[143] que «o *Direito civil actual* reconheceu e aceitou a lição do Direito do trabalho, assegurando a protecção da parte fraca, seja ela qual for».

IV. Como segundo argumento de crítica ao princípio da protecção do trabalhador, alguns autores fazem notar a sua menor importância nas

---

[138] *Arbeitsrecht und Privatrechtsordnung cit.*, 208, reeditado em *Ausgewählte Schriften...cit.*, 18. Esta posição do autor tem que ser compatibilizada com a sua crítica à negação total da especificidade dos deveres laborais de protecção em SCHWERDTNER ou SÖLLNER, por exemplo em *Treue- und Fürsorgepflicht...cit.*, 84 ss., de que demos conta, *supra*, 41.3.V. Relativamente ao princípio da protecção, parece-nos que o autor procura conciliar o reconhecimento de alguma especificidade (que impeça, designadamente, a total diluição dos deveres laborais de protecção nos deveres gerais de protecção), com a possibilidade de continuar a aplicar no domínio laboral os mecanismos protectivos do próprio direito civil — o que se compagina com a visão deste princípio como manifestação especificamente laboral de um princípio geral, ou seja, com a perspectiva dogmática do direito laboral a partir da dogmática civil.

[139] *Arbeitsrechtskodifikation...cit.*, 18.
[140] *Arbeitsrecht und Zivilrecht cit.*, 235 e nota [102].
[141] *Perspektiven der Arbeitsrechtswissenschaft cit.*, 338 s.
[142] *Da situação jurídica laboral...cit.*, 146 s., e *Manual...cit.*, 101.
[143] *Manual...cit.*, 101 (itálico no original).

relações de trabalho hodiernas, mercê da atenuação da dependência dos trabalhadores subordinados que se teria registado nos últimos anos, não só em razão da substancial melhoria das suas condições de trabalho e de vida como pelo incremento de vias autónomas de compensação dessa dependência, dotadas de grande eficácia. Neste sentido, MAYER--MALY[144] interroga-se sobre se esta necessidade de protecção não será hoje ilusória, uma vez que a actuação dos sindicatos diminuiu substancialmente a dependência dos trabalhadores; BUCHNER[145] refere a compensação da debilidade dos trabalhadores ao nível colectivo para justificar a redução do princípio da protecção à função de controlo das cláusulas dos contratos individuais; e MENEZES CORDEIRO recorda que algumas situações laborais de hoje carecem afinal de muito menos protecção do que outras situações que não são qualificadas como laborais[146] — o que põe naturalmente em causa a bondade do princípio da protecção.

V. Dos argumentos apontados os autores retiram a conclusão da falta de especificidade dogmática do princípio da protecção do trabalhador e, nessa medida, da sua inconsistência enquanto valoração material fundamental do direito laboral. Como refere BYDLINSKI[147], este facto não colide com a importância da ideia de protecção do trabalhador em termos sistemáticos e nem sequer com o reconhecimento da especial eficácia do princípio geral da protecção no domínio laboral, até porque a ideia da protecção não seria dispensável nem em situações em que, por hipótese, os trabalhadores subordinados viessem a ter grande poder económico; contudo, esta importância não chega para justificar a autonomia da área jurídica no plano dogmático. Outros autores consideram que o princípio da protecção do trabalhador é, apesar de tudo, de manter, mas, em face do seu conteúdo vago, aconselham a sua progressiva substituição por um enunciado de direitos subjectivos e de permissões normativas genéricas — é a posição sustentada por MENEZES CORDEIRO[148].

---

[144] *Arbeitsrecht und Privatrechtsordnung...cit.*, 208, e *Ausgewählte Schriften... cit.*, 19.

[145] BUCHNER, *Fürsorgetheorie und Entgelttheorie...cit.*, 215.

[146] MENEZES CORDEIRO, *Da situação jurídica laboral...cit.*, 138, e *Manual... cit.*, 101.

[147] *Arbeitsrechtskodifikation...cit.*, 18.

[148] *Da situação jurídica laboral...cit.*, 138, e *Manual...cit.*, 101.

Para completar este enquadramento, alguns autores procuram ainda proceder à apreciação de alguns dos princípios de concretização do princípio da protecção do trabalhador, que tivemos ocasião de apresentar[149], numa perspectiva civilista. É o que veremos de seguida.

44. A apreciação civilista dos princípios laborais derivados

44.1. Sequência

I. Recorrendo à classificação dos princípios laborais derivados a partir da sua incidência nos domínios individual e colectivo do direito do trabalho, que utilizámos aquando do seu enunciado[150], verificamos que alguns autores têm a preocupação de acompanhar a refutação da especificidade do princípio da protecção do trabalhador com o enquadramento civilista das concretizações mais singulares daquele princípio, com incidência em qualquer dos domínios apontados. Deve, contudo, dizer-se que esta crítica não é generalizada (assim como, a propósito da justificação da autonomia dogmática do direito laboral, alguns autores se tinham bastado com a afirmação do princípio da protecção como valoração material específica abrangente, também agora muitos se bastam com a refutação deste princípio para negar a independência científica da área jurídica), tem um grau de aprofundamento muito diverso nas reflexões doutrinais, e, talvez pela incipiência dos próprios princípios derivados, do seu carácter vago e do desequilíbrio entre eles (que tivemos ocasião de constatar aquando da respectiva apresentação[151]), é muitas vezes reportada directamente aos fenómenos e aos institutos laborais e não às valorações materiais que deles emergem. Em face deste quadro, limitar-nos-emos a evidenciar os aspectos que mereceram uma maior atenção dos autores, procurando dar conta, relativamente a cada um deles, dos contributos doutrinais que nos pareceram de maior significado. Por outro lado, abster-nos-emos de voltar a referir aqueles princípios derivados do princípio da protecção que, por decorrerem directamente da natureza comunitário-pessoal da relação de trabalho, já estão incluídos na respectiva crítica.

---

[149] Cfr., *supra*, § 17º, 35.2.
[150] Cfr., *supra*, § 17º, 35.2.I.
[151] *Supra*, § 17º, 35.2.

II. Da leitura das reflexões doutrinais que se debruçam sobre esta matéria decorre que as concretizações do princípio fundamental da protecção do trabalhador mais visadas, directa ou indirectamente pelos autores na sua apreciação crítica daquele princípio geral, são o princípio da tutela da personalidade e da garantia dos direitos dos trabalhadores, a questão dos limites à autonomia privada no domínio laboral (que subjaz ao princípio da inderrogabilidade *in pejus* das normas laborais), o princípio do tratamento mais favorável ao trabalhador, o princípio da autonomia colectiva, o princípio da colaboração na gestão e o princípio da auto-tutela.

Já de seguida, apresentaremos a apreciação crítica destes princípios laborais derivados, mantendo o critério de os separar de acordo com a sua maior incidência nos domínios individual e colectivo do direito laboral, que seguimos aquando do respectivo enunciado. Deve, contudo, esclarecer-se que esta apresentação separada obedece apenas a um objectivo de coerência e simplificação da exposição, sendo feita com a consciência de que, em vários casos, os princípios e institutos em causa têm uma valência simultaneamente individual e colectiva — como sucede em relação aos princípios da inderrogabilidade *in pejus* das normas laborais e do tratamento mais favorável ao trabalhador, por exemplo. Ela não corresponde pois a qualquer opção dogmática.

Antes de iniciarmos a apresentação, parece-nos ainda importante clarificar que as referências que vamos fazer têm um âmbito limitado. Não cabendo nos parâmetros desta investigação a apreciação autónoma de cada um dos institutos em causa, mas apenas a verificação da contribuição das reflexões suscitadas a propósito de cada um deles para o problema da autonomia científica do direito laboral, as observações que se seguem devem ser entendidas nesta óptica instrumental — o que justifica o seu carácter exemplificativo. A propósito da recolocação do problema da autonomia, que ocupará a parte seguinte do nosso estudo, teremos ocasião de proceder aos necessários aprofundamentos.

44.2. A crítica dos princípios laborais derivados de incidência individual

I. Como primeira concretização do princípio da protecção do trabalhador, o princípio da tutela da personalidade e dos direitos do trabalhador[152] é o primeiro princípio laboral derivado a merecer a crítica da doutrina, que nega a sua especificidade laboral e lhe estende o enquadramento civilista proposto para o princípio da protecção — neste sentido, autores como SCHWERDTNER[153] consideram que a tutela da personalidade do trabalhador se dilui na tutela geral dos direitos de personalidade assegurada pela lei civil e até, no caso germânico, em sede da lei constitucional.

Em apreciação dos desenvolvimentos deste princípio, a doutrina entende também que é ainda a tutela geral dos direitos de personalidade que, no domínio laboral, se manifesta no dever de ocupação efectiva, no dever de reintegração do trabalhador despedido sem fundamento ou no princípio da igualdade de tratamento entre trabalhadores[154]; e, relativamente a este último princípio, é evidenciado o facto de ele se manifestar noutras áreas do direito privado, como o direito societário — como refere RICHARDI[155], tendo um âmbito geral, este princípio integrará naturalmente a dogmática civil.

Ao princípio da tutela da personalidade e dos direitos dos trabalhadores e aos seus desenvolvimentos não é assim reconhecida qualquer especificidade.

II. Outra questão sobre a qual a doutrina se debruça com atenção é a dos limites à liberdade negocial das partes no contrato de trabalho, que se relaciona com o princípio da inderrogabilidade *in pejus* das normas laborais protectivas ou da ordem pública social[156], mas que tem subjacente uma ideia mais vasta — a presunção tradicional da incapacidade do princípio da autonomia privada para assegurar a igualdade das partes no contrato de trabalho.

Nesta matéria, salientamos a contribuição de ZÖLLNER[157]. Aceitando como ponto de partida que, apesar de não ter já um valor abso-

---

[152] *Supra*, § 17°, 35.2.II.
[153] *Fürsorgetheorie und Entgelttheorie...cit.*, 97 e ss.
[154] SCHWERDTNER, *Fürsorgetheorie und Entgelttheorie...cit.*, 97 e ss. e 107.
[155] *Arbeitsrecht und Zivilrecht...cit.*, 15 s.
[156] Como vimos, *supra*, § 17°, 35.2.II., embora a designação deste princípio varie segundo os autores, a sua especificidade é feita decorrer das maiores restrições aos poderes de autodeterminação dos sujeitos no domínio laboral. É este conteúdo nuclear que é objecto da crítica da doutrina.
[157] Wolfgang ZÖLLNER, *Privatautonomie und Arbeitsverhältnis*, AcP, 1976 (176), 221-246.

luto, a autonomia privada é ainda o pilar do direito civil (pelo que um ordenamento laboral que a eliminasse por completo estaria totalmente afastado do direito comum, por impossibilidade de aplicação da teoria geral do negócio jurídico), este autor recusa a tradicional presunção da inferioridade negocial do trabalhador e a consequente convicção, bem arreigada na doutrina e na jurisprudência laborais, de que a autonomia privada não permitiria acautelar os interesses dos trabalhadores[158], e considera que o problema deve ser reapreciado em face das relações de trabalho hodiernas. Nesta reapreciação, o autor afere da importância da liberdade negocial no contrato de trabalho e procura refutar os argumentos contra a insubsistência da autonomia privada no domínio laboral.

Apreciando as valências do princípio geral da liberdade negocial na sua aplicação laboral, ZÖLLNER conclui que este princípio se mantém no aspecto da liberdade de celebração, tanto quanto à liberdade de contratar como quanto à liberdade de escolha dos parceiros negociais, embora com restrições pontuais; e que subsiste também no aspecto da liberdade de estipulação, uma vez que o conteúdo do contrato é determinado, em grande parte, pela vontade das partes, mesmo que em alguns aspectos esta vontade se manifeste por «acoplagem» das determinações individuais às convenções colectivas[159]. Por outro lado, o autor refuta a afirmação do carácter ilusório da autonomia privada no domínio laboral, que a doutrina tradicional justifica usualmente no facto de as condições contratuais estarem à partida definidas por uma das partes ou serem determinadas pelas convenções colectivas de modo uniforme para todos os trabalhadores, com um argumento de generalização — afinal, a uniformidade das condições contratuais e a predisposição unilateral

---

[158] *Idem*, 223 e 229.

[159] *Idem*, 224 ss. e 227 ss. A propósito das restrições à liberdade negocial, ZÖLLNER critica a imposição do dever positivo de contratar, sustentada por outros autores em certos casos, com fundamento no princípio da igualdade de tratamento e na eficácia directa dos direitos fundamentais — para o autor, o princípio da igualdade de tratamento não é invocável na fase negocial e é duvidosa a eficácia directa dos direitos fundamentais em relação a terceiros. No que se refere à liberdade de estipulação, o autor considera que as partes continuam a determinar o conteúdo do negócio laboral em matéria de remuneração (não só porque as convenções colectivas não abrangem todos os trabalhadores, mas também porque mesmo em relação aos trabalhadores abrangidos apenas definem um *plafond* remuneratório mínimo, que é quase sempre ultrapassado através das estipulações negociais individuais) e em matéria de condições de trabalho.

das cláusulas negociais não é uma característica exclusiva dos contratos de trabalho, mas verifica-se noutros contratos e essa circunstância não afecta a sua essência negocial[160].

Em face destes argumentos, ZÖLLNER considera errónea a convicção de que só ao nível colectivo pode ser compensada a inferioridade negocial dos trabalhadores subordinados, e entende que há ainda um lugar importante para a autodeterminação das condições negociais ao nível do contrato de trabalho, propugnando, em consequência, a substituição da tradicional limitação da autonomia privada no domínio laboral pelo seu incremento cauteloso neste domínio[161].

O reforço do papel da autonomia privada no domínio laboral é também propugnado por autores como RICHARDI[162], como consequência natural da fixação do contrato de trabalho como fonte da relação laboral, e apesar das restrições à liberdade negocial das partes, decorrentes da lei e das convenções colectivas: porque a relação laboral não é uma relação estatutária mas uma relação negocial e porque a aplicação das normas laborais não depende apenas do critério da dependência do trabalhador mas de uma série de factores (designadamente, da liberdade profissional, que preside à organização do mundo do trabalho e se projecta juridicamente na liberdade negocial), o direito do trabalho não é um direito estatutário mas um direito negocial, no qual se manifesta o princípio da autonomia privada.

Revitalizado o princípio da autonomia privada na sua aplicação laboral, e evidenciado o paralelismo de algumas das restrições que lhe são impostas neste domínio com as restrições existentes noutros negócios jurídicos, ao princípio da inderrogabilidade *in pejus* das normas de protecção do trabalhador deixa assim de ser reconhecida especificidade laboral.

III. Ainda como princípio de concretização da tutela do trabalhador, embora tenha, como já referimos, uma incidência geral, é objecto da atenção da doutrina o princípio do tratamento mais favorável ao trabalhador.

---

[160] *Idem*, 235 s.
[161] *Idem*, 230, 240 e 246.
[162] *Der Arbeitsvertrag im Zivilrechtssystem cit.*, 221 s. e 238.

Das diversas acepções em que este princípio é referido[163] releva, em termos dogmáticos, a sua dimensão como princípio especial de interpretação das normas laborais e como critério específico de resolução dos conflitos normativos — na sua construção tradicional, este princípio opõe-se aos princípios gerais de interpretação das fontes e, designadamente, à projecção interpretativa do princípio geral da igualdade, se se entender que este *princípio especial* legitima a opção pelo sentido da norma que mais favoreça os trabalhadores ou a resolução dos conflitos de fontes pelo critério da maior favorabilidade. É esta configuração como princípio interpretativo especial e autónomo de favorecimento sistemático dos trabalhadores que a doutrina rejeita[164], considerando que o favorecimento do trabalhador por esta via apenas poderá ocorrer quando, no caso concreto, se verifique essa necessidade — ora, uma ponderação deste tipo é, afinal, idêntica à que é feita pelo direito comum quando estão em causa outros contraentes débeis. Com este entendimento, o princípio do *favor laboratoris* deixa-se pois reconduzir a uma projecção do princípio geral da tutela do contraente débil na sua sua valência interpretativa, perdendo a sua especificidade laboral.

---

[163] Sobre as diversas acepções deste princípio, *vd,* por todos, António da Rocha Menezes CORDEIRO, *O princípio do tratamento mais favorável no direito do trabalho actual,* DJ, 1987/88, III, 111-139 (112 s.), e *Manual...cit.,* 70 ss., considerando que este princípio pode ser tomado como princípio de política legislativa (no sentido de assegurar que os diplomas laborais contenham normas favoráveis aos trabalhadores), como princípio de interpretação/aplicação das fontes laborais, como princípio probatório, como projecção laboral de outros princípios (como o da igualdade ou o da tutela do contraente débil) e ainda como critério de resolução de conflitos normativos (determinando a aplicação da norma mais favorável aos trabalhadores). Sobre este ponto, *infra,* § 27°, 64.

[164] Assim, por exemplo, MENEZES CORDEIRO, *O princípio...cit.,* 113, e *Manual...cit.,* 71 s., recusa este princípio como princípio interpretativo geral do direito laboral, considerando que a sua admissibilidade neste sentido amplo só se compagina com a visão empírica e paternalista da realidade laboral, própria das ultrapassadas concepções comunitário-pessoais da relação de trabalho. Este autor subscreve, contudo, um entendimento amplo do princípio do *favor laboratoris*, preconizando a sua aplicação não só ao problema dos conflitos hierárquicos de normas mas também a outras hipóteses de conflito, e admitindo o recurso a este princípio não apenas no cotejo de disposições legais ou entre disposições legais e instrumentos de regulamentação colectiva do trabalho, mas na comparação entre todas as fontes, desde a Constituição até aos regulamentos internos, e até ao próprio contrato de trabalho — *O princípio...cit., maxime* 114 ss., e 137 ss., e *Manual...cit.,* esp. 221 ss. Teremos ocasião de voltar a este problema, que tem um grande interesse para a questão da autonomia dogmática, na última parte do estudo — *infra,* § 30°, 67.

44.3. A crítica dos princípios laborais derivados de incidência colectiva

I. Com referência aos princípios laborais derivados que se projectam, sobretudo, na área regulativa colectiva do direito do trabalho[165], os autores debruçam-se sobre a liberdade de coalisão e o princípio da autonomia colectiva, sobre o princípio da colaboração na gestão e sobre o princípio da auto-tutela. Embora o âmbito e o grau de aprofundamento das reflexões seja bastante variável, evidencia-se, como preocupação comum, a tentativa de reconduzir cada um destes princípios ao direito civil. Em alguns autores, esta tentativa de apreciação dogmática integrada é acompanhada da indicação de fenómenos similares no direito civil; e noutros é referida a necessidade de amadurecimento da dogmática laboral como argumento contra a construção científica autónoma da área jurídica.

II. O primeiro princípio a merecer a atenção da doutrina é o da liberdade de coalisão, relativamente ao qual a apreciação dogmática integrada não suscita dificuldades: como observa RICHARDI[166], este princípio deixa-se reconduzir a uma manifestação do princípio mais vasto da liberdade de associação; e, como refere BYDLINSKI[167], as associações pressupõem o princípio da liberdade negocial, manifestando a autonomia privada. No nosso sistema, esta é a solução decorrente do próprio direito positivo, como faz notar MENEZES CORDEIRO[168], uma vez que tanto as associações patronais como as associações sindicais se configuram como associações de direito privado, constituídas de forma livre, independentes dos poderes públicos e de outras entidades, e vocacionadas para a prossecução dos interesses particulares dos seus membros — é o que resulta, quanto aos sindicatos, da LS (arts. 2º b), 3º, 4º e 6º) e, quanto às associações patronais, da LAP (arts. 1º nº 1, 2º e 5º), em consonância com a garantia constitucional estabelecida nos arts. 55º e 56º da CRP.

Com este recorte conceptual, não parece pois haver qualquer incompatibilidade entre o princípio da liberdade de coalisão, ou liberdade de associação sindical e patronal, e a dogmática civil.

---

[165] Cfr., *supra*, § 17º, 35.2.III.
[166] *Arbeitsrecht und Zivilrecht cit.*, 10 s.
[167] *Arbeitsrechtskodifikation...cit.*, 76.
[168] *Manual...cit.*, 444 s.

III. De compatibilização mais difícil com a dogmática civil se mostra o princípio da autonomia colectiva, que é, por isso mesmo, merecedor de grande atenção por parte da doutrina. Relativamente a esta matéria, ressaltam das diversas reflexões dos autores quatro argumentos em favor da apreciação dogmática integrada deste princípio: por um lado, verifica-se uma certa tendência para minimizar o valor tradicionalmente reconhecido à autonomia colectiva, como forma de compensação da menor liberdade de estipulação das partes ao nível do contrato de trabalho, e uma tendência para atenuar a importância dos efeitos das convenções colectivas no contrato; por outro lado, procura-se operar a redução dogmática do princípio da autonomia colectiva ao princípio da autonomia privada, concebendo-o como uma manifestação particular deste princípio geral, e, ao mesmo tempo, desenvolve-se a configuração das convenções colectivas como negócios jurídicos. No nosso entender, os dois primeiros argumentos correspondem a uma apreciação de índole histórica e sociológica, na medida em que pretendem, de certa forma, inverter a perspectiva tradicional de relacionamento dos planos colectivo e individual do direito do trabalho, no que se refere ao estabelecimento das condições de trabalho; os dois últimos argumentos situam-se ao nível da construção dogmática e asseguram a compatibilidade da autonomia colectiva com os parâmetros dogmáticos do direito civil e, nomeadamente, com a teoria geral do negócio jurídico.

Em primeiro lugar, alguns autores procuram desvalorizar a responsabilidade histórica tradicionalmente atribuída às convenções colectivas na melhoria do estatuto dos trabalhadores dependentes. Neste sentido, ZÖLLNER considera que o papel das convenções colectivas nesta matéria foi desde o início objecto de uma sobrevalorização, o que exemplifica com a constatação de que as condições de trabalho dos trabalhadores abrangidos por convenções colectivas são estabelecidas em termos mínimos e não são sistematicamente melhores do que as condições de trabalho dos restantes. Apesar de desempenhar um papel importante, no aspecto da remuneração e noutros aspectos da relação laboral, a autonomia colectiva não substitui pois a autonomia privada na fixação do conteúdo dos contratos de trabalho nem significa o seu fracasso[169].

---

[169] ZÖLLNER, *Privatautonomie und Arbeitsverhältnis cit.,* 231 ss. e, globalmente de acordo com o entendimento deste autor, ainda BÖTTICHER, *Arbeitsrecht: Bermerkungen...cit.,* 634 s.

§ 20º – A negação da autonomia dogmática do direito do trabalho 513

Por outro lado, não negando as restrições impostas pela autonomia colectiva ao contrato de trabalho (nomeadamente pela impossibilidade de derrogação do regime das convenções colectivas *in pejus*, em razão do princípio do tratamento mais favorável ao trabalhador, e pela restrição, em muitos casos, dos poderes de auto-regulação das partes à liberdade de celebração do negócios e a aspectos restritos do seu conteúdo), os autores atenuam a importância dessas projecções individuais das convenções colectivas com a referência à existência de idênticos *«planos colectivos»*[170] no direito civil — é um argumento apresentado por MENEZES CORDEIRO[171], que dá como exemplo destes *«planos colectivos»* os contratos celebrados por meio de cláusulas contratuais gerais[172].

Em terceiro lugar, os autores procuram operar a redução dogmática da autonomia colectiva ao princípio da autonomia privada, qualificando-a como uma forma particular de prossecução deste princípio geral — como referem MARTENS[173], ZÖLLNER e LORITZ[174] ou MENEZES CORDEIRO[175], as convenções colectivas são uma forma de desenvolvimento ou de reposição da autonomia privada pela via colectiva. Ora, naturalmente, esta recondução da autonomia colectiva a uma manifestação da autonomia privada tem subjacente a sua compatibilidade com o direito civil.

Finalmente, em consonância com este entendimento da autonomia colectiva, a doutrina critica a concepção normativa das convenções colectivas, que se tinha tornado largamente dominante sob a égide das doutrinas comunitário-pessoais, e desenvolve, em alternativa, uma apreciação

---

[170] A expressão aparece, por exemplo, em MENEZES CORDEIRO, *Manual... cit.*, 99.

[171] *Da situação jurídica laboral...cit.*, 129 e s., e *Manual...cit.*, 99.

[172] A este propósito, considera MENGONI, *L'influenza del diritto del lavoro...cit.,* 22, como uma contribuição do direito do trabalho para a evolução do direito civil a introdução de técnicas de raciocínio colectivo neste último domínio, que se evidenciam em matérias como a tutela de interesses difusos e das cláusulas contratuais gerais em termos semelhantes aos do raciocínio laboral colectivo.

[173] *Die Einheit...cit.*, 341. De notar que este autor reconhece, contudo, a existência de uma verdadeira limitação ao princípio da autonomia privada através da autonomia colectiva, sempre que os interesses colectivos prosseguidos a este último nível não correspondam aos interesses de cada trabalhador — *idem,* 343.

[174] *Arbeitsrecht cit.,* 375.

[175] *Da situação jurídica laboral....cit.,* 130, e *Manual...cit.,* 321.

negocial destes instrumentos. Neste sentido, é sustentada a qualificação das convenções colectivas como «*negócios (privados) colectivos*» porque surgem e se desenvolvem no exercício da liberdade de celebração e de estipulação das partes (que, para o efeito, constituiram, também de forma livre, associações para prossecução dos seus interesses), e porque os seus efeitos se deixam explicar, ainda que com especificidades, pelo instituto da representação ou, quanto a um ou outro ponto, por outras figuras do direito privado[176]. Esta configuração negocial e a aptidão do direito privado para explicar os aspectos mais singulares das convenções colectivas permitem reconciliar estes instrumentos com a dogmática civil e, em particular, com a teoria do negócio jurídico[177].

IV. O princípio da colaboração na gestão (no sentido amplo em que o referimos, ou seja, reportado ao direito de cogestão e, no sistema alemão, ao denominado «direito da constituição da empresa» ou *Betriebsverfassungsrecht*[178]), é objecto de alguma atenção da doutrina, nomeadamente no caso germânico pelo grau de desenvolvimento desta matéria naquele sistema. A este propósito, alguns autores consideram que, apesar da índole pública das normas sobre esta matéria, o princípio da colaboração na gestão é compatível com o direito comum, na medida em que pretende prosseguir o princípio da autonomia privada no seio da organização empresarial de uma forma substancial e não formal — é a posição subscrita por RICHARDI[179], por exemplo. Outros auto-

---

[176] É a posição sustentada, entre outros, por Theo MAYER-MALY, *Zur Rechtsnatur des Tarifvertrages*, RdA, 1955, 12, 464-465 (465), Thilo RAMM, *La natura giuridica del contratto collettivo* (trad. italiana do original *Die Rechtnatur des Tarifvertrages*, JZ, 1962, 78 ss.), DLRI, 1984, 24, 797-817 (807 s.), Philippe LANGLOIS, *Droit civil et contrat collectif de travail,* DS, 1988, 5, 395-400 (397 s.), bem como MENGONI, *L'influenza del diritto del lavoro...cit.,* 15 s. (embora este autor reconheça, apesar de tudo, na autonomia colectiva o traço do direito laboral que mais o singulariza em relação ao direito civil); e, entre nós, MENEZES CORDEIRO, *Manual...cit.,* 321, que reitera e desenvolve este entendimento em *Convenções Colectivas...cit.,* 7 ss., e 64 ss., bem como ROMANO MARTINEZ, *Direito do Trabalho cit.,* II (*Relações Colectivas de Trabalho),* 102 ss. (*maxime*, 105).

[177] Teremos ocasião de desenvolver este problema, que reputamos da maior importância para a questão da autonomia dogmática do direito do trabalho, *infra,* na Parte III do nosso estudo, § 26º.

[178] Cfr., *supra,* § 17º, 35.2.III.

[179] *Arbeitsrecht und Zivilrecht cit.,* 11.

§ 20º – A negação da autonomia dogmática do direito do trabalho

res entendem, pelo contrário, que a questão dogmática colocada pelo direito de constituição da empresa não é a da natureza pública das normas legais sobre esta matéria mas a da eventual influência deste regime jurídico, de natureza colectiva, na parcela regulativa individual do direito do trabalho — ou seja, a questão de saber se estas normas protegem apenas o grupo de trabalhadores ou também cada trabalhador individualmente —, mas acabam por concluir pela impossibilidade de responder a esta questão, por considerarem ainda incipiente o desenvolvimento dogmático do direito laboral neste domínio, tal como em relação ao direito da cogestão — é a posição sustentada por BALLERSTEDT[180].

Subjacente a esta matéria está o problema da conexão entre os domínios negocial e empresarial no vínculo laboral, que a importância reconhecida à empresa pelas doutrinas comunitário-pessoais, especialmente pela mão das teorias institucionalistas, potenciou. A este propósito, a apreciação dos autores tende a minimizar a dimensão empresarial do vínculo laboral da seguinte forma: por um lado, recusando o relevo dogmático da distinção clássica entre empresa e empregador (é um argumento que encontramos, por exemplo, em BALLERSTEDT[181]); por outro lado, considerando que o contrato de trabalho se configura como um vínculo comercial entre dois sujeitos e não como uma relação de organização, ainda que o seu desenvolvimento na empresa possa desencadear essa relação organizatória (é um argumento avançado por MENEZES CORDEIRO[182]); e, finalmente, invocando que as influências do factor organizatório no contrato de trabalho se esgotam no poder direcção do empregador, mas, porque este poder se deixa explicar em termos dogmáticos como um poder de concretização da prestação, não admitindo que dele possam decorrer projecções dogmáticas autónomas (neste sentido, ainda MENEZES CORDEIRO[183]).

V. O último ponto a merecer a atenção dos autores, com vista a uma apreciação dogmática de pendor civilista, é a matéria dos conflitos colectivos de trabalho, que se projecta no princípio que designámos como princípio da auto-tutela[184]. Relativamente a esta matéria, autores

---

[180] *Probleme einer Dogmatik...cit.*, 11 s. e 14.
[181] *Probleme einer Dogmatik...cit.*, 10.
[182] *Da situação jurídica laboral....cit.*, 132 s.
[183] *Manual...cit.*, 99 s.
[184] Cfr., *supra*, § 17º, 35.2.III.

como BALLERSTEDT[185] acentuam, uma vez mais, o grau ainda incipiente do seu desenvolvimento dogmático como impedimento à afirmação de princípios jurídicos diferenciados — neste sentido, o autor considera que os «princípios» orientadores desta matéria ou revestem um carácter sociológico (é o caso do princípio da adequação social na greve[186]) ou estão por desenvolver (é o caso dos princípios da *ultima ratio* e da proporcionalidade) ou carecem ainda de consenso (como sucede com o princípio da paridade de armas). Outros autores salientam, pelo contrário, a não restrição dos conflitos colectivos ao domínio laboral e o seu paralelismo com outros fenómenos conflituais, como argumento contra a sua aptidão para justificar um desenvolvimento dogmático especificamente laboral — neste sentido, MENEZES CORDEIRO[187] lembra, por exemplo, a extensão do direito de greve à função pública e o seu paralelismo com fenómenos civis como os boicotes dos consumidores.

45. Conclusão: a negação da autonomia dogmática do direito laboral e a sua compreensão como parcela do direito civil que regula o contrato e a relação de trabalho

45.1. A superação do problema da autonomia dogmática do direito do trabalho pela re-obrigacionalização do contrato e da relação de trabalho e pela generalização do princípio da protecção

I. A crítica à concepção comunitário-pessoal da relação de trabalho e a reconstrução obrigacional do contrato e do vínculo laboral, conjugadas com o enquadramento dogmático civilista do princípio da protecção do trabalhador, conduzem um sector importante da doutrina a negar a autonomia dogmática do direito do trabalho — é a posição

---

[185] *Probleme einer Dogmatik...cit.*, 12 s.

[186] A propósito deste princípio, *vd*, contudo, numa perspectiva diferente, a apreciação de G.-A. BULLA, *Das Prinzip der Sozialadäquanz im Arbeitsrecht*, RdA, 1962, 1, 6-15 (8 s.), desenvolvendo amplamente a ideia da adequação social na greve — como, aliás, noutros domínios do direito laboral.

[187] *Da situação jurídica laboral....cit.*, 131, e *Manual...cit.*, 99.

sustentada, entre outros, por autores como BEITZKE[188], ISELE[189], WOLF[190], BYDLINSKI[191], MAYER-MALY[192], RICHARDI[193], PREIS[194], BALLERSTEDT[195], TRINKNER e WOLFER[196], MARTENS[197], MENGONI[198], VALVERDE, GUTIÉRREZ e MURCIA[199], LYON-CAEN e PÉLISSIER[200], e, entre nós, por MENEZES CORDEIRO[201].

---

[188] *Arbeitsrecht und Zivilrechtsdogmatik cit.*, 155. A posição deste autor é, aliás, pioneira, uma vez que escreve em 1959.
[189] *Das Arbeitsverhältnis in der...cit.*, 78.
[190] Por exemplo, em *Der Begriff...cit.*, 719 e nota [39].
[191] *Arbeitsrechtskodifikation...cit.*, 18 ss., 48 s. e 174.
[192] *Arbeitsrecht und Privatrechtsordnung cit.*, 208, *Ausgewählte Schriften...cit.*, 20 s., e, juntamente com MARHOLD, *Österreichisches...cit.*, I, 13.
[193] Por exemplo em *Der Arbeitsvertrag im Zivilrechtssystem cit.*, 254 s., mas também no *Staudingers Kommentar...cit.*, II, 43.
[194] *Perspektiven...cit.*, 340.
[195] *Probleme einer Dogmatik...cit.*, 6 ss.
[196] *Modernes Arbeitsrecht...cit.*, 5.
[197] *Die Einheit...cit.*, 344.
[198] *L'influenza del diritto del lavoro...cit.*, 9 s.
[199] *Derecho del Trabajo cit.*, 49.
[200] *Droit du travail cit.*, 35. Como já referimos, *supra*, § 17º, 34.I. e nota [689], pelo menos no caso de PÉLISSIER, esta posição corresponde a uma evolução significativa do seu pensamento, se tivermos em conta outros escritos do autor, como, por exemplo, *Le droit civil et le contrat...cit.*
[201] *Da situação jurídica laboral...cit.*, 146 ss., *Manual...cit.*, 102 ss. Ainda entre nós, também no sentido da recusa da autonomia dogmática do direito de trabalho nos parece, na nossa opinião, inclinar-se ROMANO MARTINEZ, *Direito do Trabalho cit.*, I, 80 ss., e *Direito do Trabalho. Relatório cit.*, 63 ss., já que, apesar de não aprofundar este problema, procede a diversas aproximações da área jurídica ao direito civil e, em especial ao direito das obrigações — neste sentido, vejam-se as referências do autor a propósito da posição de igualdade das partes no vínculo laboral, da natureza obrigacional do contrato de trabalho ou do perfil negocial das convenções colectivas. Desta forma, cremos que as referências deste autor no sentido do reconhecimento da autonomia do direito laboral são de reportar, de acordo com a terminologia que adoptámos na nossa investigação, à dimensão sistemática do conceito de autonomia, até porque o autor dá como assente a validade das regras gerais dos contratos no domínio laboral «sempre que não se estabelecerem normas especiais» (*idem*, 83, e nota [1]), considera aplicáveis no domínio laboral os princípios do direito civil e qualifica o direito do trabalho como direito privado especial (*ibidem*, 80 s., e ainda *Direito do Trabalho. Relatório cit.*, 64 s.).

Para além dos argumentos apontados, a recusa da autonomia dogmática do direito do trabalho é ainda, em alguns autores, justificada em argumentos complementares, de natureza metodológica, dogmática e sociológica. Por outro lado, deve dizer-se que, nas reflexões doutrinais, a opção em relação à questão da autonomia dogmática é claramente separada do problema da autonomia sistemática da área jurídica e da questão da codificação; e que esta opção não impede também os autores de reconhecerem a importância dos contributos do direito laboral para a evolução da dogmática civil.

II. Bastando as críticas já apontadas para destruir a construção científica autónoma tradicional do direito laboral, uma vez que elas atacam o seu suporte técnico e a sua valoração fundamentante geral, os autores referem alguns argumentos complementares para recusar a autonomia dogmática, que correspondem nuns casos a correcções metodológicas, noutros casos a ponderações dogmáticas de ordem geral, e noutros ainda a considerações predominantemente sociológicas.

No plano metodológico, RICHARDI[202] observa que o direito do trabalho não se configura perante o direito civil como um direito autónomo, com normas e princípios próprios, entre outros motivos, porque não tem que ser provada a aplicabilidade das normas e dos princípios civis no domínio laboral mas antes a sua inaplicabilidade — num raciocínio claramente contrário ao que vimos ser desenvolvido pelos subscritores da construção científica autónoma da área jurídica laboral[203]. E, ainda neste plano metodológico, PREIS[204] sublinha a vantagem que se retiraria do desenvolvimento dogmático integrado do direito laboral e do direito civil quanto à uniformização dos critérios de decisão dos seus problemas — uma tal integração permitiria, designadamente, exportar da jurisdição laboral para a jurisdição civil a prática de recurso a soluções de controlo da equidade, mais difundida na primeira.

As ponderações dogmáticas de ordem geral, que costumam ser apontadas pelos autores para recusarem a autonomia dogmática do direito laboral, têm a ver, por um lado, com a ideia corrente da incompatibilidade de construções juscientíficas sólidas com quadros normativos ins-

---

[202] *Der Arbeitsvertrag im Zivilrechtssystem cit.*, 254 s.
[203] *Supra*, § 17, 34.III.
[204] *Perspektiven...cit.*, 340.

táveis e com valorações axiológicas incipientes; por outro lado, com o princípio da unidade da ordem jurídica; e, finalmente, com a convicção do carácter supérfluo do reconhecimento da autonomia dogmática do direito laboral pela ultrapassagem do problema através da sua qualificação como direito privado especial.

No primeiro aspecto, autores como BALLERSTEDT[205] argumentam contra a construção dogmática autónoma do direito do trabalho com a falta de consenso que ainda se verifica quanto a alguns dos seus problemas essenciais, com a persistência de lacunas dogmáticas significativas e com o facto de uma boa parte do sistema laboral ser fruto de criação jurisprudencial e doutrinal e não da lei, carecendo, por isso, de consolidação[206] — perante esta situação, qualquer construção dogmática autónoma correria o risco de ser apressada.

Mais significativo é, contudo, o apelo ao argumento da unidade da ordem jurídica, que, segundo os autores, sairia fortalecida com a recondução dogmática do direito do trabalho ao direito comum — é um argumento que encontramos em autores como ISELE, MAYER-MALY, BYDLINSKI, MARTENS ou TRINKNER e WOLFER[207].

Finalmente, alguns autores consideram que o problema da autonomia se pode ultrapassar pela qualificação do direito laboral como direito privado especial — solução que não reputam, aliás, de resultados muito diferentes dos atingidos pela via da autonomização. Neste sentido, entende, por exemplo, MARTENS[208] que nem a qualificação do direito do trabalho como área jurídica autónoma impede a aplicação do direito comum, enquanto direito subsidiário, nem a solução pela via da qualificação como direito especial preclude a necessidade de se fazer um juízo de compatibilidade das normas civis com os objectivos do direito do trabalho, prévio à sua aplicação laboral — o problema pode pois resolver-se através do desenvolvimento de uma relação de generalidade

---

[205] *Probleme einer Dogmatik...cit.,* 6 s.

[206] Referindo também estes argumentos, mas como óbices à codificação autónoma do direito laboral, *vd* ainda SCHWERDTNER, *Fürsorge -und Treuepflichten im Gefüge...cit.,* 3 s.

[207] ISELE, *Das Arbeitsverhältnis in der...cit.,* 78; MAYER-MALY, *Arbeitsrechtskodifikation...cit.,* 506, *Arbeitsrecht und Privatrechtsordnung cit.,* 208 s., e *Ausgewählte Schriften...cit.,* 19 s.; BYDLINSKI, *Arbeitsrechtskodifikation...cit.,* 176 (a propósito do problema da codificação); MARTENS, *Die Einheit...cit.,* 337; TRINKNER / WOLFER, *Modernes Arbeitsrecht...cit.,* 5.

[208] *Die Einheit...cit.,* 339 e 343.

/ especialidade entre as duas áreas jurídicas. A ultrapassagem do problema por esta via é também preconizada, como já tivemos ocasião de referir[209], por autores como SANTORO-PASSARELLI[210] ou VALVERDE, GUTIÉRREZ e MURCIA[211].

No plano sociológico, são ainda apresentados como argumentos contra a autonomização dogmática do direito laboral a sua sensibilidade política, por se tratar de uma área jurídica reportada a relações de tensão entre duas forças sociais importantes (é a opinião de BALLERSTEDT[212]) e o carácter supérfluo da autonomização, dada a assunção da vocação social pelo direito civil que decorreu da evolução da sua própria dogmática. Neste sentido, consideram RICHARDI[213] e MAYER--MALY[214] que a integração dogmática do direito laboral no direito civil corresponde a um progresso e não um retrocesso da ciência jurídica, pondo em evidência o impulso fundamental que o direito do trabalho deu para o desenvolvimento geral do direito privado e permitindo estender a toda a dogmática jusprivada a humanização que foi conseguida no domínio laboral com a introdução do pensamento social[215].

---

[209] Cfr., *supra*,§ 17°, 34.I. e notas [688] e [690].
[210] *Lineamenti attuali...cit.*, 3 s., ou *Specialità...cit.*, 1990 s.
[211] *Derecho del Trabajo cit.*, 49.
[212] *Perspektiven...cit.*, 340. A este propósito RICHARDI, *Arbeitsrecht und Zivilrecht cit.*, 27, observa ainda que o afastamento do direito laboral da ordem jurídica privada tem o perigo adicional do fácil aproveitamento ideológico.
[213] *Arbeitsrecht und Zivilrecht cit.*, 16 s. e 26.
[214] *Arbeitsrecht und Privatrechtsordnung cit.*, 209, *Ausgewählte Schriften...cit.*, 21. Noutro estudo (Theo MAYER-MALY, *Zivilrechtsentwicklung und Arbeitsrecht*, in T. TOMANDL, *Arbeitsrecht in einer sich wandelnden Rechtsordnung* (Hrsg.), Wien, 1993, 101-113 (105 e 113), o autor chama a atenção para o carácter recíproco da relação entre o direito do trabalho e o direito civil, porque o primeiro deu contributos para a evolução dogmática do segundo, mas beneficiou, por seu turno, da dogmática civil; e, para acentuar esta simbiose entre as duas áreas, estabelece um paralelo entre esta relação e a relação do direito pretoriano romano com o *ius civile*: «Immer aber gilt, was der römische Jurist Marcian in D 1,1,8 über das Verhältnis des prätosrischen Rechts zum ius civile gesagt hat: Es sei lebende Stimme des ius civile, die viva vox iuris civilis. Genau das ist in unserem heutigen Rechtsystem das Arbeitsrecht» — *idem*, 113.
[215] Neste sentido, também MARTENS, *Die Einheit...cit.*, 344, considera que o direito civil é um importante domínio para a expansão do princípio da protecção

III. Alinhados os argumentos complementares contra a autonomia dogmática do direito laboral mais referidos pela doutrina, cabe referir que a posição dos autores sobre este problema é claramente delimitada quer do problema da autonomia sistemática da área jurídica, quer da questão da codificação separada das normas laborais, que se continua a colocar ainda nos sistemas germânico e austríaco.

O reconhecimento da autonomia sistemática do direito laboral parece acima de qualquer dúvida, mesmo para os autores que propugnam a recondução dogmática da área jurídica ao direito civil — ele decorre da necessidade prática de agrupar ordenadamente as normas relativas ao trabalho dependente, como salienta MENEZES CORDEIRO[216]. Para bem delimitar os problemas, RICHARDI[217] recorre à distinção entre *Selbständigkeit* e *Eigenständigkeit*, considerando a primeira inquestionável, pela evidente necessidade de regulamentação especial no domínio laboral e pela natureza pública (ou, pelo menos, estranha aos quadros civilistas) de muitas normas laborais; mas contesta que, da verificação desta necessidade, bem como do reconhecimento da conveniência da jurisdição laboral separada, decorra, como consequência necessária, a negação da aptidão de princípio do direito civil para resolver os problemas laborais e a subtracção genérica da área jurídica em causa aos seus princípios — ou seja, que da autonomia sistemática decorra a autonomia científica do direito do trabalho. Em sentido idêntico, BYDLINSKI[218] refere que a inconsistência do princípio da protecção do trabalhador como valoração material diferenciada e abrangente do direito laboral não significa a recusa da sua importância como valor orientador do respectivo desenvolvimento sistemático — a *autonomia* daí decorrente para a área jurídica é que será sempre muito relativa[219]. E, na mesma

---

sob o impulso do direito laboral, podendo o instrumentário de tutela do trabalhador vir a integrar a lei civil em termos gerais — este é, para o autor, mais um argumento em favor do enquadramento dogmático conjunto das duas áreas jurídicas.

[216] *Da situação jurídica laboral...cit.*, 148. O autor confirma o reconhecimento da autonomia a este nível no *Manual...cit.*, 103.

[217] *Arbeitsrecht und Zivilrecht* cit., 5, e *Der Arbeitsvertrag im Zivilrechtssystem* cit., 254.

[218] *Arbeitsrechtskodifikation...cit.*, 18.

[219] Para o autor, esta autonomia relativa do direito laboral em face do direito civil é comparável, por exemplo, à autonomia do direito comercial, embora seja, na sua opinião, mais fácil de afirmar — idem, 18. A delimitação entre os planos

linha, MENGONI[220] considera que o direito do trabalho é dotado de um «espírito próprio», que permite a sua configuração como disciplina autónoma, globalmente desviante do direito civil (e não como disciplina de excepção, cujas normas devem ser interpretadas restritivamente), mas não como uma disciplina auto-suficiente, porque as suas infra-estruturas e os seus instrumentos são fornecidos pelo direito civil e porque os seus «princípios» se reconduzem a um elenco de características descritivas e não a valorações materiais diferenciadas.

O problema da codificação separada das normas laborais — que se continua a colocar sobretudo nos sistemas germânico e austríaco — é também formalmente delimitado da questão da autonomia dogmática, embora se constate uma maior tendência para propugnar uma regulamentação das matérias atinentes ao contrato e à relação laboral integrada no direito civil entre os autores que recusam a autonomia científica do direito do trabalho — é a posição de autores como BYDLINSKI[221], SCHWERDTNER[222] ou MAYER-MALY[223]. Apesar de tudo, alguns autores que não postulam a autonomia dogmática defendem uma solução de codificação separada abrangente das matérias laborais — é a opinião sustentada, por exemplo, por PREIS[224].

IV. Chegados a este ponto, podemos justificar a afirmação que fizemos no início deste capítulo: a negação da autonomia dogmática do direito do trabalho tem fundamentos internos e externos ao direito

---

dogmático e sistemático na apreciação da autonomia do direito do trabalho em ISELE, *Das Arbeitsverhältnis in der...cit.*, maxime 70 ss., aponta também para o reconhecimento da autonomia sistemática, apesar de o autor não subscrever a autonomia dogmática.

[220] *L'influenza del diritto del lavoro...cit.*, 9 s.

[221] *Arbeitsrechtskodifikation...cit.*, 20 ss., e 176. Na opinião deste autor, o reconhecimento da autonomia sistemática do direito laboral é compatível tanto com uma codificação ampla e conjunta das matérias civis e laborais como com uma codificação separada, embora restringida às situações de especialidade e fortemente apoiada no regime civil geral, para evitar repetições e contradições normativas; destas diversas hipóteses, o autor prefere, no entanto, a solução da regulamentação directa das questões laborais no Código Civil.

[222] Por exemplo em *Fürsorge -und Treuepflichten im Gefüge...cit.*, 3 s.

[223] *Arbeitsrecht und Privatrechtsordnung cit.*, 209, e *Ausgewählte Schriften...cit.*, 21.

[224] *Perspektiven...cit.*, 342.

do trabalho. Em termos internos, ela decorre da fragilidade da própria construção científica autónoma da área jurídica, em razão da inconsistência do seu alicerce técnico e da falta de especificidade do seu princípio fundamentante; em termos externos, fica dever-se à evolução da dogmática civil, que permitiu ultrapassar as suas tradicionais limitações no tratamento de situações de efectiva desigualdade negocial e no enquadramento de contratos que fogem ao modelo da compra e venda, paradigma liberal da figura do contrato em que claramente se descortina a oposição dos interesses das partes, a sua posição relativa equivalente e o elemento de patrimonialidade[225]. Ainda que, como reconhecem expressamente alguns dos autores que recusam a autonomia dogmática do direito do trabalho, esta evolução do direito civil se deva, em parte, a contributos originários do direito laboral (é uma afirmação que encontramos em autores como ISELE[226], MENGONI[227] ou MESTRE[228], e que também decorre globalmente das reflexões de MENEZES CORDEIRO[229]), a verdade é que ela vem retirar a justificação externa que esteve, desde o início, subjacente ao processo de emancipação científica desta área jurídica.

Desta forma se compreende que o problema da autonomia seja considerado como um problema resolvido por *superação*. Neste sentido, considera, por exemplo, MESTRE[230] que a discussão sobre a incapacidade do direito civil, e, designadamente, da teoria dos contratos, para lidar com os problemas laborais apenas faz sentido numa «visão passadista» do próprio direito comum, que não tem em conta a sua

---

[225] Na opinião de muitos, este é o contrato paradigma das leis civis — por todos, neste sentido, MARTENS, *Die Einheit...cit.,* 343.

[226] *Das Arbeitsverhältnis...cit.,* 75 ss.

[227] *L'influenza del diritto del lavoro...cit.,* 17 ss. Este autor reconhece, aliás, a influência da dogmática laboral também noutras áreas jurídicas (como o direito constitucional, em matéria de direitos fundamentais) e, no âmbito do direito civil, refere a sua influência não só na teoria dos contratos e no direito das obrigações, mas também, por exemplo, no direito da família.

[228] Jacques MESTRE, *L'influence des relations de travail sur le droit commun des contrats,* DS, 1988, 5, 405-406.

[229] *Da situação jurídica laboral...cit.,* 148. Como refere este autor, em lugar de se afirmar a reintegração do direito do trabalho na dogmática privada, poderá dizer-se «em homenagem à sua posição pioneira: o Direito Privado cedeu à dogmática laboral».

[230] *L'influence...cit.,* 405.

evolução recente; e é também este conteúdo que nos parece implícito na afirmação com que MENEZES CORDEIRO[231] encerra a sua apreciação aprofundada sobre esta matéria: «A afirmação dogmática do Direito do Trabalho é uma crítica ao Direito Civil anterior. A satisfação e até talvez ultrapassagem da crítica convertem-na em factor histórico».

45.2. As consequências da negação da autonomia dogmática do direito laboral: a convicção da dogmática civil para resolver os problemas laborais e a concepção do direito laboral como direito do contrato e da relação de trabalho

I. Da negação da autonomia científica do direito laboral decorrem duas consequências com um significado dogmático imediato: a primeira é a da legitimação do recurso generalizado aos mecanismos e institutos do direito civil e, em especial, da teoria geral dos contratos para resolver os problemas laborais — esta tendência transparece, de modo explícito, nas reflexões dos autores que subscrevem a recondução dogmática do direito laboral ao direito comum; a segunda resume-se na tendência de substituição da concepção tradicional do direito do trabalho como direito dos trabalhadores subordinados pela concepção do direito do trabalho como direito do contrato e da relação laboral. Por seu turno, esta segunda tendência traz consigo uma outra consequência com grandes implicações dogmáticas, e que, apesar de ser admitida explicitamente por poucos autores, se encontra, no nosso entender, subjacente ao discurso da grande maioria dos defensores da integração dogmática do direito laboral no direito civil — a secundarização do direito laboral colectivo.

De uma forma breve, comprovaremos estas duas afirmações, para procederemos, de seguida, à nossa própria apreciação crítica sobre este entendimento.

II. O corolário natural da negação da autonomia dogmática do direito do trabalho é a afirmação da suficiência da dogmática civil para resolver os problemas laborais. Esta afirmação transparece logo do apelo de BEITZKE[232] à resolução dos problemas do contrato de trabalho por

---

[231] *Da situação jurídica laboral...cit.*, 148.
[232] *Arbeitsrecht und Zivilrechtsdogmatik cit.*, 155.

§ 20º – A negação da autonomia dogmática do direito do trabalho   525

recurso aos mecanismos do direito civil e é reiterada na doutrina subsequente. Assim, MENGONI[233] reafirma o conceito civilista de contrato como base dogmática do direito do trabalho, RICHARDI[234] sustenta a aplicabilidade plena do regime jurídico dos contratos no domínio laboral e BYDLINSKI[235] considera aplicáveis no domínio laboral não só as normas do ABGB sobre o *Dienstvertrag*, mas também as normas gerais sobre contratos e as normas obrigacionais, e válidos no domínio laboral os princípios gerais do direito privado comum — como refere ainda este autor, esta validade geral não significa que as normas e os princípios do direito civil não tenham que ser interpretados e adaptados na sua aplicação laboral, ou até afastados se se vierem a revelar incompatíveis com a especificidade da situação laboral; mas este facto apenas manifesta a regra geral de coordenação das fontes, que permite afastar o preceito geral em favor do preceito especial no caso concreto[236].

III. A segunda afirmação que fizemos resulta, de uma forma explícita ou implícita, da exposição dos autores. Atenuada a importância do valor da protecção do trabalhador e operada a funcionalização da sua posição de dependência ao contrato, que, por sua vez, é reenquadrado em termos obrigacionais, o direito do trabalho deixa de ser visto como a área jurídica especial vocacionada para a protecção dos trabalhadores subordinados[237], para ser perspectivado como a parcela do direito civil

---

[233] *L'influenza del diritto del lavoro...cit.*, 6.

[234] *Der Arbeitsvertrag im Zivilrechtssystem cit.*, 254 s., e *Staudingers Kommentar...cit.*, II, 43.

[235] *Arbeitsrechtskodifikation...cit.*, 51 ss., 60, 72 e 77 s.

[236] *Op. e loc. cits.* Num desenvolvimento exaustivo desta matéria, o autor aprecia depois a relação entre o regime do contrato e da relação de trabalho e o direito civil, testando a aplicabilidade das normas e a validade dos princípios civis às matérias da celebração do contrato (74 ss.), da interpretação das suas cláusulas (94 ss.), da forma do contrato (96), da capacidade negocial (96 s.), dos vícios e da invalidade do contrato (102 ss.) e, em especial, das relações laborais de facto (112 ss.), da natureza do poder directivo (126 ss.), da pessoalidade da prestação (130 ss.), dos deveres de lealdade e de assistência (139), da alteração unilateral do conteúdo da relação de trabalho (139), do conceito de remuneração (142 s.) e da cessão da posição contratual (152 s.).

[237] Que corresponde, na expressão de GAST, *Arbeitsrecht und Abhängigeit cit.*, 69, a uma visão preconceituosa da área jurídica, exactamente por ter apenas em consideração a situação de dependência do trabalhador e não a mútua dependência das partes no vínculo laboral.

que regula o contrato de trabalho e as situações jurídicas dele emergentes — na expressão de RICHARDI[238], o direito do trabalho não é o direito dos trabalhadores subordinados mas sim o direito dos contratos de trabalho.

Esta tendência tem, em si mesma, um profundo significado dogmático por viabilizar a substituição da concepção tutelar tradicional do direito laboral, com uma carga ideológica óbvia, por uma concepção de índole técnica e ideologicamente neutra, que estabelece a ponte com o direito civil. A sua consequência mais marcante do ponto de vista dogmático reside, contudo, no nosso entender, num facto que, não sendo explicitamente assumido pelos autores (excepto, talvez, por WOLF[239]), é inerente a esta concepção da área jurídica: é que a focalização do direito laboral no contrato de trabalho legitima o obnubilamento dos fenómenos laborais colectivos, que passam a ser considerados como secundários e, em alguns casos, são afastados do âmbito da área jurídica. É o que podemos qualificar como a secundarização definitiva da dimensão colectiva do direito laboral.

Na verdade, não pode dizer-se que este fenómeno de secundarização seja novo. Não só ele está de acordo com a visão tradicional da relação laboral como relação comunitário-pessoal, como reaparece nos

---

[238] *Der Arbeitsvertrag im Zivilrechtssystem cit.*, 251. Em consequência, o autor nega o carácter estatutário do direito do trabalho (ainda *Der Arbeitsvertrag im Zivilrechtssystem cit.*, 251, mas também *Staudingers Kommentar...cit.*, II, 49); e, em conformidade com este entendimento, advoga, noutra sede (*Arbeitsrecht und Zivilrecht cit.*, 21 e s.), a apreciação dos problemas laborais pelo prisma da relação entre o trabalhador e o empregador. Também designando expressamente o direito do trabalho como *direito do contrato de trabalho*, Wolfgang GAST, *Die Vollendung des Arbeitsrechts,* BB, 1992, 23, 1634-1639 (1636), que procura, consequentemente, reconduzir a globalidade dos seus institutos (*verbi gratia*, do âmbito do direito colectivo) ao paradigma do contrato e à ideia da liberdade negocial.

[239] *Der Begriff...cit.,* 709 e nota [5] e 715. Na verdade, WOLF exclui expressamente as relações colectivas do âmbito do direito laboral, com fundamento no facto de elas não serem individualizáveis em termos jurídicos e no seu carácter acessório — para o autor, as relações entre os próprios trabalhadores ou são de natureza meramente material (como as relações entre os trabalhadores dentro da empresa) ou estão na estrita dependência da relação laboral (como as relações sindicais), e as relações com o Estado são também acessórias, pelo que uma noção de direito de trabalho que as abranja será de criticar por excesso.

§ 20° – A negação da autonomia dogmática do direito do trabalho 527

autores que mais cedo advogaram o retorno ao enquadramento obrigacional do vínculo laboral[240]. É, contudo, a revitalização do papel do contrato no domínio laboral que, ao possibilitar a focalização do objecto da área jurídica no vínculo laboral individual mas também o enquadramento das convenções colectivas em moldes negociais, opera definitivamente a referida secundarização. A colocação do contrato de trabalho no centro do direito laboral (justificada por autores como RICHARDI[241] não só no facto de o contrato ser o acto constitutivo da relação de trabalho mas também por ele ser a «causa» do conjunto dos institutos e normas colectivos) acaba por conduzir alguns autores a excluírem as matérias do direito colectivo do âmbito da área jurídica e convida à ponderação dogmática separada dos problemas laborais. Nesta linha, autores como BÖTTICHER[242] observam que uma delimitação ampla do direito do trabalho que incluísse as matérias colectivas obscureceria o seu aspecto nuclear, seria menos objectiva e mais política; e autores como BYDLINSKI[243] excluem assumidamente da sua apreciação sobre os problemas da relação entre o direito civil e o direito laboral a matéria do direito do trabalho colectivo, por considerarem que, tendo esta matéria origem negocial (pela natureza negocial das convenções colectivas), as normas e os princípios gerais do direito civil e, designadamente, as normas do direito das obrigações, lhes são aplicáveis sem ressalvas.

No nosso entender, este facto é suficiente para determinar a improcedência desta via de solução do problema da autonomia dogmática do direito laboral, como verificaremos na apreciação crítica que se segue.

---

[240] Como, por exemplo, BEITZKE, *Arbeitsrecht und Zivilrechtsdogmatik cit.*, 154. Se atendermos à apreciação da influência do direito colectivo na relação individual do trabalho neste autor, verificamos que esta secundarização estava já, de certa forma, subentendida no seu discurso — não influenciado pela perspectiva negocial sobre as convenções colectivas, que viria a permitir a reconciliação destes instrumentos com a dogmática privada, mas, pelo contrário, por uma concepção puramente normativista sobre estes instrumentos, o autor considera que o direito colectivo apenas releva para a relação individual como (mais uma) previsão normativa, não influenciando a sua natureza jurídica em termos de dogmática civil.

[241] *Staudingers Kommentar...cit.*, II, 151.

[242] *Arbeitsrecht: Bemerkungen...cit.*, 624.

[243] *Arbeitsrechtskodifikation...cit.*, 3 s. Partindo deste pressuposto, toda a apreciação subsequente deste autor se restringe à justificação dos «desvios» do direito individual do trabalho relativamente ao direito comum dos contratos.

46. Apreciação crítica: a improcedência da construção dogmática de recondução do direito laboral ao direito civil em razão das suas deficiências metodológicas

I. Chegados a este ponto do nosso estudo, cabe proceder à apreciação crítica da forma como as concepções obrigacionais resolveram o problema da autonomia dogmática do direito do trabalho.

Do nosso ponto de vista, estas concepções tiveram dois grandes méritos: o mérito da crítica à visão comunitário-pessoal da relação de trabalho, cujo artificialismo demonstraram em termos definitivos, como já tivemos ocasião de evidenciar; e o mérito de chamar a atenção para a evolução dogmática do direito civil, que, com a ultrapassagem das suas tradicionais incapacidades protectivas, renovou a sua aptidão para resolver os problemas laborais. Foi a conjugação destes dois factores que permitiu aos defensores deste entendimento sustentar uma concepção obrigacional e patrimonial do contrato de trabalho, que assegura a sua compatibilidade com o sistema civil sem aparente diminuição do estatuto protectivo do trabalhador subordinado; e defender a recondução dogmática do direito do trabalho ao direito civil pela diluição do seu princípio fundamentante no direito comum.

Perante este quadro, pode dizer-se que as concepções obrigacionais provaram, à saciedade, a fragilidade da solução tradicional do problema da autonomia, com base nas afirmações da natureza comunitário-pessoal da relação laboral e da especificidade do princípio da protecção do trabalhador. Reconciliada a relação de trabalho com o direito civil e generalizada a ideia da protecção, é um problema resolvido por superação. Como refere MENEZES CORDEIRO[244], a «crise [dogmática] é definitiva».

II. Como decorre do exposto, a solução da recondução dogmática do direito laboral ao direito comum assenta, em termos substanciais, no enquadramento obrigacional do contrato e da relação de trabalho e na apropriação civilista do princípio da protecção, embora, adicionalmente, um ou outro autor proceda também ao enquadramento civilista dos princípios laborais derivados de incidência individual e colectiva. Porque entendemos que uma crítica completa a este enquadramento só pode ser feita após a apreciação, a partir do próprio direito positivo, de

---

[244] *Da situação jurídica laboral...cit.,* 148.

cada um dos institutos subjacentes aos princípios em causa, reservamos a nossa opinião final sobre os argumentos substanciais desta concepção para a última parte da nossa investigação, onde procederemos a essa análise na perspectiva do direito português.

III. Abstraindo da apreciação substancial, parece-nos, no entanto, possível afirmar desde já a improcedência desta via de resolução do problema da autonomia dogmática do direito do trabalho, em razão das suas deficiências metodológicas.

A primeira e fundamental deficiência metodológica da concepção obrigacional é uma herança das concepções comunitário-pessoais. Tal como vimos suceder com a construção dogmática autónoma do direito do trabalho ao abrigo destas concepções, as concepções obrigacionais continuam a centralizar o debate do problema da autonomia do direito do trabalho na questão da natureza do vínculo laboral e, resolvida esta, procedem a uma inferência de carácter geral.

Desta deficiência metodológica decorre uma outra: é que, como relativamente à questão da natureza da relação laboral o problema subjacente é sempre o da necessidade de protecção do trabalhador (ou, o mesmo é dizer, o da capacidade ou incapacidade do direito civil para assegurar a tutela do trabalhador no vínculo laboral), a resolução deste problema autoriza um raciocínio de simples retorno ao direito civil, uma vez afirmado o carácter geral do princípio da protecção.

Na nossa opinião, são estes vícios metodológicos de base que explicam, por um lado, que a maioria dos autores se satisfaça com uma solução do problema da autonomia que não passa pela pesquisa, no seio próprio sistema jurídico laboral, de valorações materiais alternativas ou complementares ao princípio da protecção, mas sim por uma resposta encontrada fora desse mesmo sistema — a ultrapassagem da questão da autonomia científica da área jurídica pela generalização da sua valoração material fundamentante é uma solução externa e não uma solução decorrente do sistema jurídico laboral; e são ainda estes vícios metodológicos que explicam, por outro lado, a tendência de alguns dos subscritores desta concepção para secundarizarem ou mesmo para excluirem do âmbito do direito do trabalho a fenomenologia laboral colectiva, perspectivando-o como a área jurídica reguladora do contrato e da relação de trabalho.

IV. Do nosso ponto de vista, o problema da autonomia tem que ser resolvido a partir do sistema jurídico laboral, mas este sistema terá que ser tomado no seu todo, ou seja, ponderando-se o conjunto de institutos laborais que manifestam uma maior singularidade e não apenas a relação laboral — ponderação esta que é imperativa pelo carácter unitário da área jurídica e que é tecnicamente viabilizada pelo critério de unificação dos seus domínios colectivo e individual, que isolámos na parte introdutória da pesquisa (o critério das situações jurídicas laborais nucleares inerentes à qualidade de trabalhador subordinado e à qualidade de empregador)[245]. Por este motivo, verificando que a construção que acabamos de apresentar não é uma construção dogmática obrigacional do *direito do trabalho* mas uma construção dogmática obrigacional da *relação laboral*, entendemos que, independentemente dos seus méritos, ela deve ser recusada.

Após a verificação da dimensão sistemática da crise do direito laboral, que nos ocupará no próximo capítulo, procuraremos proceder ao reposicionamento do problema da autonomia na perspectiva de conjunto que nos parece apropriada.

---

[245] Cfr., *supra*, § 3º, 5.2.

§ 21º — Conclusões do capítulo

I. Os dois principais argumentos para a negação da autonomia dogmática do direito do trabalho são a recusa da natureza comunitário-pessoal da relação laboral e a apropriação civilista do princípio da protecção do trabalhador. A conjugação destes argumentos demonstra, de forma definitiva, a fragilidade da construção dogmática autónoma tradicional da área jurídica.

II. A improcedência da concepção comunitário-pessoal da relação de trabalho decorre da oposição entre os interesses fundamentais das partes e do carácter patrimonial dos seus deveres essenciais. No caso português, entendemos que esta concepção contraria a configuração patrimonial do contrato de trabalho no direito positivo, bem como a recepção e a tutela, pelo sistema jurídico, da realidade sociológica de conflito subjacente à regulamentação laboral.

III. A reconstrução civilista do contrato de trabalho como contrato obrigacional e patrimonial é a consequência natural da negação ou da secundarização dos elementos de pessoalidade e de comunidade. Adequando-se, em termos gerais, ao caso português, cremos que não é, no entanto, possível retirar do nosso sistema a conclusão da irrelevância do envolvimento pessoal do trabalhador no vínculo, da fungibilidade das prestações laborais, ou da inexistência de interesses acessórios comuns às partes; da mesma forma, o sistema jurídico laboral nacional não se adequa à funcionalização total da subordinação do trabalhador às exigências da prestação.

IV. A crítica ao princípio da protecção do trabalhador assenta, para a doutrina, na negação da sua especificidade e na atenuação da sua importância: a generalização do princípio foi possibilitada pela renovação dogmática do direito civil num sentido social, que lhe permitiu ultrapassar as suas tradicionais deficiências protectivas e diluir aquele princípio no princípio geral de tutela do contraente débil; a menor relevância actual do princípio no domínio laboral decorre da efectiva diminuição da dependência dos trabalhadores subordinados nos vínculos de trabalho hodiernos.

V. Nesta construção, os princípios laborais derivados, de incidência individual e colectiva, bem como alguns dos mais singulares institutos e fenómenos laborais, carecem também de especificidade, ou porque se deixam reconduzir a princípios gerais do direito privado, ou porque podem ser explicados em termos negociais, ou ainda porque têm paralelo noutros domínios jurídicos.

VI. A crítica à concepção comunitário-pessoal da relação laboral e o enquadramento civilista dos princípios laborais, acompanhados da renovação dogmática do direito civil, constituem os fundamentos internos e externos para considerar o problema da autonomia dogmática do direito do trabalho como um problema resolvido por superação e para propugnar a recondução desta área jurídica ao direito civil; esta recondução fortaleceria ainda a unidade da ordem jurídica e permitiria ao direito civil beneficiar da tradição humanista do direito do trabalho.

VII. A recondução dogmática do direito do trabalho ao direito civil é considerada compatível com o reconhecimento da independência sistemática da área jurídica e com a sua qualificação como direito privado especial, passível de uma codificação separada ou integrada no direito comum; mas ela contribui também de forma decisiva, embora não assumida pelos autores, para a difusão da concepção do direito laboral como direito do contrato e da relação de trabalho, com a inerente secundarização da sua dimensão colectiva.

VIII. Não obstante o mérito desta construção na demonstração do artificialismo das concepções comunitário-pessoais e na chamada de atenção para a renovação científica do direito civil, ela deve ser recusada pelas suas deficiências metodológicas. Centralizando a discussão do problema da autonomia nas questões da natureza da relação de trabalho e do princípio da protecção, ela retira da solução dada à primeira uma inferência conclusiva geral; e, com a generalização do segundo, basta-se com um raciocínio de retorno ao direito civil, prescindindo da pesquisa de valorações materiais específicas alternativas, a partir da análise do conjunto dos institutos laborais e do sistema laboral positivo, que o problema da autonomia da área jurídica impõe e que a sua unidade interna possibilita.

II
A DIMENSÃO SISTEMÁTICA DA CRISE: A SITUAÇÃO ACTUAL DO DIREITO LABORAL

47. Sequência

I. Como referimos no início desta parte da investigação[246], a crise do direito do trabalho tem uma dimensão dogmática e uma dimensão sistemática: em termos dogmáticos, ela manifesta-se na fragilidade da concepção comunitário-pessoal e na falta de especificidade do princípio da protecção do trabalhador e culmina na tentativa de reconciliar a área jurídica com os valores do direito civil, conforme já demos conta; em termos sistemáticos, ela evidencia-se na tendência, desenvolvida ao longo das duas últimas décadas na maioria dos sistemas, para atenuar a protecção do trabalhador e para diversificar os regimes laborais — numa clara inversão do percurso anterior no sentido da intensificação e da generalização do estatuto laboral protectivo, de acordo com um modelo uniforme de relação de trabalho.

No nosso entender, é a interpenetração das dimensões dogmática e sistemática da crise que torna urgente a recolocação do problema do posicionamento dogmático do direito do trabalho, porque a evolução do complexo normativo obriga à reflexão sobre a eventual alteração da função primordial desta área jurídica e, nessa medida, sobre o seu futuro. Na perspectiva de dogmática que subscrevemos, as operações de reconfiguração do vínculo de trabalho e de reclassificação do princípio da protecção interessam em conjugação com a evolução do sistema normativo, para verificar em que medida é que esta evolução é compatível com os critérios clássicos de interpretação e de integração das normas laborais, ou se, pelo contrário, impõe critérios diferentes para a resolução desses problemas; e para tentar determinar até que ponto é que a

---

[246] Cfr., *supra*, 38.II.

fragilidade da construção científica clássica do direito laboral reflecte ou é responsável pela reorientação das normas laborais num sentido que, *in extremis*, leva alguns autores a profetizar o fim desta área jurídica.

II. É tendo em consideração esta interpenetração de planos que, ao longo das páginas subsequentes, apreciaremos a valência sistemática da crise do direito laboral. Esta apreciação será desenvolvida em duas etapas: num primeiro momento, procederemos à descrição da crise, fixando brevemente as suas origens — que a maioria dos autores imputa à alteração dos pressupostos económicos e sociais subjacentes ao desenvolvimento do direito laboral — e dando conta das suas manifestações, usualmente sintetizadas nas palavras-chave da *flexibilização* e da *desregulamentação*; num segundo momento, procuraremos avaliar as suas implicações dogmáticas, para justificar a urgência da recolocação do problema da autonomia.

Antes de iniciarmos a análise proposta, cabe proceder apenas a dois esclarecimentos metodológicos, referentes à extensão das reflexões sobre as origens económicas da crise e à diferente orientação metodológica adoptada na apreciação das suas manifestações, no nosso e noutros sistemas jurídicos.

No primeiro aspecto, salientamos a concisão das referências às origens económicas da crise — sendo este um tema de fronteira entre a economia e o direito, como reconhecem alguns autores[247], os parâmetros juscientíficos da nossa investigação não permitem, mas também não exigem, mais do que a apresentação, em esquiço, do quadro sócio-económico subjacente ao desenvolvimento do sistema laboral e das linhas gerais da sua alteração. Da natureza sumária das observações que se seguem não deve, porém, concluir-se pela menor importância das ponderações económicas, que consideramos, ao contrário, como uma componente imprescindível às reflexões jurídicas no domínio laboral. A este propósito, entendemos, como ZÖLLNER[248], que se o significado econó-

---

[247] Neste sentido, autores como BIRK, *Competitividade...cit.*, 281, situam a temática da flexibilização «no ponto de intersecção entre a economia e o direito do trabalho», porque o debate sobre estes problemas foi desencadeado pela taxa de desemprego.

[248] Wolfgang ZÖLLNER, *Arbeitsrecht und Marktwirtschaft*, in F. BYDLINSKI / / T. MAYER-MALY (Hrsg.), *Die Arbeit: ihre Ordnung — ihre Zukunft — ihr Sinn*, Wien, 1995, 51-67 (53).

mico das regras jurídicas deve ser ponderado em termos gerais, não é certamente possível fazer essa análise sem passar pelo direito do trabalho.

No segundo aspecto, esclarecemos que a apreciação das manifestações da crise segue uma orientação metodológica diferente, consoante nos referimos ao caso português ou a outros sistemas. Embora o âmbito geral da crise seja comprovado pelo seu reconhecimento nos mais diversos contextos de reflexão jurídica — nomeadamente nos sistemas laborais mais próximos do nosso —, é pela mão da doutrina que daremos conta das suas manifestações noutras ordens jurídicas, enquanto, no caso português, procuraremos ilustrá-la com referências directas ao direito positivo. Esta opção justifica-se, naturalmente, por uma razão de viabilidade (uma apreciação global desta valência da crise directamente a partir do direito positivo apenas é possível no caso do direito nacional), mas também pela qualificação da investigação como um estudo de direito português — nesta perspectiva, o interesse das contribuições estrangeiras é, sobretudo, o da verificação da similitude dos problemas e das soluções para eles encontradas noutros sistemas com o panorama jurídico nacional, e não o da avaliação desses problemas a partir desses outros sistemas jurídicos e para eles orientada; um quadro geral sobre a matéria pode pois ser cabalmente retirado das reflexões da doutrina.

Feitas estas prevenções, procederemos, de imediato, à análise referida.

§ 22º — O enquadramento sócio-económico e as manifestações da crise sistemática do direito laboral

48. A alteração do quadro sócio-económico subjacente ao desenvolvimento do direito do trabalho e a evolução dos seus mitos

48.1. Os pressupostos sociais e económicos e os mitos do desenvolvimento do direito laboral: a incapacidade genética permanente e a uniformidade do estatuto de trabalhador subordinado; a viabilidade do sistema laboral protectivo e a «relação de trabalho típica». O protagonismo das instituições laborais colectivas no desenvolvimento do direito laboral

I. É usualmente reconhecido que a construção sistemática do direito do trabalho assentou em três pressupostos bem definidos: o pressuposto social da debilidade dos trabalhadores dependentes; o pressuposto macro-económico do crescimento industrial; e o pressuposto micro-económico do modelo empresarial da grande unidade produtiva. Os três pressupostos referidos deram origem a outros tantos mitos que, durante décadas, balizaram o desenvolvimento normativo da área jurídica e conferiram lógica ao seu edifício dogmático: aquilo a que chamaremos o mito da incapacidade genética permanente do trabalhador subordinado; o mito da sustentabilidade económica da evolução sempre crescente da tutela laboral; e o mito da uniformidade do estatuto de trabalhador subordinado, traduzido no conceito de «trabalho típico». A quebra destes mitos, na sequência da alteração daqueles pressupostos, precipitou a crise do direito do trabalho.

II. Do ponto de vista social, o pressuposto do desenvolvimento sistemático do direito do trabalho (que acabou por constituir também o seu fundamento axiológico último) foi, como já tivemos ocasião de referir noutros passos deste estudo, a situação de extrema debilidade económica e social dos trabalhadores dependentes no final de oitocentos — i.e., a entronizada «questão social». Ora, se a gravidade desta situação não transparece da fórmula anódina e simplista que a traduziu em termos jurídicos (a da *ausência de liberdade negocial* do trabalhador subordinado), a sua importância como elemento da «hereditariedade» do direito do trabalho (como se lhe refere GRANDI[249]) revelou-se na facilidade com que a área jurídica assumiu o seu objectivo proteccionista (não obstante regular uma situação privada, logo, formalmente igualitária)[250], e foi a responsável pelo surgimento de um mito que acompanhou o desenvolvimento do direito laboral até há três décadas. A este mito chamaremos o *mito da incapacidade genética permanente do trabalhador subordinado*: porque o trabalhador dependente se encontra, à partida, numa posição de inferioridade económica e social em face do empregador, o sistema jurídico toma como certo que ele carece, por princípio, de capacidade efectiva para conduzir directa e autonomamente a sua vida laboral — a incapacidade é pois *genética*; e porque se prevê que continue a depender do(s) empregador(es) ao longo da sua vida activa, esta incapacidade é assumida, também por princípio, como inultrapassável — neste sentido, a incapacidade é *permanente*.

A afirmação de uma incapacidade no sentido apontado poderá parecer paradoxal, uma vez que, como pessoa jurídica singular, o trabalhador subordinado tem, nos termos da lei civil (art. 67° do CC), e ressalvadas algumas excepções (que, de qualquer forma, não são atinentes à qualidade de trabalhador, mas a outras circunstâncias que com ela concorrem, como, por exemplo, a menoridade), plena capacidade de gozo e de exercício dos seus direitos — o que não pode deixar de incluir a condução autónoma dos seus negócios laborais. O paradoxo reside, contudo, no próprio sistema: o que se passa é que, por não se poder alhear da gravidade da situação de dependência social e económica, que, na prática, subjaz à capacidade jurídico-formal do trabalhador, o direito acaba por ser mais (e mais correctamente!) influenciado por aquela situação de facto na regulamentação do vínculo laboral, tendendo, em consequência, a tratar o trabalhador como se fosse juridicamente incapaz[251].

---

[249] *Diritto del lavoro, tecniche di...cit.*, 157.

[250] Neste sentido se refere MÁRIO PINTO, *A função...cit.*, 56, ao «pressuposto social» e ao «pressuposto lógico» do direito laboral: o primeiro é a debilidade dos trabalhadores dependentes; o segundo é a necessidade da sua protecção, que virá a ser desenvolvida através da tutela legal e da tutela convencional colectiva.

[251] É certo, como refere GRANDI, *Diritto del lavoro e società...cit.*, 11, que

O mito da incapacidade genética permanente do trabalhador é a justificação directa de uma parte das ideias mestras e de alguns dos mais peculiares institutos do direito laboral, de uma forma que é exemplarmente demonstrada pelo caso português. É este mito que justifica a substituição da autonomia das partes na fixação do conteúdo do contrato de trabalho pela protecção conferida directamente pela lei e a sua reposição ao nível colectivo, mas, ainda a este nível, com as limitações decorrentes da inderrogabilidade *in pejus* das normas protectivas (art. 6º nº 1 c) da LRCT); assim como é este mito que explica o carácter aparentemente *definitivo* dos direitos adquiridos pelos trabalhadores através das convenções colectivas (art. 15º da LRCT) ou por força da lei (vejam-se os princípios da irredutibilidade da retribuição, da irreversibilidade da categoria, da inamovibilidade e da invariabilidade da prestação, entre nós consagrados nos arts. 21º nº 1 c), d) e e) e 22º nº 1 da LCT, e cujo vigor leva até alguns autores a falar numa espécie de «propriedade do posto de trabalho»[252]), a indisponibilidade de certos direitos pelo trabalhador (como o direito a férias, por exemplo — art. 2º nº 4 da LFFF), o regime de substituição das cláusulas do contrato de trabalho pelas normas legais ou convencionais mais favoráveis (art. 14º nº 2 da LCT e art. 14º nº 1 da LRCT), ou a categoria das normas convénio-dispositivas (art. 13º nº 2 da LCT). Embora se possa justificar estes regimes de favorecimento do trabalhador a partir da ideia de reposição da igualdade substancial das partes, a verdade é que os meios escolhidos para proceder a essa igualização denunciam a convicção profunda do sistema jurídico na incapacidade real e permanente de autodeterminação da sua vida laboral pelo trabalhador.

Por outro lado, porque tomada como pressuposto da intervenção normativa, a debilidade social e económica dos trabalhadores dependentes tende a ser absorvida de forma acrítica pelo sistema e não é objecto de uma reavaliação dogmática periódica. Na verdade, assumida a incapacidade do trabalhador como genética e permanente, o jurista

---

este facto tem raízes ainda na fase pré-industrial, porque o sistema normativo laboral se desenvolveu com base no preconceito social da inferioridade dos trabalhadores, característico desse período. O que nos parece de salientar é que esse preconceito subsistiu como uma influência determinante do sistema até há muito pouco tempo — ou seja, bem depois da alteração do quadro social de referência.

[252] É a expressão utilizada por MÁRIO PINTO, *A função...cit.*, 47, para realçar a rigidez do sistema protectivo, que aqui descrevemos.

sente-se, de certa forma, dispensado de verificar como é que ela evolui e até que ponto subsiste à medida que o trabalhador vai beneficiando da tutela laboral.

Como veremos, um e o outro facto apontados são determinantes para o surgimento da crise actual do direito laboral.

III. Se a debilidade do trabalhador dependente constituiu o pressuposto social do desenvolvimento sistemático do direito do trabalho, o pressuposto macro-económico deste desenvolvimento foi o facto de ele corresponder historicamente a um período relativamente longo de crescimento económico global, e, designadamente, de acelerada expansão industrial, que se inicia com o final da II Guerra e tem o seu apogeu nos anos setenta (por isso mesmo expressivamente denominados de *golden seventies*[253]) e a que corresponde uma situação de quase pleno emprego — como observa MÁRIO PINTO[254], a «sustentação» do desenvolvimento proteccionista do direito laboral foi o crescimento económico que caracterizou esta época.

Não cabendo nos parâmetros do nosso trabalho a apreciação *ex professo* deste fenómeno, diremos apenas que, em termos jurídicos, ele foi determinante para o surgimento de um segundo mito que influenciou, de forma decisiva, os sistemas laborais na época: o *mito da sustentabilidade da evolução das normas protectivas sempre in melius* (que leva alguns autores a caracterizar o direito laboral como um direito progressista, como já referimos oportunamente[255]), ou seja, no sentido unívoco da intensificação e da universalização da tutela laboral. Aliado à falta de ponderação, ao nível jurídico, dos custos económicos do incremento da protecção laboral, este mito explica a tendência de acumulação de benefícios pelo trabalhador, que é clássica no direito do trabalho — fenómenos como a revisão periódica dos salários, a acumulação

---

[253] Neste sentido, por todos, Ulrich ZACHERT, *Die Zerstörung des Normalarbeitsverhältnisses*, ArbuR, 1988, 5, 129-137(132).

[254] *A função...cit.*, 56. Esta conjugação de uma conjuntura de crescimento económico com uma situação de quase pleno emprego constitui aquilo a Robert CASTEL, *Droit du travail: redéploiement ou refondation?*, DS, 1999, 5, 438-442 (438), chamou «*un cercle vertueux*», na medida em que as regras impostas pelo direito se apoiam em condições de emprego estáveis que, por seu turno, contribuem para reforçar.

[255] Cfr., *supra*, § 17°, 36.IV.

de regalias sociais, os efeitos da antiguidade em matéria remuneratória ou nas promoções automáticas ou a irreversibilidade dos progressos na cobertura dos riscos sociais pela empresa, são exemplos desta tendência.

Na verdade, a alteração do quadro económico a partir da década de setenta virá revelar os efeitos perversos deste mito. Mas a forma como o sistema laboral evoluiu até então à sua sombra dá razão às observações críticas de muitos economistas sobre a responsabilidade do direito do trabalho nas crises económicas e, designadamente, na crise do emprego. Os excessos de protecção a que este mito conduziu são também um dos responsáveis pela crise actual da área jurídica.

IV. Finalmente, em termos micro-económicos, é reconhecido que o desenvolvimento sistemático do direito do trabalho assentou no modelo empresarial da grande unidade produtiva industrial, ou da «grande fábrica» como se lhe refere VENETO[256], organizada primeiro segundo o modelo taylorista e depois segundo o modelo fordista, preponderantes, respectivamente, depois da I e da II Guerras[257][258].

---

[256] Gaetano VENETO, *Nuova società industriale e strumenti di adeguamento del diritto del lavoro*, in *Prospettive del diritto del lavoro per gli anni'80 — Atti del VII Congresso di Diritto del lavoro, Bari, 23-25 Aprile 1982*, Milano, 1983, 168-175.

[257] Sobre a caracterização das organizações taylorista e fordista do trabalho, numa perspectiva económica, vd, por todos, Boaventura Sousa SANTOS / José REIS / Maria Manuel Leitão MARQUES, *O Estado e as transformações recentes da relação salarial — a transição para um novo modelo de regulação da economia*, in *Temas de Direito do Trabalho. Direito do Trabalho na Crise. Poder Empresarial. Greves Atípicas — IV Jornadas Luso-Hispano-Brasileiras de Direito do Trabalho*, Coimbra, 1990, 139-179 (142 e 144 ss.).

[258] Reconhecendo neste modelo de organização fabril uma das bases do desenvolvimento do direito do trabalho, entre outros, Thierry le ROY, *Droit du travail ou droit du chômage?*, DS, 1980, 6, 299-301 (301), Paolo TOSI, *Le nuove tendenze del diritto del lavoro nel terziario*, DLRI, 1991, 4, 613-632 (613), VENETO, *Nuova società...cit.*, 168; e, na nossa doutrina, entre outros, Jorge LEITE, *Direito do trabalho na crise (relatório geral)*, in *Temas de Direito do Trabalho. Direito do Trabalho na Crise. Poder Empresarial. Greves Atípicas — IV Jornadas Luso-Hispano-Brasileiras de Direito do Trabalho*, Coimbra, 1990, 21-49 (23), e António Nunes de CARVALHO, *Ainda sobre a crise do direito do trabalho*, in A. MOREIRA (coord.), *II Congresso Nacional de Direito do Trabalho. Memórias*, Coimbra, 1999, 49-79 (59 s.).

Não nos podendo ocupar aqui a caracterização completa destes modelos de organização produtiva, diremos apenas que a componente humana destas organizações, caracterizada por uma forte divisão de tarefas e por uma acentuada estratificação hierárquica, acompanhada de poucas exigências de qualificação, e pressupondo, como regra geral, a integração plena e duradoura dos trabalhadores na empresa[259], contribuiu para a difusão do terceiro mito que, a nosso ver, influenciou o desenvolvimento do direito laboral, mesmo nos países menos industrializados, como é o caso português ou de outros países do Sul da Europa[260]: o *mito da uniformidade das situações jurídicas laborais*, que a doutrina traduziu na locução «trabalho típico». Ao contrário do que sucedera no passado (com a tradicional distinção entre empregados e operários e o reconhecimento de várias categorias especiais de trabalhadores subordinados), a partir da II Guerra o sistema laboral tendeu a considerar como modelo paradigmático de trabalhador subordinado aquele trabalhador que desenvolve a sua actividade no seio de uma empresa (de média ou grande dimensão), em regime de exclusividade e a tempo inteiro, com uma integração plena e duradoura (*quiçá*, por toda a sua vida activa[261]) na organização e beneficiando de alguma tutela — é o chamado «trabalhador típico», que protagoniza uma «relação laboral típica»[262] ou, numa

---

[259] Sobre este modelo de organização do trabalho *vd*, por todos, BIT, *Les nouvelles formes d'organisation du travail*, I e II, Genève, 1979, maxime I, 1 ss.; e Horst KERN, *Cambiamenti nel lavoro e nell'organizzazione delle imprese, in Il futuro della società e del lavoro*, Milano, 1992, 63-72 (63).

[260] Neste sentido, refere, por exemplo, VENETO, *Nuova società...cit.*, 169, a influência da concepção da grande fábrica e do operário tradicional em Itália, apesar de reconhecer que as grandes unidades produtivas nunca foram dominantes naquele país.

[261] A este propósito, Bernardo da Gama Lobo XAVIER, *O direito do trabalho na crise (Portugal), in Temas de Direito do Trabalho. Direito do Trabalho na Crise. Poder Empresarial. Greves Atípicas — IV Jornadas Luso-Hispano-Brasileiras de Direito do Trabalho,* Coimbra, 1990, 101-138 (103), e *A crise e alguns institutos...cit.*, 521, refere-se à relação laboral típica como «um vínculo estável e tendencialmente perpétuo».

[262] Os conceitos de trabalhador típico e de relação de trabalho típica são amplamente tratados na doutrina, sendo consensual a sua caracterização pelas ideias de emprego exclusivo e ocupação a tempo integral, durabilidade do vínculo (no sentido de ser constituído por tempo indeterminado) e integração plena do trabalhador na empresa, a que inere um certo regime de protecção. Na doutrina germânica e austríaca, *vd*, a este propósito, entre outros, Von Gerhard BOSCH, *Hat*

das Normalarbeitsverhältnis eine Zukunft?, WSI-Mitt., 1986, 3, 163-176 (165), ZACHERT, *Die Zerstörung...cit.*, 129; Wolfang DÄUBLER, *Deregolazione e flessibilizzazione nel diritto del lavoro*, in M. PEDRAZZOLI (dir.), *Lavoro subordinato e dintorni — Comparazioni e prospettive*, Bologna, 1989, 171-182 (173 s.), que, numa caracterização muito completa da figura, indica sete elementos característicos da relação de trabalho típica — o trabalho a tempo inteiro, o horário de trabalho normal, uma remuneração mensal, a integração do trabalhador numa organização alheia, a sujeição a um regime de tutela, a determinação das condições de trabalho pelas instituições laborais colectivas e a obrigação de contribuição para o sistema de segurança social, a cargo do empregador); Ulrich MÜCKENBERGER, *Regolamentazione statale e autoregolamentazione nel sistema dei rapporti di lavoro*, in *Il Futuro della società e del lavoro*, Milano, 1992, 11-40 (16 s.), que distingue entre a tutela substantiva e a tutela adjectiva concedida ao trabalhador típico (a primeira manifestada na inderrogabilidade *in pejus* das condições laborais mínimas estabelecidas e a segunda exercitada através de mecanimos laborais específicos como a regulamentação colectiva); Rolf WANK, *Atypische Arbeitsverhältnisse*, RdA, 1992, 2, 103-113 (103); ou Klaus FIRLEI, *Hat das Arbeitsrecht überhaupt ein Zukunft?*, in F. BYDLINSKI / T. MAYER-MALY (Hrsg.), *Die Arbeit: ihre Ordnung — ihre Zukunft — ihr Sinn*, Wien, 1995, 69-109 (75 s.). Na doutrina italiana, sobre esta delimitação, por exemplo, Mario GRANDI, *La subordinazione tra esperienza e sistema dei rapporti di lavoro*, in M. PEDRAZZOLI (dir.), *Lavoro subordinato e dintorni — comparazioni e prospettive*, Bologna, 1989, 77-91 (78 e 82), indicando como elementos identificadores do trabalho típico a existência de uma empresa, a ideia de colaboração do trabalhador e a característica de durabilidade ou estabilidade do vínculo laboral; Roberto PESSI, *I rapporti di lavoro c.d. atipici tra autonomia e subordinazione nella prospettiva dell'integrazione europea*, RIDL, 1992, I, 133-151 (137) — para acentuar a exclusividade do trabalhador e a natureza estável do vínculo negocial, tanto PESSI como GRANDI se referem ao trabalho típico e ao contrato de trabalho típico como «trabalho total» e «contrato de trabalho total»; GIUGNI, *Il diritto del lavoro negli...cit.*, 386, Marco BIAGI, *Il futuro del contratto individuale di lavoro in Italia*, Lav.Dir., 1992, 2, 325-346 (326), Maria Luisa CRISTOFARO, *La disocupazione: modo cruciale del diritto del lavoro negli anni'80*, in *Prospettive del diritto del lavoro per gli anni'80 — Atti del VII Congresso di diritto del lavoro*, Bari, 23-25 Aprile 1982, Milano, 1983, 175-181 (176), esta última autora realçando ainda como característica do trabalhador típico o facto de ser usualmente homem e pai de família. Na doutrina francesa, sobre a matéria, por exemplo, Pierre SAINT-JEVIN, *Existe-t-il un droit commun du contrat de travail*, DS, 1981, 7/8, 514-518 (514), ou Jean PÉLISSIER, *La relation de travail atypique*, DS, 1985, 7, 531-539 (531); bem como Antoine JEAMMAUD / Martine Le FRIANT, *Contratto di lavoro, figure intermedie e lavoro autonomo nell'ordinamento francese*, in M. PEDRAZZOLI (dir.), *Lavoro subordinato e dintorni — comparazio-*

expressão bastante difundida no seio da doutrina germânica, uma «relação de trabalho normal» (*ein Normalarbeitsverhältnis*)[263].

Apesar do significado prevalentemente sociológico do modelo da relação laboral típica[264] — até porque estas características não correspondem à descrição do tipo legal de contrato de trabalho, quando

---

ni e prospettive, Bologna, 1989, 255-273 (261), valorizando também o elemento da dependência económica no trabalhador típico; e ainda LE ROY, *Droit du travail...cit.*, 301, que também caracteriza o trabalhador típico pelo facto de ele ser usualmente o sustentáculo económico da família, bem como pelo facto de ter um local de trabalho bem definido. Na doutrina brasileira, entre outros, Luíz de Pinho PEDREIRA, *O direito do trabalho na crise (Brasil), in Temas de Direito do Trabalho. Direito do Trabalho na Crise. Poder Empresarial. Greves Atípicas — IV Jornadas Luso-Hispano-Brasileiras de Direito do Trabalho*, Coimbra, 1990, 51-79 (61), e ainda no contexto da doutrina latino-americana, Efrén CORDOVA, *Las relaciones de trabajo atípicas (I y II)*, Rel. Lab., 1986, I, 239-283 (241). E, entre nós, por exemplo, JORGE LEITE, *Direito do trabalho na crise cit.*, 23 e nota [5], BERNARDO XAVIER, *O direito do trabalho na crise...cit.*, 103, e *A crise e alguns institutos...cit.*, 521, ou NUNES DE CARVALHO, *Ainda sobre a crise...cit.*, 60. Dando conta da homogeneidade do estatuto profissional do trabalhador subordinado, recortado tipicamente pelas características indicadas, na maioria dos países europeus, *vd* ainda o Relatório para a Comissão Europeia sobre as transformações do trabalho e o futuro do direito do trabalho, elaborado sob a direcção de SUPIOT — Alain SUPIOT (dir.), *Au-delà de l'emploi. Transformations du travail et devenir du droit du tarvail en Europe — Rapport pour la Commission des Communautés europeénnes avec la collaboration de l'Université Carlos III de Madrid*, Paris, 1999, 53 s. e 94 s. (as conclusões deste relatório encontram-se também publicadas na revista *Droit Social — Transformation du travail et devenir du droit du travail en Europe. Conclusions du Rapport Supiot*, DS, 1999, 5, 431-437.

[263] Neste sentido, por exemplo, BOSCH, *Hat das Normalarbeitsverhältnis...cit.*, Ulrich ZACHERT, *Die Begründung neuer Arbeitsverhältnisse als Austieg aus dem Normalarbeitsverhältnis? Überlegungen für eines neues Arbeitsgesetzbuch, in* W. DÄUBLER / M. BOBKE / K. KEHRMANN (Hrsg.), *Arbeit und Recht, Fest. Albert GNADE*, Köln, 1992, 143-159 (143), para além de *Die Zerstörung...cit.*, 129 e 132 s., Wolfgang DÄUBLER, *Una riforma del diritto del lavoro tedesco? — prime osservazioni sul Beschäftigungsforderungsgesetz 26 Aprile 1985*, RIDL, 1985, 528--546 (530); MÜCKENBERGER, *Regolamentazione...cit.*, 17, WANK, *Atypische Arbeitsverhältnisse...cit.*, 103 s., ou FIRLEI, *Hat das Arbeitsrecht überhaupt...cit.*, 75. No seio da doutrina francesa, a expressão aparece também, por exemplo, em JEAMMAUD / FRIANT, *Contratto di lavoro...cit.*, 261, e, na doutrina latino-americana, em CORDOVA, *Las relaciones...cit.*, 239.

[264] Este significado sociológico é, aliás, reconhecido por alguns autores — neste sentido, por exemplo, JEAMMAUD / LE FRIANT, *Contratto di lavoro...cit.*, 261.

existe[265] — a crença na uniformidade do estatuto de trabalhador subordinado é da maior importância para a compreensão das linhas gerais de orientação dos sistemas juslaborais a partir da II Guerra, nomeadamente, em três aspectos: por um lado, esta crença explica o desenvolvimento de diversos conceitos e institutos laborais; por outro lado, ela torna comprensível a pouca receptividade dos sistemas em relação a modalidades de contrato de trabalho desviantes do modelo comum; finalmente, ela justifica a tendência para o estabelecimento de regimes de tutela laboral uniformes e abrangentes.

O sistema laboral nacional exemplifica de uma forma paradigmática esta linha de desenvolvimento, em qualquer dos aspectos apontados.

Assim, é o modelo da relação laboral típica que justifica directamente o desenvolvimento e o regime de muitos institutos do direito do trabalho nas suas duas grandes áreas regulativas. Na área regulativa individual, é por referência a um vínculo de vocação estável e de escopo empresarial que se compreendem, entre outros, conceitos como os do direito ao lugar, da antiguidade e da carreira na empresa, e princípios como o da irreversibilidade da categoria (art. 21º nº 1 d) da LCT)[266]; é também tendo em consideração a dimensão empresarial do vínculo laboral que se justifica o regime legal da polivalência funcional e do *jus variandi* (e, nomeadamente, no caso do *jus variandi*, a sua limitação pelo critério do interesse da empresa, que a doutrina tem procurado

---

[265] A expressão «contrato de trabalho típico» deve pois interpretar-se com referência a uma prática contratual socialmente típica e não, em sentido formal, como correspondente a um tipo contratual definido e regulado na lei, até porque, quando existe, a definição legal de contrato de trabalho limita-se a enunciar os elementos essenciais da prestação da actividade, da retribuição e da autoridade ou subordinação. Em geral, sobre estes sentidos de tipicidade, por todos, PAES DE VASCONCELOS, *Contratos Atípicos* cit., maxime 59 s.

[266] Neste sentido se pronuncia expressamente GIUGNI, *Il diritto del lavoro negli...cit.*, 386, em relação ao sistema laboral italiano. Também Mario GRANDI, *La mobilità interna*, in *Strumenti della flessibilità dell'organizzazione aziendale*, Milano, 1986, 251-294 (256), escreve, a este propósito, que «*Mansioni, qualifiche e categorie sono gli istituti formali, frutto di una concettualizzazione tutta convenzionale dell'esperienza organizzativa del lavoro propria di una data ambientazzione storica dell'impresa industriale, in cui il legislatore a trascrito giuridicamente la tipologia e l'organizzazione delle posizioni di lavoro soggettive e/o dei profili professionali soggettivi, costituibili inizialmente mediante la formazione del rapporto*».

distinguir das conveniências do empresário[267] — art. 22º nº 7 da LCT), ou o regime previsto para a alteração do local de trabalho por motivo de mudança de instalações (art. 24º nº 2 da LCT); é ainda no pressuposto da inserção empresarial do vínculo que se justifica a organização dos poderes laborais de direcção e disciplina segundo uma concepção hierárquica, que se revela, nomeadamente, na possibilidade do seu exercício delegado (art. 20º nº 2 e art. 26º da LCT) e, no caso do poder disciplinar, no direito de reclamação para o escalão hierárquico superior (art. 31º nº 4 da LCT), bem como na previsão do exercício processualizado deste poder, que não tem grande sentido em contratos não empresariais (art. 31º da LCT e art. 10º da LCCT); e é em atenção à inserção empresarial e numa lógica de conservação do vínculo laboral que se explica o regime da suspensão do contrato em caso de crise da empresa (arts. 5º ss. da LSCT), bem como a não afectação do contrato de trabalho com a cessão da posição negocial do empregador em resultado da transmissão do estabelecimento (art. 37º da LCT), o princípio da estabilidade do emprego, traduzido na proibição dos despedimentos sem justa causa (art. 53º da CRP) e a sobrevivência dos contratos de trabalho à falência das empresas (art. 56º da LCCT). No domínio colectivo, é também para o modelo típico de relação laboral que fazem sentido a instituição das comissões de trabalhadores e a sua intervenção na gestão (art. 18º da LComT), a previsão legal da actuação sindical na empresa (arts. 25º ss. da LS), os acordos de empresa (senão todo o sistema de negociação colectiva), e, evidentemente, o direito de greve. Na verdade, num como no outro domínio, a operacionalidade destas normas e destes institutos é reduzida ou nula fora do contexto empresarial do vínculo jurídico.

No segundo aspecto apontado, é a importância do modelo típico de relação de trabalho que explica a desconfiança do legislador (que, aliás, apenas traduz a desconfiança geral da comunidade jurídica, logo evidenciada na designação deste modelo como «relação normal»!) em

---

[267] Neste sentido, por todos, Feliciano Tomás de RESENDE, *As prestações das partes no contrato de trabalho,* ESC, 1969, 32, 9-40 (15 e nota [13]), referindo-se ainda à disposição legal na sua redacção primitiva, constante do nº 2 do art. 22º da LCT, e que consta agora, sem alterações, do nº 7 do mesmo artigo. Um pouco mais adiante, teremos ocasião de apreciar as alterações introduzidas nesta norma, que são reveladoras da perspectiva do legislador português relativamente a esta temática e das dificuldades que o seu tratamento suscita — *infra,* 49.5.III.

relação àquelas situações laborais que, sem terem uma motivação em especificidades óbvias dos trabalhadores ou da prestação laborativa (é a matéria dos contratos de trabalho especiais, que tradicionalmente integraram, no primeiro tipo de especificidades, o trabalho das mulheres, dos jovens ou dos deficientes, e, no segundo tipo, o trabalho a bordo, o serviço doméstico, o trabalho agrícola, o trabalho no sector dos espectáculos ou do desporto, entre outros)[268], se desviam, por um qualquer outro motivo, do modelo típico de relação laboral — esta desconfiança explica não apenas o atraso na regulação específica destas situações como o carácter restritivo dessa regulamentação. Uma vez mais, o caso português demonstra exemplarmente esta tendência, com a consagração da excepcionalidade do contrato de trabalho a termo (art. 41º da LCCT) e as cautelas evidentes do legislador na sua regulamentação; com a regulamentação tardia e também restritiva do trabalho temporário (DL nº 358/89, de 17 de Outubro) e do trabalho manual no domicílio (DL nº 440/91, de 14 de Novembro), e com a persistência, ainda hoje, da falta de regulamentação específica de outras formas de trabalho subordinado — como, por exemplo, o trabalho intelectual no domicílio[269]. Ao reconhecimento de um modelo hegemónico de relação laboral corresponde pois uma tendência de marginalização das formas de trabalho que não se deixam reconduzir a esse modelo, como observam GIUGNI ou BIAGI[270]. É aquilo a que autores como TOSI[271] chamam, de uma forma imprópria mas expressiva, a «taxatividade do tipo laboral».

Finalmente, é o mito da natureza uniforme do estatuto de trabalhador subordinado que justifica a tendência para o estabelecimento de regimes laborais de âmbito geral — ou seja, aplicáveis a todos os trabalhadores, independentemente das suas qualificações, do objecto do seu contrato ou de outras particularidades do seu vínculo. Foi o que se passou, entre nós, com a eliminação da distinção entre trabalhadores inte-

---

[268] Sobre estes contratos de trabalho especiais, por exemplo, António Ojeda AVILÉS, *Las relaciones laborales especiales: una perspectiva unitaria*, Rel.Lab., 1990, I, 222-239, ensaiando a aplicação de um critério unitário para a delimitação deste tipo de vínculos laborais — *maxime*, 227 ss.

[269] Desenvolveremos estes aspectos do regime jurídico nacional quando compararmos a evolução do sistema laboral português com as recentes tendências de flexibilização que se observam na maioria dos outros sistemas — *infra*, 49.5.

[270] GIUGNI, *Il diritto del lavoro negli...cit.*, 386, e BIAGI, *Il futuro...cit.*, 327.

[271] *Le nouve tendenze...cit.*, 616.

lectuais e manuais na LCT de 1969 e com o estabelecimento de regimes gerais de tutela em aspectos tão importantes como a organização do trabalho, a sua duração (LCT e LDT, respectivamente), ou a cessação do contrato (LCCT).

V. A maioria dos autores reconhece nos pressupostos indicados a base do desenvolvimento dos sistemas laborais até à década de setenta[272] ou mesmo depois disso — como se verificou no caso espanhol[273] e também no caso português.

Como já tivemos ocasião de referir noutro ponto do estudo, quase todos estes sistemas apresentam uma estrutura normativa extensa e complexa, mas assentam num propósito dogmático simples e de sentido único[274]: a intensificação e a universalização da tutela laboral, através da acumulação de cada vez mais garantias inderrogáveis por um número cada vez maior de trabalhadores subordinados — ou seja, recorrendo à caracterização tradicional da doutrina italiana, um objectivo «garantístico»[275]. São estes pressupostos que permitem ao sistema laboral evoluir, como refere BERNARDO XAVIER[276], de acordo com o espírito do «sempre mais», ou seja, no sentido da acumulação de direitos e regalias em favor dos trabalhadores subordinados, com o intuito de continuar sempre a melhorar a sua situação.

---

[272] Neste sentido, considera, por exemplo, BIAGI, *Il futuro...cit.*, 326 ss., que a relação laboral típica, protagonizada por um trabalhador negocial e economicamente débil, e a ideia da universalização constituíram a base da edificação do sistema laboral italiano, desde a guerra até meados da década de setenta; GRANDI, *La subordinazione...cit.*, 82, reconhece neste modelo a base da regulamentação do contrato de trabalho no *Codice civile*; e Francesco SANTONI, *La diversificazione dei rapporti di lavoro*, in M. D'ANTONA (dir.), *Politiche di flessibilità e mutamenti del Diritto del lavoro. Italia e Spagna*, Napoli, 1990, 73-88 (75), afirma que este modelo de relação laboral e de trabalhador típico é o modelo de referência da legislação laboral italiana, desde a lei reguladora do emprego privado de 1924 até ao *Statuto dei lavoratori* de 1970.

[273] Relativamente ao direito espanhol, reconhecendo que foi este modelo paradigmático da relação laboral que esteve na base da regulamentação laboral, por todos, Faustino Cavas MARTÍNEZ, *Diversificación versus uniformidad en el Derecho español del Trabajo*, Civitas, 1994, 63, 71-102 (88).

[274] Neste sentido, se refere Wolfgang ZÖLLNER, *Flexibilisierung des Arbeitsrechts*, ZfA, 1988, 3, 265-291 (269 s.), ao princípio do favorecimento dos trabalhadores como um princípio de «sentido único» — *ein Einbahnstraβenprinzip*.

[275] Cfr., *supra*, § 17°, 36.V. e nota [790].

[276] *A crise e alguns institutos...cit.*, 522 s.

Paralelamente, estes pressupostos determinaram o protagonismo das instituições de representação dos trabalhadores no desenvolvimento do sistema laboral até à década de setenta — ou, como sucedeu nos casos português e espanhol, mercê das vicissitudes históricas de todos conhecidas, exactamente a partir da segunda metade da década de setenta. O mito da incapacidade dos trabalhadores favoreceu o papel proeminente desempenhado pelos sindicatos na negociação colectiva, por estimular directamente a filiação sindical dos trabalhadores, condição de princípio para beneficiarem do regime colectivo de protecção; este mito justificou também os desvios da representação sindical em relação ao instituto civil da representação voluntária, e, designadamente, os diversos casos de prevalência da vontade do representante sobre a do representado (pela possibilidade de aplicação da convenção a trabalhadores que entretanto se desfiliaram do sindicato outorgante, bem como pela proibição de derrogação *in pejus* do regime convencional colectivo ao nível dos contratos de trabalho, ainda que com o acordo do trabalhador — art. 8º da LRCT e art. 14º nº 2 da LCT, respectivamente)[277], os casos em que os poderes do representante têm uma extensão superior aos poderes que o representado poderia exercer se actuasse pessoalmente (vejam--se as já referidas normas convénio-dispositivas — art. 13º nº 2 da LCT), bem como a possibilidade de aplicação das convenções a trabalhadores por elas não originariamente abrangidos, através da sua extensão administrativa (arts. 27º e 29º da LRCT). O objectivo destas normas é sempre substituir o plano de relacionamento individual entre o trabalhador e o empregador por uma relação protagonizada por uma instituição colectiva (portanto, repondo a igualdade), mas apenas a crença no carácter insuperável da dependência do trabalhador isolado explica que, mesmo quando ele não quer ser representado pelo sindicato, o legislador entenda (contra a sua vontade!) que o regime convencional é, apesar de tudo, preferível ao reconhecimento da sua liberdade negocial. Por outro lado, é o quadro de desenvolvimento económico que permite aos sindicatos protagonizarem com sucesso as pretensões do «sempre mais» e às comissões de trabalhadores reforçarem a sua intervenção na gestão

---

[277] Como é sabido, a lei não contempla, por exemplo, a hipótese de o trabalhador, livremente e em sede do seu contrato de trabalho, aceitar um salário inferior ou condições de trabalho menos favoráveis do que as previstas na convenção colectiva, substituindo-se assim ao seu representante nos termos gerais.

(arts. 18º ss. da LComT), sem grande oposição da parte dos empresários, também eles confiantes na pujança da economia. Finalmente, o modelo da grande empresa e o paradigma da relação de trabalho típica favorecem a actuação dos representantes dos trabalhadores no seio das empresas e as facilidades que lhes são aí reconhecidas para conciliarem a actividade laboral com a actividade sindical (o crédito de horas, o direito a um local para o desenvolvimento da actividade sindical ou da comissão de trabalhadores nas instalações da empresa ou o direito de reunião, previstos nos arts. 25º ss. da LS e nos arts. 20º ss. da LComT, são exemplos desta tendência), assim como é a crença na uniformidade do estatuto do trabalhador subordinado que estimula a prática da celebração de convenções colectivas de âmbito muito amplo.

Como veremos já de seguida, a alteração dos pressupostos sociais e económicos que estiveram na base desta evolução da generalidade dos sistemas juslaborais — e também do sistema português — vai determinar a sua inversão e provocar brechas profundas nos alicerces dogmáticos tradicionais do direito do trabalho, na maioria dos países.

48.2. A alteração dos pressupostos do desenvolvimento do direito do trabalho e a destruição dos seus mitos: a «erosão da relação de trabalho típica» e a «fuga ao direito do trabalho»; a crise das instituições laborais colectivas

I. A partir da década de setenta, os pressupostos sociais e económicos subjacentes ao desenvolvimento da maioria dos sistemas normativos laborais sofrem uma alteração profunda. Pondo em causa os mitos da incapacidade do trabalhador, da viabilidade económica do sistema protectivo e da uniformidade do estatuto do trabalhador subordinado, abrindo profundas brechas no movimento sindical e demonstrando a inevitabilidade da relação entre o direito do trabalho e a economia, esta alteração vai obrigar à adaptação dos sistemas normativos — a forma como esta adaptação se vai processando e a incerteza quanto aos objectivos que prossegue demonstram a dimensão sistemática da crise que a generalidade dos sistemas laborais atravessa no actual momento histórico. Porque os efeitos desta alteração se fizeram sentir em Portugal como na generalidade dos países europeus (com uma ou outra especificidade, resultante das suas vicissitudes históricas particulares), vamos apreciá-la em termos gerais; a propósito das medidas concretas de adaptação introduzidas nos vários sistemas referiremos separadamente o caso português.

II. Embora os factores económicos sejam usualmente apontados como os primeiros responsáveis pela actual crise sistemática do direito laboral, no nosso entender a origem mais remota da crise está na falta de ponderação, pelo próprio sistema jurídico, da evolução da situação de debilidade dos trabalhadores por conta de outrem, que constituiu o pressuposto social da tutela laboral — exactamente porque, como referimos anteriormente[278], este pressuposto foi objecto de uma aceitação acrítica por parte do sistema.

Basta, contudo, uma comparação superficial entre a situação dos trabalhadores subordinados há cem anos e na actualidade para constatar a evolução deste pressuposto, desde o surgimento das primeiras normas laborais de protecção até hoje e tanto numa perspectiva quantitativa como numa perspectiva qualitativa: em termos quantitativos, o universo dos trabalhadores subordinados acompanhou o desenvolvimento económico de um século — de uma minoria de cidadãos com um peso social reduzido, os trabalhadores subordinados passaram a constituir, nos países industrializados e semi-industrializados, a maioria da população activa[279], até porque se foi generalizando o recurso ao trabalho subordinado para a prestação de actividades laborativas correspondentes a um nível de qualificação mais elevado e que tradicionalmente eram desenvolvidas em regime de autonomia (pensamos, por exemplo, no enquadramento laboral do trabalho de médicos, engenheiros, arquitectos ou advogados); por outro lado, em termos qualitativos, é inegável que, por via da tutela laboral, a situação dos trabalhadores subordinados é hoje significativamente melhor do que era no dealbar do século, tanto do ponto de vista económico como relativamente à sua capacidade negocial.

No nosso entender, só por si, esta evolução põe à prova a capacidade de sustentação do sistema e a bondade do seu objectivo protec-

---

[278] Cfr., *supra,* número anterior, II.

[279] Realçando este aspecto, por exemplo, Meinhard HEINZE, *Gibt es eine Alternative zur Tarifautonomie?,* DB, 1996, 14, 729-735 (730), e *Wege aus der Krise des Arbeitsrecht — Der Beitrag der Wissenschaft,* NZA, 1997, 1, 1-9 (2) — como refere este autor, em 1900 apenas 20 % dos alemães obtinham os seus rendimentos a partir da prestação de trabalho subordinado, enquanto hoje essa percentagem é de 80 %.

tivo. Com efeito, se o direito do trabalho deixou de ser um sistema de tutela de um grupo social minoritário para passar a ser um sistema de protecção da maioria dos cidadãos (como observa HEINZE[280]), a questão da subsistência da sua viabilidade económica coloca-se imediatamente. Por outro lado, se a tradicional debilidade dos trabalhadores subordinados foi atenuada pelo importante manancial de direitos e garantias entretanto obtidos, há, pelo menos, que rever os mecanismos protectivos que aquela debilidade justificara no passado, como aconselha GRANDI[281] — mas, na verdade, esta evolução coloca o problema de saber até que ponto subsiste, de facto, ainda hoje, a necessidade de protecção.

Do nosso ponto de vista, a ausência de uma reavaliação periódica do pressuposto da debilidade social e negocial dos trabalhadores subordinados, por parte da ciência juslaboral, é pois a primeira responsável pela actual situação de crise do direito do trabalho.

III. O segundo grupo de factores considerados responsáveis pela crise sistemática do direito do trabalho é de índole económica e prende-se, por um lado, com a alteração do pressuposto do desenvolvimento da economia, que justificou o mito da viabilidade da progressividade irredutível do sistema laboral protectivo; e, por outro lado, com a evolução da forma clássica de organização empresarial, que justificou o mito da uniformidade do estatuto do trabalhador subordinado e a figura da relação laboral típica. Porque a ligação entre estes dois aspectos nos parece incindível, referi-los-emos em conjunto.

A este propósito, constumam ser apontados como factores responsáveis pelo abalo do sistema laboral tradicional o quadro económico recessivo e, designadamente, o aumento do desemprego, que se verificaram a partir do início da década de setenta e se têm voltado ciclicamente a manifestar; a evolução tecnológica acelerada das últimas décadas; e a evolução da economia e do mercado de trabalho, no sentido da internacionalização e da diversificação dos sectores produtivos e da mão-de-obra. Por outro lado, estes mesmos factores determinaram novos modelos de organização do trabalho nas empresas, cuja rápida expansão acabou por pôr em causa a posição dominante da relação de trabalho típica.

---

[280] *Op. e loc. cits.* na nota anterior.
[281] *Diritto del lavoro, tecniche...cit.*, 159.

O quadro económico recessivo e o aumento do desemprego, que se verificaram nos anos setenta (os autores costumam fazer remontar as suas primeiras manifestações aos choques petrolíferos do início dessa década[282]) e que, desde então, se têm voltado a manifestar ciclicamente, são usualmente apontados pelos juristas como a causa directa da inversão da tendência de universalização e de intensificação da tutela laboral[283]. Numa conjuntura económica menos favorável, os empregadores são obrigados a ponderar os custos económicos do factor trabalho na organização empresarial e tendem a tomar as decisões de gestão que permitam diminuir, tanto quanto possível, aqueles custos e a manusear o instrumentário jurídico disponível com o mesmo objectivo.

---

[282] Neste sentido, por exemplo, RAY, *Mutation économique...cit.,* 12, SOUSA SANTOS / REIS / MARQUES, *O Estado e as transformações recentes...cit.,* 147, ou MÁRIO PINTO, *A função...cit,* 56.

[283] Fixando a origem directa da crise actual do direito laboral e da inversão da sua tendência protectiva tradicional na crise económica e do emprego, entre outros, Manfred WEISS, *Le tendenze del diritto del lavoro nell'Ocidente — Intervento,* Lav.Dir., 1987, 1, 162-170 (162 s.), Bernd RÜTHERS, *Funktionswandel im Arbeitsrecht,* ZfA, 1988, 3, 257-265 (257 s.), CRISTOFARO, *La disocupazione...cit.,* 176, Marco BIAGI, *Le tendenze del diritto del lavoro nell'Ocidente — Presentazione,* Lav.Dir., 1987, 1, 97-107 (99), COLOMBO, *Equilibrio...cit.,* 80, CAVAS MARTÍNEZ, *La diversificación...cit.,* 72, María del Carmen Ortiz LALLANA, *Lineas de tendencias y problemas fundamentales del sector juridico-laboral en las sociedades industriales: el caso español,* Rev.Trab., 1986, II, 93-123 (98), ou André THILL, *Flexibilisierung des Arbeitsrechts (Luxemburg), in Flexibilisierung des Arbeitsrechts — eine europäische Herausforderung,* ZIAS, 1987, 315-328 (315). Sobre esta matéria, vejam-se ainda as intervenções de alguns autores na *Rivista Giuridica del Lavoro* sobre a responsabilidade da crise do próprio Estado Social de Direito na crise do direito do trabalho — Jo CARBY-HALL, *La crisi del Welfare State e i mutamenti del diritto del lavoro in Gran Bretagna,* Ulrich MÜCKENBERGER, *La crisi del Welfare State e i mutamenti del diritto del lavoro in Germania,* Alain SUPIOT, *La crisi del Welfare State e i mutamenti del diritto del lavoro in Francia,* Bruno VENEZIANI, *La crisi del Welfare State e i mutamenti del diritto del lavoro in Italia,* em Riv.GL, 1996, 1, respectivamente 3-29, 30-51, 52-68 e 69-120. Evidentemente que, sendo a protecção do cidadão na sua qualidade de trabalhador uma das componentes da concepção do Estado Social de Direito, a crise desta concepção de Estado não pode deixar de ter reflexos profundos no domínio laboral. Não cabe, todavia, no âmbito deste trabalho o aprofundamento destas motivações mais profundas da crise sistemática do direito laboral, pese embora o seu interesse.

Assim, em termos económicos, a ponderação dos custos do trabalho é um dos factores que estimula os empresários a reduzir a empresa à sua actividade produtiva nuclear, substituindo os serviços não essenciais, anteriormente prestados por trabalhadores internos, por serviços prestados por outras empresas, com a inerente diminuição dos custos de pessoal próprios — é o recuo das organizações empresariais auto-suficientes e de grande porte[284] e o início daquilo a que MELIADÒ chamou «*le forme della miniturizzazione delle attività economiche e del "grande che si fa piccolo"*»[285], ou seja, da tendência de especialização económica das empresas. No plano das relações de trabalho, esta tendência traduz-se no fenómeno que já foi chamado de «exteriorização do emprego»[286] e que, no limite, pode chegar à empresa virtual ou «empresa sem pessoal» a que alude LYON-CAEN[287].

Por outro lado, a ponderação dos custos do trabalho leva os empresários a servirem-se do instrumentário jurídico disponível, ou a contornarem, de forma lícita ou ilícita, a lei laboral, com o objectivo directo de contenção daqueles custos. Para esse efeito, os empresários começam por recorrer, tanto quanto a lei permite, ao despedimento e a outras formas de cessação dos contratos de trabalho (por exemplo, cessação

---

[284] Neste sentido, Umberto ROMAGNOLI, *Egualizanze e differenze nel diritto del lavoro*, DLRI, 1994, 3, 545-565 (545). Também BIAGI, *Il futuro...cit.*, 333, se refere à distinção entre as actividades nucleares da empresa e as actividades periféricas e à tendência para recorrer a serviços externos para o desenvolvimento das segundas.

[285] Giuseppe MELIADÒ, *Il rapporto di lavoro nei gruppi di società. Subordinazione e imprese a struttura complessa*, Milano, 1991, 15.

[286] Jean de MAILLARD, Patrick MANDROVAN, Jean-Paul PLATTIER, Thierry PRIESTLEY, *L'éclatement de la collectivité de travail: observations sur les phénomènes d'«extériorisation de l'emploi»*, DS, 1979, 9/10, 323-338. Neste processo, os autores identificam a tendência para reduzir os trabalhadores estáveis da empresa a um número cada vez mais reduzido, ao qual acresce um pessoal «periférico» ligado juridicamente a outras empresas prestadoras de serviços, e um grupo crescente e diversificado de trabalhadores ligados a empresas de trabalho temporário, que asseguram as restantes tarefas — *maxime* 324 ss.

[287] Gérard LYON-CAEN, *La crise du droit du travail, in In Memoriam Sir Otto Kahn-Freund*, München, 1980, 517-523 (523). Numa perspectiva económica, por exemplo, SOUSA SANTOS / REIS / MARQUES, *O Estado e as transformações...cit.*, 158, referem-se, a este propósito, a um processo de «desintegração jurídica da empresa».

por mútuo acordo ou reformas antecipadas) — é o fim da ideia da estabilidade do emprego, que dominara na época anterior mas que se revela incompatível com a crise económica[288].

O mesmo objectivo de contenção de custos conduz ainda os empresários a optarem por soluções alternativas à relação laboral típica, que permitem manter a mão-de-obra, mas são menos dispendiosas ou implicam menos responsabilidades para o empregador[289]. Esta opção provoca a multiplicação das formas de contratação laboral até então consideradas marginais, como o trabalho a termo ou a tempo parcial, o trabalho temporário e o trabalho no domicílio[290], mas também a denomi-

---

[288] Sobre esta matéria, vd, por exemplo, Antonio Ojeda AVILÉS, *El final de un «principio» (la estabilidad en el empleo), in Estudios de Derecho del Trabajo en Memoria del Professor Gaspar BAYÓN-CHACÓN*, Madrid, 1980, 467-485; ORTIZ LALLANA, *Lineas de tendencias...cit.,* 100 s., que considera ter-se instilado no sistema juslaboral uma ideia economicista em relação ao despedimento; e, entre nós, Mário F. C. PINTO, *Garantia de emprego e crise económica. Contributo ensaístico para um novo conceito,* DJ, 1987/88, III, 141-162 (142 s.), que responsabiliza directamente o excesso de limitações do empregador em matéria de cessação do vínculo laboral, propiciado pelo garantismo até à década de setenta, pelo aumento do desemprego.

[289] Salientando esta motivação económica do empregador na procura de soluções alternativas ao contrato de trabalho por tempo indeterminado, por exemplo, LYON-CAEN, *La crise...cit.,* 518 s. e 521, PINHO PEDREIRA, *O direito do trabalho...cit.,* 61, ou CORDOVA, *Las relaciones...cit.,* 253. Pondo em evidência as vantagens que decorrem para o empregador do recurso a formas não típicas de trabalho subordinado, em termos de diminuição das responsabilidades inerentes ao regime laboral de tutela, Wolfgang DÄUBLER, *Nuove tecnologie: un nuovo diritto del lavoro?,* DLRI, 1985, I, 65-83 (73), referindo, designadamente, a subtracção à protecção contra o despedimento, no trabalho a termo, e a diminuição dos encargos salariais com o trabalho suplementar possibilitada pelo recurso ao trabalho a tempo parcial.

[290] A «marginalidade» destes vínculos decorre de eles introduzirem uma variação num dos elementos caracterizadores da relação laboral típica. Como observa Bruno VENEZIANI, *La flessibilità del lavoro ed i suoi antidoti. Una analisi comparata,* DLRI, 1993, 2, 235-310 (241), as formas de trabalho atípico traduzem as dicotomias entre continuidade/descontinuidade da prestação (no caso do trabalho a tempo parcial), entre indeterminação/determinação da duração do vínculo (no caso do trabalho a termo), entre unicidade/pluralidade dos locais de trabalho (quanto ao trabalho fora das instalações da empresa), ou entre bilateralidade/trilateralidade do negócio laboral (relativamente ao contrato de trabalho temporário). É neste sen-

nada «fuga ao direito do trabalho»[291], de forma lícita, com o desenvolvimento do trabalho autónomo para além do domínio tradicional das profissões liberais (numa tendência que já foi designada como «o ressurgimento da prestação de serviços»[292]), e de forma ilícita, com a proliferação dos falsos independentes[293] e do trabalho clandestino[294] [295] — é

---

tido que o autor se refere a estas formas de trabalho como um conjunto de situações intermédias entre a ocupação laboral clássica e a desocupação.

[291] Neste sentido, por exemplo, Miguel RODRIGUEZ-PIÑERO, *La huida del Derecho del Trabajo*, Rel.Lab., 1992, I, 85-92, ou BAUSCHKE, *Auf dem Weg zu einem...cit.*, 209.

[292] Neste sentido, por exemplo, RODRIGUEZ-PIÑERO, *La huida...cit.*, 91; também referindo este factor, CORDOVA, *Las relaciones...cit.*, 242 e 246 s.

[293] Sobre a situação jurídica dos falsos independentes, por exemplo, EINEM, *Abhängige Selbständigkeit...cit.*, 60 ss., BAUSCHKE, *Auf dem Weg zu einem...cit.*, 211, Antonio VALLEBONA, *Il lavoro in cooperativa*, RIDL, 1991, I, 291-300 (294) (este último autor considerando especificamente o problema dos falsos independentes no trabalho cooperativo), ou Fabienne DOROY, *La vérité sur le faux travail indépendant*, DS, 1995, 7/8, 638-641.

[294] Sobre o trabalho clandestino, entre outros, Cecilia ASSANTI, *L'economia sommersa: i problemi giuridici del secondo mercato del lavoro*, Riv.GL, 1980, I, 179-211, DELOROZOY, *Le travail clandestin cit.*, ou RAULINE, *Le travail illégal cit.*

[295] Desenvolvendo esta distinção entre a «fuga lícita» e a «fuga ilícita» ao direito do trabalho, RODRIGUEZ-PIÑERO, *La huida...cit.*, 85 ss.; Edoardo GHERA, *La flessibilità: variazioni sul tema*, Riv.GL, 1996, 2, 123-136 (123 e 127), distinguindo, neste contexto, entre a descentralização patológica e não patológica das formas de organização do trabalho para considerar que apenas a primeira constitui uma fuga ao direito laboral, porque é feita para iludir a aplicação das respectivas normas protectivas; e, entre nós, Pedro Furtado MARTINS, *A crise do contrato de trabalho*, RDES, 1997, 4, 335-368 (341 s. e 356 s.). Na verdade, a crise da relação de trabalho típica manifesta-se tanto nos casos em que as partes procedem a uma manipulação ilícita da qualificação do contrato para se subtrairem ao regime laboral protectivo (é o caso dos falsos independentes, em que o conteúdo do vínculo negocial é idêntico ao de um vínculo laboral, mas as partes declaram celebrar um contrato de prestação de serviço para não arcarem com as obrigações de contribuição para o sistema de segurança social e com as restrições das normas laborais ao despedimento), como nos casos em que as partes optam pela celebração de um contrato de prestação de serviço para desenvolverem em termos autónomos uma actividade que tradicionalmente era desempenhada de forma subordinada — esta opção, permitida pelo sistema jurídico e correspondente à vontade real das partes é, evidentemente, lícita, mas não deixa de demonstrar a revitalização da figura da prestação de serviços. Outros autores chamam também a

o processo a que os juristas chamam de «erosão da relação laboral típica» e que os economistas designam como «decomposição da relação salarial»[296]. Subjacente a este processo de erosão encontra-se ainda a desagregação da concepção tradicional da empresa como organização tutelar e assistencial, que tinha florescido nas décadas anteriores[297].

IV. O segundo factor económico que costuma ser responsabilizado pela alteração da fisionomia tradicional do direito do trabalho, tanto no que se refere à compressão do trabalho subordinado e à diversificação

---

atenção para o elevado número de situações intermédias entre o contrato de trabalho típico e o puro contrato de prestação de serviço, que são cobertas pela liberdade individual das partes e que traduzem a actual diversidade das formas de emprego — neste sentido, por exemplo, HEINZE, *Wege aus der Krise...cit.*, 4, ou Antoine JEAMMAUD, *Droit du travail 1988: des retournements, plus qu'une crise*, DS, 1988, 7/8, 583-595 (591). Muitos autores empregam, no entanto, a designação de trabalho atípico em sentido amplo, para incluir todas estas modalidades — assim, por exemplo, Robert FOSSAERT, *Pourquoi et comment normaliser le travail atypique*, DS, 1981, 7/8, 494-513 (496 ss.), enuncia, como formas de trabalho atípico, o trabalho a tempo parcial, o trabalho sazonal, o trabalho a termo, o trabalho de estágio, o trabalho temporário, o trabalho atípico na função pública, o trabalho no domicílio, o trabalho na zona entre o trabalho dependente e o trabalho autónomo, algumas formas de sub-empreitada e o trabalho clandestino.

[296] Neste sentido, por exemplo, FIRLEI, *Hat das Arbeitsrecht überhaupt...cit.*, 75, MÜCKENBERGER, *Regolamentazione...cit.*, 11, ZACHERT, *Die Zerstörung...cit.*, 132, Wolfgang DÄUBLER, *Das deutsche Arbeitsrecht — ein Standortnachteil?*, DB, 1993, 15, 781-788 (785), María Emilia Casas BAAMONDE / Fernando Valdés DAL-RÉ, *Diversidad y precariedad de la contratación laboral en España*, Rel.Lab., 1989, I, 240-258 (240), e, entre nós, JORGE LEITE, *Direito do trabalho na crise cit.*, 30. Numa perspectiva económica, por todos, neste sentido, SOUSA SANTOS / / REIS / MARQUES, *O Estado e as transformações...cit.*, 150.

[297] Este processo de desagregação empresarial é exemplarmente descrito por Guido ZANGARI, *Il rischio di un nuovo feudalismo*, DLav. 1979, 4, 671-692 (684 ss.). Para este autor, a centralização de todo o direito do trabalho na tutela do trabalhador singular e na actuação dos sindicatos acaba por transformar a empresa numa estrutura burocrática e assistencial, cuja actuação é bloqueada pelos mecanismos protectivos autoritários, que se vão sempre somando e lhe retiram competitividade. Esta cultura assistencial tem as maiores implicações económicas e vai dar lugar a uma «vingança do mercado», com o surgimento de outro tipo de empresas, muito mais leves e ágeis, e, logo, muito mais competitivas, o que provoca a degeneração das empresas institucionais e dos próprios sindicatos.

das suas formas, como no que se reporta à organização do trabalho dentro da empresa, é a evolução tecnológica[298] das últimas décadas[299].

No que se refere à compressão e à diversificação do trabalho subordinado, a evolução tecnológica contribui directamente para o desemprego (com o despedimento dos trabalhadores que os avanços tecnológicos tornaram excedentários[300] e daqueles que não se adaptaram às novas tecnologias), mas contribui também para o crescimento do número de situações laborais atípicas[301] e para a ampliação da zona cinzenta

---

[298] Sob o termo «evolução tecnológica» descortina-se, na realidade, uma série de factores de mudança de natureza heterogénea — a este propósito, vd, por exemplo, Bruno VENEZIANI, *Nuove tecnologie e contratto di lavoro: profili di diritto comparato,* DLRI, 1987, 1, 1-60 (5), que se refere às novas tecnologias no sector da micro-electrónica, nos transportes, nos processos produtivos e no processamento de dados por via informática. Os traços específicos desta evolução tecnológica, relativamente a transformações anteriores, que também influenciaram o direito laboral, são, para autores como DÄUBLER, *Nuove tecnologie...cit.,* 65 s., por um lado, o grau de risco que é inerente a algumas das suas manifestações (por exemplo, o risco ligado ao desenvolvimento nuclear) e, por outro lado, a tendência de substituição do trabalho humano pelo trabalho computorizado em resultado do avanço da tecnologia da informação. O primeiro aspecto obriga a controlos mais apertados sobre o trabalhador e pode redundar na limitação do acesso dos seus representantes à gestão, por razões de segurança, ao mesmo tempo que contempla a possibilidade de limitar os direitos dos trabalhadores em situações de emergência técnica — a este propósito, DÄUBLER refere-se ao surgimento de um «direito laboral das situações de emergência» (*ein Notstandsarbeitsrecht*) — *idem,* 70. O segundo aspecto contribui para a desocupação ou para a desqualificação de muitos trabalhadores, para o surgimento de novas fontes de pressão sobre o trabalhador (como o *stress* psicológico ligado ao trabalho com computadores) e para a generalização de novas formas de controlo da sua actividade (*ibidem,* 78 s.).

[299] Dando nota da importância da evolução tecnológica para a alteração da fisionomia tradicional do direito do trabalho, entre outros, BIAGI, *Tendenze...cit.,* 100, COLOMBO, *Equilibrio...cit.,* 80, Bernd RÜTHERS, *Das Arbeitsrecht im Wandel der Industriegesellschaft, in Aktuelle Fragen des Arbeitsrechts,* Paderborn, 1972, 7-22 (13) e ainda *Funktionswandel...cit.,* 257 s., MARTÍNEZ, *La diversificación...cit.,* 72, VENETO, *Nuova società...cit.,* 170, ou THILL, *Flexibilisierung des Arbeitsrechts...cit.,* 315.

[300] Referindo as repercussões directas dos avanços tecnológicos no nível de emprego, por exemplo, ZACHERT, *Die Zerstörung...cit.,* 132, ou DÄUBLER, *Nuove tecnologie...cit.,* 66 s.

[301] Neste sentido, por exemplo, FIRLEI, *Hat das Arbeitsrecht überhaupt...cit.,* 79, considera que o desenvolvimento da informática, dos sistemas multi-media ou das auto-estradas da informação contribuem para o aumento do número das

entre o trabalho subordinado e o trabalho independente — o desenvolvimento recente do chamado tele-trabalho[302] é o exemplo paradigmático deste útimo contributo.

No aspecto da organização do factor trabalho no seio da empresa, a evolução tecnológica permite a emancipação da laboração da empresa em relação aos horários de trabalho, através da mecanização, da automatização dos processos produtivos e da robótica[303], torna muito mais importante a qualificação técnica dos trabalhadores[304] e banaliza novas formas de avaliação do desempenho profissional, que coexistem ou até que prescindem do tradicional controlo hierárquico (já que passa a ser possível dirigir e fiscalizar os trabalhadores sem estarem num local de trabalho fixo), mantendo embora, ou até aumentando, o seu grau de eficácia[305] — como referem alguns autores, a evolução tecnológica altera

---

relações laborais atípicas, como o trabalho a termo, a tempo parcial ou no domicílio. A evolução tecnológica é também apontada como factor impulsionador dos contratos de trabalho a tempo parcial, do trabalho no domicílio e do trabalho independente, por Wolfgang ADLERSTEIN, *Neue Technologien — Neue Wege im Arbeitsrecht*, ArbuR, 1987, 3, 101-104 (102).

[302] O desenvolvimento ainda recente do tele-trabalho impede a sua delimitação precisa. De qualquer modo, em termos gerais, a doutrina enuncia três elementos na delimitação desta forma de trabalho: o facto de ele se efectuar à distância do destinatário da prestação; a impossibilidade de controlo físico do desempenho da actividade de trabalho pelo credor; e o facto de a prestação ser executada com recurso a um instrumento informático e/ou a um meio de telecomunicação. Neste sentido, entre outros, Jean Emmanuel RAY, *Le droit du travail à l'épreuve du télétravail: le statut du télétravailleur*, DS, 1996, 2, 121-127 (122), VENEZIANI, *Nuove tecnologie...cit.*, 14 ss., e, entre nós, Maria Regina REDINHA, *O teletrabalho*, in A. MOREIRA (coord.), *II Congresso Nacional de Direito do Trabalho — Memórias*, Coimbra, 1999, 81-102 (86).

[303] Referindo o aspecto da emancipação das empresas em relação aos horários de trabalho, que exemplifica com as empresas de laboração contínua, ZACHERT, *Die Zerstörung...cit.*, 132.

[304] Salientando as maiores exigências de qualificação profissional dos trabalhadores que decorrem da evolução tecnológica, entre outros, Franco CARINCI, *Rivoluzione tecnologica e diritto del lavoro: il rapporto individuale*, DLRI, 1985, 26, 203-241 (209) — no entanto, dada a concomitante tendência das empresas para a especialização, o autor considera que estas maiores exigências de qualificação se reportam apenas aos trabalhadores que asseguram a gestão, os projectos ou a planificação da empresa, entendendo que, em relação aos trabalhadores auxiliares ou de suporte, há cada vez menos exigências de qualificação.

[305] A este propósito, salientamos a apreciação de Jean-Emmanuel RAY, *Nouvelles technologies et nouvelles formes de subordination*, DS, 1992, 6, 525-537

profundamente as relações empresariais e demonstra a rigidez da estrutura empresarial clássica[306]. A organização uniforme, repartida e estratificada do trabalho, tradicional nas grandes empresas, entra assim em declínio.

(531 ss. e 527 ss.), sobre as novas formas de controlo do trabalhador possibilitadas pelos avanços tecnológicos, tanto no que se refere à avaliação do seu desempenho ao longo do desenvolvimento do vínculo laboral (o autor exemplifica com o controlo por câmaras de vídeo, com a verificação dos níveis de produtividade ou da qualidade da prestação através de computador e ainda com as várias técnicas de controlo remoto do trabalhador quando ele desenvolve a sua actividade fora das instalações da empresa que se têm vindo a apurar), como até na fase da formação do negócio laboral (com a selecção dos candidatos por via informática e com a vulgarização de testes de aptidões da mais variada índole) — a eficácia destes mecanismos de controlo é, na verdade, muito superior à do controlo exercido pelo superior hierárquico. À subordinação, entendida tradicionalmente como a sujeição do trabalhador a um conjunto de poderes (pessoais) do empregador, exercidos directamente ou por delegação, substituiu-se, em muitos casos, uma espécie de «tele-subordinação», exercitada através de meios electrónicos, e que é, com frequência, mais eficaz, mais intensa e mais invasora dos espaços de privacidade do trabalhador (atente-se nas situações de tele-trabalho, em que o trabalhador se mantém sempre em contacto com a empresa, ou nas situações de «tele-disponibilidade», em que o trabalhador deve ficar contactável para situações de emergência mesmo fora do seu período normal de trabalho e em qualquer local). Como observa RAY, «*Société post-industrielle ne signifie pas forcément post-Taylorisme: le nouveau Taylorisme Assisté par Ordinateur (TAO) se révèle mille fois plus implacable que les anciens contrôles.*» (*idem,* 525). Também chamando a atenção para a intensidade do controlo da empresa sobre os actos e a própria pessoa do trabalhador, em resultado da utilização das tecnologias da informação, ainda DÄUBLER, *Nuove tecnologie...cit.,* 79, Albert ROUDIL, *Le droit du travail au regard de l'informatisation,* DS, 1981, 4, 307-319 (este último apreciando o problema na perspectiva da verificação dos efeitos que o processo de informatização pode ter nos direitos dos trabalhadores — *maxime,* 313 ss.), ou CARINCI, *Rivoluzione tecnologica...cit.,* 221 ss.

[306] Neste sentido, BIAGI, *Tendenze...cit.,* 100, VENETO, *Nuova società...cit.,* 170, ou FIRLEI, *Hat das Arbeitsrecht überhaupt...cit.,* 89. Na mesma linha, Silvana SCIARRA, *Un diritto del lavoro «post-moderno»?,* in *Prospettive del lavoro per gli anni'80 — Atti del VII Congresso di Diritto del lavoro, Bari, 23-25 Aprile 1982,* Milano, 1983, 224-229 (226 s.), chama a atenção para a necessidade de repensar o sistema de classificação dos trabalhadores em face da revolução tecnológica; Nadio DELAI, *La «forma lavoro» alla ricerca di nuove coperture istituzionali, in* M. PEDRAZZOLI (Dir.), *Lavoro subordinato e dintorni,* Bologna, 1989, 183--191 (184), refere-se à incorporação da informática na própria relação laboral

V. Por último, os autores apontam como factores económicos desestabilizadores do sistema laboral tradicional a evolução da economia no sentido do crescimento do sector terciário e, um pouco mais tarde, do sector económico da informação e da comunicação (já designado por alguns autores como «sector quaternário»[307]), acompanhada pela tendência para a globalização; como consequência desta evolução económica, a evolução das próprias empresas, quer em termos de dimensão, quer em termos de objectivos e ainda em termos de organização — são as tendências para o aumento das pequenas unidades produtivas em detrimento das grandes organizações e para a internacionalização e para a especialização empresariais, a que inerem novas formas de organização do trabalho; e a alteração do tecido laboral, resultante, nomeadamente, da maior facilidade de circulação dos trabalhadores, da entrada maciça das mulheres no mercado de trabalho e da tendência de aproximação dos trabalhadores ao empregador, decorrente das novas formas de organização empresarial.

O crescimento do sector terciário e das pequenas empresas, em detrimento da indústria e das grandes fábricas[308], contribuiu, desde logo,

---

típica; CARINCI, *Rivoluzione tecnologica...cit.,* 225 ss., pondera os efeitos da evolução tecnológica na delimitação das funções e na polivalência; e Giuseppe della ROCCA, *Le trasformazioni nell'organizzazione dell'impresa e del lavoro, in Il futuro della società e del lavoro,* Milano, 1992, 41-59 (43 ss.), aponta como efeitos das inovações tecnológicas o desenvolvimento de novas formas de organização do trabalho, como os modelos organizativos integrados, a centralização no tratamento da informação ou o aumento dos trabalhadores qualificados. Denunciando a inadequação das estruturas empresariais tradicionais à evolução tecnológica, pelo seu peso e rigidez, *vd*, por exemplo, Vicente Conde Martín de HIJAS, *Autonomia individual: alternativa de desarrollo,* Rel.Lab., 1990, I, 355-381 (368 s.). Ainda sobre esta matéria, *vd* Carlo PISANI, *Rapporto di lavoro e nouve tecnologie,* DLRI, 1988, 2, 293-340, equacionando os efeitos da evolução tecnológica na delimitação e organização das funções dos trabalhadores e, em especial, o problema da avaliação das funções para efeitos da polivalência funcional.

[307] O reconhecimento de um sector quaternário da economia com este conteúdo pode encontrar-se, por exemplo, em Jean-Emmanuel RAY, *Du Germinal à Internet. Une nécessaire évolution du critère du contrat de travail,* DS, 1995, 7/8, 634-637 (634). Como observa este autor, o desenvolvimento da economia da informação e da comunicação torna obsoletos os critérios tradicionais de delimitação da subordinação jurídica, baseados num local de trabalho fixo e numa organização empresarial hierárquica e rígida.

[308] Neste sentido, se refere D'ANTONA, *La subordinazione e oltre...cit.,* 45, à diminuição do número de *operários* que se verificou nos últimos anos. O cresci-

para o surgimento de alternativas ao emprego estável a tempo inteiro, mas também para o desenvolvimento de modelos de gestão do factor trabalho diferentes do modelo hierarquizado e compartimentado, típico das grandes unidades produtivas industriais: o trabalho nas pequenas empresas sujeita-se a uma organização usualmente menos rígida e menos verticalizada, que acaba por «contaminar» as grandes empresas, com o ensaio do trabalho em pequenas unidades produtivas ou em grupo, a organização horizontal dos recursos humanos ou a rotatividade de funções[309]. No entanto, a verdade é que este tipo de organização do traba-

---

mento e o peso actual das pequenas empresas, nomeadamente no sector dos serviços, é documentado com referências a diversos países, por exemplo em Marco BIAGI, *El derecho del trabajo en pequeñas y medianas empresas.Flexibilidad o ajuste? Reseñas relativas a las relaciones colectivas*, Civitas, 1994, 63, 45-70 (46 ss.), que estima que elas constituem actualmente mais de 95% do total de unidades produtivas dos países industrializados. Também se referindo à explosão do sector terciário, a partir da década de oitenta, como factor que contribuiu para a crise do direito laboral tradicional, ainda TOSI, *Le nuove tendenze...cit.*, 615, VENEZIANI, *La crisi del Welfare...cit.*, 73, ou GHERA, *La flessibilità...cit.*, 125.

[309] Dando conta da evolução das formas de organização do trabalho nos últimos anos, no sentido descrito, *vd* o relatório do BIT, *Les nouvelles formes d'organisation...cit.*, I e II, elaborado a partir de um estudo comparado de novas experiências de organização do trabalho na Dinamarca, Noruega, Suécia, República Federal da Alemanha, França, Reino Unido e Estados Unidos da América (vol. I), bem como em Itália, na Índia, na República Democrática Alemã e na URSS (vol. II). Este relatório conclui que a organização taylorista do trabalho evoluiu para uma nova concepção organizativa, alicerçada em cinco características: o reconhecimento da importância dos laços entre o homem e o trabalho, o reconhecimento das vantagens da organização espontânea do trabalho e da não separação total entre a organização e a execução das tarefas; a importância de uma percepção global do trabalho por parte do trabalhador, possibilitada pela não segmentação das tarefas; a importância do conhecimento dos resultados do trabalho pelo trabalhador; e a necessidade de privilegiar o trabalho em grupo em detrimento do trabalho, isolado e hierarquizado (*idem*, I, 3 ss.). A tomada em consideração destas características permite a reorganização do trabalho de forma a alargar e a enriquecer as tarefas, torna admissível a constituição de equipas semi-autónomas e a rotação de funções, favorece, em suma, uma maior flexibilidade (*ibidem*, I, 6). Também referindo estas alterações dos modelos clássicos de organização do trabalho, tanto no sector industrial como no sector terciário, ilustrada com exemplos de diversos países europeus, *vd* ainda o relatório de SUPIOT, *Au-delà de l'emploi cit.*, 107 ss. Para uma perspectiva económica sobre esta tendência de reorganização interna das empresas modernas, por exemplo, Bruno HENRIET, *Entreprise et*

lho põe em evidência os limites do conceito tradicional de subordinação nas suas aplicações taylorista e fordista — como judiciosamente observa RAY[310], numa fase económica de predominância do trabalho manual-industrial, em que a máxima bíblica «*tu gagneras ton pain à la sueur de ton front*» é plenamente aplicável, o controlo do trabalhador é fácil de efectuar; já quando se difunde a máxima «*tu gagneras ton pain à la lueur de ton intelligence*», acompanhando o crescimento do sector dos serviços, este controlo é mais difícil de exercer e mais limitado, pela natureza da prestação em causa, pela necessidade de admitir um maior grau de autonomia do prestador[311] e pela difusão de soluções organizativas de maior colaboração[312].

De outra parte, a internacionalização da economia e das empresas trouxe consigo maiores exigências de concorrência que se reflectiram nos critérios de gestão[313], mas, em termos estritamente jurídicos, deter-

---

gestion du travail. Nouvelles configurations et pertinences de la gestion des ressources humaines, in A. SUPIOT (dir.), *Le travail en perspectives*, Paris, 1998, 199-214 (200 ss.) — o autor identifica neste processo a tendência para privilegiar formas de organização que passam pela alteração/diminuição da dimensão da empresa (o que passa pela exteriorização de tarefas não essenciais e pode ir até à empresa virtual) e por formas menos rígidas de organização do trabalho dentro da empresa (que passam pelo trabalho em equipa, pela descentralização de funções, pela «des-hierarquização», pela mobilidade funcional e pela personalização das tarefas). Entre nós, chamando também a atenção para estas novas formas de organização do trabalho, permitidas pelos avanços tecnológicos, NUNES DE CARVALHO, *Ainda sobre a crise...cit.*, 60 s.

[310] *Du Germinal...cit.*, 635.

[311] Deve, contudo, notar-se que o acréscimo de autonomia dos trabalhadores nestes novos modelos organizativos não diminui a intensidade da sua subordinação, mas apenas lhe empresta uma configuração diferente, aliás como RAY reconhece noutro escrito (*Nouvelles technologies...cit.*, 526), conforme já referimos, *supra*, neste mesmo número, nota [305].

[312] Numa perspectiva sociológica, DEJOURS e MOLINIER, *le travail commme énigme cit.*, 35, consideram que estas novas formas de organização do trabalho, típicas do sector terciário, vieram pôr em evidência os aspectos do fenómeno do trabalho que melhor manifestam a sua natureza enigmática e que a organização fordista do trabalho industrial tinha permitido esconder — a necessidade de engenho e de cooperação do trabalhador, bem como o seu envolvimento pessoal nas tarefas desenvolvidas.

[313] Referindo o factor da internacionalização da economia e das empresas, para este efeito, entre outros, FIRLEI, *Hat das Arbeitsrecht überhaupt...cit.*, 89,

minou, com frequência, alguma incerteza quanto aos regimes laborais formalmente aplicáveis aos trabalhadores afectados[314], quanto ao seu estatuto e direitos[315] e até quanto à determinação da entidade empregadora — problemas que surgem, aliás, também (com ou sem dimensão internacional), em resultado de operações financeiras como as fusões ou as cisões de empresas, nas relações societárias de grupo (como as sociedades coligadas e as relações de participação ou de domínio social)[316],

---

DELAI, La «forma lavoro»...cit., 184 s., ROMAGNOLI, Egualizanze e differenze...cit., 545, KERN, Cambiamenti...cit., 72, e RÜTHERS, 35 Jahre Arbeisrecht...cit., 330.

[314] O que inclui não só o problema da determinação da lei aplicável às relações laborais transnacionais, mas também a questão do desenvolvimento de regulamentação específica das multinacionais, que tem, necessariamente, uma valência laboral. Sobre o primeiro problema, vd a Convenção de Roma Sobre a Lei Aplicável às Obrigações Contratuais (art. 6°), aberta à assinatura dos Estados em 1980, aprovada para ratificação por Portugal pela Res. AR n° 3/94, DR, I S-A de 3/02/1994; e, na doutrina, entre outros, Antoine LYON-CAEN, Les rapports internationaux de travail, DS, 1978, 6, 197-203, Rui Manuel Moura RAMOS, Da Lei Aplicável ao Contrato de Trabalho Internacional, Coimbra, 1990, 1 ss., Jean DÉPREZ, La loi applicable au contrat de travail international, DS, 1991, 1, 21-29, ou Corinne PIZZIO-DELAPORTE, La situation du salarié mobile dans le groupe de dimension communautaire, DS, 1994, 11, 914-922 (917 ss.), entre outros. Sobre o segundo problema, vd, em especial, Gérard LYON-CAEN, La concentration du capital et le droit du travail, DS, 1983, 5, 287-303 (303). Em geral, sobre as regras da Convenção de Roma vd, por todos, António Marques dos SANTOS, Direito Internacional Privado — Sumários, Lisboa, 1987 (reprint 1999), 285 ss., e maxime 288 s.

[315] Sobre as dificuldades colocadas pela internacionalização da economia nesta matéria, em termos gerais, Geneviève BESSE, Mondialisation des échanges et droits fondamentaux de l'homme au travail: quel progrès possible aujourd'hui, DS, 1994, 11, 841-849.

[316] Na verdade, os diversos fenómenos de cooperação societária, com ou sem internacionalização, têm consequências da maior importância no plano laboral, não só relativamente ao problema da identificação do empregador, como relativamente à mobilidade dos trabalhadores e à determinação do regime laboral que lhes é aplicável, nomeadamente no caso de pluralidade de instrumentos colectivos de regulamentação. Não cabendo no âmbito deste estudo qualquer aprofundamento desta temática, limitamo-nos a deixar anotado o interesse da doutrina pelos diversos problemas que ela coloca. Assim, sobre o problema da identificação do empregador nestes casos, por exemplo, MELIADÒ, Il rapporto di lavoro nei gruppi...cit., 49 ss., Jacques MAGAUD, L'éclatement juridique de la collectivité de travail, DS, 1975, 12, 525-530, Michèle VOISSET, Droit du travail et crise, DS, 1980, 6, 287-297 (290 s.), ROY, Droit du travail ou droit du chômage? cit., 300, G. LYON-CAEN,

La concentration du capital...cit., 289 s., e *La crise...cit.*, 523, e A. LYON-CAEN, *Les rapports internationaux...cit.*, 201, ou Rafaelle de Luca TAMAJO, *Gruppi di imprese e rapporti di lavoro: spunti preliminari*, DLRI, 1991, 2, 67-70. Sobre o problema da mobilidade dos trabalhadores de empresas de um grupo, por exemplo, Antoine LYON-CAEN, *La mise à disposition internationale du salarié*, DS, 1981, 12, 747-753, Tiziano TREU, *Gruppi di imprese e relazione industriali: tendenze europee*, DLRI, 1988, 641-672 (*maxime* 644 ss.), Bruno VENEZIANI, *Gruppi di imprese e diritto del lavoro*, Lav.Dir., 1990, 609-647 (625 ss.), MELIADÒ, *Il rapporto di lavoro nei gruppi...cit.*, 127 ss., Christine WINDBICHLER, *Arbeitnehmermobilität im Konzern*, RdA, 1988, 2, 95-99, Francisco Pérez de los Cobos ORIHUEL, *La movilidad de los trabajadores en los grupos de sociedades europeos: el caso español*, Doc.Lab., 1991, I, 37-53; e, tratando esta questão com referência ao sistema jurídico português, António Dias COIMBRA, *Grupo societário em relação de domínio total e cedência ocasional de trabalhadores: atribuição de prestação salarial complementar*, RDES, 1990, 1/2/3/4, 115-154, distinguindo, para este efeito, entre os casos da transferência definitiva do trabalhador, da sua cedência ocasional e do *jus variandi* geográfico (*maxime*, 125 ss.). Relativamente aos problemas da negociação colectiva nos grupos de empresas e da determinação do regime legal aplicável aos trabalhadores destas empresas, ainda António Dias COIMBRA, *Os grupos societários no âmbito das relações colectivas de trabalho: a negociação de acordos de empresa*, RDES, 1992, 4, 379-415 (388 ss.), salientando a dificuldade de aplicação de algumas formas de contratação colectiva aos grupos societários, e, nessa medida, a dificuldade de determinação do regime laboral aplicável aos trabalhadores de cada uma das sociedades envolvidas; bem como VENEZIANI, *Gruppi di imprese...cit.* 639 ss., ORIHUEL, *La movilidad...cit.*, 51 ss., ou Oronzo MAZZOTTA, *Rapporto di lavoro, società collegate e statuto dei lavoratori*, Riv.trim.DPC, 1973, 751-804, Rolf BIRK, *Diritto del lavoro e imprese multinazionali*, RIDL, 1982, 2, 137-155 (distinguindo também os problemas ao nível da relação individual de trabalho e os problemas de âmbito colectivo colocados pela dimensão internacional das empresas — *maxime*, 144 ss. e 147 ss.), e ainda, para uma perspectiva geral sobre esta matéria, Martin HENSSLER, *Der Arbeitsvertrag im Konzern*, Berlin, 1983. Debruçando-se sobre os problemas específicos colocados pelas relações societárias e de grupo em matéria de determinação do empregador, de deslocações dos trabalhadores e de cessação dos contratos de trabalho, Jorge Manuel Coutinho de ABREU, *Grupos de sociedades e direito do trabalho*, BFDUC, vol. LXVI, 1990, 124-149 (132 s.), SAVATIER, *Groupes de sociétés...cit.*, 531 ss., Klaus-Peter MARTENS, *Das Arbeitsverhältnis im Konzern*, in F. GAMILLSHEG (Hrsg.), *25 Jahre Bundesarbeitsgericht*, München, 1979, 367--392, Horst KONZEN, *Arbeitnehmerschutz im Konzern*, RdA, 1984, 2, 65-88, ou Georges PICA, *Le droit du travail à l'épreuve de l'économie (À propos des licenciements collectifs pour motif économique dans les groupes de sociétés)*, DS, 1994,

bem como nos desdobramentos materiais resultantes da tendência de concentração das empresas na sua actividade produtiva nuclear, que referimos acima[317]. Como salienta VARDARO, estes casos vêm demonstrar a evolução de que foi objecto não apenas a figura do trabalhador subordinado mas também o conceito e a posição jurídica de empregador[318].

Por outro lado, a evolução do mercado de trabalho, com o aumento do número de trabalhadores altamente qualificados propiciado pela evolução tecnológica[319], com a diminuição dos entraves à circulação de trabalhadores além-fronteiras e com a entrada maciça das mulheres[320], contri-

---

1, 26-29. E ponderando especificamente as consequências das operações de fusão e de cisão das empresas nos direitos adquiridos pelos trabalhadores ao abrigo de convenção colectiva anterior, ainda Giuseppe PERA, *Trasformazioni, fusioni e incorporazione nel settore creditizio; profili di diritto del lavoro*, RIDL, 1993, I, 430--448.

[317] Cfr., *supra*, III. Entram neste grupo aquelas situações que não têm subjacente uma relação formal de colaboração societária, mas nas quais o recurso frequente a trabalhadores externos para o desenvolvimento de actividades periféricas na empresa «nuclearizada» (através do trabalho temporário, da cedência ocasional de trabalhadores ou da subcontratação de serviços) torna difícil distinguir o empregador real e o empregador jurídico. Descrevendo este tipo de situações, por exemplo, SOUSA SANTOS / REIS / MARQUES, *O Estado e as transformações...cit.*, 152 s. A complexidade dos problemas colocados por estes casos cresce ainda mais se o recurso às soluções externas tiver uma dimensão internacional — a este propósito, vd, por exemplo, a apreciação de Gérard LYON-CAEN, *Les societés de travail temporaire dans la Communauté économique européenne*, DS, 1975, 5, 308-314, sobre as implicações do princípio comunitário da livre circulação de trabalhadores nos regimes nacionais em matéria de trabalho temporário, quando os trabalhadores se desloquem para outro país comunitário ao abrigo deste princípio.

[318] Gaetano VARDARO, *Subordinazione ed evoluzionismo*, in M. PEDRAZZOLI (dir.), *Lavoro subordinato e dintorni — Comparazioni e prospettive*, Bologna, 1989, 101-109 (108 s.), e, em sentido idêntico (aliás com referência expressa a VARDARO), VENEZIANI, *Gruppi di imprese...cit.*, 610, e LUCA TAMAJO, *Gruppi di imprese...cit.*, 67. Dando também conta desta evolução da figura do empregador típico, DÄUBLER, *Deregolazione...cit.*, 180, e, com desenvolvimentos, ainda Friedrich MEHRHOFF, *Die Veränderung des Arbeitgeberbegriffs*, Berlin, 1984.

[319] Chamando a atenção para este factor, por exemplo, DELLA ROCCA, *Le trasformazioni...cit.*, 51 e 57.

[320] Anotando este factor, THILL, *Flexibilisierung des Arbeitsrechts...cit.*, 315. Como refere este autor, o acesso das mulheres ao mercado de trabalho determina também uma alteração sociológica na organização do trabalho, uma vez que faz surgir novas necessidades de conciliação entre a vida profissional e a vida fami-

buiu directamente para o desemprego, mas também para desmistificar a figura do trabalhador típico — o trabalhador-homem, sustentáculo económico único da família[321].

Finalmente, as novas formas de organização empresarial contribuem para a alteração da figura do empregador tradicional, sobretudo ao nível das grandes empresas, pela prática da atribuição das responsabilidades directas da gestão a um corpo directivo ou de administração, reservando-se o proprietário da empresa para uma posição de controlo da gestão, que pode exercer eficazmente na sua qualidade de accionista maioritário — esta separação entre a propriedade e a gestão altera a índole do relacionamento sociológico tradicional entre o trabalho e o capital[322] e resulta numa aproximação dos trabalhadores dirigentes ao empresário, naquilo que alguns autores designam como a tendência de «empresarialidade» do *management*[323]. Mas, na verdade, como observam

---

liar. Nesta mesma linha, *vd* ainda o Relatório de SUPIOT, *Au-delà de l'emploi cit.*, 243 ss.

[321] Em geral, referindo a evolução do mercado de trabalho como factor que põe em causa o modelo paradigmático do contrato de trabalho por tempo indeterminado, por exemplo, MARTÍNEZ, *La diversificación...cit.*, 72, ou CORDOVA, *Las relaciones...cit.*, 255. E referindo-se aos efeitos desta evolução do mercado de trabalho na diluição da figura antropológica do trabalhador típico, homem, adulto e ocupado a tempo inteiro e por toda a sua carreira na empresa, VENEZIANI, *La crisi del Welfare...cit.*, 73.

[322] A este propósito, considera MENGONI, *Diritto e valori cit.*, 335 s., que o afastamento entre o direito de propriedade e a gestão (exemplarmente manifestado nas sociedades anónimas de grande dimensão, cuja propriedade pode estar dispersa por um enorme número de pequenos — e anónimos — accionistas) acaba por condenar irremediavelmente a análise marxista do vínculo laboral, em que a figura do empregador-capitalista é essencial. Sem pretendermos proceder a apreciações de índole ideológica (que extravasam o campo da nossa análise), limitamo-nos a notar, como LUCA TAMAJO, *Gruppi di imprese...cit.*, 70, que esta evolução obriga a centrar a atenção (dos juristas) não no proprietário da empresa-detentor do capital mas no seu corpo de gestão, que detém efectivamente a capacidade de decisão e os poderes laborais. Também chamando a atenção para esta tendência de separação entre as figuras do accionista e do gestor, nas modernas empresas, e para a ascensão da figura do *manager*, designadamente nas sociedades anónimas, OLIVEIRA ASCENSÃO, *A Empresa e a Propriedade cit.*, 604 ss.

[323] A expressão aparece, por exemplo, em DELAI, *La «forma lavoro»...cit.*, 185. Referindo, também a este propósito, a complexidade do estatuto jurídico dos trabalhadores dirigentes, que considera demonstrativa da tendência de aproximação do direito laboral ao direito comercial, JAVILLIER, *Dits et non-dits...cit.*,

alguns autores, as novas tendências de gestão facilitam esta aproximação ao empregador relativamente a *todos* os trabalhadores pela coincidência dos interesses directos de um e de outros em algumas situações — é o que sucede quando os trabalhadores intervêm na gestão, quando têm participação nos lucros, quando são remunerados em função dos resultados, ou quando são, eles próprios, titulares de direitos sociais[324]. Neste caso, como no caso dos trabalhadores dirigentes, diminui substancialmente a essência conflitual do vínculo juslaboral e ficam esbatidas as suas fronteiras com os vínculos societários[325].

A conjugação destes factores contribuiu pois também, de forma relevante, para abalar a ideia da relação de trabalho típica como modelo único ou sequer dominante de enquadramento do trabalho dependente.

VI. Por último, deve referir-se que a alteração dos pressupostos sociais e económicos subjacentes ao desenvolvimento do direito do tra-

---

505 ss. Esta complexidade aumenta ainda consideravelmente nos casos em que os trabalhadores dirigentes assumem funções de administração ou gerência, pela interpenetração dos estatutos de trabalhador subordinado e de mandatário social – sobre este ponto, por exemplo, Gérard LYON-CAEN, *Quand cesse-t-on d'être salarié?*, Dalloz, 1977, Chr. XIII, 109-111, e, entre nós, sobre a evolução histórica desta interpenetração e o seu significado actual, por todos, MENEZES CORDEIRO, *Da Responsabilidade Civil...cit.,* 384 ss. Assinalando a complexidade deste problema com referência específica aos efeitos da cessação do mandato social no contrato de trabalho do mandatário, ainda Catherine PUIGELIER, *Indépendance et dépendance des statuts de salarié et de mandataire social (un exemple de paradoxe juridique),* DS, 1993, 11, 837-840, que acaba por concluir, sugestivamente, que a situação de cúmulo entre um contrato de trabalho e um mandato social cobre sob o «*manteau de l'indépendance* [...] *nombre de petites dépendances*».

[324] Realçando este factor, por exemplo, Horst EHMANN, *Arbeitsordnung im Wandel,* RdA, 1990, 2, 77-82 (77 ss.), e, especificamente em relação à intervenção dos trabalhadores na gestão, Giovanni ROBERTI, *Spunti di evoluzione in senso participazionista del rapporto di lavoro, in Prospettive del diritto del lavoro per gli anni'80 — Atti del VII Congresso Nazionale di Diritto del lavoro, Bari, 23-25 Aprile 1982,* Milano, 1983, 56-59.

[325] Neste sentido, por exemplo, RÜTHERS, *35 Jahre Arbeitsrecht...cit.,* 33. *In extremis,* a tomada em consideração desta evolução conduz alguns autores a sustentar a natureza mista da relação laboral hodierna, na qual reconhecem elementos do contrato de serviços e elementos do contrato de sociedade — é a posição defendida por Klaus ADOMEIT, *Das Arbeitsrecht und unsere Wirtschaftliche Zukunft,* München, 1985, 31, e *Arbeitsrecht für 90er Jahre,* München, 1991, 7. Teremos ocasião de apreciar mais detalhadamente esta concepção na última parte do estudo — *infra,* § 25°, 54.2.IV.

balho teve a maior projecção no domínio regulativo colectivo da área jurídica, provocando aquilo que um sector da doutrina não hesita em classificar como a crise das instituições laborais colectivas ou a crise do associativismo laboral[326]. Na maioria dos países europeus, esta crise é referenciada a partir da década de setenta; no caso português (como, aliás, no caso espanhol), ela começa a ser notada na década de oitenta, o que se explica pelo também tardio desenvolvimento do direito labo-

---

[326] Neste sentido, por exemplo, HEINZE, *Gibt es...cit.*, 732, e *Wege aus der Krise...cit.*, 7, ou RÜTHERS, *35 Jahre...cit.*, 331, que, aliás, consideram haver também uma crise ao nível do associativismo patronal; e ainda DÄUBLER, *Una riforma...cit.*, 532, TOSI, *Le nuove tendenze...cit.*, 632, BIAGI, *Le tendenze...cit.*, 103 s., JEAMMAUD / LE FRIANT, *Contratto di lavoro...cit.*, 272 s., LYON-CAEN, *Le droit du travail: une téchnique réversible? cit.*, 71 ss., e, numa apreciação comparada do problema nos vários países comunitários, ainda Tiziano TREU, *Labour Flexibility in Europe*, ILR, 1992, 4/5, 497-512 (498). A existência de uma recessão no movimento sindical desde o final da década de setenta, com a diminuição do número de trabalhadores sindicalizados e a redução do poder financeiro e da força organizativa dos sindicatos, é também referida nos sistemas anglo-saxónicos por Paul DAVIES, *Le tendenze del diritto del lavoro nell'Ocidente — Intervento*, Lav.Dir., 1987, 1, 108-124 (110), e por Clyde W. SUMMERS, *Le tendenze del diritto del lavoro nell'Ocidente — Intervento*, Lav.Dir., 1987, 1, 138-148 (145 e 147) — este último imputando directamente o facto à diminuição das grandes indústrias — com referência, respectivamente, ao caso britânico e ao caso norte-americano; e, ainda em relação aos Estados Unidos da América, a tendência de recuo da negociação colectiva (que abrange hoje muito menos trabalhadores do que no passado) e a necessidade da reconversão das reivindicações tradicionais dos sindicatos são apontadas por Xavier BLANC-JOUVAIN, *La négociation collective d'entreprise: l'expériencę des États-Unis*, DS, 1990, 7/8, 638-646 (645 s.). Para autores como Theodor TOMANDL, *Die Ambivalenz des kollektiven Arbeitsrechts*, in B. RÜTHERS / T. TOMANDL, *Aktuelle Fragen des Arbeitsrechts*, Paderborn, 1972, 23-46 (45 s.), esta crise do direito colectivo decorre do facto de ele continuar a ser perspectivado com base nos pressupostos que presidiram ao seu desenvolvimento no séc. XIX (designadamente, o pressuposto da necessidade de aumentar o poder dos trabalhadores), sem atender à alteração que entretanto ocorreu no estatuto dos trabalhadores. Para uma perspectiva comparada ao nível europeu sobre esta crise do associativismo sindical, *vd* ainda o Relatório de SUPIOT, *Au-delà de l'emploi cit.*, 163, com diversas indicações sobre o enfraquecimento das estruturas sindicais e sobre a considerável redução da taxa de filiação sindical, em países como a França ou a Alemanha. Todavia, os dados referentes a outros países europeus (como a Holanda ou a Suécia) levam o autor a concluir que a referida tendência de diminuição da sindicalização não é comum a toda a Europa — *idem*, 165 ss.

ral colectivo, com a configuração autónoma que hoje lhe assiste, no nosso país, conforme já demos conta.

Na verdade, a alteração dos pressupostos do desenvolvimento do direito laboral abre brechas profundas no movimento sindical, tanto no que se refere à premência da actuação sindical e das comissões de trabalhadores, como no que se reporta à forma dessa actuação no seio das empresas, e ainda ao nível privilegiado da negociação colectiva e às preocupações negociais dominantes.

Em primeiro lugar, a substancial melhoria do estatuto do trabalhador subordinado torna menos necessária a actuação compensatória dos sindicatos ao nível da negociação colectiva — o que diminui os incentivos à filiação sindical dos trabalhadores (até porque a liberdade sindical tem também uma componente negativa, como salientam alguns autores[327]) e, consequentemente, o peso das associações sindicais.

Por outro lado, o elo entre os trabalhadores e os seus representantes laborais é mais difícil de estabelecer nas pequenas empresas (designadamente nos países em que a representação sindical ou a obrigatoriedade de constituição de comissões de trabalhadores ou da existência de delegados do pessoal se encontra legalmente na dependência de um número mínimo de trabalhadores[328]), e é também dificultado quando, ainda por força da proliferação das pequenas empresas, os trabalhadores se encontram espalhados por várias unidades produtivas, correspondentes eventualmente a diferentes empregadores, quando, em razão da multiplicação de contratos de trabalho especiais, coexistem na mesma empresa trabalhadores com estatutos muito diferentes, e ainda em razão da tendência para o isolamento do posto de trabalho inerente ao desenvolvimento das tecnologias da informação[329]: dificultando e tornando menos visível a actuação sindical e das comissões de trabalhadores no seio das empresas, estes factores contribuem directamente para a diminuição do envolvimento colectivo dos trabalhadores. E, segundo alguns autores, esta diminuição do envolvimento colectivo dos trabalhadores é

---

[327] É uma reflexão que encontramos, por exemplo, em HEINZE, *Gibt es...cit.*, 731.

[328] Dando nota deste tipo de limitações, relativamente aos sistemas francês, belga, grego, holandês e italiano, BIAGI, *El derecho del trabajo en pequeñas... cit.*, 51 ss.

[329] Realçando este factor, por exemplo, DÄUBLER, *Nuove tecnologie...cit.*, 81.

ainda incentivada pelo facto de os sindicatos estarem «habituados» à representação dos trabalhadores típicos, sendo, por isso, menos receptivos às pretensões das categorias marginais de trabalhadores subordinados[330] e, muito menos, às pretensões dos desempregados[331], apesar da proliferação de uns e de outros.

Finalmente, cremos que funciona como factor dissuasor da filiação sindical a prática — possibilitada por sistemas laborais como o português e amplamente utilizada entre nós — de extensão do âmbito de aplicação das convenções colectivas por via administrativa, através das portarias de extensão (art. 29º da LRCT): prosseguindo o objectivo — louvável em termos de tutela do trabalhador, embora juridicamente discutível[332] — de suprir a falta de regulação das situações laborais dos trabalhadores não cobertos pelo instrumento colectivo convencional,

---

[330] É um factor apontado, entre outros, por Mario Giovanni GAROFALO, *Modelo neo-corporativo e prospettive del diritto del lavoro*, in *Prospettive del Diritto del lavoro per gli anni' 80 — Atti del VII Congresso di diritto del lavoro, Bari, 23-25 Aprile 1982*, Milano, 1983, 256-260 (259 s.). Também VENEZIANI, *La flessibilità del lavoro...cit.*, 238 s., considera como um dos factores responsáveis pela crise de representatividade sindical, que se verifica desde a década de setenta, aquilo a que chama o «*egoismo maturo*» da estratégia conservadora das associações sindicais, que mostram dificuldades em representar as novas categorias de trabalhadores (como os jovens, as mulheres ou os desempregados de longa duração) e continuam a privilegiar os interesses dos trabalhadores tradicionais do sector industrial. Neste mesmo sentido, BIAGI, *El derecho del trabajo en pequeñas...cit.*, 58, considera que há uma relação directa entre a baixa taxa de sindicalização e a natureza atípica do vínculo laboral.

[331] Numa abordagem sociológica deste problema, vd a apreciação de Jean-Baptiste de FOUCAULD, *Une citoyenneté pour les chômeurs*, DS, 1992, 7/8, 653-660, fazendo, aliás, um apelo à representação dos desempregados pelas associações sindicais, não só pela ligação, pelo menos potencial, destes trabalhadores com o mundo do trabalho, como pelo papel importante que os sindicatos podem ter na promoção de medidas de partilha do trabalho que beneficiem o acesso ao emprego — *idem,* 655. Também ligando expressamente a tendência de diminuição do número de trabalhadores sindicalizados ao crescimento do desemprego, Gérard ADAM, *Vers un nouveau syndicalisme*, DS, 1998, 2, 107-109 (107).

[332] Na verdade, temos para nós que se trata de uma intromissão dos poderes públicos na esfera de autonomia do trabalhador subordinado, que exerceu, em liberdade, o seu direito de não inscrição no sindicato outorgante da convenção. Estando aqui em causa um vínculo de direito privado, temos dúvidas que a *ratio* tutelar da norma justifique, por si só, a intromissão. Esta não é, todavia, uma questão que possamos desenvolver em sede do nosso estudo.

estas portarias acabam, na prática, por tornar dispensável a filiação sindical dos trabalhadores, porque esta deixa de ser condição *sine qua non* para beneficiarem da tutela laboral colectiva[333].

Em segundo lugar, algumas das alterações estruturais do vínculo laboral são de conciliação difícil com a conflitualidade que caracteriza tradicionalmente a relação entre as entidades laborais colectivas e o empregador: os diversos fenómenos de colaboração e de aproximação dos trabalhadores ao *management* que apontámos não se compaginam facilmente com a postura clássica dos sindicatos como «contra-poder» laboral[334], que pressupõe um divórcio total entre o trabalho e o capital; e a

---

[333] No sistema português, a importância do factor que acabamos de descrever é ilustrada com facilidade pelos dados estatísticos sobre o grau de cobertura da negociação colectiva, apesar da natureza pouco discriminada desses dados. Como decorre dos *Quadros de Pessoal do Ministério para a Qualificação e o Emprego de 1996* (150 e 152) e do *Boletim Estatístico do Ministério para a Qualificação e o Emprego (Janeiro de 1997)*, com dados relativos a 1996, um grande número de trabalhadores subordinados portugueses é abrangido por convenções colectivas de trabalho (os números disponíveis são absolutos, não sendo indicada a percentagem dos trabalhadores abrangidos relativamente ao número total de trabalhadores subordinados — 1 944 906 segundo os *Quadros de Pessoal*), mas nesta taxa de cobertura não são distinguidos os casos em que os trabalhadores são abrangidos pelos IRCT convencionais, na sua aplicação directa (por serem filiados nas associações sindicais outorgantes) ou por via da sua extensão administrativa, através de PE, já que estas são consideradas conjuntamente com a categoria dos contratos colectivos de trabalho; ora, se conjugarmos esta taxa de cobertura dos IRCT com as referências recorrentes à descida do número de trabalhadores sindicalizados (apesar de as quantificações destes dados não serem fáceis, por se tratar de dados de natureza pessoal, objecto de protecção especial, nos termos constitucionais e legais — cfr. art. 25º da CRP, *maxime* nºˢ 1 e 3, e art. 11º nº 1 a) da L. nº 10/91, de 29 de Abril, na redacção dada pela L. nº 28/94, de 29 de Agosto), verificamos que ela apenas é possível pela prática da extensão administrativa das convenções colectivas. Uma percentagem indeterminada dos trabalhadores portugueses cobertos por instrumentos laborais colectivos de natureza convencional não o é pois em resultado da sua opção sindical.

[334] A expressão encontra-se, por exemplo, em Ulrich RUNGGALDIER, *Tendances actuelles du droit du travail italien,* DS, 1985, 12, 856-862 (857), sendo, aliás, reportada pelo autor, à visão tradicional do direito colectivo do trabalho. Em sentido semelhante, Aris ACCORNERO, *La cultura conflittuale del sindacato,* DLRI, 1983, 263-285, refere-se à «cultura conflitual» que presidiu tradicionalmente às relações entre os sindicatos e os empregadores. Na mesma linha, Ralf DAHRENDORF,

actividade de controlo e de intervenção na gestão, exercida pela comissão de trabalhadores, é, por um lado, dificultada pelas novas e complexas formas de organização do trabalho decorrentes dos avanços tecnológicos, e encontra, por outro lado, uma oposição cada mais forte dos empresários, em nome do princípio da livre iniciativa económica — neste sentido, em sistemas como o germânico, é comum a referência à existência de uma crise do *Betriebsverfassungsrecht*[335] ou, pelo menos, a indicação da evolução do direito de cogestão no sentido de um exercício menos conflituoso e mais participativo[336].

Por último, a tendência de nuclearização das empresas e a situação económica menos favorável (e, designadamente, os efeitos desta situação económica na oferta de emprego) têm importantes repercussões na negociação colectiva, tanto quanto aos níveis negociais privilegiados como quanto aos conteúdos negociais dominantes.

No que se refere aos níveis da negociação colectiva, observa-se uma dupla tendência evolutiva: uma tendência para o incremento da negociação colectiva ao nível da empresa, em detrimento das grandes convenções colectivas de sector; e uma tendência para o envolvimento do Estado na negociação colectiva, através da concertação social.

Assim, por um lado, as exigências de aumento da produtividade e de adaptação das empresas às oscilações económicas têm contribuído para desenvolver, em detrimento das convenções colectivas de grande dimensão[337], soluções de composição colectiva dos interesses laborais de alcance mais restrito mas de conteúdo mais flexível, bem como soluções mais adaptadas aos problemas decorrentes da concentração empre-

---

Conflitto e contratto. Relazione industriale e comunità politica in tempi di crisi, Riv.DL, 1978, I, 214-229 (217 s.), observa que a base conflitual tradicional do direito colectivo foi alterada pela profunda evolução económica e social que se verificou desde o surgimento dos seus instrumentos jurídicos, sendo hoje temperada pela ideia de contrato (*verbi gratia,* de contrato social).

[335] Neste sentido, ainda HEINZE, *Wege aus der Krise...cit.,* 4.

[336] É a evolução apontada por RÜTHERS, *35 Jahre...cit.,* 331, e por DAHRENDORF, *Conflitto e contratto...cit.,* 221 s. e 224 s.

[337] Neste sentido, RAY, *Mutation économique...cit.,* 26, refere-se ao desenvolvimento da negociação colectiva de âmbito empresarial como a quebra do «quase monopólio» das convenções colectivas de sector profissional. Estas estabelecem o enquadramento geral dos vínculos de trabalho e aquelas possibilitam a adaptação desse enquadramento às condições específicas de cada empresa — *idem,* 29 s.

sarial. Nesta linha se compreende o desenvolvimento da negociação colectiva ao nível da empresa, tanto através do aproveitamento de competências já previstas na lei (assim, em sistemas como o francês ou o italiano, a prática de acordos colectivos ao nível da empresa ou do estabelecimento[338], ou no sistema germânico a preferência pelos *Betriebsvereinbarungen*, celebrados pelo *Betriebsrat*), como pelo desenvolvimento de formas negociais não previstas na lei (como tem sucedido, em França, com os denominados *accords d'entreprise atypiques*, celebrados à margem do monopólio sindical da negociação colectiva, directamente entre o empregador e os *délégués de personnel*[339]), e, finalmente, a difusão dos acordos colectivos de grupo[340].

---

[338] Sobre a evolução histórica da negociação colectiva ao nível empresarial, no sistema jurídico francês, Michel DESPAX, *La place de la convention d'entreprise dans le système conventionel,* DS, 1988, 1, 8-16 (9 ss.), dando conta do progressivo aumento da importância desta forma de composição de interesses laborais colectivos desde a década de cinquenta até à actualidade: se, nos anos cinquenta, a negociação colectiva ao nível empresarial estava ainda fortemente subordinada às convenções colectivas de sector, tanto do ponto de vista hierárquico como quanto ao âmbito regulativo, actualmente, as convenções celebradas ao nível da empresa podem afastar as disposições das convenções colectivas gerais ou sectoriais num sentido mais favorável aos trabalhadores e podem dispor sobre a maioria dos aspectos integrativos do conteúdo do contrato de trabalho (art. L. 132-23-1 do *Code du travail*). Sobre a evolução das convenções colectivas de empresa no direito italiano, Maria Vittoria BALLESTRERO, *La négociation d'entreprise. L'expérience juridique italienne*, DS, 1990, 7/8, 653-660 (654), dando também conta do aumento de importância deste nível negocial após a sua «apropriação» pelas associações sindicais, a partir do final da década de sessenta, em detrimento da negociação ao nível inter-profissional e sectorial, que dominara a época anterior. Para mais referências sobre esta tendência evolutiva, em diversos países da Europa, *vd* ainda o Relatório de SUPIOT, *Au-delà de l'emploi cit.,* 168 ss.

[339] Sobre esta matéria, entre outros, Jean SAVATIER, *Accords d'entreprise atypiques,* DS, 1985, 3, 188-193, Charles FREYRIA, *Les accords d'entreprise atypiques — jurisprudence commentée,* DS, 1988, 6, 464-467, ou Gérard VACHET, *Les accords atypiques,* DS, 1990, 7/8, 620-625; especificamente sobre os chamados «*accords d'intéressement et de participation*», celebrados também ao nível empresarial, directamente entre o empregador e os trabalhadores e relativos à participação dos trabalhadores nos resultados, ainda Jean SAVATIER, *Les accords collectifs d'intéressement et de participation,* DS, 1988, 1, 89-98, discutindo a natureza jurídica destes acordos e, designadamente, a possibilidade da sua qualificação como uma modalidade de convenção colectiva.

[340] Com referência aos acordos colectivos de grupo, por exemplo, Marie-

Por outro lado, porque a pressão económica contribui, por si só, para dificultar a celebração de convenções coelctivas a qualquer nível mas a paz laboral é considerada indispensável para superar a crise do emprego, o Estado tende a promover processos negociais ao mais alto nível e com o maior âmbito de incidência possível e a envolver-se activamente nesses processos: é o incremento da concertação social, desenvolvida segundo um modelo neo-corporativo (de acordo com a classificação mais difundida na doutrina italiana)[341], que se caracteriza por uma intervenção do Estado, que não reveste um cariz tutelar mas sim um objectivo conciliatório e de arbitragem entre os interesses privados das associações laborais e profissionais intervenientes.

No caso português, embora não se observe ainda qualquer tendência de expansão da negociação colectiva ao nível empresarial (pelo contrário, a esmagadora maioria dos instrumentos colectivos de regulamentação convencional é constituída por contratos colectivos de trabalho)[342], a evolução no sentido neo-corporativo apontado é já uma

---

-Armelle ROTSCHILD-SOURIAC, *Les accords de groupe, quelques difficultés juridiques*, DS, 1991, 6, 491-496.

[341] Dando nota desta tendência de evolução da negociação colectiva num sentido neo-corporativo, que passa por grandes pactos sociais e, designadamente, pela intervenção do Estado, entre outros, Aldo CESSARI, *Pluralismo, neocorporativismo, neocontrattualismo*, RIDL, 1983, I, 167-201 (176), GAROFALO, *Modelo neocorporativo...cit.*, BALLESTRERO, *La négociation d'entreprise...cit.*, 657, RUNGGALDIER, *Tendances actuelles...cit.*, 859 s., DAL-RÉ, *Le tendenze...cit.*, 150, e, entre nós, Mário F. C. PINTO, *L'assouplissement du temps de travail*, DJ, 1992, VI, 125-148 (138). Ainda sobre a qualificação desta evolução como «neo-corporativa», vd Gérard LYON-CAEN, *Corporation, corporatisme, néo-corporatisme*, DS, 1986, 11, 742-744, que critica a aplicação do termo ao fenómeno da concertação social, dadas as substanciais diferenças da posição do Estado e dos parceiros sociais em relação aos papéis que assumiam no modelo corporativo das relações sociais e laborais — como sublinha este autor, a actual concertação social não diminui a autonomia sindical e patronal, nem se inscreve num modelo económico dirigido pelo Estado.

[342] Neste sentido apontam ainda os dados estatísticos dos *Quadros de Pessoal...cit.*, 150, referentes a 1996: 83,0 % do total de IRCT são contratos colectivos de trabalho (objecto ou não de portaria de extensão), 6,1 % são acordos de empresa, e 3,9% são acordos colectivos de trabalho; a percentagem restante de trabalhadores é coberta por portarias de regulamentação do trabalho (5,0%) ou não é coberta por qualquer instrumento de regulamentação colectiva, de natureza convencional ou administrativa (2,0%).

realidade, com o incremento sistemático da concertação social nos últimos anos[343].

No que se refere ao conteúdo das convenções colectivas, deve dizer-se que, em qualquer dos níveis, a situação económica vai pesando cada vez mais nas preocupações dos parceiros negociais: ainda que tenham sido os empregadores a fazer apelo à diminuição dos direitos e garantias dos trabalhadores consagrados nas convenções colectivas, argumentando com a sua inviabilidade económica, o certo é que, perante o perigo de substituição da alternativa clássica entre «melhores ou piores empregos» pela nova alternativa entre «mais ou menos empregos», os próprios sindicatos têm vindo a redefinir as suas preocupações negociais dominantes no sentido de uma maior razoabilidade[344]. Esta evolução

---

[343] Sobre este ponto, *infra,* 49.5.VI.

[344] Neste sentido, por exemplo, RAY, *Mutation économique...cit.,* 23, admite expressamente que o direito convencional colectivo deixou de ter como vocação exclusiva a melhoria da condição do trabalhador subordinado, para passar a ter a função de adaptar as normas legais às condicionantes económicas; e, noutra sede, reconhece que a questão do emprego tem sido uma das preocupações fundamentais das convenções colectivas em França nos últimos anos — Jean-Emmanuel RAY, *De l'ANI du 31 octobre 1995 à la loi Aubry de 1998,* DS, 1998, 4, 312-315 (315), mas também Antoine LYON-CAEN, *L'emploi comme objet de la négociation collective,* DS, 1998, 4, 316-320 (316). Na mesma linha, BALLESTRERO, *La négociation d'entreprise...cit.,* 657, refere os temas da flexibilidade e da promoção do emprego como preocupações dominantes da negociação colectiva em Itália, desde a segunda metade dos anos setenta, enquanto JAVILLIER, *Ordre juridique...cit.,* 60 e 62 ss., dá conta da aceitação, por parte dos sindicatos, em sede de negociação colectiva, da diminuição das garantias dos trabalhadores em matéria de duração ou de condições do trabalho, bem como do papel da concertação social no incremento de políticas restritivas em matéria de salários. No mesmo sentido, em apreciação da evolução da contratação colectiva em Espanha, se pronuncia DAL-RÉ, *Le tendenze...cit.,* 160. Com referência ao caso alemão, Manfred WEISS, *Tendances récentes des négociations collectives en République Fédérale d'Allemagne,* DS, 1985, 11, 757-762 (757 ss.), descreve algumas medidas que as convenções colectivas têm consagrado para enfrentar a crise do emprego, como a redução do tempo de trabalho para favorecer a partilha de postos de trabalho, as reformas antecipadas e o incremento da protecção dos trabalhadores em face dos processos de racionalização económica das empresas. E, na nossa doutrina, MÁRIO PINTO, *L'assouplissement...cit.,* 138 s., observa que o conteúdo das convenções colectivas mais recentes denota uma alteração das matérias julgadas prioritárias. De qualquer modo, os escolhos destas novas tendências da negociação colectiva e, designadamente, as dificuldades da sua imposição, sempre que ponham em risco direitos ou rega-

mostra-se, no entanto, muito lenta e encontra-se ainda numa fase incipiente em diversos países, entre os quais se deve contar Portugal.

VII. Como referimos no início deste ponto, a alteração dos pressupostos sociais e económicos, que estiveram na base do desenvolvimento do direito laboral, teve duas importantes consequências: por um lado, esta alteração fez ruir os mitos que orientaram esse desenvolvimento; por outro lado, veio demonstrar a inevitabilidade da relação entre o direito do trabalho e a economia.

No que se refere aos mitos do direito do trabalho, verifica-se que ao dogma da debilidade económica e social dos trabalhadores subordinados sucede a tomada de consciência sobre a melhoria efectiva da sua situação e os apelos à ponderação das suas necessidades reais de tutela, enquanto destinatários das normas protectivas — como refere HEINZE[345], a ciência juslaboral tem que ter em conta que o sistema protectivo não intervém hoje sobre uma realidade social não disciplinada mas sobre uma realidade social sobre a qual já interveio anteriormente, e deve, por esse motivo, ponderar sobre a subsistência da necessidade de tutela[346]. Por sua vez, às certezas sobre a correcção da evolução do regime protectivo no sentido único da intensificação e da universalização da tutela laboral sucedem o reconhecimento dos excessos e dos efeitos perversos do objectivo proteccionista, bem como a incerteza sobre a viabilidade económica do sistema — o que faz renovar os apelos à ponderação dos custos reais da protecção laboral[347]. Finalmente, ao mito do trabalho típico e da uniformidade do estatuto do trabalhador subordinado sucede a constatação da diversidade real das situações jurídicas laborais, traduzida no fenómeno que DELAI designou, impressivamente, como o *patchwork* do trabalho e que D'ANTONA traduziu juridicamente

---

lias anteriores, não deixam de ser assinalados pelos autores — sobre este ponto, ainda Jean-Emmanuel RAY, *Du collectif à l'individuel. Les oppositions possibles*, DS, 1998, 4, 347-354.

[345] *Wege aus der Krise...cit.*, 3.

[346] Neste mesmo sentido, GIUGNI, *Il diritto del lavoro...cit.*, 388 s., apela à ponderação da situação real dos destinatários das normas protectivas.

[347] Denunciando os excessos protectivos do sistema laboral, entre outros, Giuseppe PERA, *Intervento*, in *Prospettive del diritto del lavoro per gli anni'80 — Atti del VII Congresso Nazionale di Diritto del lavoro, Bari, 23-25 Aprile 1982*, Milano, 1983, 49-56 (52), RUNGGALDIER, *Tendances actuelles...cit.*, 858, ou GIUGNI, *Il diritto del lavoro...cit.*, 388.

pela expressão «pluralismo tipológico» do contrato de trabalho[348]. Em face desta evolução, alguns autores salientam as dificuldades de recondução dos trabalhadores atípicos ao conceito tradicional de trabalhador[349], enquanto outros admitem que a figura do trabalhador típico deixou de corresponder ao modelo de vínculo laboral dominante e consideram exaurida a ideia de uma relação de trabalho típica[350]. Numa perspectiva predominantemente sociológica mas de grande expressividade, observa CASTEL: «*Le processus de transformation du travail en emplois à statut qu'avait promu la societé salariale apparaît enrayé depuis le milieu des années soixante-dix. On assiste à un effritement ou à une déstabilisation de ce couplage entre travail et protections dont on pourrait multiplier les indices*»[351].

Por outro lado, a evolução dos pressupostos do desenvolvimento do direito laboral demonstra a profunda e recíproca interacção entre o direito do trabalho e a economia. Como decorre do exposto, a lógica

---

[348] DELAI, La «*forma lavoro*»...*cit.*, 189, e Massimo D'ANTONA, *Politiche di flessibilità e mutamenti del diritto del lavoro: Italia e Spagna*, in M. D'ANTONA (dir.), *Politiche di flessibilità e mutamenti del diritto del lavoro. Italia e Spagna*, Napoli, 1990, 9-25 (12). Em idêntico sentido se referem CASAS BAAMONDE / DAL-RÉ, *Diversidad y precariedad...cit.*, 241, ao fenómeno de «*destipificación del contrato de trabajo*» (itálico no original).

[349] Realçando esta dificuldade, por exemplo, Konrad GRILLBERGER, *Hauptprobleme des Individualarbeitsrechts*, in F. BYDLINSKI / T. MAYER-MALY (Hrsg.), *Die Arbeit: ihre Ordnung — ihre Zukunft — ihr Sinn*, Wien, 1995, 35-39 (35). Também a propósito de algumas categorias de trabalhadores intelectuais, Klaus ADOMEIT, *Der untypische Arbeitnehmer — am Beispiel des Wissenschaftliche Angestellten*, in M. HEINZE / A. SÖLLNER (Hrsg.), *Arbeitsrecht in der Bewährung, Fest für Otto Rudolf KISSEL*, München, 1994, 1-10 (8 s.), levanta a dúvida sobre a possibilidade da sua recondução à noção de trabalhador típico, que apenas considera resolúvel atendendo à vontade real das partes manifestada no contrato.

[350] Neste sentido, por exemplo, BIRK, *Competitividade...cit.*, 307, ou DÄUBLER, *Una riforma...cit.*, 543, que fala, a este propósito, do «*addio al rapporto di lavoro normale*». Também PESSI, *I rapporti di lavoro c.d. atipici...cit.*, 137, considera que a relação laboral típica já não é dominante. Em sentido contrário, GRANDI, *La subordinazione...cit.*, 89, entende que, apesar de tudo, a tendência actual de diversificação dos modelos de contrato de trabalho não é ainda suficientemente marcada para se poder declarar a falência do modelo do trabalho típico.

[351] Robert CASTEL, *Travail et utilité au monde*, in A. SUPIOT, *Le travail en perspectives*, Paris, 1998, 15-22 (20). O autor retoma esta mesma ideia em *Droit du travail: redéploiement...cit.*, 439.

do desenvolvimento do direito laboral pressupõe uma situação de pleno emprego e de crescimento económico e é com base neste pressuposto que são delineados os seus objectivos e concebidos os seus institutos e técnicas. É porque sofre, à partida, este condicionamento que o sistema laboral protectivo não se consegue adequar à alteração daqueles pressupostos[352] — e esta desadequação põe, evidentemente, em questão a subsistência dos seus objectivos últimos[353]. A relação entre a situação económica e o direito laboral é pois uma relação incontornável e rica de implicações.

Deve, porém, ficar claro que esta relação não é uma relação de sentido único. Na verdade, a responsabilidade directa do desemprego e da evolução económica na inversão da tendência garantística do sistema laboral, apontada por muitos juristas[354], não ilude a responsabilidade que o próprio sistema laboral garantístico teve no aumento do desemprego, como transparece das reflexões económicas sobre o fenómeno[355] — a relação entre os domínios económico e laboral é pois uma relação interactiva e este facto não pode continuar a ser ignorado (como se tem verificado até aqui, na opinião de alguns autores[356]) pela ciência jurí-

---

[352] Salientando a desadequação do sistema laboral à alteração da situação de pleno emprego e de crescimento económico, por exemplo, RÜTHERS, *Funktionswandel...cit.*, 257 s., ou VOISSET, *Droit du travail et crise cit.*, 288.

[353] Neste sentido, por exemplo, BIAGI, *Le tendenze...cit.*, 99.

[354] Como vimos, *supra*, III.

[355] A este propósito, *vd*, por exemplo, a apreciação de R. O. CLARKE, *Labour Market Flexibility: an International Perspective*, in *Flexibilisierung des Arbeitsrechts — eine europäische Herausforderung*, ZIAS, 1987, 399-407 (399 ss.), de um estudo da OCDE, comparando a evolução económica na Europa, nos E.U.A. e no Japão, e no qual se imputa o menor crescimento económico da Europa à rigidez do seu sistema de mercado, que decorre dos altos custos do trabalho (considerados como uma das causas directas do desemprego), da fraca mobilidade dos trabalhadores e da rigidez institucional das empresas europeias (pela excessiva protecção dos postos de trabalho, pela rigidez dos horários e pela pouca diferenciação das modalidades de vínculo laboral oferecidas) — é o fenómeno que já foi sugestivamente apelidado por autores como TREU, *Labour flexibility...cit.*, 497, de fenómeno de «*eurosclerosis*» empresarial. A responsabilidade do sistema laboral no desenvolvimento destes factores é indesmentível.

[356] A este propósito, RÜTHERS, *35 Jahre Arbeitsrecht...cit.*, 329, critica a postura tradicional da jurisprudência na aplicação das normas laborais, que considera ponderar apenas o objectivo proteccionista do direito do trabalho e não a viabilidade económica das soluções. Também evidenciando as dificuldades da jurispru-

dica³⁵⁷. Como observa RÜTHERS³⁵⁸, o direito do trabalho não é apenas condicionado pela economia, mas é, também ele, um factor condicionador do processo económico, e, por isso, terá que prosseguir a eficiência do sistema económico e do mercado de emprego como um dos seus objectivos. Na expressão de RAY³⁵⁹, o direito laboral não pode continuar a prosseguir o princípio da *ordre public de protection* sem ter em conta o princípio da *ordre public économique*. Ou, dito de outra forma, o «*dificille incontro*» entre o direito e a economia, a que se refere CAFFÈ³⁶⁰, terá, neste caso, que ser procurado a todo o custo.

VIII. É pois neste quadro de incerteza sobre as premissas que, até então, tinham norteado o seu desenvolvimento normativo e tendo diante de si o espectro do desemprego e o imperativo da eficiência económica que os sistemas laborais vão procurar adaptar-se ao novo contexto económico-social. É a tentativa de flexibilização das normas protectivas, a partir da década de oitenta, que apreciaremos brevemente no ponto seguinte.

---

dência na ponderação dos aspectos económicos conexos com o contrato de trabalho e, designadamente, com o princípio da protecção do trabalhador, ainda Christian WATRIN, *Der Arbeitsvertrag aus ökonomischer Sicht*, in R. SCHOLZ (Hrsg), *Kongreß Junge Juristen und Wirtschaft: Wandel der Arbeitswelt als Herausforderung des Rechts*, Köln, 1988, 23-35 (23).

[357] Chamando a atenção para a importância deste nexo entre o direito do trabalho e a economia, entre outros, FIRLEI, *Hat das Arbeitsrecht überhaupt...cit.*, 71, Wolfgang FRANZ, *Chancen und Risiken einer Flexibilisierung aus ökonomischer Sicht*, ZfA, 1994, 3, 439-462 (maxime 441 ss.), PINHO PEDREIRA, *O direito do trabalho...cit.*, 51, ou Jean-Marc BÉRAUD, *Die Flexibilisierung im französischen Arbeitsrecht*, in *Flexibilisierung des Arbeitsrecht — eine europäische Herausforderung*, ZIAS, 1987, 258-275 (258), que, a este propósito, se refere até ao direito do trabalho como estando a meio caminho entre a economia e o direito. Também neste sentido, considera VENETO, *Nuova società...cit.*, 173, que é ilusória qualquer reflexão ou medida laboral que não tenha em conta a situação actual da economia. Mas já PREIS, *Perspektiven...cit.*, 334, adverte para os perigos de uma exagerada dependência do direito do trabalho relativamente à política económica, considerando que, pelo contrário, os princípios básicos da área jurídica deverão ter a primazia sobre os imperativos económicos.

[358] *35 Jahre Arbeitsrecht...cit.*, 330.

[359] *Mutation économique...cit.*, 14 ss.

[360] Federico CAFFÈ, *Diritto e economia: un dificille incontro*, in *Problemi attuali dell'impresa in crisi, Studi in onore di Giuseppe Ferri*, Padova, 1983, 3-12.

No parágrafo subsequente[361], procuraremos retirar as ilações dogmáticas que se impõem, por um lado, da quebra dos mitos tradicionais do direito laboral e, por outro, desta sua inflexão normativa recente.

49. As manifestações da crise sistemática do direito do trabalho: a flexibilização e a desregulamentação dos sistemas normativos laborais

49.1. Preliminares: os conceitos de flexibilização e de desregulamentação

I. A alteração do quadro económico-social subjacente ao desenvolvimento do direito do trabalho vai determinar a sua tentativa de adaptação, que a doutrina tem resumido em dois termos: *flexibilização* e *desregulamentação*. Antes de apreciarmos as medidas em que, concretamente, se tem traduzido este processo de adaptação, cabe fazer algumas observações de carácter geral, relativas ao objectivo global, ao âmbito de incidência e à importância deste processo, por um lado, e tendentes à clarificação dos conceitos operatórios de flexibilização e de desregulamentação, por outro lado.

Como salientam alguns autores, ainda que as medidas de flexibilização sejam bastante heterogéneas, o objectivo global do processo de flexibilização é simples de enunciar: numa perspectiva predominantemente económica sobre o fenómeno, escreve FREYSSINET que a flexibilização pretende «*faire croître la ratio productivité du travail/coût salarial dans des conditions nouvelles de mise en valeur des capitaux*»[362]; em termos jurídicos, diremos, na sequência do anteriormente exposto, que a flexibilização tem como objectivo superar a desadequação dos sistemas normativos laborais face à evolução dos seus pressupostos económicos e sociais de origem.

No que se refere ao âmbito espacial de incidência, deve dizer-se que a flexibilização do direito do trabalho vem sendo ensaiada, sobretudo desde o início da década de oitenta, na maioria dos sistemas jurí-

---

[361] *Infra*, § 23º, 50.
[362] Jacques FREYSSINET, *Nouvelles formes d'emploi et précarité: comparaisons internationales*, DS, 1989, 4, 293-299 (297).

dicos da Europa ocidental[363] — embora de uma forma mais precoce, sistemática e coerente nuns casos, e de uma forma mais tardia e tímida noutros (entre os quais se contam os casos espanhol e português[364])[365], e exigindo um esforço de adaptação diferente, consoante o grau de rigidez ou de elasticidade do quadro normativo dos vários países[366]. A evo-

---

[363] Na verdade, esta tendência verifica-se também em sistemas jurídicos não europeus (assim, dando conta da evolução do direito brasileiro e, em geral, da evolução dos países da América Latina neste sentido, por exemplo, Cássio Mesquita BARROS, *A insegurança do emprego: causas, instrumentos e políticas legislativas*, in A. MOREIRA (coord.), *X Jornadas Luso-Hispano-Brasileiras de Direito do Trabalho — Anais*, Coimbra, 1999, 49-68 (55 ss.)). Por razões que se prendem com a nossa inserção europeia, as observações subsequentes incidirão, sobretudo, nos sistemas europeus, privilegiando, além disso, os sistemas continentais em cuja família se integra o direito português.

[364] Neste sentido, por todos, em relação ao direito espanhol, Miguel RODRIGUEZ-PIÑERO, *La flessibilità e il diritto del lavoro spagnolo*, in M. D'ANTONA (Dir.), *Politiche di flessibilità e mutamenti del diritto del lavoro. Italia e Spagna*, Napoli, 1990, 205-227 (207) — o autor imputa o despertar tardio do sistema espanhol para esta problemática à situação política de Espanha. Relativamente ao nosso sistema, também Mário F. C. PINTO, *Die Flexibilisierung des Arbeitsrechts — eine europäische Herausforderung? (Portugal)*, in *Flexibilisierung des Arbeitsrechts — eine europäische Herausforderung*, ZIAS, 1987, 346-353 (347 ss.), considera que o pendor muito rígido das leis laborais e o carácter incipiente do debate sobre a flexibilização em Portugal se devem não só à industrialização tardia do país mas também à tradição normativa garantística, que se desenvolveu no corporativismo e que foi maximizada no período de 1974/75.

[365] Neste sentido, reconhecem autores como D'ANTONA, *Politiche di flessibilità...cit.*, 12, que a flexibilização tem penetrado de forma complexa e não unívoca nos vários sistemas laborais; ilustrativas da dimensão do processo de flexibilização são as observações de Thomas BLANKE, *Flexibilisierung und Deregulierung: Modernisierung ohne Alternative?*, in W. DÄUBLER / M. BOBKE / K. KEHRMANN (Hrsg.), *Arbeit und Recht, Fest. für A. GNADE*, Köln, 1992, 25-38 (32), sobre a extensão deste processo às relações de funcionalismo público.

[366] Assim, observa FREYSSINET, *Nouvelles formes...cit.*, 295 ss., que o grau de esforço exigido para flexibilizar sistemas laborais como o britânico ou o norte-americano é muito inferior ao que é necessário para a flexibilização dos sistemas francês ou espanhol, porque estes últimos apresentam, à partida, uma índole mais garantística. É, aliás, particularmente curioso verificar que no sistema inglês se observa uma evolução no sentido do aumento do número de *Acts* de incidência laboral (assim, o *Industrial Relations Act* de 1971, o *Trade Union and Labour Act* de 1974 ou o *Employment Protection Act* de 1975), que é não só contrária à tendência evolutiva recente dos países continentais como oposta à tradição de fraca

lução no sentido descrito corresponde pois a uma tendência geral dos últimos vinte anos.

Por outro lado, em termos subjectivos, verifica-se que este processo de flexibilização tem vindo progressivamente a envolver todos os actores laborais. Sendo inicialmente identificada com exigências dos empresários (e, por isso mesmo, objecto da desconfiança dos sindicatos[367]), a flexibilização mereceu, desde cedo, o aplauso da maioria da

---

intervenção normativa estadual na área laboral, já que, como refere Otto KAHN--FREUND, *Labour Relations. Heritage and Adjustment,* Oxford, 1970, 71, o sistema laboral inglês se desenvolveu, sobretudo, através da negociação colectiva. Todavia, se atentarmos nas justificações doutrinais apresentadas para esta assunção de um papel mais interventor dos poderes públicos na regulação das matérias laborais, encontramos referências a factores idênticos aos apontados pela doutrina continental para justificar o objectivo de flexibilização dos respectivos sistemas jurídicos e, designadamente, para justificar a a prossecução desse objectivo através da desregulamentação — neste sentido, KAHN-FREUND, *op cit.,* 63 s. e 71, justifica o incremento das normas estaduais em matéria laboral no desenvolvimento do sector terciário da economia ou na alteração da fisionomia típica do trabalhador subordinado, com o aumento dos *white-collar workers.* Mais do que as dúvidas sobre a essencialidade do objectivo de flexibilização dos sistemas laborais, parece assim que a grande diferença entre os sistemas anglo-saxónicos e os sistemas europeus continentais é uma diferença de extensão das medidas de flexibilização (naturalmente menos extensas naqueles sistemas pelo menor peso relativo das normas legais) e uma diferença no modo de prosseguir os objectivos finais do processo. Para ilustração das diferenças entre os processos de flexibilização de países de *common law* e de tipo continental, *vd,* por exemplo, a apreciação comparada deste processo nos sistemas jurídicos germânico e britânico, feita por Ulrich MÜCKENBERGER / Simon DEAKIN, *From deregulation to a European Floor of rights: Labour law, flexibilisation and the European single market,* ZIAS, 1989, 153-207 *(maxime* 156 ss.) — os autores observam que, apesar de evidenciarem as mesmas preocupações, os processos de flexibilização partiram de bases muito diferentes, pelo que apresentam desenvolvimentos específicos e uma extensão diversa nos dois países.

[367] Para ilustração desta posição de desconfiança dos sindicatos relativamente ao processo de flexibilização dos sistemas laborais, *vd* a posição da Federação Europeia de Sindicatos, manifestada por Fritz RATH, *Flexibilisierung des Arbeitsrechts (Europäische Gewerkschaftsbund), in Flexibilisierung des Arbeitsrechts — eine europäische Herausforderung,* ZIAS, 1987, 371-376. Como refere Rolf BIRK, *Einführung, in Flexibilisierung des Arbeitsrechts — eine europäische Herausforderung,* ZIAS, 1987, 222-228 (223), o facto de terem sido os empresários os primeiros a exigir a flexibilização levou os sindicatos a considerá-la como uma estratégia conservadora. Neste mesmo sentido, também BÉRAUD, *Die Flexibilisierung...cit.,*

doutrina[368]; e, embora tivesse começado por ser protagonizada pelo legislador laboral e pelos empregadores, ou em iniciativas unilaterais ou por acordo com os trabalhadores em sede do contrato de trabalho, o pro-

---

259, imputa a desconfiança dos sindicatos e dos trabalhadores em relação à flexibilização ao facto de ela ser identificada, sociologicamente, com uma pretensão dos empregadores; e Juan Antonio Sagardoy BENGOECHEA, *Flexibilität des Arbeitsrecht*, in *Flexibilisierung des Arbeitsrechts — eine europäische Herausforderung*, ZIAS, 1987, 354-370 (355), justifica esta desconfiança no facto de os sindicatos temerem que a flexibilização conduza à diminuição das garantias dos trabalhadores e ao aumento dos poderes laborais.

[368] Os apelos à flexibilização, como via para a renovação do direito laboral hodierno, no sentido da sua adequação à evolução económica e tecnológica e ao aumento do desemprego, são uma constante nos vários contextos doutrinais. Neste sentido, a título meramente exemplificativo, na Alemanha e na Áustria, BIRK, *Einführung...cit.*, 223, e *Competitividade...cit.*, 306, Wernhard MÖSCHEL, *Arbeitsmarkt und Arbeitsrecht*, ZRP, 1988, 2, 48-51, ou FIRLEI, *Hat das Arbeitsrecht überhaupt...cit.*, 95; em Itália, Gino GIUGNI, *Giuridificazione e deregolazione nel diritto del lavoro italiano*, DLRI, 1986, 317-341 (328), ou PERA, *Intervento cit.*, 54; em França, BÉRAUD, *Die Flexibilisierung...cit.*, 273; na Bélgica, Othmar VANACHTER, *Flexibility and Labour Law: the Belgian Case*, in *Flexibilisierung des Arbeitsrechts — eine europäische Herausforderung*, ZIAS, 1987, 229-238; na Holanda, L. J. M. de LEEDE, *Flexibilisierung des Arbeitsrechts (Niederlande)*, in *Flexibilisierung des Arbeitsrechts — eine europäische Herausforderung*, ZIAS, 1987, 338-345; em Espanha, MARTÍN DE HIJAS, *Autonomia individual...cit.*, 367 s., ou BENGOECHEA, *Flexibilität...cit.*, (353 s.); na Irlanda, Mary REDMOND, *Flexibility / Labour Law in Ireland*, in *Flexibilisierung des Arbeitsrechts — eine europäische Herausforderung*, ZIAS, 1987, 289-290; na Grécia, Alexander KARAKATSANIS, *Flexibilisierung des Arbeitsrechts in Griechenland*, in *Flexibilisierung des Arbeitsrechts — eine europäische Herausforderung*, ZIAS, 1987, 276-279 (276). Noutros sistemas jurídicos, a temática da flexibilização não suscita o mesmo interesse, mas, segundo os autores, esse facto não se fica dever à sua menor importância e sim ao grau de flexibilidade na gestão do factor trabalho já permitido pela lei laboral — é a justificação apontada para a importância menor do tema na Dinamarca, por Per JACOBSEN, *Aspects of Flexibility in Labour Law (Dänemark)*, in *Flexibilisierung des Arbeitsrechts — eine europäische Herausforderung*, ZIAS, 1987, 250-257 (250 s.). Também relativamente ao sistema jurídico francês, é de salientar, em sentido idêntico, a posição sustentada por Gérard LYON-CAEN, *La bataille truquée de la flexibilité*, DS, 1985, 12, 801-810 (802 s. e 810), que relativiza o debate actual sobre a temática da flexibilidade do direito do trabalho, exactamente por entender que o sistema jurídico já dispõe, na sua actual configuração, dos instrumentos necessários para a flexibilização e para a revitalização da autonomia privada no domínio laboral.

cesso de flexibilização acabou por envolver todos os parceiros sociais, nas convenções colectivas, bem como os Estados, tanto através de iniciativas legais, mais sistemáticas ou mais episódicas com este objectivo, como através da intervenção ao nível da concertação social[369] [370].

Finalmente, deve salientar-se o facto de ser hoje reconhecida a importância fundamental deste processo. Ainda que as primeiras iniciativas de diminuição do garantismo das normas laborais fossem encaradas, em muitos sectores, como medidas pragmáticas e pontuais de adaptação do sistema normativo a uma nova conjuntura económica e social (na verdade, basicamente como medidas transitórias de combate ao desemprego)[371], compatíveis com o objectivo proteccionista global do direito

---

[369] Salientando a origem legal e convencional colectiva do processo de flexibilização do sistema laboral, por exemplo, BLANKE, *Flexibilisierung und Deregulierung... cit.,* 26 s., e 30, BÉRAUD, *Die Flexibilisierung...cit.,* 269 ss., ou D'ANTONA, *Politiche di flessibilità...cit.,* 11. Deve, todavia, notar-se que, enquanto em alguns países é identificável uma estratégia de flexibilização assumida e orientada pelo Estado — assim, Ulrich MÜCKENBERGER, *Deregulierendes Arbeitsrecht. Die Arbeitsrechtsinitiativen des Regierungskoaliation,* KJ, 1985, 18, 255-270 (255), identifica claramente uma estratégia governamental neste sentido no caso alemão —, noutros países esta orientação não parece ser tão clara. Por outro lado, o papel dos sindicatos e das convenções colectivas no processo de flexibilização é considerado fundamental por muitos autores, por entenderem que é ao nível convencional, e não ao nível legal, que se conseguem soluções de maior flexibilidade — neste sentido, entre muitos outros, ORTIZ LALLANA, *Lineas de tendencias...cit.,* 114, KARAKATSANIS, *Flexibilisierung...cit.,* 278, Bob HEPPLE, *Aspects of Flexibility in Labour Law, in Flexibilisierung des Arbeitsrechts — eine europäische Herausforderung,* ZIAS, 1987, 280-286 (282 s.), bem como ZÖLLNER, *Flexibilisierung...cit.,* 272 ss. e 284 s. (que reforça, sobretudo, a importância da negociação colectiva ao nível da empresa, através dos *Betriebsvereinbarungen,* bem como do contrato de trabalho neste processo).

[370] O facto de o processo de flexibilização envolver os diversos actores laborais conduz mesmo alguns autores a classificá-lo segundo o critério da origem das medidas de flexibilização. Neste sentido, por exemplo, Jean-Claude JAVILLIER, *Ordre juridique, relations professionelles et flexibilité. Approches comparatives et internationales,* DS, 1986, 1, 56-65 (57 s., 59 s. e 63 s.), distingue entre a flexibilização decidida ou unilateral (da iniciativa do empregador ou de origem legal), a flexibilização negociada (entre empregadores e sindicatos, nas convenções colectivas) e a flexibilização programada (inserida num plano mais vasto de concertação entre os parceiros sociais e o Estado).

[371] Referindo a motivação económica e conjuntural das medidas de flexibilização e a sua ligação directa ao aumento do desemprego, por exemplo, Antoine

do trabalho, actualmente a maioria da doutrina reconhece que subjacente aos termos *flexibilização* e *desregulamentação* está uma mudança radical das preocupações dominantes e das temáticas nucleares da área jurídica[372] — em suma, uma evolução estrutural, que autoriza até alguns autores a falarem de uma verdadeira «contra-reforma» do direito do trabalho[373].

II. Confirmada a dimensão e a importância do processo, cabe ainda clarificar o sentido em que nos referiremos aos termos *flexibilização* e *desregulamentação* nas páginas seguintes, não só porque o primeiro é pouco comum no discurso jurídico, como também porque a forma como as duas expressões são mencionadas na literatura juslaboral mais recente demonstra alguma imprecisão no seu conteúdo e algumas dificuldades na sua definição criteriosa[374].

LYON-CAEN, *Le tendenze del diritto del lavoro nell'Ocidente — Intervento*, Lav.Dir., 1987, 1, 125-137 (126 s.). Apesar de tudo, autores como BIAGI, *Il futuro...cit.*, 334, fazem notar a existência de motivações não económicas mas sociais na base de algumas medidas de flexibilização, dando o exemplo da promoção do trabalho de interesse social, para ocupação de deficientes, de jovens ou de desempregados de longa duração.

[372] Neste sentido, por exemplo, FIRLEI, *Hat das Arbeitsrecht überhaupt...cit.*, 71 e 72 s. Também nesta linha, D'ANTONA, *Politiche di flessibilità...cit.*, 11, considera que a flexibilidade do direito do trabalho não corresponde a uma necessidade conjuntural ou política, mas revela «*un nuovo ambiente nel quale il diritto del lavoro è chiamato a vivere*», enquanto BLANKE, *Flexibilisierung und Deregulierung...cit.*, 25, e Miguel RODRIGUEZ-PIÑERO, *Flexibilidad: un debate interesante o un debate interesado?*, Rel.Lab., 1987, I, 14-18 (14), reconhecem que os debates sobre esta matéria ocupam o centro do direito do trabalho dos anos oitenta. Também reconhecendo a incidência estrutural deste processo no direito laboral espanhol, com referência à banalização das formas atípicas de trabalho, CASAS BAAMONDE / DAL-RÉ, *Diversidad y precariedad...cit.*, 257. Entre nós, autores como JOSÉ JOÃO ABRANTES, *Direito do Trabalho — Ensaios cit.*, 31, referem igualmente a natureza estrutural e não conjuntural das medidas de flexibilização do direito do trabalho.

[373] A expressão encontra-se, por exemplo, em Ulrich ZACHERT, *Hintergrund und Perspektiven der «Gegenreform im Arbeitsrecht»*, KJ, 1984, 17, 187-201, e em BLANKE, *Flexibilisierung und Deregulierung...cit.*, 25.

[374] Denunciando esta dificuldade de apreensão do conteúdo jurídico do conceito de flexibilização, por exemplo, BÉRAUD, *Die Flexibilisierung...cit.*, 260, BIRK, *Einführung...cit.*, 223, que a imputa à falta de carácter científico do conceito, ou SUPIOT, *Au-delà de l'emploi cit.*, 55, que refere a origem do termo no «*vocabu-*

Apesar de, tanto o termo *flexibilização* como a expressão *desregulamentação* serem pontualmente referidos, com um significado amplo, para designar o processo global de adaptação dos sistemas normativos laborais às novas exigências económicas e de organização empresarial[375], é comum a utilização destes dois termos num sentido mais restrito, correspondente a duas grandes áreas de incidência desta evolução recente dos sistemas laborais. Assim, a expressão *flexibilização* é utilizada com referência à necessidade de adequação do enquadramento jurídico do contrato e da relação de trabalho às novas exigências económicas e empresariais — é a matéria dos vínculos laborais atípicos e da alteração estrutural da relação laboral[376]; enquanto a expressão *desregulamentação* é

---

laire du management». Na mesma linha, Adalberto PERULLI, *Diritto di lavoro e flessibilità. Linee di ricerca*, Lav.Dir., 1989, 3, 397-424 (397) observa: «*Il termine "flessibilità" trova un preciso riscontro analitico nelle discipline economiche e sociologiche [...]; per il giurista "flessibilità" rappresenta un concetto derivato che non trova, in realtà, una precisa sistemazione dogmatica*».

[375] Atribuindo ao conceito de flexibilização este significado amplo, por exemplo, BIRK, *Einführung cit.*, 225, ou ZÖLLNER, *Flexibilisierung...cit.*, 268. Pelo contrário, preferindo a utilização do termo *desregulamentação* neste sentido amplo, por exemplo, MÜCKENBERGER, *Regolamentazione...cit.*, 22 ss., identificando como áreas de incidência deste processo a tutela laboral substantiva, dispensada à relação laboral típica, e a tutela laboral processual, exercitada através dos mecanismos normativos específicos do direito do trabalho, *verbi gratia*, as convenções colectivas: na primeira área, a desregulamentação tem como objectivos a flexibilização do estatuto do trabalhador subordinado e a racionalização da utilização do factor trabalho nas empresas; na segunda área, a desregulamentação pretende devolver uma parte das matérias objecto das convenções colectivas ao domínio da liberdade individual, substituir normas legais imperativas por normas meramente permissivas e restaurar a possibilidade de prejuízo dos direitos adquiridos na negociação colectiva, num processo a que o autor chama de «regressão progressiva» da tutela laboral heterónoma. Também PERULLI, *Diritto di lavoro e flessibilità...cit.*, 398, parece atribuir ao termo *flexibilização* um significado amplo, uma vez que nele integra as tendências recentes para o desenvolvimento de novas formas de relacionamento entre as fontes laborais, para a diversificação dos vínculos de trabalho e para o aligeiramento do regime jurídico de diversos institutos laborais. Sobre outros critérios possíveis de classificação da flexibilização, *vd,* por exemplo, a distinção de JAVILLIER, *Ordre juridique...cit.*, 57 ss., que apresentámos *supra*, nota [370].

[376] Neste sentido restrito, por exemplo, DÄUBLER, *Deregolazione...cit.*, 171 s. Neste mesmo sentido, BIAGI, *Il futuro...cit.*, 333, distingue três tipos de flexibilização: a flexibilização contratual, decorrente da difusão de novos tipos de con-

reservada para designar as tendências de atenuação da imperatividade das normas laborais e de reversão dos direitos dos trabalhadores, que são prosseguidas tanto através da supressão de normas legais imperativas[377], como (ainda que o termo *desregulamentação* pareça indicar o contrário) através da «re-regulamentação» legal e da auto-regulamentação colectiva das situações laborais em termos mais flexíveis[378]. Final-

---

trato de trabalho e da introdução de uma maior elasticidade na disciplina dos contratos de trabalho já existentes; a flexibilização funcional, prosseguida através da melhor adequação dos trabalhadores às necessidades da empresa; e a flexibilização numérica, decorrente da evolução tecnológica, que se manifesta na dispensa dos trabalhadores «periféricos» da empresa.

[377] Nesta perspectiva, por exemplo, DÄUBLER, *Deregolazione...cit.*, 171.

[378] Salientando esta tripartição do conceito, por exemplo, GIUGNI, *Giuridificazione e deregolazione...cit.*, 331. Na verdade, como refere este autor, raramente a «desregulamentação» se analisa na mera abolição das normas legais e na reposição, pura e simples, da liberdade negocial, analisando-se antes, quase sempre, na substituição da fonte normativa, como fazem notar também JEAMMAUD, *Droit du travail 1988...cit.*, 589, ou Alain SUPIOT, *Déréglementation des relations de travail et autoréglementation de l'entreprise*, DS, 1989, 3, 195-205 (195 ss.). A este propósito, JEAMMAUD, *Droit du travail 1988...cit.*, 589, refere mesmo (parafraseando GAUDU) que «*L'extension de la réglementation est la forme française de la fléxibilité*» e, noutra sede (Antoine JEAMMAUD, *Le droit du travail en changement. Essai de mesure*, DS, 1998, 3, 211-222 (220)), observa que a referência à desregulamentação constitui um paradoxo, uma vez que as normas laborais não têm cessado de aumentar. Para SUPIOT, *Déréglementation cit.*, 195 ss., a chamada «desregulamentação» manifesta, na essência, a deslocação do direito do trabalho da regulamentação heterónoma para a autonomia, tanto na área regulativa individual, com o reforço do poder normativo do empregador, como na área regulativa colectiva, com o reforço da regulamentação convencional colectiva, nomeadamente ao nível da empresa. Também salientando estas valências do processo de desregulamentação, Giuseppe FERRARO, *La delegificazione nel diritto del lavoro italiano*, in M. D'ANTONA (dir.), *Politiche di flessibilità e mutamenti del diritto del lavoro. Italia e Spagna*, Napoli, 1990, 147-166 (149 s.). Outros autores consideram mesmo que a identificação da desregulamentação com um processo de pura e simples erradicação do número de normas laborais estaduais em favor da reposição de uma ampla liberdade negocial corresponde a um significado político do termo «desregulamentação» que contraria as bases do direito do trabalho — neste sentido, se pronuncia Mario RUSCIANO, *Prospettive di riforma tra «desregulation» e nuove regole*, Lav.Dir., 1990, 2, 298-305 (289 s.), que, em consequência, apenas admite a ideia de desregulamentação no sentido técnico de «*delegificazione*», ou seja, reportado a um processo dinâmico de reorientação das fontes do direito do trabalho, que passa pela admissibilidade de fontes normativas não estaduais ao lado

mente, entre estes dois pólos, é frequente encontrarmos referências à evolução recente dos sistemas laborais no sentido da *harmonização internacional das condições de trabalho*, em resultado do processo de internacionalização da economia e das empresas e também na prossecução do objectivo global de optimização da operacionalidade dos sistemas normativos, logo, da sua flexibilização.

III. No nosso entender, com esta configuração, a distinção entre os conceitos de flexibilização e de desregulamentação não é feliz. Na sua aplicação ao direito do trabalho, o conceito de flexibilização deve entender-se em termos abrangentes, na medida em que exprime, por si só, a tendência evolutiva recente dos sistemas normativos em prossecução do objectivo de favorecer a sua adaptabilidade ao novo quadro sócio-económico[379]. Desta forma, o processo de flexibilização engloba o conjunto das medidas de atenuação da rigidez das normas laborais, incidentes tanto na conformação do vínculo laboral (quer relativamente ao seu recorte conceptual quer em relação à sua estrutura, o que inclui a matéria dos contratos atípicos e a matéria da maleabilização interna do vínculo), como nos dogmas clássicos da natureza imperativa das normas legais e convencionais colectivas de tutela e das ideias do *favor laboratoris* e da irreversibilidade dos direitos adquiridos pelos trabalhadores.

A distinção entre os dois conceitos afigura-se-nos, no entanto, útil, se reportada — conforme nos parece correcto — à diferença entre a substância e a forma do processo de flexibilização do direito do trabalho. Com efeito, em termos substanciais, a flexibilização passa pela diversificação das situações jurídicas laborais, pela alteração estrutural

---

das fontes estaduais (ou seja, dito de outra forma, pelo incremento da auto-regulamentação laboral ao nível das convenções colectiva); identificando também o processo de desregulamentação com esta ideia de *delegificazione*, vd D'Harmant FRANÇOIS, *La delegificazione...cit*. E recusando expressamente a identificação do processo de «*deregulation*» com a ideia da supressão de normas laborais em Itália, por considerar que é, sobretudo, necessária uma profunda reformulação normativa, ainda Pietro ICHINO, *Politiche del lavoro e strategie de deregulation*, RIDL, 1984, II, 590-598 (590).

[379] Como refere ZÖLLNER, *Flexibilisierung...cit.*, 268, na acepção comum, o fenómeno da flexibilização tem ver com a capacidade de adaptação de uma realidade. O conceito amplo que aqui apresentamos parte desta acepção comum.

do vínculo de trabalho e por algum retrocesso ao nível da tutela do trabalhador, através de uma nova leitura do princípio do tratamento mais favorável, e, designadamente, admitindo o prejuízo de alguns direitos adquiridos. A forma como este processo se desenvolve é que pode passar pela eliminação ou pela substituição das normas laborais — o que, genericamente, se pode designar como *desregulamentação* (embora com a consciência de que esta desregulamentação não se esgota num vazio normativo), para realçar o facto de estarmos perante uma inversão da tendência de hetero-regulação imperativa e exaustiva das situações laborais, que caracterizou a evolução dos sistemas normativos no sentido garantístico até ao final da década de setenta.

É com o sentido que acabamos de expor que distinguiremos os termos *flexibilização* e *desregulamentação* nas páginas seguintes. Pelas razões indicadas no início deste parágrafo, faremos apenas algumas observações exemplificativas sobre as grandes tendências do processo de flexibilização de alguns sistemas laborais estrangeiros, reveladas pelas reflexões da doutrina, com o objectivo limitado de situar o caso português em face desta panorâmica geral.

49.2. A flexibilização do direito do trabalho: o enquadramento jurídico do «trabalho atípico» e os apelos à reestruturação interna do vínculo laboral

I. Como referimos acima, o processo de flexibilização do direito do trabalho incide, em primeiro lugar, sobre a chamada «relação de trabalho típica», em duas vertentes: em resposta à verificação da diversidade das situações laborais, os sistemas tornam-se mais receptivos a formas alternativas de prestação do trabalho subordinado, incrementando e regulando o trabalho atípico, e adoptam uma atitude de contemporização em relação à zona cinzenta entre o trabalho subordinado e o trabalho autónomo, incentivando este último; por outro lado, verificada a excessiva rigidez do enquadramento jurídico do vínculo laboral e a conveniência de o adaptar às novas exigências económicas e de organização empresarial, a doutrina maioritária faz apelos à reestruturação interna da relação de trabalho, designadamente em matéria de tempo de trabalho, de mobilidade geográfica e funcional dos trabalhadores e de cessação do contrato, que são, em alguns casos, recebidos pela lei. Como resultado da intervenção numa e noutra áreas verifica-se uma diminuição do peso do princípio do *favor laboratoris* e, designadamente, a admissibilidade do prejuízo de alguns direitos adquiridos pelos trabalhadores. De uma forma breve, passaremos em revista estas duas áreas de actuação.

II. A primeira grande área de incidência do processo de flexibilização do direito do trabalho actual é a dos denominados «contratos de trabalho atípicos»: a maioria dos sistemas jurídicos europeus (embora com diferenças temporais e substanciais relevantes entre eles) tem vindo, nos últimos anos, a facilitar a celebração de contratos de trabalho a termo e a tempo parcial, bem como a admitir ou a contemporizar com o contrato de trabalho temporário, o *job sharing* e o trabalho intermitente ou sob chamada (*Arbeit auf Abruf*)[380]. Na locução expressiva de BÉRAUD[381], é o fenómeno da difusão do *travail differencié*.

Em alguns sistemas, esta tendência traduz-se numa regulamentação legal aberta destas modalidades negociais (o que lhes retira assim, formalmente, a sua característica de atipicidade) — é o caso germânico, através da denominada «lei da promoção do emprego» (*Beschäftigungsforderungsgesetz*), de 1 de Maio 1985, que cobriu todas estas modalidades[382]. Noutros sistemas, algumas destas modalidades foram objecto de regulamentação legal, de forma mais precoce ou mais tardia

---

[380] No *job sharing* os trabalhadores dividem um posto de trabalho e, na impossibilidade de prestação da actividade por um deles, uma «cláusula negocial de substituição» permitirá ao empregador recorrer ao outro, ficando assim sempre assegurada a não interrupção da actividade produtiva; no trabalho sob chamada, o trabalhador mantém-se disponível para prestar a sua actividade quando o empregador lho solicitar, de acordo com as necessidades de gestão.

[381] *Die Flexibilisierung...cit.,* 265 s.

[382] Sobre este diploma, *vd,* por exemplo, DÄUBLER, *Una riforma...cit.,* 535 ss., numa apreciação, aliás, bastante crítica (que mantém no artigo conjunto com Martine Le FRIANT sobre o mesmo diploma — cfr. Wolfgang DÄUBLER / Martine Le FRIANT, *Un récent exemple de flexibilisation législative: la loi allemande pour la promotion de l'emploi du 26 avril 1985,* DS, 1986, 9/10, 715-720), e ainda Peter HANAU, *Befristung und Abrufarbeit nach dem Beschäftigungsforderungsgesetz 1985,* RdA, 1987, 1, 25-29, MÜCKENBERGER, *Deregulierendes Arbeitsrecht cit.,* 258 ss., ou ZACHERT, *Die Zerstörung...cit.,* 133. Em geral, sobre estas modalidades atípicas modernas de trabalho subordinado no direito germânico, *vd* ainda MÜLLER-GLOGE, *Münchener Kommentar...cit.,* IV, 285 ss.

e em termos mais permissivos ou mais restritivos consoante os casos[383], mas outras continuam por regular (como o *job sharing* e o trabalho

---

[383] Assim, por exemplo, no direito italiano, a doutrina dá conta da expansão e do incremento legal do contrato de trabalho a termo (neste sentido, BIAGI, *Le tendenze...cit.,* 101, GHERA, *La flessibilità...cit.,* 130 s., Jacopo MALAGUGINI, *Le attuali tendenze del diritto del lavoro: flessibilità contrattata o liberalizzazione nei rapporti di lavoro?,* in Lav.'80, 1986, II, 685-696 (689 ss.), ou Antonio D'Harmant FRANÇOIS, *La delegificazione del diritto del lavoro: alcune riflessioni,* DLav., 1993, I, 165-199 (170)), da previsão legal do *job sharing* e do trabalho a tempo parcial (ainda GHERA, *op e loc cits*.), bem como de diversas formas mistas de contrato de formação e trabalho, para incentivar o emprego de determinadas categorias de trabalhadores, como os jovens (neste sentido, por exemplo, Massimo D'ANTONA, *Contrattazione collettiva e autonomia individuale nei rapporti di lavoro atipici,* DLRI, 1990, 529-565 (531 ss.)), mas o trabalho temporário só foi regulado em 1998. Na doutrina belga, PIERRE DENIS, *Droit du travail cit.,* 15 s., refere-se ao incentivo do trabalho a tempo parcial e ao desenvolvimento de diversos esquemas de ocupação dos desempregados. No sistema espanhol, é referido o incremento legal do contrato de trabalho a termo (neste sentido, por exemplo, Miguel RODRIGUEZ-PIÑERO, *Contratación temporal y nuevas formas de empleo,* Rel.Lab., 1989, I, 49-55 (53)), cujo aproveitamento parece ter sido tão significativo que alguns autores se referem mesmo a este propósito à existência de um «culto da transitoriedade» nos vínculos laborais mais recentes — neste sentido, por exemplo, José Luís Tortuero PLAZA, *A insegurança do emprego: causas, instrumentos e políticas legislativas,* in A. MOREIRA (coord.), *X Jornadas Luso-Hispano-Brasileiras de Direito do Trabalho — Anais,* Coimbra, 1999, 69-90 (72), e Fernando Valdés DAL-RÉ, *Le tendenze del diritto del lavoro nell'Ocidente — Intervento,* Lav.Dir., 1987, 1, 149-161, e ainda deste último autor com CASAS BAAMONDE, *Diversidad y precariedad...cit.,* 243 ss., onde apreciam também a difusão de outras formas «atípicas» de contratação laboral, como o contrato de trabalho a tempo parcial ou o trabalho no domicílio. No direito francês, os autores referem a expansão e a regulamentação do trabalho a termo, do trabalho temporário, do trabalho a tempo parcial, do trabalho em alternância e do contrato misto de trabalho e aprendizagem — neste sentido, por exemplo, JEAMMAUD / LE FRIANT, *Contratto di lavoro...cit.,* 261 ss.; relativamente ao trabalho a termo e ao trabalho temporário, apontando a diminuição das suas restrições desde 1986, ainda Philippe SÉGUIN, *L'adaptation du droit du travail,* DS, 1986, 12, 828-833 (829), ou BÉRAUD, *Die Flexibilisierung...cit.,* 261 s.; relativamente ao trabalho a tempo parcial, Françoise FAVENNEC-HÉRY, *Le travail à temps partiel,* DS, 1994, 2, 165-175 (166 s.), dando conta das diversas iniciativas legais de favorecimento desta modalidade de contrato de trabalho em França, desde a *Loi du 28 janvier 1981* até à *Loi du 31 décembre 1992,* passando por diversas medidas pontuais de incentivo; e, sobre a figura do contrato de trabalho intermitente, admitido pela

sob chamada, que não estão ainda previstos na maioria das legislações europeias)³⁸⁴.

Embora se encontrem críticas a uma ou outra destas formas «atípicas»³⁸⁵ de trabalho subordinado ou àquilo que alguns consideram como

---

Ordonance du 11 août 1986 (art. L. 212-4-8 do *Code du travail*), Gilles BÉLIER, *Le contrat de travail à durée indéterminée intermitent*, DS, 1987, 9/10, 696-70. Em suma, como refere Santiago González ORTEGA, *La dificil coyuntura del Derecho del Trabajo*, Rel.Lab., 1987, II, 257-279 (276), o direito do trabalho bascula entre a admissibilidade e a proibição destas novas formas de prestação de trabalho subordinado.

³⁸⁴ Para uma apreciação comparada da difusão e do enquadramento jurídico destas novas formas de prestação de trabalho subordinado, com referências, entre outros, aos sistemas alemão, belga, britânico, espanhol, francês, holandês, italiano, luxemburguês e português, vd VENEZIANI, *La flessibilità del lavoro...cit.*, *maxime* 243 ss., 262 ss., 265 ss., 278 ss.; Paolo PERULLI, *Le relazioni industriali e i due fronti della flessibilità*, in DLRI, 1986, 29, 85-105 (90 ss.); e TREU, *Labour flexibility...cit.*, 502 s., que conclui que, nesta matéria, a maioria dos países europeus (com a excepção do Reino Unido) optou não pela supressão dos entraves legais à contratação laboral por estas vias (ou seja, por uma política de desregulamentação, pura e simples), mas pela sua regulamentação legal, caracterizada por graus diversos de flexibilidade. Destacando a difusão do trabalho a tempo parcial em diversos países europeus, ainda o Relatório de SUPIOT, *Au-delà de l'emploi cit.*, 113 ss.

³⁸⁵ Mantemos a designação destas formas de trabalho subordinado como trabalho «atípico» com a consciência de que, em termos jurídicos, será uma designação imprópria nos casos em que elas passam a corresponder a modalidades de contrato de trabalho descritas e reguladas na lei — razão pela qual alguns autores preferem falar em subtipos do contrato de trabalho ou em contratos de trabalho especiais (neste sentido, por exemplo, PESSI, *I rapporti di lavoro c.d. atipici...cit.*, 136), ou em relações laborais precárias (é a designação alternativa utilizada por TREU, *Labour flexibility...cit.*, 502). A nossa opção deve-se, por um lado, ao facto de se tratar, ainda hoje, da designação mais comum, mesmo quando as modalidades «atípicas» de trabalho foram já objecto de recepção normativa, e ao facto de esta designação ajudar a separar estes casos de outras situações de especialidade do contrato, por motivos atinentes ao trabalhador envolvido (por exemplo, a menoridade ou a deficiência) ou à prestação laborativa em causa (por exemplo, o trabalho a bordo, o serviço doméstico, o trabalho no sector dos espectáculos ou do desporto), a que nos referimos, *supra*, 48.1.IV. Nestes casos, a especialidade do vínculo não põe em causa nenhum dos elementos que integram o tipo sociológico dominante do contrato de trabalho (ou seja, o facto de se tratar de um contrato de trabalho por tempo indeterminado, que ocupa o trabalhador a tempo inteiro e com

um excesso de permissividade do sistema nesta área[386], o seu incremento é, de um modo em geral, aplaudido pelos autores[387], dadas as repercussões positivas que estas formas atípicas de trabalho podem ter no desemprego e na racionalização da gestão dos recursos humanos nas empresas.

No que se refere às medidas de abertura dos sistemas normativos às formas atípicas de trabalho, embora haja dúvidas sobre os seus efeitos na estabilização geral do mercado de emprego a longo prazo[388], elas

---

exclusividade e no qual se verifica a a integração plena do trabalhador na esfera produtiva do credor, a que inere um determinado regime tutelar). Nos casos de trabalho «atípico» que agora nos ocupam, é justamente um dos elementos deste tipo sociológico dominante que varia, e por isso falamos em atipicidade. As aspas indicam, de qualquer modo, o menor rigor técnico da qualificação.

[386] Neste sentido, por exemplo, DÄUBLER, *Una riforma...cit.,* 538 e s. e 545, e *Nuove tecnologie...cit.,* 75 s., é particularmente crítico em relação ao trabalho sob chamada, que considera inconstitucional por exigir uma disponibilidade total do trabalhador perante o empregador, que resulta numa ingerência inadmissível na sua esfera pessoal; e critica ainda a regulamentação do *job sharing* pelo excesso de remissões legais para a autonomia das partes, que considera esquecer o fraco poder negocial do trabalhador, pondo assim em causa o princípio da igualdade em termos substanciais. Mostrando também bastantes dúvidas quanto à licitude desta forma de trabalho atípico, PÉLISSIER, *La relation...cit.,* 534 ss. Já TORTUERO PLAZA, *Insegurança...cit.,* 77 e ss., e 84 ss., critica a excessiva abertura do sistema jurídico espanhol em relação à contratação laboral a termo e preconiza algum retrocesso nesta matéria, acompanhado de medidas de incentivo dos contratos de trabalho por tempo indeterminado.

[387] Neste sentido, entre muitos, BIRK, *Competitividade...cit.,* 291 s., BLANKE, *Flexibilisierung...cit.,* 26 s., TREU, *Labour flexibility...cit.,* 501, ou ORTIZ LALLANA, *Lineas de tendencias...cit.,* 102. Mas já, por exemplo, FOSSAERT, *Pourquoi et comment...cit.,* 503, entende que apenas algumas das modalidades de trabalho atípico contribuem, de facto, para a flexibilização das empresas.

[388] Assim, alguns autores consideram ilusória a ideia de que a flexibilização do direito do trabalho, através da abertura aos contratos atípicos, contribua para criar, a longo prazo, mais postos de trabalho, não só porque os trabalhadores precários não tendem a transformar-se em trabalhadores definitivos nos moldes tradicionais do trabalho típico, como também porque os trabalhadores já ocupados não prescindem dos direitos que lhes assistem para que outros possam trabalhar — é uma observação que encontramos, por exemplo, em HEPPLE, *Aspects of Flexibility...cit.,* 284 s. Também pondo em dúvida o efeito positivo destas medidas de flexibilização sobre a oferta de emprego, THILL, *Flexibilisierung...cit.,* 327 s., e BENGOECHEA, *Flexibilität...cit.,* 355 e 369. Numa apreciação comparada dos resultados desta relação entre medidas de flexibilização, envolvendo a diminuição

são reconhecidas como um instrumento de combate ao desemprego com efeitos imediatos.

No que respeita à contribuição destas medidas para optimizar a adequação do factor trabalho às necessidades flutuantes de gestão das empresas, as vantagens parecem também evidentes. Assim, o recurso ao trabalho a termo e ao trabalho temporário permite aos empresários fazerem face a carências pontuais de mão de-obra, durante um período determinado, por razões ligadas à produção (por exemplo, a adjudicação à empresa de um empreendimento de dimensão superior àqueles que usualmente desenvolve) ou por motivos de gestão do pessoal (por exemplo, a necessidade de substituição de um trabalhador ausente), sem terem que ficar vinculados a esses trabalhadores quando cessar a situação de carência[389]. No caso do trabalho temporário, a sua difusão possibilita ainda o acesso rápido dos empresários a mão-de-obra especializada para o desempenho de funções periféricas na empresa, sem grandes encargos ou responsabilidades, compatibilizando assim a maior oferta de trabalho com a tendência de nuclearização que caracteriza os novos modelos de organização produtiva. Por seu turno, o trabalho a tempo parcial corresponde a necessidades específicas de mão-de-obra e, muitas vezes, às pretensões de certo tipo de trabalhadores, na medida em que facilita a conciliação da vida profissional com outras actividades, e, em termos gerais, a redução do tempo de trabalho facilita a partilha de empregos[390]. Finalmente, o *job sharing* permite ao empregador não

---

do nível de tutela laboral, e níveis de desemprego em diversos países, também SUPIOT, *Au-delà de l'emploi cit.*, 56, considera que não está provada a existência de um nexo entre a descida dos níveis de protecção social, através de medidas de flexibilização, e a criação de empregos — ideia que exemplifica com a constatação de que alguns dos países com níveis de protecção laboral mais altos apresentam taxas de desemprego mais baixas (o autor indica a Dinamarca, a Holanda, a Alemanha, a Áustria e a Itália) do que outros países mais liberais, como o Reino Unido ou os Estados Unidos da América.

[389] Salientando estas vantagens, por exemplo, BÉRAUD, *Die Flexibilisierung... cit.*, 261.

[390] Chamando a atenção para o interesse que o trabalho a tempo parcial pode ter não só para o empregador como para os trabalhadores, por exemplo, WANK, *Atypische Arbeitsverhältnisse cit.*, 104, e Manfred LÖWISCH, *Arbeits- und sozialrechtliche Hemmnisse einer weiteren Flexibilisierung der Arbeitszeit*, RdA, 1984, 4, 197-214 (198): em relação ao empregador, este tipo de trabalho facilita a optimização do tempo de laboração da empresa; em relação aos trabalhadores, ele

interromper a sua actividade produtiva, para além de corresponder ao objectivo de conciliação acima referido e de ocupar mais trabalhadores, enquanto o trabalho sob chamada tem a vantagem de moldar completamente a mão de obra às necessidades da produção.

Paralelamente a este incremento dos contratos de trabalho «atípicos», a maioria dos sistemas jurídicos tem contemporizado e, em certos casos, tem incentivado a diversificação das formas de prestação de trabalho situadas fora do domínio estrito do trabalho subordinado — ou na zona de fronteira entre o trabalho dependente e o trabalho autónomo ou mesmo na zona específica do trabalho autónomo.

Embora nestes casos a flexibilização decorra usualmente da iniciativa das partes — ou porque decidem optar pela prestação do trabalho sem subordinação jurídica (é o aumento do trabalho independente, enquadrado por outras modalidades negociais), ou porque a especificidade da actividade, pelas suas características técnicas ou pela forma como é desenvolvida, dificulta, por si só, a verificação do elemento essencial da subordinação jurídica e, nessa medida, torna difícil a qualificação do negócio (vejam-se os casos do tele-trabalho e do trabalho no domicílio em geral) —, o certo é que os sistemas normativos têm procurado enquadrar estas situações, regulando progressivamente os casos de fronteira ou as situações mistas (como o trabalho no domicílio e os contratos com uma componente laboral e outra de formação)[391], e tendem a opor-se

---

assegura uma maior liberdade na gestão do seu próprio tempo, facilitando a conciliação da vida profissional com outras actividades. Relativamente ao incremento da partilha do trabalho por esta via, refere MÁRIO PINTO, *L'assouplissement...cit.,* 130 s., que a redução do tempo de trabalho corresponde não apenas a uma reivindicação tradicional dos trabalhadores mas a uma pretensão de empregadores, de economistas e do próprio Estado, como meio de fazer face à crise do emprego, através da partilha do trabalho a que pode conduzir. Também referindo as consequências positivas na crise do emprego das diversas práticas de repartição do trabalho no sistema espanhol, ORTEGA, *La difícil...cit.,* 270 s., e salientando esta vantagem com referência ao sistema germânico, ainda LÖWISCH, *Arbeits- und sozialrechtliche...cit.,* 198. Em geral, sobre o tema da partilha do trabalho, *vd* ainda SUPIOT, *Le travail, liberté partagée cit., passim.*

[391] Referindo os contratos mistos, no sistema italiano, por exemplo, PERA, *Der Prozeβ der Neuregelung des italienischen Arbeitsrechts, in Flexibilisierung des Arbeitsrechts — eine europäische Herausforderung,* ZIAS, 1987, 291-314 (293 ss.). Na doutrina espanhola, DAL-RÉ, *Le tendenze...cit.,* 156, refere-se, a este pro-

apenas aos casos de trabalho clandestino e de manipulação ilícita da qualificação negocial pelas partes para obviar à aplicação do regime laboral[392]. Na opinião de diversos sectores, este tipo de actuação manifesta a intenção de contribuir para resolver o problema do desemprego através do incentivo ao trabalho autónomo e não, como era tradicional, através do chamamento para o domínio laboral das situações jurídicas de qualificação difícil ou duvidosa[393].

---

pósito, aos contratos de estágio e formação. Relativamente ao sistema jurídico germânico, a proliferação de diversas formas de trabalho no domicílio, cobertas pela lei, bem como de novas formas de trabalho formalmente autónomo, é relatada por ZACHERT, *Die Zerstörung...cit.,* 133.

[392] Sobre a proibição e a repressão legal do trabalho clandestino em França, RAULINE, *Le travail illégal cit.,* 123 s., dando conta do âmbito das actividades proibidas (o trabalho clandestino, a cedência ilícita de trabalhadores, o emprego de estrangeiros não autorizados, o auxílio à entrada e estadia irregulares de estrangeiros e a violação das normas de alojamento colectivo de trabalhadores — arts. 152-3-1 e 364-8 do *Code du travail,* art. 21 da *Ordonnance du 2 novembre 1945* e art. 8-2, da *Loi du 27 juin 1973*) e da responsabilidade penal das pessoas colectivas nesta matéria (art. 121-2 do *Code pénal*).

[393] Em apreciação dos relatórios referentes à evolução de diversos países comunitários nesta matéria, SUPIOT, *Au-delà de l'emploi cit.,* 30, não hesita em reconhecer que as presunções de salariato, tradicionais nos sistemas laborais europeus, tendem a recuar em favor do incremento do trabalho independente. Neste sentido, é particularmente elucidativa a evolução do direito francês relativamente ao trabalho no domicílio e ao tele-trabalho: em apreciação da alteração do *Code du travail* nesta matéria (introduzida pela *Loi Madelin — loi nº 94-126 du 11 février 1994*), por exemplo, RAY, *Le droit...cit.,* 121 e s. e 125, considera evidente a vontade legal de incentivar o desenvolvimento do trabalho no domicílio como trabalho independente, uma vez que o legislador estabelece, ao contrário do que sucedia no direito anterior, uma presunção do carácter não subordinado do trabalho prestado no domicílio, presunção esta que, sendo *tantum juris,* é considerada na prática muito difícil de afastar, já que a lei exige a verificação de um nexo de subordinação jurídica *permanente* do trabalhador ao credor da prestação para que o vínculo possa ser qualificado como laboral. Esta presunção é, segundo o autor, aplicável também ao tele-trabalho, quando prestado no domicílio do trabalhador, já que esta modalidade de trabalho não dispõe ainda de regulamentação legal específica. Outros autores referem-se a esta presunção de autonomia do trabalho prestado no domicílio como um ponto de viragem no direito francês relativamente à tendência tradicional de expansão do regime tutelar laboral através da qualificação laboral dos casos de dúvida — neste sentido, por exemplo, RAY, *Du Germinal...cit.,* 635, ou LYON-CAEN, *Le droit du travail: une téchnique réversible?*

III. Na segunda grande área de intervenção, o processo de flexibilização dos sistemas normativos laborais incide, como referimos, sobre a configuração interna do vínculo laboral e assume o objectivo de melhorar a sua capacidade de adaptação às exigências produtivas e de organização empresarial modernas.

Neste domínio, a doutrina maioritária apela à flexibilização do regime legal, sobretudo nas matérias da retribuição, do tempo de trabalho, da mobilidade geográfica e funcional dos trabalhadores, da intervenção dos trabalhadores na gestão e da cessação do vínculo, dando conta de algumas medidas legais que traduzem já esta tendência de flexibilização. Na verdade, na maioria dos sistemas, a intervenção legal nesta matéria é fundamental porque os direitos dos trabalhadores e das instituições laborais são, por via de regra, estabelecidos em normas imperativas, limitando assim fortemente a autonomia das partes na conformação do vínculo negocial — é pois a diminuição da essência garantística do sistema laboral que está aqui directamente em questão.

Relativamente à matéria da retribuição, está em causa a sua irredutibilidade, considerada por muitos como insustentável em situações económicas recessivas, bem como o problema das prestações complementares do salário a que o empegador se encontra adstrito e que se traduzem num incremento não negligenciável dos custos do trabalho. Nesta matéria, os autores apontam a necessidade de adopção de medidas de racionalização destes custos, o que passa pela generalização de formas mais maleáveis de fixação da remuneração (como a sua indexação à produtividade ou à inflação)[394], por um entendimento mais restritivo do princípio da intangibilidade (abrangendo apenas a retribuição e não a remuneração[395], por forma a excluir as prestações complementa-

---

cit., 24; e, ainda sobre esta matéria, Bernard TEYSSIÉ, *Sur un fragment de la loi nº 94-126 du 11 février 1994: commentaire de l'article L. 120-3 du Code du travail*, DS, 1994, 7/8, 667-672.

[394] Neste sentido, por exemplo, ORTEGA, *La dificil...cit.*, 271; e referindo-se à necessária razoabilidade das pretensões salariais dos trabalhadores na negociação colectiva, MENGEL, *Tarifautonomie...cit.*, 426 s.

[395] Adoptamos, para efeitos do texto, a distinção, não muito clara na nossa lei (cfr., sobretudo, o art. 82º da LCT), mas bem desenvolvida pela ciência juslaboral, entre os conceitos de remuneração e de retribuição, o primeiro englobando todas as prestações patrimoniais devidas ao trabalhador pelo empegador em

res) e ainda pela possibilidade da diminuição dos níveis retributivos em sede de convenção colectiva, designadamente por troca com outros benefícios[396]. Esta é, todavia, uma das áreas em que as iniciativas de flexibilização não têm ainda grande significado[397], pela tradicional oposição das associações sindicais, como é reconhecido.

No que se refere ao tempo de trabalho, a doutrina apela à flexibilização dos horários e à possibilidade de cômputo das horas de trabalho não numa base diária, mas numa base semanal ou mensal, num sistema de auto-regulação (em que a repartição dos tempos de trabalho é feita pelo próprio estabelecimento ou serviço ou pelo conjunto dos trabalhadores, sendo apenas relevante que se atinjam os objectivos préfixados) ou até na medida das exactas necessidades do empregador (no caso do já referido trabalho sob chamada)[398], o que tem a vantagem óbvia de reduzir os gastos com a remuneração do trabalho suplementar — é aquilo a que BÉRAUD[399] chama o «travail modulé». Os autores

---

razão do seu contrato, e o segundo reportado apenas à prestação regular e periódica do empregador que constitui a contrapartida da actividade prestada. Sobre esta distinção, que já tivemos ocasião de aplicar noutro contexto (vd Maria do Rosário Palma RAMALHO, Igualdade de tratamento entre trabalhadores e trabalhadoras em matéria remuneratória: a aplicação da Directiva 75/117/CE em Portugal, ROA, 1997, 159-181 (168 ss.)), veja-se, por especialmente representativa, a exposição de MENEZES CORDEIRO, Manual...cit., 717 ss.

[396] Neste sentido, por exemplo, Roberto PESSI, Riflessioni sul diritto del lavoro negli anni' 80, in Prospettive del Diritto del lavoro per gli anni' 80 — Atti del VII Congresso Nazionale di Diritto del lavoro, Bari, 23-25 Aprile 1982, Milano, 1983, 59-78 (66 s.). Apontando alguns casos de aceitação da diminuição de benefícios laborais, como contrapartida de outras vantagens, em sede de negociação colectiva, nos EUA, por exemplo, SUMMERS, Le tendenze...cit., 145 s.

[397] Ainda assim, vejam-se as medidas relatadas por TREU, Labour flexibility...cit., 507 s., na sua apreciação comparada da evolução desta temática nos países comunitários, ou as referências a um acordo da concertação social relativo aos custos do trabalho em Itália, feitas por Giuliano MAZZONI, Costo del lavoro: un accordo neo-corporativo, in V. PANUCCIO (coord. e dir.), Studi in memoria di Domenico Napoletano, Milano, 1986, 267-275 (269), que o autor considera como um indício importante da ultrapassagem da cultura de conflito permanente, que dominou tradicionalmente a relação entre os sindicatos e os empregadores.

[398] Referindo esta medida no sistema belga, por exemplo, VANACHTER, Flexibility...cit., 233.

[399] Die Flexibilisierung...cit., 268 s.

dão conta de algumas iniciativas legais neste sentido, bem como das grandes possibilidades que se abrem nesta área à flexibilização por via convencional colectiva[400].

Relativamente à mobilidade geográfica do trabalhador, os autores dão conta da necessidade de enquadramento de situações laborais não paradigmáticas sob este prisma — os casos em que o trabalho não é prestado nas instalações da empresa mas noutro local (como o domicílio do trabalhador), os casos de trabalho plurilocalizado, em razão da própria função desempenhada (por exemplo, a actividade do motorista, do paquete ou do inspector) — e consideram que a diminuição das limitações à transferência definitiva do trabalhador para outro local de trabalho ou à sua cedência ocasional são uma forma de facilitar a adequação do vínculo laboral às necessidades económicas e de gestão das empresas[401]. Em alguns destes aspectos, são assinaladas medidas legais que facilitam as deslocações dos trabalhadores, em detrimento do tradicional direito à inamovibilidade (como, por exemplo, a diminuição dos

---

[400] Para uma perspectiva comparada sobre este ponto, *vd* as diversas medidas de flexibilização do tempo de trabalho indicadas no Relatório de SUPIOT, *Au-delà de l'emploi cit., maxime* 123 ss., e perante as quais o autor acaba por concluir pela existência de uma tendência para a individualização e para a heterogeneidade dos tempos de trabalho — *idem,* 126; e, também numa perspectiva comparada relativa aos países comunitários, ainda TREU, *Labour flexibility...cit.,* 504 s. Ainda nesta matéria, *vd* BIRK, *Competitividade...cit.,* 295 s., assinalando experiências de flexibibilização do tempo de trabalho por via de convenção colectiva na Alemanha, em França e na Bélgica, dando, relativamente a esta última, o exemplo da reclassificação do Sábado como dia útil; ZACHERT, *Die Zerstörung...cit.,* 133, refrindo-se à possibilidade de alargamento do período normal de trabalho e à abolição da proibição do trabalho ao Domingo; VANACHTER, *Flexibility...cit.,* 234, dando conta da possibilidade de aumento do período normal de trabalho nas empresas, por razões económicas, no sistema belga; SÉGUIN, *L'adaptation...cit.,* 829 s., relatando medidas legais de flexibilização do tempo de trabalho em França; RODRIGUEZ-PIÑERO, *La flessibilità...cit.,* 224 ss., e ORTIZ LALLANA, *Lineas de tendencias...cit.,* 105 s., referindo alguma evolução da lei espanhola no sentido da reordenação do tempo de trabalho. Alguns autores mantêm-se, contudo, bastante críticos em relação às iniciativas de flexibilização da matéria do tempo de trabalho — neste sentido, *vd*, por exemplo, a apreciação crítica de Jürgen ULBER, *Arbeitszeitrecht im Wandel,* WSI — Mitt, 1987, 745-752, relativamente uma proposta de alteração da *Arbeitszeitgesetz* de 1987.

[401] Neste sentido, por exemplo, GRANDI, *La mobilità...cit.,* 252.

entraves à cedência ocasional de trabalhadores nos sistemas alemão e francês[402]), bem como a promoção da mobilidade geográfica por iniciativa do empregador, veiculada em normas empresariais internas, ou por acordo com o trabalhador através da inclusão no contrato de trabalho de cláusulas de mobilidade de alcance variado[403].

No que se refere à mobilidade funcional dos trabalhadores, a doutrina maioritária é também favorável ao seu aumento (autores como BIRK[404] consideram até que esta mobilidade deve ser total), que justifica em razões de gestão e de adaptação tecnológica[405], bem como na própria estabilidade do vínculo laboral[406]. A este propósito, é propug-

---

[402] A propósito da cedência de trabalhadores no sistema germânico, vd a apreciação de DÄUBLER, *Una riforma...cit.*, 540, sobre a BeschFG, em que o autor considera que a lei facilitou o recurso a esta medida através do alargamento do período máximo em que os trabalhadores podem ser cedidos. Também se referindo à admissibilidade legal da cedência de trabalhadores no sistema francês, por exemplo, PÉLISSIER, *La relation...cit.*, 534; e propugnando o aumento da mobilidade geográfica do trabalhador no direito italiano, entre outros, PESSI, *Riflessioni... cit.,* 68 s.

[403] Exemplificando este tipo de cláusulas, Isabelle DAUGAREILH, *Le contrat de travail à l'épreuve des mobilités,* DS, 1996, 2, 128-140 (132), distingue entre as cláusulas que permitem a mudança definitiva do local de trabalho, as que fixam uma área determinada para efeitos de deslocações profissionais e as que consagram um trabalho plurilocalizado.

[404] *Competitividade...cit.,* 299 s.

[405] Ainda GRANDI, *La mobilità...cit.,* 252.

[406] Neste sentido, considera DAUGAREILH, *Le contrat de travail à l'épreuve... cit.,*135, que o aumento da mobilidade do trabalhador em termos funcionais (como também em termos geográficos), nomeadamente através da previsão de cláusulas negociais de mobilidade, contribui para transformar o contrato de trabalho num «contrat d'emploi», uma vez que possibilita a sua adaptação às vicissitudes da actividade empresarial e à evolução da carreira e das aptidões do próprio trabalhador — logo, contribui para a sua fidelização à empresa. Apesar de tudo, esta autora chama a atenção para alguns aspectos negativos das cláusulas de mobilidade, designadamente a facilidade com que podem atentar contra os direitos dos trabalhadores em matéria de liberdade de trabalho, de limitação do grau de dependência relativamente ao empregador, ou de conciliação entre a vida profissional e a vida familiar — idem, 137 ss. Também ORTIZ LALLANA, *Lineas de tendencias...cit.,* 112, salienta, como aspecto positivo da mobilidade funcional, o facto de ela poder, na prática, constituir uma alternativa à cessação do contrato de trabalho, contribuindo assim para a estabilidade do vínculo laboral.

nado um entendimento amplo do objecto do contrato de trabalho que favoreça a elasticidade nas tarefas exigíveis ao trabalhador[407], e são consideradas positivas iniciativas legais que diminuam os entraves ao *jus variandi* e à mudança de categoria, que admitam a modificação substancial do contrato de trabalho por razões económicas ou de crise da empresa (como a possibilidade de redução ou de suspensão prolongada do vínculo negocial[408]), ou por motivos atinentes ao trabalhador[409] [410], e é valorizada positivamente a tendência recente da jurisprudência para admitir a alteração do conteúdo do contrato por iniciativa do empregador[411].

No que diz respeito aos poderes de intervenção das comissões de trabalhadores nas empresas, é comum encontrarmos, especialmente nos

---

[407] Neste sentido, BERNARDO XAVIER, *A crise e alguns institutos...cit.*, 543.

[408] Salientando a importância dos institutos da modificação e da suspensão do contrato de trabalho como meios de fazer face às crises empresariais, que funcionam como alternativa ao despedimento massivo de trabalhadores em razão da crise da empresa, em alguns países comunitários, TREU, *Labour flexibility...cit.*, 500.

[409] Neste sentido, *vd* o exemplo da previsão legal da conversão do contrato de trabalho a tempo inteiro num contrato a tempo parcial, nas situações de pré--reforma, descrita por FAVENNEC-HÉRY, *Le travail à temps partiel cit.*, 167 e 170 s., e, na mesma matéria, as referências de SÉGUIN, *L'adaptation...cit.*, 829. Também descrevendo uma situação deste tipo no direito espanhol, DAL-RÉ, *Le tendenze...cit.,*156.

[410] Em geral sobre a evolução da flexibilização funcional nos países comunitários, ainda TREU, *Labour flexibility...cit.*, 506.

[411] Neste sentido, por exemplo, BÉRAUD, *Die Flexibilisierung...cit.*, 272 s., em relação à jurisprudência francesa; também TOSI, *le nuove tendenze...cit.*, 620 s., dá conta da tendência da jurisprudência italiana para admitir a alteração da situação laboral do trabalhador *in pejus*, nomeadamente quando esteja em causa o seu próprio interesse, bem como para atribuir uma maior amplitude ao conceito de identidade de funções para efeitos da verificação de variações funcionais, o que revela a tomada de consciência da importância do incremento da mobilidade funcional dos trabalhadores. Estas tendências não merecem, no entanto, o aplauso de todos os sectores da doutrina — neste sentido, *vd*, por exemplo, a apreciação crítica de Jean-Jacques DUPEYROUX, *Avant-propos: la déstabilisation du droit du travail*, DS, 1986, 12, 823-827 (maxime, 827), da orientação recente da jurisprudência francesa a propósito do entendimento lato que tem subscrito sobre o conceito de interesse da empresa e que, segundo o autor, põe em causa diversos direitos e garantias laborais dos trabalhadores e provoca alguma instabilidade no direito do trabalho.

§ 22º – A crise sistemática do direito laboral   603

sistemas onde os poderes de intervenção são maiores — como é o caso germânico — apelos à sua limitação, por se considerar que estes poderes tolhem os poderes de gestão dos empresários[412].

Finalmente, no que se refere à cessação do contrato de trabalho (e apesar das diferenças que se verificam entre os vários sistemas positivos nesta matéria), a doutrina pronuncia-se maioritariamente no sentido do alargamento das formas e do aligeiramento dos requisitos para a cessação do contrato, argumentando que os efeitos perversos do sistema de tutela laboral, e, designadamente, a responsabilidade deste sistema na diminuição da oferta de emprego, se devem ao excesso de protecção dispensado ao trabalhador subordinado típico na matéria da cessão do contrato, em nome do princípio da estabilidade do emprego[413]. Perante esta situação, os autores exigem a compatibilização da tutela laboral com os imperativos de racionalidade económica[414], para o que propugnam a diminuição das garantias do trabalhador em caso de despedimento por iniciativa do empregador, quer aligeirando as suas exigências substanciais e processuais, quer diminuindo os prazos de aviso prévio: neste sentido, por exemplo, BIRK[415] refere-se à necessidade de alargamento dos fundamentos do despedimento individual e colectivo por iniciativa do empregador e à necessidade de diminuição do valor das indemnizações correspondentes[416], VANACHTER[417] apela à diminuição dos prazos de aviso prévio, GRILLBERGER[418] critica a obrigação de consulta da comissão de trabalhadores pelo empregador antes de profe-

---

[412] Neste sentido, por exemplo, ZÖLLNER, *Arbeitsrecht und Marktwirtschaft cit.*, 59 s., critica a BetrVG, pelos amplos poderes que reconhece às comissões de trabalhadores, em matéria de selecção de trabalhadores e de organização do trabalho (especialmente no § 87º), que considera interferirem com o direito de livre iniciativa económica do empresário.

[413] Neste sentido, por exemplo, MÁRIO PINTO, *Garantia...cit.*, maxime 146, 153 s. e 157. Também se referindo à necessidade de reavaliação de certos aspectos do princípio da estabilidade do emprego, PESSI, *Riflessioni...cit.*, 69.

[414] Neste sentido, ZÖLLNER, *Arbeitsrecht und Marktwirtschaft cit.*, 63, e *Flexibilisierung...cit.*, 288 s.

[415] *Competitividade...cit.*, 301.

[416] Ainda de acordo com este último aspecto, por exemplo, ORTEGA, *La difícil...cit.*, 271.

[417] *Flexibility...cit.*, 231.

[418] *Hauptprobleme...cit.*, 38 s.

rir a decisão de despedimento, DAL-RÉ[419] advoga a flexibilização do regime do despedimento colectivo e outros autores aplaudem medidas diversas de flexibilização do despedimento adoptadas em vários sistemas[420].

Por outro lado, é referida como positiva a tendência recente de alguns sistemas jurídicos para admitirem e/ou para facilitarem outras formas de cessação do vínculo, nomeadamente por motivos económicos[421], por motivos empresariais, por incapacidade do trabalhador, ou simplesmente para acelerar a renovação dos quadros da empresa (como os casos de reforma antecipada e os planos de pré-reforma, por exemplo[422]); bem como as medidas de aumento do período experimental dos contratos de trabalho, durante o qual o despedimento é incondicionado[423]. A este propósito, ZÖLLNER observa que só a introdução de alguma racionalidade no regime jurídico da cessação do contrato de trabalho permite evitar a imposição ao empregador de situações laborais incomportáveis do ponto de vista económico ou da viabilidade da empresa[424].

IV. Como decorre do exposto, a tendência de flexibilização descrita vai ao arrepio de algumas das mais tradicionais garantias dos trabalhadores subordinados, relativamente à conformação do conteúdo, à

---

[419] *Le tendenze...cit.,* 157 s.

[420] Dando conta de medidas deste tipo, com referência à Holanda e à França, TREU, *Labour flexibility...cit.,* 499. Em geral, sobre a evolução recente do regime do despedimento no sistema germânico, *vd,* por exemplo, Christian HAUSMANN, *Le licenciement en droit allemand après la loi du 30 septembre 1993,* DS, 1994, 5, 507-510. E, para uma perspectiva comparada sobre as medidas de aligeiramento que, nesta matéria, têm sido incrementadas em alguns países europeus e que permitem comprovar a grande diversidade dos procedimentos adoptados, *vd* ainda o Relatório de SUPIOT, *Au-delà de l'emploi cit.,* 80 ss.

[421] Neste sentido, SÉGUIN, *L'adaptation...cit.,* 829, indica a supressão da necessidade de autorização administrativa para o despedimento colectivo, na *Loi du 3 juillet 1986,* em França.

[422] Referindo a possibilidade de reforma antecipada no direito belga, neste contexto, VANACHTER, *Flexibility...cit.,* 236; e, quanto ao direito italiano, D'HARMANT FRANÇOIS, *La delegificazione...cit.,* 174.

[423] Referenciando esta medida no sistema belga, ainda VANACHTER, *Flexibility...cit.,* 229 s.

[424] ZÖLLNER, *Flexibilisierung...cit.,* 288 s. Para uma apreciação mais detalhada dos efeitos económicos da protecção em matéria de despedimento, *vd* ainda FRANZ, *Chancen und Risisiken...cit.,* 443 ss.

execução e à cessação do contrato de trabalho: a regra da estabilidade da relação de trabalho tem cada vez mais desvios, a força das garantias relativas à prestação laborativa, ao local ou ao tempo de trabalho está fortemente diminuída e a tutela do trabalhador em matéria de despedimento é aligeirada. Porque estas garantias correspondem ao desenvolvimento do princípio geral da protecção do trabalhador, pode dizer-se que o processo de flexibilização do direito do trabalho põe globalmente em causa este princípio.

Veremos, de imediato, as vias que têm sido propugnadas para a adopção destas medidas.

49.3. As vias para a flexibilização do direito do trabalho: a desregulamentação laboral

I. Como referimos acima, o objectivo de flexibilização do direito do trabalho tende a ser prosseguido por três vias, que a doutrina tem resumido, sem grande rigor, na fórmula da *desregulamentação*: a eliminação pura e simples de algumas normas laborais protectivas, com a devolução das matérias sobre que estatuiam à esfera da autonomia privada (é a desregulamentação em sentido próprio); a substituição das normas imperativas por uma regulamentação mais flexível das situações laborais, feita directamente pela lei, através das convenções colectivas ou ainda por uma via mista; e a admissibilidade da modificação *in pejus* dos regimes laborais ao nível da negociação colectiva. Apesar das oscilações que tem demonstrado[425] e das dúvidas quanto ao âmbito que deve assumir[426], este processo é, de uma forma geral, aplaudido e considerado de importância fundamental pela maioria da doutrina, a ponto de alguns autores se lhe referirem como o início de uma nova

---

[425] A este propósito, Maria Vittoria BALLESTRERO, *La flessibilità nel diritto del lavoro. Troppi consensi?*, Lav.Dir., 1987, 2, 289-299 (293), faz notar que os modelos teóricos de flexibilização têm, na prática, correspondido a oscilações legislativas entre a regulação e a desregulamentação e, quando se opta por esta última, entre o carácter livre ou controlado da mesma.

[426] Assim, por exemplo, SUPIOT, *Déréglementation...cit.*, 204 s., aponta os perigos da generalização deste processo, nomeadamente quando envolva a devolução de poderes negociais para o âmbito empresarial, em razão da indefinição do conceito de empresa.

fase do direito do trabalho: a fase do recrudescimento da autonomia privada[427], da renovação do contratualismo[428] ou da redescoberta dos valores individuais da área jurídica[429].

II. No que se refere à primeira via de flexibilização apontada, a maioria da doutrina considera hoje excessivo o peso das normas laborais imperativas e propugna ou aplaude as iniciativas de eliminação das

---

[427] Neste sentido, Klaus ADOMEIT, *Discussionbeitrag*, ZIAS, 1988, 361-362 (361), que se refere a esta fase como a «*dritte Stufe in der entwicklung des Arbeitsrechts*». Também dando nota da evolução recente do direito do trabalho espanhol no sentido de um maior individualismo, refere António Ojeda AVILÉS, *Autonomía colectiva e autonomía individual*, Rel.Lab., 1990, I, 311-354 (313): «*si ya podemos decir que el siglo XIX marca en el trabajo dependiente la égida del contrato y el siglo XX la del convenio, las vísperas del XXI anuncian algo distinto situado entre ambos puntos*».

[428] A expressão aparece em MENGONI, *L'influenza...cit.*, 8 s.

[429] ZANGARI, *Il rischio...cit.*, 688, situando esta fase na década de setenta, já que escreve em 1979. Também a este propósito se refere Antoine JEAMMAUD, *La place du salarié individu dans le droit français du travail*, in N. ALIPRANTIS / F. KESSLER (éd.), *Le droit collectif du travail — questions fondamentales, évolutions récentes. Études en hommage à Madame le Professeur Hélène SINAY*, Frankfurt, 1994, 347-368 (358), à tendência recente de «*singularisation du rapport de travail*», que caracteriza pelo enriquecimento da dimensão negocial do vínculo laboral, pelo aumento da liberdade de estipulação das partes e pela consequente diminuição das normas de ordem pública social — *idem*, 359 s. e 362. Referindo a tendência de individualização do direito laboral germânico, ainda Spiros SIMITIS, *Il diritto del lavoro e la riscoperta dell'individuo*, DLRI, 1990, 87-113 (*maxime*, 96 ss.). No mesmo sentido, em relação ao direito espanhol, María Emilia Casas BAAMONDE, *La individualización de las relaciones laborales*, Rel.Lab., 1991, II, 402-421 (404 s.), que observa, com perspicácia, que esta tendência recente de individualização nada tem a ver com outras tendências contratualistas do direito laboral no passado, que prosseguiram o objectivo bem determinado de o afastar de concepções publicistas ou institucionalistas sobre o vínculo laboral; a particularidade do actual processo de individualização do direito laboral reside no facto de se ver no contrato de trabalho um instrumento apto, por um lado, a adequar as condições gerais de trabalho, estabelecidas na lei ou em convenção colectiva, aos casos individuais, e, por outro lado, a facilitar a flexibilização da gestão do pessoal na empresa; neste mesmo sentido, ainda OJEDA AVILÉS, *Autonomía colectiva...cit.*, 333. Por seu turno, Oronzo MAZZOTTA, *Autonomia individuale e sistema del diritto del lavoro*, DLRI, 1991, 3, 489-512 (507), chama a atenção para o facto de esta evolução do direito do trabalho num sentido individualista ser um reflexo da evolução geral da sociedade também neste mesmo sentido individualista.

mais anquilosadas ou obsoletas, e o consequente reforço da autonomia das partes, quer na determinação do conteúdo das situações laborais, quer na operação de qualificação do vínculo jurídico — é a posição sustentada, entre muitos outros, por autores como ZÖLLNER[430], ADOMEIT[431], MÜCKENBERGER[432], BIAGI[433], MENGONI[434] ou MARTÍN DE HIJAS[435] [436].

---

[430] *Arbeitsrecht und Marktwirtschaft...cit.*, 65, e *Flexibilisierung...cit.*, 284 s., indicando, nesta última sede, como exemplos de normas laborais imperativas a eliminar, o regime legal restritivo em matéria de trabalho suplementar ou o regime do crédito de horas da comissão de trabalhadores. Deve, no entanto, referir-se que, apesar de ser um grande defensor do aumento do âmbito da possibilidade de autodeterminação livre dos seus interesses pelas partes em sede do contrato de trabalho, este autor não deixa de admitir a necessidade de controlo do conteúdo do contrato e a sua eventual correcção pelo tribunal, por critérios de equidade e em cumprimento do princípio da protecção do trabalhador — a este propósito, Wolfgang ZÖLLNER, *Immanente Grenzen arbeitsvertraglicher Regelungen*, RdA, 1989, 3, 152-162 (153). Deve ainda notar-se que este apelo do autor ao reforço da liberdade das partes no domínio laboral está de acordo com o seu apelo genérico ao reforço do princípio da liberdade negocial no direito privado — quanto a este último ponto, *Die politische Rolle...cit.*, maxime 236, e, *supra*, § 20º, 43.III. e nota [136].

[431] *Discussionbeitrag...cit.*, 161. Relativamente a certas categorias de trabalhadores, o autor reforça, noutra sede (*Der untypische Arbeitnehmer...cit.*, 8 s.) os apelos à aferição da vontade que as partes tenham manifestado, para resolver eventuais problemas de qualificação do negócio, pela dificuldade de reconduzir estes trabalhadores à figura do trabalhador típico ou mesmo à figura do trabalhador subordinado.

[432] *Regolamentazione statale...cit.*, 24 e 27.

[433] *Il futuro...cit.*, 342 e 336. Este autor considera obsoleto um sistema normativo baseado em preceitos inderrogáveis, muitas vezes inadequados ao desenvolvimento prático das relações laborais, e aponta a necessidade de diminuição dos entraves à liberdade empresarial como componente essencial do processo de desregulamentação.

[434] *L'influenza...cit.*, 8 s.

[435] *Autonomia individual...cit.*, maxime 367 ss. Ainda sobre este ponto, na doutrina espanhola, Federico Durán LÓPEZ / Carmen Sáez LARA, *Autonomía colectiva e autonomía individual en la fijación y modificación de las condiciones de trabajo*, Rel.Lab., 1990, I, 382-401.

[436] Deve salientar-se que os autores dão conta desta tendência de diminuição da regulamentação legal garantística, mesmo em sistemas com um peso muito menor deste tipo de regulamentação, como os sistemas anglo-saxónicos — neste sentido, DAVIES, *Le tendenze...cit.*, 112 ss., aponta a diminuição da *auxiliary legislation*, que incentivava a contratação colectiva, a redução da tutela legal dos

A grande questão subjacente a esta orientação é, obviamente, a da ultrapassagem do mito da incapacidade genética permanente do trabalhador subordinado. Se, como vimos[437], foi este mito que justificou a subtracção da maioria dos aspectos do conteúdo da situação laboral ao domínio da liberdade negocial e que banalizou a tendência jurisprudencial[438] e, em alguns sistemas, a tendência legal[439] de optar sistematicamente pela qualificação laboral do vínculo jurídico nos casos de dúvida[440], a revalorização da vontade das partes na qualificação e na fixação do conteúdo do negócio pressupõe a sua liberdade e capacidade efectivas de autodeterminação. Por este motivo, os autores que subscrevem a diminuição do reduto das normas laborais imperativas e a reiteração da confiança do sistema jurídico na dimensão negocial (individual) do vínculo de trabalho, justificam a sua opção no facto de muitas normas imperativas onerarem materialmente a posição do empregador e constituirem um obstáculo à gestão e ao desenvolvimento produtivo, quando já não se justificam em nome da protecção do trabalhador, porque a melhoria efectiva da condição material deste, que entretanto se verificou, atenuou a sua inferioridade negocial perante o empregador[441]; e salientam ainda as vantagens que podem decorrer, para o próprio trabalhador, do aumento da sua liberdade negocial[442].

---

trabalhadores subordinados e a restrição aos conflitos laborais, como exemplos desta tendência geral no sistema inglês, desde 1979. O autor é, contudo, bastante crítico em relação a esta evolução, que considera pôr em causa o grau de protecção atingido até à década de setenta — *idem*, 117.

[437] Cfr., *supra*, 48.1.II.

[438] Dando conta desta tendência no sistema jurídico francês, por exemplo, RAY, *Du Germinal...cit.*, 634 s., afirmando expressamente a responsabilidade da jurisprudência na extensão da categoria do salariato, em razão da tendência de qualificação como trabalhadores subordinados de muitos trabalhadores cuja subordinação não era de todo evidente.

[439] Veja-se a presunção de laboralidade da lei espanhola, analisada com detalhe por FURTADO MARTINS, *A crise...cit.*, 345, e nota [10].

[440] Sobre a jurisprudência portuguesa nesta matéria, *vd.*, *infra*, 49.5.VI, nota [592].

[441] FERRARO, *La delegificazzione...cit.*, 149, ZÖLLNER, *Flexibilisierung...cit.*, 284 s., ou ADOMEIT, *Discussionbeitrag cit.*, 361. Como refere este último autor, sendo a autonomia privada a situação normal, só se justifica a sua limitação em nome do princípio da protecção se, de facto, houver necessidade de protecção, o que já não sucede, por exemplo, a partir de um certo nível salarial. Cabe pois, na expressão de ZANGARI, *Il rischio...cit.*, 688 s., represtinar os mecanismos decisó-

III. A segunda via de flexibilização do sistema jurídico laboral tem a ver com a substituição das normas laborais imperativas por uma regulamentação mais flexível das matérias laborais, feita pela própria lei, mas, sobretudo, por via convencional colectiva, com ou sem a intervenção de entidades administrativas. Impropriamente integrada no conceito de desregulamentação, como referimos acima, a importância desta via de flexibilização é bem ilustrada por SUPIOT[443], quando reconhece que o processo de desregulamentação se reconduz, sobretudo, ao estabelecimento de uma regulamentação diversa por esta via — *verbi gratia*, através das convenções colectivas, consideradas geralmente como as peças-chave deste processo.

Nesta segunda forma de «desregulamentação» são propugnadas medidas directamente incidentes sobre as normas legais e medidas incidentes na relação entre a lei e as convenções colectivas.

Assim, no primeiro grupo, são propostas medidas como a substituição das normas mais antigas e mais rígidas por normas mais adapta-

---

rios da empresa, a liberdade e a discricionaridade da gestão e associar a colaboração das estrututras representativas dos trabalhadores no seio da empresa à assunção de responsabilidades de gestão. Já contra este incremento da liberdade negocial se manifestou Eberhard DORNDORF, *Mehr Individualvertragsfreiheit im Arbeitsrecht?* in W. DÄUBLER / M. BOBKE / K. KEHRMANN (Hrsg.), *Arbeit und Recht, Fest. für Albert GNADE*, Köln, 1992, 39-55 (55), por considerar que continua a ser necessário compensar a efectiva impossibilidade de prossecução equitativa dos seus interesses pelas duas partes e a real desigualdade de oportunidades de trabalhadores e de empregadores; e, ainda numa orientação crítica, Antoine LYON-CAEN, *Actualité du contrat de travail — brefs propos*, DS, 1988, 7/8, 540--543 (543), chama a atenção para os perigos que esta revitalização da figura do contrato e da autonomia das partes, na sua qualificação e na determinação do seu conteúdo, pode acarretar, não só do ponto de vista da diminuição das garantias dos trabalhadores, como do ponto de vista do aumento da sua subordinação.

[442] Neste sentido, ainda ZÖLLNER, *Arbeitsrecht und Marktwirtschaft...cit.*, 66.

[443] *Déréglementation...cit.*, 195. Na mesma linha, Bernard TEYSSIÉ, *Propos autour d'un projet d'autodafé*, DS, 1986, 7/8, 559-561 (561), distingue entre *flexibilidade* e *aligeiramento* das normas laborais, considerando que o que está em causa no direito laboral é não tanto a diminuição do número de normas como a sua fonte (razão pela qual o alargamento da competência normativa das convenções colectivas permitiria flexibilizar o sistema laboral). Também ORTIZ LALLANA, *Lineas de tendencias...cit.*, 102, refere expressamente que a *desregulamentação* não significa a supressão da lei mas a sua adaptação às novas exigências produtivas e de organização.

das às novas exigências produtivas (neste sentido, se pronunciam, por exemplo, MÜCKENBERGER ou FERRARO[444]); a diminuição da força imperativa de algumas normas, através da fixação da sua imperatividade em termos mínimos e não absolutos[445] (embora, mesmo nestes termos, a imperatividade seja considerada como um factor de rigidez do sistema, uma vez que circunscreve à lei o poder de diminuir ou de suprimir vantagens anteriormente reconhecidas, como observa G. LYON-CAEN[446]); a tipificação das normas legais imperativas, como forma de limitar a sua extensão (é uma solução avançada por MARTÍN DE HIJAS[447]); e ainda a substituição de regimes de eficácia geral por regimes que comportem desvios ou excepções para casos particulares (neste sentido, por exemplo, ZÖLLNER[448] considera essencial a delimitação das várias categorias de trabalhadores, a fim de ser possível adequar o regime laboral protectivo às necessidades efectivas de cada uma daquelas categorias, enquanto JAVILLIER[449] apela à necessidade de adaptar ou de prever casos de excepção nas normas protectivas, atendendo às especificidades técnicas e profissionais dos trabalhadores, à evolução tecnológica, ou às dificuldades económicas das empresas). Por outro lado, ainda no domínio estritamente legal, os autores dão conta da alteração da fisionomia de alguns diplomas laborais, ou porque são pensados, à partida, como contingentes, ou porque apresentam um carácter *sui generis,* integrando,

---

[444] MÜCKENBERGER, *Regolamentazione statale...cit.,* 36; FERRARO, *La delegificazzione...cit.,* 150.

[445] Sobre a distinção entre estes níveis de imperatividade, cfr., *supra,* § 2º, 1.4.I. e nota [89].

[446] *La bataille...cit.,* 807.

[447] *Autonomia individual...cit.,* 373 s.

[448] *Flexibilisierung...cit.,* 285 s. Como exemplo de regimes gerais a restringir, o autor refere as normas reguladoras dos subsídios de doença e de férias, que considera não deverem ser aplicáveis aos trabalhadores dirigentes, já que estes não se encontram, de facto, numa situação de carência que justifique qualquer protecção especial. No mesmo sentido, MARTÍN DE HIJAS, *Autonomia individual... cit.,* 370, interroga-se sobre a propensão de universalidade das normas laborais protectivas, por não considerar razoável a aplicação do mesmo regime de favor a trabalhadores indiferenciados ou a trabalhadores altamente qualificados, sem uma efectiva necessidade de tutela.

[449] *Ordre juridique...cit.,* 64 s. A este tipo de previsões o autor chama a «flexibilidade de protecção» e a «flexibilidade de adaptação». Já relativamente à erradicação, pura e simples, do princípio da protecção («flexibilidade de desregulamentação»), este autor é bastante crítico — *op. e loc. cits.*

no seu processo legislativo ou no seu conteúdo final, elementos negociais: são os diplomas com a vigência sujeita a um termo ou condicionada por determinado evento, que prosseguem objectivos conjunturais de política de emprego ou pretendem testar a eficácia de determinada medida; e são os diplomas legais resultantes de processos de negociação envolvendo os parceiros sociais (fenómeno por vezes designado como «legislação laboral negociada»), bem como aqueles que se limitam a estender o âmbito de aplicação das convenções colectivas ou a integrar as suas lacunas[450].

No que respeita às medidas incidentes na relação entre a lei e as convenções colectivas, é referido o fenómeno a que SUPIOT chama «*[le] déplacement du centre de gravité du droit du travail de la loi vers les négociations collectives*» e que considera como uma tendência generalizada nos países da Europa[451]. Esta tendência de transferência das competências normativas para o domínio convencional colectivo evidencia-se na valorização dos instrumentos convencionais, tanto na forma autónoma tradicional (e, neste domínio, com especial ênfase para a negociação colectiva ao nível empresarial[452]), como na forma mista ou tripartida, ou seja, com a assistência e a intervenção de entidades públicas

---

[450] Sobre esta nova configuração de algumas leis laborais, *vd,* por exemplo, FERRARO, *La delegificazzione...cit.,* 158 ss. Este autor distingue entre *legislação laboral negociada* (que refere aos diversos casos de condicionamento das normas legais pelos compromissos negocais assumidos previamente), *legislação receptícia* (que reporta aos casos em que a lei se limita estender o âmbito das convenções colectivas) e *legislação delegante* (para os casos em que são conferidos poderes especiais de derrogação da lei laboral às convenções colectivas), e acaba por concluir que este tipo de legislação manifesta um novo estádio do garantismo laboral — *idem,* 166. A expressão é referida também por alguma doutrina francesa — neste sentido, por todos, Marie-Laure MORIN, *La loi et la négociation collective: concurrence ou complémentarité,* DS, 1998, 5, 419-429 (419).

[451] SUPIOT, *Au-delà de l'emploi cit.,* 218. Também realçando esta tendência de transferência de competências normativas para as convenções colectivas, MAZZOTTA, *Autonomia individuale...cit.,* 504.

[452] Neste sentido, por exemplo, SUPIOT, *Déréglementation...cit.,* 198 ss., bem como MARTÍN DE HIJAS, *Autonomia individual...cit.,* 380. Também sobre a negociação colectiva ao nível empresarial, Jacques BARTHELÉMY, *La négociation collective, outil de gestion de l'entreprise,* DS, 1990, 7/8, 580-583 (582), acentua as suas vantagens sobre as grandes convenções de ramo ou profissão, por se tratar daquilo a que chama um «*accord géré et non subi*» pelos próprios destinatários, podendo ainda funcionar como um eficaz instrumento de gestão.

e através da concertação social (considerada até por alguns autores como o fenómeno mais marcante da evolução recente do direito laboral[453]). Como referem os autores, a negociação colectiva, autónoma ou mista e a qualquer nível, é muito mais adaptável às necessidades económicas e de gestão do empregador e aos interesses específicos das diversas categorias de trabalhadores do que a lei, não só pelo facto de ser estabelecida pelos próprios destinatários das normas, mas também pelo facto de ser, por princípio, mais efémera[454].

Por outro lado, alguns autores chamam a atenção para as alterações que esta valorização do papel das convenções colectivas e dos parceiros sociais na regulação dos fenómenos laborais produz na própria estrutura do sistema normativo laboral — neste sentido, CESSARI e LUCA TAMAJO observam que a crescente importância regulativa das convenções colectivas tende a transformar o modelo garantístico tradicional do sistema normativo laboral (baseado na assunção directa pelo Estado da necessidade de proteger cada trabalhador, individualmente considerado) num modelo de índole colectiva, baseado na auto-regulamentação e no controlo directo da actuação das empresas pelas estruturas representativas dos trabalhadores — é o fenómeno que os autores sintetizam na fórmula «*dal garantismo al controllo*»[455].

IV. A terceira forma de «desregulamentação» preconizada, em prossecução do objectivo de flexibilização do sistema jurídico laboral, tem a ver com a reponderação das regras de coordenação hierárquica das fontes laborais e, designadamente, com a reavaliação do princípio do tratamento mais favorável ao trabalhador, no sentido de admitir a derrogação *in pejus* das normas legais pelas convenções colectivas. Esta reponderação é uma consequência da tendência de valorização do papel dos instrumentos convencionais colectivos na disciplina das relações laborais, que descrevemos acima.

---

[453] Neste sentido, por exemplo, PIERRE DENIS, *Droit du travail* cit., 14. Relevando a importância deste fenómeno no direito italiano, entre outros, Tiziano TREU, *Bilancio e prospettive delle relazioni industriale, in* V. PANUCCIO (coord. e dir.), *Studi in memoria di Domenico Napoletano,* Milano, 1986, 277-302 (283 ss.), ou MAZZONI, *Costo del lavoro...cit., maxime* 274.

[454] Salientando a maior adaptibilidade da regulamentação convencional relativamente à lei, entre muitos outros, SÉGUIN, *L'adaptation...cit.,* 830 s.

[455] CESSARI/LUCA TAMAJO, *Dal garantismo al controlo cit., passim*; e ainda de Aldo CESSARI, *Dal «garantismo» al «controllo»,* RivDL, 1980, 1, 3-17.

Assim, autores como SUPIOT[456] assumem que o papel central hoje reconhecido à negociação colectiva na regulação dos fenómenos laborais corresponde a uma transferência de responsabilidades do Estado para os parceiros sociais, que obriga, só por si, a repensar o modelo clássico de organização das fontes laborais numa perspectiva de intercomunicabilidade e não de hierarquização rígida dos preceitos normativos — ora, esta nova organização das fontes passa, designadamente, pela admissibilidade de derrogação das normas legais (mesmo *in pejus*) ao nível convencional, com o inerente prejuízo dos direitos e garantias já adquiridos pelos trabalhadores, cuja intangibilidade é considerada por diversos sectores da doutrina como o factor de maior rigidez do sistema jurídico-laboral[457]. A este raciocínio, outros autores fazem acrescer uma ponderação económica, considerando que a admissibilidade do prejuízo dos direitos dos trabalhadores, através das convenções colectivas, se impõe quando o nível desses direitos e garantias deixe de ser sustentável em termos económicos[458].

Em desenvolvimento destas ideias, são propostas diversas medidas. Assim, alguns autores apontam, como via para a superação de alguma rigidez do sistema normativo laboral, a interpretação do princípio do tratamento mais favorável, na sua aplicação à relação entre as fontes laborais, não em termos quantitativos («materialistas», na expressão de ADOMEIT), mas em termos globais, que permitam o cotejo de diferentes tipos de benefícios e a comparação das fontes no seu conjunto[459].

---

[456] SUPIOT, *Au-delà de l'emploi cit.*, 418, e *Déréglementation...cit.*, 202.

[457] Neste sentido, por todos, LYON-CAEN, *La bataille...cit.*, 808. Como refere D'HARMANT FRANÇOIS, *La delegificazione...cit.*, 199, este núcleo mínimo de direitos e garantias indisponíveis dos trabalhadores pode funcionar como instância de controlo da própria negociação colectiva.

[458] Salientando este argumento económico para a justificação da derrogabilidade *in pejus* das normas legais pelas convenções colectivas, entre outros, BIAGI, *Il futuro...cit.*, 342, ou ORTIZ LALLANA, *Lineas de tendencias...cit.*, 119.

[459] ADOMEIT, *Discussionbeitrag cit.*, 361 s., apontando, por exemplo, a necessidade de ultrapassar a ideia de que a diminuição salarial é sistematicamente em desfavor dos trabalhadores e chamando ainda a atenção para as dificuldades de delimitação do conceito de maior favorabilidade. Também MARTÍN DE HIJAS, *Autonomia individual...cit.*, 377, apela à comparação global das fontes como a forma mais razoável de aplicação do princípio do *favor laboratoris*, porque permite, designadamente, introduzir alterações pontuais do regime num sentido de menor favorabilidade, desde que o conjunto se mantenha mais favorável.

Outros autores propugnam a redução da ideia da intangibilidade dos direitos adquiridos a um número mínimo de preceitos, que garantam a saúde, a segurança e a dignidade do trabalhador sem paralisarem o sistema — é uma opinião que encontramos, por exemplo, em LYON-CAEN[460]. Com o mesmo objectivo de introduzir alguma flexibilização no sistema de fontes, é ainda propugnado o reconhecimento de diferentes graus de imperatividade das normas legais na sua relação com os contratos de trabalho e com as convenções colectivas — neste sentido, BERNARDO XAVIER[461] defende que se deveria admitir um grau de imperatividade superior da lei laboral na sua relação com os contratos de trabalho do que na relação com as convenções colectivas, por não fazer sentido que a autonomia colectiva se sujeite às mesmas limitações da autonomia individual[462]. E, finalmente, a maioria da doutrina admite expressamente que as fontes inferiores venham a afastar, em determinadas condições, as fontes superiores num sentido menos favorável aos trabalhadores ou, pelo menos, num sentido neutro — admitindo-se este afastamento tanto na relação entre a convenção colectiva e a lei como na relação entre dois instrumentos convencionais colectivos de diferente valor hierárquico[463] [464].

---

[460] *La bataille...cit.*, 808. Neste sentido, também, expressamente, SÉGUIN, *L'adaptation...cit.*, 831 s.

[461] *A crise e alguns institutos...cit.*, 556 s.

[462] Na mesma linha, RUSCIANO, *Prospettive di reforma...cit.*, 293 ss., e D'Harmant FRANÇOIS, *La delegificazione...cit.*, 197, apelam à superação do princípio do *favor* ao nível da negociação colectiva, e autores como ZÖLLNER, *Flexibilisierung...cit.*, 287 s., PERA, *Trasformazioni...cit.*, 434, ou G. LYON-CAEN, *La bataille...cit.*, 808, consideram que o princípio da inderrogabilidade *in pejus* não faz sentido ao nível das relações laborais colectivas.

[463] Neste sentido, quanto à relação entre a regulamentação convencional colectiva e a lei, admitem a derrogação *in pejus* das normas legais pelas convenções colectivas, autores como ZÖLLNER, *Flexibilisierung...cit.*, 287 s., PERA, *Trasformazioni...cit.*, 434, Gino GIUGNI, *Il diritto sindacale,* 7ª ed., Bari, 1984, 189 ss., BIAGI, *Le tendenze...cit.*, 98, ou G. LYON-CAEN, *La bataille...cit.*, 808. No sistema francês, esta possibilidade foi sustentada com base na extensão do direito de derrogação das normas legais e das cláusulas das convenções colectivas de âmbito inter-profissional ou sectorial, que assiste às convenções colectivas empresariais, nos termos dos arts. L. 132-24 e L. 132-25 do *Code du travail* — mas sobre esta possibilidade, *vd,* em apreciação crítica, por exemplo, Gilles BÉLIER, *Les dérogations au droit du travail dans les nouveaux contrats d'entreprise: réflexions critiques sur certains projets,* DS, 1986, 1, 49-55. Também preconizando a possibilidade de alteração do regime legal pelas convenções colectivas

Apesar de tudo, deve dizer-se que as iniciativas práticas referidas nesta matéria pelos autores[465] evidenciam um carácter pontual, demonstrando alguma incipiência dos vários sistemas jurídicos nesta linha evolutiva.

num sentido menos favorável, relativamente ao sistema laboral português, por exemplo, BERNARDO XAVIER, *A crise e alguns institutos...cit.*, 554 ss.

[464] No mesmo sentido, é admitida a derrogação *in pejus* entre fontes colectivas autónomas de valor hierárquico diferente (como parece suceder, no caso germânico, com a relação entre os *Tarifverträge* e os *Betriebverereinbarungen*), por autores como MÖSCHEL, *Arbeitsmarkt...cit.*, 50, Dieter REUTER, *Das Verhältnis von Individualautonomie, Betriebsautonomie und Tarifautonomie*, RdA, 1991, 4, 193-204 (195 ss.), que preconizam uma profunda alteração da relação clássica entre estes dois instrumentos colectivos (e o próprio contrato de trabalho) como consequência natural da própria evolução da situação económica dos trabalhadores subordinados, que fez com que a contratação colectiva deixasse de ser o único meio de compensação da sua dependência económica para passar a ser um dos meios possíveis de prossecução dos interesses laborais; e, na mesma linha, autores como Herbert BUCHNER, *Wirklichkeit und vermeintliche Gefährdungen der Tarifautonomie*, in M. HEINZE / A. SÖLLNER (Hrsg.), *Arbeitsrecht in der Bewährung, Fest für Otto Rudolf KISSEL*, München, 1994, 97-117 (111 ss.), preconizam que os *Betriebvereinbarungen* possam, ao contrário do que tem sido admitido, afastar condições e direitos estabelecidos nos *Tarifverträge*, por critérios de realismo e sustentabilidade económica das empresas, sob pena de o futuro nos mostrar óptimas convenções colectivas para nenhum posto de trabalho. Mas contra, por exemplo, Dirk NEUMANN, *Tarif- und Betriebsautonomie*, RdA, 1990, 5, 257-261 (260 s.), considerando que esta alteração pode pôr em perigo o princípio da autonomia colectiva. Na doutrina francesa, a possibilidade de os acordos de empresa afastarem a aplicação de convenções colectivas de ramo profissional, instituída pela *Loi Séguin (Loi du 19 juin 1987)*, é aplaudida, entre outros, por SUPIOT, *Déréglementation...cit.*, 198 ss.

[465] A este propósito, relativamente ao sistema germânico, MÜCKENBERGER, *Regolamentazione statale...cit.*, 25, refere-se expressamente à existência de algumas «convenções colectivas pejorativas». No sistema italiano, BALLESTRERO, *La négociation d'entreprise...cit.*, 658, dá conta de dois tipos de reenvio das normas laborais para a regulamentação convencional colectiva com importância nesta matéria: a previsão de um determinado regime legal como regime-quadro, com a possibilidade da sua adequação ou limitação em concreto pelas convenções (é o «reenvio integrativo»), e a admissibilidade de afastamento *in pejus* ao nível convencional colectivo das garantias gerais estabelecidas pela lei laboral; e Roberto PESSI, *I contratti di solidarietà*, DLav., 1983, I, 419-425, e Giuseppe PERA, *I contratti di solidarietà*, DLRI, 1984, 699-713, dão-nos conta de legislação de remissão para as convenções colectivas, na qual se admite a derrogação, pela via colectiva, de

49.4. A flexibilização do direito do trabalho no quadro jurídico comunitário

I. A última dimensão a ter em conta, para completar o quadro geral sobre a evolução recente dos sistemas juslaborais, que nos ocupa nesta parte do estudo, é a dimensão internacional deste processo, que resulta da tendência de globalização da economia; e, mais especificamente, a dimensão comunitária, em razão da tendência de uniformização dos regimes laborais dos Estados membros das Comunidades Europeias, que tem vindo a acompanhar o processo de globalização da economia. Embora, na aparência, esta tendência do direito comunitário para a uniformização dos sistemas laborais dos Estados membros não contrarie a ideia da protecção dos trabalhadores, o facto é que ela tem tido que se compaginar com outros valores também prosseguidos pelo direito comunitário e a conciliação destes diversos valores tem algumas implicações dogmáticas, que carecem de ponderação.

II. O direito comunitário tem produzido regulamentação atinente à fenomenologia *social* (para utilizar a expressão difundida no léxico comunitário e que se reporta, *grosso modo*, às matérias laborais e às matérias da segurança social), que se debruça, nomeadamente, nos problemas da circulação de trabalhadores, das condições de trabalho, da igualdade de tratamento e da segurança social, e cujo objectivo parece ser o de assegurar a harmonização de regimes entre os Estados membros[466]; ao mesmo tempo, tem sido incentivado o diálogo entre os parceiros sociais e a negociação colectiva de dimensão comunitária, ao abrigo do art. 118º- B do Tratado de Roma (introduzido pelo Acto Único Europeu) e dos arts. 1º e 4º do Acordo Relativo à Política Social anexo ao Tratado de Maastricht[467]. No entanto, a harmonização da legislação

---

normas legais protectivas (designadamente, em matéria de tempo de trabalho), com o objectivo de fomentar o emprego.

[466] Em geral sobre o conceito de harmonização no direito comunitário, por todos, Fausto de QUADROS, *Direito Europeu das Sociedades, in Estruturas Jurídicas da Empresa — Curso do Centro de Estudos da Ordem dos Advogados em intercâmbio com a Faculdade de Direito da Universidade Clássica de Lisboa*, Lisboa, 1989, 151-181 (155).

[467] Sobre este último aspecto, por exemplo, GRANDI, *Diritto del lavoro e Comunità...cit.*, 142, Pierre RODIÈRE, *Construction europeéne et droit du travail,*

social é apenas uma parcela do amplo processo de harmonização dos sistemas jurídicos dos Estados membros, prosseguido ao nível comunitário, e observa-se alguma dificuldade de conciliação entre as prioridades sociais e outras prioridades do direito europeu neste processo.

A razão de ser destas dificuldades fica patente na exposição de D'ANTONA[468] sobre esta matéria. Segundo este autor, o processo de harmonização comunitária comporta duas vertentes, que correspondem a dois objectivos fundamentais: a vertente a que chama de «*armonizzazione coesiva*», cujo objectivo é assegurar a implementação, ao nível de cada Estado, dos princípios comunitários mais importantes do Tratado de Roma em matéria social — o princípio da livre circulação dos trabalhadores, o direito a condições de trabalho condignas e o princípio da igualdade remuneratória entre os trabalhadores dos dois sexos (arts. 48º, 118º-A e 119º)[469] [470] [471]; e a vertente da «*armonizzazione funzio-*

---

in *Les transformations du droit du travail. Études offertes à G.* LYON-CAEN, Paris, 1989, 33-49 (43), Philippe LANGLOIS, *La négociation collective d'entreprise. La politique communautaire,* DS, 1990, 7/8, 673-679, ou Olivier Dutheillet de LAMOTHE, *Du traité de Rome au traité de Maastricht: la longue marche de l'Europe sociale,* DS, 1993, 2, 194-200 (197 e 200).

[468] *Armonizzazione...cit.,* 700 ss.

[469] Sobre estes princípios, *vd* ainda GRANDI, *Diritto del lavoro e Comunità... cit.,* 153 ss. Para além destes princípios, explicitados no Tratado de Roma, evidencia-se ainda ao nível comunitário a ponderação do princípio do tratamento mais favorável ao trabalhador a propósito dos problemas da lei aplicável aos contratos de trabalho em situação de conflito de leis — como é sabido, o art. 6º (nº 1) da Convenção de Roma Sobre a Lei Aplicável às Obrigações Contratuais impõe como limite à liberdade de escolha da lei aplicável ao contrato, conferida às partes pelo pelo art. 3º da Convenção, o respeito pelas disposições imperativas de protecção constantes da lei que seria aplicável ao contrato na falta de escolha pelas partes.

[470] Em concretização deste objectivo de implementação destes grandes princípios do Tratado com incidência laboral ou social nos Estados membros, a Comunidade produziu um número significativo de directivas e de regulamentos. Sem preocupações de exaustão, recordamos relativamente à circulação de trabalhadores e de outros cidadãos no espaço comunitário, a Dir. 64/221, de 25/02/64, o Reg. 1612/68, de 15/10/68, a Dir. 68/360, de 15/10/68, o Reg. 1251/70, de 29/07/70, a Dir. 73/148, de 21/05/73, regulando diversos problemas atinentes à circulação dos trabalhadores, às condições da sua permanência e da permanência das suas famílias nos Estados de destino, durante o desenvolvimento da actividade laboral e posteriormente. Relativamente ao direito de informação do trabalhador sobre as condições de trabalho, destacamos a Dir. 91/533, de 14/10/91, (transposta

nale», que tem como objectivo assegurar a livre concorrência e incrementar a competitividade entre as empresas e outros agentes económicos dos Estados membros, através da eliminação das restrições e barreiras à concorrência existentes ao nível nacional[472].

---

para Portugal pelo DL n° 5/94, de 11 de Janeiro). Relativamente à protecção do trabalhador por ocasião da cessação do contrato e por vicissitudes da empresa, destacamos as directivas sobre os direitos dos trabalhadores em caso de despedimento colectivo (Dir. 75/129, de 17/02/75 e Dir. 98/59, de 20/07/98), em caso de transferência do estabelecimento (Dir. 77/187, de 14/02/77, e Dir. 98/50, de 29/06/98) e em caso de insolvência do empregador (Dir. 80/987, de 28/10/80 e Dir. 87/164, de 2/03/87). Relativamente às matéria da segurança e da saúde no trabalho, salientamos, em termos gerais, as directivas sobre a melhoria das condições de segurança e de saúde dos trabalhadores no local de trabalho (Dir. 89/391, de 12/06/89), sobre as regras mínimas de segurança e saúde nos locais de trabalho (Dir. 89/654, de 30/11/89), e sobre a harmonização das legislações nacionais relativas às máquinas (Dir. 98/37, de 22/06/98). Ainda em matéria de saúde e segurança no trabalho, mas com alcance específico, destacamos, entre outras, as directivas sobre a protecção contra a exposição ao cloreto de vinilo (Dir. 78/610, de 29/06/78), sobre a protecção contra a exposição ao chumbo metálico (Dir. 82/605, de 28/07/82), sobre a protecção contra o amianto (Dir. 83/477, de 19/09/83), sobre a protecção no trabalho com ecrãs de visualização (Dir. 90/270, de 29/05/90), sobre a prevenção dos riscos cancerígenos (Dir. 90/394, de 28/06/90, e Dir. 99/38, de 29/04/99), e sobre a protecção contra os agentes biológicos (Dir. 90/679, de 26//11/90). Sobre a prossecução do princípio da igualdade remuneratória entre os trabalhadores dos dois sexos, *vd., infra,* nota [492].

[471] O objectivo de implementação dos grandes princípios do Tratado em matéria social nos Estados membros tem-se ainda desenvolvido através da jurisprudência comunitária, uma vez que o TJ tem sido com frequência chamado a pronunciar-se sobre estas questões, designadamente no que se refere aos problemas da circulação de trabalhadores e do trabalho plurilocalizado e aos problemas da igualdade de tratamento. Sobre a primeira área de incidência, *vd,* em anotação a decisões sobre casos deste tipo, por exemplo, MARIA LUÍSA DUARTE, *Tribunal das Comunidades...cit.,* com referência a um acórdão de 27 de Setembro de 1989 e a um acórdão de 27 de Março de 1990, sobre livre circulação de trabalhadores, Eric KERCKHOVE, *Le contrat de travail exécuté dans plusieurs États membres de la Communauté (CJCE, 13 juillet 1993, Mulox IBC limited c./H. Geels),* DS, 1994, 3, 309-314, bem com as extensas referências à jurisprudência comunitária sobre a matéria em António Jorge da Motta VEIGA, *Direito do Trabalho Internacional e Europeu,* Lisboa, 1994, 148 ss. Sobre a jurisprudência comunitária relativa aos problemas da igualdade entre os trabalhadores dos dois sexos, *vd, infra,* nota [492].

[472] Atente-se, a este propósito, no desenvolvimento da política comunitária em matéria de liberdade de concorrência que, a partir da previsão dos arts. 3° c),

Ora, se apreciarmos conjugadamente estas duas vertentes do processo de harmonização comunitária, verificamos que os respectivos objectivos podem, na prática, entrar em colisão. É certo que a primeira vertente deste processo de harmonização permitiu nivelar a protecção dos trabalhadores em diversos países e, nessa medida, está de acordo com o tradicional objectivo tutelar dos sistemas laborais nacionais e do direito internacional — é sobejamente reconhecida a importância dos múltiplos tratados e convenções internacionais de incidência laboral[473],

---

85º e 86º do Tratado de Roma, estabeleceu uma série de princípios, de obrigações e de restrições à actuação dos Estados membros nesta matéria, desenvolvidos também ao nível regulamentar (vd, por exemplo, o Reg. 4064/89, do Conselho, de 21/12/89, e o Reg. 447/98, de 1/03/98, relativos ao controlo das operações de concentração das empresas do mercado comum) e a nossa própria legislação na matéria, seguindo de perto o modelo comunitário (DL nº 371/93, de 29 de Outubro). Sobre a importância dos objectivos da política comunitária em matéria de concorrência e a forma da sua prossecução, vd, por todos, Pedro Ferreira MALAQUIAS, *As regras comunitárias de concorrência e a actividade bancária*, Rev.Banca, 1988, 6, 75-146 (77 ss.).

[473] Por mais significativos, lembramos a Declaração Universal dos Direitos do Homem, de 10 de Dezembro de 1948 (objecto do Aviso publicado no DR de 9/3/78), que consagra os direitos ao trabalho, a uma remuneração condigna e à liberdade sindical (art. 23º), o direito à limitação do tempo de trabalho e a férias periódicas pagas (art. 24º), bem como os direitos mínimos em matéria de assistência médica, segurança social e protecção da maternidade e da infância (art. 25º); o Pacto Internacional sobre os Direitos Civis e Políticos, de 7 de Outuro de 1976 (aprovado para ratificação por Portugal pela L. nº 29/78, de 12 de Junho), que proíbe a escravatura e o trabalho em situação de servidão (art. 8º) e consagra o direito de associação sindical e o princípio da liberdade sindical (art. 22º); o Pacto Internacional sobre Direitos Económicos, Sociais e Culturais, de 7 de Outubro de 1976 (aprovado para ratificação por Portugal pela L. nº 45/78, de 11 de Julho), que, na sua Terceira Parte, reconhece o direito ao trabalho e à formação profissional (art. 6º), bem como os direitos a uma remuneração condigna e igual para um trabalho de valor igual, a boas condições de trabalho, à igualdade de oportunidades na progressão profissional, à limitação do número de horas de trabalho, ao repouso e a férias pagas (art. 7º), e ainda o direito à liberdade sindical e o direito de greve (art. 8º), o direito à segurança social (art. 9º), o direito à protecção da maternidade, da infância e da juventude (art. 10º) e o direito à saúde, higiene e segurança (art. 12º). No âmbito do Conselho da Eropa, evidenciam-se ainda a Convenção Europeia dos Direitos do Homem, de 4 de Novembro de 1950 (aprovada para ratificação por Portugal pela L. nº 65/78, de 13 de Outubro), que proíbe o trabalho forçado (art. 4º) e reconhece o direito de associação e de reunião, bem como o princípio da liberdade sindical (art. 11º); e a Carta Social

bem como da actuação das organizações internacionais de vocação laboral (designadamente, a OIT, desde a sua constituição, em 1919[474]) para a implementação, nos espaços jurídicos nacionais, de medidas de tutela dos trabalhadores, em matéria de condições de trabalho, de saúde e de segurança, na garantia dos seus direitos essenciais ou na protecção de certas categorias de trabalhadores, como os jovens ou as mulheres[475], e

---

Europeia, aberta à assinatura dos Estados membros do Conselho da Europa em 18 de Outubro de 1961 (aprovada para ratificação por Portugal pela Res. AR n° 21/91, DR de 6/08/91, e pelo Dec. do PR, n° 38/91, da mesma data), que reconhece o direito ao trabalho (art. 1°), o direito a condições de trabalho condignas (art. 2°), o direito à higiene e segurança no trabalho (art. 3°), o direito a uma remuneração justa (art. 4°), a liberdade de associação sindical e patronal (art. 5°), o direito à negociação colectiva (art. 6°), o direito das crianças e dos jovens à protecção (art. 7°), o direito das trabalhadoras à protecção por ocasião ou em razão da maternidade (art. 8°), o direito à escolha da profissão e à formação e reabilitação profissionais (arts. 9°, 10° e 15°), o direito à protecção da saúde, à segurança social e à assistência social e médica (arts. 11°, 12°, 13° e 14°), o direito à protecção da família (arts. 16° e 17°), o direito de deslocação dos trabalhadores e o direito de protecção dos trabalhadores deslocados e das suas famílias nos Estados de destino (arts. 18° e 19°). Ainda com incidência directa no domínio laboral, é de referir a adopção pelo Conselho da Europa da Convenção Europeia relativa ao Estatuto Jurídico do Trabalhador Migrante, de 24 de Novembro de 1977.

[474] Sobre a constituição, as motivações e a história da OIT, vd, entre outros, Nicolas VALTICOS, *Droit international du travail*, in G. H. CAMERLYNCK, *Traité de droit du travail*, VIII, Paris, 1970, 33 ss., Manuel FIDALGO, *Convenções Internacionais de Trabalho Ratificadas por Portugal (1928-1985)*, Lisboa, 1988, 23 ss., André Goncalves PEREIRA / Fausto de QUADROS, *Manual de Direito Internacional Público*, 3ª ed., Coimbra, 1993, 554 ss., MOTTA VEIGA, *Direito do Trabalho Internacional...cit.*, maxime 34 ss., Margarida Salema d'Oliveira MARTINS / Afonso d'Oliveira MARTINS, *Direito das Organizações Internacionais*, II, 2ª ed., Lisboa, 1996, 179 ss., ou Jean-Michel SERVAIS, *Le couple travail-emploi et son évolution dans les activités de l'OIT, avec une référence spécifique au travail indépendant*, in A. SUPIOT (dir.), *Le travail en perspectives*, Paris, 1998, 145-159 (147 ss.).

[475] Na verdade, as matérias laborais que vão merecendo a atenção da OIT ao longo da sua história manifestam a evolução das preocupações dominantes no domínio laboral, desde a década de vinte até hoje. Assim, como se pode comprovar numa indicação exemplificativa das convenções e recomendações (na qual, voluntariamente, não incluímos aquelas que retomem textos normativos anteriores, a fim de facilitar a fixação da época histórica em que a Organização se interessou, pela primeira vez, pelas diversas temáticas), verificamos que entre a sua fundação, em 1919, e as décadas de vinte e trinta, as convenções e recomendações

da OIT incidem sobre as matérias da duração do trabalho no sector industrial (Conv. nº 1, de 1919, aprovada para ratificação por Portugal pelo Dec. nº 15 361, de 3/04/28), sobre a protecção da maternidade (Conv. nº 3, de 1919), sobre as limitações ao trabalho infantil e das mulheres (Conv. nº 4, de 1919, aprovada para ratificação por Portugal pelo Dec. nº 20 998, de 25 /11/31, sobre o trabalho nocturno das mulheres na indústria; Rec. nº 13, de 1921, sobre o trabalho nocturno das mulheres na agricultura; Conv. nº 6, de 1919, aprovada para ratificação por Portugal pelo Dec. nº 20 992, de 25/11/31, sobre o trabalho nocturno das crianças na indústria; e Rec. nº 14, de 1921, sobre o trabalho nocturno das crianças e jovens na agricultura), sobre a idade mínima de admissão ao trabalho (Conv. nº 5, relativa ao sector industrial; Conv. nº 7, de 1920, aprovada para ratificação por Portugal, pelo DL nº 43 020, relativa ao trabalho marítimo; Conv. nº 10, de 1921, relativa ao trabalho na agricultura; Conv. nº 33, de 1932, referente ao trabalho não industrial) sobre o descanso semanal na indústria (Conv. nº 14, de 1921, aprovada para ratificação por Portugal pelo Dec. nº 15 362, de 3/04/28), sobre os acidentes de trabalho e as doenças profissionais (Conv. nº 12, de 1921, aprovada para ratificação por Portugal pelo Dec. nº 42 874, de 15/03/60, sobre acidentes de trabalho na agricultura; Conv. nº 17, de 1925, aprovada para ratificação por Portugal pelo Dec. nº 16 586, de 9/03/29, sobre reparação de acidentes de trabalho; e Conv. nº 18, de 1925, aprovada para ratificação por Portugal pelo Dec. nº 16 587, de 9/03/29, sobre reparação das doenças profissionais), sobre seguros contra os riscos sociais ligados ao trabalho (Conv. nº 24, de 1927, sobre seguro de doença dos trabalhadores da indústria, do comércio e domésticos; Conv. nº 25, de 1927, sobre seguro de doença dos trabalhadores agrícolas; Rec. nº 29, de 1927, sobre seguro de doença), sobre salários mínimos (Conv. nº 26, de 1928, aprovada para ratificação por Portugal pelo DL nº 42 521, de 23/9/59), ou sobre trabalho forçado (Conv. nº 29, de 1930, aprovada para ratificação por Portugal pelo DL nº 40 646, de 16/06/56). A partir de metade de década de trinta, somam-se a estes temas as convenções e recomendações sobre férias pagas (Conv. nº 52, e Rec. nº 47, de 1936), sobre formação profissional (Rec. nº 56, de 1937, e Rec. nº 57, de 1939), sobre trabalhadores migrantes (Rec. nº 61, de 1939, e Rec. nº 86, de 1949), e sobre liberdade sindical (Conv. nº 87, de 1948, aprovada para ratificação por Portugal pelo DL nº 45/77, de 7 de Julho), e sobre os direitos de organização e de negociação colectiva (Conv. nº 98, de 1949, aprovada para ratificação por Portugal pelo DL nº 45 758, de 12/06/64). A partir da década de cinquenta, a Organização pronuncia-se ainda em matéria de igualdade e não discriminação remuneratória em razão do sexo (Conv. nº 100, de 1951, aprovada para ratificação por Portugal pelo DL nº 47 302, de 4/11/66), sobre a resolução pacífica dos conflitos laborais colectivos através da mediação e da arbitragem (Rec. nº 92, de 1951), sobre a norma mínima de segurança social (Conv. nº 102, de 1952, aprovada para ratificação por Portugal pela Res. da AR nº 31/92, de 3 de Novembro), sobre a

pode dizer-se que, nesta sua primeira vertente, o processo de harmonização comunitária tem os mesmos objectivos, ainda que apresente um ou outro desvio inerente aos próprios princípios sociais comunitários[476].

---

cessação do contrato de trabalho (Rec. n° 119, de 1963), sobre política de emprego (Conv. n° 122, de 1964, aprovada para ratificação por Portugal pelo Dec. n° 54/80, de 31 de Julho), bem como sobre a protecção especial dos representantes dos trabalhadores nas empresas (Conv. n° 135, de 1971, aprovada para ratificação por Portugal pelo Dec. n° 263/76, de 8 de Abril). Finalmente, desde a década de setenta até hoje, a OIT tem-se debruçado também sobre a saúde e o ambiente de trabalho (Conv. n° 148, de 1977, aprovada para ratificação por Portugal pelo DL n° 106/80, de 15 de Outubro, e Conv. n° 155, de 1981, aprovada para ratificação por Portugal pelo Dec. n° 1/85, de 16 de Janeiro), sobre as condições de trabalho na função pública (Conv. n° 151, de 1978, aprovada para ratificação por Portugal pela L. n° 17/80, de 15 de Julho), sobre o problema da igualdade entre os trabalhadores dos dois sexos com responsabilidades familiares (Conv. n° 156, de 1981, aprovada para ratificação por Portugal, pelo Dec. n° 66/84, de 11 de Outubro), e, mais recentemente, sobre as novas temáticas do direito do trabalho, como a matéria da promoção do emprego e da protecção dos trabalhadores contra o desemprego (Conv. n° 168 e Rec. n° 176, de 1988), o trabalho a tempo parcial (Conv. n° 175, e Rec. n° 182, de 1994), e o trabalho no domicílio (Conv. n° 177, e Rec. n° 184, de 1996), e ainda sobre o estabelecimento das condições gerais de estímulo à criação de empregos nas pequenas e médias empresas (Rec. n° 189, de 1998). Alguns autores assinalam, no entanto, as dificuldades práticas de assegurar, apesar deste número significativo de instrumentos e das respectivas rectificações, a adopção de um nível mínimo de protecção social nos Estados membros da OIT — neste sentido, por exemplo, GENEVIÈVE BESSE, *Mondialisation des échanges...cit., maxime* 845 ss. — enquanto outros se referem à evolução recente da OIT no sentido de complementar a elaboração normativa com medidas de incentivo de procedimentos negociais, para prosseguir os seus objectivos — sublinhando esta evolução, por exemplo, Jean-Michel SERVAIS, *Le droit international du travail en mouvement: déploiment et approches nouvelles,* DS, 1991, 5, 447-452. Noutra sede, este autor dá ainda conta da sensibilidade da OIT em relação às novas preocupações dominantes no mundo do trabalho e, designadamente, da sua atenção aos problemas da precaridade de emprego — Jean-Michel SERVAIS, *Pluralité des formes d'emploi et normes de l'OIT,* DS, 1989, 2, 136-143 (138 ss.), e *Le couple travail-emploi...cit.,* 155 ss.

[476] Um dos exemplos mais flagrantes dos desvios do direito comunitário em relação ao direito internacional e, designadamente, em relação às orientações da OIT na prossecução do objectivo protectivo é o das restrições ao trabalho nocturno das mulheres, já que a Conv. n° 89 da OIT (de 1948), que restringia a prestação do trabalho nocturno feminino na indústria, foi considerada, incompatível com o princípio comunitário da igualdade de tratamento dos trabalhadores dos dois

Contudo, se atendermos à segunda vertente do processo de harmonização comunitária (ou seja, a que se reporta à eliminação das restrições à concorrência entre as empresas), a compatibilidade das normas comunitárias com o objectivo de protecção dos trabalhadores afigura-se muito difícil, na medida em que os custos do trabalho e outras limitações à liberdade negocial e ao direito de iniciativa económica de empregadores e empresários, impostos pelas legislações nacionais em nome daquela protecção, e, bem assim, a coexistência de níveis de tutela dos trabalhadores diferentes nos vários Estados, são entraves ao objectivo de defesa da livre concorrência e da competitividade entre as empresas do espaço comunitário[477]. Este segundo objectivo do processo de harmonização comunitária poderá pois determinar uma descida real do nível de tutela laboral.

Para justificar esta segunda linha de evolução do processo de harmonização comunitária (que, no nosso entender, reflecte, afinal, a voca-

---

sexos, desenvolvido pela Dir. 76/207, de 9/02/76, que apenas admite o afastamento do princípio da igualdade por razões ligadas à protecção da função genética específica das mulheres. Este entendimento provocou, como é sabido, problemas de compatibilidade entre os sistemas jurídicos nacionais dos Estados membros signatários da Convenção, que acabaram por ser resolvidos pela não aplicação da convenção e/ou pela sua denúncia — como sucedeu no caso português, que denunciou formalmente esta convenção em 1992, apesar de ser já sustentada a sua inaplicabilidade, por inconstitucionalidade, desde a consagração do princípio da igualdade no art. 13º da CRP (neste sentido, por exemplo, Francisco Liberal FERNANDES, *Consequências da denúncia pelo Estado português da Convenção nº 89 da OIT, sobre o trabalho nocturno das mulheres na indústria (1948)*, Pront.LT, 1993, 44, 16-20 (18), e, do mesmo autor, *Sobre o trabalho nocturno feminino na indústria*, QL, 1994, 1, 24-36 (35)). Debruçando-se sobre os problemas de incompatibilidade entre as normas internacionais e comunitárias, com referência ao sistema jurídico francês, vd ainda Daniel MARCHAND, *Rivalité entre normes europeénnes et normes internationales du travail*, DS, 1993, 7/8, 702-706, dando, aliás, como exemplo o caso do trabalho nocturno feminino (703 ss.).

[477] Assinalando a fricção entre estes dois objectivos do processo de harmonização comunitária, por exemplo, Rolf BIRK, *Die Auswirkungen des Rechts der Europäischen Gemeinschaften auf das nationale Arbeitsrecht*, ZAS, 1989, 3, 73-79 (74). Também reflectindo sobre o efeito negativo das normas comunitárias em matéria de livre prestação de serviços, de garantia da concorrência, de proibição da interferência dos Estados nas empresas, e até relativamente ao princípio da igualdade, do ponto de vista da tutela dos trabalhadores, LYON-CAEN, *Le droit du travail: une téchnique réversible?* cit., 88 ss.

ção económica originária da própria Comunidade[478]), D'ANTONA[479] refere-se, sugestivamente, ao diferente «código genético» que subjaz à intervenção normativa ao nível nacional e ao nível comunitário: enquanto a produção normativa ao nível interno teve subjacente o reconhecimento das especiais responsabilidades do Estado (Social) no domínio laboral e foram estas responsabilidades que legitimaram as limitações das leis de mercado para protecção dos trabalhadores, o desenvolvimento do direito comunitário regeu-se pelos valores do liberalismo económico, que justificaram o empolamento dos inerentes princípios de liberdade e de concorrência ao nível das empresas e do mercado de produtos e de trabalho; e, por outro lado, como ordem normativa supra-estadual (mas também, pela natureza das coisas, a-estadual), o direito comunitário não se considerou especialmente limitado por responsabilidades e incumbências de índole social.

Ora, mesmo que se admita que a Comunidade assume hoje claramente uma vocação social e importantes responsabilidades sociais — que foram aumentando progressivamente ao longo da sua história, nomeadamente a partir da aprovação da Carta Comunitária para os Direitos Sociais Fundamentais dos Trabalhadores (adoptada pelo Conselho, em 9 de Dezembro de 1989), mas, sobretudo, com a entrada em vigor do Tratado da União Europeia[480] [481], e, depois, com a aprovação do Tra-

---

[478] Sobre o reconhecimento desta valência económica como primordial nos textos originários da Comunidade, por exemplo, LAMOTHE, *Du traité...cit.,* 196, MARCHAND, *Rivalité...cit.,* 703, ou Rolf WANK, *Arbeitsrecht nach Maastricht,* RdA, 1995, 1, 10-26 (11). Na verdade, mesmo os autores que sustentam a maior importância da valência social do mercado comum logo desde o início reconhecem que o processo de comunitarização avançou muito mais no plano económico do que no plano social, ao longo da vida da Comunidade — neste sentido, *vd,* por exemplo, MOTTA VEIGA, *Direito do Trabalho Internacional...cit,* 75 s., ou Roger BLAINPAIN / Jean-Claude JAVILLIER, *Droit du travail communautaire,* 2ª ed., Paris, 1995, 110, que classificam os desenvolvimentos do direito comunitário em matéria social como «[des] développements...timides». Como observa Brian BERCUSSON, *Le concept de droit du travail européen, in* A. SUPIOT (dir.), *Le travail en perspectives,* Paris, 1998, 603-616 (605), «*le travail, ainsi que toutes les disciplines sociales, reste relativement en marge des objectifs premiers de la Communauté économique européene, fondée en 1957, afin d'établir un marché commun pour les biens, les services, les capitaux et le travail*».

[479] *Armonizzazione...cit.,* 704.

[480] Os autores assinalam o Tratado da União Europeia como o instrumento normativo decisivo na assunção da vocação social da Comunidade e não tanto a

tado de Amesterdão[482] —, o certo é que as ponderações económicas e, designadamente, a política comunitária em matéria de concorrência (o «wettbewerbspolitischen Credo» da União, na expressão de BIRK[483]), não deixam de influenciar decisivamente o processo de harmonização.

Carta Comunitária para os Direitos Sociais Fundamentais dos Trabalhadores, uma vez que esta não é um instrumento jurídico vinculativo mas apenas uma declaração de intenções dos Estados membros, cujas consequências são, sobretudo, de índole política — neste sentido, por exemplo, BLANPAIN / JAVILLIER, *Droit du travail communautaire cit.*, 117. Salientando também os limites práticos da Carta Comunitária dos Direitos Sociais Fundamentais, apesar de se tratar, no plano teórico, do primeiro texto legal comunitário autónomo em matéria social, ainda Gianni ARRIGO, *Unione europea: diritto del lavoro tra integrazione e frammentazione*, LavDir., 1994, 2, 261-286 (265 s.).

[481] Até Maastricht, LAMOTHE, *Du traité...cit.*, 196 ss., distingue várias etapas na construção da Europa social: a etapa inicial, em que a integração económica era a prioridade da Comunidade e a intervenção social detinha um lugar secundário, limitando-se à regulamentação dos aspectos directamente previstos no Tratado de Roma; a etapa subsequente à entrada em vigor do Acto Único Europeu, em 1 de Julho de 1987, que facilita o processo de elaboração de instrumentos normativos comunitários em matéria social, pela maior amplitude das deliberações por maioria qualificada; e a etapa subsequente ao Tratado de Maastricht, que lançou as bases para o surgimento de uma legislação comunitária abrangente em matéria social e para a negociação colectiva ao nível europeu. Também se referindo ao Tratado de Maastricht como o ponto de viragem da política comunitária no sentido do reforço das suas competências e possibilidades de actuação em matéria social, Mario GRANDI, *Le parti sociali e l'autonomia contrattuale di fronte all'unione economica e monetaria*, Lav.Dir., 1993, 463-483 (463), Brian BERCUSSON, *The Dynamic of European Labour Law after Maastricht*, ILJ, 1994, 23, 1-31 (9), WANK, *Arbeitsrecht nach Maastricht cit.*, 14 ss., ou Meinhard HEINZE, *Europa und das nationale Arbeits- und Sozialrecht*, in M. HEINZE / A. SÖLLNER, *Arbeitsrecht in der Bewährung, Fest. für Otto Rudolf KISSEL*, München, 1994, 363-386 (366 s.)

[482] Como é sabido, o Tratado de Amesterdão viabilizou a integração no texto do Tratado de Maastricht das normas do Acordo de Política Social e afirma a importância dos direitos sociais fundamentais para os Estados e para a União Europeia, enunciando como objectivos da política social comunitária a promoção do emprego, a melhoria das condições de trabalho e da protecção social, o diálogo entre os parceiros sociais e a diminuição das exclusões sociais (art. 136º). Apesar de ficarem ainda fora do âmbito da actuação comunitária as matérias da remuneração, do direito de greve, do *lock-out* e dos direitos sindicais (art. 137º nº 6), a importância das matérias sociais aumentou consideravelmente.

[483] *Die Auswirkungen...cit.*, 74.

III. Chegados a este ponto, torna-se fácil de compreender, por um lado, o âmbito substancial limitado do direito comunitário de incidência laboral, e, por outro, as suas tendências recentes no sentido da flexibilização da disciplina das situações laborais, confirmadas por alguns sectores da doutrina.

A situação descrita explica, em primeiro lugar, a falta de abrangência e o carácter disperso da regulamentação comunitária em matéria social até à instituição da União Europeia: o elevado número de normas comunitárias de incidência social de que demos conta contrasta com o limitado leque de matérias sobre as quais se debruçam[484]. Por esta razão, diversos autores apelidam a produção normativa comunitária em matéria laboral de «espasmódica, episódica e pouco metódica»[485] e, em consequência, recusam a qualificação do direito comunitário laboral como um corpo unitário[486]; e no que se refere à influência do direito comunitário sobre os sistemas laborais nacionais, afirmam o seu carácter meramente tangencial, pelo menos até Maastricht[487], admitindo que apenas houve uma «comunitarização» de aspectos particulares dos sistemas laborais nacionais, que consideram muito mais ricos, abrangentes e, em certos casos, mais avançados[488] do que o direito europeu neste domínio.

---

[484] Dando conta do âmbito limitado do direito comunitário em matéria social, ainda BIRK, *Die Auswirkungen...cit.*, 77 ss.

[485] Neste sentido, expressamente, BERCUSSON, *Le concept de droit du travail européen cit.*, 605.

[486] Recusando expressamente esta qualificação, BIRK, *Die Auswirkungen... cit.*, 79.

[487] Neste sentido, por exemplo, D'ANTONA, *Armonizzazione...cit.*, 697. Para este autor, já depois de Maastricht a situação muda radicalmente, porque a abertura económica e as ideias do mercado livre e concorrencial entram em choque com a tradição juslaboral da maioria dos Estados membros — está assim aberta uma relação de tensão entre o liberalismo da União Europeia e o solidarismo de muitos dos seus Estados membros (*idem*, 697 e 711). Ainda sobre a evolução da política comunitária social após Maastricht, entre outros, Marie-Ange MOREAU, *Tendances du droit social communautaire — ombres et brouillard à Maastricht*, DS, 1994, 1, 80-84, ou WANK, *Arbeitsrecht nach Maastricht cit.*, 12 ss.

[488] Salientando a compatibilidade geral e, em alguns casos, o carácter mais avançado do sistema laboral português relativamente ao direito comunitário, por exemplo, Bernardo da Gama Lobo XAVIER, *A realização do Direito do trabalho europeu em Portugal*, RDES, 1994, 1/2/3, 225-251 (227); a mesma observação é

Alguma doutrina imputa este défice regulativo à dificuldade evidente de se gerarem consensos numa matéria disciplinada de forma muito diversa de Estado para Estado[489], e que é também muito delicada do ponto de vista social, sobretudo se se desenvolver numa conjuntura económica menos favorável[490] — exemplo paradigmático da persistência destas dificuldades foi, aliás, o das reticências do Reino Unido e da Irlanda do Norte ao Protocolo e ao Acordo de Política Social anexo ao Tratado de Maastricht. Do nosso ponto de vista, este défice demonstra também que, com uma ou outra excepção, os temas sociais não foram tradicionalmente considerados como uma área de intervenção prioritária pela Comunidade, porque a actuação nesta área poderia contrariar os objectivos comunitários de índole económica. Como observa MANCINI, o objectivo de suprimir ou de atenuar os factores (laborais e outros) susceptíveis de prejudicar o bom funcionamento do mercado comum é ainda o objectivo primordial da União Europeia, o que, não significando que ela não prossiga também objectivos sociais, não permite considerar estes como o motor da sua produção normativa; e os destinatários «mais fiéis» das normas comunitárias não são, afinal, os trabalhadores mas as empresas, cuja igualdade de concorrência a Europa pretende assegurar[491].

---

feita por BIRK, *Die Auswirkungen...cit.,* 78 s., em comparação do sistema laboral austríaco com as normas comunitárias em matéria social.

[489] Salientando esta diversidade ao nível do direito dos vários Estados comunitários como obstáculo ao processo de harmonização, em termos gerais e com uma referência específica às matérias do direito laboral colectivo, por exemplo, GRANDI, *Diritto del lavoro e Comunità...cit.,* 160 s. Ainda em termos gerais, BLANPAIN / JAVILLIER, *Droit du travail communautaire cit.,* 129 ss., elencam as diferenças entre os vários Estados, quanto ao grau de formalismo dos seus sistemas laborais, ao âmbito e à área de incidência da tutela laboral, à taxa de sindicalização e à forma de organização das associações sindicais e patronais, à natureza e aos efeitos das convenções colectivas de trabalho, e até quanto à diferente «cultura jurídica» e às diferentes tradições nacionais no que respeita à intervenção do Estado nos assuntos laborais — exemplo paradigmático é a dificuldade de comparar os sistemas europeus de *common law* e os sistemas de *statutory law*, com tradições normativas muito diferentes que se refectem, evidentemente, na área social.

[490] Neste sentido, entre outros, RODIÈRE, *Construction europeéne...cit.,* 39 e 42.

[491] G. Federico MANCINI, *Direito do Trabalho e Direito Comunitário,* BFDUC, 1986, LXII, 293-317 (294 e s. e 316).

Por outro lado, o quadro descrito permite compreender a linha condutora da evolução do direito comunitário recente em matéria social. Embora o sistema de tutela tenha ido além do âmbito das normas do Tratado de Roma com incidência laboral em algumas matérias (veja-se, por paradigmático, o desenvolvimento do direito comunitário em matéria de igualdade de tratamento, cuja actual extensão ultrapassa largamente o alcance originário do princípio da igualdade remuneratória entre trabalhadores dos dois sexos enunciado pelo art. 119º do Tratado[492 493]), relativamente à generalidade dos temas de incidência social

---

[492] Como é sabido, o direito comunitário cresceu nesta matéria por um processo indutivo, levado a efeito através da legislação e da jurisprudência comunitárias, e que vai muito para além do âmbito previsional directo das regras de não discriminação remuneratória entre trabalhadores e trabalhadoras consagradas no art. 119º. Actualmente, o direito comunitário da igualdade é constituído por um importante conjunto de Directivas, dispondo sobre a aplicação do princípio da igualdade remuneratória (Dir. 75/117, de 10/02/75), sobre a igualdade no acesso ao emprego, na formação profissional e nas condições de trabalho, incluindo a tutela contra o despedimento por motivos relacionados com o sexo (Dir. 76/207, de 9/02/76), sobre a aplicação do princípio da igualdade de tratamento entre homens e mulheres nos regimes gerais de segurança social (Dir. 79/7, de 19/12/78) e nos regimes profissionais de segurança social (Dir. 86/378, de 24/07/86, e Dir. 96/97, de 20/12/96), sobre a protecção das trabalhadoras grávidas, puérperas ou lactantes (Dir. 92/85, de 19/10/92), sobre a conciliação entre a vida profissional e a vida familiar (Dir. 96/34, de 3/06/96, relativa à licença parental e às faltas para assistência à família), e sobre a repartição do ónus da prova nos processos relativos a questões de igualdade (Dir. 97/80, de 15/12/97); e ainda por diversos outros instrumentos comunitários com carácter de Recomendação ou de Resolução (por exemplo, a Rec. 84/635, de 13/12/84, sobre a promoção de acções positivas para as mulheres ou a Rec. 92/131, de 27/11/91, sobre a protecção da dignidade da mulher e do homem no trabalho, bem como as Resoluções do Conselho de 12/06/86 e de 24/07/86, relativas à promoção da igualdade de oportunidades para as mulheres, e a Res. Conselho de 27/03/95, sobre a participação equilibrada dos homens e das mulheres na tomada de decisão). A este conjunto acresce um número significativo de acórdãos do TJ, que têm tido um importantíssimo papel na fixação de conceitos relevantes nesta matéria e na progressão global do sistema — entre muitos outros, sublinhamos a importância do Ac. de 8/4/76 (caso Deffrenne), sobre a dimensão económica e moral da igualdade em razão do sexo; o Ac. de 30/01/85 (caso Comissão v. Denmark) sobre a noção de trabalho igual; os Acs. de 13/05/86 (caso Bilka) e de 17/05/90 (caso Barber), sobre a igualdade nos regimes complementares de segurança social; os Acs. de 9/12/1982 (caso Garland) e de 26/02/86 (caso Marshall), sobre a noção de discriminação directa; o

o direito comunitário mostra-se dominado pelas mesmas preocupações de flexibilização que têm agitado os sistemas laborais nacionais nos últimos anos — ou seja, tem sido, sobretudo, motivado pela necessidade de dar resposta aos fenómenos da internacionalização da economia e das empresas, da adaptação do trabalho à evolução tecnológica, da circulação de trabalhadores dentro do espaço comunitário europeu, bem como do aumento do desemprego na Europa e da falta de competitividade das empresas europeias face às suas congéneres norte-americanas e japonesas, como referem alguns autores[494]. São estas preocupações que se projectam em medidas de flexibilização ao nível da legislação comunitária, como as normas relativas ao trabalho em *part--time*, ao trabalho no domicílio ou ao trabalho a termo[495], ou que se evidenciam no incentivo do diálogo social ao nível europeu[496], mas tam-

---

Ac. de 7/2/91 (caso Nimz), sobre a noção de discriminação indirecta; os Acs. de 25/07/91 (caso Stoeckel), de 12/07/84 (caso Hoffmann), de 8/11/90 (caso Dekker) e de 14/07/94 (caso Webb) sobre a conjugação do princípio da igualdade com a situação de maternidade; o Ac. de 17/10/89 (caso Danfoss) sobre a inversão do ónus da prova; os Acs. de 8/04/76 (caso Defrenne), de 15/05/86 (caso Johnston), sobre o efeito directo; e o Ac. de 17/05/95 (Kalanke), sobre as acções positivas. Em geral, sobre a jurisprudência do TJ nesta matéria, *vd Igualdade de Oportunidades entre Mulheres e Homens: Trabalho, Emprego e Formação Profissional — Jurisprudência do Tribunal de Justiça das Comunidades Europeias,* Ministério do Trabalho e da Solidariedade, Lisboa, 1998.

[493] Reconhecendo a natureza extensiva do desenvolvimento comunitário do princípio da não discriminação remuneratória entre trabalhadores e trabalhadoras em razão do sexo, previsto no art. 119º do Tratado de Roma, ainda RODIÈRE, *Construction europeéne...cit.,* 46 ss.

[494] Evidenciando estas motivações da regulamentação europeia de incidência laboral, por exemplo, Gaetano ZINGONE, *Die Flexibilisierung der Beschäftigung: Die Haltung der Europäischen Gemeinschaft, in Flexibilisierung des Arbeitsrecht — eine europäische Herausforderung,* ZIAS, 1987, 376-398 (376 s.).

[495] A este propósito, *vd,* sobre o trabalho a tempo parcial, a Dir. 97/81, de 15/12/97; sobre o trabalho no domicílio, a Rec. da Comissão de 27/05/98, sobre a ratificação da Conv. nº 177 da OIT, de 1996, sobre o trabalho no domicílio; e sobre o trabalho a termo, a Dir. 99/70, de 20/06/99, sobre o acordo-quadro relativo ao contrato de trabalho por tempo determinado. Sobre a evolução anterior do direito comunitário no enquadramento destas formas de trabalho atípico pelo direito comunitário, em geral, Alan NEAL, *Atypical Workforms and European Labour Law,* RdA, 1992, 2, 115-119, e, em especial sobre o trabalho a tempo parcial, WANK, *Atypische Arbeitsverhältnisse cit.,* 104 ss.

[496] A este propósito, *vd,* designadamente, a Decisão da Comissão nº 98/500, de 20/05/1998.

bém em algumas particularidades do regime da negociação colectiva a este nível, como o facto de este regime contemplar a possibilidade de adequação das condições de trabalho às alterações estruturais das empresas ou de reconhecer legitimidade negocial não só aos sindicatos mas a outras instituições representativas dos trabalhadores[497].

Por este motivo, alguns autores consideram improvável que da harmonização europeia decorra uma melhoria do estatuto do trabalhador subordinado e outros afirmam expressamente que essa harmonização tenderá a ser feita pelo nível mais baixo, dada a diversidade da situação interna dos países comunitários e o peso dos factores económicos[498]. Em qualquer caso, diremos nós — na linha do anteriormente exposto — que a evolução recente do direito comunitário em matéria laboral tem acompanhado a orientação dominante da maioria dos sistemas jurídicos europeus no sentido da flexibilização do direito do trabalho.

49.5. A flexibilização e a desregulamentação no sistema laboral nacional

I. Chegados a este ponto da nossa reflexão, cabe tecer algumas considerações sobre a situação nacional em face da alteração dos pressupostos sociais e económicos que estiveram na base da estrutura garantística do direito do trabalho e das subsequentes tendências de flexibilização que se manifestaram nos sistemas laborais mais próximos do nosso, bem como ao nível do direito internacional e comunitário, conforme acabamos de verificar.

---

[497] Chamando a atenção para estas particularidades da negociação colectiva europeia, RODIÈRE, *Construction europeéne...cit.,* 43 ss. Ainda sobre esta matéria, Andrea PILATI, *Problemi della contrattazione collettiva europea,* RIDL, 1992, I, 369-405, Gerhard SCHNORR, *I contratti collettivi in una Europa integrata,* RIDL, 1993, I, 319-338, ou Gianni ARRIGO, *L'ampliamento dell'Unione Europea e politica sociale: competenze comunitarie e contratto collettivo europeo,* Riv.GL, 1994, I, 1-38.

[498] Manifestando dúvidas relativamente à capacidade do direito comunitário para melhorar a situação dos trabalhadores atípicos, por exemplo, FIRLEI, *Hat das Arbeitsrecht....cit.,* 95; e afirmando expressamente a convicção de que o direito comunitário tenderá a harmonizar a tutela laboral pelo nível mais baixo, por exemplo, ZACHERT, *Die Zerstörung...cit.,* 135.

Na nossa opinião, apesar de se fazerem sentir também entre nós os efeitos da alteração daqueles pressupostos (com a melhoria efectiva do estatuto de trabalhador subordinado, com as oscilações da situação económica e o aumento do desemprego e com a proliferação dos vínculos laborais marginais e dos trabalhadores atípicos) e de se terem vindo a ensaiar algumas medidas de flexibilização e de promoção do emprego ao longo da última década, o sistema laboral português apresenta-se ainda como um sistema globalmente rígido, garantístico e de vocação tutelar universalizante, por dois motivos: por um lado, porque as medidas de flexibilização apresentam um carácter isolado e, com frequência, um conteúdo oscilante; por outro lado, porque os pilares da construção dogmática tradicional do sistema juslaboral (a crença na uniformidade do estatuto do trabalhador subordinado, o princípio da estabilidade do emprego, o princípio do tratamento mais favorável e a intangibilidade das posições adquiridas pelos trabalhadores) não têm sido substancialmente afectados por estas medidas.

Esta caracterização geral é facilmente demonstrada por referência a qualquer das duas grandes áreas de incidência das medidas de flexibilização adoptadas noutros sistemas, de que demos conta nos pontos anteriores — o enquadramento normativo do trabalho atípico e a reestruturação interna do vínculo laboral — e revela-se ainda na incipiência do processo de desregulamentação, com vista à redefinição da natureza das normas laborais e das regras de coordenação das fontes do direito do trabalho. De uma forma breve, passaremos em revista estes aspectos.

II. No que respeita ao trabalho «atípico», a evolução do direito positivo nos últimos anos demonstra a pouca receptividade do legislador nacional relativamente à diversificação dos vínculos laborais e paralaborais, a persistência formal da relação de trabalho típica (que é, no caso português, o contrato de trabalho por tempo indeterminado) como vínculo laboral modelar e de tendência aglutinante e a vitalidade da crença na uniformidade do estatuto do trabalhador subordinado no nosso sistema. Para esta conclusão concorrem, no nosso entender, a ausência de regulamentação de algumas formas de trabalho subordinado atípico, a natureza restritiva do regime jurídico das restantes e a oscilação normativa relativamente às situações de para-subordinação[499].

---

[499] Sobre esta matéria, *vd* Maria do Rosário Palma RAMALHO, *Insegurança ou diminuição do emprego? A rigidez do sistema jurídico português em matéria*

Em primeiro lugar, concorre para este quadro de rigidez o facto de persistir a falta de enquadramento jurídico diferenciado de algumas das modalidades de trabalho subordinado atípico, mau grado a sua proliferação — é o caso do *job sharing*, do trabalho sob chamada, do trabalho no domicílio e do tele-trabalho subordinado[500].

Na verdade, a hegemonia do sistema normativo laboral, baseado na dominância do modelo do contrato de trabalho por tempo indeterminado, apenas foi quebrada em três pontos: de uma parte, com o surgimento ou a reformulação do regime de alguns contratos de trabalho especiais — neste sentido, é de apontar o advento do regime jurídico do contrato de trabalho portuário (DL nº 280/93, de 13 de Agosto) e do contrato de trabalho do praticante desportivo e de formação desportiva (L. nº 28/98, de 26 de Junho[501]), bem como a revisão dos regimes do contrato de trabalho doméstico (DL nº 235/92, de 24 de Outubro[502]) e do contrato de trabalho a bordo de embarcações de pesca (L. nº 15/97, de 31 de Maio); de outra parte, com a instituição da figura do trabalho em comissão de serviço, pelo DL nº 404/91, de 16 de Outubro, para os cargos de confiança pessoal (cargos de administração e chefia e funções de secretariado a esses cargos)[503]; e, finalmente, com a regulamen-

---

de cessação do contrato de trabalho e de trabalho atípico, in A. MOREIRA (coord.), *X Jornadas Luso-Hispano-Brasileiras de Direito do Trabalho — Anais*, Coimbra, 1999, 91-102 (99 s.).

[500] Relativamente ao trabalho no domicílio e ao tele-trabalho, consideramos neste momento os casos de prestação deste tipo de trabalho em situação de subordinação e não as situações em que ele é prestado com autonomia do prestador, ainda que em dependência económica do credor. Situados na zona intermédia entre o trabalho subordinado e o trabalho autónomo, consideraremos estes casos um pouco mais à frente.

[501] Substituindo a regulamentação anterior da matéria, constante do DL nº 305/95, de 18 de Novembro.

[502] Que substituiu o regime constante do DL nº 508/80, de 21 de Outubro.

[503] A referência à figura do trabalho em comissão de serviço neste contexto exige um esclarecimento metodológico, uma vez que, a maior parte das vezes, a figura é utilizada para permitir o acesso a cargos de chefia por trabalhadores da própria empresa, sem as consequências inerentes à tutela da categoria, estabelecida nos arts. 21º nº 1 d) e 23º da LCT — utilizada desta forma, a figura prossegue sobretudo um objectivo de flexibilização interna do vínculo laboral. Contudo, uma vez que a lei permite o recurso a trabalhadores externos para o desempenho de funções de confiança neste regime, o trabalho em comissão de serviço configura-se também como uma modalidade «atípica» de contrato de trabalho, decorrendo

tação legal específica do contrato de trabalho a tempo parcial (L. nº 103/99, de 26 de Julho), até agora apenas previsto pelas convenções colectivas, em aproveitamento da permissão do art. 43º da LDT.

Esta evolução tem, contudo, um alcance limitado e não demonstra, a nosso ver, uma abertura sistemática do legislador à diversificação dos vínculos laborais, sobretudo no que respeita aos dois primeiros pontos referidos, pelos seguintes motivos: quanto ao primeiro ponto, porque a admissibilidade de contratos de trabalho especiais em razão das particularidades objectivas da função desenvolvida é tradicional no nosso sistema (basta lembrar que o Código de Seabra já previa autonomamente o serviço doméstico[504]), tendo resistido à unificação do conceito de trabalhador subordinado operada pela LCT de 1969[505]; e, quanto ao segundo ponto, porque o grau de flexibilização atingido com a instituição da figura do trabalho em comissão de serviço é limitado — na verdade, embora o regime jurídico previsto facilite, de facto, o rompimento do vínculo negocial, quando o trabalhador é *ab initio* contratado para os cargos de chefia ou de secretariado pessoal (mas, ainda assim, é necessário que tal hipótese conste do contrato, nos termos do art. 4º nº 3 a), *in fine*, do DL nº 404/91, de 16 de Outubro), no caso de existir um vínculo laboral prévio à comissão de serviço (situação que parece ser a desejável para a lei, já que o art. 2º estabelece um discutível direito de preferência dos trabalhadores da empresa no acesso a estes cargos[506]), o legislador não admite a atenuação da tutela destes traba-

---

aqui a atipicidade da facilidade de cessação do vínculo, finda a comissão — art. 4º do DL nº 404/91, de 16 de Outubro. Por este motivo, o referimos desde já.

[504] Cfr. as referências que fizemos à previsão do serviço doméstico no Código de Seabra, que regulava aliás, a figura, de uma forma exaustiva — *supra*, § 1º, II.

[505] Neste sentido, apontem-se, como exemplos de contratos de trabalho especiais, tradicionais no nosso sistema jurídico, o contrato de trabalho dos profissionais de espectáculos (DL nº 43 181, de 23 de Setembro de 1960), o contrato de trabalho rural (regulado pela PRT para a agricultura, publicada no BTE, I S., nº 21, de 8/06/79), o contrato de trabalho a bordo (DL nº 45 968, de 15 de Outubro de 1964), ou o contrato de trabalho do pessoal da marinha de comércio (DL nº 74/73, de 1 de Março).

[506] Este direito de preferência é, a nosso ver, discutível, porque contrário à *ratio* da figura da comissão de serviço: estando em causa cargos de confiança pessoal, não se vê como é que é possível impor ao empregador a escolha de um trabalhador da empresa para o desempenho de uma função de administração, em

lhadores em matéria de cessação do vínculo (como seria mais simples e se justificaria pelas especificidades da função que aceitaram desempenhar), mas opta pela solução transversal do «congelamento»[507] da situação laboral originária pelo tempo que durar a comissão de serviço (justapondo assim dois estatutos laborais distintos), exactamente para conseguir substituir o trabalhador quando entender, deixando incólume a sua tutela em matéria de despedimento[508]. Já no que se refere ao regime jurídico do trabalho a tempo parcial, o objectivo do seu incremento é, de facto, patente na lei (que contém diversas normas de incentivo à celebração destes contratos — arts. 8º, 9º e 10º da L. nº 103/99, de 26 de Julho), mas é ainda cedo para avaliar até que ponto é que estas medidas serão capazes de inverter a tradicional falta de oferta e de procura deste tipo de trabalho no nosso país, que, contrasta, aliás, com a tendência de outros países e se funda em razões que transcendem o domínio jurídico[509].

---

detrimento de outro que não pertença à empresa, ainda que ambos tenham idênticas qualificações e idêntica experiência, quando o empregador confie, de facto, mais no trabalhador externo.

[507] Em termos substanciais, este «congelamento» analisa-se numa espécie de suspensão do estatuto laboral originário do trabalhador, cujos efeitos plenos se voltam a produzir findo o período da comissão. Preferimos, todavia, não referir o termo «suspensão» para evitar confusões com a situação de suspensão do contrato de trabalho, que ocorre quando trabalhadores subordinados que estejam na empresa há mais de um ano são nomeados para cargos de administração ou gestão da mesma — é a situação prevista e regulada pelo art. 398º nº 2 do CSC.

[508] Na verdade, a articulação prática deste regime nem sempre é fácil de fazer, pela intercomunicabilidade natural das funções desempenhadas pelo trabalhador ao abrigo da comissão de serviço e das funções correspondentes ao seu posto de trabalho de origem, que ele tem o direito de reassumir, cessada a comissão (art. 4º nº 3 a) do DL 404/91, de 16 de Outubro). Assim, se, por hipótese, a cessação da comissão tiver sido motivada pelo facto de o trabalhador ter praticado uma fraude contra a empresa, o empregador terá nos termos gerais que recorrer à instauração de um processo disciplinar para despedimento (art. 4º nº 3 c) *in fine*), provando que a fraude constituiu também quebra grave dos deveres laborais e integra justa causa para despedimento, o que nos parece excessivo.

[509] É sabido que, apesar de se encontrar previsto em muitos instrumentos de regulamentação colectiva do trabalho (em aproveitamento da permissão normativa conferida pelo art. 43º da LDT), o trabalho a tempo parcial tem uma expressão mínima no nosso país, o que parece ficar a dever-se a razões de índole económica. Dando conta da fraca difusão deste tipo de trabalho em Portugal (designadamente em comparação com os países do Norte e Centro da Europa) e investi-

Mau grado a abertura verificada, fica pois patente a subsistência da crença do legislador nacional na uniformidade do estatuto do trabalhador subordinado, independentemente da sua qualificação e da posição que ocupe na empresa (apesar das observações críticas de alguns sectores da doutrina nesta matéria[510]); e fica também demonstrado o vigor da vocação tutelar universalizante do sistema laboral português ainda hoje.

III. Em segundo lugar, concorre para este quadro de rigidez do sistema laboral nacional a tendência, relativamente às principais modalidades de trabalho subordinado atípico já reguladas (o trabalho a termo e o trabalho temporário), para o estabelecimento de regimes jurídicos muito restritivos, numa época em que a inclinação dominante noutros países vai, como vimos, exactamente no sentido inverso.

Esta diferença de orientação é particularmente evidente na evolução legislativa relativa ao trabalho por tempo determinado, com a substituição do regime do contrato a prazo (constante do DL nº 781/76, de 28 de Outubro)[511] pelo actual regime do contrato de trabalho a termo, estabelecido em 1989 pela LCCT, que impôs a excepcionalidade da figura[512], com a exigência da sua motivação objectiva nos termos do art. 41º nº 1[513]; e a mesma orientação restritiva se observa no regime jurí-

---

gando sobre as razões económicas e sociais deste fenómeno, Margarida RUIVO / Maria do Pilar GONZÁLEZ / José M. VAREJÃO, *Why is part-time work so low in Portugal and Spain*, in J. O'REILLY / C. FAGAN (dir.), *Part-Time Prospects — An international comparison of part-time work in Europe, North America and the Pacific Rim*, London — New-York, 1998, 199-213.

[510] Neste sentido, entre outros, MENEZES CORDEIRO, *Manual...cit.*, 109 s., ROMANO MARTINEZ, *Direito do Trabalho cit.*, I, 152 ss., ou FURTADO MARTINS, *A crise...cit.*, 364 s. e nota [34].

[511] Sobre este regime jurídico, *vd,* por todos, José João Nunes ABRANTES, *Do Contrato de Trabalho a Prazo,* Coimbra, 1982.

[512] Ainda que alguns autores sustentassem que a excepcionalidade da figura decorria já globalmente do regime do DL nº 781/76, para todos os contratos a prazo e não apenas para os de curta duração — neste sentido, por exemplo, João José Nunes ABRANTES, *Estudos de Direito do Trabalho,* 2ª ed., Lisboa, 1992, 42, e *Do Contrato de Trabalho a Prazo...cit.*, 56 s.

[513] É certo que este diploma introduziu paralelamente alguma flexibilização ao permitir a aposição de termo incerto ao contrato (art. 48º da LCCT), dando assim resposta às situações de carência objectiva de mão de obra acompanhada da incerteza sobre o tempo efectivo dessa carência, relativamente às quais a dou-

dico do trabalho temporário, instituído pelo DL n° 358/89, de 17 de Outubro (LTT), que comunga das limitações objectivas impostas ao contrato a termo (cfr. arts. 9°, 17° e 18° n° 1, na redacção introduzida pela L. n° 146/99, de 1 de Setembro)[514]. Com efeito, o carácter restritivo do regime legal destes contratos transparece não só da obrigatoriedade da sua motivação objectiva por uma das causas enunciadas, em moldes taxativos, pela lei (art. 41° n° 1 da LCCT, para o contrato de trabalho a termo, e arts. 17°, 18° n° 1 e 9° da LTT, para os contratos de trabalho temporário e de utilização de trabalho temporário), como de toda a sua disciplina jurídica — desde as exigências formais que rodeiam a celebração destes contratos (art. 42° n° 1 da LCCT e arts. 11° n° 1, 17° n°s 2 e 3 e 19° da LTT), passando pelos limites impostos à sua duração e renovação (art. 44° n°s 2 e 3 da LCCT e art. 9° n°s 2 ss. da LTT), e culminando no facto de a sanção prevista para os vícios formais ou substanciais mais graves destes contratos, ser, regra geral, a a sua conversão legal em contratos por tempo indeterminado (de forma automática no caso do trabalho a termo e, no caso do contrato de trabalho temporário, através da prevalência do vínculo entre o trabalhador e o utilizador sobre o contrato entre o trabalhador e a empresa de trabalho temporário — respectivamente, art. 42° n° 3 da LCCT, e arts.

---

trina desde há muito chamava a atenção para a necessidade de enquadramento legal específico — neste sentido, por todos, JOSÉ JOÃO ABRANTES, *Do Contrato de Trabalho a Prazo cit.,* 55, e BERNARDO XAVIER, *A crise e alguns institutos...cit.,* 534. Contudo, como teremos ocasião de demonstrar um pouco mais à frente (*infra,* IX), esta abertura teve um alcance muito limitado, não contendendo com a índole globalmente restritiva do sistema.

[514] A propósito do carácter restritivo do regime do trabalho temporário, MENEZES CORDEIRO, *Manual...cit.,* 607, refere-se ao facto de o modelo da regulamentação do trabalho temporário entre nós ter sido o modelo francês, que é usualmente caracterizado como um modelo «centralizador, burocratizante e hostil ao trabalho temporário». Também REGINA REDINHA, *A Relação Laboral Fragmentada...cit.,* 144, a propósito da delimitação entre o contrato de trabalho temporário e o contrato de trabalho a termo, assinala a excepcionalidade do regime jurídico do primeiro, que considera decorrer, entre outros motivos, do facto de a sua disciplina jurídica o configurar como sub-espécie do contrato a termo, limitando-se a enunciar as suas particularidades relativamente a este contrato, em lugar de estabelecer um regime jurídico abrangente e globalmente diferenciado. O âmbito restritivo da figura do trabalho temporário é, aliás, reconhecido expressamente no preâmbulo da LTT, embora as alterações introduzidas a este diploma pela L. n° 146/99, de 1 de Setembro, possam vir a permitir algum alargamento.

11º nº 4, 16º nº 3, 18º nº 5 e 19º nº 2 da LTT)[515]. Este regime jurídico evidencia pois a subsistência da atitude de desconfiança da lei relativamente ao carácter benigno destas modalidades de contrato, e o vigor e a força aglutinante que a relação de trabalho típica ainda mantém no nosso sistema juslaboral — particularmente evidente na sanção da conversão.

IV. Por último, cremos que a rigidez do sistema normativo português nesta matéria se evidencia na falta de abertura do legislador em relação às situações negociais que se posicionam na zona intermédia entre o trabalho subordinado e o trabalho autónomo. Para esta conclusão concorre a índole do regime jurídico do trabalho no domicílio e o modo como tem sido encarado o problema dos falsos independentes.

Assim, por um lado, a integração da lacuna do art. 2º da LCT sobre os denominados «contratos equiparados» ao contrato de trabalho[516] foi, vinte anos passados sobre o surgimento da LCT, preenchida com o surgimento de um regime jurídico especial para o trabalho prestado no domicílio do trabalhador, instituído pelo DL nº 440/91, de 14 de Novembro (embora, como é sabido, a lacuna se mantenha ainda parcialmente, uma vez que a lei exclui expressamente do seu âmbito de incidência o trabalho intelectual — art. 1º nº 5). Todavia, este regime tende a aproximar a posição jurídica do credor do trabalho à do empregador comum em diversos aspectos (vejam-as as suas obrigações nas matérias relativas à segurança, saúde e registos destes trabalhadores, à forma de cálculo da remuneração, ao subsídio anual, às compensações pecuniárias por cessação do vínculo e ao regime de segurança social, constantes, respectivamente, dos arts. 3º a 9º e 11º do diploma), o que demonstra

---

[515] Sobre esta matéria, por todos, MARIA REGINA REDINHA, *A Relação Laboral Fragmentada...cit.*, maxime 222 ss., que se refere, a este propósito à «primazia do contrato de utilização sobre o contrato de trabalho temporário» (*idem*, 225). Regime idêntico é, aliás, previsto para a figura da cedência ocasional de trabalhadores, também regulada na LTT (cfr. art. 30 nº 1).

[516] Ou seja, os contratos relativos à prestação do trabalho no domicílio ou em pequeno estabelecimento do trabalhador, sem subordinação jurídica mas com dependência económica do credor. Sobre os problemas colocados pelo art. 2º da LCT, *vd*, por todos, MONTEIRO FERNANDES, *Notas sobre os «contratos equiparados»...cit.*, e Mário TORRES, *Trabalho no domicílio*, RMP, 1987, 30, 25-66 (*maxime* 54 ss.).

não só a vitalidade da vocação tutelar do sistema laboral ainda hoje[517], como também que o legislador não foi movido por preocupações economicistas nem procurou, como sucedeu noutros sistemas, afastar, tanto quanto possível, o trabalho no domicílio do âmbito de incidência do regime de tutela laboral[518].

Em paralelo, deve referir-se que a necessidade pragmática de pôr cobro à proliferação dos chamados «falsos independentes» tem conduzido a várias tentativas de estabelecimento de presunções de laboralidade nos casos de dúvida sobre a qualificação do vínculo jurídico — como a do Projecto de diploma apresentado à discussão pública em 25 de Março de 1996, a do Anteprojecto elaborado na sequência do Acordo de Concertação Estratégica do final de 1996[519] e a Proposta de Lei nº 235/VII, para a regularização das situações de trabalho subordinado impropriamente qualificadas[520]. Independentemente do objectivo pedagógico deste tipo de soluções, o facto é que elas vão ao arrepio daquilo que verificámos ser a tendência dominante noutros países, nos últimos anos. Uma vez mais, a força aglutinante do vínculo laboral típico mostra-se de forma evidente no nosso sistema jurídico.

V. O quadro que acabamos de apresentar não significa, apesar de tudo, que o legislador nacional seja insensível às necessidades de promoção do emprego e de combate ao desemprego. Bem pelo contrário,

---

[517] A este propósito consideram autores como ROMANO MARTINEZ, *Direito do Trabalho*, II, tomo 1 (*Contrato de Trabalho*) cit., 27, que este regime legal traduz uma concepção unilateral e estatutária do contrato de trabalho, uma vez que se coloca apenas na óptica do trabalhador e da sua protecção.

[518] Neste sentido, *vd* as tendências opostas de outros sistemas jurídicos, que relatámos, *supra,* ponto 49.2.II., parte final e nota [393].

[519] *Acordo de concertação estratégica celebrado na Comissão Permanente de Concertação Social do Conselho Económico e Social em 20/12/1996,* publicado na RDES, 1997, 1/2/3, 291-332, nomeadamente no seu ponto 3, relativo ao «combate ao trabalho ilegal» (307 ss.).

[520] Apreciando detalhadamente os dois primeiros projectos de diploma, por exemplo, FURTADO MARTINS, *A crise...cit.,* 346 ss. Em relação à proposta de lei, é prevista a regularização excepcional das situações de falso trabalho independente através da celebração de contratos de trabalho a termo (art. 2º) e é também estabelecida uma presunção de laboralidade em relação ao trabalho realizado nas instalações de uma organização alheia, que pode ser invocada directamente pelo inspector do trabalho (art. 4º).

as preocupações nesta matéria evidenciam-se nos diversos diplomas sobre o emprego, que definem os princípios gerais na matéria (a este propósito, *vd* o DL nº 132/99, de 21 de Abril, que veio substituir o DL nº 444/80, de 4 de Outubro e o DL nº 445/80, de 4 de Outubro), que incentivam a mobilidade geográfica dos trabalhadores em geral (DL nº 206/79, de 4 de Julho, e DNorm. nº 302/79, de 28 de Setembro) e entre zonas com diferentes taxas de emprego (DL nº 225/87, de 5 de Junho), e que visam combater o desemprego (Port. nº 247/95, de 29 de Março), entre outros; e evidencia-se ainda nas medidas específicas de incentivo ao emprego de determinadas categorias de trabalhadores, previstas em diplomas avulsos ou dispersas em diplomas de âmbito geral — assim, por exemplo, a regulamentação das situações de emprego protegido relativamente a trabalhadores deficientes e de incentivo ao emprego desses trabalhadores (DL nº 40/83, de 25 de Janeiro, DReg. nº 37/85, de 24 de Junho e DL nº 299/86, de 19 de Setembro), os incentivos financeiros à contratação de jovens e de desempregados de longa duração (DL nº 89/95, de 6 de Maio, e DL nº 34/96, de 18 de Abril) e a viabilização da contratação a termo para os candidatos a primeiro emprego e para os desempregados de longa duração (art. 41º nº 1 h) da LCCT).

O que parece, no entanto, decorrer da conjugação desta regulamentação com o quadro normativo acima descrito é que, até ao momento, o legislador tem considerado possível atingir os objectivos de promoção do emprego e de combate ao desemprego sem deixar de fazer assentar o sistema normativo na relação laboral típica e sem considerar necessário atenuar a vocação tutelar do próprio sistema.

VI. Relativamente à estrutura do vínculo de trabalho, a evolução do sistema juslaboral português nos últimos dez anos mostra já, de uma forma mais clara, uma certa preocupação do legislador em diminuir a rigidez do sistema, com a introdução de algumas medidas de flexibilização nas matérias do tempo de trabalho, da mobilidade funcional e relativamente às vicissitudes da suspensão e da cessação do contrato. Trata-se, no entanto, de medidas de alcance limitado ou de operacionalidade difícil, por vezes deslustradas por uma deficiente técnica legal e que, de qualquer forma, não afectam significativamente as garantias dos trabalhadores nessas matérias; por outro lado, não se registaram alterações relativamente aos princípios da intangibilidade da retribuição e de outros direitos adquiridos, ou ao princípio da inamovibilidade, apesar dos apelos de um sector da doutrina nesse sentido.

Por uma razão de clareza da exposição, apreciaremos separadamente a evolução normativa relativamente aos problemas suscitados na pendência do vínculo e à matéria da cessação do contrato de trabalho, já que esta última matéria é, na nossa opinião, a maior fonte de rigidez do sistema laboral português.

Assim, relativamente às questões surgidas ao longo do desenvolvimento do vínculo laboral, constata-se alguma flexibilização das normas referentes à organização do tempo de trabalho e à mobilidade funcional do trabalhador, e, de uma forma mais limitada, relativamente à possibilidade de suspensão do contrato de trabalho em situação de crise da empresa; mas mantêm-se inalterados os princípios da irredutibilidade salarial e da inamovibilidade.

A matéria do tempo de trabalho é, porventura, aquela que evoluiu num sentido mais flexibilizante na última década, uma vez que a tendência de redução do tempo de trabalho — que levou à descida do período normal de trabalho semanal[521] para as 44 horas (pelo DL 398/91, de 16 de Outubro, que alterou neste sentido o art. 5º nº 1 da LDT) e, depois, para as 40 horas (segundo o sistema de redução progressiva previsto no art. 1º da L. nº 21/96, de 23 de Junho) — tem vindo a ser acompanhada da flexibilização progressiva do seu regime. Assim, o DL nº 398/91, de 16 de Outubro introduziu alguma maleabilidade no regime legal do tempo de trabalho, ao alargar a possibilidade de estabelecimento de isenção de horário para além do tradicional âmbito das funções de chefia (art. 13º nº 1 da LDT) — o que permitiu diminuir os encargos remuneratórios com o trabalho suplementar prestado em dia útil pelos trabalhadores abrangidos[522] — e ao permitir que as convenções colectivas procedessem ao cálculo do tempo de trabalho em termos médios e por referência a um período mais longo do que a base semanal prevista na lei (são os novos nos 7, 8 e 9 do art. 5º da LDT). Este processo de flexibilização do tempo de trabalho veio a ser com-

---

[521] Isto é, nos termos do art. 45º nº 1 da LCT, o número de horas de trabalho que o trabalhador se obriga a prestar por semana.

[522] Como é sabido, a isenção de horário de trabalho dispensa a aplicação do regime do trabalho suplementar prestado em dia normal de trabalho, mas o trabalho prestado em dia de descanso semanal obrigatório ou complementar continua a ser qualificado como trabalho suplementar, nos termos do art. 2º nº 2 a) da LTS, dando lugar aos respectivos acréscimos remuneratórios.

pletado pela L. n° 21/96, de 23 de Junho (complementada, por seu turno, pela L. n° 73/98, de 10 de Novembro e pela L. n° 61/99, de 30 de Junho[523]), que, numa espécie de compensação dos empregadores pela redução geral do período normal de trabalho semanal[524], introduziu os denominados «princípios de maleabilização dos horários» (art. 3° da L. n° 21/96 e nova redacção do art. 10° n° 2 da LDT): de acordo com o sistema previsto neste diploma, a regra geral é a da determinação da duração semanal do trabalho em termos médios, por referência a um período de quatro meses ou, em caso de fixação por convenção colectiva, até 12 meses (art. 3° n° 1 da L. n° 21/96 e art. 3° n° 1 da L. n° 73/98), e são previstos o aumento e a redução dos períodos de trabalho diários dentro de certos limites (art. 3° n°s 2 e 3 da L. n° 21/96), a diminuição de dias ou de meios dias de trabalho ou o aumento do período de férias em certas semanas (art. 3° n° 4), assim como a possibilidade de, em convenção colectiva, ser aumentado até seis o número de máximo de horas consecutivas de trabalho diário e de serem altera-

---

[523] Transpondo para a ordem jurídica interna a Dir. n° 93/104, de 23/11/1993, relativa a determinados aspectos da organização do tempo de trabalho, a L. n° 73/98, de 10 de Novembro, aproveitou para clarificar alguns dos pontos em que a interpretação e a aplicação da L. n° 21/96 tinha suscitado mais dúvidas, enquanto a L. n° 61/99, de 30 de Junho, se debruçou sobre os problemas colocados pelas regras da L. 21/96 relativamente aos intervalos de descanso. Alguns autores observam, todavia, que a L. n° 73/98 voltou a rigidificar a disciplina legal do tempo de trabalho, na medida em que o seu art. 13° assegura a intangibilidade dos regimes convencionais que sejam mais favoráveis aos trabalhadores — neste sentido, Bernardo da Gama Lobo XAVIER, *Alguns pontos críticos das convenções colectivas de trabalho*, in A. MOREIRA (coord.), *II Congresso Nacional de Direito do Trabalho. Memórias,* Coimbra, 1999, 329-344 (335 s.).

[524] Esta ideia de compensação ou de troca de vantagens entre trabalhadores e empregadores (que é, aliás, confirmada pela ligação directa entre as duas matérias estabelecida pelo art. 2° da L. n° 21/96), explica-se pela natureza transaccional do diploma, emanado dos compromissos assumidos pelos parceiros em sede de concertação social — no caso, o *Acordo de concertação social de curto prazo, celebrado na Comissão Permanente de Concertação Social do Conselho Económico e Social em 24/01/1996,* publicado na RDES, 1996, 1/2/3/4, 405-425. Salientando também o carácter transaccional do diploma, com referência à «troca» entre a redução do tempo de trabalho e o estabelecimento do regime da polivalência funcional, na nova redacção do art. 22° da LCT, Bernardo da Gama Lobo XAVIER, *A mobilidade funcional e a nova redacção do art. 22° da LCT,* RDES, 1997, 1/2/3, 51-130 (110).

dos o número e a duração dos intervalos de descanso (art. 10º nº 2 da LDT, na redacção dada pela L. nº 21/96, e art. 5º da L. nº 73/98).

Apesar das dificuldades que a aplicação do regime estabelecido pela L. nº 21/96 tem suscitado, pela falta de clareza quanto ao conteúdo de alguns dos conceitos de que se socorre (como o conceito de «trabalho efectivo» ou o conceito de «duração normal do trabalho semanal», respectivamente nos arts. 1º nº 3 e 3º nº 1)[525], pelas dúvidas que levanta quanto à subsistência de uma parte da regulamentação anterior, que, não sendo expressamente revogada pelo diploma, não parece, contudo, ser globalmente compatível com o seu regime (é o que sucede com os n°s 7 e 8 do art. 5º da LDT, na redacção dada pelo DL nº 398//91)[526], e, em termos formais, pela sua deficiente técnica legal (que apenas em parte é justificável pelo facto de se tratar de um diploma com origem na concertação social)[527], parece que o legislador se norteou por um objectivo de melhorar a adaptação da disponibilidade temporal do trabalhador às necessidades produtivas e de gestão da empresa, ou seja, por um objectivo de flexibilização do tempo de trabalho[528].

---

[525] De notar que estas dúvidas não foram totalmente dissipadas pela L. nº 73/98, de 10 de Novembro e pela L. nº 61/99, de 30 de Junho.

[526] Na verdade, a razão de ser destas normas parece ter desaparecido com o novo regime de determinação do período normal de trabalho semanal em termos médios, desenvolvido pela L. nº 21/96. Contudo, os preceitos não foram explicitamente revogados e a falta de clareza do actual regime, nomeadamente quanto à legitimidade para a fixação destas regras de maleabilização, deixa pairar a dúvida sobre a sua revogação tácita.

[527] A ambiguidade formal deste diploma é salientada por BERNARDO XAVIER, *A mobilidade funcional...cit.,* 106 s., que a explica pelo «seguidismo das formulações do Acordo de Concertação Social de Curto Prazo de 1996» e critica aquilo a que chama a «"equivocidade dolosa" do legislador [...] que [...] considerou menos arriscado seguir uma formulação concertada, e que lhe não era completamente imputável, a desempenhar com inteireza e escrúpulo a função legislativa». As dificuldades e a incerteza que a aplicação do diploma tem suscitado até ao momento e a necessidade de emissão de diplomas de explicitação e concretização das suas regras, nos anos imediatamente subsequentes, confirmam a justeza da crítica, que subscrevemos inteiramente.

[528] Ainda assim, será preciso ter em conta, na aplicação deste regime, as restrições impostas ao tempo de trabalho por muitas convenções colectivas, e designadamente a «abolição de princípio» do trabalho suplementar que algumas consagram ou a exigência do acordo do trabalhador como condição para a sua efectivação — neste sentido, entre outros, o *CCT entre a Associação dos Industriais*

Uma outra matéria em que se verificou alguma evolução flexibilizante do sistema juslaboral português foi a matéria da mobilidade funcional do trabalhador, com a introdução do denominado regime da polivalência funcional pela L. n° 21/96 (art. 6°), na nova redacção que deu ao art. 22° da LCT. Apesar da gravidade das incoerências formais e substanciais suscitadas por esta nova redacção do art. 22° da LCT — como é sabido, esta norma tem suscitado as maiores dificuldades interpretativas[529] — o novo regime traduz, ainda que com uma formulação

---

de Conservas de Peixe do Norte e outra e o Sindicato dos Trabalhadores da Indústria de Conservas e Ofícios Correlativos do Centro e outros cit., BTE, I S., n° 11, de 22/03/1981 (cláusula 12ª n°s 1 e 2); o *CCT entre a Associação Nacional dos Industriais de Conservas de Peixe e o SINDEPESCAS — Sindicato Democrático das Pescas cit.*, BTE, I S., n° 30, 15/08/1988 (cláusula 12ª n°s 1e 2); o *CCT entre a Associação de Representantes de Estabelecimentos de Ensino Particular (AEEEP) e a Federação Nacional dos Sindicatos de Professores e outros*, BTE, I S., n° 33, de 8/09/1988, (cláusula 29ª n° 1).

[529] Como refere BERNARDO XAVIER, *A mobilidade funcional...cit.*, 99, a lei «mistura com absoluta displicência conceitos fundamentais que era importante deixar esclarecidos e utiliza sinónimos e falsos sinónimos em termos de suscitar todas as dúvidas. Emprega, sobretudo, conceitos de outras ciênciais sociais não transponíveis para uma legislação laboral com o mínimo de tecnicidade» (no mesmo sentido, *vd*, ainda deste autor, *Polivalência e mobilidade*, in A. MOREIRA (coord.), *I Congresso Nacional de Direito do Trabalho — Memórias*, Coimbra, 1998, 105-131 (119). Com efeito, na sua nova redacção, o texto legal presta-se aos maiores equívocos, que começam com a alteração inexplicável da epígrafe do artigo (que, em nome de um discutível intuito de abrangência na explicitação do seu conteúdo, parece equiparar em termos de importância as actividades desenvolvidas pelo trabalhador no cumprimento da sua prestação contratual e fora do âmbito dessa prestação!), e continuam com a proliferação de conceitos de conteúdo impreciso em termos jurídicos, como os de «qualificação», «função normal» (n° 2), «valorização profissional» (n° 4) ou «reclassificação» (n° 5) — ficando aliás, com referência a estes, a dúvida sobre o sentido do requisito da não «modificação substancial da posição substancial do trabalhador», que é mantido no n° 7 —, com a utilização de conceitos técnico-jurídicos de âmbito geral num sentido diverso do comum (como o conceito de «capacidade», referido no n° 2, mas certamente não no sentido de capacidade jurídica!) e de conceitos que comportam múltiplas valências na sua aplicação laboral, sem qualquer explicação sobre aquela que deve ser considerada no contexto (vejam-se as referências à «categoria» no n° 2, que, pela redacção do texto, pode ser a categoria negocial ou a categoria normativa), enfim, naquilo a que BERNARDO XAVIER apelida, judiciosamente, de «verdadeira selva conceitual» — *A mobilidade funcional...cit.*,

oblíqua, o objectivo de flexibilização do sistema legal na matéria da mobilidade funcional, na medida em que procede ao alargamento do objecto do contrato e do inerente poder directivo do empregador. Seguindo de perto a leitura do preceito proposta por BERNARDO XAVIER, mas já sufragada pela jurisprudência[530], e que privilegia o elemento teleológico sobre o elemento literal na operação interpretativa[531], à norma pode ser dado o sentido útil de integrar no objecto do contrato, ao lado do conjunto de actividades nucleares para que o trabalhador foi contratado (art. 22º nº 1)[532], as actividades acessórias dotadas de afinidade funcional com aquelas, que o empregador pode, dentro de certos limites, exigir ao trabalhador, em regime de concomitância ou de substituição das actividades nucleares[533] (n°s 2 a 6 do art. 22º); e de reservar o regime, mais restritivo, do *jus variandi* (agora previsto nos n°s 7

---

109. Mas, para além das deficiências formais, verificam-se ainda dificuldades substanciais de inteligibilidade do preceito, relativamente ao âmbito do objecto do contrato, ao regime em que podem ser exigidas as «actividades acessórias» (designadamente a questão de saber se elas têm que ser concomitantes ou se podem ser substitutivas da «actividade principal»), à delimitação temporal desta exigência, à configuração do direito à reclassificação e, finalmente, ao lugar que a figura tradicional do *jus variandi* ocupa agora no sistema.

[530] Neste sentido, *vd* o Ac. RC de 4/02/99, CJ, 1999, I, 65.

[531] BERNARDO XAVIER, *A mobilidade funcional...cit., maxime* 111 ss. Do nosso ponto de vista, apesar de esta interpretação apenas ser possível com um generoso afastamento da letra do preceito, é ela que melhor o viabiliza, que o torna globalmente inteligível (designadamente porque possibilita a conciliação entre o novo e o anterior regime da matéria, que foi mantido pela lei) e que o reconcilia com a intenção flexibilizante do legislador. Como refere ainda BERNARDO XAVIER, *op. cit.,* 105, os resultados de uma interpretação exegética do preceito poderiam conduzir, afinal, à «absoluta proibição da polivalência», o que entraria em directa contradição com o objectivo de aumentar a mobilidade funcional do trabalhador que animou o legislador. Para avaliação dos efeitos perversos a que uma interpretação exegética do preceito poderia conduzir, *vd* ainda BERNARDO XAVIER, *idem,* 100 ss.

[532] A que BERNARDO XAVIER, *A mobilidade funcional...cit.,* 118, chama o «o núcleo duro» do objecto contratual.

[533] Tal como BERNARDO XAVIER, *A mobilidade funcional...cit.,* 113 ss., entendemos que estas actividades afins podem ser exercidas tanto a título acessório como a título substitutivo da actividade principal, desde que esta se mantenha como referência fundamental do estatuto do trabalhador, sob pena de ficarem sem explicação alguns dos outros aspectos do regime legal — sobre o ponto, *vd*, com minúcia, BERNARDO XAVIER, *idem,* 113 ss.

e 8 do art. 22º, sem alterações relativamente ao texto anterior da LCT) para as tarefas não compreendidas no objecto negocial, entendido naquele sentido mais amplo. Desta forma, o conjunto de tarefas exigíveis ao trabalhador no cumprimento do seu dever de trabalho torna-se mais amplo, e os poderes de adequação da sua prestação às necessidades de gestão e às mutações empresariais resultam correspondentemente acrescidos para o empregador[534][535].

No elenco das medidas de flexibilização do sistema laboral nacional, é ainda de assinalar o regime da redução do período normal de trabalho e da suspensão dos contratos de trabalho em situações de crise da empresa — é o denominado regime jurídico do *lay-off*, instituído pela LSCT (art. 5º ss.) e recentemente alterado pela L. nº 137/99, de 28 de Agosto.

Na sua configuração original, este regime foi considerado como um regime de fraca eficácia prática, do ponto de vista da gestão empresarial, não só pelos apertados requisitos a que estava sujeito o recurso

---

[534] Numa interpretação diferente do preceito, por exemplo, José João Nunes ABRANTES, *Flexibilidade e polivalência, in* A. MOREIRA (coord.), *I Congresso Nacional de Direito do Trabalho — Memórias*, Coimbra, 1998, 135-144 (137 ss.), entende que, na sua nova redacção, o art. 22º da LCT determina a «atribuição ao empregador de um poder (unilateral) de ampliação da prestação devida, sem, para isso, ter de sair do seu normal poder de direcção». Mais do que num alargamento do objecto do contrato, como propõe BERNARDO XAVIER, esta construção assenta na ideia do alargamento do poder de alteração do objecto negocial pelo empregador. Ainda sobre a interpretação deste preceito, *vd* António VILAR, *Flexibilidade e polivalência funcional, in* A. MOREIRA (coord.), *I Congresso Nacional de Direito do Trabalho — Memórias*, Coimbra, 1998, 145-168.

[535] De novo, deve ter-se em atenção que este alargamento pode ser inviabilizado pelas convenções colectivas, uma vez que, com frequência, se encontram, nessa sede, restrições aos poderes legais de variação do empregador, ou mesmo a sua interdição — neste sentido, por todas, vejam-se o *CCT entre a Associação dos Industriais de Conservas de Peixe do Norte e outra e o Sindicato dos Trabalhadores da Indústrias de Conservas e Ofícios Correlativos do Centro e outros cit.* (cláusula 24ª nº 1 d)), e o *CCT entre a Associação Nacional dos Industriais de Conservas de Peixe e o SINDEPESCAS — Sindicato Democrático das Pescas cit.* (cláusula 29ª nº 1 d)), impondo ao empregador a proibição de «Em caso algum [...] encarregar temporariamente o trabalhador de serviços não compreendidos na sua categoria profissional».

às medidas de redução e de suspensão dos contratos (sendo necessário demonstrar a sua indispensabilidade para viabilizar a empresa e manter os postos de trabalho, em face da afectação grave da empresa por motivos conjunturais de mercado, económicos ou tecnológicos, ou por catástrofes, e sendo a medida da suspensão subsidiária da medida da redução — art. 5º n°s 1 e 3 da LSCT), como pela subsistência de uma ampla protecção dos trabalhadores abrangidos, que mantêm o direito a uma remuneração mínima (art. 6º nº 1 a) e nº 2 da LSCT), eventualmente acrescida de uma compensação salarial, suportada ainda em parte pelo empregador (arts. 12º e 13º da LSCT), bem como o direito a férias e ao subsídio de férias correspondentes às condições normais (e não efectivas) de trabalho (art. 8º). Não sendo a diminuição dos custos do trabalho para o empregador, em resultado da aplicação deste regime, muito relevante, o maior interesse reconhecido a estas medidas era assim o facto de constituirem uma alternativa ao despedimento colectivo e/ou à falência das empresas, que protege os trabalhadores[536].

Em todo o caso, deve assinalar-se o esforço de atenuação da rigidez do sistema, nas alterações à LSCT introduzidas pela L. nº 137/99, de 28 de Agosto, em dois aspectos: por um lado, com a erradicação da subsidiariedade da medida da suspensão dos contratos em relação à medida da redução (com a revogação do nº 3 do art. 5º), que dá maior liberdade de actuação aos empregadores nesta matéria; e, por outro lado, com a diminuição dos encargos do empregador com a compensação salarial (na nova redacção dada ao art. 13º). Ainda que tímidas, estas alterações revelam, pelo menos, a intenção legal de facilitar aos empregadores o recurso a estas medidas, como instrumentos de gestão das crises empresariais.

VII. Já relativamente às matérias da remuneração e da mobilidade geográfica do trabalhador não se descortina uma evolução flexibilizante do nosso sistema juslaboral.

Assim, no que respeita à retribuição, embora alguns autores chamem a atenção para a necessidade da sua maleabilização[537], pela insus-

---

[536] Salientando, ainda assim, a importância do regime legal do *lay-off* para fazer face a situações de crise da empresa, mesmo na redacção original da LSCT, BERNARDO XAVIER, *A crise e alguns institutos...cit.*, 547 s.

[537] Neste sentido, por exemplo, BERNARDO XAVIER, *A crise e alguns institutos...cit.*, 562.

tentabilidade do princípio da irredutibilidade remuneratória (art. 21º nº 1 c) da LCT) numa conjuntura económica recessiva, o certo é que o princípio se mantém e o conceito de retribuição tende tradicionalmente a ser entendido em termos amplos pela jurisprudência, em interpretação da presunção do art. 82º nº 3 da LCT e para efeitos da sujeição à regra da irredutibilidade[538] — ainda que, relativamente a outras matérias, se venha observando uma tendência para um entendimento do conceito em termos mais restritivos[539]. Por outro lado, ao nível da nego-

---

[538] Neste sentido, algumas decisões judiciais consideram integrar o conceito de retribuição prestações versadas pelo empregador a título de ajudas de custo (na parte em que excedam os custos efectivos e se forem regulares — Ac. RLx. de 15/03/1995, CJ, 1995, II, 167, e Ac. STJ de 11/12/1996, CJ, 1996, III, 25) subsídios de turno (ainda o Ac. RLx. de 15/03/1995 cit.), subsídios de deslocação regulares e periódicos (Ac. RLx. de 13/01/1993, CJ, 1993, I, 167), subsídios de refeição (Ac. RLx. de 4/11/1992, CJ, 1992, V, 184, Ac. RC de 13/11/1996, CJ, 1996, V, 68, e Ac. STJ de 13/01/1993, CJ, 1993, I, 225, este último com a particularidade de considerar inaplicável a cláusula do CCT do sector que qualificava expressamente o subsídio de refeição como uma prestação não retributiva, por contrariedade ao art. 82º da LCT, fonte hierarquicamente superior, sem observância do requisito da maior favorabilidade exigido pelo art. 13º nº 1 da LCT), prémios de produtividade regulares (Ac. RC de 2/11/1990, CJ, 1990, V, 92; já relativamente a prémios condicionados à percepção de lucros pela empresa, o Ac. REv. de 14/07/1992, CJ, 1992, IV, 321, considerou não poder esta prestação integrar o conceito de retribuição), outros subsídios regulares (Ac. RC de 26/01/1994, CJ, 1994, I, 69), gratificações periódicas ou ordinárias (Acs. STJ de 8/03/1984, AD 269-680, de 10/01/1986, AD 292-491, e de 20/06/1994, AD, 395-1336, Ac. RLx de 27/09/1995, CJ, 1995, IV, 156 — com referência a uma gratificação anual e a uma gratificação por ocasião do aniversário do trabalhador —, e ainda o Ac. STJ de 8/05/1996, CJ, II, 251), a participação regular e periódica do trabalhador nos lucros da empresa (Ac. RC de 11/02/1993, CJ, 1993, I, 89), bem como a cedência de automóvel para uso profissional e pessoal do trabalhador (Ac. RLx. de 4/11/1992 cit., Ac. RLx. de 29/03/1993, CJ, 1993, II, 170, bem como o Ac. STJ de 5/03/1997, CJ, 1997, I, 290). Demonstrativa do conteúdo amplo que é reconhecido ao conceito de retribuição pela nossa jurisprudência é a seguinte afirmação do Ac. STJ de 8/05/1996, CJ, 1996, II, 251 (252): «Segundo o conceito civilista de retribuição esta deveria ter como contrapartida e como base a actividade do trabalhador, mas tal conceito, com a moderna elaboração do direito do trabalho, foi ultrapassado e hoje integram-se no domínio da retribuição todos os benefícios outorgados pela entidade patronal e que se destinam a integrar o orçamento normal do trabalhador, conferindo-lhe a justa expectativa do seu recebimento, dada a sua regularidade e continuidade periódicas».

[539] Um entendimento restritivo do conceito de retribuição tem sido sustentado pela jurisprudência mais recente a propósito do direito dos trabalhadores não

ciação colectiva, os sindicatos não se têm mostrado dispostos a aceitar retrocessos nesta matéria: muitas convenções estabelecem um conceito de retribuição amplo, a fim de integrar no âmbito do princípio da irredutibilidade todas as vantagens patrimoniais auferidas pelo trabalhador em razão do seu contrato de trabalho[540], consagram o direito a promoções automáticas periódicas dos trabalhadores com a inerente melhoria no estatuto retributivo[541], impõem níveis mínimos para as actualizações

---

abrangidos pelas convenções colectivas (porque não são sindicalizados ou porque são filiados num sindicato que não outorgou a convenção, segundo a regra geral do art. 7° da LRCT) a beneficiarem do regime remuneratório fixado na convenção para os trabalhadores da mesma categoria, por força da aplicação directa do princípio constitucional «trabalho igual salário igual», proclamado pelo art. 59° n° 1 a) da CRP. Em resposta a este problema, a jurisprudência tem reconhecido esse direito, uma vez estabelecida a igualdade do trabalho em termos de natureza, qualidade e quantidade, de acordo com a exigência constitucional (sobre o sentido destes requisitos, vd, por exemplo, os Acs. RLx., de 25/05/1994, de 26/06/1996 e de 25/09/1996, respectivamente CJ, 1994, III, 171, CJ, 1996, III, 172, e CJ, 1996, IV, 179, e o Ac. STJ de 25/06/1997, AD, 433-134), mas apenas em relação ao sentido restrito do conceito de retribuição (a que fazem corresponder o termo «salário», referido na Constituição): neste sentido, o Ac. STJ de 20/01/1993, CJ, 1993, I, 238, excluiu das exigências de igualdade salarial as prestações patrimoniais complementares versadas pelo empregador e previstas na convenção colectiva, que não constituem contrapartida do trabalho prestado (designadamente as que constituem um complemento do sistema de segurança social, como o complemento do subsídio de velhice ou do subsídio de doença), por entender que apenas com este significado restrito o princípio constitucional da igualdade salarial poderia prevalecer sobre o princípio da liberdade e da filiação sindical; no mesmo sentido se voltou a pronunciar o Ac. STJ de 8/2/1995, CJ, 1995, I, 267. Dando conta desta evolução da jurisprudência no sentido da limitação do princípio do trabalho igual salário igual, vd António Nunes de CARVALHO, *Trabalho igual, salário igual — Anotação ao Acórdão de 25 de Março de 1992 do Tribunal da Relação de Lisboa*, RDES, 1992, 4, 349-361 (358 ss.).

[540] É o que dispõem o *CCT entre a Associação dos Industriais de Conservas de Peixe do Norte e outra e o Sindicato dos Trabalhadores da Indústria de Conservas e Ofícios Correlativos do Centro e outros cit.* (cláusulas 38ª n° 2 e 24ª, n° 1 c)), e o *CCT entre a Associação Nacional dos Industriais de Conservas de Peixe e o SINDEPESCAS — Sindicato Democrático das Pescas cit.*(cláusulas 43ª n° 2 e 29ª n° 1 c)).

[541] Neste sentido, ainda o *CCT entre a Associação dos Industriais de Conservas de Peixe do Norte e outra e o Sindicato dos Trabalhadores da Indústria de Conservas e Ofícios Correlativos do Centro e outros cit.* (cláusula 4ª), o *CCT entre a Associação Nacional dos Industriais de Conservas de Peixe e o*

salariais[542], ou criam subsídios diversos, de complemento do sistema de segurança social ou de apoio ao trabalhador ou aos membros do seu agregado familiar, bem como condições preferenciais para o desenvolvimento de projectos pessoais do trabalhador, envolvendo encargos financeiros[543].

Em relação à mobilidade geográfica do trabalhador, as possibilidades de desvio ao princípio geral da inamovibilidade (consagrado no art. 21º nº 1 e) da LCT), por iniciativa do empregador, não foram alargadas, mantendo-se o regime do art. 24º da LCT, que estabelece como condição de licitude para a alteração do local de trabalho a ausência de prejuízo sério do trabalhador em resultado da deslocação e não a existência de um interesse efectivo de gestão da empresa, como sucede, por exemplo, em relação ao *jus variandi* (art. 22º nº 7 da LCT)[544]. Esta mesma prevalência do interesse do trabalhador na manutenção do local de trabalho sobre as necessidades empresariais de gestão se nota no regime da cedência ocasional de trabalhadores, estabelecido pela LTT (arts. 26º ss.), que apenas admite esta cedência entre empresas associadas ou interdependentes, no caso de o trabalhador estar vinculado à

SINDEPESCAS — *Sindicato Democrático das Pescas* cit. (cláusula 5ª), ou o *ACTV do sector bancário*, BTE, I S., nº 42, de 15/11/1994 (cláusula 18ª).

[542] Neste sentido, veja-se, por exemplo, a fixação do «acréscimo salarial mínimo» na Base V da *PRT para a Indústria têxtil e do vestuário*, BTE, I S., nº 19, de 22/05/1979.

[543] Neste sentido, por exemplo, o *ACTV do sector bancário* cit., estabelece, entre outros, o direito do trabalhador com filhos a um subsídio infantil e a um subsídio de estudo (cláusulas 148ª e 149ª), apoia a formação dos seus trabalhadores estudantes com um subsídio (cláusula 112ª) e fixa condições privilegiadas de acesso dos seus trabalhadores a empréstimos bancários para aquisição ou beneficiação de habitação, que passam por prazos longos de amortização e taxas de juro bonificadas (cláusulas 151ª ss., e Regulamento do Crédito à Habitação).

[544] É curioso, contudo, notar que este regime já tem sido afastado, no sentido de favorecer a possibilidade de mudança do local de trabalho por iniciativa do empregador, em sede de convenção colectiva — é o que sucede, por exemplo, com o *ACTV para o sector bancário* cit., cuja cláusula 39ª nºs 1 e 2, dispensa o requisito da ausência do prejuízo sério, quando a transferência é feita para local situado na mesma localidade ou para qualquer localidade do concelho onde o trabalhador resida, ou, nos casos do nº 2, dos concelhos limítrofes. A validade deste tipo de cláusulas depende, naturalmente, da natureza jurídica da norma do art. 24º da LCT -- problema que aqui não nos pode ocupar.

empresa por um contrato de trabalho por tempo indeterminado e mediante o seu acordo (art. 27º nº 1 a), b) e c) da LTT) — está pois aqui em causa uma modificação do negócio laboral por acordo das partes, que opera nos termos gerais, e não o alargamento do âmbito do poder directivo do empregador, até porque os referidos requisitos do art. 27º da LTT apenas podem ser afastados em sede de convenção colectiva (art. 26º nº 2 c) e art. 27º nº 1, corpo, da LTT, na renumeração introduzida pela L. nº 146/99, de 1 de Setembro). Desta forma, pode concluir-se que os apelos de alguma doutrina no sentido do aumento da mobilidade geográfica do trabalhador[545] não tiveram ainda eco no sistema normativo.

VIII. Mas é na matéria da cessação do vínculo laboral que o sistema normativo nacional apresenta, a nosso ver, os traços de maior rigidez, não apenas em razão do leque reduzido de formas de cessação do contrato admitidas pela lei, como pelos apertados requisitos substanciais e processuais a que estão sujeitas, e, finalmente, pelo manifesto excesso de tutela do trabalhador em algumas situações[546].

Em termos históricos, pode dizer-se que a evolução do regime jurídico nesta matéria passou por três períodos distintos no último quarto de século: um período de rigidificação quase total do sistema, iniciado em 1975 e completado em 1976; uma fase de relativa abertura, a partir de 1989; e a fase actual, em que se mantém globalmente o sistema de 1989 mas se assiste ao reforço de alguns dos mecanismos de protecção do trabalhador neste domínio. A sucessão destes períodos demonstra que os fundamentos tutelares e garantísticos subjacentes ao regime legal restritivo, estabelecido no primeiro período, persistem ainda hoje no seu pleno vigor, já que a sensibilização do legislador laboral em relação aos efeitos perversos deste regime na organização empresarial e no mercado de emprego, manifestada no segundo período, apenas se traduziu em medidas pontuais de abertura, de reduzido alcance prático e, em alguns casos, de natureza reversível, como tem sido provado pela inflexão normativa mais recente. Porque esta evolução evidencia a indefinição do sistema jurídico português quanto às valorações materiais determinantes nesta matéria, vale a pena passar em revista — embora

---

[545] Neste sentido, por exemplo, MÁRIO PINTO, *Garantia...cit.*, 146 e 154 ss.

[546] Sobre a rigidez do nosso sistema normativo nesta matéria, vd o nosso *Insegurança ou diminuição...cit.*, 97 ss.

de uma forma brevíssima, e, por isso, limitada aos seus traços gerais — este percurso histórico.

O primeiro período apontado caracterizou-se pela rigidificação do regime de cessação do contrato de trabalho, que se consumou em várias etapas entre 1975 e 1976: numa primeira fase, procedeu-se ao congelamento dos despedimentos (DL nº 292/75, de 16 de Junho, art. 21º, embora com a ressalva do art. 23º); logo depois, foi instituído o novo regime da cessação do contrato de trabalho na denominada Lei dos Despedimentos (DL nº 372-A/75, de 16 de Julho), que revogou a regulamentação anterior (com excepção das normas sobre despedimentos colectivos — art. 1º) e restringiu as causas de cessação do contrato de trabalho por iniciativa do empregador ao despedimento durante o período experimental, ao despedimento com justa causa e por motivo atendível (art. 4º c) e d), e arts. 9º ss. e 13º ss.) e ao despedimento colectivo (regulado pelo DL nº 783/74, de 31 de Dezembro); finalmente, entre o fim de 1975 e o início de 1976, este processo de rigidificação ficou completo com a erradicação da figura do despedimento por motivo atendível, com a inclusão do regime do despedimento colectivo na LD (DL nº 84/76, de 28 de Janeiro, que deu uma nova redacção ao art. 4º d) e aos arts 13º ss. da LD) e com a recondução do conceito laboral de justa causa para despedimento imediato do trabalhador à ideia de comportamento ilícito, grave e culposo do trabalhador, inviabilizador da subsistência do vínculo laboral, ou seja, à ideia de infracção disciplinar mais grave[547] (DL nº 841-C/76, de 7 de Dezembro, que deu uma nova redacção ao art. 10º nº 1 da LD) — o que afastou definiti-

---

[547] É certo que a expressão «infracção disciplinar», constante do conceito de justa causa na sua formulação inicial pelo DL nº 372-A/75, foi afastada na redacção final, introduzida pelo DL nº 841-C/76. Contudo, desde a supressão da «justa causa» objectiva, o que está subjacente à cláusula geral do art. 10º nº 1 da LD (actual art. 9º nº 1 da LCCT) é um comportamento do trabalhador que constitua violação culposa dos seus deveres laborais, de origem negocial, regulamentar ou legal e de conteúdo geral ou especial (ou seja, uma infracção disciplinar); por outro lado, esta infracção disciplinar é necessariamente grave, porque lhe corresponde o despedimento imediato sem indemnização, que o art. 27º nº 1 e) da LCT classifica como a sanção disciplinar mais pesada; e, de acordo com a regra geral da proporcionalidade, estabelecida no art. 27º nº 2 da LCT e concretizada, quanto ao despedimento, na parte final do nº 1 do art. 9º da LCCT, a esta infracção terá que corresponder a inviabilidade «da aplicação de outra uma sanção» (apesar de esta exigência ter sido também retirada do texto primitivo pelo DL nº 841-C/76).

vamente a possibilidade de cessação do contrato de trabalho por razões objectivas atinentes ao trabalhador ou à empresa, exceptuado o caso do despedimento colectivo. Por outro lado, como é sabido, este regime restritivo foi sancionado ao nível constitucional através da consagração do dever de garantir a segurança no emprego como obrigação do Estado, a que correspondeu a proibição dos «despedimentos sem justa causa ou por motivos político-ideológicos» — é o princípio consagrado no art. 52º b) da Constituição de 1976, numa formulação idêntica à do art. 10º nº 1 da LD[548] e que se mantém ainda hoje no art. 53º, apesar da sua manifesta redundância[549]; e ainda no plano constitucional, o vigor deste sistema acabou por ser reforçado com a Primeira Revisão Constitucional (LC nº 1/82, de 30 de Setembro), que autonomizou o princípio da segurança no emprego como um dos direitos, liberdades e garantias dos trabalhadores, no capítulo III do Título II da Parte I da Constituição — qualificação esta a que inere a sujeição ao regime de especial tutela do art. 18º da CRP[550] e que dissipa as dúvidas sobre a natureza preceptiva da norma[551].

Sobre o conceito de infracção disciplinar, vd o nosso Do Fundamento...cit., 209 ss. (maxime, 214 s.).

[548] Exactamente por adoptar a fórmula da LD, a maioria da doutrina entendeu então que a recepção constitucional do conceito de justa causa tinha absorvido também o conteúdo subjectivo da própria noção de justa causa que a evolução legal na matéria tinha apurado entretanto e que não era considerado compatível com situações de justa causa objectiva — neste sentido, por todos, JOSÉ JOÃO ABRANTES, Estudos de Direito do Trabalho cit., 68, e Direito do Trabalho. Ensaios cit., 43.

[549] Do nosso ponto de vista, a redundância resulta da recondução do conceito de justa causa subjectiva à ideia de infracção disciplinar já que, se o despedimento for motivado por razões políticas ou ideológicas, ele será sempre injustificado, porque o comportamento do trabalhador não consubstancia uma infracção disciplinar mas o exercício de um direito — o despedimento por motivos político-ideológicos é pois apenas uma forma de despedimento sem justa causa, que a Constituição autonomizou por razões não jurídicas. Contra, considerando que se trata de uma categoria autónoma, que tutela de forma específica o direito dos trabalhadores a não serem discriminados em razão das suas opções político-ideológicas, José Joaquim Gomes CANOTILHO / Vital MOREIRA, Constituição da República Portuguesa Anotada, 3ª ed., Coimbra, 1993, 288 s., nota [IX].

[550] Neste sentido, por todos, GOMES CANOTILHO / VITAL MOREIRA, Constituição...cit., 285, nota [I], e JOSÉ JOÃO ABRANTES, Direito do Trabalho. Ensaios cit., 43.

[551] Sobre a natureza preceptiva do art. 53º da CRP, vd, por todos, MENEZES

Em termos substanciais, a rigidez do regime estabelecido pela LD não decorre apenas da limitação das causas de cessação do contrato por iniciativa do empregador ao despedimento com justa causa e ao despedimento colectivo, mas também dos apertados requisitos substanciais e processuais que condicionam o recurso a estas figuras. Assim, relativamente ao despedimento com justa causa, a noção laboral de justa causa é muito restritiva (não só porque se exige a prática de uma infracção disciplinar grave e culposa do trabalhador — que pode consistir ou não numa das enunciadas no elenco do art. 10º nº 2 da LD, mas não inclui, de qualquer modo, motivos de natureza objectiva —, mas porque essa infracção tem que tornar «imediata e praticamente impossível a subsistência da relação de trabalho», nos termos do nº 1 do mesmo artigo[552]), é exigido um processo especial para a promoção

---

CORDEIRO, Manual...cit., 145; e, em geral, sobre o sentido da primitiva integração sistemática dos direitos fundamentais dos trabalhadores no texto constitucional de 1976, Jorge MIRANDA, A Constituição de 1976. Formação, Estrutura, Princípios Fundamentais, Lisboa, 1978, maxime 339 ss.; e sobre a evolução do enquadramento constitucional destes direitos com a revisão constitucional de 1982, João CAUPERS, Os Direitos Fundamentais dos Trabalhadores e a Constituição, Coimbra, 1985, maxime 116 ss.

[552] Neste sentido, tanto a jurisprudência como a doutrina têm considerado, em interpretação do art. 10º nº 1 da LD (actual art. 9º da LCCT), que não basta que o comportamento do trabalhador corresponda a uma das situações previstas no nº 2 do artigo ou a outra violação dos seus deveres (uma vez que a enumeração do nº 2 é exemplificativa), para que se consubstancie uma situação de justa causa para despedimento, sendo sempre necessário aferir, relativamente a esse comportamento em concreto, da verificação dos elementos do conceito de justa causa enunciados no nº 1 do artigo: o grau de culpa do trabalhador (elemento subjectivo), a gravidade e as consequências deste comportamento (elemento objectivo), e o nexo de causalidade entre a infracção e a sanção e a impossibilidade prática e imediata de subsistência do vínculo laboral — neste sentido, se pronunciaram, entre outros, o Ac. RP de 5/11/1990, CJ, 1990, V, 233, o Ac. REv. de 4/07/1995, CJ, 1995, IV, 293, os Acs. STJ de 16/03/1993, CJ, 1993, II, 295, de 10/11/1993, CJ, 1993, III, 289, de 7/12/1994, CJ, 1994, III, 303, ou de 22/02/1995, CJ, 1995, I, 279. E, estabelecendo o nexo entre as infracções previstas no nº 2 do artigo ou noutros diplomas laborais e os elementos do conceito de justa causa, enunciado no nº 1, vd, igualmente a título exemplificativo, o Ac. RP de 22/01/1990, CJ, 1990, I, 274 (relativamente a um caso de violência física do trabalhador), o Ac. RP de 5/11/1990 cit., e o Ac. RLx. de 5/06/1991, CJ, 1991, III, 215 (relativamente a casos de injúrias ou ofensas ao empregador), o Ac. RC de 6/06/1991, CJ, 1991, III, 120, o Ac. RP de 17/05/1993, CJ, 1993, III, 268, e o Ac. RC de

do despedimento (art. 11º da LD), que está sujeito a trâmites rigorosos[553] (forma escrita, envio de nota de culpa circunstanciada ao trabalhador, comunicações à comissão de trabalhadores e parecer desta, direito a defesa escrita do trabalhador e exigência de fundamentação da decisão de despedimento), e, finalmente, se vier a ser decretada a nulidade do despedimento, o trabalhador tem direito à reintegração ou (mas apenas por opção sua) a uma indemnização compensatória (art. 12º da LD). Relativamente ao despedimento colectivo, o regime da LD é também muito restritivo, não só em razão dos requisitos substanciais da figura (nos termos do art. 13º nº 2 da LD, o empregador apenas pode recorrer a esta forma de cessação do contrato em caso de encerramento definitivo da empresa, de parte da empresa ou de redução de pessoal, por motivos estruturais, tecnológicos ou conjunturais), como pelo valor das indemnizações previstas (art. 20º) e, sobretudo, pelas exigências processuais da figura, que acaba por não corresponder tanto a uma iniciativa do empregador como a um processo negociado de exclusão de trabalhadores entre a empresa, os representantes dos trabalhadores e o Governo — neste sentido, apontam não só a exigência de comunica-

---

3/02/1994, CJ, 1994, I, 73 (relativamente a casos de faltas injustificadas), o Ac. STJ de 10/11/1993 cit. (sobre um caso de violação do dever de zelo e diligência), o Ac. STJ de 22/02/1995 cit. e o Ac. RLx. de 16/10/1996, CJ, 1996, IV, 186 (relativos a casos de desobediência), o Ac. REv. de 4/07/1995 cit. (relativo a um caso de violação do dever de lealdade), ou o Ac. STJ de 7/12/1994 cit. (relativo a comportamentos extra-empresariais do trabalhador, violadores dos deveres de segurança) — relativamente à jurisprudência mais antiga sobre a matéria, *vd* a indicação exaustiva de Pedro CRUZ, *A Justa Causa de Despedimento na Jurisprudência*, Coimbra, 1990. Ao nível doutrinal, independentemente das diferenças na construção ou na aplicação laboral do conceito de justa causa, há também unanimidade quanto à exigência da aferição da presença dos elementos do conceito, enunciados no nº 1 do art. 9º da LCCT, perante a infracção praticada pelo trabalhador — neste sentido, BERNARDO XAVIER, *Curso...cit.*, 495 s., SOUSA MACEDO, *Poder Disciplinar Patronal cit.*, 83, MENEZES CORDEIRO, *Manual...cit.*, 820 ss. (*maxime*, 826), JOSÉ JOÃO ABRANTES, *Direito do Trabalho. Ensaios cit.*, 128, MONTEIRO FERNANDES, *Direito do Trabalho cit.*, 555 s., ROMANO MARTINEZ, *Direito do Trabalho*, II, tomo 1 (*Contrato de Trabalho*) *cit.*, 329, MOTTA VEIGA, *Lições...cit.*, 544, ou Pedro Furtado MARTINS, *Cessação do Contrato de Trabalho*, Cascais, 1999, 76 s.

[553] Como é sabido, o DL nº 841-E/76, de 7 de Dezembro, introduziu alguns aligeiramentos no processo disciplinar para despedimento, mas esta tendência foi invertida pela L. nº 48/77, de 11 de Julho.

ções à comissão de trabalhadores e ao Governo (art. 14°), como a possibilidade de sugestão de medidas alternativas ao despedimento no parecer da comissão de trabalhadores (art. 15°), a possibilidade de dilação e de proibição dos despedimentos, bem como de imposição de outras medidas pelo Governo (art. 17°), e a escolha dos trabalhadores a abranger pela medida de acordo com critérios que nada têm a ver com razões de gestão (art. 18°).

Por outro lado, a vocação tutelar do sistema normativo em matéria de cessação do vínculo laboral faz-se notar quanto a outras formas de cessação do contrato, de modo directo e indirecto: de um modo indirecto, a índole protectiva do sistema revela-se na redução do período experimental para quinze dias (art. 28° n° 1 da LD)[554] — é que, sendo o despedimento durante o período experimental a única forma incondicionada de cessação do vínculo por iniciativa do empregador que subsiste na LD, esta redução constitui uma protecção adicional do trabalhador contra o despedimento; de modo directo, a vocação tutelar do sistema manifesta-se ainda a propósito da cessação do contrato por acordo das partes, na previsão do denominado «direito do trabalhador ao arrependimento»[555], que lhe permite, no prazo de sete dias a contar do acordo escrito de cessação, proceder unilateralmente à respectiva revogação e reassumir a sua posição negocial, sem que o empregador se lhe possa opor e com a única consequência da perda da antiguidade (é o regime constante do art. 7° da LD) — este direito potestativo[556]

---

[554] No regime anterior a 1975, a duração geral do período experimental nos contratos de trabalho por tempo indeterminado era de dois meses (art. 44° n° 2 da LCT). Em compensação, o período experimental não existia, por regra, nos contratos de trabalho por tempo determinado (art. 44° n° 2), situação que veio também a ser alterada pelo regime dos contratos a prazo, que fixou um período experimental geral de quinze dias para estes contratos (art. 5° do DL n° 781/76, de 28 de Outubro). Além disso, deve recordar-se que o DL n° 84/76, de 28 de Janeiro, revogou o n° 2 do art. 28° da LD, na sua versão inicial, que permitia o despedimento com invocação de motivo atendível, ligado à ineptidão do trabalhador para o lugar, no período compreendido entre os primeiros quinze dias e os dois meses iniciais de execução do contrato.

[555] É a designação comum na doutrina — neste sentido, por todos, MENEZES CORDEIRO, *Manual...cit.*, 798.

[556] A qualificação do direito do trabalhador ao arrependimento como um direito potestativo não suscita dúvidas, uma vez que basta a manifestação de vontade do seu titular para provocar a alteração na ordem jurídica, e lhe corresponde,

do trabalhador era justificado pela doutrina na sua possível falta de esclarecimento sobre os efeitos do acordo de cessação do contrato ou na eventual coacção sobre ele exercida pelo empregador, aquando da celebração do referido acordo de cessação ou até no momento da celebração do contrato de trabalho[557].

Subjacente ao quadro normativo que acabamos de descrever encontra-se pois um princípio de tutela do direito do trabalhador à segurança no emprego, levado ao seu expoente máximo — como referia BERNARDO XAVIER[558] a propósito deste regime «com tudo isto, não poderia ir-se mais longe na consagração do que se tem chamado direito ao lugar ou propriedade do lugar». Na verdade, mesmo que em termos técnico-jurídicos esta qualificação «realista» do princípio da segurança no emprego não seja aceitável, o certo é que a formulação constitucional deste princípio e o regime jurídico descrito possibilitaram a difusão da concepção segundo a qual os postos de trabalho não são livremente disponíveis pelo empresário/empregador, mas são antes uma espécie de «propriedade social» por ele gerida[559].

IX. No segundo período referido, este quadro normativo foi alterado com a instituição do novo regime jurídico da cessação do contrato de trabalho pela LCCT (DL nº 64-A/89, de 27 de Fevereiro). Consciente dos efeitos perversos a que o excesso de rigidez nesta matéria

---

na titularidade do sujeito passivo, uma situação jurídica de sujeição — em geral, sobre estas categorias de situações jurídicas, por todos, MENEZES CORDEIRO, *Tratado...cit.*, I, 127 e 143. É de notar, a este propósito, que a lei não resolve o problema do destino do contrato de trabalho entretanto celebrado entre o empregador e outro trabalhador, para a mesma função.

[557] O objectivo desta norma era, segundo a opinião da doutrina, sobretudo o de evitar as situações de fraude que resultavam da prática da imposição ao trabalhador, aquando da celebração do contrato, da assinatura de um acordo revogatório, com a data em branco, que o empregador preencheria quando entendesse, o que permitia ocultar um verdadeiro despedimento — justificando a norma com este argumento, por exemplo, António de Lemos Monteiro FERNANDES, *Noções Fundamentais de Direito do Trabalho*, I, 4ª ed., 1981, 312.

[558] *Curso...cit.*, (1ª ed. — 1992), 453. Para comparação do grau de rigidez do sistema de tutela em matéria de despedimentos instituído em 1975 com o regime anterior, vd, ainda de Bernardo da Gama Lobo XAVIER, *A estabilidade no direito do trabalho português*, ESC, 1969, 31, 35-68 (*maxime*, 49 ss.).

[559] Neste sentido, por exemplo, GOMES CANOTILHO / VITAL MOREIRA, *Constituição...cit.*, 286 s. e nota [IV].

conduzira no mercado de emprego e, designadamente, na difusão dos vínculos laborais precários, e consciente da necessidade de melhorar a capacidade de adaptação das empresas à evolução económica e tecnológica (como é referido expressamente no preâmbulo da lei), este diploma procurou introduzir alguma maleabilidade no regime de cessação do contrato de trabalho, através da admissão de novas formas de cessação e do aligeiramento de algumas das formalidades previstas para as já existentes. Esta evolução foi completada, algum tempo depois, com o regime jurídico da cessação do contrato por inadaptação do trabalhador (DL nº 400/91, de 16 de Outubro) e, de forma indirecta, com o regime jurídico do trabalho em comissão de serviço (DL nº 404/91, de 16 de Outubro), que já referimos[560].

Assim, relativamente às formas de cessação do contrato de trabalho já previstas pela lei, salienta-se a supressão do direito do trabalhador à revogação unilateral do acordo de cessação do contrato de trabalho; o aligeiramento das formalidades do processo disciplinar para despedimento com justa causa nas pequenas empresas (art. 15º da LCCT), a devolução às empresas do direito de escolha dos trabalhadores a serem abrangidos pelo despedimento colectivo segundo critérios de gestão (art. 17º nº 1 c) e art. 20º) e, em geral, a limitação da intervenção administrativa neste processo a uma intervenção de controlo, que pretende apenas assegurar a regularidade formal e a conciliação dos interesses das partes no processo (art. 19º); a diminuição do valor da indemnização devida pela ilicitude do despedimento, em caso de percepção de outras remunerações pelo trabalhador após o despedimento ou em caso de propositura tardia da acção de impugnação judicial do despedimento (art. 13º nº 2); e, finalmente, o aumento da duração geral do período experimental para dois meses (art. 55º nº 2)[561], facilitando assim a denúncia unilateral incondicionada do vínculo pelo empregador nos primeiros tempos de execução do contrato.

No que se refere à tipologia das formas de cessação do vínculo laboral, a LCCT institui, como forma de cessação por «iniciativa» do

---

[560] *Supra*, neste número, II.

[561] De forma correspondente, a duração geral do período experimental dos contratos de trabalho a termo é fixada em trinta e em quinze dias, respectivamente para os contratos com termo superior ou inferior a seis meses (ou, sendo o termo incerto, consoante se preveja que a sua verificação ocorrerá antes ou depois de seis meses) — art. 43º da LCCT.

trabalhador, a figura do abandono de trabalho (art. 40º da LCCT), que permite ultrapassar o problema da necessidade de instauração de um processo disciplinar para despedimento, com fundamento em faltas injustificadas, nas situações em que a ausência prolongada do trabalhador seja acompanhada de factos reveladores do seu real desinteressse na subsistência do vínculo[562]; e admite, como forma de cessação do contrato por iniciativa do empregador paralela ao despedimento colectivo (arts. 16º ss.) e também baseada em motivos objectivos de ordem estrutural, tecnológica ou conjuntural, relativos à empresa, a figura da cessação do contrato por extinção do posto de trabalho (arts. 26º ss.) — é a readmissão da ideia de justa causa objectiva ou do motivo atendível, embora não exactamente com os contornos previstos na redacção inicial da LD. Contudo, em resultado do vivo debate sobre a constitucionalidade de várias regras da LCCT, que se desenrolou na fase da sua elaboração e discussão[563], o regime jurídico desta figura acabou por ser

---

[562] Esta classificação merece um pequeno esclarecimento, uma vez que não se verifica, nesta forma de cessação do contrato, uma manifestação expressa da vontade de fazer cessar o vínculo jurídico, por parte do trabalhador. No entanto, sendo a ausência prolongada do trabalhador acompanhada de factos que evidenciam a sua intenção de não retomar o trabalho, este regime permite evitar a solução seguida ao abrigo do anterior sistema (e considerada indispensável pela jurisprudência maioritária — neste sentido, por exemplo, os Acs. STJ de 16/12/ /1983, BMJ 332-410, de 27/07/1984, BMJ 339-345, e de 18/03/1986, BMJ 355-285, e os Acs. RLx de 9/04/1986, CJ, 1986, II, 166, e de 6/01/1988, CJ, 1988, I, 168) de obrigar o empregador a instaurar o processo disciplinar por faltas e a provar a existência de justa causa, nos termos gerais do art. 9º da LCCT. Ao atribuir a iniciativa de cessação do contrato ao trabalhador, o novo regime resolve o problema através da valorização do seu comportamento faltoso como uma declaração tácita (nos termos gerais do art. 217º nº 1 do CC), uma vez que está em causa um facto do qual se deduz, com toda a probabilidade, a vontade de denunciar o contrato. Sobre esta matéria, por todos, MENEZES CORDEIRO, Manual...cit., 856.

[563] Como é sabido, a versão final da LCCT constituiu o resultado de um complexo e agitado processo de verificação da constitucionalidade, desencadeado na fase de elaboração do diploma e que culminou com o Ac. TC nº 107/88, de 31 de Maio (DR, I S., nº 141, de 21/06/1988, 2516, e BMJ 377-155), que veio a considerar inconstitucional o alargamento da justa causa a motivações objectivas e a possibilidade de substituição da reintegração do trabalhador ilicitamente despedido por indemnização, por colidir com o conceito de justa causa na sua configuração mais estrita (ou seja, necessariamente reportado a um comportamento ilícito, grave e culposo do trabalhador), que teria sido objecto de recepção constitucional.

condicionado por requisitos substanciais e procedimentais tão apertados que conduziram, de imediato, um sector da doutrina a duvidar da sua operacionalidade prática[564] — neste sentido, vejam-se os apertados motivos de extinção do posto de trabalho (art. 26°), as condições rígidas e de índole social de cessação do contrato (entre as quais destacamos a inexistência ou a não aceitação pelo trabalhador de outro posto de trabalho compatível com a sua categoria[565] e, sobretudo, os critérios «sociais» e não de gestão que presidem à escolha do posto de trabalho a extinguir, previstos no art. 27° n°s 3 e 4) e o peso da intervenção das estruturas representativas dos trabalhadores e da Inspecção Geral do Trabalho no processo (arts. 28° e 29°). Com este regime tão restritivo, a nova forma de cessação do contrato de trabalho não teve, com efeito, grande impacto prático, como se comprova facilmente pela escassez de jurisprudência sobre esta matéria dez anos passados sobre o surgimento da figura[566].

Não cabendo nesta sede, aprofundar os argumentos apresentados nesta discussão (sobre a matéria, entre outros, José Joaquim Gomes CANOTILHO / Jorge LEITE, *A inconstitucionalidade da lei dos despedimentos*, Sep. do BFDC, Coimbra, 1988, João Baptista MACHADO, *Constitucionalidade da justa causa objectiva*, publicado, por exemplo, em *Obra Dispersa*, II, Braga, 1993, 547-552, JOSÉ JOÃO ABRANTES, *Direito do Trabalho. Ensaios cit.*, 121 ss.,. ou FURTADO MARTINS, *Cessação do Contrato de Trabalho cit.*, 70 s.), limitamo-nos a dar conta da sua influência no carácter restritivo das soluções que vieram, a final, a ser consagradas na LCCT, aproveitando a abertura do Tribunal Constitucional relativamente a outras formas de cessação do vínculo para além da prática de infracção disciplinar constitutiva de justa causa, mas rodeando o respectivo regime dos apertados requisitos descritos acima.

[564] Neste sentido, BERNARDO XAVIER, logo na 1ª ed. do seu *Curso...cit.*, 517 s., em 1992, bem como MENEZES CORDEIRO, *Manual...cit.*, 851. Foi este regime restritivo que conduziu autores como Abílio NETO, *Despedimentos e Contratação a Termo — Notas e Comentários*, Lisboa, 1989, 159, nota [1] a considerar que a figura encerrava uma «autêntica armadilha» para os empregadores.

[565] Esta condição constitui um afloramento da categoria que o sistema germânico designou, impressivamente, como o «despedimento modificativo» (*Änderungskündigung*), que se caracteriza pela alteração substancial das condições de trabalho por iniciativa do empregador, como alternativa à cessação do contrato. Sobre esta figura no sistema germânico, por todos, ZÖLLNER / LORITZ, *Arbeitsrecht...cit.*, 275 ss. e 311 ss.

[566] Ainda assim, veja-se o Ac. RC de 28/04/1993, CJ, 1993, II, 89, fazendo, aliás, uma interpretação bastante restritiva dos requisitos legais da figura, bem como o Ac. RLx. de 14/03/1998, CJ, 1998, I, 159.

Ainda nesta segunda fase, a rigidez do sistema de cessação do contrato de trabalho por iniciativa do empregador foi aligeirada pelo chamado «segundo pacote laboral»[567] (de 1991), que introduziu a figura do despedimento por inadaptação do trabalhador e que admitiu o trabalho em comissão de serviço (DL n° 400/91 e DL n° 404/91, ambos de 16 de Outubro) — uma e outra figuras foram, aliás, justificadas no preâmbulo dos respectivos diplomas pelas necessidades de flexibilização e optimização da gestão das empresas.

Como já referimos[568], a figura da comissão de serviço permite subtrair o trabalhador que desempenhe funções de chefia ou de confiança pessoal à tutela laboral em matéria de despedimento, mas, do ponto de vista da cessação do vínculo, ela só é eficaz quando o empregador recorre a trabalhadores externos à empresa para o desempenho dessas funções, já que o trabalhador «interno» terá direito a regressar à sua categoria de origem no final da comissão.

Já a figura do despedimento por inadaptação pode ter um efeito flexibilizante imediato e mais amplo no regime da cessação do vínculo laboral, porque permite resolver os problemas decorrentes da inaptidão superveniente do trabalhador para executar a prestação, que decorra da sua incapacidade de acompanhar as alterações de processos de fabrico ou tecnológicas introduzidas na sua função — nestes casos consubstancia-se uma nova forma de justa causa para despedimento, que integra uma componente objectiva (a «modificação do posto de trabalho», de acordo com a terminologia do art. 3° n° 1 a) do DL n° 400/91, de 16 de Outubro) e uma componente subjectiva (a inadaptação do trabalhador àquela modificação, revelada pela «redução reiterada de produtividade ou de qualidade», pela verificação de «avarias reiteradas nos meios afectos ao posto de trabalho», pela existência de «riscos para a segurança e saúde do próprio ou dos restantes trabalhadores ou de terceiros» ou ainda, relativamente a cargos de elevada complexidade técnica ou de direcção, pelo não cumprimento dos «objectivos previamente fixados e formalmente aceites», e desde que, em qualquer caso, resulte destes factos a impossibilidade prática de subsistência do vínculo — art. 2° do DL n° 400/91[569]). Todavia, uma vez mais, o recurso a esta forma

---

[567] Quanto a esta designação, por todos, BERNARDO XAVIER, Curso...cit., 454.
[568] Cfr., supra, II.
[569] Sobre esta configuração mista da justa causa no despedimento por inadaptação, por todos, BERNARDO XAVIER, Curso...cit., 522 s.

de cessação do contrato de trabalho encontra-se na dependência de um conjunto apertado de requisitos substanciais e processuais[570] — que incluem o acesso de trabalhador a acções de formação profissional, o decurso de um período de adaptação, a inexistência ou a não aceitação pelo trabalhador de um posto de trabalho alternativo compatível com a sua qualificação profissional[571] (arts. 3º nº 1 b) c) e d)), a não diminuição do volume de emprego permanente do empregador (art. 10º), o direito do trabalhador a compensações pecuniárias (arts. 3º f) e 7º) e uma tramitação processual complexa (ainda que menos exigente do que a prevista para a cessação do contrato por extinção do posto de trabalho[572]), envolvendo diversos requisitos formais, comunicações à entidade representativa dos trabalhadores e parecer desta (arts. 4º e 5º) — e, tal como vimos suceder para a cessação do contrato por extinção do posto de trabalho, estes requisitos não têm contribuido para a utilização prática da figura, como é indiciado pela ausência de jurisprudência sobre a matéria.

X. Para encerrar este brevíssimo percurso histórico sobre a evolução do sistema normativo português em matéria de cessação do vínculo laboral, cabe ainda dar conta de alguns sinais recentes de inversão da intenção flexibilizante do legislador da LCCT de 1989 e dos diplomas que complementaram o sistema por ela instituído, em 1991. Estes

---

[570] Segundo alguns autores, estes requisitos reflectem ainda o debate sobre a constitucionalidade do alargamento das formas de cessação do vínculo laboral, que tinha sido suscitado pela LCCT — neste sentido, por todos, BERNARDO XAVIER, *Curso...cit.*, 522 s.

[571] Encontramos pois aqui, de novo, um afloramento da figura do despedimento modificativo. Denotando a prolixidade linguística que muitas vezes o caracteriza, o legislador laboral refere-se, neste caso, à necessária compatibilidade do posto de trabalho alternativo com a qualificação profissional do trabalhador, enquanto no caso da cessação do contrato por extinção do posto de trabalho reportava essa exigência de compatbilidade à categoria do trabalhador (art. 27º nº 4 da LCCT). Fica a dúvida de saber se, no primeiro caso, o empregador poderá propor ao trabalhador o preenchimento de um posto de trabalho correspondente a uma categoria inferior mas ainda à sua qualificação profissional (o que pode contrariar o princípio da irreversibilidade da categoria, consagrado no art. 21º nº 1 d) da LCT) — solução que nos pareceria, em princípio, admissível, por se tratar de uma alteração do objecto do contrato por acordo, mas que não tem paralelo com a solução do art. 27º da LCCT.

[572] *Verbi gratia,* quanto à intervenção dos serviços inspectivos do Estado.

sinais de inversão encontram-se na L. n° 38/96, de 31 de Agosto, que recuperou o «direito do trabalhador ao arrependimento» no caso da cessação do contrato por acordo das partes (art. 1°) — aparentemente para tentar contrariar os despedimentos dissimulados em acordos não datados de cessação dos contratos de trabalho, que proliferaram desde o surgimento da LCCT[573] — e que estendeu mesmo este direito (para além do preceituado originariamente na LD) ao caso da cessação do contrato por iniciativa do trabalhador (art. 2°)[574].

Para completar este quadro, resta dizer que a essência garantística do regime jurídico que acabamos de descrever é ainda reforçada pela natureza imperativa das normas que o encerram — afirmada explicitamente pelo art. 2° da LCCT, ainda que com os limites do art. 59°, que prevê a regulamentação de alguns dos seus aspectos em sede de convenção colectiva. Deve dizer-se, aliás, que esta previsão normativa tem sido amplamente aproveitada pelos instrumentos colectivos e o conteúdo da regulamentação convencional demonstra uma intenção clara de reforço das garantias dos trabalhadores nesta matéria, tanto em termos substantivos como em termos adjectivos: em termos substantivos, através da definição de infracção disciplinar[575] e da rigorosa tipificação das

---

[573] É a justificação apresentada para a figura por MONTEIRO FERNANDES, *Direito do Trabalho...cit.*, 508 s., reiterando o argumento já apresentado nas *Noções Fundamentais...cit.*, I, 312.

[574] Já quanto à extensão do direito ao arrependimento ao caso da cessação do contrato por iniciativa do trabalhador não se encontraram argumentos justificativos na doutrina, mas o objectivo parece ser ainda o mesmo, dada a prática de emissão de declarações não datadas de denúncia do contrato pelo trabalhador, que se difundiu também desde o surgimento da LCCT.

[575] Como já tivemos ocasião de salientar noutra sede (*Do Fundamento...cit.*, 69 ss.), ao contrário da lei, muitas convenções colectivas de trabalho apresentam uma noção genérica de infracção disciplinar e outras exigem a presença de determinados elementos para a qualificação do comportamento do trabalhador como infracção disciplinar. Assim, por exemplo, o CCT entre a *ACIP — Associação do Centro dos Industriais de Panificação e a FSIABT — Federação dos Sindicatos das Indústrias de Alimentação, Bebidas e Tabacos e outros*, BTE, I S., n° 6, de 15/12/1989, cláusula 50ª, exige que a infracção corresponda a um facto voluntário do trabalhador; e o *CCT entre a APEB — Associação Portuguesa das Empresas de Betão Pronto e a Federação dos Sindicatos das Indústrias de Cerâmica, Cimento e Vidro de Portugal e outros*, BTE, I S., n° 10, de 15/03/1990, cláusula 75ª, exige que a infracção seja imputável ao trabalhador enquanto tal.

sanções disciplinares[576], do desenvolvimento de critérios de aferição da proporcionalidade entre a infracção e a sanção[577], ou do estabelecimento de prazos mais curtos de prescrição das infracções disciplinares e do processo disciplinar[578]; e, em termos adjectivos, através da regulação minuciosa e exigente do processo disciplinar[579], da prática da

---

[576] Por exemplo, o *ACT entre a Companhia de Celulose do Caima, S.A., e outra e a Federação Portuguesa dos Sindicatos das Indústrias de Celulose, Papel, Gráfica, Imprensa e outros*, BTE, I S., nº 3, de 22/01/1988, cláusula 15ª nº 1; o *CCT entre a Associação de Armadores de Pesca Longínqua — ADAPLA e o Sindicato dos Pescadores de Aveiro — SINDEPESCAVEIRO (pesca de arrasto longínquo no Atlântico Norte e Pacífico Norte)*, BTE, I S., nº 3 de, 22/01//1988, cláusula 40ª; o *ACT entre a Companhia de Celulose do Caima, S.A., e outra e o Sindicatos dos Fogueiros de Terra e da Mestrança e Marinhagem de Máquinas da Marinha Mercante e outros*, BTE, I S., nº 3, de 22/01/1988, cláusula 15ª, entre muitos outros.

[577] Neste sentido, algumas convenções enumeram um elenco minucioso de circunstâncias atenuantes e de causas de exclusão da ilicitude e da culpa do trabalhador, a tomar em consideração na verificação da proporcionalidade entre a infracção e a sanção — por paradigmático, é de apontar, a este propósito, o *AE entre a ANA — Aeroportos e Navegação Aérea, E.P. e o SITAVA — Sindicato dos Trabalhadores da Aviação e Aeroportos e outros*, BTE, I S., nº 23, de 22/06//1989, cláusulas 24ª a 28ª.

[578] Neste sentido, entre outros, o *CCT entre a Associação Portuguesa de Empresas Cinematográficas e outra e o Sindicato da Actividade Cinematográfica e outros*, BTE, I S., nº 38º, de 15/10/1988, cláusula 77ª; ou o *AE entre a ANA — Aeroportos e Navegação Aérea, E.P. e o SITAVA — Sindicato dos Trabalhadores da Aviação e Aeroportos e outros cit.*, cláusula 43ª.

[579] Assim, por exemplo, algumas convenções estabelecem a natureza secreta do processo (neste sentido, ainda o *AE entre a ANA — Aeroportos e Navegação Aérea, E.P. e o SITAVA — Sindicato dos Trabalhadores da Aviação e Aeroportos e outros cit.*, cláusula 36ª nº 1), estabelecem prazos mais alargados de defesa do trabalhador no processo disciplinar do que os prazos legais (é o que sucede no *CCT entre a APMM — Associação Portuguesa dos Armadores da Marinha Mercante e o Sindicatos dos Trabalhadores de Terra da Marinha Mercante, Aeronavegação e Pesca e outro*, BTE, I S., nº 10, de 15/03/1989, cláusula 21ª nº 3 b); o *CCT entre a APC — Associação Portuguesa de Cerâmica (barro branco) e a FITECEO — Federação dos Trabalhadores das Indústrias Cerâmica, Vidreira, Extractiva, Energia e Química*, BTE, I S., nº 8, de 28/02/1989, cláusula 47ª nº 5; o *CCT entre a ANTROP — Associação Nacional dos Transportadores Rodoviários de Pesados de Passageiros e o Sindicato Nacional dos Motoristas*, BTE, I S., de 22/04/1989, cláusula 61ª nº 3; o *CCT entre a Associação Livre dos Industriais de Gessos e Cales e a Federação dos Sindicatos das Indústrias de Cerâmica,*

extensão das formalidades do processo para despedimento aos processos para aplicação de sanções disciplinares conservatórias[580] e da afirmação da responsabilidade directa do empregador pelas sanções aplicadas,

---

Cimento e Vidro de Portugal e outras, BTE, I S., n° 26, de 15/07/1989, cláusula 37ª n° 5 b); o *AE entre a TRANSINSULAR — Transportes Marítimos Insulares, S.A., e a FETESE — Federação dos Sindicatos dos Trabalhadores de Escritório, Serviços*, BTE, I S., de 22/02/1990, cláusula 54ª n° 3; o *AE entre a TRANSINSULAR — Transportes Marítimos Insulares, S.A., e o Sindicato dos Trabalhadores de Terra da Marinha Mercante, Aeronavegação e Pesca*, BTE, I S., n° 7, de 22//02/1990, cláusula 54ª n° 3; ou o *AE entre a ANA — Aeroportos e Navegação Aérea, E.P. e o SITAVA — Sindicato dos Trabalhadores da Aviação e Aeroportos e outros cit.*, cláusula 46ª n° 1), bem como o direito do trabalhador de assistir aos actos de instrução do seu processo (neste sentido, por exemplo, o *ACTV para o sector bancário cit.*, cláusula 122ª) ou a possibilidade de assistência técnica do trabalhador por advogado no processo (ainda o *AE entre a ANA — Aeroportos e Navegação Aérea, E.P. e o SITAVA — Sindicato dos Trabalhadores da Aviação e Aeroportos e outros cit.*, cláusula 36ª n° 2).

[580] Assim, é comum a extensão da exigência da forma escrita do processo de despedimento ao processo disciplinar para aplicação de outra sanção (neste sentido, por exemplo, o *ACT entre a Companhia de Celulose do Caima, S.A., e outra e a Federação Portuguesa dos Sindicato das Indústrias de Celulose, Papel, Gráfica, Imprensa e outros cit.*, cláusula 14ª n° 1; o *ACT entre a Companhia de Celulose do Caima, S.A., e outra e o Sindicato dos Fogueiros de Terra e da Mestrança e Marinhagem de Máquinas da Marinha Mercante e outros cit.*, cláusula 14ª n° 1; o *CCT entre a FENAME — Federação Nacional do Metal e o Sindicato dos Engenheiros do Norte e outro*, BTE, I S., n° 28, de 29/07/1988, cláusula 61ª; o *AE entre a COVINA — Companhia Vidreira Nacional, S.A., e a FETESE — Federação dos Sindicatos do Trabalhadores de Escritório, Serviços e outra*, BTE, I S., n° 11, de 22/03/1989, cláusula 63ª n° 1; ou o *AE entre a ANA — Aeroportos e Navegação Aérea, E.P. e o SITAVA — Sindicato dos Trabalhadores da Aviação e Aeroportos e outros cit.* cláusula 35ª n° 1); algumas convenções estabelecem ainda a obrigatoriedade da emissão de nota de culpa nos processos disciplinares comuns (neste sentido, por exemplo, o *ACT entre a VIALGARVE — Diversões, Excursões e Desportos, Lda, e outras e o Sindicato dos Trabalhadores dos Transportes Fluviais e Costeiros (excursões marítimas turísticas)*, BTE, I S., n° 5, de 8/02//1988, cláusula 14ª n° 3 a); o *CCT entre a APMM — Associação Portuguesa dos Armadores da Marinha Mercante e o Sindicatos dos Trabalhadores de Terra da Marinha Mercante, Aeronavegação e Pesca e outro cit.*, cláusula 21ª, n° 3 a), o *ACT entre a CIMIANTO — Sociedade Técnica de Hidráulica, S.A., e outras e a FETESE — Federação dos Sindicatos dos Trabalhadores de Escritório, Serviços*, BTE, I S., de 29/03/1988, cláusula 49ª n° 3 a)), bem como a obrigatoriedade de comunicações ao sindicato e à comissão de trabalhadores (neste

no caso de exercício delegado do poder disciplinar[581]. Desta forma, também as convenções colectivas contribuem para reforçar a essência garantística do sistema laboral nesta matéria, embora o reforço seja aqui o produto do acordo entre os sujeitos interessados.

---

sentido, o *ACT entre a VIALGARVE — Diversões, Excursões e Desportos, Lda, e outras e o Sindicato dos Trabalhadores dos Transportes Fluviais e Costeiros (excursões marítimas turísticas) cit.*, cláusula 14ª nº 3; o *ACT entre empresas e agências de navegação aérea e o SITAVA — Sindicato dos Trabalhadores da Navegação Aérea e Aeroportos*, BTE, I S., nº 44, de 29/11/1988, cláusula 45ª nº 2; o *CCT entre a Associação Portuguesa de Empresas Cinematográficas e outra e o Sindicato da Actividade Cinematográfica e outros cit.*, cláusula 79ª nº 4; o *CCT entre a APC — Associação Portuguesa de Cerâmica (barro branco) e a FITECEO — Federação dos Trabalhadores das Indústrias Cerâmica, Vidreira, Extractiva, Energia e Química cit.*, cláusula 48ª nº 3; o *CCT entre a APMM — Associação Portuguesa dos Armadores da Marinha Mercante e o Sindicato dos Trabalhadores de Terra da Marinha Mercante, Aeronavegação e Pesca e outro cit.*, cláusula 21ª nº 3 d); o *CCT entre a Associação dos Operadores Portuários do Porto de Viana do Castelo e o Sindicato dos Estivadores, Lingadores e Conferentes de Viana do Castelo*, BTE, I S., nº 11, de 22/03/1989, cláusulas 108ª nº 3, 111ª nº 6 e 115ª nº 2, que consagra ainda a possibilidade de oposição do sindicato à sanção aplicada; o *AE entre a COVINA — Companhia Vidreira Nacional, S.A., e a FETESE — Federação dos Sindicatos do Trabalhadores de Escritório, Serviços e outra cit.*, cláusula 65ª nº 5; o *CCT entre a ANTROP — Associação Nacional dos Transportadores Rodoviários de Pesados de Passageiros e o Sindicato Nacional dos Motoristas cit.*, cláusula 61ª nº 1 e nº 7; o *AE entre a QUIMIGAL — Química de Portugal, S.A. — e a FETESE — Federação dos Sindicatos dos Trabalhadores de Escritório e Serviços*, BTE, I S., nº 5, de 8/02/1990, e o *AE entre a QUIMIGAL — Química de Portugal, S.A. — e o SERS — Sindicato dos Engenheiros da Região Sul e outros*, BTE I S., nº 5, de 8/02/1990, ambos na cláusula 114ª nº 2; ou o *CCT entre a Associação de Industriais de Ourivesaria do Sul e a Federação dos Sindicatos da Metalurgia, Metalomecânica e Minas de Portugal*, BTE I S., nº 7 de 22/02/1990, cláusulas 58ª nº 5 e 62ª nº 2), ou ainda a obrigatoriedade de emissão de um parecer da comissão de trabalhadores antes da aplicação de qualquer sanção disciplinar (por exemplo, o *ACT entre a CIMIANTO — Sociedade Técnica de Hidráulica, S.A., e outras e a FETESE — Federação dos Sindicatos dos Trabalhadores de Escritório, Serviços cit.*, cláusula 49ª nº 5).

[581] Neste sentido, algumas convenções exigem que a delegação da competência para o exercício do poder disciplinar seja feita por escrito (assim, por exemplo, o *CCT entre a APMM — Associação Portuguesa dos Armadores da Marinha Mercante e o Sindicato dos Trabalhadores de Terra da Marinha Mercante, Aeronavegação e Pesca e outro cit.*, cláusula 21ª nº 1).

XI. Apresentado este esquiço sobre a evolução histórica do sistema normativo português em matéria de cessação do vínculo laboral, no último quarto de século, importa dele retirar as competentes ilações dogmáticas.

No nosso entender, a evolução descrita legitima duas conclusões essenciais: em primeiro lugar, pode considerar-se que, apesar da afirmação reiterada da sensibilidade do legislador laboral às necessidades de flexibilização e dos apelos de um sector da doutrina nesse mesmo sentido[582], a essência garantística e a vocação universalizante do regime jurídico da cessação do contrato de trabalho se mantêm globalmente incólumes; em segundo lugar, cremos que as soluções normativas ensaiadas nesta área e a sua conjugação com outros aspectos do sistema já apreciados, permitem concluir que, também neste domínio, a relação laboral típica se mantém como referente sociológico paradigmático do sistema normativo e persistem ainda a ideia da uniformidade do estatuto de trabalhador subordinado, o mito da sua incapacidade genética permanente e a crença na sustentabilidade económica do sistema laboral de tutela, que referimos no início deste capítulo[583].

Relativamente ao primeiro ponto, decorre do conjunto das normas apreciadas a configuração global do regime jurídico da cessação do vínculo laboral como um sistema de tutela abrangente, tanto em termos subjectivos como em termos objectivos: em termos subjectivos, porque (fora dos casos da comissão de serviço e dos contratos por tempo determinado, que têm um alcance limitado, o primeiro pelas funções em causa e o segundo pela tipificação das suas motivações) a generalidade dos trabalhadores subordinados beneficia de protecção neste domínio; em termos objectivos, pela limitação das formas de cessação do contrato por iniciativa do empregador (designadamente pela persistência da impossibilidade da denúncia do contrato com aviso prévio), pela falta

---

[582] Neste sentido, por exemplo, BERNARDO XAVIER, *A crise e alguns institutos...cit.*, 550 s., bem como MÁRIO PINTO, *Garantia...cit.*, 144 ss., este último propondo uma leitura do princípio da estabilidade de emprego, que o emancipe da sua referência clássica à ideia de garantia da segurança do vínculo dos trabalhadores subordinados já ocupados, para o reportar, em termos globais, à ideia de garantia de todos os trabalhadores a um rendimento mínimo e a um emprego (a entender, em sentido amplo, como direito a uma ocupação produtiva remunerada), em suma, à ideia de garantia de uma vida profissional gratificante, mas compaginável com as necessidades de flexibilização da força de trabalho (*idem*, 161).

[583] Cfr., *supra*, 48.1.

de alternativas às soluções de cessação do vínculo (como sucede com o despedimento modificativo, no direito germânico, por exemplo) e pelo alcance limitado das medidas de flexibilização já previstas, em razão dos apertados requisitos substanciais e procedimentais que as rodeiam e que muito dificultam a sua aplicação prática. O princípio da estabilidade do emprego e o chamado «direito ao lugar» são pois ainda os princípios dominantes na matéria.

Relativamente ao segundo ponto, a conjugação das soluções legais em matéria de cessação do contrato de trabalho com outros aspectos do sistema normativo revela, a nosso ver, que a relação laboral típica se mantém como o paradigma sociológico de referência da intervenção legal no domínio laboral e que os mitos da incapacidade genética e da uniformidade do estatuto de trabalhador subordinado, bem como da viabilidade económica do sistema de tutela laboral continuam a influenciar decisivamente o legislador: assim, o elenco reduzido das formas de cessação do contrato de trabalho e a difícil operacionalização das medidas que procuraram introduzir alguma flexibilização nesta matéria, em paralelo com a evolução normativa dos contratos a termo no sentido da excepcionalidade, mostram a assumida preferência da lei pelos vínculos laborais por tempo indeterminado; por outro lado, a vocação universalizante da tutela laboral nesta matéria assenta no pressuposto da inerência dessa tutela ao estatuto de trabalhador subordinado, independentemente da sua efectiva necessidade de protecção, o que só é explicável pela crença na uniformidade desse estatuto; em terceiro lugar, a recuperação de regras como a do «direito do trabalhador ao arrependimento» e, em especial, a extensão deste direito ao caso da denúncia do contrato pelo trabalhador, é a demonstração da pujança que o mito da incapacidade genética permanente do trabalhador subordinado tem ainda hoje no nosso sistema juslaboral[584]; finalmente, o nível ele-

---

[584] Este último caso é, na nossa opinião, o exemplo mais extremo deste mito, já que a tutela actua quando a iniciativa da cessação é uma manifestação de vontade do próprio trabalhador (não sendo pois sequer invocável, como no caso do acordo, uma suposta coacção do empregador, susceptível de o induzir à cessação): o facto de a lei admitir que um sujeito, dotado de plena capacidade de gozo e exercício dos seus direitos, revogue a sua própria declaração negocial (num negócio unilateral) depois de ela já ter produzido os seus efeitos e num momento em que já nem sequer é invocável a sua inferioridade negocial, porque o vínculo de dependência se extinguiu, não pode deixar de evidenciar o preconceito legal sobre a incapacidade prática do trabalhador para prosseguir adequadamente os seus

vado das compensações por cessação ou por suspensão do contrato é revelador da crença na sustentabilidade económica do sistema de tutela laboral. Na verdade, parece-nos que só o facto de a relação laboral típica se manter formalmente no centro do sistema explica que o legislador laboral continue a encarar os problemas que o excesso de rigidez do regime de cessação do contrato de trabalho tem levantado (como o aumento enorme do número de contratos de trabalho a termo depois da rigidificação do sistema em 1975, a difusão dos acordos de cessação em branco depois de 1989, ou a proliferação dos «falsos independentes» nos últimos quinze anos) como meros «desvios» ao modelo tradicional da relação laboral, e procure resolvê-los, de forma tópica, pela via tradicional da expansão da tutela laboral, sem fazer grandes ponderações sobre os efeitos reflexos desse tipo de soluções[585].

interesses laborais. Ora, se já relativamente à possibilidade de recuperação do contrato extinto por acordo das partes, por decisão unilateral do trabalhador, a solução originária da LD nos parecia criticável, não só por tomar como certa a imaturidade do trabalhador, mas também porque a necessidade de uma solução deste tipo para acorrer às reais situações de despedimentos dissimulados é discutível (já que seria sempre possível ao trabalhador coagido à assinatura de um acordo de cessação em branco invocar a invalidade desse acordo por coacção moral ou por dolo ou erro, nos termos gerais — neste sentido também, por exemplo, ABÍLIO NETO, *Despedimentos...cit.*, 41, nota [4]), não podemos deixar de reiterar a nossa crítica à reposição deste regime e à sua extensão ao caso da denúncia do contrato pelo trabalhador, que nos parece de justificação ainda mais difícil.

[585] Já tivemos ocasião de manifestar, noutra sede (MARIA DO ROSÁRIO PALMA RAMALHO, *Insegurança ou diminuição...cit., maxime* 97 ss.), as nossas dúvidas relativamente ao grau de ponderação do legislador nacional sobre a capacidade real do sistema para manter um nível de tutela tão alto em matéria de cessação do contrato de trabalho e sobre os efeitos perversos das soluções de alcance meramente correctivo que tem introduzido no sistema, relativamente aos contratos a termo e à cessação do vínculo laboral. Assim, perante o aumento enorme dos contratos de trabalho a termo desde 1975, o legislador reagiu na LCCT através da consagração da sua excepcionalidade, mas essa reacção acabou por tornar a cessação do contrato ainda mais difícil porque apenas atacou de forma pontual e sem grande eficácia prática a restrição dos despedimentos operada pela LD em 1975, que estava na origem daquele aumento. Mais recentemente, o legislador reagiu contra a proliferação dos acordos fraudulentos de cessação do contrato, mas esta reacção não evidencia qualquer ponderação sobre o facto de o aumento destas fraudes decorrer da dificuldade de fazer cessar o vínculo por outra via, uma vez que o regime da cessação do contrato se mantém inalterado; e, na mesma óptica correctiva, tenta-se reagir repressivamente ao aumento dos falsos indepen-

§ 22º – A crise sistemática do direito laboral

XII. Como último ponto desta nossa apreciação da evolução do sistema normativo nacional, resta referir que também em relação ao papel reservado à autonomia das partes na determinação do conteúdo do contrato de trabalho e na operação de qualificação jurídica do próprio contrato, bem como relativamente à natureza das normas laborais e às regras de coordenação entre as fontes de direito do trabalho, o quadro normativo português se mantém com o perfil rígido e garantístico que o caracterizava já no corporativismo e que foi ainda densificado no período de 1974 e 1975, por razões históricas e ideológicas conhecidas[586].

Assim, relativamente à autonomia das partes, deve dizer-se que, apesar dos apelos de alguma doutrina no sentido da diminuição do número de normas laborais imperativas[587] e do reforço do papel das partes na fixação do conteúdo e na própria operação de qualificação do

---

dentes com a presunção de laboralidade, sem inquirir sobre os motivos da proliferação desta categoria de trabalhadores. Chamando também a atenção para os efeitos perversos no mercado de emprego da conjugação das restrições legais ao trabalho precário e ao despedimento feita pelo nosso legislador, MÁRIO PINTO, *Garantia...cit.,* 153 s e 157; e referindo a imprevisão das consequências económicas da legislação laboral garantística em geral, BERNARDO XAVIER, *A crise e alguns institutos...cit.,* 522 (anterior à alteração do regime da cessação do contrato de trabalho, operada pela LCCT, o escrito deste último autor tem, aliás, um valor premonitório, quanto à advertência em relação às consequências nefastas de uma eventual restrição dos contratos de trabalho a termo, que inviabilizasse a prática, até então seguida, da sua utilização como um instrumento de maleabilização do mercado de emprego (*idem,* 533) — na verdade, os efeitos perversos no nível do emprego, vaticinados pelo autor, acabaram por se verificar, na sequência da evolução do tratamento legal destes contratos operada pela LCCT).

[586] Como refere MÁRIO PINTO, *Die Flexibilisierung...cit.,* 346 s., o sistema laboral português passou por dois processos sucessivos, que desembocaram na maximização da sua estrutura garantística: a fase corporativa, em que se procedeu à uniformização do regime da relação de trabalho e se obnubilou o direito laboral colectivo; e a fase revolucionária de 1974-75, em que se reforçou a estrutura garantística do regime jurídico do contrato de trabalho (*maxime,* com a restrição dos despedimentos) e se somou a esta estrutura o desenvolvimento do direito colectivo, também com um perfil garantístico, dada a forma não paritária de consagração dos direitos laborais colectivos (*verbi gratia,* com a consagração constitucional do direito de greve e a proibição do *lock-out*). Sobre este ponto, *infra,* § 27º, 60.I. e 61.V.

[587] Neste sentido, por exemplo, MÁRIO PINTO, *L'assouplissement...cit.,* 143.

contrato de trabalho[588], o espaço reservado à autonomia privada é ainda reduzido no nosso sistema.

Para este espaço reduzido contribuem os diversos regimes legais absolutamente vedados ao poder de autodeterminação dos sujeitos laborais, tanto em sede de contrato de trabalho como em sede de negociação colectiva (é o caso do regime jurídico dos feriados e, parcialmente, do regime das faltas, nos termos dos arts. 21º e 24º da LFFF, e do regime da cessação do contrato de trabalho, de acordo com o art. 2º da LCCT, bem como de diversas outras normas absolutamente imperativas que se encontram disseminadas pelos textos legais), o peso considerável das chamadas normas imperativas mínimas[589], incidentes na maioria dos aspectos da formação e do desenvolvimento da situação jurídica laboral, e, finalmente, a vitalidade do princípio do tratamento mais favorável ao trabalhador na sua aplicação à relação entre as fontes laborais e o contrato de trabalho — independentemente da sua justificação sociológica originária, regras como a da substituição automática das cláusulas contratuais menos favoráveis pelas normas legais imperativas ou a da integração das cláusulas mais favoráveis das convenções colectivas no conteúdo dos contratos de trabalho (arts. 14º nº 2 da LCT e 14º nº 1 da LRCT, respectivamente)[590], bem como a categoria das normas

---

[588] Neste sentido, autores como MENEZES CORDEIRO, *Manual...cit.*, 536, ou FURTADO MARTINS, *A crise...cit.*, 358 ss., referem a necessidade de ter em atenção a vontade real das partes na qualificação do negócio laboral. Como observa FURTADO MARTINS, *op. cit.*, 360, as partes podem, legitimamente, escolher uma forma não subordinada para o desenvolvimento do trabalho, que corresponde a um dos (outros) modelos possíveis de emprego — desde que haja coincidência entre o *nomen juris* escolhido e os elementos essenciais do contrato a que ele corresponde, a vontade das partes terá que ser respeitada e, de qualquer modo, se esta coincidência se não verificar, a designação do contrato será irrelevante (como consideraram, por exemplo, o Ac. REv. de 10/01/1984, CJ, 1984, I, 315, o Ac. REv. de 17/06/1987, CJ, 1987, III, 270, e o Ac. RC de 14/02/1990, BMJ 394-540). No mesmo sentido, embora em apreciação específica do caso do trabalho temporário, refere BERNARDO XAVIER, *A crise e alguns institutos...cit.*, 538 s., que, fora das situações de fraude à lei, «os sujeitos de direito não têm que se determinar pelos quadros jurídicos típicos que obtiveram a preferência do legislador... [podendo]...adoptar as formas jurídicas que lhes parecem convenientes para a obtenção dos seus fins».

[589] Cfr., *supra*, § 2º, 1.4.I. e nota [89], a delimitação que fizemos deste tipo de normas laborais.

[590] Sobre as diversas teorias explicativas da integração das cláusulas mais

convénio-dispositivas (art. 13º nº 2 da LCT), demonstram a pouca confiança que o legislador laboral tem, ainda hoje, na possibilidade de autodeterminação dos seus interesses laborais pelas partes no contrato de trabalho, ainda que, naturalmente, por motivos diversos no que respeita ao empregador e ao trabalhador[591].

Por outro lado, relativamente à operação de qualificação do contrato, a tradição expansionista do direito do trabalho continua bem viva entre nós, como se pode comprovar pela persistente tendência da jurisprudência, na interpretação dos denominados indícios de subordinação, para optar pela qualificação laboral dos contratos que envolvem a prestação de um trabalho nos casos de dúvida[592].

---

favoráveis das convenções colectivas no conteúdo do contrato de trabalho, *vd*, por todos, MENEZES CORDEIRO, *Manual...cit.*, 309 s.

[591] É certo que, em contraposição à restrição dos poderes de autodeterminação ao nível do contrato de trabalho, a lei reconhece — e neste caso, com grande amplitude — a possibilidade de os sujeitos laborais prosseguirem autonomamente os seus interesses através da autonomia colectiva. O que pretendemos salientar a esta passo da investigação é apenas o reduzido espaço de liberdade de estipulação das partes ao nível do contrato de trabalho, revelado quer pelas soluções da substituição automática das cláusulas negociais menos favoráveis pelas normas legais e convencionais colectivas, quer pela necessidade que o legislador sentiu de estabelecer a regra segundo a qual a afirmação da natureza dispositiva das normas legais não poderia ser interpretada no sentido da sua supletividade total, mas apenas no sentido da derrogabilidade pelas convenções colectivas.

[592] Assim, atente-se nesta tendência para a qualificação laboral em relação a casos em que a retribuição é paga total ou parcialmente por entidade diferente da que recebe o serviço (Ac. STJ de 28/04/1989, BMJ 386-403, ou Ac. STJ de 6/02//1991, AJ, 15º/16º-13), em casos de vinculação do trabalhador por dois contratos envolvendo a prestação de trabalho para empregadores diferentes, mas que não colidem um com o outro (Ac. RP de 7/05/1988, BTE, II S., 1988, nº 1/2,141), em casos em que não se encontra preenchida a totalidade dos requisitos necessários para a qualificação do negócio jurídico como um «contrato de estágio» (Ac. REv., de 17/11/1992, CJ, 1992, V, 285), em casos de contratos celebrados para o desempenho da função de gerente de uma sociedade comercial, quando o gerente não é sócio da mesma (por exemplo, o Ac. RL de 29/11/1983, CJ, 1983, V, 125), ou de contratos celebrados entre uma cooperativa e um dos seus sócios cooperantes (por exemplo, os Ac. RC de 13/12/1990, CJ, 1990, V, 98, e de 10/10/1996, CJ, 1996, IV, 84), ou de contratos em que o poder directivo do empregador não é efectivamente exercido, desde que o possa vir a ser (Ac. RC de 14/02/1990, BMJ 394-540), nomeadamente porque há uma integração do trabalhador na esfera de domínio do empregador (Acs. STJ de 22/12/1990, AJ, 13º/14º-32, de 13/03/1991, AJ, 17º-11, e de 24/04/1991, AJ, 18º-27).

Já no que se refere à vertente do processo de «desregulamentação» que incide nas regras de coordenação das fontes laborais e que passa pela substituição das normas imperativas rígidas por regimes jurídicos mais flexíveis, de origem legal ou convencional colectiva, e por uma interpretação mais flexível do princípio da inderrogabilidade *in pejus*, nos parece que a evolução recente do sistema nacional mostra uma certa tendência flexibilizante, ainda que de alcance limitado.

Esta tendência observa-se na substituição de alguns regimes legais rígidos e uniformes por normas de enquadramento geral, passíveis de uma aplicação flexível pelo empregador ou de maleabilização em sede de convenção colectiva, que tem vindo a ser implementada através da legislação «negociada» entre os parceiros sociais (neste sentido, vejam-se as novas regras de determinação do tempo de trabalho e de fixação do conteúdo funcional da prestação de trabalho, que descrevemos acima[593]); e observa-se também no aumento do número de desvios à tendência uniformizante tradicional do sistema normativo laboral que se tem registado nos últimos anos, quer com o advento de novos contratos de trabalho especiais[594], quer com a admissão de excepções à tutela laboral (*verbi gratia*, em matéria de cessação do contrato de trabalho) como sucede no caso do trabalho em comissão de serviço. Apesar do seu alcance limitado, estes fenómenos revelam a sensibilidade dos actores sociais e do legislador às necessidades de abertura do sistema normativo.

Mas já no que respeita à valorização da negociação colectiva de nível empresarial sobre as convenções colectivas de sector ou profissão (referida noutros sistemas como meio de conseguir soluções mais adaptáveis às necessidades de cada empresa e dos seus trabalhadores[595]), não se registou nos últimos anos uma evolução significativa apesar de esta modalidade de convenção colectiva ser formalmente considerada pelo sistema normativo como a mais adequada, como decorre das regras de resolução dos problemas de concurso de convenções, que estabelecem a prevalência das convenções verticais sobre as horizontais e dos acordos de empresa sobre as outras modalidades de convenção colectiva — art. 12º e art. 14º nº 2 a) e b) da LRCT[596]. Com efeito, na prática, a

---

[593] *Supra*, III.
[594] *Supra*, II.
[595] *Supra*, 49.3.III.
[596] Referindo esta tendência do modelo legal nacional da negociação colectiva, MÁRIO PINTO, *Direito do Trabalho cit.*, 372.

negociação colectiva de âmbito alargado e de pendor uniformizante continua a ser dominante, como é provado pela percentagem ínfima de acordos de empresa entre os instrumentos de regulamentação colectiva convencional, de que já demos conta[597]. Por outro lado, autores como MÁRIO PINTO[598] chamam a atenção para o facto de o desenvolvimento da concertação social nos últimos anos se vir a processar em moldes de grande rigidez, o que não favorece a evolução livre da negociação colectiva na procura de soluções de maior flexibilidade.

Mas é no que se refere às regras de coordenação hierárquica e da sucessão das fontes laborais que o sistema português se nos afigura menos flexível, em razão da rigidez do princípio do tratamento mais favorável ao trabalhador na sua aplicação à coordenação das fontes laborais: como é sabido, este princípio apenas admite o afastamento da fonte superior pela fonte inferior no sentido da maior favorabilidade (é o que dispõem o art. 13º nº 1 da LCT, em termos gerais, e o art. 6º nº 1 c) da LRCT, no tocante à relação entre os instrumentos de regulamentação colectiva do trabalho e a lei) e reafirma a ideia da progressividade irredutível na sucessão dos regimes laborais estabelecidos por via convencional colectiva (é a exigência do respeito pelos direitos adquiridos, formulada no art. 15º nº 1 da LRCT[599]).

---

[597] É o que resulta dos dados apresentados pelos *Quadros de Pessoal..cit.,* 150 e 152, com referência ao ano de 1996, conforme já demos conta, *supra,* 48.2.VI. e nota [342]. Ainda que nestes dados não sejam distinguidas as situações de aplicação dos CCT por via directa e por via da extensão administrativa (como referimos, *supra,* 48.2.VI. e nota [333], os dados relativos aos CCT incluem também as PE), o quadro descrito demonstra a fraca difusão da negociação colectiva de nível empresarial.

[598] *Direito do Trabalho cit.,* 375.

[599] É certo que o art. 15º nº 2 da LRCT atenua o vigor deste princípio com a admissibilidade do prejuízo dos direitos adquiridos ao abrigo de instrumento colectivo anterior, se o novo IRCT for globalmente mais favorável. A condição imposta pela norma evidencia, no entanto, no nosso entender, apenas uma nova forma de ponderação do requisito da maior favorabilidade, a reportar ao conjunto das normas convencionais e não a cada uma delas isoladamente. A *vaexata questio* da forma de operar esta comparação entre os IRCT é, naturalmente, um problema que extravasa o âmbito da nossa reflexão — sobre este ponto, entre outros, Raul Jorge Rodrigues VENTURA, *O cúmulo e a conglobação na disciplina das relações de trabalho,* Dir., 1962, 94, 201-221, ou MENEZES CORDEIRO, *Manual...cit.,* 208 ss.

Independentemente das dúvidas sobre a função do princípio do tratamento mais favorável ao trabalhador, nesta sua aplicação aos problemas de coordenação e de sucessão das fontes laborais, e mau grado as tentativas de reduzir o seu âmbito de aplicação ou de negar a sua especificidade laboral ensaiadas por alguns sectores[600], o certo é que, no quadro descrito, este princípio inviabiliza formalmente a derrogação *in pejus* das normas laborais pelas convenções colectivas e assegura com grande amplitude a intangibilidade das posições adquiridas pelos trabalhadores.

Por este motivo, um sector da doutrina critica este regime legal e apela à sua alteração, considerando que é chegado o tempo de se prosseguir a autonomia colectiva no pressuposto da «maioridade» das organizações sindicais[601]. Para autores como BERNARDO XAVIER[602], neste

---

[600] Neste sentido, por exemplo, MÁRIO PINTO, *Direito do Trabalho cit.*, 167 s., recusa a associação do princípio do tratamento mais favorável à «presunção» da natureza imperativa mínima das normas laborais, sustentada por um largo sector da doutrina laboral em interpretação do art. 13º nº 1 da LCT (por exemplo, MONTEIRO FERNANDES, *Direito do Trabalho cit.*, 118, ou BARROS MOURA, *A Convenção...cit.*, 158) e sustenta o alcance restrito da regra da inderrogabilidade *in pejus*, pela sua inserção sistemática na LCT e pela sua conexão directa com o art. 12º (logo, com o problema da relação hierárquica entre as normas laborais quando esteja em causa a protecção do trabalhador e não o equilíbrio entre as forças colectivas, como sucede com as relações laborais colectivas); também BERNARDO XAVIER, *A crise e alguns institutos...cit.*, 557, considera que este princípio não tem razão de ser no domínio das convenções colectivas não devendo aplicar-se à relação entre as normas laborais e a convenção colectiva, nem à sucessão entre instrumentos colectivos, casos em que sustenta a possibilidade de redução dos direitos fixados em instrumento anterior — posição que o autor reitera, aliás, noutros escritos (Bernardo da Gama Lobo XAVIER, *Sucessão no tempo de Instrumentos de Regulamentação Colectiva e princípio do tratamento mais favorável*, RDES, 1987, 465-512 (499 ss.), *A sobrevigência das convenções colectivas no caso das transmissões das empresas. O problema dos «direitos adquiridos»*, RDES, 1994, 1/2/3, 123-134 (130), e *Alguns pontos críticos...cit.*, 335). Teremos ocasião de aprofundar este problema na última parte do nosso estudo — *infra*, § 30º, 67.

[601] Neste sentido, por exemplo, BERNARDO XAVIER, *A crise e alguns institutos...cit.*, 554 ss., considerando este regime como um produto do espírito do «sempre mais», que animou o direito laboral até à década de setenta e é hoje inadequado. Também MÁRIO PINTO, *Direito do Trabalho cit.*, 369 s., considera este regime legal como uma limitação da autonomia colectiva, que manifesta uma «espécie de desconfiança sobre os sindicatos».

[602] *A crise...cit.*, 556 s., e *supra*, 49.3.III.

reconhecimento da «maioridade» das associações sindicais na representação dos interesses dos trabalhadores seus associados poderia encontrar-se a justificação para a evolução do sistema normativo no sentido da consagração de dois graus de imperatividade das normas laborais, no seu cotejo com o contrato de trabalho e com as convenções colectivas, em função da diferente «capacidade» negocial do trabalhador singular e dos sindicatos: para o primeiro caso, manter-se-ia o sistema em vigor; para o segundo, o reduto das normas imperativas seria reduzido ao núcleo essencial ou mínimo[603].

---

[603] Na nossa opinião, o regime legal vigente abre já a porta a este tipo de solução com a consagração da categoria das normas convénio-dispositivas — art. 13º nº 2 da LCT. Para a sua implementação, bastaria pois apenas aumentar o número destas normas. Teremos ocasião de voltar a este ponto, *infra*, § 29º, 67.

§ 23º — A dimensão global da crise do direito do trabalho e a urgência da recolocação do problema da autonomia dogmática

50. As implicações dogmáticas do processo de flexibilização dos sistemas normativos laborais: a crise de valores do direito do trabalho e a urgência da recolocação do problema da autonomia dogmática

I. Apresentados os traços gerais da evolução recente dos sistemas laborais mais próximos do nosso e apreciada a situação portuguesa neste contexto evolutivo, é chegado o momento de proceder à avaliação das suas implicações dogmáticas. Em termos metodológicos, este é o percurso imposto pelo indispensável suporte do discurso dogmático no direito positivo, que constitui a sua instância última de validação. No caso em apreço, parece-nos que a evolução normativa descrita demonstra de uma forma particularmente clara a dimensão e a profundidade da crise de valores do direito do trabalho hodierno, e torna, por isso mesmo, urgente a recolocação do problema do seu posicionamento na ordem jurídica e a pesquisa das suas valorações materiais fundamentantes.

Porque a exposição anterior revelou algumas particularidades do caso português no contexto europeu relativamente a esta matéria, nas observações que se seguem começaremos por fazer as ponderações dogmáticas de ordem geral, que a evolução descrita nos sugere, e verificaremos, em seguida, da sua adequação ao nosso sistema jurídico.

II. Em termos gerais, cremos que a evolução flexibilizante da generalidade dos sistemas laborais nas últimas décadas legitima três constatações com relevo dogmático: a primeira é a da dimensão global e da vocação estrutural do processo de flexibilização; a segunda é a da relativa facilidade com que ele tem sido aceite pela ciência jurídica, apesar deste alcance geral; e a terceira é a das suas implicações no princípio da protecção do trabalhador e na configuração tradicional do direito do trabalho como um direito unilateral ou de favorecimento dos trabalhadores.

A constatação da dimensão global e da vocação estrutural do processo de flexibilização emerge directamente do panorama normativo apresentado, pelo âmbito das medidas de flexibilização já adoptadas pela lei ou propostas pela doutrina e pela dinâmica do próprio processo.

Por um lado, como pudemos observar, as medidas de flexibilização incidem sobre um grande número de regras e institutos, relativos quer ao contrato de trabalho quer às situações laborais colectivas — a flexibilização é assim um fenómeno de âmbito geral. Por outro lado, verifica-se que os mecanismos de «desregulamentação» previstos permitem perpetuar o movimento de flexibilização, uma vez que a diminuição das normas laborais imperativas e, sobretudo, a admissibilidade da sua derrogação *in pejus* em sede de convenção colectiva asseguram que um cada vez maior número de matérias volte à disponibilidade das partes — a flexibilização apresenta-se pois como um processo dinâmico, a continuar no futuro.

Em face deste quadro, terá que concluir-se que a flexibilização é um fenómeno que atinge o direito do trabalho no seu todo, com uma vocação estrutural e duradoura, e não um fenómeno marginal, circunscrito ao objectivo limitado de adaptar pontualmente as normas laborais a uma alteração conjuntural dos seus pressupostos económicos e sociais de origem[604]. A importância e a dimensão do fenómeno ficam, aliás, patentes se atentarmos no modo como ele vai sendo referenciado na doutrina ao longo dos anos: se era comum entre os autores a qualificação das primeiras medidas tendentes à diversificação dos vínculos laborais e à maleabilização da relação de trabalho típica como medidas temporárias ou de emergência para fazer face a uma situação económica desfavorável que se previa temporária, hoje a maioria dos autores reconhece que este «direito do trabalho da emergência»[605] se transfor-

---

[604] Neste sentido, por exemplo, FIRLEI, *Hat das Arbeitsrecht überhaupt...cit.*, 71. A este propósito, GONZÁLEZ ORTEGA, *La difícil coyuntura...cit.*, 271 s., observa que as medidas de flexibilização perderam o carácter transitório que as caracterizara originariamente e passaram a ser permanentes, porque ultrapassaram os pressupostos económicos que lhes deram causa.

[605] Como já referimos, a expressão foi popularizada pela doutrina italiana (neste sentido, por todos, GIUGNI, *Il diritto del lavoro negli...cit.*, 395, e PERA, *Compendio...cit.*, 14), mas teve ecos noutros contextos doutrinais, como o espanhol (por exemplo, GONZÁLEZ ORTEGA, *La difícil coyuntura...cit.*, 272) ou o português (por exemplo, MONTEIRO FERNANDES, *Direito do Trabalho cit.*, 42).

mou num «direito do trabalho da crise»[606] (alguns autores chegam mesmo a identificar várias crises no seu seio[607]), uma vez que a alteração dos seus pressupostos económicos e sociais de origem parece irreversível, colocando-se apenas a questão da continuidade da evolução normativa que correspondeu à alteração daqueles pressupostos[608].

III. A segunda observação que o processo de flexibilização descrito nos sugere tem a ver com o vigor e a facilidade com que tem sido aceite e defendido pela ciência jurídica, como se retira da leitura das muitas reflexões doutrinais sobre esta temática a que fomos aludindo nos pontos anteriores. Na verdade, ainda que se suscitem dúvidas pontuais sobre a eficácia das medidas de flexibilização na prossecução dos objectivos de racionalidade económica e de diminuição do desemprego que estiveram na sua origem[609], e se apontem alguns perigos que

---

[606] Neste sentido, refere expressamente GIUGNI, *Il diritto del lavoro negli...cit.*, 395, que «*il diritto del lavoro dell'emergenza si é ormai stabilizzato in un "diritto della crisi"*». No mesmo sentido, se pronuncia MARIA VITORIA BALLESTRERO, *La flessibilità...cit.*, 290, bem como, em relação ao sistema laboral brasileiro, PINHO PEREIRA, *O Direito do Trabalho na Crise (Brasil) cit.*, 52.

[607] Assim, por exemplo, Jean de MUNCK, *Les trois crises du droit du travail*, DS, 1999, 5, 443-446, considera que o direito do trabalho actual atravessa três grandes crises: a crise da rigidez das suas regras; a crise dos pressupostos morais substanciais que suportam o seu quadro normativo; e a crise que decorre da sua instrumentalização pelo Estado.

[608] A este propósito, ROMAGNOLI, *Origini, sviluppo...cit.*, 18, deixa em aberto a questão de saber se o modelo normativo clássico do direito do trabalho entrou num processo de «*irreversible declino ou sta subendo una temporanea eclisse*», enquanto FIRLEI, *Hat das Arbeitsrecht überhaupt...cit.*, 74, prevê que este processo se prolongue durante uma década.

[609] Assim, por exemplo, CASAS BAAMONDE, *La individualización...cit.*, 421, coloca as maiores dúvidas à capacidade da tendência geral de (re)individualização das relações laborais, decorrente do processo de flexibilização, para atingir o objectivo de reconstrução da competitividade do mercado de trabalho; FREYSSINET, *Nouvelles formes...cit.*, 298, questiona a eficácia destas medidas, em termos macro--económicos, quanto ao objectivo do aumento da produtividade (considerando que este aumento é inviabilizado a longo prazo pela diminuição do consumo que decorre da contenção dos salários, prevista no processo de flexibilização), e, em termos micro-económicos ou de organização empresarial, quanto ao objectivo de melhoria da qualificação profissional dos trabalhadores (considerando que a política de investimento das empresas na formação só se verifica em relação a alguns trabalhadores e que a flexibilização fez multiplicar as formas precárias de trabalho,

podem advir deste processo[610], a maioria da doutrina parece tomar como certo que a flexibilização é o meio indispensável não só para operar a adaptação do direito do trabalho à crise económica e do emprego como até para assegurar a sua sobrevivência no futuro — o que se torna patente nas premonições de alguns autores sobre as consequências nefastas que decorreriam para a área jurídica caso viesse a recusar os desafios da flexibilização[611]. O processo apresenta assim um cunho de inevitabilidade, que não deixa de ser curioso se atendermos às suas implicações na forma tradicional de perspectivar o direito do trabalho.

IV. Na verdade — e esta terceira constatação é a que se nos afigura mais importante — verifica-se que a aceitação da necessidade de flexibilização global e estrutural do sistema normativo laboral é acompanhada hoje, na maioria dos autores, do reconhecimento de que o processo de flexibilização atinge directamente o princípio da protecção do

---

às quais continuam associados baixos níveis de qualificação). Por seu turno, Alfredo Montoya MELGAR, *Un debate europeo sobre crisis de empleo y reparto de trabajo (El Coloquio Internacional del Centro de Estudios Jurídicos Europeos, Ginebra, 1983)*, Civitas, 1984, 20, 493-502 (501), levanta a questão de saber se estas medidas contribuem, de facto, para o aumento do emprego ou tão somente para a diminuição dos custos empresariais. E, ainda nesta linha, TEYSSIÈ, *Propos autour d'un projet...cit.*, 561, chama a atenção para o facto de os postos de trabalho não terem aumentado nas empresas que introduziram acções práticas de flexibilização.

[610] Assim, relativamente à posição do trabalhador, MARIA VITORIA BALLESTRERO, *La flessibilità...cit.*, 296, observa que a flexibilização do vínculo laboral redunda, com frequência, no aumento do grau de subordinação do trabalhador e não na diminuição dessa subordinação; enquanto MONTOYA MELGAR, *Un debate europeo...cit.*, 494, salienta, como perigo maior da generalização das medidas de flexibilização na maioria dos países europeus, a instrumentalização global do direito laboral aos objectivos de políticas económicas determinadas, o que considera inaceitável. Particularmente crítico em relação aos resultados do processo de flexibilização se mostra Heinner WOLTER, *Für ein besseres Arbeitsrecht*, Hamburg, 1986, 143 ss., considerando que ele tem provocado a «marginalização» dos direitos dos trabalhadores em diversos aspectos.

[611] Neste sentido, vd, por exemplo, as observações de GHERA, *La flessibilità...cit.*, 134, que acaba, aliás, por considerar a gestão do processo de flexibilização como a principal tarefa do direito do trabalho no futuro. Também Rolf BIRK, *Le droit du travail au seuil du 21ème siècle*, in A. MOREIRA (coord.), *X Jornadas Luso-Hispano-Brasileiras de Direito do Trabalho. Anais*, Coimbra, 1999, 25-36 (36), refere a necessidade de o direito do trabalho acompanhar a evolução da própria relação de trabalho como condição para a sua sobrevivência no futuro.

trabalhador, como valoração fundamentante geral do direito do trabalho, bem como a configuração unilateral tradicional desta área jurídica. Como vimos na exposição anterior, a justificação imediata das medidas de flexibilização foi a necessidade de adaptação do sistema normativo à alteração dos pressupostos sociais e económicos em que assentara o seu desenvolvimento sistemático (a inferioridade social e material do trabalhador, o crescimento económico e o modelo da grande empresa industrial) e à consequente falência dos mitos da incapacidade genética e da uniformidade do estatuto do trabalhador subordinado, da sustentabilidade económica do crescimento dos níveis de protecção e da relação laboral típica[612] — foi em resultado desta evolução que a doutrina passou a exigir a verificação da subsistência da necessidade de tutela laboral e a racionalização económica dessa tutela[613], bem como a admitir a diversificação dos vínculos laborais, com a inerente diferenciação dos regimes protectivos. Ora, este processo tem implicações óbvias com o princípio da protecção, uma vez que contende directamente com as metas da intensificação e da universalização da tutela laboral que lhe são associadas, bem como com a visão do sistema normativo laboral como um sistema compensatório ou de favorecimento do trabalhador.

Em primeiro lugar, na medida em que implica a não progressão e, em alguns casos, o retrocesso dos níveis de protecção atingidos no passado, a flexibilização põe em causa a meta da progressividade irredutível do sistema de tutela laboral, manifestada na ideia do «sempre mais» — pela primeira vez, num complexo normativo concebido *ab initio* para compensação da situação de incapacidade material de um sujeito (tida como genética e permanente), se admite que a capacidade protectiva do sistema se exauriu[614], pela sua inviabilidade económica, e que a tutela já conferida pode ter sido excessiva, pela dúvida sobre a subsistência da situação de carência dos sujeitos beneficiários, pelo menos em alguns casos. A bondade e o valor axiomático do princípio da protecção não podem deixar de sair abalados desta constatação.

---

[612] *Supra*, § 22º, 48.1. e 2.
[613] Cfr., *supra*, em especial, § 22º, 48.2.VII.
[614] Neste sentido, por exemplo, Renato SCONAMIGLIO, *Per una nuova filosofia del diritto del lavoro*, in Prospettive del Diritto del lavoro per gli anni '80 — Atti del VII Congresso Nazionale di Diritto del lavoro, Bari, 23-25 Aprile 1982, Milano, 1983, 43-49 (46).

Em segundo lugar, o facto de o processo de flexibilização passar também pela diversificação das situações laborais (uma vez quebrado o mito da uniformidade do estatuto do trabalhador subordinado, traduzido na ideia de relação laboral típica) põe directamente em causa a meta da universalização da tutela laboral, porque se admite a coexistência, no universo do direito do trabalho, de diferentes graus de protecção para diversas categorias de trabalhadores subordinados — é aquilo a que GIUGNI[615] chama a «fractura interna» do sistema laboral, dividido entre as normas aplicáveis aos trabalhadores típicos (ou seja, a globalidade do sistema protectivo) e as normas aplicáveis aos trabalhadores atípicos (cujo grau de tutela é consideravelmente menor porque a continuação da evolução favorável do sistema deixou, pura e simplesmente, de ser viável em termos económicos)[616]. Paralelamente, o fenómeno de «fuga ao direito do trabalho» e o incremento de modelos negociais não laborais para enquadramento de prestações laborativas tradicionalmente desenvolvidas em moldes subordinados, que também integra o processo de flexibilização[617], abre uma outra brecha no direito do trabalho, na medida em que contribui para a compressão das suas fronteiras, e, assim, para a diminuição progressiva do universo de beneficiários das suas normas protectivas — ao lado da fractura interna de que fala GIUGNI, o direito laboral evidencia hoje uma fractura externa, entre os trabalhadores subordinados (típicos e atípicos) e todos os outros

---

[615] *Il diritto del lavoro negli...cit.*, 403.

[616] Também reconhecendo a clivagem ou a fractura crescente entre o regime jurídico aplicável às várias categorias de trabalhadores subordinados no seio do sistema laboral, PESSI, *Riflessioni...cit.*, 60, SUPIOT, *Pourquoi...cit.*, 490 (que se refere, a este propósito, a uma dualização do direito do trabalho), CECILIA ASSANTI, *L'economia sommersa...cit.*, 179 (que se refere, neste contexto, à existência de um segundo mercado de trabalho), BIRK, *Competitividade...cit.*, 304, DÄUBLER, *Una riforma...cit.*, 530 s., e ainda FIRLEI, *Hat das Arbeitsrecht überhaupt...cit.*, 78 e 80, que considera ser esta clivagem um dos factores determinantes daquilo que designa como a «erosão do direito do trabalho». A este propósito, salientamos ainda, por curiosa, a comparação feita por ZACHERT, *Die Zerstörung...cit.*, 129 s., entre a realidade actual do trabalho numa fábrica de produção de tijolos, na qual coexistem trabalhadores internos e trabalhadores externos temporários, com um vínculo precário e muito menor protecção, e a descrição feita por Theodor Fontana, do modo de funcionamento de uma fábrica idêntica entre os anos de 1869 e de 1870, em que se recorria da mesma forma a trabalhadores externos e se verificava o mesmo défice protectivo destes trabalhadores relativamente aos restantes.

[617] *Supra*, § 22°, 48.2.III. e 49.2.II, parte final.

(incluindo-se aqui tanto os trabalhadores autónomos, como os trabalhadores para-subordinados e os desempregados)[618], que constituem aquilo a que GONZÁLEZ ORTEGA[619] chamou, expressivamente, «*Una especie de tercer mundo del empleo*». Em face desta situação, a meta da universalização da protecção parece definitivamente inatingível — como refere sugestivamente ROMAGNOLI[620] o desafio maior do direito do trabalho deixou de ser o da uniformização para passar a ser o da diferença.

Mas, para além da diminuição do universo de trabalhadores abrangidos pelo sistema laboral de tutela, os fenómenos da diversificação dos estatutos laborais e da fuga ao direito do trabalho lançam ainda a dúvida sobre a justiça relativa do próprio sistema protectivo, que pode estar a proteger cada vez mais os trabalhadores menos carecidos de tutela (porque integram uma situação laboral típica e pretendem continuar a beneficiar do regime protectivo) e cada vez menos os trabalhadores mais carecidos (porque são titulares de uma situação laboral atípica ou de uma situação para-laboral, ou porque estão desempregados). Ora, se assim for, corre-se o risco de reduzir o direito laboral a um sistema de privi-

---

[618] Como refere FOUCAULD, *Une citoyenneté pour...cit.*, 655, «*il [le monde du travail] est fracturé entre ceux qui travaillent et ceux qui veulent travailler*». Também FIRLEI, *Hat das Arbeitsrecht überhaupt...cit.*, 80 ss., salienta o facto de cada vez mais trabalhadores ficarem fora do alcance do direito laboral. Por curiosa, recordamos ainda a este propósito o idêntico alerta, lançado em 1933 por SINZHEIMER, *La crisi...cit.*, 86, por ocasião da situação de crise económica de então, em face da qual o autor advertia para o perigo da transformação do direito do trabalho num direito de elite, que protege aqueles trabalhadores que têm a sorte de trabalhar, enquanto à sua volta há uma enorme massa de desempregados — «*[um] cemiterio economico di "disoccupazione strutturale"*», na expressão do autor; já então, o autor colocava a questão da justiça do sistema, entendendo que a função social do direito do trabalho não poderia contemporizar com uma vida económica a dois níveis — o nível superior, dos trabalhadores empregados, e o nível inferior, dos desempregados. Setenta anos depois, a observação mantém toda a sua actualidade.

[619] *La difícil coyuntura...cit.*, 275. A este propósito, também ROY, *Droit du travail ou droit du chômage cit.*, 299, se refere ao surgimento de um «mercado secundário do trabalho», integrado pelos trabalhadores atípicos e pelos trabalhadores não formalmente subordinados, ao lado do «mercado primário», integrado pelos trabalhadores típicos, e considera que a instabilidade dos primeiros é a condição da subsistência das garantias dos segundos.

[620] *Egualizanze e differenze...cit.*, 564.

légio⁶²¹, destinado a um universo progressivamente mais reduzido de beneficiários, cuja «*overdose*» de garantias⁶²² é assegurada formalmente pelo princípio da irredutibilidade das posições laborais adquiridas⁶²³ e materialmente pelo correspondente défice protectivo de um número crescente de trabalhadores atípicos, tendencialmente menos qualificados e materialmente mais débeis⁶²⁴. A distorção da função protectiva originária do sistema laboral que daqui decorre (e que é reconhecida por diversos autores⁶²⁵) retira ao princípio da protecção a sua justificação axiológica. Neste quadro podemos, afinal, não estar longe de confirmar a observação de RAY, segundo a qual «*Le droit du travail lui même est en cause: il s'oppose au droit au travail*»⁶²⁶.

---

⁶²¹ Procedendo expressamente a esta qualificação do sistema laboral actual, por exemplo, SCONAMIGLIO, *Per una nuova filosofia...cit.*, 45.

⁶²² A expressão é de ROMAGNOLI, *Origini, sviluppo...cit.*, 21 s. A ideia de «*overdose*» de garantias é justificada pelo autor no facto de muitos dos beneficiários do sistema laboral protectivo já não carecerem de protecção, ou porque já atingiram um nível de tutela elevado ou porque nunca dela careceram efectivamente. Em sentido próximo, RODRIGUEZ-PIÑERO, *La huida..cit.*, 88, se refere à «*sobrecarga de protección*» do «*"núcleo duro"*» dos trabalhadores subordinados que têm uma relação de trabalho típica, colocando a questão de saber se são, de facto, estes trabalhadores, os que mais carecem de protecção.

⁶²³ Por este motivo, autores como ANDREA e PIETRA ICHINO, *A chi serve...cit.*, 500, qualificam este princípio da irredutibilidade como um marco na defesa da «cidadela do trabalho regular» e, porque ele é cada vez menos abrangente, suscitam a questão da sua constitucionalidade. Também CAVAS MARTÍNEZ, *Diversificación versus uniformidad...cit.*, 91, salienta a atenção que o tribunal constitucional espanhol já terá dado ao problema da diferença de estatutos entre os trabalhadores, muitas vezes da mesma empresa, por poder contrariar o princípio constitucional da igualdade.

⁶²⁴ Neste sentido, expressamente, FIRLEI, *Hat das Arbeitsrecht überhaupt...cit.*, 85. Também ANDREA e PIETRA ICHINO, *A chi serve...cit.*, 495, reconhecem na elevação do nível de tutela laboral de certos trabalhadores a origem da diminuição do âmbito de incidência dessa tutela e do aumento das dificuldades de acesso ao sistema tutelar por outros trabalhadores; estabelecendo também esta correspondência, BIRK, *Competitividade...cit.*, 304.

⁶²⁵ Neste sentido, por exemplo, GIUGNI, *Il diritto del lavoro negli...cit.*, 389; também ADOMEIT, *Das Arbeitsrecht und unsere...cit.*, 4, considera que o princípio da maior favorabilidade se emancipou das reais necessidades de protecção dos trabalhadores.

⁶²⁶ RAY, *Mutation économique...cit.*, 13 (sublinhados nossos).

§ 23º – A urgência da recolocação do problema da autonomia dogmática

Em terceiro lugar, o facto de muitas medidas de flexibilização terem directamente em atenção os interesses do empregador, assegurando a sua prevalência sobre os dos trabalhadores em nome de imperativos de racionalidade económica e de gestão[627] — como observa HANAU[628], na tensão entre a máxima laboral segundo a qual «tudo o que é bom para empregador, é mau para o trabalhador» e a máxima segundo a qual «aquilo que é bom para o empregador tem que ser bom para o trabalhador», a flexibilização parece ter imposto a segunda[629] —, leva os autores a salientarem a natureza compromissória do direito do trabalho moderno e a reafirmarem a necessidade de as suas normas respeitarem não só a ordem pública social como também a ordem pública económica, não só os interesses dos trabalhadores como os dos empregadores e das empresas, enquanto sustentáculos económicos do sistema produtivo no seio do qual se desenvolvem os vínculos laborais[630]. Ora, independentemente do seu realismo, o certo é que esta visão compromissória se opõe à configuração unilateral tradicional da área jurídica, traduzida pelos seus pioneiros na sua caracterização como um «direito pró-operário». A imagem dicotómica tradicional do direito laboral como um direito de classe, cujas normas assumem o objectivo de protecção do grupo social dos trabalhadores contra o grupo dos empregadores[631],

---

[627] Pensamos em medidas como as que aumentam a mobilidade funcional, geográfica e temporal dos trabalhadores, as que facilitam a suspensão ou a cessação do vínculo, ou as que limitam a actuação dos representantes dos trabalhadores na empresa, de que demos conta nos números anteriores.

[628] *Arbeitsrecht und Arbeitsgerichtsbarkeit...cit.*, 339.

[629] Em sentido idêntico, com referência ao sistema espanhol, refere CASAS BAAMONDE, *La individualización...cit.*, 418, a evolução da ideia «*máximo da iniciativa empresarial privada con el máximo de control político-sindical*» para a afirmação do «*máximo da iniciativa empresarial*» *tout court*. Criticando expressamente a nova máxima laboral a que se refere HANAU, por exemplo, PREIS, *Perspektiven...cit.*, 334, considerando que ela envolve um retorno à filosofia económica e jurídica dos primeiros tempos do liberalismo.

[630] Salientando esta necessidade de protecção dos interesses dos empregadores, por exemplo, ADOMEIT, *Das Arbeitsrecht und unsere...cit.*, 3.

[631] Ainda que, segundo alguns autores, este objectivo de favorecimento dos trabalhadores fosse apenas o objectivo externo do direito do trabalho, ao qual estaria subjacente a pretensão fundamental de assegurar o controlo das relações de trabalho dentro do regime capitalista de protecção — assim, os interesses dos empregadores estariam sempre presentes. Perfilhando este entendimento, numa

está cada vez mais descolorida, como observa ROMAGNOLI[632], até porque hoje a maior dicotomia se verifica entre trabalhadores protegidos e trabalhadores não protegidos pelo sistema laboral — os *insiders* e os *outsiders*, como já lhes chamou a doutrina[633]. Na medida em que aquela imagem constituiu o pressuposto sociológico do princípio da protecção do trabalhador, também por esta via a importância deste princípio resulta diminuída.

V. Chegados a este ponto, resta dizer que, apesar de o processo de flexibilização se encontrar ainda em franco desenvolvimento nos vários sistemas, apenas alguns autores persistem em ignorar as implicações dogmáticas descritas, continuando a qualificar a flexibilização como um fenómeno marginal, que não atinge os valores fundamentais do direito do trabalho[634]. Pelo contrário, a doutrina maioritária reconhece que a exigência de flexibilidade entra em tensão com os valores da

---

visão marcadamente ideológica do problema, por exemplo, Antoine JEAMMAUD, *Propositions pour une compréhension matérialiste du droit du travail*, DS, 1978, 11, 337-345 (344 s.), e ainda *Les fonctions...cit., maxime* 195 ss., bem como, conjuntamente com R. DHOQUOIS /A. ROUDIL / F. COLLIN / P. H. GOUTIERRRE, *La pratique du droit du travail, in Le droit capitaliste du travail*, Grenoble, 1980, 55-147, onde é evidenciada a ineficácia das normas laborais na protecção efectiva dos trabalhadores e se considera que à aplicação do direito laboral jubjaz sempre uma opção ideológica, que tem em consideração os interesses patronais — *maxime*, 63 ss. e 118 ss. Ainda que de uma forma menos extrema, também LYON-CAEN, *La crise...cit.*, 517, salienta o facto de o direito do trabalho não ser apenas um direito de protecção dos trabalhadores, mas um direito necessário à manutenção da empresa capitalista, e JAVILLIER, *Dits et non-dits...cit.*, 501 s., salienta, no mesmo sentido, a ambivalência desta área jurídica, consoante a perspectiva analítica que sobre ela se adopte.

[632] *Origini, sviluppo...cit.*, 15.

[633] Neste sentido, por exemplo, ANDREA e PIETRA ICHINO, *A chi serve...cit.*, 495. Também utitizando esta designação e reconhecendo a oposição de interesses entre estes dois grupos, FOUCAULD, *Une citoyeneté pour...cit.*, 655.

[634] É a posição sustentada por autores como JEAMMAUD, *Droit du travail 1988...cit.*, 595, e *Le droit du travail en changement...cit.*, 220 ss., considerando que a evolução recente do sistema laboral evidencia apenas um certo realinhamento dos objectivos e das prioridades do direito do trabalho, mas não a sua crise; no mesmo sentido, em relação ao direito laboral brasileiro, por exemplo, PINHO PEREIRA, *O Direito do Trabalho na Crise (Brasil) cit.*, 76, identificando a flexibilização como um simples processo de adaptação da área jurídica, possibilitado pelo seu carácter dinâmico.

protecção e da igualdade que alicerçaram o desenvolvimento do sistema laboral[635], e, perante esta constatação, os autores remetem-se para uma de duas posições: ou criticam o processo de flexibilização, pelos perigos que nele pressentem para os alicerces axiológicos tradicionais da área jurídica[636]; ou acabam por assumir a ilação dogmática mais

---

[635] Neste sentido, refere BIRK, *Competitividade...cit.,* 303: «Entre a exigência de flexibilidade jurídico-laboral e os princípios da protecção e da igualdade, como princípios sistemáticos fundamentais do direito do trabalho existe, por assim dizer, uma natural relação de tensão, que pode ir até uma contradição aberta ou a uma exclusão recíproca» (o autor acentua também esta relação de tensão, ainda em *Einführung cit.,* 225 s.). As implicações dogmáticas do processo de flexibilização são também salientadas por outros autores germânicos — neste sentido, por exemplo, Meinhard HEINZE, *Flexibilisierung des Arbeitsrechts — Zur Lage in der Bundesrepublik Deutschland, in Flexibilisierung des Arbeitsrechts — eine europäische Herausforderung,* ZIAS, 1987, 239-249 (241 s. e 247), salienta os efeitos directos do processo de flexibilização no princípio da protecção e considera que este processo obriga à reconversão científica da área jurídica, enquanto ZÖLLNER, *Flexibilisierung...cit.,* 284, admite que subjacente a esta temática está o problema do sentido da imperatividade das normas laborais e do princípio do *favor laboratoris.* As implicações dogmáticas do processo de flexibilização são também reconhecidas noutros contextos doutrinais: assim, na doutrina espanhola, por exemplo, GONZÁLEZ ORTEGA, *La difícil coyuntura...cit.,* 271 s., reconhece que os princípios tradicionais do direito do trabalho são postos em causa pelas medidas de atenuação do nível de tutela dos trabalhadores, e BENGOECHEA, *Flexibilität...cit.,* 368, admite que a flexibilização põe em causa o objectivo protectivo da área jurídica; na doutrina francesa, JAVILLIER, *Dits et non-dits...cit.,* 509 ss., reconhece que os fenómenos de segmentação do mercado de trabalho e de diferenciação dos estatutos laborais obrigam a reequacionar o papel do direito do trabalho, o princípio básico de «*ordre public social*», em suma, a autonomia da área jurídica; e na doutrina italiana, SCONAMIGLIO, *Per una nuova filosofia...cit.,* 46, entende que o escopo proteccionista originário do direito do trabalho tem que ser totalmente repensado. Na mesma linha, na doutrina nacional, MÁRIO PINTO, *Die Flexibilisierung...cit.,* 353, considera que o problema da flexibilização implica uma discussão sobre a função do direito do trabalho, e JORGE LEITE, *Direito do trabalho na crise...cit.,* 48, admite que ele atinge os fundamentos do direito laboral.

[636] Nesta posição crítica encontramos, na doutrina germânica, autores como ZACHERT, *Die Zerstörung...cit.,* 136 s., que qualifica o processo de flexibilização como uma armadilha e considera que as medidas de flexibilização assentam em pressupostos negociais incorrectos, resumindo-se numa tentativa de resolução dos problemas laborais não a partir do próprio sistema laboral mas através da importação de soluções de outras áreas jurídicas (como o direito societário, por exem-

importante que este processo legitima, reconhecendo a profunda crise de valores do direito do trabalho actual, pela confirmação, agora no plano normativo, da fragilidade do princípio da protecção como sua valo-

---

plo); ou como Günther HEYENN, *Der Preis der Deregulierung oder ein Beitrag wider die «kühle analytisch ökonomischer Argumentation»*, e Ursula ENGELEN-KEFER, *Regulierung und Deregulierung des Arbeitsmarktes*, ambos *in* F. BUTTLER / / H. REITER / H. GÜNTHER / R. WANKA (Hrsg.), *Europa und Deutschland — Zusammenwachsende und Arbietsmärkte und Sozialräume, Fest. für Heirich Franke*, Stuttgart — Berlin — Köln, 1993, 65-72 e 73-83, o primeiro considerando não provados os pressupostos da flexibilização, designadamente no que se refere à maior independência material dos trabalhadores subordinados de hoje e à rigidez do mercado de trabalho actual (*maxime*, 67 ss.), e a segunda chamando a atenção para o facto de o mercado de trabalho não ser um mercado idêntico a outros mercados económicos, mas ser uma instituição social, que exige a adequada protecção (*maxime*, 74 ss. e 83). Na dourina francesa, o processo de flexibilização é criticado, entre outros, por François SARAMITO, *Le droit du travail en question*, Dr.ouv., 1986, 1, 39-44 (39 ss.), que entende que ele inverte os fundamentos do direito do trabalho, pondo em perigo, designadamente, o princípio da ordem pública social, e constituindo um alibi dos empregadores para prosseguirem os seus objectivos, enquanto TEYSSIÈ, *Propos autour d'un projet...cit.*, 560 s., chama a atenção para o que considera serem as ilusões da flexibilidade, que não significa o mesmo para empresários e para trabalhadores. No seio da doutrina italiana, o processo de flexibilização é criticado por Carlo SMURAGLIA, *Prospettive del diritto del lavoro, governo dell'economia ed evoluzione delle garanzie, in Prospettive del diritto del lavoro per gli anni '80 — Atti del VII Congresso di diritto del lavoro, Bari, 23-25 Aprile 1982*, Milano, 1983, 92-100 (93), que considera o fim do garantismo contrário ao sentido social da própria Constituição italiana e postula assim a manutenção global do *Statuto dei lavoratori* (*idem*, 99 s.); e, na mesma linha, por Mario NAPOLI, *La fase di maturità del diritto del lavoro: politica legislativa e ruolo della dottrina, in Prospettive del diritto del lavoro per gli anni '80 — Atti del VII Congresso di diritto del lavoro, Bari, 23-25 Aprile 1982*, Milano, 1983, 134-144 (138 s. e 142), considera que as garantias dos trabalhadores não devem ser diminuídas mas antes generalizadas, e que a lei não deve prescindir da sua função de «normativização de princípio» em favor da autonomia colectiva — relativamente a este último autor, é, contudo, de salientar a posição que apresenta, em relação a esta matéria, num escrito mais recente, em apreciação da obra de MENGONI, em que admite já (embora no contexto daquela apreciação) a necessidade de compaginar os valores da protecção, que constituem a razão de ser do direito laboral, com a razoabilidade das normas, dos conceitos e das soluções interpretativas do direito laboral, na nova fase que ele atravessa — Mario NAPOLI / Tiziano TREU, *Dalle ragioni del diritto del lavoro ad un diritto del lavoro ragionevole. Rifflessioni sul pensiero di Luigi Mengoni*, Lav.Dir., 1995, 4, 589-613 (588 e 611 s.).

ração material fundamentante. Nesta segunda orientação, refere, de uma forma exemplar, MARTÍN DE HIJAS[637] que «*el Derecho del Trabajo de la crisis es la crisis del Derecho del Trabajo*»; incidindo directamente no seu valor sustentador ou sobre o seu objecto, esta é, como notou D'ANTONA, uma «crise de identidade» da área jurídica[638].

A nosso ver, a gravidade da actual crise de valores do direito laboral não resulta apenas da fragilidade do princípio da protecção, mas da ausência de alternativas a esse princípio, evidenciada, desde logo, na aparente falta de estratégia das normas de flexibilização, salientada por alguns autores — neste sentido, GIUGNI[639] observa que o actual direito

---

[637] *Autonomia individual...cit.*, 367.

[638] D'ANTONA, *La subordinazione e oltre...cit.*, 47 — contextualizando-se a afirmação do autor na sua análise daquilo que qualifica como a crise da subordinação jurídica, esta afirmação tem uma incidência geral porque o autor reconhece na subordinação o fundamento da autonomia do direito do trabalho; retomando esta ideia, vd ainda Massimo D'ANTONA, *Proposta di discussioni: il lavoro e i lavori*, Lav.Dir., 1988, 411-415 (413)). Numa orientação próxima, NUNES DE CARVALHO, *Ainda sobre a crise...cit.*, 79, refere-se à crise do contrato de trabalho como um dos aspectos de uma crise mais vasta, que afecta globalmente a área jurídica, porque atinge o paradigma da subordinação jurídica em que ela assenta tradicionalmente. A importância da crise do direito do trabalho é salientada ainda por autores como FIRLEI, *Hat das Arbeitsrecht überhaupt...cit.*, maxime 78 ss., que se refere neste sentido ao processo de erosão do direiro laboral; ORTIZ LALLANA, *Lineas de tendencias...cit.*, 96, que a caracteriza como uma crise de identidade; Raffaelle de Luca TAMAJO, *Proposta di discussioni: il lavoro e i lavori*, Lav.Dir., 1988, 415-421 (415), considerando que o direito do trabalho se encontra actualmente num salutar processo de redefinição do seu objecto e dos seus limites; ou BIRK, *Le droit du travail au seuil..cit.*, 36, considerando a mudança do direito do trabalho em muitos aspectos como condição da sua sobrevivência. Os apelos a uma mudança profunda do direito do trabalho para o futuro, como forma de ultrapassar a sua crise e de se adaptar às novas exigências do trabalho, transparecem das conclusões do Relatório de SUPIOT, *Au-delà de l'emploi...cit.*, maxime 291 ss.; e, em apreciação destas conclusões, vd ainda Antoine JEAMMAUD, *Programme pour qu'un devenir soit un avenir*, DS, 1999, 5, 447-453, Marie Ange MOREAU, *Brèves observations dans une perspective communautaire*, DS, 1999, 5, 454-458, e Jean--Emmanuel RAY, *À propos de la subsidiarité horizontale*, DS, 1999, 5, 459-466 (este dois últimos debruçando-se, sobretudo, sobre as conclusões do Relatório relativas ao papel do direito europeu, das instituições comunitárias e dos parceiros sociais, ao nível comunitário, na reorientação futura do direito do trabalho na Europa).

[639] *Il diritto del lavoro negli...cit.*, 395.

do trabalho não parece prosseguir um objectivo rectilíneo, como sucedera na época precedente, nem parece influenciado por directrizes doutrinais claras, mas apenas norteado pela necessidade de dar uma resposta rápida a exigências pragmáticas urgentes[640].

O défice valorativo do direito do trabalho evidencia-se ainda no reconhecimento de que a área jurídica se encontra actualmente numa fase de transição, de futuro imprevisível (que encontramos noutros autores[641]), e tem conduzido mesmo um sector mais radical da doutrina a pugnar pelo fim do direito do trabalho, considerando que, perante o esgotamento do princípio da protecção, esta área jurídica perdeu a sua razão de ser e está condenada à extinção por reaborção pelo direito civil[642]. Ainda que esta possibilidade seja rejeitada pela maioria da doutrina[643] — que continua, apesar de tudo, a reconhecer a razão de ser da função protectiva do direito do trabalho[644] —, renovam-se os apelos a

---

[640] Em sentido idêntico, Franco CARINCI, *Un progetto per il decenno '80: del neo-corporativismo al neo-istituzionalismo*, in Prospettive del diritto del lavoro per gli anni'80 — Atti del VII Congresso di diritto del lavoro, Bari, 32-25 Aprile 1982, Milano, 1983, 231-237 (234), faz notar que as normas do direito do trabalho da emergência se apresentam como um fluxo legislativo improvisado, episódico, tecnicamente deficiente e sem qualquer fio condutor lógico.

[641] Neste sentido, por exemplo, ROMAGNOLI, *Origini, sviluppo...cit.*, 15.

[642] Assim, por exemplo, Bruno COSSU, *Verso il tramonto del diritto del lavoro?*, in Prospettive del Diritto del lavoro per gli anni '80 — Atti del VII Congresso di Diritto del lavoro, Bari, 23-25 Aprile 1982, Milano, 1983, 152-156 (153 e 155 s.), considerando insolúvel o dilema entre a irredutibilidade das posições laborais adquiridas e a inviabilidade económica dos respectivos custos, coloca o problema da subsistência do direito do trabalho e aventa a hipótese da sua reintegração no direito civil uma vez esgotado o princípio da protecção; e, de forma ainda mais afirmativa, Bernard BOUBLI, *À propos de la flexibilité de l'emploi: vers la fin du droit du travail?*, DS, 1985, 4, 239-240, entende que, consubstanciando-se o processo de flexibilização e de desregulamentação no fim das protecções que limitam a autonomia individual, em favor da adopção de medidas adaptadas ao ramo de actividade ou à empresa, o direito do trabalho desaparecerá para dar lugar à reconstrução das empresas e ao desenvolvimento de um novo «direito das pessoas na empresa», que não é mais do que o direito civil.

[643] Nesta óptica, entre nós, JORGE LEITE, *Direito do trabalho na crise...cit.*, 49, recusa a ideia de que a crise do direito do trabalho prenuncia o seu fim, e BERNARDO XAVIER, *Alguns pontos críticos...cit.*, 329, entende que ela pode ser vista como um sinal de vitalidade da área jurídica.

[644] Neste sentido, expressamente, MARIA VITORIA BALLESTRERO, *La flessibilità...cit.*, 296, GRANDI, *Diritto del lavoro e società industriale cit.*, 21, ou PERA, *Intervento cit.*, 52.

uma reforma profunda da área jurídica, que possibilite a sua reconstrução dogmática em novas bases, capazes de compensarem a fragilidade da ideia da protecção e de erradicarem os excessos do sistema[645]. Para este efeito, os autores consideram necessária uma reflexão profunda sobre o sentido conflitual da área jurídica e sobre a compatibilidade dos valores da protecção social e da eficiência económica, e propõem medidas de racionalização do garantismo laboral, de reforço do papel dos sindicatos e da autonomia colectiva e de redefinição das formas de intervenção dos trabalhadores nas empresas[646], para além da reforma do sistema de segurança social[647], ou mesmo da reconstrução dogmática da relação de trabalho em novos parâmetros[648].

---

[645] Referindo a necessidade de uma reforma profunda do direito do trabalho, neste sentido, como forma de ultrapassar a sua crise actual, entre muitos outros, ROMAGNOLI, *Origini, sviluppo...cit.*, 20, GRANDI, *Diritto del lavoro e società industriale cit.*, 15 ss., BIRK, *Competitividade...cit.*, 305 ss. (considerando que esta reconstrução deve aumentar ainda mais o grau de flexibilização das normas laborais), JORGE LEITE, *Direito do trabalho na crise...cit.*, 49. Contra esta tendência reformista de fundo, alguns autores apontam a sua inoportunidade, pela grande sensibilidade política e social da área jurídica no momento — é a posição sustentada, por exemplo, por Luigi MARIUCCI, *Quale "riforma" del diritto del lavoro?, in Prospettive del diritto del lavoro per gli anni'80 — Atti del VII Congresso di diritto del lavoro, Bari, 23-25 Aprile 1982*, Milano, 1983, 218-224 (221 ss.), que considera, apesar de tudo, desejáveis, algumas reformas sectoriais.

[646] A título exemplificativo e apresentando propostas relativamente a todos estes pontos, vd, por exemplo, GIUGNI, *Il diritto del lavoro negli...cit.*, 406 ss., ou GRANDI, *Diritto del lavoro e società industriale cit.*, 16 ss.; enfocando sobretudo a importância do reforço da autonomia colectiva, por exemplo, MARIA VITORIA BALLESTRERO, *La flessibilità...cit.*, 296, e ORTIZ LALLANA, *Lineas de tendencias...cit.*, 114 ss.; propondo um novo entendimento sobre a forma de participação dos trabalhadores na gestão das empresas, que melhor se coadune com a mais estreita colaboração entre o trabalho e capital que os vínculos laborais modernos exigem, por exemplo, SCONAMIGLIO, *Per una nuova filosofia...cit.*, 49; sugerindo a ultrapassagem da escopo assistencialista clássico do direito do trabalho através da substituição do modelo unitário da sua intervenção proteccionista por medidas de protecção diferenciadas, mais adequadas às necessidades efectivas de tutela de cada categoria de trabalhadores subordinados, Francesco SANTONI, *Il diritto del lavoro e i suoi confini, in Prospettive del diritto del lavoro per gli anni '80 — Atti del VII Congresso di Diritto del lavoro, Bari, 23-25 Aprile 1982*, Milano, 1983, 163-168 (167).

[647] É uma proposta que encontramos, por exemplo, em ROMAGNOLI, *Origini, sviluppo...cit.*, 20, e em PESSI, *Riflessioni...cit.*, 71 ss.

[648] É a proposta de ADOMEIT, por exemplo em *Das Arbeitsrecht und*

VI. Porque subjacente a estas interrogações está a existência ou a inexistência de valorações materiais diferenciadas da área jurídica, alternativas ou cumulativas com o princípio da protecção do trabalhador, entendemos que a reconhecida crise do direito laboral de hoje torna urgente a discussão sobre a questão da sua autonomia dogmática, que nos propusemos dilucidar neste estudo.

É a resposta a este problema que tentaremos encontrar na última parte da nossa pesquisa, embora com um alcance estritamente limitado ao caso português, porque partiremos do nosso sistema normativo e nos moveremos no respectivo contexto. Antes de entrarmos nesta pesquisa, cabe apenas resolver a questão prévia da adequação das reflexões conclusivas que acabamos de expor ao caso português, uma vez que, como constatámos, o seu desenvolvimento normativo recente apresenta algumas particularidades. Como verificaremos já de seguida, esta adequação não suscita dificuldades.

51. As implicações dogmáticas do processo de flexibilização no caso português: a crise do direito laboral nacional

I. No nosso entender, as particularidades da situação jurídica portuguesa em face das tendências dominantes nos sistemas juslaborais mais próximos do nosso, evidenciadas na exposição anterior, não obstam à adequação das ilações dogmáticas gerais que retirámos do processo de flexibilização ao caso português, porque a evolução oscilante do nosso sistema normativo evidencia também (ainda que, porventura, não de uma forma tão clara) uma vincada incerteza sobre as valorações fundamentantes do direito do trabalho. Desta forma, o problema do lugar do direito do trabalho na ordem jurídica global e dos valores que o sustentam assume, também no caso português, um carácter de urgência.

II. Como tivemos ocasião de verificar, o sistema laboral português assentou, como a generalidade dos sistemas europeus, nos pressupostos sociais e económicos da inferioridade dos trabalhadores, do crescimento económico e do modelo da grande empresa industrial, e construiu também o seu edifício normativo sobre os mitos da incapaci-

---

unsere...cit., 40 ss., de reformulação do vínculo laboral como um vínculo de colaboração entre o trabalhador e o empregador, com elementos societários.

dade genética e da uniformidade do estatuto de trabalhador subordinado, da viabilidade económica da ideia da progressividade irredutível e da relação laboral típica — a sua evolução inicial no sentido do garantismo e da universalização da tutela laboral não apresenta assim particularidades de relevo.

O facto de, ao contrário do que se verificou noutros sistemas, a tendência de flexibilização do nosso quadro normativo ser relativamente recente e limitada a medidas esporádicas e de alcance pontual deve-se à circunstância histórica de o início das tendências de flexibilização noutros países (precipitadas pela crise económica da década de setenta, como vimos) ter coincidido, entre nós, com a inflexão política de 1974 e com as respectivas projecções no domínio laboral. De todas conhecidas, interessa, para efeitos da reflexão que agora nos ocupa, recordar apenas duas: o desenvolvimento do direito laboral colectivo nos parâmetros de autonomia que hoje lhe assistem; e a refundação global da área jurídica em termos classistas. Na nossa opinião, estas duas projecções, da maior importância, explicam a perpetuação da índole garantística e do pendor universalizante do sistema laboral português até hoje, porque fizeram suceder ao período garantístico anterior, uma nova fase de reforço da protecção dos trabalhadores subordinados, embora com motivações totalmente diversas[649].

---

[649] Referindo também esta sucessão de períodos de reforço do garantismo do sistema laboral nacional, MÁRIO PINTO, *Die Flexibilisierung...cit.,* 346 s., como já salientámos, *supra,* § 22, 49.5.XII. e nota [586]. Justificável em termos históricos, esta evolução não corresponde, apesar de tudo, a uma inevitabilidade, como se prova pela evolução menos rígida de outros sistemas com um percurso histórico semelhante, como a Espanha — a este propósito, autores como ORTIZ LALLANA, *Lineas de tendencias...cit.,* 94, referem que o facto de o processo de democratização do país se ter desenvolvido durante um período de crise económica internacional tornou, à partida, o ordenamento espanhol mais sensível às matérias da flexibilização; em sentido idêntico, CASAS BAAMONDE, *La individualización...cit.,* 405, reconhece que o facto de as vicissitudes históricas particulares do caso espanhol terem exigido uma evolução muito mais rápida do seu sistema laboral fez com que à fase colectivista iniciada em 1976 se sucedesse, logo depois, uma fase contratualista/individualista, coexistindo neste momento as duas fases; e no mesmo sentido parece orientar-se Antonio Martín VALVERDE, *El Derecho del Trabajo de la crisis (España), in Temas de Direito do Trabalho. O Direito do Trabalho na Crise. Poder Empresarial. Greves Atípicas — IV Jornadas Luso- -Hispano-Brasileiras de Direito do Trabalho,* Coimbra, 1990, 81-89 (84 ss.), que considera que, apesar de o clima social da fase de democratização do regime

Por um lado, o facto de o direito colectivo do trabalho ter passado a desenvolver-se em termos de plena autonomia (assegurados pela consagração constitucional dos princípios da liberdade sindical, da independência dos sindicatos, e da obrigação de não ingerência dos poderes poderes públicos na negociação colectiva, bem como pela previsão da figura das comissões de trabalhadores — arts. 54°, 55° e 56° da CRP[650]), bem como a importância reconhecida às instituições colectivas de representação dos trabalhadores a diversos níveis, contribuiram para o reforço da essência garantística do sistema normativo, uma vez que estas instituições pugnaram naturalmente pela defesa dos interesses dos trabalhadores e pela melhoria do seu estatuto protectivo, e o vigor e a eficácia da sua acção foram obviamente favorecidos pelo contexto ideológico envolvente.

Por outro lado, a assunção da essência classista, ou pelo menos conflitual, do direito do trabalho, pela ultrapasssagem do entendimento do vínculo laboral como uma relação de «colaboração subordinada», nos moldes corporativistas[651], conduziu não apenas à garantia dos principais direitos laborais colectivos dos trabalhadores de natureza conflitual (*maxime*, o direito de greve — art. 57° n° 1 e 2 da CRP[652]) e ao reconhecimento da prevalência destes direitos sobre os dos empregadores (como decorre da proibição constitucional do *lock-out* — art. 57° n° 4 da CRP[653]), mas também a uma tendência geral de reforço dos direitos e garantias dos trabalhadores *contra* o empregador, nas mais diversas matérias atinentes ao desenvolvimento do vínculo laboral — cuja expressão máxima é, como vimos[654], a universalidade da protecção no despedimento.

---

político espanhol ter feito retardar um pouco a resposta institucional às necessidades de flexibilização, o facto de a crise se manifestar, sobretudo, no sector industrial, afectando um grande número de trabalhadores, desencadeou o surgimento rápido de medidas de adaptação, que asseguraram algum grau de flexibilização ao sistema. Não foi este, como verificámos, o percurso do direito português.

[650] Correspondentes, no texto constitucional de 1976, aos arts. 57° e 58° (relativos às associações sindicais e à negociação colectiva) e aos arts. 55° e 56° (relativos às comissões de trabalhadores).

[651] *Supra*, Parte I, § 13°, 26.5.V. e nota [534].

[652] Correspondente, na versão inicial do texto constitucional, ao art. 59°.

[653] No texto originário da CRP, art. 60°.

[654] *Supra*, 49.5.VIII a XI.

III. Embora seja compreensível pelos factores históricos referidos, esta configuração garantística, que o sistema laboral nacional apresenta ainda hoje, não traduz, no entanto, na nossa opinião, a harmonia interna do sistema em torno do princípio da protecção e na prossecução dos objectivos de intensificação e de universalização da tutela laboral que lhe estão associados, uma vez que se detectam vários indícios de desequilíbrio do complexo normativo e de crescente desadequação daquele princípio fundamentante.

De uma parte, a proliferação das situações de fraude aos modelos laborais previstos, a emergência de situações laborais atípicas, cobertas ou não pela lei, a aparente necessidade de reposição de regimes de favorecimento do trabalhador assentes na presunção da sua incapacidade, mas agora com um objectivo sancionatório, bem como a clara indefinição estratégica evidenciada pelas flutuações legislativas nas matérias laborais sociologicamente mais delicadas, que ficaram patentes na exposição anterior, demontram, a nosso ver, o crescente desequilíbrio do sistema normativo laboral e a sua incapacidade para integrar a alteração dos pressupostos sociais e económicos sobre os quais se edificou. A crise sistemática do direito laboral português é pois uma realidade.

Ao mesmo tempo, descortinam-se também sinais claros da desadequação crescente do princípio da protecção do trabalhador como valoração material fundamentante do direito laboral, já que as dúvidas sobre a suficiência e a bondade deste princípio, que enunciámos em termos gerais, começam a fazer sentido perante a evolução recente do direito positivo nacional. Por um lado, também no caso português a diversificação das situações e dos regimes laborais e o aumento do trabalho autónomo e para-subordinado criam diferentes níveis de tutela entre trabalhadores, legitimando a dúvida sobre a justiça relativa do sistema protectivo, até porque os trabalhadores típicos continuam a ser especialmente tutelados no seu interesse fundamental de conservação do contrato de trabalho, pelo vigor que mantém entre nós o princípio da estabilidade do emprego — desta forma, também no nosso sistema se regista uma fractura entre trabalhadores típicos e atípicos[655]. Por outro lado, o pendor unilateral das normas laborais tem cedido pontualmente em favor de soluções de compromisso entre os interesses dos trabalha-

---

[655] Acentuando esta clivagem do sistema laboral português entre os trabalhadores que beneficiam de um estatuto de estabilidade e os restantes, por exemplo, BERNARDO XAVIER, *A crise e alguns institutos...cit.,* 521.

dores e dos empregadores (evidenciadas, designadamente, na legislação laboral «negociada» entre os parceiros sociais que se difundiu nos últimos anos, - - assim, também no nosso sistema começa a fazer sentido reconhecer o carácter compromissório do direito do trabalho.

Desta forma, podendo a justificação axiológica e a suficiência do princípio da protecção deixar de ser confirmadas pelo direito positivo, a valia dogmática deste princípio está posta em causa e deve ser reapreciada — *a crise do direito laboral nacional é também uma crise de valores*. E, se o é, justifica-se a recolocação urgente do problema da autonomia dogmática, que procuraremos fazer na parte seguinte deste trabalho.

§ 24º — Conclusões do capítulo

   I. O desenvolvimento sistemático do direito laboral — na maioria dos países até à década de setenta e, em casos como o português, até hoje — assentou nos pressupostos sócio-económicos da debilidade dos trabalhadores dependentes, do crescimento económico e do modelo da grande empresa industrial, que deram origem, respectivamente, aos mitos da incapacidade genética permanente do trabalhador subordinado, da viabilidade económica da evolução sempre *in melius* das normas protectivas e da uniformidade do estatuto laboral, traduzida na ideia de relação de trabalho típica. São também aqueles pressupostos e estes mitos que conferem lógica à construção dogmática da área jurídica em torno do princípio da protecção do trabalhador e na prossecução dos objectivos de intensificação e de universalização da tutela laboral que lhe estão associados, ao mesmo tempo que explicam o protagonismo das instituições colectivas neste processo.

   II. A partir da década de setenta, a alteração daqueles pressupostos (com a diminuição da debilidade dos trabalhadores dependentes, a evolução económica, a crise do emprego e a diversificação dos modelos de organização empresarial que acompanhou a evolução dos sectores produtivos) determina a falência dos mitos do direito do trabalho e precipita a sua crise. Esta crise manifesta-se na erosão da relação de trabalho típica, evidenciada na proliferação das situações laborais marginais e nos fenómenos de fuga lícita e ilícita ao direito laboral; no declínio das instituições laborais colectivas, evidenciado na sua menor representatividade e na alteração dos temas preferenciais e dos níveis privilegiados da negociação colectiva; e na demonstração da reciprocidade da relação entre o direito do trabalho e a economia, pela necessidade de garantir a viabilidade económica das soluções laborais.

   III. Para superar a desadequação do direito do trabalho à evolução dos pressupostos sociais e económicos que estiveram na base do seu desenvolvimento, a generalidade dos sistemas jurídicos tem vindo a desenvolver, desde a década de oitenta, um processo de flexibilização, que apresenta hoje um âmbito geral, envolve todos os actores laborais e cuja importância é considerada fundamental. Em termos substanciais, a flexibilização engloba um conjunto de medidas de atenuação da rigidez do quadro normativo laboral, incidentes na conformação do vínculo de trabalho, no dogma da imperatividade das normas laborais e no princípio do *favor laboratoris*; em termos processuais, a flexibilização efectiva-se através da desregulamentação, a entender em sentido amplo, porque envolve a supressão de normas laborais em favor da reposição da autonomia privada mas também a re-regulamentação das matérias laborais, por via legal e convencional colectiva, em moldes mais fiexíveis.

IV. Com referência ao vínculo laboral, a flexibilização incide na sua diversificação tipológica e na sua configuração estrutural: na primeira área, ela conduz ao incremento e à regularização das situações laborais atípicas e ao incentivo ou à contemporização com a difusão do trabalho autónomo e para-subordinado; na segunda área, ela apela à reestruturação interna do vínculo laboral, através da maleabilização do regime jurídico da remuneração, do tempo de trabalho, da mobilidade geográfica e funcional do trabalhador e da cessação do contrato. Na primeira área, o processo de flexibilização põe em causa a uniformidade do estatuto de trabalhador subordinado; na segunda, põe à prova os princípios da irredutibilidade da retribuição, da inamovibilidade, da invariabilidade da prestação e da estabilidade do emprego.

V. Na prossecução dos objectivos de flexibilização, a desregulamentação opera através da diminuição do peso das normas laborais imperativas e do consequente reforço da autonomia das partes na fixação do conteúdo e na qualificação do contrato; através da substituição progressiva dos regimes legais imperativos por uma regulamentação mais flexível, de origem legal ou convencional colectiva, podendo, neste último caso, desenvolver-se de forma autónoma ou com intervenção administrativa; e através da reponderação do princípio do tratamento mais favorável na sua aplicação aos conflitos hierárquicos entre fontes laborais, por forma a admitir a derrogação *in pejus* das normas laborais pelas convenções colectivas.

VI. As preocupações de flexibilização têm-se manifestado também ao nível internacional e ao nível comunitário. Neste último âmbito, a necessária compatibilidade entre os objectivos sociais e os objectivos económicos e de preservação da concorrência da Comunidade Europeia tornam, aliás, improvável que da evolução do direito social comunitário resulte — excepto num ou noutro ponto — uma melhoria global do estatuto protectivo dos trabalhadores subordinados.

VII. Ao contrário de outros sistemas e apesar de se ressentir também da alteração dos seus pressupostos sociais e económicos, o sistema laboral português continua a apresentar uma estrutura normativa rígida, garantística e de vocação tutelar universalizante, assente no alicerce dogmático tradicional da protecção do trabalhador. Esta configuração desviante decorre da falta de receptividade do legislador em relação à diversificação dos vínculos laborais, provada pela ausência de regulamentação de algumas formas atípicas de trabalho subordinado, pelos regimes legais restritivos das restantes e pela subsistência da vocação aglutinante do sistema laboral relativamente às situações negociais da zona intermédia entre o trabalho subordinado e o trabalho autónomo; da função modelar que continua a ser reconhecida à relação laboral típica e que é provada pela subsistência da regulamentação garantística universalizante nas matérias da remuneração, da mobilidade geográfica, da intangibilidade dos direitos adquiridos e, sobretudo, da cessação do contrato de trabalho; e do significado diminuto do processo de desregulamentação, demonstrado pelo peso das normas laborais imperativas e pela rigidez do princípio do tratamento mais favorável na sua aplicação ao problema da inderrogabilidade *in pejus* das fontes laborais. Não obstante, têm-se vindo a ensaiar nos últimos anos algumas medidas de flexibilização, nas matérias do tempo de trabalho, da mobilidade funcional e da suspensão do vínculo laboral, e tem-se desenvolvido a concertação social e a «legislação negociada» entre os parceiros sociais.

VIII. Em termos dogmáticos, o processo de flexibilização tem implicações no princípio da protecção e na configuração unilateral tradicional do direito do trabalho. Este processo põe em causa a meta da universalização da tutela laboral, ao evidenciar a fractura do sistema entre as normas aplicáveis aos trabalhadores típicos e aos restantes trabalhadores; questiona o objectivo da intensificação da tutela laboral, ao admitir retrocessos nas posições já adquiridas; atinge a justificação axiológica do princípio da protecção, ao legitimar a dúvida sobre o correcto direccionamento da tutela laboral; e contraria a lógica unilateral do sistema laboral como um sistema «em favor do trabalhador», ao ponderar os interesses do empregador em algumas soluções normativas.

IX. Criando uma relação de tensão com os valores tradicionais da protecção e da igualdade dos trabalhadores subordinados, o processo de flexibilização confirma, no plano normativo, a profunda crise de valores do direito do trabalho hodierno, pela fragilidade do princípio da protecção, como sua valoração material fundamentante geral, e pela aparente ausência de valores alternativos. É esta confirmação que torna urgente a recolocação do problema do posicionamento dogmático do direito laboral na ordem jurídica, já que este problema se reconduz à pesquisa das suas valorações materiais fundamentantes.

X. No caso português, apesar do estádio incipiente do processo de flexibilização — que se fica a dever à sucessão de períodos garantísticos propiciada pelas vicissitudes históricas particulares do país — a crise de valores do direito do trabalho evidencia-se no facto de a configuração externa garantística e universalizante do sistema normativo não corresponder à sua harmonia interna, mas se notar, pelo contrário, uma crescente desadequação do princípio da protecção. A provar a crise estão a proliferação de situações desviantes do modelo da relação laboral típica; as práticas de fuga ao regime laboral, documentadas no elevado número de fraudes na qualificação do negócio e no aproveitamento ilícito das prescrições laborais, para conseguir objectivos não permitidos pelo legislador; a consequente e recorrente necessidade de emissão de legislação laboral repressiva; e as marcadas oscilações legislativas por que têm passado as matérias laborais socialmente mais sensíveis. A pesquisa de novas valorações materiais do direito do trabalho, alternativas ou concomitantes com o valor da protecção do trabalhador impõe--se pois também no caso português.

PARTE III
O REPOSICIONAMENTO DO PROBLEMA DA AUTONOMIA DOGMÁTICA DO DIREITO DO TRABALHO

52. Preliminares. Indicação de sequência

I. Apresentado o processo de emancipação científica do direito do trabalho relativamente ao direito civil a partir da concepção comunitário-pessoal do vínculo laboral e do princípio da protecção do trabalhador, demonstrada a fragilidade desta construção dogmática na respectiva crítica e descrita a actual situação de crise da área jurídica, é chegado o momento de proceder ao reposicionamento do problema que nos propusemos tratar nesta investigação e cuja urgência ficou demonstrada com a verificação das projecções sistemáticas da crise que acabámos de descrever. É a esta tarefa que dedicaremos a última parte do nosso estudo.

A tentativa de recolocação do problema da autonomia dogmática do direito laboral que vamos empreender nas páginas seguintes parte de um pressuposto axiomático, esteia-se em várias premissas técnicas e assume uma limitação de âmbito, que cabe esclarecer de imediato.

II. O pressuposto axiomático tem a ver com a viabilidade e a oportunidade histórica da indagação: a pesquisa que vamos fazer assenta na convicção da possibilidade de proceder a ponderações dogmáticas de ordem geral em áreas jurídicas não estabilizadas em termos normativos.

Como referimos na parte introdutória deste trabalho[1], é nossa convicção que as reflexões dogmáticas não são inviabilizadas pela instabilidade do sistema normativo, mas se tornam, pelo contrário, imprescin-

---
[1] *Supra*, § 1º, I, bem como § 4º, 7.II.

díveis exactamente por força dessa instabilidade[2]. No caso do direito do trabalho, parece-nos que a descrição da crise, que acabámos de fazer, ilustra bem o significado desta afirmação. Na verdade, se, como verificámos[3], a evolução recente dos sistemas normativos demonstrou a fragilidade da construção dogmática tradicional do direito laboral e pôs em causa o seu princípio fundamentante, torna-se um imperativo proceder à redução dogmática desta evolução normativa por forma a integrar o vazio axiológico que resulta da fraqueza do princípio originário, ou através da recondução do sistema ao seu primitivo quadro dogmático de referência (o direito civil) ou pelo isolamento de valorações laborais específicas alternativas àquele princípio. Ora, tal como o enunciámos[4], o problema da autonomia dogmática esgota-se precisamente nesta pesquisa.

Desta forma, pensamos que a questão da eventual inoportunidade histórica da nossa indagação pela falta de maturação das normas laborais — que já foi, aliás, suscitada pela doutrina noutras fases de instabilidade na história do direito do trabalho[5] — não se coloca. Pelo contrário, como refere SCHNORR[6], é porque o direito do trabalho é ainda um direito em mudança que a sua reconstrução dogmática deve ser a tarefa prioritária da ciência jurídica laboral; ou, como observa PREIS[7], na actual situação de crise é à ciência do direito que compete indicar o

---

[2] Neste sentido, em termos gerais, por todos, BYDLINSKI, *Gedanken...cit.*, 4 s. Como então referimos, prescindimos de qualquer tentativa de justificação deste pressuposto em termos gerais, que extravasaria do âmbito do nosso estudo. Limitamo-nos por isso agora a confirmar a pertinência da afirmação deste autor na sua aplicação ao caso laboral.

[3] *Supra,* § 23°.

[4] *Supra, maxime,* § 5°, 9.

[5] Neste sentido, veja-se o suscitar da questão na doutrina italiana, durante a década de cinquenta, por autores como MAZZONI, *Contiene il diritto...cit.*, 527, que acabava, aliás, por afastar a objecção. Na verdade, a ser relevante, este argumento condenaria a possibilidade de tratamento desta questão em qualquer momento da história do direito do trabalho, uma vez que o seu desenvolvimento se tem caracterizado sempre por uma grande instabilidade dos conteúdos normativos.

[6] *Grundfragen der Arbeitsrechtsdogmatik...cit.*, 393.

[7] *Perspektiven...cit.*, 334. Também enfatizando a importância da ciência jurídica laboral no estádio de mudança que o direito do trabalho atravessa, e os novos desafios que lhe são colocados, Thilo RAMM, *Zur Soziologie der Arbeitsrechtswissenschaft, in* M. HEINZE / A. SÖLLNER (Hrsg.), *Arbeitsrecht in der Bewährung, Fest. für Otto Rudolf KISSEL*, München, 1994, 915-939 (935 ss.)

fio condutor da evolução futura da área jurídica. No nosso entender, o desempenho desta missão tem que passar pela pesquisa de valorações materiais a partir do sistema normativo, desde já, ainda que com a consciência de que a consolidação plena dessas valorações vai ficar dependente da sua validação pela evolução normativa da área jurídica no futuro.

Por outro lado, rejeitamos também a opinião segundo a qual a apreciação do problema da autonomia dogmática do direito do trabalho estaria irremediavelmente comprometida pela sua inevitável conotação ideológica — afinal, como observa JAMOULLE[8], durante muito tempo reconhecer a autonomia do direito laboral correspondeu à afirmação política do seu carácter *progressista* por oposição ao direito civil, conservador e de inspiração liberal (ou *burguesa*), e esta perspectiva sobre o problema não contribuiu certamente para o rigor técnico da análise.

Com efeito, a porosidade ideológica que o direito do trabalho tem revelado ao longo de toda a sua história — conforme tivemos ocasião de verificar noutras partes do nosso estudo[9] e tem sido sempre reconhecido pela doutrina[10] —, em razão da intensa sensibilidade social e

---

[8] *Seize leçons...cit.*, 93 s. Como observa RICHARDI, *Arbeitsrecht und Zivilrecht cit.*, 7 e s., esta visão não impediu o aproveitamento do direito do trabalho por correntes ideológicas muito diversas. Também considerando que o direito do trabalho tem sido objecto sobretudo de interpelações ideológicas, de orientações diversas, que justificam a sua recondução quer a um «direito dos trabalhadores» quer a um «direito do capital», apesar de se tratarem de duas faces da mesma realidade, ainda JAVILLIER, *Dits et non-dits...cit.*, 495 ss.

[9] Como verificámos, a porosidade ideológica do direito do trabalho manifestou-se logo nos primórdios da sua afirmação sistemática, com a ligação incontornável entre o seu desenvolvimento normativo e a difusão das ideologias socialistas, entre o final do século XIX e as primeiras décadas do século XX, e voltou a notar-se noutras épocas da sua história, como sucedeu, por efeito da difusão das ideologias nacional-socialista e fascista, a partir da década de vinte, e, mais tarde, por efeito da recuperação democrática do pós-guerra; na verdade, esta porosidade ideológica nota-se ainda hoje na influência das concepções políticas subjacentes à economia de mercado, que dominam a Europa, nos sistemas juslaborais.

[10] Neste sentido, veja-se, por exemplo, na década de vinte, em SCELLE, *Le droit ouvrier...cit.*, 47 ss., o reconhecimento da ligação entre a história do direito do trabalho e a crescente intervenção política dos operários; ou, na década de trinta, as referências de autores como FRAENKEL, *Il significato politico...cit.*, 120 ss., à ligação estreita entre a evolução do direito do trabalho e o aumento da força polí-

política do fenómeno do trabalho subordinado, coloca dificuldades acrescidas à reflexão dogmática, por dois motivos: por um lado, porque essa porosidade se reflecte no plano normativo, favorecendo o desenvolvimento massificado e desconexo das normas laborais (é a construção *«alluvionale»* do direito do trabalho, a que alude GIUGNI[11], e que, entre nós, MENEZES CORDEIRO[12] refere como a «prolixidade legislativa» típica desta área jurídica), que redunda, por sua vez, no menor rigor dos textos legais e na dificuldade de coordenação das fontes laborais; por outro lado, porque o discurso dogmático não é, ele próprio, valorativamente neutro, e, numa área social e politicamente sensível, o jurista é mais influenciado pelo seu pré-entendimento cultural e axiológico sobre o fenómeno objecto da reflexão dogmática.

Contudo, acreditamos que estas dificuldades não constituem um óbice intransponível à reflexão dogmática, por dois motivos: em primeiro lugar, porque a evolução dos sistemas laborais nas últimas décadas mostra até que ponto a visão classista/unilateral do direito do trabalho, comum no início do século XX, deixou de corresponder à realidade[13], o que torna mais fácil uma apreciação científica da área jurídica relativamente distanciada dos dogmas de classe que a influenciaram primitivamente; e, em segundo lugar, porque entendemos que, mesmo que se manifeste com maior intensidade em áreas jurídicas socialmente mais

---

tica dos trabalhadores dentro do Estado, ao significado político desta área jurídica para os trabalhadores, à natureza política da luta pelas convenções colectivas e ao facto de a irrupção das ideologias socialistas no ordenamento económico capitalista ter sido precedida de uma análise sociológica do mundo do trabalho. Com referência à dimensão política do direito do trabalho na República de Weimar, por exemplo, NÖRR, *Grundlinien...cit.,* 406; com referência à sua permeabilidade à ideologia nacional-socialista, por exemplo, MAYER-MALY, *Nationalsozialismus und Arbeitsrecht cit.,* 233 ss., ou RÜTHERS, *Die Unbegrenzte Auslegung...cit.,* 379 ss., e *Arbeitsrecht und Ideologie cit.,* 108 s.; com referência à influência da ideologia comunista da República Democrática Alemã no seu sistema laboral, HEITMANN, *Arbeitsrecht im Systemwandel cit,* 32 ss. E, em termos gerais, reconhecendo a sensibilidade política e ideológica do direito do trabalho, pelo papel crucial que desempenha na organização da sociedade industrial, ainda RÜTHERS, *Arbeitsrecht und Ideologie cit.,* 105 ss.

[11] *Il diritto del lavoro negli...cit.,* 405.
[12] Por exemplo em *Manual...cit.,* 67.
[13] Neste sentido, ainda JAMOULLE, *Seize leçons...cit.,* 94, dando como exemplo da ultrapassagem desta visão tradicional do problema as muitas normas laborais em favor do empregador e não dos trabalhadores.

sensíveis[14], a dimensão política é inerente a todo o fenómeno jurídico e influencia a ciência jurídica em termos gerais[15] — ora, sendo este um problema comum a todo o direito e não especificamente laboral, no quadro reflexivo jusprivatístico em que nos movemos ele deve considerar-se superado por generalização[16].

Desta forma, parece-nos importante ultrapassar a desconfiança, que ainda se nota aqui e ali na doutrina[17], em relação à possibilidade de redução dogmática da fenomenologia laboral — e, designadamente, em relação à possibilidade de tratamento científico do problema da autonomia — pela sua envolvente política. Nessa apreciação dogmática será apenas exigível uma cautela acrescida do jurista no manuseamento dos dados extra-jurídicos, para evitar o perigo, para que adverte CANARIS[18], da identificação do sistema jurídico e das conexões especificamente jurí-

---

[14] Neste sentido, faz notar, por exemplo, MARIUCCI, *Quale «riforma»...cit.,* 218 s., que a formação normativa diluviana, típica do direito do trabalho, se constata também noutras áreas jurídicas, como o direito penal e o direito comercial, ou noutros regimes jurídicos, como o regime da locação, exactamente pela sua grande sensibilidade social. Nestes casos verifica-se de forma especialmente intensa a influência dos fenómenos da vida no sistema jurídico externo, como observa CANARIS, *Pensamento Sistemático...cit.,* 54.

[15] As relações entre a política jurídica e a ciência jurídica e entre a política e o direito são exemplarmente descritas por Theo MAYER-MALY, *Rechtsidee — Rechtswissenschaft — Rechtspolitik, in* M. JUST / M. WOLLENSCHLÄGER / P. EGGERS / H. HABLITZEL (Hrsg.), *Recht und Rechtsbesinnung, Gedächtnisschrift für Günther KÜCHENHOFF (1907-1983),* Berlin, 1987, 141-148, em duas frases lapidares: relativamente à primeira relação o autor observa que «*Rechtspolitik ist Politik — eine Politik, die sich auf Veränderung oder Beibehaltung einer bisherigen Rechtslage bezieht*»; quanto à segunda, considera expressamente que «*Resultat von Politik ist die Schaffung von Recht immmer*» (141 e 143, respectivamente). Também RÜTHERS, *Arbeitsrecht und Ideologie cit.,* 103 s. e 106, reconhece a dimensão política como uma dimensão imanente a todo o direito, pela falta de neutralidade dos textos jurídicos, que são, logo desde o nível constitucional, influenciados pela ideologia dominante.

[16] Naturalmente que apenas nos permitimos ultrapassar o problema desta forma simples porque, como frisámos logo no início deste trabalho (*supra,* § 1º, I.), a nossa investigação não pretende ser um estudo de metodologia jurídica ou de filosofia do direito, mas sim um estudo de direito privado. Nesta perspectiva, basta a verificação da dimensão geral da questão da relação entre o direito e a política para a arredarmos do âmbito das nossas reflexões.

[17] Neste sentido, por exemplo, WOLF, *Der Begriff...cit.,* 720.

[18] *Pensamento Sistemático...cit.,* 55.

dicas, que nele têm lugar, com a ordem imanente às relações da vida, que constituem o seu objecto.

II. Estabelecida a possibilidade e a oportunidade histórica da indagação como premissa axiomática da nossa pesquisa, cabe enunciar as premissas técnicas sobre as quais, no nosso entender, o reposicionamento do problema da autonomia dogmática do direito laboral terá que assentar, por força dos resultados que o desenvolvimento deste estudo já possibilitou: a premissa da unidade do direito do trabalho; a premissa da sua natureza eminentemente privada; e a premissa do reconhecimento da sua autonomia sistemática. Porque a justificação destas premissas foi sendo feita ao longo da exposição, limitamo-nos agora a enunciá-las para clarificação dos parâmetros da reflexão subsequente.

Em primeiro lugar, cabe reforçar que a nossa digressão em torno do problema da autonomia dogmática do direito laboral parte do pressuposto da sua natureza unitária. Esta natureza unitária é viabilizada, conforme demonstrámos na parte inicial da investigação[19], pelo conceito que constitui o denominador comum a toda a fenomenologia laboral e que pode, com vantagem, substituir, para este efeito, o conceito de relação laboral: o conceito de situação jurídica laboral nuclear, que se desdobra, como então indicámos, na situação jurídica nuclear inerente à qualidade de trabalhador subordinado e na situação jurídica nuclear inerente à qualidade de empregador.

Consequência lógica do pressuposto da unidade da área jurídica, que também enunciámos no lugar próprio[20], é a fixação do alcance meramente sistemático e pedagógico da divisão tradicional entre *direito individual* e *direito colectivo do trabalho*, e, para o efeito que nos interessa neste momento, a recusa definitiva da redução do campo da pesquisa sobre a autonomia dogmática à discussão do problema da natureza jurídica do vínculo laboral (privilegiada tanto pelos partidários da emancipação dogmática, na construção tradicional do problema, como pelos que recusaram a autonomia, em crítica a esse entendimento[21]) em favor da extensão do seu âmbito a *todo* o direito do trabalho. É pois tendo

---

[19] *Supra,* § 3°, 5.2.
[20] *Supra,* § 3°, 6.1.II.
[21] Como vimos, *supra,* § 17°, 37.II. e IV., e § 20°, 46.III., respectivamente para uma e outra construções.

em conta o conjunto das normas que compõem a área jurídica e os institutos e técnicas desenvolvidos no seu seio que terá que ser procurada a solução para o problema do seu posicionamento dogmático na ordem jurídica global. Por este motivo, na exposição que se segue apreciaremos não apenas o contrato e a relação de trabalho mas os principais institutos do domínio regulativo colectivo da área jurídica — i.e., as convenções colectivas de trabalho e o direito de greve.

A segunda premissa técnica em que assenta a pesquisa que vamos fazer é a da inserção do direito do trabalho na ordem jurídica privada, que, no caso, é revelada pela natureza particular dos principais interesses prosseguidos pelos destinatários das normas laborais e pela posição formalmente igualitária que ocupam nas situações jurídicas laborais. Como tivemos ocasião de demonstrar[22], tanto o critério do interesse como o da posição dos sujeitos apontam para a qualificação privada do direito laboral no seu todo, ainda que em termos de mera prevalência, uma vez que se assinala também a presença de interesses públicos, prosseguidos reflexamente ou, em alguns casos, directamente pelas normas laborais.

Para efeitos da investigação subsequente, interessa reter que este pressuposto tem como consequência a recondução do problema da autonomia dogmática do direito laboral à pesquisa de valorações materiais específicas no universo jurídico privado — como já referimos[23], o problema da autonomia é um problema de relação do direito do trabalho com o direito civil. Por esta razão, na apreciação que vamos fazer, procuraremos, sobretudo, avaliar o significado dos desvios que os regimes laborais apresentam em relação às regras e aos princípios do direito privado comum.

A terceira e última premissa técnica, a ter em conta na recolocação do problema da autonomia dogmática, é a do reconhecimento da autonomia do direito laboral no plano sistemático, comprovada, conforme demos conta oportunamente[24], pela fácil identificação do fenómeno social sobre que incidem as suas normas (o trabalho subordinado), pela disposição organizada destas normas em torno dos centros regulativos

---

[22] *Supra*, § 3°, 6.2.
[23] *Supra*, § 3°, 6.2.IV.
[24] *Supra*, § 7°, 14.I.

individual e colectivo da área jurídica e pela viabilidade de uma apreciação unitária deste complexo normativo, assegurada pelo conceito unificante de situações laborais nucleares.

Para efeitos da indagação subsequente importa somente recordar que é pelo facto de o reconhecimento da autonomia sistemática ser um *prius* em relação ao problema da autonomia dogmática — como tivemos ocasião de referir[25] — que a pesquisa das valorações fundamentantes do direito do trabalho pode ser feita, conforme julgamos correcto, a partir do próprio sistema normativo e poderá (e deverá!) ser legitimada por esse mesmo sistema.

Corolário desta premissa é também a centragem da pesquisa no sistema jurídico nacional. Desta forma, a experiência de outros sistemas jurídicos e as reflexões produzidas noutros contextos doutrinais — que deram um contributo fundamental para a apreciação da evolução do tratamento deste problema e para a respectiva crítica, como ficou patente na exposição anterior — serão, nesta fase do nosso trabalho, apenas objecto de referências pontuais; e, correlativamente, as conclusões da nossa própria reflexão não serão extrapoláveis para fora do âmbito do nosso sistema jurídico. Como referimos na parte inicial da exposição[26], este é um estudo de direito privado português.

III. Estabelecidos os parâmetros da pesquisa que vamos fazer, resta indicar a respectiva sequência, que comportará três fases: a primeira destina-se a estabelecer os alicerces estruturais da construção dogmática autónoma do direito laboral; a segunda destina-se a estabelecer aquilo a que chamaremos os alicerces sistemáticos dessa autonomia; e a terceira destina-se a enunciar as valorações materiais correspondentes ao reconhecimento da autonomia.

Numa primeira fase, vamos procurar estabelecer, a partir do direito positivo, os alicerces estruturais da construção dogmática autónoma do direito do trabalho, que assentam, no nosso entender, na singularidade dos seus principais institutos: o contrato de trabalho é um instituto singular, porque a sua configuração especial (nos termos da nova leitura que propomos para os elementos da pessoalidade e da comunidade) não é compatível com uma construção puramente patrimonial e obrigacio-

---

[25] *Supra,* § 5º, 9.II.
[26] *Supra,* § 1º, I.

nal; e as convenções colectivas e o direito de greve (institutos laborais colectivos mais importantes) são também singulares, porque não admitem uma redução a figuras civis e porque contrariam directamente, no seu regime, alguns dos princípios basilares do direito privado, designadamente, do direito dos contratos. A irredutibilidade destes institutos ao direito privado comum evidencia a fractura axiológica entre o direito laboral e o direito civil e constitui assim um alicerce da sua autonomia.

Numa segunda fase, procederemos a uma apreciação global e transversal do sistema normativo laboral, a fim de verificar até que ponto é que a sua organização interna e os instrumentos e técnicas que apurou no tratamento dos seus problemas são informados por uma lógica própria, e em que medida é que esta lógica se inspira em valorações específicas. A este propósito, vamos dar conta daquilo que consideramos ser a dimensão colectiva integral do direito laboral, que se manifesta na indissociabilidade entre os diversos fenómenos laborais de grupo e o vínculo de trabalho, e verificaremos até que ponto é que os regimes jurídicos laborais evidenciam o desenvolvimento de técnicas de produção normativa específicas, de regras particulares de interpretação e aplicação do direito e de meios singulares de auto-tutela — esclarecendo-nos sobre o grau de maturidade do direito laboral enquanto subsistema diferenciado no universo jurídico privado, esta apreciação, que ocupará o segundo capítulo, viabilizará eventualmente o salto do reconhecimento da autonomia sistemática para o reconhecimento da autonomia dogmática da área jurídica.

Alicerçada a autonomia dogmática do direito do trabalho, estaremos então aptos a enunciar os princípios fundamentais da área jurídica e a estabelecer as balizas da autonomia — é o que procuraremos fazer no terceiro e último capítulo do nosso estudo.

Antes de iniciarmos a exposição, cabe apenas fazer uma observação sobre o âmbito das reflexões que vamos empreender, uma vez que as figuras e os institutos laborais subjacentes aos argumentos que vamos desenvolver justificariam, cada um por si, um ou vários estudos monográficos. Em face do objectivo deste trabalho, convém, todavia, esclarecer que não é nossa pretensão apreciar globalmente nem de forma exaustiva estas figuras e estes institutos, mas apenas verificar se e em que medida é que, à face do nosso sistema jurídico, cada um deles contribui para a afirmação da autonomia do direito do trabalho perante o direito civil. Desta forma, as reflexões subsequentes terão as limitações inerentes a este objectivo e como tal devem ser entendidas.

I
OS ALICERCES ESTRUTURAIS DA CONSTRUÇÃO DOGMÁTICA AUTÓNOMA DO DIREITO DO TRABALHO: A SINGULARIDADE DOS PRINCIPAIS INSTITUTOS LABORAIS

§ 25º — A singularidade do contrato de trabalho e do vínculo laboral: a relação de trabalho e a relação de emprego

53. Os pontos de partida da reflexão: o fundamento negocial necessário do vínculo laboral e a negação da sua natureza comunitário-pessoal

I. No nosso entender, o primeiro aspecto revelador da singularidade do direito do trabalho na ordem jurídica privada tem a ver com a natureza especial do vínculo laboral. Ainda que este facto não constitua, por si só, argumento bastante para alicerçar a autonomia científica da área jurídica (como vimos[27], a improcedência da construção tradicional do problema da autonomia decorre até do excesso de protagonismo deste argumento), ele pode, todavia, constituir *um* dos argumentos relevantes para a demonstração dessa autonomia se as especificidades do vínculo não consentirem na sua redução aos princípios do direito civil. A apreciação que se segue destina-se a confirmar ou a infirmar em definitivo esta possibilidade de redução dogmática perante o sistema jurídico português.

Do nosso ponto de vista, a ser relevante, a singularidade do vínculo laboral não pode decorrer do seu nexo patrimonial (uma vez que,

---

[27] *Supra*, § 17º, 37.II. e IV.

reconhecidamente, a troca entre o trabalho e a remuneração não diferencia mas aproxima o contrato de trabalho de outras modalidades negociais envolvendo um serviço para outrem), mas terá que decorrer dos elementos que a doutrina tradicional isolou como suportes da autonomização dogmática da relação e, por indução, da área jurídica: o elemento de *pessoalidade* e o elemento de *comunidade*. Ultrapassado o excesso na operação de indução, o que se impõe averiguar é se, tal como foi preconizado pelos críticos da autonomia, o processo de repatrimonialização do contrato de trabalho permitiu absorver por completo estes elementos, ou se, em face do nosso sistema positivo, lhes deve ser reconhecido ainda hoje um significado específico; e, em caso afirmativo, se esse significado é ou não compatível com os quadros dogmáticos do direito privado comum. É para dar resposta a este problema que vamos ensaiar uma tentativa de reconstrução destes elementos do contrato e da relação de trabalho a partir do direito positivo.

Pontos de partida deste ensaio são, necessariamente, as conclusões que a apreciação precedente do processo de autonomização dogmática do direito laboral viabilizou, e que, por já termos provado com a referência directa ao nosso sistema jurídico no lugar próprio, nos limitamos a recordar: o fundamento negocial necessário do vínculo de trabalho subordinado; e a negação da sua natureza comunitário-pessoal, nos termos em que esta construção foi desenvolvida pela doutrina tradicional.

II. Em primeiro lugar, deve ficar claro que a reconstrução dogmática do vínculo laboral tem que assentar no reconhecimento da sua natureza negocial, não só por um motivo de ordem geral, ligado à incapacidade das teorias institucionalistas para enquadrarem os vínculos laborais de escopo não empresarial (é a ineficácia explicativa global destas teorias, para a qual chamámos oportunamente a atenção[28]), mas também, no que especificamente se refere ao caso português, por dois outros motivos, que deixámos anotados na nossa apreciação crítica das teorias institucionalistas[29]: o carácter supérfluo de uma moldura alternativa à moldura negocial do vínculo laboral; e a inadequação do modelo institucional ao sistema positivo português. Assim, por um lado, entendemos que não há necessidade de encontrar um enquadramento alterna-

---

[28] *Supra*, § 16°, 32.1.VI.
[29] *Supra*, § 16°, 32.1.V.

tivo à justificação negocial do vínculo de trabalho, porque a *vaexata questio* das relações laborais de facto é resolvida no nosso sistema jurídico por via negocial, através da previsão da não retroactividade dos efeitos da anulação ou da declaração de nulidade do contrato de trabalho e da sua convalidação *ab initio* em caso de desaparecimento da causa de invalidade (arts. 15º e 17º da LCT). Por outro lado — e este é o argumento fundamental! — afigura-se-nos que o modelo institucional é inadequado à configuração negocial que o vínculo jurídico laboral evidencia no caso português e que transparece logo da sua inserção sistemática no Código Civil em sede de contratos (art. 1152º do CC)[30] e vai sendo depois confirmada pelo seu regime, nas referências recorrentes do legislador à origem negocial da relação jurídica e na integração pela lei civil (através da aplicação das normas obrigacionais e das regras de teoria geral do negócio jurídico) dos aspectos do contrato que não são objecto de regulamentação laboral específica, desde a fase da sua formação até à da sua cessação: ressalvadas as especificidades previstas na lei laboral, atente-se na função integradora das normas civis, por exemplo em matéria de pressupostos subjectivos do contrato de trabalho (arts. 123º ss. do CC, aplicáveis por remissão directa do legislador laboral no art. 3º da LCT, ainda que tendo em atenção as especificidades resultantes dos arts. 121º e ss. e 126º da LCT, e de outros diplomas laborais[31]); em matéria de pressupostos objectivos (art. 280º s. do CC, que completam o regime previsto nos arts. 4º [32] e 16º da LCT); em matéria de formação do contrato (arts. 217º ss. do CC, genericamente aplicáveis em matéria de modalidades e de perfeição das declarações negociais, de actos preparatórios e eventuais negócios preliminares, bem como na resolução de outros problemas suscitados pela

---

[30] *Supra,* § 19º, 42.IV.

[31] Neste sentido, por exemplo, as limitações ao trabalho de estrangeiros, referentes à autorização de residência no nosso país, estabelecidas pelo art. 3º nº 3 da L. 20/98, de 12 de Maio, ou as limitações específicas ao desempenho de certo tipo de funções, por algumas categorias de trabalhadores, como, por exemplo, os menores — quanto a estes, vd o DL nº 396/91, de 16 de Outubro, e a L. nº 58/99, de 30 de Junho, bem como as Portarias nº 714/93 e nº 715/93, ambas de 3 de Agosto.

[32] A propósito do requisito negocial específico da carteira profissional, previsto nesta norma, não é, como se sabe, líquida a sua qualificação como um requisito de natureza subjectiva ou como um requisito objectivo. Não é este, contudo, um problema que caiba discutir neste trabalho.

complexidade que o *iter* negocial assume, com frequência, no contrato de trabalho[33], e, especificamente, arts. 410º ss. CC, aplicáveis ao contrato-promessa de trabalho, previsto no art. 8º da LCT); em matéria de forma do contrato (com a aplicação do princípio geral do consensualismo, consagrado no art. 219º do CC e reiterado pelo art. 6º da LCT, apesar dos desvios conhecidos, quando esteja em causa a celebração de contratos de trabalho especiais ou a inclusão de cláusulas negociais que determinem o enfraquecimento da posição do trabalhador no vínculo[34], bem como em relação às consequências dos vícios de forma, em alguns casos[35]); em matéria de interpretação das cláusulas negociais (art. 236º s. do CC, bem como art. 11º nº 2 da LCCG, quando o contrato de trabalho seja celebrado por adesão, nos termos do art. 7º da LCT); e em matéria de vícios e de invalidade do negócio laboral (arts. 240º ss. e arts. 285º ss. do CC, embora com as especificidades constantes dos arts. 15º e 17º da LCT, já referidas acima), ou quanto aos deveres das partes na formação do negócio e no seu cumprimento (art. 227º e art. 762º nº 2 do CC)[36].

---

[33] Pensamos nos problemas colocados pelos processos modernos de recrutamento, nomeadamente em casos de concurso para preenchimento de postos de trabalho — sobre a matéria, por todos, MENEZES CORDEIRO, *Manual...cit.*, 561 ss.

[34] Assim, a lei laboral prescreve a forma escrita não só para a celebração de contratos de trabalho especiais (como, entre outros, o contrato de trabalho a termo, o contrato de trabalho temporário, ou o contrato de trabalho em regime de comissão de serviço — art. 42º nº 1 da LCCT, art. 18º nº 2 da LTT e art. 3º nº 1 do DL nº 404/91, de 16 de Outubro, respectivamente) como para a estipulação de algumas cláusulas negociais, ainda que o contrato esteja, em si mesmo, dispensado do requisito da forma escrita — neste sentido, atente-se, por exemplo, na exigência da forma escrita para o contrato-promessa de trabalho ou para a aposição de um termo ou de uma condição suspensivos ao contrato (art. 8º nº 1 e art. 9º da LCT). Esta exigência, que contraria as regras gerais em matéria de forma dos actos negociais acessórios, é justificada, por autores como MENEZES CORDEIRO, *Manual...cit.*, 587, na necessidade de propiciar a maior ponderação das partes sempre que esteja em causa o estabelecimento de um regime, que, sendo embora permitido pela lei, coloque o trabalhador numa posição negocial menos favorável.

[35] Pensamos no desvio à consequência geral da nulidade do acto por vício de forma, enunciada no art. 220º do CC, em favor da solução da conversão legal automática do contrato especial em contrato por tempo indeterminado — art. 42º nº 3 da LCCT, art. 19º nº 2 da LTT e art. 3º nº 2 do DL nº 404/91, de 16 de Outubro, respectivamente em relação ao trabalho a termo, ao trabalho temporário e à comissão de serviço. Também aqui domina a ideia do tratamento mais favorável ao trabalhador.

[36] Ainda sobre esta matéria, *supra*, § 16º, 32.1.V.

Para efeitos da exposição subsequente, fica pois estabelecido em definitivo que, no caso português, é como vínculo negocial que a relação de trabalho poderá eventualmente vir a manifestar a sua singularidade na ordem jurídica privada.

III. O segundo pressuposto da análise que se segue tem a ver com a rejeição (a que procedemos numa fase anterior deste estudo[37]) da construção comunitário-pessoal do vínculo de trabalho, tal como foi desenvolvida pelas teorias contratualistas em qualquer das suas versões. Apesar de tomarmos em consideração os elementos de pessoalidade e de comunidade, isolados por aquelas concepções, deve ficar assente que, na reconstrução que vamos ensaiar, não pretendemos, de forma alguma, recuperar o significado tradicional daqueles elementos, porque, como já demonstrámos, esse significado é, em termos gerais, incompatível com a essência conflitual e patrimonial do vínculo laboral[38]; e é, no caso português, expressamente desmentido pelo sistema normativo, que acolhe e tutela, de múltiplas maneiras, a realidade sociológica de conflito entre as partes, reconhece a oposição dos seus interesses principais e o valor essencial da componente patrimonial da relação jurídica. No que se refere ao elemento comunitário, a sua inconsistência dogmática como critério diferenciador da situação jurídica laboral ficou demonstrada pela verificação da inoperância do seu sentido estrito no caso laboral, por falta de qualquer situação de contitularidade de direitos entre empregador e trabalhador, e, no sentido amplo (ou seja, como situação de comunhão de interesses), pela evidente oposição entre os interesses essenciais das partes, mesmo que se admita a existência de alguns (secundários) interesses comuns[39]. Em relação ao elemento de pessoalidade, a sua aptidão para singularizar o vínculo laboral na construção tradicional das doutrinas comunitário-pessoais (ou seja, com base na afirmação da maior importância do nexo pessoal entre as partes relativamente ao nexo patrimonial) foi desmentida pela verificação do valor

---

[37] *Supra,* § 19°, 42.

[38] *Vd supra,* § 19°, 40. e 42., os argumentos alinhados pela doutrina, em crítica a estas concepções, e respectiva apreciação.

[39] *Supra,* § 19°, 42.II. Para evitar repetições, remetemos para este ponto quanto ao enunciado das múltiplas formas de recepção desta realidade social de conflito entre trabalhador e empregador, pelo nosso sistema jurídico.

patrimonial dos interesses e das prestações principais das partes no contrato, amplamente comprovados pelo sistema normativo[40].

Em face deste quadro, fica pois estabelecido que, apesar de tomar em consideração os mesmos elementos que alicerçaram as concepções comunitário-pessoais, a construção que se segue recusa o entendimento tradicional desses elementos e pretende antes averiguar se o sistema normativo português viabiliza um outro significado para eles, que permita um entendimento diferente sobre o vínculo laboral compatível com a sua essência patrimonial.

54. A reconstrução dogmática do elemento de «comunidade» sobre a ideia de organização: o vínculo laboral como um vínculo de inserção organizacional necessária

54.1. O sistema normativo e os afloramentos da ideia de «comunidade» na perspectiva organizacional: a dimensão organizacional do princípio da colaboração; a partilha de interesses secundários na organização; o interesse de gestão do empresário/empregador

I. No nosso entender, apesar de não viabilizarem um entendimento comunitário do vínculo de trabalho no sentido tradicional (ou seja, como um vínculo jurídico em que as partes partilham os seus interesses essenciais), algumas das projecções da ideia de comunidade que o sistema juslaboral português desenvolveu ao abrigo das concepções comunitário-pessoais, mas que nele afloram ainda hoje, devem ser reponderadas, para verificar em que medida é que, independentemente da sua origem histórica, legitimam uma nova leitura do elemento «comunitário» do vínculo, consentânea com a sua essência conflitual e patrimonial mas, simultaneamente, susceptível de contribuir para a sua reconstrução dogmática em moldes diferenciados.

---

[40] Para comprovação do apoio directo desta configuração patrimonial do vínculo de trabalho no sistema positivo, vd ainda, *supra*, § 19°, 42., *maxime* IV. Como referimos também nesse ponto (III. e V.), esta configuração patrimonial não acarreta a irrelevância do envolvimento pessoal especial do trabalhador no vínculo laboral. Teremos ocasião de retirar as competentes ilações dogmáticas deste facto, um pouco mais à frente.

Estes afloramentos manifestam-se com referência a três tipos de situações: a propósito do chamado «princípio da mútua colaboração» das partes no contrato de trabalho, enunciado no art. 18º da LCT; a propósito das tendências de aproximação dos trabalhadores ao empregador reveladas pela partilha de alguns interesses secundários, que assinalámos na nossa apreciação da crítica dos subscritores da concepção obrigacional às teorias comunitário-pessoais[41]; e a propósito do interesse da empresa, para que remetem inúmeros preceitos laborais. Todos estes afloramentos confirmam, na nossa opinião, a relevância, no vínculo laboral, de um elemento de inserção organizacional necessária, que integra o seu conteúdo mas não admite uma redução simplista ao nexo de troca patrimonial entre a actividade laboral e a remuneração. É a esta componente organizacional que, para nós, se deve hoje reportar o elemento de «comunidade» isolado pelas concepções comunitário-pessoais da relação de trabalho.

Uma breve descrição dos afloramentos referidos permitirá justificar a relevância efectiva deste elemento organizacional no vínculo laboral.

II. O primeiro e clássico afloramento da ideia de «comunidade» transparece no nosso sistema normativo a propósito do dever de colaboração das partes no desenvolvimento da relação de trabalho, consagrado no art. 18º da LCT: nos termos desta norma, «a entidade patronal e os trabalhadores são mútuos colaboradores» (nº 1), e ao Estado cabe fomentar as formas de concretização nas empresas da «ideia de cooperação dos trabalhadores e da entidade patronal na realização da obra comum» (nº 2), nomeadamente através da «constituição de órgãos de colaboração» na empresa (nº 3).

Como decorre dos termos do preceito e é reconhecido pelos analistas[42], o denominado «princípio da mútua colaboração» traduziu, na sua génese, o aproveitamento corporativista das concepções comunitá-

---

[41] *Supra,* § 19º, 42.II.

[42] É esta leitura do preceito que resulta de escritos da época, em autores como BIGOTTE CHORÃO, *A colaboração na empresa...cit.,* 14 ss., e que vem na sequência do entendimento anterior da matéria com referência ao art. 22º do ETN, subscrito por autores como JOÃO MOURA, *A integração do trabalhador...cit.,* 48 s., ou ALMEIDA POLICARPO, *A colaboração na empresa...cit.,* 75 ss.; a inspiração corporativista do preceito é reconhecida também, na doutrina mais recente, por autores como BERNARDO XAVIER, *Curso...cit.,* 295, MÁRIO PINTO / FURTADO

rio-pessoais sobre o vínculo laboral, aliás em consonância com o pressuposto ideológico que condicionou originariamente estas doutrinas e a que oportunamente aludimos[43]. Contudo, não tendo a norma sido revogada expressamente, cumpre verificar se lhe pode ser ainda hoje reconhecido um significado útil; e, no caso afirmativo, se esse significado contribui para a diferenciação dogmática do vínculo laboral.

Relativamente à primeira questão, trata-se, como é sabido, de um problema que tem dividido a doutrina laboral nacional. De um lado, posicionam-se aqueles autores que entendem que, não obstante a falta de revogação explícita do preceito, ele deve considerar-se derrogado por incompatibilidade com a nova ordem jurídico-constitucional — é a posição sustentada por BARROS MOURA[44], bem como por JORGE LEITE e COUTINHO DE ALMEIDA[45], que privilegiam assim o elemento histórico na operação de interpretação da norma. Do outro lado, colocam-se os partidários da não revogação do preceito, embora com justificações diversas: enquanto alguns entendem que a norma se mantém em vigor como manifestação da concepção comunitária das relações de trabalho e da empresa, que consideram, apesar de tudo, dominante no nosso sistema (é a posição de MOTTA VEIGA[46]), outros sustentam essa vigência no facto de, independentemente da alteração constitucional, a norma ter ainda o sentido útil de revelar a particular característica colaborativa do con-

---

MARTINS / NUNES DE CARVALHO, *Comentário...cit.*, I, 82 e nota [I], ou Jorge LEITE, por exemplo em *Observatório legislativo*, QL, 1996, 8, 194-240 (197).

[43] Sobre o pressuposto ideológico subjacente à difusão inicial das doutrinas comunitário-pessoais *vd, supra*, Parte I, Capítulo III, 22; sobre o aproveitamento ideológico subsequente destas concepções, § 14°, 28.

[44] José de Barros MOURA, *Compilação de Direito do Trabalho, Sistematizada e Anotada*, Coimbra, 1980, 83.

[45] Os autores têm exprimido esta opinião nas sucessivas edições da sua *Legislação do Trabalho* (desde a primeira — Jorge LEITE / F. Jorge Coutinho de ALMEIDA, *Colectânea de Leis do Trabalho Anotada*, Coimbra, 1985, 66 e nota [2], até à mais recente — *Legislação do Trabalho*, 14ª ed. *cit.*, já do ano 2000, 86), e JORGE LEITE reafirmou este entendimento ainda em *Observatório...cit.*, 197 ss., embora esclarecendo aqui que o que considera incompatível com a nova ordem jurídico-constitucional é o princípio da mútua colaboração como princípio estruturante de todo o sistema laboral e não qualquer forma de colaboração entre trabalhadores e empregadores (*idem, maxime* 203 ss.).

[46] *Lições...cit.*, 393 e 379 ss. Na esteira deste entendimento, se pronunciou também Albino Mendes BAPTISTA, *Jurisprudência do Trabalho Anotada*, 3ª ed., Lisboa, 1999, 153.

trato de trabalho (é o entendimento subscrito por BERNARDO XAVIER[47] e por ROMANO MARTINEZ[48], o primeiro reportando a especificidade do elemento colaborativo ao facto de a colaboração se processar na empresa e o segundo fazendo-a decorrer do carácter fiduciário do vínculo); outros ainda consideram que o preceito pode, em parte, «comportar uma interpretação conforme com a nova ordem juslaboral», porque na ideia de colaboração está subentendida a garantia do reconhecimento, por cada uma das partes, dos interesses específicos da outra parte no vínculo (é a opinião expressa por MÁRIO PINTO, FURTADO MARTINS e NUNES DE CARVALHO[49]); e, finalmente, outros autores vêem nesta norma uma concretização laboral do princípio geral da boa fé no cumprimento dos contratos, enunciado no art. 762º nº 2 do CC (é o que resulta globalmente da apreciação crítica dos elementos da lealdade e da assistência, implícitos neste princípio, feita por MENEZES CORDEIRO[50]).

No nosso entender, a tese da derrogação implícita da norma por contrariedade à nova ordem jurídico-constitucional não é de aceitar, por um motivo metodológico geral e por um motivo especificamente laboral.

O motivo geral tem a ver com o facto de considerarmos que, não obstante a importância do elemento histórico na fixação do sentido dos preceitos legais, o afastamento de uma norma em razão da sua inspiração originária apenas se impõe se a ponderação deste elemento na operação interpretativa revelar a impossibilidade lógica de (re)compreensão

---

[47] *Curso...cit.,* 295.

[48] *Direito do Trabalho cit.,* II, tomo 1 (*Contrato de Trabalho*) *cit.,* 23, considerando que o art. 18º pressupõe o carácter fiduciário do contrato, uma vez que não se concebe a mútua colaboração sem que as partes confiem uma na outra. Noutro ponto, o autor afirma expressamente a compatibilidade do preceito com a nova ordem constitucional — *idem,* 234 e nota [2]. A importância reconhecida ao princípio da mútua colaboração por este autor evidencia-se ainda a propósito da apreciação dos deveres do trabalhador, que considera como projecções, directas ou indirectas, do dever colaborativo — *ibidem,* 235 ss.

[49] *Comentário...cit.,* I, 84 s., nota [2]. Para estes autores, no princípio da colaboração, vertido no nº 1 do art. 18º, está implícita uma ideia de solidariedade entre as partes, que se manifesta, do lado do trabalhador, na garantia de ser reconhecido pelo empregador como um cidadão da empresa; e, do lado do empregador, na garantia de que o trabalhador reconhece e pondera, no cumprimento dos seus deveres negociais, a utilidade da prestação laboral para o empregador.

[50] *Manual...cit.,* 100 s.

do preceito à face de valores novos e diferentes daqueles que o inspiraram — como observa BERNARDO XAVIER[51], a origem histórica da norma não a vincula necessariamente em termos lógicos. Ora, ressalvadas as referências da norma ao papel tutelar do Estado na instituição de órgãos de colaboração nas empresas (n°s 2 e 4) — estas sim, na nossa opinião, directamente incompatíveis com o princípio da autonomia colectiva e com o novo sistema de organização dos trabalhadores na empresa estabelecido pela Constituição de 1976 [52] — e expurgada a referência à «obra comum», feita pelo n° 2 do artigo, da sua originária conotação ideológica com o princípio da colaboração interclassista — que necessariamente incompatibilizava a norma com a conflitualidade laboral e com a oposição dos interesses essenciais das partes reconhecidas pela nova ordem constitucional — parece-nos que o princípio da mútua colaboração permite uma leitura consentânea com o novo quadro constitucional que pode ter utilidade.

O motivo especificamente laboral que nos leva a recusar a tese da derrogação implícita do art. 18° da LCT tem a ver com a acentuada permeabilidade ideológica do direito do trabalho — para a qual chamámos já a atenção noutros pontos deste estudo[53] —, que determina a coexistência, no sistema normativo, de muitos preceitos que traduzem motivações ideológicas diversas e, por vezes, até de sinal oposto[54]. Ora,

---

[51] *Curso...cit.*, 295.

[52] Neste sentido, MÁRIO PINTO / FURTADO MARTINS / NUNES DE CARVALHO, *Comentário...cit.*, I, 84 s., nota [4].

[53] Cfr., na parte introdutória, § 2°, 1.2., na Parte I, Capítulo III, 22., e § 14°, 28.

[54] Não é necessário recordar que muitas outras normas laborais traduzem explicitamente a ideologia corporativa ou mostram-se influenciadas pelo aproveitamento corporativista das concepções comunitário-pessoais do vínculo laboral — assim, a título puramente exemplificativo, vejam-se o dever do empregador de facilitar ao trabalhador o exercício de cargos em organismos corporativos, estabelecido no art. 19° f) da LCT, ou a precedência das normas corporativas sobre as convenções colectivas no art. 12° n° 1. Mas, para além destes e de outros casos expressos em que a revogação implícita da norma não suscita dúvidas, já que deixaram de fazer sentido na nova ordem jurídico-constitucional, a verdade é que uma boa parte do regime jurídico do contrato de trabalho que ainda hoje subsiste foi, na origem ou em alguma fase do seu desenvolvimento, influenciada pela ideologia corporativa — atente-se, por exemplo, na concepção organicista e hierarquizada dos poderes laborais de direcção e disciplina ou da figura do regulamento interno, bem como da empresa, que transparecem da LCT ou da LDT, e cujo

perante este quadro, deverá a ciência jurídica proceder à redução dogmática coerente do conjunto de normas que resulta desta multiplicidade de influências, mas, sob pena de desintegração do sistema, o elemento histórico terá que ser ponderado com especial cautela pelo intérprete, só autorizando a conclusão do afastamento da norma quando desta ponderação resulte a total inviabilidade do seu reaproveitamento — o que não se nos afigura ser o caso.

A admissibilidade da vigência do art. 18º da LCT, com as correcções acima referidas, não significa, todavia, a «repristinação» da concepção comunitário-pessoal do vínculo laboral ou da visão comunitária clássica da empresa — como parece pretender MOTTA VEIGA[55] —, uma vez que o entendimento do elemento de comunidade naquela concepção tem implícita uma partilha dos interesses fundamentais das partes que já recusámos, por incompatibilidade com a essência conflitual do vínculo jurídico. O que entendemos, seguindo neste ponto BERNARDO XAVIER[56], é que a ideia de colaboração entre as partes é compatível com a oposição dos interesses essenciais de cada uma delas e com o clima e as actuações de elevada conflitualidade que podem advir dessa oposição. Com esta prevenção, o preceito poderá pois funcionar utilmente, como preconiza a doutrina, tanto como norma integradora geral dos deveres acessórios das partes, concretizados nas disposições subsequentes da LCT, como para enfatizar a necessidade de cada um dos parceiros negociais ter em consideração os interesses específicos do outro no vínculo[57] — sentidos estes que têm, aliás, sido realçados pela juris-

---

desenvolvimento se ficou a dever, como já demonstrámos no lugar próprio, à construção comunitário-pessoal do vínculo laboral. Por outro lado, o direito do trabalho veio, mais tarde, a ser influenciado pelos princípios da luta de classes e pela ideologia socialista (neste sentido, atente-se, por exemplo, no princípio da unicidade sindical, que constava do art. 11º da LS, vindo a ser revogado pelo art. 1º do DL nº 773/76, de 27 de Outubro, ou na consagração do direito à greve em paralelo com a proibição do *lock-out*, que se mantém até hoje, como princípio fundamental do direito colectivo do trabalho — art. 57º n°s 1 e 4 da CRP).

[55] *Lições...cit.*, 393 e 379 ss.
[56] *Curso...cit.*, 295.
[57] É a argumentação exposta por MÁRIO PINTO / FURTADO MARTINS / NUNES DE CARVALHO, *Comentário...cit.*, I, 84 s., nota [2], e subscrita, em parte, por ROMANO MARTINEZ, *Direito do Trabalho cit.*, II, tomo 1 (*Contrato de Trabalho*) cit., 224 ss. Já no que se refere à justificação deste dever num especial carácter

prudência na sua aplicação da norma para integração do conteúdo de outros deveres laborais[58] e como argumento para o reconhecimento de direitos específicos do trabalhador, como o direito à ocupação efectiva[59].

Contudo, e procurando responder agora à segunda questão que colocámos a propósito desta norma, não cremos que seja ainda com este sentido — apesar da utilidade do seu reconhecimento — que o princípio da mútua colaboração contribui para a singularização do vínculo laboral na sua componente de «comunidade». É que nos parece que, com o conteúdo descrito, este princípio não faz mais do que concretizar, no domínio laboral, o princípio geral da boa fé, desenvolvido, segundo os ensinamentos da moderna doutrina civilista, nas vertentes da materialidade subjacente e da tutela da confiança legítima[60] e aplicado ao cumprimento dos contratos (art. 762° n° 2 do CC): de facto, como norma complementadora ou integradora dos deveres laborais acessórios, o art. 18° apenas releva, no domínio laboral, uma área que os autores reconhecem como de desenvolvimento privilegiado do princípio da boa fé, na sua dimensão objectiva[61]; e, como norma de reforço

---

colaborativo e fiduciário do contrato, cremos que a colaboração que o autor tem aqui em mente tem mais a ver com o elemento de pessoalidade do vínculo, cuja reconstrução ensaiaremos um pouco mais à frente (*infra,* 55).

[58] Neste sentido, por exemplo, o Ac. STJ de 12/01/1990, transcrito em MENDES BAPTISTA, *Jurisprudência...cit.,* 146 ss., a propósito do dever de urbanidade do trabalhador.

[59] A este propósito, por exemplo, o Ac. STJ de 23/04/1987, AD, 308/309--1216 ss. Em geral, sobre o dever de ocupação efectiva, na doutrina nacional, Pedro Furtado MARTINS, *Despedimento Ilícito, Reintegração na Empresa e Dever de Ocupação Efectiva. Contributo para o Estudo dos Efeitos da Declaração da Invalidade do Despedimento,* Lisboa, 1992, 179 ss.

[60] Sobre a matéria, por todos, MENEZES CORDEIRO, *Da Boa Fé...cit.*; com referência às vertentes da materialidade subjacente e da tutela da confiança, em que o autor desenvolve o princípio, vd, em especial, 1234 ss. e 1252 ss.

[61] Neste sentido, observa ainda em termos gerais MENEZES CORDEIRO, *Da Boa Fé...cit.,* 603 ss. e, *maxime,* 616, que o desenvolvimento prático e teórico dos deveres acessórios tem sido cada vez mais acompanhado por referências à boa fé, que, com apoio juspositivo, permite materializar as intenções normativas mais profundas do sistema; e dá como exemplo da relevância destes deveres o caso laboral (*idem,* 606 ss.). Com referência à concretização laboral do princípio da boa fé, neste sentido, o autor observa, noutra sede (*Concorrência laboral...cit.,* 501), que «a boa fé pode provocar, nas posições juslaborais, a concretização dos mais variados deveres acessórios».

da necessidade de ponderação por cada uma das partes dos interesses negociais específicos da outra, é ainda uma concretização da boa fé, que contempla exactamente a exigência de uma actuação de cada um dos parceiros negociais que não frustre as legítimas expectativas da outra parte em relação ao negócio[62]. Em termos dogmáticos parece-nos pois que, com o conteúdo exposto, o princípio da mútua colaboração das partes no contrato de trabalho se deixa reduzir à manifestação laboral de um princípio geral do direito privado.

Chegados a este ponto, é necessário, todavia, verificar se o conteúdo descrito esgota completamente o princípio da colaboração enunciado no art. 18º da LCT. Ora, no nosso entender, não só isso não sucede, como o sentido mais útil deste princípio — e até o mais consentâneo com o texto da norma, apreciada no conjunto dos seus números — é o de fazer realçar o facto de, no vínculo de trabalho subordinado, a colaboração das partes ter uma dimensão necessariamente organizacional, pelo facto de se processar no seio de uma organização (que pode ou não ser uma empresa) predisposta pelo empregador.

Para a apreensão deste conteúdo organizacional do princípio, partimos da observação de BERNARDO XAVIER[63] segundo a qual a especial valia da ideia de colaboração no vínculo laboral tem a ver com o facto de ser uma colaboração na empresa. Contudo, para nós, o interesse maior deste facto não reside na sua contribuição para justificar o carácter colaborativo do contrato de trabalho (como entende aquele autor), mas no facto de ele permitir explicar um conjunto de situações jurídicas da titularidade do empregador e do trabalhador, que não se deixam reconduzir ao binómio de escambo patrimonial do negócio (pela sua dimensão de pessoalidade), ou que dificilmente se compreendem na lógica do relacionamento a dois que subjaz ao contrato de trabalho, porque têm a ver com a actuação de entidades terceiras em relação ao próprio contrato. Na verdade, e abstraindo de outras projecções (que

---

[62] Assim, por exemplo, a ponderação pelo empregador do interesse do trabalhador em ser efectivamente ocupado, ou a ponderação por este da utilidade que aquele pretende retirar da sua prestação, manifestam o princípio, conforme tem sido, aliás, reconhecido pela doutrina — neste sentido, em relação à justificação do direito do trabalhador à ocupação efectiva, por exemplo, FURTADO MARTINS, *Despedimento Ilícito...cit.,* 190 ss.

[63] *Curso...cit.,* 295.

apreciaremos um pouco mais à frente[64]), apenas num contexto organizacional fazem sentido os deveres de contribuição para o aumento da produtividade da empresa e para a promoção humana e social do trabalhador, a que o nº 1 do art. 18º da LCT adstringe, respectivamente, o trabalhador e o empregador (e que são depois concretizados em normas como as do art. 20º nº 1 f) e do art. 19º a), b), c) e d) do mesmo diploma)[65]; assim como não fazem sentido noutro contexto as referências dos números subsequentes do art. 18º aos «órgãos de colaboração» na empresa e à participação destes na «gestão das obras sociais», bem como nos «resultados do empreendimento» (nº 3), que, expurgados das suas conotações ideológicas de origem, se podem reportar a fenómenos do direito laboral de hoje, como a actuação das comissões de trabalhadores ou a participação dos trabalhadores nos lucros. Desta forma, o próprio texto do art. 18º da LCT confirma que, no vínculo de trabalho, à ideia de colaboração entre os parceiros negociais se associa a ideia de que essa colaboração se processa no contexto de uma organização. Mas porque esta dimensão organizacional do princípio da colaboração se projecta para além do âmbito do estrito cumprimento do débito negocial pelas partes, a sua redução dogmática ao princípio da boa fé na execução dos contratos não é, do nosso ponto de vista, aceitável.

Em face deste quadro, propomos a tomada em consideração, no princípio da colaboração vertido no art. 18º da LCT, de duas valências, que se retiram directamente da norma: a valência da mútua cooperação entre o empregador e o trabalhador na execução do contrato de trabalho — é a dimensão obrigacional estrita do princípio, vertida sobretudo no nº 1 do artigo, e dogmaticamente redutível ao princípio da boa fé no cumprimento dos contratos; e a valência da colaboração dos sujeitos laborais na organização do empregador — é a dimensão organizacional do princípio, manifestada no conjunto do texto normativo e que tem um conteúdo especificamente laboral.

---

[64] Cfr., ponto seguinte.

[65] E não apenas, como é usual nos contratos obrigacionais sinalagmáticos, o dever de contribuir para a satisfação integral dos interesses das partes com referência ao contrato — a referência da produtividade à empresa e a tutela do trabalhador como pessoa, em termos físicos e psíquicos, extravasam os limites do sinalagma obrigacional.

O reconhecimento de um conteúdo especificamente laboral no princípio da colaboração nos termos indicados, é pois, na nossa opinião, um argumento importante para a reconstrução dogmática do elemento de «comunidade» do vínculo de trabalho no sentido organizacional que propusemos.

III. O segundo afloramento da ideia de «comunidade» no vínculo laboral que gostaríamos de destacar tem a ver com a tendência prática de aproximação dos trabalhadores ao empregador, que se intensificou nos últimos anos em razão da difusão das formas menos rígidas e hierarquizadas de organização empresarial e da intervenção dos trabalhadores na gestão. Como já tivemos ocasião de observar[66], no plano jurídico esta tendência traduziu-se na regulamentação da participação dos trabalhadores na gestão e no reconhecimento, pelo sistema normativo, da existência de interesses comuns ao empregador e aos trabalhadores na empresa, quer no que se refere ao aumento da produtividade e à melhoria dos resultados da empresa (*verbi gratia*, em caso de participação do trabalhador nos lucros, de indexação da sua remuneração à produtividade ou de acumulação, na sua titularidade, das situações jurídicas de trabalhador subordinado e de accionista), quer no que se reporta ao assegurar das condições para a sobrevivência da empresa aos conflitos colectivos (prosseguido com o reconhecimento do dever de manutenção do equipamento e das instalações durante a greve, de acordo com o art. 8° n° 3 da LG)[67], que têm efeitos directos no contrato de trabalho.

É certo, como verificámos oportunamente[68], que estes interesses comuns ao empregador e ao trabalhador não conferem ao elemento comunitário qualquer aptidão qualificativa relativamente ao vínculo laboral pelo seu carácter secundário — na verdade, eles não afastam mas antes se têm que conciliar com a frontal oposição entre os interesses principais das partes. Contudo, uma vez que têm projecções no vínculo laboral, na tarefa de reconstrução dogmática deste vínculo que agora nos ocupa há que retirar do seu reconhecimento pelo sistema normativo as devidas ilações para esse efeito.

---

[66] *Supra*, § 22°, 48.2.V.
[67] *Supra*, ainda § 22°, 48.2.V., parte final, e ainda § 19°, 42.II.
[68] *Supra*, § 19°, 42.II.

No nosso entender, o reconhecimento da existência de interesses laborais comuns ao empregador e ao trabalhador confirma as ideias que expusemos a propósito do princípio da colaboração — a ideia da compatibilidade entre conflitualidade e cooperação e a ideia da dimensão organizacional imanente ao vínculo laboral. Em primeiro lugar, estes interesses demonstram que a essência conflitual do vínculo não impede alguma relevância do elemento de «comunidade», no sentido de comunhão de interesses com relevo jurídico entre as partes, desde que estes interesses sejam secundários. Em segundo lugar, o facto de estes interesses comuns se reportarem à empresa ou à organização do credor e não ao binómio negocial de troca trabalho-remuneração volta a evidenciar a dimensão organizacional do vínculo laboral e, com ela, a especificidade do respectivo nexo colaborativo, que não se esgota na atitude de cooperação creditória das partes, característica dos contratos sinalagmáticos, mas envolve a titularidade de novas e diferentes situações jurídicas, apenas mediatamente justificadas pelo contrato.

Desta forma, a existência de interesses comuns ao empregador e ao trabalhador constitui também, no nosso entender, um dos argumentos para a reconstrução dogmática organizacional do elemento de «comunidade» do vínculo laboral.

IV. O terceiro grupo de referências do nosso sistema normativo que podem contribuir para a nova leitura do elemento de comunidade do vínculo, na perspectiva organizacional proposta, tem a ver com a relevância inequívoca que o legislador atribui à empresa e ao denominado interesse da empresa em muitas normas laborais.

Como tivemos ocasião de observar quando, na crítica à justificação institucionalista da concepção comunitário-pessoal da relação de trabalho, ressalvámos as contribuições do institucionalismo para a evolução dogmática subsequente do direito laboral[69], uma dessas contribuições foi a valorização do papel da empresa na área jurídica — e esta valorização sobreviveu ao declínio das teorias institucionalistas, foi aproveitada pelos contratualistas e mantém-se ainda hoje. O sistema juslaboral português é, como outros, grandemente tributário desta herança do institucionalismo, como se comprova pela importância reconhecida ao modelo empresarial do vínculo laboral, pelas referências recorrentes das normas laborais à empresa e ao interesse da empresa e pela justificação empresarial de muitas soluções normativas.

---

[69] Cfr., *supra*, § 16°, 32.2.II.

Em primeiro lugar, verifica-se que, apesar de não constar da delimitação conceptual do contrato de trabalho qualquer referência à empresa e de não ter sido formalmente assumida pela lei a distinção entre o trabalho subordinado empresarial e não empresarial — ao contrário do que se verificou noutros sistemas jurídicos[70] e chegou a ser proposto por GALVÃO TELLES[71] — para o legislador, o contexto normal de desenvolvimento do contrato de trabalho parece ser a empresa, já que alguns dos mais específicos institutos e técnicas laborais não fazem sentido ou são dificilmente aproveitáveis noutro contexto — pensamos, entre outros, na organização hierárquica dos poderes laborais de direcção e disciplina, nas comissões de trabalhadores e na actuação sindical na empresa, nas convenções colectivas de âmbito empresarial ou no direito de greve[72].

Em segundo lugar, verifica-se que, apesar da fluidez dos conceitos de empresa e de interesse da empresa (que também já tivemos oportunidade de salientar[73]), o nosso sistema normativo se encontra tão repleto de referências explícitas à empresa (ou ao estabelecimento, uma vez que, como vimos[74], há uma grande incerteza terminológica nesta matéria), como de referências ao empregador ou à entidade patronal, e destas referências emerge, com frequência, o objectivo de diferenciar uma e outra entidades para determinados efeitos[75].

---

[70] É o caso do sistema italiano, que autonomiza e regula separadamente o trabalho prestado no seio da empresa (*Titolo II* do *Libro V* do *Codice civile*, arts. 2082º ss.), e outras formas de trabalho subordinado (*Titolo IV*, arts. 2239º ss.).

[71] Esta proposta de GALVÃO TELLES constava, como é sabido, do *Parecer nº 45/VII da Câmara Corporativa* e traduziu-se no projecto do título do Código Civil sobre contratos em especial — *Contratos civis...cit.* (BMJ), 168 ss. e 252 ss. — que distinguia e regulava separadamente o trabalho subordinado prestado no seio de uma empresa comercial, industrial ou agrícola (art. 2º e arts. 5º ss. do Projecto, na parte relativa ao contrato de trabalho) e as «outras formas de trabalho», previstas no art. 14º.

[72] Considerando também como paradigma do contrato de trabalho, no nosso sistema normativo, o trabalho na empresa, por exemplo, MÁRIO PINTO / FURTADO MARTINS / NUNES DE CARVALHO, *Comentário...cit.*, 24, nota [2].

[73] Cfr., *supra*, § 13º, 26.3.III.

[74] Sobre a utilização prolixa destes conceitos na nossa lei laboral, cfr., *supra*, número referido na nota anterior, especialmente nota [426].

[75] Logo neste sentido se deve apontar o art. 18º da LCT, que se refere à colaboração do trabalhador e da entidade patronal na empresa, ou o art. 12º nº 2

Finalmente, constata-se que o contexto empresarial do vínculo e, em especial, a ideia de interesse da empresa constituem a instância de justificação de muitas soluções normativas, sendo, para esse efeito, objecto de referências legais explícitas e implícitas.

Assim, de uma forma explícita, o art. 22º nº 7 da LCT condiciona a licitude do recurso ao *jus variandi*, entre outros, ao requisito do «interesse da empresa», o art. 23º da LCT permite a diminuição da categoria do trabalhador em caso de «necessidades prementes da empresa», o art. 9º nº 2 da LCCT configura como situação de justa causa para despedimento o acto do trabalhador que lese «interesses patrimoniais sérios da empresa», bem como a falta injustificada que determine directamente «prejuízos ou riscos graves para a empresa» (respectivamente alíneas e) e g), primeira parte), e, na acção judicial de impugnação do despedimento, a lei manda o tribunal atender, na apreciação da justa causa, entre outros critérios, «no quadro da gestão da empresa, ao grau de lesão dos interesses da entidade empregadora» (art. 12º nº 5 da LCCT).

De forma também directa, ainda que não explícita no texto legal, o interesse da empresa é ponderado pela lei, por exemplo, no regime da alteração do local de trabalho e da mudança do estabelecimento (art. 24º nºs 1 e 2 da LCT), no enunciado das condições de admissibilidade do trabalho suplementar (art. 4º da LTS)[76], a propósito dos pactos de limitação da liberdade de trabalho após a cessação do vínculo no desempenho de actividades concorrenciais com as da empresa (art. 36º, nº 2 b) da LCT), no regime jurídico do *lay-off* (art. 5º nº 1 da LSCT), na configuração de algumas situações de justa causa para despedimento (como as enunciadas nas alíneas b), c) h), i), j) e m) do art. 9º nº 2 da LCCT)[77]; e, ainda na matéria da cessação do vínculo, no condiciona-

---

da LCT, quando considera relevantes os usos das empresas, ou ainda a referência do art. 22º nº 7 da LCT ao interesse da empresa, que a doutrina e a jurisprudência distinguem classicamente das conveniências pessoais do empresário, como já tivemos ocasião de referir — *supra,* § 22º, 48.1.IV. e nota [267].

[76] Repare-se que, tanto no caso da mudança de estabelecimento como no da exigência de trabalho suplementar, não é necessário o consentimento do trabalhador, apesar de estar em causa uma modificação das condições negociais inicialmente definidas relativamente ao local e ao tempo de trabalho — o que apenas se justifica pela prevalência do interesse da empresa.

[77] Com o enunciado destes casos não queremos dizer que nestas situações de justa causa não há um incumprimento de deveres negociais por parte do traba-

mento da licitude do despedimento colectivo pelo requisito do «encerramento definitivo da empresa, encerramento de uma ou várias secções ou redução de pessoal determinada por motivos estruturais, tecnológicos ou conjunturais» (art. 16º da LCCT), bem como no condicionamento económico, tecnológico ou estrutural da cessação do contrato por extinção do posto de trabalho (art. 26º da LCCT) e em algumas das situações justificativas do despedimento por inadaptação (art. 2º nº 1 a) e b) do DL nº 400/91, de 16 de Outubro).

Por último, é o interesse da empresa que subjaz à admissibilidade da contratação laboral por tempo determinado na maioria dos casos (na verdade, apenas os casos da contratação a termo de trabalhadores à procura do primeiro emprego ou de desempregados de longa duração, previstos na alínea h) do nº 1 do art. 41º da LCCT, escapam, pela sua óbvia motivação social, a esta justificação empresarial) e à admissibilidade do recurso ao trabalho temporário (art. 9º nº 1 da LTT), bem como ao regime do trabalho em comissão de serviço (art. 1º do DL nº 404/91, de 16 de Outubro); no desenvolvimento do vínculo laboral, é também ao interesse da empresa que se atende no regime da polivalência funcional (art. 22º nºs 2 a 6 da LCT), nas regras de organização e disciplina do trabalho constantes do regulamento interno (art. 39º nº 2 da LCT), no estabelecimento do dever de pré-aviso na greve (art. 5º nº 1 da LG)[78], ou no regime dos serviços de manutenção das instalações e do equipamento da empresa durante a paralisação (art. 8º nº 3 da LG)[79].

---

lhador; o que queremos salientar é que estes deveres têm subjacente o interesse da organização do empregador.

[78] Como tivemos ocasião de relevar na nossa *Lei da Greve Anotada* cit., 33 e s., nota [3], o interesse da empresa aqui presente (no caso, o interesse do empregador em diminuir os prejuízos que lhe podem advir da paralisação através do recurso a medidas cautelares de gestão) não é o único interesse subjacente ao dever de pré-aviso, sendo também prosseguidos o interesse, comum às duas partes, de evitar a greve através da composição antecipada do diferendo que lhe subjaz, e ainda o interesse geral de salvaguardar as necessidades mínimas da comunidade, quando a greve ocorra num sector económico ou social vital. O interesse da empresa é, de qualquer, forma, um dos interesses prosseguidos pela norma e por isso o relevamos agora.

[79] Ainda que, como referimos acima, o interesse da empresa seja aqui também «comparticipado» pelos próprios trabalhadores — grevistas ou não — porque está em causa a preservação das condições para a reactivação do vínculo jurídico no termo do conflito.

V. Em face deste quadro, cremos ser possível afirmar que a extensão e a importância das referências do nosso sistema normativo à empresa e ao interesse da empresa, a admissibilidade da partilha de interesses secundários entre o empregador e o trabalhador na empresa e o facto de eles colaborarem numa organização confirmam o valor da componente organizacional do vínculo de trabalho: apesar não integrar a noção legal de contrato de trabalho, a ideia de organização ou, melhor dito, a ideia de integração do trabalhador numa organização transparece, afinal, em todo o seu regime jurídico.

Do sistema normativo decorre, contudo, também claramente que o reconhecimento deste elemento organizacional não obriga à recuperação da visão institucionalista da empresa, não só porque os preceitos legais não se limitam, na sua previsão, às relações laborais de âmbito empresarial (e só estas poderiam sustentar aquela visão, como já tivemos ocasião de assinalar na crítica às teorias institucionalistas[80]), mas também porque as referências legais à empresa e ao interesse da empresa não autorizam qualquer leitura comunitária: mesmo que seja difícil fazer a distinção entre empregador e empresa, entre interesse da empresa e interesse pessoal do empregador naquelas referências, o que parece não oferecer dúvidas é que a integração do trabalhador na organização pressupõe um contrato (o que torna irrelevante, para efeitos laborais, o reconhecimento da empresa como organismo autónomo preconizado pelo institucionalismo), e que a empresa e o interesse da empresa correspondem a uma organização e a um interesse *alheios* ao trabalhador, porque predispostos e prosseguidos por outrem. Ainda que possa haver interesses secundários comuns às partes, não há pois aqui qualquer comunidade no sentido tradicional, mas apenas a inserção de um sujeito na organização de outro por via de um contrato. Mas esta inserção realça, em termos inequívocos, o valor do elemento organizacional no vínculo jurídico.

Confirmada a existência e a importância do elemento organizacional, a avaliação da forma como pode contribuir para uma reconstrução dogmática diferenciada do vínculo laboral depende ainda de uma última reflexão: a reflexão tendente a determinar se, do ponto de vista dogmático, este elemento é redutível ou irredutível ao nexo patrimonial e conflitual do vínculo de trabalho. É esta reflexão que vamos fazer no ponto seguinte.

---

[80] *Supra,* § 16º, 32.1.VI.

54.2. A singularidade do elemento organizacional: a transcendência da organização do empregador em relação ao contrato de trabalho e a sua penetração no vínculo; a compatibilidade entre conflitualidade e cooperação na organização laboral

I. As referências normativas à empresa e ao interesse da empresa, à colaboração e à partilha de interesses na empresa, que manifestam no nosso sistema juslaboral o elemento organizacional do vínculo de trabalho, podem ter a maior importância para a reconstrução dogmática diferenciada do contrato de trabalho se comprovarem a estranheza deste elemento à lógica do relacionamento estrito entre credor e devedor num negócio obrigacional envolvendo a troca de duas prestações patrimoniais.

A comprovação da aptidão do elemento organizacional para este efeito depende, no entanto, de uma tripla e sucessiva verificação. Em primeiro lugar, há que ver se a intenção de diferenciar os conceitos de empregador e de empresa e de autonomizar o conceito de interesse da empresa, que transparece dos textos normativos, significa, do ponto de vista dogmático, a efectiva irredutibilidade do conceito de interesse da empresa ao interesse que o empregador prossegue na qualidade de credor da prestação laboral — já que, se essa recondução for possível, do conceito de interesse da empresa não decorre qualquer mais valia dogmática. Concluindo-se por esta irredutibilidade, cabe, em segundo lugar, responder à questão de saber se, sendo estranho ao interesse do empregador enquanto credor, o elemento organizacional participa verdadeiramente do vínculo laboral ou, pelo contrário, é, do ponto de vista dogmático, exterior à relação contratual — caso em que também não contribuiria para singularizar o contrato, porque estaria para além dele. E, finalmente, se se concluir pela inclusão da componente organizacional no vínculo laboral, caberá ainda distingui-lo de outras situações negociais privadas, em que também relevam elementos organizacionais, para se poder estabelecer em definitivo a singularidade deste elemento no caso laboral.

II. A primeira verificação não oferece dúvidas, já que, apesar da dificuldade da sua definição rigorosa[81], na sua aplicação laboral os con-

---

[81] De que já demos conta, *supra*, § 13º, 26.3.III.

ceitos de empresa e de interesse da empresa deixam-se apreender facilmente quanto ao seu conteúdo essencial.

Quanto ao conceito de empresa, cremos que ele releva, no domínio laboral, como uma certa forma de organização, predisposta pelo empregador para a prossecução de um determinado objectivo produtivo e comportando o desenvolvimento de vínculos de trabalho subordinado[82] — nestes termos, a sua distinção do conceito de empregador não suscita dificuldades. A distinção entre estes dois conceitos tem grande utilidade naqueles casos em que haja dificuldade em determinar o empregador (em razão da complexidade das relações societárias de hoje ou da diluição do local de trabalho), bem como nos casos em que haja um desdobramento da sua posição negocial (por exemplo, no caso do trabalho temporário), que já tivemos ocasião de referir[83]; mas, para a reflexão que agora nos ocupa, é uma distinção que evidencia ainda a importância do elemento organizacional no vínculo de trabalho que vimos sustentando, uma vez que é como forma de organização (ou seja, na acepção orgânica e não nas acepções subjectiva ou objectiva[84]) que o conceito de empresa é relevante no domínio laboral.

Já no que se refere ao conceito de interesse da empresa, a sua distinção do conceito de interesse do empregador afigura-se-nos difícil de fazer na prática — na verdade, mau grado as tentativas de o objectivar, clássicas na jurisprudência e na doutrina, e ressalvadas algumas situações extremas[85], o interesse da empresa é corporizado pelo empresário, directamente ou através dos seus representantes, e o empresário

---

[82] Cfr., a noção de empresa laboral que subscrevemos no local citado na nota anterior.

[83] Já tendo exemplificado este tipo de situações a propósito da evolução do direito do trabalho nas últimas décadas, quando nos referimos ao processo de erosão da relação laboral típica, *supra*, § 22°, 48.2.V., limitamo-nos agora a recordá-las.

[84] Cfr., *supra*, § 13°, 26.3.III, parte final, e IV, as nossas referências a estas acepções do conceito de empresa.

[85] Ou seja, aquelas situações em que se verifique que a conduta do empregador prossegue as suas próprias conveniências pessoais, mas apenas desde que sejam exigíveis outros critérios de actuação. Na apreciação dos requisitos do *jus variandi*, a jurisprudência tem procurado delimitar objectivamente o conceito de interesse da empresa através da sua recondução à ideia de «exigências de serviço» para o distinguir das conveniências pessoais do empresário — neste sentido, por exemplo, o Ac. RP de 24/05/1993, CJ, 1993, III, 269.

é também o empregador. Todavia, para o ponto que estamos a tratar, essa distinção é, na verdade, irrelevante, cabendo sim avaliar se esse interesse da empresa ou do empregador pode ser objecto de uma redução dogmática ao interesse do credor de um contrato obrigacional no cumprimento da prestação devida pela contraparte. Ora, parece-nos que as referências do sistema normativo acima descritas permitem, com segurança, responder negativamente a esta pergunta: o interesse da empresa ou do empregador, prosseguido por muitas das normas laborais que indicámos, é um interesse de gestão, que transcende o quadro negocial, porque tem a ver com uma organização alheia ao trabalhador, anterior ao próprio contrato de trabalho e que tenderá a perdurar após a respectiva cessação. Ainda que com óbvios pontos de contacto com o interesse do empregador/credor em receber a prestação laboral, este interesse da empresa ou do empregador/empresário tem pois um significado autónomo e pode, inclusivamente, determinar a suspensão da execução da prestação de trabalho (por exemplo, no caso do regime do *lay-off*) ou a execução do contrato em moldes diferentes do acordado (como sucede por efeito da polivalência funcional e, em especial, do *jus variandi*, da mudança do local de trabalho ou do estabelecimento, da alteração da forma de gestão do tempo de trabalho, com a alteração do horário de trabalho ou com o trabalho suplementar, ou no caso da cessão da posição contratual do empregador) — situações que não se compadecem com uma redução simplista à ideia de interesse do credor. O fundamento último deste interesse de gestão não é, ao contrário do que sucede com o interesse do credor na execução da prestação, o contrato de trabalho, mas o princípio constitucional fundamental da livre iniciativa económica, consagrado no art. 80º c) da CRP.

Finalmente, deve observar-se que, embora as normas laborais apenas se refiram de forma explícita ao interesse da empresa (em consequência do facto de tomarem o vínculo laboral na empresa como paradigma das relações de trabalho), nos vínculos de trabalho de escopo não empresarial se descortina também um interesse específico do empregador que não se esgota na ideia de interesse do credor, uma vez que também nestes vínculos o empregador predispõe uma organização para a satisfação das suas necessidades pessoais ou familiares e que passa pelo desenvolvimento de relações de trabalho subordinado. Nestes casos, não só uma parte das normas laborais que referimos acima serão aplicáveis (com as necessárias adaptações), como o trabalhador continua a integrar-se numa organização *alheia* cujas exigências podem ditar alterações ao negócio que não se deixam conter no interesse de receber a prestação de trabalho, que também assiste ao empregador na qualidade de credor[86]. Se a dimensão empresarial não é um elemento essencial ao vínculo laboral, a dimensão organizacional, no sentido que descrevemos, é-o certamente.

III. Comprovada a irredutibilidade do interesse de gestão do empregador ao seu interesse no cumprimento da prestação de trabalho, cabe proceder à segunda verificação que se nos afigurou necessária para demonstrar a relevância dogmática específica do elemento organizacional da relação de trabalho: a verificação de que este elemento não está para além do vínculo jurídico negocial que o empregador estabelece com o trabalhador, mas participa efectivamente nesse vínculo.

No nosso entender, apesar de corresponder a um interesse específico do empregador, que não é objecto de composição negocial, o elemento organizacional não pode ser considerado estranho à relação laboral porque penetra no respectivo conteúdo e influencia o seu desenvolvimento quotidiano, desde a celebração do contrato de trabalho até à sua cessação: é a organização predisposta pelo empregador que determina o posto de trabalho que o trabalhador irá, em concreto, ocupar e ao qual corresponde, naquela organização, um determinado conteúdo funcional e um certo estatuto em termos de remuneração e de categoria[87];

---

[86] Neste sentido, apontem-se, por exemplo no caso do contrato de trabalho doméstico, as situações de justa causa atinentes à organização familiar do empregador, como a lesão de interesses patrimoniais sérios do agregado familiar, as faltas injustificadas que causem prejuízo sério ao empregador ou ao agregado familiar, ou a provocação de conflitos com outros trabalhadores (art. 30º d), g) e c) do DL nº 235/92, de 24 de Outubro), bem como as causas de caducidade do contrato por alteração da situação económica do empregador ou das circunstâncias da vida familiar, previstas no art. 28º c) e d) do mesmo diploma.

[87] Não queremos com isto significar que o contrato não condiciona as opções do empregador na atribuição ao trabalhador do posto de trabalho X ou Y, até porque as partes podem, à partida, acordar quanto ao posto de trabalho que o trabalhador vai ocupar e até enumerar, de forma exaustiva, o conjunto de tarefas que integram o conteúdo funcional daquele posto de trabalho. Esta não é, contudo, a situação usual na contratação laboral, sendo, pelo contrário, regra que, após a celebração do contrato, o empregador concretize a actividade genericamente definida no acordo (se alguma tiver sido efectivamente definida, o que pode nem sequer acontecer, uma vez que basta, nos termos gerais, que o objecto do con-

é em função dessa organização que se definem as obrigações do trabalhador em matéria de horário de trabalho (que tem que ser compatibilizado com os períodos de funcionamento da empresa, por sua vez determinados pelas necessidades de gestão e pelos ciclos produtivos, ou seja, por factores estranhos ao vínculo negocial — arts. 23° e ss. da LDT e DL n° 48/96, de 15 de Maio), e em matéria de descanso semanal e de férias do trabalhador (a exigirem, uma vez mais, o mesmo tipo de compatibilização com factores estranhos ao contrato, como o tipo de actividade desenvolvido pela empresa[88] ou o encerramento da organização numa certa época do ano[89]); e são ainda as vicissitudes específicas da organização que se vão reflectindo no desenvolvimento do vínculo laboral, podendo determinar a sua alteração e, *in extremis,* a sua cessação, contra o programa negocial inicialmente acordado pelas partes e independentemente do assentimento do trabalhador, ou seja, num claro desvio às regras gerais em matéria de cumprimento dos contratos — pense-se nas exigências de reconversão profissional dos trabalhadores

---

trato seja determinável), colocando o trabalhador neste ou naquele posto de trabalho — é tendo presente este amplo poder de concretização que se compreende, aliás, o princípio do art. 22° n° 1 da LCT, que estabelece que o trabalhador deve exercer uma função correspondente à categoria para que foi contratado e, sobretudo, a determinação do art. 43° da LCT, segundo a qual «A entidade patronal deve procurar atribuir a cada trabalhador, dentro do *género de trabalho* para que foi contratado, a *função mais adequada* às suas aptidões e preparação profissional» (itálicos nossos). Mas ainda que, por hipótese, o contrato definisse *ab initio* de uma forma exaustiva o conteúdo da prestação laboral e o próprio recurso ao *jus variandi* fosse afastado pelas partes no seu clausulado (o que seria possível ao abrigo da primeira parte do n° 7 do art. 22° da LCT), ao trabalhador poderiam sempre vir a ser exigidas tarefas complementares ou substitutivas da sua actividade normal, não previstas inicialmente mas que integram o objecto negocial em sentido amplo, de acordo com a interpretação que subscrevemos para o art. 22° n° 2 a 6 da LCT (*supra,* § 22°, 49.5.VI.), por forma a permitir ao empregador adequar, em cada momento, a prestação laboral às suas necessidades de gestão. É o elemento organizacional a manifestar-se, de novo, no desenvolvimento do vínculo jurídico.

[88] Pensamos, por exemplo, nas empresas de laboração contínua, previstas no art. 26° n° 3 da LDT.

[89] Pense-se, por hipótese, na necessária compatibilização entre o gozo do direito a férias pelos trabalhadores do sector do ensino e os períodos das férias escolares, determinados por lei. A necessária compatibilidade entre o exercício do direito a férias e o encerramento da empresa é referida, em termos gerais, no art. 4° da LFFF.

ou na obsolescência de alguns postos de trabalho, em resultado da introdução de novos processos de fabrico ou de novas tecnologias, na alteração das suas carreiras na empresa quando o empresário cria ou extingue determinados serviços, ou nas consequências que pode ter nos seus contratos uma crise da empresa ou uma operação de fusão ou de cisão[90], bem como a transmissão do estabelecimento a terceiro (art. 37º da LCT)[91]. Sendo as exigências de organização e de gestão da empresa a justificação óbvia destes regimes, a influência do elemento organizativo em cada vínculo laboral afigura-se-nos indesmentível.

Deve ainda observar-se que a influência deste elemento organizacional no vínculo laboral, demonstrada por muitas normas legais, é reconhecida pela maioria da doutrina a propósito da justificação dogmática da situação de subordinação do trabalhador e dos poderes laborais do empregador: é que, como já tivemos ocasião de desenvolver noutra sede e de referir noutro passo deste estudo[92], a justificação para o poder de direcção e para o poder disciplinar do empregador (bem como, quando são autonomizados, a justificação do poder organizativo e do poder regulamentar) subscrita pela maioria dos autores combina o elemento negocial (fazendo apelo, designadamente, à natureza relativamente indeterminada da prestação laboral) com as necessidades de coordenação das várias prestações de trabalho na empresa — ou seja, clarifiquemos, com as necessidades do empregador na sua qualidade de detentor de uma organização, e não simplesmente enquanto credor de uma prestação obrigacional de actividade. Por outro lado, a irredutibilidade desta compo-

---

[90] Porque demos já conta das implicações deste tipo de fenómenos, a propósito da descrição do processo de erosão da relação laboral típica (*supra,* § 22º, 48.2.V.), abstemos-nos agora de maiores desenvolvimentos.

[91] Com referência a esta última situação, entendemos, como MÁRIO PINTO / / FURTADO MARTINS / NUNES DE CARVALHO, *Comentário...cit.,* 75, nota [II.1], e na esteira do que fora já sustentado por Carlos Alberto da Mota PINTO, *Cessão da Posição Contratual,* Coimbra, 1982, 88 ss. (90), que se verifica aqui um caso de subrogação legal no contrato, uma vez que o adquirente do estabelecimento fica, por efeito da transmissão do estabelecimento, investido, *ex lege,* na posição jurídica de que o transmitente era titular noutro contrato — a posição jurídica de empregador. O efeito de um outro negócio, celebrado na prossecução de um interesse específico do empresário, no vínculo laboral, é, de qualquer forma, indesmentível.

[92] *Do Fundamento...cit.,* maxime 262 ss., e, *supra,* § 3º, 4.5.III.

nente organizacional ao nexo conflitual-patrimonial essencial do vínculo é também demonstrada pelo conteúdo dos poderes laborais, nomeadamente no que se refere ao poder regulamentar ou, de acordo com a construção que já sustentámos noutro momento, no que se refere ao poder disciplinar prescritivo, pela impossibilidade de recondução de muitas das chamadas «normas de organização e de disciplina do trabalho» (para utilizar a terminologia do art. 39º nº 2 da LCT) a normas de concretização da prestação laboral e pela justificação exclusivamente organizacional destas regras[93].

Como última nota comprovativa da integração deste elemento organizacional no vínculo laboral, no sentido indicado, resta distingui-lo de outros factores «externos» aos contratos, e que influenciam o seu conteúdo sem perderem a característica de exterioridade que acabamos de negar ao elemento organizacional — assim, poder-se-ia estabelecer um paralelo entre a influência da componente organizacional no contrato de trabalho e o condicionamento externo de outros negócios jurídicos, que decorre de factores como a alteração anormal das circunstâncias subjacentes ao negócio (art. 437º CC), a impossibilidade superveniente absoluta para uma das partes de efectuar ou de receber a prestação, ou mesmo o reconhecimento de poderes de modificação do acordo negocial a uma das partes[94]. Todavia, na nossa opinião, esta comparação

---

[93] Cfr. o nosso *Do Fundamento...cit.*, 262 ss. Em face da complexidade da situação jurídica do trabalhador e da impossibilidade de reconduzir todas as regras de conduta a que ele se encontra adstrito a emanações do poder directivo, pela funcionalização necessária deste poder à prestação de trabalho, como poder de concretização, na construção do poder disciplinar que então propusemos reconhecemos a este poder um conteúdo amplo, com uma componente sancionatória e uma componente prescritiva — integrando nesta segunda componente o conjunto de normas de conduta do trabalhador na empresa sem justificação directa na necessidade de concretização da prestação de trabalho, genericamente definida no contrato. Para o ponto que agora nos interessa, recordamos que algumas regras de disciplina impostas pelo empregador ao trabalhador no exercício deste poder (como, por exemplo, o dever de usar farda ou de se apresentar de uma certa maneira, o dever de não fumar nas instalações quando não imposto por razões de segurança, ou as limitações de acesso a certos locais da empresa) se justificam em exclusivo pela componente organizacional do vínculo.

[94] Assim, a modificação da prestação também é imposta, de fora para dentro, em contratos como o arrendamento (por exemplo, porque uma nova lei altera o sistema de actualização das rendas), e pode até ser imposta, «dentro» do con-

não tem grande interesse, porque todas estas situações têm um significado marginal dentro no programa negocial ou correspondem a desenvolvimentos anormais ou patológicos do vínculo jurídico. Pelo contrário, no caso laboral, a prevalência do interesse organizacional do empregador é assegurada em termos de normalidade ao longo do desenvolvimento do vínculo negocial, através de mecanismos particulares, como a remissão normativa para o interesse da empresa, ou de institutos específicos como os poderes laborais. É também esta normalidade que justifica a consideração da dimensão organizacional como um elemento integrativo do próprio vínculo laboral.

IV. Verificada a irredutibilidade do elemento organizacional ao binómio patrimonial essencial do contrato mas também a sua integração no conteúdo do vínculo laboral, resta proceder à terceira operação que julgámos essencial para a confirmação da singularidade deste elemento: a operação de comparação do vínculo laboral com o outro vínculo jurídico privado, no qual se constata também a existência de um forte nexo colaborativo das partes e a sua integração numa organização, cujos objectivos são considerados da maior importância — ou seja, o vínculo jurídico associativo.

Conforme já tivemos oportunidade de verificar noutros pontos do estudo, o vínculo jurídico associativo e, em especial, o contrato de sociedade, tem exercido ciclicamente uma compreensível atracção dogmática sobre o vínculo laboral exactamente em razão da especial configuração e intensidade do nexo colaborativo das partes que se verifica nas duas situações jurídicas. Esta atracção manifestou-se, como vimos, com a difusão das concepções comunitário-pessoais, uma vez que a ideia do interesse da empresa como um interesse comum a empregador e trabalhadores, que esteve subjacente ao entendimento do elemento comunitário nestas concepções, viabilizou uma leitura associativista do vínculo laboral[95]; e, na sequência das tendências de aproximação dos trabalhadores ao empregador que descrevemos oportunamente[96], a mesma ideia foi

---

trato, mas em contradição com o programa negocial inicial, por uma das partes à outra (como sucede, no contrato de empreitada, com o poder de introduzir unilateralmente modificações à obra, que assiste ao dono da obra, nos termos do art. 1216º do CC).

[95] *Supra,* § 14º, 28.I.
[96] *Supra,* § 22º, 48.2.V.

recuperada recentemente por alguns sectores da doutrina. A este propósito, destaca-se a já referida construção de ADOMEIT[97], que desenvolve o conceito de trabalhador-colaborador (*Teilhaber* ou *Mitarbeiter*[98]) e sustenta uma concepção mista sobre o vínculo laboral: entendendo que a relação de trabalho implica o desenvolvimento de uma actividade pelo empregador e pelo trabalhador em conjunto, uma vez que a actividade do trabalhador apenas interessa ao empregador na sua conjugação com outras e porque o empregador também trabalha (o autor realça aliás, em vários dos seus escritos, a ideia de trabalho do empregador como um dado a reconhecer e a valorizar pelo sistema jurídico[99]), e considerando alguns aspectos do regime laboral actual como indícios de um pensamento jurídico societário (a cogestão, a posição dos trabalhadores dirigentes ou a possibilidade de acumulação das situações jurídicas de trabalhador e de accionista)[100], o autor qualifica o empregador e o trabalhador como mútuos colaboradores, que se distinguem apenas pelo facto de o primeiro ter participação no capital e o segundo não[101]; e qualifica a relação laboral como uma relação negocial mista de troca

---

[97] *Supra*, § 22°, 48.2.V. e nota [325]. ADOMEIT desenvolve esta concepção, por exemplo em *Das Arbeitsrecht und unsere...cit.*, em *Arbeitsrecht für 90er Jahre cit.*, ou ainda em *Elementos jurídico-societários en la relación de trabajo*, in Revista de la Facultad de Derecho de la Universitad Complutense, Madrid, 1992, 9-25, *maxime* 15 ss. Contra este entendimento, por exemplo, Völker BEUTHIEN, *Löst sich das Arbeitsrecht in Geselschaftsrecht auf?*, *in* D. BICKEL / W. HADDING / V. JAHNKE / G. LÜKE (Hrsg.), *Recht und Rechtserkenntnis, Fest. E. WOLF*, Köln — Berlin — München, 1985, 17-34; e ainda sobre este tema, *vd* as apreciações de Manfred LIEB, *Wandelt sich das Arbeitsverhältnis zum unternehmerischen Teilhaberverhältnis? (Aus der Sicht des Arbeitsrechts)*, e Eduard GAUGLER, *Wandelt sich das Arbeitsverhältnis zum unternehmerischen Teilhaberverhältnis? (Aus der Sicht der Betriebswirtschaftslehre)*, ambos *in* V. BEUTHIEN (Hrsg.), *Arbeitnehmer oder Arbeitsteilhaber — Zur Zukunft des Arbeitsrecht in der Wirtschaftsordnung*, Stuttgart, 1987, respectivamente 41-63 e 65-84, bem como as conclusões do próprio V. BEUTHIEN, *Arbeitsrecht, wohin?*, *Versuch einer Bilanz*, na mesma sede, 195-199.

[98] *Das Arbeitsrecht und unsere...cit.*, 41, e ainda *Vom Arbeitnehmer zum Mitarbeiter*, ArbGeb., 1985, 3, 76-78.

[99] *Arbeitsrecht für 90er...cit.*, 16, *Vom Arbeitnehmer...cit.*, 76, e ainda *Wen schütz das Arbeitsrecht?*, Stuttgart, 1987, 86.

[100] *Arbeitsrecht für 90er...cit.*, 4.

[101] Neste sentido, escreve o autor em *Vom Arbeitnehmer...cit.*, 76: «Arbeitnehmer ist ein Mitarbeiter ohne kapitalbeteiligung. Arbeitgeber sind Mitarbeiter mit Kapitalbeteiligung...». Neste mesmo sentido, *vd* ainda *Wen schütz...cit.*, 90.

cooperativa (*eines kooperativen Austauschverhältnisses*)[102] ou de trabalho conjunto (*ein Mitarbeitsverhältnis*)[103], na qual reconhece elementos do contrato de serviços e do contrato de sociedade, porque as duas partes têm dependências recíprocas, prosseguem interesses paralelos, mas não opostos, e carecem igualmente de protecção jurídica[104].

A nosso ver, esta aproximação dogmática da relação jurídica laboral à relação societária — cuja defesa pelo autor citado não é com certeza indiferente à importância do fenómeno da cogestão no direito alemão, que não tem paralelo noutros sistemas[105] — é, no caso português, inviabilizada pela incontornável oposição entre os interesses fundamentais das partes no vínculo jurídico, que transparece a cada passo do sistema normativo. No nosso entender, as duas situações jurídicas apresentam, de facto, uma configuração oposta, pelo diferente plano em que, no seio de cada uma delas, relevam a comunhão de interesses e a colaboração das partes: assim, no vínculo associativo a comunhão reporta-se ao interesse fundamental em jogo (o fim prosseguido pela associação ou o interesse social) e a prossecução deste interesse não é afectada por eventuais dissensos quanto aos objectivos específicos dos associados; no caso laboral, a situação é justamente a inversa, porque os interesses comuns às partes são secundários, tendo que se conjugar com os interesses essenciais específicos de cada uma delas (o interesse do trabalhador em ser

---

[102] *Arbeitsrecht für 90er...cit.,* 7.
[103] *Das Arbeitsrecht und unsere...cit.,* 43, e *Wen schütz...cit.,* 90.
[104] Sobre este ponto, em especial, *Wen schütz...cit.,* 93 s., onde o autor propugna, por exemplo, a extensão ao empregador do direito ao subsídio de desemprego em caso de falência. A convergência de interesses e a falta de antagonismo das partes no vínculo laboral é também realçada pelo autor, por exemplo em *Elementos...cit.,* 23 s.
[105] Ainda assim, veja-se a apreciação do problema em BEUTHIEN, *Löst sich...cit.,* 27 ss., recusando esta aproximação dogmática, por considerar que na cogestão laboral não se verifica nem um objectivo comum nem qualquer contitularidade de direitos dos trabalhadores e dos empregadores, mas apenas uma composição dos interesses diversos de cada um deles; desta forma, embora reconheça que o contrato de trabalho é, tal como o contrato de sociedade, um *Kooperationsvertrag*, entende que a cooperação das partes tem uma dimensão meramente negocial. Também recusando expressamente a concepção mista de ADOMEIT sobre o contrato de trabalho, pela oposição dos interesses das partes, RICHARDI, *Staudingers Kommentar...cit.,* II, 148.

remunerado e o interesse do empregador em receber a prestação de trabalho), e são estes interesses essenciais que estão em oposição.

Ora, é justamente a necessidade de conciliar a específica colaboração das partes na organização com as evidentes e por vezes até violentas manifestações de conflitualidade, em que se traduz a oposição entre os seus interesses essenciais, que melhor demonstra a singularidade do elemento organizacional no vínculo laboral. Trata-se, afinal, de uma organização e de uma colaboração específicas numa situação jurídica conflitual.

V. Chegados a este ponto, cremos poder fixar, em definitivo, a relevância da ideia de organização e a singularidade do elemento de inserção organizacional como elemento integrativo do vínculo laboral, em três pontos fundamentais.

Em primeiro lugar, decorre do exposto que o elemento organizacional é um elemento inerente ao contrato de trabalho, em resultado da necessária integração do trabalhador na organização (empresarial ou não empresarial) predisposta pelo empregador. Este elemento organizacional é revelado directamente pelo sistema normativo, na exigência de colaboração das partes na organização, no reconhecimento de alguns interesses comuns e na relevância do interesse de gestão do empregador (que corresponderá, no caso de o contrato ter escopo empresarial, ao interesse da empresa).

Em segundo lugar, a exposição anterior permite concluir que o elemento da inserção organizacional é compatível com a essência conflitual do vínculo laboral; mas também que é um elemento autónomo relativamente ao binómio patrimonial do contrato, porque não prossegue o interesse de cada uma das partes no cumprimento da prestação principal da outra, mas o interesse de gestão, que é específico do empregador e que transcende o contrato; e, finalmente, que, apesar de prosseguir um objectivo supra-negocial, não é um elemento estranho ao contrato de trabalho mas integra o respectivo conteúdo, tendo múltiplas projecções no seu desenvolvimento quotidiano e nas suas vicissitudes.

Em terceiro lugar, a exposição que acabamos de fazer revela a singularidade do elemento de organização laboral relativamente à componente organizacional de outros vínculos negociais privados, em razão da sua necessária compatibilização com a oposição entre os interesses essenciais prosseguidos pelas partes, que não se verifica noutros casos.

Pelos motivos expostos, concluimos que o elemento de inserção organizacional acresce ao binómio patrimonial de troca entre a actividade laboral e a remuneração e é um elemento imprescindível para a construção dogmática do contrato de trabalho. Mas porque as operações de conceptualização dogmática interessam sobretudo pela sua utilidade prática, veremos já de seguida em que medida é que este elemento organizacional contribui para explicar algumas particularidades do vínculo laboral e do seu regime jurídico.

54.3. A aptidão explicativa do elemento organizacional: a interdependência dos vínculos laborais dentro da organização. As relações entre os trabalhadores e as imposições do princípio da igualdade de tratamento

I. A ponderação do elemento organizacional na conceptualização do contrato e da relação de trabalho permite explicar alguns dos traços deste vínculo que têm revelado uma maior opacidade dogmática, pela dificuldade da sua compreensão no quadro estrito do relacionamento negocial entre o empregador e o trabalhador — ou porque se projectam para fora do âmbito dessa relação ou, pelo contrário, porque revelam o permanente condicionamento do vínculo por factores externos não controlados pelas partes. No primeiro grupo de situações incluem-se os deveres do trabalhador para com outros trabalhadores e, de uma forma geral, toda a matéria do relacionamento dos trabalhadores da organização entre si; no segundo grupo de situações, destaca-se o condicionamento de cada um dos vínculos laborais por factores atinentes aos outros vínculos que coexistem na organização, ou por força de exigências normativas ou por efeito de actuações protagonizadas por terceiros independentemente de qualquer intermediação normativa.

No nosso entender, qualquer destes aspectos é explicável pela interdependência natural dos vínculos laborais na organização do empregador, que é uma projecção do elemento de inserção organizacional que desenvolvemos acima.

II. Quanto ao primeiro grupo de situações, cremos que o sistema normativo português demonstra, de forma paradigmática, as projecções do vínculo laboral para além do estrito relacionamento *inter partes*, uma vez que nele se isolam, tanto de forma directa como indirecta, diversos deveres do trabalhador cujo destinatário não é o empregador mas outros trabalhadores, ao mesmo tempo que são previstas situações jurídicas complexas que envolvem o trabalhador com os seus colegas. Assim, em termos directos, o art. 20° n° 1 a) da LCT estabelece o dever de respeito do trabalhador em relação aos «companheiros de trabalho», do art. 40° n° 2 deste mesmo diploma decorre, *a contrario sensu*, o dever de os trabalhadores não provocarem «a desmoralização dos companheiros», e diversas infracções disciplinares constitutivas de justa causa para despedimento, enunciadas no art. 9° da LCCT (como a violação de direitos e garantias de outros trabalhadores, a provocação de conflitos com colegas, a prática de violências físicas, injúrias ou outras ofensas e, bem assim, a prática do crime de sequestro ou de outros crimes contra a liberdade, na pessoa de outro ou outros trabalhadores da empresa — alíneas b), c), i) e j) do n° 2 do art. 9°) revelam, *a contrario,* alguns dos deveres de conduta dos trabalhadores para com os outros trabalhadores da organização. Por outro lado, de uma forma indirecta, alguns deveres do trabalhador que já referimos a propósito da ideia de mútua colaboração na empresa[106], como o dever de produtividade ou o dever de lealdade, exigem uma cooperação activa e constante com os outros trabalhadores da organização, em termos que legitimam a afirmação de que o princípio da colaboração no domínio laboral implica não apenas a colaboração entre empregador e trabalhador na empresa mas também a colaboração entre os vários trabalhadores da mesma organização.

Mas, ao mesmo tempo que se projecta para fora das fronteiras do estrito relacionamento entre o trabalhador e o empregador, o vínculo jurídico laboral é também permanentemente condicionado por factores atinentes aos outros vínculos laborais que coexistem na organização, podendo esta influência resultar de uma imposição directa do sistema normativo ou da interdependência natural das várias relações de trabalho na organização.

O exemplo paradigmático do condicionamento do vínculo laboral por um factor atinente a outro ou a outros vínculos jurídicos, por efeito de uma imposição normativa, é o do princípio da igualdade de tratamento entre os trabalhadores. Com acolhimento constitucional (art. 13° da CRP), e diversas concretizações no próprio texto da CRP (*verbi gratia*, nos arts. 58° n° 2 b) e 59° n° 1 a) e b), respectivamente quanto à

---

[106] *Supra,* número anterior.

igualdade no acesso ao emprego, à igualdade remuneratória e à conciliação da actividade profissional com a vida familiar) e ainda objecto, quanto à sua dimensão sexual, de um significativo desenvolvimento ao nível legal[107] — para além do desenvolvimento ao nível do direito comunitário, de que já demos conta noutro momento[108] — o princípio da igualdade de tratamento passa, na sua aplicação concreta, pela comparação do regime de cada relação laboral com o de vínculos similares que se desenvolvem na empresa e, se for o caso, pelas correcções do respectivo conteúdo (estabelecido no contrato ou na convenção colectiva aplicável), que se afigurem necessárias para a reposição do tratamento igualitário e que se irão sobrepor ao acordo inicial das partes ou dos parceiros da convenção colectiva[109] [110]. Desta forma, como decorre do

---

[107] Nos diversos diplomas legais em matéria de igualdade e não discriminação em razão do sexo — cfr., o DL n° 392/79, de 20 de Setembro (sobre igualdade e não discriminação dos trabalhadores em razão do sexo), a L. n° 105/97, de 13 de Setembro (sobre igualdade de tratamento no acesso ao emprego e no desenvolvimento do vínculo laboral), e o regime de protecção da maternidade e da paternidade e de conciliação entre a actividade profissional e a vida familiar, estabelecido pela L. n° 4/84, de 5 de Abril, regulamentada pelo DL n° 136/85, de 3 de Maio e com as alterações introduzidas pela L. n° 17/95, de 9 de Junho, pela L. n° 102/97, de 13 de Setembro, pela L. n° 18/98, de 28 de Abril e pela L. n° 142/99, de 31 de Agosto; e, nesta mesma matéria, quanto aos trabalhadores da administração central, regional e local, pelo DL n° 426/88, de 18 de Novembro.

[108] Cfr., *supra*, § 22°, 49.4.III. e nota [492].

[109] Assim, por exemplo, um tratamento retributivo discriminatório entre um trabalhador e uma trabalhadora, que desempenhem um trabalho igual ou de valor igual, constitui o trabalhador ou a trabalhadora discriminados no direito à substituição do valor da sua retribuição pelo valor superior que aufere o seu colega, mesmo que tenha acordado um valor inferior com o empregador ou que essa diferença tenha sido estabelecida em convenção colectiva — arts. 9° e 12° n° 2 do DL n° 392/79, de 20 de Setembro, respectivamente. Para ilustração da forma como os nossos tribunais têm aplicado o princípio da igualdade, nomeadamente em matéria remuneratória, cfr., *supra*, § 22°, 49.5.VII. e nota [539].

[110] Tratando este problema no direito germânico, por exemplo, Peter HANAU, *Handlungsbedarf im Arbeitsrecht aus Rechtlicher Sicht*, RdA, 1988, 1, 1-4, e do mesmo autor, em conjunto com Ulrich PREIS, *Zur mittelbaren Diskriminierung wegen des Geschlechts*, ZfA, 1988, 3, 177-207 (*maxime*, 183 ss.), bem como FREY, *Die Grundsatz...cit., passim;* e referindo as imposições da igualdade de tratamento entre trabalhadores como um dos problemas actuais do direito laboral austríaco, por exemplo, GRILLBERGER, *Hauptprobleme des Individualarbeitsrechts cit.*, 36 s. Entre nós, sobre o princípio da igualdade em geral, *vd* ainda Maria da Glória

exposto, embora a alteração do conteúdo do vínculo jurídico sobrevenha por imposição directa da lei, a verdade é que ela é motivada pela situação laboral de um outro trabalhador ou de um conjunto de outros trabalhadores — ou seja, por uma situação jurídica privada alheia àquele trabalhador.

Por outro lado, pela mera circunstância de coexistir com outros vínculos no seio da organização do empregador e sem necessidade de qualquer intermediação normativa, cada vínculo laboral é quotidianamente influenciado por vicissitudes relativas a vínculos de outros trabalhadores da empresa, é, com frequência, alterado por efeito dessas vicissitudes, e, no limite, pode até ver a sua subsistência afectada por elas. Assim, por exemplo, numa produção em cadeia ou numa actividade que se realiza de forma repetida com a sucessão de diferentes trabalhadores no mesmo posto de trabalho, o desenvolvimento quotidiano da prestação de cada trabalhador depende da prestação dos outros, podendo a respectiva execução ser inviabilizada porque o trabalhador que ocupa a posição anterior na cadeia faltou ou não completou o trabalho no tempo previsto; e, de forma semelhante, o direito de um trabalhador a um prémio de produtividade ou a um acréscimo variável sobre a sua retribuição de base pode depender dos resultados produtivos atingidos por um conjunto de trabalhadores (uma equipa de vendas, por hipótese), pelo serviço ou estabelecimento em que ele se integra (por exemplo, um prémio anual de desempenho atribuído a cada um dos trabalhadores de uma agência bancária, pelos resultados atingidos por essa agência durante o ano), ou até dos resultados globais atingidos pela empresa, que dependem do concurso de todos os trabalhadores.

Ao mesmo tempo, o vínculo laboral é, com enorme frequência prática, objecto de alterações transitórias ou permanentes quanto ao seu conteúdo funcional, quanto à sua delimitação temporal ou espacial, quanto ao estatuto remuneratório ou quanto à posição ocupada pelo trabalhador na organização, por efeito da ocorrência de um facto relativo a outro trabalhador. Assim, por exemplo, a ausência de um trabalhador

---

Ferreira PINTO, *Princípio da igualdade: fórmula vazia ou fórmula «carregada» de sentido?*, BMJ, 1986 (358), 19-64; e, em especial, sobre as projecções deste princípio em matéria laboral, com destaque para os problemas de discriminação no acesso ao emprego, Guilherme Machado DRAY, *O Princípio da Igualdade no Direito do Trabalho. Sua Aplicabilidade no Domínio Específico da Formação de Contratos Individuais de Trabalho*, Coimbra, 1999, 201 ss.

pode determinar a sua substituição por outro e esta substituição pode, por sua vez, envolver o alargamento do objecto do contrato do trabalhador substituto para além da função normal ou mesmo a alteração dessa função (é a matéria da polivalência funcional e do *jus variandi* — art. 22º nºs 2 a 7 da LCT)[111], ou exigir a prestação da actividade fora do horário de trabalho estabelecido (é o trabalho suplementar), ou ainda determinar a alteração do local de trabalho se o trabalhador a substituir trabalhava noutro sítio (situação que cabe na previsão do nº 1 do art. 24º da LCT); e essa situação pode acarretar o direito do trabalhador a um tratamento remuneratório mais favorável (se o trabalhador substituído dele auferia), bem como a beneficiar de outras regalias inerentes à posição ocupada pelo primeiro trabalhador (art. 22º da LCT). Da mesma forma, a subida de categoria de um trabalhador ou a cessação do seu contrato, por qualquer motivo, pode abrir a porta à promoção de um colega. E, no limite, pode um facto atinente a um trabalhador ser determinante para a cessação do vínculo de outro trabalhador ou, pelo contrário, para a consolidação desse vínculo: assim, a cessação do contrato de um trabalhador ausente (porque, por hipótese, o seu impedimento se tornou definitivo) pode permitir a consolidação do vínculo laboral a termo celebrado (ao abrigo da alínea a) do nº 1 do art. 41º da LCCT) com o trabalhador substituto; a cessação do contrato de trabalho a termo incerto para substituição de trabalhador ausente (celebrado ao abrigo do art. 48º da LCCT) depende de um facto atinente exclusivamente ao trabalhador substituído (o seu regresso); e, na cessação do contrato por extinção do posto de trabalho (arts. 26º e ss. da LCCT), os critérios para a escolha do posto de trabalho a extinguir, quando haja diversos postos com idêntico conteúdo funcional, atendem a circunstâncias relativas a cada um dos trabalhadores em causa (a antiguidade destes trabalhadores no posto de trabalho, na categoria profissional ou na empresa, nos termos do art. 27º nº 2 da LCCT), que virão assim a afectar um deles.

Desta forma, pode dizer-se que o vínculo laboral dá lugar ao surgimento de situações jurídicas que ultrapassam o plano do relacionamento entre os seus protagonistas, mas também que este relacionamento é objecto de um condicionamento permanente por factores externos ao próprio vínculo. Quando desenvolvidos conjuntamente com

---

[111] Cfr., *supra*, § 22º, 49.5.VI.

outros vínculos no seio da organização, os vínculos de trabalho são pois, por efeito dessa inserção organizacional, interdependentes.

III. A interdependência prática dos diversos vínculos laborais no seio da organização do empregador nunca foi questionada pela doutrina — afinal, é o conjunto das prestações laborais que é útil para o empregador e a conjugação dessas prestações na organização passa necessariamente pela colaboração entre os diversos prestadores, o que justifica os contactos recíprocos entre eles. Mais difícil parece ser, todavia, avaliar as projecções jurídicas dessa interdependência, respondendo às questões de saber se as relações que os trabalhadores estabelecem entre si na organização do empregador têm ou não valor jurídico autónomo, de que forma podem ser explicadas pelo contrato de trabalho, e como se conciliam com a configuração obrigacional e patrimonial que lhe é hoje reconhecida por um sector importante da doutrina e, evidentemente, com o princípio da relatividade dos contratos, enunciado no art. 406º nº 2 do CC.

Ainda que alguns autores façam notar que este problema evidencia uma certa singularidade do direito do trabalho, uma vez que os deveres recíprocos dos trabalhadores surgem na ausência de qualquer nexo jurídico entre os vínculos laborais dos respectivos titulares — é uma reflexão que encontramos, por exemplo, em BRECHER[112] —, a maioria da doutrina não se pronuncia sobre ele, parecendo, de certa forma, que se basta com a afirmação de que cada um dos trabalhadores é terceiro relativamente ao vínculo dos restantes para se dispensar de reflexões mais profundas.

A dificuldade de articular esta temática com a configuração obrigacional e patrimonial do vínculo laboral é, contudo, facilmente demonstrada pela vincada oposição entre as opiniões dos poucos autores que apreciam mais detidamente o fenómeno (sobretudo na dogmática germânica) e que reflectem nessa apreciação as suas concepções de base sobre a natureza jurídica do vínculo laboral — como se pode observar, por exemplo, nas abordagens de autores como WOLF e GAMILLSCHEG. Partindo da qualificação da relação de trabalho como um vínculo exclu-

---

[112] *Das Arbeitsrecht als Kritik...cit.*, 54. Apesar de reconhecer a singularidade do direito do trabalho em resultado deste fenómeno, o autor acaba por não dar continuidade à reflexão.

sivamente obrigacional, que envolve apenas o empregador e o trabalhador[113], WOLF não reconhece qualquer valor jurídico mas apenas um significado material ao relacionamento dos trabalhadores na empresa, que qualifica como um fenómeno externo aos contratos de trabalho, que se desenvolvem em trajectórias jurídicas paralelas na empresa[114][115]. Pelo contrário, porque não enjeita a singularidade dogmática do contrato de trabalho, GAMILLSCHEG[116] lamenta o pouco relevo dogmático que tem sido atribuído à influência recíproca (*gegenseitigen Beeinflussung*) dos vínculos laborais dentro da empresa (que atribui à estruturação típica do direito laboral em torno da relação trabalhador-empregador), que considera um fenómeno fulcral do direito do trabalho (porque o trabalho na empresa não é concebível sem a colaboração entre os trabalhadores)[117]; e desenvolve a este propósito o denominado *princípio da solidariedade*[118], que traduz a ideia de uma partilha de interesses entre os trabalhadores da empresa (ou seja, a existência de comunidade sociológica entre eles), que considera compatível com a oposição entre os interesses essenciais do empregador e do trabalhador e do qual faz decorrer diversas consequências (como o dever de respeito, os deveres acessórios em matéria de higiene ou segurança ou o dever de prestar trabalho suplementar[119]).

---

[113] Já tendo dado nota da reconstrução obrigacional do vínculo laboral feita por este autor, *supra*, § 19º, 41.3.II. e 41.5.II., para aí remetemos.

[114] *Der Begriff Arbeitsrecht cit.*, 714 s.

[115] Para evidenciar a falta de relevo jurídico desta relação entre os trabalhadores da empresa, WOLF compara a situação dos trabalhadores com a situação das pessoas transportadas no mesmo autocarro, escrevendo: «*daß mehrere Menschen als Arbeitnehmer desselben Arbeitgebers in einem Betrieb arbeiten, begründet zwischen ihnen kein rechtliches Verhältnis, so wenig, wie etwa das Fahren meherer Fahrgäste in demselben Omnibus*» — *Der Begriff Arbeitsrecht...cit*, 715.

[116] *Die Solidarität...cit., passim.*

[117] *Die Solidarität...cit.*, 134 e 137. Numa comparação paralela à de WOLF, mas de sinal contrário, escreve GAMILLSCHEG, *idem*, 135: «*Es gehört zu den Grundtatsachen des Arbeitsrechts, daß die Arbeitnehmer im Betrieb nicht nur nebeneinander arbeiten, so wie die Menschen in der Straßenbahn nebeneinander stehen sondern, daß der jeweilige Anteil des einen am betrieblichen Geschehen ohne die Anteile aller anderen nicht denkbar, wirtschaftlich sinnlös wäre: die Arbeitnehmer arbeiter auch miteinander, in einem hochspezialisierten arbeitsteiligen Produktionsvorgang*».

[118] De que já demos nota, *supra*, § 17º, 35.2.III.

[119] *Die Solidarität...cit.*, 137 ss. Deve notar-se que este autor reconhece ainda

Na nossa opinião, no caso português não é possível negar o valor jurídico da interdependência dos diversos vínculos laborais na organização do empregador, porque esse valor é confirmado pelo próprio sistema positivo, quando atribui ao trabalhador deveres que têm como destinatários outros trabalhadores, quando prevê a cooperação entre eles, quando permite que da actividade de um conjunto de trabalhadores decorram efeitos para a situação jurídica negocial de um deles, ou ainda quando regula situações laborais que surgem na esfera jurídica de um trabalhador por efeito da ocorrência de um facto atinente a outro, como verificámos acima. Sendo o próprio sistema normativo a atribuir efeitos jurídicos às relações entre os trabalhadores, cabe à ciência do direito encontrar o adequado enquadramento dogmático para esse fenómeno, mas não lhe é lícito negá-lo[120].

Na nossa perspectiva, o fenómeno da interacção dos vínculos laborais no seio da organização do empregador revela, antes de mais, a complexidade destes vínculos, que evidenciámos quando procedemos à delimitação do conceito de situação jurídica laboral nuclear na parte inicial da investigação[121]: por efeito da sua investidura na posição de tra-

---

outras projecções jurídicas a esta ideia de solidariedade, no seu desenvolvimento laboral. Estas projecções evidenciam sobretudo o elemento colectivo imanente ao direito do trabalho, de que trataremos um pouco mais à frente no nosso estudo — *infra*, § 29°.

[120] Deste modo, pensamos que não seria defensável, à face da nossa lei, uma posição como a de WOLF, por incompatibilidade com o sistema de direito positivo, para além, evidentemente, de alguns óbices gerais que ela também nos suscita. Quanto a estes últimos, parece-nos que a negação de qualquer relevo jurídico às relações entre os diversos trabalhadores na empresa comunga das mesmas deficiências metodológicas da construção obrigacional do vínculo laboral feita pelo autor, que já realçámos no momento oportuno (*supra*, § 19°, 41.3.II): trata-se de uma construção formal, que pretende encaixar os fenómenos da vida nos arquétipos construídos pelo direito e não adequar estes àqueles; trata-se também de uma construção redutora, porque, para conseguir subsumir o fenómeno social ao modelo jurídico formal proposto, obnubila ou secundariza os aspectos do seu conteúdo que não se compadecem com aquela subsunção, simplificando-o artificialmente. Já no que se refere à posição de GAMILLSCHEG, cremos que ela tem, desde logo, o mérito de pôr em relevo a riqueza dogmática do vínculo laboral, que é, também para nós, revelada pela sua complexidade e não por uma redução simplista a uma relação de crédito envolvendo a troca entre duas prestações patrimoniais.

[121] *Supra*, § 3°, 5.2.

balhador subordinado, com a celebração do contrato de trabalho, o trabalhador passa também (aliás como o empregador) a ser titular de uma pluralidade de outras situações jurídicas, simples e complexas, activas e passivas, absolutas e relativas, distinguindo-se, dentro destas últimas, as que o relacionam com o empregador e as que o relacionam com outras entidades. A interdependência dos vínculos laborais na organização cobre apenas algumas dessas situações e o desafio colocado pela relação de trabalho à ciência do direito é exactamente o de conseguir proceder à respectiva redução dogmática sem escamotear este como nenhum dos seus outros aspectos.

O enquadramento dogmático do fenómeno em questão não se nos afigura, todavia, difícil, se tivermos em consideração a componente organizacional do vínculo de trabalho que desenvolvemos no ponto anterior. Assim, entendemos que o contrato de trabalho é, de facto, condição *sine qua non* da interdependência dos vínculos laborais dos diversos trabalhadores na empresa: com um conteúdo material ou com um conteúdo jurídico, esta interdependência só surge porque cada um dos trabalhadores celebrou um contrato de trabalho com o empregador e só faz sentido na pendência desse contrato. Mas a justificação dos múltiplos aspectos envolvidos nesta interdependência reside justamente na componente organizacional do negócio laboral e não no seu nexo creditício: ou seja, com a celebração do contrato, o trabalhador obriga-se a prestar a sua actividade laboral ao empregador e este obriga-se a pagar-lhe uma certa retribuição; mas é porque o contrato implica também a inserção do trabalhador na organização do empregador-credor (de acordo com a leitura que propusemos para o elemento de «comunidade») que se justifica a imposição ao trabalhador de deveres laborais específicos para com os colegas e se explicam as relações entre eles, bem como o entrecruzamento permanente dos respectivos vínculos jurídicos, quer esse entrecruzamento exija uma intermediação normativa (como sucede com a imposição da igualdade de tratamento), quer prescinda dessa intermediação. Desta forma, o reconhecimento do elemento organizacional no conteúdo do contrato de trabalho permite reconciliar esta dimensão externa do vínculo jurídico com o princípio geral da relatividade dos contratos, enunciado no art. 406º nº 2 do CC[122].

---

[122] Teria o maior interesse testar aqui as virtualidades da figura da união de contratos para explicar os múltiplos aspectos da interdependência dos vários contratos de trabalho na empresa, aferindo, designadamente, da possibilidade de o

IV. Provada a razão de ser e a singularidade do elemento organizacional do contrato de trabalho no ponto anterior, fica pois também demonstrada a sua utilidade para explicar alguns dos mais peculiares traços do regime jurídico do vínculo laboral.

Antes de nos pronunciarmos em definitivo sobre o peso deste elemento na operação de reconstrução dogmática do contrato de trabalho, cabe, contudo, reapreciar o outro elemento do vínculo sobre o qual a doutrina laboral tradicional alicerçou a sua autonomização: o elemento de pessoalidade. É o que vamos fazer de seguida.

55. A reconstrução dogmática do elemento da pessoalidade sobre a conjugação da prestação laboral com a essência dominial do vínculo de trabalho

55.1. O relevo da ideia de pessoalidade no sistema normativo: o carácter *intuitu personae* do contrato de trabalho, a indeterminação da actividade laboral e a sujeição do trabalhador aos poderes laborais

I. Como concluímos na nossa apreciação do problema da adequação das concepções comunitário-pessoais ao caso português[123], a singularização da relação de trabalho através do elemento de pessoalidade, tal como foi desenvolvido por estas doutrinas (ou seja, empolando os deveres de lealdade e de assistência para sobrepor o nexo de confiança pessoal entre as partes ao nexo de troca entre o trabalho e a retribuição), não é admissível pela inequívoca configuração patrimonial que o vínculo laboral apresenta no nosso sistema jurídico. Contudo, como também observámos nesse momento, esta configuração patrimonial essencial do contrato de trabalho não permite concluir, sem mais, pela total

---

elemento organizacional desempenhar aqui o papel de elemento de conexão ou de integração dos vários contratos. Em geral sobre esta figura, PAIS DE VASCONCELOS, *Contratos Atípicos cit.,* 50 ss., e PINTO DUARTE, *Tipicidade e Atipicidade...cit.,* 50 ss. O ponto ultrapassa, contudo, os limites do nosso argumento e exige uma apreciação mais profunda do que a que podemos aqui fazer, pelo que nos limitamos a deixá-lo enunciado.

[123] *Supra,* § 19°, 42.III.

irrelevância do elemento da pessoalidade, porque é o próprio sistema normativo que parece dar relevo a aspectos não patrimoniais no regime jurídico da relação de trabalho.

Assim sendo, entendemos que para uma conclusão definitiva sobre a função do elemento de pessoalidade no vínculo laboral é essencial a ponderação, a partir do direito positivo, dos diversos argumentos que parecem indiciar a sua particular relevância, apesar da configuração patrimonial da relação: o argumento retirado do carácter *intuitu personae* do contrato; o argumento retirado da indeterminação da prestação laboral e dos amplos poderes modificativos do empregador em relação ao conteúdo negocial acordado; e o argumento retirado da necessária conjugação do envolvimento pessoal do trabalhador na prestação com a essência dominial do vínculo, manifestada nos poderes directivo e disciplinar.

No nosso entender, ainda que, isoladamente, tenham um peso variável, tomados no seu conjunto estes argumentos contrariam a ideia da redução do vínculo laboral a uma relação de conteúdo exclusivamente patrimonial e podem permitir uma nova leitura do elemento da pessoalidade, assente na conjugação da prestação laboral com a essência dominial do vínculo e capaz de explicar a particular tutela concedida pelo sistema normativo à pessoa do trabalhador.

II. O primeiro argumento que manifesta a relevância de elementos pessoais no negócio laboral tem a ver com a sua caracterização como contrato *intuitu personae*: o contrato de trabalho é celebrado tendo em atenção as qualidades pessoais do trabalhador[124], que são essenciais para o empregador.

Como já tivemos ocasião de referir[125], esta essencialidade verifica-se em todos os contratos de trabalho (e não apenas naqueles que

---

[124] Utilizamos naturalmente o termo «qualidades pessoais» em sentido amplo, uma vez que, em consonância com a função a desempenhar, o empregador pode valorizar características muito diferentes no trabalhador — a força física ou a apresentação, a capacidade de comunicar ou a aptidão técnica, as qualificações académicas ou a experiência profissional, a juventude ou a maturidade do trabalhador. Em geral, sobre o relevo do elemento *intuitu personae* na qualificação dos negócios jurídicos, mas com referências específicas ao contrato de trabalho, vd Antonino CATAUDELLA, *Intuitus personae e tipo negoziale, in Studi in onore di Francesco Santoro-Passarelli*, Napoli, 1972, 621-658.

[125] Cfr., *supra*, § 19º, 42.III.

têm por objecto o desenvolvimento de actividades altamente especializadas ou o desempenho de funções de confiança ou de chefia) e não é prejudicada pela designada tendência para o anonimato que se constata nas relações laborais modernas — fenómeno de natureza sociológica e que, além disso, se confina às unidades empresariais de grande dimensão e com um determinado tipo de organização. A nosso ver, do ponto de vista jurídico, todos e cada um dos trabalhadores subordinados são contratados pelas suas qualidades pessoais e é essencialidade destas que justifica a anulabilidade do negócio por erro sobre a pessoa (no caso, sobre as suas qualidades), nos termos do art. 251º do CC, bem como a infungibilidade da prestação laboral (havendo incumprimento do contrato pelo trabalhador por exemplo quando a actividade é desenvolvida, mesmo que bem, por alguém a seu mando). Por outro lado, são ainda as qualidades pessoais do trabalhador, valorizadas pelo empregador aquando da celebração do negócio, que permitem concretizar o dever de colaboração e fixar o exacto alcance do dever de zelo e diligência de cada trabalhador (arts. 18º e 20º nº 1 b) da LCT); e é ainda a tutela das qualidades pessoais do trabalhador que justifica alguns deveres do empregador, como, por exemplo, o dever de ocupação efectiva[126].

É certo, como observámos então, que a caracterização *intuitu personae* do contrato de trabalho não constitui argumento bastante para a sua singularização, até porque se trata de uma característica comum a outros vínculos obrigacionais envolvendo a prestação de uma actividade. Como argumento demonstrativo da relevância de elementos não patrimoniais do vínculo jurídico, esta característica não pode, no entanto, deixar de ser assinalada.

III. O segundo argumento que, no nosso entender, indicia o relevo de uma componente de pessoalidade no vínculo laboral, a partir do próprio sistema normativo, tem a ver com o grau de indeterminação da prestação de trabalho. Na nossa perspectiva, este grau de indeterminação dificulta a redução dogmática do contrato de trabalho a um contrato de escambo entre duas prestações patrimoniais, porque apenas é possível pela inseparabilidade da actividade laboral em relação à pessoa do trabalhador.

---

[126] Sobre este ponto, em especial, Pedro Furtado MARTINS, *A relevância dos elementos pessoais na situação jurídica de trabalho subordinado*, RMP, 1991, 47, 35-53 (*maxime*, 50 ss.), e, do mesmo autor, *Despedimento ilícito...cit.*, 189 ss.

É sabido que, apesar da evolução histórica no sentido da delimitação cada vez mais precisa do débito do trabalhador, a indeterminação subsiste como uma característica intrínseca da actividade laboral, tanto no momento da celebração do contrato de trabalho como ao longo da sua execução, conforme se pode comprovar directamente na lei. Assim, com referência à fixação inicial do objecto do negócio, observa-se que, não obstante o princípio segundo o qual o trabalhador é contratado para desenvolver uma actividade determinada (vertido nos arts. 22º nº 1 e 43º nº 1 da LCT e actualmente reforçado pela obrigação de informação do empregador ao trabalhador sobre a sua categoria e «a caracterização sumária do seu conteúdo», durante os primeiros sessenta dias de vigência do contrato, se do próprio texto negocial não constar a descrição do conteúdo da função — art. 3º nº 1 c) e art. 4º nºs 1, 3 e 4 do DL nº 5/94, de 11 de Janeiro) e apesar da necessidade de o objecto negocial ser, pelo menos, determinável (sob pena de nulidade do contrato, nos termos do art. 280º do CC), o empregador dispõe de uma ampla faculdade de concretização da prestação, que exerce ao abrigo do seu poder directivo — é, na formulação de autores como BERNARDO XAVIER ou MONTEIRO FERNANDES[127] (desenvolvida na esteira da doutrina italiana[128]), o chamado «poder determinativo», que se manifesta na fixação inicial da função e na posterior conformação da conduta do trabalhador quanto ao seu modo de execução, e que, pela própria formulação dos arts. 22º nº 1 e 43º da LCT, deixa mesmo a dúvida sobre a possibilidade de o trabalhador acabar por ser investido *ab initio* em funções não correspondentes à categoria prevista no seu contrato[129].

---

[127] BERNARDO XAVIER, *A determinação qualitativa...cit.*, 11 ss., e *A mobilidade funcional...cit.*, 61; MONTEIRO FERNANDES, *Direito do Trabalho cit.*, 251.

[128] Por exemplo, CORRADO, desde a primeira edição de *La nozione unitaria...cit.*, 105. Na concepção hierárquica dos poderes laborais, tradicional no seio da doutrina italiana, o poder determinativo ou directivo é uma das manifestações do poder hierárquico do empregador, sendo o poder disciplinar a outra manifestação daquele poder — neste sentido, por todos, Amleto di MARCANTONIO, *Appunti di diritto del lavoro,* Milano, 1958, 100 ss.

[129] Na verdade, esta dúvida decorre da fórmula aparentemente recomendatória que o legislador laboral utilizou no art. 43º da LCT para estabelecer que a «entidade patronal deve procurar atribuir a cada trabalhador, dentro do género de trabalho para que foi contratado, a função mais adequada às suas aptidões e preparação profissional» — o que parece subentender que isso possa, de facto, não suceder —, bem como da formulação peculiar do nº 1 do art. 22º, que parece

É certo que esta indeterminação inicial da prestação de trabalho não constitui, só por si, argumento suficiente para singularizar o vínculo laboral: no direito privado são comuns as obrigações genéricas (art. 539º CC), cuja concretização depende de uma operação de especificação[130], e o poder de direcção do empregador concebe-se facilmente como um poder de escolha, que, no caso, caberia ao credor — é, aliás, nesta perspectiva que um sector da doutrina caracteriza a actividade laboral como um serviço heterodeterminado e justifica o poder directivo, como tivemos ocasião de evidenciar oportunamente[131]. Mas o facto é que, uma vez ultrapassada a indeterminação inicial do objecto do negócio com a fixação da função do trabalhador, se mantém um relevante grau de indeterminação por dois motivos: em primeiro lugar, pelo entendimento necessariamente amplo do objecto do contrato de trabalho, que é hoje imposto pelos números 2 a 6 do art. 22º da LCT (de acordo com a interpretação que sustentámos para esta norma[132]), em resultado da chamada polivalência funcional — ao abrigo deste entendimento, o empregador poderá exigir do trabalhador actividades acessórias afins das compreendidas na sua função usual (fixada na operação inicial de especificação), mas que podem não ser sequer previsíveis no momento da celebração do negócio; e, por outro lado, pela possibilidade que assiste ao empregador de impor unilateralmente a alteração do objecto negocial ao abrigo do *jus variandi* (art. 22º nºˢ 7 e 8 da LCT), excepcionando, em nome do interesse da empresa, o denominado «princípio da invariabilidade» consagrado no nº 1 do art. 22º[133]. Ora, com referência

---

prever o exercício da função correspondente à categoria contratual apenas como um princípio geral — embora esta segunda norma tenha que se relacionar com a possibilidade de variação sucessiva da prestação, regulada nos números seguintes. Salientando também a natureza recomendatória da norma do art. 43º da LCT, por exemplo, MONTEIRO FERNANDES, *Direito do Trabalho cit.*, 251 s.

[130] Em geral, sobre esta modalidade de obrigações e o seu regime jurídico, *vd,* entre outros, Francisco Manuel Pereira COELHO, *Obrigações,* Coimbra, 1967, 114 ss., ANTUNES VARELA, *Das Obrigações... cit.,* I, 846 ss., e MENEZES CORDEIRO, *Direito das Obrigações cit.,* I, 341 ss.

[131] Como é sabido, esta justificação foi defendida entre nós por MENEZES CORDEIRO, *Manual...cit.,* 16, 125 e 658. Sobre esta linha justificativa, *vd, supra,* § 3º, 4.5.III. e, em especial, notas [204] e [205], e § 19º, 41.4.III.

[132] *Supra,* § 22º, 49.5.VI.

[133] Em aplicação desta norma, refere, por exemplo, o Ac. STJ de 31/10/1980, BMJ 300-281, que da qualificação do trabalhador resultam, como princípios

ao primeiro caso, parece-nos que, pelo menos em relação às actividades acessórias não previsíveis *ab initio*, se tem que colocar a questão de saber se a actuação do empregador, ao abrigo do seu poder directivo ultrapassa ou não os limites do poder de escolha do credor de uma obrigação genérica; e, quanto ao segundo caso, o facto de a modificação do objecto do negócio ser unilateralmente imposta por uma das partes, cuja vontade se sobrepõe ao acordo negocial, é, sem necessidade de mais demonstrações, um desvio ao princípio civil do cumprimento pontual dos contratos (art. 406º nº 1 do CC), que deve ser ponderado.

A justificação prática deste grau de indeterminação da prestação de trabalho e do amplo poder modificativo do empregador em relação ao objecto negocial não suscita dificuldades: trata-se da forma de assegurar, em cada momento, a adequação da conduta do trabalhador às necessidades produtivas ou pessoais do empregador, que não podem ser todas previstas no acordo negocial porque evoluem em função de condições externas, atinentes à organização e, as mais das vezes, posteriores à celebração do negócio. Por este motivo, consideram alguns autores[134] que, mais do que a actividade concretamente desenvolvida, interessa ao empregador a possibilidade de direccionar o trabalhador para diversas tarefas a concretizar quotidianamente — ou seja, interessa-lhe a que o trabalhador esteja disponível para adequar, em cada momento, o seu comportamento aos objectivos do credor.

Do ponto de vista jurídico, contudo, a ligação desta ideia de disponibilidade ao débito negocial do trabalhador exige uma reflexão sobre o objecto do contrato que contribui, de certa forma, para a sua subjectivização: é que a relevância da disponibilidade do trabalhador, não em termos exclusivos (pela necessidade de determinação, ainda que genérica, da sua actividade, sob pena de invalidade do negócio), mas como

---

fundamentais, o da inalterabilidade qualitativa do trabalho e o da inalterabilidade quantitativa do trabalho, o que limita as alterações à qualificação aos casos em que haja acordo das partes e ao *jus variandi*, desde que observados os requisitos legais — é o princípio da invariabilidade levado ao seu expoente máximo. Ora, ainda que não seja hoje defensável uma tão grande rigidez deste princípio (em face das alterações a esta matéria introduzidas pela L. nº 21/96), ele mantém-se como princípio orientador nesta matéria.

[134] MONTEIRO FERNANDES, por exemplo em *Sobre o objecto...cit.*, 21. Cfr., *supra*, § 19º, 41.4.III.

acompanhante natural da actividade desenvolvida, só é possível pelo grau de envolvimento do trabalhador no cumprimento da prestação — ou, mesmo é dizer, porque a prestação é inseparável da sua pessoa. Ora, esta inseparabilidade e aquele envolvimento dificilmente se compaginam com uma redução simplista do conteúdo do negócio à troca de duas prestações patrimoniais. O elemento da pessoalidade manifesta-se pois também na inseparabilidade entre a prestação laboral e a pessoa do prestador.

IV. O terceiro argumento que, na nossa opinião, demonstra a importância de componentes pessoais no vínculo laboral, tem a ver com o elemento essencial e verdadeiramente delimitador do contrato de trabalho: o elemento da subordinação jurídica.

Como tivemos ocasião de verificar na delimitação conceptual do fenómeno do trabalho subordinado que fizemos na parte introdutória do estudo[135], é o elemento da subordinação, manifestado na sujeição do trabalhador ao poder de direcção e ao poder disciplinar do empregador, que constitui o critério decisivo para a fixação do conceito de actividade laboral, uma vez que os restantes elementos (ou seja, o direccionamento da actividade para a satisfação de necessidades alheias e os requisitos da liberdade do prestador e da onerosidade) são comuns a outras formas de desenvolvimento do trabalho humano, que podem ser enquadradas pelo conceito abrangente de actividade laborativa[136]: como forma de actividade laborativa, a actividade laboral diferencia-se pois pela subordinação do trabalhador.

Mas, como também verificámos, apesar do seu valor indiscutível para a delimitação do vínculo laboral, o elemento da subordinação suscita grandes dificuldades de justificação, pela natureza privada da situação a que se reporta: um dos desafios que o fenómeno do trabalho subordinado coloca à ciência jurídica reside no facto de ele implicar que um sujeito privado exerça sobre outro sujeito privado um determinado domínio, na prossecução dos seus próprios interesses.

Por este motivo, não só a atenuação da dependência do trabalhador em relação ao empregador constituiu, desde o início, um objectivo fundamental do direito do trabalho, inspirador de grande parte das suas

---

[135] *Supra*, § 3°, 4.
[136] *Supra*, § 3°, 4.5.

normas, como a redução dogmática da subordinação se revelou indispensável para compatibilizar o vínculo laboral com os valores da ordem jurídica privada. É exactamente para assegurar esta compatibilidade que a justificação doutrinal mais difundida para a subordinação na doutrina nas últimas décadas — e também subscrita pelos adeptos da concepção obrigacional/patrimonial do vínculo de trabalho, como vimos[137] — tem sido uma justificação objectiva, que a reconduz a uma característica da prestação laboral (e não do prestador) e a justifica na necessidade da respectiva concretização: sendo a actividade laboral heterodeterminada, é para permitir a sua concretização que o empregador dispõe do poder directivo, bem como, acessoriamente, do poder disciplinar, e que o trabalhador se sujeita às emanações destes poderes. Esta justificação dos poderes laborais pelas exigências de concretização da actividade laboral supera assim, de uma forma aparentemente simples, a incompatibilidade da essência dominial do vínculo com a sua inserção jurídica privada, porque retira formalmente àqueles poderes a sua conotação originária com a situação de domínio de um sujeito privado sobre a pessoa de outro sujeito privado.

Esta apreciação objectivista da subordinação afigura-se-nos, no entanto, artificial e redutora, por três motivos, que se alicerçam no sistema normativo: o primeiro tem a ver com a essência subjectiva da subordinação; o segundo com o âmbito amplo dos poderes laborais; e o terceiro com a singularidade do poder disciplinar. Porque estes motivos decorrem já, em parte, da exposição anterior, limitamo-nos agora a expô-los de uma forma esquemática, acompanhada das competentes remissões.

Em primeiro lugar, cremos que o entendimento objectivista da subordinação é artificial, porque, como já tivemos ocasião de referir[138], um estado de subordinação ou de dependência num vínculo jurídico é, necessariamente, um estado subjectivo: na relação laboral, como noutras situações jurídicas complexas com uma componente de poder ou autoridade, este elemento reporta-se aos sujeitos envolvidos (um exercendo o domínio e o outro sujeitando-se a esse domínio) e não às respectivas prestações — na essência, a subordinação laboral é, de facto, como refere a doutrina germânica, uma «dependência pessoal» (*eine persönliche*

---

[137] *Supra*, § 19°, 41.4.III.
[138] *Supra*, § 3°, 4.5.IV.

Abhängigkeit)[139], porque tem a ver com a posição que o trabalhador ocupa, enquanto pessoa, no vínculo e não com a actividade que desenvolve. É, aliás, esta essência subjectiva que explica que a posição debitória do trabalhador seja formalmente recortada na lei pela ideia da obediência (art. 20° n° 1 b) e n° 2 da LCT), à qual é reconhecida uma importância fundamental, como já constatámos[140]. Ora, por definição, a obediência só pode reportar-se a um estado (i.e., a uma posição subjectiva) do trabalhador.

Em segundo lugar, entendemos que a perspectiva objectivista sobre o elemento da subordinação é redutora porque obriga a funcionalizar a posição dominial do empregador às exigências da prestação de trabalho. Ora, como já comprovámos a partir da lei, os poderes laborais não se esgotam nas necessidades de concretização desta prestação, incidindo também sobre diversos aspectos que integram o conteúdo do vínculo jurídico mas não estão ligados à actividade de trabalho — como as regras de disciplina na empresa, as prescrições relativas à segurança, higiene e saúde no local de trabalho ou as emanações do poder organizativo do empregador/empresário, que precede, acompanha e sobrevive a cada vínculo de trabalho[141]. Impondo-se ao trabalhador e fazendo também surgir na sua esfera jurídica o dever de obediência, esta faceta dos poderes laborais não comporta, todavia, a redução à ideia de heterodeterminação da prestação de trabalho, pela razão simples de que não tem a ver com essa prestação mas com o facto de ela se desenvolver no seio da organização do empregador — ou seja, com o elemento organizacional do vínculo[142]. Na nossa opinião, a redução dos poderes laborais a poderes de heterodeterminação da prestação de trabalho obnubila, na verdade, aquilo que constitui um dos aspectos mais peculiares do vínculo jurídico laboral, que é exactamente a possibilidade de conformar o comportamento do prestador para além dos limites do objecto negocial.

Mas, ainda que estes argumentos pudessem eventualmente ser rebatidos com o reconhecimento de um conteúdo amplíssimo ao objecto do

---

[139] Para ilustração deste entendimento subjectivo da subordinação na dogmática germânica *supra*, § 3°, 4.5.IV. e nota [218].
[140] *Supra*, § 3°, 4.5.II. e nota [187].
[141] *Supra*, 54.2.III., parte final.
[142] *Supra*, número anterior.

contrato de trabalho e com a justificação, se não imediata pelo menos mediata, do estado de subordinação do trabalhador nas exigências de concretização daquele objecto, um terceiro argumento aponta para a essência subjectiva da subordinação, e, em consequência, para o relevo de uma componente de pessoalidade no vínculo laboral: é o argumento que se retira da natureza punitiva do poder disciplinar laboral, na sua vertente sancionatória. No nosso entender, este argumento é decisivo porque o traço mais peculiar da posição de subordinação do trabalhador não é a sua sujeição ao poder directivo mas ao poder disciplinar, e este poder não tem paralelo no panorama jurídico-negocial privado.

Como já tivemos ocasião de sustentar noutra sede[143], a especificidade da subordinação do trabalhador, ou, dito numa perspectiva inversa e menos eufemística, a especificidade da posição dominial do empregador no contrato de trabalho não reside tanto na componente directiva como na componente disciplinar dos poderes laborais, por três razões: pelo carácter imprescindível do poder disciplinar no vínculo laboral, a que se contrapõe uma certa prescindibilidade do poder directivo; pela aptidão qualificativa autónoma do poder disciplinar em relação a alguns contratos de trabalho; e pela verificação da existência de poderes directivos noutros contratos envolvendo a prestação de uma actividade, em contraste com a singularidade do poder disciplinar laboral na ordem jurídica privada. Com referência ao primeiro aspecto, verifica-se que, enquanto o poder disciplinar se mantém sempre efectivo no contrato de trabalho, há diversas situações de enfraquecimento ou de eclipse do poder directivo ao longo do desenvolvimento do vínculo (é o que sucede, por exemplo, nos cargos de chefia ou com grande autonomia técnica, bem como nas situações de suspensão do contrato)[144] — desta

---

[143] *Do Fundamento...cit.*

[144] *Do Fundamento...cit.*, 228 ss. e 268 ss. Nos primeiros exemplos, verifica-se aquilo a que chamámos de enfraquecimento do poder directivo, que pode até redundar na ausência total de instruções do empregador ou na simples determinação de objectivos finais para a sua actuação. Ainda que se entenda que para a configuração da situação de subordinação do trabalhador basta uma situação de potencialidade, não sendo necessária a emissão efectiva de ordens ou instruções (cfr., *supra,* § 3°, 4.5.II e nota [149]), nestes casos o que verdadeiramente diferencia a situação jurídica destes trabalhadores da de outros prestadores de serviços é a tutela disciplinar. Nos casos de suspensão do vínculo laboral, por motivos atinentes ao empregador ou ao trabalhador, verifica-se um eclipse do poder directivo, uma vez que cessa o dever principal de prestação da actividade laboral, a

forma, o poder disciplinar não é redutível a um poder acessório, mero garante da eficácia do poder directivo e, ao contrário deste, parece ser sempre imprescindível no vínculo jurídico. Por outro lado, constata-se que a qualificação laboral de alguns contratos apenas pode ser determinada tendo em atenção a titularidade do poder disciplinar e não do poder directivo (é o que se passa, por exemplo, no contrato de trabalho temporário e no contrato de trabalho portuário, em que, perante o desdobramento da posição jurídica do credor do trabalho por diversos sujeitos, a lei qualifica como empregador não aquele que detém o poder directivo mas o que é titular do poder disciplinar — art. 2º a), b) e d) e art. 20º nºs 1 e 6 da LTT, e DL nº 282-A/84, de 20 de Agosto[145], arts. 3º nº 1 e 7º nºs 2 e 3 [146]) — o que confere ao primeiro poder uma importância decisiva na operação de qualificação. E, finalmente, verifica-se a existência de poderes directivos noutros negócios privados envolvendo uma actividade de serviço para outrem (como os contratos de mandato, de empreitada ou de agência), pela possibilidade que assiste ao credor de emitir instruções vinculativas semelhantes às ordens do empregador[147], mas em nenhum deles a eficácia destes poderes é assegurada pelo meio directo e expedito do poder disciplinar — o que permite concluir que o poder directivo é um poder comum a outros negócios privados, que a sua qualificação como poder laboral (no sentido de revelar a essência dominial do vínculo jurídico, que atribuímos ao termo[148]) decorre do facto de ser assistido pelo poder disciplinar, enquanto, pelo contrário, o poder disciplinar é um poder verdadeiramente singular em negócios jurídicos privados[149].

---

que se reporta aquele poder, bem como os deveres acessórios integrantes — é o que dispõe o art. 2º, nº 1 da LSCT, em relação à generalidade das situações de suspensão do contrato de trabalho, e o art. 7º nº 1 da LG, relativamente à suspensão do contrato por motivo de adesão do trabalhador à greve; contudo, o poder disciplinar mantém-se efectivo, podendo, por exemplo, ser sancionado o trabalhador pela violação de um dos seus deveres acessórios não integrantes da prestação principal. Uma vez mais se demonstra a falta de acessoriedade do poder disciplinar em relação ao poder directivo.

[145] Este regime jurídico deve ser complementado com o previsto no DL nº 280/93, de 13 de Agosto.
[146] *Do Fundamento...cit., maxime* 242 ss.
[147] *Do Fundamento...cit., maxime* 279 ss., e *supra*, § 19º, 42.III.
[148] *Supra*, § 3º, 4.5.IV., parte final e nota [220].
[149] Na verdade, é esta conjugação na posição negocial do credor de um poder directivo com um poder de punir que não encontra paralelo nem noutras

Mas se estes argumentos revelam até que ponto a especificidade da subordinação do trabalhador se liga à componente disciplinar da posição de poder do empregador, eles manifestam também a dimensão não exclusivamente patrimonial do vínculo de trabalho, uma vez que, na vertente sancionatória que constitui o seu conteúdo nuclear[150], o poder disciplinar se configura como um poder privado de punir e, nessa qualidade, se exerce necessariamente sobre a pessoa do trabalhador, atingindo-o na sua integralidade e não nos efeitos danosos do acto por ele praticado[151]. Comprovada pela ligação da infracção disciplinar à ideia

---

situações negociais privadas, nem em situações extra-contratuais. Assim, nas situações contratuais em que o poder negocial de uma das partes é superior ao da outra (como sucede, por exemplo, com os contratos de adesão), este domínio negocial não é acompanhado de qualquer poder punitivo; da mesma forma, nos negócios obrigacionais que permitem a actuação de uma das partes com objectivos punitivos (por exemplo, a possibilidade de revogação do contrato de doação por ingratidão do donatário, nos termos do art. 974º do CC) ou que integram cláusulas acessórias que podem prosseguir objectivos punitivos (como a cláusula penal, prevista no art. 810º do CC, se se admitir o seu carácter não exclusivamente ressarcitório — sobre o ponto, por todos, António Pinto MONTEIRO, *Cláusula Penal e Indemnização*, Coimbra, 1990, *maxime* 41 ss.), não se descortina a titularidade de poderes directivos ou disciplinares de uma das partes sobre a outra; e nas situações de tipo associativo, em que se encontram manifestações de um poder disciplinar da instituição sobre os seus membros, trata-se de uma forma de auto-disciplina, para a qual o próprio destinatário da sanção disciplinar também contribuiu enquanto membro da associação, e não de um poder heterónomo, como no caso laboral. Fora do âmbito negocial, encontram-se situações jurídicas de domínio de um sujeito sobre outro com uma componente disciplinar punitiva (como o poder paternal, por exemplo), mas aqui o interesse em causa na atribuição do poder disciplinar é o do destinatário do poder e não o do seu titular como sucede caso laboral. A única situação com vincado paralelismo com a do empregador laboral neste aspecto é a situação do Estado ou de pessoas colectivas públicas na qualidade de «empregadores», mas aqui a posição de poder será justificada pelo interesse público e a igualdade das partes está, à partida, fora de causa.

[150] Cfr., a distinção que fizemos entre esta faceta do poder disciplinar e a sua faceta prescritiva no nosso *Do Fundamento...cit.,* 262 ss., e que retomámos, *supra,* 54.2.III., parte final.

[151] Cfr., para uma justificação mais desenvolvida desta qualificação do poder disciplinar como um poder punitivo, *vd* MARIA DO ROSÁRIO PALMA RAMALHO, *Do Fundamento...cit.,* 195 s., e *Sobre os limites do poder...cit.,*187. Em geral, sobre a ideia da incidência das sanções punitivas na pessoa do infractor e não nas consequêncioas danosas do acto por ele praticado, por todos, Francisco Cavaleiro de FERREIRA, *Direito Penal Português,* I, Lisboa, 1981, 11.

de comportamento ilícito e culposo do trabalhador, violador dos seus deveres mas independente da ocorrência de danos[152], pela tipologia das sanções laborais, quase todas dirigidas à pessoa do trabalhador (art. 27º nº 1 da LCT)[153], e pelo objectivo não ressarcitório, mas de retribuição e de prevenção geral e especial que, à maneira penal[154], as sanções diciplinares prosseguem (e que é comprovado pela independência da responsabilidade disciplinar em relação à responsabilidade civil — art. 27º nº 4 da LCT), a essência punitiva do poder disciplinar laboral só faz, contudo, sentido atendendo à componente de pessoalidade do vínculo jurídico, porque só pelo seu particular envolvimento no contrato é que o trabalhador pode ser pessoalmente atingido pela sanção e esta se apresenta como um remédio eficaz para reparar ou prevenir a violação dos seus deveres. Desta forma, na nossa opinião, a subordinação do trabalhador, manifestada na sujeição ao poder directivo, mas sobretudo, ao poder disciplinar, constitui, pela natureza punitiva deste último poder, um argumento decisivo para rejeitar a redução dogmática da relação de trabalho a uma relação exclusivamente patrimonial.

---

[152] Como é sabido, não há na nossa lei uma noção de infracção disciplinar, mas o enunciado dos deveres do trabalhador constante do art. 20º da LCT, conjugado com a noção de justa causa para despedimento estabelecida no nº 1 do art. 9º da LCCT e com a enumeração das situações de justa causa do nº 2 do mesmo artigo permite concluir que a infracção disciplinar tem a ver com um comportamento culposo do trabalhador violador de algum dos seus deveres contratuais ou legais e não, necessariamente, com a prática de um acto danoso. Sobre este ponto, vd o nosso *Do Fundamento...cit.,* 209.

[153] Como decorre desta norma, algumas sanções disciplinares afectam o trabalhador na sua individualidade (é o caso da repreensão), no seu «cadastro» laboral (é o que sucede com a repreensão registada, com a multa ou com a suspensão), ou no seu posicionamento negocial (como sucede com a suspensão e, no limite, com o despedimento por justa causa). Da tipologia das sanções laborais decorre ainda que só a multa é uma sanção de natureza patrimonial, uma vez que nas sanções de suspensão do trabalho com perda de retribuição e de despedimento, os efeitos patrimoniais são indirectos. Mas mesmo no caso da multa, a função punitiva da sanção subsiste, até porque o respectivo produto não se destina ao empregador — art. 30º da LCT. Sobre o ponto, ainda o nosso *Do Fundamento...cit.,* 191 ss.

[154] Para um paralelo entre o poder disciplinar laboral e o poder penal, quanto às finalidades punitiva e de prevenção geral e especial, vd *Do Fundamento...cit.,* 197 ss. Sobre estas finalidades da sanção penal, por todos, Francisco Cavaleiro de FERREIRA, *Direito Penal Português,* II, Lisboa, 1982, 299 ss.

V. Enunciados os argumentos que, no próprio sistema normativo, atestam a importância de uma componente de pessoalidade no vínculo, avaliaremos de imediato o seu peso na nova leitura deste elemento que vamos propor e testaremos, de seguida, a aptidão explicativa deste elemento em relação a alguns aspectos do regime jurídico do vínculo laboral.

55.2. A reconstrução dogmática do elemento de pessoalidade sobre a singularidade da prestação laboral e sobre a essência dominial do vínculo de trabalho

I. No nosso entender, a singularidade da componente de pessoalidade do contrato de trabalho não reside na maior importância do nexo de confiança pessoal entre as partes relativamente ao binómio patrimonial de troca entre o trabalho e a remuneração, mas no facto de este elemento revelar a natureza peculiar da actividade laboral enquanto bem jurídico, pela sua inseparabilidade da pessoa do prestador, bem como a essência dominial do vínculo negocial, mau grado a sua inserção jurídica privada, pela sujeição do trabalhador aos poderes laborais, *maxime*, ao poder disciplinar. Dos argumentos apontados no ponto anterior, é a conjugação destes dois que se nos afigura decisiva para recusar a diluição do elemento de pessoalidade no nexo patrimonial do negócio.

Antes de justificarmos o nosso entendimento, impõe-se apenas um esclarecimento metodológico quanto ao alcance das referências a que vamos proceder, dada a extensão e a importância dos dois problemas subjacentes a este elemento (na leitura que para ele propomos), que chegam a ser considerados por autores como SUPIOT[155], como as duas interrogações fundamentais do direito do trabalho: «*Le travail, qui met la personne en rapport avec les choses, est-il chose ou personne?*»; «*Un homme libre peut-être soumis au pouvoir de son égal?*».

Naturalmente que, apesar da sua importância, no contexto da nossa investigação nenhum destes problemas nos pode ocupar de per si — a apreciação *ex professo* de qualquer deles extravasa os parâmetros do nosso estudo e constitui, só por si, tema bastante para outra investigação. O que procuraremos fazer é apenas avaliar a contribuição que a

---

[155] *Critique...cit.*, 8 s.

natureza peculiar da prestação laboral, conjugada com a essência dominial do vínculo, pode dar para a reconstrução do elemento da pessoalidade nos termos que subscrevemos. Para tanto, será suficiente um breve enunciado das questões dogmáticas subjacentes a estes problemas e a sua sucessiva e também breve ponderação conjunta.

É pois tendo em atenção este objectivo limitado que devem ser lidas as reflexões que se seguem.

II. O problema dogmático fundamental colocado pela inseparabilidade entre a prestação de trabalho e o sujeito prestador decorre, como é sabido, da necessidade de compatibilizar o envolvimento do trabalhador com o requisito da liberdade, que tem um valor axiológico determinante pela origem histórica do fenómeno do trabalho subordinado livre no trabalho escravo ou servil[156].

Se tomarmos em atenção a filiação do trabalho subordinado livre no trabalho não livre — que, como tivemos ocasião de assinalar na parte inicial do nosso estudo[157], é indesmentível, tanto para quem o considera como um fenómeno da era industrial como para aqueles que subscrevem a sua origem remota no trabalho dos libertos em Roma, enquadrado pela figura da *locatio conductio operarum*, ou na actividade desenvolvida ao abrigo dos vínculos medievais de vassalagem como o *Treudienstvertrag*[158] — e se atentarmos no facto de, no trabalho não livre, o objecto do vínculo se confundir com a própria pessoa do pres-

---

[156] Como nota ALONSO OLEA, *De la Servidumbre...cit.*, 156, a determinação do objecto do contrato (feita através da progressiva limitação do dever de obediência do trabalhador «*por razón del oficio*») é um dos aspectos mais importantes no secular processo de emancipação cultural do trabalho livre em relação ao trabalho servil, porque a indeterminação da prestação laboral manifesta, de forma eloquente, a servidão do trabalhador. Neste sentido, observa o autor: «*la característica histórica del contrato de trabajo no es la subordinación que crea o supone, sino la limitación o desaparición de la subordinación heredada de situaciones serviles precedentes*» (*op. e loc. cits.*). Cfr. ainda as nossas referências a este ponto, *supra*, § 3°, 4.3.III.

[157] Cfr., *supra*, § 3°, 4.3.III.

[158] A diferença entre os dois entendimentos decorre, como tivemos ocasião de expor, *supra*, *loc. cit.* na nota anterior, do requisito da liberdade do prestador do trabalho: quem entenda que este requisito só faz sentido com referência ao trabalho industrial porque a ideia da liberdade, com o conteúdo e o peso axiológico que hoje lhe reconhecemos, é um produto da Revolução Francesa, e nos vínculos de serviço anteriores a essa época o prestador prescindia voluntariamente

tador (já que este se colocava fisicamente sob o domínio do credor e não era considerado como pessoa para a generalidade dos efeitos jurídicos ou, pelo menos, para os efeitos jurídicos decorrentes daquele acto[159]), compreende-se que a evolução moderna no enquadramento dogmático da actividade laboral tivesse que passar pela sua separação formal da pessoa do trabalhador, porque apenas essa separação lograva atenuar a configuração originária do vínculo como uma relação de suserania pessoal de um sujeito privado sobre outro. Esta separação entre o trabalho e o seu prestador correspondeu pois a um imperativo axiológico, decorrente dos valores da liberdade e da igualdade dos sujeitos nas relações de direito privado difundidos a partir da Revolução Francesa, e ao qual se veio juntar a necessidade técnica de operacionalização do trabalho humano para efeitos do seu tratamento em sede da teoria geral do negócio jurídico. Efectivada através da materialização da actividade laboral (ou seja, do seu entendimento como bem ou coisa em sentido técnico, e, nesta medida, livremente transacionável como outras «mercadorias» do comércio jurídico), foi esta operacionalização que estribou as figuras modernas do contrato de serviços e do contrato de trabalho e foi a partir dela que se processou todo o desenvolvimento sistemático do direito laboral[160].

---

da sua liberdade quando se colocava à disposição do senhor, qualifica o fenómeno do trabalho subordinado livre como um fenómeno moderno; quem entenda que o requisito da liberdade, conjugado com o da subordinação, se podia já descortinar em vínculos de trabalho pré-industriais, faz remontar a origem do fenómeno a épocas anteriores. Deve, de qualquer forma, clarificar-se que esta discussão incide apenas sobre o momento da emancipação do trabalho subordinado livre em relação ao seu antecedente histórico (o trabalho escravo ou servil), que não é, em si mesmo, questionado.

[159] Uma vez que uma das formas de explicar o trabalho dependente de homens livres na Antiguidade e na Idade Média era exactamente a concepção da possibilidade de alienação de uma parte da sua liberdade pelo sujeito prestador, locando-se a si próprio como coisa e recolocando-se assim numa situação de servidão parcial perante o *dominus*. Cfr., sobre o ponto, as nossas referências, *supra*, § 3º, 4.3.III.

[160] É esta materialização da actividade de trabalho que transparece do conceito de trabalho abstracto, em que a ideologia marxista assenta a ideia da *alienação* do trabalho em troca do salário, mas que é também a concepção subjacente à permuta que é valorizada no aproveitamento da figura da *locatio conductio* pela dogmática moderna, bem como à ideia do trabalho como *energia separável* do trabalhador e disponibilizável como qualquer outro dos seus bens, sustentada por

Simplesmente, uma vez ultrapassado o problema axiológico da liberdade do prestador com o reconhecimento formal da igualdade dos contraentes, o facto é que a ideia da materialização da actividade laboral, que permitira tecnicamente essa ultrapassagem, não deixou, como observa SUPIOT[161], de corresponder a uma ficção económica, pela dificuldade de separar efectivamente o trabalho daquele que o presta — mantém-se, afinal, o enigma da classificação do trabalho humano, quando valorado em si mesmo, entre as categorias jurídico-formais fundamentais da *pessoa* e da *coisa*[162]. É, aliás, a consciência desta ligação íntima entre o trabalhador e o seu trabalho que explica que, após a materialização formal da actividade laboral pelas concepções civilistas sobre a relação de trabalho[163], a ideia da singularidade da prestação laboral pelo envolvimento do trabalhador tivesse sido recuperada logo pelas primeiras formulações das concepções comunitário-pessoais[164], fosse mantida pelas teorias institucionalistas[165] e voltasse a ser reforçada pela reconstrução contratualista destas concepções no pós-guerra[166]; assim como é esta dificuldade de separar o trabalhador da actividade de trabalho que explica que, mesmo nas modernas concepções obrigacionais sobre o negócio laboral, o envolvimento pessoal do trabalhador na prestação não seja negado na sua essência mas apenas na sua especificidade laboral, por ser considerado como um elemento comum a todos os negócios obrigacionais comportando a prestação de uma actividade[167].

Desta forma, parece claro que, uma vez asseguradas formalmente a liberdade e a posição igualitária do trabalhador no vínculo, a insepa-

---

CARNELUTTI no início do século XX, a que nos referimos, *supra*, § 2°, 1.4.II. e nota [100] e § 10°, 19.1.III. Na verdade, o enquadramento negocial moderno do trabalho dependente assentou nesta «coisificação» da actividade laboral, condição para a tornar «disponível» pelo seu titular sem sacrificar formalmente a sua posição de igualdade e de liberdade no negócio.

[161] *Critique...cit.*, 8.
[162] *Critique...cit.*, 8 e 11. Em geral, sobre estas duas categorias, mas exemplificando as suas insuficiências explicativas justamente com referência ao fenómeno do trabalho subordinado e ao vínculo laboral, Michel MAILLE, *Uma Introdução Crítica ao Direito* (trad. port.), Lisboa, 1979, 152 ss.
[163] *Supra*, § 10°, 19.2.
[164] *Supra*, § 13°, 25.
[165] *Supra*, § 13°, 26.
[166] *Supra*, § 16°, 33.
[167] *Supra*, § 19°, 41.3, *maxime* II e III.

rabilidade da actividade laboral em relação à sua pessoa se voltou a impor — e agora definitivamente — como uma característica da prestação negocial. Objecto de debate dogmático é apenas a questão de saber se esta característica é específica do negócio laboral (*surplus* em relação ao seu conteúdo patrimonial), como pretendiam as concepções comunitário-pessoais, ou a manifestação laboral (porventura particularmente intensa) de uma característica comum a outros negócios jurídicos patrimoniais, que integra o respectivo conteúdo como qualidade ou modo de ser típico das prestações de *facere* — como pretendem as concepções obrigacionais. Apenas no primeiro caso o elemento de pessoalidade apresentará alguma singularidade.

No nosso entender, os argumentos que desenvolvemos no ponto anterior não viabilizam, à face do sistema normativo português, a identificação dogmática do envolvimento do trabalhador na prestação de trabalho com o envolvimento de outros devedores de prestações de actividade em contratos obrigacionais duradouros, nem admitem a redução dos poderes determinativos do empregador a poderes de escolha por três motivos: porque a indeterminação da prestação laboral tem um carácter permanente; porque os poderes determinativos do empregador têm um conteúdo amplíssimo; e porque o trabalhador implica integralmente a sua pessoa no vínculo.

A indeterminação da prestação de trabalho impede a recondução dogmática da posição negocial do trabalhador à posição de outros devedores de uma prestação genérica, pelo seu carácter permanente. É que, enquanto noutros contratos de serviço o poder de escolha do credor se esgota com a operação de especificação, cabendo, a partir daí, cumprir a prestação nos termos em que tiver sido definida, no contrato de trabalho o trabalhador permanece, como vimos[168], à disposição do empregador ao longo do desenvolvimento da relação, e este pode definir e redefinir continuamente a sua conduta ao abrigo do seu poder directivo. Ao contrário do que sucede com outras obrigações genéricas, a indeterminação da prestação e a disponibilidade do prestador não são, desta forma, uma característica inicial mas um traço permanente do vínculo laboral.

Por outro lado, a redução da posição jurídica do trabalhador à posição do devedor de outras obrigações genéricas, tentada através da

---

[168] *Supra,* 55.1.III.

recondução do poder determinativo do empregador a um poder de escolha do credor, é também inviabilizada pelo conteúdo amplíssimo dos poderes laborais e, designadamente, pela possibilidade de redefinição permanente da actividade do trabalhador pelo empregador, que, como verificámos[169], lhe permite investir o trabalhador no dever de desenvolver actividades não previstas, ou sequer previsíveis, inicialmente no contrato, ou que não têm uma relação directa com a prestação. Ora, se fosse um poder de escolha, o poder directivo do empregador teria necessariamente que se manter nos limites do objecto negocial genericamente pré-definido e esgotar-se-ia com a concentração da obrigação, já que, a partir deste momento, como refere ANTUNES VARELA[170] «o obrigado passa a dever doravante apenas a *coisa* determinada dentro do género, e já não qualquer outra do mesmo género».

Finalmente, a singularidade da posição jurídica do trabalhador com referência ao objecto negocial é revelada pela ideia de obediência, através da qual a lei delimita a sua posição debitória, como observámos[171]. No nosso entender, ainda que não deixe de manifestar o cumprimento do trabalhador, o que a ideia de obediência traduz, de uma forma particularmente expressiva (até porque, ao contrário do termo *cumprimento*, a palavra *obediência* não é linguística nem valorativamente neutra), é o facto de esse cumprimento ser feito através da sujeição/disponibilização permanente do devedor às ordens e instruções do credor. Ora, reportando-se necessariamente a obediência à pessoa do trabalhador parece que, não só de facto mas também *de jure*, a prestação laboral continua, apesar de todos os esforços de materialização, a confundir-se com a pessoa do trabalhador (ou com a sua disponibilidade), e a exigir o seu envolvimento integral no vínculo. Assim, a ideia da obediência confirma também, na nossa opinião, o carácter redutor da visão do envolvimento do trabalhador no vínculo de trabalho como uma manifestação do envolvimento de todos os devedores de uma prestação de actividade no respectivo cumprimento.

Deste modo, sustentamos a singularidade da prestação laboral enquanto bem jurídico, pela sua inseparabilidade da pessoa do traba-

---

[169] *Supra, loc cit.* na nota anterior.
[170] *Das Obrigações em Geral cit.*, I, 849 (itálico no original). Como refere PEREIRA COELHO, *Obrigações...cit.*, 118, com a escolha, a obrigação passa a ser específica, versando apenas sobre o bem escolhido.
[171] *Supra,* 55.1.IV.

lhador; e a irredutibilidade dogmática do envolvimento pessoal do trabalhador no contrato de trabalho ao envolvimento de outros devedores de prestações genéricas de actividade em contratos duradouros, pelo carácter permanente, amplíssimo e integral da disponibilidade do primeiro no vínculo jurídico.

III. Comprovada a singularidade da actividade laboral enquanto bem jurídico, resta apreciar a segunda questão dogmática subjacente ao elemento da pessoalidade, que enunciámos no início deste ponto: a questão da justificação da essência dominial do contrato de trabalho.

Uma vez mais, deve ter-se em atenção no posicionamento deste problema que não está aqui em causa a admissibilidade da subordinação do trabalhador ou dos correspondentes poderes laborais do empregador. Como observámos logo na nossa primeira aproximação a esta componente dominial do vínculo de trabalho[172] e foi sendo confirmado ao longo da exposição, apesar da sua conotação originária com situações de servidão e de suserania pessoal entre sujeitos privados, a subordinação e os poderes laborais sempre se impuseram como uma inevitabilidade na situação jurídica laboral, e foram unanimemente considerados como o critério decisivo na delimitação do contrato de trabalho relativamente a situações jurídicas próximas e como condição *sine qua non* para o aproveitamento da energia laborativa do trabalhador pelo empregador — é, afinal, esta inevitabilidade que perpassa da observação de ALONSO OLEA[173], em paráfrase a FERGUSON, sobre o objectivo do direito do trabalho: «*el primer objeto de todo concierto o convención...no [es] crear subordinación, sino corregir el abuso de una subordinación ya existente*». O que está pois em questão na discussão dogmática sobre a subordinação jurídica não é a sua admissibilidade mas apenas a sua justificação em termos compatíveis com os princípios do direito comum, dada a natureza privada da situação jurídica a que se reporta.

Na nossa opinião, ainda que a conotação servil originária da ideia de subordinação e dos poderes laborais torne compreensível a posição objectivista e redutora que a ciência jurídica laboral sempre adoptou — embora com matizes diversas — na sua justificação, esta postura não

---
[172] *Supra*, § 3°, 4.5.
[173] *De la Servidumbre...cit.*,156 s.

se coaduna nem com o âmbito amplo do poder directivo e do poder disciplinar prescritivo do empregador, nem com a importância decisiva do poder disciplinar sancionatório que evidenciámos acima[174]. É pois como relação dominial, em que um sujeito privado se submete ao poder de outro sujeito privado, que o dirige na prossecução dos seus próprios interesses, podendo inclusivamente sancioná-lo na sua pessoa em caso de incumprimento, que a relação de trabalho tem de ser explicada. Mas o reconhecimento desta natureza dominial da relação evidencia, correlativamente, o facto de ela contender com três princípios fundamentais do direito privado: o princípio do cumprimento pontual dos contratos, o princípio da igualdade e o princípio do monopólio da justiça pública.

O princípio *pacta sunt servanda* (art. 406º nº 1 do CC) é posto em causa pela possibilidade que assiste ao empregador de, ao abrigo do seu poder directivo, impor unilateralmente a alteração do programa negocial definido pelas partes, em prossecução dos seus interesses próprios — é o que se passa, como vimos[175], com a possibilidade de alargar ou modificar o objecto negocial através dos regimes da polivalência funcional e do *jus variandi*, ou com a possibilidade de alterar as condições envolventes da prestação, como o local de trabalho ou o tempo de trabalho (com a exigência de trabalho suplementar ou as mudanças de horário de trabalho). Ainda que se justifique pelos interesses organizacionais subjacentes ao vínculo (os interesses de gestão), que relevámos na nossa reconstrução do elemento da comunidade[176], este desvio do negócio laboral em relação a uma regra fundamental no cumprimento dos contratos obrigacionais contribui para a afirmação da singularidade do contrato de trabalho no panorama negocial privado.

O princípio da igualdade é também atingido pelo reconhecimento da essência dominial do vínculo laboral, tanto na componente directiva como na componente disciplinar dos poderes do empregador. Assim, com referência ao poder directivo, trata-se, como vimos, de um poder laboral (ou dominial), não tanto enquanto poder de concretização do objecto negocial, mas porque, nessa concretização, é assistido pelo poder disciplinar sancionatório — como verificámos, a posição dominial do empregador decorre do facto de o cumprimento das suas

---

[174] *Supra*, 55.1.IV.
[175] *Supra*, 55.1.III.
[176] *Supra*, 54.

ordens e instruções ser assegurado, de uma forma expedita e eficaz, pela possibilidade de aplicação de sanções disciplinares. No que se refere ao poder disciplinar, o desvio ao princípio da igualdade decorre da sua configuração como um poder punitivo, incidindo, como observámos acima, sobre a pessoa da contraparte; e decorre também da sua unilateralidade, já que não existe na esfera jurídica do trabalhador um poder similar para reagir ao incumprimento do empregador[177].

Finalmente, na sua vertente sancionatória, o poder disciplinar laboral põe em causa o princípio do monopólio da justiça pública, porque permite ao empregador reagir directamente contra a violação de deveres do trabalhador de que ele próprio é destinatário — «vítima» do acto do trabalhador, o empregador é também o juiz desse acto, classificando a conduta do trabalhador como infracção disciplinar, conduzindo o processo tendente à verificação da gravidade da infracção e do grau de culpa do seu autor e aplicando, de acordo com os seus próprios critérios (ainda que subordinado aos princípios orientadores estabelecidos na lei — art. 27º da LCT), a sanção punitiva que considere adequada. Porque permite ao empregador julgar em causa própria e directamente infligir sanções aflitivas a outro sujeito privado na prossecução de interesses próprios, o poder disciplinar configura uma forma de justiça privada; e porque, com esta configuração punitiva, este poder não tem paralelo noutros negócios de direito privado, na nossa opinião ele contribui decisivamente para a singularização do contrato de trabalho.

IV. Enunciadas as questões dogmáticas subjacentes aos dois problemas envolvidos no elemento da pessoalidade, a sua conjugação permitir-nos-á concluir sobre o real significado daquele elemento na relação de trabalho e sobre a sua irredutibilidade dogmática ao nexo patrimonial do negócio jurídico.

No nosso entender, o elemento da pessoalidade tem um valor fundamental no vínculo de trabalho por evidenciar o posicionamento relativo desigual que as partes nele ocupam, que resulta, por um lado, da natureza peculiar da actividade de trabalho como bem jurídico (pela sua inseparabilidade do sujeito prestador), e, por outro lado, da natureza dominial do vínculo (pela sujeição do trabalhador aos poderes laborais, *verbi gratia,* ao poder disciplinar sancionatório). Mas exactamente por-

---

[177] Para mais desenvolvimentos sobre esta característica da unilateralidade do poder disciplinar laboral, *vd* o nosso *Do Fundamento...cit.,* 257.

que tem esta incidência subjectiva, cremos que este elemento não pode ser diluído no binómio de troca entre a actividade laboral e a retribuição (que evidencia antes a dimensão patrimonial e formalmente igualitária do vínculo), mas é, de facto, um *surplus* relativamente àquele binómio, devendo, por isso, tal como o elemento organizacional, ser ponderado autonomamente na reconstrução conceptual do contrato de trabalho.

Antes de procedermos a esta reconstrução, que nos ocupará no ponto seguinte, cabe apenas completar o nosso entendimento sobre o elemento da pessoalidade com a verificação da sua aptidão para explicar alguns aspectos do regime tutelar do direito do trabalho em relação à pessoa do trabalhador que, justamente pela sua incidência subjectiva, se têm revelado mais difíceis de justificar em termos dogmáticos. Esta verificação demonstra a utilidade prática do entendimento que subscrevemos para este elemento.

55.3. A aptidão explicativa do elemento da pessoalidade: a justificação da tutela de interesses pessoais do trabalhador subordinado e das quebras do sinalagma contratual em seu benefício previstas pelo sistema normativo laboral

I. No nosso entender, a revalorização do elemento de pessoalidade no sentido de evidenciar a conjugação da natureza peculiar da prestação laboral, pela sua inseparabilidade da pessoa do prestador, com a essência dominial do vínculo jurídico, pela sujeição do trabalhador aos poderes laborais de direcção e disciplina, que acabamos de propor, explica dois dos aspectos do regime da relação de trabalho que mais dificuldades colocaram à sua conciliação dogmática com o direito civil: o reconhecimento e a ampla tutela concedida pela lei a interesses pessoais do trabalhador que transcendem o contrato de trabalho; e os diversos casos de subsistência de deveres remuneratórios ou compensatórios do empregador na ausência de qualquer actividade laboral, que a doutrina tradicional integrava no conceito difuso de *dever de assistência*[178] e que as concepções obrigacionais modernas renomearam como *dever remuneratório amplo* do empregador[179].

---

[178] *Supra,* § 12º, 23.
[179] *Supra,* § 19º, 41.3.III.

II. Se atentarmos no sistema normativo português, verificamos, que, em paralelo com a tutela de interesses do empregador, não nessa qualidade mas na qualidade de empresário[180], a lei protege também interesses pessoais específicos do trabalhador que transcendem o contrato (ainda que se relacionem com ele), e que têm a ver com a sua realização profissional e cultural, como indivíduo, com a preservação da intimidade da sua vida privada e os direitos fundamentais inerentes, ou com as suas necessidades familiares.

Com referência à sua realização profissional e cultural, podem apontar-se, desde logo, o direito do trabalhador à ocupação efectiva (hoje reconhecido pela maioria da doutrina e da jurisprudência)[181], e a tutela da sua carreira na empresa (efectivada através do princípio da irreversibilidade da categoria, consagrado no art. 21º nº 1 d) da LCT, e do regime restritivo das despromoções, estabelecido no art. 23º do mesmo diploma): num como no noutro caso são ponderados interesses do trabalhador que têm a ver com a sua realização e imagem profissionais, mas em moldes que transcendem o contrato[182]. Da mesma forma, são interesses profissionais específicos do trabalhador e, em geral, a melhoria da qualidade da sua vida profissional, ainda que com repercussões no negócio, que são protegidos quando, por exemplo, o legislador condiciona a licitude do *jus variandi* pelo requisito da não modificação substancial da posição do trabalhador (art. 22º nº 7 da LCT) — usualmente reconduzido à necessidade de preservar a sua dignidade pessoal e profissional[183] — ou quando obriga o empregador a conciliar as suas exi-

---

[180] *Supra*, 54.2.II.

[181] Sobre o ponto, por todos, FURTADO MARTINS, *A relevância de elementos pessoais...cit.*, e *Despedimento ilícito...cit.*

[182] Neste sentido se compreende que alguns acórdãos refiram a violação pelo empregador do seu dever de ocupar efectivamente o trabalhador como vexatória e atentatória da dignidade profissional deste (por exemplo, Ac. STJ de 5/06/1985, AD, 289-98; Ac. RP de 2/06/1986, BMJ 358-604) e que seja admitida a tutela de danos não patrimoniais em resultado dessa violação (por exemplo, Acórdãos do STJ de 14/01/1987, BMJ 370-445, de 25/11/1988, AD 326-264, e de 22/09/1993, CJ, 1993, III, 269).

[183] Neste sentido FELICIANO DE RESENDE, *As prestações das partes...cit.*, 15 e nota [13], concebia este requisito como proibindo a colocação do trabalhador «numa situação hierárquica injustamente penosa». E o Ac. RP de 24/05/1993, CJ, 1993, III, 269, considerou que havia modificação substancial desde que ao trabalhador fosse exigido o desempenho de funções correspondentes a uma categoria inferior à sua.

gências negociais com os direitos do trabalhador que acumule essa qualidade com a de estudante, em matéria de coordenação do horário de trabalho ou de faltas para prestação de provas escolares (L. n° 116/97, de 4 de Novembro, e art. 23° n° 2 d) da LFFF).

Com referência à salvaguarda da intimidade da vida privada do trabalhador, são reconhecidos e têm sido invocados pela doutrina e pela jurisprudência direitos fundamentais dos trabalhadores contra excessos do empregador no *iter* negocial e, já em execução do contrato, no exercício dos seus poderes laborais. Assim, no *iter* negocial não será, em princípio, admissível inquirir o trabalhador sobre as suas opções em matéria religiosa, partidária, sexual ou familiar, nem sobre a sua situação física ou a sua saúde, se estes aspectos não tiverem uma relação directa com o objecto negocial ou com condições específicas do contrato; e, na pendência do vínculo laboral, o trabalhador mantém, em princípio, a sua liberdade de opinião e expressão na empresa, bem como a liberdade de gerir a sua vida privada e familiar como entender, não podendo, regra geral, ser sancionado por actos que pratique no exercício desses direitos[184].

---

[184] A questão é, como se disse, uma questão de princípio, já que alguns destes direitos podem ser limitados ou ter mesmo que ceder perante o contrato. Assim, num concurso para a celebração de um contrato de trabalho, se é, em princípio inadmissível uma pergunta sobre o estado de gravidez de uma candidata, essa pergunta já será de admitir se o trabalho a realizar corresponder a uma tarefa desaconselhada durante a gravidez, como será de admitir, por exemplo, a pergunta sobre a imunidade ao vírus da HIV do trabalhador que se candidata a um lugar de analista num laboratório. Da mesma forma, se é, em princípio, admissível que o trabalhador exprima livremente as suas convicções religiosas na empresa, este direito será limitado se ele for trabalhador de uma instituição confessional de outra religião; e se, em princípio, o trabalhador não pode ser sancionado pelo empregador em razão da forma como conduz a sua vida privada, já o poderá vir a ser em alguns casos, mesmo que essa situação não tenha afectado o seu desempenho contratual — assim, por exemplo, cremos ser admissível o despedimento de um educador infantil ou de um professor acusado de pedofilia, mesmo que sem qualquer relação com os seus alunos, ou o despedimento do caixa de um banco que emitiu um cheque sem provisão sobre outro banco. Sobre esta matéria, por todos, António da Rocha Menezes CORDEIRO, *O respeito pela esfera privada do trabalhador*, in A. MOREIRA (coord.), *I Congresso Nacional de Direito do Trabalho — Memórias*, Coimbra, 1998, 16-37, realçando-se a jurisprudência nacional e estrangeira indicada pelo autor; e, para uma perspectiva de direito comparado sobre este tema, vd Georges DOLE, *La liberté d'opinion et de conscience en droit*

Finalmente, é a ponderação de interesses privados ou familiares do trabalhador que está na base de inúmeras normas laborais — muitas das quais de base constitucional — incidentes em diversas matérias: assim, em matéria de remuneração, justificam-se na tutela das necessidades familiares do trabalhador normas que vão desde a previsão constitucional e legal de um nível remuneratório mínimo (art. 59º nº 2 a) da CRP e DL nº 69-A/87, de 9 de Fevereiro[185]) até à proibição da compensação da retribuição em dívida com créditos que o empregador tenha sobre o trabalhador (art. 95º nº 1 da LCT), entre outras; em matéria de mudança de local de trabalho, o requisito da ausência de «prejuízo sério» do trabalhador (estabelecido no art. 24º nº 1 da LCT) tem a ver com a ponderação de danos de ordem privada ou familiar que para ele podem advir da deslocação[186]; em matéria de tempo de trabalho, o regime jurídico tem em atenção as necessidades de descanso do trabalhador e a sua vida privada e familiar (é o que se nota em matéria de limitação das horas de trabalho e nos critérios familiares que a lei manda ponderar na organização dos horários — art. 5º ss. e art. 12º nº 3 e) da LDT); a mesma motivação transparece nas normas legais que se referem ao descanso semanal e às férias (art. 35º ss. da LDT e art. 2º ss. da LFFF); e os interesses pessoais e familiares dos trabalhadores são também ponderados no regime jurídico das faltas, como se comprova pelas diversas faltas justificadas em motivos extra-laborais, como o casamento do trabalhador, o falecimento de seus parentes ou afins, a sua doença, ou a prática de determinados actos que nada têm a ver com o contrato (art. 23º nº 2 a), b) e e) da LFFF), ou no interesse da protecção da maternidade e da paternidade e da conciliação entre a vida profissional e a vida familiar dos trabalhadores (L. nº 4/84, de 5 de Abril[187] e art. 23º nº 2 e) da LFFF); e são ainda interesses pessoais

---

comparé du travail, I, Paris, 1997; especificamente sobre o problema nas empresas ou organizações de tendência, ainda António Dias COIMBRA, *«Empresas» de tendência e trabalho dependente,* RDES, 1989, 1/2, 197-228.

[185] Este diploma foi sucessivamente alterado pelo DL nº 411/87, de 31 de Dezembro, pelo DL nº 494/88, de 30 de Dezembro, pelo DL nº 41/90, de 7 de Fevereiro, pelo DL nº 14-B/91, de 9 de Janeiro e pela L. nº 45/98, de 6 de Agosto.

[186] Neste sentido, por exemplo, o Ac. STJ de 26/05/1993, AD 382-1072, reporta o prejuízo sério à situação pessoal e familiar do trabalhador deslocado.

[187] Sobre as sucessivas alterações deste regime jurídico, *vd, supra,* 54.3.II. e nota [107].

do trabalhador que presidem ao regime de suspensão do contrato de trabalho por motivos atinentes ao trabalhador (art. 3º da LSCT).

III. Por outro lado, como é sabido, o sistema normativo prevê múltiplos casos em que o empregador é obrigado a manter o seu dever remuneratório ou a compensar financeiramente o trabalhador em situações em que este não desenvolve qualquer actividade laboral, ou porque o contrato se encontra suspenso ou por efeito de vicissitudes ocorridas durante a sua execução normal, que envolvam a não prestação do trabalho; e, como é sabido, por força do vínculo laboral, o empregador assume ainda obrigações de natureza pública para com o Estado, obrigando-se a contribuir para o sistema de segurança social.

Com referência às situações de suspensão do contrato, a lei prevê que o empregador mantenha o seu dever retributivo para com o trabalhador, por exemplo, no caso da suspensão por motivos técnicos que exijam o encerramento temporário da empresa (art. 78º nº 1 da LCT[188]), no caso da suspensão em razão da crise da empresa que determine a aplicação do regime jurídico do *lay off* (embora neste caso a obrigação retributiva do empregador não corrresponda à totalidade do salário — arts. 6º nº 1 e 10º nº 1 a) da LSCT) e até em caso de declaração de falência do empregador (art. 56º nº 1 da LCCT). Por outro lado, prevê-se que o empregador compense o trabalhador do prejuízo salarial decorrente da verificação de uma situação de risco social que o atinja (acidente de trabalho, doença profissional e doença não profissional) e que, pela sua duração, determine a suspensão do vínculo — ou de forma directa ou (como é regra) de forma indirecta, através de companhias de seguros (no caso da responsabilidade por acidentes de trabalho e doenças profissionais) ou do sistema de segurança social (para as outras situações de risco social). E, ainda com referência às situações de suspensão do contrato, a regra geral é da consideração do tempo de suspensão como tempo de serviço efectivo, o que confere ao trabalhador as mesmas vantagens financeiras que lhe caberiam caso tivesse efectivamente trabalhado, e que ficam a cargo do empregador: assim, a lei determina que, nos casos de suspensão do contrato de trabalho por motivo de doença profissional ou não profissional e de acidente de tra-

---

[188] Se entendermos que esta norma ainda está em vigor — sobre este problema, cfr., *supra*, § 2º, 2.IV. e nota [122]. Também em sentido afirmativo, se pronunciou, por exemplo, o Ac. RLx. de 9/03/1994, CJ, 1994, II, 153.

balho (art. 26° n° 3 da LFFF), por motivos imputáveis ao trabalhador ou à empresa (art. 2° n° 2 da LSCT), para gozo da licença de maternidade e das licenças especiais para assistência a filhos (art. 32° da L. n° 4/84, de 5 de Abril, na redacção e renumeração introduzidas pela L. n° 142/99, de 30 de Agosto), ou para gozo de outras licenças sem retribuição (art. 16° n° 5 da LFFF), não sejam afectados quaisquer direitos do trabalhador não atinentes à prestação efectiva do trabalho, o que implica, por exemplo, a contagem do tempo de suspensão para efeitos de antiguidade, de progressão na carreira ou de cálculo da indemnização compensatória em caso de despedimento sem justa causa e em caso de reforma do trabalhador.

Com referência à execução normal do contrato, há também diversas situações em que o empregador mantém o seu dever remuneratório sem que o trabalhador desenvolva qualquer actividade. Assim, por exemplo, o trabalhador tem direito a ser «remunerado» durante os feriados (dias em que não trabalha porque a lei impõe ao empregador o encerramento da empresa — art. 20° da LFFF)[189], não perde o direito à «retribuição» quando a não prestação do trabalho for devida a uma falta justificada, na maioria dos casos (é o que se passa com a maior parte das faltas justificadas nos termos do art. 26° n° 1 da LFFF[190], com as dispensas das trabalhadoras grávidas para consultas pré-natais e das trabalhadoras mães para amamentação e aleitação, bem como com as faltas do pai por ocasião do parto — arts. 14° n°s 1, 2 e 3, 11° n° 1 e 23° da L. n° 4/84, de 5 de Abril, na redacção introduzida pela L. n° 142/99, de 31 de Agosto) e, se for delegado sindical ou membro da comissão de trabalhadores, tem ainda direito, dentro de certos limites, a um cré-

---

[189] Não estamos, naturalmente, a considerar aqui as situações em que a lei permite às empresas laborarem em dias não úteis — como se verifica quanto às empresas de laboração contínua e a alguns estabelecimentos comerciais (arts. 24° e 26° da LDT e art. 1° do DL n° 48/96, de 15 de Maio) — mas o caso geral.

[190] Aliás, deve notar-se que na maioria dos casos em que a lei prevê a perda da retribuição apesar da justificação da falta, existe um subsídio compensatório, a cargo da segurança social ou então a falta já acresce a outra ausência considerada como justificada e retribuída — como sucede com as faltas dadas por membros da comissão de trabalhadores ou por delegados sindicais para prática de actos inadiáveis no exercício das suas funções, mas já tendo esgotado o crédito de horas previsto para o desenvolvimento daquelas funções — art. 23° n° 2 c) da LFFF. Apenas em alguns casos, a falta considerada justificada não é «retribuída» pelo empregador nem compensada pelo sistema de segurança social.

dito de horas para o exercício de funções nessa qualidade, que são retiradas ao seu tempo de trabalho mas que o empregador deve «retribuir» como se o trabalho tivesse sido efectivamente prestado (art. 22º nº 2 da LS e art. 20º da LComT); por outro lado, tal como verificámos em relação ao regime jurídico das situações de suspensão acima descritas, estas faltas e ainda outros casos em que o trabalhador fica dispensado da prestação do trabalho (como o caso da adesão à greve) são, via de regra, considerados como tempo de serviço efectivo para a generalidade dos efeitos negociais, com as consequências daí decorrentes — neste sentido, dispõem, para a generalidade das faltas justificadas, o art. 26º nº 1 da LFFF, para o crédito de horas e outras faltas dos delegados sindicais e dos membros das comissões de trabalhadores no exercício das suas funções, os arts. 22º da LS e 20º nº 9 da LComT, quanto às faltas ligadas à maternidade e à assistência à família, o art. 23º da L. nº 4/84, de 5 de Abril, na redacção introduzida pela L. nº 142/99, de 31 de Agosto, e, quanto à greve, o art. 7º nº 3 da LG. Além disso, o empregador tem o dever de pagar ao trabalhador durante as férias uma «retribuição», que não pode ser inferior ao que receberia se estivesse a trabalhar, acrescido de um montante igual, a título de subsídio de férias (art. 6º nºˢ 1 e 2 da LFFF), bem como, anualmente, um subsídio de Natal, de valor correspondente a um mês de retribuição (art. 2º nº 1 do DL nº 88/96, de 3 de Julho) — montantes estes que não estão, regra geral, condicionados ao trabalho efectivamente prestado ao longo do ano, nos termos do art. 2º nº 2 da LFFF e do art. 2º nº 2 do DL nº 88/96, de 3 de Julho[191]. E, por último, como referimos acima, o empregador tem o dever de inscrever o trabalhador no sistema de segurança social e de contribuir financeiramente para esse sistema, através do pagamento de uma percentagem, fixada por lei, sobre o valor da remuneração — arts. 20º nº 2, 8º e 24º nº 1 e 2 da Lei de Bases da Segurança Social (L. nº 28/84, de 14 de Agosto).

---

[191] Apenas se estes direitos à retribuição durante as férias e correspondente subsídio se reportarem aos anos de admissão ou de cessação do vínculo laboral a lei prevê regras especiais que os condicionam ao tempo em que o contrato esteve em execução, mas, de qualquer modo, não ao tempo efectivo de serviço — art. 3º nºˢ 2 e 3 e art. 10º da LFFF. No caso do subsídio de Natal, também se verifica este condicionamento, acrescido de um outro que, este sim, se liga ao serviço efectivo, que é o caso da suspensão do contrato por impedimento prolongado (art. 2º nº 2 do DL nº 88/96, de 3 de Julho).

IV. O problema dogmático colocado pelos dois aspectos do regime jurídico da relação de trabalho descritos decorre, por um lado, da dificuldade de explicar, num vínculo negocial e patrimonial de direito privado, uma tutela tão ampla de interesses extra-negociais específicos de uma das partes, que têm a ver com a sua pessoa e com as necessidades da sua família, sendo certo que esta tutela é efectivada à custa do contrato e, com frequência, com o sacrifício dos interesses legítimos do credor da prestação; e, por outro lado, da dificuldade de explicar a quebra do nexo sinalagmático do contrato em benefício do trabalhador, que se evidencia na obrigação remuneratória ampla do empregador — já que, apesar de a lei se referir expressamente a alguns dos deveres que integram esta obrigação como prestações retributivas[192], a designação é imprópria porque, não se verificando a actividade de trabalho, falta também o elemento de «contrapartida» desse trabalho, essencial ao conceito de retribuição, nos termos do art. 82º nº 1 da LCT.

Como é sabido, tanto a tutela de interesses pessoais e familiares do trabalhador como a obrigação remuneratória acrescida do empregador são aspectos típicos do regime jurídico do trabalho subordinado que não se estendem a outras formas de enquadramento da actividade laborativa (*verbi gratia*, à prestação de serviços), mesmo quando esta actividade é desenvolvida no seio de uma organização, de forma continuada e, quiçá, com sujeição a instruções do credor do serviço.

Ora, no nosso entender, esta diferença só pode explicar-se pelo diferente peso do elemento da pessoalidade nas duas situações jurídicas. Sendo certo que tanto no contrato de trabalho como no contrato de prestação de serviço está em causa uma prestação de *facere*, cuja execução exige sempre, pela natureza das coisas, um certo envolvimento pessoal do devedor, é porque no caso laboral este envolvimento implica uma indeterminação permanente da prestação e a sujeição ao poder disciplinar (inexistente no outro caso), que o sistema jurídico reconhece a necessidade de uma ampla protecção do trabalhador contra os efeitos perversos da sua permanente disponibilidade e da sua subordinação ao

---

[192] Assim, expressamente, a lei refere-se à *retribuição* devida no período de férias, à *retribuição* das faltas justificadas ou à *retribuição* do crédito de horas dos representantes dos trabalhadores — arts. 6º e 26º da LFFF e art. 22º nº 2 da LS.

empregador, e que efectiva essa protecção à custa do próprio contrato. E é também pelo maior peso do envolvimento pessoal do trabalhador no contrato de trabalho do que noutros contratos de serviço que a lei o compensa também do ponto de vista financeiro, fazendo recair sobre o empregador encargos materiais que o credor de uma prestação de serviço não tem que assumir — não podendo ser qualificadas como uma contrapartida do trabalho, as obrigações patrimoniais acrescidas do empregador são, afinal, fáceis de compreender como uma compensação do empregador ao trabalhador pela especial disponibilidade que este assumiu com a celebração do vínculo e que diminui sempre as suas possibilidades de obtenção de recursos por outras vias.

Mas se é certo que uma tutela tão ampla da pessoa e da suficiência patrimonial do trabalhador faz sentido pela inseparabilidade da actividade laboral em relação ao prestador, só pode ser pela singularidade da situação do trabalhador subordinado que esta tutela não se estende a outros contratos, que também enquadram prestações laborativas. Ao mesmo tempo que evidenciam a utilidade prática do elemento da pessoalidade na construção proposta, estes aspectos do regime jurídico do contrato de trabalho confirmam a singularidade dogmática deste contrato no panorama jurídico-negocial privado.

V. Reconstruído o elemento da pessoalidade nos termos indicados e provada a utilidade prática da construção proposta, com a verificação da aptidão deste elemento para explicar alguns aspectos do regime jurídico do contrato de trabalho, resta proceder à junção deste elemento com o elemento organizacional, na nova construção do vínculo laboral que vamos, de imediato, apresentar.

56. Conclusão: a singularidade do contrato de trabalho e do vínculo laboral pela complexidade do seu conteúdo — a relação de trabalho e a relação de emprego. A importância do vínculo laboral para a afirmação da autonomia dogmática do direito do trabalho

I. Chegados a este ponto do nosso estudo, estamos aptos a apresentar a nossa proposta de conceptualização do vínculo laboral e a demonstrar como, na construção defendida, este vínculo contribui para a afirmação da autonomia científica do direito do trabalho na ordem jurídica privada.

Na base da nossa construção encontram-se quatro premissas que, por emergirem do percurso reflexivo que fomos trilhando na apreciação desta temática, tendo sido oportunamente justificadas, nos limitamos a enunciar: a configuração negocial do vínculo laboral; a essência patrimonial e conflitual do contrato de trabalho; a relevância autónoma dos elementos de inserção organizacional e de pessoalidade no conteúdo do vínculo; e a irredutibilidade dogmática destes elementos ao nexo obrigacional e patrimonial do contrato.

Em primeiro lugar, a exposição anterior legitima a afirmação de que partimos para a apreciação desta temática, segundo a qual, no sistema jurídico português, o vínculo laboral é um vínculo jurídico negocial porque assenta no acordo das partes e porque a moldura do seu regime jurídico é globalmente negocial[193]: no caso português, a reconstrução dogmática da relação laboral é a reconstrução do próprio contrato de trabalho. Por este motivo, nos referiremos de forma indiferenciada ao contrato de trabalho e ao vínculo jurídico dele emergente nas páginas seguintes.

Em segundo lugar, as reflexões anteriores confirmam a essência simultaneamente patrimonial e conflitual do vínculo laboral no nosso sistema jurídico, que sustentámos como consequência da recusa do entendimento tradicional dos elementos de pessoalidade e de comunidade: o contrato de trabalho tem um conteúdo patrimonial essencial, pelo inequívoco valor económico das prestações principais das partes (a prestação de trabalho e prestação remuneratória); e é um vínculo eminentemente conflitual, pela incontornável e intensa oposição entre os interesses essenciais dos contraentes[194]. A construção que vamos fazer assenta neste reconhecimento.

Como terceira premissa da nossa construção, a exposição anterior viabiliza, todavia, a afirmação de que o nexo patrimonial não esgota o conteúdo do vínculo jurídico-laboral, nele relevando ainda dois outros elementos: um elemento organizacional e um elemento de pessoalidade. Como vimos, o elemento organizacional manifesta-se no facto de a colaboração das partes se processar no seio da organização predisposta pelo empregador, na partilha de interesses secundários pelas partes e no reconhecimento e na tutela legal de interesses de gestão específicos do

---

[193] Cfr., *supra*, 53.II.
[194] Cfr., *supra*, 53.III.

empregador[195]; e a valorização deste elemento no contrato de trabalho permite explicar a interdependência natural e jurídica dos múltiplos vínculos laborais que coexistem nessa organização[196]. Por seu turno, o elemento de pessoalidade revela-se na inseparabilidade entre a actividade de trabalho e a pessoa do trabalhador, conjugada com a sujeição deste aos poderes laborais, *maxime* ao poder disciplinar sancionatório[197]; e a sua valorização no conteúdo do vínculo jurídico permite explicar a ampla tutela legal da pessoa e dos interesses pessoais e familiares do trabalhador à custa do contrato e, concretamente, através da oneração da posição jurídica do empregador[198].

A última premissa para a nossa construção, que a exposição anterior viabiliza, é a da incompatibilidade dogmática destes elementos com um recorte puramente obrigacional e patrimonial do contrato de trabalho, ao contrário do que sustentam as concepções obrigacionais, com base no conceito de obrigação remuneratória ampla do empregador e na redução da subordinação do trabalhador às necessidades de heterodeterminação da prestação laborativa. Ao evidenciar os interesses específicos de gestão do empregador (que são, como vimos, justificados no seu direito de livre iniciativa económica e não no contrato), e ao «normalizar» em nome desses interesses a alteração do acordo negocial por vontade de uma das partes, em termos que, com frequência, não eram sequer previsíveis *ab initio,* o elemento organizacional não é compatível com a total funcionalização da posição debitória do trabalhador às necessidades de concretização da prestação laborativa, uma vez que a conduta que lhe é exigida vai muito além daquilo que seria legítimo ao credor impor-lhe no exercício de um poder de escolha ou concretização do objecto negocial genericamente fixado no contrato[199]. Por outro lado, ao evidenciar a singularidade da actividade laboral enquanto bem jurídico, pela sua inseparabilidade da pessoa do trabalhador, o elemento da pessoalidade mostra-se incompatível com uma visão exclusivamente patrimonial do objecto negocial, que passa, como vimos[200], pela materialização total da prestação de trabalho; ao revelar a posição

---

[195] Cfr., *supra,* 54.1.
[196] Cfr., *supra,* 54.3.
[197] Cfr., *supra,* 55.1. e 2.
[198] Cfr., *supra,* 55.3.
[199] Cfr., *supra,* 54.2.
[200] Cfr., *supra,* 55.2.II.

negocial desnivelada das partes no vínculo jurídico, pela sujeição do trabalhador aos poderes laborais, este elemento contraria ainda o princípio de igualdade típico das situações jurídicas privadas e que, no caso laboral, se cinge, quando muito, ao nexo de troca entre as prestações laborativa e retributiva acordadas; e, finalmente, este elemento demonstra o carácter redutor do conceito de «obrigação remuneratória ampla» para explicar o débito negocial alargado do empregador, porque uma parte do regime jurídico de tutela dos interesses pessoais e familiares do trabalhador (que procura compensar a inferioridade da sua posição negocial e contornar os efeitos perversos da inseparabilidade entre a prestação de trabalho e a sua pessoa), passa pela imposição ao empregador de deveres não patrimoniais, como tivemos ocasião de verificar[201].

II. Com base nos pressupostos indicados e recuperando uma concepção que já sustentámos noutra sede[202], defendemos que a conceptualização do contrato de trabalho seja feita a partir da distinção de duas zonas no seu conteúdo, correspondentes a dois binómios essenciais, e a partir das quais se podem isolar duas situações jurídicas relativas menores no seio da situação laboral: a *zona obrigacional* do contrato, delimitada pelo binómio actividade laborativa/remuneração e que dá lugar àquilo que designamos como *relação de trabalho*; e a *zona laboral*, correspondente ao binómio subordinação jurídica/poderes laborais e cuja conjugação com a zona anterior dá lugar ao que chamamos *relação de emprego*. No nosso entender, apesar de prosseguirem apenas um objectivo de clarificação analítica, dada a ligação umbilical entre as duas zonas e as duas relações referidas, estas distinções são essenciais para aferir da complexidade do conteúdo do vínculo laboral sem escamotear nenhum dos seus aspectos; e são também imprescindíveis para fixar, em definitivo, os pontos de contacto e os pontos de separação entre o contrato de trabalho e outros negócios obrigacionais envolvendo igualmente a prestação de uma actividade laborativa para outrem e, nessa

---

[201] Cfr., *supra*, 55.?.

[202] Cfr., o nosso *Do Fundamento...cit.*, *maxime* 428 ss. Deve ter-se, no entanto, em consideração que, sendo então objectivo do nosso estudo a dilucidação do problema do fundamento dogmático do poder disciplinar laboral, esta concepção foi apenas sumariamente desenvolvida. Os resultados a que a presente reflexão sobre o vínculo laboral já nos conduziu permitirão agora completar o entendimento que nessa obra deixámos esboçado.

medida, para concluir sobre a importância do vínculo laboral como argumento para a afirmação da autonomia dogmática do direito do trabalho.

III. A *zona obrigacional* do contrato de trabalho, delimitada pelo binómio actividade laborativa/remuneração, tem a ver com as prestações principais das partes, previstas com um maior ou menor grau de determinação no acordo negocial, e com a relação que elas estabelecem na respectiva troca — porque atinente aos bens jurídicos integrativos do objecto negocial, esta zona corresponde àquilo que poderemos designar como a parcela objectiva do contrato de trabalho. À relação jurídica de escambo que ela faz surgir entre as partes chamamos *relação de trabalho*, tomando o termo *trabalho* no sentido correspondente ao conceito de actividade laborativa que isolámos na parte introdutória da investigação[203] justamente para enfatizar o facto de, por si só, este binómio objectivo do contrato recortar a parte do seu conteúdo que é comum a outros negócios e não a parte que o singulariza.

Esta zona do contrato de trabalho confirma a sua natureza creditícia e patrimonial (porque envolve uma operação de escambo entre dois bens jurídicos com valor económico) e a sua essência conflitual (uma vez que os interesses subjacentes às prestações das partes — o interesse do trabalhador na remuneração e o interesse do empregador no aproveitamento da energia laborativa de outrem em seu benefício — são opostos), ao mesmo tempo que justifica a sua caracterização como contrato sinalagmático (pela correspectividade das prestações em causa, ressalvados os desvios decorrentes do âmbito alargado da obrigação remuneratória do empregador) e de execução continuada (pelo desenvolvimento da actividade de trabalho ao longo do tempo e pelo carácter periódico da obrigação retributiva). Por outro lado, porque o conteúdo da actividade laborativa é relativamente indeterminado, esta zona do contrato pode ainda justificar a titularidade do poder directivo pelo empregador, pelo menos enquanto este poder seja concebível como um poder de especificação da prestação do trabalhador.

Todavia, se a apreciarmos isoladamente, verificamos que a zona obrigacional do contrato de trabalho corresponde à parcela do seu conteúdo que é comum a outras figuras negociais que enquadram uma actividade de trabalho livre e remunerada para satisfação de necessidades

---

[203] *Supra*, § 3°, 4.3.IV.

alheias (ou seja, no sentido que atribuímos à expressão *actividade laborativa*), já que também nestes casos a actividade prestada pode ser, e é na verdade com frequência, relativamente indeterminada e desenvolvida de forma continuada, o pagamento pode ser fraccionado ou efectuado com uma certa periodicidade e o devedor se sujeita às instruções do credor no cumprimento da prestação[204] — tomada por si só, esta parcela do vínculo laboral revela pois as suas afinidades e não as suas diferenças em relação a outros vínculos negociais.

É a partir desta constatação que consideramos que esta zona do contrato investe as partes naquilo a que chamámos a *relação de trabalho*: situação jurídica relativa, patrimonial e obrigacional, a *relação de trabalho* surgirá sempre que um sujeito desenvolva de forma livre, remunerada e continuada a sua actividade manual ou intelectual (i.e., em termos sociológicos, o seu trabalho) para satisfação de necessidades alheias, podendo, desde que se verifique alguma indeterminação da prestação, ser dirigido pelo credor no respectivo cumprimento. Neste sentido amplo, a *relação de trabalho* é uma situação jurídica comum aos fenómenos do trabalho subordinado e do trabalho autónomo, ao trabalho prestado no quadro de um vínculo jurídico privado e no âmbito de um vínculo jurídico público, e explica os muitos pontos de contacto entre os diferentes regimes jurídicos aplicáveis a cada um destes fenómenos.

Mas, se esta zona do contrato de trabalho revela a origem sociológica comum e as afinidades dos regimes jurídicos das diversas formas de trabalho humano, forçoso se torna concluir que ela não permite operar a singularização do vínculo laboral. Na verdade, como já sustentámos noutra sede[205], se na apreciação do contrato de trabalho tomássemos apenas em consideração o binómio objectivo de troca entre as prestações laborativa e retributiva, o contrato de trabalho poderia ser dogmaticamente reconduzido a uma modalidade do contrato de presta-

---

[204] Pense-se, por exemplo, no contrato de avença celebrado entre uma empresa e um advogado, em que este se obriga a tratar de todos os assuntos jurídicos da empresa, sendo para esse efeito «remunerado» mensalmente. Ainda que no cumprimento da prestação o advogado mantenha a sua autonomia, é também concebível neste contrato a sujeição a instruções do mandante nos termos gerais — art. 1161° do CC. Vd as nossas referências a este ponto, *supra*, § 19°, 42.III.

[205] *Do Fundamento...cit.*, 430.

ção de serviço, como sucede noutros sistemas jurídicos[206] e como foi sugerido entre nós — ainda que como mera hipótese teórica, dada a diferente opção do legislador português — pelos subscritores da concepção obrigacional, como corolário natural da recondução das especificidades do vínculo laboral a um ou a outro dos termos deste binómio[207]; ou então, noutra alternativa teórica, as figuras do contrato de trabalho (subordinado) e do contrato de prestação de serviço poderiam ser reconduzidas a modalidades de uma figura de contrato de trabalho em sentido amplo — opção defendida há cem anos pelos pioneiros da dogmática laboral germânica[208] e que, no caso português, corresponderia até melhor à letra da lei, uma vez que o elemento comum às duas espécies negociais é, nos termos expressos dos arts. 1152º e 1154º do CC, a existência de uma «*actividade* intelectual ou manual» (art. 1152º) ou de um «*trabalho* intelectual ou manual» (art. 1154º)[209], e não a prestação de um serviço.

IV. No entanto, como fomos confirmando ao longo da exposição, o binómio actividade laborativa/remuneração não esgota o conteúdo do vínculo laboral, tendo que ter-se em conta, desde logo por imposição da lei na noção de contrato de trabalho (arts. 1152º do CC e 1º da LCT), que a prestação da actividade manual ou intelectual deverá ser feita, no contrato de trabalho «sob a autoridade e direcção [do empregador]»; e verificando-se, por outro lado, que os deveres de cada uma das partes não se esgotam no cumprimento das suas prestações principais.

Assim, ao lado da zona obrigacional revela-se no conteúdo do contrato de trabalho aquilo que designámos como a *zona laboral* (no sentido dominial que atribuímos ao termo), que é integrada pelo binómio subordinação jurídica/poderes laborais e que evidencia a posição desnivelada que as partes assumem no vínculo. A subordinação jurídica reconduz-se, como vimos, a uma posição subjectiva de obediência e de disponibilidade do trabalhador perante o empregador, que, apesar de fun-

---

[206] É como vimos, *supra*, § 2º, 1.4.II. e nota [99], o caso germânico e o caso austríaco — § 611 do BGB e § 1151 do ABGB.

[207] É, como vimos, *supra*, § 19º, 41.5.III., a possibilidade sugerida por MENEZES CORDEIRO, *Manual...cit.*, 518.

[208] *Supra*, § 3º, 4.3.IV. e nota [165].

[209] Itálicos nossos.

cionalizada às exigências contratuais, tem um conteúdo amplo, pelas possibilidades igualmente amplas de modificar unilateralmente o contrato que assistem ao empregador; e os poderes laborais desdobram-se numa vertente directiva e numa vertente disciplinar, sendo o domínio que eles atribuem ao empregador na condução do negócio de imputar, sobretudo, à vertente disciplinar sancionatória, que assegura a eficácia dos comandos emitidos ao abrigo da vertente directiva.

Para além da sua importância para a distinção do contrato de trabalho em relação a negócios afins — *verbi gratia*, pela singularidade da componente disciplinar da posição de domínio do empregador —, a zona laboral revela a riqueza e a complexidade do contrato pela forma como interfere na zona obrigacional. É que, apesar de se reportar à posição subjectiva dos contraentes e não ao objecto do negócio, esta zona obriga a introduzir alterações nas prestações principais e faz surgir, ao lado destas, novos deveres: é por efeito desta interferência que, da parte do trabalhador, a delimitação da actividade de trabalho é completada pela ideia de disponibilidade, e que ao dever principal de prestar o trabalho se vêm somar os deveres atinentes à disciplina da organização (os deveres correspondentes ao poder disciplinar prescritivo e os deveres para com outros trabalhadores) e a sujeição a alterações do acordo negocial por iniciativa do empregador; e é ainda em resultado desta interferência que se justificam, da parte do empregador, o alargamento da sua obrigação remuneratória e a adstrição a deveres acessórios para tutela dos interesses pessoais e familiares do trabalhador (incluindo, no caso português, a tutela do próprio direito à segurança no emprego), em sacrifício do contrato.

A grande riqueza mas também a maior complexidade do conteúdo do vínculo laboral decorre pois, na nossa perspectiva, da ligação entre as duas zonas referidas.

V. É deste nexo entre a zona laboral e a zona obrigacional do contrato de trabalho que emerge a situação jurídica que designámos como *relação de emprego*. Na nossa opinião, o isolamento desta situação na apreciação do contrato de trabalho tem uma importância fundamental para a sua compreensão dogmática, porque é ela que permite reconciliar o vínculo jurídico com a sua origem privada sem retirar qualquer valor à sua componente dominial, ao mesmo tempo que confirma, através desta componente dominial, a sua singularidade.

A relação de emprego pode definir-se como a situação jurídica relativa e complexa, com elementos patrimoniais e pessoais, e, apesar de privada (pela posição formal de igualdade dos titulares e pela natureza particular dos interesses em causa), não paritária, que se estabelece entre o empregador e o trabalhador, por força do débito negocial alargado que cada um deles assume em razão da relevância, no conteúdo do contrato de trabalho, dos elementos de inserção organizacional necessária e de pessoalidade e dos interesses específicos de cada uma das partes, que vimos estarem subjacentes a estes dois elementos — com referência ao elemento organizacional, os interesses de gestão do empregador[210]; e, com referência ao elemento de pessoalidade, os interesses pessoais e familiares do trabalhador[211], entre os quais se destaca o interesse numa maior estabilidade económica e profissional, amplamente tutelado pelo sistema jurídico português. A escolha do termo *relação de emprego* para a designação desta parcela do conteúdo do vínculo laboral tem pois um duplo sentido: por um lado, ela pretende enfatizar o facto de ser aqui relevada a inserção do trabalhador numa organização alheia (ou seja, uma ideia de pertença), que inere à situação jurídica laboral independentemente de qualquer construção institucionalista ou comunitária e com a qual é sociologicamente conotado o vocábulo *emprego*; e, com particular incidência no caso português, esta designação pretende também realçar o facto de o regime jurídico de tutela do trabalhador subordinado incluir, como um dos seus pontos altos, a protecção do trabalhador em matéria de cessação do contrato, que a nossa Constituição traduziu, no art. 53°, através da conhecida fórmula do «direito à segurança no *emprego*» (itálico nosso) e ao qual já tivemos ocasião de nos referir neste trabalho[212] [213].

Procedendo agora à integração do seu conteúdo, diremos que, como situação jurídica complexa, a relação de emprego implica a titularidade

---

[210] *Supra*, 54.2., *maxime* II e V.
[211] *Supra*, 55.3.II. e III.
[212] *Supra*, § 22°, 49.5. VIII. a XI.
[213] Não empregamos pois aqui o termo *emprego* no sentido subjectivo que já teve tradição na nossa ordem jurídica laboral e se mantém ainda noutros sistemas como o belga ou o francês, ou seja, para efeitos da qualificação do trabalhador subordinado como operário ou como empregado, de acordo com o critério da natureza predominantemente manual ou intelectual das tarefas desenvolvidas, até porque, apesar de constar ainda da lei, esta distinção perdeu quase todo o seu alcance prático. O que pretendemos salientar com esta designação são as ideias de inserção numa determinada empresa ou organização e de estabilidade profissional que, em geral, e muito especialmente no caso português pela forte tutela em matéria de despedimento, são usualmente associadas ao termo *emprego*.

de posições jurídicas passivas e activas pelas duas partes, justificadas pelos interesses enunciados acima. Assim, do lado passivo, o trabalhador obriga-se, em paralelo com o desenvolvimento da sua actividade intelectual ou manual (que constitui o seu débito obrigacional) e em prossecução dos interesses de gestão do empregador, a cumprir outros deveres atinentes à organização e, dentro de certos limites, a suportar a modificação do acordo negocial pela outra parte; enquanto o empregador se obriga, ao lado do dever de pagar o trabalho prestado (que constitui o seu débito obrigacional) e em prossecução dos interesses pessoais e familiares do trabalhador, incluindo a sua estabilidade económica e profissional, a «remunerar» o trabalhador em situações de não prestação do trabalho, a observar deveres não patrimoniais (como os de cuidado e segurança) e até a sacrificar o cumprimento pontual do contrato àqueles interesses do trabalhador. Mas, do lado activo, o trabalhador tem, de forma correspondente, direito a uma ampla protecção legal de conteúdo pessoal e patrimonial, beneficiando, designadamente, da independência da remuneração em relação aos resultados da produção e do regime restritivo da cessação do contrato de trabalho por iniciativa do empregador; enquanto o empregador vê compensado o seu débito negocial acrescido com a titularidade dos poderes laborais e, designadamente, com a possibilidade de assegurar a prevalência dos seus interesses de gestão sobre o acordo negocial, que lhe confere, com grande eficácia, a titularidade do poder disciplinar.

Descrito o conteúdo da relação de emprego, torna-se fácil justificar a sua importância para a compreensão da componente dominial do vínculo jurídico laboral e, não obstante essa componente, para a reconciliação do contrato com a sua inserção jurídica privada, conforme referimos: no nosso entender, a reconciliação do contrato com o direito privado é viabilizada pelo nexo que existe entre os deveres das partes nesta relação e pelo equilíbrio entre os interesses prosseguidos nesta zona do contrato; e a sua essência dominial explica-se por um raciocínio de inevitabilidade que acaba, afinal, por ser legitimado pelo ordenamento jurídico.

Por um lado, como decorre do exposto, há uma certa correspondência entre as posições jurídicas das partes na relação de emprego, uma vez que os deveres que para elas emergem desta zona do contrato têm uma contrapartida directa ou indirecta em situações activas na titularidade do outro contraente. Ora, assim sendo, parece-nos que, mesmo não consubstanciando um nexo sinalagmático em sentido técnico, esta correspondência contribui para reconciliar o contrato de trabalho com o direito privado porque explica os desvios do seu regime em relação às regras gerais de cumprimento dos contratos bilaterais provocados pelas projecções da zona laboral na zona creditícia do negócio: se é certo que há desvios relativamente à obrigação principal do empregador, também os há, afinal, em relação ao trabalhador, e uns e outros são compensados por situações activas particularmente favoráveis. A relação de emprego evidencia assim um novo aspecto do equilíbrio negocial das partes, que não é usualmente enfocado pela doutrina na apreciação do vínculo laboral.

Por outro lado, este diferente equilíbrio das partes na prossecução dos interesses subjacentes à relação de emprego permite ainda tirar uma outra ilação, a reportar não já ao contrato de trabalho mas ao direito do trabalho no seu todo: afinal, se, como vimos, para além de proteger o trabalhador, o sistema jurídico laboral tutela também os interesses de gestão do empregador, confirma-se em definitivo a insustentabilidade da concepção tradicional segundo a qual o direito do trabalho teria uma vocação *exclusivamente* proteccionista e unilateral, ainda que se continue a admitir que a protecção do trabalhador seja *uma* das suas metas mais importantes[214]; e, evidentemente, esta conclusão reaproxima a área jurídica do direito privado.

Mas — e chegamos ao ponto fundamental! — no nosso entender, esta reconciliação do vínculo laboral com o direito privado não pode significar, em caso algum, a diminuição artificial da sua essência dominial, porque esta essência se justifica por uma razão de inevitabilidade atinente aos interesses prosseguidos na relação de emprego, que foi reconhecida e legitimada pelo sistema jurídico.

De facto, se tivermos em atenção os interesses de gestão do empregador e os interesses pessoais e familiares do trabalhador subjacentes à relação de emprego, verificamos que os poderes laborais (nomeadamente na sua componente disciplinar sancionatória) não podem, apesar da sua configuração privada, deixar de ser concebidos como poderes dominiais,

---

[214] Acentuamos o termo *exclusivamente,* no texto, para deixar claro que não pomos em causa a vocação proteccionista da área jurídica, mas apenas que esta vocação corresponda ao seu único objectivo. Sobre esta concepção exclusivamente proteccionista do direito do trabalho, vd, supra, § 17°, 34.

porque, a não ser assim, não haveria forma de impor às partes os deveres correspondentes àqueles interesses. É que, se o cumprimento das prestações principais pode ser feito no quadro de um relacionamento paritário entre os contraentes (como, aliás, sucede no trabalho autónomo), porque há sempre uma determinação mínima do conteúdo da actividade laborativa e porque, como demonstrámos, este relacionamento paritário é compatível com um poder directivo do credor (que só se torna laboral ou dominial quando acompanhado da tutela disciplinar), já o cumprimento das prestações correspondentes ao débito alargado das partes, na prossecução dos interesses de gestão do empregador e dos interesses pessoais e familiares do trabalhador, apenas pode ser imposto na base de um relacionamento não paritário entre os sujeitos, porque uns e outros correspondem a necessidades eventuais e específicas de cada um dos contraentes, não previsíveis *ab initio* e não compagináveis com uma redução ao acordo negocial, porque só caso a caso e individualmente podem ser definidas; mas, evidentemente, uma vez que o sistema jurídico legitima a prevalência daqueles interesses sobre o interesse dos contraentes no cumprimento da prestação principal pela contraparte, a respectiva prossecução não pode ser inviabilizada pela exigência do acordo das partes [215] [216].

É por este motivo que afirmamos que a essência dominial do vínculo jurídico laboral apresenta um cunho de inevitabilidade: ainda que não fosse a única maneira de assegurar o cumprimento das prestações principais, ela é, afinal, a única forma de assegurar o débito negocial

---

[215] Assim, só o empregador pode, num certo momento e em prossecução dos seus interesses de gestão, decidir transferir o estabelecimento, não podendo o acordo negocial inviabilizar esse direito, por exemplo através de uma cláusula particularmente restritiva em matéria de local de trabalho; e, da mesma forma, só ao trabalhador compete decidir se, por exemplo, em face de uma ocorrência familiar como o nascimento de um filho, aproveita ou não o direito à licença especial para assistência, que a lei lhe confere e que tem um efeito suspensivo sobre o contrato independentemente do acordo do empregador. O que pretendemos pôr em evidência é que, tendo o sistema jurídico legitimado estes interesses, a sua prossecução não poderá ser inviabilizada (ainda que possa, nos limites da lei, ser condicionada) pela exigência do acordo da outra parte.

[216] Já sustentámos este entendimento para a justificação dogmática do poder disciplinar laboral — neste sentido, vd o nosso *Do Fundamento...cit.*, 440 ss. Como decorre do que agora expusemos, trata-se, contudo, de uma concepção com validade geral.

alargado que cada uma das partes assume no negócio, em prossecução dos interesses de gestão do empregador e dos interesses pessoais e familiares do trabalhador, que relevam no vínculo laboral ao lado dos interesses das partes relativos à prestação de trabalho e à prestação retributiva, por força dos elementos de organização e de pessoalidade.

Correspondendo a uma inevitabilidade, não deve, no entanto, esquecer-se que a essência dominial da relação de trabalho foi reconhecida expressamente pelo sistema jurídico — é, afinal, este reconhecimento que encontramos logo na noção legal de contrato de trabalho quando se afirma a autoridade do empregador sobre o trabalhador, e, no desenvolvimento do seu regime jurídico, na integração da ideia de autoridade com o poder directivo e com o poder disciplinar e nas múltiplas referências das normas legais (e convencionais colectivas) à situação de subordinação e ao dever de obediência do trabalhador, de que fomos dando nota oportunamente. Perante este reconhecimento, teremos que acrescentar algo mais à observação de ALONSO OLEA que referimos um pouco atrás[217], segundo a qual, ao regular o fenómeno do trabalho subordinado, o sistema jurídico procura corrigir os abusos da situação dominial que já existe na relação: é que, sendo esta uma observação justíssima, nos parece também certo que, na sua intervenção sobre o fenómeno do trabalho subordinado, este mesmo sistema jurídico acaba por legitimar a componente dominial intrínseca ao fenómeno e é por isso mesmo que assegura ao empregador os meios técnicos para a perpetuar.

Ora, em face desta juridicização da situação de domínio no vínculo laboral, não nos parece fazer sentido negá-la ou procurar reduzi-la em termos dogmáticos, como fazem as concepções obrigacionais, para a compatibilizar com o direito privado e, designadamente, com o princípio da igualdade — uma tal negação ou redução é artificial e é também por este motivo que rejeitamos estas concepções. Mas, na verdade, para além de artificial, esta redução dogmática nem sequer se nos afigura necessária porque, se tivermos em atenção o novo equilíbrio entre os interesses prosseguidos pelas partes na relação de emprego, para o qual chamámos a atenção, a compatibilização do vínculo laboral com o princípio da igualdade fica facilitada.

---

[217] *Supra,* 55.2.III. e nota [173].

VI. Chegados a este ponto, parece-nos cabalmente demonstrada a singularidade dogmática do contrato de trabalho no panorama jusnegocial privado e a inviabilidade da sua redução dogmática a um negócio exclusivamente obrigacional.

Apesar do seu conteúdo patrimonial e conflitual, apesar da possibilidade de recondução de alguns deveres acessórios das partes, tradicionalmente justificados pelas ideias de assistência e de lealdade, a emanações do princípio da boa fé no cumprimento dos contratos — aspectos justamente evidenciados pelas concepções obrigacionais[218] —, cremos que a especificidade do contrato de trabalho no panorama jusnegocial privado é amplamente demonstrada pela complexidade do seu conteúdo e pela coexistência no seu seio de elementos aparentemente incompatíveis: a patrimonialidade e a pessoalidade com referência ao objecto negocial; a conflitualidade entre as partes e a sua colaboração na organização; e a natureza simultaneamente privada e dominial do vínculo, com a inerente duplicidade da posição prática e jurídica das partes.

O primeiro aspecto em que o contrato de trabalho se singulariza perante outros negócios obrigacionais é o do seu objecto, que combina elementos pessoais e patrimoniais. É a conclusão imposta pelo reconhecimento da inseparabilidade entre a actividade laboral e a pessoa do prestador, pelo reconhecimento da importância da posição subjectiva do trabalhador no vínculo (traduzida nas ideias de disponibilidade e de obediência e na essência subjectiva do conceito de subordinação jurídica), e pelo reconhecimento da irredutibilidade deste envolvimento pessoal do trabalhador ao envolvimento de outros devedores de prestações de *facere* no respectivo cumprimento, em razão da sua componente disciplinar, que comprovámos ao longo da exposição.

O segundo aspecto em que o contrato de trabalho manifesta a sua singularidade tem a ver com os interesses subjacentes às duas zonas do negócio que isolámos nas páginas anteriores e com a forma peculiar como a respectiva conciliação vai sendo feita pelas partes. Ao contrário do que sucede com outros negócios, os sujeitos deste contrato não se limitam a estabelecer no acordo negocial a forma de composição dos interesses que os opõem e a modelar a sua actuação em conformidade, mas prosseguem, com base no mesmo título negocial, uma mul-

---

[218] *Supra,* § 19°, 41.2. e 41.3.

tiplicidade de interesses, que criam entre eles, em simultâneo e numa permanente interacção, relações de conflito e relações de colaboração: os interesses directamente opostos subjacentes às prestações principais são prosseguidos numa relação de natureza conflitual; os interesses acessórios comuns na organização e a inserção organizacional do trabalhador mitigam aquela essência conflitual da relação principal de troca com uma componente colaborativa e fazem surgir relações acessórias de colaboração; os interesses específicos de gestão do empregador e os interesses específicos do trabalhador voltam a criar uma relação conflitual, que apresenta ainda a particularidade de não se resolver pelo sacrifício destes interesses (apesar de extra-negociais) ao acordo negocial, mas pelo sacrifício deste acordo à prossecução daqueles interesses. Em face deste quadro, parece-nos pois que, também pela complexidade da relação das partes na prossecução de todos os interesses relevantes no negócio laboral, se confirma a sua especificidade dogmática.

O terceiro aspecto em que o vínculo laboral manifesta a sua singularidade é, evidentemente, o da conciliação entre a sua natureza privada e a posição relativa desigual das partes: como verificámos, o contrato de trabalho é o único contrato de direito privado em que se juntam, na situação jurídica de uma das partes, o poder de, no seu próprio interesse, determinar a conduta negocial da outra e o poder de, ainda no seu interesse e com algum grau de discricionariedade, a sancionar directamente na sua pessoa pelo incumprimento de qualquer um dos seus deveres. A posição dominial do empregador e, designadamente, a sua componente disciplinar sancionatória é talvez a demonstração mais evidente da singularidade do contrato de trabalho entre os negócios de direito privado.

Consequência natural — e prova definitiva em termos dogmáticos — da singularidade do vínculo laboral são os desvios que, em resultado das especificidades anotadas, o seu regime apresenta em relação às regras gerais de cumprimento dos negócios obrigacionais, bem como a alguns princípios do direito civil, de que fomos dando nota na apreciação dos elementos de organização e de pessoalidade.

Em primeiro lugar, confirma-se o desvio ao princípio geral da necessidade do consenso das partes para a alteração dos negócios jurídicos,

---

[219] *Supra,* 55.1.III. e 55.2.III.

vertido no art. 406º nº 1 do CC[219], pelas amplas possibilidades de modificação do acordo negocial por vontade unilateral de um dos contraentes, que resultam da complexidade da posição jurídica das partes e dos múltiplos interesses subjacentes ao vínculo.

Em segundo lugar, anota-se a possibilidade de desvios ao princípio da relatividade dos contratos obrigacionais, consagrado no nº 2 do art. 406º do CC, que, por força do elemento de inserção organizacional, resultam das projecções jurídicas da interdependência dos vários contratos de trabalho coexistentes na organização do empregador[220].

Em terceiro lugar, a posição subjectiva desigual das partes no contrato, em razão da sua componente dominial, denota o fraco vigor do princípio da igualdade no negócio laboral, apesar da afirmação da sua igualdade formal e de todo o percurso histórico no sentido da diminuição efectiva da inferioridade negocial do trabalhador[221]. Ainda que haja novas zonas de equilíbrio negocial, que diminuem a lesão a este princípio, este facto não pode deixar de ser assinalado até porque, como comprovámos, a componente dominial do vínculo não é só prática mas também jurídica, uma vez que foi legitimada pelo direito.

E, finalmente, verifica-se no vínculo laboral uma excepção ao princípio do monopólio da justiça pública, pela natureza sancionatória e punitiva do poder disciplinar[222]. Mesmo tendo presentes outros casos de justiça privada no âmbito do direito das obrigações, a importância desta excepção no caso laboral não pode ser artificialmente diminuida, pelo papel fundamental que, como vimos, o poder disciplinar desempenha, quer para a delimitação do contrato, quer como garante da efectividade da posição dominial do empregador na sua execução.

VII. Para completar a nossa construção, resta responder à segunda questão que colocámos no início deste parágrafo: a da contribuição do vínculo laboral para a afirmação da autonomia dogmática do direito do trabalho perante o direito civil.

Em face da exposição anterior, a resposta não suscita dificuldades e parece-nos suficientemente demonstrada: a singularidade do contrato de trabalho e a amplitude dos desvios que o seu regime jurídico manifesta em relação a normas e a princípios gerais do direito das obriga-

---

[220] *Supra*, 54.3.III.
[221] *Supra*, 55.2.III.
[222] *Supra*, 55.2.III., parte final

ções e do direito privado, permite considerá-lo não como *o* argumento mas certamente como *um dos* argumentos em que se pode alicerçar a autonomia dogmática do direito do trabalho perante o direito civil.

Nos parágrafos seguintes, vamos apreciar os dois outros institutos fundamentais do direito do trabalho que, na nossa opinião, contribuem para a sua construção dogmática autónoma, porque se mostram também irredutíveis às regras e princípios do direito comum: a convenção colectiva e a greve.

§ 26º — A singularidade das convenções colectivas de trabalho e da autonomia colectiva

57. As dificuldades dogmáticas colocadas pelo conteúdo normativo das convenções colectivas e pelas suas projecções no contrato de trabalho e as vias tradicionais apontadas para a sua superação — breve apontamento

I. Como referimos na parte introdutória da nossa investigação[223], a recepção jurídica tardia dos fenómenos laborais colectivos (que, na maioria dos países, só se verificou após a I Guerra[224]) ficou a dever-se à estranheza destes fenómenos em relação aos quadros dogmáticos individualistas, que dominaram o direito civil durante o séc. XIX e no início do séc. XX. Neste sentido, escreveram DURAND e VITU[225]: «*le phénomène des rapports collectifs* [...] *s'agit en effet, d'un phénomène récent, et qui a difficillement trouvé une expression sur le plan juridique*».

No caso das convenções colectivas, esta estranheza decorreu, desde logo, do facto de elas serem o produto de um fenómeno de associativismo (no caso, o associativismo sindical) — partilhando assim as dificuldades de imposição social deste tipo de fenómenos na época liberal[226] e, em termos jurídicos, as dificuldades de extensão do conceito

---

[223] Cfr., *supra*, § 2º, 1.4.

[224] Cfr., *supra*, § 2º, 1.1. e nota [50], as indicações do momento desta recepção em diversos sistemas jurídicos.

[225] Paul DURAND / André VITU, *Traité de droit du travail*, III, Paris, 1956, 5 (as palavras sublinhadas encontram-se em itálico no original). Os autores justificam esta dificuldade no facto de estes fenómenos contrariarem os princípios do corporativismo do Antigo Regime (que não passava pela organização autónoma das corporações, mas pela sua estreita subordinação a regras hierárquicas e ao Estado) e também os ideais individualistas lançados pela Revolução Francesa e mantidos ao longo do séc. XIX.

[226] *Supra*, § 2º, 1.4.II., *maxime* nota [106].

de personalidade jurídica a entes não físicos —, mas também do óbice, não desprezável, que resulta da inequívoca permeabilidade ideológica do movimento sindical. Todavia, uma vez ultrapassados estes problemas, as convenções colectivas continuaram a revelar-se como uma figura singular no direito privado, em razão da complexidade do seu conteúdo e, designadamente, pela forma como parecem impor-se aos contratos de trabalho — já que, como é sabido, a convenção não se limita a estabelecer direitos e obrigações para os seus outorgantes (é a denominada parcela «obrigacional» da convenção), mas dispõe também directamente sobre o conteúdo dos contratos de trabalho celebrados dentro do seu âmbito de aplicação (é a parcela «regulativa» ou «normativa» da convenção[227], reconhecida, aliás, como a mais importante[228]). Como fazem notar autores como BRECHER[229] ou ADOMEIT[230], as convenções colectivas manifestam uma relação peculiar entre os domínios do contrato e da norma jurídica (na frase célebre e repetidamente citada de CARNE-

---

[227] Sobre estas designações, na doutrina nacional, por exemplo, MENEZES CORDEIRO, Manual...cit., 275 ss., MÁRIO PINTO, Direito do Trabalho cit., 320 ss. e 323 ss., MONTEIRO FERNANDES, Direito do Trabalho cit., 749 ss. e 758 ss. No caso português, esta distinção é directamente acolhida pela lei no art. 5º da LRCT.

[228] A este propósito, autores como MÁRIO PINTO, Direito do Trabalho cit., 300, fazem, aliás, notar a pobreza do conteúdo das convenções colectivas quanto a este conteúdo obrigacional. Exemplificando os diversos tipos de cláusulas que podem integrar a parcela obrigacional das convenções colectivas, Gino GIUNI, Lavoro legge contratti, Bologna, 1989, 154 s.

[229] Em Das Arbeitsrecht als Kritik...cit., 49 s., este autor considera o problema da natureza jurídica dos Tarifverträge e dos Betriebsvereinbarungen como o problema mais difícil do direito laboral, pela ausência de uma separação nítida entre a norma, como comando geral, e o contrato, como acto de criação de direitos e deveres entre as partes, parecendo a convenção posicionar-se numa espécie de escalão intermédio entre estas duas categorias. Também chamando a atenção para as dificuldades do direito civil em explicar a figura das convenções colectivas, LOTMAR, Die Tarifverträge zwischen...cit., 436 s.; e WIEACKER, História do Direito Privado...cit., 635, observa a este propósito: «O contrato colectivo de trabalho, aplicado na prática desde o início do século XX, não tinha ainda entrado na perspectiva do legislador e não era digerido pelas construções dogmáticas auxiliares do direito civil».

[230] Klaus ADOMEIT, Zur Theorie des Tarifvertrages, RdA, 1967, 8/9, 297-307 (298). Para ilustrar a dificuldade dos problemas dogmáticos colocados pelas convenções colectivas, refere este autor: «Ein Privatgeschäft mit Normenwirkung durchbricht das System des Zivilrechts, ein Normwirkung ohne Mitwirkung der Gesetzgebungsorgane tangiert die Staatrechtlichen Ordnungsvorstellungen».

LUTTI[231], elas têm «*il corpo del contratto e l'anima della legge*») e este facto suscitou, desde o surgimento destes instrumentos e até hoje, grandes dificuldades à sua compressão nos quadros dogmáticos do direito comum e um amplo debate sobre a questão da sua natureza jurídica.

Por esta razão, se ainda hoje se confirmar a sua irredutibilidade ao direito civil, a figura da convenção colectiva constituirá um poderoso argumento em favor da autonomia dogmática do direito laboral. A análise que se segue destina-se a confirmar — ou não — essa irredutibilidade no caso português.

Antes de iniciarmos a apreciação desta matéria, cabe apenas proceder a um esclarecimento sobre o âmbito das referências que vamos fazer à figura da convenção colectiva e, designadamente, ao problema da sua natureza jurídica, que deverão ser situadas no contexto investigatório em que nos movemos.

Assim, deve ficar claro que não nos propomos apreciar *ex professo* o problema da natureza jurídica das convenções colectivas e as diversas orientações doutrinais que sobre ele se desenvolveram, não só porque a completa dilucidação deste problema exigiria um estudo aturado do regime jurídico da figura nos diversos ordenamentos, que está fora de causa, mas também porque este tipo de apreciação se nos afigura supérfluo nos parâmetros da nossa investigação: para avaliar da eventual contribuição da figura para a afirmação da autonomia dogmática do direito laboral português, interessa verificar da redutibilidade do seu regime aos quadros dogmáticos do direito privado e essa operação poderá ser feita directamente a partir do sistema positivo nacional, isolando aqueles traços regimentais que têm revelado uma maior opacidade dogmática — é pois esta análise que vamos fazer nos dois últimos números deste parágrafo.

Em todo o caso, porque a posição assumida pelos autores quanto à questão da natureza jurídica das convenções influencia a sua visão

---

[231] Francesco CARNELUTTI, *Teoria del regolamento colletivo dei rapportti di lavoro,* Padova, 1930, 116 s. A ideia é retomada, entre outros, por autores como Francisco de FERRARI, *La natura giuridica del contratto collettivo di lavoro,* Riv.DL, 1952, 309-330 (313), HERSCHEL, *Vom Arbeitserschutz zum Arbeitsrecht cit.,* 309, que a traduziu para a língua alemã na frase «*ein Vertrag als Körper und ein Gesetz als Seele*», ou ainda MENGEL, *Tarifautonomie und Tarifpolitik cit.,* 407.

sobre o problema da autonomia do direito do trabalho (mesmo quando não é estabelecida uma ligação explícita entre os dois problemas), permitimo-nos, antes de proceder à apreciação do regime jurídico da figura da convenção colectiva no direito português e na perspectiva indicada, deixar um genérico e brevíssimo apontamento sobre a evolução histórica desta temática, que cremos ser suficiente para delimitar as dificuldades dogmáticas colocadas pela figura e para situar o nosso sistema jurídico em face das diversas orientações que procuraram resolvê-las.

II. Em termos históricos, pode dizer-se que o percurso dogmático inicial do fenómeno da negociação colectiva e da figura da convenção colectiva foi semelhante ao do fenómeno do trabalho subordinado[232], porque a doutrina também começou por tentar reconduzir a figura da convenção colectiva a princípios e a institutos tradicionais da ordem jurídica privada, como a liberdade negocial e o contrato.

Nesta linha, uma vez admitido o associativismo sindical, admite-se com ele a existência de interesses privados do conjunto dos trabalhadores (os interesses de classe ou colectivos), que são assumidos por uma entidade colectiva, em representação dos trabalhadores. Porque estes interesses são objecto de uma composição livre e autónoma com os interesses do empregador na convenção colectiva[233], esta figura começa por ser qualificada como um negócio jurídico privado, obrigacional e colectivo («*ein kollektiven Schuldvertrag*», na expressão de JACOBI[234]) e a autonomia colectiva é considerada como a manifestação do poder privado de autodeterminação de interesses que decorre do direito de coalisão ou associação laboral[235]. Para completar esta construção, recorre-se

---

[232] *Vd.*, as primitivas concepções civilistas sobre o contrato de trabalho, de que demos conta, *supra*, § 10°, 19.

[233] Neste sentido, entre nós, MARNOCO E SOUSA, *Ciência Económica...cit.*, 228 s., reconhecia a competência das associações de classe para a celebração de contratos colectivos de trabalho, enquanto entidades dotadas de personalidade jurídica e às quais a lei permitia exercer todos os direitos relativos «a interesses legítimos do seu instituto», nos termos do art. 4° n° 1 do Dec. de 9 de Maio de 1891.

[234] *Grundlehren des Arbeitsrechts cit.*, 283 s.

[235] Neste sentido, por exemplo, SINZHEIMER, *Grundzüge...cit.*, 67. O apelo ao fundamento da autonomia colectiva no direito de coalisão ou de associação laboral tem, todavia, que ser ponderado com cautela, porque não reconduz necessariamente a autonomia colectiva à categoria de manifestação laboral do princípio

ao instituto da representação para explicar os efeitos da regulamentação convencional colectiva nos contratos de trabalho: o vínculo associativo estabelecido entre cada trabalhador e a associação sindical cria um nexo de representação voluntária, que confere legitimidade ao sindicato para manifestar os interesses do conjunto dos trabalhadores associados; e, nos termos gerais, os efeitos jurídicos dos actos praticados pela associação sindical ao abrigo dos seus poderes de representação (*y compris* a outorga da convenção colectiva) produzem-se na esfera jurídica dos sujeitos representados[236].

Qualificada como um contrato (na expressão de ADOLPHO LIMA[237], um contrato entre iguais — uma pessoa moral e um indivíduo, ou duas pessoas morais — e sinalagmático, porque cria obrigações recíprocas para as partes), que começa, aliás, por ser atípico (como nota CASA-

---

da autonomia privada — assim, por exemplo, Eberhard DORNDORF, *Das Verhältnis von Tarifautonomie und individueller Freiheit als Problem dogmatischer Theorie*, in M. HEINZE / A. SÖLLNER (Hrsg.), *Arbeitsrecht in der Bewährung, Fest. für Otto Rudolf KISSEL*, München, 1994, 139-159 (140 s.), considera que o facto de a autonomia colectiva assentar historicamente no direito de coalisão não manifesta a liberdade negocial, mas, pelo contrário, as falhas da autonomia privada no domínio laboral, em resultado da inferioridade do trabalhador subordinado.

[236] Este mesmo raciocínio explica, evidentemente, a actuação das associações patronais e os efeitos das convenções por elas outorgadas na esfera jurídica do empregador; relevamos no texto sobretudo o caso da actuação das associações sindicais em representação dos trabalhadores por se ter colocado mais cedo, uma vez que era usual o empregador outorgar directamente os instrumentos de regulamentação colectiva.

[237] *O Contrato de Trabalho* cit., 371 ss. O autor define este contrato como o «conjunto de normas jurídicas reguladoras das condições de trabalho, formulado de comum acordo entre os operarios de uma fabrica ou profissão, organizados em associação ou sindicato e os respectivos patrões, isolados ou igualmente organizados [...]. Este acordo, reduzido a escrito, é o estatuto, a escritura por assim dizer do contrato de trabalho realizado entre os operarios e os patrões» — *idem*, 369. Mas a designação das convenções colectivas como «contratos colectivos de trabalho» é criticada, por exemplo, por MARNOCO E SOUSA, *Ciência Económica...cit.*, 227 s., pelo facto de o seu conteúdo não determinar qualquer obrigação de trabalho, a que corresponde um dever de remuneração (ou seja, pelo facto de não ser um contrato de trabalho), mas fixar as condições de futuros contratos de trabalho; considerando a denominação inexacta e preferindo falar antes em «convenção sindical», este autor não deixa, todavia, de reconhecer a essência negocial destes instrumentos e de salientar as vantagens da disciplina das relações laborais por esta via, tanto para os trabalhadores como para os empregadores.

NOVA²³⁸) e com as suas projecções individuais justificadas pelo instituto da representação, a figura da convenção colectiva mostra-se assim genericamente compatível com o direito privado.

Em todo o caso, deve dizer-se que, logo desde o início do século XX, são reconhecidos alguns desvios deste *negócio* colectivo relativamente a outros contratos e, em nome dos interesses dos trabalhadores, alguns autores propugnam, designadamente, a extensão do regime da convenção colectiva a todos os trabalhadores da categoria coberta pelo instrumento colectivo (ou seja, para além dos limites do nexo representativo e como se de regras gerais e abstractas se tratassem), ao mesmo tempo que assinalam as limitações de um enquadramento jurídico estritamente civilista da figura²³⁹ — é o dealbar de uma concepção normativista da convenção colectiva, posta em marcha, sobretudo, a partir da obra de SINZHEIMER, mas também referida noutros ordenamentos²⁴⁰.

---

[238] *Il diritto del lavoro nei primi...cit.*, 239.

[239] Assim, por exemplo, LOTMAR, *Die Tarifverträge zwischen...cit.*, 436 s., admite a dificuldade de explicar, à face do direito civil, a relação íntima e incontornável que se estabelece entre a negociação colectiva e os meios de auto-tutela do direito laboral. Aliás, escrevendo este autor antes do advento da regulamentação legal específica dos *Tarifverträge* na Alemanha, é curioso verificar como alguns dos aspectos por ele considerados imprescindíveis numa futura regulamentação são dificilmente compreensíveis numa construção puramente negocial da figura — assim, a dispensa da personalidade jurídica dos parceiros negociais, a previsão de incentivos legais à celebração da convenção, a sua imposição aos regulamentos internos (*idem*, 549 s.), a sujeição a arbitragem obrigatória dos diferendos sobre a convenção e a existência de um controlo de legalidade sobre as suas cláusulas, bem como a sua imposição a todos os contratos de trabalho celebrados na sua área de incidência, sendo inválido qualquer desvio às condições salariais definidas na convenção ao nível do contrato (*ibidem*, 551 s.). Na mesma linha, outros autores que sustentam a natureza negocial da convenção colectiva não deixam de propugnar a sua aplicação aos trabalhadores não representados pela associação outorgante e aos trabalhadores contratados posteriormene à celebração da convenção, que justificam na necessidade de uniformização das situações jurídicas laborais e de protecção dos interesses dos próprios trabalhadores — é a posição sustentada por ADOLPHO LIMA, *O Contrato de Trabalho cit.*, 378 s.

[240] SINZHEIMER, *Der korporativ Arbeitsnormenvertrag cit.*, I e II, datados de 1907 e 1908 e, mais tarde, *Ein Arbeitstarifgesetz. Die Idee der sozialen Selbstbestimmung im Recht*, Berlin, 1916. Influenciado por VON GIERKE (na opinião de autores como Reinhard RICHARDI, *Kolletivgewalt und Individualwille bei der*

III. Contra esta construção dogmática negocial das convenções colectivas erguem-se, todavia, dois aspectos do regime jurídico da figura que, sobretudo a partir do segundo quartel do século XX e na sequência dos correspondentes apelos da doutrina, passaram a ser regra na maioria dos sistemas (ainda que não tivessem em todos eles a mesma origem nem exactamente o mesmo regime): a chamada *eficácia geral* da convenção colectiva, que, em alguns casos, foi ainda complementada por exigências de representatividade das associações outorgantes[241]; e as regras da imposição das convenções colectivas aos contra-

---

Gestalttung des Arbeitsverhältnisses, München, 1968, 14 ss.), cuja *Genossenschafttheorie*, desenvolvida por este autor no domínio associativo em geral, aplica aos fenómenos de associativismo laboral, SINZHEIMER desenvolve um trabalho fundamental nesta matéria, na medida em que, não deixando de considerar a convenção como um negócio colectivo privado (que era a configuração compatível com a ausência de referências específicas à figura no BGB), admite que ela se reconduz a um acto de «auto-ordenamento social» (*soziale Selbstgesetezgebung*), em resultado do reconhecimento estadual da possibilidade de as forças sociais produzirem um complexo normativo para si próprias e para os seus representados — é já pois uma construção compromissória, que parte da ideia de contrato como instrumento jurídico disponível mas vai para além dela, como observa Gaetano VARDARO, *Contrattazione collettiva e sistema giuridico*, Napoli, 1984, 10 s.

As referências à essencialidade da função normativa das convenções colectivas no início do séc. XX encontram-se também no direito italiano, por exemplo, em Mario RUSCIANO, *Il contratto collettivo*, in P. RESCIGNO (dir.), *Trattato di diritto privato*, 15 — *Impresa e lavoro*, I, 1986, 3-165 (24 e nota [15]), que as evoca na obra de autores como MESSINA (1904) ou REDENTI (1905).

[241] Foi o caso italiano, a partir da *legge 3 aprile 1926, n. 563*, regulamentada pelo *regolamento di esecuzione 1º luglio 1926, n. 1130* — sobre o ponto, CASANOVA, *Il diritto del lavoro nei primi...cit.*, 245 s., ou Luisa GALANTINO, *Diritto sindacale*, 8ª ed., Torino, 1998, 142 — e foi também o caso francês, a partir de 1950, como é descrito, por exemplo, por Jean-Claude JAVILLIER, *La partie «obligatoire» de la convention collective*, DS, 1971, 4, 258-276 (261). No caso português, o reconhecimento da eficácia geral dos contratos e dos acordos colectivos de trabalho encontra-se historicamente ligado ao regime corporativo, estando previsto no art. 33º do ETN e no regime jurídico das convenções colectivas (instituído pelo Dec. nº 36 173, de 6 de Março de 1947, reformulado pelo DL nº 49 212, de 28 de Agosto de 1969, alterado pelo DL nº 492/70, de 22 de Outubro), que também reconduz os sindicatos e os grémios a organismos corporativos, qualificados ou como pessoas colectivas de direito público (no que se refere aos grémios e aos sindicatos nacionais criados por lei especial para o desenvolvimento de funções públicas e nos quais há um dever de inscrição) ou como pessoas colectivas de direito privado mas de regime administrativo — sobre este ponto, por

tos de trabalho e da sua inderrogabilidade *in pejus* por estes contratos, bem como, mais tarde, pelas convenções subsequentes[242]. São estes dois aspectos do regime jurídico da figura que até hoje se apresentam como os pontos de maior fricção dogmática com o direito comum[243].

A eficácia geral da convenção colectiva é uma projecção natural do princípio da protecção do trabalhador na sua vertente universalista[244]: pretendendo melhorar as condições negociais dos trabalhadores subordinados, através da deslocação da respectiva discussão do plano individual para o plano colectivo e da uniformização dos regimes laborais[245], a convenção colectiva associa naturalmente a esse objectivo a pretensão de se aplicar ao maior número possível de trabalhadores, até para evitar uma «concorrência» entre trabalhadores abrangidos e não abrangidos pelo instrumento colectivo[246], que seria facilmente aproveitável pelo empregador e frustraria a respectiva eficácia — na verdade, o objectivo de universalização da tutela laboral não prossegue apenas os interesses dos trabalhadores não cobertos pelo regime protectivo, mas também os

---

todos, MARCELLO CAETANO, *O Sistema Corporativo cit.*, 70 s., e *Manual...cit.*, I, 387 ss.

[242] No sistema jurídico germânico, por exemplo, tanto a eficácia geral como a inderrogabilidade *in pejus* das convenções colectivas pelo contrato de trabalho constam já da TvO de 1918 (art. 2º), na sequência do projecto de SINZHEIMER.

[243] A doutrina é unânime no reconhecimento destes dois problemas como os de maior complexidade dogmática na matéria da negociação colectiva e das convenções colectivas — neste sentido, por todos, Gino GIUGNI, *Autonomia e Autotutela Colectiva no Direito do Trabalho*, Lisboa, 1983, 11 s., e ainda *Diritto sindacale cit.*, 140 ss. e 145 ss.

[244] *Supra*, § 17º, 36.IV., quanto a esta valência do princípio da protecção.

[245] Como refere Herbert FENN, *Der Grundsatz der Tarifeinheit*, in M. HEINZE / A. SÖLLNER (Hrsg.), *Arbeitsrecht in der Bewährung, Fest. für Otto Rudolf KISSEL*, München, 1994, 213-237 (213), desde o início do séc. XX e, nomeadamente, a partir da divulgação da obra de Sinzheimer, que se reconhece como tarefa essencial das convenções colectivas a igualização das condições de trabalho na empresa, através da uniformização dos regimes laborais — é o princípio da identidade colectiva (*Tarifeinheit*), que mantém até hoje uma importância fundamental no direito colectivo do trabalho.

[246] Fazendo notar este objectivo de atenuação da concorrência entre os operários e as respectivas condições de trabalho como uma das vantagens das convenções colectivas, por exemplo, ADOLPHO LIMA, *O Contrato de Trabalho cit.*, 385, MARNOCO E SOUSA, *Ciência Económica...cit.*, 228, ou Nicola JAEGER, *Contratto collettivo di lavoro*, NovissDI, IV, Torino, 619-625 (620 s.), que nele justifica directamente a eficácia geral das convenções.

interesses daqueles que já beneficiam daquele regime. É este objectivo de universalização que é atingido com a aplicação do instrumento colectivo não só aos trabalhadores membros da associação sindical que o outorga (de acordo com o nexo de representação voluntária que os une) mas a todos os trabalhadores da categoria ou do sector profissional ou de actividade a que ele se destina: é a eficácia geral da convenção colectiva.

Por sua vez, a ideia da inderrogabilidade *in pejus* da regulamentação convencional colectiva é uma projecção da vertente do princípio da protecção do trabalhador a que chamámos de progressividade irredutível[247]: justificada pela real inferioridade do trabalhador subordinado em relação ao empregador, apesar da sua igualdade formal no contrato, a ideia da irreversibilidade da tutela laboral, implícita nesta vertente do princípio, é assumida ao nível colectivo através do estabelecimento da regra segundo a qual o nível de tutela fixado pela convenção colectiva é considerado como um *standard* mínimo, que não pode ser reduzido em futuras convenções e só pode ser afastado pelos contratos de trabalho num sentido mais favorável ao trabalhador. O objectivo destas regras é evitar o esvaziamento do sistema protectivo convencional pelo contrato de trabalho e assegurar o incremento contínuo da tutela laboral: por um lado, se todo o edifício laboral protectivo assenta na convicção da debilidade do trabalhador ao nível do contrato, há que prevenir a frustração da superação colectiva dessa debilidade, impedindo que o regime colectivo seja afastado pelas partes no exercício de uma liberdade negocial que, no caso do trabalhador, é tida como ilusória — é a justificação dos limites ao poder dispositivo das partes no contrato; por outro lado, pretendendo o direito do trabalho compensar a inferioridade jurídica do trabalhador subordinado perante o empregador, há que assegurar que o processo de parificação não é objecto de retrocessos — é a justificação para os limites da autonomia colectiva no processo de revisão das convenções.

Facilmente compreensível pelo seu objectivo pragmático, esta evolução normativa é, no entanto, difícil de conciliar com a concepção negocial das convenções colectivas até então dominante. Em primeiro lugar, a eficácia geral das convenções contraria o princípio da relativi-

---

[247] Cfr., *supra*, § 17º, 36.IV.

dade dos negócios jurídicos, uma vez que permite a aplicação de um *negócio* a terceiros (os trabalhadores não representados pelo sindicato outorgante), com a agravante de que esses terceiros manifestaram, pelo menos formalmente, a vontade de não serem abrangidos por aquele *negócio*, ao decidirem, no exercício livre dos seus direitos sindicais (no caso, o direito de inscrição na associação sindical, na sua faceta negativa), não se associar ao sindicato que outorgou a convenção. Em segundo lugar, a regra da inderrogabilidade *in pejus* do conteúdo das convenções não só manifesta um desvio em relação ao funcionamento normal do instituto da representação, no que se refere à relação da convenção com os contratos de trabalho (já que, em caso de divergência entre os respectivos conteúdos, a declaração dos «representantes» prevalecerá sobre a dos «representados»), como evidencia uma forma muito peculiar de imposição de restrições à liberdade negocial de sujeitos privados — ou seja, não por força da lei, como sucede em relação a outros negócios em que assomam interesses gerais ou necessidades de protecção da parte débil, mas em consequência de um outro *negócio jurídico*. E, finalmente, naqueles sistemas em que se desenvolvem regras de representatividade mínima das associações sindicais, como condição para a outorga de convenções ou para a sua eficácia geral, o princípio da liberdade da escolha dos parceiros negociais sofre um enorme desvio.

IV. Foi para se adequar a estes aspectos do regime jurídico da figura da convenção colectiva que a sua construção dogmática evoluiu em muitos autores, sobretudo desde o final da década de vinte, numa perspectiva normativista. Facilitada pela coeva difusão das teorias institucionalistas e assumindo rapidamente um cunho publicista, por força do aproveitamento ideológico nacional-socialista e corporativista destas teorias até à segunda metade dos anos quarenta (ou, em casos como o português, até muito mais tarde), como já tivemos ocasião de assinalar[248], esta orientação recusa a qualificação negocial das convenções e qualifica-as como actos normativos ou regulamentares (*ein Gesetzgebungakt*, na expressão de POTHOFF[249]), parcela do direito objectivo da

---

[248] *Supra*, § 14º, 28.
[249] *Die Einwirkung der Reichsverfassung...cit.,* 23. Em consonância com esta qualificação, o autor chega a propor a substituição da designação tradicional destes instrumentos através do termo «*Tarifverträge*» pela expressão «*Tarifvereinbarungen*», que não faz um apelo tão directo à ideia de contrato, e, mais tarde, pelo

empresa-instituição, que se impõe aos respectivos membros na prossecução de interesses institucionais[250]. Nesta construção, a legitimidade das entidades laborais para celebrar as convenções não decorre de qualquer mandato conferido aos parceiros sociais pelos seus associados, mas de uma delegação do poder normativo estadual[251] (o que, adicionalmente, justifica a funcionalização dos interesses laborais aos interesses nacionais manifestada na necessidade de homologação destes actos pelos poderes públicos, nos regimes corporativos e nacional-socialista, como vimos[252]); e, com este perfil normativo, as convenções colectivas passam a integrar o elenco das fontes do direito do trabalho, o que, só por si, justifica a sua prevalência sobre os contratos de trabalho. Como observa NÖRR[253], na sua apreciação destes instrumentos no sistema juslaboral germânico desenvolvido à sombra da Constituição de Weimar, as convenções colectivas obrigam mesmo a uma alteração no sistema das fontes do direito porque se apresentam como uma fonte nova e autónoma, entre o contrato e a lei estadual.

A justificação normativo-publicista das convenções colectivas explica com facilidade tanto a sua eficácia geral como a sua inderrogabilidade *in pejus* pelo contrato de trabalho e por convenções posteriores: a eficácia geral corresponde, afinal, à característica de generalidade

---

termo «*Tarifordnung*», de significado ainda menos equívoco. Sobre este ponto, *supra*, § 14°, 28.II. e nota [561].

[250] Neste sentido, por exemplo, SCELLE, *Le droit ouvrier...cit.*, 64 ss. e 99, considera que o conceito de contrato não é suficiente nem adequado para enquadrar juridicamente a figura da convenção colectiva, apesar de esta ser o produto de uma negociação entre o empregador e os trabalhadores, e sustenta, em consequência, a sua natureza regulamentar, qualificando-a expressamente como a lei da profissão. Na mesma linha se posiciona, na doutrina italiana, COSTAMAGNA, *Diritto corporativo...cit.*, 240 e 247, em relação à figura do contrato colectivo. Entre nós, pela natureza regulamentar da figura dos contratos e dos acordos colectivos de trabalho se pronunciam autores como MARCELLO CAETANO, *O Sistema Corporativo cit.*, 59 s., e *Manual...cit.*, I, 389 s. e 570, ou SOARES MARTINEZ, *Manual... cit.*, 238.

[251] Neste sentido, para justificação da competência dos sindicatos e dos grémios para a celebração dos contratos e dos acordos colectivos de trabalho, refere MARCELLO CAETANO, *Manual...cit.*, I, 570, que eles «funcionam como órgãos autárquicos da categoria económica respectiva».

[252] *Supra*, § 14°, 28.II.

[253] *Grundlinien des Arbeitsrechts...cit.*, 411.

típica das normas jurídicas²⁵⁴; as limitações da liberdade das partes no afastamento do regime convencional colectivo, em sede do contrato de trabalho, manifestam a limitação comum da autonomia privada pelas normas legais imperativas (no caso, o elemento imperativo reside justamente na proibição de diminuição das posições adquiridas ao abrigo do instrumento colectivo); as limitações da autonomia colectiva no processo de revisão das convenções justificam-se pelos limites da própria delegação dos poderes normativos nas entidades colectivas, que é feita na condição da ressalva do tratamento mais favorável; e, nos sistemas jurídicos em que a publicização da figura se integra numa linha ideológica de fiscalização da «autonomia» colectiva pelo Estado e de sujeição dos interesses laborais colectivos aos interesses nacionais, esta perspectiva normativista sobre as convenções explica também mais facilmente o controlo sobre os parceiros negociais e sobre o conteúdo da convenção exercido pelos poderes públicos²⁵⁵.

V. Como referimos na nossa apreciação dos contributos das teorias institucionalistas para a evolução dogmática do direito do trabalho²⁵⁶, o declínio destas teorias no pós-guerra não determinou qualquer retrocesso nestes dois aspectos do regime jurídico das convenções colectivas, que o institucionalismo ajudara a consolidar em termos dogmáticos. Pelo contrário, a admissibilidade da eficácia geral das convenções colectivas (bem como a sua ligação a princípios de representatividade mínima dos seus outorgantes, em alguns sistemas²⁵⁷) e o princípio da inderrogabilidade *in pejus* do regime convencional colectivo constituem, até hoje, uma herança do institucionalismo laboral²⁵⁸.

---

²⁵⁴ Relativamente a esta característica das normas jurídicas, por todos, BAPTISTA MACHADO, *Introdução ao Direito e...cit.*, 92 s.

²⁵⁵ Ligando a difusão desta concepção normativistista-publicista das convenções colectivas também a este aspecto, com referência ao regime fascista italiano, por exemplo, JAEGER, *Contratto colletivo di lavoro cit.*, 622 s.

²⁵⁶ *Supra*, § 16º, 32.2.III.

²⁵⁷ Nesta matéria, o problema passou a ser o da conciliação do princípio da liberdade sindical com as exigências de representatividade das associações sindicais para poderem elaborar convenções colectivas dotadas de eficácia geral — sobre este ponto, objecto de particular discussão no direito italiano, por exemplo, Ubaldo PROSPERETTI, *I contratti collettivi di lavoro*, Riv.DL, 1953, 46-69.

²⁵⁸ A este propósito, quanto à evolução do sistema jurídico italiano, RUSCIANO, *Il contratto collettivo cit.*, 23 ss. e 37 ss, considera mesmo que a concepção

Por isso, no novo quadro de desenvolvimento do direito do trabalho colectivo, que se desenhou a partir da década de cinquenta na maioria dos países (ou mais tarde, no caso português) e se caracterizou pela «reprivatização» dos entes laborais colectivos e pelo relançamento da negociação colectiva sem a tutela do Estado, a ciência jurídica procurou, sobretudo, encontrar novas vias para conciliar aqueles aspectos do regime jurídico da convenção colectiva com a sua inserção jusprivada. Apesar de as diversas concepções sobre a natureza jurídica da figura que, para esse efeito, se desenvolveram apresentarem múltiplas variantes e serem influenciadas, nos diversos autores, por traços do regime jurídico da figura que diferem consoante os sistemas, são separadas classicamente pela doutrina três grandes orientações que procuram até hoje responder a este problema: uma orientação normativista, uma orientação contratualista e uma orientação mista ou ecléctica.

Numa linha de relativa continuidade com as concepções anteriores, mas com múltiplas variantes, autores como NIKISCH[259], HERSCHEL[260], ZÖLLNER e LORITZ[261], HANAU[262], NÖRR[263], RUSCIANO[264],

---

corporativista da convenção colectiva sobreviveu, na prática, à queda do regime e, apesar das tentativas de reconstrução dogmática privatística da figura, continuou a ser perpetuada pela jurisprudência através da aplicação das normas revogadas do *Codice civile* nesta matéria, para resolver os problemas da eficácia geral das convenções e da inderrogabilidade *in pejus* das suas disposições. Ainda sobre a evolução desta matéria no sistema jurídico italiano, vd PERGOLESI, *Introduzzione...cit.*, 163, com uma ampla descrição dos diversos problemas colocados por estes dois aspectos do regime jurídico das convenções colectivas, depois do fim do corporativismo.

[259] *Arbeitsrecht cit.*, II, 261 ss.

[260] Por exemplo, em *Vom Arbeiterschutz zum...cit.*, 309 s.

[261] Wolfgang ZÖLLNER, *Das Wesen der Tarifnormen,* RdA, 1964, 12, 443-450 (445 s. e 450), e do mesmo autor, com LORITZ, *Arbeitsrecht cit.*, 375 s. Deve, contudo, notar-se que as concepções destes autores estão um pouco na fronteira entre uma visão normativista e uma visão ecléctica da figura, uma vez que claramente isolam a parcela obrigacional das convenções.

[262] Peter HANAU, *Rechtswirkungen der Betriebsvereinbarungen,* RdA, 1989, 5/5, 207-211 (208), invocando em apoio desta construção o reconhecimento do carácter vinculativo destes instrumentos colectivos pela jurisprudência alemã. Já em relação aos *Betriebvereinbarungen,* o autor recondu-los à categoria de «quase-normas» (*Quasi-Rechtsnormen*) — idem, 209.

[263] *Grundlinien des Arbeitsrecht...cit.*, 411.

[264] *Il contratto collettivo cit.*, 43.

LYON-CAEN[265] ou JAVILLIER[266] continuam a sustentar a natureza normativa das convenções colectivas, como única forma de explicar a sua imposição aos contratos de trabalho para além dos limites da representação ou do mandato, e, assim, de resolver os problemas da eficácia geral e da inderrogabilidade *in pejus*. Nestas concepções, as convenções colectivas são qualificadas como uma fonte específica de direito do trabalho e, consequentemente, a sua imposição aos contratos de trabalho e o princípio da inderrogabilidade *in pejus* equiparam-se à imposição das normas legais imperativas aos sujeitos privados.

Contudo, o fundamento invocado para esta qualificação varia consoante os autores: enquanto alguns continuam a subscrever a ideia da delegação de poderes públicos para justificar o poder «legislativo» das associações laborais (neste sentido, por exemplo, NIKISCH[267])[268], outros consideram ultrapassada a ideia do monopólio estadual da função legislativa e fazem apelo a um poder normativo originário das associações e dos trabalhadores, assente na capacidade de construirem para si próprios e de forma independente um ordenamento jurídico objectivo, que é reconhecido pelo Estado (neste sentido, por exemplo, HERSCHEL[269],

---

[265] Gérard LYON-CAEN, *Anomie, autonomie et heteronomie en droit du travail*, in *Études en Hommage à Paul Horion*, Liège, 1972, 173-178.

[266] *La partie «obligatoire»...cit.*, 260 ss. Na sua apreciação da figura no direito francês, este autor acaba, aliás, por recusar a distinção formal entre a parcela obrigacional e a parcela normativa das convenções em favor de uma estrutura normativa unitária, por considerar que a convenção não cria verdadeiros direitos e obrigações para as partes outorgantes.

[267] *Arbeitsrecht cit.*, II, 261 ss.; deve, contudo, referir-se que esta ideia da delegação é referida, para justificar a recondução das convenções colectivas à categoria de fontes, por autores que sustentam a natureza negocial da figura — neste sentido, por exemplo, ADOMEIT, *Rechtsquellenfragen...cit.*, 136 ss.

[268] Contra esta ideia de delegação, por exemplo, LYON-CAEN, *Anomie...cit.*, 175, que argumenta com a necessidade de não limitar a actuação dos parceiros sociais na prossecução dos seus interesses através da autonomia colectiva e das convenções colectivas — para o autor, a justificação da natureza jurídica das convenções colectivas pela ideia da delegação do poderes públicos seria sempre necessariamente limitada pelo interesse público. Também crítico da ideia de delegação se mostra, por exemplo, ZÖLLNER, *Das Wesen der Tarifnormen cit.*, 446.

[269] Por exemplo em *Vom Arbeiterschutz zum...cit.*, 309 s., ou em *Zur Rechtsnatur der Allgemeinverbindlicherklärung von Tarifverträgen*, in K. JANTZ / H. NEUMANN-DEUSBERG / D. SCHEWE (Hrsg.), *Sozial reform und Sozialrecht — Beiträge zum Arbeits- und Sozialversicherungsrecht und zur Sozialpolitik, Fest. für Walter BOGS*, Berlin, 1959, 125-137 (132 ss.).

SCHOLZ[270] ou RUSCIANO[271]); e, finalmente, um outro grupo reconhece explicitamente a origem do carácter normativo da convenção num acto privado — assim, considera, por exemplo, ZÖLLNER[272], que a especificidade das normas laborais constantes da parcela regulativa da convenção reside na sua dependência de um acto sancionador privado (*ein privatrechtlichen Sanktionierungsakt*) que é o «mandato regulativo» (*ein Regelungsauftrag*) conferido no seio das associações laborais outorgantes.

Em todo o caso, denominador comum a estas concepções parece ser o reconhecimento na figura da convenção colectiva de uma forma nova e diferente de criação de normas jurídicas. Como refere G. LYON-CAEN, «*l'ordre juridique des relations professionnelles collectives est un ordre autonome* [...]. *Les relations collectives du travail* [...] *ont lentement et progressivement secrété un autre droit, différent*»[273].

VI. Já em ruptura com a orientação anteriormente dominante, outro sector da doutrina procura adaptar a explicação contratualista originária das convenções colectivas às suas especificidades em matéria de eficácia e na relação com os contratos de trabalho. Seguindo esta orientação, alguns autores resolvem o problema da eficácia *erga omnes* das convenções através da sua qualificação como um contrato inominado em que uma das partes (o empregador) assume a obrigação de não vir a estabelecer, nos contratos que venha a celebrar no futuro com os trabalhadores (terceiros em relação à convenção), condições menos favoráveis do que as previstas na própria convenção — nesta perspectiva, FERRARI[274] continua a sustentar que o intrumento colectivo apenas produz efeitos em relação às partes, i.e., os sindicatos e o empregador (que renuncia ao exercício futuro da sua futura liberdade negocial num

---

[270] Rupert SCHOLZ, *Rechtsfragen zur verweisung zwischen Gesetz und Tarifvertrag*, in T. MAYER-MALY / R. RICHARDI / H. SCHAMBECK / W. ZÖLLNER (Hrsg.), *Arbeitsleben und Rechtspflege, Fest. für Gehrard MÜLLER*, Berlin, 1981, 509-536 (528 ss.).

[271] *Il contratto collettivo cit.*, 43 e 51. A este propósito, o autor atribui às convenções uma função «*paralegislativa*», que se desenvolve no quadro do «*ordinamento intersindacale*», protagonizado pelas associações sindicais e patronais em prossecução dos respectivos interesses (privados).

[272] *Das Wesen...cit.*, 445.

[273] LYON-CAEN, *Anomie...cit.*, 176 s. (sublinhado no original).

[274] *La natura giuridica...cit.*, 317 ss.

determinado sentido), não sendo necessário recorrer a outros institutos do direito civil (*verbi gratia*, à representação) para justificar os seus efeitos nos contratos de trabalho, já que estes não são mais do que o resultado do cumprimento pontual do contrato colectivo pelo empregador.

Nesta linha contratualista, a maioria dos autores — entre os quais encontramos nomes como SANTORO-PASSARELLI[275] (que influenciou toda a evolução posterior da doutrina italiana com a aplicação a esta matéria do conceito de *contratto collettivo di diritto comune*), RIVA SANSEVERINO[276], MENGONI[277] ou GIUGNI[278], RAMM[279], BÖTTICHER[280], MAYER-MALY[281], RICHARDI[282], LANGLOIS[283] ou TEYSSIÉ[284] — adopta, contu-

---

[275] O autor desenvolveu esta construção da figura das convenções colectivas em diversos escritos, desde 1950 — neste sentido, entre outros, Francesco SANTORO-PASSARELLI, *Autonomia colletiva, giuridizione, diritto di sciopero, in Studi giuridici in onore di Francesco CARNELUTTI*, IV, Padova, 1950, 438-460 (*maxime*, 441 e 443 s.), *Autonomia — autonomia collettiva cit.*, 369 ss., *Autonomia collettiva e libertà sindacale*, RIDL, 1985, I, 137-141 (138), e *Nozioni...cit.*, 47 ss. De acordo com esta construção, a convenção colectiva de trabalho tem natureza negocial porque é expressão da autonomia privada dos sindicatos e empregadores; mas, enquanto contrato, é um contrato *normativo* na parcela em que se dirige às partes dos contratos individuais de trabalho, é um contrato «*obligatorio*» porque cria deveres para os sindicatos outorgantes (ou seja, é obrigacional), e é um contrato *colectivo de trabalho*, porque através dele se compõem conflitos de interesses colectivos em matéria laboral.

[276] *Contratto colletivo...cit.*, 61 ss.

[277] *L'influenza del diritto del lavoro...cit.*, 15 s.

[278] Por exemplo em *Autonomia e Autotutela Colectiva cit., maxime* 14 s. e 22 s., onde o autor liga o problema à natureza jurídica privada dos sindicatos: sendo estes entidades privadas, a contratação colectiva revestirá natureza civil e é expressão da autonomia privada; pelo contrário, para o autor uma concepção publicista da convenção colectiva é típica de um sistema de sindicalismo de Estado.

[279] Thilo RAMM, *Die Parteien des Tarifvertrages. Kritik und Neubegründung der Lehre vom Tarifvertrag*, Stuttgart, 1961, *maxime* 84 ss., e, entre diversos outros escritos em que o autor retomou a sua concepção, *La natura giuridica...cit.*, 807 s.

[280] Eduard BÖTTICHER, *Gestaltungsmacht und Unterwerfung im Privatrecht*, Berlin, 1964, 18 ss., e *Arbeitsrecht: Bermerkungen...cit.*, 634 s.

[281] *Zur Rechtsnatur...cit.*, 465, embora este autor justifique o seu entendimento directamente na Constituição austríaca, que, no seu entender, não permitiria a qualificação normativa das convenções, e considere que, com referência ao sistema jurídico germânico, uma tal qualificação já seria admissível.

[282] *Kollektivgewalt...cit., maxime* 164 e 176 ss., e *Staudingers Kommentar...cit.*, II, 186 e 197. A junção do conteúdo negocial e da eficácia normativa

do, uma metodologia diferente: não negando as especificidades resultantes da dimensão *normativa* da convenção[285], estes autores consideram que esta figura é globalmente explicável pelo direito privado e voltam, para isso, a testar a operacionalidade de institutos e figuras civis como a representação, o mandato ou o contrato a favor de terceiro.

Com este objectivo, estas concepções retomam, com uma ou outra variante nos diversos autores, os dois pressupostos originários da construção negocial da figura da convenção colectiva (i.e., a recondução da convenção à figura do contrato e da autonomia colectiva a uma forma de autonomia privada; e a distinção entre interesses laborais individuais e colectivos, com a ligação da autonomia colectiva a estes últimos[286]) e explicam, a partir desta distinção e do instituto da representação, as projecções individuais da convenção, bem como a regra da inderrogabilidade *in pejus*.

---

evidencia-se, neste autor, na qualificação das convenções como contratos normativos e obrigacionais, que também surge noutros autores — neste mesmo sentido, ainda, por exemplo, MÜLLER-GLOGE, *Münchener Kommentar...cit.*, IV, 210.

[283] *Droit civil et contrat collectif...cit.*, 397 s.

[284] Bernard TEYSSIÉ, *À propos de la négociation collective d'entreprise*, 1990, 7/8, 577-579.

[285] Como refere Reinhard RICHARDI, *Eingriff in eine Arbeitsvertragsregelung durch Betriebsvereinbarung*, RdA, 1983, 4, 201-217 (214), é esta função normativa ou ordenadora do contrato colectivo (*Ordnungsfunktion des Tarifvertrags*) que lhe permite regular as condições de trabalho dos trabalhadores abrangidos.

[286] Neste sentido, por exemplo, F. SANTORO-PASSARELLI, *Autonomia collettiva...cit.*, 138, e *Autonomia — autonomia collettiva* cit., 369 s. Para o autor, o que caracteriza a autonomia colectiva enquanto forma de autonomia privada, é o seu carácter funcional (e não livre); e o que a diferencia da autonomia pública é o facto de o interesse público não constituir o seu objecto mas o seu limite — *Autonomia — autonomia collettiva* cit., 372. Estabelecendo também a ligação entre autonomia privada e autonomia colectiva e entre interesses individuais e interesses colectivos para este efeito, RICHARDI, *Kollektivgewalt...cit.*, 177 ss., entende que a capacidade negocial colectiva é ainda uma forma de autonomia privada, que prossegue os interesses colectivos que justificaram o reconhecimento do direito de coalisão. Já, pelo contrário, MAZZONI, *Certezza del diritto...cit.,*172 s.) critica SANTORO-PASSARELLI por reconduzir a autonomia colectiva a uma forma de autonomia privada: sem deixar de a qualificar como um poder privado (uma vez que é exercida por entidades privadas e prossegue interesses privados), este autor entende que a autonomia colectiva é qualitativamente diferente porque as regras jurídicas criadas pelos sujeitos ao abrigo desta autonomia são também aplicáveis a terceiros.

Nesta linha explicativa, a sobreposição da convenção colectiva ao contrato de trabalho é justificada por SANTORO-PASSARELLI[287] no mandato conferido pelos trabalhadores e empregadores às entidades laborais colectivas, que terá implícita a vontade de os mandantes sujeitarem a sua liberdade individual aos interesses colectivos, subjacentes à autonomia colectiva e assumidos pelos grupos profissionais[288]; enquanto SCONAMIGLIO[289] considera que, uma vez assumida a diversidade dos interesses prosseguidos ao nível dos contratos de trabalho e das convenções e o plano diferente em que cada um destes instrumentos actua, a derrogabilidade das convenções não é de admitir porque isso significaria uma invasão da esfera dos interesses colectivos por interesses individuais.

Por seu turno, a eficácia geral das convenções colectivas é justificada por alguns autores com recurso à figura do contrato a favor de

---

[287] *Autonomia, autonomia colletiva, giuridizione...cit.*, 440 s., *Autonomia colletiva...cit.*, 138, *Autonomia — autonomia collettiva cit.*, 369 ss., e *Nozioni...cit.*, 47 s.; numa formulação diferente, mas com um sentido próximo, LANGLOIS, *Droit civil et contrat collectif...cit.*, 398 s., distingue para este efeito entre substituição de vontades e representação de interesses, considerando que é esta última que se verifica na autonomia colectiva, já que, à maneira dos representantes dos incapazes, as associações sindicais manifestam não a vontade mas os interesses dos trabalhadores associados — este facto explica, para o autor, que a convenção colectiva se imponha aos contratos de trabalho e só possa ser alterada por outra convenção.

[288] Em sentido idêntico, RAMM, *La natura giuridica...cit.*, 809, e RICHARDI, *Kollektivgewalt...cit.*, 178, chamam também a atenção para o facto de a convenção colectiva se projectar no contrato de trabalho por vontade dos próprios trabalhadores inscritos na associação sindical. Já em apreciação crítica da concepção de SANTORO-PASSARELLI, por exemplo, GIUGNI, *Diritto sindacale cit.*, 142, considera que esta concepção deixa por explicar a regra da substituição automática das cláusulas negociais menos favoráveis do contrato de trabalho pelas disposições da convenção colectiva; e MAZZONI, *Certezza del diritto...cit.*, 172 s., entende que o instituto da representação não explica a eficácia *erga omnes* das convenções.

[289] Renato SCONAMIGLIO, *Autonomia sindacale ed efficacia del contratto collettivo di lavoro*, in *Studi in Onore di Francesco SANTORO-PASSARELLI*, V, Napoli, 1972, 963-1001 (996 s.). A concepção deste autor é, contudo, objecto da crítica de GIUGNI, *Diritto sindacale cit.*, 142, que a considera demasiado genérica, nada esclarecendo sobre a eficácia dos negócios celebrados pelos entes colectivos na prossecução dos interesses colectivos.

terceiro (é a posição sustentada por BÖTTICHER[290]) e por outros a partir do desenvolvimento de uma forma intermédia de representação, entre a representação voluntária e a representação legal, que se justifica para protecção dos trabalhadores (é o conceito de «representação social», desenvolvido por RAMM[291] para os contratos colectivos de categoria). Mas outros autores reconhecem que a eficácia geral das convenções é um factor de dissídio em relação ao princípio da liberdade negocial (é a posição de SCONAMIGLIO[292]), e um terceiro grupo prefere desvalorizar o problema, vaticinando a sua ultrapassagem histórica pela rápida difusão da contratação colectiva, que permitirá a aplicação das convenções, por via directa, a um número cada vez maior de trabalhadores (é a opinião de GIUGNI[293]).

Finalmente, a aplicação da convenção a trabalhadores que se venham a inscrever na associação sindical após a sua celebração é justificada por alguns autores através da ideia de representação sem poderes, considerando que o negócio celebrado é posteriormente ratificado pelo «representado» com o acto de inscrição sindical (é o entendimento desenvolvido por RAMM[294]).

Em resultado desta comprovação da aptidão genérica do direito civil para, através de um ou outro dos seus institutos, explicar a convenção colectiva, alguns autores negam qualquer natureza regulamentar à convenção e consideram superada a distinção tradicional entre o seu conteúdo obrigacional e o seu conteúdo regulativo, em favor de uma estrutura negocial unitária — é a opinião que encontramos em autores como SANTORO-PASSARELLI, SCONAMIGLIO ou SIEBERT[295].

---

[290] *Gestaltungsmacht...cit.*, 18 ss. e 24, onde o autor ensaia a aplicação às convenções colectivas do § 317 do BGB, que permite a determinação do conteúdo dos contratos por um terceiro.
[291] *La natura giuridica...cit.*, 811. Na doutrina germânica, parece, aliás, ser RAMM o autor que mais desenvolve a justificação da natureza jurídica da convenção colectiva a partir do instituto da representação. Em crítica às concepções de RAMM, por exemplo, ZÖLLNER, *Das Wesen der Tarifnormen cit.*, 444 s.
[292] *Autonomia sindacale...cit.*, 1000.
[293] *Autonomia e Autotutela Colectiva...cit*, 19.
[294] *La natura giuridica...cit.*, 809.
[295] SANTORO-PASSARELLI, por exemplo em *Autonomia, giuridizione...cit.*, 441, SCONAMIGLIO, *Autonomia sindacale...cit.*, 997; SIEBERT, *Beiträge zum System...cit.*, 171 s.

VII. Como via intermédia entre estas duas grandes orientações, desenvolveram-se concepções dualistas, que, partindo directamente da distinção entre as parcelas obrigacional e normativa do conteúdo da convenção colectiva e na esteira da posição clássica de CARNELUTTI[296], sustentam a natureza jurídica híbrida da figura da convenção colectiva, nela encontrando uma dimensão negocial e uma dimensão normativa e sugerindo justificações diferenciadas para cada uma delas, ou explorando a ideia de contrato normativo de direito público, por nela descortinarem a existência de interesses privado e públicos e a característica de generalidade típica das normas jurídicas.

A recondução da figura da convenção colectiva ao conceito de contrato normativo de direito público é clássica na doutrina italiana coeva do corporativismo, por razões que se prendem com a feição publicista que as convenções e as próprias associações sindicais e patronais adquiriram nessa época, conforme referimos acima — nesta linha encontramos autores como BARASSI, JAEGER ou ZANOBINI[297]. Mas, ainda posteriormente, a estrutura dualista das convenções colectivas e a justificação diferenciada para as duas parcelas do seu conteúdo é sufragada por alguns autores: a natureza híbrida destes instrumentos é reconhecida, para este efeito, por MENGEL[298] e MAGREZ-SONG[299]; e a «*anima normativa*» das convenções é realçada, nesta perspectiva, por DELL'OLIO[300], que a justifica em nome dos interesses laborais colectivos mas a considera compatível com a ideia de contrato.

VIII. A breve digressão histórico-comparativa que acabamos de fazer torna bem patente a complexidade dos problemas dogmáticos colocados pela figura da convenção colectiva, vislumbrando-se assim, desde já, as suas possíveis implicações na questão da autonomia dogmática do direito do trabalho. No caso português, esta mesma complexidade é evidenciada pelo próprio direito positivo, como veremos de seguida.

---

[296] *Teoria del regolamento collettivo...cit.*, 116 ss.

[297] BARASSI, *Diritto sindacale...cit.*, 416 s.; JAEGER, *Principii...cit.*, 290; ZANOBINI, *Corso...cit.*, 256 s.

[298] *Tarifautonomie und Tarifpolitik cit.*, 407.

[299] *Le droit conventionnel du travail cit.*, 598 ss.

[300] Matteo DELL'OLIO, *L'organizzazione e l'azione sindacale in generale*, in M. DELL'OLIO / G. BRANCA, *L'organizzazione e l'azione sindacale*, Padova, 1980, 3-349 (110 e ss.).

58. As dificuldades dogmáticas colocadas pela convenção colectiva no caso português e as vias apontadas para a sua superação

I. Tal como noutros sistemas, no sistema português o problema da natureza da convenção colectiva é de resolução difícil porque a sua disciplina jurídica viabiliza tanto uma aproximação negocial como uma perspectiva normativista ou ainda uma perspectiva híbrida sobre este instituto. Como dificuldade adicional, acresce que esta figura foi entre nós influenciada, de uma forma particularmente intensa e duradoura, por factores históricos e ideológicos conhecidos e essa influência continua a detectar-se em alguns pontos do seu regime jurídico actual.

II. Em favor de uma construção normativista da convenção colectiva podem descortinar-se tanto argumentos formais como argumentos substanciais.

Numa perspectiva formal, indicia, desde logo, a essência normativa da convenção colectiva a sua inclusão no elenco das fontes laborais, constante do art. 12º nº 1 da LCT: as convenções colectivas (e, bem assim, as restantes formas de regulamentação colectiva autónoma que a lei equipara hoje às convenções — o acordo de adesão e a decisão arbitral[301]) são consideradas como uma das fontes específicas[302] do direito do trabalho, a situar imediatamente abaixo das normas legais. Ora, apesar da inequívoca inspiração corporativista desta norma (manifestada até na referência expressa às «normas corporativas»), a verdade é que esta qualificação das convenções como fontes juslaborais sobreviveu ao corporativismo e, na interpretação actualista do preceito preconizada pela doutrina, apenas tem sido discutido o lugar que hoje lhes

---

[301] É o que decorre da interpretação actualista da norma, imposta pela equiparação destes instrumentos à convenção colectiva, levada a efeito pelos arts. 2º nº 1, 28º nº 4 e 34º nº 8 da LRCT. Advogando esta interpretação do preceito, por exemplo, MÁRIO PINTO / FURTADO MARTINS / NUNES DE CARVALHO, *Comentário...cit.*, 62 e nota [5].

[302] A recondução formal das convenções colectivas à categoria de fontes constava também do art. 4º nº 1 do Projecto de GALVÃO TELLES sobre o regime do contrato de trabalho, constante do *Parecer nº 45/VII à Câmara Corporativa...cit.*, 526, bem como do art. 5º § 1º da secção relativa ao contrato de trabalho do Projecto para o Código civil — *Contratos Civis. Exposição de Motivos cit.* (BMJ), 253. Quanto à adjectivação das fontes laborais previstas no actual art. 12º como «fontes específicas», trata-se como se sabe, de um qualificativo clássico na doutrina — sobre o ponto, por todos, MENEZES CORDEIRO, *Manual...cit.*, 171 ss.

deve caber na pirâmide normativa, pelas dúvidas sobre a sua relação hierárquica com a regulamentação colectiva administrativa, exercitada através das portarias de extensão e de regulamentação do trabalho[303]. Por outro lado, ainda em termos formais, denuncia o perfil normativo da convenção e dos restantes instrumentos colectivos convencionais o facto de serem objecto de um depósito administrativo e de publicação oficial (arts. 24°, 26° e 28 n° 4 da LRCT) e, bem assim, a referência expressa do art. 10° n° 1 da LRCT à sua entrada em vigor «nos mesmos termos das leis».

Já em termos substanciais, contribui para uma visão normativista das convenções a formulação da regra da inderrogabilidade *in pejus* do regime convencional colectivo pelo contrato de trabalho em termos semelhantes aos previstos para o relacionamento entre o contrato e a lei (art. 14° n° 1 da LRCT e art. 14° n° 2 da LCT, respectivamente), e o âmbito aparentemente mais extenso da autonomia laboral colectiva relativamente à autonomia do empregador e do trabalhador no contrato de trabalho, que decorre da previsão das normas convénio-dispositivas no art. 13° n° 2 da LCT. Por outro lado, o pendor normativo é evidenciado pelas duas situações de eficácia geral da convenção colectiva previstas no nosso ordenamento: a aplicação da convenção a trabalhadores não cobertos originariamente pelo instrumento colectivo (por não integrarem a associação outorgante), viabilizada pela sua extensão através de um acto regulamentar da iniciativa do Governo — a emissão da

---

[303] Esta interpretação actualista tem, quanto a este aspecto, um duplo significado: por um lado, a referência da lei às «normas emitidas pelo Ministério das Corporações e Previdência, dentro da competência que por lei lhe for atribuída» tem hoje que considerar-se reportada às portarias de extensão e de regulamentação do trabalho (arts. 29° e 36° da LRCT); por outro lado, a ordem hierárquica das diversas fontes previstas no art. 12° n° 1 da LCT terá que se considerar alterada no que respeita à relação entre os IRCT convencionais e administrativos, uma vez que a LRCT dá primazia aos primeiros sobre os segundos, determinando nos arts. 29° e 36° n° 1, a subsidiaridade das portarias relativamente aos instrumentos convencionais e estabelecendo, no art. 38°, que a entrada em vigor de um IRCT convencional faz cessar automaticamente a vigência da PRT na área de incidência da convenção. Por este motivo, alguns autores sustentam a inversão da ordem hierárquica estabelecida no art. 12° da LCT quanto à relação entre estas fontes (neste sentido se parecem inclinar MÁRIO PINTO / FURTADO MARTINS / NUNES DE CARVALHO, *Comentário...cit.*, 62 e notas [5] e [8]), enquanto outros entendem que o problema não é exclusivamente um problema de nexo hierárquico (neste sentido, por exemplo, BERNARDO XAVIER, *Curso...cit.*, 256 e nota [1]).

portaria de extensão, nos termos do art. 29° da LRCT; e, independentemente de qualquer acto administrativo, a extensão do regime retributivo previsto na convenção aos restantes trabalhadores da empresa, por força do princípio da igualdade remuneratória, quando se verifiquem as condições previstas no art. 59° n° 1 a) da CRP[304]. E, por último, parece manifestar a essência normativa das convenções colectivas a qualificação contra-ordenacional das violações das suas «normas», nos termos expressos do art. 44° n°s 1 e 2 da LRCT, introduzidos pela L. n° 118//99, de 11 de Agosto.

III. Contudo, se atendermos a outros aspectos do regime jurídico da figura, respeitantes à natureza jurídica das entidades outorgantes, ao processo de formação da convenção, ao seu conteúdo e aos interesses que prossegue, e ainda ao seu âmbito pessoal de incidência, encontramos argumentos em favor da configuração negocial da convenção colectiva[305].

Desde logo, a aproximação da convenção colectiva a outras formas autónomas de composição de interesses privados é facilitada pela natureza (ou actuação) jurídica privada das entidades outorgantes e pela sua independência em relação ao Estado. Como é sabido, o nosso sistema jurídico-constitucional nesta matéria assenta no princípio da liberdade sindical (art. 55° n° 1 da CRP), que se manifesta, entre outros

---

[304] Para além destes argumentos, poderia indicar-se como manifestando o pendor normativista da figura da convenção colectiva no nosso sistema jurídico a extensão do direito de negociação colectiva aos vínculos jurídicos de emprego público (prevista na L. n° 23/98, de 26 de Maio), uma vez que, nesta «negociação», as associações sindicais têm o Estado como interlocutor e nela deverá ser sempre salvaguardado o interesse público (art. 4°). Apesar da aproximação linguística, cremos, todavia, que a negociação colectiva no domínio público tem, de facto, uma natureza diversa porque desemboca num acto unilateral do Governo: neste caso, a fixação das condições de trabalho é feita por decisão do Governo, embora a lei prescreva que essa decisão deve ser adequada ao acordo que tenha resultado da negociação (arts. 5° n° 3 e 9° n° 5 do mesmo diploma).

[305] Não realçamos, voluntariamente, outros argumentos, que se poderiam retirar da própria terminologia legal e que também parecem apontar para a natureza negocial da figura da convenção, como as referências dispersas aos *acordos* das partes, a *negociações* e a *protocolos negociais* e até a designação de uma das modalidades da convenção como *contrato* colectivo de trabalho (art. 2° n° 3 da LRCT). No nosso entender, estes argumentos têm essencialmente um valor linguístico.

aspectos, no pluralismo sindical (art. 55° n° 2 a) da CRP) e na independência das associações sindicais em relação aos poderes públicos (art. 55° n° 4 da CRP e art. 6° da LS). Em conformidade com estes princípios, os outorgantes da convenção são entidades privadas (ou, no caso do empregador, se tiverem natureza pública, actuam sem *ius imperii*), têm natureza colectiva e associativa[306] (excepto, evidentemente, quando o empregador outorga directamente a convenção) e a sua capacidade negocial depende apenas da observância de requisitos formais (o registo dos seus estatutos — art. 3° n° 2 da LRCT, art. 10° da LS e art. 7° da LAP), em termos semelhantes ao que sucede com a generalidade das pessoas jurídicas colectivas (art. 157° do CC). Tal como outros contratos, a convenção é pois celebrada por entes privados ou actuando como tal, em situação de liberdade e numa posição de igualdade formal.

Em segundo lugar, o perfil negocial da convenção evidencia-se no seu processo de formação, já que ela é o produto de uma negociação, que comporta uma proposta (art. 16° n° 1 da LRCT), respostas e contra-propostas (art. 17° n°s 1 e 3 da LRCT), protocolos negociais e acordos intercalares (art. 19° da LRCT), e é dominada pelo princípio da boa fé (art. 22° da LRCT) — apesar de alguns desvios significativos em relação às regras gerais nesta matéria[307], as afinidades da negociação colectiva com o processo comum de formação dos negócios jurídicos são evidentes. Além disso, a intervenção administrativa no processo de formação do instrumento colectivo tem um significado formal — na fase da negociação, esta intervenção é limitada à prestação de apoio técnico e depende de pedido das partes (art. 20° da LRCT), e, na fase do depósito, salda-se num controlo da legitimidade dos outorgantes e da regularidade formal do processo de denúncia do instrumento anterior e da formação da nova convenção (é o que decorre das causas de recusa do depósito enunciadas no art. 24° n° 3 da LRCT), não envolvendo pois qualquer apreciação do mérito ou da legalidade substancial das suas cláusulas[308], que dependerá, nos termos gerais, de acção judi-

---

[306] Apesar de o sistema jurídico-constitucional enfatizar, sobretudo, o aspecto da liberdade e da autonomia sindical, por razões históricas conhecidas, este perfil associativo privado quadra também às associações patronais.

[307] Que teremos ocasião de apreciar um pouco mais à frente — *infra*, 59.III.

[308] De uma forma geral, esta norma tem, aliás, sido interpretada em termos muito restritivos, por se entender que, em face do primado da autonomia colectiva, a intervenção administrativa no processo de negociação e celebração das convenções colectivas só poderá ter índole formal e deverá ser reduzida ao mínimo

cial promovida pelos próprios interessados (art. 43° da LRCT). Desta forma, também pelo seu processo de formação a convenção colectiva se aproxima da figura do negócio jurídico.

Em terceiro lugar, do ponto de vista do conteúdo, a convenção parece corresponder a um acordo de vontades que manifestam interesses privados opostos, até porque determina, ao lado da denominada parcela normativa, um conjunto de direitos e obrigações recíprocos para os outorgantes (é o conteúdo obrigacional, previsto na alínea a) do art. 5° da LRCT). Assim, também em termos de conteúdo, a convenção apresenta analogias com a figura do contrato.

Finalmente, o perfil negocial da convenção colectiva é evidenciado pelas repetidas referências constitucionais e legais ao nexo de representação voluntária entre os trabalhadores e as associações sindicais que outorgam a convenção e pelo denominado *princípio da filiação*[309], que constitui a regra geral em matéria de fixação do seu âmbito pessoal de incidência, nos termos do art. 7° da LRCT. Por um lado, os trabalhadores podem constituir as associações sindicais que entenderem para prossecução dos seus interesses (é o princípio do pluralismo sindical) e não há, no nosso sistema, quaisquer condicionamentos à legitimidade sindical na negociação colectiva — a liberdade dos sujeitos na forma de prossecução dos seus interesses laborais é pois assegurada sem restrições. Por outro lado, a regra da filiação, constante do art. 7° da LRCT, permite explicar os efeitos normativos do instrumento colectivo com base no instituto da representação: o nexo de representação é criado com o acto (livre) de inscrição dos trabalhadores e dos empregadores nas associações sindicais e patronais que outorgam a convenção e, por isso, ela produz efeitos na situação jurídica dos representados — ainda que nesta matéria, haja também alguns desvios a assinalar.

IV. Perante os vários aspectos do regime jurídico da figura da convenção colectiva que acabamos de referir e das vicissitudes particulares da sua história, compreende-se que as diversas concepções

---

— neste sentido, por todos, MENEZES CORDEIRO, *Manual...cit.*, 273. A letra do preceito viabiliza esta interpretação mas a ela não é também certamente alheia uma certa reacção ao sistema anterior de homologação ministerial do conteúdo das convenções colectivas (art. 24° n° 5 do DL n° 49 212, de 28 de Agosto de 1969).

[309] É a designação mais comum na doutrina — neste sentido, por todos, MONTEIRO FERNANDES, *Direito do Trabalho cit.*, 765.

sobre a natureza jurídica desta figura, que apontámos no ponto anterior, tenham encontrado apoios na doutrina nacional, apesar de serem escassos os estudos sobre esta matéria entre nós.

Durante o período corporativo, a qualificação formal das convenções colectivas como fonte de direito e algumas particularidades do seu regime jurídico (como o controlo de mérito das suas cláusulas e a exigência da sua homologação ministerial), bem como a natureza pública dos sindicatos e dos grémios[310] contribuiram para o predomínio das concepções normativo-publicistas. Nesta óptica normativista, MARCELLO CAETANO entende que, apesar do seu *nomen juris*, da sua origem num acordo e de se aplicar apenas a determinadas pessoas (os trabalhadores da categoria abrangida), os contratos colectivos de trabalho são verdadeiros regulamentos administrativos, na medida em que são outorgados por entes dotados de autoridade pública (os grémios e os sindicatos) e que a sua regulamentação uniforme tem força obrigatória geral (já que dirige a todos os membros da categoria económica em causa, estejam ou não inscritos nos organismos outorgantes e mesmo que acedam à categoria em causa depois da emissão do instrumento colectivo)[311]; e, nesta mesma perspectiva normativo-publicista, ainda que com graus de desenvolvimento diverso, encontramos autores como MOTTA VEIGA, CABRAL BASTO ou FÉZAS VITAL[312][313].

---

[310] A que aludimos oportunamente — cfr., *supra*, § 14°, 28.II.

[311] MARCELLO CAETANO, *O Sistema Corporativo cit.,* 59 s., e *Manual...cit.,* I, 389 s. e 570. Como argumento complementar para a qualificação das convenções colectivas como regulamentos administrativos, o autor refere a dependência destes regulamentos de homologação administrativa, bem como o facto de a sua violação dar lugar a um procedimento penal por transgressão e não a uma acção por incumprimento do contrato. Em geral e por todos, sobre a natureza dos regulamentos admistrativos, *vd* Afonso Rodrigues QUEIRÓ, *Teoria dos Regulamentos,* RDES, 1980, 1/2/3/4, 1-19, e 1986, 1, 5-32.

[312] António da Motta VEIGA, *A Regulamentação do Salário,* Porto, 1944, 149 ss., e Nuno Cabral BASTO, *A natureza da convenção colectiva: supostos epistemológicos da sua indagação,* ESC, 1969, 30, 60-87 (*maxime* 76 ss.). Também FÉZAS VITAL parece inclinar-se neste sentido, embora não aprofunde tanto o problema — em todo o caso, veja-se em *Discurso inaugural...cit.,* 436, a justificação da eficácia geral dos acordos colectivos celebrados pelos sindicatos legalmente reconhecidos no facto de estes se configurarem como órgãos de direito público, e, no seu *Curso...cit.,* 111, a referência às disposições das convenções colectivas como normas jurídicas.

[313] Deve, de qualquer modo, notar-se que alguns dos subscritores das con-

No entanto, alguns autores manifestam-se contra esta tendência, apreciando o problema numa perspectiva contratualista. Nesta linha, CUNHA GONÇALVES reconhece às convenções colectivas a natureza de contratos normativos de direito privado, referindo-se-lhes como um «contrato-tipo», que inclui uma proposta ao público, aberta permanentemente à adesão de cada indivíduo; e considera as cláusulas das convenções como cláusulas tácitas dos contratos de trabalho dos aderentes, apesar de admitir o seu condicionamento por interesses públicos[314]. Por seu turno, RAUL VENTURA[315] recusa a recondução da convenção colectiva à categoria de fonte de direito (embora admita a sua qualificação como fonte de relações jurídicas)[316] e qualifica-a como um contrato privado, procurando explicar as particularidades do seu regime jurídico a partir do instituto da representação, e, designadamente, através do desenvolvimento do conceito de representação legal corporativa: para este autor, as entidades (corporativas) outorgantes da convenção actuam em representação legal dos interesses dos trabalhadores e dos empregadores e, em consequência, estes ficam obrigados pelo instrumento colectivo; mas, porque a representação em causa é uma representação legal, não vê o seu âmbito limitado pelo acto singular de inscrição de cada empregador e trabalhador membro no grémio ou no sindicato mas pela área de actividade económica e pela categoria profissional em que cada um destes organismos corporativos actua (é a justificação da eficácia geral do instrumento colectivo); finalmente, a regra da inderrogabilidade do regime convencional colectivo pelos contratos de trabalho é encarada por este autor como uma consequência da obrigação assumida na convenção colectiva pelos empregadores e trabalhadores de observarem o conteúdo das cláusulas convencionais como conteúdo mínimo nos contratos de trabalho que celebrem no futuro[317].

---

cepções publicistas não negam, apesar de tudo, a origem contratual das convenções — neste sentido, por exemplo, Maria da Conceição Tavares da SILVA, *Direito do Trabalho* (copiogr.), Lisboa, 1964-65, 414 ss. e 465.

[314] CUNHA GONÇALVES, *Tratado de Direito Civil cit.*, VII, 580 s., e *Princípios de Direito Corporativo cit.*, 231 s.

[315] *Teoria da Relação...cit.*, I, 180 ss.

[316] *Idem*, 187 s. Deve notar-se que, embora o autor autonomize a apreciação dos acordos colectivos de trabalho em relação à dos contratos colectivos, também recusa a recondução destes últimos à categoria de fonte — *ibidem*, 189.

[317] *Ibidem, maxime* 180 ss. e 206. Para além destes argumentos, o autor invoca ainda em favor da tese contratualista a previsão da *nulidade* dos contratos colec-

Finalmente, numa perspectiva mista, encontramos autores como GALVÃO TELLES, que parte da afirmação geral da compatibilidade entre as categorias da *norma* e do *acto jurídico* que a cria (no caso, o contrato) para conceber a figura do contrato colectivo de trabalho como um contrato normativo de direito público: para este autor, enquanto acto jurídico, a convenção teria natureza negocial (o autor aponta-a, aliás, como um exemplo da expansão da figura do contrato para fora da sua «pátria de origem no Direito privado»[318]), porque era celebrada pelos sindicatos e pelos grémios em nome próprio (e não em representação *jurídica* dos seus associados) e no exercício da sua autonomia[319]; mas, na medida em que os seus outorgantes revestiam natureza pública e eram «dominados pela função de criar direito objectivo», este acto jurídico contratual teria eficácia normativa, o que explicaria a sua qualificação como fonte de direito[320]. Também SOARES MARTINEZ[321] parece inclinar-se para uma solução mista, uma vez que realça, em paralelo, a faceta negocial e a faceta normativa das convenções colectivas.

V. Com referência ao actual sistema jurídico-constitucional, o problema tem sido objecto de referências meramente descritivas em alguns autores[322], enquanto noutros se detecta uma opção, mais ou menos clara e com matizes diversas, quer para concepções de pendor normativista (mas de índole privada), quer para concepções contratualistas.

---

tivos para certas situações (art. 37º da Constituição de 1933), bem como a equiparação legal das *cláusulas* dos contratos colectivos às cláusulas dos contratos individuais de trabalho (art. 2º da LCT de 1937), considerando que estas normas só faziam sentido em face do reconhecimento da natureza jurídica negocial destes instrumentos — *ibidem*, 186 s.

[318] GALVÃO TELLES, *Manual dos Contratos em Geral cit.*, 49.

[319] *Idem*, 417 s. O autor admite a este propósito apenas a existência de uma representação política e não jurídica, por considerar que os outorgantes da convenção actuam no interesse dos membros da categoria mas não em sua substituição.

[320] *Ibidem*, 50. Este entendimento articula-se com a recondução da figura da convenção à categoria de fonte, que o autor formaliza nos Projectos para o regime jurídico do contrato de trabalho, como já vimos — *supra*, neste mesmo número, II e nota [302].

[321] *Manual...cit.*, 238 s.

[322] Assim, por exemplo, em BERNARDO XAVIER, *Curso...cit.*, 251.

Uma perspectiva normativista sobre as convenções colectivas pode encontrar-se, por exemplo, em MONTEIRO FERNANDES[323]. Para este autor, as convenções colectivas reconduzem-se à categoria de normas jurídicas, porque, apesar de assentes num acordo entre os grupos sociais, são «abstractamente endereçadas aos membros desses grupos e destinadas portanto a reagir sobre as relações individuais entre eles»[324]. Trata-se, contudo, de um processo normativo privado, uma vez que assenta na autonomia colectiva e esta é uma forma de autonomia privada que se funda numa competência *originária* dos grupos sociais (carecendo, por isso mesmo, apenas de ser *garantida* pela lei, mas não de ser *atribuída* por meio de uma qualquer delegação dos poderes públicos). Por outro lado, reportando-se a autonomia colectiva à prossecução de interesses laborais colectivos e distinguindo-se estes dos interesses individuais dos membros do grupo, estes poderão, em caso de divergência, ser sacrificados em favor daqueles na convenção[325].

Numa construção que pretende ser de síntese mas revela também, na nossa opinião, um acentuado pendor normativista, BARROS MOURA[326] propõe uma justificação de índole social para a recondução da convenção colectiva à categoria de fonte de direito e explica a sua prevalência sobre os contratos individuais de trabalho a partir da distinção entre interesses laborais colectivos e individuais: considerando que a qualificação como fonte exige um acto de legitimação do Estado, o autor entende que, no caso da convenção colectiva, esta legitimação se justifica pela importância da autonomia colectiva dos sindicatos, em razão da sua função social de defesa dos interesses colectivos dos trabalhadores — é a justificação da qualificação da convenção colectiva como fonte, apesar da sua estrutura negocial; por seu turno, a distinção entre os interesses laborais colectivos (actuados pelos sindicatos em nome próprio) e os interesses individuais dos trabalhadores justifica que, enquanto

---

[323] *Direito do Trabalho* cit., 107 ss. e 622 ss. Deve notar-se que o autor não aprecia *ex professo* o problema da natureza jurídica das convenções; a orientação descrita infere-se, todavia, do conjunto das suas observações, quer sobre a qualificação das convenções, quer sobre a delimitação dos conceitos de autonomia colectiva e de interesses laborais colectivos.
[324] *Idem*, 622.
[325] *Ibidem*, 623 s. e 629.
[326] *A Convenção Colectiva...cit.*, maxime 118 ss.

fonte, a convenção se imponha ao contrato, porque os interesses colectivos que prossegue limitam a liberdade e os interesses específicos de cada trabalhador.

Já numa perspectiva assumidamente dualista, pode apontar-se o entendimento de MOTTA VEIGA[327], que qualifica a convenção colectiva como uma figura *sui generis* ou mista (porque congrega elementos contratuais e elementos normativos), reconduzindo-a à categoria de fonte extra-estadual de direito positivo.

Uma construção contratualista da figura da convenção colectiva é proposta por autores como MENEZES CORDEIRO, ROMANO MARTINEZ ou MÁRIO PINTO, ainda que com formulações diversas.

Nesta linha, MÁRIO PINTO[328] faz apelo à ideia tradicional de contrato normativo desenvolvida pela doutrina italiana para explicar a convenção colectiva, que descreve como um negócio em que «as partes acordam as condições que ulteriormente serão recebidas como conteúdo de outros contratos». Todavia, este autor não deixa de assinalar a utilidade da distinção entre a parcela normativa e a parcela obrigacional do instrumento colectivo.

Já numa perspectiva totalmente negocial, ROMANO MARTINEZ[329] reconduz a convenção colectiva à categoria de contrato privado, justificando este entendimento na liberdade de constituição das associações laborais e na liberdade de filiação, na natureza privada destas associações e na existência de liberdade de celebração e de estipulação na negociação colectiva, bem como no carácter puramente formal da intervenção administrativa no seu processo de formação. Em conformidade com esta abordagem do problema, este autor explica os efeitos que a convenção produz nos contratos de trabalho recorrendo ao instituto da representação, e a sua aplicação a terceiros com base no acto público que é a portaria de extensão; e, como argumentos complementares em favor da qualificação negocial da figura, chama a atenção para a existência de outras situações de representação colectiva no âmbito do direito comum e para a previsão de sanções de tipo penal ou contra-ordenacional noutros contratos de direito privado.

---

[327] *Lições...cit.*, 104 ss.
[328] *Direito do Trabalho cit.*, 146.
[329] *Direito do Trabalho cit.*, II (*Relações Colectivas de Trabalho*), 81 ss. e 102 ss.

Finalmente, na mesma linha contratualista, cabe referir a construção de MENEZES CORDEIRO[330]. Apesar de reconhecer algumas especificidades no processo formativo da convenção colectiva (que impedem a sua completa integração nos quadros da teoria geral do negócio jurídico[331]) e até a conveniência da sua interpretação e integração de acordo com «as regras próprias de interpretação e integração da lei, com cedências subjectivistas»[332], este autor entende que a convenção colectiva é estruturalmente redutível a um negócio privado colectivo e que a distinção entre as suas parcelas obrigacional e regulativa deve considerar-se ultrapassada (para efeitos de fundamentação) em favor de uma visão negocial unitária, por dois motivos: por um lado, porque a convenção é celebrada por entidades privadas e independentes do Estado, em prossecução de interesses privados e ao abrigo da forma de autonomia privada que é a autonomia colectiva[333]; por outro lado, porque os efeitos que a convenção produz nos contratos de trabalho são globalmente explicáveis pelo instituto da representação, ainda que exigindo uma ou outra adaptação. A aproximação da convenção colectiva à figura do negócio jurídico é ainda facilitada, na opinião do autor, pelo reconhecimento da existência de outros negócios colectivos no direito civil (como os negócios celebrados com recurso a cláusulas contratuais gerais e os acordos celebrados pelas associações de consumidores[334]), e

---

[330] *Manual...cit.*, 319 ss., e *Convenções Colectivas de Trabalho e Alteração...cit.*, 7 e 64 s.
[331] *Convenções Colectivas de Trabalho e Alteração...cit.*, 41 s.
[332] *Manual...cit.*, 320 ss., e *Convenções Colectivas de Trabalho e Alteração...cit.*, 53.
[333] *Manual...cit.*, 321, e *Convenções Colectivas de Trabalho e Alteração... cit.*, 53.
[334] No caso das associações de defesa dos consumidores (previstas na L. nº 29/81, de 22 de Agosto, ao tempo em que o autor escrevia, e actualmente admitidas pelo art. 17º da L. nº 24/96, de 31 de Julho) e no caso da acção inibitória prevista na LCCG (art. 25º do DL nº 446/85, de 25 de Outubro, com as alterações introduzidas pelo DL nº 220/95, de 31 de Agosto), e que é, aliás, igualmente prevista para a protecção dos consumidores (art. 10º da L. nº 24/96, de 31 de Julho), também se verifica, segundo MENEZES CORDEIRO, uma actuação colectiva e se desenvolvem competências para agir em nome colectivo — *Manual...cit.*, 321 e nota [22], e *Convenções Colectivas de Trabalho e Alteração...cit.*, 65 e nota [81]. Também estabelecendo um paralelo entre a regulamentação laboral colectiva e os negócios celebrados com recurso a cláusulas contratuais gerais, REUTER, *Das Verhältnis von...cit.*, 196.

desta configuração negocial unitária da figura o autor retira consequências práticas importantes, como a sujeição das convenções à teoria da alteração das circunstâncias para justificar a sua modificação superveniente[335]. Como última nota desta construção, deve, contudo, referir-se que o autor considera a estrutura negocial unitária da convenção compatível com a sua qualificação como fonte do direito laboral, que lhe parece incontornável em face de alguns aspectos do regime jurídico da figura — *verbi gratia,* a sua recondução formal à categoria de fonte, a previsão da extensão do seu âmbito de incidência por via administrativa e o tipo de sanções cominadas para o seu incumprimento[336].

VI. No nosso entender, os traços do regime jurídico português em matéria de convenções colectivas, acima referidos, apontam claramente para a sua inserção na ordem jurídica privada, mas, uma vez estabelecida esta essência privada, não permitem retirar uma conclusão definitiva sobre o problema da sua natureza jurídica — à excepção da concepção normativo-publicista (que nos parece contrariar directamente as bases constitucionais do actual sistema de negociação colectiva, i.e., o princípio da liberdade sindical, a natureza jurídica privada das associações sindicais e patronais e o princípio da autonomia colectiva), qualquer uma das outras concepções poderá encontrar apoio em aspectos diversos do regime jurídico da figura, que se reportam ao seu conteúdo, ao seu processo de formação, ao seu âmbito de incidência ou aos seus efeitos nos contratos de trabalho.

Todavia, se uma opção definitiva sobre o problema da natureza da convenção colectiva não é facilitada pelo seu regime jurídico[337], já a conjugação deste regime com a própria essência privada da figura é,

---

[335] Neste sentido, o autor (*Convenções Colectivas de Trabalho e Alteração...cit.,* 110 ss.) admite que, verificados os requisitos do art. 437º nº 1 do CC, tanto as associações sindicais como as associações patronais possam exigir a renegociação do instrumento colectivo antes do termo da sua vigência.

[336] *Manual...cit.,* 322.

[337] Na nossa opinião, um debate sobre a natureza jurídica da convenção colectiva será sempre necessário, ainda que as suas projecções práticas sejam relativamente escassas no caso português, já que a consagração formal da convenção colectiva como fonte do direito laboral ultrapassou, pela via sistemática, os inconvenientes do impasse dogmático, fornecendo critérios para a resolução dos problemas da interpretação e integração do seu conteúdo e da sua relação, quer com as restantes fontes laborais, quer com os contratos de trabalho.

do nosso ponto de vista, suficiente para demonstrar a sua singularidade no ordenamento jurídico privado e tanto basta para fixar a sua mais valia como argumento para a construção dogmática autónoma do direito laboral. É o que vamos demonstrar de imediato.

59. A singularidade da convenção colectiva pela incapacidade explicativa do instituto da representação e pelas limitações da autonomia colectiva. A contribuição da convenção colectiva para a afirmação da autonomia dogmática do direito laboral

I. Na nossa opinião, a singularidade da convenção colectiva decorre exactamente da complexidade do seu conteúdo (pela coexistência das componentes negocial e normativa) conjugada com a sua natureza privada (evidenciada pela qualificação ou actuação privada dos seus outorgantes e pelos interesses privados que são por ela primacialmente prosseguidos), porque esta conjugação não tem paralelo noutros fenómenos do direito privado e não permite reduzir dogmaticamente a figura nem à categoria de acto normativo (como preconizam as concepções normativistas), nem à categoria de acto negocial (como propõem as construções negociais) — no primeiro caso, porque a qualificação como acto normativo não consegue justificar o conteúdo obrigacional da convenção; no segundo caso, porque os problemas dogmáticos decorrentes das regras da eficácia geral e da inderrogabilidade *in pejus* não são cabalmente explicáveis pelo direito dos contratos e pelo instituto da representação, mesmo com adaptações.

II. De facto, se, como fazem os subscritores das concepções normativistas, privilegiarmos o papel das convenções colectivas na revelação de normas jurídicas (ou seja, a sua qualificação como fonte de direito, nos termos do art. 12º nº 1 da LCT), as regras da eficácia geral e da inderrogabilidade *in pejus* deixam-se explicar a partir da característica de generalidade das normas jurídicas e pela regra geral da limitação da liberdade negocial pelas normas imperativas (no caso, limitando-se esta imperatividade pela ideia de mínimo, nos termos do art. 13º nº 1 da LCT).

Contudo, enquanto *acto normativo*, é forçoso reconhecer que a convenção colectiva apresenta algumas especificidades em razão da sua origem e do seu conteúdo: quanto à origem, ela não constitui uma regulamentação *heterónoma* de situações jurídicas emanada de um acto de poder ou de autoridade, não só pela natureza jurídica privada das associações outorgantes, mas, sobretudo, porque através dela se prosseguem primacialmente interesses privados, dos próprios outorgantes ou dos respectivos associados. Assim, como forma de *auto-regulamentação* de interesses, a convenção só poderá ser qualificada como acto normativo se se admitir a existência de poderes normativos não estaduais (sejam ele originários dos grupos sociais ou produto de um acto legitimador público), a exercer em prossecução de interesses privados. Mas, ainda que isto seja admissível, a convenção colectiva continua a diferenciar--se pela circunstância de aditar ao conteúdo normativo um conteúdo obrigacional, criando direitos e deveres recíprocos na esfera jurídica dos seus outorgantes (nos termos do art. 5º a) da LRCT) — ora, não sendo a qualificação como acto normativo capaz de explicar esta parcela do seu conteúdo, a recondução global da figura da convenção a um acto normativo não se nos afigura viável.

Para estas dificuldades explicativas das concepções normativistas, as concepções contratualistas não oferecem, no entanto, do nosso ponto de vista, uma alternativa viável, porque há diversos aspectos do regime jurídico da figura da convenção colectiva, que não são redutíveis às normas e princípios do direito dos contratos. Estes desvios, que se reportam à formação da convenção e ao seu conteúdo, à sua relação com os contratos de trabalho e ainda ao seu âmbito de incidência, põem, no nosso entender, à prova a recondução da autonomia colectiva a uma manifestação do princípio da autonomia privada, a capacidade explicativa do instituto da representação e o princípio da relatividade dos negócios jurídicos.

III. No que se refere à formação da convenção, são patentes os desvios da negociação colectiva em relação ao processo comum de formação dos contratos (arts. 217º ss. do CC): desde logo, é duvidoso que a declaração que a lei designa como «proposta de celebração de uma convenção colectiva» (art. 16º nº 1 da LRCT) possa ser qualificada como uma proposta em sentido técnico porque lhe faltam as características de firmeza e completude exigidas a uma proposta negocial[338][339];

---

[338] Quanto a estas características, por todos, MENEZES CORDEIRO, *Tratado...cit.*, I, 294.

[339] Por este motivo, nos inclinamos para a sua recondução à figura do con-

por outro lado, contrariamente ao regime comum de formação dos negócios jurídicos, esta «proposta» determina o surgimento de um dever de resposta (art. 17° n° 1 da LRCT), mas não só esta resposta não poderá, as mais das vezes, ser qualificada como contraproposta em sentido técnico, como a consequência da sua falta não é equiparada pela lei à rejeição da proposta nos termos gerais (art. 233° do CC), permitindo antes à outra parte aceder de imediato à conciliação (art. 17° n° 4 da LRCT); e, finalmente, as exigências da LRCT quanto à fundamentação da proposta e da resposta (art. 18°) não encontram paralelo no *iter* negocial comum, ainda que nesta matéria se possa chamar à colação o dever de informação e esclarecimento mútuo sobre o conteúdo das declarações negociais, que impende sobre os contraentes por força do princípio geral da boa fé, na sua manifestação *in contrahendo* (art. 227° n° 1 do CC) [340].

Ora, sendo certo que estes desvios têm um significado marginal e um alcance regimental num processo que, em termos globais, se aproxima bastante de um *iter* negocial, eles evidenciam ainda assim alguma especificidade da figura da convenção colectiva em relação a outros negócios privados, que não pode deixar de ser assinalada.

IV. Mais relevantes do ponto de vista dogmático se nos afiguram os problemas suscitados pelo conteúdo da convenção colectiva em razão dos limites estabelecidos nos arts. 6° e 15° da LRCT, que impõem aos parceiros sociais o dever de respeitar os direitos fundamentais, as normas legais imperativas, e ainda o princípio do tratamento mais favorável ao trabalhador na regulamentação colectiva.

Para justificação destes limites, os autores costumam invocar outros contratos de direito privado em que, também por razões de interesse geral e/ou para tutela do contraente débil, se encontram amplas

---

vite para contratar. Neste sentido, expressamente, ROMANO MARTINEZ, *Direito do Trabalho cit.*, II (*Relações Colectivas de Trabalho*), 85. No mesmo sentido se parece também inclinar MENEZES CORDEIRO, *Convenções Colectivas de Trabalho e Alteração...cit.*, 40, quando reconduz a proposta a «*uma indicação, dada por escrito por um parceiro ao outro, de que pretende iniciar um processo de negociação colectiva*» (itálico no original).

[340] Sobre o ponto, por todos, MENEZES CORDEIRO, *Da Boa Fé...cit.*, 582 ss., e, especificamente sobre a aplicação do instituto no processo de formação das convenções colectivas, do mesmo autor, *Convenções Colectivas de Trabalho e Alteração...cit.*, 43 ss.

limitações à liberdade de estipulação das partes — neste sentido, MENEZES CORDEIRO[341] conclui que, no estádio actual de evolução do direito civil, o caso laboral não é uma excepção às regras gerais mas a concretização do princípio geral da igualdade num entendimento substancialista e não meramente formal[342]. Contudo, na nossa opinião, este argumento de generalização apenas explica as limitações da autonomia laboral colectiva que decorrem da necessidade de respeito pelas normas constitucionais e pelas normas legais imperativas (são os limites gerais do princípio da liberdade contratual, nos termos estabelecidos pelo art. 405 nº 1 do CC), mas não explica a sua limitação pela regra da maior favorabilidade, que transparece da alínea c) do nº 1 do art. 6º e do art. 15º nº 1 da LRCT, em aplicação do princípio da inderrogabilidade *in pejus*, respectivamente à relação entre fontes laborais de diferente e de idêntico valor hierárquico — no caso do art. 6º nº 1 c) da LRCT, porque a lei parece consagrar, em contradição com a regra geral da supletividade das normas civis, uma presunção de imperatividade mínima das normas laborais na sua relação com as convenções colectivas, que limita a autonomia colectiva em termos qualitativos; no caso do art. 15º nº 1, porque a regra da inderrogabilidade *in pejus* das convenções colectivas, na sua aplicação à sucessão destes instrumentos, tem subjacente a possibilidade de criação, por via convencional, de regras injuntivas que condicionam *ad infinitum* a liberdade das partes na própria modificação da convenção — o que não tem paralelo noutras situações jurídicas negociais do direito privado[343].

As afirmações que acabamos de fazer alicerçam-se no sistema positivo. No que se refere aos limites especiais da autonomia colectiva, que decorrem da peculiar relação entre as convenções colectivas e a lei, o reconhecimento destes limites baseia-se num argumento sistemático, decorrente da necessidade de conjugar a alínea c) do nº 1 do art. 6º da LRCT com a exigência, já contida na alínea b), de não contrariedade

---

[341] *Da situação jurídica laboral...cit.*, 146 s.

[342] Também lembrando as limitações à liberdade negocial que se encontram noutros contratos privados, ainda ROMANO MARTINEZ, *Direito do Trabalho cit.*, II (*Relações Colectivas de Trabalho*), 107.

[343] Teremos ocasião de desenvolver estas ideias, a propósito do último argumento de sustentação da autonomia dogmática do direito do trabalho — *infra*, § 30º, 67. Neste momento, limitamo-nos a dar conta das suas implicações para o problema da configuração da autonomia colectiva, que agora nos ocupa.

da convenção colectiva a normas legais imperativas. De facto, ao aditar à limitação do conteúdo da convenção pelas normas imperativas a limitação pelo princípio do tratamento mais favorável (é a aplicação do princípio da inderrogabilidade *in pejus* à relação entre fontes de valor hierárquico diferente), o legislador não se limita a restringir o âmbito da autonomia colectiva (é a restrição comum da autonomia privada pelas normas legais imperativas, que aqui se manifesta na alínea b) do nº 1 do art. 6º da LRCT), mas estabelece limites qualitativos à autonomia colectiva, ao determinar que, quando existe, ela só pode ser usada para favorecer trabalhador (é o regime da alínea c) do mesmo preceito) — desta forma, na relação que estabelecem com as convenções colectivas, as normas laborais são sempre dotadas de um certo grau de imperatividade, que poderá ser total ou mínimo[344]. Ora, se, quando existe, a autonomia dos parceiros sociais só pode ser exercida num certo sentido, então os limites à sua liberdade negocial não são apenas mais intensos mas qualitativamente diferentes dos que impendem sobre a generalidade dos contraentes privados, mesmo naqueles negócios cuja disciplina jurídica é fortemente injuntiva.

Mas é da regulamentação do fenómeno da sucessão dos instrumentos laborais colectivos pelo art. 15º nº 1 da LRCT que, na nossa opinião, resultam as maiores especificidades da autonomia colectiva em relação às outras manifestações da autonomia privada, porque esta norma converte as cláusulas da convenção em regras imperativas de eficácia geral. Com efeito, ao proibir que o novo instrumento colectivo seja menos favorável do que o anterior (a redução das condições de trabalho estabelecidas na convenção revista só será admitida se a nova convenção for globalmente mais favorável) o legislador desenvolve a regra da inderrogabilidade *in pejus* dos regimes laborais (agora aplicada à relação entre fontes do mesmo valor hierárquico) através da criação de patamares convencionais sucessivos de favorecimento dos trabalhadores; mas, ao mesmo tempo, reconhece a natureza injuntiva destas estipulações convencionais, na medida em que, uma vez estabelecidas (por acordo das partes), elas passam a ser relativamente indisponíveis tanto para aqueles que, no exercício da sua liberdade negocial, as criaram, como para outros sujeitos que venham a celebrar novas convenções em substituição daquelas — ou seja, tornam-se imperativas.

---

[344] Para uma justificação mais completa desta interpretação, *infra*, § 30º, 67.V., *in fine*.

É sabido que estas regras se filiam na velha ideia da progressividade irredutível da tutela laboral que orientou o desenvolvimento sistemático do direito do trabalho até há alguns anos e cuja viabilidade é hoje questionada por alguns sectores da doutrina (nomeadamente, no caso português, em relação à regra do art. 15º da LRCT[345]). Todavia, independentemente da evolução que esta matéria venha a ter no futuro, o facto é que, à face do direito vigente, estas limitações ao conteúdo das convenções tornam claras as especificidades do princípio da autonomia colectiva: por um lado, a liberdade contratual de estipulação (art. 405º nº 1 do CC) é, no caso da autonomia colectiva, muito diminuida, não só pelo peso das normas imperativas mas porque a livre disposição de *todas* as normas legais pelas partes está, à partida, limitada pelo requisito da maior favorabilidade do regime convencional[346]; por outro lado, a circunstância de, no caso laboral, as limitações da liberdade negocial não terem apenas origem legal mas também origem convencional não tem paralelo no direito comum e contraria directamente os poderes de modificação do conteúdo dos contratos por acordo e de distrate que assistem às partes nos negócios privados (art. 406º nº 1 do CC). A importância dogmática deste facto não pode ser ignorada.

V. De outra parte, não menos relevantes do ponto de vista dogmático nos parecem as especificidades que a convenção colectiva apresenta na sua relação com os contratos de trabalho. Por um lado, embora, em termos gerais, a incidência das convenções na situação jurídica de cada trabalhador e empregador seja determinada com base no nexo de representação voluntária que os liga às respectivas associações (segundo

---

[345] Veja-se, a este propósito, a opinião de BERNARDO XAVIER, *Sucessão no tempo...cit.,* 499 ss. e *A crise e alguns institutos...cit.,* 557, que já tivemos ocasião de referir, *supra,* § 22º, 49.5.XII. e nota [600].

[346] Na verdade, estas limitações qualitativas parecem revelar que as tradicionais reservas do sistema jurídico quanto à capacidade negocial do trabalhador subordinado (em razão da sua dependência do empregador), em que se baseou historicamente todo o regime laboral de protecção, se estendem, afinal, aos sujeitos laborais colectivos: apesar de não se encontrarem, objectivamente, na situação de dependência perante o empregador em que se encontra o trabalhador isolado, eles são, como ele, apenas autorizados a prosseguir os interesses laborais num determinado sentido. A este propósito refere, por exemplo, MÁRIO PINTO, *Direito do Trabalho cit.,* 369 s., que o regime legal do art. 15º da LRCT «respira uma espécie de desconfiança sobre os sindicatos».

a regra da filiação, enunciada no art. 7° da LRCT), há diversas situações em que o instrumento colectivo é eficaz independentemente, para além, ou mesmo contra aquele nexo representativo — o que levanta dúvidas sobre a aptidão do instituto da representação para explicar as projecções individuais da convenção e volta a suscitar o problema da contrariedade ao princípio geral da relatividade dos contratos (art. 406° n° 2 do CC). Por outro lado, cremos que a aptidão explicativa do instituto da representação também não é total mesmo no que se refere à incidência da convenção na esfera dos trabalhadores e empregadores membros das associações outorgantes, por três motivos: em primeiro lugar, porque a regra da inderrogabilidade *in pejus*, na sua aplicação à relação entre a convenção e o contrato de trabalho, faz prevalecer a regulamentação colectiva sobre a vontade manifestada pelas partes ao nível individual em caso de diferendo; em segundo lugar, porque nem todos os interesses prosseguidos pelas convenções colectivas são interesses dos associados, podendo mesmo, em alguns casos, ser opostos a estes interesses; e em terceiro lugar, porque a autonomia laboral colectiva parece ter um âmbito mais amplo do que a autonomia das partes ao nível do contrato.

Os casos em que o instrumento colectivo é eficaz independentemente, para além, ou mesmo contra o nexo representativo entre as associações outorgantes e os seus membros têm a ver com o momento relevante para a determinação da regra da filiação (art. 8° da LRCT), com o regime da transmissão do estabelecimento ou da empresa (art. 9° LRCT), com a possibilidade de alargamento do âmbito da convenção através das portarias de extensão (art. 29° da LRCT) e com a extensão automática do regime retributivo mínimo previsto na convenção colectiva aos trabalhadores não filiados no sindicato outogante do instrumento colectivo, por força do princípio da igualdade remuneratória consagrado no art. 59° n° 1 a) da CRP.

No que se refere ao momento a ter em conta para a determinação do nexo de filiação, o art. 8° da LRCT estabelece duas regras: por um lado, serão abrangidos pela convenção os trabalhadores e empregadores que se filiem nas associações outorgantes durante a respectiva vigência (é a regra da parte final do artigo); por outro lado, serão também abrangidos aqueles trabalhadores e empregadores que estivessem inscritos nas associações no momento do início do processo negocial (é a regra constante da primeira parte do artigo). Ora, com referência à segunda regra, *quid juris* se, no exercício da sua liberdade sindical e de associação patronal (art. 16º nº 4 da LS e art. 10º nº 3 da LAP) os trabalhadores ou os empregadores se desvincularem da associação respectiva durante o processo negocial e até, por hipótese, se inscreverem entretanto numa outra associação que não intervém ou mesmo que se opõe à negociação em curso? Como é sabido, em interpretação desta norma, tem sido sustentado que a convenção será aplicável mesmo a estes sujeitos[347] — pretendendo a norma evitar a manipulação da negociação colectiva, através do êxodo dos trabalhadores ou empregadores das suas associações no decurso de um processo negocial cuja orientação lhes não agrade por qualquer motivo, esta parece ser, de facto, a interpretação mais plausível, devendo mesmo prevalecer a primeira regra do art. 8º sobre a segunda em caso de opção pela inscrição noutra associação[348]. Contudo, na prática, esta solução determina a aplicação da convenção a trabalhadores ou empregadores que já nem sequer no momento da celebração da convenção eram representados pelas associações outorgantes e que se manifestaram contra a actuação do ente colectivo na negociação, através do seu acto de desvinculação, seguido ou não da inscrição noutra associação. Ora, sendo assim, a aplicação da convenção a estes sujeitos não se pode justificar com base no instituto da representação porque, manifestamente, o negócio em causa não foi celebrado *em nome* dos «representados», como a lei exige — art. 258º do CC[349].

---

[347] Neste sentido, por exemplo, MONTEIRO FERNANDES, *Direito do Trabalho cit.*, 766.

[348] A outra solução possível seria a da sujeição do trabalhador e do empregador ao instrumento colectivo outorgado pela associação sindical em que estivesse, em cada momento inscrito, prevalecendo a segunda regra do do art. 8º sobre a primeira. Esta solução tem sido, contudo, criticada, exactamente por facilitar os fenómenos de subtracção maciça à aplicação de um regime convencional colectivo sempre que ele concorra com outro, eventualmente mais favorável, que o artigo quer evitar.

[349] Já em relação à questão da aplicação da convenção aos sujeitos que se venham a inscrever nas associações signatárias durante a vigência do IRCT (de acordo com a primeira regra do art. 8º), o instituto da representação poderá ainda responder, se se admitir que, no momento da inscrição do trabalhador ou do empregador nas associações outorgantes, há uma ratificação dos actos anteriormente celebrados por elas — a figura da representação sem poderes (art. 268º nº 1 do CC) ou, em alternativa, a figura da gestão de negócios (art. 464º do CC), poderiam aqui ter aplicação.

§ 26º – A singularidade das convenções colectivas

A segunda situação de aplicação da convenção colectiva fora dos limites do instituto da representação tem a ver com a cessão da empresa ou do estabelecimento: nesta situação, prevista no art. 9º da LRCT, a regra é a da vinculação do cessionário à convenção colectiva celebrada pelo cedente[350], e, estando em causa a garantia da estabilidade dos vínculos laborais apesar da modificação subjectiva do contrato[351], esta vinculação não é sequer condicionada pela lei à inscrição do novo empregador na associação patronal outorgante da convenção. Assim, o instituto da representação não é apto para explicar a aplicação do instrumento colectivo a este sujeito, ainda que, porventura, a justificação para este facto possa ser encontrada noutros institutos do direito comum como a cessão da posição contratual ou a subrogação legal, tal como se propõe relativamente ao regime da transmissão do estabelecimento, previsto no art. 37º da LCT e com o qual esta norma da LRCT se articula[352] [353].

Em terceiro lugar, o instituto da representação não é, evidentemente, apto a explicar o alargamento do âmbito de incidência das convenções através das portarias de extensão (art. 29º da LRCT) que, no nosso sistema jurídico, asseguram a eficácia geral destes instrumentos no sector de actividade a que se destinam. Sendo a aplicação da convenção colectiva a empregadores e trabalhadores originariamente não abrangidos (porque não preenchem o requisito da filiação nas associações outorgantes, fixado no art. 7º da LRCT) feita através de um acto regulamentar, a imposição deste acto aos particulares assenta, evidente-

---

[350] Mas, quanto aos limites temporais desta vinculação, vd a interpretação desta norma sustentada por BERNARDO XAVIER, *A sobrevigência...cit.*, maxime 127 ss.

[351] Reconhecendo ser esta a justificação do regime legal, por exemplo, MONTEIRO FERNANDES, *Direito do Trabalho cit.*, 766 s. Tanto para este caso como para o do art. 8º, o autor reconhece que a LRCT «desliga(m) excepcionalmente a aplicação das convenções da normal exigência da *qualidade de membro da associação subscritora no momento da outorga*» (itálico no original).

[352] Sobre o ponto, *supra*, § 25º, 54.2.III. e nota [91].

[353] De notar que o caso previsto no art. 9º da LRCT nada tem a ver com a sujeição superveniente do empregador ao regime convencional colectivo por adesão à associação patronal outorgante já durante a vigência da convenção (situação contemplada pela primeira regra do art. 8º), exactamente porque o empregador cessionário será abrangido pela convenção independentemente da sua inscrição ou não inscrição nessa associação — é por este motivo que o instituto da representação não poderá explicar esta situação, nem com recurso à ideia da ratificação posterior do negócio pelo sujeito.

mente, na sua natureza normativa e não em qualquer nexo de representação entre os seus destinatários e as associações sindicais e patronais, que apenas são ouvidas no processo tendente à emissão da portaria (art. 29º nº 1). Bem pelo contrário, na nossa opinião, o mecanismo encontrado pelo legislador português para assegurar a eficácia geral das convenções contraria directamente o princípio da liberdade sindical e de associação patronal, porque desemboca na aplicação do instrumento colectivo a sujeitos que manifestaram a sua vontade de não serem por ele abrangidos, não se filiando nas associações outorgantes[354]. Ora, independentemente da bondade e da justificação social da extensão das convenções por esta via (esta extensão diminui a concorrência entre trabalhadores, através da uniformização dos seus regimes jurídicos, inutiliza eventuais pressões do empregador sobre o trabalhador no sentido da sua não sindicalização, e assegura a não discriminação entre trabalhadores sindicalizados e não sindicalizados), o facto é que as suas projecções individuais só podem ter uma justificação de índole normativa e não negocial. Por outro lado, se a convenção colectiva for dogmaticamente reconduzida à categoria do contrato, o reconhecimento da sua eficácia geral põe em causa o princípio da relatividade dos negócios jurídicos, uma vez que ela será aplicada a sujeitos que não a outorgaram nem foram representados pelos seus outorgantes — o facto de a aplicação deste regime ser mediatizada por um acto administrativo[355] não invalida esta conclusão, porque não altera a essência negocial do acto jurídico objecto da extensão.

Finalmente, cremos que o instituto da representação não explica a extensão do regime remuneratório previsto na convenção colectiva aos

---

[354] A este propósito, alguns autores destacam como particularmente atentória do princípio da liberdade sindical, a extensão da convenção a trabalhadores filiados num sindicato que se desvinculou voluntariamente do respectivo processo negocial, e consideram por isso apenas admissível a extensão a trabalhadores não sindicalizados, com base num argumento literal retirado do art. 29º nº 1 da LRCT *in fine* (a exigência de que os trabalhadores a abranger «não estejam filiados nas mesmas associações») — neste sentido, por exemplo, MENEZES CORDEIRO, *Manual...cit.*, 346. Na nossa opinião, o desrespeito pelo princípio da liberdade sindical verifica-se nos dois casos, porque a decisão de não se sindicalizar é também um acto livre do trabalhador.

[355] E que é adiantado por alguns autores como argumento explicativo — neste sentido, ROMANO MARTINEZ, *Direito do Trabalho cit.*, II (*Relações Colectivas de Trabalho*), 108 s.

trabalhadores não cobertos por ela mas cujo trabalho seja idêntico, em natureza, qualidade e quantidade, ao dos seus colegas abrangidos, de acordo com as exigências do art. 59º nº 1 a) da CRP — como reconhece a jurisprudência[356], o princípio da igualdade remuneratória prevalece sobre o princípio da liberdade sindical e, desta forma, também neste caso, a convenção se aplicará para além dos limites do nexo de representação que terá legitimado originariamente a sua celebração.

VI. Como referimos acima, para além de não explicar a aplicação da convenção a sujeitos não representados pelas associações outorgantes, a concepção contratualista e, designadamente, o instituto da representação não conseguem também justificar algumas das particularidades da relação entre a convenção colectiva e os contratos de trabalho, mesmo com referência aos trabalhadores membros da associação laboral que a celebrou — ou seja, os trabalhadores «representados».

Desde logo, cremos que o instituto da representação não explica a regra da inderrogabilidade do regime da convenção colectiva pelos contratos de trabalho, fixada no art. 14º nº 1 da LRCT, e que apenas permite às partes afastarem o regime colectivo no sentido que mais favoreça o trabalhador. Com efeito, se as associações laborais actuam na negociação colectiva na qualidade de representantes dos seus associados e o nexo representativo em causa é um nexo voluntário (uma vez que assenta na inscrição dos sujeitos nas associações sindicais e patronais e este é um acto livre), então a possibilidade de afastamento do «negócio» colectivo deveria poder exercer-se pelos «representados» em qualquer sentido, sob pena de se admitir que um representante voluntário pode agir contra a vontade ou contra o interesse do representado — o que contraria a própria razão de ser do instituto da representação (art. 258º e art. 265º nº 3 do CC, especificamente quanto ao requisito da actuação no interesse do representado)[357].

---

[356] Cfr., as referências que fizemos à jurispudência nesta matéria, *supra*, § 22º, 49.5.VII. e nota [539].

[357] Perfilhamos o entendimento, sustentado, por exemplo, por José de Oliveira ASCENSÃO, *Direito Civil. Teoria Geral*, II, Coimbra, 1999, 214 e 243 ss., segundo o qual é requisito essencial do instituto da representação que a actuação do representante se faça no interesse do representado, ao qual poderá acrescer um interesse próprio do representante. A questão não pode, evidentemente, ser aqui discutida.

É certo que se poderia contornar a dificuldade suscitada por este regime considerando, como sustentam os defensores das concepções negociais, que, ao atribuirem poderes representativos às respectivas associações, trabalhadores e empregadores renunciam à possibilidade de virem a desrespeitar o negócio convencional nos contratos de trabalho que venham a celebrar. Contudo, o que nos parece decorrer directamente da lei é que a convenção colectiva se impõe aos contratos de trabalho nos mesmos termos em que se lhes impõem as normas legais (veja-se o paralelismo do regime do art. 14º nº 1 da LRCT com o do art. 14º nº 2 da LCT). Ora, podendo esta imposição justificar-se, no caso da lei, pela limitação geral da liberdade negocial dos sujeitos privados pelas normas legais imperativas (ainda que aqui de uma forma particularmente intensa), já serão difíceis de explicar as limitações decorrentes de uma convenção colectiva, se esta for reconduzida à categoria de negócio jurídico celebrado por intermédio de um representante.

O segundo aspecto do relacionamento entre o contrato de trabalho e as convenções colectivas que, na nossa opinião, não é explicável pelo instituto da representação, tem a ver com o facto de os interesses prosseguidos pelos instrumentos colectivos nem sempre coincidirem com os interesses dos trabalhadores e empregadores membros das associações outorgantes. É que, mesmo que em termos genéricos se aceite a ideia de que as convenções colectivas prosseguem os interesses colectivos dos trabalhadores e dos empregadores representados (como propõem os subscritores das concepções contratualistas para explicar a prevalência da regulamentação colectiva sobre as pretensões individuais dos trabalhadores e empregadores, em caso de dissídio), a amplitude das matérias sobre que podem versar as convenções colectivas de trabalho (no caso português, como se sabe, o seu conteúdo, fixado genericamente no art. 5º da LRCT, é apenas objecto da delimitação negativa prevista no artigo seguinte[358])[359] tem permitido que elas prossigam também interesses

---

[358] Excepto no que se refere à negociação colectiva na Administração Pública, na qual o conteúdo da convenção colectiva é objecto de uma delimitação positiva — art. 6º da L. nº 23/98, de 26 de Maio, que segue, neste particular, o sistema de delimitação do conteúdo destes instrumentos colectivos que era regra ao abrigo do regime corporativo (sobre este sistema, vd, por todos, Henrique Martins de CARVALHO, *O que são e o que deveriam ser as convenções colectivas de trabalho para empregados e operários* (1945), reproduzido em Dir., 1994, I-II,

de carácter geral ou mesmo interesses de trabalhadores que são terceiros em relação ao instrumento colectivo — assim, quando as convenções não aumentam as remunerações ou quando fomentam o trabalho a tempo parcial ou a partilha de postos de trabalho, para facilitar o acesso de novos trabalhadores à empresa, não estão a prosseguir o interesse dos trabalhadores que representam na negociação[360], mas o interesse geral de promoção do emprego e interesses de terceiros[361]. Ora, em casos como estes, os efeitos que essas cláusulas venham a ter nos contratos dos trabalhadores «representados» não poderão ser explicados pelo instituto da representação.

Em terceiro lugar, parece-nos que o instituto da representação não é também apto a explicar o âmbito mais alargado da autonomia laboral colectiva relativamente à liberdade de estipulação das partes no contrato de trabalho, que se evidencia no reconhecimento legal da categoria das normas convénio-dispositivas — ou seja, aquelas normas legais cuja referência à possibilidade de afastamento por convenção colectiva deve entender-se, de acordo com a regra do art. 13º nº 2 da LCT, como significando que não poderão ser afastadas pelos contratos de trabalho.

341-380 (*maxime*, 353 ss.). Sobre o actual regime da negociação colectiva na Administração Pública, vd, por todos, MÁRIO PINTO, *Direito do Trabalho cit.*, 339 ss.

[359] A doutrina é unânime no reconhecimento do âmbito amplo da negociação colectiva no nosso sistema jurídico, em razão da sua restrição apenas pela via negativa, feita pela art. 6º da LRCT — neste sentido, entre outros, MÁRIO PINTO, *Direito do Trabalho cit.*, 287.

[360] Pelo contrário, estes interesses podem até contrariar os interesses dos trabalhadores ocupados, que poderão, por exemplo, ver o seu salário reduzido na proporção da redução do tempo de trabalho, para que outro trabalhador possa ser contratado. Realçando a prossecução deste tipo de interesses pelas convenções colectivas mais recentes como um argumento demonstrativo da especificidade desta figura, exactamente porque estes interesses não são dos sujeitos representados pelas associações sindicais outorgantes, por exemplo, Michele MARIANI, *La funzione del contratto colletivo nella recente esperienza*, RIDL, 1991, I, 318-360.

[361] Na verdade, o que sucede neste caso é que uma associação de defesa dos trabalhadores prossegue interesses de «não-trabalhadores», que não são representados pelo sindicato, ou porque não têm a qualidade de trabalhadores subordinados e não podem, por isso, filiar-se na associação sindical (art. 2º a) e b) da LS), ou porque estão desempregados, não sendo assim cobertos pela negociação, mesmo que se mantenham inscritos no sindicato (art. 16º nº 3 da LS).

Como é sabido, esta categoria normativa (que, já de si, constitui uma novidade em termos dogmáticos, uma vez que a mesma norma é imperativa ou supletiva não em função do seu conteúdo mas em função dos seus destinatários) visa enquadrar aquelas situações em relação às quais o legislador considerou ainda necessário vedar a liberdade de estipulação das partes, em nome da tradicional debilidade negocial do trabalhador, mas não entendeu ser indispensável limitar a autonomia colectiva por não estarem em causa interesses fundamentais ou de ordem pública social[362]. Todavia, o facto de algumas normas serem dispositivas apenas para as convenções colectivas mostra bem que os limites da autonomia colectiva não são idênticos aos da autonomia do empregador e do trabalhador no contrato de trabalho. Assim, quando aproveitam a permissão contida neste tipo de normas, não poderá dizer-se que as associações sindicais e patronais estão a actuar poderes conferidos pelos seus «representados», porque estes não os poderiam ter conferido.

VII. Por último, cabe apreciar os argumentos de comparação das convenções colectivas e da representação laboral colectiva com outras situações negociais privadas que, por apresentarem também uma dimensão colectiva, poderiam contribuir para a aproximação da figura da convenção ao direito comum, na opinião de alguns autores — ou seja, os negócios celebrados com recurso a cláusulas contratuais gerais e os acordos celebrados pelas associações de defesa dos consumidores.

No nosso entender, verificam-se efectivamente algumas afinidades entre os fenómenos descritos. Assim, o regime dos chamados «acordos

---

[362] Exemplificam estas situações, entre outras, diversas normas da LCT em matéria disciplinar (como o art. 27º nº 1, que permite o estabelecimento de sanções disciplinares em convenção colectiva, e o art. 29º nº 1, que permite o agravamento das sanções disciplinares de multa e de suspensão do trabalho com perda de retribuição em convenção colectiva), normas da LDT em matéria de tempo de trabalho (art. 8º nº 1, art. 10º nº 2) e, também ainda quanto ao tempo de trabalho, o regime de flexibilização previsto na L. nº 21/96, de 23 de Julho (art. 7º), bem como alguns aspectos do regime jurídico da cessação do contrato de trabalho (art. 59º nº 1 da LCCT). Na verdade, apesar de o art. 13º nº 2 se referir expressamente às «normas constantes deste diploma», esta categoria normativa tem sido identificada com uma categoria geral e, portanto, admitida em relação a outros diplomas laborais, até porque as matérias em questão constavam originariamente da LCT.

de boa conduta» celebrados pelas associações de consumidores (previstos no art. 19º da L. nº 24/96, de 31 de Julho) tem semelhanças evidentes com o regime jurídico das convenções colectivas, nomeadamente no que se refere à proibição de afastamento das normas legais em desfavor dos consumidores e à consagração de uma espécie de «eficácia geral» dos acordos em certas situações (art. 19º nºs 2 e 3 do diploma citado); e, no que se refere aos contratos celebrados por meio de cláusulas contratuais gerais, há também afinidades com as convenções colectivas, uma vez que nos dois casos estamos perante um fenómeno de contratação massificada que passa pela pré-determinação genérica do conteúdo do negócio jurídico e em ambas as situações se prevêem acções tendentes à erradicação de certas cláusulas, com efeitos gerais (é a acção de anulação[363] das cláusulas da convenção colectiva que contrariem o art. 6º da LRCT, prevista no art. 43º do mesmo diploma, e a acção inibitória prevista no art. 25º da LCCG).

Todavia, no nosso entender, estes pontos em comum não chegam para iludir a profunda e substancial dissemelhança jurídica entre a convenção colectiva e qualquer uma destas figuras.

No que se refere aos contratos celebrados através de cláusulas contratuais gerais, há várias diferenças de regime que evidenciam a distância entre as duas figuras[364], mas, do ponto de vista dogmático, o aspecto que decisivamente as separa das convenções colectivas tem a ver com o número de negócios em causa num caso e no outro. É que, enquanto na contratação por meio de cláusulas contratuais gerais está em causa *um* contrato cujo conteúdo é determinado antecipadamente por uma das partes e a outra se limita a aceitar[365], nas convenções colectivas veri-

---

[363] Na verdade, apesar de o art. 43º se referir expressamente a uma acção de anulação, parece tratar-se de um caso de declaração de nulidade, uma vez que há contrariedade à lei — o assunto não pode, todavia, ocupar-nos nesta sede.

[364] Assim, a exigência de aceitação expressa das cláusulas contratuais gerais pelo aderente, bem como os deveres conexos (arts. 4º a 6º da LCCG), a não limitação da prevalência das cláusulas acordadas em cada contrato singular sobre as cláusulas contratuais gerais pelo requisito da maior favorabilidade (art. 7º da LCCG), os amplos poderes dispositivos do aderente em relação ao negócio com cláusulas contratuais gerais nulas (art. 13º), ou o princípio da interpretação e aplicação destas cláusulas segundo as regras de interpretação dos negócios jurídicos (art. 10º).

[365] O facto de as cláusulas contratuais gerais virem a constar, nos mesmos termos, de múltiplos contratos (este é, aliás, um dos traços que as caracteriza)

fica-se a pré-determinação do conteúdo de um contrato (o contrato de trabalho) por outro contrato (a convenção colectiva, desde que admitida a sua natureza negocial, evidentemente), sendo este último celebrado por dois sujeitos que não serão partes no primeiro contrato ou não o serão na mesma qualidade[366] — ou seja, na primeira situação está em causa um único vínculo contratual (o contrato singular entre o proponente e o aderente), ao passo que na segunda estão em causa dois vínculos jurídicos e os problemas dogmáticos surgem exactamente da respectiva interacção. Desta forma, entendemos que, apesar de ambas as situações terem um elemento colectivo, elas são estruturalmente diferentes e essa diferença parece, inclusivamente, ter sido avaliada pelo legislador ao excluir expressamente do âmbito de aplicação do regime jurídico das cláusulas contratuais gerais as cláusulas das convenções colectivas (art. 3º e) da LCCG).

No que respeita aos acordos celebrados pelas associações de consumidores também as afinidades de regime descritas não iludem as suas diferenças em relação à convenção colectiva, que se observam em dois pontos: por um lado, aqueles acordos destinam-se a regular as relações entre os próprios outorgantes e não as relações de cada um deles com os consumidores (art. 19º nº 1 da L. nº 24/96, de 31 de Julho), ao passo que as convenções colectivas dispõem directamente sobre a situação negocial dos trabalhadores; e, por outro lado, a referida regra da eficácia geral destes acordos (enunciada no nº 3 do art. 19º da L. nº 24/96, de 31 de Julho) é, na verdade, dirigida a uma das partes do contrato (os profissionais outorgantes ou representados pelas associações outorgantes), que deverão respeitar o respectivo conteúdo em relação a todos os consumidores, independentemente da pertença destes às associações de defesa. Ora, sendo esta uma obrigação do contraente, o respectivo cumprimento em benefício dos consumidores deixa-se explicar pelo princípio do cumprimento pontual dos contratos e, se necessário, pelo instituto da representação, em relação aos consumidores membros das associações de defesa, ou pelo contrato a favor de terceiro,

---

não invalida este raciocínio: para cada aderente relevam as cláusulas incluídas no *seu* contrato singular e é neste contrato que ele é parte, juntamente com o proponente das cláusulas contratuais gerais.

[366] Lembre-se que, mesmo se o empregador outorgar directamente a convenção o faz como parceiro social, e não é nessa qualidade que celebra os contratos de trabalho.

em relação aos outros. Ao contrário da convenção, estes acordos não têm assim, do nosso ponto de vista, um conteúdo normativo.

VIII. Chegados a este ponto, cremos poder concluir pela especificidade da autonomia colectiva e pela singularidade da figura da convenção colectiva de trabalho no ordenamento jurídico privado português e, em consequência, reconhecer o valor da figura da convenção como argumento em favor da autonomia dogmática do direito do trabalho.

Sem questionarmos a qualificação da autonomia colectiva como uma forma de autonomia privada (está em causa a actuação livre de entes privados em prossecução de interesses que, pelo menos primacialmente, são interesses privados), parece-nos que terá que ser reconhecida a sua especificidade por três motivos: em primeiro lugar porque, apesar de justificada na necessidade de defesa dos interesses dos trabalhadores e empregadores (como manifestação da sua liberdade de associação, e, no caso dos primeiros, ainda como forma de compensar a sua debilidade no contrato de trabalho), a autonomia colectiva não se encontra limitada pelos interesses e, muito menos, pela vontade dos sujeitos que, se não em termos jurídicos pelo menos em termos sociológicos, são representados pelas entidades que a exercem; em segundo lugar, pelos limites qualitativamente diferentes a que a autonomia colectiva se sujeita na sua relação com a lei, e que se evidenciam no facto de a convenção só poder afastar as normas legais num determinado sentido (o mais favorável ao trabalhador), qualquer que seja a natureza das normas em causa; e, em terceiro lugar, pelas limitações que a autonomia colectiva cria à actuação futura dos entes laborais, uma vez que, apesar de manifestar a esfera de liberdade destes entes privados, a convenção colectiva é, como vimos, uma fonte de regimes jurídicos imperativos para os próprios sujeitos outorgantes, como para terceiros.

Por outro lado, a exposição precedente confirma a singularidade da convenção colectiva pela sua irredutibilidade dogmática quer à categoria de acto normativo, quer à categoria de negócio jurídico, já que nenhuma destas categorias consegue abarcar toda a riqueza do seu conteúdo: na justificação normativa, mesmo que se admita a existência de poderes normativos de entidades privadas para prossecução de interesses particulares, fica por explicar o conteúdo obrigacional da convenção; em compensação, na justificação contratualista, ficam por explicar a recondução da convenção colectiva à categoria de fonte de direito e as regras da eficácia geral e da inderrogabilidade das regras convencionais *in pejus,* que não se contêm nos limites do instituto da representação voluntária, observando-se, além disso, desvios ao princípio da relatividade dos negócios jurídicos e à regra da livre modificabilidade e revogabilidade dos contratos por acordo das partes.

Perante a inaptidão explicativa destas duas justificações poderíamos ser tentados a aderir à justificação dualista proposta por alguns autores para resolver o problema da natureza jurídica da convenção colectiva — até porque esta é a única que assume a singularidade da figura. Contudo, não o fazemos voluntariamente, porque, como referimos oportunamente[367], a resolução deste problema exigiria uma indagação muito mais profunda e a incursão que fizemos nesta temática orienta-se exclusivamente pelo objectivo de aferir do contributo da figura da convenção colectiva para a comprovação do distanciamento dogmático do direito do trabalho em relação ao direito civil. Ora, uma vez provada a inaptidão dos institutos normalmente invocados pela doutrina para assegurar a redução dogmática desta figura ao direito comum (o contrato e a representação), o objectivo pretendido está atingido.

Na verdade, qualquer que seja a natureza jurídica da convenção, o facto é que ela manifesta ou uma nova forma de criação de regras jurídicas ou uma nova forma de auto-regulação (negocial) de interesses por particulares, que, até ao momento do seu surgimento, era desconhecida do direito civil, mas que, cem anos passados e com a configuração estrutural que foi apurando, se continua a manter como uma situação única no direito privado. Como refere GIUGNI[368], a convenção colectiva «é um instituto com características irredutíveis, quer às fontes, tal como são categorizadas pelo direito público moderno, quer ao contrato, tal como é definido pelas codificações».

Por este motivo, para o objectivo que nos propusemos, cremos poder afirmar como MAGREZ-SONG[369]: «*La nature spécifique des conventions collectives de travail est l'une des illustrations les plus éclatantes de l'autonomie du droit du travail moderne*».

---

[367] *Supra,* 57.I.
[368] *Direito do trabalho cit.,* 344. O autor imputa, aliás, a dificuldade de construção jurídica da figura da convenção colectiva ao vício metodológico comum de procurar reconduzir todas as formas da experiência jurídica aos conceitos pré-definidos — *op. e loc. cit.*
[369] *Le droit conventionnel du travail cit.,* 597.

§ 27º — A singularidade do direito de greve

60. As dificuldades dogmáticas suscitadas pelo fenómeno da greve, em resultado das suas dimensões colectiva e individual e do seu contexto negocial

I. Se, no seu conjunto, os fenómenos laborais colectivos se mostraram estranhos aos ideais liberais que dominavam o direito privado na época do seu surgimento ou do seu desenvolvimento massificado[370] — como já tivemos ocasião de fazer notar na parte inicial da investigação[371] —, o mais singular desses fenómenos e aquele que, do nosso ponto de vista, maiores dificuldades colocou, desde sempre, à compressão do direito do trabalho nos quadros dogmáticos do direito civil, foi a greve[372].

As dificuldades dogmáticas suscitadas pelo fenómeno da greve evidenciam-se logo no seu percurso histórico-legislativo tormentoso, com-

---

[370] Fazemos a ressalva uma vez que, segundo notas da doutrina, o fenómeno da greve não é um produto da era industrial — a este propósito, *vd,* por exemplo, em SINAY, *La grève cit.,* 10 ss., em BERNARDO XAVIER, *Direito da Greve cit.,* 16, e em MENEZES CORDEIRO, *Manual...cit.,* 358, referências à ocorrência de greves no Antigo Egipto e em Roma, bem como na Idade Média e na Idade Moderna. Não podendo aqui aprofundar esta indagação histórica, sempre chamaremos a atenção para o diferente significado do requisito da liberdade nas relações de serviço dependente desenvolvidas antes da Revolução Francesa, que poderá ter implicações na recondução deste tipo de conflitos a uma verdadeira greve, apesar da sua qualificação como conflitos colectivos — sobre o ponto, *supra,* § 3º, 4.3.III. Em todo o caso, parece não haver dúvidas que, mesmo que o fenómeno da greve já se tivesse manifestado episodicamente em épocas anteriores, foi a grande concentração de operários em unidades produtivas, característica da era industrial, que veio a constituir o terreno de eleição para o desenvolvimento deste tipo de conflito colectivo, tal como hoje o conhecemos.

[371] *Supra,* § 2º, 1.4.II.

[372] Sobre a origem etimológica do termo greve e dos termos equivalentes utilizados noutras ordens jurídicas, *vd* Andreas WACKE, *Die europäischen Recthswörter für den Arbeitskampf,* RdA, 1992, 1, 34-35.

provado na hostilidade inicial da ordem jurídica em relação a ele, lapidarmente traduzida no seu enquadramento criminal[373]; e, depois, na lentidão da sua evolução, primeiro no sentido da mera tolerância e, mais tarde, no sentido da sua consagração como direito dos trabalhadores[374][375].

---

[373] Para justificação desta hostilidade inicial da ordem jurídica em relação ao fenómeno da greve remetemos para as referências de enquadramento que fizemos, *supra*, § 2°, 1.4.II. e nota [106].

[374] Estas fases da evolução da figura da greve são usualmente designadas pela doutrina como a fase da «greve-delito», a fase da «greve-liberdade» e a fase da «greve-direito» — neste sentido, entre muitos outros, SINAY, *La grève cit.*, 92 ss., ARANGUREN, *L'organizzazione...cit.*, 439, ou BERNARDO XAVIER, *Direito da Greve cit.*, 23 s.

Durante o primeiro período, que cobriu a maior parte ou mesmo todo o séc. XIX, consoante os países, a greve era considerada como um ilícito criminal, com frequência ligado à interdição do direito de coalisão e objecto das correspondentes censuras. Assim, no sistema francês, em consequência da proibição do associativismo profissional pela *Loi le Chapelier*, a greve era reprimida e punida nos arts. 123° e 126° do *Code Pénal* de 1810, e o mesmo sucedia no sistema espanhol — arts. 316° e 317° do *Código Penal de 1822*, e, sem grandes alterações, art. 461° do *Código Penal de 1848* e art. 566° do *Código Penal de 1870*; a incriminação da greve verificou-se ainda no sistema italiano até ao Código Penal de 1889 e no sistema austríaco até 1870; no nosso sistema jurídico, a greve era qualificada como um delito no art. 277° do Código Penal de 1852 (mantido no Código Penal de 1886).

Na fase seguinte, que se inicia entre o último quarto do séc. XIX ou já no séc. XX, consoante os casos, a greve é formalmente despenalizada (embora alguns autores façam notar que as normas penais tivessem sido sempre de escassa aplicação — neste sentido, com referência ao caso português, BERNARDO XAVIER, *Direito da Greve cit.*, 24 s.), passando a ser reconhecida, embora apenas em relação ao sector privado, como uma liberdade dos trabalhadores; mas, do ponto de vista contratual, o comportamento grevista continua a ser considerado como um incumprimento das obrigações do trabalhador, justificativo do despedimento. Em França, esta fase inicia-se com a *Loi du 25 mai 1864*, que aboliu a proibição do direito de coalisão; na Alemanha do período de Weimar, a greve só é considerada ilícita se for um acto intencional, danoso e contrário aos bons costumes, de acordo com o § 826 do BGB, mas constitui ainda uma violação dos deveres negociais do trabalhador, justificativa do despedimento; em Espanha, a greve é reconhecida como um acto lícito pela *Ley de las Coligaciones, Huelgas e Paros, de 27/04/1909*, que revogou o art. 566° do *Código Penal de 1870*, e apenas considerou ilícitas as greves violentas ou de coacção, bem como as que perturbassem a ordem pública ou que não respeitassem o pré-aviso; e na Áustria, só eram consideradas ilícitas as greves sem escopo profissional e as greves no sector público.

Finalmente, na derradeira fase, a greve ascende à categoria de direito dos

Mas, longe de se esgotarem no termo desta evolução, estas dificuldades continuam a manifestar-se, ainda hoje, na persistente resistência à sua regulação jurídica, uma vez que ao seu reconhecimento na maioria

---

trabalhadores, ao qual, em alguns sistemas, é reconhecido dignidade constitucional — é o que sucede nas Constituições francesas de 1946 e de 1958, que reconhecem o direito de greve nos seus preâmbulos, na Constituição italiana de 1948, que reconhece o direito no art. 40°, bem como na Constituição Portuguesa de 1976 (art. 59° da versão originária e actual art. 57°), e na Constituição espanhola de 1978 (art. 28° n° 2), em termos muito semelhantes ao da nossa Lei Fundamental. Já com referência ao sistema alemão, a doutrina entende que a greve é garantida pela Constituição, porque integrada na liberdade de coalisão, assegurada no art. 9° Abs. III da GG, mas recusa a sua qualificação como direito fundamental (neste sentido, por exemplo, Hans GALPERIN, *Sozialadäquanz und Arbeitskampfordnung,* Fest. für H. C. NIPPERDEY, II, München- Berlin, 1965, 197-220 (197), ou ZÖLLNER / LORITZ, *Arbeitsrecht cit.,* 451) e exclui desta tutela o sector público (Thomas BLANKE, *Koaliationsfreiheit und Sreikrecht im öffentlichen Dienst,* ArbuR, 1989, 1, 1-10, Klaus LÖRCHER, *Beamtenstreikbrechereinsatz und Völkerrecht,* ArbuR, 1993, 9, 279-282, ou ZÖLLNER / LORITZ, *Arbeitsrecht cit.,* 465). No que se refere ao sistema austríaco, a doutrina entende que a greve não é garantida como um direito pela Constituição (Ralf KRITZBERGER, *Grundprinzipien des österreichischen Arbeitskampfrechts,* ArbuR, 1993, 8, 236-241 (236), e MAYER-MALY / MARHOLD, *Österrreichisches...cit,* II, 99, em apreciação crítica deste entendimento); e a mesma situação se verifica na Bélgica, embora a doutrina entenda que o direito de greve foi objecto de reconhecimento jurisprudencial (G. HÉLIN, *La grève en Belgique,* Rev.DS, 1988, 1, 31-45 (31 e 39)).

Deve referir-se que, sendo este percurso histórico da figura comum à maioria dos países da Europa continental, não ocorreu necessariamente na mesma época e foi, em alguns casos, objecto de retrocessos temporários, mercê de vicissitudes políticas conhecidas: assim se explica a recriminalização da greve pelos regimes corporativos e nacional-socialista, entre as décadas de trinta e quarenta — no caso italiano, tanto a greve como o *lock-out* voltam a ser qualificados como ilícito criminal no corporativismo (art. 502° do Código Penal); idêntica situação se observa no sistema jurídico germânico durante o *III Reich,* e, durante o período da ocupação alemã, na Áustria; o mesmo sucede no caso espanhol, em que a fase da licitude da greve, inaugurada pela lei de 1909 acima referida, é interrompida em 1938, com o *Fuero del Trabajo, de 9/03/1938,* que a qualificava como um «*delito de lesa patria*», daqui vindo a resultar a sua recriminalização no *Código Penal de 1944* (art. 222°) e pela *Ley de Orden Pública de 1959* (art. 2°); e no caso português, o reconhecimento da greve como um direito pelo Dec. de 6/12/1910 foi posto em causa durante o Estado Novo, que voltou a proibir a greve e o *lock-out* (art. 39° da Constituição de 1933 e art. 9° do ETN), sujeitando os seus autores a sanções de prisão e de multa (Dec. n° 23 870, de 18 de Maio

dos sistemas e também ao nível internacional[376] não corresponde, muitas vezes, uma disciplina legal específica e abrangente — ou, porque,

---

de 1934, e art. 170º do CP), com base no argumento político da ultrapassagem da luta de classes e nos argumentos técnicos da inadmissibilidade da justiça privada (sobre este segundo argumento, por exemplo, Raul VENTURA, *Solução dos conflitos de trabalho,* BMJ, 1949, 11, 223-230 (225)) e da essência colaborativa das relações colectivas de trabalho pela natureza comum dos interesses colectivos subjacentes (João de Almeida POLICARPO, *Conciliação dos conflitos colectivos de trabalho,* ESC, 1965, 13, 36-58 (41 ss., 46 ss. e 56 ss.); ainda em geral sobre este ponto, Mário PINTO, *Os conflitos colectivos de trabalho no direito português,* SIv., 1959, 128-138), Por razões conhecidas, nos casos português e espanhol, a consagração da greve como direito fundamental dos trabalhadores foi também muito mais tardia do que noutros sistemas. Por outro lado, deve ainda esclarecer-se que a constitucionalização do direito de greve e a sua garantia, nos termos acima explicitados para os sistemas europeus continentais, não tem paralelo nos sistemas anglo-saxónicos e americano, onde a protecção deste direito dos trabalhadores é ainda muito menos desenvolvida, assegurando apenas a liberdade de greve — sobre o ponto, por todos, quanto ao sistema jurídico norte-americano, W. GOULD, *A Primer...cit.,* 95 ss., e sobre a evolução do direito inglês, Otto KAHN--FREUND, *Selected Writings,* London, 1978, 32 ss. Aliás, a profunda diferença entre o âmbito da tutela jurídica concedida ao fenómeno da greve no Reino Unido e noutros países europeus é bem explicitada na apreciação comparada de Giuglielmo BURRAGATO, *Contratto collettivo e diritto di sciopero nell'esperienza comparata: il caso inglese e il caso tedesco,* Dir.RI, 1994, 1, 189-203 (199 ss.).

[375] Consequência da qualificação da greve como um direito dos trabalhadores é o reconhecimento do seu efeito meramente suspensivo sobre o contrato de trabalho, que é feito directamente pela lei (por exemplo, em Espanha, a *Ley del Contrato de Trabajo de 21.11.1931,* já consagrava o efeito contratual meramente suspensivo da greve lícita como princípio geral, que é actualmente mantido pelo art 6º nº 2 do *Real Decreto 17/1977, de 4 de Marzo sobre Relaciones de Trabajo*; em Portugal o efeito suspensivo é previsto expressamente no art. 7º da LG, mas parecia já decorrer do Dec. de 6/12/1910, que garantia aos operários e aos empregadores o *direito* de se coligarem para a cessação colectiva do trabalho), ou por via jurisprudencial — como sucedeu, por exemplo, no caso germânico, a partir da decisão do BAG de 28-1-1955 (JZ, 1955, 386) (sobre o ponto, por todos, Joseph ESSER, *Arbeitskampf und Vertragstreue,* JZ, 1963, 16, 489-494 (489)), embora a doutrina já advogasse o efeito meramente suspensivo da greve lícita sobre o contrato de trabalho anteriormente (neste sentido, por exemplo, MELSBACH, *Deutsches Arbeitsrecht cit.,* 65).

[376] O direito de greve é reconhecido pelo PIDESC (art. 8º nº 1 d) e pela CSE (art. 6º nº 4); além disso, tem sido entendido que ele é também contemplado pela Conv. OIT nº 87 (aprovada para ratificação pelo Estado português, pela L. nº 45/77, de 7 de Julho), sobre liberdade sindical e protecção do direito sindical,

de todo em todo, a lei não se ocupa desta matéria³⁷⁷, ou porque apenas intervém pontualmente para resolução de alguns problemas suscitados

---

enquanto corolário natural do direito sindical — sobre este ponto, por exemplo, Jean-Maurice VERDIER, *Débat sur le droit de grève à la Conférence internationale du travail,* DS, 1994, 12, 968-971 (969). Já relativamente ao direito ao *lock--out,* é discutida pelos autores a sua inclusão no âmbito do art. 6º da CSE, como arma do empregador correspondente ao direito de greve dos trabalhadores — sobre esta discussão, por todos, Luigi MENGONI, *La Carta sociale europea e la serrata,* RIDL, 1969, I, 20-29.

³⁷⁷ Na verdade, a ausência de regulamentação legal do direito de greve parece ser a situação mais comum entre os sistemas jurídicos europeus. Assim, na Alemanha, apesar de recorrentes apelos de alguns autores ao enquadramento legal da matéria (a este propósito, por exemplo, BIRK / KONZEN / LÖWISCH / RAISER / SEITER, *Gesetz zur Regelung kollektiver Arbeitskonflikt. Entwurf und Begründung,* Tübingen, 1988, ou Rolf WANK, *Zur Vorscshlag einer Kodifizierung des Arbeitskampfrechts,* RdA, 1989, 4/5, 263-270), ela apenas tem sido contemplada nos *Tarifverträge* (que, com frequência prevêem formas de resolução pacífica dos conflitos laborais), e à jurisprudência se deve o desenvolvimento das regras que têm disciplinado o exercício do direito de greve — sobre o papel da jurisprudência na integração desta lacuna, Otto Rudolf KISSEL, *Der Kampf um den Arbeitskampf,* RdA, 1988, 6, 321-327, Manfred LIEB, *Der Kampf um den Arbeitskampf,* RdA, 1988, 6, 327-332, e Ulrich ZACHERT, *Schwierigkeiten mit dem Arbeitskampf,* ArbuR, 1990, 3, 77-86 (78 ss.), que realçam, a este propósito, o diálogo mantido entre a jurisprudência e a doutrina; e ainda especificamente sobre a jurisprudência constitucional nesta matéria, Thilo RAMM, *Bundesverfassungsgericht und kollektives Arbeitsrecht,* ArbuR, 1988, 12, 367-373 (369 s.). Assim, a admissibilidade do efeito meramente suspensivo da greve lícita no contrato de trabalho tem origem na decisão do BAG de 28-1-1955 acima referida e é também fruto da criação jurisprudencial a teoria da adequação social, que desenvolve os princípios da *ultima ratio,* da profissionalidade dos objectivos da greve, da competência sindical para a decisão e para a gestão da greve, da ligação da greve à contratação colectiva e da proporcionalidade, nos quais se fundamentam diversos limites ao direito de greve, tanto quanto à sua iniciativa como quanto ao seu processamento (como a inadmissibilidade da greve não sindical), e ainda quanto aos seus objectivos (com a limitação clara da greve à prossecução de objectivos profissionais e a consequente tendência para não admitir as greves políticas e de solidariedade — em geral, sobre o desenvolvimento jurisprudencial destes princípios, Rolf WANK, *Grundlagen des Arbeitskampfrechts, in* M. HEINZE / A. SÖLLNER (Hrsg.), *Arbeitsrecht in der Bewährung, Fest. für Otto Rudolf KISSEL,* München, 1994, 1225-1252 (*maxime,* 1230 ss.), bem como, numa apreciação crítica, Hans H. WOHLGEMUTH, *Aktuelle Probleme des Arbeitskampfrechts,* ArbuR, 1991, 4, 108-112; em especial, sobre a teoria da adequação social aplicada à greve, GALPERIN, *Soziaiadäquanz...cit.,* 199 ss., ZÖLLNER / LORITZ, *Arbeitsrecht cit.,* 455 e 461, e BUI LA,

por certas greves, designadamente quando ocorrem em sectores sociais delicados ou vitais[378]. Apesar de admitida como direito, a greve não deixou pois até hoje de se afirmar como um tema rebelde à regulação jurídica.

Das Prinzip des Sozialadäquanz...cit., 8 s.; sobre o desenvolvimento jurisprudencial do princípio da *ultima ratio,* nomeadamente a propósito da prática das denominadas «greves de aviso», RÜTHERS, *Funktionswandel...cit.,* 260 s., Lothar HIRSCHBERG, *Der Warnstreik nach der jüngsten Entscheidung des Bundesarbeitsgerichts,* RdA, 1989, 4/5, 212-216 (214 ss.), Bernhard WELLER, *Zur rechtlichen Stellung des Warnstreiks in der Arbeitskampfordnung,* ArbuR, 1989, 11, 325-330 (326 ss.), ou Otto Ernst KEMPEN, *Warnstreik, Sympathiestreik und gewerkschaftliche Demonstration im grundgesetztlichen Arbeitsverfassungsrecht,* ArbuR, 1990, 8, 237-245 (238 ss.); ainda a propósito das restrições às greves de solidariedade, Thilo RAMM, *Der Begriff Arbeitskampf,* AcP, 1961, 336-365 (350 e 360 ss.), que critica, aliás, a jurisprudência pelo que entende ser uma posição genérica de desconfiança em relação à greve (sobre este último ponto, deste mesmo autor, ainda *Das Recht des Arbeitskampfes...cit.,* 273).

O mesmo vazio legal se observa na Áustria (MAYER-MALY / MARHOLD, *Österrreichisches...cit,* II, 98 s.), bem como em Itália, onde a doutrina e a jurisprudência têm vindo a desenvolver algumas restrições ao exercício do direito de greve em serviços de interesse público, para assegurar a sua compatibilidade com a garantia de necessidades sociais vitais, bem como a apurar a noção jurídica de greve e a delimitar os interesses que pode prosseguir (sobre a evolução da jurisprudência italiana nesta matéria, *vd,* por todos, a ampla apreciação de Francisco Liberal FERNANDES, *O direito de greve nos ordenamentos francês, alemão e italiano,* BFDUC (número especial) — *Estudos em Homenagem ao Prof. Doutor Eduardo Correia,* II, Coimbra, 1984, 327-476, (386 ss.)), ao mesmo tempo que se observa algum esforço dos próprios parceiros sociais no sentido de procederem a uma auto-regulamentação do exercício do direito de greve, em sede das convenções colectivas ou directamente por iniciativa dos sindicatos (a este propósito, *vd,* sobretudo, Franco CARINCI, *Autoregolamentazione del diritto di sciopero,* RIDL, 1987, I, 165-187, mas também GIUGNI, *Autonomia e autotutela...cit.,* 44 ss., SPAGNUOLO VIGORITA, *Sciopero dei medici...cit.,* 287 ss., COLOMBO, *Equilibrio...cit.,* 84, ou Umberto ROMAGNOLI, *Il diritto di sciopero: ieri e oggi,* Riv.trim.DPC, 1991, 4, 1165-1174). Esta tendência abstensiva do sistema normativo italiano em matéria de greve parece, contudo, mostrar alguns sintomas de inversão nos últimos anos (assim, por exemplo, a *Legge n. 146 del 1990,* sobre o exercício do direito de greve nos serviços públicos essenciais) — sobre este ponto, GALANTINO, *Diritto sindacale cit.,* 242 s.

[378] É o caso do sistema jurídico francês, no qual encontramos diversas normas de limitação do direito de greve no sector público e em empresas privadas que exerçam funções de interesse público — para indicações pormenorizadas, por exemplo, JAVILLIER, *Droit du travail cit.,* 400 ss., Roger BOUYSSIC, *Une nouvelle*

Como se sabe, o direito português é uma excepção a esta tendência abstensiva que se observa noutros sistemas jurídicos, uma vez que não só consagrou o direito de greve como um direito fundamental dos trabalhadores na Constituição (art. 57º), reconhecendo-lhe a categoria de direito, liberdade e garantia[379] e dotando-o de uma grande eficácia prática (dada a amplitude dos interesses que pode prosseguir e cuja limitação legal é vedada pela Constituição[380], e também porque proíbe o

---

conception du droit de grève? Cour de Cassation. Assemblée plénière 4 juillet 1986, DS, 1986, 745-756 (750), ou Jean-Emmanuel RAY, *Droit public et droit social en matière de conflits collectifs,* DS, 1991, 3, 220-230 (222 ss.). Deve, contudo, notar-se que, não obstante a sua incidência específica, estas normas se debruçam também sobre problemas gerais como o conceito de greve e a ilicitude de certas modalidades atípicas de greve, o dever de pré-aviso, ou os efeitos da greve na retribuição dos trabalhadores. Por outro lado, nos últimos anos a doutrina tem discutido sobre a necessidade de uma regulamentação legal mais abrangente desta matéria — apelando neste sentido, por exemplo, Jean-Jacques DUPEYROUX, *Avant propos. Le droit de grève: de quoi parle-t-on?,* DS, 1988, 9/10, 619-623 (622 s.), mas contra, por exemplo, Gérard LYON-CAEN, *Réglementer le droit de grève?,* DS, 1988, 9/10, 709-712, por considerar suficiente o enquadramento jurídico actual e temer que qualquer regulamentação legal mais extensa se salde numa efectiva compressão do direito de greve. No sistema jurídico francês tem havido também um amplo desenvolvimento jurisprudencial nesta matéria — a este propósito, por exemplo, Gérard LYON-CAEN, *Le grand silence des travailleurs,* DS, 1981, 2, 141-145 (numa apreciação bastante crítica da actuação da jurisprudência), Jean PÉLISSIER, *La grève: liberté très surveillée,* Dr.ouv., 1988, 2/3, 59-66, e, sobre a evolução jurisprudencial mais recente, Jean-Emmanuel RAY, *1988-1991: un nouveau droit jurisprudentiel de la grève,* DS, 1991, 9/10, 715-726, e *Les pouvoirs de l'employeur à l'occasion de la grève. Évolution jurisprudentielle et légale (1988-1991),* DS, 1991, 11, 768-782.

Quadro semelhante oferece o sistema jurídico belga, que, na ausência de uma regulamentação legal abrangente do fenómeno da greve, apesar das diversas propostas nesse sentido desde o final da II Guerra, tem alguns diplomas incidentes sobre os efeitos da greve no contrato, sobre os seus reflexos em matéria acidentária e de segurança social, e sobre o processo prévio de conciliação que a deve anteceder — sobre estes pontos, com desenvolvimentos, HÉLIN, *La grève... cit.,* 31 ss. e 44 s., e PIERRE DENIS, *Droit du travail cit.,* 345.

[379] Sobre esta qualificação do direito de greve, vd a nossa *Lei da Greve Anotada cit.,* 11, e nota [1].

[380] Apenas se admitem, como era já pacificamente aceite a partir do surgimento da LG (art. 8º) e consta agora do texto constitucional (com a introdução do nº 3 do art. 57º na IV Revisão Constitucional — LC nº 1/97, de 20 de Setembro, art. 31º nº 2), as limitações decorrentes da necessidade de cumprimento dos serviços mínimos indispensáveis à manutenção do equipamento e das instalações

correspondente direito do empregador ao *lock-out* — art. 57° n°s 2 e 4 da CRP), como dispõe de um regime jurídico específico mas de vocação abrangente sobre a matéria — ainda antes da Constituição de 1976, este regime foi estabelecido pelo DL n° 217/74, de 27 de Maio, e, já em desenvolvimento da norma constitucional, passou para a L. n° 65/77, de 26 de Agosto, alterada pela L. n° 30/92, de 20 de Outubro[381].

Perante este quadro, na apreciação das questões dogmáticas colocadas pelo fenómeno da greve, na perspectiva da verificação do seu contributo para a afirmação da autonomia dogmática do direito do trabalho[382], permitimo-nos partir directamente do nosso sistema positivo, introduzindo, pontualmente, uma ou outra referência de âmbito geral ou de direito comparado[383].

Ora, se atentarmos no regime da greve previsto pela nossa lei, verificamos, em primeiro lugar, que ele patenteia as dificuldades tradicionais de aproximação dogmática a esta figura, que decorrem da complexidade estrutural do direito de greve (pela sua dimensão simultaneamente individual e colectiva) e do facto de, na sua manifestação laboral, este direito se manifestar num contexto negocial; mas verificamos de seguida que, na forma como resolve os problemas colocados por esta figura, a lei nacional confirma a absoluta singularidade do direito de greve na ordem jurídica privada, porque as soluções que preconiza são incompatíveis com as regras gerais de cumprimento dos negócios jurídicos e porque a forma como se posiciona perante o fenómeno da

---

da empresa e à satisfação de necessidades sociais impreteríveis. Sobre as restrições ao direito de greve, por exemplo, BERNARDO XAVIER, *Direito da Greve cit.*, 94 ss.

[381] Uma parte das alterações introduzidas por esta lei (art. 8° n° 2 g) e n°s 4 a 9 da LG) foi, todavia, considerada inconstitucional pelo Ac. TC n° 868/96, de 16 de Outubro, DR I S-A, de 16/10/1996, 3619, por irregularidades no processo de aprovação do diploma.

[382] Pelas razões já explicitadas, as observações que vamos fazer movem-se exclusivamente por este objectivo.

[383] Acresce que a temática da greve não é usualmente tida em consideração na discussão do problema da autonomia dogmática do direito do trabalho na literatura jurídica estrangeira, como já tivemos ocasião de verificar — explicando-se esta ausência porventura pelo facto de ser naqueles sistemas onde o fenómeno continua a não ter enquadramento legal que o tema da autonomia é mais discutido, a análise comparatista tem pois uma menor relevância nesta matéria.

greve não se compagina com o princípio geral da igualdade dos entes jurídicos privados.

De uma forma breve, vamos enunciar as duas grandes dificuldades dogmáticas suscitadas pelo fenómeno da greve, para depois confirmarmos a sua irredutibilidade aos quadros dogmáticos do direito comum a partir do seu regime jurídico.

II. A primeira dificuldade dogmática suscitada pelo fenómeno da greve tem a ver com a sua dimensão simultaneamente individual e colectiva.

Apesar de a greve ser usualmente qualificada como um fenómeno laboral colectivo, por se consubstanciar numa abstenção concertada da prestação de trabalho, levada a efeito por um conjunto de trabalhadores, para pressionar o empregador a satisfazer uma determinada pretensão dos trabalhadores[384] [385], é reconhecido que no fenómeno da greve

---

[384] É o conceito técnico-jurídico de greve que tem sido mais desenvolvido pela doutrina, em face da ausência de uma noção legal na maioria dos sistemas jurídicos — neste sentido, entre nós, por exemplo, MONTEIRO FERNANDES, *Direito de Greve cit.,* 18, e *Direito do Trabalho cit.,* 851, BERNARDO XAVIER, *Direito da Greve cit.,* 55, e *Curso...cit.,* 165, MÁRIO PINTO, *Greve — aspectos jurídicos,* Polis, III, 111-121 (111), e *Direito do Trabalho cit.,* 388, MENEZES CORDEIRO, *Manual... cit.,* 369, BRITO CORREIA, *Direito do Trabalho cit.,* 234; MOTTA VEIGA, *Lições...cit.,* 292, ROMANO MARTINEZ, *Direito do Trabalho cit.,* II (*Relações Colectivas de Trabalho*), 156; na doutrina francesa, por exemplo, DURAND / VITU, *Traité...cit.,* III, 739 ss., SINAY, *La grève cit.,* 133, LYON-CAEN / PÉLISSIER, *Droit du travail cit.,* 791, JAVILLIER, *Droit du travail cit.,* 405 s., ou RIVERO / SAVATIER, *Droit du travail cit.,* 309; na doutrina italiana, entre outros, Guido ZANGARI, *Contributo alla teoria del diritto di sciopero,* Riv.DL, 1968, I, 87-216 (88 s.), ou Giuseppe PERA, *Il diritto di sciopero,* RIDL, 1986, I, 426-492 (442); e, na doutrina espanhola, por exemplo, MONTOYA MELGAR, *Derecho del Trabajo cit.,* 712 s.. Com referência ao sistema germânico, embora corresponda *grosso modo* ao conteúdo descrito, o conceito de greve é relacionado com o conceito mais amplo de luta laboral (que integra a greve, o *lock-out* e o boicote), que a doutrina e a jurisprudência também têm desenvolvido, em face da ausência de qualquer noção legal — sobre o ponto, por exemplo, Hans BROX / Bernd RÜTHERS, *Arbeitskampfrechts. Ein Handbuch für die Praxis,* 2ª ed., Stuttgart — Berlin — Köln — Mainz, 1982, 17, ou Reinhard RICHARDI, *Arbeitskampfbegriff und Arbeitskampfrecht, in* D. BICKEL / W. HADDING / V. JAHNKE / G. LÜKE (Hrsg.), *Recht und Rechtserkenntnis, Fest. für Ernst WOLF,* Köln — Berlin — Bonn — München, 1985, 549-564 (551 ss.).

[385] Particularmente relevante na tentativa de delimitação conceptual da greve, em face da multiplicidade de formas que o comportamento grevista pode assumir, é a distinção entre um sentido amplo e um sentido restrito de greve — em sen-

se combinam elementos colectivos e elementos individuais. Esta combinação transparece no regime jurídico da figura: por um lado, a decisão e a decretação da greve, bem como a obrigação de emissão do pré--aviso, competem à associação sindical ou à assembleia de trabalhadores (arts. 2º e 5º da LG), e a gestão do conflito cabe à associação sindical ou à comissão de greve (art. 3º, 8º e 9º da LG) — é a componente colectiva do direito de greve; mas já o seu exercício e a sua eficácia dependem de um conjunto de actos individuais dos trabalhadores e os efeitos do comportamento grevista produzem-se no contrato de trabalho de cada um deles, determinando a respectiva suspensão (art. 7º nº 1 da LG) se a greve for lícita, ou a sujeição do trabalhador ao regime jurídico das faltas injustificadas, se o não for (art. 11º da LG) — é a componente individual do direito de greve. A interpenetração de elementos colectivos e individuais é pois uma característica deste fenómeno.

Mesmo sem aprofundarmos a discussão sobre a natureza jurídica do direito de greve que esta dupla valência tem suscitado no seio da doutrina laboral[386], forçoso é reconhecer que ela dificulta a construção do instituto em termos unitários porque nem a sua recondução a um direito de cada trabalhador nem o seu entendimento como um direito

---

tido restrito e técnico, a greve corrresponderá a uma abstenção da prestação de trabalho mas, em sentido amplo, ela abrange ainda comportamentos de perturbação da prestação e do cumprimento do contrato (desenvolvendo esta distinção, entre nós, MENEZES CORDEIRO, *Manual...cit.*, 370, e MOTTA VEIGA, *Lições...cit.*, 292 s.).

[386] Não cabe no âmbito do nosso estudo desenvolver o tema da natureza jurídica do direito de greve, cuja dificuldade decorre exactamente da coexistência, no seu seio, destes elementos individuais e colectivos: ou se considera que está em causa um direito colectivo exercitado através da soma de um conjunto de comportamentos individuais (ainda que regularmente decidido pelo sindicato, o direito de greve fica esvaziado se os trabalhadores não aderirem à paralisação); ou então, se nos colocarmos na perspectiva inversa, enfatizando o direito de (fazer) greve que assiste, individualmente, a todos e a cada um dos trabalhadores subordinados, teremos que admitir que este direito tem como condição a actuação (colectiva) das entidades representativas dos trabalhadores, no momento da decisão e da declaração de greve. Sobre o problema da natureza jurídica do direito de greve, em razão desta dupla dimensão, por exemplo, BERNARDO XAVIER, *Direito da Greve cit.*, 225 ss., MENEZES CORDEIRO, *Manual...cit.*, 413 ss., MOTTA VEIGA, *Lições...cit.*, 307, Gino GIUGNI, *Il diritto sindacale cit.*, 218 ss., Aldo ARANGUREN, *L'organizzazione e l'azione sindacale*, in G. MAZZONI (dir.), *Manuale di diritto del lavoro*, II, 6ª ed., Milano, 1990, 217-517 (450 ss.). Cfr., *infra*, 60.II.

das associações sindicais ou do conjunto dos trabalhadores parecem conseguir explicar todos os aspectos do seu regime.

Assim, se, privilegiando o acto de greve em si mesmo, reconduzirmos a greve ao direito (que alguns autores qualificam como um direito potestativo[387] e outros como um direito absoluto, de oponibilidade geral[388]) que assiste ao trabalhador de, em certas circunstâncias, recusar ao empregador a prestação de trabalho sem incorrer em incumprimento — mesmo admitindo que este direito depende de uma actuação prévia da entidade colectiva (a decretação da greve pelas associações sindicais, qualificada por uns como uma condição suspensiva[389] e, por outros, como um convite ao exercício do direito de greve[390]) ou qualificando-o como um direito individual de exercício necessariamente colectivo[391] [392] —, teremos dificuldade em explicar algumas actuações

---

[387] A qualificação do direito de adesão à greve como um direito potestativo é frequente na doutrina — neste sentido, entre outros, F. SANTORO-PASSARELLI, *Nozioni...cit.*, 64, Valente SIMI, *La funzione del diritto di sciopero*, Riv.DL, 1976, I, 281-298 (297), António de Lemos Monteiro FERNANDES, *Reflexões sobre a natureza do direito à greve*, in Estudos sobre a Constituição, II, Lisboa, 1978, 321--333 (328), BERNARDO XAVIER, *Direito da Greve cit.*, 251, MENEZES CORDEIRO, *Manual...cit.*, 415, ou António Garcia PEREIRA, *Temas Laborais*, II, Lisboa, 1992, 18.

[388] Neste sentido, por exemplo, GIUGNI, *Diritto sindacale cit.*, 220 ss., Luigi MENGONI, *Il diritto di sciopero*, Milano, 1964, *maxime* 27 ss., ou GALANTINO, *Diritto sindacale...cit.*, 231 ss. Estes autores recusam a qualificação do direito de greve como um direito potestativo por entenderem que ela obrigaria à circunscrição do direito de greve ao âmbito negocial, não explicando as greves que prosseguem objectivos que transcendem o vínculo laboral, como as greves de solidariedade ou as greves políticas.

[389] F. SANTORO-PASSARELLI, *Nozioni...cit.*, 64 s., e, entre nós, MONTEIRO FERNANDES, *Reflexões...cit.*, 331 ss., e *Direito do Trabalho cit.*, 866 s.

[390] Neste sentido, MENGONI, *Il diritto di sciopero cit*, 27 ss., GIUGNI, *Diritto sindacale cit.*, 220 ss., ou GALANTINO, *Diritto sindacale...cit.*, 231 ss., consideram que, ao aderir à greve, o trabalhador responde ao convite à greve endereçado pela associação sindical na fase inicial do processo, protagonizada pelos entes colectivos.

[391] Enfatizando o aspecto do exercício colectivo do direito de greve, apesar de configurado como um direito de cada trabalhador, na doutrina italiana, por exemplo, MENGONI, *Il diritto di sciopero cit*, 27 ss., GIUGNI, *Diritto sindacale cit.*, 220 ss., ou GALANTINO, *Diritto sindacale...cit.*, 231 ss., bem como SIMI, *La funzione... cit.*, 283 ss. (embora este último autor tenha uma perspectiva diferente, já que liga o direito de greve directamente ao princípio constitucional da igualdade, para o reconduzir a um direito de «*eguaglianza sociale*» atribuído a cada trabalhador,

protagonizadas directamente pelas entidades colectivas ao longo do desenvolvimento do conflito (por exemplo, a organização dos piquetes de greve ou dos serviços mínimos — arts. 4º e 8º da LG)[393], bem como aquelas situações em que não se chega à fase *individual* do processo de greve, mas se desenrolou, porventura com sucesso, a sua fase *colectiva* inicial[394].

---

mas de exercício colectivo). Indo mais longe, outros autores dão também uma ênfase particular ao aspecto colectivo do direito, para recusarem a ideia de que a intervenção colectiva no processo de greve se reduz a uma mera condição prévia do exercício do direito de greve — neste sentido, ARANGUREN, *L'organizzazione...cit.*, 455 s., ou Vincenzo A. POSO, *Esercizio del diritto di sciopero e interesse collettivo*, RIDL, 1988, II, 150-151, referindo também jurisprudência neste sentido. Já no seio da doutrina francesa, a chamada de atenção para o aspecto do exercício necessariamente colectivo do direito de greve, apesar da sua qualificação como um direito (individual) de cada trabalhador, é ligada pelos autores à circunstância de o exercício do direito de greve não estar na dependência de uma actuação sindical anterior — neste sentido, por exemplo, RIVERO / SAVATIER, *Droit du travail cit.*, 324, Jean RIVERO, *La réglementation de la grève*, DS, 1948, 2, 58-65 (60), ou SINAY, *La grève cit.*, 137 ss., e, especificamente quanto à clarificação do sentido da actuação sindical durante o processo de greve, ainda Jean SAVATIER, *La distinction de la grève et de l'action syndicale*, DS, 1984, 1, 53-58; mas criticando esta concepção do direito de greve e advogando a sua reconstrução dogmática em moldes orgânicos, com uma maior ligação aos sindicatos, por exemplo, Alain BERNARD, *La grève, quelle responsabilité?*, DS, 1986, 7/8, 635-645 (642 s.).

[392] Para uma construção deste tipo poderia, entre nós, apontar o art. 3º da LG, que se refere expressamente à «representação dos trabalhadores» pelas associações sindicais que decretem a greve ou por uma comissão eleita a partir da assembleia de trabalhadores que tenha decretado a paralisação, no caso do nº 2 do art. 2º da LG; por outro lado, também contribuiriam para uma construção deste tipo as exigências de representatividade das assembleias de trabalhadores estabelecidas pelo art. 2º, nºs 2 e 3, bem como, indirectamente, a própria ideia de representatividade sindical, subjacente ao nº 1.

[393] No nosso entender, é difícil de conceber, por exemplo, que a organização dos serviços mínimos pelas associações sindicais seja feita em representação dos trabalhadores quando os nºs 1 e 3 do art. 8º dada LG expressamente atribuem a responsabilidade por esta organização às associações sindicais *e* aos trabalhadores.

[394] Efectivamente, esta construção não explica aquelas situações em que o processo de greve é desencadeado mas a paralisação não chega a ocorrer porque, por hipótese, a força persuasiva das entidades colectivas sobre o empregador foi suficiente para que este satisfizesse as pretensões dos trabalhadores, ou porque, pelo contrário, o empregador conseguiu demover as associações durante o período

Mas, se, numa perspectiva diferente, reconduzirmos a greve a um direito dos sindicatos (completado ou exercitado através do acto de adesão de cada trabalhador)[395], em atenção à sua origem sindical e ao facto de prosseguir interesses colectivos, não ficam explicadas as greves não sindicais (art. 2º nº 2 da LG), nem a total liberdade do trabalhador na adesão à greve (já que este pode não aderir à greve decretada pelo seu sindicato, assim como pode aderir a uma greve sindical sem ser sindicalizado ou mesmo sendo membro de outro sindicato[396]), assim como

---

de pré-aviso. Ora, nestes casos, não tendo o processo de greve chegado ainda à sua fase individual (a da adesão de cada trabalhador), parece que foi, apesar de tudo, exercido um direito pelas entidades colectivas (o direito de decretar a greve) e, a ser assim, este direito só pode ser entendido como um direito colectivo originário destas entidades.

[395] Esta concepção orgânica do direito de greve é defendida, sobretudo, no seio da doutrina germânica, pela ligação intíma entre o direito de greve e os sindicatos naquele sistema, que se evidencia, logo ao nível constitucional, no facto de o direito de greve ser deduzido da consagração da liberdade de coalisão (art. 9º Abs. III GG), e conduz à qualificação das greves não sindicais como greves selvagens — sobre o ponto, ZÖLLNER / LORITZ, *Arbeitsrecht cit.*, 440, 450, e 467 e, especificamente, sobre este entendimento da norma constitucional, Wolfgang DÄUBLER, *Arbeitskampfrecht mit neuen Konturen?*, ArbuR, 1992, 1-8 (2), ou ZACHERT, *Schwierigkeiten...cit.*, 79. Noutros contextos doutrinais, alguns autores realçam também a importância da dimensão colectiva (ainda que não necessariamente sindical) do direito de greve, por considerarem que só como comportamento colectivo é que a greve consegue atingir o seu objectivo de pressão sobre o empregador e prosseguir os interesses (colectivos) que a animam — neste sentido, se pronunciam autores como PERA, *Il diritto di sciopero cit.*, 447 ss., argumentando com o exercício necessariamente colectivo do direito de greve e com o facto de a sua garantia constitucional ter como destinatários a classe ou o conjunto dos trabalhadores, e como Giorgio BRANCA, *Sciopero, controversia colletiva, mediazione dei pubblici poteri, in* M. DELL'OLIO / G. BRANCA, *L'organizzazione sindacale*, Padova, 1980, 351-396 (363 ss.), chamando a atenção para a ligação que a lei constitucional estabelece entre o reconhecimento do direito de greve e a autonomia colectiva.

[396] A total liberdade que assiste ao trabalhador de aderir ou não aderir à greve desencadeada pelo sindicato em que se encontra filiado, por outro sindicato ou pela assembleia de trabalhadores, bem como a extensão do direito de adesão à greve (sindical) aos trabalhadores não sindicalizados é um ponto em que a doutrina e a jurisprudência manifestam unanimidade, dada a classificação do direito de greve como um direito fundamental — neste sentido, por exemplo, o Ac. REv. de 8/11/1983, BMJ, 333-539, e, na doutrina, entre outros, MONTEIRO FERNANDES, *Direito de Greve...cit.*, 32, BERNARDO XAVIER, *Direito da Greve cit.*, 166, MENE-

não se compreendem os efeitos que a greve produz na esfera negocial de cada trabalhador aderente, se este não for membro do sindicato que a decretou, e, muito menos, a repercussão na esfera negocial do trabalhador dos actos ilícitos praticados pela associação sindical no decurso do conflito (por exemplo, a sujeição de cada trabalhador ao regime das faltas injustificadas, nos termos previstos pelo art. 11º da LG, por irregularidades cometidas pelo sindicato na emissão do pré-aviso, na actuação dos piquetes de greve ou na coordenação dos serviços mínimos — arts. 5º, 4º e 8º da LG)[397].

Como decorre do exposto, do ponto de vista estrutural, o direito de greve parece configurar-se como uma situação jurídica complexa, com uma dimensão individual/negocial e uma dimensão colectiva, que, por sua vez, se desdobram em múltiplas situações jurídicas activas e passivas, da titularidade de cada trabalhador aderente ou da titularidade das entidades colectivas e que se condicionam reciprocamente: os poderes de decidir, de gerir e de fazer cessar a greve e de constituir piquetes, ou os deveres de emitir o pré-aviso e de respeitar a liberdade dos trabalhadores não aderentes, que incumbem às associações sindicais ou directamente ao colectivo de trabalhadores; o direito de aderir ou de não aderir à greve, bem como a sujeição ao regime das faltas injusti-

---

ZES CORDEIRO, *Manual...cit.*, 416, GARCIA PEREIRA, *Temas Laborais cit.*, II, 18, bem como o nosso *Lei da Greve Anotada cit.*, 45 e nota [4]. Numa posição diferente, autores como ARANGUREN, *L'Organizzazione...cit.*, 453, observam que, se o direito de greve for entendido como um direito sindical, todos os trabalhadores do sindicato que a decreta deveriam ser obrigados a aderir a ela.

[397] Esta solução decorre directamente do âmbito genérico do art. 11º da LG, que parece aplicar-se independentemente das causas da ilicitude da greve — o que tem levado inclusivamente alguns autores a advogarem a necessidade de temperar este regime pelo princípio geral da boa fé, designadamente nos casos em que a ilicitude decorra de uma circunstância totalmente alheia ao trabalhador e cujo conhecimento não lhe fosse exigível (neste sentido, se pronunciou MENEZES CORDEIRO, *Manual...cit.*, 410). Deve, por outro lado, notar-se a especificidade da solução prevista no art. 11º da LG, uma vez que, correspondendo a falta injustificada a uma infracção disciplinar, o trabalhador virá a ser responsabilizado em termos disciplinares, e não civis, por um acto cometido pela associação sindical — solução que alguns autores justificam no facto de a ilicitude da greve retirar, automaticamente e independentemente da respectiva causa, a justificação para a ausência do trabalhador grevista (neste sentido, com referência ao problema no direito italiano, Giorgio ARDAU, *Sanzionabilità disciplinare del sciopero illegittimo per violazione di patto espresso di pace sindacale*, Riv.DL, 1964, 22-29 (28 s.).

ficadas, que são situações jurídicas atinentes a cada trabalhador; e o dever de assegurar os serviços mínimos, que incumbe a ambos. Ora, esta complexidade do instituto dificulta naturalmente a sua redução aos quadros dogmáticos do direito civil[398].

III. Mas, na nossa opinião, a maior dificuldade dogmática suscitada pelo fenómeno da greve decorre do facto de, na sua manifestação privada[399], o direito de greve surgir e se exercer num contexto negocial.

O contexto negocial da greve, na sua manifestação privada, confirma-se tanto pela sua inserção constitucional como pela globalidade

---

[398] Esta complexidade estrutural da greve tem conduzido alguns autores a procurar elaborar construções de síntese, que reconhecem uma estrutura dualista ao direito de greve, configurando-o como um direito da titularidade dos sindicatos e de cada trabalhador, que se condicionam reciprocamente (por exemplo, CALAMANDREI, *Significato costitzionale del diritto di sciopero,* Riv.GL, 1952, I, 221-244), ou fazendo corresponder esta dupla dimensão do direito a diferentes situações jurídicas activas — neste sentido, é salientar, entre nós, a construção de MENEZES CORDEIRO, *Manual...cit.,* 414 ss., que reconduz a dimensão colectiva do direito (i.e., a actuação sindical de decretação da greve) à categoria jurídico-formal da *liberdade* (no sentido de permissão genérica de actuação), e a sua dimensão individual (i.e., o acto de adesão) à categoria de *poder potestativo* que assiste a cada trabalhador e que tem como efeito a suspensão do contrato de trabalho; construção que, até certo ponto, se aproxima da de Giuseppe SUPPIEJ, *Diritto di sciopero e potestà di sciopero nella Costituzione,* Riv.DL, 1965, I, 3-74 (20 ss.), que recorre à ideia de poder para qualificar a acção de proclamação da greve pelos sindicatos, conjugando este poder com o reconhecimento de um direito (posterior) de cada trabalhador de fazer greve; ainda propondo uma construção de síntese entre os momentos sindical e individual do direito de greve, ZANGARI, *Contributo...cit.,* 187 ss. Numa perspectiva diferente, BERNARDO XAVIER, *Direito da Greve cit.,* 254 ss., valoriza o significado processual da greve como «meio de acção sindical no sistema de relações colectivas de trabalho» (*op. cit.,* 254), que considera a única via para viabilizar a sua construção unitária.

[399] A ressalva impõe-se pela extensão do direito de greve aos trabalhadores públicos, no nosso sitema jurídico — art. 12º nº 1 da LG. No contexto reflexivo privado em que nos colocamos, as nossas observações restringem-se, naturalmente, aos problemas colocados pela manifestação privada do fenómeno, se bem que, segundo cremos, a greve dos trabalhadores públicos suscite problemas não muito diversos, pelo que as nossas observações poderão, *mutatis mutandis,* valer também nesse contexto. Em especial sobre a greve dos trabalhadores públicos, vd Francisco Liberal FERNANDES, *Autonomia Colectiva dos Trabalhadores da Administração. Crise do Modelo Clássico de Emprego Público,* Coimbra, 1995, *maxime* 36 ss. e 197 ss.

do seu regime jurídico: por um lado, na Constituição, o direito de greve insere-se sistematicamente no capítulo dedicado aos direitos, liberdades e garantias dos trabalhadores[400]; por outro lado, o regime legal da figura pressupõe que o direito de greve se manifesta num vínculo jurídico de trabalho subordinado, ou de índole privada (e, nesse sentido, laboral[401]) ou de índole pública, uma vez que fora desse contexto, a maioria dos aspectos desse regime não seria compreensível nem aplicável — assim, o efeito suspensivo previsto no art. 7° n° 1 da LG, a salvaguarda da antiguidade, prevista no art. 7° n° 2, ou a sujeição do trabalhador ao regime das faltas injustificadas, em caso de ilicitude da greve, prevista no art. 11° da LG, entre outros. Na sua manifestação privada, o direito de greve pressupõe pois a existência de um contrato de trabalho[402].

Esta afirmação do contexto necessariamente negocial do direito de greve na sua manifestação privada não é um lugar comum porque viabiliza, por si só, duas conclusões da maior importância para a apreciação dogmática da figura.

A primeira conclusão é a da recusa liminar das comparações entre a greve e outros fenómenos colectivos de protesto, como os boicotes ou as «greves» de outros sujeitos privados, como os trabalhadores não subordinados, os consumidores ou os estudantes, que alguns autores introduzem em apreciação da figura da greve numa tentativa de a aproximar do direito privado[403]. Na nossa opinião, as afinidades socioló-

---

[400] Em consequência, a generalidade da doutrina reconduz o direito de greve a um direito dos trabalhadores subordinados, BERNARDO XAVIER, *Direito de Greve* cit., 56 s., MÁRIO PINTO, *Greve...cit.*, 114, ou MENEZES CORDEIRO, *Manual...cit.*, 371. Autores como GOMES CANOTILHO / VITAL MOREIRA, *Constituição...cit.*, 309 e nota [II], anotam, ao lado da circunscrição do direito de greve aos trabalhadores subordinados, o facto de ele se estender a todas as categorias de trabalhadores subordinados, o que justifica a sua admissibilidade em relação aos funcionários públicos; enquanto autores como MONTEIRO FERNANDES, *Direito da Greve...cit.*, 21 s., discutem a possibilidade de extensão do direito de greve aos trabalhadores não subordinados mas com dependência económica.

[401] *Vd., supra,* § 3°, 4.7.I., a nossa delimitação do conceito de actividade laboral, neste sentido.

[402] Salientando também esta ligação do direito de greve ao contrato de trabalho, por exemplo, SIMI, *La funzione...cit.,* 289.

[403] Neste sentido, por exemplo, MENEZES CORDEIRO, *Da situação jurídica laboral...cit.,* 147 e *Manual...cit.,* 99, refere as acções de boicote dos consumi-

gicas que estes fenómenos têm com a greve — com ela comungam a essência colectiva, o elemento de concertação e o intuito de pressão sobre outra entidade para obter um determinado objectivo do grupo — não iludem a sua profunda dissemelhança jurídica, porque lhes falta o contexto negocial, que na greve é determinante para compreender a sua morfologia e o seu regime[404]. Desta forma, independentemente da valorização jurídica positiva ou negativa destes fenómenos, cremos que a sua comparação com o fenómeno da greve carece de interesse para o direito.

A segunda conclusão que se retira deste contexto negocial do direito de greve, na sua manifestação privada, é, evidentemente, a da necessidade de cotejar, passo a passo, o regime jurídico da figura com as regras gerais dos negócios jurídicos e com os princípios fundamentais do direito civil. Ora, como veremos já a seguir, é justamente este cotejo que evidencia a insanável oposição do direito de greve aos quadros dogmáticos do direito comum e confirma a sua absoluta singularidade.

---

dores a certos produtos como uma forma de luta colectiva que se manifesta no âmbito civil.

[404] Assim, no caso das impropriamente chamadas «greves» de estudantes, de trabalhadores não subordinados, de consumidores ou de utentes, o que se verifica é a recusa concertada e colectiva da prática de um determinado acto não negocial (por exemplo, não comparecer nos exames ou nas aulas em protesto contra a política do Governo em matéria educativa, ou não deixar abrir um serviço público em protesto contra a actuação de um funcionário), ou, quando muito, a recusa em celebrar certo contrato (por exemplo, a recusa a comprar certo produto de determinada marca, pelos consumidores) — ora, em qualquer destes casos, o que poderá estar em causa é apenas o da conformação deste tipo de comportamentos com regras de direito público. Já no caso da greve em sentido técnico--jurídico, existe um contrato em execução e o contraente grevista deixa de cumprir o seu dever principal — assim, o problema que se coloca à ordem jurídica é, evidentemente, o da valoração positiva ou negativa deste comportamento no contexto relacional em que ocorre.

61. A irredutibilidade do direito de greve aos quadros dogmáticos do direito comum pela sua incompatibilidade com as regras gerais de cumprimento dos contratos e com o princípio da igualdade. A contribuição do direito de greve para a afirmação da autonomia dogmática do direito do trabalho

I. Estabelecido o contexto negocial do instituto da greve na sua manifestação laboral, entendemos que a singularidade deste instituto decorre da sua incompatibilidade com as regras gerais de cumprimento dos contratos obrigacionais e com alguns princípios do direito privado.

Esta incompatibilidade esteia-se em três ordens de razões: na essência do comportamento grevista do trabalhador e nos efeitos que este comportamento produz no contrato de trabalho; na grande amplitude dos objectivos finais da greve; e no facto de estes objectivos serem prosseguidos através de uma conduta intencionalmente danosa para o empregador. A estas razões acresce o facto de a ordem jurídica não assumir em relação à greve uma posição de neutralidade mas uma posição de favorecimento dos trabalhadores, que contraria formalmente o princípio da igualdade.

II. O primeiro desvio imposto pelo regime jurídico da greve aos princípios gerais do cumprimento dos contratos tem a ver com a própria essência do comportamento grevista do trabalhador e com os efeitos que ele produz no contrato de trabalho.

Como decorre do conceito técnico-jurídico de greve, que a doutrina e a jurisprudência têm vindo a apurar[405], e é, no caso português, confirmado pelo art. 7º nº 1 da LG, o comportamento grevista do trabalhador consubstancia-se numa abstenção da prestação de trabalho, a que corresponderá a suspensão do dever retributivo do empregador[406].

---

[405] Já tendo dado conta da construção do conceito de greve, para o qual a doutrina e a jurisprudência deram a maior contribuição, em razão do silêncio da lei sobre a matéria na maioria dos sistemas (*supra*, 60.II. e nota [384]), prescindimos nesta fase de maiores desenvolvimentos.

[406] É o que se retira da redacção pouco rigorosa do art. 7º nº 1 da LG, quando refere que a adesão do trabalhador à greve suspende os deveres de subordinação e assiduidade, bem como o dever de retribuição — tendo o dever de assiduidade natureza instrumental em relação ao dever de trabalho (art 20º b) da LCT), devendo este desenvolver-se em situação de subordinação (art. 1º da LCT e art. 1152º do CC), e sendo o dever retributivo o dever correspondente ao dever

Todavia, apesar de corresponder objectivamente à recusa do cumprimento do seu dever negocial principal, a ordem jurídica não avalia negativamente este comportamento do trabalhador (qualificando-o como inadim-

---

de trabalho na titularidade do empregador (art. 19º b) e art. 82º nº 1 da LCT), cremos que a lei aponta para a suspensão da prestação de trabalho embora não o diga expressamente. Desta forma, no nosso entender, não integram o conceito técnico-jurídico de greve os comportamentos de perturbação da prestação de trabalho ou em que os trabalhadores se limitam a não cumprir um dever acessório (como as greves de zelo, de amabilidade ou de rendimento), que alguns autores reconduzem a um conceito amplo de greve, conforme já demos nota, *supra*, 60.II. e nota [385]. Mas já em relação à organização do comportamento abstensivo, cremos que o nosso sistema jurídico não autoriza a fixação de determinado tipo de abstenção como a forma correcta de greve em detrimento de outras, mas antes permite aos trabalhadores organizarem os tempos de abstenção do trabalho como entenderem. Deste modo, serão, em princípio, admissíveis tanto as denominadas greves típicas como as greves atípicas, caracterizadas por um desequilíbrio entre o tempo formal de paralisação e o tempo de real inactividade dos trabalhadores, com o correspondente acréscimo de prejuízo para o empregador, ainda que possam, em concreto, suscitar-se problemas de contrariedade à lei ou de exercício abusivo do direito de greve em relação a alguns destes casos — sobre este ponto, vd Maria do Rosário Palma RAMALHO, *Greves de maior prejuízo — notas sobre o enquadramento jurídico de quatro modalidades de comportamento grevista (greves intermitentes, rotativas, trombose e retroactivas)*, Rev.AAFDL, 1986, 5, 67-115; e, em geral, sobre a temática das greves atípicas, vd in *Temas de Direito do Trabalho. Direito do Trabalho na Crise. Poder Empresarial. Greves Atípicas. IV Jornadas Luso-Hispano-Brasileiras de Direito do Trabalho*, Coimbra, 1990, as comunicações de Manuel Alonso OLEA, *Huelgas atípicas: identificación, caracteres y efectos jurídicos*, 453-467, António Monteiro FERNANDES, *Greves «atípicas»: identificação, caracteres, efeitos jurídicos*, 491-518 (sobre o problema no direito português), Maria Emília Casas BAAMONDE, *Huelgas atípicas: identificación, caracteres y efectos jurídicos*, 519-548 (sobre o caso espanhol), Ildélio MARTINS, *Greves atípicas: identificação, caracteres e efeitos jurídicos*, 469-490 (sobre a situação brasileira), F. Javier Gárate CASTRO, *Modalidades de huelga en el ordenamiento jurídico español. La huelga intermitente*, 549-560 (em especial sobre a greve intermitente); em especial sobre a greve intermitente e a greve ao trabalho suplementar, ainda António de Lemos Monteiro FERNANDES, *Temas Laborais*, Coimbra, 1984, 127 ss., ou Enrico GRAGNOLI, *Lo «sciopero dello straordinario» e il rispetto dei limiti posti dalla l. n. 146 del 1990*, RIDL, 1994, II, 658-663; em geral sobre a temática das greves atípicas no direito italiano, por exemplo, Mariella ANNINO, *Forme anomale di sciopero e suspensione del rapporto di lavoro*, RIDL, 1984, II, 401-409, ou PERA, *Compendio...cit.*, 85 ss., e, no direito francês, SINAY, *La grève cit.*, 159 ss., ou Marc VERICEL, *L'exercice normal du droit de grève*, DS, 1988, 9/10, 672-681 (673 ss.); e, em especial sobre algumas situações de

plemento, nos termos do art. 762º nº 1 do CC, a *contrario sensu*), mas associa-lhe antes um efeito modificativo do contrato, que se manterá enquanto o trabalhador estiver em greve: a suspensão dos deveres principais das partes e de alguns deveres e direitos acessórios (art. 7º da LG)[407]. Como observa um sector da doutrina francesa, de uma forma

---

exercício ilícito ou abusivo do direito de greve, com referência a estas greves atípicas, *vd,* quanto à greve que denominámos como *greve retroactiva,* o nosso *Greves de maior prejuízo...cit.,* 108 ss., e quanto à recente greve *self service,* o Par. PGR nº 1/99, de 18 de Janeiro (DR, II S., de 3/03/1999, 3171-3181), e Joaquim Gomes CANOTILHO / Jorge LEITE, *Ser ou não ser uma greve (A propósito da chamada «greve self-service»),* QL, 1999, 13, 3-44.

[407] O efeito suspensivo da greve sobre o contrato de trabalho é também a regra nos outros sistemas jurídicos que reconduzem a greve à categoria de direito dos trabalhadores, como referimos, *supra,* 60.I, nota [375], mas, na maioria dos casos, esse efeito está condicionado à licitude da greve ou do comportamento do trabalhador grevista. Assim, o efeito suspensivo da greve é a regra no direito italiano (PERA, *Il diritto di sciopero cit.,* 472, GIUGNI, *Diritto sindacale cit.,* 217, ou GALANTINO, *Diritto sindacale cit.,* 235) e no direito espanhol, de acordo com o art. 6º nº 2 do *Real Decreto 17/1977, de 4 de Marzo* (sobre o ponto, MONTOYA MELGAR, *Derecho del Trabajo cit.,* 712), bem como no direito germânico e no direito austríaco, desde que a greve seja lícita (sendo apenas lícitas as greves sindicais e de objectivos profissionais) — KASKEL / DERSCH, *Arbeitsrecht cit.,* 327, ZÖLLNER / LORITZ, *Arbeitsrecht cit.,* 474 s. e 467, e, com referência ao direito austríaco, KRITZBERGER, *Grundprinzipien...cit.,* 238 s.; no direito francês, a *Loi du 11 février 1950* consagrou o efeito suspensivo mas excluiu-o em caso de *faute lourde* do trabalhador grevista, caso em que se mantém a responsabilidade disciplinar do trabalhador, com a inerente possibilidade de aplicação de sanções disciplinares e, nomeadamente, com a possibilidade de fazer cessar o contrato por parte do empregador (sobre o ponto, Paul DURAND, *Fin d'une controverse: les effets de la grève dans le contrat de travail (l'article 4 de la Loi du 11 février 1950),* DS, 1950, 3, 118-126, e, com VITU, *Traité...cit.,* III, 840 ss., Gérard LYON-CAEN, *Droit du travail et sécurité sociale,* Paris, 1970/71, 115 ss., ou SINAY, *La grève cit.,* 131 e 23 ss.; e especificamente sobre a possibilidade de aplicação de sanções disciplinares e de despedimento em caso de *faute lourde,* Jean SAVATIER, *Droit de grève. Jurisprudence commentée,* DS, 1983, 4, 225-229, e *La nullité des sanctions disciplinaires prises contre des grèvistes en l'absence de faute lourde,* DS, 1993, 3, 291-294, bem como, para exemplificação de situações de *faute lourde* para efeitos de aplicação deste regime jurídico, ainda deste autor, *Le caractère illicite de l'occupation des locaux de travail par les grèvistes et le juge compétent pour ordonner l'expulsion,* DS, 1985, 15-19, e *La répression d'actes de violence commis au cours d'une grève: l'affaire Citroën,* DS, 1986, 3, 228-235. Situação semelhante se observa no sistema belga, cedendo o efeito suspensivo

expressiva ainda que não totalmente rigorosa, durante a greve o trabalhador coloca-se *hors contrat* para nele «reentrar» após a cessação do conflito[408].

(fixado por um *Arrêt de la Cour de Cassation du 23 novembre 1967*) perante a prática de actos que constituam *motif grave* para despedimento, como actos de violência, de desrespeito pelos procedimentos prévios de conciliação ou pelos deveres assumidos na negociação colectiva — HÉLIN, *La grève... cit.,* 38 ss., Jacques PIRON / Pierre DENIS, *Le droit des relations collectives du travail en Belgique*, Bruxelles, 1970, 132, Lucien FRANÇOIS, *Théorie des relations collectives du travail en droit belge,* Bruxelles, 1980, 94 s., ou PIERRE DENIS, *Droit du travail cit.,* 348 s.

[408] Neste sentido, entre outros, SINAY, *La grève cit.,* 131. A falta de rigor da expressão decorre, no nosso entender, do facto de este efeito suspensivo não ser total, devendo manter-se aqueles deveres das partes que não pressuponham a efectiva prestação de trabalho (ou seja, os chamados deveres acessórios não inerentes à prestação principal) — opinião que já tivemos ocasião de justificar noutros estudos, para os quais remetemos (Maria do Rosário Palma RAMALHO, *Sobre os acidentes de trabalho em situação de greve,* ROA, 1993, III, 521-574 (537 ss.), *Do Fundamento...cit.,* 232, e *Lei da Greve Anotada cit.,* 50, e nota [12]), e que já foi sustentada também pela jurisprudência (neste sentido, por exemplo, o Ac. RL de 17/07/1985, CJ, 1985, IV, 195, considerando que o trabalhador grevista se mantém adstrito aos deveres de lealdade, respeito e custódia). Também sustentando o alcance limitado da suspensão do contrato durante a greve, por exemplo, Roger LATOURNERIE, *Le droit français de la grève,* Paris, 1972, 464 s. (que é, por isso mesmo, objecto da crítica de Hélène SINAY / Jean-Claude JAVILLIER, *La grève — mise à jour au 1er janvier 1979, in* G. H. CAMERLYNCK (dir.), *Traité de droit du travail,* VI, Paris, 1979, 93 ss.), ZÖLLNER / LORITZ, *Arbeitsrecht cit.,* 474 s., SCHAUB, *Arbeitsrechts-Handbuch cit.,* 1286, e, entre nós, BERNARDO XAVIER, *Direito da Greve cit.,* 199 ss., e MENEZES CORDEIRO, *Manual...cit.,* 389; contra, considerando que o efeito suspensivo é total, MONTEIRO FERNANDES, *Direito de Greve...cit.,* 53 s., ou BRITO CORREIA, *Direito do Trabalho cit.,* 234 s. Sobretudo no seio da doutrina francesa, outros autores sustentam uma posição intermédia que se filia directamente no facto de a lei condicionar o efeito contratual suspensivo da greve à ausência de *faute lourde,* permitindo, caso esta ocorra, a ruptura do contrato por iniciativa do empregador: assim, entendem, por exemplo, OLLIER, *Le droit du travail cit.,* 411 s., Jean-Marc BÉRAUD, *La suspension du contrat de travail. Essai d'une théorie générale,* Paris, 1980, 202 ss., ou Bernard TEYSSIÉ, *Les conflits collectifs du travail — grève et lock-out,* Paris, 1981, 170 ss., e *Droit du travail cit.,* 603 s., que, em caso de *faute lourde,* o empregador poderá aplicar não só a sanção do despedimento mas uma sanção conservatória do vínculo; mas, se o trabalhador grevista incorrer não em *faute lourde* mas apenas em *faute simple* outros autores consideram que o efeito suspensivo da greve no contrato impede o empregador de aplicar qualquer sanção disciplinar — neste sentido, por

Ora, sendo certo que este regime jurídico constitui a forma de assegurar a liberdade do trabalhador na sua opção pela adesão ou não adesão à paralisação e, bem assim, a forma de o *imunizar*[409] contra os efeitos nocivos da sua conduta (tanto em termos de responsabilidade civil contratual como em termos de responsabilidade disciplinar — art. 798º do CC e art. 27º da LCT)[410], certo é também que este efeito suspensivo introduz um desvio significativo à regra da necessidade do consenso das partes para a modificação dos contratos (art. 406º nº 1 do CC), uma vez que a decisão de suspender a actividade laboral por motivo de adesão à greve é tomada voluntária e unilateralmente pelo trabalhador e, em consequência, a inerente modificação do contrato se impõe (potestativamente) ao empregador[411]. Desta forma, admitir o direito de greve significa admitir um desvio ao princípio do cumprimento pontual dos negócios jurídicos.

É evidente que, por si só, este argumento não seria suficiente para determinar a incompatibilidade dogmática do instituto da greve com o direito civil: como a maioria das regras e princípios jurídicos, o princípio da necessidade do acordo para a modificação dos contratos comporta excepções (previstas, aliás, no próprio texto do art. 406º nº 1 do CC) e, no caso, a excepção justificar-se-ia directamente no valor eminente do direito de greve na nossa ordem jurídica, que é comprovado pela sua dignidade constitucional — na oposição entre uma norma cons-

---

exemplo, Jean PÉLISSIER, *Fautes des grèvistes et sanctions patronales*, DS, 1988, 9/10, 650-654 (654).

[409] Neste sentido, se refere GIUGNI, *Autonomia e autotutela...cit.*, 42 s., ao direito de greve como um «direito de imunidade», porque, ao exercê-lo, o trabalhador não se sujeita às consequências que usualmente decorrem do facto de não trabalhar.

[410] No sistema jurídico português, a lei reforça ainda a garantia da liberdade do trabalhador no exercício do seu direito de greve, através da proibição da renúncia antecipada ao direito de greve (art. 1º nº 3 da LG), da cominação da nulidade de qualquer acto que implique coacção, prejuízo ou discriminação sobre o trabalhador, em razão da sua adesão ou não adesão à greve (art. 10º da LG), e da qualificação como abusiva de toda e qualquer sanção disciplinar que lhe seja aplicada pelo exercício do direito de greve (art. 32º nº 1 d) da LCT).

[411] Chamando a atenção para este efeito modificativo sobre o contrato de trabalho, que decorre do exercício do direito de greve, por exemplo, Adolfo di MAJO, *Tutela civile e diritto di sciopero*, Riv.GL, 1980, I, 293-332 (296).

titucional e um princípio geral do direito privado, prevaleceria a primeira. Como um dos argumentos demonstrativos da singularidade do instituto da greve, ele deve, no entanto, ser tomado em consideração.

III. A segunda fonte de incompatibilidade do direito de greve com os princípios gerais do direito privado tem a ver com os objectivos finais da paralisação e, no caso português, decorre directamente da fórmula ampla do art. 57º nº 2 da CRP, que atribui em exclusivo aos trabalhadores a competência para definirem aqueles objectivos e impede a sua limitação pela lei.

A questão da possibilidade de limitação do direito de greve em função dos objectivos prosseguidos tem sido amplamente discutida entre nós a propósito das greves políticas e das greves de solidariedade, dando azo a diversas opiniões na doutrina: alguns autores consideram que o art. 57º nº 2 da CRP veda qualquer limitação infra-constitucional à greve em razão dos objectivos prosseguidos (neste sentido, GOMES CANOTILHO e VITAL MOREIRA, GARCIA PEREIRA ou JOSÉ JOÃO ABRANTES entendem que, ressalvados alguns limites constitucionais, a greve pode prosseguir quaisquer interesses relevantes para os trabalhadores, de natureza laboral ou extra-laboral[412]); mas outros autores mostram-se particularmente críticos em relação a estas greves, considerando que elas contrariam o princípio da igualdade, uma vez que permitem aos trabalhadores prosseguir interesses que não lhes assistem nessa qualidade mas na qualidade de cidadãos (com base neste argumento, por exemplo, MÁRIO PINTO[413] recusa a qualificação da greve política como

---

[412] GOMES CANOTILHO / VITAL MOREIRA, *Constituição...cit.*, 311 e nota [VI], GARCIA PEREIRA, *Temas Laborais cit.*, II, 14, e JOSÉ JOÃO ABRANTES, *Estudos...cit.*, II, 75 s. Os limites admitidos têm a ver com a prossecução de objectivos constitucionalmente ilícitos pela greve. Alguns autores completam esta delimitação considerando ilícitas as greves revolucionárias ou contra o Estado, as greves que ponham em causa a ordem pública ou que contrariem os limites materiais de revisão constitucional — neste sentido, por exemplo, MONTEIRO FERNANDES, *Direito da Greve...cit.*, 24, e também o Par. PGR nº 123/76-B, de 3/03/1977, BMJ 265-57, também transcrito na nossa *Lei da Greve Anotada*, 105 ss.

[413] *Greve...cit.*, 116. Noutros contextos doutrinais, alguns autores mostram-se também particularmente críticos em relação a estas greves — assim, na doutrina italiana, por exemplo, Giorgio ARDAU, *Al diritto di sciopero si sacrificano interessi sui quali è fondato il Stato di Diritto*, Riv.dir.civ., 1984, II, 246-250, considera que estas greves podem pôr em causa o Estado de Direito. E, nos siste-

greve em sentido próprio); outros ainda recorrem à distinção clássica entre greve-direito e greve-liberdade para integrarem estas greves na segunda categoria (é o enquadramento sugerido por BERNARDO XAVIER[414], que o autor justifica no facto de elas não prosseguirem interesses laborais); e, finalmente, outros sustentam posições intermédias, considerando que estas greves integram o conceito técnico-jurídico de greve mas fazendo depender a sua licitude de uma conexão mínima dos objectivos extra-laborais prosseguidos com os interesses laborais dos trabalhadores em causa (é a posição sustentada por MENEZES CORDEIRO[415]).

---

mas em que a greve é tradicionalmente conformada pela contenção dos seus objectivos no âmbito dos interesses profissionais dos grevistas, estas greves não são admitidas — é o que sucede no sistema germânico, como já referimos, *supra*, 60.I e nota [377].

[414] Bernardo da Gama Lobo XAVIER, *A ilicitude dos objectivos da greve (A propósito do art. 59º nº 2 da Constituição)*, RDES, 1979, 2, 267-315 (267 ss.), e, do mesmo autor, *Direito da Greve cit.*, 140 ss., considerando que nestes casos o trabalhador incorre em incumprimento contratual. Uma posição semelhante tem sido sustentada por alguma doutrina italiana (por exemplo, Giuseppe SUPPIEJ, *Diritto di sciopero...cit.*, 3), bem como por alguma jurisprudência francesa, que tem qualificado como *faute lourde* a adesão do trabalhador a uma greve sem escopo profissional — cfr., por exemplo, *Arrêt Ch.Soc. du 20 mai 1955* e o *Arrêt Ch.Soc. du 1 mars 1961*, referido em LYON-CAEN / PÉLISSIER, *Les grands arrêts... cit.*, 54 s.

[415] MENEZES CORDEIRO, *Manual...cit.*, 409. O recurso ao critério da existência de um nexo entre os objectivos políticos ou de solidariedade e os interesses laborais dos trabalhadores, para determinar a licitude ou a ilicitude da greve, é comum noutros contextos doutrinais — neste sentido, com referência à greve política, SINAY, *La grève cit.*, 196 ss., JAVILLIER, *Droit du travail cit.*, 407, ou LYON-CAEN / PÉLISSIER, *Droit du travail cit.*, 808; e com referência à greve de solidariedade, Jean DÉPREZ, *Grève de solidarité et pouvoir sanctionnateur du chef d'entreprise: vers un assouplissement des conditions de licéité de la grève de solidarité?*, DS, 1988, 2, 143-150 (143 s.), referindo a necessidade da existência de um interesse colectivo, comum aos trabalhadores grevistas e aos trabalhadores objecto do movimento de solidariedade; e ainda JAVILLIER, *Droit du travail cit.*, 407, que, para o efeito, distingue entre as greves de solidariedade internas à empresa (em princípio lícitas) e as greves de solidariedade externas à empresa (cuja licitude depende da licitude da greve principal). Outros autores fazem notar que a existência de um nexo mínimo entre o objectivo político ou de solidariedade e os interesses profissionais dos trabalhadores grevistas não significa uma ligação necessária entre as suas reivindicações e a empresa (neste sentido, Philippe WAQUET, *Que faut-il entendre par revendications professionelles? (Cour de Cassation, Chambre Sociale 2*

Não podendo aprofundar esta discussão em sede do presente estudo, cabe salientar, como aspecto particularmente relevante para a matéria que nos ocupa, o problema de adequação que está subjacente não só a estas greves mas, em geral, aos objectivos que a greve pode prosseguir, e que, do nosso ponto de vista, surge exactamente pelo facto de o direito de greve se manifestar no seio de um vínculo negocial: é que, apesar de produzir sempre efeitos no contrato de trabalho, alterando a situação jurídica do empregador, a greve não se encontra necessariamente na dependência de um comportamento negocial do empregador (podendo ser ofensiva ou defensiva[416]); pode transcender o contrato dos trabalhadores grevistas (por exemplo, a greve de solidariedade ou de protesto contra o despedimento de um colega ou em defesa de outra categoria profissional[417]); e, se conferirmos à proibição do art. 57º nº 2 da CRP o significado mais amplo, poderá mesmo prosseguir objectivos de solidariedade ou políticos que transcendem o próprio empregador (por exemplo, uma greve de apoio a trabalhadores de outra empresa ou uma greve de protesto contra a política laboral do Governo). Deste modo, parece que, no nosso sistema, não se exige uma adequação dos objectivos da greve à capacidade de resposta do empregador, apesar de ser ele o destinatário do comportamento grevista, ou, no mínimo, admite-

---

juin 1992), DS, 1992, 7/8, 696-699 (698), e, especificamente sobre uma greve de solidariedade, do mesmo autor, *L'arrêt de travail collectif pour soutenir un autre salarié constitue-t-il une grève? (Cour de Cassation, Chambre Sociale 16 novembre 1993)*, DS, 1994, 1, 35-37); e outros ainda são particularmente críticos em relação a esta forma de limitação do direito de greve, por considerarem até certo ponto indissociáveis os objectivos políticos e profissionais dos trabalhadores (neste sentido, por exemplo, VERICEL, *L'exercice normal...cit.*, 678). Já com referência ao sistema jurídico italiano, dando nota da relativa abertura da jurisprudência em relação às greves de protesto e solidariedade, por exemplo, Laura CALAFÀ, *Sciopero di solidarietà-protesta e scomparsa dell'impresa*, RIDL, 1995, II, 466-470, e, com referência às greves políticas, Giuseppe PERA, *Sciopero politico e preaviso*, RIDL, 1993, II, 503-641.

[416] É legítima a greve em que os trabalhadores reclamem ao empregador que cumpra as condições de trabalho acordadas em convenção colectiva, como é legítima a greve desencadeada para alterar as condições aí definidas (com a ressalva do dever de paz social, se admitido) — a primeira greve poderá qualificar-se como uma greve defensiva, enquanto a segunda será uma greve ofensiva.

[417] Considerando lícita uma greve com o primeiro objectivo indicado, por exemplo, o Ac. RC de 4/12/1979, CJ, 1979, V, 1434; e o Ac. RL de 24 /07/1979, BMJ, 294-395, admitiu uma greve com o segundo objectivo.

se que a greve possa transcender o âmbito do vínculo negocial entre o empregador e o trabalhador grevista[418].

Ora, esta amplitude dos objectivos da greve legitima duas conclusões, que confirmam a singularidade do instituto também deste ponto de vista: por um lado, fica afastada a possibilidade de reconduzir dogmaticamente o direito de greve a outras figuras civis, que enquadram a recusa do cumprimento do negócio por uma das partes como reacção ao inadimplemento do outro contraente (como a excepção de não cumprimento do contrato — art. 428º do CC); por outro lado, se a lei não exige a adequação dos objectivos da greve ao empregador, que é o destinatário do comportamento grevista, apesar de os seus efeitos se produzirem sempre na sua esfera jurídica, fica confirmado que, ao consagrar a greve como um direito, a ordem jurídica admite que, num negócio, um contraente adopte uma conduta que afecta o outro contraente, sem que este se possa opor e em prossecução de objectivos que podem transcender o próprio vínculo negocial[419]. Ora, esta situação não tem paralelo noutros contratos sinalagmáticos privados.

---

[418] Indicamos as duas possibilidades, já que a opção por uma ou por outra depende do entendimento perfilhado sobre o problema das greves de solidariedade e políticas, que passa por uma interpretação mais ou menos restritiva da proibição do art. 57º nº 2 da CRP, e, voluntariamente, não tomamos posição sobre esta matéria, que extravasa o âmbito da nossa pesquisa. Para o ponto que nos interessa, fica, todavia, claro que a inexigibilidade de uma relação de adequação entre os objectivos da greve e o âmbito do contrato de cada trabalhador grevista no nosso sistema jurídico é uma conclusão que resulta, em termos gerais, do art. 57º nº 2 da CRP, pelo facto de ser aos trabalhadores que cabe, em exclusivo, definir os interesses visados com a greve, e qualquer que seja a interpretação proposta para a norma: se a norma for interpretada em termos amplos (ou seja, no sentido de admitir uma relativa ilimitação dos objectivos da greve), essa desadequação evidencia-se de forma particularmente flagrante no caso das greves de solidariedade e das greves políticas; mas se a norma for interpretada em termos mais restritivos, entendendo-se que não cobre as greves de solidariedade que ultrapassem a possibilidade de intervenção do empregador, nem as greves exclusivamente políticas, a desadequação manter-se-á em relação àquelas greves cujos objectivos ultrapassam o âmbito da relação negocial entre o trabalhador grevista e o empregador mas podendo este intervir, e cuja licitude não é, de um modo geral, questionada.

[419] Isto não significa, evidentemente, a total ilimitação da greve, do ponto de vista dos objectivos que prossegue, uma vez que são aqui aplicáveis princípios gerais, como o princípio da boa fé. Tal como a generalidade dos direitos, a greve não pode ser exercida abusivamente (art. 334º do CC) e deve ser equacionada com outros direitos fundamentais (o que justifica, por exemplo, a necessidade de

IV. No entanto, no nosso entender, o traço porventura mais singular do instituto da greve tem a ver com o modo como os seus objectivos finais são atingidos: é que, em termos imediatos, o direito de greve implica uma actuação intencionalmente danosa dos seus titulares em relação ao empregador e esta intenção danosa é aceite pelo próprio sistema normativo de uma forma sem paralelo no direito privado.

Por um lado, é sabido que o direito de greve não é um direito apto a satisfazer os interesses do seu titular pelo mero acto do seu exercício mas antes um direito intrumental[420], uma vez que o comportamento abstensivo dos trabalhadores não interessa em si mesmo mas pela forma como afecta a produção ou os interesses económicos do empregador: é através do dano que a paralisação maciça do trabalho causa ao empregador e à sua actividade económica que os trabalhadores esperam levá-lo a satisfazer as pretensões que os conduziram à greve, quando estejam na sua disponibilidade. A greve configura-se assim, em termos imediatos, como uma actuação intencionalmente danosa dos trabalhadores[421].

---

prestação dos serviços mínimos). Por outro lado, se a greve for desencadeada na vigência de uma convenção colectiva, o seu exercício é ainda limitado pelo dever de paz social, ainda que se admita que este dever só se impõe às associações sindicais outorgantes da convenção e apenas se refere às matérias nela acordadas — neste sentido, por exemplo, MENEZES CORDEIRO, *Manual...ct.,* 403, ARDAU, *Sanzionabilità...cit.* 25 ss., ou Giorgio GHEZZI, *Autonomia collettiva, diritto di sciopero e clausole di tregua — variazioni critiche e metodologiche, in Studi in Onore di Francesco* SANTORO-PASSARELLI, V, Napoli, 1972, 421-468 (466 ss.). Deve, aliás, referir-se que, mesmo em sistemas onde a teoria da adequação social não tem tido um grande desenvolvimento, há alguma sensibilidade da jurisprudência ao grau de desproporcionalidade ou de razoabilidade das pretensões dos grevistas (veja-se, a este propósito, o comentário de Geneviève BOT-GARNER, *Caractère «excessif» des revendications et limites du droit de grève,* RIDL, 1987, 1, II, 59-64, em relação uma decisão judicial francesa sobre esta matéria). O que queremos salientar é que, apesar das suas repercussões no contrato de trabalho, a greve pode prosseguir objectivos que o transcendem.

[420] Realçando esta característica do direito de greve, diz, por exemplo, BRANCA, *Sciopero, controversia...cit.,* 376: «*l'esercizio del diritto di sciopero, rispetto a la controversia, va visto come strumento giuridico di pressione dell'una sull'altra parte che non è fine a stessa; ma strumentale ai possibili mezzi di ricerca o di sostegno alla formazione del consenso che regolerà il conflitto collettivo*». O mesmo objectivo nocivo da greve é salientado por Pierre HÉBRAUD, *Note,* DS, 1950, 8, 323-326 (325).

[421] Neste sentido, chegam a afirmar SINAY e JAVILLIER, *La grève — mise à*

Por outro lado, no caso português, verifica-se que este comportamento intencionalmente danoso não é apenas tolerado mas directamente garantido pela lei, através da previsão de mecanismos que incentivam a adesão dos trabalhadores (os piquetes de greve, a que a lei reconhece expressamente um objectivo persuasivo, ainda que exija que a sua actuação seja desenvolvida por meios pacíficos e respeitando a liberdade de trabalho dos não aderentes — art. 4º da LG), através da proibição de substituição dos trabalhadores grevistas (6º da LG)[422], e também pela ausência de qualquer regra explícita de proporcionalidade entre o comportamento abstensivo e a medida dos prejuízos causados — como é sabido, nesta matéria, a lei limita-se a estabelecer algumas medidas de acautelamento mínimo dos prejuízos, como o dever de pré-aviso (art. 5º) e o dever de assegurar os serviços mínimos na empresa (art. 8º)[423]. Desta forma, pode dizer-se que o legislador assume explicitamente a intenção danosa do comportamento grevista.

Perante este quadro normativo, a singularidade do direito de greve afirma-se de uma forma evidente: ao admitir este direito, a ordem jurídica admite, afinal, como lícito um comportamento que pretende cau-

---

jour...cit., 125: «*Le droit constutionnel de la grève implique, en lui-même, une nocivité et une nocivité intentionnelle*». Na verdade, a eficácia da greve será tanto maior quanto maior o dano que cause ao empregador, o que está relacionado com a forma como a sua organização produtiva seja afectada e com a amplitude das perdas salariais dos trabalhadores: a abstenção da sua prestação de trabalho não é o objectivo dos trabalhadores (até porque acarreta a perda do salário correspondente), mas o meio de atingir a organização do empregador. Aliás, é de acordo com esta intenção de prejudicar que se compreendem os comportamentos grevistas de maior prejuízo, em que os trabalhadores aumentam o dano do empregador à custa da diminuição da sua perda salarial, que apenas assumem nos momentos de greve formal, mas não naqueles em que se encontram formalmente disponíveis para trabalhar mas a sua prestação não é aproveitável — é o que sucede nas greves intermitentes, rotativas, trombose e retroactivas (sobre o ponto, vd o nosso *Greves de maior prejuízo cit., passim*).

[422] Sobre este ponto, por exemplo, GARCIA PEREIRA, *Temas Laborais cit*, II, 20 ss.

[423] E, quanto a esta última norma, deve ter-se em atenção que não estão em causa apenas os interesses do empregador em minorar os prejuízos decorrentes da greve mas também o interesse dos trabalhadores em assegurar a retoma do trabalho após o conflito laboral e, nos casos previstos no nº 2 do art. 8º, interesses sociais vitais.

sar um dano a outrem, por forma a pressioná-lo a adoptar certa conduta favorável ao(s) titular(es) do direito[424], e, até certo ponto, garante o próprio dano. Ora, no nosso entender, a licitude deste comportamento danoso não ilude o desafio que ele coloca aos quadros dogmáticos do direito comum, enquanto mecanismo privado de pressão ou de coacção[425], porque se trata, afinal, de proteger juridicamente uma atitude de força de sujeitos privados sobre outros sujeitos privados, em prossecução de interesses privados dos primeiros; e a licitude do instituto também não diminui a importância do desvio que ele introduz às regras gerais da responsabilidade civil, uma vez que o dano causado pelo comportamento grevista não será, pelo menos nos casos de greve lícita, ressarcível[426] e poderá mesmo ter uma projecção externa nas re-

---

[424] Neste sentido, observa RIVERO, *La réglementation...cit.*, 60: «*la grève est précisément faite pour nuire à autri; sa fonction normale est de causer un dommage à celui contre lequel elle s'exerce, et par là, de faire plier sa volonté*».

[425] Se a pressão exercida sobre o empregador através da greve, para que ele satisfazesse as pretensões dos trabalhadores fosse ilícita, haveria mesmo alguma semelhança entre a actuação grevista e a figura da coacção moral (art. 255º do CC), porque também aqui a declaração negocial do empregador (por exemplo, o aumento da retribuição ou a diminuição do tempo de trabalho pretendidos pelos trabalhadores) é tomada na sequência da «ameaça» que a paralisação constitui para a sua «fazenda». Na verdade, só a consagração da greve como um direito afasta as duas situações.

[426] Já em caso de ilicitude da greve, alguma doutrina tem admitido a responsabilização dos sindicatos pelos prejuízos causados ao empregador — neste sentido, por exemplo, BERNARDO XAVIER, *Direito da Greve cit.*, 284 ss., admite a responsabilidade dos sindicatos pelos prejuízos que resultem para o empregador de uma greve decretada em violação de uma cláusula de paz social constante da convenção por eles subscrita (no mesmo sentido, quanto a este ponto, ainda ARDAU, *Sanzionabilità...cit.*, 27) e nos casos em que a ilicitude da greve decorra de um acto imputável aos sindicatos, bem como a sua responsabilidade pelos actos praticados pelos elementos dos piquetes de greve, nos termos da responsabilidade civil do comitente (art. 500º do CC); e o recente Par. PGR nº 1/99 cit., 3179, admitiu a responsabilidade civil, penal e disciplinar dos trabalhadores e sindicatos pelas consequências resultantes da não prestação de serviços mínimos. É também admitida a responsabilidade civil dos sindicatos por actos ilícitos praticados pelos seus representantes, no decurso de uma greve lícita, ou por participação em actos ilícitos perpetrados pelos trabalhadores grevistas (neste sentido, se pronunciaram a jurisprudência e a doutrina francesas — por exemplo, Jean SAVATIER, *La responsabilité civile des syndicats à l'occasion des grèves*, DS, 1983, 3, 175-183, RAY, *Les pouvoirs...cit.*, 780 ss., em comentário a decisões judiciais

lações do empregador com os trabalhadores não grevistas e com terceiros, cujas consequências em matéria de responsabilidade civil aquele terá, em princípio, que suportar[427].

V. A última dificuldade dogmática sucitada pelo direito de greve é, evidentemente, a da sua conciliação com o princípio da igualdade, porque o regime jurídico da figura confirma a falta de neutralidade da ordem jurídica no modo como regula os conflitos colectivos de trabalho.

Por um lado, como já referimos[428], o *lock-out*, que constitui a forma de luta laboral colectiva do empregador sociologicamente correspondente ao direito de greve, é, no nosso ordenamento jurídico, expressamente proibido (art. 57º nº 4 da CRP e art. 14º nº 1 da LG), ao contrário do que sucede noutros sistemas, onde é admitido como direito equivalente ao direito de greve, ou, pelo menos, tolerado[429] — é a recusa do cha-

---

sobre esta matéria, e, em geral sobre esta temática, Geneviève VINEY, *Responsabilité civile et relations collectives de travail*, DS, 1988, 5, 416-425, ou Jeanne GOINEAU, *La responsabilité civile des grévistes et des syndicats*, DS, 1988, 9/10, 702-708). Evidentemente, em sistemas que conectam directamente o direito de greve à actividade sindical, como é o caso germânico, a responsabilidade dos sindicatos pelos prejuízos causados ao empregador é entendida como uma consequência directa da ilicitude da greve (sobre o ponto, ZÖLLNER / LORITZ, *Arbeitsrecht cit.*, 455 ss., ou ZACHERT, *Schwierigkeiten...cit.*, 79) e justificada por aplicação das regras civis gerais na matéria (RICHARDI, *Arbeitskampfbegriff...cit.*, 561 ss.).

[427] Para as projecções da greve nas relações entre o empregador e terceiros, pela eventual inviabilização da possibilidade do cumprimento das obrigações contratuais do primeiro, em razão da perturbação da produção ocasionada pela greve, chamam a atenção autores como ESSER, *Arbeitskampf...cit.*, 493, MENEZES CORDEIRO, *Manual...cit.*, 398 ss., BERNARDO XAVIER, *Direito da Greve cit.*, 220 s. e 289 ss., e António Nunes de CARVALHO, *Responsabilidade civil do empresário e greve*, RDES, 1986, 3, 367-421, e 4, 571-596, bem como SINAY, *La grève cit.*, 313 ss., e VINEY, *Responsabilité...cit.*, 417. Por outro lado, se a greve for lícita, o empregador terá ainda, em princípio, que suportar os custos salariais dos trabalhadores não grevistas, se, em razão da paralisação dos seus colegas, estes não puderem prestar o seu trabalho (como sucederá, por exemplo, numa greve que ocorra num sector-chave da empresa, como uma greve dos maquinistas numa companhia de transportes ferroviários ou uma greve dos pilotos numa companhia aérea) — sobre este ponto, por exemplo, Karl LINNENKOHL / Hans-Jürgen RAUSCHENBERG, *Zur arbeitskampfbedingten Betriebstörung*, ArbuR, 1990, 5, 137-148, e o nosso *Greves de maior prejuízo cit.*, passim.

[428] *Supra*, 60.I.

mado «princípio da paridade de armas» em matéria de conflitos colectivos[430]. Por outro lado, como acima verificámos, algumas normas legais prevêem actuações de incentivo à greve e asseguram a efectividade dos prejuízos por ela causados — é o que sucede com as normas sobre os piquetes de greve ou sobre a substituição dos grevistas.

Ora, independemente da justificação substancial deste regime jurídico[431], ele revela que o legislador laboral assumiu também na matéria

---

[429] Sobre a admissibilidade do *lock-out* noutros sistemas jurídicos, por exemplo, MOTTA VEIGA, *Lições...cit.*, 333 s.; especificamente sobre a admissibilidade da figura no direito francês, Bernard TEYSSIÉ, *Le droit de lock-out*, DS, 1994, 9/10, 795-797, e, em apreciação crítica, LYON-CAEN, *Le grand silence...cit.*, 145; e sobre o problema no direito italiano, onde o *lock-out* é reconduzido a uma mera liberdade do empregador, BRANCA, *Sciopero, controversia...cit.*, 358 s. É, todavia, o sistema germânico que menos reservas apresenta em relação à figura do *lock-out*, admitindo-o em paralelo com o direito de greve, e, nesse sentido, assegurando-lhe idêntica tutela constitucional, mas sujeitando-o às mesmas limitações que impendem sobre a greve — nesta matéria, em geral, Dieter REUTER, *Streik und Aussperrung*, RdA, 1975, 5, 275-288, ZÖLLNER / LORITZ, *Arbeitsrecht cit.*, 451 e 471 s.; e, especificamente sobre o papel da jurisprudência alemã na fixação dos limites do *lock-out*, ainda Michael KITTNER, *Aktuelle arbeitsrechtliche Fragen des Arbeitskampfrechts — Erwartung und Gestaltungsmöglichkeiten*, in W. DÄUBLER / M. BOBKE / K. KEHRMANN (Hrsg.), *Arbeit und Recht*, Fest. für A. GNADE, Köln, 1992, 415-418.

[430] Sobre a recusa deste princípio, entre nós, vd, por exemplo, MENEZES CORDEIRO, *Manual...cit.*, 421 s., dando nota da evolução histórica da matéria no nosso sistema jurídico, bem como António de Lemos Monteiro FERNANDES, *Lock-out*, Polis, III, 1243-1248 (1247), e *Direito de Greve cit.*, 77, MÁRIO PINTO, *Direito do Trabalho cit.*, 387, e a nossa *Lei da Greve Anotada cit.*, 87, nota [1]. Pelo contrário, em sistemas como o germânico, o princípio da *Waffengleichheit* é considerado um dos princípios fundamentais em matéria de conflitos colectivos de trabalho — WANK, *Grundlagen...cit.*, 1238, e, sobre o sentido a atribuir a este princípio, Gerhard MÜLLER, *Weder Sreik noch Ausperrung?*, RdA, 1988, 1, 4-14 (11).

[431] Assim, alguns autores alertam contra uma visão simplista sobre a recusa do princípio da paridade de armas pela nossa ordem constitucional. Neste sentido, refere BERNARDO XAVIER, *Direito da Greve cit.*, 51, que se torna «indispensável reconhecer a greve como uma arma de reequilíbrio, conferindo-se um estatuto especial aos trabalhadores (ou às suas organizações), reconhecendo-lhes o uso da greve, e proibindo-se aos empresários a arma recíproca — *lock-out* —, assim se corrigindo a disparidade em que, à partida, os grupos sociais se encontram»; é esta também a posição de GOMES CANOTILHO / VITAL MOREIRA, *Constituição...cit.*, 313 e nota [X].

dos conflitos colectivos de trabalho uma posição de favorecimento dos trabalhadores, que, pelo menos em termos formais, contraria o princípio da igualdade dominante no direito privado.

VI. Chegados a este ponto, cremos estar suficientemente demonstrada a singularidade do direito de greve na ordem jurídica privada.

Independentemente da sua recondução a um direito individual ou colectivo, do seu entendimento como um direito das associações sindicais, do conjunto dos trabalhadores ou de cada um deles, é forçoso reconhecer que, do ponto de vista negocial — à luz do qual terá que ser apreciado, uma vez que o comportamento abstensivo se manifesta no âmbito do contrato de trabalho —, o direito de greve introduz unilateralmente uma modificação no vínculo jurídico, motivada por interesses que podem transcender o negócio e que tem como objectivo imediato prejudicar a outra parte, sendo esse objectivo aceite e, até certo ponto, protegido pelo legislador, e não sendo reconhecido ao empregador o meio laboral de reacção correspondente.

Desta forma, sem pôr em questão o significado sociológico e o valor jurídico eminente do direito de greve, como forma de assegurar a eficácia da actuação dos trabalhadores para compensação, pela via colectiva, da posição mais débil que ocupam no contrato de trabalho — valor eminente este que a nossa ordem jurídico-constitucional reconheceu com a sua recondução à categoria de direito fundamental —, é forçoso concluir que, com a configuração descrita, o direito de greve é um direito absolutamente singular na ordem jurídica.

A singularidade da greve e as dificuldades dogmáticas que ela suscita são reconhecidas pela ciência jurídica. O fenómeno da greve foi referido por CARNELUTTI[432] como «*il ritorno alla guerra per regolare i rapporti fra le categorie sociale*» e por RIVERO e HÉBRAUD como um acto de «insurreição»[433]; RABIE[434] evidenciou «*lo stresso nesso fra*

---

[432] *Capitale e lavoro...cit.*, 6.

[433] RIVERO, *La réglementaion...cit.*, 58; HÉBRAUD, *Note cit.*, 325. Outros autores colocam o problema da compatibilidade da greve e, em geral, dos meios de luta laboral, com a ordem social, pela essência danosa destes meios — sobre este problema, por exemplo, Otto KUNZE, *Streik und Wirtschaftsordnung*, ArbuR, 1965, 170-176.

[434] Hamed A. RABIE, *Lo sciopero e il diritto*, DLav., 1959, I, 9-27 (13); também realçando as dificuldades do direito em admitir a greve, por se tratar de um fenómeno violento e que põe em causa a ordem estadual, Ubaldo PROSPERETTI,

la fenomenologia del concetto giuridico della rivoluzione e il diritto di sciopero», e CASTANHEIRA NEVES[435] considerou como «inevitável — e comum — a analogia entre o fenómeno jurídico da greve — «rebelião sem armas» [...] — e outros fenómenos igualmente de ruptura [...] nos quais o direito parece afirmar-se negando-se, nos quais o metajurídico irrompe no mundo do direito e lhe põe questões decisivas: a questão das margens de tolerância para a sua própria subsistência, a questão da juridicidade de um equilíbrio (sócio-jurídico) que se tem por alcançável pela autonomia dinâmica das forças em desequilíbrio e a transcender os vínculos formais, a questão aí do seu próprio sentido».

No nosso entender, esta absoluta singularidade do fenómeno da greve torna-se patente logo no seu reconhecimento constitucional como direito, que evidencia, nas palavras de VARDARO[436], «*un modo assolutamente originale di rapportarsi, da parte dello stato, ad un fenomeno contrattuale privato*»; e é, no caso português, confirmada pelo seu regime jurídico, que atesta a oposição do direito de greve aos princípios gerais da igualdade dos entes privados e do cumprimento pontual dos contratos. A incapacidade de explicar numa perspectiva estritamente civilista os meios de auto-tutela laboral, pela sua essência de meios de pressão, reconhecida por LOTMAR[437] em 1900, mantém-se, afinal, ainda hoje em relação à greve.

Desta forma, o contributo do direito de greve para a comprovação da autonomia dogmática do direito do trabalho afigura-se-nos indesmentível: tal como vimos suceder em relação aos outros dois institutos fundamentais da área jurídica, a greve demonstra a profunda fractura axiológica entre o direito do trabalho e o direito civil, constituindo assim um dos alicerces estruturais da autonomia dogmática do primeiro.

No próximo capítulo, iremos apresentar os argumentos de ordem sistemática que, do nosso ponto de vista, apontam também no sentido da autonomia do direito do trabalho.

Problemi di diritto del lavoro, II, Milano, 1970, 81 s.

[435] António Castanheira NEVES, *Considerações a propósito do direito à greve*, in *Temas de Direito do Trabalho. Direito do Trabalho na Crise. Poder Empresarial. Greves Atípicas. IV Jornadas Luso-Hispano-Brasileiras de Direito do Trabalho*, Coimbra, 1990, 449-452 (449 s.).

[436] *Contrattazione collettiva...cit.*, 83.

[437] *Die Tarifverträge...cit.*, 5.

§ 28º — Conclusões do capítulo

I. A reconstrução do problema da autonomia dogmática do direito do trabalho tem como premissas o carácter unitário da área jurídica, a sua inserção na ordem jurídica privada e o reconhecimento da sua autonomia sistemática: a primeira premissa obriga a tomar em consideração os principais institutos laborais e não só a relação de trabalho na apreciação do problema da autonomia; a segunda premissa focaliza a análise na relação do direito do trabalho com o direito civil, quer numa perspectiva estrutural, destinada a aferir da existência de fracturas axiológicas entre as duas áreas jurídicas (reveladas pela irredutibilidade dos principais institutos laborais a institutos, regras e princípios do direito comum), quer numa perspectiva sistemática, destinada a aferir do grau de maturidade da área jurídica enquanto subsistema do direito privado (revelado pela sua harmonia interna e pela especificidade dos instrumentos e das técnicas que desenvolveu para o tratamento dos seus problemas); a terceira premissa determina a redução do alcance da pesquisa e das respectivas conclusões ao âmbito do direito português, dada a sua necessária fundamentação no sistema normativo.

II. Em termos estruturais, contribuem para alicerçar a autonomia dogmática do direito do trabalho a singularidade dos principais institutos laborais (o contrato de trabalho, a convenção colectiva de trabalho e o direito de greve), que se evidencia na sua irredutibilidade a institutos e figuras civis e na contrariedade do seu regime jurídico a regras e princípios do direito comum e, designadamente, do direito dos contratos.

III. A singularidade do contrato de trabalho decorre da complexidade do seu conteúdo, pela relevância, ao lado do nexo de troca entre as duas prestações principais (a actividade laboral e a retribuição) de um elemento de inserção organizacional e de um elemento de pessoalidade, que, não legitimando uma leitura comunitário-pessoal do vínculo, não se compadecem também como uma concepção puramente obrigacional e patrimonial do contrato e o fazem entrar em colisão com regras e princípios do direito comum.

IV. O elemento organizacional exprime o facto de o vínculo laboral implicar necessariamente a inserção do trabalhador na organização/empresa do empregador (o que é comprovado, directamente pelo sistema positivo, no contexto organizacional do dever de colaboração das partes, nos interesses acessórios que lhes são comuns e, sobretudo, no relevo dos interesses de gestão do empregador ou da empresa), que, sendo alheia ao trabalhador — e, nesse sentido, não comunitária — e anterior ao contrato, nele penetra para conformar quotidianamente o seu conteúdo e a sua execução.

V. A singularidade do elemento organizacional reside na sua compatibilidade com a frontal oposição entre os interesses essenciais das partes no contrato de trabalho, situação sem paralelo noutros contratos privados; e nas suas projecções no regime jurídico do negócio laboral, que contrariam o princípio da relatividade dos contratos e o princípio da necessidade do acordo das partes para a sua modificação.

VI. O isolamento deste elemento na construção dogmática do contrato de trabalho permite explicar as projecções do contrato para fora do âmbito da relação *inter partes*, mas também os diversos condicionamentos que lhe advêm do exterior, fruto de imposições do sistema normativo ou da interdependência natural dos vários vínculos existentes na organização e que contrariam o princípio da relatividade dos contratos — como os deveres dos trabalhadores para com os colegas, as alterações ao contrato motivadas pelo princípio da igualdade de tratamento, os efeitos jurídicos recíprocos dos vários contratos de trabalho em execução na organização e ainda as várias situações juslaborais derivadas em que trabalhador e empregador estão investidos e que os relacionam com outros trabalhadores ou outros empregadores, com as suas estruturas representativas ou com terceiros; e também explica as quebras à regra da necessidade do acordo das partes para a modificação dos contratos, que decorrem da prevalência dos interesses de gestão do empregador sobre o acordo negocial.

VII. O elemento de pessoalidade evidencia a natureza peculiar da prestação de trabalho, pela sua inseparabilidade da pessoa do trabalhador, e a essência dominial do vínculo laboral, pela investidura do empregador nos poderes de direcção e disciplina — um e outro aspectos são comprovados, directamente a partir do sistema positivo, pelo carácter *intuitu personae* do contrato de trabalho, pelo grau de envolvimento do trabalhador na prestação e pela essência subjectiva da sua posição de subordinação, recortada pelo dever de obediência e pela ideia de disponibilidade.

VIII. A singularidade do elemento de pessoalidade decorre da sua irredutibilidade aos quadros dogmáticos comuns: a inseparabilidade entre a actividade laboral e a pessoa do trabalhador não se identifica com o envolvimento do devedor de uma prestação indeterminada de *facere* na respectiva execução, porque a indeterminação da prestação laboral não é inicial mas permanente, e os poderes laborais não se deixam reduzir ao poder de escolha do credor de uma obrigação genérica; a essência dominial do vínculo, manifestada nos poderes laborais, contraria c princípio do cumprimento pontual dos contratos (porque o poder directivo permite ao empregador impor unilateralmente modificações ao acordo negocial), o princípio da igualdade dos entes jurídicos privados (porque a unilateralidade e a essência dominial dos dois poderes desnivela a posição das partes no contrato) e o princípio do monopólio da justiça pública (porque o poder disciplinar laboral é um poder privado de punir).

IX. O isolamento do elemento de pessoalidade no vínculo laboral explica a ampla tutela legal de interesses específicos do trabalhador (em matéria profissional, privada ou familiar), em prevalência sobre o acordo negocial, justificando o reconhecimento de direitos como o da ocupação efectiva, regimes jurídicos como o do trabalhador-estudante, ou limitações das obrigações contratuais como as decorrentes da necessidade de respeito pelos direitos fundamentais do trabalhador e pelas exigências de conciliação entre a vida profissional e a vida familiar; e justifica a subsistência de deveres remuneratórios e compensatórios do empregador em situações de não prestação de qualquer actividade pelo trabalhador, em clara quebra do sinalagma negocial.

X. A conjugação dos elementos de inserção organizacional e de pessoalidade com os elementos patrimoniais permite proceder à reconstrução dogmática do contrato de trabalho como um vínculo jurídico complexo, em que se distinguem (para efeitos analíticos) duas zonas: a zona obrigacional, integrada pelo binómio de troca entre a prestação de trabalho e a prestação retributiva; e a zona laboral, integrada pelo binómio subordinação jurídica/poderes laborais. Evidenciando o carácter patrimonial do vínculo e a oposição entre os interesses fundamentais das partes, e justificando ainda o poder directivo (desacompanhado da tutela disciplinar), a zona obrigacional constitui o conteúdo comum a qualquer relação de trabalho em sentido amplo e, neste sentido, aproxima o contrato de trabalho de outros contratos envolvendo a prestação remunerada de um serviço. Evidenciando a posição desnivelada das partes, em razão da disponibilidade ampla do trabalhador e da sua sujeição aos poderes de direcção e disciplina, a zona laboral constitui o traço distintivo do contrato de trabalho, e faz surgir na esfera das partes os direitos e deveres emergentes dos elementos de organização e de pessoalidade.

Da conjugação da zona laboral do contrato com a zona obrigacional emerge a relação jurídica laboral, ou relação de emprego, que é a situação jurídica relativa e complexa, com elementos patrimoniais e pessoais, que se estabelece entre o empregador e o trabalhador em razão dos elementos de organização e de pessoalidade e para prossecução dos respectivos interesses — os interesses de gestão do empregador e os interesses pessoais e familiares do trabalhador. Apesar de privada, esta relação não pode deixar de ser dominial porque não há uma forma paritária de assegurar a prossecução destes interesses.

XI. Esta construção dogmática do contrato de trabalho evidencia a sua singularidade na ordem jurídica privada, pela coexistência, no seu seio, de elementos aparentemente inconciliáveis: a patrimonialidade e a pessoalidade do objecto negocial; a oposição entre os interesses fundamentais das partes e a sua colaboração na organização; o carácter privado e a essência dominial do vínculo jurídico.

Consequência desta singularidade são os assinalados desvios do regime do contrato de trabalho em relação às regras do direito comum em matéria de relatividade dos contratos e de modificação do seu conteúdo, como a valores basilares do direito privado, como o princípio da igualdade e o princípio da justiça pública. Consequência destes desvios é a confirmação da importância do contrato de trabalho como argumento para o reconhecimento da autonomia dogmática do direito do trabalho.

XII. A singularidade dogmática da figura da convenção colectiva de trabalho decorre da conjugação da sua natureza privada (decorrente da natureza ou actuação jurídica privada dos seus outorgantes e do carácter privado dos interesses que prossegue) com a complexidade do seu conteúdo (pela coexistência das componentes negocial e normativa), que não tem paralelo noutras figuras do direito privado e inviabiliza a sua construção dogmática quer em moldes puramente normativistas quer em moldes puramente negociais. A autonomia colectiva é também uma forma peculiar e substancialmente diversa de autonomia privada.

XIII. A construção normativista da convenção colectiva (assent na sua recondução à categoria de acto normativo) não é viável pela origem privada da convenção e, sobretudo, porque não explica a parcela obrigacional do seu conteúdo. A construção contratualista da convenção (assente na sua recondução à categoria do negócio jurídico, celebrado ao abrigo da autonomia laboral colectiva, entendida como manifestação da autonomia privada, e justificados os seus efeitos nos contratos de trabalho com recurso ao instituto da representação) não é viável, porque não explica a qualificação da convenção como fonte de direito e porque o regime da figura contraria regras e princípios básicos da teoria geral do negócio jurídico: a limitação qualitativa do conteúdo da convenção pela regra da inderrogabilidade *in pejus*, na sua aplicação vertical à relação da convenção com a lei e na sua aplicação horizontal ao problema da sucessão de convenções, contraria o princípio da liberdade de estipulação e os poderes de modificação dos contratos e de distrate por acordo das partes, demonstrando a singularidade da autonomia laboral colectiva como forma de autonomia privada; e o instituto da representação não explica a eficácia geral da convenção colectiva, nomeadamente os casos em que ela é aplicada independentemente, para além ou contra o nexo representativo entre as entidades outorgantes e os respectivos associados, pondo em causa o princípio da relatividade dos contratos (como sucede nos casos de alteração da filiação sindical ou laboral, de cessão da empresa, por efeito do princípio da igualdade remuneratória ou por superveniência de uma portaria de extensão), nem sequer alguns dos efeitos que produz em relação aos sujeitos «representados» pelas entidades outorgantes (como o regime da inderrogabilidade *in pejus* na sua aplicação à relação da convenção com o contrato de trabalho, a prossecução pela convenção de interesses alheios aos «representados» e o âmbito mais alargado da autonomia dos «representantes» em relação à dos «representados», no caso das normas convénio-dispositivas).

XIV. Independentemente da solução que venha a ser encontrada para o problema da sua natureza jurídica, a comprovação da singularidade da convenção colectiva e da singularidade da autonomia colectiva, por irredutibilidade aos quadros dogmáticos do direito comum, constitui um argumento em favor do reconhecimento da autonomia científica do direito do trabalho.

XV. A singularidade dogmática do direito de greve, na sua manifestação privada/laboral, retira-se da conjugação do seu contexto negocial com o facto de o exercício deste direito introduzir uma modificação no conteúdo do contrato de trabalho por vontade unilateral do trabalhador (o que contraria a regra da necessidade do acordo das partes para a modificação dos negócios jurídicos); de esta modificação poder visar interesses que transcendem o contrato, apesar de o direito ser exercido contra o empregador (o que impede a identificação da greve com outras figuras civis de recusa do cumprimento dos contratos); e de ter como objectivo imediato causar um dano à outra parte, sendo que esta intenção danosa não só é admitida como tutelada pela lei e o prejuízo que decorre da greve não é, em princípio, ressarcível (o que não tem paralelo noutros negócios privados e contraria as regras gerais da responsabilidade civil). O direito de greve contraria ainda o princípio da igualdade dos entes privados, porque o sistema jurídico proíbe ao empregador o recurso ao *lock-out*, meio laboral de reacção correspondente.

XVI. A singularidade do direito de greve confirma-o como um argumento em favor da autonomia dogmática do direito laboral.

II
OS ALICERCES SISTEMÁTICOS DA CONSTRUÇÃO DOGMÁTICA AUTÓNOMA DO DIREITO DO TRABALHO

6?. Preliminares

I. Como referimos no início desta parte do nosso estudo[438], a indagação sobre o problema da autonomia dogmática do direito do trabalho exige duas reflexões de índole diferente: a primeira incide, directa mas separadamente, nos principais institutos do direito laboral (nesse sentido a qualificámos como uma análise estrutural) e dá-nos a medida da singularidade da área jurídica; a segunda incide globalmente no sistema normativo laboral e pretende avaliar do seu grau de coerência interna ou de maturidade, enquanto parcela do universo jurídico privado (neste sentido, a qualificamos como uma análise sistemática[439]), para daí retirar as competentes ilações dogmáticas.

---

[438] *Supra,* 52.III.

[439] Deve, contudo, ficar claro, que a caracterização da análise que vamos empreender como uma análise sistemática não pretende realçar a dimensão do sistema normativo laboral como *conjunto* de normas ordenadas e classificadas de acordo com critérios lógicos (a que também corresponderia uma análise *sistemática*, no sentido estrito e formal do termo), mas antes dar ênfase àqueles aspectos do sistema laboral que, do nosso ponto de vista, realçam a sua estruturação como uma *entidade ou corpo orgânico*, formado por um conjunto de elementos incindíveis mas todos essenciais à configuração unitária e autónoma do próprio sistema. Pressuposto desta análise é a aceitação da ideia, presente, entre outros, em autores como CANARIS, *Pensamento Sistemático...cit.,* 11 ss., e 69 ss., ou PAWLOWSKI, *Einführung in die Juristische...cit.,* 164, segundo a qual o sistema jurídico não exprime apenas uma *ordenação* ou uma *soma* de regras e de princípios relativos a um certo âmbito material, mas exprime uma *unidade* (o que permite incluir numa apreciação *sistemática* dos fenómenos jurídicos os dois termos da distinção, comum noutros domínios da ciência, entre a análise *sistemática* e a análise *sistémica* de

Os argumentos que apresentámos no capítulo antecedente inscrevem-se no primeiro nível reflexivo indicado e demonstram a importância da fractura axiológica entre o direito laboral e o direito civil, uma vez que os principais institutos laborais (o contrato de trabalho, a convenção colectiva e a greve) provaram ser irredutíveis a figuras ou institutos civis e o seu regime contraria, por vezes abertamente, regras e princípios gerais do direito privado comum. Estes argumentos constituem assim os alicerces estruturais da autonomia dogmática do direito do trabalho.

Essencial para o reconhecimento da autonomia, a comprovação da singularidade dos institutos referidos não é, contudo, do nosso ponto de vista, argumento suficiente para esse reconhecimento. Na verdade, se nos quedássemos por este nível reflexivo, seria ainda formalmente possível perpetuar a visão do direito do trabalho como uma disciplina especial do direito civil, integrada pelo conjunto destes institutos, cujas idiossincrasias seriam reconhecidas como excepções às normas e aos princípios do direito comum — o que, evidentemente, teria como consequência a resolução de todos os problemas não enquadrados por normas laborais (especiais) através da aplicação automática das regras do direito comum.

Por este motivo, entendemos que a apreciação anterior tem que ser complementada por uma reflexão que incida directa e transversalmente sobre o sistema normativo laboral, enquanto subsistema diferenciado no universo jurídico privado. Não sendo questionável a autonomia sistemática do direito do trabalho, perante a facilidade de identificação do fenómeno sociológico sobre que incidem as suas normas — o trabalho subordinado livre e privado — e a articulação destas normas em torno das suas áreas regulativas individual e colectiva[440], o objectivo desta reflexão é verificar até que ponto é que, como ramo autónomo

---

um determinado fenómeno ou realidade, para privilegiar, respectivamente, a *soma* e a *síntese* dos seus elementos — sobre este ponto, por todos, António de SOUSA / Charles ROIG, *Sistemas (análise de), in* Polis, V, 812-837, e P. K. ANOHIN / L. von BERTALANFFY / A. RAPOPORT / W. J. M. MACKENZIE / J. D. THOMPSON, *Teoria dos Sistemas* (trad. brasileira), Rio de Janeiro, 1976). É pois neste sentido que qualificamos os argumentos subsequentes como argumentos sistemáticos.

[440] Como referimos oportunamente, *supra*, § 7°, 14.I. e II.; e ainda, em geral, quanto à delimitação dos conceitos de autonomia sistemática e de autonomia dogmática, § 4°, 8.II. e § 5°, 9.

do direito privado, o direito laboral dispôs e articulou internamente os seus regimes e institutos jurídicos, não só de uma forma coerente mas em obediência e uma lógica diferente da do direito civil, e em que medida é que foi capaz de se dotar dos mecanismos técnicos necessários à sua própria sobrevivência em orientação pelos seus próprios desígnios e valores. Se se vier a comprovar este grau de maturidade do direito do trabalho, como ramo jurídico, cremos que ficará definitivamente arredada a possibilidade da sua redução a um conjunto de normas e de institutos civis excepcionais e que na sua própria unidade interna se encontra um forte argumento em favor do reconhecimento da sua autonomia dogmática. É a esta comprovação que vamos dedicar as próximas páginas.

II. No nosso entender, do sistema normativo laboral decorrem dois argumentos que comprovam a maturidade do direito do trabalho no sentido indicado, contribuindo assim para alicerçar a sua autonomia dogmática. Por um lado, o complexo normativo que hoje constitui o sistema laboral revela uma lógica interna assente na indissociabilidade dos regimes jurídicos dispostos para os fenómenos laborais colectivos e individuais, mas, na nossa opinião, esta indissociabilidade decorre de uma característica que não é cabalmente apreensível numa perpectiva puramente civilista sobre os fenómenos laborais e que, por isso, não tem efeitos meramente sistemáticos mas contribui também para afastar a área jurídica dos quadros dogmáticos do direito comum — é aquilo a que chamaremos a *dimensão colectiva integral do direito do trabalho*. Por outro lado, o sistema normativo laboral revela a sua coerência interna e, de certo modo, a sua suficiência, no facto de ter apurado instrumentos e técnicas de resolução dos seus problemas que se distanciam dos mecanismos correspondentes do direito comum e se mostram inspirados por valores laborais — é o que sucede a propósito da construção das normas laborais, do relacionamento entre as fontes e das operações de interpretação e aplicação do direito, bem como dos mecanismos de tutela dos interesses laborais.

Neste sentido, podemos dizer que, para além de desenvolver figuras e institutos singulares (como verificámos no capítulo precedente), o direito laboral cultivou aquilo a que BRECHER[441] chamou um «estilo de

---

[441] *Das Arbeitsrecht als Kritik...cit.*, 35 e, *supra*, § 5º, 9.II. e nota [336].

pensamento» (*ein Denkstil*) jurídico diferente — o que, no nosso entender, se fica a dever ao facto de as suas normas se articularem de acordo com uma lógica própria, orientada por valores específicos, alternativos ou concorrentes com os valores do direito comum. Consequência desta afirmação é o reconhecimento de que à autonomia sistemática da área jurídica corresponde uma autonomia dogmática ou de valores.

§ 29º — A dimensão colectiva integral do direito do trabalho

63. A omnipresença do elemento colectivo no direito laboral português

63.1. Generalidades

I. Ainda que a dimensão colectiva do direito do trabalho tivesse sido difícil de admitir nos primórdios do seu desenvolvimento sistemático[442], ela é hoje reconhecida, no sistema português como na generalidade dos sistemas jurídicos, numa dupla valência: por um lado, constata-se a extensão do âmbito regulativo da área jurídica em termos subjectivos, pela previsão, ao lado do empregador e do trabalhador, de outros actores laborais, de natureza colectiva, e, em termos objectivos, pela regulação, ao lado do contrato e da relação de trabalho, de vários fenómenos e actuações laborais de grupo, em prossecução de interesses que recebem, também eles, o epíteto de colectivos; por outro lado, é reconhecida explicitamente pelas normas laborais a influência destes fenómenos e actuações colectivas no conteúdo e no desenvolvimento do contrato de trabalho.

No entanto, na nossa opinião, a este reconhecimento da dimensão colectiva do direito do trabalho não tem correspondido uma adequada ponderação sobre o seu real significado dogmático. Não só, como comprovámos ao longo do estudo, a dimensão colectiva não costuma ser tomada em conta na apreciação do problema da autonomia, como persiste até hoje uma visão fragmentária do direito do trabalho assente na separação formal das áreas regulativas individual e colectiva, a partir da associação da primeira área à titularidade de situações jurídicas activas e passivas pelo trabalhador e pelo empregador, correspondentes a interesses específicos de cada um deles (e, neste sentido, *individuais*) e

---

[442] Cfr., *supra*, § 2º, 1.4.II., as nossas referências a esta dificuldade histórica.

por eles directamente actuadas no contrato e na relação de trabalho; e da associação da segunda área regulativa a direitos e deveres de entidades *colectivas*, actuados por essas entidades em prossecução de interesses *colectivos* ou *de grupo* (ou seja, na designação mais explícita dos primórdios do direito do trabalho, os denominados *interesses de classe*)[443]. Deste modo, o chamado direito *colectivo* do trabalho encontra o seu lugar *ao lado* do direito *individual*, mas parece ser dele claramente separado pelos seus actores e pelos interesses subjacentes às suas normas. Como refere sugestivamente SCHMIDT, a tendência dominante na ciência jurídica foi a de considerar o direito laboral colectivo como um «corpo estranho» (*ein Fremdkörper*) ao direito dos contratos[444].

II. No nosso entender, no caso português a separação clássica entre as áreas individual e colectiva do direito do trabalho, com base nos actores de cada uma delas e na distinção entre interesses laborais *individuais* e *colectivos*, é desmentida pelo próprio sistema normativo.

Uma breve observação panorâmica do direito positivo nesta matéria permite verificar que a dimensão colectiva da área jurídica é, na prática, indissociável da sua dimensão individual e que o elemento colectivo subjaz, de facto, a todo o direito do trabalho, por três razões: por um lado, porque o chamado «direito colectivo do trabalho» (em cujo âmbito são usualmente situadas as matérias relativas ao associativismo laboral, à regulamentação colectiva das relações laborais e aos conflitos colectivos de trabalho) não é protagonizado apenas por entes colectivos, mas pode ser também directamente actuado pelo empregador e pelo trabalhador ou ainda por grupos *ad hoc* de trabalhadores e/ou de empregadores — é o argumento subjectivo; por outro lado, porque no âmbito do direito laboral colectivo cabem actuações da mais diversa

---

[443] De acordo com a recondução do direito laboral a um «direito de classe» ou ao «direito dos operários», comum na época — quanto a este ponto, *supra*, § 2º, 1.2.II.

[444] SCHMIDT, *Kritische Gedanken...cit.*, 317. Contra esta atitude dominante, destacam-se, contudo, alguns ensaios de uma aproximação conjugada aos dois domínios do direito laboral, ainda que dessas apreciações não emerjam, no discurso dos seus autores, projecções significativas para o problema que aqui nos ocupa — neste sentido, para além de SCHMIDT (*op cit.*, 312 ss.), por exemplo, NIKISCH, *Individualismus und Kollektivismus...cit.*, ou DÄUBLER, *Individuum und Kollektiv...cit.*

índole e que prosseguem interesses colectivos ou de grupo, interesses de trabalhadores individualizados e até interesses gerais — é o argumento objectivo; finalmente, porque, mesmo independentemente de qualquer actuação colectiva ou entidade laboral colectiva, os fenómenos de grupo e a ideia de grupo subjazem naturalmente ao vínculo laboral como projecções da sua componente organizacional — é aquilo que podemos qualificar como o argumento genético.

De uma forma breve, vamos proceder à comprovação destes argumentos a partir do direito positivo, para delas retirarmos depois as devidas ilações.

63.2. O argumento subjectivo: a actuação singular e colectiva do «direito colectivo do trabalho»

I. No que se refere à titularidade das situações laborais colectivas, o elemento colectivo do direito do trabalho é reconhecido, como referimos, na previsão legal, ao lado do empregador e do trabalhador, de outros sujeitos laborais com estatutos jurídicos diversos; mas, no nosso entender, ele manifesta-se também, de uma forma dispersa, na previsão da actuação de trabalhadores em grupos, constituídos *ad hoc* para a prossecução de determinados fins, na previsão da actuação de vários empregadores em conjunto mas sem a mediação de entidades representativas, bem como na constituição de grupos paritários para certos efeitos; e manifesta-se ainda na possibilidade de actuação de algumas destas situações jurídicas directamente pelo empregador e pelo trabalhador.

II. Assim, a lei regula a constituição das associações sindicais e das associações patronais, bem como das comissões de trabalhadores, e, apesar do estatuto jurídico diferente destas entidades (como é sabido, apenas as duas primeiras são pessoas colectivas, adquirindo personalidade jurídica com o registo dos seus estatutos, enquanto às comissões de trabalhadores apenas é formalmente reconhecida capacidade judiciária — respectivamente, arts. 10° n° 1 da LS, 7° n° 1 da LAP e 17° da LComT), atribui a todas elas um importante acervo de direitos e de deveres (em concretização do preceituado nos arts. 54°, 55° e 56° da Constituição) de incidência laboral e, no caso das associações sindicais e patronais, também de incidência associativa, que são actuados em diversos planos[445]. Além disso, para facilitar o exercício de alguns destes direitos (nomeadamente os que se referem à negociação colectiva e à participação na elaboração da legislação do trabalho), a lei prevê diversas formas de organização e de composição destas estruturas entre si — neste sentido, os arts. 2º d), e) e f) da LS e os arts. 2º b), c) e d) da LAP, respectivamente, permitem a organização das associações sindicais e patronais numa base profissional ou de sector de actividade, numa base regional ou numa base nacional (são as federações, as uniões e as confederações sindicais e patronais), bem como a sua integração em organismos internacionais[446], a Constituição e a lei prevêm a existência de comissões de trabalhadores coordenadoras (art. 54º nº 3 da CRP e art. 1º nº 2 e 6º da LComT), e o direito comunitário prevê a sua organização ao nível transnacional para facilitar o exercício dos seus direitos de consulta e de informação em empresas de dimensão europeia (Dir. 94/45 de 22 de Setembro de 1994[447], que criou os Conse-

---

[445] No que se refere especificamente às comissões de trabalhadores, estes direitos e deveres podem revelar, aliás, a primeira especificidade do direito laboral nesta matéria: é que, apesar de não lhes ser formalmente reconhecida personalidade jurídica, as comissões de trabalhadores funcionam, de facto, como centros autónomos de imputação de normas jurídicas, uma vez que a maioria dos direitos de que são titulares (os previstos no art. 18º da LComT e desenvolvidos nos artigos seguintes) não são passíveis de imputação aos seus membros. Por este motivo, por exemplo, MENEZES CORDEIRO, *Manual...cit.*, 123, aplica às comissões de trabalhadores o conceito de personalidade jurídica rudimentar (neste caso, com efeitos meramente laborais), e distingue entre «pessoas colectivas laborais» e «pessoas laborais colectivas» para ilustrar esta ideia. Em geral, sobre o conceito de personalidade jurídica rudimentar, *vd* Manuel A. Domingues de ANDRADE, *Teoria Geral da Relação Jurídica*, I, Coimbra, 1992 (*reprint*), 52 s. (que se refere neste contexto à existência de situações de «personalidade colectiva *limitada* ou *fraccionária* [...] que só se manifesta e vale em certa ou em certas direcções» (itálicos no original)), e Paulo CUNHA, *Teoria Geral do Direito Civil. Resumo Desenvolvido das Lições Proferidas pelo Prof. Paulo Cunha — ano lectivo de 1972*, Lisboa, 1971/72, 240 s. (que utilizou a expressão «pessoa rudimental» para designar as entidades a quem a lei apenas reconhece explicitamente direitos processuais); mas, já numa apreciação crítica do conceito de pessoa colectiva rudimentar, *vd*, por exemplo, CARVALHO FERNANDES, *Teoria Geral...cit.*, I, 431 ss.

[446] A este propósito, autores como MÁRIO PINTO, *Direito do Trabalho cit.*, 186, referem-se à «liberdade associativa» dos sindicatos, como uma das projecções do princípio da liberdade sindical.

[447] Esta directiva foi transposta para a nossa ordem jurídica pela L. nº 40/99, de 9 de Junho.

lhos de Empresa Europeus); finalmente, para optimizar a actuação destas entidades ao nível empresarial, é prevista a constituição de comissões sindicais e intersindicais na empresa (arts. 2º i) e j), 25º e 29º da LS), bem como a constituição de subcomissões de trabalhadores em empresas com vários estabelecimentos geograficamente dispersos (art. 3º nºˢ 2 e 3 da LComT).

No entanto, como referimos, a actuação do direito laboral colectivo não é feita apenas por esta via institucional, já que, ao lado destes entes colectivos, a lei contempla a possibilidade de constituição de grupos *ad hoc* de trabalhadores e da actuação de empregadores em conjunto, sem a mediação das respectivas associações representativas, bem como de constituição de grupos paritários, integrados por representantes dos trabalhadores e dos empregadores. Do lado dos trabalhadores, encontram-se exemplos da sua actuação colectiva independente dos sindicatos a propósito do direito de greve (veja-se a previsão legal da declaração da greve em *assembleia de trabalhadores*, se a maioria dos trabalhadores da empresa não for sindicalizada, a previsão, para a greve decidida desta forma, da representação dos trabalhadores por uma *comissão de greve* eleita para o efeito, bem como, em geral, a admissibilidade dos *piquetes de greve* — respectivamente, arts. 2º nº 2, 3º e 4º da LG), a propósito do regime jurídico da redução e suspensão dos contratos de trabalho em razão de crise da empresa e da regulamentação do despedimento colectivo (atente-se na previsão da constituição de *comissões representativas* dos trabalhadores abrangidos por estas medidas para intervirem no processo que antecede a sua aplicação, quando não haja comissão de trabalhadores nem comissão sindical ou intersindical — arts. 14º nº 2 e 15º da LSCT, e art. 17º nº 4 e 18º da LCCT, respectivamente) e a propósito do regime jurídico das relações colectivas de trabalho (veja-se, por exemplo, a competência deferida ao conjunto dos trabalhadores da empresa, potencialmente abrangidos por mais do que um instrumento de regulamentação colectiva, para decidir qual o mais favorável, na ausência de decisão do sindicato — art. 14º nº 4 da LRCT). Do lado dos empregadores, produto da sua actuação em conjunto com outros empregadores, mas sem a mediação de qualquer associação representativa, é, por exemplo, a celebração de acordos colectivos de trabalho, nos termos do art. 2º nº 3, *in fine*, da LRCT. E, como exemplos de organismos paritários, integrados por representantes dos trabalhadores e dos empregadores, podem indicar-se as *comissões paritárias* com competência disciplinar (art. 31' n° 4 da LCT) e as *comissões paritárias* para interpretação das convenções colectivas (art. 41° da LRCT).

Por último, a lei prevê a titularidade de situações laborais colectivas directamente pelo empregador e pelo trabalhador. No que se refere ao empregador, exemplifica esta situação a sua legitimidade para participar directamente na negociação colectiva e outorgar sozinho o acordo de empresa (art. 2° n° 3, *in fine,* da LRCT). Do lado dos trabalhadores, estas actuações colectivas podem ser desenvolvidas através das suas estruturas representativas ou independentemente destas: assim, por exemplo, o trabalhador delegado sindical ou membro da comissão de trabalhadores tem direito a exercer as funções correspondentes na empresa e goza para esse efeito de diversos direitos instrumentais, que se projectam na sua situação jurídica laboral e se impõem ao empregador — o direito ao crédito de horas (art. 20° da LComT e arts. 32° e 33° da LS) e a faltar justificadamente para o exercício das suas funções sindicais ou na comissão de trabalhadores (art. 23° n° 2 c) da LFFF), e o direito a uma protecção acrescida em matéria de inamovibilidade, de suspensão e de cessação do contrato de trabalho (arts. 23°, 34° e 35° da LS, art. 11° da LSCT e arts.10° e 15° n° 4 da LCCT, bem como o art. 16° da LComT); finalmente, é também cada trabalhador que, por si só, exerce o direito de adesão à greve (art. 7° n° 1 da LG), não carecendo até, para o efeito, de estar filiado no sindicato que a tenha decretado, de acordo com o entendimento dominante, justificado pelo valor fundamental do direito de greve no nosso sistema jurídico (art. 57° da CRP)[448].

III. Como decorre do exposto, o chamado direito colectivo do trabalho pode pois ser actuado por pessoas colectivas em sentido próprio, por outros entes laborais colectivos (eventualmente reconduzíveis ao conceito de pessoa colectiva rudimentar[449]), por grupos *ad hoc* de trabalhadores ou de empregadores, por grupos paritários, integrados por representantes dos trabalhadores e dos empregadores, e ainda pelo empregador e pelo trabalhador isoladamente.

---

[448] Sobre a extensão do direito de adesão à greve aos trabalhadores não sindicalizados e respectiva fundamentação constitucional, cfr., *supra,* § 27°, 60.II. e nota [396].

[449] *Supra,* II., nota [445].

§ 29° – A dimensão colectiva integral do direito do trabalho 899

Desta forma, não nos parece sustentável a separação entre os domínios individual e colectivo da área jurídica pelo critério da diferente titularidade das respectivas situações jurídicas; pelo contrário, do ponto de vista subjectivo, é manifesta a interpenetração das duas áreas regulativas.

63.3. O argumento objectivo: os interesses individuais e colectivos subjacentes às actuações laborais colectivas

I. O segundo argumento que, no nosso entender, contribui para demonstrar a omnipresença do elemento colectivo no direito do trabalho tem a ver com o facto de a actuação juslaboral colectiva não se esgotar na prossecução de interesses colectivos ou de grupo.

Evidentemente, na base da delimitação das atribuições e competências dos entes laborais colectivos está a ideia da defesa dos interesses do grupo que representam: no caso das associações sindicais, os «direitos e interesses dos trabalhadores que representem», segundo a fórmula ampla do art. 56° n° 1 da CRP, concretizada nos n°s 2 e 3, ou os «interesses sócio-profissionais» dos trabalhadores, de acordo com a formulação aparentemente mais restritiva dos arts. 2° b) e 3° da LS[450]; no caso das associações patronais, os interesses dos empregadores enquanto tais (competência que se retira do conjunto normativo da LAP, apesar da redacção pouco feliz do art. 1° n° 1, que confunde os interesses empresariais com os interesses laborais)[451]; e, no caso das comissões de tra-

---

[450] Não cabe no âmbito deste estudo apreciar esta discrepância entre a Constituição e a lei ordinária, na delimitação dos interesses que podem ser prosseguidos pelas associações sindicais. Deixamos apenas o ponto enunciado, com a nota de que um sector da doutrina considera, por este motivo, a norma da lei sindical como contrária à Constituição — neste sentido, por todos, JORGE LEITE / COUTINHO DE ALMEIDA, por exemplo, na sua *Legislação do Trabalho cit.*, 410 s., em nota aos arts. 2° e 3° da LS. Para o curso das nossas reflexões, interessa reter que, em qualquer caso, estão em causa interesses dos trabalhadores, não sendo resolvido pela lei o problema de maior delicadeza dogmática, que é o da possível não correspondência destes interesses dos trabalhadores com os interesses específicos que cada um deles prossegue individualmente.

[451] Apesar da deficiente redacção do art. 1° n° 1 da LAP, esta delimitação da competência das associações patronais impõe-se pela sua conjugação com o conceito de entidade patronal (apresentado na alínea a) do número seguinte do mesmo artigo) e com o art. 5°, que limita as competências da associação patronal

balhadores, os «interesses [dos trabalhadores] e intervenção democrática na vida da empresa» (segundo a fórmula do art. 54º nº 1 da CRP, concretizada nos direitos enunciados no nº 5 do mesmo artigo). Contudo, se cotejarmos esta delimitação genérica dos interesses a prosseguir por estas entidades com o conjunto das actuações jurídicas usualmente integradas no domínio colectivo do direito do trabalho, concluimos que nestas actuações colectivas podem ser prosseguidos não só interesses de grupo, como também interesses específicos de um determinado trabalhador (entrecruzando-se, com frequência, a tutela de uns e de outros) e até, em alguns casos, interesses gerais, que podem, inclusivamente, contrariar os interesses do grupo representado pela entidade colectiva.

Esta conclusão pode ser comprovada numa breve apreciação destas actuações colectivas, que, para o efeito, distinguimos em quatro categorias: actuações de tipo negocial (em que podem intervir as associações sindicais e patronais e o próprio empregador), actuações de tipo associativo (que relacionam os trabalhadores e os empregadores com as respectivas associações representativas), actuações de controlo (que cabem às comissões de trabalhadores, mas também às associações sindicais, e, pontualmente, aos próprios trabalhadores) e actuações de incidência conflitual (desencadeadas pelas associações sindicais ou directamente por um conjunto de trabalhadores e protagonizadas por estes)[452].

II. Nas actuações colectivas de tipo negocial, assume lugar de destaque o direito à negociação colectiva e à regulamentação colectiva autónoma do trabalho, atribuídos pela Constituição e pela lei às associações sindicais e patronais e aos empregadores (art. 56º nº 3 da CRP e art. 3º da LRCT) — instrumento de exercício destes direitos, por excelência, é a convenção colectiva de trabalho, nas várias modalidades previstas no art. 2º nº 3 da LRCT, mas integram-se também aqui a deci-

---

à contratação colectiva, à prestação de serviços aos associados e à promoção dos direitos e interesses das entidades patronais, proibindo, aliás, em geral, a intervenção económica destas associações. Sobre o ponto, por todos, MENEZES CORDEIRO, *Manual....cit.*, 121 e 479 s.

[452] Para além destas, deve referir-se ainda outra categoria de actuações laborais colectivas: as actuações de incidência regulativa, através das quais as associações sindicais e patronais e as comissões de trabalhadores são chamadas a intervir no processo de elaboração das leis laborais. Porque o maior interesse destas actuações se reporta ao argumento que desenvolveremos no parágrafo seguinte, remetemos, contudo, para esse momento, a respectiva apreciação. *Infra,* § 30º, 66.

são arbitral e o acordo de adesão (arts. 2º nº 1, 34º e 28º da LRCT). Por outro lado, cabe recordar que a qualificação deste tipo de actuação como negocial evidencia apenas o facto de a regulamentação colectiva convencional ser o produto da composição livre de interesses opostos entre entidades privadas, no exercício da autonomia colectiva, e não qualquer opção sobre a natureza jurídica da figura da convenção colectiva, problema sobre o qual já tivemos oportunidade de nos debruçar[453].

Para a demonstração do argumento que agora nos ocupa, interessa sim chamar a atenção para a interpenetração dos elementos colectivo e individual que se verifica na convenção colectiva (como nos outros instrumentos colectivos convencionais), em razão da junção, no seu conteúdo, das parcelas obrigacional e normativa[454] — art. 5º da LRCT. Com efeito, a parcela normativa da convenção projecta-a nos vínculos jurídicos dos trabalhadores e empregadores que se encontrem no seu âmbito pessoal de incidência (sendo este determinado pelo denominado princípio da filiação, concretizado nas regras dos arts. 7º, 8º e 9º da LRCT), «*come un piccolo codice*», na expressão de PERA[455]; e, como já tivemos ocasião de verificar[456], a lei reforça até a eficácia desta projecção ao limitar a possibilidade de afastamento do regime convencional colectivo em sede do contrato de trabalho pelo requisito da maior favorabilidade (art. 14º nº 1 da LRCT)[457].

Uma vez que a convenção colectiva se desenvolveu historicamente como uma forma de ultrapassar a inferioridade negocial dos trabalhadores, individualmente considerados, e que desempenha essa função através da disciplina uniforme das situações jurídicas destes trabalhadores, não há dúvida que neste tipo de actuação colectiva estão em causa interesses de um grupo de trabalhadores, no sentido classista original do termo.

---

[453] *Supra*, § 26º.
[454] *Supra*, § 26º, 57.I.
[455] *Compendio...cit.*, 39.
[456] *Supra*, § 26º, 58.I. e 59.VI. Teremos ocasião de apreciar este regime jurídico de uma outra perspectiva, no desenvolvimento do próximo argumento, *infra*, 30º, 66.
[457] Salientando exactamente o aspecto da inderrogabilidade *in pejus* das convenções colectivas pelo contrato de trabalho como argumento demonstrativo da interacção das valências individual e colectiva do direito do trabalho, NIKISCH, *Individualismus und Kollektivismus...cit.*, 84.

No entanto, a amplitude das matérias sobre que podem versar as convenções colectivas de trabalho (possibilitada pela delimitação meramente negativa do seu conteúdo feita pelo artigo art. 6° da LRCT), que já tivemos ocasião de pôr em evidência[458], permite que elas prossigam também outros interesses dos trabalhadores que mais dificilmente se contêm no conceito de interesses de classe e, bem assim, interesses gerais e de terceiros — assim, quando as convenções dispõem sobre a conciliação dos deveres laborais com os direitos inerentes à maternidade e à paternidade ou com os direitos inerentes ao estatuto de estudante, não estão a prosseguir interesses atinentes à situação jurídica do trabalhador enquanto tal mas sim interesses decorrentes da necessidade de conjugar aquela situação com outro papel social que ele desempenha, para além de interesses gerais; e, da mesma forma, quando adoptam medidas de promoção do emprego estão a prosseguir interesses gerais e de terceiros.

Deste modo, a redução da convenção colectiva a um instrumento jurídico de prossecução dos interesses laborais colectivos (no sentido de interesses de um certo conjunto ou categoria de trabalhadores e de empregadores) não traduz, efectivamente, toda a riqueza do seu conteúdo. Nas actuações colectivas negociais podem, de facto, ser prosseguidos interesses colectivos e individuais, como interesses de classe e interesses gerais.

III. Alguma relevância de interesses individuais se pode também detectar nas actuações laborais colectivas de tipo associativo, que têm a ver com o direito que assiste aos empregadores e aos trabalhadores de constituirem associações para defesa dos seus interesses (as associações patronais e sindicais) e com os vínculos jurídicos que se estabelecem entre eles e essas associações — ou seja, com o fenómeno do associativismo laboral, que, no caso dos trabalhadores, a Constituição traduziu no princípio da liberdade sindical (art. 55°)[459].

Por um lado, a constituição destas associações é um *prius* natural da negociação colectiva, embora tenha um peso diferente para trabalhadores e empregadores, uma vez que, como é sabido, as associações sindicais detêm o monopólio da negociação colectiva em representação dos

---

[458] *Supra*, § 26°, 59.VI.

[459] Sobre as diversas projecções deste princípio no nosso sistema jurídico, por exemplo, MÁRIO PINTO, *Direito do Trabalho cit.*, 181 ss., ou MONTEIRO FERNANDES, *Direito do Trabalho cit.*, 648 e 651 ss.

trabalhadores (art. 56º nº 3 da CRP e art. 3º nº 1 a) da LRCT)[460], ao passo que o empregador outorga directamente os acordos colectivos de trabalho e os acordos de empresa. Por outro lado, a existência de um vínculo entre o trabalhador e a associação sindical e entre o empregador e a associação patronal é a condição normal para a aplicação da convenção ao vínculo laboral, de acordo com a regra da filiação (art. 7º da LRCT). Projecção destes vínculos associativos é ainda a competência das associações sindicais e patronais para a prestação de serviços de carácter económico e social aos associados (art. 4º b) da LS, e art. 5º nº 1 b) da LAP, respectivamente); e finalmente, no caso dos trabalhadores, projecção específica do associativismo laboral é o direito de exercício da actividade sindical na empresa, previsto como uma das manifestações do princípio da liberdade sindical logo em sede constitucional (art. 55º nº 2 d) da CRP), protagonizado pelos delegados sindicais e pelas comissões sindicais e intersindicais (art. 25º da LS) e concretizado em diversos direitos, como o direito de reunião, o direito a instalações ou o direito de afixação e informação sindical (arts. 26º ss., 30º e 31º da LS).

Como decorre do exposto, subjacentes a estas actuações associativas estão os interesses do conjunto dos trabalhadores filiados nas associações sindicais e os interesses dos empregadores membros das associações patronais[461] — ou seja, interesses colectivos. No entanto, uma vez mais se detecta a presença de interesses laborais individuais, por exemplo a propósito da constituição do vínculo sindical, pelo direito que assiste aos trabalhadores subordinados de se inscreverem no sindicato que represente a sua categoria profissional (art. 16º nº 1 da LS)[462]: prosseguindo o princípio da liberdade sindical na sua vertente individual

---

[460] Sobre este ponto, por exemplo, MÁRIO PINTO, *Direito do Trabalho cit.*, 282 ss.

[461] Em relação aos trabalhadores, a própria Constituição aponta directamente neste sentido, ao reconhecer na liberdade sindical uma «condição e garantia da sua [dos trabalhadores] *unidade* para defesa dos seus direitos e interesses» (itálico nosso) — art. 55º nº 1.

[462] Já no que se refere ao direito de inscrição dos empregadores na associação patronal que represente a sua área de actividade, não se observam desvios às regras gerais, porque ele é condicionado ao preenchimento das condições definidas nos estatutos da própria associação, limitando-se a lei a estabelecer que a admissão não poderá ficar dependente de uma decisão discricionária da associação — art. 10º nº 2 da LAP.

(art. 55º nº 2 b) da CRP) e tendo a maior importância para permitir a sujeição do trabalhador à convenção colectiva outorgada pelo sindicato, este direito do trabalhador não deixa de manifestar a especificidade daquele princípio que, no caso, prevalece sobre a manifestação do princípio da liberdade contratual (art. 405º CC) que é a liberdade de escolha dos parceiros negociais[463], aqui limitada em relação à associação sindical[464].

IV. Por sua vez, na categoria de actuações colectivas que designámos como actuações de controlo e que integra múltiplas acções ao nível da empresa, protagonizadas pelas comissões de trabalhadores e pelas associações sindicais e ainda, subsidiariamente, pelos próprios tra-

---

[463] Em geral e por todos, sobre as diversas manifestações do princípio geral da liberdade contratual, José de Oliveira ASCENSÃO, *Direito Civil. Teoria Geral*, II, Coimbra, 1999, 77 s. A situação que apreciamos insere-se na manifestação daquele princípio que o autor designa como *liberdade de vinculação*, que assegura que as partes celebram o negócio porque efectivamente o querem fazer, já que a escolha do parceiro negocial inere à vontade de se vincular de cada uma das partes.

[464] Como é sabido, esta norma foi importante sobretudo durante a vigência do sistema de unicidade sindical, funcionando então como forma de assegurar que os trabalhadores não pudessem ser excluídos do âmbito de aplicação das convenções colectivas, através da recusa da sua admissão na associação sindical da sua categoria profissional, quando não havia sindicato alternativo. Com a introdução do sistema de pluralidade sindical (através da revogação dos arts. 11º e 12º da LS pelo DL nº 773/76, de 27 de Outubro), o problema da recusa da inscrição de um trabalhador num sindicato colocar-se-á raramente, até porque o trabalhador escolherá a associação sindical com que mais se identifique. Ainda assim, pode levantar-se a questão da tutela de interesses legítimos da associação se, por exemplo, pretender inscrever-se num sindicato um trabalhador publicamente conotado com uma organização sindical de orientação oposta. Embora a lei não preveja formalmente para estes casos a recusa da inscrição do trabalhador, alguns autores têm admitido a revogação do art. 16º nº 1 da LS, como consequência natural da revogação expressa do regime da unicidade sindical por cuja lógica ele era determinado — é a posição sustentada, por exemplo, por MÁRIO PINTO, *Direito do Trabalho cit.*, 184 s. Não é esta, contudo, a posição da doutrina maioritária nem da jurisprudência, que exige, no mínimo, uma justificação não discricionária da recusa do pedido de inscrição do trabalhador — neste sentido, por exemplo, o Ac. STJ de 28/06/1985, BMJ 348-303; e, na doutrina, MONTEIRO FERNANDES, *Direito do Trabalho cit.*, 655, reconhecendo que o direito de inscrição do trabalhador pode, dentro de certos limites, ser exercido «*contra o próprio sindicato*» (itálico no original).

balhadores, avultam interesses colectivos, mas também interesses específicos de um trabalhador ou de um conjunto específico de trabalhadores: os interesses colectivos em causa referem-se à fiscalização da gesão e à garantia do exercício da actividade sindical na empresa e da acção dos membros da comissão de trabalhadores; os interesses específicos de um ou de vários trabalhadores têm a ver com os poderes que assistem a estas entidades de verificarem a regularidade do comportamento do empregador, nomeadamente quando ocorram vissicitudes modificativas ou extintivas do vínculo laboral.

Assim, em prossecução dos interesses do conjunto dos trabalhadores da empresa, subjacentes ao seu direito constitucional de «intervenção democrática» na vida da empresa (art. 54º nº 1 da CRP) acima referido, as comissões de trabalhadores têm direito a exercer o controlo de gestão das unidades produtivas (art. 54º nº 5 b) da CRP e arts. 18º b) e 26º ss. da LComT), a intervir na sua reorganização (art. 54º nº 5 c) da CRP e arts. 18º c) e 32º ss. da LComT), a gerir ou a participar na gestão das obras sociais da empresa (art. 54º nº 5 e) da CRP e art. 18º nº 2 da LComT), a emitir parecer sobre diversos actos de gestão (art. 24º da LComT) e a receber todas as informações necessárias ao desempenho das suas funções (art. 54º nº 5 a) da CRP e arts. 18º a) e 23º ss. da LComT). Por seu turno, em defesa do princípio da liberdade sindical na sua dimensão empresarial, as associações sindicais têm o direito de participar nos processos de reestruturação da empresa, nos termos estabelecidos pelo art. 56º nº 1 e) da CRP.

Mas, em paralelo com estas actuações, a lei obriga à intervenção da comissão de trabalhadores, das associações sindicais (na falta, em alternativa ou em conjunto com aquela) e, subsidiariamente, da comissão representativa dos trabalhadores a que nos referimos atrás[465], em protecção directa de interesses específicos de trabalhadores individualizados, nomeadamente quando os seus contratos estejam em risco de ser modificados ou de cessar, sendo estes poderes de intervenção reforçados se o trabalhador em questão for delegado sindical ou membro da própria comissão de trabalhadores. Assim, é exigido o conhecimento do sindicato para a mudança de local de trabalho de um delegado sindical, nos termos do art. 34º da LS (protecção extensível, com as necessárias adaptações, aos membros das comissões de trabalhadores, por força dos arts. 54º nº 4 da CRP e 16º da LComT); a comissão de trabalha-

---

[465] Supra, 63.2.II.

dores, na sua falta, a associação sindical, e, na ausência desta, a comissão representativa dos trabalhadores intervêm no processo de aplicação das medidas de redução ou de suspensão do contrato de trabalho, ao abrigo do regime jurídico do *lay-off* (arts. 14º e 15º da LSCT); e, de forma idêntica, a comissão de trabalhadores (e também a associação sindical, no caso de o trabalhador ser representante sindical) acompanha todo o processo disciplinar para despedimento com justa causa (art. 10º nºs 2, 3, 7, 10 da LCCT), o processo de despedimento colectivo (arts. 17º nº 1, 18 e 20º nº 3 da LCCT) — para o qual se prevê ainda, subsidiariamente, a intervenção da comissão representativa (arts. 17º nº 4 e 18º da LCCT) —, o processo de cessação do contrato por extinção do posto de trabalho (arts. 28º nºs 1 e 2, 29º nº 1 e 3 e 30º nº 2 da LCCT) e o processo de despedimento por inadaptação (arts. 4º, nºs 1 e 2, 5º nº 1 e 6º nº 2 do DL nº 400/91, de 16 de Outubro), nomeadamente através da emissão de parecer sobre as medidas em causa e, no caso do despedimento colectivo e por extinção do posto de trabalho, «negociando» soluções alternativas com o empregador. Por último, a lei prevê que as associações sindicais se constituam como assistentes na acção judicial relativa a interesses individuais dos trabalhadores nelas filiados (art. 5º nº 5 do CPT) — possibilidade que a norma estende, aliás, às associações patronais, quando o litígio judicial verse sobre interesses das entidades patronais associadas.

Desta forma, podemos concluir, também com referência a estas actuações de fiscalização, pela relevância tanto de interesses colectivos como de interesses específicos de um ou de vários trabalhadores, até porque, mesmo que se reconheça que subjacente à tutela destes últimos está sempre um interesse comum a todos os trabalhadores (já que a todos interessa a regularidade da actuação do empregador no exercício dos seus poderes laborais), o facto é que esta protecção se efectiva no vínculo jurídico de cada trabalhador. Assim, também neste tipo de actuações colectivas, a dimensão colectiva e a dimensão individual do direito do trabalho aparecem estreitamente entrelaçadas[466].

---

[466] Nos países dotados de um sistema laboral de cogestão (como é o caso germânico), a interpenetração das dimensões colectiva e individual do direito laboral nas actuações de fiscalização é ainda mais evidente, já que a intervenção do *Betriebsrat* é muito mais ampla e diversificada do que a das nossas comissões de trabalhadores — sobre o ponto, por todos, Günther WEISE, *Zum Zweck des Betriebsverfassungsrechts im Rahmen der Entwicklung des Arbeitsrechts*, in M. HEINZE /

V. Finalmente, a mesma ligação estreita entre as dimensões individual e colectiva do direito do trabalho se pode descortinar com referência à última categoria de actuações colectivas que elencámos (as actuações conflituais) e ao fenómeno da greve, que nela ocupa o lugar central, pela dupla dimensão que já vimos assistir a este direito[467] — uma dimensão colectiva, que se manifesta na decisão, na decretação e na gestão do conflito (arts. 2º, 3º, 5º e 9º da LG); e uma dimensão individual, que se manifesta na adesão à greve e nos efeitos negociais que ela produz (arts. 7º e 11º da LG). Além disso, a amplitude dos objectivos da greve no nosso sistema jurídico (que resulta do art. 57º nº 2 da CRP e para a qual chamámos oportunamente a atenção[468]), permite que, através dela, se prossigam interesses relevantes para os trabalhadores que são de múltiplos tipos — ou seja, interesses de todos os trabalhadores da empresa ou dos trabalhadores de uma certa categoria (é a situação mais frequente), mas também interesses relativos apenas a um ou a vários trabalhadores individualizados (por exemplo, a greve de protesto contra o despedimento ilícito de um colega).

Desta forma, tanto pela sua titularidade e pelo seu exercício, como em virtude dos os interesses que lhe podem estar subjacentes, verifica-se também no direito de greve uma acentuada interpenetração das dimensões individual e colectiva do direito laboral, que, a nosso ver, evidencia a unidade intrínseca da área jurídica[469].

63.4. O argumento genético: a ideia de grupo subjacente ao vínculo laboral, em resultado da sua componente organizacional

I. Para além dos argumentos anteriormente explicitados e atinentes aos fenómenos laborais colectivos, há ainda um outro argumento,

---

/ A. SÖLLNER (Hrsg.), *Arbeitsrecht in der Bewährung, Fest. für Otto Rudolf KISSEL*, München, 1994, 1269-1285, e Horst KONZEN, *Privatrechtssystem und Betriebsverfassung*, in D. BICKEL / W. HADDING / V. JAHNKE / G. LÜKE (Hrsg.), *Recht und Rechtserkenntnis, Fest. für Ernst WOLF*, Köln — Berlin — Bonn — München, 1985, 279-307. A especificidade deste sistema de cogestão não permite, contudo, fazer quaisquer extrapolações para o nosso sistema, como, aliás, para a maioria dos sistemas europeus.

[467] *Supra*, § 27º, 60.II.
[468] *Supra*, § 27º, 61.III.
[469] Também enfatizando este argumento, por exemplo, NIKISCH, *Individualismus und Kollektivismus...cit.*, 84 s.

directamente ligado ao vínculo laboral, que, do nosso ponto de vista, comprova a omnipresença do elemento colectivo no direito do trabalho: é o argumento que se retira da componente organizacional do vínculo laboral, que isolámos na nossa reconstrução dogmática do contrato de trabalho[470].

Como então referimos, o contrato de trabalho tem implícito um elemento organizacional, que se manifesta no facto de o trabalhador se integrar necessariamente numa organização predisposta pelo empregador. Ora, desde que essa organização integre também outros trabalhadores subordinados (o que, não sendo essencial para a qualificação da situação jurídica como laboral, corresponde à grande maioria dos casos e se adequa ao paradigma de relação de trabalho do legislador português — a relação de escopo empresarial[471]), o elemento colectivo ou de grupo emerge inevitavelmente e vai influenciar quotidianamente cada um dos vínculos jurídicos que se desenvolvem na organização, mesmo que, por hipótese, não actuem nessa organização quaisquer entidades laborais colectivas ou não sejam aí aplicados quaisquer instrumentos de regulamentação colectiva do trabalho[472]. Na verdade, independentemente de qualquer actuação colectiva (no sentido tradicional de actuação de entes laborais colectivos na prossecução de interesses laborais colectivos), ao vínculo laboral subjaz sempre um elemento colectivo, porque a ideia de grupo (ou, melhor seria dizer, de grupos) é inerente à organização do empregador no seio da qual esse vínculo se desenvolve, desde que essa organização inclua mais do que um trabalhador subordinado.

II. Apesar de não ser destacada pela doutrina — talvez pelo facto de a visão fragmentária do direito do trabalho ser ainda dominante — a imanência de um elemento colectivo ao próprio vínculo laboral, em resultado da sua componente organizacional, comprova-se facilmente na lei com a verificação da frequência com que as normas laborais ligam

---

[470] *Supra,* § 25°, 54.

[471] C r., *supra,* § 25°, 54.1.IV, quanto à justificação deste paradigma.

[472] A hipótese não é académica, bastando para a sua verificação que os trabalhadores não sejam sindicalizados e não elejam uma comissão de trabalhadores e que o empregador não subscreva qualquer instrumento de regulamentação colectiva, não havendo também nenhum instrumento administrativo de regulamentação colectiva aplicável.

ou tomam como pressuposto de certos aspectos do regime jurídico do contrato de trabalho o grupo ou os grupos nos quais o trabalhador se integra ou até, simplesmente, o número de trabalhadores da empresa: assim, por exemplo, o conceito de categoria e o regime de tutela da categoria do trabalhador têm como pressuposto uma ideia de grupo, que é, no caso, relativo ao conjunto de trabalhadores com um posto de trabalho idêntico ou com a mesma posição na hierarquia da empresa (consoante a acepção do conceito[473]), e a lei associa a este grupo diversos efeitos jurídicos (por exemplo, a recusa da despromoção, a integração num certo nível remuneratório ou a delimitação das funções exigíveis ao trabalhador — neste sentido, vd as referências ao conceito de categoria nas regras constantes dos arts. 21º nº 1 d), 22º e 23º da LCT); também o princípio constitucional da igualdade remuneratória (art. 59º nº 1 a) da CRP) tem como pressuposto a existência de um grupo de trabalhadores (no caso, os que desempenhem trabalho idêntico, em quantidade e qualidade, na empresa)[474]; pressupõe ainda uma ideia de grupo (no caso, relativo ao estabelecimento onde o trabalhador está integrado) o regime jurídico da mudança do local de trabalho em caso de transferência do estabelecimento (art. 24º nº 1 *in fine* da LCT), residindo, aliás, neste elemento colectivo a justificação para o diverso tratamento dado a esta situação e ao caso da deslocação de um único trabalhador (contemplado na primeira parte do art. 24º nº 1); a ponderação do grupo constituído pelo conjunto dos trabalhadores da empresa é feita ainda pela lei, por exemplo a propósito do processo disciplinar para despedimento com justa causa, bem como para delimitar as condições de recurso ao despedimento colectivo (arts. 15º nº 1 e 16º da LCCT)[475];

---

[473] Sobre as diversas acepções do conceito de categoria, por todos, António Nunes de CARVALHO, *Das Carreiras Profissionais...cit*, MENEZES CORDEIRO, *Manual...cit.,* 665 ss., e Bernardo da Gama Lobo XAVIER, *Trabalhador,* Polis, V, 1222-1229 (1226 s.).

[474] Neste sentido, com referência ao princípio da igualdade de tratamento no direito germânico, também NIKISCH, *Individualismus und Kollektivismus...cit.,* 84, o considera como uma prova da interligação entre os domínios individual e colectivo do direito do trabalho, pelas limitações que dele decorrem para a liberdade negocial das partes.

[475] O conjunto dos trabalhadores da empresa ou sub-conjuntos diversos de trabalhadores (os trabalhadores sindicalizados, por exemplo) são ainda tomados em consideração pela lei para certos efeitos, atinentes a situações laborais colectivas: assim, o número total de trabalhadores da empresa é determinante para fixar

assim como, não só com referência ao despedimento colectivo mas também a propósito da cessação do contrato por extinção do posto de trabalho ou da substituição de trabalhadores em greve, a lei faz apelo a conceitos como a «secção» da empresa (arts. 16° e 26° n° 1 c) da LCCT) ou o «serviço» do trabalhador (art. 6° da LG), que manifestam, ao nível empresarial, outras valências da ideia de grupo; e manifestam ainda a ideia de grupo as projecções da interdependência dos vínculos laborais dentro da empresa, de que demos conta aquando da apreciação do elemento organizacional[476] — quer as que dependem de uma intermediação normativa (como é o caso do princípio da igualdade remuneratória, acima mencionado), quer as que inerem ao elemento organizacional (como os deveres dos trabalhadores para com os colegas de trabalho, a colaboração entre eles, ou o facto de algumas vantagens individuais do trabalhador estarem na dependência de um comportamento colectivo, como sucede com os prémios de desempenho ou de produtividade dependentes dos resultados atingidos pela secção ou pelo estabelecimento).

Deste modo, cremos que o regime jurídico do vínculo laboral evidencia ou pressupõe a inserção do trabalhador em diversos grupos (o grupo dos trabalhadores de determinada categoria profissional ou hierárquica na empresa, o grupo dos trabalhadores de certa secção ou estabelecimento ou, simplesmente, o conjunto dos trabalhadores da empresa) associando a essa integração diversos efeitos jurídicos.

O elemento colectivo está pois subjacente ao próprio vínculo laboral, em resultado da sua componente organizacional e mesmo que, por hipótese, este vínculo não seja enquadrado por actuações ou por instrumentos laborais colectivos.

---

o número de membros da comissão de trabalhadores (art. 14° da LComT) e para delimitar o regime do crédito de horas dos membros da comissão de trabalhadores e dos delegados sindicais (art. 20° da LComT e art. 33° da LS); e o número de trabalhadores sindicalizados é determinante para decidir da legitimidade da decretação de uma greve à margem dos sindicatos, como já referimos (art. 2° n° 2 da LG). Propositadamente não incluímos estas referências no texto, porque se reportam a situações laborais colectivas; o que pretendemos neste momento evidenciar é a imanência da ideia de grupo ao contrato de trabalho, em resultado da componente organizacional do próprio contrato.

[476] *Supra*, § 25°, 54.3.II.

64. Conclusão: a dimensão colectiva integral do direito do trabalho e a sua autonomia dogmática

I. Chegados aqui, cremos poder retirar algumas conclusões sobre o contributo da dimensão colectiva do direito do trabalho para alicerçar o reconhecimento da sua autonomia dogmática.

A primeira conclusão que a reflexão anterior nos sugere é a da importância da dimensão colectiva da área jurídica — apesar de tudo, reconhecida por alguns autores[477] — mas, sobretudo, a da sua integralidade, confirmando-se assim as afirmações que fizemos no início deste parágrafo: no caso português, não é sustentável a redução da área regulativa colectiva do direito do trabalho à actuação de entes colectivos e à prossecução dos interesses dos grupos laborais, uma vez que não só o trabalhador e o empregador podem, de per si, ser titulares de situações laborais colectivas, como os entes laborais colectivos podem prosseguir, para além dos interesses do grupo que representam, interesses de trabalhadores individualizados ou interesses gerais e de terceiros. Bem pelo contrário, a unidade intrínseca do direito laboral, nas suas dimensões colectiva e individual, é confirmada pelas projecções das actuações colectivas no contrato de trabalho, que têm a sua expressão máxima nos instrumentos de regulamentação colectiva do trabalho de natureza convencional (através do seu conteúdo normativo) e no direito de greve (pelos seus efeitos no contrato dos trabalhadores aderentes), mas que, na verdade, se estendem a outras actuações colectivas de índole associativa e fiscalizadora. E a omnipresença do elemento colectivo no direito laboral é ainda comprovada pela inerência da ideia de grupo ao próprio vínculo jurídico de trabalho, em resultado da componente organizacional deste vínculo.

É neste sentido que qualificamos a dimensão colectiva do direito do trabalho como uma dimensão integral: ela perpassa por toda a área jurídica.

II. A segunda conclusão que a apreciação anterior viabiliza é a da contribuição do elemento colectivo para o reforço da autonomia sistemática do direito do trabalho: se as normas que regulam os fenómenos laborais individuais e colectivos se interpenetram continuamente e

---

[477] Neste sentido, como já referimos, *supra*, 63.1.I. e nota [444].

se a componente colectiva é essencial até no contrato e na relação de trabalho, então esta componente colectiva contibui para confirmar o direito do trabalho como um subsistema normativo unitário, articulado internamente de acordo com uma certa lógica, que assegura a sua coerência.

Neste sentido, a omnipresença do elemento colectivo nas situações laborais e na respectiva disciplina jurídica confirma a autonomia sistemática do direito do trabalho dentro do universo jurídico privado.

III. Finalmente, cremos que a apreciação anterior legitima duas conclusões com directa incidência no problema da autonomia dogmática do direito laboral, que ocupa o centro das nossas reflexões.

A primeira conclusão tem a ver com a metodologia que adoptámos na abordagem do problema da autonomia dogmática: na nossa opinião, a omnipresença do elemento colectivo nos regimes laborais confirma a justeza do ponto de que partimos para a apreciação deste problema, recusando limitar o campo da pesquisa ao domínio do contrato e da relação individual de trabalho e optando por uma indagação mais ampla — se o elemento colectivo perpassa por todo o direito do trabalho, ele não pode ser secundarizado ou esquecido na apreciação da questão da autonomia, sob pena de incompletude.

A segunda conclusão viabilizada pela apreciação precedente é o reconhecimento do contributo decisivo da dimensão colectiva do direito do trabalho para aumentar a sua distância em relação aos parâmetros dogmáticos do direito civil, porque as múltiplas projecções do elemento colectivo (que incluem, como vimos, actuações de grupo de natureza diversa, desenvolvidas em diferentes níveis e por diversos sujeitos, prosseguindo interesses muito variados, e, sobretudo, com inúmeras projecções no contrato de trabalho) não são apreensíveis numa perspectiva puramente civilista dos fenómenos laborais, que, naturalmente, privilegia a sua dimensão individual e relacional — por ser a mais compatível com as categorias dogmáticas do contrato e da relação jurídica.

Deste modo, entendemos que, ao mesmo tempo que confirma a construção sistemática unitária do direito do trabalho, pela lógica que confere ao seu edifício normativo, a omnipresença do elemento colectivo confirma o fosso dogmático que separa esta área jurídica do direito privado comum. Por este motivo, este argumento é importante para o reconhecimento da sua autonomia científica.

§ 30º — As especificidades do direito do trabalho na construção e na aplicação das suas normas e na tutela dos seus interesses: a maturidade do direito laboral enquanto área jurídica

65. Indicação de sequência

I. Como referimos no início deste capítulo, o sistema laboral desenvolveu recursos para o tratamento dos problemas de construção das suas normas, do relacionamento entre as fontes e destas com o contrato de trabalho, e da tutela dos seus interesses e institutos fundamentais, que evidenciam uma notável especificidade, por um de dois motivos: ou porque passam pelo apuramento de mecanismos e regras diferentes dos que o direito civil dispõe para a resolução dos mesmos problemas (em alguns casos actuados por alguns dos seus institutos mais originais, como as convenções colectivas, o poder disciplinar ou a greve), ou porque procedem a uma hábil adaptação dos métodos comuns de resolução desses problemas aos objectivos laborais.

Na medida em que estes recursos se mostram orientados pelos interesses dominantes da área jurídica e os regimes jurídicos respectivos não hesitam em afastar-se das regras do direito comum sempre que estas se mostram inadequadas àqueles interesses, entendemos que o seu desenvolvimento evidencia a maturidade e a auto-suficiência do sistema laboral na resolução dos seus próprios problemas, constituindo, em consequência, um argumento em favor da autonomia dogmática do direito do trabalho.

II. Porque, no caso português, este argumento se retira directamente do regime das figuras e institutos anteriormente apreciados — embora o que agora nos ocupa não seja a demonstração da irredutibilidade de cada um deles aos quadros dogmáticos do direito comum, mas a apreciação da forma como, através da função que desempenham no sistema normativo, contribuem para reforçar a sua unidade e coerência internas — ele pode ser demonstrado com brevidade, desde que acompanhado das necessárias remissões.

66. As especificidades da construção normativa no domínio laboral: as convenções colectivas como fonte de direito, a regulamentação laboral através das portarias de extensão e a «legislação laboral negociada»

I. A primeira área em que o direito do trabalho português demonstra uma particular aptidão para desenvolver recursos específicos para a resolução dos seus problemas é a área da construção normativa. Esta aptidão evidencia-se em dois aspectos: por um lado, na sua capacidade para desenvolver instrumentos normativos originais (com destaque para as convenções colectivas e para as portarias de extensão); por outro lado, no grau de interessamento e de participação que admite aos destinatários das normas legais de incidência laboral, no processo da sua feitura (é a denominada «legislação laboral negociada»).

No nosso entender, em qualquer destes casos, os instrumentos desenvolvidos e as soluções encontradas pelo legislador confirmam a maturidade da área jurídica, na medida em que se mostram claramente inspirados pelos seus próprios objectivos e valores e se distanciam com facilidade das soluções civis sempre que estas não se apresentam como as mais adequadas àqueles objectivos.

II. A maior demonstração da aptidão do direito laboral para desenvolver instrumentos novos no domínio da produção de normas jurídicas reside, evidentemente, nas convenções colectivas. Na nossa opinião, o perfil original das convenções colectivas enquanto instrumentos normativos demonstra a maturidade do direito do trabalho na medida em que prova a sua aptidão para consagrar os regimes jurídicos mais adequados aos seus próprios interesses, mesmo quando isso passa pelo afastamento dos regimes comuns; adicionalmente, no caso das convenções colectivas, a maturidade da área jurídica é ainda demonstrada no facto de terem sabido acompanhar a evolução desses mesmos interesses.

A originalidade estrutural da figura da convenção colectiva ficou cabalmente demonstrada na apreciação que fizemos do problema da sua natureza jurídica: ela decorre, como vimos, da conjugação da sua origem privada e convencional com a sua essência normativa (formalmente traduzida, no caso português, na sua qualificação como fonte do direito laboral — art. 12º nº 1 da LCT), sendo que os aspectos mais peculiares do seu regime (a sua eficácia geral, a possibilidade de não correspondência das suas cláusulas ao interesse dos seus destinatários e a regra da inderrogabilidade *in pejus*) impedem a sua recondução dogmática à figura do contrato[478]. Qualquer que venha a ser a solução encontrada para o problema da natureza da convenção colectiva, ela terá pois que assentar no seu reconhecimento como forma de revelação de regras jurídicas, ou seja, como uma fonte de direito.

Contudo, como instrumento normativo, a convenção colectiva apresenta também um perfil original, não só porque mantém uma parcela obrigacional ao lado do conteúdo normativo (o que determina a improcedência da sua construção dogmática numa perspectiva puramente normativista, como oportunamente demonstrámos[479]), mas também porque não emerge do Estado ou de outra entidade pública mas de entidades privadas, cuja independência em relação aos poderes públicos é até considerada como um dos pilares do sistema de negociação colectiva[480]; e ainda porque, no desempenho da sua função normativa, prossegue primacialmente interesses específicos de um conjunto ou de uma categoria determinada de sujeitos, embora também possa prosseguir interesses gerais ou públicos[481].

Não sendo este um estudo de metodologia jurídica[482], não cabe aqui apreciar os problemas da admissibilidade de fontes de direito de origem não estadual e do grau de generalidade exigível às normas jurídicas, que estão subjacentes a estas características da convenção colectiva enquanto acto normativo. Para evidenciar a maturidade do sistema juslaboral, bastará chamar a atenção para a importância e para a originalidade da sua actuação neste domínio: por um lado, logo ao admitir a figura da convenção colectiva, o direito do trabalho mostrou a sua capacidade para encontrar uma solução de composição de interesses alternativa ao contrato de trabalho e que supera as limitações deste

---

[478] *Supra*, § 26º, 59.
[479] *Supra*, § 26º, 59.II.
[480] *Supra*, § 26º, 58.III.
[481] *Supra*, § 26º, 59.VI., e § 29º, 63.3.II.
[482] Como referimos logo nas primeiras páginas do nosso trabalho, *supra*, § 1º, I.

na fixação das condições de trabalho em termos verdadeiramente igualitários e livres para as duas partes; por outro lado, na explanação do regime jurídico da convenção, o direito laboral revelou a sua emancipação relativamente ao direito civil, na medida em que não se deixou limitar pelo enquadramento dogmático negocial proposto inicialmente para a figura[483], mas acabou por desenvolver um instrumento normativo privado com carácter original. Ora, do nosso ponto de vista, esta aptidão do direito do trabalho para criar um instrumento normativo específico para a resolução dos seus problemas — e, sobretudo, para dotá-lo das componentes técnicas necessárias à prossecução dos seus valores (no caso, o valor da protecção dos trabalhadores, prosseguido através da compensação da sua inferioridade negocial pela via colectiva), mesmo quando essas componentes vão ao arrepio do enquadramento dogmático à sombra do qual o instrumento começou por ser admitido — revela a sua maturidade.

Poderia objectar-se a esta conclusão que a especificidade da figura da convenção colectiva de trabalho se diluiu com a difusão de acordos de índole colectiva noutras áreas do direito privado e com a extensão da negociação colectiva aos vínculos de emprego público. De facto, apesar das diferenças estruturais entre a convenção colectiva e estas práticas (para as quais também chamámos a atenção[484]), pode dizer-se que a ideia que presidiu originariamente à difusão daquele instrumento no domínio laboral (ou seja, a ideia da superação da debilidade de um parceiro negocial através da mudança do plano da discussão do conteúdo do negócio para um nível no qual essa debilidade já não se fizesse sentir — o nível colectivo ou do grupo) constitui hoje património jurídico comum e é, como tal, passível de desenvolvimento noutros contextos, quando se verifique o mesmo pressuposto de debilidade de um sujeito e se imponha a respectiva protecção. Todavia, no nosso entender, esta tendência expansiva da regulamentação laboral colectiva apenas confirma a maturidade do sistema laboral, porque prova a solidez dos instrumentos e técnicas desenvolvidos no seu seio: para além de servirem o objectivo laboral para que foram concebidas, a negociação colectiva e a convenção colectiva tiveram, afinal, a consistência sufi-

---

[483] *Supra*, § 26º, 57.II.
[484] *Supra*, § 26º, 59.VII.

ciente para inspirarem soluções e instrumentos afins noutros contextos, que se têm vindo a desenvolver em nome de idênticos valores de protecção.

Finalmente, cremos que a figura da convenção colectiva evidencia a maturidade do sistema laboral também pela sua capacidade de acompanhar a evolução dos valores dominantes do direito do trabalho ao longo do tempo e, designadamente, pela sua capacidade de adaptação à tendência que tem norteado a maioria dos sistemas normativos laborais nas últimas décadas e se começa a delinear também no direito português: a tendência para a flexibilização[485].

Esta capacidade de adaptação da figura da convenção colectiva torna-se clara se atentarmos no *modus operandi* da flexibilização. Como tivemos ocasião de referir oportunamente[486], a flexibilização tem sido prosseguida através de um processo genericamente apelidado de *desregulamentação*, mas este processo passa menos pela supressão pura e simples de normas legais imperativas do que pelo reenvio de matérias anteriormente disciplinadas pela lei, em moldes injuntivos, para a esfera da negociação colectiva (é o fenómeno que designámos de *re-regulamentação*), por se entender que esta via permite o ensaio de soluções normativas novas e, sobretudo, mais flexíveis e adaptáveis a cada caso concreto do que a regulamentação legal, com a vantagem acrescida de contar com a «ratificação» dessas soluções pelos seus próprios destinatários (o que diminui os riscos de conflitualidade), mas sem os perigos que uma devolução sumária das matérias para a esfera da autonomia das partes no contrato de trabalho oferece[487].

---

[485] *Supra*, § 22°, 49.
[486] *Supra*, § 22°, 49.3.I. e III.
[487] A este propósito, consideram Jean Maurice VERDIER / Philippe LANGLOIS, *Aux confins de la théorie des sources de droit: une relation nouvelle entre la loi et l'accord collectif,* Dalloz (Rec.), 1972, Chr. XXXIX, 253-260 (253 s.), que, na sua relação com a lei, a convenção colectiva desenvolve não só uma função pacificadora e progressista (por um lado, prevenindo ou superando os conflitos de trabalho, e, por outro lado, contribuindo para elevar o patamar mínimo de garantias oferecido pela lei aos trabalhadores e para adaptar as normas legais a cada sector profissional e a cada empresa), mas também uma função prospectiva ou experimental em relação a futuras alterações da lei, uma função de reforço da efectividade das normas legais, através da sua aceitação pelos respectivos destinatários, e, noutros casos, uma função de contestação da lei (uma vez que pode também

Desta forma, verifica-se que, apesar de ter sido criada para promover a protecção dos trabalhadores subordinados e de ter correspondido a esse desígnio com grande eficácia, a convenção colectiva é também particularmente apropriada para o ensaio de novos compromissos entre os valores tradicionais do direito do trabalho e as exigências de eficiência, competitividade e flexibilidade que ele hoje enfrenta. Na época dita da «crise» do direito laboral, esta vitalidade da convenção colectiva demonstra a maturidade da área jurídica, que foi, afinal, capaz de desenvolver um instrumento técnico apto para intervir tanto no processo da sua afirmação como no processo de renovação dos seus valores.

III. O segundo aspecto em que, na nossa opinião, o sistema laboral evidencia uma particular aptidão para encontrar as soluções normativas mais adequadas aos seus desígnios, mesmo que isso implique o desenvolvimento de regimes jurídicos menos comuns, tem a ver com uma das denominadas fontes heterónomas específicas do direito do trabalho: a portaria de extensão.

Como é sabido, as portarias de extensão (previstas no art. 2º nº 2 da LRCT e reguladas no art. 29º do mesmo diploma) alargam o âmbito de incidência das convenções colectivas em relação às entidades patronais do mesmo sector económico e aos trabalhadores da mesma profissão ou área profissional, que não sejam por elas directamente abrangidos (por não pertencerem às associações patronais e sindicais outorgantes, como exige a regra da filiação estabelecida no art. 7º da LRCT), e desde que exerçam a sua actividade na área e âmbito do instrumento convencional, ou noutra área, embora, neste caso, apenas se não existirem associações patronais ou sindicais[488] — como já referi-

---

contribuir para a sua alteração no futuro) — *idem,* 256 s. e 259. Da importância da convenção colectiva no desempenho destas funções, os autores retiram a existência de um voluntário «*effacement du législateur*» no domínio laboral (*idem,* 254).

[488] A previsão do mecanismo da extensão para estas duas situações levou a doutrina a distinguir dois tipos de portarias: as portarias de extensão interna, que pretendem colmatar a lacuna regulativa decorrente da não inscrição dos trabalhadores e/ou empregadores nas associações outorgantes da convenção e que se sujeitam aos requisitos previstos no nº 1 do art. 29º da LRCT; e as portarias de extensão externa, que pretendem integrar o vazio normativo decorrente da inexistência de convenção colectiva no sector, por falta de entidades laborais colectivas, e se sujeitam ao regime do nº 2 do artigo. Sobre esta distinção, comum na nossa

mos[489], as portarias de extensão constituem o meio de assegurar a eficácia geral da convenção colectiva e de suprir as lacunas resultantes do funcionamento normal de um sistema convencional de regulamentação colectiva das relações de trabalho assente no pluralismo e na liberdade de associação sindical e patronal[490].

O modo como actua a portaria de extensão e o lugar que ocupa entre os instrumentos de regulamentação colectiva do trabalho são facilmente compreensíveis, se conjugarmos os objectivos do sistema de regulamentação colectiva com a importância nele reconhecida ao princípio da autonomia colectiva e com a essência pluralista desse mesmo sistema. O *modus operandi* da portaria de extensão explica-se pelo objectivo de suprir a existência de vazios regulativos, mas também de assegurar, tanto quanto possível, a uniformidade da situação jurídica dos trabalhadores da mesma categoria ou área profissional[491] — ora, mais

---

doutrina, vd, por exemplo, António Nunes de CARVALHO, *Regulamentação de trabalho por portarias de extensão*, RDES, 1988, 4, 437-467 (440), ou MENEZES CORDEIRO, *Manual...cit.*, 342 s.

[489] *Supra,* § 26°, 58.II.

[490] De notar, contudo, que a extensão administrativa das convenções por portaria estava já prevista pelo diploma anterior à LRCT (DL n° 164-A/76, de 28 de Fevereiro, art. 20°), que, como é sabido, era dominado pelo princípio da unicidade sindical. A instituição do princípio do pluralismo sindical não retirou, todavia, utilidade à figura da portaria de extensão, que continua, até hoje, a ser um instrumento normativo de utilização muito frequente, como se pode concluir dos dados fornecidos pelo Ministério do Trabalho e da Solidariedade (Divisão de Regulamentação Colectiva e Organizações do Trabalho): com referência aos instrumentos de regulamentação colectiva do trabalho, novos ou alterados, publicados entre os anos de 1994 a 1998, (incluindo CCT, ACT e AE), verificamos que, em 1994, para um total de 342 IRCT convencionais foram emitidas 155 portarias de extensão; no ano de 1995, para um total de 383 CCT, ACT e AE, novos ou alterados, foram emitidas 158 PE; no ano de 1996, para um total de 398 instrumentos convencionais, foram emitidas 174 PE; em 1997, a 386 instrumentos convencionais corresponderam 154 PE; e em 1998, a um total de 371 CCT, ACT e AE publicados corresponderam 132 PE, mas já no decurso do ano de 1999 foram emitidas diversas PE relativas a IRCT convencionais publicados no ano anterior. Ora, se tivermos em atenção a prática comum de elaboração de uma única portaria para proceder à extensão de todos os instrumentos convencionais do sector profissional em questão, pode concluir-se que a maioria dos instrumentos convencionais colectivos são objecto de extensão administrativa.

[491] Alguns autores distinguem os dois tipos de portarias de extensão previstos no nosso ordenamento a partir destes objectivos, considerando como função

do que o estabelecimento *ex nuovo* de uma regulamentação específica para os trabalhadores não cobertos pelas convenções colectivas, o alargamento do âmbito de incidência destas é uma forma eficaz de colmatar as lacunas que inevitavelmente decorrem de um sistema de negociação colectiva baseado na liberdade de associação, assegurando, ao mesmo tempo, a igualdade de tratamento. Por outro lado, a importância fundamental do princípio da autonomia colectiva no nosso sistema de regulamentação colectiva das relações de trabalho explica a subsidiariedade da portaria de extensão em relação aos instrumentos colectivos convencionais (que se retira da apreciação conjugada dos arts. 29º nº 1 e 8º *in fine*, do art. 29º nº 4 e, por aplicação analógica, do art. 38º da LRCT[492]), mas explica também a sua prevalência sobre a porta-

---

primordial da portaria de extensão interna assegurar a igualdade de tratamento entre trabalhadores e, como função da portaria de extensão externa suprir o vazio regulativo decorrente da inexistência das associações sindicais ou patronais — neste sentido, por exemplo, NUNES DE CARVALHO, *Regulamentação...cit.*, 441 s. No nosso entender, os dois objectivos referidos entrecruzam-se nas duas modalidades de extensão e reportam-se antes à razão de ser e *ao modus operandi* destes instrumentos: a sua razão de ser é nos dois casos, um *deficit* regulativo convencional (que tem origem ou na falta do pressuposto subjectivo da celebração de convenções colectivas, que é, evidentemente, a existência de associações sindicais e/ou patronais, ou na regra da filiação e, mediatamente, no princípio da liberdade sindical, respectivamente para as portarias externas e internas); o seu *modus operandi* é também nos dois casos, a equiparação do regime jurídico aplicável a trabalhadores cobertos e não cobertos pela convenção colectiva, justificada pela identidade ou semelhança das respectivas situações jurídicas.

[492] Como é sabido, em relação às portarias de regulamentação do trabalho, a conclusão da subsidiariedade dos instrumentos administrativos de regulamentação colectiva em relação aos instrumentos convencionais emerge directamente do art. 38º da LRCT — norma que exige, todavia, uma interpretação actualista do art. 12º nº 1 da LCT, que, de acordo com a regra da subordinação da regulamentação colectiva autónoma ao controlo dos poderes públicos, dominante no corporativismo, colocava formalmente os instrumentos administrativos acima das convenções colectivas na hierarquia das fontes laborais. A alteração desta ordem é, de qualquer modo, tecnicamente viabilizada por um argumento temporal (uma vez que a LRCT é posterior à LCT e as duas têm o mesmo valor hierárquico) e por um argumento teleológico, que atende ao facto de o princípio da autonomia colectiva ser o princípio dominante no actual sistema de regulamentação colectiva do trabalho; e a mesma interpretação quanto às portarias de extensão se pode justificar ainda por um argumento teleológico, para além do argumento sistemático que decorre da apreciação integrada do seu regime. Desta forma, a maioria da

ria de regulamentação do trabalho (art. 36º nº 1 da LRCT): uma vez que o regime que vem a ser aplicado aos trabalhadores por efeito da portaria de extensão é ainda um regime convencional, a lei prefere este instrumento à portaria de regulamentação, que constitui assim o último (e, na prática, cada vez mais raro[493]) recurso para a integração das lacunas do sistema de negociação colectiva[494].

---

doutrina afirma a supletividade ou o carácter residual da regulamentação colectiva administrativa, a que só se recorrerá em caso de inviabilidade ou de crise da regulamentação convencional e que deverá ceder logo que essa situação seja ultrapassada — sobre este ponto, *vd*, entre outros, MONTEIRO FERNANDES, *Direito do Trabalho cit.*, 769, NUNES DE CARVALHO, *Regulamentação...cit.*, 442, MENEZES CORDEIRO, *Manual...cit.*, 174 s. e 347, ROMANO MARTINEZ, *Direito do Trabalho cit.*, II (*Relações Colectivas de Trabalho*), 128 s., MÁRIO PINTO, *Direito do Trabalho...cit.*, 358 e 360.

[493] Os mesmos dados fornecidos pela Divisão de Regulamentação Colectiva e Organizações do Trabalho do Ministério do Trabalho e da Solidariedade, com referência aos instrumentos de regulamentação colectiva do trabalho publicados entre os anos de 1994 a 1998, que acima mencionámos (*supra*, nota [490]), referem a publicação de uma única PRT nos anos de 1994, 1995 e 1997, de três PRT no ano de 1996 e de nenhuma durante o ano de 1998.

[494] Deve, contudo, notar-se que esta preferência da lei pela extensão administrativa do regime convencional colectivo (em detrimento do recurso à portaria de regulamentação) não é, como poderia parecer, uma forma de preservar a autonomia colectiva, mas, apesar de tudo, uma forma de limitar essa autonomia. Mesmo que, em termos materiais, a portaria de extensão se coloque ainda «perto da autonomia privada», como faz notar MENEZES CORDEIRO, *Manual...cit.*, 347, ela não assegura mas antes limita essa autonomia, na medida em que determina a aplicação de um regime jurídico a sujeitos que, ao abrigo da sua liberdade sindical, não o quiseram. Na verdade, correspondendo os actos de inscrição e de desvinculação dos trabalhadores e empregadores nas suas organizações representativas a um direito, se eles não se filiaram na associação sindical ou na associação patronal que outorgaram a convenção ou até, se se filiaram numa outra associação que não outorgou a convenção, a sua sujeição ao regime jurídico convencional por efeito da portaria de extensão contraria estes direitos. Por este motivo, alguns autores advogam, em nome do princípio da liberdade sindical e de associação patronal, a aplicação da convenção colectiva *ex vi* portaria de extensão apenas a trabalhadores não sindicalizados — neste sentido, por exemplo, MENEZES CORDEIRO, *Manual...cit.*, 346 s., ROMANO MARTINEZ, *Direito do Trabalho cit.*, II (*Relações Colectivas de Trabalho*), 123 s. e 126, ou BARROS MOURA, *A Convenção Colectiva...cit.*, 229 e nota [6], embora este último autor admita, em teoria, a possibilidade desta extensão se a convenção colectiva a estender tivesse sido celebrada pelo sindicato representativo do maior número possível de trabalhadores da

No entanto, do ponto de vista técnico, é forçoso reconhecer a especificidade da fisionomia da portaria de extensão, justamente pelo modo como exerce a sua função normativa. É que, sendo a portaria um instrumento normativo público (a sua emissão é da competência do Ministro do Trabalho, acompanhado, em alguns casos, do Ministro da tutela para o sector económico em causa — art. 29º n°s 1 e 3 da LCRT), o seu comando normativo não consiste na regulação directa das situações jurídicas em causa mas em mandar aproveitar para essas situações um regime previamente definido para outras situações; só que, como sabemos, esse regime é de base convencional, foi instituído por entidades privadas, em prossecução dos seus interesses específicos e ao abrigo da sua autonomia colectiva, logo, com total independência em relação aos poderes públicos — ou seja, é um regime de direito privado. Desta forma, mantendo-se, em termos formais, um produto do poder regulamentar do Estado, em termos substanciais o que as portarias de extensão fazem é dotar de força pública um regime jurídico de direito privado para viabilizar a sua aplicação a sujeitos privados que, por efeito dos princípios da liberdade e do pluralismo sindical que inspiram o sistema de negociação colectiva, dele estavam excluídos[495].

A originalidade substancial deste comando normativo — e, por causa dele, a ambiguidade da própria figura da portaria de extensão, que não cabe aqui desenvolver dada a sua natureza administrativa[496] —

---

categoria em causa (condição que não é imposta pela nossa lei); já contra estes limites à extensão se pronuncia, por exemplo, MÁRIO PINTO, *Direito do Trabalho...cit.*, 354 e nota [399], argumentando que as associações sindicais interessadas têm o direito de se opor à iniciativa de extensão por parte do Governo (art. 29º nº 1 da LRCT) e poderão sempre, se o entenderem, vir a afastar a aplicação da portaria através da celebração de uma convenção.

[495] Não queremos com isto dizer que a portaria de extensão altera a essência da convenção colectiva, no sentido de lhe atribuir natureza normativa, uma vez que já reconhecemos que a convenção tem, de per si, essa natureza normativa; o que pretendemos salientar é a singularidade deste acto normativo, na medida em que, tendo origem numa autoridade pública, o seu comando normativo consiste no aproveitamento de um regime de direito privado, criado ao abrigo da autonomia colectiva.

[496] A *vexata quaestio* da natureza jurídica da figura da portaria de extensão, pelas dúvidas sobre a sua recondução às categorias do regulamento administrativo ou do acto administrativo, está fora do âmbito da nossa investigação — sobre o ponto, entre outros, MENEZES CORDEIRO, *Manual...cit.*, 347, MONTEIRO FERNANDES, *Direito do Trabalho cit.*, 770, e, com maior desenvolvimento, ROMANO

afigura-se-nos evidente. Para o ponto que nos interessa, a portaria de extensão exemplifica, de novo, a aptidão do direito laboral para desenvolver as técnicas mais eficazes para a resolução dos seus problemas (no caso, a necessidade de dotar as convenções colectivas de eficácia geral e de suprir os vazios do sistema de negociação colectiva), mesmo quando essas técnicas resultam num regime jurídico porventura menos comum.

Porque este regime jurídico se constrói sobre recursos do próprio sistema normativo laboral (aproveitando a regulamentação já estabelecida por um outro instrumento normativo, tipicamente laboral — a convenção colectiva) pode dizer-se que ele evidencia a maturidade ou a suficiência desse mesmo sistema na resolução dos seus problemas; porque esse regime se desenvolveu na prossecução de valores específicos da área jurídica (aqui ressaltam, em equilíbrio, o valor da autonomia colectiva e o valor da igualdade de tratamento), ele contribui para alicerçar a autonomia dogmática do direito do trabalho.

IV. A última especificidade no domínio da produção normativa que gostaríamos de destacar tem a ver com a intervenção dos entes laborais colectivos (associações sindicais, comissões de trabalhadores e associações patronais) no processo de elaboração das normas legais de incidência laboral. Esta intervenção desenvolve-se de dois modos: directamente, através da obrigatoriedade da audição dos entes colectivos no processo de feitura das leis laborais; e indirectamente, através da prática da legislação negociada. Apesar da importância da intervenção directa, é, na nossa opinião, a intervenção indirecta que melhor evidencia a maturidade da área jurídica, pela sua originalidade, e que mais contribui para alicerçar a sua autonomia dogmática, porque manifesta, de novo, a inspiração das soluções normativas por valores especificamente laborais.

A intervenção directa das entidades laborais colectivas no processo de feitura de normas de incidência laboral e na elaboração dos planos

---

MARTINEZ, *Direito do Trabalho cit.*, II (*Relações Colectivas de Trabalho*), 130 ss., e Luís Gonçalves da SILVA, *A Portaria de Extensão: Contributo para o seu Estudo* (copiogr.), Lisboa, 1999, 352 ss. O que nos parece importante salientar, no contexto desta investigação, é a forma peculiar como este instrumento normativo público exerce a sua função normativa.

económico-sociais é reconhecida, desde a Constituição de 1976, às comissões de trabalhadores e às associações sindicais (arts. 54º nº 5 d) e 56º nº 2 a) da CRP), sendo reafirmada, quanto às comissões de trabalhadores, a propósito da delimitação legal das suas competências (arts. 18º nº 1 d) e 34º s. da LComT); e foi também expressamente reconhecida às associações patronais pela L. nº 36/99, de 26 de Maio. Como se sabe, esta intervenção é objecto de uma regulamentação legal minuciosa (L. nº 16/79, de 26 de Maio), que define as matérias sobre as quais incide (art. 2º) e a forma como se deve processar (prevendo-se a publicação oficial dos projectos e propostas de lei, o respeito por um prazo de consulta e o direito de emissão de pareceres e de audição oral das estruturas representativas dos trabalhadores e dos empregadores — arts. 4º, 5º e 6º do mesmo diploma). Por outro lado, a dignidade constitucional da matéria demonstra a importância que lhe é reconhecida pelo sistema jurídico — até porque ao desrespeito deste dever de consulta inere a sanção máxima da inconstitucionalidade formal da lei em causa (art. 277º nº 1 da CRP).

É certo que a intervenção das entidades representativas de interesses colectivos privados não corresponde hoje a uma especificidade do direito laboral no processo de formação das leis. Perante aquilo que veio a ser consagrado, em termos gerais, como a obrigação de audição dos entes representativos de interesses colectivos no processo de elaboração das leis em geral (DL nº 185/94, de 5 de Julho) — que justificava, aliás, a intervenção das associações patronais na elaboração das leis laborais antes da L. nº 36/99, de 26 de Maio, que mandou aplicar o regime previsto na L. nº 16/79, de 26 de Maio a estas entidades —, esta intervenção reconduz-se a uma manifestação, porventura mais aperfeiçoada, de um princípio geral.

Apesar de tudo, detecta-se aqui, de novo, a maturidade do direito do trabalho enquanto área jurídica, pelo seu papel precursor nesta matéria: a admissibilidade genérica da intervenção dos destinatários das normas, no seu processo formativo, com o objectivo de acautelarem (contra outros interesses) os seus interesses colectivos ou de grupo, corresponde, afinal, à generalização de uma forma de intervir no mundo jurídico que é tipicamente laboral.

Mais singular se nos afigura ser a intervenção indirecta das entidades colectivas na elaboração das normas legais de incidência laboral, que se tem vindo a desenvolver com a prática da concertação social —

é a temática da «legislação laboral negociada», difundida nas últimas décadas como um dos recursos para enfrentar a propalada crise do direito do trabalho, conforme já tivemos ocasião de referir noutro ponto do estudo[497].

Na verdade, o que sucede é que, apesar de revestirem formalmente carácter negocial, os acordos resultantes da concertação social não têm sido tomados pelo legislador apenas como «elementos de trabalho» a ter em conta na elaboração dos diplomas legais (nos termos previstos para a intervenção directa, no art. 7º nº 1 da L. nº 16/79, de 26 de Maio), mas têm sido determinantes do sentido e até da letra de muitas normas laborais, como tivemos ocasião de exemplificar com referência a diversos diplomas[498].

É sabido que este fenómeno é o resultado da transacção sempre difícil entre os interesses opostos das várias forças laborais com assento na concertação social e ainda de interesses gerais do Estado em matéria laboral — a legislação negociada reflecte o compromisso possível num determinado momento entre as pretensões dos trabalhadores em melhorar, ou, pelo menos, em manter o seu estatuto laboral, as pretensões dos empregadores em aumentar a eficiência das empresas e em reduzir os custos do trabalho e os interesses do Estado em diminuir e prevenir a conflitualidade laboral (promovendo compromissos entre os parceiros sociais, em sede de concertação, que se reflectirão futuramente na negociação colectiva e na vida das empresas de uma forma que favorece a paz social) e em promover o emprego e a saúde da economia. Subjacentes à concertação social e às normas legais que nela têm origem estão pois, uma vez mais, valores específicos do direito do trabalho e objectivos de política laboral e de política social.

No entanto, estritamente do ponto de vista do processo normativo, a legislação laboral negociada manifesta, não em termos formais mas em termos substanciais, uma forma peculiar de criação do direito, já que as normas são indirectamente produzidas pelos seus próprios destinatários, de acordo com os interesses específicos de grupo que os animam e com a homologação do legislador público, que aproveita a ocasião para prosseguir também interesses gerais. Referindo-se a este

---

[497] *Supra*, § 22º, 49.3.III.
[498] *Supra*, § 22º, 49.5.IV. e VI, e notas [519], [524] e [527], relativamente às matérias do trabalho falsamente independente, da flexibilização do tempo de trabalho e da polivalência funcional.

processo de formação das leis laborais, dizem VERDIER e LANGLOIS[499]: «*Elle [la loi] reste bien cependant l'oeuvre du législateur, mais plus qu'une création, elle devient la ratification d'une transaction établie par le Gouvernement sur la base d'une négociation dans laquelle il aura constitué lui-même le partenaire pour chacune des parties*». Ora, na medida em que revela claramente a capacidade do direito do trabalho para encontrar, por si próprio, as soluções mais adequadas aos seus objectivos, este processo normativo evidencia a sua suficiência como área jurídica, mesmo na época da sua «crise»; e na medida em que se orienta por valores especificamente laborais, este processo normativo contribui para demonstrar a sua autonomia dogmática.

V. Chegados a este ponto, cremos ser possível proceder a uma observação conclusiva: no processo de construção das suas normas, o sistema laboral revela uma grande aptidão para desenvolver instrumentos normativos novos, para adequar o regime das fontes comuns às suas necessidades, mesmo que isso implique a adopção de soluções porventura menos usuais do ponto de vista técnico, e ainda para utilizar uma e outra destas vias para responder aos novos desafios que a época da sua «crise» lhe colocou. Por isso, deste ponto de vista, o direito do trabalho pode considerar-se relativamente auto-suficiente. Mas, porque as soluções que desenvolve são claramente motivadas pelos seus próprios valores, a maturidade que revela nesta matéria contribui também para o seu reconhecimento como área jurídica dogmaticamente autónoma.

67. As especificidades das operações de interpretação e aplicação do direito no domínio laboral: o papel do *favor laboratoris*

I. A segunda área em que o sistema juslaboral logrou desenvolver técnicas específicas de abordagem dos seus problemas tem a ver com a interpretação e a aplicação das normas laborais e do contrato de trabalho, pelo papel determinante que a regra do tratamento mais favorável ao trabalhador desempenha neste domínio. Do nosso ponto de vista, as diversas aplicações do *favor laboratoris* nesta matéria evidenciam a maturidade do sistema laboral, porque provam a sua capacidade para manusear as categorias normativas gerais e as regras comuns em matéria de interpretação e aplicação do direito da forma mais adequada aos seus objectivos, bem como a sua aptidão para desenvolver soluções verdadeiramente inovadoras neste capítulo.

De uma forma esquemática, podemos elencar três áreas de intervenção neste domínio, em que é feito um apelo à ideia da maior favorabilidade: a matéria da interpretação das normas laborais e do contrato de trabalho, na qual é equacionado valor da protecção do trabalhador; a matéria da conjugação das normas laborais, em que se manuseiam as categorias normativas comuns e se desenham soluções novas de composição das fontes em prossecução de valores laborais (no caso, não só o valor da protecção do trabalhador como também o valor da autonomia colectiva); e, finalmente, a matéria da relação entre as fontes laborais e o contrato de trabalho, onde são engendradas as soluções mais expeditas e eficazes do ponto de vista da tutela do trabalhador.

II. Começando pela matéria da interpretação das normas laborais e do contrato de trabalho, pode concluir-se, a partir do conjunto das referências legais à ideia de tratamento mais favorável, que a regra do *favor laboratoris* é utilizada como um critério geral de orientação da operação interpretativa[500]. Por força desta regra, o intérprete é sistematicamente convidado a ponderar as normas legais, as disposições dos instrumentos de regulamentação colectiva e as cláusulas do contrato de trabalho da perspectiva da tutela do trabalhador, devendo, em caso de dúvida sobre o seu sentido e se não concorrerem outros valores que, na situação em concreto, devam considerar-se superiores, optar por aquele sentido que mais favoreça o trabalhador.

A razão de ser deste critério interpretativo é tão fácil de compreender como fácil é de enunciar o óbice dogmático que ele poderia formalmente suscitar. Assim, se atentarmos no objectivo proteccionista que tradicionalmente orientou o direito do trabalho, justifica-se um critério interpretativo deste tipo, já que uma das vias para assegurar a tutela do trabalhador é a resolução das dúvidas de interpretação a seu favor.

---

[499] *Aux confins...cit.*, 256.

[500] Foi, aliás, esta a primeira dimensão reconhecida ao *favor laboratoris*, aquando da sua consagração no Projecto de Título de Código Civil de GALVÃO TELLES (art. 7º da secção relativa ao contrato de trabalho); a segunda dimensão do princípio era a dos conflitos de fontes (ainda art. 7º e também art. 5º § 1º) — *Exposição de Motivos...cit.* (BMJ), 169.

Mas o óbice dogmático colocado por um tal critério residiria exactamente na circunstância de a sua aplicação a um negócio jurídico privado, ou a uma norma de direito privado, viabilizar o favorecimento de um sujeito privado em detrimento de outro — o que poria genericamente em causa o princípio da igualdade[501] e, com referência à interpretação do contrato de trabalho, a concretização deste princípio, no domínio dos negócios jurídicos onerosos, na regra da resolução das dúvidas sobre o sentido das declarações negociais que manda prevalecer aquele sentido que conduza ao maior equilíbrio das prestações (art. 237º *in fine* do CC).

Como se sabe, a própria evolução do direito civil em matéria de teoria da interpretação e, especialmente, no que se refere à interpretação dos negócios jurídicos[502], permite ultrapassar este problema e compatibilizar esta valência do *favor laboratoris* com o regime constante dos arts. 9º e 10º do CC, no que se refere à interpretação das normas laborais de origem legal e convencional colectiva, e com o regime dos arts. 236º e ss. do CC, no que se reporta à interpretação dos contratos de trabalho[503].

---

[501] Salientando a oposição da regra do *favor laboratoris* ao princípio constitucional da igualdade, por beneficiar uma pessoa em razão da sua condição social, MOTTA VEIGA, *Lições...cit.*, 154, que daí retira a consequência da natureza excepcional desta regra; também referindo esta oposição do *favor* ao princípio da igualdade, mas para a considerar como uma contrariedade formal, MONTEIRO FERNANDES, *Direito do Trabalho cit.*, 114. Já realçando a colisão do *favor laboratoris* com os valores da segurança do direito, por considerar que ele conduz ao empirismo e ao subjectivismo na aplicação da lei, ROMANO MARTINEZ, *Direito do Trabalho cit.*, I, 283.

[502] Sobre esta evolução, entre nós, por exemplo, MENEZES CORDEIRO, *Introdução à Edição Portuguesa* da obra de K.-W. CANARIS, *Pensamento Sistemático...cit.*, XXIX ss. e CVII ss., e *Ciência do direito e metodologia jurídica...cit.*, 710 ss. e 764 ss., José LAMEGO, *Hermenêutica e Jurisprudência*, Lisboa, 1990, *maxime* 68 ss., ou Carlos Ferreira de ALMEIDA, *Texto e Enunciado na Teoria do Negócio Jurídico*, I, Coimbra, 1992, 177 e nota [211].

[503] Bem como em relação à interpretação das cláusulas obrigacionais da convenção colectiva de trabalho, se se admitir que as duas parcelas do conteúdo da convenção podem ser objecto de técnicas interpretativas diferenciadas. Não sendo este um ponto relevante para a demonstração do nosso argumento, prescindimos de o apreciar.

De facto, desde que se afaste a sua acepção amplíssima (que permitiria a opção pelo sentido da norma ou da cláusula negocial mais vantajosa para o trabalhador em *todos* os casos de dúvida e sem necessidade de ponderar outros elementos interpretativos), que a generalidade da doutrina recusa, pelo empirismo e pelo arbítrio que envolve[504] e que a lei laboral não legitima — até porque contempla diversas situações de não prevalência do sentido mais favorável ao trabalhador (é o que sucede no confronto entre fontes de valor diferente, se a fonte superior se «opuser» à aplicação da fonte inferior mais favorável, e, no concurso entre instrumentos colectivos, em que a regra da prevalência das normas especiais sobre as normas gerais prevalece sobre a regra da maior favorabilidade, conforme dispõem, respectivamente, os arts. 13º nº 1 da LCT e 14º nº 2 a) da LRCT) —, a regra do tratamento mais favorável ao trabalhador reconcilia-se com as regras gerais de interpretação da lei e dos negócios jurídicos porque se deixa conceber como *um* dos vários critérios de interpretação disponíveis. E, nessa qualidade, esta regra é compatível com o princípio geral da igualdade, desde que este princípio seja objecto de um entendimento substancialista, conforme é propugnado hoje pela ciência jurídica — ou seja, um entendimento assente na ponderação da situação real e não formal dos destinatários das normas ou dos parceiros negociais e que admite, em conformidade, uma interpretação correctiva em favor de um deles sempre que isso seja necessário para fazer corresponder à igualdade formal uma igualdade substancial[505].

Dentro destes parâmetros, o critério do tratamento mais favorável será determinante para a fixação do sentido das normas laborais de origem legal e convencional colectiva, se, verificada a incidência do preceito em matéria susceptível de afectar o estatuto ou as garantias dos trabalhadores e ponderados também outros elementos na operação de

---

[504] Neste sentido, por exemplo, MENEZES CORDEIRO, *Manual...cit.,* 72 e *O princípio do tratamento mais favorável...cit.,* 113.

[505] *Vd., supra,* § 20º, 43.III., as referências que fizemos a esta evolução da dogmática civil no sentido da valorização do princípio da igualdade em termos substanciais e da assunção da tutela da parte fraca como um objectivo geral do direito civil. Referindo, em especial quanto ao caso português, a conciliação do *favor laboratoris* com «o carácter social que constitui um atributo moderno das legislações e que justificadamente se pretende imprimir ao novo Código», GALVÃO TELLES, *Exposição de Motivos...cit.* (BMJ), 169.

interpretação, se vier a concluir que o resultado que ele propicia é, no caso concreto, o que melhor corresponde aos interesses subjacentes à norma. E, na interpretação do contrato de trabalho, o critério da maior favorabilidade actuará quando, em concreto e não em abstracto, surja a necessidade de protecção do trabalhador (porque, apesar da sua formal posição de igualdade perante o empregador, se comprova a sua inferioridade em termos substanciais) e se avalie essa protecção como o valor mais importante em jogo[506].

No entanto, na nossa opinião, se esta reconciliação do *favor laboratoris*, na sua valência interpretativa, com o direito civil afasta a sua especificidade dogmática (nos parâmetros indicados, ele deixa-se reconduzir a uma manifestação do princípio da tutela do contraente débil)[507], ela não ilude a sua importância na confirmação da maturidade do direito laboral, pelo papel precursor que, também nesta matéria, desempenhou. É que, se o *favor laboratoris* foi, como reconhecem muitos autores, uma das fontes inspiradoras da evolução moderna da teoria geral da interpretação — é o que se infere da referência de MENEZES CORDEIRO[508], ao aproveitamento, pelo direito civil, de uma «lição do Direito do trabalho», ou do reconhecimento, por RICHARDI[509], de que o pensamento social e as preocupações sociais deixaram de ser uma tarefa do direito do trabalho para passarem a ser uma tarefa geral do direito civil —, então o direito civil aproveitou uma metodologia interpretativa típica do direito laboral, o que, provando a solidez das soluções por este desenvolvidas, confirma a sua maturidade. Surgido no domí-

---

[506] Contra, por exemplo, ROMANO MARTINEZ, *Direito do Trabalho cit.*, I, 281 s., e 284, considerando que apenas num estádio incipiente do direito do trabalho, em que a maioria dos problemas laborais se resolviam através da aplicação das normas civis, fazia sentido uma tal interpretação. Para este autor, nesta perspectiva interpretativa, o princípio do tratamento mais favorável deve considerar-se historicamente ultrapassado e sem aplicação prática.

[507] Como referimos, *supra*, § 20°, 44.2.III, para um sector da doutrina, a evolução do direito civil nesta matéria e, designadamente, o desenvolvimento da ideia da interpretação favorável ao contraente débil, constituiu um argumento para recusar a autonomia dogmática do direito laboral, considerando-se que o seu princípio fundamentante (o princípio da protecção) teria sido absorvido pelo direito civil.

[508] *Da situação jurídica laboral...cit.*, 108, e *Manual...cit.*, 101.

[509] *Arbeitsrecht und Zivilrecht cit.*, 25.

nio laboral, por razões históricas conhecidas (afinal, foi a propósito do fenómeno do trabalho subordinado que, pela primeira vez e de uma forma particularmente violenta, os princípios da igualdade e da liberdade negocial foram confrontados com as suas próprias limitações na protecção dos sujeitos materialmente débeis ou dependentes), e aí desenvolvido em nome do valor da protecção do trabalhador, o critério do *favor laboratoris* revelou-se, afinal, aproveitável em termos gerais e, designadamente, noutras situações em que se verifique idêntica desigualdade e a correspondente necessidade de tutela da parte fraca.

III. No que se refere à conjugação das fontes laborais, a maturidade do direito laboral revela-se, como referimos acima, na facilidade com que, de novo através da ideia do *favor laboratoris,* manuseia as categorias normativas comuns e desenha novas soluções de composição das fontes, orientando-se, num caso como no noutro, por valores especificamente laborais — para além do valor da protecção do trabalhador, sobressaem ainda neste domínio o valor da autonomia colectiva e, pontualmente, interesses de ordem pública.

Nesta sua aplicação, o *favor laboratoris* é mencionado de forma recorrente nos textos legais, tanto a propósito dos problemas colocados pela relação entre fontes de valor hierárquico diferente, como para resolver os problemas de conjugação de fontes do mesmo valor. A avaliação da especificidade das soluções propostas para esses problemas não pode ser feita sem um enunciado sumário dessas referências.

No que se refere à relação entre fontes de diferente valor hierárquico, a lei recorre à ideia do tratamento mais favorável ao trabalhador em termos gerais, a propósito dos conflitos de fontes, especificamente a propósito da relação entre as normas legais e os instrumentos de regulamentação colectiva, para limitar o conteúdo destes últimos, e, ainda com referência a estes instrumentos, para conformar a sua relação com as normas convénio-dispositivas. Assim, o *favor laboratoris* é enunciado como critério de resolução de conflitos de fontes laborais de diferente valor pelo art. 13º nº 1 da LCT, que determina a prevalência da norma inferior mais favorável ao trabalhador, desde que não haja «oposição» da fonte superior a essa aplicação. Por outro lado, no que se refere especificamente à relação entre as normas legais e os instrumentos de regulamentação colectiva do trabalho, a lei enuncia o *favor laboratoris* como critério limitador do conteúdo destes instrumentos no art. 6º nº 1 c) da LRCT, proibindo que eles incluam «qualquer disposição que importe para os trabalhadores tratamento menos favorável do que o estabelecido por lei». Finalmente, a ideia da maior favorabilidade releva na relação entre as normas legais e as convenções colectivas, a propósito da categoria das normas convénio-dispositivas, prevista no art. 13º nº 2 da LCT, uma vez que da necessária conjugação deste preceito com o art. 6º nº 1 c) da LRCT resulta que estas normas só podem ser afastadas pelas convenções colectivas para estabelecer um regime mais favorável ao trabalhador do que o previsto na lei.

No que se refere à relação entre fontes laborais de idêntico valor hierárquico, a lei recorre ao *favor laboratoris* como critério para a resolução dos problemas de concurso e de sucessão de instrumentos de regulamentação colectiva. Assim, para dirimir o concurso entre instrumentos colectivos e não sendo nenhum deles um acordo de empresa, a lei manda aplicar o instrumento que seja considerado, no seu conjunto, mais favorável, competindo a escolha ao sindicato representativo do maior número de trabalhadores afectados pelo concurso ou, subsidiariamente, aos próprios trabalhadores — é o regime constante do art. 14º nº 2 b) e nº 4 da LRCT. A mesma relevância da ideia da maior favorabilidade se detecta na disciplina do fenómeno da sucessão de instrumentos colectivos, constante do art. 15º nº 1 da LRCT, nos termos do qual o novo instrumento só pode reduzir pontualmente as condições de trabalho fixadas pelo instrumento anterior se apresentar «um carácter globalmente mais favorável» e, em todo o caso, se aquela redução não determinar um regime menos favorável do que o previsto na lei.

No nosso entender, a primeira conclusão a retirar deste conjunto de referências ao *favor laboratoris* é a da grande importância que a lei lhe atribui enquanto critério de resolução dos problemas de conjugação das fontes — o que não surpreende se tivermos em conta que o *favor* projecta o princípio laboral tradicional da protecção do trabalhador. Mas, mais do que a comprovação da sua importância, cremos que as diversas aplicações da ideia da maior favorabilidade enunciadas demonstram a capacidade do sistema laboral para afinar um conjunto de técnicas de resolução dos problemas de conjugação das suas fontes, que lhe permitem prosseguir, em cada situação, os objectivos que repute mais importantes. Como veremos de seguida, em alguns casos, essas técnicas passam apenas pelo manuseamento hábil das regras gerais, enquanto noutros conduzem a soluções originais, mas, de uma como de outra forma, elas vão evidenciando a grande vitalidade da área jurídica no desenvolvimento das soluções mais adequadas aos seus problemas.

IV. Exemplos de um manuseamento das categorias normativas gerais particularmente hábil e vocacionado à prossecução dos valores laborais, através da aplicação da ideia do *favor laboratoris*, são, na nossa opinião, a regra do art. 13 n° 1 da LCT em matéria de conjugação das fontes laborais, e a regra do art. 14° n° 2 da LRCT sobre a concorrência entre instrumentos colectivos de trabalho.

No caso do art. 13° n° 1 da LCT, a lei manda resolver os conflitos hierárquicos de fontes através da aplicação da norma inferior mais favorável, desde que não haja «oposição» da fonte superior. Apesar do arrevesado da formulação e independentemente da construção defendida sobre o âmbito da norma e sobre o modo como nela se deve entender a actuação do *favor laboratoris*[510], cremos que esta exigência de não

---

[510] Como se sabe, o art. 13° n° 1 da LCT tem sido objecto de especial atenção por parte da doutrina, distinguindo-se duas grandes orientações: uma orientação apelidada de estatutária, que realça o valor do *favor laboratoris* enquanto critério de interpretação das fontes laborais, que foi desenvolvida por António de Lemos Monteiro FERNANDES, *O princípio do tratamento mais favorável ao trabalhador*, ESC, 1966, 21, 73-93, mas se tornou clássica entre nós, tendo merecido o apoio da maioria da doutrina, ainda que com diversas matizes (nesta linha, entre outros, BARROS MOURA, *Notas para uma Introdução...cit.*, 354 ss., e *A Convenção Colectiva...cit.*, 155 ss., BRITO CORREIA, *Direito do Trabalho cit.*, I, 78 ss., BERNARDO XAVIER, *Sucessão no tempo...cit.*, 468, ou José Acácio LOURENÇO, *O princípio do tratamento mais favorável, in Estudos sobre Temas de Direito do Trabalho*, Lisboa, 1982, 91-110 (96 ss.)); e uma orientação de tipo conflitual, sustentada por MENEZES CORDEIRO, *Manual...cit.*, 219 ss., e *O princípio do tratamento mais favorável...cit.*, 130 ss., que desenvolve o princípio na perspectiva da sua contribuição para a resolução dos problemas de conflitos entre fontes laborais (equacionando-o como um elemento de conexão da norma secundária, que indica a fonte aplicável ao caso concreto), e propõe mesmo, nesta perspectiva, o seu alargamento à resolução do problema das relações entre as fontes e o contrato de trabalho (criticando esta orientação, por exemplo, BERNARDO XAVIER, *Curso...cit.*, 263 s.). Para o ponto que agora nos ocupa, não é, todavia, necessário um maior aprofundamento. Abstemo-nos também de aprofundar o problema, prévio ao do papel do *favor laboratoris* na resolução dos conflitos de normas, do modo de fazer a comparação das fontes em confronto, que não releva para o argumento exposto — sobre este ponto, entre outros, RAUL VENTURA, *O cúmulo e a conglobação...cit.*, 202 ss., RIBEIRO LOPES, *Direito do Trabalho cit.*, 74 ss., ou MENEZES CORDEIRO, *O princípio do tratamento mais favorável...cit.*, 124 ss.

oposição da fonte superior não pode deixar de significar que a prevalência da norma inferior mais favorável não é incondicionada mas depende da natureza jurídica da norma superior, revelada pela sua própria interpretação: se a operação interpretativa evidenciar aquilo a que a doutrina chama de «imperatividade absoluta» ou de «pretensão de aplicação absoluta» da norma superior (o que sucederá quando a norma imponha «condições fixas», na expressão de alguns autores)[511], entende-se que ela se «opõe» ao afastamento pela fonte inferior em qualquer sentido — neste caso, o critério do *favor laboratoris* não pode actuar; já se a interpretação não permitir concluir pela imperatividade total, mas a norma incidir em matéria atinente ao estatuto ou às garantias dos trabalhadores, entende-se que ela pode ser afastada pela fonte inferior, mas apenas no sentido mais favorável ao trabalhador, porque a imperatividade funciona apenas para protecção deste (é assim, de acordo com a terminologia dominante, uma «norma imperativa mínima» ou «imperativa-limitativa», que apenas impõe «condições-limites»[512]) — neste caso, a regra do *favor laboratoris* actua em pleno; e, finalmente, se a norma superior se revelar totalmente supletiva (o que poderá suceder se não incidir sobre matéria atinente ao estatuto ou às garantias dos trabalhadores), poderá ser afastada pela fonte inferior em qualquer sentido — neste caso, a regra do *favor laboratoris* não tem que actuar.

---

[511] Recorrendo a esta terminologia, entre outros, MONTEIRO FERNANDES, *Direito do Trabalho cit.*, 115, ou BARROS MOURA, *Notas para uma Introdução...cit.*, 366, e *A Convenção Colectiva...cit.*, 154, RIBEIRO LOPES, *Direito do Trabalho cit.*, 58 ss.; preferindo o termo «pretensão de aplicação absoluta», MENEZES CORDEIRO, *Manual...cit.*, 220, e *O princípio do tratamento mais favorável...cit.*, 136. De uma forma geral, a imperatividade absoluta das normas laborais é ligada pela doutrina à ideia de ordem pública (neste sentido, entre outros, Alfredo Montoya MELGAR, *Stato e autonomia collettiva nel ordinamento spagnuolo*, RIDL, 1990, I, 264-284 (276)), mas o próprio significado de ordem pública é discutido na sua aplicação laboral, sendo comum a distinção entre ordem pública geral e ordem pública social, para diferenciar as normas legais que são totalmente indisponíveis daquelas que admitem a derrogação *in melius* pelas fontes inferiores (por todos, quanto a esta discussão, Gérard LYON-CAEN, *Négociation collective et législation d'ordre public*, DS, 1973, 2, 89-101, e, mais recentemente, MARIE-LAURE MORIN, *La loi et la négociation collective...cit.*, 420 ss.).

[512] Por exemplo, MONTEIRO FERNANDES, *Direito do Trabalho cit.*, 112 e 115 s., chamando a atenção para o facto de a maioria das normas laborais ser deste tipo.

§ 30º - A maturidade do direito laboral enquanto área jurídica

Na nossa opinião, este regime legal viabiliza duas conclusões. A primeira conclusão é a de que, aplicado nos termos descritos, o critério do tratamento mais favorável não colide com os critérios gerais de hierarquização das normas jurídicas, uma vez que as fontes inferiores acabam por prevalecer apenas se e na medida em que a natureza da normas superiores o permita — na verdade, as denominadas «normas imperativas mínimas» não são uma nova categoria normativa mas apenas normas particularmente complexas, porque contêm um comando imperativo e um comando supletivo[513]. A segunda conclusão é a da inequívoca importância que a lei reconhece ao *favor laboratoris* na resolução dos conflitos de fontes, colocando-o, também para este efeito, no centro da operação interpretativa — ora, o facto de o *favor* ser um critério de ponderação obrigatória legitima e, até certo ponto, «normaliza»[514], em nome do valor da protecção do trabalhador, a prevalência da fonte inferior quando a fonte superior não revele, em termos inequívocos, a sua imperatividade total[515]. Deste modo, não se detectando aqui

---

[513] Esta complexidade não é, sequer, uma originalidade das normas laborais, constatando-se em normas de outras áreas jurídicas: assim, a norma laboral que não permite aumentar o número de horas de trabalho diário, não proíbe a diminuição dessas horas, tal como a norma que limita o direito do senhorio a aumentar a renda até um certo valor, não o impede de exigir um aumento inferior ao limite máximo previsto na lei. Ilustrativa do tipo de imperatividade que existe nestas normas é a sua designação em MENEZES CORDEIRO, *O princípio do tratamento mais favorável...cit.*, 121, como «normas cogentes unilaterais», por oposição às «normas cogentes plenas», cuja imperatividade é total.

[514] A este propósito se refere MONTEIRO FERNANDES, *Direito do Trabalho cit.*, 113, à predominância estatística das fontes inferiores sobre as fontes superiores no direito laboral.

[515] Do facto de, em regra, permitirem o afastamento por fonte inferior mais favorável, alguns autores retiram o reconhecimento de uma presunção de imperatividade mínima das normas laborais, considerando o princípio do *favor laboratoris* como um *prius* da operação de interpretação — é a posição sustentada, por exemplo, por MONTEIRO FERNANDES, *Direito do Trabalho cit.*, 118, e BARROS MOURA, *Notas para uma Introdução...cit.*, 368, e *A Convenção Colectiva...cit.*, 155. No nosso entender, a lei não permite concluir neste sentido (a não ser no caso particular da relação entre as normas legais e os instrumentos colectivos, por razões que indicaremos já a seguir em texto — *infra,* V.), mas a inequívoca importância que a lei reconhece ao *favor laboratoris* nesta matéria tem-se, sem dúvida, reflectido na generalização de uma exigência de que a norma superior revele, de um modo inequívoco, a sua imperatividade, para que se considere inaplicável o princípio do *favor*. E o certo é que esta atitude de exigência encontra apoio

qualquer incompatibilidade com as regras gerais de resolução de conflitos de fontes, há, sem dúvida, um manuseamento particularmente hábil destas regras pelo legislador em prossecução de valores laborais.

Outro exemplo da capacidade do sistema laboral para manusear as regras gerais em matéria de conjugação de fontes do modo mais adequado aos interesses subjacentes às suas normas, e da facilidade com que compatibiliza aquelas regras gerais com critérios específicos, com o mesmo objectivo, é dado pela solução disposta para o problema da concorrência entre instrumentos colectivos de regulamentação do trabalho no art. 14º n°s 2 a 6 da LRCT.

Por um lado, aos critérios gerais de resolução deste tipo de conflitos o direito do trabalho adita o seu próprio critério de resolução do problema — assim, para resolução destes conflitos concorrem os critérios da prevalência das normas especiais sobre as normas gerais (alínea a) do nº 2 do art. 14º), o critério da prevalência das normas mais recentes sobre as normas mais antigas (que é indicado, como último recurso, no nº 6 do art. 14º), mas também o critério do *favor laboratoris*, que deverá funcionar em todos os casos em que não seja aplicável o critério da especialidade.

Por outro lado, ressalta do regime legal que tanto o recurso aos critérios gerais como o recurso ao critério da maior favorabilidade, para a resolução do problema do concurso normativo, obedecem a valores e objectivos especificamente laborais: assim, o critério do *favor laboratoris* traduz, evidentemente, o valor da protecção do trabalhador, mas traduz também a importância do elemento colectivo no direito do trabalho, para o qual já chamámos oportunamente a atenção[516] (porque a operação de escolha do instrumento mais favorável é cometida pela lei aos sindicatos ou directamente aos trabalhadores afectados pela situação de concorrência — art. 14º n°s 3 e 4); e o afloramento de um critério de especialidade, que manda prevalecer os acordos colectivos de

---

directo na lei, porque se difundiu entretanto a prática de fazer acompanhar os regimes legais que se pretendem imperativos de normas que expressamente declaram essa mesma imperatividade — neste sentido e a título exemplificativo, vejam-se normas como o art. 2º da LCCT, afirmando a imperatividade do regime jurídico da cessação do contrato de trabalho e do contrato de trabalho a termo, ou o art. 21º da LFFF, que dispõe no mesmo sentido em relação aos feriados.

[516] *Supra*, § 29º.

trabalho e os acordos de empresa sobre os contratos colectivos de trabalho, de âmbito mais geral (art. 2º nº 3 da LRCT), evidencia a preferência da lei pelos instrumentos colectivos mais próximos dos seus próprios destinatários — o que volta a demonstrar a aptidão do direito laboral para adequar as regras gerais à prossecução dos seus objectivos e, designadamente, neste caso, às suas opções de política laboral em matéria de níveis de negociação colectiva.

V. Mas, como referimos acima, na matéria da conjugação das fontes a lei tem recorrido ao *favor laboratoris* não apenas para adequar as regras gerais de coordenação das fontes aos valores laborais, mas para prosseguir esses mesmos valores através de soluções originais. É o que sucede, na nossa opinião, com as soluções encontradas para os problemas da relação entre os instrumentos de regulamentação colectiva do trabalho e as normas legais, tanto a propósito da limitação do conteúdo dos primeiros (art. 6º nº 1 b) e c) da LRCT), como a propósito das normas convénio-dispositivas (art. 13º nº 2 da LCT), e ainda quanto à questão da sucessão de instrumentos de regulamentação colectiva do trabalho (art. 15º da LCRT).

A primeira aplicação da ideia do *favor laboratoris* à conjugação entre as normas legais e os instrumentos colectivos de trabalho, que conduz a uma solução original, tem a ver com o conteúdo destes instrumentos e decorre da necessidade de articular dois dos limites que lhe são impostos pela lei: a necessidade de respeito pelas normas legais imperativas (alínea b) do nº 1 do art. 6º da LRCT), e a proibição de inclusão de quaisquer cláusulas susceptíveis de determinar um regime menos favorável para os trabalhadores do que o previsto na lei (alínea c) do mesmo preceito). É que a única forma de conjugar estes dois critérios limitadores que assegura um sentido útil à alínea c) é admitir, como já fizemos noutro ponto da investigação[517], que, para efeitos da sua relação com os instrumentos colectivos, *todas* as normas legais são dotadas de um certo grau de imperatividade, uma vez que, ou não podem ser afastadas pelos instrumentos colectivos (são as situações contempladas na alínea b) do art. 6º) ou, podendo sê-lo, esse afastamento só pode ser feito num determinado sentido (são as situações

---

[517] *Supra*, § 26º, 59.IV, quando apreciámos as implicações desta norma na configuração da autonomia colectiva.

previstas na alínea c) do mesmo preceito)[518]. Todavia, a interpretação da norma neste sentido tem implícita uma presunção de imperatividade mínima em relação a *todas* as normas legais, embora apenas para efeitos da sua relação com os instrumentos colectivos[519] (que só poderá ser ilidida, no caso previsto na alínea c), se a interpretação revelar que a norma não incide em matéria relativa ao estatuto ou às garantias dos trabalhadores, não se colocando então a questão da maior ou menor favorabilidade do regime convencional colectivo), o que significa a formulação de um juízo apriorístico sobre a natureza jurídica das normas em questão, que inverte o percurso normal da operação interpretativa, mas, sobretudo, que contraria a regra geral da supletividade das normas de direito privado.

Uma vez mais, o objectivo da lei na fixação deste regime é fácil de descortinar: nesta limitação qualitativa dos instrumentos colectivos manifesta-se o princípio tradicional da inderrogabilidade *in pejus* na

---

[518] Do nosso ponto de vista, esta é a única interpretação que permite compreender a sucessão das duas limitações nas alíneas b) e c) do nº 1 do art. 6º da LRCT, acolhendo-se a distinção já enunciada entre normas absoluta e relativamente imperativas. Na alínea b) está em causa o respeito do instrumento colectivo pelas normas legais imperativas (como resulta, aliás, expressamente do texto da lei), mas parece também estar subjacente a inviabilidade de qualquer tipo de desvio à norma legal levado a efeito pelo instrumento colectivo (ou seja, a ideia de que a imperatividade da norma é absoluta), porque, se considerarmos que o legislador incluiu aqui também as normas imperativas mínimas, então a alínea seguinte torna-se supérflua — até porque o art. 13º nº 1 da LRCT já impõe a ponderação da ideia da maior favorabilidade na apreciação da natureza jurídica de todas as normas laborais. A alínea c) reportar-se-á então às outras normas, que se presumem imperativas em termos mínimos, podendo ser afastadas pelo instrumento colectivo apenas no sentido mais favorável aos trabalhadores. Contra o entendimento que aqui sustentamos e numa interpretação literal do preceito, alguns autores têm integrado na alínea b) do nº 1 do art. 6º tanto as normas imperativas absolutas como as normas imperativas mínimas (neste sentido, por exemplo, MONTEIRO FERNANDES, *Direito do Trabalho cit.,* 732); do nosso ponto ponto de vista, esta interpretação deixa a dúvida sobre o alcance (e mesmo sobre a constitucionalidade) do limite imposto pela alínea c).

[519] E não em termos gerais, como sustenta uma parte da doutrina directamente a partir da interpretação do art. 13º nº 1 da LCT — *supra,* IV., nota [515]. No nosso entender, esta presunção de imperatividade das normas laborais só se justifica a propósito da relação entre as normas legais e os instrumentos colectivos porque é apenas neste contexto que a lei distingue entre normas imperativas e normas mais favoráveis ao trabalhador.

relação entre fontes laborais de valor diferente, que permite à lei assegurar-se de que a autonomia colectiva não é, em caso algum, exercitada contra os próprios trabalhadores e, mediatamente, prosseguir o valor da protecção do trabalhador que a ideia da inderrogabilidade traduz[520]. Mas a forma como se atinge esse objectivo é que é singular, porque passa pelo estabelecimento, num contexto de direito privado, de uma presunção de imperatividade em relação a todas as normas legais na sua relação com os instrumentos de regulamentação colectiva. Assim, cremos que, também a este propósito, o sistema juslaboral não se mostrou coarctado pelas regras gerais (no caso, a regra da supletividade das normas de direito privado), acabando por desenvolver uma solução original de composição das suas fontes, claramente norteada pelos valores laborais[521].

A segunda situação em que, do nosso ponto de vista, a aplicação da ideia do *favor laboratoris* à matéria da relação das fontes determinou uma solução original tem também a ver com a relação entre as normas legais e as convenções colectivas, mas refere-se às normas convénio-dispositivas, previstas no art. 13º nº 2 da LCT e exemplificadas

---

[520] Neste sentido, MENEZES CORDEIRO, *O princípio do tratamento mais favorável...cit.*, 116, refere que a intervenção do princípio do tratamento mais favorável no domínio dos conflitos hierárquicos se explica historicamente pela ideia da evolução necessariamente *in melius* do sistema de tutela do trabalhador que inere à lógica genética do direito laboral.

[521] De notar que a apreciação que acabamos de fazer não tem implícita qualquer tomada de posição quanto à justificação axiológica de um sistema tão restritivo em relação à autonomia colectiva, no estádio actual de evolução do direito do trabalho — já tivemos, aliás, ocasião, de dar nota das tendências mais recentes de crítica a este sistema, que assenta no pressuposto historicamente ultrapassado da irredutibilidade do estatuto dos trabalhadores e passa pelo reconhecimento de um estatuto de menoridade às associações sindicais, que hoje não faz grande sentido. O que pretendemos agora salientar é o facto de a solução descrita se inspirar directamente em valores laborais, ao tempo considerados fundamentais; a sua alteração está, evidentemente, em aberto, dependendo da evolução desses mesmos valores fundamentantes, que, num ou noutro caso, já vão sendo sendo conjugados com outros interesses — neste sentido, veja-se, por exemplo, o art. 7º da L. nº 21/96, de 23 de Julho, que admite o afastamento do regime legal em matéria de duração do trabalho e de polivalência funcional pelas convenções colectivas, desde que «em sentido mais favorável aos trabalhadores e <u>às empresas</u> (sublinhado nosso).

em diversos diplomas laborais[522]. Na nossa opinião, a maturidade do sistema jurídico laboral evidencia-se a este propósito, não só pela fisionomia particular desta categoria de normas, mas porque a sua admissibilidade traduz uma atitude de princípio do legislador em relação ao papel que deve ser cometido à lei e a outras fontes do direito (no caso, as convenções colectivas) na regulação das matérias laborais, que, sendo particularmente adequada aos interesses em causa, não é certamente a mais comum.

As normas convénio-dispositivas ou «convénio-supletivas»[523] correspondem, em termos formais, a uma categoria normativa incomum, na medida em que a supletividade ou a imperatividade da norma emana de um juízo do legislador que não incide, como é usual, sobre a natureza particular ou geral, disponível ou indisponível dos interesses por ela prosseguidos, mas sobre a qualidade dos seus destinatários — assim, o comando normativo que pode ser afastado pelos parceiros sociais nas convenções colectivas não o poderá ser pelo empregador e pelo trabalhador no contrato de trabalho. Ora, se o objectivo da lei ao dispor este regime não é difícil de entender (justificando-se a imperatividade do preceito legal em relação ao contrato de trabalho na convicção da debilidade negocial do trabalhador perante o empregador, quando esta debilidade é ultrapassada pela deslocação do plano de discussão das condições de trabalho para o nível colectivo, aquela imperatividade perde razão de ser e a autonomia pode ser reposta neste nível), forçoso é reconhecer a originalidade do método adoptado para conjugar os dois valores fundamentais do direito do trabalho aqui presentes — o valor da protecção do trabalhador e o valor da autonomia colectiva. A vitalidade e a segurança do direito do trabalho no desenvolvimento das técnicas mais adequadas aos seus problemas[524] afigura-se-nos particularmente evidente neste caso.

---

[522] Cfr., *supra*, § 26°, 59.VI. e nota [362], os diversos exemplos de normas deste tipo de que já demos conta. A admissibilidade da existência deste tipo de normas fora do âmbito da LCT, onde são formalmente previstas, não tem suscitado dúvidas na doutrina — neste sentido, por todos, ROMANO MARTINEZ, *Direito do Trabalho cit.*, I, 288.

[523] MENEZES CORDEIRO, *O princípio do tratamento mais favorável...cit.*, 121 s. A designação tem origem no termo germânico «*tarifdispositive Normen*».

[524] E, de certa forma, a sua ousadia em consagrar directamente na lei esta categoria normativa, o que lhe permitiu evitar as discussões sobre a sua admis-

A esta conclusão pode, apesar de tudo, ser contraposto o reduzido alcance prático desta categoria normativa no caso português, uma vez que as possibilidades de aproveitamento da permissão regulativa conferida por estas normas às convenções colectivas são limitadas pela necessária conformação do seu conteúdo pela ideia de maior favorabilidade — como observámos[525], por imposição directa do art. 6º nº 1 c) da LRCT, o poder conferido pelo art. 13º nº 2 da LCT aos parceiros colectivos só pode exercer-se num sentido que favoreça mais os trabalhadores do que o regime legal e este requisito limita significativamente a operacionalidade do preceito. Todavia, do ponto de vista da evolução futura da área jurídica, cremos que esta categoria normativa tem as maiores potencialidades de aproveitamento, porque é um veículo particularmente adequado para concretizar a tendência de flexibilização dos sistemas laborais, já que esta passa mais pelo incremento da autonomia colectiva do que pela recuperação do espaço de autonomia das partes no contrato de trabalho, como já vimos[526] — o número de normas convénio-dispositivas tenderá assim a aumentar e a sua operacionalidade crescerá se, à semelhança do que se tem passado noutros sistemas jurídicos, se vier também entre nós a temperar a exigência da maior favorabilidade do conteúdo das convenções colectivas relativamente às normas legais por outros valores.

Por outro lado, cremos que a categoria das normas convénio-dispositivas evidencia ainda uma posição de princípio do direito do trabalho quanto ao lugar que a lei deve ocupar no elenco das fontes, que não é porventura a mais comum: é que, sendo certo que, ao aproveitarem a permissão conferida por este tipo de normas, as convenções colectivas se limitam, em termos formais, a afastar um regime legal que tem, quanto a elas, carácter supletivo, em termos substanciais elas desenvolvem efectivamente uma função de substituição da lei, que se remete assim para uma posição secundária. Contudo, este apagamento voluntário das normas legais perante a autonomia colectiva não corresponde a uma devolução simples dos poderes de autodeterminação

---

sibilidade que se travam noutros ordenamentos — é o se passa no direito germânico, como se pode ver, por exemplo, em CANARIS, *Tarifdispositiv Normen....cit.* Salientando este facto como uma «situação de privilégio» do sistema português, MENEZES CORDEIRO, *O princípio do tratamento mais favorável...cit.,* 122.

[5-5] *Supra,* III.
[526] *Supra,* §º 22º, 49.3.III.

negocial a sujeitos privados, como sucede geralmente no direito civil, mas a uma devolução condicionada, na medida em que, através das exigências de maior favorabilidade, a lei mantém um controlo efectivo sobre o modo como aqueles poderes de autodeterminação vão ser exercidos[527].

Ainda com referência à matéria da conjugação das fontes laborais, cremos que o *favor laboratoris* é aplicado de um modo original na resolução do problema da sucessão de instrumentos colectivos de trabalho, porque a solução encontrada passa pela criação de normas imperativas a partir da regulamentação colectiva.

Como referimos acima, o art. 15º nº 1 da LRCT condiciona a redução pontual das condições de trabalho fixadas num instrumento de regulamentação colectiva pelo instrumento que lhe suceda ao «carácter globalmente mais favorável» do segundo instrumento e impõe ainda, como limite máximo àquela redução, que o novo regime convencional seja mais favorável do que o regime previsto na lei — é, de novo, a aplicação da regra da inderrogabilidade *in pejus*, que, no caso, permite salvaguardar as vantagens ou os direitos adquiridos pelos trabalhadores ao abrigo da regulamentação colectiva. Ora, o modo como esta solução é arquitectada é original, porque estes patamares sucessivos de favorecimento dos trabalhadores assentam na atribuição de força injuntiva aos preceitos convencionais: uma vez estabelecidos e desde que consubstanciem vantagens ou direitos para os trabalhadores (por mais restritiva que seja a interpretação da norma quanto ao que possa entender-se como «direito adquirido» para este efeito[528]), estes preceitos colectivos ganham

---

[527] A este propósito, reconhece, por exemplo, MONTOYA MELGAR, *Stato e autonomia collettiva...cit.*, 273 ss. (*maxime* 278 s.), a ampla capacidade de actuação que a lei atribui à autonomia colectiva (apesar de ser uma fonte superior), não só dispondo em termos mínimos como reenviando diversas matérias directamente para a regulamentação convencional colectiva.

[528] Como é sabido, é exactamente através da limitação do conceito de direito adquirido que a doutrina tem procurado diminuir o alcance das restrições que esta norma impõe à autonomia colectiva — a este propósito, entre outros, BERNARDO XAVIER, *A sucesssão no tempo...cit.*, e *A sobrevigência...cit.*, bem como Michel DESPAX, *Dénonciation d'une convention collective et sort des avantages acquis en matière de rémunération*, DS, 1990, 2, 156-163 (161 ss.), e *Négociations, conventions et...cit.*, 406 ss. A dificuldade de delimitação deste conceito é, todavia, bem ilustrada em autores como Emmanuel DOCKÈS, *L'avantage individuel acquis,*

um estatuto de imperatividade, uma vez que se impõem, *ad infinitum*, às partes como a terceiros, na outorga das convenções subsequentes.

Já noutro ponto do estudo[529] chamámos a atenção para a singularidade deste regime legal em termos substanciais: como então referimos, uma solução deste tipo limita a autonomia colectiva de uma forma particularmente rigorosa, porque põe em causa o poder de distrate e de modificação dos contratos por acordo das partes (art. 406° n° 1 da CC). Em termos formais, a sua singularidade não é, todavia, menor, pela novidade do método utilizado: considerando, porventura, como excessivamente rígida a técnica comum de diminuir o espaço de autonomia privada através da regulamentação legal directa em termos imperativos, a lei permite que sejam os parceiros colectivos a estabelecer normas imperativas e para isso reconhece aos seus «negócios» carácter injuntivo. Inspirada directamente pelo valor da protecção do trabalhador, que, também neste caso, prevalece sobre o valor da autonomia colectiva[530], esta solução revela a facilidade com que o direito laboral se aparta das técnicas comuns para desenvolver métodos específicos de actuação, quando entende ser essa a melhor maneira de assegurar os seus propósitos.

VI. Passadas em revista as aplicações do *favor laboratoris* aos problemas da interpretação e da conjugação das fontes laborais, resta referir a terceira matéria em que esta ideia é desenvolvida, e na qual, do nosso ponto de vista, o direito do trabalho soube também incorporar os seus valores nas regras gerais: a matéria da relação entre as fontes e o contrato de trabalho.

A este propósito, a lei socorre-se da ideia do tratamento mais favorável ao trabalhador para resolver o problema dos efeitos da sucessão das leis no tempo em relação aos contratos em execução no momento

---

DS, 1993, 11, 826-836, ou Giuseppe FERRARO, *I diritti questi tra giuridizione e legiferazione*, RIDL, 1995, I, 277-338 (290 ss.), com destaque para este último, que indica cinco acepções diferentes do conceito na sua aplicação laboral. Prévio ao argumento que agora desenvolvemos, este problema extravasa do âmbito das nossas reflexões.

[529] *Supra*, § 26°, 59.IV.

[530] Uma vez mais, abstemo-nos de fazer qualquer juízo sobre a necessidade de um regime tão restritivo em face do nível de tutela de que hoje já beneficiam os trabalhadores subordinados. O que pretendemos realçar é a originalidade formal da solução encontrada para prosseguir o valor considerado mais importante pelo legislador ao tempo do surgimento da lei.

da sua entrada em vigor, bem como a questão da integração das normas legais e das normas colectivas nos contratos de trabalho. Assim, com referência ao primeiro problema, o art. 9º do Decreto Preambular da LCT estabelece o princípio da aplicação da lei laboral apenas para o futuro, mas o artigo seguinte prevê a manutenção «dos contratos em vigor à data da publicação deste diploma em tudo o que implique regime mais favorável ao trabalhador». Por outro lado, no que respeita à conjugação das fontes com os contratos de trabalho, a lei limita a possibilidade de afastamento do regime das convenções colectivas em sede negocial pelo requisito da maior favorabilidade — art. 14º nº 1 da LRCT; e prevê que as cláusulas do contrato de trabalho, que sejam menos favoráveis ao trabalhador do que o regime estabelecido em normas imperativas, se considerem automaticamente substituídas por estas — art. 14º nº 2 da LCT.

No que se refere à regra da salvaguarda das disposições mais favoráveis dos contratos de trabalho em execução ao tempo da entrada em vigor da lei (arts. 9º e 10º do diploma preambular da LCT), está em causa a sua conjugação com a regra geral de não retroactividade das leis e, designadamente, com a distinção, para efeitos de aplicação da lei nova, entre os factos constitutivos e o conteúdo das situações jurídicas anteriores à lei mas pendentes no momento da sua entrada em vigor (art. 12º n°s 1 e 2 do CC).

Do nosso ponto de vista, não há incompatibilidade entre as referidas regras da LCT e as regras gerais nesta matéria[531], porque as primeiras traduzem o princípio da não retroactividade da lei na sua aplicação às situações jurídicas duradouras, como é o caso da situação laboral[532]. Todavia, o facto de o art. 10º do diploma preambular temperar as consequências da regra da aplicação imediata da nova lei ao conteúdo dos contratos de trabalho em execução pela regra da ressalva das cláusulas contratuais mais favoráveis aos trabalhadores, constitui, no nosso entender, uma particular aplicação das regras gerais sobre a sucessão das leis

---

[531] Por todos, sobre as regras do art. 12º do CC, João Baptista MACHADO, *Sobre a Aplicação no Tempo do novo Código Civil. Casos de Aplicação Imediata. Critérios Fundamentais,* Coimbra, 1968, *maxime* 352 ss.

[532] Ainda assim, atente-se na excepção à regra da não retroactividade prevista no art. 13º da LRCT, que admite a eficácia retroactiva das tabelas salariais fixadas pelas convenções colectivas de trabalho.

no tempo, porque nesta ressalva o trabalhador é, uma vez mais, colocado numa situação de favorecimento em relação ao empregador: é que, embora o respeito pelas situações jurídicas constituídas ao abrigo das leis anteriores seja uma manifestação do princípio geral da não retroactividade da lei, no caso parece que apenas serão respeitadas as situações de vantagem que decorriam do regime anterior para os trabalhadores e não as vantagens que decorressem do mesmo regime para os empregadores — a ressalva é pois num único sentido. Ora, mesmo procedendo a uma interpretação muito restritiva deste preceito — considerando, designadamente, que a referência da lei a «*tudo* o que implique regime mais favorável ao trabalhador» (itálico nosso), não contempla meras expectativas mas apenas direitos subjectivos do trabalhador, sendo ainda necessário que estes direitos se tenham incorporado, de facto, no contrato de trabalho para que possam ser considerados *adquiridos*[533] —, parece-nos que esta tutela que a lei dispensa exclusivamente aos trabalhadores evidencia, de novo, a aptidão do direito do trabalho para adaptar aos seus valores (no caso, ainda o valor da protecção do trabalhador, na vertente da progressividade irredutível do estatuto laboral) as regras gerais do direito civil em matéria de sucessão das leis no tempo[534].

No que se refere à regra do art. 14º nº 1 da LRCT[535], que limita a possibilidade de afastamento da regulamentação colectiva ao nível dos contratos de trabalho pelo requisito da maior favorabilidade, as obser-

---

[533] A generalidade dos autores tem interpretado o preceito nestes termos restritivos — neste sentido, entre outros, BERNARDO XAVIER, *Curso...cit.*, 267 ss., ou ROMANO MARTINEZ, *Direito do Trabalho cit.*, I, 293 ss.

[534] Por este motivo, não concordamos com a recondução desta regra ao princípio da salvaguarda das situações pretéritas pela nova lei, como preconiza ROMANO MARTINEZ, *Direito do Trabalho cit.*, I, 310 ss., mas antes nos inclinamos para subscrever a sua qualificação como uma regra de direito transitório formal especial (como faz MENEZES CORDEIRO, *Manual...cit.,* 200). Uma vez mais, a nossa apreciação prescinde de qualquer juízo sobre a real necessidade de subsistência de uma regra deste tipo em face da efectiva melhoria da situação dos trabalhadores — pertinente *de jure condendo*, esta observação não influencia a análise da matéria da perspectiva do direito constituído, que acabamos de fazer.

[535] Esta regra constava já do art. 5º § 2º do Projecto de GALVÃO TELLES, relativo ao título dos contratos no Código Civil — *Exposição de Motivos cit.* (BMJ), 253.

vações que acima fizemos a propósito do regime idêntico que a lei dispõe em matéria de conjugação de fontes são, *mutatis mutandis,* extensíveis a este caso: a consagração da regra da inderrogabilidade *in pejus* dos regimes laborais assegura aqui que a compensação da debilidade negocial do trabalhador pela via colectiva não possa vir a ser frustrada através da modificação das condições de trabalho ao nível do contrato; mas esta regra significa ainda que dos instrumentos de regulamentação colectiva surge para os contratos de trabalho uma nova fonte de regimes imperativos, idêntica à da lei, uma vez que as cláusulas convencionais colectivas também só podem ser afastadas no sentido da maior favorabilidade[536].

Finalmente, no que se refere ao regime da substituição automática das claúsulas menos favoráveis do contrato de trabalho pelos preceitos legais ou colectivos imperativos correspondentes (art. 14º nº 2 da LCT), o direito do trabalho mostra a sua capacidade para adequar as regras gerais em matéria de invalidade e conversão dos negócios jurídicos nulos (art. 293º do CC) aos seus valores, de novo através do recurso à ideia do *favor laboratoris*: é que, mesmo admitindo que este regime não é mais do que a aplicação laboral das regras gerais de conversão dos negócios nulos (para a maioria da doutrina, trata-se de um caso de conversão legal[537]), é patente a sua inspiração no valor da protecção do trabalhador, não só porque a solução da substituição é delimitada pela ideia da maior favorabilidade (o que traduz o princípio da inderrogabilidade *in pejus*, aplicado à relação entre as fontes e o contrato), mas também porque o carácter automático da substituição assegura a sua eficácia prá-

---

[536] Com referência a esta aplicação da ideia da maior favorabilidade noutros ordenamentos, *vd,* por exemplo, RICHARDI, *Kollektivgewalt...cit.,* 360, em apreciação do § 4º Abs. 3 da TVG.

[537] Neste sentido, por exemplo, MENEZES CORDEIRO, *Manual...cit.,* 648, ou ROMANO MARTINEZ, *Direito do Trabalho cit.,* II, tomo 1 (*Contrato de Trabalho*), 202, que estabelecem paralelos entre este regime e as soluções previstas para outros negócios privados onde avultam também necessidades de protecção acrescida de uma das partes, como os contratos celebrados com recurso a cláusulas contratuais gerais — art. 13º da LCCG. Em geral sobre a conversão legal, José de Oliveira ASCENSÃO / António da Rocha Menezes CORDEIRO, *Cessão de exploração de estabelecimento* comercial, ROA, 1987, 845-927 (873 ss.), e Luis A. de Carvalho FERNANDES, *A Conversão dos Negócios Jurídicos Civis,* Lisboa, 1993, 646 ss.

tica, ao dispensar o trabalhador de intentar a acção de declaração de nulidade da(s) cláusula(s) negociais em questão — vantagem que não é de somenos importância se tivermos em conta a pendência do contrato[538].

VII. Chegados a este ponto, cremos que a análise feita permite retirar três conclusões: a primeira reporta-se à importância do *favor laboratoris*; a segunda à sua contribuição para confirmar a maturidade do direito laboral enquanto área ou ramo jurídico diferenciado no direito privado; e a terceira à sua contribuição para a resolução do problema da autonomia dogmática.

Em primeiro lugar, diremos que a apreciação precedente evidencia a enorme importância reconhecida pelo nosso sistema juslaboral à ideia do *favor laboratoris*, como critério de resolução dos problemas de interpretação e aplicação do direito: seja na fixação do sentido das normas legais, das estipulações das convenções colectivas ou das cláusulas do contrato de trabalho, seja na resolução dos problemas de conflitos de fontes ou do relacionamento destas com o contrato de trabalho, a lei exige sistematicamente a ponderação dos efeitos do(s) preceito(s) em questão da perspectiva do trabalhador e viabiliza a opção pela solução que mais o favoreça sempre que, em concreto, o valor da protecção não seja suplantado por outros valores.

---

[538] Na verdade, o recurso ao mecanismo da substituição automática tem um alcance mais vasto no domínio laboral, sendo ainda aplicado, na relação mais complexa entre o contrato de trabalho, a lei e os instrumentos de regulamentação colectiva, à resolução do problema das cláusulas discriminatórias destes instrumentos: assim, nos termos do art. 12º nºs 1 e 2 do DL nº 392/79, de 20 de Setembro, as cláusulas que estabeleçam profissões ou categorias profissionais exclusivamente masculinas ou femininas consideram-se *ex lege* substituídas por cláusulas abrangendo os trabalhadores dos dois sexos, e as cláusulas que estabelecem uma remuneração inferior para os trabalhadores do sexo feminino devem entender-se como prevendo a remuneração superior prevista para os trabalhadores do sexo masculino da mesma categoria ou de categoria equivalente. Também nesta aplicação se constata a vitalidade do direito do trabalho no manuseamento dos instrumentos metodológicos gerais em prossecução dos seus próprios valores (no caso, trata-se do princípio da igualdade de tratamento entre os trabalhadores dos dois sexos), já que esta solução é a forma mais eficaz e expedita de assegurar efectivamente o direito do(a) trabalhador(a).

Ora, do nosso ponto de vista, a importância atribuída pelo sistema normativo ao *favor laboratoris* tem uma implicação imediata, que é a condenação da tendência, comum em alguns sectores doutrinais, para reduzir o *favor* à sua função interpretativa, a fim de viabilizar a sua recondução a uma manifestação do princípio civil geral da protecção do contraente débil. Pelo contrário, na nossa opinião, o amplo leque de aplicações do *favor laboratoris*, de que demos nota, prova que ele extravasa em muito o alcance daquela regra interpretativa do direito comum e legitima o seu reconhecimento como o recurso metodológico típico do sistema laboral para a resolução dos problemas de articulação e aplicação das suas normas.

Em segundo lugar, cremos que o *favor laboratoris* confirma a maturidade do direito laboral enquanto ramo ou área jurídica diferenciada do direito privado, porque contribui para a lógica e a coerência internas do sistema normativo laboral e porque as suas aplicações evidenciam a aptidão desse mesmo sistema para engendrar soluções tecnicamente inovadoras (como a da categoria das normas convénio-dispositivas, a da presunção de imperatividade das normas laborais na sua relação com os instrumentos colectivos ou a das normas imperativas de origem convencional colectiva) e para manusear as regras comuns em matéria de interpretação e aplicação do direito (*verbi gratia*, em matéria de conflitos hierárquicos de fontes, de concorrência entre instrumentos colectivos ou de integração das fontes no contrato de trabalho) em prossecução dos seus próprios objectivos — desta forma, o *favor laboratoris* confirma a autonomia sistemática do direito do trabalho.

O facto de, por vezes, as soluções encontradas terem inspirado a evolução do direito civil em algumas matérias (como a da conciliação do princípio da igualdade com a tutela da parte fraca na teoria geral da interpretação) apenas reforça esta conclusão, porque prova a solidez e a operacionalidade geral dos métodos desenvolvidos no domínio laboral.

Finalmente, entendemos que do *favor laboratoris* se retira também um argumento em favor do reconhecimento da autonomia dogmática do direito do trabalho, porque, como tivemos ocasião de ir verificando ao longo da exposição, todas as suas aplicações são norteadas por valores laborais, como o valor da protecção do trabalhador ou o valor da autonomia colectiva.

68. Os mecanismos de auto-tutela específicos do direito do trabalho: o poder disciplinar laboral e o direito de greve

I. O último argumento que, do nosso ponto de vista, confirma a maturidade do direito do trabalho tem a ver com a função de tutela desempenhada por dois dos seus mais singulares institutos: o poder disciplinar e o direito de greve. No nosso entender, ao consagrar estes dois institutos, o direito laboral criou as condições que lhe permitiram atingir o grau máximo da sua maturidade enquanto área jurídica diferenciada no universo privado, porque assegurou, através deles, a sobrevivência das instituições basilares das suas áreas regulativas individual e colectiva (o contrato de trabalho e a convenção colectiva, respectivamente) — o que, sem dúvida, assegura a sua própria sobrevivência, enquanto ramo jurídico. Mas, como a eficácia tutelar destes institutos é conseguida à custa dos amplíssimos desvios do seu regime em relação às regras e princípios do direito comum (que realçámos oportunamente), cremos que a contribuição decisiva que eles dão para a subsistência da área jurídica, como ramo autónomo do direito privado, é um argumento a ter em conta para o reconhecimento da autonomia científica dessa mesma área.

Dada a extensão das referências já feitas a estas figuras noutros pontos da investigação, este argumento pode ser explanado de uma forma brevíssima, acompanhada das competentes remissões.

II. Como tivemos ocasião de comprovar quando estabelecemos os alicerces estruturais da autonomia do direito do trabalho, as duas figuras referidas são dogmaticamente irredutíveis ao direito civil: no caso do poder disciplinar, a irredutibilidade decorre da sua essência simultaneamente privada, dominial (ou laboral, no sentido que temos vindo a atribuir ao termo) e punitiva, que o faz colidir com os princípios da igualdade e do monopólio da justiça pública[539]; no caso do direito de greve, a irredutibilidade decorre da sua oposição frontal às regras gerais de cumprimento dos contratos e também ao princípio da igualdade[540]. As duas figuras evidenciam assim a profunda fractura axiológica que se verifica entre o direito do trabalho e o direito civil.

---

[539] *Supra*, § 25º, 55.1.IV, *in fine*, e 55.2.III. *in fine*.
[540] *Supra*, § 27º, 61.

No entanto, apesar da sua singularidade dogmática, não se têm suscitado dúvidas sobre a admissibilidade destes institutos, que, bem pelo contrário, parecem gozar de uma aura de intangibilidade. Como verificámos, à essência dominial do vínculo de trabalho e ao poder disciplinar, como manifestação máxima dessa essência, costuma ser associada uma conotação de inevitabilidade, cuidando a lei e os instrumentos colectivos apenas de o conformar no seu exercício e a ciência jurídica de o justificar em termos dogmáticos[541], enquanto o direito de greve se apresenta hoje como um *acquis* incontestado dos trabalhadores subordinados na maioria dos sistemas jurídicos, sendo mesmo, em alguns deles, objecto de consagração constitucional, e admitindo, quando muito, algumas limitações no seu exercício[542]. Ambos os fenómenos parecem assim ter-se imposto ao direito, acabando por conduzir — de uma forma quase instintiva, no caso do poder disciplinar, e de uma forma mais morosa e sobressaltada, no caso da greve[543] — a regimes jurídicos de índole meramente conformadora.

Ora, quanto a nós, a facilidade de imposição destas figuras no contexto privado e negocial em que se desenvolvem apenas se explica por uma razão funcional: a sua importância enquanto mecanismos laborais específicos de tutela do vínculo de trabalho e do sistema de negociação colectiva, respectivamente.

III. A função de tutela do poder disciplinar é admitida pela doutrina na perspectiva da salvaguarda dos interesses do empregador no vínculo e, mais especificamente, para garantia do poder directivo[544]: de uma forma geral, é reconhecido que o poder disciplinar permite ultrapassar a inadequação dos mecanismos civis de reintegração dos negó-

---

[541] *Supra,* § 3°, 4.5. e § 25°, 55.2.III.

[542] *Supra,* § 27°, 60.I. e 61.III.

[543] *Vd., supra,* as referências à origem histórica remota da essência dominial do vínculo laboral que fizemos na parte inicial do nosso estudo, quando apreciámos o elemento da subordinação jurídica para delimitação do conceito de actividade laboral (§ 3°,4.5.); e as referências à evolução do enquadramento jurídico do fenómeno da greve desde a fase da incriminação até à da consagração como um direito dos trabalhadores (§ 26°, 60.I. e nota [374]).

[544] Já tendo ilustrado este entendimento, tradicional na doutrina nacional e estrangeira, e comum às construções contratualista e institucionalista sobre o poder disciplinar, para aí remetemos — *supra,* § 3°, 4.5.III., parte final, e notas [212], [215] e [216].

cios jurídicos aos interesses do empregador, porque, ainda quando seja possível responsabilizar civilmente o trabalhador pelo incumprimento (nos termos do art. 27º nº 4 da LCT e desde que estejam preenchidos os respectivos pressupostos)[545], na maioria dos casos esta reacção, de escopo ressarcitório, não corresponderá ao objectivo do empregador, que pretende, sobretudo, assegurar uma reintegração rápida do trabalhador na situação de cumprimento e a prevenção de futuros incumprimentos na constância do vínculo[546] — ora, é esta função sancionatória, mas também de prevenção geral e especial, que o poder disciplinar desempenha com particular eficácia e que não é suprível por outros mecanismos civis de tutela.

Contudo, do nosso ponto de vista, a função tutelar do poder disciplinar ultrapassa o domínio dos interesses do empregador, porque este poder se configura como um instrumento essencial para assegurar a sobrevivência do próprio vínculo laboral, com a complexidade que lhe é inerente, em resultado da conjugação, no seu conteúdo, daquilo a que chamámos a *relação de trabalho* e a *relação de emprego*[547]. É que, mesmo que os mecanismos civis de reintegração negocial fossem suficientes para reagir às situações de incumprimento relativas ao binómio patrimonial de troca, que constitui o conteúdo da *relação de trabalho* (o binómio dever de trabalho-dever de remuneração), apenas o poder disciplinar é apto (e aqui tanto através da sua dimensão sancionatória, como através da sua dimensão prescritiva ou ordenadora[548]) a tutelar o delicado equilíbrio entre as posições das partes na *relação de emprego*, que resulta da necessidade de conjugação de uma prestação relativa-

---

[545] O que, de qualquer forma, muitas vezes não sucede, ou porque a infracção disciplinar não causa prejuízos, ou porque, se os causa, o seu valor não justifica qualquer indemnização ou o trabalhador não tem capacidade económica para ressarcir o empregador.

[546] Ainda que, no limite, o exercício do poder disciplinar possa conduzir à cessação do vínculo, se vier a ser aplicada a sanção do despedimento imediato com justa causa — art. 27º nº 1 e) da LCT e art. 9º da LCCT. Para demonstrar o *apport* original do poder disciplinar, enquanto mecanismo específico de tutela dos interesses do empregador, aos mecanismos comuns de reacção ao incumprimento dos negócios jurídicos, são, contudo, as sanções conservatórias que têm mais interesse, até porque a sanção do despedimento é, porventura, a que mais facilmente se reconduz ao direito civil, como facto extintivo de uma relação jurídica.

[547] *Supra,* quanto a esta construção, § 25º, 56.

[548] Cfr., quanto a esta distinção, *supra,* § 25º, 54.2.III. *in fine.*

mente indeterminada e implicando integralmente a pessoa do trabalhador com as exigências da organização e a responsabilidade patrimonial e pessoal acrescida do empregador no vínculo[549] — de facto, só o poder disciplinar garante a subordinação do trabalhador ao empregador não apenas no desempenho da sua actividade principal mas na sujeição aos deveres acessórios, designadamente os deveres conexos com a organização do empregador e com os seus interesses de gestão[550].

Desta forma, a inevitabilidade do poder disciplinar explica-se pela sua função de tutela: ele é um instrumento essencial para viabilizar o próprio contrato de trabalho, com a estrutura complexa que o sistema jurídico lhe reconhece. E é também esta função de tutela que justifica o seu regime jurídico, sem necessidade de diminuir artificiosamente a sua singularidade para o compatibilizar com o direito privado[551]: a unilateralidade do poder (revelada no facto de os trabalhadores não disporem de um mecanismo correspondente de reacção ao incumprimento do empregador), que põe em causa o princípio da igualdade dos entes privados, explica-se pelo facto de ser um mecanismo de tutela dos interesses do empregador; e a sua essência punitiva, que põe em causa o princípio da justiça pública, é o resultado da inseparabilidade entre a prestação de trabalho e a pessoa do prestador, a que aludimos oportunamente[552].

Mas, se esta justificação tutelar do poder disciplinar não diminui a sua singularidade dogmática, cabe reconhecer que, ao admiti-lo com esta configuração, o direito do trabalho não só assegurou a sobrevivência do contrato de trabalho, como aumentou o seu distanciamento em relação ao direito comum e aos seus princípios fundamentais. Assim, também pela função que desempenha, o poder disciplinar contribui para alicerçar a autonomia dogmática do direito laboral.

---

[549] Remetemos para a demonstração destas características do vínculo laboral, que fizemos, *supra,* § 25°, *maxime,* quanto à componente pessoal do vínculo, no ponto 55.1.III., quanto à componente organizacional, no ponto 54.2.V. , e quanto à responsabilidade acrescida do empregador, ainda no ponto 55.3.II. e III.

[550] Quanto a este ponto, *supra,* § 25°, 55.1.IV. *in fine.*

[551] Como tivemos ocasião de observar, esta é a tendência da maioria dos autores na construção dogmática deste poder, porque a sua funcionalização ao poder directivo permite diluir a sua essência dominial, o que facilita a sua compatibilização com os princípios do direito civil — sobre as diversas vias propugnadas para operar esta conciliação, *vd, supra,* § 3°, 4.5. III., *in fine.*

[552] Cfr., *supra,* § 25°, 55.1.III.

IV. Por seu turno, o direito de greve é usualmente reconhecido como o mecanismo laboral específico de tutela dos interesses dos trabalhadores[553], função que, no nosso sistema jurídico, se revela expressamente na sua formulação constitucional — como já vimos[554], a greve é recortada pela Constituição pelo objectivo de prossecução dos interesses dos trabalhadores e como um direito exclusivo dos trabalhadores, e ao empregador não é reconhecido o correspondente direito ao *lock-out*.

No entanto, como reconhecem alguns autores[555], o direito de greve tem um significado mais amplo, porque, ao defender os interesses dos trabalhadores, ele está, na verdade, a assegurar a eficácia do sistema de negociação colectiva do trabalho no seu todo: é que a «ameaça» de desencadeamento de um conflito colectivo por parte dos trabalhadores funciona, quer como um mecanismo de pressão sobre os empregadores ou as associações patronais na negociação, quer como uma garantia do cumprimento das convenções já acordadas — ou seja, é um mecanismo de tutela do sistema de regulamentação colectiva do trabalho e do princípio da autonomia colectiva, que constitui o eixo fundamental desse sistema.

Para nós, é esta função tutelar que explica a configuração singular e a unilateralidade do direito de greve. Por um lado, como instrumento de tutela, a greve só é eficaz se as actuações dos trabalhadores no conflito colectivo forem protegidas pelo sistema jurídico, o que é conseguido através da sua recondução à categoria de direito subjectivo e da previsão do efeito suspensivo do comportamento grevista no contrato de trabalho, apesar de este comportamento corresponder material-

---

[553] Neste sentido, SANTORO-PASSARELLI, *Specialità...cit.,* 1987, refere-se à greve como um mecanismo especialíssimo de auto-tutela dos grupos laborais que permite prosseguir, de forma indirecta, a função protectiva dos trabalhadores que animou tradicionalmente o direito do trabalho. O reconhecimento da greve como um mecanismo particular de auto-tutela dos trabalhadores é, aliás, comum no seio da doutrina italiana, como se pode verificar, entre outros, em autores como PERGOLESI, *Principi costituzionali...cit.,* 227 (afirmando o carácter exclusivo deste mecanismo, exactamente pela proibição do *lock-out*), GIUGNI, *Autonomia e auto-tutela colectiva...cit.,* 39 ss., *Direito do trabalho cit.,* 333 e 344 ss., ou *Diritto sindacale cit.,* 211, e ainda ARANGUREN, *L'organizzazione e l'azione...cit.,* 435 e ss., e 453 ss., ou GALANTINO, *Diritto sindacale...cit.,* 230.
[554] *Supra,* § 27°, 60.I. e 61.V.
[555] Sobretudo no seio da doutrina italiana — neste sentido, *vd* as referências bibilográficas indicadas na nota [553].

mente à recusa do dever principal do trabalhador[556] — ficam assim explicados os aspectos do regime jurídico da figura que a fazem entrar em contradição com o princípio da necessidade do acordo das partes para a modificação dos negócios e com as regras da responsabilidade civil. Por outro lado, a unilateralidade do direito de greve contribui obviamente para aumentar a sua eficácia enquanto mecanismo de tutela, justificando a quebra do princípio da igualdade[557].

Porém, se esta justificação tutelar do regime jurídico da figura não ilude a sua singularidade dogmática, terá que se concluir que, ao consagrar este mecanismo de tutela do instituto fundamental da sua área regulativa colectiva (a convenção colectiva), o direito laboral não só se consolidou em termos sistemáticos como aumentou a sua distância em relação aos parâmetros dogmáticos do direito civil — o que, sem dúvida, contribui para o reconhecimento da sua autonomia científica.

V. Ao argumento que acabamos de expor pode ser oposto que nem o poder disciplinar nem o direito de greve devem ser reconhecidos como meios singulares de tutela específicos do direito laboral, porque eles não são exclusivos do vínculo de trabalho — como é sabido, o poder disciplinar existe também nas relações de serviço público[558], e o direito de greve, tradicionalmente circunscrito ao sector privado, é, no caso português como noutros sistemas[559], expressamente reconhecido aos trabalhadores públicos (art. 12º nº 1 da LG)[560].

---

[556] Cfr., *supra*, § 27º, 61.II.

[557] *Supra*, § 27º, 61.

[558] Em geral sobre o poder disciplinar nas relações de serviço público, entre outros, MARCELLO CAETANO, *Manual...cit.*, I, 247, Fausto de QUADROS, *Os Conselhos de Disciplina na Administração Consultiva Portuguesa*, Lisboa, 1974, 34 ss. e 57 ss., José Sérvulo CORREIA, *Noções de Direito Administrativo*, I, Lisboa, 1982, 200 s., PAULO OTERO, *Conceito e Fundamento...cit.*, 50 ss. e 138 ss., Diogo Freitas do AMARAL, *Curso de Direito Administrativo*, I, 2ª ed., Coimbra, 1994, 643, REBELO DE SOUSA, *Lições...cit.*, I, 262, e ANA FERNANDA NEVES, *Relação Jurídica de Emprego...cit.*, 291 ss.

[559] Sobre a extensão do direito de greve aos trabalhadores públicos noutros sistemas jurídicos, *vd* a nossa *Lei da Greve Anotada cit.*, 81, e nota [3].

[560] A garantia do direito de greve dos trabalhadores públicos em termos idênticos aos dos trabalhadores privados tem sido também confirmada pela jurisprudência e reafirmada em diversos Pareceres da PGR — neste sentido, por exemplo, Ac. STA de 5/12/1981, Ap. DR. de 14/03/1985, 598, e Pareceres da PGR nº 123-B/76, de 3/03/1977, BMJ 265-57 (transcrito na nossa *Lei da Greve Anota-*

No nosso entender, esta objecção não procede, ainda que por razões diferentes nos dois casos.

No que se refere ao poder disciplinar laboral, cremos que o facto de ele existir também nos vínculos de serviço público não diminui a singularidade que se evidencia na sua manifestação laboral, porque esta singularidade decorre exactamente da natureza privada do vínculo laboral. Assim, pese embora a afinidade e as influências recíprocas de regime entre o poder disciplinar laboral e o poder disciplinar administrativo[561], o problema dogmático por eles colocado é substancialmente diferente, porque o segundo poder se deixa facilmente reconduzir a (mais) uma das prerrogativas de autoridade que inere naturalmente aos entes públicos e que se projecta nos vínculos de serviço público.

No caso do direito de greve, parece-nos, de facto que, com a difusão da negociação colectiva nas relações de emprego público[562], ele poderá ser concebido, também na sua manifestação pública, como um mecanismo de tutela dos interesses dos trabalhadores e da própria negociação colectiva, pese embora a diferente natureza que ela assume neste caso[563]. Mas, se reflectirmos sobre o facto de o critério de distinção entre a situação jurídica laboral e o vínculo de serviço público assentar, como explicitámos na fase inicial do nosso estudo, na natureza ou actuação jurídica privada ou pública do destinatário do trabalho ou do serviço, uma vez que, nos dois tipos de vínculo há subordinação do trabalhador[564], a expansão do direito de greve para fora das suas fronteiras laborais tradicionais compreende-se facilmente como o resultado da ponderação, noutra área jurídica, das necessidades de protecção do sujeito fraco ou dependente no vínculo jurídico e de tutela dos mecanismos colectivos de superação dessa dependência — admitido no domínio laboral, para garantia dos interesses dos trabalhadores subordinados e do sistema de negociação colectiva, o direito de greve faz sentido

---

da cit., 105-157), nº 184/79, de 24/01/1980, BMJ 298-62, e nº 100/89, de 5/04//1990 (transcrito na nossa *Lei da Greve Anotada* cit., 197-218).

[561] Para ilustração destas afinidades de regime, vd, por exemplo, o nosso *Do Fundamento....cit.,* 190 ss.

[562] *Supra,* § 26º, 58.III., nota [304], e 59.VI., nota [358].

[563] Conforme referimos, *supra,* § 26º, 58.III., nota [304].

[564] Cfr., *supra,* § 3º, 4.6., a delimitação que estabelecemos entre o conceito de actividade laboral (actividade de trabalho subordinado, prestada no âmbito de um vínculo de direito privado) e actividade de trabalho subordinado no âmbito de um vínculo de direito público.

para garantia de interesses similares de outros sujeitos dependentes noutros vínculos jurídicos. Assim, a sua expansão evidencia o papel precursor que, também nesta matéria, o direito do trabalho desempenhou, o que confirma a sua maturidade.

VI. Chegados a este ponto, entendemos poder confirmar, também quanto a este aspecto, a maturidade do direito do trabalho como ramo do direito privado: para além de ensaiar novas vias de construção das suas normas e de desenvolver um recurso metodológico típico para o tratamento dos problemas de interpretação e aplicação do direito, o direito laboral apurou dois mecanismos específicos de auto-tutela, capazes de ultrapassar as deficiências dos mecanismos comuns na protecção dos interesses dos sujeitos laborais e dotados de grande eficácia na garantia das suas instituições fundamentais — o contrato de trabalho e o sistema de negociação colectiva — e assegurou, com isso, a sua própria sobrevivência enquanto subsistema diferenciado do direito privado.

Mas o facto de o regime jurídico destas figuras não se mostrar coarctado pelas regras e pelos princípios gerais do direito comum, mas ser antes directamente influenciado pelos valores laborais, demonstra a pujança desses mesmos valores — o que contribui para alicerçar a autonomia dogmática do direito do trabalho.

§ 31º — Conclusões do capítulo

I. Em termos sistemáticos, contribuem para alicerçar a construção dogmática autónoma do direito do trabalho a sua dimensão colectiva integral e a sua maturidade enquanto subsistema normativo diferenciado no universo jurídico privado, que se evidencia nas suas especificidades em matéria de produção normativa, de interpretação e aplicação das fontes e de auto-tutela dos seus interesses e institutos fundamentais.

II. A dimensão colectiva integral do direito do trabalho decorre da omnipresença do elemento colectivo nas suas normas. O reconhecimento da omnipresença do elemento colectivo no direito laboral e a recusa da tradicional separação das suas áreas individual e colectiva, em função da natureza individual ou colectiva dos actores laborais e da distinção entre interesses individuais e colectivos, impõem-se, no caso português, por três motivos: pelo facto de a titularidade das situações laborais colectivas poder caber tanto a entes colectivos como directamente ao empregador e ao trabalhador, e ainda a grupos *ad hoc* de trabalhadores e/ou de empregadores; pelo facto de as actuações laborais colectivas (de âmbito negocial, associativo, fiscalizador ou conflitual) não se limitarem a prosseguir interesses colectivos ou de grupo, mas prosseguirem também interesses de trabalhadores individualizados e interesses gerais e de terceiros; e pelo facto de, independentemente de qualquer ente ou actuação colectiva, a ideia de grupo e os fenómenos de grupo estarem subjacentes ao vínculo laboral, como projecções naturais do seu elemento organizacional.

III. O reconhecimento da integralidade da dimensão colectiva do direito do trabalho confirma o seu carácter unitário mas aumenta a sua distância dogmática em relação ao direito civil, porque a interpenetração das dimensões colectiva e individual da área jurídica não se compadece com uma apreciação dos fenómenos laborais na perspectiva individual e relacional que é privilegiada pelo direito civil.

IV. A maturidade do direito laboral enquanto subsistema normativo diferenciado no universo jurídico privado evidencia-se na sua aptidão para manusear os recursos metodológicos comuns, como para afinar instrumentos e técnicas diferenciados de construção de normas jurídicas, de resolução dos problemas de' interpretação e aplicação do direito e de auto-tutela dos seus interesses e institutos fundamentais.

Porque no apuramento destes instrumentos e técnicas o sistema normativo se orienta pelos valores laborais fundamentais — o valor da protecção do trabalhador, o valor da autonomia colectiva ou o valor da paz social — e porque estes instrumentos e técnicas se mostram também particularmente adaptáveis aos novos desafios colocados pela «crise» da área jurídica, eles constituem um argumento em favor da autonomia dogmática.

V. No domínio da construção normativa, provam a maturidade do direito do trabalho, enquanto área jurídica, a sua capacidade para desenvolver instrumentos normativos originais e o grau de interessamento e de participação que admite aos destinatários das suas normas.

VI. Os instrumentos normativos originais são a convenção colectiva de trabalho e a portaria de extensão. No caso da primeira, a originalidade decorre da sua origem privada e convencional, conjugada com a sua eficácia geral e com o regime da inderrogabilidade *in pejus* das suas disposições; e a sua vitalidade evidencia-se actualmente no papel proeminente que desempenha no processo de flexibilização do direito do trabalho. No caso da segunda, a originalidade reside na conjugação da sua natureza pública com a essência do seu comando normativo, que consiste em dotar de força pública um regime de direito privado para o aplicar a outros sujeitos privados. No regime de ambas as figuras detecta-se o relevo dos valores da autonomia colectiva e da protecção do trabalhador.

VII. O grau de interessamento e de participação, que o direito do trabalho admite aos destinatários das suas normas, determina, através da legislação laboral negociada, uma forma substancialmente nova de criação do direito, porque as normas legais são indirectamente produzidas pelos seus destinatários, de acordo com os seus interesses específicos, e homologadas pelo legislador público. Neste processo normativo avultam o valor da autonomia colectiva e o valor da paz social.

VIII. Na matéria da interpretação e aplicação das normas laborais e do contrato de trabalho, comprovam a maturidade do direito do trabalho como ramo jurídico as diversas aplicações da regra do *favor laboratoris* aos problemas da interpretação da lei e dos negócios jurídicos, dos conflitos de fontes e da integração destas no contrato de trabalho, que passam pelo manuseamento das regras comuns e pelo desenvolvimento de soluções metodologicamente inovadoras.

O conjunto destas aplicações justifica o reconhecimento do *favor laboratoris* como o recurso metodológico típico do direito do trabalho em matéria de interpretação e de aplicação das fontes e da relação destas com o contrato de trabalho (condenando a tendência para a sua redução a uma manifestação do princípio civil da tutela do contraente débil), o que contribui para a coerência interna do sistema laboral. Mas, porque em todas as soluções por ele propiciadas se detecta uma inspiração directa em valores laborais, o *favor* contribui também para o reconhecimento da autonomia dogmática do direito do trabalho.

IX. Em matéria de interpretação, o *favor laboratoris* é um critério geral de orientação da operação interpretativa, que inspirou o próprio direito civil a ponderar o valor da igualdade em termos substanciais na interpretação dos negócios jurídicos. Não sendo singular nesta valência, o *favor laboratoris* fez com que o direito do trabalho tivesse um papel precursor para a evolução da dogmática civil.

X. Em matéria de conjugação de fontes laborais, o *favor laboratoris* permitiu o manuseamento hábil das regras do direito civil na resolução do problema dos conflitos hierárquicos de fontes (através da classificação das normas laborais por graus de imperatividade) e do problema do concurso de instrumentos colectivos; e permitiu o desenvolvimento de soluções inovadoras para os problemas da relação entre os instrumentos colectivos e a lei (limitando qualitativamente o conteúdo daqueles instrumentos através do estabelecimento de uma presunção de imperatividade de todas as normas legais, e atribuindo às convenções colectivas uma função de substituição da lei, mas controlando o modo como como essa função é desempenhada, através da categoria das normas convénio-dispositivas) e a propósito da sucessão de instrumentos colectivos (admitindo o surgimento de normas imperativas por via convencional). Nestas soluções, relevam os valores laborais da protecção do trabalhador e da autonomia colectiva, bem como interesses de ordem pública.

XI. Na resolução dos problemas colocados pela relação das fontes com o contrato de trabalho, o *favor laboratoris* permite adequar as regras comuns ao objectivo de protecção do trabalhador, em matéria de sucessão das leis no tempo (salvaguardando as cláusulas mais favoráveis ao trabalhador dos contratos pendentes) e em matéria de integração das fontes no contrato (consagrando a regra da inderrogabilidade *in pejus* dos regimes legais e colectivos pelo contrato de trabalho e a solução da substituição automática).

XII. A maturidade do direito do trabalho como ramo jurídico é ainda demonstrada pela função de tutela desempenhada pelo poder disciplinar laboral e pelo direito de greve, em relação aos principais institutos das suas áreas regulativas individual e colectiva: o contrato de trabalho e o sistema de negociação colectiva.

XIII. O poder disciplinar laboral tutela os interesses do empregador no vínculo laboral, mas assegura também a viabilidade dogmática do próprio contrato de trabalho na configuração complexa que o sistema jurídico lhe reconhece (com o cruzamento, na relação de trabalho e na relação de emprego, dos elementos patrimoniais, pessoais e organizacionais que compõem o seu conteúdo). Porque a sua eficácia enquanto mecanismo de tutela assenta na sua singularidade (que decorre da sua essência privada, dominial e punitiva), ao assegurar a sobrevivência do direito do trabalho enquanto área jurídica, o poder disciplinar contribui para o seu afastamento dogmático do direito comum.

XIV. O direito de greve tutela os interesses dos trabalhadores e assegura a eficácia do sistema de negociação colectiva e do princípio da autonomia colectiva, que constitui o seu eixo fundamentante. Na medida em que a sua eficácia enquanto mecanismo de tutela decorre daqueles traços do seu regime que o opõem às regras do direito dos contratos (a sua unilateralidade, o seu efeito contratual suspensivo e a sua intenção assumidamente danosa), ao mesmo tempo que consolida o direito do trabalho como ramo jurídico autónomo, o direito de greve contribui para o reconhecimento da sua autonomia dogmática.

III
O RECONHECIMENTO DA AUTONOMIA DOGMÁTICA DO DIREITO DO TRABALHO: OS PRINCÍPIOS GERAIS DO DIREITO LABORAL

§ 32º — **A inevitabilidade do reconhecimento da autonomia dogmática do direito do trabalho português**

I. Quando, na parte introdutória do estudo, delimitámos o objecto da nossa investigação, reconduzimos o problema da autonomia dogmática do direito do trabalho à pesquisa de princípios ou valorações materiais subjacentes ao sistema normativo laboral, que se diferenciassem dos princípios subjacentes ao sistema normativo mais vasto do qual ele se afastara (no caso, o direito civil) para se erigir num corpo regulativo autónomo; mas estabelecemos também, como consequência necessária da incidência dogmática da pesquisa, que o isolamento dos princípios laborais teria que ser feito a partir do próprio direito positivo, porque são as normas legais e a respectiva aplicação judicial que os revelam e lhes conferem aquilo que ESSER designou como a sua «*legal authority*»[565] [566].

A análise a que procedemos nos capítulos anteriores destinou-se exactamente a verificar até que ponto é que, no caso português, o sistema laboral positivo alicerça a autonomia dogmática da área jurídica. Ora, no nosso entender, os argumentos apresentados tornam inevitável o reconhecimento da autonomia dogmática do direito do trabalho, porque subjacentes aos diversos institutos e regimes laborais apreciados se encontram valorações materiais específicas, e porque a própria construção da área jurídica em termos sistemáticos é informada por uma lógica que a afasta do direito civil: por um lado, como verificámos, os princi-

---

[565] Cfr., § 4º, 8.II. e III. e § 5º, 9.I.
[566] ESSER, *Grundsatz und Norm...cit.*, 268, e *passim*.

pais institutos laborais (o contrato de trabalho, a convenção colectiva e a greve) mostram-se irredutíveis aos quadros dogmáticos do direito comum, porque o seu regime jurídico contraria alguns dos princípios civis fundamentais e se orienta por valores concorrentes ou alternativos aos do direito civil, como o da protecção do trabalhador ou o da salvaguarda dos interesses de gestão do empregador, o da igualdade de tratamento entre trabalhadores ou o da autonomia colectiva; por outro lado, a organização do sistema normativo laboral com base numa lógica colectiva e de auto-suficiência (provada pela indissociabilidade dos fenómenos laborais individuais e colectivos e pela capacidade de desenvolver recursos específicos de tratamento dos problemas de interpretação e aplicação das normas laborais e da tutela dos interesses e institutos laborais, que asseguram a coerência interna e a sobrevivência do próprio sistema) mostra-se também inspirada por valores específicos, atinentes à protecção dos interesses dos trabalhadores e/ou dos empregadores, à autonomia colectiva ou à paz social.

II. Perante este quadro, entendemos que, no caso português, o direito do trabalho deve ser reconhecido como um ramo do direito privado dotado de autonomia no plano sistemático e no plano dogmático. A autonomia sistemática é comprovada pela identificação fácil do fenómeno sociológico que constitui o seu objecto (o trabalho subordinado livre e privado)[567], pela possibilidade de enquadramento jurídico unitário das matérias sobre que incidem as suas normas (através do conceito técnico de situações laborais nucleares atinentes à qualidade de trabalhador ou à qualidade de empregador[568]) e pela coerência da sua organização em torno dos centros regulativos do direito individual e colectivo (assente na indissociabilidade das respectivas normas e na integralidade da dimensão colectiva[569]). Mas a esta autonomia sistemática corresponde uma autonomia no plano dogmático — e não a qualificação da área jurídica como uma parcela especial do direito civil[570] — porque, no desenvolvimento dos seus institutos e regimes, o direito laboral não se limita a adaptar as regras civis às suas necessidades e aos seus proble-

---

[567] A que procedemos, *supra*, § 3º, 4.
[568] *Supra*, § 3º, 5.2.
[569] *Supra*, § 7º, 14, e § 29º, 64.
[570] Cfr. a delimitação do problema da especialidade, que fizemos, *supra*, § 5º, 9.III.

mas mas desenvolve valorações materiais específicas concorrentes, alternativas ou contrárias às do direito comum.

III. Chegados a este ponto, resta-nos proceder ao enunciado destas valorações materiais específicas para concluir o nosso estudo. Porque estas valorações emergem dos regimes jurídicos que fomos apreciando no decurso da investigação, este enunciado pode ser feito de uma forma rápida e tem, sobretudo, um objectivo de clarificação.

Num último momento, vamos procurar retirar da afirmação da autonomia dogmática do direito do trabalho as projecções regimentais que ela viabiliza e estabelecer os seus limites.

§ 33º — Os princípios próprios do direito do trabalho contemporâneo

69. Considerações gerais

I. Já tendo, na parte introdutória do estudo[571], indicado o sentido essencial em que tomaríamos o conceito de princípio jurídico para efeitos da investigação — ou seja, como valoração cultural ou ética subjacente a determinada norma ou complexo de normas jurídicas, mais ou menos extenso, e que constitui o seu fundamento justificativo — e perspectivando-se a nossa investigação como um estudo de incidência dogmática e não do âmbito da teoria do direito, não se nos afigura necessário um maior aprofundamento do conceito antes de procedermos à sua aplicação ao domínio laboral.

Desta forma, limitamo-nos a fazer preceder o enunciado das valorações materiais fundamentais, que, no nosso entender, subjazem ao sistema normativo laboral português, por duas ou três observações gerais, que prosseguem apenas um objectivo de clarificação desse mesmo enunciado.

II. A primeira observação tem a ver com o tipo de princípios que vamos enunciar e justifica-se pela possibilidade de os classificar de acordo com critérios muito diversos.

Sem aprofundarmos este problema em termos gerais, não podemos deixar de o referir, não apenas por uma questão de rigor mas, concretamente, porque os seus efeitos já se fizeram sentir no domínio laboral, como tivemos ocasião de constatar quando apreciámos a construção tradicional do problema da autonomia dogmática do direito do trabalho, assente na singularização do vínculo laboral como vínculo comunitário-pessoal[572]: para além da unanimidade quanto ao princípio

---

[571] Cfr., *supra*, § 5º, 9.I. e nota [331].
[572] *Supra*, § 17º, 35.

fundamentante geral da protecção do trabalhador, verificámos então que os defensores da autonomia classificavam os princípios concretizadores do valor da protecção (a que chamámos princípios derivados) de acordo com critérios tão diversos como a sua fonte, o seu grau de eficácia ou de vinculação, os objectivos prosseguidos, a forma como são apresentados ou a sua justificação histórico-cultural — e essa diversidade redundava por vezes, como também vimos, na apresentação conjunta e não discriminada de princípios de validade, de interpretação ou de política legislativa, de princípios gerais e constitucionais, de princípios programáticos e preceptivos.

Perante este quadro, impõe-se uma palavra de esclarecimento. Sendo o nosso objectivo descortinar os valores culturais e éticos fundamentantes do sistema normativo laboral, os princípios que vamos enunciar devem ser entendidos como princípios gerais, embora a característica de generalidade seja aqui de reportar não a todo o sistema jurídico, nem sequer a todo o sistema de direito privado, mas ao sistema laboral, enquanto subsistema diferenciado do universo mais amplo que constitui o direito privado — assim, parafraseando CANARIS[573], os princípios que vamos elencar são os «princípios "gerais" autónomos» do direito do trabalho, ou seja, os valores fundamentais ou nucleares revelados pelas normas laborais (e pela respectiva aplicação jurisprudencial) e validados por estas mesmas normas.

Justamente porque se trata de valorações nucleares não fará sentido aplicar aos princípios que vamos enunciar qualquer um dos critérios de classificação de que a doutrina tradicional se socorre na sua elencagem. Já no enunciado das diversas projecções destes princípios nucleares em princípios menores, plasmados em fontes diferentes, orientados por objectivos específicos e com diversos graus de eficácia, a que vamos também proceder, poderá então fazer sentido proceder a algumas classificações.

III. A segunda observação prévia ao enunciado dos princípios laborais, que gostaríamos de fazer, tem a ver com as características normalmente reconhecidas aos princípios jurídicos, tanto na sua configuração interna como na sua relação com outros princípios[574] — e que se observam também nos princípios gerais do direito do trabalho.

---

[573] *Pensamento Sistemático...cit.*, 79, e *supra*, § 5º, 9.I.

[574] Sobre este ponto, em geral e por todos, CANARIS, *Pensamento Sistemático...cit.*, 88 ss.

Assim, no que se refere à relação que estabelecem uns com os outros e com os princípios do direito civil, os princípios laborais que vamos enunciar devem entender-se como princípios diferenciados ou específicos do direito do trabalho, mas não necessariamente como princípios opostos aos do direito civil, embora a relação de oposição não seja de excluir. Este facto é da maior importância para esclarecer a relação entre as duas áreas jurídicas e para legitimar a aplicação subsidiária do direito civil para integração das lacunas regulativas do sistema normativo laboral, quando tal se justifique.

Por outro lado, deve ficar claro que, tal como outros princípios, os princípios laborais não têm uma pretensão de exclusividade (no sentido, referido por CANARIS[575], de que as projecções que deles emanam podem também ser ligadas a outro princípio) e, bem assim, comportam excepções e podem entrar em contradição[576], já que, não correspondendo a proposições axiomáticas mas sim a proposições de conteúdo cultural ou ético, validadas pelas próprias normas[577], é em face de cada norma ou conjunto de normas e apreciando o modo como esta ou estas normas vão sendo aplicadas, que se terá que verificar qual a ponderação axiológica que, em cada caso e em cada momento, prevalece.

---

[575] *Pensamento Sistemático...cit.,* 90 s.

[576] A este propósito, ainda CANARIS, *Pensamento Sistemático...cit.,* 88 s., dando, aliás, diversos exemplos de relações de excepção e de oposição entre princípios civis e laborais — assim, as exigências especiais de forma no domínio laboral constituem uma *excepção* ao princípio civil geral da liberadde de forma, enquanto o princípio da protecção do trabalhador é um princípio *oposto* a princípios civis, que tem generalidade bastante para ser considerado como um princípio constitutivo do direito laboral. Ainda sobre a colisão entre os princípios jurídicos e as respectivas consequências, por exemplo, ALEXY, *Derecho y Razón Practica cit.,* 13.

[577] Neste sentido rejeitamos a distinção, dentro dos princípios gerais de direito, entre os princípios gerais axiomáticos e os princípios gerais problemáticos (considerando-se os primeiros como princípios dogmáticos no sentido de não carecerem de demonstração e de serem directamente aplicáveis, enquanto os segundos são reconduzidos a princípios interpretativos ou a critérios informadores da operação de interpretação das normas, que podem contribuir para a formulação de um princípio axiomático) — sustentando esta distinção, por exemplo, Luigi MENGONI, *I principi generali del diritto e la scienza giuridica,* DLav., 1992, I, 3-12 (4 ss.). Pelo contrário, rejeitando a recondução dos princípios jurídicos gerais a axiomas, CANARIS, *Pensamento Sistemático...cit.,* 101 s.

Finalmente, em termos de configuração, os princípios laborais que vamos enunciar devem entender-se, tal como os outros princípios jurídicos, como representações lógicas compreensivas, que resultam de uma combinação de elementos positivos e de restrições (neste sentido, refere CANARIS[578] que «o entendimento de um princípio é sempre, ao mesmo tempo, o dos seus limites»); e como representações não acabadas — mas, pelo contrário, que «estão sempre a caminho» (*immer unterwegs*), na expressão de ESSER[579] —, na medida em que não são imediatamente aplicáveis mas se vão realizando através de concretizações em subprincípios ou em valorações menores, que têm o seu próprio conteúdo material[580] e que podem também evoluir e modificar-se. É pelo seu carácter inacabado que se compreende a evolução dos princípios laborais dominantes (designadamente, do princípio da protecção do trabalhador) ao longo dos cem anos de história do direito do trabalho como ramo jurídico; e é de acordo com esta lógica de concretização sucessiva que faz sentido completar o enunciado dos princípios fundamentais com a indicação dos princípios que deles derivam e das suas projecções normativas mais relevantes.

IV. Por último, parece-nos importante referir o objectivo prático que nos orienta no enunciado dos princípios gerais do direito do trabalho. Para o direito laboral como para as outras áreas jurídicas e na perspectiva dogmática em que situamos a nossa investigação, o enunciado de princípios próprios, com carácter geral, é útil para iluminar as operações de interpretação e aplicação das normas ao caso, como para integrar as lacunas do sistema normativo de uma forma coerente — é a função interpretativa/aplicativa dos princípios jurídicos; é também útil para assegurar a continuidade axiológica na evolução da área jurídica, orientando a produção de novas normas — é a função de iluminação normativa dos princípios jurídicos[581]; e é ainda útil como contributo para a harmonização global da ordem jurídica e, até, para a harmonização de diversas ordens jurídicas — é a função unificadora dos princípios jurídicos.

---

[578] *Pensamento Sistemático...cit.*, 95.
[579] *Grundsatz und Norm...cit.*, 280.
[580] Ainda CANARIS, *Pensamento Sistemático...cit.*, 96 s.
[581] Em geral sobre estas funções dos princípios gerais do direito, por todos, Pietro RESCIGNO, *Sui principi generali del diritto,* Riv.trim.DPC, 1992, 2, 379--396 (380 s.).

Na sua função interpretativa/aplicativa, os princípios gerais do direito do trabalho exercem pois um controlo axiológico sobre as normas laborais, na sua aplicação ao caso, e contribuem, designadamente, para estabelecer os parâmetros do recurso ao direito civil, como direito subsidiário, na integração das lacunas regulativas do sistema laboral; na sua função de iluminação da evolução do sistema normativo, os princípios gerais do direito do trabalho estão numa relação dialéctica com as normas legais e com a prática jurisprudencial, ora informando a sua evolução (se o seu conteúdo corresponder ao valor cultural dominante no momento da aplicação da norma), ora sendo por elas desmentidos e, em consequência, evoluindo num sentido diverso ou acabando por ser ultrapassados por novas valorações; finalmente, no seu contributo para a unificação da ordem jurídica e para a harmonização de diversas ordens jurídicas, os princípios laborais podem ter uma particular utilidade para a harmonização internacional e comunitária dos sistemas jurídicos laborais dos vários Estados.

No último parágrafo testaremos estas funções dos princípios laborais, que permitem resolver os problemas da relação entre o direito do trabalho e o direito civil, ajudam a compreender a evolução do próprio sistema normativo laboral e dos seus valores dominantes, desde os primórdios do seu desenvolvimento no final do século XIX até à época dita de «crise», em que hoje se encontra, e contribuem para explicar a expansão dos regimes e institutos laborais para fora do seu domínio de origem, bem como a tendência do direito laboral para a internacionalização.

V. Completadas estas observações preliminares, vamos então proceder ao enunciado dos princípios gerais que, na nossa opinião, subjazem ao sistema juslaboral português, no estádio actual de evolução dogmática da área jurídica.

A nosso ver, o actual sistema normativo legitima a formulação de três grandes valorações materiais fundamentantes e orientadoras do direito laboral: o princípio da compensação da posição debitória complexa das partes no vínculo laboral; o princípio do colectivo; e o princípio da auto-tutela laboral. Do nosso ponto de vista, quase todos os numerosos «princípios» laborais elencados pelos autores como sustentáculos da autonomia dogmática do direito do trabalho[582] (excepcionamos

---

[582] Como tivemos ocasião de verificar oportunamente, *supra*, § 17º, 35.

apenas aqueles que só se justificam por características muito particulares deste ou daquele ordenamento[583]) se deixam compreender como emanações ou princípios derivados de uma destas três valorações fundamentais ou ideias-chave da área jurídica.

Na exposição subsequente, vamos proceder à apresentação destes princípios, justificando a nossa escolha por remissão para os regimes laborais que os validam e que fomos apreciando ao longo do estudo; e vamos elencar os respectivos princípios derivados ou de concretização, que estão plasmados de diferentes maneiras no ordenamento positivo, têm motivações e graus de eficácia diversos.

70. Os princípios gerais do direito do trabalho e os seus derivados

70.1. O princípio da compensação da posição debitória complexa das partes no vínculo laboral e as suas vertentes: o princípio da protecção do trabalhador; o princípio da salvaguarda dos interesses de gestão do empregador

I. No nosso entender, o primeiro princípio geral do direito do trabalho, que pode ser isolado a partir do sistema normativo, é um *princípio de compensação das partes pelo débito alargado que assumem no vínculo laboral*. Neste sentido, entendemos que ao direito do trabalho subjaz, como é tradicionalmente reconhecido, um princípio geral de protecção, mas cremos que esse desígnio protectivo não se desenvolve apenas em favor do trabalhador subordinado e com o objectivo de compensar a sua inferioridade negocial, conforme entendem os subscritores da autonomia dogmática do direito laboral na construção tradicional do problema, mas se desenvolve também em benefício do empregador, com o objectivo de garantir o cumprimento dos deveres especialmente amplos que lhe incumbem no contrato de trabalho e, mediatamente, para viabilizar o próprio contrato. Por este motivo designamos este princípio como um princípio geral de compensação e lhe reconhecemos duas vertentes: uma vertente de protecção ou de salvaguarda dos interesses do trabalhador e uma vertente de salvaguarda dos interesses do empregador[584].

---

[583] Por exemplo, um princípio geral de cogestão poderá fazer sentido no sistema juslaboral germânico, mas não é extrapolável para outros sistemas.

[584] A utilização do termo *compensação* e não do termo *protecção* na designa-

§ 33º - Os princípios do direito do trabalho

II. A apresentação do princípio da compensação e a sua justificação no sistema positivo não suscitam dificuldades se atentarmos na complexidade estrutural do vínculo jurídico laboral e, designadamente, nos elementos que o singularizam e dos quais demos conta na reconstrução dogmática do contrato de trabalho a que procedemos oportunamente[585].

Como então demonstrámos, o contrato de trabalho afasta-se dos seus congéneres negócios obrigacionais de serviço pela adição ao binómio de escambo entre as prestações patrimoniais, que constituem o seu nexo objectivo fundamental (a actividade laboral e a retribuição), de um elemento organizacional e de um elemento pessoal e dominial, cujo regime não é compatível com uma construção dogmática puramente civilista do vínculo jurídico: o elemento organizacional reflecte a inserção do prestador do trabalho no seio da organização do empregador/credor[586]; o elemento de pessoalidade evidencia a indeterminação relativa mas permanente da actividade laboral e a sua inseparabilidade da pessoa do trabalhador, e justifica os poderes de direcção e de disciplina do empregador[587].

Esta complexidade estrutural do vínculo de trabalho — que traduzimos através da locução *relação de emprego*[588] — projecta-se na posição debitória das partes, tornando-a também particularmente complexa: assim, o trabalhador não se obriga apenas a prestar a actividade laboral sob as orientações do empregador mas compromete-se a colaborar com ele na empresa, submete-se, dentro de certos limites, às regras da organização, sujeita-se a modificações do conteúdo do contrato impostas pelo empregador e assume ainda deveres para com sujeitos terceiros em relação ao negócio, como os colegas de trabalho[589]; por seu turno, o empre-

---

ção deste princípio exige talvez um esclarecimento. Apesar de, nas suas duas vertentes, o princípio proteger os interesses dos sujeitos beneficiários (o trabalhador e o empregador), evitamos o termo *protecção* na designação genérica do princípio porque este termo é tradicionalmente associado ao trabalhador (razão que justifica que continuemos a utilizá-lo na vertente do princípio que se lhe dirige) e porque, no caso do trabalhador, o princípio se manifesta numa tutela directa da sua pessoa e do seu património, enquanto, no caso do empregador, ele se manifesta de outras formas.

[585] Cfr., *supra*, § 25º.
[586] *Supra*, § 25º, 54.
[587] *Supra*, § 25º, 55.
[588] *Supra*, § 25º, 56.V.
[589] *Supra*, § 25º, *maxime* 54.1., 54.3. e 55.1.

gador não se obriga apenas a pagar o trabalho prestado, mas assume também responsabilidades patrimoniais e pessoais acrescidas em relação ao trabalhador, suportando o risco da não obtenção dos resultados pretendidos com a actividade laboral, «remunerando» diversas situações de inactividade do trabalhador, contribuindo para o financiamento do sistema de segurança social e suportando os riscos ligados à segurança e saúde do trabalhador, sacrificando o acordo negocial às necessidades privadas e familiares deste, dentro de certos limites, e, finalmente, sujeitando-se a particulares limitações no regime de cessação do vínculo jurídico em nome da estabilidade do emprego do trabalhador[590].

Ora, do nosso ponto de vista, é exactamente esta posição debitória complexa das partes no negócio laboral que constitui a razão de ser da preocupação tutelar do sistema jurídico em relação a cada uma delas, embora essa preocupação se manifeste de modo diferente e prossiga objectivos diversos nos dois casos.

No caso do trabalhador, a tutela jurídica justifica-se directamente no facto de a sua posição debitória implicar uma situação de inferioridade jurídica e material perante o empregador: a inferioridade jurídica inere à essência dominial do vínculo laboral, que resulta da sujeição do trabalhador aos poderes laborais de direcção e disciplina e do envolvimento integral e permanente da sua pessoa na prestação[591]; a inferioridade material ou económica é ponderada no reconhecimento da função alimentar do salário e decorre também do facto de o trabalhador não controlar o destino das utilidades que produz. Ora, se o vínculo jurídico tem uma essência dominial, apesar da sua qualificação privada, e se é difícil isolar o bem objecto do contrato da pessoa do sujeito prestador, torna-se imperioso assegurar o tratamento digno do trabalhador por parte do empregador, salvaguardar a sua vida privada e familiar perante o contrato e garantir, na celebração e na execução do mesmo, a sua efectiva liberdade e igualdade perante a contraparte. Objectivo do *princípio da protecção do trabalhador* é pois acudir a estas necessidades particulares de tutela do trabalhador subordinado, na sua pessoa e no seu património, e esse objectivo é prosseguido por diversas vias e em diversas áreas, através da concretização do princípio em princípios menores e em múltiplas proposições normativas.

---

[590] *Supra*, § 25º, *maxime* 55.3. e 56.
[591] *Supra*, § 25º, 55.1. e 55.2.

Já no que se refere ao empregador, a necessidade de tutela não se apresenta, porventura, com a mesma clareza, mas é, do nosso ponto de vista, essencial para a subsistência do vínculo laboral com a estrutura complexa que lhe assiste, na medida em que, como tivemos ocasião de comprovar oportunamente, só a posição de domínio do empregador no vínculo e a possibilidade de organização da sua empresa e de prossecução dos seus interesses de gestão em autonomia e liberdade asseguram o cumprimento dos deveres remuneratórios e pessoais amplos que lhe incumbem no contrato[592]. É pois com este objectivo que o direito do trabalho desenvolve diversas regras, que asseguram a essência dominial do vínculo jurídico e que garantem, dentro de certos limites, a prevalência dos interesses do empregador sobre o acordo negocial, e é o conjunto destas regras que revela o princípio geral que designámos de *princípio de salvaguarda dos interesses de gestão do empregador.* Função deste princípio é assegurar ao empregador as condições necessárias ao cumprimento dos deveres amplos que lhe incumbem no vínculo laboral e, indirectamente, viabilizar este mesmo vínculo; e, tal como sucede com o princípio da protecção do trabalhador, este objectivo é prosseguido através da concretização do princípio em alguns princípios menores e em múltiplas projecções normativas.

Apreciando os dois princípios em conjunto diremos pois, de uma forma sintética, que o princípio da protecção acautela os interesses do trabalhador *perante* o vínculo de trabalho, ao passo que o princípio da salvaguarda dos interesses de gestão garante a subsistência *do* próprio vínculo laboral, com a estrutura complexa com que o sistema jurídico lhe atribuiu.

III. Como decorre do exposto, o princípio da compensação alicerça-se no sistema laboral positivo, sendo justificado directamente na estrutura complexa e no regime do contrato de trabalho, bem como no sistema de organização das fontes laborais, que apreciámos oportunamente: as duas vertentes do princípio são ponderadas no regime jurídico do contrato de trabalho, que, como verificámos, vai oscilando entre a protecção dos interesses do trabalhador e a salvaguarda dos interesses de gestão do empregador, fazendo prevalecer ora uns ora outros sobre o acordo negocial e sobre as regras gerais de cumprimento dos negócios obrigacionais; e na disciplina jurídica das fontes laborais e da

---

[592] *Supra,* § 25º, 56.V., parte final.

sua relação com o contrato de trabalho também se descortina a influência destes princípios, designadamente no que se refere ao princípio da protecção do trabalhador, em razão da importância do *favor laboratoris*, que tivemos ocasião de pôr em evidência[593]. A indispensável validação do princípio pelo direito positivo está assim feita, dispensando-nos, nesta fase do estudo, de maiores aprofundamentos.

IV. Apresentado o princípio e encontrada a sua justificação no sistema laboral positivo, resta alinhar as mais importantes emanações das suas duas vertentes, uma vez que, como princípio fundamentante geral, o princípio da compensação se manifesta em múltiplos sub-princípios e projecções normativas, que vão concretizando, em áreas diferentes e com um grau de generalidade cada vez menor, o seu conteúdo essencial. No caso português, estes princípios de concretização ou princípios derivados e estas projecções normativas encontram-se disseminados pelas várias fontes laborais, manifestam-se sob a forma de representações positivas ou, pelo contrário, como excepções a princípios gerais do direito comum, têm um valor e uma eficácia diversos e sujeitam-se a múltiplas classificações.

Antes de procedermos a este enunciado devem, contudo, fazer-se duas prevenções: a primeira é a de que, na prática, os alicerces positivos dos princípios jurídicos e as suas concretizações em princípios menores e em representações normativas acabam por se confundir, porque a relação entre o sistema normativo e os seus fundamentos axiológicos é uma relação dialéctica; a segunda tem a ver com o carácter substancialmente não autónomo dos sub-princípios que vamos enunciar, uma vez que, mesmo quando se apresentam formalmente como princípios específicos, eles se limitam a concretizar, em diversas áreas, uma ou outra das vertentes do princípio geral da compensação que enunciámos.

Desta forma, deve ficar claro que o objectivo do enunciado que vamos fazer é, sobretudo, o de isolar, nas inúmeras e dispersas referências dos autores a «princípios» laborais de índole e âmbito diversos, aqueles que, do nosso ponto de vista, projectam este princípio geral da compensação.

V. Do princípio da protecção do trabalhador emanam múltiplos princípios derivados ou de concretização, apontados tipicamente como

---

[593] *Supra*, § 30º, 67.

valores eminentes do direito do trabalho, bem como outras tantas representações abrangentes ao nível legal — aqueles e estas contribuem, em patamares sucessivos de concretização, para reforçar a tutela da pessoa e do património do trabalhador perante o vínculo laboral.

Na primeira categoria de princípios derivados, são de incluir princípios de vária índole e com graus de eficácia diversos, que, no caso português, têm, quase todos, assento constitucional. Integram este elenco princípios como o direito ao trabalho (que, por seu turno, inclui o princípio da liberdade e igualdade de oportunidades no acesso ao emprego (art. 47° e art. 58° n° 1 e n° 2 b) da CRP), o princípio da dignidade e da segurança no trabalho (art. 59° n° 1, alíneas b), primeira parte, e c), e n° 2 e) da CRP), o princípio da suficiência salarial (art. 59° n° 1 a) *in fine*, n° 2 a) e n° 3 da CRP), o princípio da conciliação da vida profissional com o direito ao lazer e com a vida privada e familiar, *y compris*, o princípio da protecção da maternidade e da paternidade e o princípio do respeito pela reserva da vida privada e pelas convicções pessoais fundamentais do trabalhador (art. 59° n° 1 corpo e alíneas b) *in fine* e d), bem como n° 2, alíneas b) c), primeira parte, e d), e ainda art. 68° n°s 3 e 4 da CRP), o princípio da valorização educacional e profissional (art. 58° n° 2 c) e art. 59° n° 2, f) da CRP), o princípio da segurança no emprego e da proibição dos despedimentos sem justa causa (art. 53° da CRP), ou o princípio da assistência ao trabalhador nas situações de risco ligadas à actividade laboral e nas situações de desemprego involuntário (art. 59° n° 1 e) e f) e art. 63° n°s 2 e 3 da CRP). Apesar de terem uma eficácia variável (em resultado da diferente natureza das próprias normas constitucionais que os encerram), todos estes princípios prosseguem o valor da protecção do trabalhador e se projectam, de múltiplas maneiras, no regime jurídico do contrato de trabalho, como tivemos ocasião de ir verificando ao longo da respectiva apreciação[594][595].

---

[594] Porque as diversas projecções normativas destes princípios — que constituem, ao mesmo tempo, a sua validação dogmática — foram sendo referidas ao longo do texto, dispensamo-nos de proceder agora à sua enumeração exaustiva, limitando-nos a recordar algumas delas, apenas para exemplo. Assim, princípios como o do direito ao trabalho explicam o regime restritivo dos pactos de não concorrência (art. 36° da LCT), princípios como o da segurança no emprego explicam o regime restritivo em matéria de cessação do contrato de trabalho por iniciativa do empregador e em matéria de contratos de trabalho a termo e temporário,

Já sem assento constitucional, mas ainda com um valor fundamental e um alcance geral, porque subjaz globalmente ao regime jurídico das fontes laborais e do relacionamento destas com o contrato de trabalho, salientamos ainda, como princípio derivado do princípio da protecção do trabalhador, o princípio do *favor laboratoris,* cujas aplicações referimos oportunamente[596].

Por outro lado, é possível isolar, directamente na lei, várias representações normativas que desenvolvem o princípio da protecção do trabalhador, e que, apesar do seu menor grau de generalidade, têm ainda um carácter compreensivo, sendo também usualmente reconduzidas à categoria de princípios laborais. Neste degrau mais baixo de concretização do princípio da protecção incluimos, assim, algumas das tradicionais garantias do trabalhador, como o princípio da irredutibililidade da retribuição (art. 21º nº 1 c) da LCT), o princípio da irreversibilidade da categoria (arts. 21º nº 1 d) e 23º da LCT), o princípio da invariabilidade da prestação (art. 22º nº 1 da LCT) ou o princípio da inamovibilidade (arts. 21º nº 1 e) e 24º da LCT), bem como os princípios reguladores do exercício do poder disciplinar (como o direito de defesa, os direitos de reclamação e de impugnação da sanção aplicada, ou os princípios da proporcionalidade entre a infracção e a sanção ou da processualidade no exercício do poder disciplinar — art. 27º e 31º da LCT e art. 10º ss. da LCCT), e as emanações do princípio do tratamento mais favorável ao trabalhador, como o princípio da salvaguarda dos direitos adquiridos (art. 10º do Dec. Preambular da LCT e art. 15º da LRCT).

---

de que demos conta, *supra,* § 22º, 49.5.VIII a XI e III, respectivamente; princípios como o da conciliação da vida laboral com o direito ao repouso e ao lazer, o direito à formação, ou o direito à vida privada e familiar, compaginam-se com os regimes jurídicos em matéria de duração do trabalho e de trabalho suplementar, de férias e faltas, de protecção do trabalhador estudante e protecção da maternidade; princípios como o da suficiência salarial justificam o regime jurídico do salário mínimo, e múltiplas regras legais em matéria de remuneração (arts. 82º ss. da LCT), de sanções disciplinares pecuniárias (art. 28º e 29º da LCT) ou de impenhorabilidade dos salários (art. 824º do CPC); princípios como o da dignidade do trabalho explicam os deveres do empregador em matéria de condições de trabalho, de segurança e higiene, etc....

[595] Sobre a eficácia e o regime dos princípios gerais do direito do trabalho com assento constitucional, *vd* JOÃO CAUPERS, *Os Direitos Fundamentais dos Trabalhadores...cit.,* maxime 103 ss.

[596] *Supra,* § 30º, 67.

Finalmente, o princípio da protecção do trabalhador inspira, por si só e sem necessidade de princípios de concretização intermédios, alguns dos aspectos do regime do contrato de trabalho que mais se desviam de regras e de princípios gerais do direito comum, como as restrições da liberdade negocial das partes pelo predomínio das normas legais imperativas, ou o reforço das exigências de forma no contrato de trabalho quando esteja em causa o estabelecimento de regimes jurídicos que enfraqueçam a posição do trabalhador[597], ou ainda o regime aplicável ao contrato de trabalho inválido mas executado (art. 15º e 17º da LCT), como tivemos ocasião de ir assinalando oportunamente ao longo do estudo.

VI. Em paralelo com os desenvolvimentos do princípio da protecção do trabalhador, emanam também do princípio da salvaguarda dos interesses de gestão do empregador alguns sub-princípios e múltiplas projecções normativas.

Embora a salvaguarda dos interesses do empregador não mereça tanta atenção por parte das fontes laborais internas[598] como o princípio

---

[597] A este propósito, autores como MENEZES CORDEIRO, *Manual...cit.*, 587, referem-se às exigências particulares de forma para certas situações laborais (que podem ter a ver com a celebração de contratos de trabalho especiais, com o afastamento de regras supletivas gerais ou com o estabelecimento de regimes menos favoráveis para o trabalhador do que os previstos na lei) como «um vector juslaboral que implica a forma escrita para estabelecer situações que enfraqueçam a posição dos trabalhadores», reconduzindo-as a um conjunto de excepções ao princípio geral do consensualismo. Do nosso ponto de vista, a importância destas excepções e os desvios do seu regime em relação às regras civis (designadamente, as exigências de forma superiores em relação a cláusulas acessórias do negócio ou relativamente aos negócios preliminares do que relativamente ao negócio principal — por exemplo, quanto à aposição de termo ou de condição suspensiva ao contrato de de trabalho ou quanto ao contrato-promesssa de trabalho, nos termos dos arts. 8º e 9º da LCT — e a resolução do problema dos vícios de forma dos contratos trabalho a termo e dos contratos de trabalho temporário através da conversão automática do negócio em contrato de trabalho por tempo indeterminado, ou seja, no sentido do favorecimento do trabalhador, conforme já já demos conta, *supra*, § 22º, 49.5.III.), poderá constituir uma base para o reconhecimento de um princípio laboral específico em matéria de forma que constitua uma excepção ao princípio geral do consensualismo. Deixamos o problema em aberto.

[598] Já ao nível internacional, esta matéria tem merecido particular atenção do direito comunitário, em resultado do facto, que referimos oportunamente, de as

da protecção do trabalhador, nomeadamente ao nível constitucional — situação que se fica a dever à inspiração social da nossa Lei Fundamental, como da maioria das Constituições do século XX —, esta segunda vertente do princípio da compensação encontra também apoio na Constituição, em princípios como o da iniciativa privada e da liberdade na gestão das empresas privadas (arts. 61º nº 1, 80º c) e 86º nº 2 da CRP), e ainda no direito da propriedade privada (art. 62º da CRP) e no princípio fundamental de organização económica que admite o sector produtivo privado (art. 80º b) e art. 82º n°s 1 e 3 da Constituição).

É, todavia, ao nível legal que se encontram as mais relevantes projecções do princípio da salvaguarda dos interesses de gestão do empregador, ou sob a forma de representações positivas ou sob a forma de limites às projecções do princípio da protecção do trabalhador, provando a existência de uma relação dialéctica entre as duas vertentes do princípio da compensação. Subjacentes a um ou a outro tipo de concretizações encontram-se a componente organizacional do vínculo de trabalho e a ideia de interesse da empresa, para as quais chamámos oportunamente a atenção[599].

Assim, o princípio da salvaguarda dos interesses de gestão do empregador é concretizado no princípio da mútua colaboração das partes (art. 18º da LCT), pela dimensão organizacional que essa colaboração reveste, conforme assinalámos em devido tempo[600]. Por outro lado, é o princípio de tutela dos interesses de gestão que subjaz a diversas emanações dos poderes directivo e disciplinar, que o sistema normativo desenvolve em termos positivos ou como limitações a algumas das emanações do princípio da protecção do trabalhador acima enunciadas — princípios como o da adaptabilidade dos horários (art. 3º da L. nº 21/96, de 23 de Junho) ou o da polivalência funcional (art. 22º n°s 2 ss. LCT), figuras como a do regulamento interno (art. 39º da LCT), e, em geral,

---

empresas e os empresários terem sido os primeiros e naturais destinatários das regras da Comunidade Económica Europeia — *supra*, § 22º, 49.4.II. e III.

[599] *Supra*, § 16º, 32.2.II., e § 25º, 54.1.

[600] *Supra*, § 25º, 54.1.II. De notar, contudo, que, tal como o entendemos, este princípio de colaboração na empresa não tem a conotação comunitária que lhe era associada tradicionalmente (neste sentido comunitário, por exemplo, MAZZONI, *Contiene il diritto del lavoro...cit.*, 532), porque recusamos a existência de uma relação de comunidade entre empregador e trabalhadores.

os poderes modificativos do contrato de trabalho por iniciativa do empregador que fazem prevalecer os seus interesses sobre o acordo negocial (relativamente à prestação exigida, ao local e ao tempo de trabalho, ou à transmissão do estabelecimento, por exemplo — arts. 22º n°s 2 ss., 23º, 24º e 37º da LCT e ainda o regime jurídico da prestação de trabalho suplementar, previsto na LTS) integram-se aqui. Por último, evidenciam o princípio da salvaguarda dos interesses de gestão as limitações ao princípio da segurança no emprego que decorrem da admissibilidade de contratos de trabalho precários (como o contrato de trabalho a termo e o contrato de trabalho temporário ou a comissão de serviço — art. 41º da LCCT, art. 18º do DL nº 358/89, de 17 de Outubro, e DL nº 404/91, de 16 de Outubro) e do regime da cessação do contrato por iniciativa do empregador com fundamento em causas objectivas (despedimento colectivo e cessação do contrato por extinção do posto de trabalho — arts. 16º ss. e arts. 26º ss. da LCCT), em inadaptação do trabalhador (DL nº 400/91, de 16 de Outubro) ou durante o período experimental (arts. 43º e 55º da LCCT).

VII. Elencadas as mais importantes concretizações do princípio da compensação, nas suas vertentes da protecção do trabalhador e da salvaguarda dos interesses de gestão do empregador, resta retirar da exposição as ilações dogmáticas que ela legitima. Estas ilações reportam-se, por um lado, à importância relativa das duas vertentes do princípio no sistema laboral português e às relações que estabelecem entre si e com os princípios do direito comum; e, por outro lado, à caracterização do direito do trabalho como área jurídica.

Do nosso ponto de vista, a exposição anterior confirma a importância que o princípio da protecção do trabalhador tem ainda hoje no sistema jurídico laboral português, mas obriga a recusar a sua tradicional qualificação como valoração material fundamentante exclusiva do direito do trabalho (o *Leitgedank* do sistema laboral, de que falava, por exemplo, FLORETTA[601]), em favor da sua colocação ao lado do princípio da salvaguarda dos interesses de gestão do empregador e da qualificação de ambos como vertentes paralelas do princípio da compensação. Deste modo, não só o princípio da protecção do trabalhador como também o da salvaguarda dos interesses de gestão do empregador devem

---

[601] *Zentrale Probleme...cit.*, 44.

ser considerados como valorações fundamentais específicas do sistema jurídico laboral.

Por seu turno, esta visão paralela das duas vertentes do princípio da compensação permite compreender as relações que se estabelecem entre as múltiplas projecções destas vertentes, mas também entre cada uma delas e os princípios gerais do direito privado.

Assim, resulta da exposição que, tal como a generalidade dos princípios jurídicos, o princípio da protecção do trabalhador e o princípio da salvaguarda dos interesses de gestão do empregador e as respectivas projecções não se excluem, nem entram sistematicamente em oposição (embora possam pontualmente opor-se), mas se limitam reciprocamente e podem ser valorizados em alternativa ou em conjunto pelo sistema jurídico. Por outro lado, resulta também do exposto que o facto de as duas vertentes do princípio da compensação corresponderem a valorações fundamentais do sistema jurídico laboral significa apenas que lhe são próprias mas não necessariamente que sejam opostas aos princípios fundamentais do direito civil, embora a relação de oposição se manifeste numa ou noutra das suas projecções — o que contribui para estabelecer os limites da autonomia dogmática do direito laboral e para clarificar as suas relações com o direito civil.

Mas, na nossa opinião, a consideração dos princípios da protecção do trabalhador e da salvaguarda dos interesses de gestão do empregador em paralelo tem ainda uma última e inevitável consequência: é a recusa da visão clássica do direito laboral como uma área jurídica predestinada em exclusivo à protecção dos trabalhadores subordinados e, consequentemente, a negação da característica de unilateralidade usualmente associada a este destino, a que aludimos oportunamente[602]. A nosso ver, apesar de compreensível nos primórdios do desenvolvimento sistemático da área jurídica — porque foi a necessidade de proteger os trabalhadores que despoletou as primeiras normas laborais —, esta visão do direito do trabalho nunca correspondeu à realidade, porque, no modo como veio a regular os fenómenos laborais, o sistema jurídico acabou por preservar sempre os interesses de gestão do empregador, como condição de viabilização do próprio vínculo laboral.

---

[602] *Supra*, § 17°, 36.II.

Deste modo, nem sequer subscrevemos a ideia intermédia, defendida por alguns autores, segundo a qual o direito do trabalho se teria emancipado progressivamente do objectivo proteccionista que originariamente o orientou[603], concordando antes com aqueles autores que afirmam que o objectivo proteccionista nunca constituiu o fito exclusivo do direito laboral e reconhecem que ele teve, desde sempre, um carácter compromissório[604] — neste ponto, tem pois razão LYON-CAEN, quando se refere à existência, no direito do trabalho, de uma relação dialéctica fundamental entre os interesses do empregador/empresário (que o autor designa como interesses «liberais» pela sua filiação nos ideais liberais difundidos a partir da Revolução Francesa e do *Code de Napoléon*) e os interesses de protecção do trabalhador (a que chama «sociais», pela sua filiação nos ideais do Estado Social de Direito)[605].

Do nosso ponto de vista, esta relação dialéctica fundamental acompanhou o direito do trabalho, desde o início do seu desenvolvimento sistemático e até hoje, fazendo dele um direito de compromissos. Mas a visão paralela dos princípios da protecção do trabalhador e da salvaguarda dos interesses de gestão do empregador, que propomos, não só auxilia a compreender a evolução pendular do sistema normativo laboral ao longo dos seus cem anos de existência, na procura das soluções de compromisso que, em cada época histórica, lhe pareciam as mais adequadas, como contribui para explicar e, de certa forma, para relativizar, a actual situação de «crise» do direito laboral: afinal, *esta «crise» não é mais do que a crise do seu valor da protecção*, mas este valor não é o único valor laboral, e, na sua ponderação com outros valores, a ciência jurídica laboral poderá encontrar novas soluções de compromisso que permitam a ultrapassagem da «crise» e a renovação dogmática da área jurídica.

---

[603] Neste sentido, por exemplo, BERNARDO XAVIER, *A crise e alguns institutos...cit.*, 525.

[604] Também considerando que o direito do trabalho nunca teve como único objectivo a protecção do trabalhador, RÜTHERS, *35 Jahre...cit.*, 328. O reconhecimento do carácter compromissório do direito do trabalho detecta-se ainda nas reflexões de autores como LYON-CAEN, por exemplo, em *La crise...cit.*, 517, quando afirma que o direito do trabalho não é só um direito de protecção dos trabalhadores mas também um direito essencial à empresa capitalista; e, mais explicitamente, em *Grundlagen...cit.*, 233, quando distingue os conceitos de *ordre public de protection* (do trabalhador) e de *ordre public de direction* (em favor dos interesses do empregador e da empresa).

[605] LYON-CAEN, *Grundlagen...cit.*, 229.

70.2. O princípio do colectivo e as suas projecções: o princípio da autonomia colectiva e o princípio da intervenção dos trabalhadores na gestão; o princípio da primazia do colectivo, o princípio da interdependência dos vínculos laborais na organização e o princípio da igualdade de tratamento

I. O segundo princípio que, no nosso entender, se pode isolar a partir do sistema normativo laboral como um princípio fundamentante geral do direito do trabalho português, é o princípio que designamos como *princípio do colectivo*. Em termos simples, este princípio pode enunciar-se como a orientação geral do direito do trabalho para valorizar, na construção e na disciplina da generalidade dos fenómenos laborais (*y compris,* o vínculo laboral), uma componente colectiva ou de grupo, da qual vai retirando múltiplos e específicos efeitos jurídicos: nos fenómenos laborais colectivos, o princípio do colectivo põe em evidência o facto de a constituição de grupos e a actuação dos sujeitos laborais colectivamente ou por intermédio de grupos serem uma forma comum de intervenção jurídica no domínio laboral; no vínculo laboral, a componente de grupo manifesta-se na faceta organizacional do contrato de trabalho e na influência que recebe dos fenómenos colectivos — um e outro factores explicam que o trabalhador e o empregador sejam valorizados não tanto como indivíduos mas enquanto membros de diversos grupos, institucionais ou não institucionais, com os quais se relacionam, por efeito do contrato de trabalho, ou, simplesmente, por efeito da qualidade de trabalhador subordinado e da qualidade de empregador.

Neste sentido, concordamos com aqueles autores que vêm no direito do trabalho um direito de grupos — entendendo aqui o termo *grupo* não de uma forma restritiva, referida a entidades colectivas, mas num sentido amplo, abrangendo realidades, conceitos e, evidentemente, entidades colectivas de diversos tipos[606] — e com aqueles que consideram

---

[606] Neste sentido, SUPIOT, *Critique...cit.,* 130 ss., reporta a dimensão colectiva do direito do trabalho à ideia de grupos, no sentido de implicar a actuação de grupos profissionais institucionais (como os sindicatos, por exemplo), mas também conceitos de grupo (como o conceito de ramo de actividade ou o conceito de interesse da empresa). Também identificando o direito do trabalho como um direito de grupos, LYON-CAEN, *Du rôle...cit.,* 239 s., chamando a atenção para a

a dimensão colectiva como o traço mais original desta área jurídica⁶⁰⁷. Mas julgamos que o reconhecimento desta dimensão colectiva ou de grupo não serve apenas para acentuar a especificidade ou a originalidade do direito laboral, mas tem implicações dogmáticas profundas, porque é esta dimensão que permite ultrapassar as deficiências do direito civil no enquadramento dos fenómenos laborais, que fomos evidenciando na nossa exposição⁶⁰⁸, justamente pela perspectiva individual e negocial que adoptou na sua apreciação, obnubilando ou desconsiderando os efeitos decorrentes da constante interpenetração de elementos singulares e colectivos na conformação destes fenómenos. Na medida em que viabiliza a apreensão dos fenómenos laborais no aspecto mais original do seu conteúdo, a dimensão colectiva do direito do trabalho constitui, no nosso entender, um pilar fundamental do processo de autonomização dogmática da área jurídica em relação ao seu berço civil. É desta dimensão que emerge o princípio do colectivo.

II. O princípio do colectivo alicerça-se directamente no sistema laboral positivo e, designadamente, em três pontos para os quais fomos chamando a atenção nos capítulos anteriores: a importância da dimensão colectiva do direito do trabalho, que se comprova pelo lugar de destaque que nele ocupam os fenómenos colectivos e os institutos jurídicos que lhes correspondem (a convenção colectiva e a greve)⁶⁰⁹, e ainda pelo relevo que o elemento colectivo tem no próprio contrato de trabalho, através da sua componente organizacional⁶¹⁰; a singularidade dogmática desta dimensão colectiva, que decorre da irredutibilidade dos

---

heterogeneidade destes grupos e das relações que estabelecem entre si; a mesma qualificação se encontra em EDWALD, *Le droit du travail...cit.*, 724, que a justifica no facto de o trabalhador ser valorizado não como indivíduo mas como elemento de um grupo.

⁶⁰⁷ Neste sentido, por exemplo, SANTORO-PASSARELLI, *Lineamenti...cit.*, 4, considera como traço mais original do direito laboral o facto de os trabalhadores serem considerados na sua inserção numa organização. O autor acentua, todavia, o carácter comunitário da organização, que não subscrevemos.

⁶⁰⁸ Reconhecendo a existência de uma «deformação civilística» na aproximação dogmática à relação de trabalho, exactamente em consequência desta perspectiva individualista e negocial por exemplo, BERNARDO XAVIER, *A crise e alguns institutos...cit.*, 524.

⁶⁰⁹ *Supra*, § 26° e § 27°.

⁶¹⁰ *Supra*, § 25°, 54.

regimes e institutos colectivos e do elemento organizacional do contrato de trabalho ao direito civil[611]; e a integralidade ou a omnipresença desta dimensão colectiva na área jurídica, por ser subjacente a todos os fenómenos laborais e não apenas aos fenómenos colectivos, projectando-se nos respectivos regimes e determinando a sua constante interpenetração[612]. A validação positiva do princípio está assim estabelecida, dispensando, agora, mais aprofundamentos.

III. Feita a apresentação do princípio e recordados os seus alicerces no sistema positivo, resta apreciar o modo como se concretizou e desenvolveu no caso português.

Dotado de uma grande densidade dogmática, o princípio do colectivo desenvolveu-se no nosso sistema jurídico em diversos princípios de concretização e em inúmeras representações normativas, incidentes em várias matérias e disseminados pelas fontes laborais — o que dificulta a sua apreensão global e a sua apresentação lógica. Todavia, se partirmos das duas vertentes do princípio que acima enunciámos (a que se reporta directamente às actuações laborais colectivas[613], e a que realça os efeitos dos fenómenos colectivos no vínculo laboral e a dimensão organizacional deste vínculo[614]), estes múltiplos desenvolvimentos deixam-se reconduzir a algumas valorações materiais fundamentais, que actuam em cada uma das duas vertentes do princípio: nas actuações laborais colectivas, o princípio do colectivo concretiza-se no clássico *princípio da autonomia colectiva* e no princípio que designaremos de *princípio da intervenção dos trabalhadores na gestão*; na sua incidência no vínculo laboral, o princípio do colectivo desdobra-se no princípio a que chamaremos de *princípio da primazia do colectivo* e no princípio que apelidaremos de *princípio da interdependência dos vínculos laborais na organização* e do qual emerge, por sua vez, o *princípio da igualdade de tratamento entre os trabalhadores*.

---

[611] *Supra*, § 26º, 59., § 27º, 61., e § 25º, 54.2., respectivamente.

[612] *Supra*, § 29º. Também reconhecendo a omnipresença da dimensão colectiva do direito do trabalho neste sentido, expressamente SUPIOT, *Critique...cit.,* 124 s., ou ainda *Pourquoi un droit du travail? cit.,* 488, embora este autor não retire daqui o reconhecimento de um princípio específico do direito laboral, como acabamos de fazer.

[613] Cfr., *supra,* § 29º, 63.2. e 63.3., a delimitação que fizemos das diversas instituições e actuações colectivas no domínio laboral.

[614] Como salientámos oportunamente, *supra,* § 25º, 54., e § 29º, 63.4.

Antes de descrevermos cada uma destas projecções do princípio do colectivo, cabe apenas recordar que, em termos substanciais, elas se confundem com os alicerces do próprio princípio, pelo que o objectivo do nosso enunciado é, sobretudo, um objectivo de clarificação — tal como fizemos em relação ao princípio da compensação, o que pretendemos é isolar, no elenco heterogéneo de «princípios» laborais indicado pelos autores, aqueles que, a nosso ver e no quadro do nosso próprio sistema jurídico, se deixam reconduzir a emanações do princípio do colectivo, nos termos em que acabámos de o enunciar. Por outro lado, deverá ter-se em conta que algumas das projecções que vamos indicar são comuns a outros princípios laborais, enquanto outras justificam, só por si, a formulação de novos princípios diferenciados (o que se explica pela característica comum, que os princípios gerais do direito do trabalho partilham, segundo a qual os princípios jurídicos não se excluem uns aos outros e admitem zonas de sobreposição[615]); e que alguns destes princípios se podem considerar como projecções laborais de princípios do direito comum, ao passo que outros se opõem aos princípios civis gerais. Todavia, porque todos têm um conteúdo especificamente laboral, é legítima a sua qualificação como valorações materiais próprias do direito do trabalho.

IV. Seguindo o critério proposto, começaremos por dar conta das concretizações do princípio do colectivo que emergem directamente das actuações laborais colectivas: o princípio da autonomia colectiva; e o princípio da intervenção dos trabalhadores na gestão. No caso português, estes dois princípios desenvolvem-se, por seu turno, em princípios menores e em múltiplos direitos, com incidência em áreas diversas e plasmados em diferentes fontes e, designadamente, na Constituição, onde são reconduzidos à categoria de direitos fundamentais dos trabalhadores, pese embora o facto de alguns deles serem extensíveis aos empregadores.

O *princípio da autonomia colectiva* é classicamente apontado como um dos princípios basilares do direito do trabalho[616] e, como justificámos no lugar próprio, a especificidade deste princípio em relação ao princípio da autonomia privada decorre de múltiplos aspectos do regime jurídico das convenções colectivas, que a tornam irredutível à categoria

---

[615] *Supra*, 69.III.
[616] *Supra*, § 17º, 35.2.III.

do negócio jurídico⁶¹⁷. No seu conteúdo nuclear, este princípio tem a ver com a capacidade de auto-regulação livre, colectiva e uniforme das condições de trabalho, que assiste aos trabalhadores e empregadores e que é exercitada através da negociação colectiva e das convenções colectivas de trabalho e por intermédio, obrigatoriamente do lado dos trabalhadores e eventualmente do lado dos empregadores, de entes laborais colectivos. No caso português, este conteúdo essencial foi constitucionalmente plasmado no denominado «direito de contratação colectiva» (art. 56°, n° 3 da CRP).

O princípio da autonomia colectiva é, todavia, um princípio muito amplo, porque a garantia da negociação e da contratação colectiva pressupõe diversos princípios instrumentais, que têm que ser assegurados previamente, bem como algumas condições de efectivação, que corporizam também direitos autónomos. Assim, no princípio da autonomia colectiva se costumam também incluir diversos princípios prévios, de índole associativa (reunidos no art. 55° da CRP, sob a epígrafe de «liberdade sindical», mas que são, em grande parte, extensíveis aos empregadores⁶¹⁸) princípios como a liberdade de associação sindical e patronal (a primeira reconduzida à categoria de direito, liberdade e garantia dos trabalhadores pelo art. 55° da CRP, a segunda decorrente do princípio geral da liberdade de associação, consagrado no art. 46° da Lei Fundamental, e ambas pressupondo o princípio do pluralismo — art. 55° n° 2 a) da CRP), a liberdade de inscrição e de desvinculação dos trabalhadores e dos empregadores nas respectivas associações (arts. 55° n° 2 b) e 46° n° 3 da CRP, concretizados, respectivamente, nos arts. 16° da LS e 10° nᵒˢ 2 e 3 da LAP), o princípio da não ingerência do Estado nas associações laborais e da regulação e gestão internas destas associações de uma forma livre e democrática (art. 55° n° 2 c) e e), e nᵒˢ 3, 4 e 5 da CRP, quanto às associações sindicais, e quanto às associações patronais, art. 46° n° 2 da CRP e arts. 2° e 10° da LAP).

Por outro lado, contribuem ainda para a garantia efectiva do princípio da autonomia colectiva outros princípios e direitos instrumentais, plasmados tanto na Constituição como ao nível legal — assim, ainda ao nível constitucional, o direito de participação das associações sindi-

---

⁶¹⁷ *Supra,* § 26°, 59.

⁶¹⁸ Eram estes princípios prévios ao princípio da autonomia colectiva que a doutrina reconduzia classicamente à ideia de liberdade de coalisão — *supra,* § 17°, 35.2.III.

cais e patronais no processo de feitura da legislação laboral, na definição das políticas económico-sociais e na concertação social (art. 56º nº 2, a), c) e d) da CRP), o direito de exercício da actividade sindical na empresa, o direito dos delegados sindicais à protecção adequada (art. 55º nº 2 d) e nº 6 da CRP), e, *maxime*, o direito fundamental de greve (art. 57º nº 1 da CRP); bem como princípios subjacentes ao regime jurídico dos instrumentos de regulamentação colectiva, como o do primado dos instrumentos convencionais sobre os instrumentos administrativos (arts. 29º e 38º da LRCT), ou o do controlo administrativo meramente formal dos instrumentos colectivos (art. 24º da LRCT).

Por seu turno, o princípio que designámos como *princípio da intervenção dos trabalhadores na gestão* tem a ver com os vários direitos que assistem aos trabalhadores em relação à gestão da empresa e às orientações legislativa e económica do respectivo sector de actividade, e que são exercidos também ao nível colectivo ou de grupo, mas agora através das comissões de trabalhadores. Embora o sistema jurídico português não tenha levado tão longe este princípio como outros sistemas (é o caso dos sistemas germânico e austríaco, onde é sustentada a existência de um princípio de cogestão[619]), este princípio encontra-se plasmado na Constituição, que o concretiza em diversos direitos das comissões de trabalhadores, como o direito à informação, o direito ao controlo da gestão das empresas, o direito à intervenção nos processos de reestruturação das empresas (art. 54º nº 5, a), b) c) e e) da CRP), o direito efectivo de participação na gestão nas empresas do sector público (art. 54º nº 5 f) e art. 89º da CRP), bem como o direito a participar na elaboração da legislação do trabalho e dos planos económicos e sociais para o sector produtivo (art. 54º nº 5 d) da CRP), todos eles desenvolvidos pela lei. Deve notar-se, uma vez mais, que este princípio pressupõe também direitos acessórios, que assegurem, designadamente, a liberdade na escolha dos membros da comissão de trabalhadores, a sua livre actuação na empresa e a sua tutela, e que são também previstos na Constituição (art. 54º n°s 1 a 4), e desenvolvidos na lei.

V. Apreciando agora o desenvolvimento do princípio do colectivo da perspectiva do vínculo laboral, cabe apresentar o segundo grupo de

---

[619] *Vd, supra,* § 17º, 35.2.III. e nota [764].

princípios de concretização acima enunciados: o princípio da primazia do colectivo, o princípio da interdependência dos vínculos laborais na organização e o princípio da igualdade de tratamento entre trabalhadores. Tal como os outros, estes princípios desenvolvem o princípio do colectivo em múltiplas áreas e desenvolvem-se em patamares sucessivos de concretização; já do ponto de vista da sua formação, deve dizer-se que estes princípios emergem globalmente do sistema normativo laboral mas não transparecem de forma tão explícita nas fontes laborais, salvo quanto ao princípio da igualdade de tratamento, que merece referências explícitas e detalhadas nas fontes, designadamente ao nível constitucional.

A primeira concretização do princípio do colectivo nesta segunda perspectiva é o princípio que designámos como *princípio da primazia do colectivo*. Reportado à determinação do conteúdo do contrato de trabalho, este princípio realça o facto de, por efeito da inserção do trabalhador e do empregador nos respectivos grupos profissionais (a associação sindical e a associação patronal), as condições de trabalho poderem ser — e, na verdade, serem usualmente — determinadas não directamente pelas partes no contrato de trabalho mas por via colectiva; e, bem assim, o facto de, em caso de dissídio entre as condições de trabalho estabelecidas no contrato e as que sejam dispostas colectivamente, estas prevalecerem tendencialmente sobre aquelas. No sistema laboral português, este princípio desenvolve-se em diversas frentes e explica a preocupação do sistema jurídico em assegurar a cobertura da generalidade das situações laborais por via colectiva — o que justifica, por exemplo, o princípio da eficácia geral das convenções colectivas de trabalho (prosseguido através da previsão legal da sua extensão, por meio dos acordos de adesão e das portarias de extensão — art. 27° da LRCT), e a integração das lacunas do sistema convencional de regulamentação colectiva através de regimes administrativos de substituição (é a função assegurada pelas portarias de regulamentação do trabalho — art. 36° da LRCT); mas justifica também as diversas aplicações do princípio do *favor laboratoris* à relação entre as convenções colectivas e o contrato de trabalho e, designadamente, o princípio da inderrogabilidade *in pejus* do regime convencional colectivo pelo contrato de trabalho (art. 14° n° 1 da LRCT)[620].

---

[620] Já tendo apreciado estes fenómenos e estas figuras no lugar próprio e posto em evidência a sua singularidade, em face das regras e princípios do direito

§ 33º – Os princípios do direito do trabalho 989

O segundo princípio de concretização do princípio do colectivo no contrato de trabalho é o *princípio da interdependência dos vínculos laborais na organização*. Decorrendo directamente da componente organizacional do contrato de trabalho e sendo independente da existência de instrumentos de regulamentação colectiva e da actuação de entes laborais colectivos, este princípio permite compreender as projecções do vínculo laboral para fora do âmbito da relação entre o empregador e o trabalhador, bem como o permanente condicionamento de cada contrato de trabalho por factores atinentes a outros vínculos que se desenvolvem na mesma organização, conforme verificámos oportunamente[621]: é porque o trabalhador é visto não em termos individuais mas como membro de determinado grupo (o grupo de trabalhadores daquela secção ou daquele estabelecimento, daquela categoria ou daquela profissão) que o seu contrato pode ser afectado por factores atinentes a outros contratos, e é ainda este facto que explica os deveres dos trabalhadores para com outros trabalhadores e, em geral, o relacionamento entre eles. A interdependência dos vínculos laborais no seio da organização do empregador traduz assim, na nossa opinião, um princípio geral do direito do trabalho, que concretiza o princípio do colectivo e que justifica muitos dos desvios do regime jurídico do contrato de trabalho em relação aos princípios gerais da liberdade de estipulação e da relatividade dos negócios jurídicos[622].

---

comum — *supra*, § 30º, 67. — dispensamo-nos nesta fase de maiores aprofundamentos. Também reconhecendo este princípio, embora o ligue directamente ao princípio da autonomia colectiva, a que atribui um conteúdo muito amplo, por exemplo, MAZZONI, *Contiene il diritto del lavoro...cit.*, 531.

[621] *Supra*, § 25º, 54.3.II. e III.

[622] Deve, contudo, ficar claro que este princípio de interdependência não significa o reconhecimento da existência de uma relação de comunidade ou de solidariedade entre os trabalhadores, como parece subscrever, por exemplo, GAMILLS-CHEG, em *Zivilrechtliche Denkformen...cit.*, 213, e, mais explicitamente, em *Die Solidarität...cit.*, 337 s., conforme demos nota noutro ponto do estudo — *supra*, § 17º, 35.2.III. e § 25º, 54.3.III. Embora a valorização da influência recíproca dos diversos vínculos laborais na empresa, de que o autor parte para o reconhecimento do princípio, seja, do nosso ponto de vista, da maior importância, esta construção do princípio é redutora, porque à interdependência dos vínculos laborais não inere necessariamente uma conotação comunitária — as relações entre os vários trabalhadores tanto podem ser de cooperação como de concorrência, ou mesmo de conflito.

Por sua vez, o princípio da interdependência dos vínculos jurídicos laborais permitiu o desenvolvimento de um outro princípio, que também justifica alguns dos desvios do regime do contrato de trabalho em relação ao princípio geral da liberdade de estipulação[623], mas que consideramos como um princípio autónomo porque, apesar de pressupor a interdependência dos vínculos laborais na empresa, acabou por se desenvolver para além do domínio empresarial, equacionando o valor ético que prossegue em termos gerais: é o *princípio da igualdade de tratamento entre os trabalhadores*.

No caso português, este princípio concretiza-se, a partir do princípio constitucional da igualdade e não discriminação (art. 13º da CRP), no próprio texto constitucional, em princípios menores como os princípios da igualdade de oportunidades no acesso ao emprego e na carreira, da igualdade de tratamento na execução do contrato e da igualdade salarial (arts. 47º nº 2, 58º, nº 2 b), 59º nº 1 a) da CRP). Por seu turno, na sua aplicação às discriminações com fundamento no sexo, estes princípios foram objecto de relevantes desenvolvimentos ao nível da lei, em todos os aspectos referidos acima e ainda na vertente da conciliação entre a vida privada e familiar, como tivemos oportunidade de referir oportunamente[624].

VI. Chegados a este ponto, cremos estar suficientemente demonstrada a importância do princípio do colectivo, como princípio geral do direito do trabalho: justificando as instituições, os fenómenos e as actuações de grupo no domínio laboral e, bem assim, a penetração de elementos colectivos no vínculo laboral e a visão dos sujeitos laborais como elementos de grupos, o princípio do colectivo constitui, como referimos no início deste número, um pilar da autonomia dogmática do direito do trabalho, porque torna compreensíveis os aspectos do sistema normativo laboral que o direito civil teve mais dificuldade de explicar, sem os amputar do seu conteúdo mais original.

---

[623] Neste sentido, por exemplo, DERSCH, *Entwicklungstendenzen...cit.*, 444. Todavia, este autor justifica directamente este princípio na natureza comunitário-pessoal do vínculo laboral (*op. e loc. cits.*), que não subscrevemos. Ainda referindo o princípio da igualdade como princípio geral do direito laboral, por exemplo, LYON-CAEN, *Grundlagen...cit.*, 231, e SUPIOT, *Critique...cit.*, 135 s., entre outros.

[624] Cfr., *supra*, § 25º, 54.3.II.

Por outro lado, se tivermos em atenção as manifestações da «crise» do direito laboral nas últimas décadas, verificamos que a dimensão colectiva do direito do trabalho — ou seja, diremos nós, o princípio do colectivo — não só não perdeu a importância que tradicionalmente detinha, como tem sido capaz de se renovar, adaptando as suas instituições e as suas actuações às novas necessidades e aos novos desafios que a área jurídica hoje enfrenta. Fenómenos como a concertação social e a legislação laboral negociada, a desregulamentação e a «re-regulamentação» convencional colectiva demonstram a vitalidade e o dinamismo que o princípio do colectivo mantém no direito do trabalho.

70.3. O princípio da auto-tutela laboral e as suas projecções: o poder disciplinar e o direito de greve

I. Na nossa opinião, o sistema normativo permite ainda isolar um terceiro princípio geral do direito do trabalho português: é o princípio que designamos como *princípio da auto-tutela laboral*. Este princípio realça a capacidade da área jurídica para assegurar, por si mesma, a protecção dos interesses dos destinatários das suas normas e a preservação dos seus institutos fundamentais, através de dois mecanismos singulares de auto-tutela, que desenvolveu no seu seio e que garantem a sua suficiência como área jurídica porque dispensam o recurso aos meios comuns de tutela: o poder disciplinar laboral e o direito de greve. O poder disciplinar garante os interesses do empregador no vínculo laboral mas viabiliza também o próprio contrato de trabalho, na medida em que permite preservar a essência dominial que é essencial a este contrato; o direito de greve tutela os interesses dos trabalhadores perante o empregador mas assegura também a subsistência do sistema de negociação colectiva, porque constitui o garante da eficácia e do cumprimento das convenções colectivas. Ambos são mecanismos de auto-tutela porque podem ser directamente actuados pelos respectivos titulares, assegurando os interesses respectivos de uma forma expedita e eficaz e dispensando o recurso aos meios jurisdicionais comuns de reintegração dos direitos violados e de cumprimento coercivo dos negócios jurídicos[625].

---

[625] Já tendo oportunamente justificado esta função dos dois institutos (*supra*, § 30°, 68.), abstemo-nos agora de maiores desenvolvimentos.

O reconhecimento de um princípio de auto-tutela laboral no sentido exposto exige, todavia, duas justificações complementares: a primeira tem a ver a com a natureza do princípio e é necessária para distinguir o sentido em que o entendemos da forma como ele é usualmente apresentado pela doutrina, na construção clássica do problema da autonomia dogmática; a segunda tem a ver com o seu relacionamento com os outros princípios gerais do direito do trabalho já enunciados.

Como verificámos, aquando da apresentação dos princípios laborais na construção tradicional do problema da autonomia dogmática do direito do trabalho, diversos autores referem a existência de um princípio de auto-tutela no direito do trabalho[626], mas ligam-no apenas ao direito de greve[627] e, assim, naturalmente, ao princípio da autonomia colectiva. Pelo contrário, na nossa perspectiva, o princípio da auto-tutela laboral deve entender-se como um princípio bipolar, no sentido de que emerge não apenas da função de tutela directa dos interesses dos trabalhadores e do sistema de negociação colectiva, que é desempenhada pela greve, mas também da outra figura que, em paralelo, permite ao empregador prosseguir os seus interesses sem recorrer aos mecanismos comuns de reintegração efectiva dos direitos e dos negócios jurídicos — ou seja, ao poder disciplinar laboral. Do nosso ponto de vista, esta dupla vertente da auto-tutela confere ao princípio a sua autonomia perante outros princípios.

Por outro lado, é ainda o carácter bipolar do princípio da auto-tutela que justifica, na nossa opinião, a sua referência como um princípio geral *a se*, apesar de os institutos em que ele se alicerça se deixarem também conceber como projecções dos princípios gerais da compensação e do colectivo que acima apresentámos — como vimos[628], o poder disciplinar laboral pode perspectivar-se como uma projecção do princípio da compensação na sua vertente de salvaguarda dos interesses de gestão do empregador, e o direito de greve constitui uma garantia do princípio do colectivo, na sua concretização no princípio da autonomia colectiva. No entanto, o que se passa é que a função tutelar dos dois institutos vai mais longe, porque, ao mesmo tempo que protegem os interesses do empregador e dos trabalhadores, eles asseguram também

---

[626] *Supra*, § 17º, 35.2.III., parte final.

[627] Bem como, nos sistemas que o admitem, o direito ao *lock-out*. Não sendo este o caso português, prescindimos de maiores aprofundamentos.

[628] *Supra*, 70.1.VI. e 70.2.IV.

a preservação dos institutos laborais mais importantes da área jurídica (i.e., respectivamente, o contrato de trabalho e a convenção colectiva) e, com isso, garantem, em conjunto, a unidade e a suficiência do direito do trabalho como ramo autónomo no universo jurídico privado. É por este motivo que entendemos que, sem deixarem de projectar outros princípios (o que não suscita qualquer problema, pela característica de não exclusividade e pela admissibilidade de zonas de sobreposição entre os princípios jurídicos, a que nos referimos atrás[629]), os dois institutos em questão justificam a formulação de um princípio geral de tutela, no sentido indicado.

II. No caso português, os alicerces positivos do princípio da auto--tutela encontram-se pois directamente na função tutelar do poder disciplinar laboral e do direito de greve, que já tivemos ocasião de apreciar neste estudo, dispensando-nos agora de maiores justificações[630]. Cabe apenas recordar que as duas vertentes deste princípio têm concretizações explícitas no sistema normativo: no caso do direito de greve, através do seu reconhecimento como direito fundamental dos trabalhadores no art. 57º nº 1 da CRP e, no caso do poder disciplinar, pelo seu reconhecimento legal como poder do empregador (art. 26º da LCT).

Trata-se, além disso, de um princípio dotado de grande vigor, como se prova pelo seu reforço através de regras e princípios instrumentais, e, por outro lado, pelo pendor meramente delimitativo da regulamentação legal destes institutos, que já tivemos ocasião de fazer notar: no caso da greve, o vigor do princípio da auto-tutela é reforçado pela proibição constitucional expressa do *lock-out* (art. 57º nº 4 da CRP) e pelo princípio da irrenunciabilidade (art 1º nº 3 da LG), bem como pela admissibilidade de limitações apenas no plano do seu exercício (em resultado de deveres de paz social, da necessidade de observância de serviços mínimos ou de exigências processuais, como o pré-aviso — arts. 5º e 8º da LG)[631]; no caso do poder disciplinar, o vigor do princí-

---

[629] *Supra,* 69.III.
[630] Cfr., *supra,* § 27º, 61.
[631] Noutros ordenamentos jurídicos, tem sido indicada uma panóplia de outras restrições ao direito de greve que limitam de forma muito mais intensa o vigor do princípio da auto-tutela nesta sua vertente — assim, atente-se nos princípios da proporcionalidade e da *ultima ratio* ou da paridade de armas, desenvolvidos sobretudo pela dogmática germânica (por todos, sobre este ponto, BROX/

pio da auto-tutela evidencia-se também na limitação deste poder apenas ao nível do exercício (através das exigências de fundamentação e de proporcionalidade na fixação das sanções disciplinares e, bem assim, da exigência do seu exercício processualizado e pelas garantias inerentes ao processo disciplinar — arts. 27° ss. da LCT e art. 10° da LCCT).

III. Chegados a este ponto, cremos que a exposição legitima algumas observações conclusivas sobre a especificidade do princípio da auto-tutela, sobre o tipo de relação que estabelece com os princípios do direito comum e sobre a sua importância como princípio geral do direito do trabalho.

Do nosso ponto de vista, a especificidade do princípio da auto-tutela decorre da singularidade dos institutos que o actuam e que demonstrámos oportunamente[632]: o direito do trabalho é, até agora, a única área do direito privado que protege as suas instituições fundamentais através da atribuição a um sujeito privado de um poder discricionário de punir outro sujeito, para garantia dos seus próprios interesses — é o poder disciplinar; e é também a única área do direito privado que atribui a uma das partes de um negócio jurídico o direito de adoptar, unilateralmente e com impunidade, um comportamento intencionalmente prejudicial ao outro contraente, para prosseguir interesses próprios, que podem mesmo transcender o negócio — é o direito de greve.

No que se refere à relação do princípio da auto-tutela com o direito comum também não se suscitam grandes dúvidas: em face da estrutura do poder disciplinar e do direito de greve, o princípio da auto-tutela laboral não pode, quanto a nós, deixar de se assumir como um princípio directamente oposto ao princípio geral do monopólio da justiça pública, e, na sua vertente em favor dos trabalhadores, ainda como um princípio que excepciona os princípios gerais do cumprimento pontual dos contratos e da responsabilidade civil contratual.

/RÜTHERS, *Arbeitskampfrecht cit.,* 78 ss., 98 ss., 101 ss., e 120 ss.). Já no caso português, a latitude com que o direito de greve é admitido pela Constituição e regulado na lei tem impedido até agora o desenvolvimento deste tipo de princípios limitadores.

[632] Cfr., *supra,* § 25°, 55.2. e § 27°, 61., respectivamente em relação ao poder disciplinar e ao direito de greve.

Finalmente, no que se refere à importância do princípio da auto--tutela como princípio geral do direito do trabalho, ela afigura-se-nos fundamental, porque este princípio assegura a suficiência da área jurídica na protecção dos interesses que subjazem às suas normas e porque preserva, de uma forma profundamente original, o equilíbrio delicado entre as suas instituições mais importantes — o contrato de trabalho e as convenções colectivas.

§ 34º — As projecções e os limites da autonomia dogmática do direito laboral: a relação do direito do trabalho com o direito civil

I. Alinhadas as valorações éticas fundamentais que, no nosso entender, subjazem ao direito do trabalho no caso português, resta retirar do reconhecimento da sua autonomia dogmática algumas ilações práticas e estabelecer os limites dessa autonomia.

Do nosso ponto de vista, o reconhecimento da autonomia dogmática do direito do trabalho contribui para clarificar os termos da sua relação com o direito civil, bem como para explicar a sua influência noutras áreas jurídicas; e os princípios que enunciámos no parágrafo anterior contribuem ainda para recolocar, nos devidos termos, a situação de «crise» que tem vindo a ser associada a esta área jurídica nos últimos anos.

II. No que se reporta à relação com o direito civil, deve referir-se, desde logo, que o reconhecimento da autonomia dogmática do direito do trabalho não significa a sua colocação num lugar à parte do universo jurídico, através da recusa sistemática da aplicação das normas civis no domínio laboral[633].

Pelo contrário, integrando-se o direito do trabalho no âmbito mais vasto do direito privado, como oportunamente demonstrámos[634], o direito civil mantém-se como direito subsidiário, assegurando a integração das suas lacunas regulativas. Ao longo da exposição, demos já conta desta função integradora do direito civil, particularmente relevan-

---

[633] Como observa, por exemplo, LYON-CAEN, *Du rôle...cit.*, 230 s., uma solução de total afastamento do direito civil redundaria no vazio jurídico; também considerando que a afirmação da autonomia dogmática do direito laboral não determina um afastamento sistemático das normas civis, mas apenas a possibilidade desse afastamento, ainda expressamente, LUCIEN FRANÇOIS / PHILLIPPE HALLET, *À propos...cit.*, 98.

[634] *Supra*, § 3º, 6.2.

te em relação ao contrato de trabalho (relativamente ao qual as normas civis são chamadas a resolver diversas questões, desde os pressupostos e da fase de formação do vínculo até ao momento da sua cessação[635]), mas também importante no domínio do direito colectivo (onde possibilita a integração das lacunas do sistema de regulamentação colectiva do trabalho, em matéria de negociação colectiva, por exemplo[636]), e, evidentemente, para auxiliar à resolução de problemas diversos em matéria de fontes e de interpretação e aplicação das normas laborais[637].

Deste modo, o facto de o direito do trabalho ser considerado como uma área jurídica dogmaticamente autónoma não põe em causa a unidade e a coerência interna do sistema de direito privado, domínio mais vasto do universo jurídico no qual ele se insere[638].

Contudo, justamente porque a autonomia do direito laboral não é apenas sistemática mas dogmática, exige-se um particular cuidado no recurso ao direito comum para integração das suas lacunas, uma vez que a orientação global da área jurídica por valorações materiais específicas preclude a possibilidade de aplicação das normas civis que contrariem essas mesmas valorações.

Deste modo, sendo admissível e normal a integração das lacunas do sistema normativo laboral com recurso ao direito civil, a aplicação das normas civis no domínio laboral não prescinde (como sucederia se o direito do trabalho fosse apenas uma área jurídica especial do direito privado), de um controlo axiológico prévio, destinado a aferir da adequação, *in concreto,* da norma em questão aos valores laborais — é a operação que GAMILLSCHEG[639] designou como controlo prévio da «apti-

---

[635] Como tivemos ocasião de verificar, *supra,* § 25°, 53.II.
[636] Como também vimos, *supra,* § 26°, 58.III.
[637] Ainda, *supra,* § 30°, 66. e 67.
[638] Questão diversa é a de saber se o conceito de unidade interna da ordem jurídica privada continua a fazer sentido ou se deve, ele próprio, ser objecto de uma reconstrução dogmática, perante a proliferação de áreas jurídicas especiais no direito privado, dotadas, como o direito laboral, de princípios específicos, ou mesmo sem autonomia dogmática mas com uma grande especificidade do ponto de vista dos interesses subjacentes aos respectivos complexos normativos. Este é, todavia, um problema geral da dogmática jurídica, que ultrapassa o âmbito das nossas reflexões — sobre o ponto, por exemplo, TEUBNER, *O Direito como Sistema Autopoiético cit.,* 213.
[639] *Zivilrechtliche Denkformen...cit.,* 202 s. e 220.

dão social» (*die soziale Tauglichkeit*) das normas civis na sua aplicação laboral[640], e que corresponde à primeira função dos princípios jurídicos que isolámos na sua caracterização[641]. Se esta aptidão social da norma civil não se confirmar, então ela não poderá ser aplicada e a lacuna regulativa terá que ser integrada, nos termos gerais, directamente pelo intérprete/aplicador, segundo a norma que criaria se houvesse que legislar, dentro do espírito do sistema (laboral) — ou seja, nos termos do art. 10º nº 3 do CC.

Por outro lado, constituindo o direito do trabalho, em si mesmo, uma área jurídica unitária, a aplicação das normas civis para a integração de lacunas do sistema laboral só deverá ocorrer se, perante o caso concreto, esse mesmo sistema não se revelar apto a preencher, por si próprio, a lacuna: sendo a operação de interpretação/aplicação do direito uma operação que convoca todo o sistema jurídico e não sendo o direito do trabalho um direito de excepções, terá que se afastar a possibilidade de integração da lacuna através da aplicação analógica de outras normas laborais antes de se recorrer ao direito civil.

III. O segundo ponto que o reconhecimento da autonomia dogmática do direito do trabalho ajuda a explicar é a tendência de expansão dos regimes e até de alguns institutos laborais (como a convenção colectiva de trabalho ou a greve) para fora das suas fronteiras de origem e, bem assim, as contribuições do direito do trabalho para a evolução dogmática de outras áreas jurídicas, não só do domínio do direito privado (o que inclui o direito civil, mas também, por exemplo, o direito comercial), mas também do âmbito do direito público (assim, nos domínios do direito constitucional e do direito administrativo) e do direito internacional.

Noutra fase do estudo[642], tivemos oportunidade de dar conta destes fenómenos, cuja importância é, aliás, reconhecida, pela doutrina.

---

[640] Na mesma linha, consideram LUCIEN FRANÇOIS / PHILLIPPE HALLET, *À propos...cit.*, 98, que o reconhecimento da autonomia dogmática habilita o juiz a afastar-se, em matéria social, da aplicação de uma norma do direito comum sem a necessidade de se socorrer de uma norma derrogatória expressa, mas apenas justificado pela natureza laboral do vínculo — ou seja, diremos nós, porque os valores laborais exigem esse afastamento.

[641] *Supra*, § 33º, 69.IV.

[642] *Supra*, § 17º, 36.VI.

O que agora pretendemos enfatizar é o facto de eles se tornarem mais compreensíveis (designadamente no que se refere à influência do direito do trabalho em áreas do direito público) com a afirmação da autonomia dogmática da área jurídica — como refere LYON-CAEN[643], o problema da autonomia dogmática reconduz-se ao reconhecimento do direito do trabalho como sede de uma elaboração conceptual própria e a este reconhecimento inere a possibilidade de transposição daquela elaboração para outros ramos jurídicos. É porque o direito de trabalho tem um lugar próprio no mundo jurídico que os seus regimes e os seus conteúdos dogmáticos transpõem as suas fronteiras e se expandem, quer em direcção ao direito civil, quer para fora do direito privado, e, neste último caso, sem necessidade de qualquer mediação do direito civil.

III. O último ponto que gostaríamos de referir é o da contribuição do reconhecimento da autonomia dogmática do direito do trabalho e do enunciado dos seus princípios gerais para contextualizar a sua actual «crise» e enfrentar os novos desafios que lhe têm vindo a ser colocados.

Como decorre do exposto, na nossa opinião, a actual «crise» do direito do trabalho não é definitiva, nem o põe globalmente em causa como área jurídica autónoma dentro do direito privado, porque se circunscreve a uma das suas valorações axiológicas fundamentantes — o princípio da protecção do trabalhador. Contudo, na medida em que o enunciado de princípios que fizemos torna mais salientes outras valorações igualmente fundamentais à área jurídica (designadamente o princípio do colectivo, que evidencia os seus conteúdos mais originais), cremos que ele poderá ser útil para ajudar o direito laboral a encontrar respostas para as exigências económicas, de flexibilização e de harmonização internacional e comunitária mínima dos sistemas nacionais, que hoje enfrenta — são as funções de iluminação normativa e de harmonização dos princípios jurídicos, a que aludimos na respectiva caracterização[644].

---

[643] *Du rôle...cit.*, 230.
[644] *Supra*, § 33º, 69.IV.

§ 35º — Conclusões do capítulo

I. O direito do trabalho português é um ramo do direito privado dotado de autonomia sistemática e de autonomia dogmática: a autonomia sistemática decorre da identificação fácil do fenómeno sociológico que trata (o trabalho subordinado privado), da possibilidade de enquadramento jurídico unitário das suas matérias e da organização diferenciada e lógica das suas normas; a autonomia dogmática justifica-se pelas valorações materiais diferenciadas que subjazem às suas normas e que concorrem ou se opõem às do direito privado comum.

II. Os princípios gerais autónomos do direito do trabalho são as valorações culturais ou éticas mais importantes desta área jurídica, reveladas pelas suas normas e por elas validadas, e que constituem o seu fundamento justificativo. Estes princípios são diferentes mas não necessariamente opostos aos princípios gerais do direito civil, não se excluem uns aos outros, comportam limitações e admitem zonas de sobreposição; como princípios gerais, concretizam-se em princípios menores, de incidência e eficácia diversas, e exercem uma função de controlo axiológico nas operações de interpretação e aplicação do direito ao caso, uma função de iluminação normativa e uma função de unificação dos sistemas jurídicos.

III. No caso português, o sistema normativo laboral permite isolar três princípios gerais do direito do trabalho: o princípio da compensação da posição debitória complexa das partes no vínculo laboral; o princípio do colectivo; e o princípio da auto-tutela laboral.

IV. O princípio da compensação decorre da complexidade estrutural da relação de emprego e da posição que o trabalhador e o empregador nela ocupam, concretizando-se em dois princípios menores, que se referem, respectivamente, a cada uma das partes: o princípio da protecção do trabalhador, que acode às necessidades de tutela da sua pessoa e do seu património perante o vínculo laboral; e o princípio da salvaguarda dos interesses de gestão do empregador, que lhe assegura as condições necessárias ao cumprimento das suas obrigações contratuais e, indirectamente, viabiliza o contrato de trabalho. Estes dois princípios desenvolvem-se em princípios menores ou de concretização e em múltiplas proposições normativas e estabelecem entre eles uma relação dialéctica, que impede a caracterização do direito do trabalho como um direito unilateral predestinado à protecção do trabalhador, e justifica antes o reconhecimento do seu carácter compromissório.

Concretizam o princípio da protecção do trabalhador princípios como o da segurança no emprego, o da suficiência salarial, o da conciliação da vida profissional com a vida privada e familiar, o da assistência ao trabalhador ou o do *favor laboratoris*; concretizam o princípio da salvaguarda dos interesses de gestão do empregador princípios como o da colaboração na empresa e poderes como o poder directivo e o poder disciplinar.

V. O princípio do colectivo evidencia a orientação geral do direito do trabalho para valorizar uma componente colectiva ou de grupo nos fenómenos laborais colectivos e no vínculo de trabalho, justificando que o trabalhador e o empregador sejam considerados não tanto como indivíduos mas, sobretudo, enquanto membros dos grupos com os quais se relacionam, por efeito do contrato de trabalho ou da qualidade de trabalhador subordinado e da qualidade de empregador.

Realçando o conteúdo mais original do direito do trabalho, o princípio do colectivo justifica-se, no direito positivo, no peso e na omnipresença da dimensão colectiva do direito do trabalho, e na singularidade dogmática dos regimes e institutos colectivos e do elemento organizacional do contrato de trabalho.

O princípio do colectivo tem várias concretizações em princípios menores, que decorrem das actuações colectivas ou da influência de elementos colectivos no contrato de trabalho: nas actuações laborais colectivas, este princípio concretiza-se nos princípios da autonomia colectiva e da intervenção dos trabalhadores na gestão; na sua incidência no vínculo laboral, este princípio desdobra-se nos princípios da primazia do colectivo, da interdependência dos vínculos laborais na organização e da igualdade de tratamento entre os trabalhadores, que são, por seu turno, objecto de diversas concretizações.

VI. O princípio da auto-tutela laboral realça a capacidade do direito do trabalho para assegurar a protecção dos interesses do empregador e do trabalhador, bem como dos seus institutos fundamentais (o contrato de trabalho e a greve), através do poder disciplinar e do direito de greve, que dispensam o recurso aos meios comuns de reintegração dos direitos e de cumprimento coercivo dos negócios jurídicos.

O princípio da auto-tutela é um princípio bipolar, porque protege os interesses dos trabalhadores e do empregador, e é um princípio que se opõe aos princípios gerais da proibição da justiça privada e do cumprimento pontual dos contratos.

VII. A afirmação da autonomia dogmática do direito do trabalho não o separa completamente do direito civil, que se mantém como direito subsidiário, integrando as suas lacunas regulativas, mas o reconhecimento de princípios laborais específicos obriga a fazer preceder a aplicação de normas civis no domínio laboral de um controlo axiológico, que confirme a sua compatibilidade com aqueles princípios. Além disso, sendo o direito do trabalho um ramo jurídico autónomo dentro do direito privado, a integração das suas lacunas deverá, antes de mais, ser procurada no seio do próprio sistema laboral.

VIII. A autonomia dogmática do direito do trabalho torna compreensível a expansão dos seus regimes e institutos para outras áreas jurídicas, do domínio do direito privado, do direito público e do direito internacional, e explica as contribuições que tem dado para a evolução dogmática dessas áreas.

IX. O enunciado dos princípios laborais permite reposicionar a actual «crise» do direito do trabalho como a crise de um dos seus valores (o valor da protecção do trabalhador), o que não põe em causa a sua subsistência como área jurídica; é no conjunto e na conjugação de todos os seus valores que o direito laboral poderá encontrar as respostas para os desafios que lhe são actualmente colocados.

TESES

INTRODUÇÃO

Posicionamento do problema e metodologia (§ 1º a § 6º)

1. A pesquisa sobre a autonomia dogmática do direito do trabalho exige a sua delimitação enquanto área jurídica; e exige a delimitação dos conceitos de sistemática e dogmática jurídicas e de autonomia sistemática e autonomia dogmática.

A delimitação tradicional do direito do trabalho como área jurídica (§ 2º)

2. A delimitação do direito do trabalho como área jurídica é dificultada pela sua juventude, pela rapidez do seu desenvolvimento normativo e pela sua porosidade ideológica; pela dispersão e densidade do seu complexo normativo; pela dificuldade da sua inserção sistemática no direito público ou no direito privado e pela dificuldade de assunção da singularidade dos seus fenómenos.
3. É comum a delimitação tripartida do direito do trabalho nas áreas regulativas do direito individual do trabalho, do direito colectivo do trabalho e do direito das condições de trabalho.
4. As áreas regulativas do direito do trabalho foram objecto de uma evolução normativa disjunta e de apreciações dogmáticas separadas.
5. A delimitação tradicional do direito laboral como área jurídica não tem carácter unitário.

O reposicionamento do problema: a delimitação unitária do direito do trabalho a partir do seu objecto nuclear — a prestação subordinada de trabalho (§ 3º)

6. A delimitação do direito do trabalho deve ser feita a partir do conceito de trabalho subordinado.

7. O trabalho subordinado ou actividade laboral é uma forma de actividade laborativa, e esta é uma actividade produtiva livre para outrem, desenvolvida de forma gratuita ou onerosa e num contexto jurídico privado ou público.

8. O elemento que distingue a actividade laboral das outras formas de actividade laborativa é o posicionamento subjectivo desigual das partes (evidenciado na subordinação do trabalhador e nos poderes directivo e disciplinar do empregador), conjugado com a sua natureza ou actuação jurídica privada.

9. O elemento da subordinação tem sido objecto de uma visão redutora por parte da doutrina, que procura mitigar a essência dominial dos poderes laborais.

10. O elemento da subordinação tem natureza subjectiva, porque se reporta à pessoa do trabalhador.

11. Para enquadrar a actividade laboral, a doutrina recorre ao conceito de relação de trabalho, apresentado em conexão com a figura do contrato de trabalho ou com a ideia de prestação efectiva de trabalho.

12. O conceito de relação de trabalho deve ser rejeitado como conceito fundamental do direito do trabalho porque a sua dimensão negocial e «individual» não se coaduna com todos os fenómenos laborais.

13. Como conceito alternativo ao de relação de trabalho devem adoptar-se os conceitos nucleares de situação jurídica atinente à qualidade de trabalhador subordinado e de situação jurídica atinente à qualidade de empregador, que conferem unidade ao direito do trabalho, porque as normas laborais ponderam, sempre, de forma conjunta ou separada, estas situações laborais nucleares.

14. As situações laborais nucleares atinentes à qualidade de trabalhador e de empregador têm um efeito multiplicador, projectando-se noutras situações jurídicas, individuais e colectivas, relativas e absolutas — são as situações laborais derivadas e uma delas é a relação de trabalho.

15. O direito do trabalho pode definir-se em termos unitários como o complexo de normas e de princípios jurídicos atinentes às situações laborais nucleares e derivadas.

16. A delimitação unitária do direito do trabalho implica que à sua divisão nas áreas regulativas individual e colectiva seja reconhecido um alcance meramente pedagógico e sistemático, que não contende com a sua coerência interna.

17. O direito do trabalho insere-se na ordem jurídica privada, pela natureza privada dos interesses primacialmente prosseguidos pelas suas normas e pela natureza ou actuação jurídica privada dos titulares das situações laborais. De carácter tendencial, esta qualificação é compatível com a existência de normas laborais públicas.

Autonomia sistemática e autonomia dogmática: os conceitos e a sua aplicação ao direito do trabalho (§ 4º)

18. Os conceitos de sistemática e de dogmática jurídicas são estruturalmente incindíveis como conceitos operatórios da construção científica do direito, mas podem ser decompostos nas ideias-chave da ordenação e da redução valorativa das regras jurídicas, respectivamente, para facilitar a apreciação do desenvolvimento normativo e científico das diversas áreas do direito.

19. O reconhecimento da autonomia sistemática e da autonomia dogmática constituem etapas sucessivas no processo de maturação das áreas do direito.

20. A autonomia sistemática de uma área jurídica verifica-se quando o seu complexo normativo se ordena de acordo com critérios lógicos que asseguram a sua coerência interna e a sua compreensão do exterior.

21. A autonomia dogmática verifica-se quando o sistema normativo que constitui a área jurídica se deixa reduzir a valorações materiais ou a princípios gerais específicos, sendo a esse mesmo sistema que, em cada momento, cabe validar esses mesmos princípios.

O problema da autonomia dogmática do direito do trabalho — posicionamento, premissas metodológicas e enunciado do plano da investigação (§ 5º)

22. O problema da autonomia dogmática do direito do trabalho reconduz-se à pesquisa de princípios ou valorações axiológicas subjacentes ao sistema positivo laboral, que se diferenciem dos princípios do direito comum.

23. O problema da autonomia dogmática não se confunde com o problema da especialidade da área jurídica, que é de natureza regimental e não valorativa, mas os dois problemas estão em estreita conexão.

24. A dilucidação do problema da autonomia dogmática do direito do trabalho assenta nas seguintes premissas, impostas pela operação de delimitação: a natureza unitária do direito do trabalho exige que o conjunto dos seus institutos e áreas regulativas seja equacionado no problema da autonomia; a inserção sistemática privada do direito laboral reconduz a questão da autonomia a um problema de relação entre o direito do trabalho e o direito civil; e a construção dogmática final deve entender-se circunscrita ao direito português, dadas as referências constantes ao sistema normativo exigidas pela natureza dogmática da pesquisa.

25. A dilucidação do problema da autonomia dogmática comporta uma parte destinada à apresentação do problema nos moldes tradicionais, uma parte destinada à apreciação da evolução recente do problema e uma parte de reconstrução.

PARTE I

ENQUADRAMENTO CLÁSSICO DO PROBLEMA DA AUTONOMIA DOGMÁTICA DO DIREITO DO TRABALHO

I

A AUTONOMIZAÇÃO SISTEMÁTICA DO DIREITO DO TRABALHO

A afirmação histórica dos fenómenos laborais e a construção sistemática do direito do trabalho (§ 7º)

26. O fenómeno do trabalho subordinado é um fenómeno moderno, cuja origem remonta à Revolução Industrial, porque o requisito da liberdade do trabalhador só ganha a dimensão axiológica que hoje lhe reconhecemos (designadamente o carácter inalienável e não onerável) a partir da Revolução Francesa e da afirmação dos princípios da liberdade e da igualdade.

27. A origem recente do fenómeno do trabalho subordinado não obscurece a relevância dos contributos pré-industriais para explicar alguns dos aspectos do seu regime jurídico, entre os quais se destaca a aptidão da figura da *locatio conductio operarum* para proceder ao seu enquadramento.

28. O reconhecimento da aptidão formal da figura da *locatio conductio operarum* para enquadrar o trabalho subordinado moderno é independente da querela sobre a origem histórica da estrutura tripartida da figura da *locatio conductio*.

29. O direito do trabalho é uma área jurídica jovem não só pela modernidade do fenómeno do trabalho subordinado livre, que constitui o seu objecto, como também porque a sua dimensão colectiva só teve condições para se desenvolver a partir da industrialização e da inerente concentração fabril.

30. A afirmação sistemática do direito do trabalho é tardia, verificando-se um hiato de quase um século entre a massificação do trabalho industrial e a produção regular de normas laborais, que se deve ao enquadramento proporcionado ao fenómeno do trabalho subordinado pelos contratos civis em que se desdobrou a figura da *locatio conductio* (o contrato de locação de obra e o contrato de prestação de serviços), aliado ao princípio liberal de não intervenção normativa no domínio privado; e à dificuldade de afirmação dos fenómenos colectivos durante o liberalismo, tanto pela sua dimensão colectiva como pela sua sensibilidade sócio-ideológica.

31. O ponto de partida do desenvolvimento sistemático do direito do trabalho é a constatação da incapacidade do direito civil para resolver os problemas laborais: pontualmente, as normas civis não se adequam a algumas particularidades do vínculo laboral; genericamente, o direito civil não é apto a compensar a situação de debilidade económica e jurídica do trabalhador no vínculo laboral.

32. O desenvolvimento sistemático do direito do trabalho prossegue o objectivo unitário de proteger o trabalhador subordinado, que faz da área jurídica um direito tutelar.

33. Apesar do seu objectivo unitário, o desenvolvimento sistemático do direito do trabalho é feito de forma disjunta e oscilante nas suas parcelas regulativas individual e colectiva e muitas das suas normas têm um carácter instável e contingente.

34. Ao direito do trabalho é reconhecida autonomia sistemática, porque o seu fenómeno sociológico nuclear (o trabalho subordinado privado) se identifica facilmente; porque as suas normas se organizam logicamente em torno dos centros regulativos colectivo e individual; e porque estas normas são susceptíveis de uma apreciação unitária a partir dos critérios unificadores das situações laborais nucleares atinentes à qualidade de trabalhador subordinado e à qualidade de empregador, constituindo assim um subsistema jurídico diferenciado.

35. A autonomia sistemática do direito do trabalho projecta-se ao nível jurisdicional, com a especialização da jurisdição e do processo laboral, e ao nível pedagógico, com a dignificação curricular e científica das matérias laborais.

36. O reconhecimento da autonomia sistemática do direito do trabalho é independente da forma de organização dos diversos sistemas laborais e da posição sustentada pelos autores quanto ao problema da autonomia dogmática e quanto à questão da codificação.

II
DA AUTONOMIA SISTEMÁTICA À AUTONOMIA DOGMÁTICA DO DIREITO DO TRABALHO

O ambiente jurídico que rodeou a colocação do problema da autonomia dogmática do direito do trabalho e as perspectivas doutrinais de reflexão (§ 9º)

37. Ao desenvolvimento sistemático do direito do trabalho, a partir do início do século XX, não correspondeu um desenvolvimento dogmático, pela dificuldade da doutrina em ultrapassar a sensibilidade sócio-política do fenómeno do trabalho industrial e pelo pendor individualista do pensamento jurídico da época.

38. Estes factores contribuiram para focalizar a atenção da doutrina no problema da natureza jurídica do contrato e da relação de trabalho e para radicalizar a perspectiva de análise desse problema numa postura civilista ou numa postura laboralista: a primeira é uma perspectiva de conciliação das normas laborais com o direito civil; e segunda é uma perspectiva de ruptura.

O processo de autonomização dogmática do direito laboral: do civilismo ao laboralismo (§ 10º)

39. A perspectiva dogmática civilista sobre a relação de trabalho tem como pressupostos axiológicos os princípios da liberdade e da igualdade dos entes jurídicos privados; e como pressuposto técnico, a estrutura tripartida da figura da *locatio conductio*.

40. Nesta concepção, o vínculo de trabalho é reconduzido à *locatio conductio operarum* e, de acordo com a natureza jurídica privada e obrigacional desta figura, é caracterizado como uma relação de escambo entre duas prestações patrimoniais: o trabalho, visto como um bem do trabalhador, e a remuneração.

41. Deste enquadramento da relação de trabalho emerge o reconhecimento do direito do trabalho como um conjunto não unitário de normas jurídicas desviantes do direito civil, com o objectivo de colmatar as pontuais falhas deste em relação ao trabalhador na prossecução dos princípios da liberdade e da igualdade.

42. Neste contexto, o problema da autonomia dogmática do direito do trabalho não chega a colocar-se, porque o direito civil é considerado genericamente apto para enquadrar os fenómenos laborais e os seus princípios são considerados plenamente aplicáveis no domínio laboral.

43. A perspectiva laboralista sobre a relação de trabalho assenta na crítica aos pressupostos axiológicos e técnicos da concepção civilista: no plano axiológico, afirma o carácter fictício do princípio da igualdade na sua aplicação laboral, pela dependência do trabalhador em relação ao empregador; no plano técnico, considera a figura da *locatio conductio operarum* incapaz de enquadrar o vínculo laboral, porque incompatível com a sua essência pessoal, e considera provada a inaptidão genérica (e não pontual) do direito civil para responder aos problemas laborais, pela grave dependência material do trabalhador perante o empregador a que o enquadramento civilista do vínculo laboral conduziu.

44. Os pilares da construção da relação de trabalho na perspectiva laboralista são as ideias da dependência do trabalhador e da pessoalidade do vínculo: a relação de trabalho é uma relação jurídica privada singular porque o trabalhador está numa posição de dependência perante o credor e porque o bem em jogo é um bem especial, inseparável da sua pessoa; o contrato de trabalho emancipa-se da sua génese civil para ser qualificado como um contrato pessoal.

45. A singularidade do contrato e da relação de trabalho justifica a sua subtracção genérica ao direito civil, o reconhecimento da importância do trabalhador e a legitimação dos fenómenos laborais colectivos como fenómenos de grupo.

46. A perspectiva laboralista sobre o vínculo de trabalho assume a ruptura do direito laboral com o direito civil e permite qualificar o primeiro como uma área jurídica especial, de características híbridas ou pessoais e cujo objectivo é a protecção do grupo social dos trabalhadores dependentes.

47. A ideia da dependência económica do trabalhador evolui até ao conceito de subordinação jurídica, cuja principal expressão é o dever de obediência, e que é justificada no conteúdo relativamente indeterminado da prestação laborativa e/ou nas necessidades de organização do credor.

48. A subordinação jurídica é reconhecida como traço delimitador do contrato de trabalho e marca distintiva do direito laboral, justificativa da sua vocação proteccionista e explicativa das suas singularidades.

49. A ideia de pessoalidade é inicialmente reportada à especificidade da prestação laborativa, pela sua inseparabilidade da pessoa do prestador, mas evolui num sentido comunitário, através da conjugação das ideias do envolvimento do trabalhador e da sua inserção na organização do credor, para partilha dos respectivos objectivos.

50. A partir deste momento, a relação de trabalho é qualificada como uma relação jurídica comunitário-pessoal.

III
A AFIRMAÇÃO DA AUTONOMIA DOGMÁTICA DO DIREITO LABORAL A PARTIR DA CONCEPÇÃO COMUNITÁRIO-PESSOAL DA RELAÇÃO DE TRABALHO

A caracterização comunitário-pessoal da relação de trabalho: a projecção da ideia de pessoalidade nos deveres de lealdade e de assistência e a sua justificação na empresa como comunidade de trabalho (§ 12º)

51. Apesar das suas influências ideológicas originárias, a concepção comunitário-pessoal da relação de trabalho manteve-se como uma referência fundamental do direito laboral durante décadas e constituiu o sustentáculo da sua emancipação dogmática em relação ao direito civil.

52. Nesta concepção, o cerne da relação laboral é deslocado do binómio patrimonial dever de trabalho-dever remuneratório para o binómio pessoal dever de lealdade-dever de assistência (elemento pessoal), cuja importância é justificada pela integração do trabalhador na organização do empregador e pela comunhão dos objectivos empresariais (elemento comunitário); como relação comunitária, a relação laboral é uma relação desigual, pela posição assimétrica das partes na organização.

O fundamento dogmático da relação de trabalho como relação comunitário-pessoal: o contratualismo e o institucionalismo (§ 13º)

53. A justificação dogmática da natureza comunitário-pessoal da relação de trabalho é desenvolvida pelas teorias contratualistas e institucionalistas, a partir do contrato de trabalho ou do acto de incorporação do trabalhador na empresa, respectivamente.

54. Para os contratualistas, o contrato de trabalho constitui, ao mesmo tempo, o facto constitutivo da relação de trabalho e o fundamento da sua natureza comunitário-pessoal, mas deve ser qualificado como um negócio pessoal (e não obrigacional) porque os deveres essenciais das partes não têm conteúdo patrimonial e porque o seu objecto é o desenvolvimento de uma relação de comunidade na organização do credor, em prossecução de um interesse comum aos contraentes (o objectivo da organização); apenas em casos pontuais se admite que o contrato não seja o facto constitutivo da relação de trabalho.

55. A fundamentação institucionalista da relação comunitário-pessoal de trabalho desenvolveu-se por um motivo extra-jurídico (a maior permeabilidade dos seus conceitos operatórios ao ambiente ideológico subjacente), por um motivo jurídico geral (o declínio da figura do contrato e a emergência da categoria alternativa de instituição) e por um motivo jurídico especificamente laboral (a incapacidade das teorias contratualistas para explicar alguns traços do regime da relação laboral).

56. A justificação institucionalista tem como pressuposto a aplicabilidade do conceito de instituição à empresa ou organização do empregador, na qual são reconhecidos os elementos de comunhão de objectivos (ou a existência de um objectivo unitário), de organismo autónomo e de estrutura interna autoritária ou hierárquica.

57. Para a construção institucionalista, o facto constitutivo da relação de trabalho não é o contrato mas o acto de incorporação do trabalhador na empresa ou organização do empregador; e o fundamento da natureza comunitário-pessoal do vínculo laboral é a natureza institucional dessa empresa ou organização.

58. As teorias institucionalistas desenvolveram-se em concepções de pendor comunitarista ou autoritário, consoante valorizam mais os elementos da comunhão de objectivos ou da organização autoritária na empresa-instituição, mas estas concepções são meras formulações porque em todas elas estão presentes os três elementos do conceito de instituição, aplicado à empresa ou à organização do empregador.

59. As teorias institucionalistas desenvolveram-se em concepções mais moderadas e mais radicais, consoante reconhecem alguma relevância (obrigacional) ao contrato de trabalho ou o têm por totalmente irrelevante no processo de formação da relação de trabalho, mas estas diferenças devem-se a factores atinentes à tradição de cada sistema jurídico e à forma como o contrato de trabalho é tratado na lei.

As projecções dogmáticas imediatas da justificação da natureza comunitário-pessoal da relação de trabalho: as bases da autonomia dogmática do direito do trabalho (§ 14º)

60. As teorias contratualistas e institucionalistas têm em comum o reconhecimento da natureza comunitário-pessoal da relação de trabalho e do seu papel nuclear no sistema juslaboral.

61. Durante as décadas de trinta e quarenta e, em países como Portugal, até muito mais tarde, a concepção comunitário-pessoal da relação de trabalho e as suas teorias explicativas foram objecto de um aproveitamento ideológico que afectou globalmente o direito do trabalho, nomeadamente na sua área regulativa colectiva.

62. Independentemente das suas influências ideológicas e da diversidade das teorias explicativas, a concepção comunitário-pessoal da relação de trabalho influenciou decisivamente a evolução dogmática subsequente do direito do trabalho porque fixou definitivamente a relação de trabalho como centro da área jurídica e secundarizou o tratamento dogmático da fenomenologia colectiva.

63. A concepção comunitário-pessoal da relação de trabalho teve a maior importância para o problema da autonomia dogmática do direito laboral porque os elementos de pessoalidade, comunidade e autoridade, com que caracteriza o vínculo laboral, contendem com as características e o regime dos negócios obrigacionais, bem como com alguns princípios gerais do direito civil.

64. Apesar de carecer do amadurecimento proporcionado pelo desenvolvimento de valorações materiais específicas, a emancipação dogmática do direito do trabalho em relação ao direito civil pode considerar-se adquirida a partir deste momento.

IV
A EVOLUÇÃO DA APRECIAÇÃO DOUTRINAL DO PROBLEMA DA AUTONOMIA DOGMÁTICA DO DIREITO DO TRABALHO

A evolução da justificação dogmática da relação individual de trabalho como relação comunitário-pessoal: o declínio do institucionalismo e o «retorno» ao contratualismo. A reconfiguração contratualista estrutural da relação de trabalho (§ 16º)

65. Depois da II Guerra, a concepção comunitário-pessoal da relação de trabalho evoluiu no sentido da diminuição relativa do peso do elemento comunitário (acompanhada da sua renovação ética) e do reforço do elemento da pessoalidade; esta época caracteriza-se pelo declínio das teorias institucionalistas e pela recuperação das teorias contratualistas.

66. O declínio das teorias institucionalistas deve-se a motivos jurídicos de ordem geral e especificamente laborais — a recuperação da categoria do contrato na sua relação dialéctica com a categoria da instituição, a desadequação destas teorias aos sistemas positivos articulados a partir da figura do contrato de trabalho e a sua incapacidade para explicar alguns aspectos do regime jurídico laboral

67. Para além dos motivos apontados, a justificação institucionalista da relação de trabalho é improcedente pela sua ineficácia explicativa global, já que o conceito de instituição é dificilmente adaptável às relações laborais sem escopo empresarial.

68. Apesar de improcedentes, as teorias institucionalistas corresponderam a uma apreciação jurídica e não sociológica do vínculo de trabalho, porque se baseiam num conceito jus-operatório alternativo ao de contrato — o conceito de instituição.

69. A improcedência da justificação institucionalista da relação comunitário-pessoal de trabalho não obscurece o seu contributo para a evolução dogmática subsequente do direito do trabalho, no que se refere ao reconhecimento do papel essencial da empresa no sistema laboral, à aceitação do conteúdo normativo e da eficácia geral das convenções colectivas, ao reconhecimento das normas empresariais e à reconfiguração estrutural subsequente do contrato de trabalho.

70. Ao declínio da fundamentação institucionalista da relação comunitário-pessoal de trabalho correspondeu uma recuperação da justificação contratualista, mas esta recuperação não é um retorno às primitivas formulações do contratualismo mas uma verdadeira reconstrução dogmática desta concepção, porque aproveita alguns contributos das teorias institucionalistas.

71. Na reconstrução contratualista da relação comunitário-pessoal de trabalho é afirmada a origem negocial do vínculo laboral e é-lhe reconhecida uma estrutura mista e complexa, com uma componente patrimonial e uma componente pessoal: a primeira reporta-se ao binómio dever de trabalho-dever de remuneração, que voltam a ser qualificados como deveres essenciais das partes; a segunda reporta-se ao binómio lealdade-assistência e é integrada por um conjunto de deveres acessórios, autónomos ou integrantes das prestações principais.

72. A importância reconhecida aos elementos de troca patrimonial consubstancia uma re-obrigacionalização do contrato e da relação de trabalho; mas esta re-obrigacionalização é parcial, porque a especificidade laboral do vínculo continua a ser encontrada nos elementos pessoais.

O direito do trabalho como direito de protecção do trabalhador na relação de trabalho — princípios e características (§ 17º)

73. Com base nesta reconstrução contratualista, o direito do trabalho consolida a sua autonomia dogmática sobre a singularidade da relação comunitário-pessoal de trabalho e sobre a necessidade de protecção do trabalhador subordinado; a autonomia dogmática é, desde esta época, reconhecida pela maioria da doutrina.

74. A autonomia dogmática do direito do trabalho legitima a codificação autónoma e a separação da jurisdição e do processo laboral e exige a subordinação das normas do direito comum aos valores laborais na sua aplicação laboral, a fazer através de juízos de compatibilidade no caso concreto.

75. A autonomia dogmática do direito do trabalho é apoiada numa valoração axiológica nuclear à qual é reconhecido um valor fundamentante geral: o princípio da protecção do trabalhador.

76. Porque são apresentados como concretizações do valor da protecção e por ele mediatamente justificados, os outros princípios laborais apontados pela doutrina, e que incidem nos domínios individual e colectivo da área jurídica, têm a natureza de princípios derivados.

77. A construção dogmática autónoma do direito laboral assente na relação de trabalho e no valor da protecção do trabalhador explica a sua tradicional caracterização como um direito unilateral, tendencialmente imperativo e uniforme, progressivo, garantístico e de tendência expansionista.

78. Independentemente dos seus vícios de fundo, a construção dogmática autónoma do direito do trabalho com base na singularidade da relação de trabalho é de recusar, porque padece de um vício metodológico que a impede de resolver o problema que coloca: ao centrar a discussão na singularidade da relação de trabalho, não dando a devida atenção à dimensão colectiva do direito laboral numa fase histórica que corresponde ao seu relançamento, esta construção resolve apenas o problema da natureza do vínculo laboral e não o problema da autonomia da área jurídica, que exigiria a ponderação do conjunto das suas áreas regulativas.

PARTE II

A CRISE DOGMÁTICA DO DIREITO DO TRABALHO

I

A NEGAÇÃO DA AUTONOMIA DOGMÁTICA DO DIREITO DO TRABALHO A PARTIR DA CRÍTICA À CONCEPÇÃO COMUNITÁRIO-PESSOAL DA RELAÇÃO LABORAL

Crítica às concepções comunitário-pessoais e reapreciação civilista do contrato e da relação laboral (§ 19º)

79. A partir da década de setenta, a concepção comunitário-pessoal do vínculo de trabalho e o princípio da protecção do trabalhador são objecto de uma apreciação crítica da doutrina, que demonstra a fragilidade da construção dogmática autónoma tradicional do direito do trabalho e conduz à negação da sua autonomia dogmática.

80. A crítica à concepção comunitário-pessoal da relação de trabalho incide sobre os elementos de comunidade e de pessoalidade: contra a natureza comunitária do vínculo depõem a inexistência de uma comunidade jurídica entre as partes (pela oposição das suas posições negociais), e a inexistência ou irrelevância de uma comunidade de interesses ou comunidade sociológica (pela inexistência de interesses comuns às partes e pelo clima de conflitualidade subjacente ao vínculo laboral); ao elemento de pessoalidade é apontada a sua inaptidão qualificativa, pelo carácter patrimonial dos deveres essenciais das partes e pela tendência para a fungibilidade da prestação laboral e para o anonimato das relações de trabalho hodiernas.

81. Da negação ou secundarização dos elementos de pessoalidade e de comunidade decorre a reconstrução obrigacional do contrato de trabalho, como um contrato patrimonial de escambo entre a prestação de trabalho e a prestação remuneratória.

82. O traço inovador da concepção obrigacional do contrato de trabalho não reside na re-obrigacionalização do seu nexo debitório essencial, que já era proposta pelas teorias comunitário-pessoais na reconstrução contratualista do pós-guerra, mas no enquadramento civilista dos deveres laborais acessórios (através do conceito de remuneração em sentido amplo e do princípio geral da boa fé), completado pela funcionalização da subordinação à actividade laboral e pela sua justificação através da ideia de heterodeterminação. É neste sentido que esta concepção opera a re-obrigacionalização definitiva do contrato de trabalho.

83. No caso português, a concepção comunitário-pessoal não se coaduna com a configuração patrimonial do contrato de trabalho no direito positivo, que se evidencia na sua inserção sistemática no Código Civil e em múltiplos aspectos do seu regime; nem com a aceitação pelo direito do ambiente de conflito subjacente aos fenómenos laborais, que transparece em múltiplos institutos e normas laborais.

84. Apesar da inadequação genérica da concepção comunitário-pessoal ao direito português, o nosso sistema normativo não legitima as conclusões da irrelevância do envolvimento pessoal do trabalhador no vínculo (pela inseparabilidade entre a actividade laboral e a sua pessoa), da fungibilidade da prestação laboral (pelo carácter *intuitu personae* do contrato de trabalho) e da inexistência de interesses acessórios comuns às partes (revelados em diversas situações)

85. O sistema jurídico português não se adequa também à funcionalização total da subordinação do trabalhador às exigências da prestação, porque o dever de obediência do trabalhador não está confinado à actividade laboral.

A apropriação civilista do princípio da protecção e das suas concretizações: a negação da autonomia dogmática do direito do trabalho (§ 20º)

86. A apreciação crítica do princípio da protecção do trabalhador assenta na negação da sua especificidade e na atenuação da sua importância: o princípio da protecção do trabalhador passa a ser considerado como a manifestação laboral do princípio civil geral de tutela do contraente débil, entretanto apurado pelo direito civil no seu processo de renovação dogmática num sentido social; e entende-se que o seu valor decresceu com a diminuição da dependência dos trabalhadores subordinados nos vínculos de trabalho hodiernos.

87. Nesta construção, aos princípios laborais derivados, bem como a alguns institutos e fenómenos laborais, deixa também de ser reconhecida especificidade, advogando-se a sua recondução a princípios gerais do direito privado e a sua justificação negocial, ou apontando paralelos noutros domínios jurídicos.

88. Na crítica à concepção comunitário-pessoal da relação laboral e no enquadramento civilista dos princípios laborais, acompanhados dos argumentos da renovação dogmática do direito civil num sentido social e da unidade da ordem jurídica, são justificados a conclusão da superação do problema da autonomia do direito do trabalho e o apelo à sua recondução dogmática ao direito civil.

89. A recondução dogmática do direito do trabalho ao direito civil é considerada compatível com o reconhecimento da sua autonomia sistemática e com a sua qualificação como direito privado especial, passível de uma codificação separada ou integrada no direito comum.

90. A recondução dogmática do direito do trabalho ao direito civil contribui decisivamente para a difusão da sua visão como direito do contrato e da relação de trabalho, com a inerente secundarização da sua dimensão colectiva.

91. Esta reconstrução do problema da autonomia tem o mérito de demonstrar o artificialismo das concepções comunitário-pessoais do vínculo laboral e de chamar a atenção para a renovação científica do direito civil.

92. Esta reconstrução padece de deficiências metodológicas insanáveis, que decorrem da centralização da discussão do problema da autonomia na questão da natureza da relação de trabalho e no princípio da protecção: tal como as concepções tradicionais, ela não resolve o problema que coloca, apreciando apenas a questão da natureza da relação de trabalho da qual retira uma inferência conclusiva geral; e, porque se limita a apreciar o princípio da protecção, dispensa-se, uma vez generalizado este princípio, de procurar valorações materiais alternativas em sede do próprio direito laboral, bastando-se com um raciocínio de retorno ao direito comum.

93. Porque o problema da autonomia dogmática do direito do trabalho não se esgota na discussão sobre a natureza do contrato de trabalho, mas exige uma ponderação do conjunto das normas e institutos laborais, que a unidade interna da área jurídica viabiliza, esta forma de resolução do problema deve, independentemente de outros vícios de fundo, ser considerada inicialmente inepta e, como tal, recusada.

II
A DIMENSÃO SISTEMÁTICA DA CRISE:
A SITUAÇÃO ACTUAL DO DIREITO LABORAL

O enquadramento sócio-económico e as manifestações da crise sistemática do direito laboral (§ 22º)

94. O desenvolvimento sistemático do direito laboral assentou nos pressupostos sócio-económicos da debilidade dos trabalhadores dependentes, do crescimento económico e do modelo da grande empresa industrial.

95. Destes pressupostos resultaram os mitos da incapacidade genética permanente do trabalhador subordinado, da viabilidade económica da evolução sempre *in melius* das normas protectivas e da uniformidade do estatuto laboral, traduzida na ideia de relação de trabalho típica.

96. A relação de trabalho típica é uma relação jurídica duradoura, desenvolvida numa empresa industrial, envolvendo o trabalhador de uma forma plena e a tempo integral, e à qual está associada um nível elevado de tutela laboral; o trabalhador subordinado típico é o trabalhador homem, não especialmente qualificado, economicamente dependente e sustentáculo exclusivo ou principal da família.

97. No caso português, a relação laboral típica corresponde ao contrato de trabalho por tempo indeterminado.

98. Os pressupostos sócio-económicos subjacentes ao desenvolvimento do direito do trabalho, e os mitos a que eles deram lugar, viabilizaram a construção dogmática da área jurídica em torno do princípio da protecção do trabalhador e explicam o protagonismo das instituições colectivas naquele desenvolvimento.

99. A partir da década de setenta, observa-se uma alteração dos pressupostos sócio-económicos que sustentaram o desenvolvimento sistemático e dogmático do direito do trabalho, com as oscilações económicas e a crise do emprego, a evolução tecnológica, o crescimento do sector terciário, a internacionalização e especialização das empresas e a diversificação dos modelos de organização empresarial.

100. A alteração destes pressupostos determina a falência dos mitos do direito do trabalho e precipita a sua crise.

101. A crise do direito do trabalho evidencia-se na erosão do modelo típico de relação de trabalho, que resulta da proliferação das situações laborais marginais e dos fenómenos de fuga lícita e ilícita ao direito laboral; no declínio das instituições laborais colectivas, que se mostra no decréscimo da sua representatividade e na alteração dos temas preferenciais e dos níveis privilegiados da negociação colectiva; e na dúvida sobre a viabilidade económica do sistema de acumulação de benefícios laborais, que se manifesta na chamada de atenção para a inevitabilidade da relação entre o direito do trabalho e a economia.

102. A desadequação do direito do trabalho à evolução dos pressupostos sociais e económicos do seu desenvolvimento conduziu a um esforço de flexibilização dos sistemas normativos laborais, que se tem vindo a desenvolver desde os anos oitenta.

103. Inicialmente considerada como um conjunto de medidas pontuais de adaptação a uma conjuntura económica menos favorável, a flexibilização é hoje reconhecida como um fenómeno vital para o direito do trabalho, que envolve todos os actores laborais e se desenvolve em todos os domínios regulativos da área jurídica.

104. Em termos substanciais, a flexibilização engloba um conjunto de medidas de atenuação da rigidez dos sistemas normativos laborais, incidentes no vínculo de trabalho e no dogma da intangibilidade dos direitos dos trabalhadores.

105. Em termos processuais, a flexibilização efectiva-se através da desregulamentação, mas esta deve ser entendida em sentido amplo, porque envolve não só a supressão de normas laborais em favor da reposição da autonomia negocial, mas também a re-regulamentação mais flexível das matérias laborais, pela lei e pelas convenções colectivas, e ainda a reconstrução dogmática do princípio do *favor laboratoris* na sua aplicação aos problemas de conjugação das fontes laborais.

106. Na sua incidência no vínculo laboral, a flexibilização aponta para a sua diversificação tipológica e para a sua reconfiguração estrutural: na primeira área, são regularizadas as situações laborais atípicas e é incentivado o trabalho autónomo e para-subordinado; na segunda área, procede-se à reestruturação interna do vínculo, através da maleabilização dos regimes jurídicos da remuneração, do tempo de trabalho, da mobilidade geográfica e funcional do trabalhador e da cessação do contrato.

107. As medidas de flexibilização põem em causa a uniformidade do estatuto de trabalhador subordinado e os princípios da irredutibilidade da retribuição, da inamovibilidade, da invariabilidade da prestação e da estabilidade do emprego.

108. A desregulamentação opera através da supressão de normas laborais imperativas e da reposição da liberdade das partes na fixação do conteúdo e na qualificação do contrato; da substituição de normas legais imperativas por regimes mais flexíveis, estabelecidos pela lei ou pelas convenções colectivas (de forma autónoma ou com intervenção administrativa); e através da reponderação do princípio do tratamento mais favorável na sua aplicação aos conflitos entre fontes laborais, por forma a admitir a derrogação *in pejus* das normas laborais pelas convenções colectivas e a reversibilidade de direitos na sucessão de instrumentos colectivos.

109. As preocupações de flexibilização observam-se também ao nível do direito internacional e do direito comunitário.

110. Ao nível do direito comunitário, a flexibilização é imposta pela necessária compatibilidade entre os objectivos sociais e os objectivos económicos e de preservação da concorrência da Comunidade; esta compatibilidade torna improvável que a evolução do direito social comunitário melhore globalmente o estatuto dos trabalhadores subordinados, embora possam surgir melhorias pontuais.

111. Apesar de se ressentir também da alteração dos seus pressupostos sociais e económicos de origem, o sistema laboral português desvia-se da tendência flexibilizante de outros sistemas, continuando a apresentar uma estrutura normativa rígida, garantística e de vocação tutelar universalizante, assente na figura da relação de trabalho típica; a esta configuração desviante não é alheia a sucessão de períodos garantísticos propiciada pelas vicissitudes históricas particulares do país.

112. A configuração desviante do sistema normativo português evidencia-se na fraca receptividade do legislador em relação à diversificação dos vínculos laborais, provada pela falta de regulamentação de algumas formas atípicas de trabalho subordinado, pelos regimes legais restritivos das restantes e pela subsistência da vocação expansiva do sistema laboral relativamente às situações negociais da zona intermédia entre o trabalho subordinado e o trabalho autónomo; na função modelar reconhecida à relação laboral típica, comprovada pela subsistência de regimes garantísticos nas matérias da remuneração, da mobilidade geográfica, da intangibilidade dos direitos adquiridos e da cessação do contrato de trabalho; e no significado diminuto do processo de desregulamentação, demonstrado no peso dos regimes imperativos e na rigidez do princípio do tratamento mais favorável, na sua aplicação ao problema da inderrogabilidade *in pejus* das normas laborais.

113. Apesar de tudo, têm-se vindo a ensaiar algumas medidas de flexibilização, nas matérias do tempo de trabalho, da mobilidade funcional e da suspensão do contrato, e tem-se difundido a prática da concertação social e da «legislação negociada».

A dimensão global da crise do direito do trabalho e a urgência da recolocação do problema da autonomia dogmática (§ 23º)

114. Do ponto de vista dogmático, a flexibilização tem implicações no princípio da protecção e na configuração unilateral tradicional do direito do trabalho.

115. O princípio da protecção é posto em causa a vários níveis pelo processo de flexibilização: ao diversificar os vínculos laborais, a flexibilização põe em causa a meta da universalização da tutela laboral, porque cria uma fractura entre as normas aplicáveis aos trabalhadores típicos e aos restantes trabalhadores; ao admitir retrocessos nas posições adquiridas pelos trabalhadores, a flexibilização põe em causa a meta da progressividade irredutível; ao permitir a coexistência de níveis diversos de protecção, a flexibilização legitima a dúvida sobre o correcto direccionamento da tutela laboral, atingindo a justificação axiológica do princípio da protecção; e ao ponderar os interesses do empregador em algumas soluções normativas, a flexibilização contraria a lógica unilateral do sistema laboral como um sistema «em favor do trabalhador».

116. Porque colide com os valores tradicionais da protecção e da igualdade dos trabalhadores subordinados, o processo de flexibilização confirma, no plano normativo, a crise de valores do direito do trabalho hodierno, que decorre da fragilidade do princípio da protecção, como sua valoração material fundamentante geral, e da aparente ausência de valores alternativos.

117. A confirmação da crise axiológica do direito do trabalho pelo sistema normativo torna urgente a colocação do problema da autonomia dogmática, porque este problema envolve exactamente a pesquisa das valorações materiais fundamentantes da área jurídica.

118. Apesar da incipiência do processo de flexibilização no nosso país, o direito do trabalho português atravessa também uma crise de valores, porque a configuração garantística e universalizante do sistema normativo não corresponde à sua harmonia interna e se observa uma desadequação crescente do princípio da protecção.

119. A falta de harmonia do sistema laboral português e a desadequação do princípio da protecção manifestam-se na proliferação de situações desviantes do modelo da relação laboral típica; nas práticas de fuga ao regime laboral, comprovadas no elevado número de fraudes na qualificação do negócio e no aproveitamento das normas laborais para conseguir objectivos vedados pela lei; na necessidade de emissão de legislação laboral repressiva; e nas frequentes oscilações legislativas por que têm passado as matérias laborais socialmente mais sensíveis.

120. A crise axiológica do direito do trabalho português torna urgente a pesquisa de novas valorações materiais fundamentantes da área jurídica, alternativas ou concomitantes com o valor da protecção do trabalhador — ou seja, a dilucidação do problema da sua autonomia dogmática.

PARTE III

O REPOSICIONAMENTO DO PROBLEMA DA AUTONOMIA DOGMÁTICA DO DIREITO DO TRABALHO

O posicionamento do problema

121. São premissas da reconstrução do problema da autonomia dogmática do direito do trabalho o carácter unitário da área jurídica, a sua inserção no direito privado e a sua autonomia sistemática.

122. O carácter unitário do direito do trabalho obriga a equacionar os principais institutos laborais, e não só o contrato de trabalho, na pesquisa sobre a autonomia — para além do contrato de trabalho, cabe aferir da singularidade da convenção colectiva de trabalho e do direito de greve, como principais institutos do domínio regulativo colectivo da área jurídica.

123. A inserção sistemática privada do direito do trabalho fixa o problema da autonomia na dilucidação da relação entre o direito do trabalho e direito civil e comporta uma pesquisa a dois níveis: uma pesquisa substancial, destinada a verificar a existência de fracturas axiológicas entre as duas áreas jurídicas (reveladas pela irredutibilidade dos principais institutos laborais aos quadros dogmáticos civis); e uma pesquisa sistemática, destinada a aferir do grau de maturidade do direito do trabalho enquanto subsistema do direito privado (revelado pela sua harmonia interna e pela especificidade dos seus instrumentos e técnicas).

124. A autonomia sistemática do direito do trabalho e a necessária fundamentação das construções dogmáticas no sistema normativo obrigam a centrar a pesquisa sobre o problema da autonomia e a limitar o alcance das respectivas conclusões ao direito português.

I
OS ALICERCES ESTRUTURAIS DA CONSTRUÇÃO DOGMÁTICA AUTÓNOMA DO DIREITO DO TRABALHO: A SINGULARIDADE DOS PRINCIPAIS INSTITUTOS LABORAIS

125. Em termos estruturais, a autonomia dogmática do direito do trabalho alicerça-se na singularidade dos seus principais institutos (o contrato de trabalho, a convenção colectiva de trabalho e o direito de greve), em razão da sua irredutibilidade a institutos e figuras civis, e na contrariedade do seu regime jurídico a regras e princípios do direito comum e, designadamente, do direito dos contratos.

A singularidade do contrato de trabalho e do vínculo laboral: a relação de trabalho e a relação de emprego (§ 25º)

126. O contrato de trabalho é uma situação jurídica complexa, que inclui um nexo patrimonial entre as duas prestações principais (a actividade laboral e a retribuição), mas também um elemento de inserção organizacional e um elemento de pessoalidade.
127. A singularidade do contrato de trabalho emerge do facto de os elementos de inserção organizacional e de pessoalidade não se compadecerem com uma concepção puramente obrigacional e patrimonial do contrato e colidirem com regras e princípios do direito comum.
128. O elemento organizacional evidencia a inserção do trabalhador na organização/empresa do empregador e é comprovado directamente na lei, no contexto organizacional do dever de colaboração das partes, nos interesses acessórios que lhes são comuns e no relevo dos interesses de gestão do empregador ou da empresa.
129. O elemento organizacional não comporta uma leitura comunitária, porque os interesses de gestão do empregador e a organização empresarial são alheios ao trabalhador e anteriores ao contrato de trabalho; mas integra o contrato de trabalho, porque conforma quotidianamente o seu conteúdo e a sua execução.
130. A singularidade do elemento organizacional reside na sua compatibilidade com os interesses essenciais opostos das partes no con-

trato de trabalho, o que não tem paralelo noutros contratos privados; e nas suas projecções no regime jurídico do contrato, que contrariam o princípio da relatividade dos contratos e o princípio da necessidade do acordo das partes para a sua modificação.

131. O elemento organizacional explica as projecções do contrato para fora do âmbito da relação *inter partes* (como os deveres dos trabalhadores para com os colegas); explica os condicionamentos impostos ao contrato do exterior, ou por força do sistema normativo (como as alterações ao contrato motivadas pelo princípio da igualdade de tratamento), ou pela interdependência natural dos vários vínculos existentes na organização (como os seus efeitos jurídicos recíprocos), e que contrariam o princípio da relatividade dos contratos; explica as situações juslaborais derivadas, em que trabalhador e empregador estão investidos e que os relacionam com as suas estruturas representativas ou com terceiros; e explica as quebras à regra da necessidade do acordo das partes para a modificação dos contratos, que resultam da prevalência dos interesses de gestão do empregador sobre o acordo negocial.

132. O elemento da pessoalidade evidencia a natureza peculiar da prestação de trabalho, pela sua inseparabilidade da pessoa do trabalhador, e a essência dominial do contrato de trabalho, pelos poderes de direcção e disciplina do empregador; e a sua relevância é comprovada, directamente na lei, no carácter *intuitu personae* do contrato de trabalho, no grau de envolvimento do trabalhador na prestação e na essência subjectiva da sua posição de subordinação, recortada pelo dever de obediência e pela ideia de disponibilidade.

133. A singularidade do elemento da pessoalidade decorre da sua irredutibilidade aos quadros dogmáticos comuns: a inseparabilidade entre a actividade laboral e a pessoa do trabalhador é qualitativamente diferente do envolvimento do devedor de uma prestação indeterminada de *facere* na respectiva execução, porque a indeterminação da prestação laboral não é inicial mas permanente; e a essência dominial do vínculo, manifestada nos poderes laborais, colide com princípios do direito privado, como o princípio do cumprimento pontual dos contratos (porque o poder directivo não se deixa reduzir ao poder de escolha do credor de uma obrigação genérica e permite ao empregador impor unilateralmente modificações ao acordo negocial), o princípio da igualdade dos entes jurídicos privados (porque a unilateralidade e a essência dominial dos dois poderes desnivela a posição das partes no contrato), e o prin-

cípio do monopólio da justiça pública (porque o poder disciplinar laboral é um poder privado de punir).

134. O elemento de pessoalidade explica a tutela legal de interesses específicos do trabalhador em matéria profissional, privada ou familiar, em prevalência sobre o acordo negocial e quebrando o sinalagma contratual: em matéria profissional, justifica direitos como o da ocupação efectiva e regimes jurídicos como o do trabalhador-estudante; em matéria privada e familiar, justifica a limitação de deveres contratuais do trabalhador pela necessidade de respeito pelos seus direitos fundamentais e pelas exigências de conciliação entre a vida profissional e a vida familiar, bem como a subsistência de deveres remuneratórios e compensatórios do empregador em situações de não prestação de qualquer actividade pelo trabalhador.

135. A conjugação dos elementos de inserção organizacional e de pessoalidade com os elementos patrimoniais viabiliza a reconstrução dogmática do contrato de trabalho como um vínculo jurídico complexo, em que se distinguem (para efeitos analíticos) duas zonas: a zona obrigacional, integrada pelo binómio de troca prestação de trabalho/prestação retributiva; e a zona laboral, integrada pelo binómio subordinação jurídica/poderes laborais. Da conjugação destas duas zonas emerge a relação jurídica laboral ou relação de emprego.

136. A zona obrigacional do contrato de trabalho evidencia a sua parcela patrimonial e a oposição entre os interesses fundamentais das partes, e justifica o poder directivo (desacompanhado da tutela disciplinar); esta zona constitui o conteúdo comum a qualquer relação de trabalho em sentido amplo, aproximando o contrato de trabalho de outros contratos envolvendo a prestação remunerada de um serviço.

137. A zona laboral do contrato de trabalho evidencia a posição desnivelada das partes, que decorre da disponibilidade ampla do trabalhador e da sua sujeição aos poderes de direcção e disciplina, e faz surgir na esfera das partes os direitos e deveres emergentes dos elementos de organização e de pessoalidade; esta zona constitui o traço distintivo do contrato de trabalho em relação a outros privados envolvendo a prestação de serviços.

138. A relação jurídica laboral, ou relação de emprego, é uma situação jurídica relativa, complexa, privada e dominial, que se estabelece entre o empregador e o trabalhador em razão da junção à componente patrimonial do contrato dos elementos de organização e de pessoalidade e para prossecução dos interesses específicos de cada um deles — os interesses de gestão do empregador e os interesses profissionais, pessoais e familiares do trabalhador.

139. Apesar de ser uma relação de direito privado (pela natureza privada das partes e dos interesses que prosseguem), a relação jurídica de emprego não pode deixar de ser uma relação dominial porque não há uma forma paritária de assegurar a prevalência dos interesses específicos de cada uma das partes sobre o contrato de trabalho.

140. A reconstrução dogmática do contrato de trabalho, com base na ideia de relação de emprego, evidencia a sua singularidade enquanto contrato de direito privado, pela coexistência, no seu seio, de elementos aparentemente inconciliáveis: a patrimonialidade e a pessoalidade do objecto negocial; a oposição entre os interesses fundamentais das partes e a sua colaboração na organização; o carácter privado e a essência dominial do vínculo jurídico.

141. A reconstrução dogmática do contrato de trabalho nos termos indicados explica os desvios do seu regime em relação às regras civis em matéria de relatividade dos contratos e de modificação do seu conteúdo, e ainda em relação a princípios do direito privado, como o princípio da igualdade e o princípio da justiça pública.

142. A singularidade do contrato de trabalho contribui para alicerçar a autonomia dogmática do direito do trabalho.

A singularidade das convenções colectivas de trabalho e da autonomia colectiva (§ 26º)

143. A singularidade dogmática da figura da convenção colectiva de trabalho decorre da conjugação da sua natureza privada com a complexidade do seu conteúdo, pela coexistência das componentes negocial e normativa, que não tem paralelo noutras figuras do direito privado, bem como pelas regras da eficácia geral e da inderrogabilidade *in pejus*.

144. A singularidade da convenção colectiva de trabalho inviabiliza a sua construção dogmática quer em moldes puramente normativistas quer em moldes puramente negociais.

145. A construção normativista da convenção colectiva (assente na sua recondução à categoria de acto normativo) é inaceitável pela origem privada da convenção e porque não explica a parcela obrigacional deste instrumento.

146. A construção contratualista da convenção (assente na sua recondução à categoria do negócio jurídico, celebrado ao abrigo da autonomia laboral colectiva, e cujos efeitos nos contratos de trabalho são explicados pelo instituto da representação) é inaceitável, porque não explica a qualificação da convenção como fonte de direito e porque o regime jurídico da figura contraria regras e princípios básicos do negócio jurídico e do instituto da representação: a limitação qualitativa do conteúdo da convenção pela regra da inderrogabilidade *in pejus* opõe-se ao princípio da liberdade de estipulação e aos poderes de modificação dos contratos e de distrate por acordo das partes; o instituto da representação não explica a aplicação da convenção a não «representados», nem sequer alguns efeitos que produz em relação aos «representados» (como o regime da inderrogabilidade *in pejus* na sua aplicação à relação da convenção com o contrato de trabalho, a prossecução pela convenção de interesses alheios aos «representados», e o âmbito mais alargado da autonomia dos «representantes» em relação à dos «representados», no caso das normas convénio-dispositivas).

147. A autonomia colectiva é uma forma nova e peculiar de autonomia privada, porque contraria as regras gerais em matéria de liberdade de estipulação e, designadamente, de modificabilidade dos contratos por acordo das partes (dada a limitação qualitativa do conteúdo da convenção e das operações de sucessão de convenções pela regra da inderrogabilidade *in pejus*), e porque permite criar normas imperativas por via convencional.

148. A singularidade da convenção colectiva e da autonomia colectiva, por irredutibilidade aos quadros dogmáticos do direito comum, contribui para alicerçar a autonomia dogmática do direito do trabalho.

A singularidade do direito de greve (§ 27º)

149. A singularidade do direito de greve, na sua manifestação privada/laboral, decorre da conjugação do seu contexto negocial com o facto de ele permitir ao trabalhador modificar unilateralmente o contrato de trabalho; de o seu objectivo poder transcender o contrato, apesar de o direito ser exercido contra o empregador, o que impede a recondução da greve a figuras civis de recusa do cumprimento; e de, em termos imediatos, pretender causar um dano à outra parte, sendo esta intenção danosa admitida e tutelada pela lei e não sendo o prejuízo que dela decorre, em princípio, ressarcível, o que não tem paralelo noutros negócios privados.

150. O direito de greve contraria a regra da necessidade do acordo das partes para a modificação dos negócios jurídicos e contraria as regras gerais da responsabilidade civil; e contraria ainda o princípio da igualdade dos entes privados, porque a Constituição e a lei proíbem ao empregador o recurso ao *lock-out*, meio laboral de reacção correspondente.

151. A singularidade do direito de greve, pela sua irredutibilidade aos princípios do direito privado, alicerça a autonomia dogmática do direito laboral.

II
OS ALICERCES SISTEMÁTICOS DA CONSTRUÇÃO DOGMÁTICA AUTÓNOMA DO DIREITO DO TRABALHO

152. São argumentos sistemáticos, em favor da autonomia dogmática do direito do trabalho, a sua dimensão colectiva integral e a sua maturidade enquanto subsistema normativo diferenciado no universo jurídico privado.

A dimensão colectiva integral do direito do trabalho (§ 29º)

153. A dimensão colectiva integral do direito do trabalho decorre da omnipresença do elemento colectivo nas suas normas, que torna inseparáveis as suas áreas regulativas colectiva e individual.

154. A inseparabilidade das áreas regulativas individual e colectiva do direito do trabalho evidencia-se na titularidade das situações colectivas laborais por entes colectivos, individuais e de composição mista, no entrecruzamento de interesses individuais, colectivos e gerais nas actuações laborais colectivas, e na dimensão de grupo que subjaz naturalmente ao vínculo laboral em resultado da sua componente organizacional.

155. A dimensão colectiva integral do direito do trabalho aumenta a sua distância dogmática em relação ao direito civil, porque a interpenetração das suas dimensões colectiva e individual não se compadece com a apreciação individual e relacional dos fenómenos laborais que é privilegiada pelo direito civil.

As especificidades do direito do trabalho na construção e na aplicação das suas normas e na tutela dos seus interesses: a maturidade do direito laboral enquanto área jurídica (§ 30º)

156. A maturidade do direito laboral evidencia-se na sua capacidade para manusear os recursos metodológicos comuns e para criar novos recursos no domínio da construção normativa, das operações de interpretação e aplicação do direito, e da auto-tutela, em prossecução dos seus valores fundamentais da protecção do trabalhador, da autonomia colectiva e da paz social.

157. Ao nível da construção das suas normas, provam a maturidade do direito do trabalho os seus instrumentos normativos originais (a convenção colectiva e a portaria de extensão) e a legislação laboral negociada.

158. A originalidade da convenção colectiva, como instrumento normativo, reside sua origem privada e convencional, conjugada com a sua eficácia geral e com o regime da inderrogabilidade *in pejus*.

159. A originalidade da portaria de extensão reside na conjugação da sua natureza pública com o seu comando normativo, que dota de força pública um regime de direito privado para o aplicar a outros sujeitos privados.

160. A legislação laboral negociada é uma forma substancialmente nova de criação do direito, porque as normas legais são indirectamente produzidas pelos seus destinatários, em prossecução dos seus interesses, e homologadas pelo legislador público.

161. Ao nível da interpretação e aplicação do direito, a maturidade do direito laboral evidencia-se nas aplicações da regra do *favor laboratoris* aos problemas da interpretação da lei e dos negócios jurídicos, dos conflitos de fontes e da integração destas no contrato de trabalho, que desembocam em soluções metodologicamente inovadoras.

162. O *favor laboratoris* é o recurso metodológico típico do direito do trabalho e a sua importância e pluralidade de aplicações impede a sua recondução dogmática ao princípio civil da tutela do contraente débil.

163. Em matéria de interpretação das normas laborais e do contrato de trabalho, o *favor laboratoris* é um critério geral de orientação, que inspirou o direito civil a ponderar o princípio da igualdade em termos substanciais, o que evidencia o papel precursor do direito do trabalho para a evolução da dogmática civil nesta matéria.

164. Na conjugação das fontes laborais, o *favor laboratoris* permite classificar as normas por graus de imperatividade e desenvolver soluções metodologicamente inovadoras para os problemas de conflitos de fontes e de sucessão de instrumentos colectivos.

165. Na resolução dos conflitos entre as fontes e o contrato de trabalho, o *favor laboratoris* adequa as regras gerais ao objectivo de protecção do trabalhador em matéria de sucessão das leis no tempo e de recepção automática das normas legais e convencionais pelo contrato.

166. Ao desenvolver o poder disciplinar e o direito de greve, o direito do trabalho comprova a sua maturidade, porque assegura a tutela dos principais institutos das suas áreas regulativas individual e colectiva de uma forma simultaneamente eficaz e sem paralelo no direito privado.

167. Como mecanismo de tutela, o poder disciplinar assegura os interesses do empregador e viabiliza o contrato de trabalho, com a estrutura complexa que lhe é reconhecida.

168. Como mecanismo de tutela, o direito de greve assegura os interesses dos trabalhadores e garante a eficácia do sistema de negociação colectiva.

III

O RECONHECIMENTO DA AUTONOMIA DOGMÁTICA DO DIREITO DO TRABALHO: OS PRINCÍPIOS GERAIS DO DIREITO LABORAL

A inevitabilidade do reconhecimento da autonomia dogmática do direito do trabalho português (§ 32º)

169. O direito do trabalho português é um ramo do direito privado dotado de autonomia dogmática porque se esteia em princípios gerais específicos.

Os princípios próprios do direito do trabalho contemporâneo (§ 33º)

170. Os princípios gerais do direito do trabalho são as suas valorações culturais ou éticas mais importantes, reveladas pelas suas normas e por elas validadas, e que constituem o seu fundamento justificativo.

171. Os princípios gerais do direito do trabalho são diferentes mas não necessariamente opostos aos princípios gerais do direito civil.

172. Os princípios gerais do direito do trabalho têm as mesmas características e funções de outros princípios gerais de direito: não se excluem mutuamente, comportam limitações e zonas de sobreposição e concretizam-se em princípios menores; exercem uma função de controlo axiológico nas operações de interpretação e aplicação do direito, uma função de iluminação normativa e uma função de unificação dos sistemas jurídicos.

173. O sistema normativo permite isolar três princípios gerais do direito do trabalho português: o princípio da compensação da posição debitória complexa das partes no vínculo laboral; o princípio do colectivo; e o princípio da auto-tutela laboral.

174. O princípio da compensação evidencia a complexidade da relação de emprego e concretiza-se em dois princípios menores, reportados, respectivamente, ao trabalhador e ao empregador: o princípio da protecção do trabalhador; e o princípio da salvaguarda dos interesses de gestão do empregador.

175. O princípio da protecção do trabalhador acode às necessidades de tutela da sua pessoa e do seu património perante o vínculo laboral.

176. O princípio da protecção do trabalhador concretiza-se nos princípios da segurança no emprego, da suficiência salarial, da conciliação da vida profissional com a vida privada e familiar, da assistência ao trabalhador e do *favor laboratoris*.

177. O princípio da salvaguarda dos interesses de gestão do empregador assegura-lhe as condições necessárias ao cumprimento das suas obrigações contratuais e, indirectamente, viabiliza o contrato de trabalho.

178. O princípio da salvaguarda dos interesses de gestão do empregador concretiza-se nos princípios da colaboração na empresa e nos poderes directivo e disciplinar.

179. A relação dialéctica entre o princípio da protecção do trabalhador e o princípio da salvaguarda dos interesses de gestão do empregador impede a caracterização do direito do trabalho como um direito unilateral e confirma o seu carácter compromissório.

180. O princípio do colectivo evidencia a dimensão colectiva omnipresente do direito do trabalho, que decorre da importância dos fenómenos laborais colectivos e da dimensão organizacional do contrato de trabalho, e explica a valorização do trabalhador e do empregador sobretudo como membros de grupos.

181. O princípio do colectivo concretiza-se em princípios menores, com incidência nas áreas regulativas colectiva e individual do direito do trabalho.

182. Na área regulativa colectiva, o princípio do colectivo concretiza-se nos princípios da autonomia colectiva e da intervenção dos trabalhadores na gestão.

183. Na sua incidência no vínculo laboral, o princípio do colectivo concretiza-se nos princípios da primazia do colectivo, da interdependência dos vínculos laborais na organização e da igualdade de tratamento.

184. O princípio do colectivo realça o conteúdo mais original do direito do trabalho e confirma a sua fractura axiológica com o direito civil, que não foi capaz de integrar esta dimensão colectiva.

185. O princípio da auto-tutela laboral evidencia a capacidade do direito do trabalho para criar mecanismos de tutela dos seus interesses e institutos fundamentais, que dispensam o recurso aos meios comuns de reintegração dos direitos e de cumprimento coercivo dos contratos.

186. O princípio da auto-tutela é um princípio bipolar porque se concretiza em duas vertentes (o poder disciplinar e o direito de greve) e estas protegem, respectivamente, os interesses do empregador e os interesses dos trabalhadores.

187. O princípio da auto-tutela é um princípio de excepção no direito privado, porque se opõe aos princípios gerais da proibição da justiça privada e do cumprimento pontual dos contratos.

As projecções e os limites da autonomia dogmática do direito laboral: a relação do direito do trabalho com o direito civil (§ 34º)

188. O reconhecimento da autonomia dogmática do direito do trabalho não determina o seu completo afastamento do direito civil, que continua, como direito subsidiário, a integrar as suas lacunas regulativas.

189. O reconhecimento de princípios específicos do direito do trabalho e a sua unidade e autonomia, enquanto área jurídica, condicionam a aplicação de normas civis no domínio laboral a um controlo axiológico prévio, que confirme a sua compatibilidade com aqueles princípios, e à inviabilidade da integração da lacuna a partir do próprio sistema laboral.

190. A autonomia dogmática do direito do trabalho explica a expansão dos seus regimes e institutos para outras áreas do direito privado, público e internacional, e os contributos que tem dado para a evolução dogmática dessas áreas.

191. O enunciado dos princípios laborais permite contextualizar a «crise» do direito do trabalho como a crise de um dos seus valores (o valor da protecção do trabalhador) e não da área jurídica.

192. O direito laboral poderá encontrar as respostas para os desafios que hoje enfrenta na conjugação de todos os seus valores.

JURISPRUDÊNCIA*

— Ac. STA de 5/04/1949, Col., XI-202
— Ac. STA de 3/03/1953, Col., XV-111
— Ac. STA de 8/07/1958, Col. XX-623
— Ac. STA de 18/10/1960, DG (Ap.), II S., de 30/12/1961, 277
— Ac. STA de 3/04/1962, ESC, 1962, 3, 139
— Ac. STA de 6/11/1962, AD, 14-237
— Ac. STA de 5/11/1963, AD, 25-83
— Ac. STA de 4/07/1968, AD, 71-1644
— Ac. STA de 23/07/1968, AD, 83-1507
— Ac. STA de 28/03/1970, Col., XXIII-455
— Ac. STA de 15/01/1971, AD, 113-803
— Ac. STA de 19/02/1971, DG (Ap.), 3/10/1972, 48
— Ac. STA de 19/03/1971, DG (Ap.), 3/10/1972, 137
— Ac. STA de 11/02/1972, DG (Ap.), 23/01/1974
— Ac. STA de 16/03/1976, DR (Ap.), 15/02/1978, 229
— Ac. RC de 13/12/1978, CJ, 1978, V, 1515
— Ac. RLx de 19/01/1979, CJ, 1979, I, 94
— Ac. RLx de 12/02/1979, CJ, 1979, II, 150
— Ac. RP de 30/04/1979, CJ, 1979, II, 579
— Ac. REv de 22/07/1979, CJ, 1979, IV, 1340
— Ac. RLx de 24/07/1979, BMJ, 294-395
— Ac. STA de 1/06/1976, DR (Ap.), 15/10/1979, 441
— Ac. RC de 4/12/1979, CJ, 1979, 5, 1434
— Ac. STJ de 15/10/1980, AD, 227-1351
— Ac. RC de 30/10/1980, AD, 241-133
— Ac. STJ de 31/10/1980, BMJ, 300-281
— Ac. RP de 15/12/1980, CJ, 1980, V, 157
— Ac. STJ de 4/02/1981, AD, 242-253
— Ac. RC de 20/03/1981, CJ, 1981, II, 77
— Ac. STA de 5/12/1981, DR. (Ap.), 14/03/1985, 598
— Ac. RLx de 14/12/1981, CJ, 1981, V, 234.
— Ac. REv de 8/11/1983, BMJ, 333-539

---

* Por serem as que maior interesse revestem para o trabalho, limitamos este índice de jurisprudência às decisões judiciais portuguesas citadas em texto. Os acórdãos são indicados por ordem cronológica.

— Ac. RL de 29/11/1983, CJ, 1983, V, 125
— Ac. STJ de 16/12/1983, BMJ, 332-410
— Ac. REv de 10/01/1984, CJ, 1984, I, 315
— Ac. STJ de 19/01/1984, BMJ, 333-338
— Ac. STJ de 8/03/1984, AD, 269-680
— Ac. STJ de 27/07/1984, BMJ, 339-345
— Ac. STJ de 5/06/1985, AD, 289-98
— Ac. STJ de 28/06/1985, BMJ, 348-303
— Ac. RL de 17/07/1985, CJ, 1985, IV, 195
— Ac. RC de 29/10/1985, CJ, 1985, IV, 113
— Ac. STJ de 10/01/1986, AD, 292-491
— Ac. STJ de 18/03/1986, BMJ, 355-285
— Ac. RLx de 9/04/1986, CJ, 1986, II, 166
— Ac. RP de 2/06/1986, BMJ, 358-604
— Ac. STJ de 14/01/1987, BMJ, 370-445
— Ac. STJ de 23/04/1987, AD, 308/309-1216
— Ac. REv de 17/06/1987, CJ, 1987, III, 270
— Ac. RLx de 6/01/1988, CJ, 1988, I, 168
— Ac. STJ de 5/05/1988, BMJ, 377-368
— Ac. RP de 7/05/1988, BTE, II S., 1988, n° 1/2, 141
— Ac. STJ de 19/05/1988, AD, 328-107
— Ac. STJ de 26/05/1988, BMJ, 377-402
— Ac. TC de 31/5/1988 (n° 107/88), DR, I S., 21/06/1988, 2516, e BMJ 377-155
— Ac. STJ de 25/11/1988, AD, 326-264
— Ac. STJ de 28/04/1989, BMJ, 386-403
— Ac. STJ de 12/01/1990 (MENDES BAPTISTA, *Jurisprudência...cit.,* 146)
— Ac. RP de 22/01/1990, CJ, 1990, I, 274
— Ac. RC de 14/02/1990, BMJ, 394-540
— Ac. REv de 23/10/1990, CJ, 1990, IV, 304
— Ac. RC de 2/11/1990, CJ, 1990, V, 92
— Ac. RP de 5/11/1990, CJ, 1990, V, 233
— Ac. STJ de 14/11/1990, AD, 350-268
— Ac. RC de 13/12/1990, CJ, 1990, V, 98
— Ac. STJ de 22/12/1990, AJ, 13°/14°-32
— Ac. STJ de 6/02/1991, AJ, 15°/16ª-13
— Ac. STJ de 13/03/1991, AJ, 17°-11
— Ac. STJ de 24/04/1991, AJ, 18°-27
— Ac. RLx de 5/06/1991, CJ, 1991, III, 215
— Ac. RC de 6/06/1991, CJ, 1991, III, 120
— Ac. REv de 14/07/1992, CJ, 1992, IV, 321
— Ac. RLx de 4/11/1992, CJ, 1992, V, 184
— Ac. REv de 17/11/1992, CJ, 1992, V, 285

— Ac. STJ de 13/01/1993, CJ-STJ,1993, I, 225
— Ac. RLx de 13/01/1993, CJ, 1993, I, 167
— Ac. STJ de 20/01/1993, CJ-STJ, 1993, I, 238
— Ac. RC de 11/02/1993, CJ, 1993, I, 89
— Ac. STJ de 16/03/1993, CJ-STJ, 1993, II, 295
— Ac. RLx de 29/03/1993, CJ, 1993, II, 170
— Ac. RC de 28/04/1993, CJ, 1993, II, 89
— Ac. RP de 17/05/1993, CJ, 1993, III, 268
— Ac. RP de 24/05/1993, CJ, 1993, III, 269
— Ac. STJ de 26/05/1993, AD, 382-1072
— Ac. STJ de 22/09/1993, CJ-STJ, 1993, III, 269
— Ac. STJ de 10/11/1993, CJ-STJ, 1993, III, 289
— Ac. RC de 26/01/1994, CJ, 1994, I, 69
— Ac. RC de 3/02/1994, CJ, 1994, I, 73
— Ac. STJ de 17/02/1994, CJ-STJ, 1994, I, 293
— Ac. RLx de 9/03/1994, CJ, 1994, II, 153
— Ac. RLx de 25/05/1994, CJ, 1994, III, 171
— Ac. STJ de 20/06/1994, AD, 395-1336
— Ac. STJ de 7/12/1994, CJ-STJ, 1994, III, 303
— Ac. STJ de 8/02/1995, CJ-STJ, 1995, I, 267
— Ac. STJ de 22/02/1995, CJ-STJ, 1995, I, 279
— Ac. RC de 23/02/1995, CJ, 1995, I, 78
— Ac. RLx de 15/03/1995, CJ, 1995, II, 167
— Ac. REv de 4/07/1995, CJ, 1995, IV, 293
— Ac. RLx de 27/09/1995, CJ, 1995, IV, 156
— Ac. STJ de 8/05/1996, CJ-STJ, II, 251
— Ac. RLx de 26/06/1996, CJ, 1996, III, 172
— Ac. RLx de 25/09/1996, CJ, 1996, IV, 179
— Ac. RC de 10/10/1996, CJ, 1996, IV, 84
— Ac. RLx de 16/10/1996, CJ, 1996, IV, 186
— Ac. TC de 16/10/1996 (nº 868/96), DR. I S-A, 16/10/1996, 3691
— Ac. RC de 13/11/1996, CJ, 1996, V, 68
— Ac. STJ de 11/12/1996, CJ-STJ, 1996, III, 25
— Ac. RLx de 19/02/1997, CJ, 1997, I, 183
— Ac. STJ de 5/03/1997, CJ-STJ, 1997, I, 290
— Ac. STJ de 25/06/1997, AD, 433-134
— Ac. RLx de 14/03/1998, CJ, 1998, I, 159
— Ac. RLx de 1/07/1998, CJ, 1998, III, 159
— Ac. RC de 17/09/1998, CJ, 1998, IV, 66
— Ac. STJ de 7/10/1998, CJ-STJ, 1998, III, 251
— Ac. STJ de 18/11/1998, CJ-STJ, 1998, III, 273.
— Ac. STJ de 20/01/1999, CJ-STJ, 1999, I, 265
— Ac. RC de 4/02/1999, CJ, 1999, I, 65

BIBLIOGRAFIA* **

ABELLO, Luigi — *Della locazione,* II (*Locazione di opere*), Parte II (2° *reprint*), Napoli — Torino, 1910
ABRANTES, José João Nunes — *Do Contrato de Trabalho a Prazo,* Coimbra, 1982
ABRANTES, José João Nunes — *Estudos de Direito do Trabalho,* 2ª ed., Lisboa, 1992
ABRANTES, José João Nunes — *Legislação do Trabalho,* Lisboa, 1994
ABRANTES, José João Nunes — *Direito do Trabalho. Ensaios,* Lisboa, 1995
ABRANTES, José João Nunes — *Flexibilidade e polivalência, in* A. MOREIRA (coord.), *I Congresso Nacional de Direito do Trabalho — Memórias,* Coimbra, 1998, 135-144
ABRANTES, José João Nunes — *Contrato de trabalho e direitos fundamentais, in* A. MOREIRA (coord.), *II Congresso Nacional de Direito do Trabalho — Memórias,* Coimbra, 1999, 105-114
ABREU, Jorge Manuel Coutinho de — *A Empresa e o Empregador em Direito do Trabalho,* Coimbra, 1982
ABREU, Jorge Manuel Coutinho de — *Grupos de sociedades e direito do trabalho,* BFDUC, 1990, LXVI, 124-149
ABREU, Jorge Manuel Coutinho de — *Da Empresarialidade (As Empresas no Direito),* Coimbra, 1996
ACCORNERO, Aris — *La cultura conflittuale del sindicato,* DLRI, 1983, 263-285
Acordo de Concertação Estratégica celebrado na Comissão Permanente de Concertação Social do Conselho Económico e Social, em 20/12/1996 — RDES, 1997, 1/2/3, 291-332
Acordo de Concertação Social de Curto Prazo, celebrado na Comissão Permanente de Concertação Social do Conselho Económico e Social, em 24/01/1996 — RDES, 1996, 1/2/3/4, 405-425
ADAM, Gérard — *Vers un nouveau syndicalisme,* DS, 1998, 2, 107-109

---

* O índice bibliográfico inclui apenas as obras citadas em texto e não todas as obras consultadas.
** As obras são indicadas por ordem alfabética, com referência ao autor ou, na falta de autor, com referência ao título; na indicação de várias obras do mesmo autor é seguido o critério cronológico.

ADLERSTEIN, Wolfgang — *Neue Technologien — Neue Wege im Arbeitsrecht,* ArbuR, 1987, 3, 101-104

ADOMEIT, Kaus — *Zur Theorie des Tarifvertrages,* RdA, 1967, 8/9, 297-307

ADOMEIT, Klaus — *Das Arbeitsrecht und unsere Wirtschaftliche Zukunft,* München, 1985

ADOMEIT, Klaus — *Vom Arbeitnehmer zum Mitarbeiter,* ArbGeb., 1985, 3, 76-78

ADOMEIT, Klaus — *Wen schütz das Arbeitsrecht?,* Stuttgart, 1987

ADOMEIT, Klaus — *Discussionbeitrag,* ZIAS, 1988, 361-362

ADOMEIT, Klaus — *Arbeitsrecht für 90er Jahre,* München, 1991

ADOMEIT, Klaus — *Elementos jurídico-societários en la relación de trabajo,* in Revista de la Facultad de Derecho de la Universitad Complutense, Madrid, 1992, 9-25

ADOMEIT, Klaus — *Der untypische Arbeitnehmer — am Beispiel des Wissenschaftliche Angestellten,* in M. HEINZE / A. SÖLLNER (Hrsg.), *Arbeitsrecht in der Bewährung, Fest für Otto Rudolf KISSEL,* München, 1994, 1-10

AGRIA, Fernanda — *O conceito de trabalhador e o direito laboral,* ESC, 1966, 20, 15-35

AGRIA, Fernanda Nunes / PINTO, Maria Luiza Cardoso — *Contrato Individual de Trabalho,* Coimbra, 1972

AGUIAR, Manuela — *A regulamentação do trabalho domiciliário,* ESC, 1973, 35, 59-66

ALBUQUERQUE, Ruy de / ALBUQUERQUE, Martim de — *História do Direito Português,* I (tomo II), Lisboa, 1983

ALEXY, Robert — *Derecho y Razón Práctica* (trad. espanhola), México, 1993

ALIPRANTIS, Nikitas — *L'entreprise en tant qu'ordre juridique,* in Le Droit collectif du travail — *Études en hommage à Madame le Professeur Hélène SINAY,* Frankfurt, 1994, 185-206

ALMEIDA, Carlos Ferreira de — *Texto e Enunciado na Teoria do Negócio Jurídico,* I, Coimbra, 1992

ALMEIDA, Carlos Ferreira de — *Introdução ao Direito Comparado,* 2ª ed., Coimbra, 1998

ALMEIDA, Fernando Jorge Coutinho de — *Os poderes da entidade patronal no direito português,* RDE, 1977, 301-334

ALMEIDA, Fernando Jorge Coutinho de — *O ensino de Direito do Trabalho em Portugal,* in Jornadas Hispano-Luso-Brasileñas de Derecho del Trabajo, Madrid, 1985, 395-426

ALONSO GARCIA, Manuel — vd GARCIA

ALONSO OLEA, Manuel — vd OLEA

AMARAL, Diogo Freitas do — *Curso de Direito Administrativo,* I, 2ª ed., Coimbra, 1994

ANDRADE, Manuel A. Domingos Rodrigues de — *Sobre a recente evolução do direito privado português,* BFDUC, 1946, XXII, 284-343
ANDRADE, Manuel A. Domingos Rodrigues de — *Teoria Geral da Relação Jurídica,* I e II (*reprint*), Coimbra, 1992 e 1987
ANGIELLO, Luigi — *Autonomia e subordinazione nella prestazione lavorativa,* Padova, 1974
ANNINO, Mariella — *Forme anomale di sciopero e sospensione del rapporto di lavoro,* RIDL, 1984, II, 401-409
ANOHIN, P. K. / BERTALANFFY, L. von / RAPOPORT, A. / MACKENZIE, W. J. M. / THOMPSON, J. D. — *Teoria dos Sistemas* (trad. brasileira), Rio de Janeiro, 1976
ARANGUREN, Aldo — *La determinazione qualitativa della prestazione nella struttura del rapporto di lavoro,* Riv.DL, 1961, II, 296-326
ARANGUREN, Aldo — *Principi generali e fonti, in* G. MAZZONI (dir.), *Manuale di diritto del lavoro,* I, 6ª ed., Milano, 1988, 1-222
ARANGUREN, Aldo — *L'organizzazione e l'azione sindacale, in* G. MAZZONI (dir.), *Manuale di diritto del lavoro,* II, 6ª ed., Milano, 1990, 217-517
ARDAU, Giorgio — *Corso di diritto del lavoro,* Milano, 1947
ARDAU, Giorgio — *Sanzionabilità disciplinare dello sciopero illegittimo per violazione di patto espresso di pace sindacale,* Riv.DL, 1964, 22-29
ARDAU, Giorgio — *Manuale di diritto del lavoro,* I, Milano, 1972
ARDAU, Giorgio — *Riflessioni sulla causa dei contratti di lavoro subordinato e di lavoro autonomo,* Riv.dir.civ., 1983, II, 689-695
ARDAU, Giorgio — *Al diritto di sciopero si sacrificano interessi sui quali è fondato il Stato di Diritto,* Riv.dir.civ., 1984, II, 246-250
ARISTÓTELES — *Les politiques* (trad. francesa), Paris, 1990
ARRIGO, Gianni — *L'ampliamento dell'Unione Europea e politica sociale: competenze comunitarie e contratto collettivo europeo,* Riv.GL, 1994, I, 1-38
ARRIGO, Gianni — *Unione europea: diritto del lavoro tra integrazione e frammentazione,* Lav.Dir., 1994, 2, 261-286
ASCENSÃO, José de Oliveira — *A Tipicidade dos Direitos Reais,* Lisboa, 1968
ASCENSÃO, José de Oliveira — *A empresa e a propriedade,* Brotéria, 1970, 591-607
ASCENSÃO, José de Oliveira — *Teoria Geral do Direito Civil,* IV, Lisboa, 1985
ASCENSÃO, José de Oliveira — *Direito Comercial,* I (*reprint*), Lisboa, 1994
ASCENSÃO, José de Oliveira — *Direito Civil. Teoria Geral,* I e II, Coimbra, 1997 e 1999
ASCENSÃO, José de Oliveira — *O Direito. Introdução e Teoria Geral. Uma Perspectiva Luso-Brasileira,* 10ª ed. (*reprint*), Coimbra, 1999
ASCENSÃO, José de Oliveira / CORDEIRO, António da Rocha Menezes — *Cessão de exploração de estabelecimento* comercial, ROA, 1987, 845-927

ASCIAK, Giovanni — *Principi di diritto del lavoro*, Firenze, 1961
ASQUINI, Alberto — *Del contratto di trasporto*, in L. BOLLAFIO / C. VIVANTE (dir.), *Codice del Commercio commentato*, VI (*Parte Seconda*) — art. *388º-416º*, 5ª ed., Torino, 1925
ASSANTI, Cecilia — *L'economia sommersa: i problemi giuridici del secondo mercato del lavoro*, Riv.GL, 1980, I, 179-211
ASSANTI, Cecilia — *Corso di diritto del lavoro*, Padova, 1993
ATIYAH, P. S.- *The Rise and Fall of Freedom of Contract*, Oxford, 1979
AUBRY, C. / RAU, C. — *Cours de droit civil français*, IV, 4ª ed., Paris, 1871
AVILÉS, Antonio Ojeda — *El final de un «principio» (la estabilidad en el empleo)*, in *Estudios de Derecho del Trabajo en Memoria del Professor Gaspar BAYÓN-CHACÓN*, Madrid, 1980, 467-485
AVILÉS, António Ojeda — *Las relaciones laborales especiales: una perspectiva unitaria*, Rel.Lab., 1990, I, 222-239
AVILÉS, António Ojeda — *Autonomía colectiva e autonomía individual*, Rel.Lab., 1990, I, 311-354

BAAMONDE, Maria Emília Casas — *Huelgas atípicas: identificación, caracteres y efectos jurídicos*, in *Temas de Direito do Trabalho. Direito do Trabalho na Crise. Poder Empresarial. Greves Atípicas. IV Jornadas Luso-Hispano-Brasileiras de Direito do Trabalho*, Coimbra, 1990, 519-548
BAAMONDE, Maria Emília Casas — *La individualización de las relaciones laborales*, Rel.Lab., 1991, II, 402-421
BAAMONDE, María Emília Casas / DAL-RÉ, Fernando Valdés — *Diversidad y precariedad de la contratación laboral en España*, Rel.Lab., 1989, I, 240-258
BALLERSTEDT, Kurt — *Arbeitskraft und Handlungsbegriff*, JZ, 1953, 13, 389-391
BALLERSTEDT, Kurt — *Probleme einer Dogmatik des Arbeitsrechts*, RdA, 1976, 1, 5-14
BALLESTRERO, Maria Vittoria — *L'ambigua nozione di lavoro parasubordinato*, Lav.Dir., 1987, 1, 41-67
BALLESTRERO, Maria Vittoria — *La flessibilità nel diritto del lavoro. Troppi consensi?*, Lav.Dir., 1987, 2, 289-299
BALLESTRERO, Maria Vittoria — *La négociation d'entreprise. L'expérience juridique italienne*, DS, 1990, 7/8, 653-660
BALLESTRERO, Maria Vittoria — *Emploi privé, emploi public: de la différence au droit commun*, in A. SUPIOT (dir.), *Le travail en perspectives*, Paris, 1998, 375-389
BAPTISTA, Albino Mendes — *Jurisprudência do Trabalho Anotada*, 3ª ed., Lisboa, 1999

BARASSI, Lodovico — *Il contratto di lavoro nel diritto positivo italiano*, I e II, 2ª ed., Milano, 1915 e 1917
BARASSI, Lodovico — *Diritto sindacale e corporativo*, 2ª ed., Milano, 1934
BARASSI, Lodovico — *Il dovere della colaborazione*, Riv.DL, 1950, 1-15
BARASSI, Lodovico — *Elementi di diritto del lavoro*, 7ª ed., Milano, 1957
BARATA, Carlos Lacerda — *Anotações ao Novo Regime do Contrato de Agência*, Lisboa, 1994
BARROS, Cássio Mesquita — *A insegurança do emprego: causas, instrumentos e políticas legislativas, in* A. MOREIRA (coord.), *X Jornadas Luso-Hispano-Brasileiras de Direito do Trabalho — Anais*, Coimbra, 1999, 49-68
BARROS, José Joaquim — *Regime geral dos actos de comércio, in* José de Oliveira ASCENSÃO (dir.), *As Operações Comerciais — Trabalhos do Curso de Mestrado sob a orientação do Professor Doutor Oliveira Ascensão*, Coimbra, 1988, 11-92
BARTHELÉMY, Jacques — *La négociation collective, outil de gestion de l'entreprise*, DS, 1990, 7/8, 580-583
BASSANELLI, Ernesto — *L'obbligazione negativa del prestatore d'opera*, Riv.dir.comm., 1939, I, 358-372
BASTO, Nuno Cabral — *A natureza da convenção colectiva: supostos epistemológicos da sua indagação*, ESC, 1969, 30, 60-87
BASTO, Nuno Cabral — *O contrato de trabalho — colaboração e subordinação*, ESC, 1967, 23, 83-109
BATIFFOL, Henri — *La «crise du contrat» et sa portée*, Arch.Ph.Dr., 1968, XIII, 13-30
BATTAGLIA, Felice — *Filosofia del lavoro*, Bologna, 1951
BATTAGLINI, Andrea Orsi — *L'influenza del diritto del lavoro su diritto civile, diritto processuale civile, diritto amministrativo — diritto amministrativo*, DLRI, 1990, I, 39-57
BAUDRY-LACANTINERIE, G. / WAHL, Albert — *Traité théorique et pratique de droit civil — Du contrat de louage*, 3ª ed., II (*Première Partie*), Paris, 1907
BAUR, Fritz — *Betriebsjustiz*, JZ, 1965, 163-167
BAUSCHKE, Hans-Joachim — *Auf dem Weg zu einem neuen Arbeitnehmerbegriff*, RdA, 1994, 4, 205-215
BEITZKE, Günther — *Arbeitsrecht und Zivilrechtsdogmatik*, JBl., 1959, 6, 153-155
BÉLIER, Gilles — *Droit disciplinaire et citoyenneté dans l'entreprise dans la réforme des droits des travailleurs*, DS, 1982, 5, 407-416
BÉLIER, Gilles — *Les dérogations au droit du travail dans les nouveaux contrats d'entreprise: réflexions critiques sur certains projets*, DS, 1986, 1, 49-55

BÉLIER, Gilles — *Le contrat de travail à durée indéterminée intermitent*, DS, 1987, 9/10, 696-701

BENEDICTUS, Roger / BERCUSSON, Brian — *Labour Law: Cases and Materials*, London, 1987

BENGOECHEA, Juan Antonio Sagardoy — *Flexibilität des Arbeitsrecht, in Flexibilisierung des Arbeitsrechts — eine europäische Herausforderung*, ZIAS, 1987, 354-370

BENVENUTI, Maria Ilda — *Il problema della qualificazione del rapporto di lavoro nell'ordinamento inglese: profili comparatistici*, RIDL, 1991, I, 95-139

BÉRAUD, Jean-Marc — *La suspension du contrat de travail. Essai d'une théorie générale*, Paris, 1980

BÉRAUD, Jean-Marc — *Die Flexibilisierung im französischen Arbeitsrecht, in Flexibilisierung des Arbeitsrecht — eine europäische Herausforderung*, ZIAS, 1987, 258-275

BERCUSSON, Brian — *The Dynamic of European Labour Law after Maastricht*, ILJ, 1994, 23, 1-31

BERCUSSON, Brian — *Le concept de droit du travail européen*, in A. SUPIOT (dir.), *Le travail en perspectives*, Paris, 1998, 603-616

BERNARD, Alain — *La grève, quelle responsabilité?*, DS, 1986, 7/8, 635--645

BERNERT, Günther — *Arbeitsverhältnisse im 19. Jahrhundert*, Marburg, 1972

BESSE, Geneviève — *Mondialisation des échanges et droits fondamentaux de l'homme au travail: quel progrès possible aujourd'hui*, DS, 1994, 11, 841-849

BETTI, Emilio — *Autonomia privata*, Noviss.DI, I (tomo II), 1559-1561

BEUTHIEN, Volker — *Das fehlerhafte Arbeitsverhältnis als bürgerlich-rechtliches Abwicklungsproblem*, RdA, 1969, 6, 161-174

BEUTHIEN, Volker — *Arbeitsrecht und Vereinsfreiheit — Gedanken zum Verhältnis von Arbeitsrecht und Gesellschaftsrecht*, in F. GAMILSCHEG (Hrsg.), *25 Jahre Bundesarbeitsgericht*, München, 1979, 1-16

BEUTHIEN, Volker — *Löst sich das Arbeitsrecht in Geselschaftsrecht auf?*, in D. BICKEL / W. HADDING / V. JAHNKE / G. LÜKE (Hrsg.), *Recht und Rechtserkenntnis, Fest. für E. WOLF*, Köln — Berlin — München, 1985, 17-34

BEUTHIEN, Volker — *Arbeitsrecht, wohin?, Versuch einer Bilanz*, in V. BEUTHIEN (Hrsg.), *Arbeitnehmer oder Arbeitsteilhaber — Zur Zukunft des Arbeitsrecht in der Wirtschaftsordnung*, Stuttgart, 1987, 195-199

BIAGI, Marco — *Le tendenze del diritto del lavoro nell'Ocidente — Presentazione*, Lav.Dir., 1987, 1, 97-107

BIAGI, Marco — *Il futuro del contratto individuale di lavoro in Italia*, Lav.Dir., 1992, 2, 325-346

BIAGI, Marco — *El derecho del trabajo en pequeñas y medianas empresas. Flexibilidad o ajuste? Reseñas relativas a las relaciones colectivas*, Civitas, 1994, 63, 45-70
BIANCA, Massimo — *Le autorità private*, Napoli, 1977
BIRK, Rolf — *Die Arbeitsrechtliche Leitungsmacht*, Köln — Berlin — Bonn — München, 1973
BIRK, Rolf — *Diritto del lavoro e imprese multinazionali*, RIDL, 1982, 2, 137-155
BIRK, Rolf — *Competitividade das empresas e flexibilização do direito do trabalho*, RDES, 1987, 3, 281-307
BIRK, Rolf — *Einführung, in Flexibilisierung des Arbeitsrechts — eine europäische Herausforderung*, ZIAS, 1987, 222-228
BIRK, Rolf — *Die Auswirkungen des Rechts der Europäischen Gemeinschaften auf das nationale Arbeitsrecht*, ZAS, 1989, 3, 73-79
BIRK, Rolf — *Le droit du travail au seuil du 21ème siècle*, in A. MOREIRA (coord.), *X Jornadas Luso-Hispano-Brasileiras de Direito do Trabalho. Anais*, Coimbra, 1999, 25-36
BIRK / KONZEN / LÖWISCH / RAISER / SEITER — *Gesetz zur Regelung kollektiver Arbeitskonflikt. Entwurf und Begründung*, Tübingen, 1988
B.I.T. — *Les nouvelles formes d'organisation du travail*, I e II, Genève, 1979
BLAISE, Jean — *Réglementation du travail et de l'emploi*, in G. H. CAMERLYNCK (dir.), *Traité de Droit du travail*, III, Paris, 1966
BLANC-JOUVAIN, Xavier — *La négociation collective d'entreprise: l'expérience des États-Unis*, DS, 1990, 7/8, 638-646
BLANCO, José Martín — *El Contrato de Trabajo — Estudio sobre su Naturaleza Juridica*, Madrid, 1957
BLANKE, Thomas — *Koaliationsfreiheit und Sreikrecht im öffentlichen Dienst*, ArbuR, 1989, 1, 1-10
BLANKE, Thomas — *Flexibilisierung und Deregulierung: Modernisierung ohne Alternative?*, in W. DÄUBLER / M. BOBKE / K. KEHRMANN (Hrsg.), *Arbeit und Recht, Fest. für A. GNADE*, Köln, 1992, 25-38
BLANKE, T. / ERD, R. / MÜCKENBERGER, U. / STASCHEIT, U. (Hrsg.) — *Kollektives Arbeitsrecht — Quellentexte zur Geschichte des Arbeitsrecht in Deutschland*, II — *1933-1974*, Hamburg, 1975
BLANPAIN, Roger / JAVILLIER, Jean-Claude — *Droit du travail communautaire*, 2ª ed., Paris, 1995
BOBBIO, Norberto — *Teoria dell'ordinamento giuridico*, Torino, 1960
BOBBIO, Norberto — *Il positivismo giuridico*, Torino, 1979
BOISSARD, Adéodat — *Contrat de travail et salariat*, Paris, 1910
BOLDT, Gerhard — *Le contrat de travail dans le droit de la République Fédérale d'Allemagne*, in G. BOLDT / G. CAMERLYNCK / P. HORION / A. KAYSER / M. G. LEVENBACH / L. MENGONI, *Le contrat de travail dans les pays membres de la C.E.C.A.*, Paris (s.d.), 225-310

Boletim Estatístico do Ministério para a Qualificação e o Emprego (Janeiro de 1997)
BORGHESE, Sofo — *Nozioni di diritto del lavoro,* 6ª ed., Milano, 1987
BOSCH, Von Gerhard — *Hat das Normalarbeitsverhältnis eine Zukunft?,* WSI--Mitt., 1986, 3, 163-176
BOSSU, Bernard — *Droits de l'homme et pouvoirs du chef d'entreprise: vers un nouvel équilibre,* DS, 1994, 9/10, 747-758
BOT-GARNER, Geneviève — *Caractère «excessif» des revendications et limites du droit de grève,* RIDL, 1987, 1, 59-64
BOTIJA, Eugenio Perez — *Aportaciones del derecho administrativo al derecho del trabajo, in Estudios in Homenage a Jordana de POZAS,* III, Madrid, 1961, 1-46
BÖTTICHER, Eduard — *Vertragstheorie und Eingliederungstheorie,* RdA, 1955, 9, 321-333
BÖTTICHER, Eduard — *Gestaltungsmacht und Unterwerfung im Privatrecht,* Berlin, 1964
BÖTTICHER, Eduard — *Arbeitsrecht: Bemerkungen zu einigen Grundprinzipien,* ZfA, 1978, 621-644
BOUBLI, Bernard — *À propos de la flexibilité de l'emploi: vers la fin du droit du travail?,* DS, 1985, 4, 239-240
BOUYSSIC, Roger — *Une nouvelle conception du droit de grève? Cour de Cassation. Assemblée plénière 4 juillet 1986,* DS, 1986, 745-756
BRANCA, Giorgio — *Sciopero, controversia colletiva, mediazione dei pubblici poteri,* in M. DELL'OLIO / G. BRANCA, *L'organizzazione sindacale,* Padova, 1980, 351-396
BRANCA, Giuseppe — *Istituzioni di diritto privato,* 6ª ed., Bologna, 1982
BRANDÃO, Maria de Fátima da Silva — *Introdução à obra de J. F. Marnoco e* SOUSA, *Ciência Económica. Prelecções feitas ao Curso do Segundo Ano Jurídico do Ano de 1909-1910 (1910),* Lisboa, 1997, IX-XXXVI
BRECHER — *Das Arbeitsrecht als Kritik des Bürgerlichen Rechts,* in H. C. NIPPERDEY (Hrsg.), *Fest. für Erich MOLITOR,* München-Berlin, 1962, 35-55
BRODERICK, O. P. — *La notion d'«institution» de Maurice Hauriou dans ses rapports avec le contrat en droit positif français,* Arch.Ph.Dr., 1968, XIII, 143-160
BROX, Hans / RÜTHERS, Bernd — *Arbeitskampfrechts. Ein Handbuch für die Praxis,* 2ª ed., Stuttgart — Berlin — Köln — Mainz, 1982
BRUN, André — *Le lien d'entreprise,* JCP, 1962, I, 1719
BRUN, André / GALLAND, Henri — *Droit du travail,* I, 2ª ed., Paris, 1978
BUCHNER, Herbert — *Fürsorgetheorie und Entgelttheorie im Recht der Arbeitsbedingungen (Rezenzion über P. Schwerdtner),* RdA, 1970, 6/7, 214-215
BUCHNER, Herbert — *Wirklichkeit und vermeintliche Gefährdungen der Tarifautonomie,* in M. HEINZE / A. SÖLLNER (Hrsg.), *Arbeitsrecht in der Bewährung, Fest für Otto Rudolf KISSEL,* München, 1994, 97-117

BUCKLAND, W. W. — *The Roman Law of Slavery — the Condition of the Slave in Private Law from Augustus to Justinian*, Cambridge, 1908 (reprint 1970)

BULLA, G.-A. — *Das Prinzip der Sozialadäquanz im Arbeitsrecht*, RdA, 1962, 1, 6-15

BURRAGATO, Giuglielmo — *Contratto collettivo e diritto di sciopero nell'esperienza comparata: il caso inglese e il caso tedesco*, Dir.RI., 1994, 1, 189-203

BYDLINSKI, Franz — *Arbeitsrechtskodifikation und allgemeines Zivilrecht*, Wien — New York, 1969

BYDLINSKI, Franz — *Gedanken über Rechtsdogmatik, in Arbeitsrecht und soziale Grundrechte, Fest. FLORETTA*, Wien, 1983, 3-15

CABRAL, R. — *Trabalho*, Verbo, XVII, 1773-1777

CABRAL, R. — *Trabalho*, Polis, V, 1235-1239

CAETANO, Marcello — *O Sistema Corporativo*, Lisboa, 1938

CAETANO, Marcello — *Apontamentos para a história da Faculdade de Direito de Lisboa*, BFDUL, 1959, XIII, 11-182

CAETANO, Marcello — *Manual de Direito Administrativo*, I, 10ª ed. (reprint), Coimbra, 1980

CAETANO, Marcello — *História do Direito Português*, I, Lisboa — São Paulo, 1981

CAFFÈ, Federico — *Diritto e economia: un dificille incontro, in Problemi attuali dell'impresa in crisi, Studi in onore di Giuseppe FERRI*, Padova, 1983, 3-12

CALAFÀ, Laura — *Sciopero di solidarietà-protesta e scomparsa dell'impresa*, RIDL, 1995, II, 466-470

CALAMANDREI — *Significato costitzionale del diritto di sciopero*, Riv.GL, 1952, I, 221-244

CALASSO, Francesco — *Autonomia — premessa historica*, Enc.Dir., IV, 349--356

CAMERLYNCK, G. H. — *Rapport de synthèse, in* G. BOLDT / G. CAMERLYNCK / P. HORION / A. KAYSER / M. G. LEVENBACH / L. MENGONI, *Le contrat de travail dans les pays membres de la C.E.C.A.*, Paris (s.d.), 9-153

CAMERLYNCK, G. H. — *Le contrat de travail en droit français, in* G. BOLDT / G. CAMERLYNCK / P. HORION / A. KAYSER / M. G. LEVENBACH / L. MENGONI, *Le contrat de travail dans les pays membres de la C.E.C.A.*, Paris (s.d.), 311-413

CAMERLYNCK, G. H. — *L'autonomie du droit du travail*, DH, 1956, Chr. VI, 23-26

CAMERLYNCK, G. H. — *Le contrat de travail, in* G. H. CAMERLYNCK (dir.), *Traité de Droit du travail*, I, 2ª ed., Paris, 1982

CAMERLYNCK, G. H. — *Le contrat de travail, in* G. H. CAMERLYNCK (dir.), *Traité de droit du travail,* I, 2ª ed. — *Mise à jour 1984,* Paris, 1984

CAMERLYNCK, G. H. / LYON-CAEN, Gérard / PÉLISSIER, Jean — *Droit du travail,* 13ª ed., Paris, 1986

CANARIS, Claus Wilhelm — *Atypische faktische Arbeitsverhältnisse,* BB, 1967, 4, 165-171

CANARIS, Claus Wilhelm — *Tarifdispositive Normen und richterliche Rechtsfortbildung, in* G. HUECK / R. RICHARDI (Hrsg.), *Gedächtnisschrift für Rolf DIETZ,* München, 1973, 199-224

CANARIS, Claus-Wilhelm — *Pensamento Sistemático e Conceito de Sistema na Ciência do Direito,* 2ª ed. (trad. de A. Menezes Cordeiro), 2ª ed., Lisboa, 1996

CANOTILHO, José Joaquim Gomes / LEITE, Jorge — *A inconstitucionalidade da lei dos despedimentos,* BFDC (separata), Coimbra, 1984

CANOTILHO, José Joaquim Gomes / LEITE, Jorge — *Ser ou não ser uma greve (A propósito da chamada «greve self-service»),* QL, 1999, 13, 3-44

CANOTILHO, José Joaquim Gomes / MOREIRA, Vital — *Constituição da República Portuguesa Anotada,* 3ª ed., Coimbra, 1993

CAPUA, Andrea de / BATTAGLINI, Mario / MARTUSCELLI, Vittorio — *Il Codice civile della Russia Sovietica (Esposizione e raffronto con il Codice Italiano),* Milano, 1946

CARBY-HALL, Jo — *La crisi del Welfare State e i mutamenti del diritto del lavoro in Gran Bretagna,* Riv.GL, 1996, 1, 3-29

CARDOSO, Álvaro Lopes — *Manual de Processo do Trabalho (reprint),* Lisboa, 1998

CARINCI, Franco — *Un progetto per il decenno '80: del neo-corporativismo al neo-istituzionalismo, in Prospettive del diritto del lavoro per gli anni'80 — Atti del VII Congresso di diritto del lavoro, Bari, 32-25 Aprile 1982,* Milano, 1983, 231-237

CARINCI, Franco — *Rivoluzione tecnologica e diritto del lavoro: il rapporto individuale,* DLRI, 1985, 26, 203-241

CARINCI, Franco — *Autoregolamentazione del diritto di sciopero,* RIDL, 1987, I, 165-187

CARINCI, Franco — *Contratto e rapporto individuale di lavoro, in La riforma del rapporto di lavoro pubblico,* DLRI, 1993, 3/4, 653-789

CARNELUTTI, Francesco — *Studi sulle energie come oggetto di rapporti giuridici,* Riv.dir.comm., 1913, I, 354-394

CARNELUTTI, Francesco — *Teoria del regolamento colletivo dei rapportti di lavoro,* Padova, 1930

CARNELUTTI, Francesco — *Capitale e lavoro (schema per una discussione),* Riv.DL, 1954, 1-7

CAROLSFELD, Ludwig Schnorr Von — *Die Eigenständigkeit des Arbeitsrechts,* RdA, 1964, 8/9, 297-305

CAROLSFELD, Ludwig Schnorr Von — *Das Arbeitsverhältnis als Rechtskomplex, zugleich ein Beitrag zum Komplexdenken im Recht,* RdA, 1969, 7/8, 238-244

CARVALHO, António Nunes de — *Responsabilidade civil do empresário e greve,* RDES, 1986, 3, 367-421, e 4, 571-596

CARVALHO, António Nunes de — *Regulamentação de trabalho por portarias de extensão,* RDES, 1988, 4, 437-467

CARVALHO, António Nunes de — *Das Carreiras Profissionais no Direito do Trabalho* (copiogr.), Lisboa, 1990

CARVALHO, António Nunes de — *Trabalho igual, salário igual — Anotação ao Acórdão de 25 de Março de 1992 do Tribunal da Relação de Lisboa,* RDES, 1992, 4, 349-361

CARVALHO, António Nunes de — *Ainda sobre a crise do direito do trabalho,* in A. MOREIRA (coord.), *II Congresso Nacional de Direito do Trabalho. Memórias,* Coimbra, 1999, 49-79

CARVALHO, Henrique Martins de — *O que são e o que deveriam ser as convenções colectivas de trabalho para empregados e operários* (1945), Dir., 1994, I-II, 341-380

CARVALHO, Messias de / ALMEIDA, Vitor Nunes de — *Direito do Trabalho e Nulidade do Despedimento,* Coimbra, 1984

CARVALHO, Orlando de — *Critério e Estrutura do Estabelecimento Comercial,* I — *O Problema da Empresa como Objecto de Negócios,* Coimbra, 1967

CARVALHO, Orlando de — *Empresa e direito do trabalho,* in *Temas de Direito do Trabalho — Direito do Trabalho na Crise. Poder Empresarial. Greves Atípicas — IV Jornadas Luso-Hispano-Brasileiras de Direito do Trabalho,* Coimbra, 1990, 9-17

CASANOVA, Mario — *Il diritto del lavoro nei primi decenni del secolo: rievocazioni e considerazioni,* RIDL, 1986, I, 231-259

CASAS BAAMONDE, María Emilia — vd BAAMONDE

CASSÌ, Vincenzo — *La subordinazione del lavoratore nel diritto del lavoro,* 2ª ed., Milano, 1961

CASTEL, Robert — *Travail et utilité au monde,* in Alain SUPIOT (dir.), *Le travail en perspectives,* Paris, 1998, 15-22

CASTEL, Robert — *Droit du travail: redéploiement ou refondation?,* DS, 1999, 5, 438-442

CASTELVETRI, Laura — *Le origini dottrinale del diritto del lavoro,* Riv.trim.DPC, 1987, I, 246-286

CASTRO, F. Javier Gárate — *Modalidades de huelga en el ordenamiento jurídico español. La huelga intermitente,* in *Temas de Direito do Trabalho. Direito do Trabalho na Crise. Poder Empresarial. Greves Atípicas. IV Jornadas Luso-Hispano-Brasileiras de Direito do Trabalho,* Coimbra, 1990, 549-560

CATALA, Nicole — *L'entreprise, in* G.H. CAMERLYNCK (dir.), *Traité de Droit du travail,* IV, Paris, 1980
CATALDI, Enzo — *Il concetto di lavoro,* DLav., 1948, I, 46-77
CATALDI, Enzo — *Etica del lavoro,* DLav., 1948, I, 445-471
CATALDI, Enzo — *La logica del lavoro,* DLav., 1949, I, 233-262
CATALDI, Enzo — *La psicologia del lavoro,* DLav., 1949, I, 439-466
CATALDI, Enzo — *Il diritto del lavoro nell'ordinamento giuridico generale,* DLav., 1953, I, 205-221
CATAUDELLA, Antonino — *Intuitus personae e tipo negoziale, in Studi in onore di Francesco SANTORO-PASSARELLI,* Napoli, 1972, 621-658
CATAUDELLA, Antonino — *Spunti sulla tipologia dei rapporti di lavoro,* DLav., 1983, I, 77-90
CATAUDELLA, Antonino — *Apporti di diritto del lavoro a talune categorie civilistische,* RIDL, 1991, I, 24-33
CAUPERS, João — *Os Direitos Fundamentais dos Trabalhadores e a Constituição,* Coimbra, 1985
CAUPERS, João — *Situação jurídica comparada dos trabalhadores da Administração Pública e dos trabalhadores abrangidos pela legislação reguladora do contrato individual de trabalho,* RDES, 1989, 1/2, 243-254
CAVAS MARTÍNEZ, Faustino — vd MARTÍNEZ
CESSARI, Aldo — *Dal «garantismo» al «controllo»,* Riv.DL, 1980, 1, 3-17
CESSARI, Aldo — *Pluralismo, neocorporativismo, neocontrattualismo,* RIDL, 1983, I, 167-201
CESSARI, Aldo / TAMAJO, Raffaelle de Luca — *Dal garantismo al controllo,* 2ª ed., Milano, 1987
CESTER, Carlo / SUPPIEJ, Giuseppe — *Lavoro subordinato (contratto e rapporto)* Noviss.DI, IV (Apendice), 1983, 757-797
CHACÓN, G. Bayón / BOTIJA, E. Perez — *Manual de Derecho del Trabajo,* II, 2ª ed., Madrid, 1958/59
CHATELAIN, Émile — *El Contrato de Trabajo* (trad. espanhola), Madrid, 1904
CHATELAIN, Émile — *Esquisse d'une nouvelle théorie sur le contrat de travail conforme aux principes du Code civil,* Rev.trim.dr.civ., 1904, 313--342
CHATELAIN, Émile — *Une application de la nouvelle théorie du contrat de travail,* Rev.trim.dr.civ., 1905, 271
CHIARELLI, Giuseppe — *La personalità giuridica delle associazioni professionali,* Padova, 1931
CHORÃO, Mário Bigotte — *Notas para um curso de direito do trabalho,* Dir., 1970, 175-188
CHORÃO, Mário Bigotte — *A colaboração na empresa perante o Direito Português,* Dir., 1971, 9-22
CLARKE, R. O. — *Labour Market Flexibility: an International Perspective, in Flexibilisierung des Arbeitsrechts — eine europäische Herausforderung,* ZIAS, 1987, 399-407

CLAUSADE, Josseline de la — *Le réglement intérieur d'entreprise et les droits de la personne, Conseil d'État 25 janvier 1989*, DS, 1990, 2, 201-204
COELHO, Francisco Manuel Pereira — *Obrigações*, Coimbra, 1967
COIMBRA, António Dias — *«Empresas» de tendência e trabalho dependente*, RDES, 1989, 1/2, 197-228
COIMBRA, António Dias — *Grupo societário em relação de domínio total e cedência ocasional de trabalhadores: atribuição de prestação salarial complementar*, RDES, 1990, 1/2/3/4, 115-154
COIMBRA, António Dias — *Os grupos societários no âmbito das relações colectivas de trabalho: a negociação de acordos de empresa*, RDES, 1992, 4, 379-415
COING, Helmut — *Bemerkungen zum überkommen Zivilrechtssystem*, in E. Von CAEMMERER / A. NIKISCH / K. ZWEIGERT (Hrsg.), *Vom Deutschen zum Europäischen Recht, Fest. für Hans DÖLLE*, I, Tübingen, 1963, 25-40
COLENS, Antoine / COLENS, Dominique — *Le contrat d'emploi — contrat de travail des employés*, 6ª ed., Bruxelles, 1980
COLOMBO, Mario — *Equilibrio tra garantismo legislativo e autonomia contrattuale*, in *Prospettive del Diritto del lavoro per gli anni'80 — Atti del VII Congresso di Diritto del lavoro, Bari, 23-25-Aprile 1982*, Milano, 1983, 79-88
CORDEIRO, António da Rocha Menezes — *Da natureza do direito do locatário*, ROA (separata), Lisboa, 1980
CORDEIRO, António da Rocha Menezes — *Da situação jurídica laboral: perspectivas dogmáticas do direito do trabalho*, ROA, 1982, 89-149
CORDEIRO, António da Rocha Menezes — *Direito da Economia*, Lisboa, 1986
CORDEIRO, António da Rocha Menezes — *Concorrência laboral e justa causa de despedimento*, ROA, 1986, 487-526
CORDEIRO, António da Rocha Menezes — *O princípio do tratamento mais favorável no direito do trabalho actual*, DJ, 1987/88, III, 111-139
CORDEIRO, António da Rocha Menezes — *Ciência do direito e metodologia jurídica nos finais do século XX*, ROA, 1988, 697-772
CORDEIRO, António da Rocha Menezes — *Direito das Obrigações*, I, Lisboa, 1980 (*reprint* 1988), e III, 2ª ed., Lisboa, 1991
CORDEIRO, António da Rocha Menezes — *Manual de Direito do Trabalho*, Coimbra, 1991
CORDEIRO, António da Rocha Menezes — *Convenções Colectivas de Trabalho e Alterações de Circunstâncias*, Lisboa, 1995
CORDEIRO, António da Rocha Menezes — *Introdução à Edição Portuguesa* da obra de Claus-Wilhelm CANARIS, *Pensamento Sistemático e Conceito de Sistema na Ciência do Direito*, 2ª ed., Lisboa, 1996, VII-CXIV
CORDEIRO, António da Rocha Menezes — *Da Boa Fé no Direito Civil*, Coimbra, 1984 (*reprint* 1997)

CORDEIRO, António da Rocha Menezes — *Da Responsabilidade Civil dos Administradores das Sociedades Comerciais,* Lisboa, 1997
CORDEIRO, António da Rocha Menezes — *Manual de Direito Bancário,* Coimbra, 1998
CORDEIRO, António da Rocha Menezes — *O respeito pela esfera privada do trabalhador, in* A. MOREIRA (coord.), *I Congresso Nacional de Direito do Trabalho — Memórias,* Coimbra, 1998, 16-37
CORDEIRO, António da Rocha Menezes — *Tratado de Direito Civil Português,* I (*Parte Geral*), tomo I, Coimbra, 1999
CORDEIRO, António da Rocha Menezes — *A liberdade de expressão do trabalhador, in* A. MOREIRA (coord.), *II Congresso Nacional de Direito do Trabalho — Memórias,* Coimbra, 1999, 24-43
CORDOVA, Efrén — *Las relaciones de trabajo atípicas (I y II),* Rel.Lab., 1986, I, 239-283
CORRADO, Renato — *La nozione unitaria del contratto di lavoro,* Torino, 1956
CORRADO, Renato — *Trattato di diritto del lavoro,* II, Torino, 1966
CORREIA, A. Ferrer — *Lições de Direito Comercial,* I (1973), II (1968) e III (1975), Lisboa (*reprint* 1994)
CORREIA, José Sérvulo — *Noções de Direito Administrativo,* I, Lisboa, 1982
CORREIA, Luís Brito — *Direito do Trabalho,* I, Lisboa, 1980/81
CORREIA, Luís Brito — *Direito Comercial,* I, Lisboa, 1987 (*reprint* 1990)
CORTE-REAL, Carlos Pamplona — *Direito da Família e das Sucessões. Relatório,* RFDUL (Suplemento), Lisboa, 1995
COSSU, Bruno — *Verso il tramonto del diritto del lavoro?, in Prospettive del Diritto del lavoro per gli anni '80 — Atti del VII Congresso di Diritto del lavoro, Bari, 23-25 Aprile 1982,* Milano, 1983, 152-156
COSTA, Giorgio — *I principi del dirittto tra norma e filosofia,* Riv.trim.DPC, 1993, 2, 593-603
COSTA, Mário Júlio de Almeida — *Direito das Obrigações,* 7ª ed., Coimbra, 1998 (*reprint* 1999)
COSTAMAGNA, Carlo — *Diritto corporativo italiano,* 2ª ed., Torino, 1928
COTTEREAU, Alain — *Théories de l'action et notion de travail,* ST, 1994, XXXVI, 73-86
COUTURIER, Gérard — *Les techniques civilistes et le droit du travail,* DH, 1975, 25, Chr. XXIV, 151-158, e 38, Chr. XXXVI, 221-228
COUTURIER, Gérard — *Responsabilité civile et relations individuelles de travail,* DS, 1988, 5, 404-415
CRISTOFARO, Maria Luisa — *La disocupazione: modo cruciale del diritto del lavoro negli anni'80, in Prospettive del diritto del lavoro per gli anni'80 — Atti del VII Congresso di diritto del lavoro, Bari, 23-25 Aprile 1982,* Milano, 1983, 175-181

CROZAFON, Jean-Luc — *Le contrôle juridictionnel de la sanction disciplinaire dans l'entreprise et dans l'administration*, DS, 1985, 3, 201-206

CRUZ, Branca Martins da — *A teoria geral do acto de comércio. Sua relevância actual na determinação da matéria comercial*, in José de Oliveira ASCENSÃO (dir.), *As Operações Comerciais — Trabalhos do Curso de Mestrado sob a orientação do Professor Doutor Oliveira Ascensão*, Coimbra, 1988, 93-124

CRUZ, Pedro — *A Justa Causa de Despedimento na Jurisprudência*, Coimbra, 1990

CUCHE, Paul — *La définition du salarié et le critérium de la dépendance économique*, DH, 1932, 30, Chr., 101-104

CUNHA, J. M. da Silva — *O Trabalho Indígena — Estudo de Direito Colonial*, Lisboa, 1949

CUNHA, Paulo — *Teoria Geral do Direito Civil. Resumo Desenvolvido das Lições Proferidas pelo Prof. Paulo Cunha — ano lectivo de 1972*, Lisboa, 1971/72

D'ANTONA, Massimo — *Proposta di discussioni: il lavoro e i lavori*, Lav.Dir., 1988, 411-415

D'ANTONA, Massimo — *La subordinazione e oltre. Una teoria giuridica per il lavoro chi cambia*, in M. PEDRAZZOLI (dir.), *Lavoro subordinato e dintorni. Comparazioni e prospettive*, Bologna, 1989, 43-50

D'ANTONA, Massimo — *Contrattazione collettiva e autonomia individuale nei rapporti di lavoro atipici*, DLRI, 1990, 529-565

D'ANTONA, Massimo — *Politiche di flessibilità e mutamenti del diritto del lavoro: Italia e Spagna*, in M. D'ANTONA (dir.), *Politiche di flessibilità e mutamenti del diritto del lavoro. Italia e Spagna*, Napoli, 1990, 9-25

D'ANTONA, Massimo — *Armonizzazione del diritto del lavoro e federalismo nell'Unione Europea*, Riv.trim.DPC, 1994, 3, 695-717

D'EUFEMIA, Giuseppe — *Diritto del lavoro*, Napoli, 1969

D'EUFEMIA, Giuseppe — *Norme inderrogabili e interessi legitimi nel rapporto di lavoro*, DLav., 1969, 3-19

DAHRENDORF, Ralf — *Conflitto e contratto. Relazione industriale e comunità politica in tempi di crisi*, Riv.DL, 1978, I, 214-229

DAL-RÉ, Fernando Valdés — *Le tendenze del diritto del lavoro nell'Ocidente — Intervento*, Lav.Dir., 1987, 1, 149-161

DARWIG, Hans-Joachim — *Arbeitsrecht: Bemerkungen zu einer Kritik*, ArbuR, 1979, 2, 50-53

DÄUBLER, Wolfgang — *Nuove tecnologie: un nuovo diritto del lavoro?*, DLRI, 1985, I, 65-83

DÄUBLER, Wolfgang — *Una riforma del diritto del lavoro tedesco? — prime osservazioni sul Beschäftigungsforderungsgesetz 26 Aprile 1985,* RIDL, 1985, 528-546

DÄUBLER, Wolfgang — *Deregolazione e flessibilizzazione nel diritto del lavoro,* in M. PEDRAZZOLLI (dir.), *Lavoro subordinato e dintorni — Comparazioni e prospettive,* Bologna, 1989, 171-182

DÄUBLER, Wolfgang — *Individuum und Kollektiv im Arbeitsrecht,* in *Mélanges Alexandre* BERENSTEIN *— Le Droit social à l'aube du XXI siècle,* Lausanne, 1989, 235-265

DÄUBLER, Wolfgang — *Arbeitskampfrecht mit neuen Konturen?,* ArbuR, 1992, 1-8

DÄUBLER, Wolfgang — *Das deutsche Arbeitsrecht — ein Standortnachteil?,* DB, 1993, 15, 781-788

DÄUBLER, Wolfgang / FRIANT, Martine Le — *Un récent exemple de flexibilisation législative: la loi allemande pour la promotion de l'emploi du 26 avril 1985,* DS, 1986, 9/10, 715-720

DAUGAREILH, Isabelle — *Le contrat de travail à l'épreuve des mobilités,* DS, 1996, 2, 128-140

DAVID, Anne-Françoise — *Remarques sur la conception institutionnelle de la relation de travail subordonné,* JTT, 1976, 131, 3, 305-313

DAVID, René — *Les contrats en droit anglais,* Paris, 1973

DAVIES, Paul — *Le tendenze del diritto del lavoro nell'Ocidente — Intervento,* Lav.Dir., 1987, 1, 108-124

DAVIES, Paul / FREEDLAND, Mark — *Kahn-Freund's Labour and The Law,* London, 1983

DEAKIN, Simon — *Privatisation, transformation des entreprises et droit du travail en Grande-Bretagne,* in A. SUPIOT (dir.), *Le travail en perspectives,* Paris, 1998, 391-401

DEJOURS, Christophe / MOLINIER, Pascale — *Le travail comme énigme,* ST, 1994, XXXVI, 35-43

DELAI, Nadio — *La «forma lavoro» alla ricerca di nuove coperture istituzionali,* in M. PEDRAZZOLI (dir.), *Lavoro subordinato e dintorni — Comparazione e prospettive,* Bologna, 1989, 183-191

DELL'OLIO, Matteo — *La prestazione di fatto del lavoro subordinato,* Padova, 1970

DELL'OLIO, Matteo — *L'organizzazione e l'azione sindacale in generale,* in M. DELL'OLIO / G. BRANCA, *L'organizzazione e l'azione sindacale,* Padova, 1980, 3-349

DELL'OLIO, Matteo — *I collaboratori dell'imprenditore,* in P. RESCIGNO (dir.), *Trattato di diritto privato,* 15 (*Impresa e lavoro*), I, 1986, 223-270

DELOROZOY, Robert — *Le travail clandestin,* DS, 1981, 7/8, 580-596

DELOS, J.-T. — *La Théorie de l'Institution. La solution réaliste du Problème de la Personnalité Morale et le Droit à fondament objectif,* Arch.Ph.Dr., 1931, 1/2, 97-153

DEMANTE, A. M. — *Cours analytique de Code civil*, 2ª ed., VII, Paris, 1887
DENECKE — *Vermögensrechtliches oder personenrechtliches Arbeitsverhältnis*, DAR, 1934, 7/8, 219-224
DENECKE — *Das Wesen des Lohnes nach dem Akademie-Entwurf eines Arbeitsverhältnisgesetzes und die praktischen Folgerungen daraus*, DAR, 1938, 7/8, 190-193
DENIS, Pierre — *Droit du travail*, Bruxelles, 1992
DÉPREZ, Jean — *Grève de solidarité et pouvoir sanctionnateur du chef d'entreprise: vers un assouplissement des conditions de licéité de la grève de solidarité?*, DS, 1988, 2, 143-150
DÉPREZ, Jean — *La loi applicable au contrat de travail international*, DS, 1991, 1, 21-29
DERSCH — *Entwicklungstendenzen im Arbeitsrecht unter Abweichung vom BGB*, RdA, 1958, 12, 441-447
DESPAX, Michel — *L'évolution du lien de subordination*, DS, 1982, 1, 11-19
DESPAX, Michel — *La place de la convention d'entreprise dans le système conventionel*, DS, 1988, 1, 8-16
DESPAX, Michel — *Négociations, conventions et accords collectifs*, in G. H. CAMERLYNCK (dir.), *Traité de Droit du travail*, VII, 2ª ed., Paris, 1989
DESPAX, Michel — *Dénonciation d'une convention collective et sort des avantages acquis en matière de rémunération*, DS, 1990, 2, 156-163
DEZALAY, Yves — *Le conseil de discipline: une juridiction à la charnière de l'ordre domestique et de l'ordre juridique*, ST, 1986, 3, 286-303
DHOQUOIS, R. / JEAMMAUD, A. — *La pratique du droit du travail*, in R. DHOQUOIS / A. JEAMMAUD / A. ROUDIL / F. COLLIN / P. H. GOUTIERRE, *Le droit capitaliste du travail*, Grenoble, 1980, 55-147
DIEDERICHSEN, Uwe — *Fritz Baur — Zivilrechtsdogmatik und Menschlichkeit*, AcP, 1993, 391-421
DIETRICH, Thomas — *Arbeitsrechtsprechung und Rechtswissenschaft — Gedanken zu einem nicht störungsfreien Gespräch*, RdA, 1955, 6, 321-326
DIETZ, Rolf — *Die Pflicht der ehemaligen Beschäftigten zur Verschwiegenheit über Betriebsgeheimnisse*, in R. FREISLER / G. A. LÖNING / H. C. NIPPERDEY (Hrsg), *Fest. Justus Willhelm HEDEMANN*, Jena, 1938, 330--350
DILTS, David A. / DEITSCH, Clarence R. — *Labor Relations*, New York, 1983
DOCKÈS, Emmanuel — *L'avantage individuel acquis*, DS, 1993, 11, 826-836
DOLE, Georges — *La liberté d'opinion et de conscience en droit comparé du travail*, I, Paris, 1997
DORNDORF, Eberhard — *Mehr Individualvertragsfreiheit im Arbeitsrecht?* in W. DÄUBLER / M. BOBKE / K. KEHRMANN (Hrsg.), *Arbeit und Recht, Fest. für Albert GNADE*, Köln, 1992, 39-55
DORNDORF, Eberhard — *Das Verhältnis von Tarifautonomie und individueller Freiheit als Problem dogmatischer Theorie*, in M. HEINZE / A. SÖLLNER

(Hrsg.), *Arbeitsrecht in der Bewährung, Fest. für Otto Rudolf* KISSEL, München, 1994, 139-159

DOROY, Fabienne — *La vérité sur le faux travail indépendant*, DS, 1995, 7/8, 638-641

DRAY, Guilherme Machado — *O Princípio da Igualdade no Direito do Trabalho. Sua Aplicabilidade no Domínio Específico da Formação de Contratos Individuais de Trabalho*, Coimbra, 1999

DUARTE, Maria Luisa — *Tribunal das Comunidades Europeias (Acórdãos de 27 de Setembro de 1989 e 27 de Março de 1990 — Livre Circulação de Trabalhadores) — Comentário*, ROA, 1991, I, 255-290

DUARTE, Rui Pinto — *Tipicidade e Atipicidade dos Contratos*, Coimbra, 2000

DUBISCHAR, Roland — *Zur Entstehung der Arbeitsrechtswissenschaft als Scientific Community — Eine Erinerung*, RdA, 1990

DUDEN, *Deutsches Universalwörterbuch*, 2ª ed., Mainhem — Wien — Zurich, 1989

DUGUIT, Léon — *Le droit social, le droit individuel et la transformation de l'État*, 3ª ed., Paris, 1922

DUPEYROUX, Jean-Jacques — *Avant-propos: la déstabilisation du droit du travail*, DS, 1986, 12, 823-827

DUPEYROUX, Jean-Jacques — *Avant-propos. Le droit de grève: de quoi parle-t-on?*, DS, 1988, 9/10, 619-623

DURÁN LOPEZ, Federico — vd LÓPEZ

DURAND, Paul — *Le particularisme du droit du travail*, DS, 1945, 8, 298--303

DURAND, Paul — *Fin d'une controverse: les effets de la grève dans le contrat de travail (l'article 4 de la Loi du 11 février 1950)*, DS, 1950, 3, 118-126

DURAND, Paul — *La codificazione del diritto del lavoro*, DLav., 1951, I, 3-16

DURAND, Paul — *La naissance d'un droit nouveau — du droit du travail au droit de l'activité professionelle*, DS, 1952, 7, 437-441

DURAND, Paul — *Il diritto del lavoro nel quadro delle scienze sociali alla metà del XX secolo*, DLav., 1958, I, 193-203

DURAND, Paul / JAUSSAUD, R. — *Traité de Droit du travail*, I, Paris, 1947

DURAND, Paul / VITU, André — *Traité de Droit du travail*, II e III, Paris, 1950 e 1956

DUVERGER, Maurice — *Essai sur l'autonomie du droit professionel*, DS, 1944, 8, 276-279, e 1945, 1, 20-24

EDWALD, François — *Le droit du travail: une légalité sans droit?*, DS, 1985, 11, 723-728

EHMANN, Horst — *Arbeitsordnung im Wandel*, RdA, 1990, 2, 77-82

EINEM, Hans-Jörgen — *Abhängige Selbständigkeit* — *Handlungsbedarf für den Gesetzgeber?*, BB, 1994, 1, 60-64

ENDEMANNS, Wilhelm — *Die Behandlung der Arbeit im Privatrecht*, in Jahrbüchern für Nationalökonomie und Statistik (Separatdruck), 1896

ENGELEN-KEFER, Ursula — *Regulierung und Deregulierung des Arbeitsmarktes*, in F. BUTTLER / H. REITER / H. GÜNTHER / R. WANKA (Hrsg.), Europa und Deutschland — Zusammenwachsende und Arbeitsmärkte und Sozialräume, Fest. für Heirich FRANKE, Stuttgart — Berlin — Köln, 1993, 73-83

ESSER, Joseph — *Arbeitskampf und Vertragstreue*, JZ, 1963, 16, 489-494

ESSER, Joseph — *Möglichkeiten und Grenzen des dogmatischen Denken im modernen Zivilrecht*, AcP, 1972, 172, 2/3, 97-130

ESSER, Joseph — *Grundsatz und Norm in der richterlichen Fortbildung des Privatrechts*, 3ª ed., Tübingen, 1974

FABRICIUS, Fritz — *Arbeitsrecht und die Methodenlehre vom «Vorverständnis»*, in Arbeitsrecht und juristische Methodenlehre, Neuwied — Darmstadt, 1980, 1-64

FARTHMANN, Friedhelm — *Der «personenrechtliche Charakter» des Arbeitsverhältnisses*, RdA, 1960, 1, 5-9

FARTHMANN, Friedhelm — *Anfechtung des Arbeitsvertrages* — BAGE 5, 159, JuS, 1964, 4, 141-147

FAVENNEC-HÉRY, Françoise — *Le travail à temps partiel*, DS, 1994, 2, 165-175

FECHNER, Erich — *Sozialer Rechtsstaat und Arbeitsrecht*, RdA, 1955, 5, 161--168

FEDELE, Pio — *Dogma*, Enc.Dir., XIII, Milano, 670-671

FENN, Herbert — *Fürsorgetheorie und Entgelttheorie im Recht der Arbeitsbedingungen (Rezenzion über P. Schwerdtner)*, ArbuR, 1971, 11, 321-327

FENN, Herbert — *Der Grundsatz der Tarifeinheit*, in M. HEINZE / A. SÖLLNER (Hrsg.), Arbeitsrecht in der Bewährung, Fest. für Otto Rudolf KISSEL, München, 1994, 213-237

FERNANDES, António de Lemos Monteiro — *Lock-out*, Polis, III, 1243-1248

FERNANDES, António de Lemos Monteiro — *Sobre o fundamento do poder disciplinar*, ESC, 1966, 18, 60-83

FERNANDES, António de Lemos Monteiro — *O princípio do tratamento mais favorável ao trabalhador*, ESC, 1966, 21, 73-93

FERNANDES, António de Lemos Monteiro — *Sobre o objecto do contrato de trabalho*, ESC, 1968, 25, 13-35

FERNANDES, António de Lemos Monteiro — *O lugar da prestação de trabalho*, ESC, 1970, 33, 11-61

FERNANDES, António de Lemos Monteiro — *Notas sobre os contratos «equiparados» ao contrato de trabalho (art. 2º da LCT)*, ESC, 1970, 34, 11-35

FERNANDES, António de Lemos Monteiro — *As sanções disciplinares e a sua graduação*, ESC, 1970, 36, 23-54

FERNANDES, António de Lemos Monteiro — *Reflexões sobre a natureza do direito à greve*, in Estudos sobre a Constituição, II, Lisboa, 1978, 321-333

FERNANDES, António de Lemos Monteiro — *Noções Fundamentais de Direito do Trabalho*, I, 4ª ed., Coimbra, 1981

FERNANDES, António de Lemos Monteiro — *Direito de Greve — Notas e Comentários à Lei nº 65/97, de 26 de Agosto*, Coimbra, 1982

FERNANDES, António de Lemos Monteiro — *Temas Laborais*, Coimbra, 1984

FERNANDES, António de Lemos Monteiro — *Greves «atípicas»: identificação, caracteres, efeitos jurídicos*, in Temas de Direito do Trabalho. Direito do Trabalho na Crise. Poder Empresarial. Greves Atípicas. IV Jornadas Luso-Hispano-Brasileiras de Direito do Trabalho, Coimbra, 1990, 491-518

FERNANDES, António de Lemos Monteiro — *Direito do Trabalho*, 11ª ed., Coimbra, 1999

FERNANDES, António de Lemos Monteiro / LOURENÇO, José Acácio — *Leis do Trabalho*, Coimbra, 6ª ed., 1992

FERNANDES, Francisco Liberal — *O direito de greve nos ordenamentos francês, alemão e italiano*, in Estudos em Homenagem ao Prof. Doutor EDUARDO CORREIA, II, BFDUC (número especial), Coimbra, 1984, 327-476

FERNANDES, Francisco Liberal — *Gozam os magistrados do direito à greve?*, Pront.LT, 1993, 42, 12-14

FERNANDES, Francisco Liberal — *Consequências da denúncia pelo Estado português da Convenção nº 89 da OIT, sobre o trabalho nocturno das mulheres na indústria (1948)*, Pront.LT, 1993, 44, 16-20

FERNANDES, Francisco Liberal — *Sobre o trabalho nocturno feminino na indústria*, QL, 1994, 1, 24-36

FERNANDES, Francisco Liberal — *Autonomia Colectiva dos Trabalhadores da Administração. Crise do Modelo Clássico de Emprego Público*, Coimbra, 1995

FERNANDES, Luís A. Carvalho — *A Conversão dos Negócios Jurídicos Civis*, Lisboa, 1993

FERNANDES, Luís A. Carvalho — *Teoria Geral do Direito Civil*, 2ª ed., Lisboa, 1995

FERRARI, Francisco de — *La natura giuridica del contratto collettivo di lavoro*, Riv.DL, 1952, 309-330

FERRARO, Giuseppe — *La delegificazione nel diritto del lavoro italiano*, in M. D'ANTONA (dir.), Politiche di Flessibilità e Mutamenti del Diritto del Lavoro. Italia e Spagna, Napoli, 1990, 147-166

FERRARO, Giuseppe — *I diritti questi tra giuridizione e legiferazione*, RIDL, 1995, I, 277-338
FERREIRA, Francisco Cavaleiro — *Direito Penal Português*, I e II, Lisboa, 1981 e 1982
FIDALGO, Manuel — *Convenções Internacionais de Trabalho Ratificadas por Portugal (1928-1985)*, Lisboa, 1988
FIRLEI, Klaus — *Hat das Arbeitsrecht überhaupt ein Zukunft?*, in F. BYDLINSKI / T. MAYER-MALY (Hrsg.), *Die Arbeit: ihre Ordnung — ihre Zukunft — ihr Sinn*, Wien, 1995, 69-109
FLORETTA, Hans — *Zentrale Probleme der Kodifikation des Österreichichen Arbeitsrechtes*, in T. MAYER-MALY / A. NOWAK / T. TOMANDL (Hrsg.), *Fest. für Hans SCHMITZ*, I, Wien-München, 1967, 43-54
FOSSAERT, Robert — *Pourquoi et comment normaliser le travail atypique*, DS, 1981, 7/8, 494-513
FOUCAULD, Jean-Baptiste de — *Une citoyenneté pour les chômeurs*, DS, 1992, 7/8, 653-660
FRAENKEL, Ernst — *Hugo Sinzheimer*, JZ, 1958, 15, 457-461
FRAENKEL, Ernst — *Il significato politico del diritto del lavoro (1932)*, in G. ARRIGO / G. VARDARO (dir.), *Laboratorio Weimar — conflitti e diritto del lavoro nella Germania prenazista*, Roma, 1982, 119-131
FRANCO, António L. de Sousa — *Noções de Direito da Economia*, I, Lisboa, 1982/83 (*reprint* 1992)
FRANÇOIS, António D'Harmant — *La delegificazione del diritto del lavoro: alcune riflessioni*, DLav., 1993, I, 165-199
FRANÇOIS, Antonio D'Harmant / PESSI, Roberto — *Il contratto di lavoro nella giurisprudenza*, Padova, 1975
FRANÇOIS, Lucien — *Théorie des relations collectives du travail en droit belge*, Bruxelles, 1980
FRANÇOIS, Lucien / HALLET, Philippe — *À propos de la cession d'entreprise: un arrêt sybillin*, JTT, 1976, 120, 97-101
FRANZ, Wolfgang — *Chancen und Risiken einer Flexibilisierung aus ökonomischer Sicht*, ZfA, 1994, 3, 439-462
FREY, Erich — *Der Grundsatz der Gleichbehandlung im Arbeitsrecht bei geldlichen Ansprüchen*, Köln, 1963
FREYRIA, Charles — *Les accords d'entreprise atypiques — jurisprudence commentée*, DS, 1988, 6, 464-467
FREYSSINET, Jacques — *Nouvelles formes d'emploi et précarité: comparaisons internationales*, DS, 1989, 4, 293-299
FROTA, Mário — *Contrato de Trabalho*, I, Coimbra, 1978

GAETA, Lorenzo — *Pubblico e privato alle origini del diritto del lavoro. Storie di uomini e di schieramenti*, Lav.Dir., 1994, 2, 207-222

GALANTINO, Luisa — *Diritto sindacale,* 8ª ed., Torino, 1998
GALBRAITH, John Kenneth — *O Novo Estado Industrial* (trad. port.), Lisboa, 1973
GALGANO, Francesco — *História do Direito Comercial* (trad. port.), Lisboa, 1980
GALPERIN, Hans — *Sozialadäquanz und Arbeitskampfordnung, Fest. für H. C. NIPPERDEY,* II, München — Berlin, 1965, 197-220
GAMILLSCHEG, Franz — *Mutterschutz und Sozialstaat, in* H. C. NIPPERDEY (Hrsg.), *Fest. für Erich MOLITOR,* München — Berlin, 1962, 57-82
GAMILLSCHEG, Franz — *Die Grundrechte im Arbeitsrecht,* AcP, 1964, 164, 5/6, 385-444
GAMILLSCHEG, Franz — *Gedanken zur Rechtsfindung im Arbeitsrecht, in* T. MAYER-MALY / A. NOWAK / T. TOMANDL (Hrsg.), *Fest. für Hans SCHMITZ,* I, Wien-München, 1967, 68-81
GAMILLSCHEG, Franz — *Die Solidarität als Rechtsbegriff, Fest.* FECHNER, Tübingen, 1973, 135-153
GAMILLSCHEG, Franz — *«Betrieb» und «Bargaining unit» — Versuch des Vergleichs zweier Grundbegriffe,* ZfA, 1975, 357-400
GAMILLSCHEG, Franz — *Zivilrechtliche Denkformen und die Entwicklung des Individualarbeitsrechts,* AcP, 1976, 176, 197-220
GAMILLSCHEG, Franz — *Betrieb und Unternehmen — Zwei Grundbegriffe des Arbeitsrechts,* ArbuR, 1989, 2, 33-37
GAMILLSCHEG, Franz — *Die allgemeinen Lehren der Gundrechte und das Arbeitsrecht,* ArbuR, 1996, 2, 41-48
GARCIA, Manuel Alonso — *El nacimiento del contrato de trabajo, in Estudios in Homenage a Jordana de* POZAS, III, Madrid, 1961, 47-64
GÁRATE CASTRO — vd CASTRO
GAROFALO, Mario Giovanni — *Modelo neo-corporativo e prospettive del diritto del lavoro, in Prospettive del Diritto del lavoro per gli anni' 80 — Atti del VII Congresso di diritto del lavoro, Bari, 23-25 Aprile 1982,* Milano, 1983, 256-260
GASPARRI, Pietro — *Osservazione sulla cosidetta subordinazione dei lavoratori,* DLav., 1940, I, 101-105
GASPARRI, Pietro — *Il rapporto di lavoro autonomo,* DLav., 1942, I, 109-127 e 153-171
GAST, Wolfgang — *Das Arbeitsrecht als Vertragsrecht,* Heidelberg, 1984
GAST, Wolfgang — *Perspektiven des Arbeitsrechts,* BB, 1986, 23, 1513-1520
GAST, Wolfgang — *Die Vollendung des Arbeitsrechts,* BB, 1992, 23, 1634--1639
GAST, Wolfgang — *Arbeitsrecht und Abhängigkeit,* BB, 1993, 1, 66-69
GAST, Wolfgang — *«Herr und Knecht» — Hegels Dialektik und die Dogmatik des Arbeitsrecht, in* M. HEINZE / A. SÖLLNER (Hrsg.), *Arbeitsrecht in der Bewährung, Fest. für Otto Rudolf* KISSEL, München, 1994, 249-264

GAUGLER, Eduard — *Wandelt sich das Arbeitsverhältnis zum unternehmerischen Teilhaberverhältnis? (Aus der Sicht der Betriebswirtschaftslehre)*, in V. BEUTHIEN (Hrsg.), *Arbeitnehmer oder Arbeitsteilhaber — Zur Zukunft des Arbeitsrecht in der Wirtschaftsordnung*, Stuttgart, 1987, 65-84

GELLER, Hermann — *Gestaltungsfaktoren des Arbeitsrechts*, ArbuR, 1962, 12, 365-370

GÉNY, François — *Une théorie nouvelle sur les rapports juridiques issus du contrat de travail*, Rev.trimm.dr.civ., 1902, I (*reprint* 1970), 333-343

GEYSEN, R. / MEERT, Régine / PUT, Raoul Van de — *Jurisprudence du travail (1966-1970) avec notes critiques*, Bruxelles, 1972

GHERA, Edoardo — *La flessibilità: variazioni sul tema*, Riv.GL, 1996, 2, 123--136

GHESTIN, Jacques / LANGLOIS, Philippe — *Droit du travail*, 5ª ed., Paris, 1983

GHEZZI, Giorgio — *Autonomia colletiva, diritto di sciopero e clausole di tregua — variazioni critiche e metodologiche, in Studi in Onore di Francesco SANTORO-PASSARELLI*, V, Napoli, 1972, 421-468

GHEZZI, Giorgio — *La complessità del «sociale» e l'ambiguità delle nostre scelte, in Prospettive del diritto del lavoro per gli anni'80 — Atti del XIV Congresso di Diritto del lavoro, Bari, 23-25 Aprile 1982*, Milano, 1983, 246-252

GHEZZI, Giorgio / ROMAGNOLI, Umberto — *Il diritto sindacale*, 2ª ed., Bologna, 1987

GHEZZI, Giorgio / ROMAGNOLI, Umberto — *Il rapporto di lavoro*, 2ª ed., Bologna, 1987

GHIDINI, Mario — *Diritto del lavoro*, 6ª ed., Padova, 1976

GIACOBBE, Giovanni — *Lavoro autonomo*, Enc.Dir., XXIII, 418-440

GIERKE, Otto Von — *Das Deutsche Genossenschaftsrecht*, I, II, e III, 1ª ed. (*reprint*), Darmstadt, 1954

GIERKE, Otto Von — *Las raíces del contrato de servicios* (trad. espanhola), Madrid, 1982

GIORGI, Paolo — *La distinzione fra lavoro autonomo e lavoro subordinato nella giurisprudenza*, RIDL, 1986, II, 522-525

GIUDICE, Riccardo del — *I confini del diritto del lavoro*, DLav., 1957, I, 313-324

GIUDICE, Riccardo del — *Apunti sulla elaborazione del diritto del lavoro*, DLav., 1959, I, 3-8

GIUGNI, Gino — *Il diritto del lavoro negli anni'80*, DLRI, 1982, 373-409

GIUGNI, Gino — *Il diritto del lavoro negli anni'80, in Prospettive del diritto del lavoro per gli anni '80 — Atti del VII Congresso Nazionale di diritto del lavoro, Bari, 23-25 aprile 1982*, Milano, 1983, 3-42

GIUGNI, Gino — *Autonomia e Autotutela Colectiva no Direito do Trabalho*, Lisboa, 1983

GIUGNI, Gino — *Diritto sindacale,* 7ª ed., Bari, 1984
GIUGNI, Gino — *Direito do trabalho,* RDES, 1986, 3, 305-365
GIUGNI, Gino — *Giuridificazione e deregolazione nel diritto del lavoro italiano,* DLRI, 1986, 317-341
GIUGNI, Gino — *Lavoro legge contratti,* Bologna, 1989
GIUGNI, Gino — *Una lezione sul diritto del lavoro,* DLRI, 1994, 2, 203-211
GOFF, Jacques Le — *La naissance des conventions collectives,* Droits, 1990, 12, 67-79
GOINNEAU, Jeanne — *La responsabilité civile des grévistes et des syndicats,* DS, 1988, 9/10, 702-708
GOLDMAN, Alvin L. — *Labor Law and Industrial Relations in the United States of America,* 2ª ed., Deventer, 1984
GOMES, Manuel Januário da Costa — *Contrato de Mandato,* in MENEZES CORDEIRO (dir.), *Direito das Obrigações,* III, 2ª ed., Lisboa, 1991, 263-408/C
GONÇALVES, Luis da Cunha — *A Evolução do Movimento Operário em Portugal,* Lisboa, 1905
GONÇALVES, Luis da Cunha — *Tratado de Direito Civil em Comentário ao Código Civil Português,* VII, Coimbra, 1933
GONÇALVES, Luis da Cunha — *Princípios de Direito Corporativo,* Lisboa, 1935
GOULD IV, William B. — *A Primer on American Labor Law,* 3ª ed., Massachussets, 1993
GRAFE, Friedericke — *Arbeitsvertragsgesetzentwurf — Forsetzung einer Tradition,* AuA, 1997, 1, 3-5
GRAGNOLI, Enrico — *Lo «sciopero dello straordinario» e il rispetto dei limiti posti dalla l. n. 146 del 1990,* RIDL, 1994, II, 658-663
GRANDI, Mario — *La prestazione di lavoro subordinato e la persona del lavoratore,* Riv.DL, 1969, 415-491
GRANDI, Mario — *Diritto del lavoro e società industriale,* Riv.DL, 1977, I, 3-23
GRANDI, Mario — *Diritto del lavoro, tecniche di protezione garantista e società industriale,* in *Prospettive del diritto del lavoro per gli anni' 80 — Atti del VII Congresso di Diritto del lavoro, Bari, 23-25 Aprile 1982,* Milano, 1983, 156-163
GRANDI, Mario — *La mobilità interna,* in *Strumenti della flessibilità dell'organizzazione aziendale,* Milano, 1986, 251-294
GRANDI, Mario — *La subordinazione tra esperienza e sistema dei rapporti di lavoro,* in M. PEDRAZZOLI (dir.), *Lavoro subordinato e dintorni — comparazioni e prospettive,* Bologna, 1989, 77-91
GRANDI, Mario — *Le parti sociali e l'autonomia contratuale di fronte all'unione economica e monetaria,* Lav.Dir., 1993, 463-483
GRANDI, Mario — *Diritto del lavoro e Comunità Europea,* RIDL, 1995, I, 133-163

GRECHI, Aldo — *Il lavoro nei rapporti associativi*, in U. BORSI / F. PERGOLESI, *Trattato di diritto del lavoro*, I (*Introduzione al diritto del lavoro*), 3ª ed., Padova, 1960, 437-475

GRECO, Aldo — *Il contratto di lavoro*, in Filippo VASSALI (dir.), *Trattato di diritto civile italiano*, VII (tomo III), Torino, 1939

GRESSAYE, Jean Brèthe de la — *Les transformations juridiques de l'entreprise patronale*, DS, 1939, 1, 2-6

GRESSAYE, Jean Brèthe de la — *La discipline dans les entreprises, les syndicats et les professions organisées*, Arch.Ph.Dr., 1953/54, 75-108

GRILLBERGER, Konrad — *Hauptprobleme des Individualarbeitsrechts*, in F. BYDLINSKI / T. MAYER-MALY (Hrsg.), *Die Arbeit: ihre Ordnung — ihre Zukunft — ihr Sinn*, Wien, 1995, 35-39

GROUTEL, Hubert — *Droit du travail*, Paris, 1974

GROUTEL, Hubert — *Le critère du contrat de travail*, in *Tendances du droit du travail français contemporain. Études offertes à G.H. CAMERLYNCK*, Paris, 1978, 49-62

GUANTER, Salvador del Rey (dir.) — *Legislación de las Relaciones Laborales*, Madrid, 1995

GUEDES, Armando Manuel de A. Marques — *A Concessão*, I, Coimbra, 1954

GURVITCH, Georges — *L' Idée du Droit Social — Notion et système du droit social. Histoire doctrinale depuis le XVII ème Siècle jusqu'à la fin du XIX ème siècle*, Paris, 1932

HANAU, Peter — *Befristung und Abrufarbeit nach dem Beschäftigunsgforderungsgesetz 1985*, RdA, 1987, 1, 25-29

HANAU, Peter — *Handlungsbedarf im Arbeitsrecht aus Rechtlicher Sicht*, RdA, 1988, 1, 1-4

HANAU, Peter — *Rechtswirkungen der Betriebsvereinbarungen*, RdA, 1989, 5/5, 207-211

HANAU, Peter — *Arbeitsrecht und Arbeitsgerichtsbarkeit von Kaiser Wilhelm II bis Bundeskanzler Dr. Kohl — Gedanken zum 100 jährigen Bestehen des Deutschen Arbeitsgerichtsverbandes*, NZA, 1993, 8, 338-341

HANAU, Peter — *Die Leistung des Arbeitsrechtskommission*, in FARTHMANN / HANAU / ISENHARDT / PREIS (Hrsg.), *Rückblick in Arbeitsgesetzgebung und Arbeitsrechtsprechung, Fest. E. STAHLHACKER*, Berlin, 1995, 149--155

HANAU, Peter / PREIS, Ulrich — *Zur mittelbaren Diskriminierung wegen des Geschlechts*, ZfA, 1988, 3, 177-207

HART, Herbert L.A. — *O Conceito de Direito* (trad. port. de A. Ribeiro Mendes), Lisboa, 1986

HAUPT, Günther — *Über faktisches Vertragsverhältnisse, Fest. für H. SIBER*, II, 1943, 5-37

HAURIOU, Maurice — *La science sociale traditionnelle*, Paris, 1896
HAURIOU, Maurice — *Précis de Droit Administratif*, 6ª ed., Paris, 1907
HAURIOU, Maurice — *La théorie de l'institution et de la fondation* — Cahiers de la Nouvelle Journée, IV, Paris, 1925
HAUSMANN, Christian — *Le licenciement en droit allemand après la loi du 30 septembre 1993*, DS, 1994, 5, 507-510
HAX, Karl — *Betriebswirtschaftliche Deutung der Begriffe «Betrieb» und «Unternehmung»*, in K. BALLERTEDT / E. FRIESENHAHN / O. V. NELL-BREUNING (Hrsg.), *Recht und Rechtsleben in der sozialen Demokratie, Festg. für Otto KUNZE zum 65. Geburtstag*, Berlin, 1969, 109-126.
HÉBRAUD, Pierre — *Le régime des institutions disciplinaires instituées au sein de l'entreprise*, DS, 1949, 188-190
HÉBRAUD, Pierre — *Note*, DS, 1950, 8, 323-326
HEINZE, Meinhard — *Flexibilisierung des Arbeitsrechts — Zur Lage in der Bundesrepublik Deutschland, in Flexibilisierung des Arbeitsrechts — eine europäische Herausforderung*, ZIAS, 1987, 239-249
HEINZE, Meinhard — *Arbeitsrecht in der gesellschaftlich-ökonomischen Ordnung der Bundesrepublik Deutschland*, in D. BOEWER / B. GAUL (Hrsg.), *Fest. Dieter GAUL*, Berlin, 1992, 305-325
HEINZE, Meinhard — *Europa und das nationale Arbeits- und Sozialrecht*, in M. HEINZE / A. SÖLLNER, *Arbeitsrecht in der Bewährung, Fest. für Otto Rudolf KISSEL*, München, 1994, 363-386
HEINZE, Meinhard — *Gibt es eine Alternative zur Tarifautonomie?*, DB, 1996, 14, 729-735
HEINZE, Meinhard — *Wege aus der Krise des Arbeitsrecht — Der Beitrag der Wissenschaft*, NZA, 1997, 1, 1-9
HEITMANN, Steffen — *Arbeitsrecht im Systemwandel, in Die Arbeitsgerichtsbarkeit, Fest. zum 100 jährigen Bestehen des Deutschen Arbeitsgerichtsverbandes*, Berlin, 1994, 31-37
HÉLIN, G. — *La grève en Belgique*, Rev.DS, 1988, 1, 31-45
HENRIET, Bruno — *Entreprise et gestion du travail. Nouvelles configurations et pertinences de la gestion des ressources humaines*, in A. SUPIOT (dir.), *Le travail en perspectives*, Paris, 1998, 199-214
HENSSLER, Martin — *Der Arbeitsvertrag im Konzern*, Berlin, 1983
HEPPLE, Bob — *Aspects of Flexibility in Labour Law, in Flexibilisierung des Arbeitsrechts — eine europäische Herausforderung*, ZIAS, 1987, 280--286
HEPPLE, Bob / FREDMAN, Sandra — *Labour Law and Industrial Relations in Great Britain*, Antwerp — London — Frankfurt — Boston — New York, 1986
HEPPLE, Bob / O'HIGGINS — *Employment Law*, 4ª ed., London, 1981
HERNÁNDEZ, Alejo — *El Derecho laboral romano*, Rev.Trab., 1956, I, 395--401

HERNÁNDEZ, Salvatore — *Il «favor» del lavoratore come tutela compensativa*, DLav., 1969, I, 293-300

HERSCHEL, Wilhelm — *Entwicklungstendenzen des Arbeitsrechts*, RdA, 1956, 5, 161-168

HERSCHEL, Wilhelm — *Zur Rechtsnatur der Allgemeinverbindlicherklärung von Tarifverträgen*, in K. JANTZ / H. NEUMANN-DEUSBERG / D. SCHEWE (Hrsg.), *Sozial reform und Sozialrecht — Beiträge zum Arbeits- und Sozialversicherungsrecht und zur Sozialpolitik, Fest. für Walter BOGS*, Berlin, 1959, 125-137

HERSCHEL, Wilhelm — *Vom Arbeitersschutz zum Arbeitsrecht*, in *Hundert Jahre Deutsches Rechtsleben, Fest. zum Hundertjährigen Bestehen des Deutschen Juristentages, 1860-1960*, I, Karlsruhe, 1960, 305-315

HERSCHEL, Wilhelm — *Die Betriebszugehörigkeit als geschütztes Rechtsgut*, RdA, 1960, 4, 121-127

HERSCHEL, Wilhelm — *Der erste Teilentwurf einer Österreichischen Kodifikation des Arbeitsrecht*, RdA, 1962, 6, 208-217

HERSCHEL, Wilhelm — *Zur Dogmatik des Arbeitsschutzrechts*, RdA, 1978, 2, 69-74

HERSCHEL, Wilhelm — *Haupt — und Nebenpflichten im Arbeitsverhältnis*, BB, 1978, 12, 569-572

HESSEL — *Zum Begriff des Betriebs*, RdA, 1951, 12, 450-452

HEUBERGER, Georg — *Sachliche Abhängigkeit als Kriterium des Arbeitsverhältnis*, Königstein, 1982

HEUßNER, Herman — *Das abhängige Beschäftigungsverhältnis — Bindesglied zwischen Arbeits — und Socialversicherungsrecht*, ArbuR, 1975, 10, 307--312

HEYENN, Günther — *Der Preis der Deregulierung oder ein Beitrag wider die «kühle analytisch ökonomischer Argumentation»*, in F. BUTTLER / / H. REITER / H. GÜNTHER / R. WANKA (Hrsg.), *Europa und Deutschland — Zusammenwachsende und Arbeitsmärkte und Sozialräume, Fest. für Heinrich FRANKE*, Stuttgart — Berlin — Köln, 1993, 65-72

HIJAS, Vicente Conde Martín de — *Autonomia individual: alternativa de desarrollo*, Rel.Lab., 1990, I, 355-381

HILGER, Marie Luise — *Zum Arbeitnehmer-Begriff*, RdA, 1989, 1, 1-7

HIRSCHBERG, Lothar — *Der Warnstreik nach der jüngsten Entscheidung des Bundesarbeitsgerichts*, RdA, 1989, 4/5, 212-216

HOENIGER, Heinrich — *Grundformen des Arbeitsvertrages*, in H. HOENIGER / / E. WEHRLE (Hrsg.), *Arbeitsrecht — Sammlung der reichsgesetzlichen Vorschriften zum Arbeitsvertrag*, 6ª ed., Mannheim — Berlin — Leipzig, 1925

HORION, Paul — *Le contrat de travail en droit belge*, in G. BOLDT / G. CAMERLYNCK / P. HORION / A. KAYSER / M. G. LEVENBACH / L. MENGONI, *Le contrat de travail dans les pays membres de la C.E.C.A.*, Paris (s.d.), 155-224

HRODMAKA, Wolfgang — *Arbeitsordnung und Arbeitsverfassung,* ZfA, 1979, 203-218
HRODMAKA, Wolfgang — *Ein Arbeitsvertragsgesetz für Deutschland. Der Entwurf des Arbeitskreises, in* D. BOEWER / B. GAUL (Hrsg.), *Deutsches Rechtseinheit im Arbeitsrecht, Fest. Dieter GAUL,* Berlin, 1992, 357-395
HUECK, Alfred — *Die Begründung des Arbeitsverhältnisses,* DAR, 1938, 7/8, 180-182
HUECK, Alfred — *Vertragstheorie und Eingliederungstheorie,* RdA, 1955, 9, 323-328
HUECK, Götz — *Einige Gedanken zum Begriff des Arbeitnehmers,* RdA, 1969, 7/8, 216-220

ICHINO, Andrea / ICHINO, Pietro — *A chi serve il diritto del lavoro?,* RIDL, 1994, I, 469-503
ICHINO, Pietro — *Politiche del lavoro e strategie de deregulation,* RIDL, 1984, II, 590-598
ICHINO, Pietro — *Libertà formale e libertà materiale del lavoratore nella qualificazione della prestazione come autonoma o subordinata,* RIDL, 1987, II, 70-85
ICHINO, Pietro — *Subordinazione e autonomia nel diritto del lavoro,* Milano, 1989
ICHINO, Pietro — *Criteri «prioritari» e criteri «sussidiari» di qualificazione del rapporto di lavoro,* RIDL, 1990, II, 365-367
Igualdade de Oportunidades entre Mulheres e Homens: Trabalho, Emprego e Formação Profissional — *Jurisprudência do Tribunal de Justiça das Comunidades Europeias,* Ministério do Trabalho e da Solidariedade, Lisboa, 1998
ISELE, Hellmut Georg — *Das Arbeitsverhältnis in der Zivilrecthsordnung,* JuJ, 1967/68, 8, 63-78

JACOBI, Erwin — *Betrieb und Unternehmer als Rechtsbegriffe,* Leipzig, 1926
JACOBI, Erwin — *Grundlehren des Arbeitsrechts,* Leipzig, 1927
JACOBSEN, Per — *Aspects of Flexibility in Labour Law (Dänemark), in Flexibilisierung des Arbeitsrechts — eine europäische Herausforderung,* ZIAS, 1987, 250-257
JAEGER, Nicola — *Contratto collettivo di lavoro,* Noviss.DI, IV, Torino, 619--625
JAEGER, Nicola — *Principii di diritto corporativo,* Padova, 1939
JAMBU-MERLIN, Roger — *Les travailleurs intelectuels à domicile,* DS, 1981, 7/8, 561-568
JAMOULLE, Micheline — *Le contrat de travail,* I, Liège, 1982

JAMOULLE, Micheline — *Seize leçons sur le droit du travail,* Liège, 1994
JAVILLIER, Jean-Claude — *La partie «obligatoire» de la convention collective,* DS, 1971, 4, 258-276
JAVILLIER, Jean-Claude — *Dits et non dits sur le droit du travail,* in F. GAMILLSCHEG / J. de GIVRY / B. HEPPLE / J.-M. VERDIER (Hrsg.), *In Memoriam Sir Otto KAHN-FREUND,* München, 1980, 493-515
JAVILLIER, Jean-Claude — *Ordre juridique, relations professionelles et flexibilité. Approches comparatives et internationales,* DS, 1986, 1, 56-65
JAVILLIER, Jean-Claude — *Droit du travail,* 3ª ed., Paris, 1990
JEAMMAUD, Antoine — *Propositions pour une compréhension matérialiste du droit du travail,* DS, 1978, 11, 337-345
JEAMMAUD, Antoine — *Les fonctions du droit du travail,* in F. COLLIN / / R. DHOQUOIS / P.H. GOUTIERRE / A. JEAMMAUD / G. LYON-CAEN / / A. ROUDIL, *Le Droit capitaliste du travail,* Grenoble, 1980, 149-254
JEAMMAUD, Antoine — *Les principes dans le droit français du travail,* DS, 1982, 9/10, 618-629
JEAMMAUD, Antoine — *Droit du travail 1988: des retournements, plus qu'une crise,* DS, 1988, 7/8, 583-595
JEAMMAUD, Antoine — *Les polyvalences du contrat de travail,* in *Les transformations du droit du travail, Études offertes à Gérard LYON-CAEN,* Paris, 1989, 299-316
JEAMMAUD, Antoine — *La place du salarié individu dans le droit français du travail,* in N. ALIPRANTIS / F. KESSLER (éd.), *Le droit collectif du travail — questions fondamentales, évolutions récentes. Études en hommage à Madame le Professeur Hélène SINAY,* Frankfurt, 1994, 347-368
JEAMMAUD, Antoine — *Le droit du travail en changement. Essai de mesure,* DS, 1998, 3, 211-222
JEAMMAUD, Antoine — *Programme pour qu'un devenir soit un avenir,* DS, 1999, 5, 447- 453
JEAMMAUD, Antoine / FRIANT, Martine Le — *Contratto di lavoro, figure intermedie e lavoro autonomo nell'ordinamento francese,* in M. PEDRAZZOLI (dir.), *Lavoro subordinato e dintorni — comparazioni e prospettive,* Bologna, 1989, 255-273
JEAMMAUD, Antoine / LYON-CAEN, Antoine — *Droit et direction du personnel,* DS, 1982, 1, 56-69
JEMOLO, Arturo Carlo — *Prestazione professionale e lavoro subordinato,* Riv.dir.civ., 1968, II, 405-407
JOÃO PAULO II — *Encíclica Laborem Exercens* (1981)
JOERGES — *Die Arbeitsverhältnis und Betriebsgemeinschaft.Wesen und Rechtsgrund,* DAR, 1938, 6, 91-95
JOERGES — *Der Arbeitsvertrag als Begründung des Arbeitsverhältnis in seiner geschichtlichen Entwicklung,* DAR, 1938, 6, 157-159

JOOST, Detlev — *Betrieb und Unternehmen als Grundbegriffe im Arbeitsrecht*, München, 1988
JÖRS, Paul / KUNKEL, Wolfgang — *Derecho Privado Romano*, 2ª ed. (trad. espanhola), Barcelona — Madrid — Buenos Aires — Rio de Janeiro, 1937
JOSSERAND, Louis — *Sur la reconstitution d'un droit de classe*, DH, 1937, 1, Chr. 1, 1-4

KAHN-FREUND, Otto — *Labour Relations. Heritage and Adjustment*, Oxford, 1970
KAHN-FREUND, Otto — *Selected Writings*, London, 1978
KAHN-FREUND, Otto — *Il mutamento della funzione del diritto del lavoro* (1932), in *Laboratorio Weimar — conflitti e diritto del lavoro nella Germania prenazista*, Roma, 1982, 221-253
KARAKATSANIS, Alexander — *Flexibilisierung des Arbeitsrechts in Griechenland, in Flexibilisierung des Arbeitsrechts — eine europäische Herausforderung*, ZIAS, 1987, 276-279
KASKEL, Walter — *Das neue Arbeitsrecht — systematische Einführung*, 4ª ed., Berlin, 1922
KASKEL, Walter / DERSCH, Hermann — *Arbeitsrecht*, 5ª ed., Berlin — Göttingen — Heidelberg, 1957
KELSEN, Hans — *Teoria Pura do Direito* (trad. port. de João Baptista Machado), 6ª ed., Coimbra, 1984
KEMPEN, Otto Ernst — *Warnstreik, Sympathiestreik und gewerkschaftliche Demonstration im grundgesetzlichen Arbeitsverfassungsrecht*, ArbuR, 1990, 8, 237-245
KERCKHOVE, Eric — *Le contrat de travail exécuté dans plusieurs États membres de la Communauté (CJCE, 13 juillet 1993, Mulox IBC limited c./H. Geels)*, DS, 1994, 3, 309-314
KERN, Horst — *Cambiamenti nel lavoro e nell'organizzazione delle imprese, in Il futuro della società e del lavoro*, Milano, 1992, 63-72
KISSEL, Otto Rudolf — *Arbeitsrecht im Spannungsfeld zwischen Manchestertum und Gleichmacherei*, RdA, 1988, 4, 193-202
KISSEL, Otto Rudolf — *Der Kampf um den Arbeitskampf*, RdA, 1988, 6, 321--327
KITTNER, Michael — *Aktuelle arbeitsrechtliche Fragen des Arbeitskampfrechts — Erwartung und Gestaltungsmöglichkeiten*, in W. DÄUBLER / M. BOBKE / K. KEHRMANN (Hrsg.), *Arbeit und Recht, Fest. für A. GNADE*, Köln, 1992, 415-418
KONZEN, Horst — *Arbeitnehmerschutz im Konzern*, RdA, 1984, 2, 65-88
KONZEN, Horst — *Privatrechtssystem und Betriebsverfassung*, in D. BICKEL / / W. HADDING / V. JAHNKE / G. LÜKE (Hrsg), *Recht und Rechtserkennt-*

nis, Fest. für Ernst WOLF, Köln — Berlin — Bonn — München, 1985, 279-307

KORSCH, Karl — Jus belli ac pacis nel diritto del lavoro (1919), in Laboratorio Weimar — conflitti e diritto del lavoro nella Germania prenazista, Roma, 1982, 255-265

KRELLER, Hans — Zum Entwurf eines Allgemeinen Arbeitsvertragsgesetzes, AcP, 1924, 122, 1, 1-35

KRITZBERGER, Ralf — Grundprinzipien des österreichischen Arbeitskampfrechts, ArbuR, 1993, 8, 236-241

KÜCHENHOFF, Günther — Faktische Vertragsverhältnisse und faktische Arbeitsverhältnisse?, RdA, 1958, 4, 121-130

KÜCHENHOFF, Günther — Das Arbeitsrecht als Ordnung individueller und sozialer Grundkräfte des Menschen, in T. MAYER-MALY / A. NOWAK / T. TOMANDL (Hrsg.), Fest. für Hans SCHMITZ, I, Wien — München, 1967, 109-121

KUHLMANN, Goetz-Joachim — Betriebsjustiz, JZ, 1976, 18, 537-546

KUMMER, Karl — Die Entwicklung des Arbeitsrechts in Österreich sei 1945, RdA, 1956, 4, 134-138

KUMMER, Karl — Aktuelle Fragen des Arbeitsrechts in Österreich, RdA, 1960, 1, 9-14

KUNZE, Otto — Streik und Wirtschaftsordung, ArbuR, 1965, 170-176

KUTZ, Luis Petschen — Naturaleza juridica del contrato de trabajo, Rev.Trab., 1942, II, 973-975

LALLANA, María del Carmen Ortiz — Lineas de tendencias y problemas fundamentales del sector juridico-laboral en las sociedades industriales: el caso español, Rev.Trab., 1986, II, 93-123

LAMEGO, José — Hermenêutica e Jurisprudência, Lisboa, 1990

LAMOTHE, Olivier Dutheillet de — Du traité de Rome au traité de Maastricht: la longue marche de l'Europe sociale, DS, 1993, 2, 194-200

LANGLOIS, Philippe — Le pouvoir d'organisation et les contrats de travail, DS, 1982, 1, 83-92

LANGLOIS, Philippe — Droit civil et contrat collectif de travail, DS, 1988, 5, 395-400

LANGLOIS, Philippe — La négociation collective d'entreprise. La politique communautaire, DS, 1990, 7/8, 673-679

LARENZ, Karl — Metodologia da Ciência do Direito, 6ª ed., 1991 (trad. portuguesa de José Lamego), 3ª ed., Lisboa, 1997

LATOURNERIE, Roger — Le droit français de la grève, Paris, 1972

LAURENT, F. — Principes de droit civil français, XXV, 3ª ed., Bruxelles — Paris, 1878

LEÃO XIII — Encíclica Rerum Novarum, 1891

LEEDE, L. J. M. de — *Flexibilisierung des Arbeitsrechts (Niederlande)*, in *Flexibilisierung des Arbeitsrechts — eine europäische Herausforderung*, ZIAS, 1987, 338-345

LEGA, Carlo — *Il diritto del lavoro e il lavoro autonomo*, DLav, 1950, 115--158

LEGA, Carlo — *Il potere disciplinare del datore di lavoro*, Milano, 1956

LEGA, Carlo — *Diritto sociale e diritto del lavoro*, Riv.DL, 1958, I, 209--220

LEGA, Carlo — *Sozialrecht und Arbeitsrecht*, RdA, 1959, 5, 161-167

LEGA, Carlo — *Il contratto d'opera*, in U. BORSI / F. PERGOLESI, *Trattato di diritto del lavoro*, I (*Introduzione al diritto del lavoro*), 3ª ed., Padova, 1960, 477-663

LEGA, Carlo — *La comunità del lavoro nell'impresa*, Milano, 1963

LÉGAL, Alfred / GRESSAYE, Jean Brèthe de la — *Le pouvoir disciplinaire dans les institutions privées*, Paris, 1938

LEITE, Jorge — *Direito do trabalho na crise (relatório geral)*, in *Temas de Direito do Trabalho. Direito do Trabalho na Crise. Poder Empresarial. Greves Atípicas — IV Jornadas Luso-Hispano-Brasileiras de Direito do Trabalho*, Coimbra, 1990, 21-49

LEITE, Jorge — *Observatório legislativo*, QL, 1996, 8, 194-240

LEITE, Jorge / ALMEIDA, F. Jorge Coutinho de — *Colectânea de Leis do Trabalho Anotada*, Coimbra, 1985

LEITE, Jorge / ALMEIDA, F. Jorge Coutinho de — *Legislação do Trabalho*, 14ª ed., Coimbra, 2000

LENHOFF, Arthur — *Considerazioni su alcuni istituti fondamentali del diritto del lavoro americano ed europeo*, Riv.DL, 1952, I, 272-308

LESCUDIER, Jean — *Le salarié. Notion juridique*, Paris, 1932

LESER, H. G. — *L'évolution du contrat en droit allemand avec un brief aperçu du droit anglais*, in *L'évolution contemporaine du Droit des Contrats — Journées René SAVATIER (Poitiers, 24-25 octobre 1985)*, Paris, 1986, 73-96

LIBÂNIO, J. B. — *Dogma*, Verbo, VI, 1967, 1636-1638

LIEB, Manfred — *Wandelt sich das Arbeitsverhältnis zum unternehmerischen Teilhaberverhältnis? (Aus der Sicht des Arbeitsrechts)*, in V. BEUTHIEN (Hrsg.), *Arbeitnehmer oder Arbeitsteilhaber — Zur Zukunft des Arbeitsrecht in der Wirtschaftsordnung*, Stuttgart, 1987, 41-63

LIEB, Manfred — *Der Kampf um den Arbeitskampf*, RdA, 1988, 6, 327-332

LIMA, Adolpho — *O Contrato de Trabalho*, Lisboa, 1909

LIMA, Fernando Andrade Pires de / VARELA, João de Matos Antunes — *Código Civil Anotado*, II, 4ª ed., Coimbra, 1997, e V, Coimbra, 1995

LINNENKOHL, Karl / RAUSCHENBERG, Hans-Jürgen — *Zur arbeitskampfbedingten Betriebstörung*, ArbuR, 1990, 5, 137-148

LIPARI, Nicolò — *Il diritto tra sociologia e dogmatica — riflessioni sul metodo*, in Studi in onore di Francesco SANTORO-PASSARELLI, III, Napoli, 1972, 99-158

LIPARI, Nicolò — *Sistematica giuridica e nuovo conttratualismo*, Riv.DC, 1986, 5, 225-241

LITALA, Luigi de — *Il contratto di lavoro*, 3ª ed., Torino, 1937

LOPES, Fernando Ribeiro — *Direito do Trabalho* (copiogr.), Lisboa, 1977/78

LOPES, Fernando Ribeiro — *Trabalho subordinado ou trabalho autónomo: um problema de qualificação*, RDES, 1987, 1, 57-80

LÓPEZ, Federico Durán / LARA, Carmen Sáez — *Autonomía colectiva e autonomía individual en la fijación y modificación de las condiciones de trabajo*, Rel.Lab., 1990, I, 382-401

LÖRCHER, Klaus — *Beamtenstreikbrechereinsatz und Völkerrecht*, ArbuR, 1993, 9, 279-282

LORENZ, Martin — *Münchener Kommentar zum Bürgerlichen Gesetzbuch*, IV — *Schuldrecht. Besonder Teil II (§§ 607-704)*, 3ª ed., München, 1997, 544-571

LOSCHAK, Danièle — *Le pouvoir hiérarchique dans l'entreprise privée et dans l'administration*, DS, 1982, 1, 22-40

LOTMAR, Philipp — *Der Arbeitsvertrag nach dem Privatrecht des Deutschen Reiches*, I e II, Leipzig, 1902 e 1908

LOTMAR, Philipp — *Die Tarifverträge zwischen Arbeitgebern und Arbeitnehmer* (1900), in Joachim RÜCKERT (Hrsg.), *Philipp Lotmar Schriften zu Arbeitsrecht, Zivilrecht und Rechtsphilosophie*, Frankfurt am M., 1992, 431-554

LOTMAR, Philipp — *Die Idee eines einheitlichen Arbeitsrechts* (1912), in J. RÜCKERT (Hrsg.), *Philipp Lotmar Schriften zu Arbeitsrecht, Zivilrecht und Rechtsphilosophie*, Frankfurt am M., 1992, 603-614

LOUREIRO, José Pinto — *Tratado da Locação*, I, Coimbra, 1946

LOURENÇO, José Acácio — *O princípio do tratamento mais favorável ao trabalhador*, in Estudos sobre Temas de Direito do Trabalho, Lisboa, 1982, 91-110

LÖWISCH, Manfred — *Arbeits-und sozialrechtliche Hemmnisse einer weiteren Flexibilisierung der Arbeitszeit*, RdA, 1984, 4, 197-214

LUCA TAMAJO — vd TAMAJO

LUHMANN, Niklas — *Sistema Juridico y Dogmatica Juridica*, 1974 (trad. espanhola), Madrid, 1983

LUKES, Rudolf — *Vom Arbeitnehmerschutz zum Verbraucherschutz*, RdA, 1969, 7/8, 220-223

LYON-CAEN, Antoine — *Les rapports internationaux de travail*, DS, 1978, 6, 197-203

LYON-CAEN, Antoine — *La mise à disposition internationale du salarié*, DS, 1981, 12, 747-753

Lyon-Caen, Antoine — *Le tendenze del diritto del lavoro nell'Ocidente — Intervento*, Lav.Dir., 1987, 1, 125-137
Lyon-Caen, Antoine — *Actualité du contrat de travail — brefs propos*, DS, 1988, 7/8, 540-543
Lyon-Caen, Antoine — *Changement politique et changement du droit du travail*, in Les Transformations du droit du travail. Études offertes à G. Lyon-Caen, Paris, 1989, 1-10
Lyon-Caen, Antoine — *L'emploi comme objet de la négociation collective*, DS, 1998, 4, 316-320
Lyon-Caen, Gérard — *Défense et illustration du contrat de travail*, Arch.Ph.Dr., 1968, XIII, 59-69
Lyon-Caen, Gérard — *Une anomalie juridique: le réglement interieur*, Dalloz, 1969, Chr. XIV, 284
Lyon-Caen, Gérard — *Droit du travail et sécurité sociale*, Paris, 1970/71
Lyon-Caen, Gérard — *Anomie, autonomie et heteronomie en droit du travail*, in Études en Hommage à Paul Horion, Liège, 1972, 173-178
Lyon-Caen, Gérard — *Négociation collective et législation d'ordre public*, DS, 1973, 2, 89-101
Lyon-Caen, Gérard — *Du rôle des principes généraux du droit civil en droit du travail (première approche)*, Rev.trimm.dr.civ., 1974, 229-248
Lyon-Caen, Gérard — *Les societés de travail temporaire dans la Communauté économique européenne*, DS, 1975, 5, 308-314
Lyon-Caen, Gérard — *Quand cesse-t-on d'être salarié?*, Dalloz, 1977, Chr. XIII, 109-111
Lyon-Caen, Gérard — *Les principes généraux du droit du travail*, in Tendances du droit du travail français contemporain. Études offertes à G. H. Camerlynck, Paris, 1978, 35-45
Lyon-Caen, Gérard — *La crise du droit du travail*, in In Memoriam Sir Otto Kahn-Freund, München, 1980, 517-523
Lyon-Caen, Gérard — *La crise actuelle du droit du travail*, in F. Collin / R. Dhoquois / P. H. Goutierre / A. Jeammaud / G. Lyon-Caen / / A. Roudil, Le droit capitaliste du travail, Grenoble, 1980, 255-271
Lyon-Caen, Gérard — *Le grand silence des travailleurs*, DS, 1981, 2, 141-145
Lyon-Caen, Gérard — *La concentration du capital et le droit du travail*, DS, 1983, 5, 287-303
Lyon-Caen, Gérard — *La bataille truquée de la flexibilité*, DS, 1985, 12, 801-810
Lyon-Caen, Gérard — *Corporation, corporatisme, néo-corporatisme*, DS, 1986, 11, 742-744
Lyon-Caen, Gérard — *Réglementer le droit de grève?*, DS, 1988, 9/10, 709-712
Lyon-Caen, Gérard — *Grundlagen des Arbeitsrechts und Grundprinzipien im Arbeitsrecht*, RdA, 1989, 4/5, 228-233

LYON-CAEN, Gérard — *Le droit du travail. Une technique réversible*, Paris, 1995
LYON-CAEN, Gérard / PÉLISSIER, Jean — *Les grands arrêts de droit du travail*, Paris, 1978
LYON-CAEN, Gérard / PÉLISSIER, Jean — *Droit du travail*, 16ª ed., Paris, 1992

MACEDO, Pedro de Sousa — *Poder Disciplinar Patronal*, Coimbra, 1990
MACHADO, João Baptista — *O sistema científico e a teoria de Kelsen*, RFDUL, 1985, XXVI, 9-45
MACHADO, João Baptista — *Sobre a Aplicação no Tempo do novo Código Civil. Casos de Aplicação Imediata. Critérios Fundamentais*, Coimbra, 1968
MACHADO, João Baptista — *Introdução ao Direito e ao Discurso Legitimador* (*reprint*) Coimbra, 1993
MACHADO, João Baptista — *Constitucionalidade da justa causa objectiva*, in *Obra Dispersa*, II, Braga, 1993, 547-552
MAGAUD, Jacques — *L'éclatement juridique de la collectivité de travail*, DS, 1975, 12, 525-530
MAGGI-GERMAIN, Nicole — *L'emploi public en voie de disparition? L'exemple des entreprises de service public*, in A. SUPIOT (dir.), *Le travail en perspectives*, Paris, 1998, 413-426
MAGREZ, M. — *L'entreprise en droit social ou l'efflorescence d'une institution*, in *Liber Amicorum Frédéric DUMON*, Antwerpen, 1983, 581-586
MAGREZ-SONG, G. — *Le droit conventionnel du travail*, in *Liber Amicorum Frédéric DUMON*, I, Antwerpen, 1983, 597-611
MAGRINI, Sergio — *Lavoro (contratto individuale di)*, Enc.Dir., XXIII, 369-418
MAILLARD, Jean de — *Scolie sur le rapport de subordination*, DS, 1982, 20-21
MAILLARD, Jean de / MANDROVAN, Patrick / PLATTIER, Jean-Paul / PRIESTLEY, Thierry — *L'éclatement de la collectivité de travail: observations sur les phénomènes d'«extériorisation de l'emploi»*, DS, 1979, 9/10, 323-338
MAILLE, Michel — *Uma Introdução Crítica ao Direito* (trad. portuguesa), Lisboa, 1979
MAJO, Adolfo di — *Tutela civile e diritto di sciopero*, Riv.GL, 1980, I, 293-332
MALAGUGINI, Jacopo — *Le attuali tendenze del diritto del lavoro: flessibilità contrattata o liberalizzazione nei rapporti di lavoro?*, Lav.'80, 1986, II, 685-696
MALAQUIAS, Pedro Ferreira — *As regras comunitárias de concorrência e a actividade bancária*, Rev.Banca, 1988, 6, 75-146

MALTA, Pierre di — *Essai sur la notion de pouvoir hiérarchique*, Paris, 1961
MANCINI, G. Federico — *Direito do Trabalho e Direito Comunitário*, BFDUC, 1986, LXII, 293-317
MANSFELD, Werner — *Vom Arbeitsvertrag — eine arbeitsrechtliche Selbstbesinnung*, DAR, 1936, 118-130
MARCANTONIO, Amleto di — *Appunti di diritto del lavoro*, Milano, 1958
MARCHAND, Daniel — *Rivalité entre normes europeénnes et normes internationales du travail*, DS, 1993, 7/8, 702-706
MARIANI, Michele — *La funzione del contratto colletivo nella recente esperienza*, RIDL, 1991, I, 318-360
MARIUCCI, Luigi — *Quale «riforma» del diritto del lavoro?, in Prospettive del diritto del lavoro per gli anni'80 — Atti del VII Congresso di diritto del lavoro, Bari, 23-25 Aprile 1982*, Milano, 1983, 218-224
MARONGIU, Giovanni — *Gerarchia amministrativa*, Enc. Dir., XVIII, Milano, 616-628
MARQUES, José Dias — *Noções Elementares de Direito Civil*, 7ª ed., Lisboa, 1992
MARTENS, Klaus-Peter — *Das Arbeitsverhältnis im Konzern*, in F. GAMILLSCHEG (Hrsg.), *25 Jahre Bundesarbeitsgericht*, München, 1979, 367-392
MARTENS, Klaus-Peter — *Die Einheit des Privatrechts und das Arbeitsrecht*, JuS, 1987, 5, 337-344
MARTÍN DE HIJAS, Vicente Conde — vd HIJAS
MARTÍN VALVERDE, Antonio — vd VALVERDE
MARTÍNEZ, Faustino Cavas — *Diversificación versus uniformidad en el Derecho español del Trabajo*, Civitas, 1994, 63, 71-102
MARTINEZ, Pedro Romano — *Contrato de Empreitada*, in MENEZES CORDEIRO (dir.), *Direito das Obrigações*, III, 2ª ed., Lisboa, 1991, 409-561
MARTINEZ, Pedro Romano — *Direito do Trabalho*, I (*Parte Geral*), 3ª ed., Lisboa, 1998, II, tomos 1 e 2 (*Contrato de Trabalho*), 3ª ed., Lisboa, 1999, e II (*Relações Colectivas de Trabalho*), 1994/95
MARTINEZ, Pedro Romano — *Direito do Trabalho. Relatório*, Lisboa, 1998
MARTINEZ, Pedro Romano — *A razão de ser do Direito do Trabalho*, in A. MOREIRA (coord.), *II Congresso Nacional de Direito do Trabalho — Memórias*, Coimbra, 1999, 127-144
MARTINEZ, Pedro Soares — *Manual de Direito Corporativo*, 2ª ed., Lisboa, 1967
MARTINI, Alexis — *La notion du contrat de travail — Étude jurisprudentielle, doctrinale et législative*, Paris, 1912
MARTINS, Ildélio — *Greves atípicas: identificação, caracteres e efeitos jurídicos*, in *Temas de Direito do Trabalho. Direito do Trabalho na Crise. Poder Empresarial. Greves Atípicas. IV Jornadas Luso-Hispano-Brasileiras de Direito do Trabalho*, Coimbra, 1990, 469-490
MARTINS, Margarida Salema d'Oliveira / MARTINS, Afonso d'Oliveira — *Direito das Organizações Internacionais*, II, 2ª ed., Lisboa, 1996

MARTINS, Pedro Furtado — *A relevância dos elementos pessoais na situação jurídica de trabalho subordinado*, RMP, 1991, 47, 35-53
MARTINS, Pedro Furtado — *Despedimento Ilícito, Reintegração na Empresa e Dever de Ocupação Efectiva. Contributo para o Estudo dos Efeitos da Declaração da Invalidade do Despedimento*, Lisboa, 1992
MARTINS, Pedro Furtado — *A crise do contrato de trabalho*, RDES, 1997, 4, 335-368
MARTINS, Pedro Furtado — *Cessação do Contrato de Trabalho*, Cascais, 1999
MAVRIDIS, Vassili — *Eingliederungstheorie, Vertragstheorie und Gemeinschaft*, RdA, 1956, 12, 444-448
MAVRIDIS, Vassili — *Vor- und Nachwirkungen der Fürsorgepflicht im Arbeitsrecht*, ArbuR, 1957, 225-230
MAYDELL, Bernd von — *Zum Verhältnis von Arbeitsrecht und Sozialrecht*, in M. HEINZE / A. SÖLLNER (Hrsg.), *Arbeitsrecht in der Bewährung, Fest. für Otto Rudolf KISSEL*, München, 1994, 761-772
MAYER-MALY, Theo — *Zur Rechtsnatur des Tarifvertrages*, RdA, 1955, 12, 464-465
MAYER-MALY, Theo — *Arbeitsrecht und Privatrechtsordnung*, JZ, 1961, 7, 205-209
MAYER-MALY, Theo — *Probleme der Kodifikation des Arbeitsrechts in Österreich*, JZ, 1961, 18, 553-564
MAYER-MALY, Theo — *Arbeitsrechtskodifikation festgefahren?*, JuBl, 1963, 19/20, 501-507
MAYER-MALY, Theo — *Grundsätztliches zur Kodifikatorischen Ordnung des deutschen Arbeitsrechts*, RdA, 1964, 1-7
MAYER-MALY, Theo — *Römische Grundlagen des modernen Arbeitsrechts*, RdA, 1967, 8/9, 281-286
MAYER-MALY, Theo — *Treue- und Fürsorgepflicht in rechtstheoretischer und rechtsdogmatische Sicht*, in T. TOMANDL, (Hrsg.), *Treue- und Fürsorgepflicht im Arbeitsrecht*, Wien-Stuttgart, 1975, 71-90
MAYER-MALY, Theo — *Vorindustrielles Arbeitsrechts*, RdA, 1975, 1, 59-63
MAYER-MALY, Theo — *Das Gewissen und das Arbeitsrecht*, in *Arbeitsleben und Rechtspflege, Fest. Gerhard MÜLLER*, Berlin, 1981, 325-332
MAYER-MALY, Theo — *Rechtsidee — Rechtswissenschaft — Rechtspolitik*, in M. JUST / M. WOLLENSCHLÄGER / P. EGGERS / H. HABLITZEL (Hrsg.), *Recht und Rechtsbesinnung, Gedächtnisschrift für Günther KÜCHENHOFF (1907-1983)*, Berlin, 1987, 141-148
MAYER-MALY, Theo — *Nationalsozialismus und Arbeitsrecht*, RdA, 1989, 4/5, 233-240
MAYER-MALY, Theo — *Ausgewählte Schriften zum Arbeitsrecht*, Wien, 1991
MAYER-MALY, Theo — *Zivilrechtsentwicklung und Arbeitsrecht*, in T. TOMANDL, *Arbeitsrecht in einer sich wandelnden Rechtsordnung* (Hrsg.), Wien, 1993, 101-113

MAYER-MALY, Theo — *Der Weg zur heutigen Ordnung der Arbeit*, in F. BYDLINSKI / T. MAYER-MALY (Hrsg.), *Die Arbeit: ihre Ordnung — ihre Zukunft — ihr Sinn*, Wien, 1995, 21-33

MAYER-MALY, Theo / MARHOLD, Franz — *Österreichisches Arbeitsrecht*, I e II, Wien — New York, 1987 e 1991

MAZZIOTTI, Manlio — *Il diritto al lavoro*, Milano, 1956

MAZZONI, Giuliano — *Contiene il diritto del lavoro principi generali propri?*, in *Scritti giuridici in onore della CEDAM nel cinquantenario della sua fondazione*, Padova, 1953, 525-533

MAZZONI, Giuliano — *Lineamenti attuali del diritto del lavoro in Italia*, DLav., 1953, 3-12

MAZZONI, Giuliano — *Crisi o evoluzione del diritto del lavoro?*, DLav., 1954, I, 9-19

MAZZONI, Giuliano — *Contenuto e limiti del potere disciplinare dell'imprenditore*, Mass.GL, 1965, 150-160

MAZZONI, Giuliano — *Manuale di diritto del lavoro*, 4ª ed., Milano, 1971

MAZZONI, Giuliano — *Certezza del diritto e autonomia dei privati nell'odierno diritto del lavoro* (1956), in *Scritti minori*, I, Milano, 1979, 153-174

MAZZONI, Giuliano — *L'incidenza dell'evoluzione del diritto del lavoro sulla struttura dell'impresa* (1975), in *Scritti minori*, I, Milano, 1979, 275--285

MAZZONI, Giuliano — *Costo del lavoro: un accordo neo-corporativo*, in V. PANUCCIO (coord. e dir.), *Studi in memoria di Domenico NAPOLETANO*, Milano, 1986, 267-275

MAZZONI, Giuliano (dir.) — *Manuale di diritto del lavoro*, I, II, 6ª ed., Milano, 1988 e 1990

MAZZOTTA, Oronzo — *Rapporto di lavoro, società collegate e statuto dei lavoratori*, Riv.trim.DPC, 1973, 751-804

MAZZOTTA, Oronzo — *Autonomia individuale e sistema del diritto del lavoro*, DLRI, 1991, 3, 489-512

MEHRHOFF, Friedrich — *Die Veränderung des Arbeitgeberbegriffs*, Berlin, 1984

MELGAR, Alfredo Montoya — *Un debate europeo sobre crisis de empleo y reparto de trabajo (El Coloquio Internacional del Centro de Estudios Jurídicos Europeos, Ginebra, 1983)*, Civitas, 1984, 20, 493-502

MELGAR, Alfredo Montoya — *Stato e autonomia collettiva nel ordinamento spagnuolo*, RIDL, 1990, I, 264-284

MELGAR, Alfredo Montoya — *Derecho del Trabajo*, 16ª ed., Madrid, 1995

MELIADÒ, Giuseppe — *Il rapporto di lavoro nei gruppi di società. Subordinazione e imprese a struttura complessa*, Milano, 1991

MELSBACH, Erich — *Deutsches Arbeisrecht — zu seiner Neuordnung*, Berlin-Leipzig, 1923

MENDES, João de Castro — *Introdução ao Estudo do Direito*, Lisboa, 1977

MENDES, João de Castro — *Teoria Geral do Direito Civil*, I, Lisboa, 1978 (*reprint* 1983)
MENGEL, Horst — *Tarifautonomie und Tarifpolitik*, in D. BOEWER / B. GAUL (Hrsg.) *Fest. Dieter GAUL*, Berlin, 1992, 407-427
MENGER — *Das bürgerliche Recht und die besitzlosen Volksklassen*, 1889/1890
MENGONI, Luigi — *Le contrat de travail en droit italien*, in G. BOLDT / G. CAMERLYNCK / P. HORION / A. KAYSER / M. G. LEVENBACH / L. MENGONI, *Le contrat de travail dans les pays membres de la C.E.C.A.*, Paris (s.d.), 415-521
MENGONI, Luigi — *Recenti mutamenti nella strutura e nella gerarchia dell'impresa*, Riv.soc., 1958, 689-724
MENGONI, Luigi — *Il diritto di sciopero*, Milano, 1964
MENGONI, Luigi — *Contratto e rapporto di lavoro nella recente dottrina italiana*, Riv.soc., 1965, 674-688
MENGONI, Luigi — *La Carta sociale europea e la serrata*, RIDL, 1969, I, 20-29
MENGONI, Luigi — *Diritto e valori*, Bologna, 1985
MENGONI, Luigi — *La questione della subordinazione in due trattazioni recenti*, RIDL, 1986, I, 5-19
MENGONI, Luigi — *L'influenza del diritto del lavoro sul diritto civile, diritto processuale civile, diritto amministrativo — diritto civile*, DLRI, 1990, 45, I, 5-23
MENGONI, Luigi — *I principi generali del diritto e la scienza giuridica*, DLav., 1992, I, 3-12
MESQUITA, Manuel Henrique — *Obrigações Reais e Ónus Reais*, Coimbra, 1990
MESTRE, Jacques — *L'influence des relations de travail sur le droit commun des contrats*, DS, 1988, 5, 405-406
MIGLIORANZI, Luigi A. — *Comprensività del diritto del lavoro*, DLav., 1943, 169-175
MIRANDA, Alberto Souto de — *A autonomia do direito comercial*, in José de Oliveira ASCENSÃO (dir.), *As Operações Comerciais — Trabalhos do Curso de Mestrado sob a orientação do Senhor Professor Doutor Oliveira Ascensão*, Coimbra, 1988, 291-348
MIRANDA, Jorge — *A Constituição de 1976. Formação, Estrutura, Princípios Fundamentais*, Lisboa, 1978
MOLITOR, Erich — *Das Wesen des Arbeitsvertrages*, Leipzig, 1925
MOLITOR, Erich — *Arbeitnehmer und Betrieb — zugleich ein Beitrag zur einheitlichen Grundlegung des Arbeitsrechts*, Marburg, 1929
MOLITOR, Erich — *Das deutsche Arbeitsrecht und die Privatrechtswissenschaft*, RdA, 1948, 1, 44-46

MOLITOR, Erich — *Privatrecht und öffentliches Recht im Arbeitsrecht*, RdA, 1951, 7, 254-258
MOLITOR, Erich — *Kündigung des Arbeitsvertrags oder des Arbeitsverhältnisses*, RdA, 1955, 2, 41-46
MONCADA, Luis Cabral de — *Dogmática jurídica*, Verbo, VI, 1638-1639
MONCADA, Luis Cabral de — *Lições de Direito Civil (Parte Geral)*, 4ª ed., Coimbra, 1995
MONTEIRO, António Pinto — *Contrato de Agência (Anotação ao Decreto-Lei nº 178/86, de 3 de Julho)*, Coimbra, 1987
MONTEIRO, António Pinto — *Cláusula Penal e Indemnização*, Coimbra, 1990
MONTESQUIEU — *L'esprit des lois*, Paris, 1864
MONTOYA MELGAR, Alfredo — vd MELGAR
MOREAU, Marie-Ange — *Tendances du droit social communautaire — ombres et brouillard à Maastricht*, DS, 1994, 1, 80-84
MOREAU, Marie Ange — *Brèves observations dans une perspective communautaire*, DS, 1999, 5, 454-458
MOREAU, Yannick — *Transformation de la relation de travail dans les entreprises de service publique*, in A. SUPIOT (dir.), *Le travail en perspectives*, Paris, 1998, 427-442
MOREIRA, António José — *Compêndio de Leis do Trabalho*, 6ª ed., Coimbra, 1999
MOREIRA, Guilherme Alves — *Instituições de Direito Civil, I (Parte Geral)*, Coimbra, 1907
MORENO, Jesús M. Galiano — *Reflexiones sobre el caracter transaccional del Derecho del Trabjo*, in Estudios de Derecho del Trabajo en Memoria del Profesor Gaspar BAYÓN CHACÓN, Madrid, 1980, 537-549
MORIN, Marie-Laure — *La loi et la négociation collective: concurrence ou complémentarité*, DS, 1998, 5, 419-429
MORIN, Marie-Laure — *Louage d'ouvrage et contrat d'entreprise*, in A. SUPIOT (dir.), *Le travail en perspectives*, Paris, 1998, 125-143
MORTARI, Vincenzo Piano — *Dogmatica giuridica — Premessa storica*, Enc.Dir., XIII, Milano, 671-678
MÖSCHEL, Wernhard — *Arbeitsmarkt und Arbeitsrecht*, ZRP, 1988, 2, 48-51
MOURA, João — *A integração do trabalhador na empresa e a forma de remuneração*, ESC, 1962, 4, 42-75
MOURA, José Barros — *Notas para uma Introdução ao Direito do Trabalho*, Lisboa, 1979/80
MOURA, José de Barros — *Compilação de Direito do Trabalho, Sistematizada e Anotada*, Coimbra, 1980
MOURA, José Barros — *A Convenção Colectiva entre as Fontes de Direito do Trabalho*, Coimbra, 1984
MÜCKENBERGER, Ulrich — *Deregulierendes Arbeitsrecht. Die Arbeitsrechtsinitiativen des Regierungskoaliation*, KJ, 1985, 18, 255-270

MÜCKENBERGER, Ulrich — *Regolamentazione statale e autoregolamentazione nel sistema dei rapporti di lavoro*, in *Il Futuro della società e del lavoro*, Milano, 1992, 11-40
MÜCKENBERGER, Ulrich — *La crisi del Welfare State e i mutamenti del diritto del lavoro in Germania*, Riv.GL, 1996, 1, 30-51
MÜCKENBERGER, Ulrich / DEAKIN, Simon — *From deregulation to a European Floor of rights: Labour law, flexibilisation and the European single market*, ZIAS, 1989, 153-207
MÜLLER, Gerhard — *Einflüsse des kollektiven Arbeitsrecht auf das Arbeitsverhältnis (Teil I, II)*, DB, 1967, 21, 903-909, 22, 948-950
MÜLLER, Gerhard — *Weder Sreik noch Aussperrung?*, RdA, 1988, 1, 4-14
MÜLLER-GLÖGE, Rudi — *Münchener Kommentar zum Bürgerlichen Gesetzbuch, IV — Schuldrecht. Besonder Teil II (§§ 607-704)*, 3ª ed., München, 1997, 157-312
MÜLLERREISERT, F. — *Das Arbeisverhältnis als Vertrag und als Gemeinschaft des Personenrechts*, DAR, 1938, 11, 280-283
MUNCK, Jean de — *Les trois crises du droit du travail*, DS, 1999, 5, 443--446

NAPOLETANO, Domenico — *Il lavoro subordinato*, Milano, 1955
NAPOLI, Mario — *La fase di maturità del diritto del lavoro: politica legislativa e ruolo della dottrina*, in *Prospettive del diritto del lavoro per gli anni '80 — Atti del VII Congresso di diritto del lavoro, Bari, 23-25 Aprile 1982*, Milano, 1983, 134-144
NAPOLI, Mario / TREU, Tiziano — *Dalle ragioni del diritto del lavoro ad un diritto del lavoro ragionevole. Rifflessioni sul pensiero di Luigi Mengoni*, Lav.Dir., 1995, 4, 589-613
NEAL, Alan — *Atypical Workforms and European Labour Law*, RdA, 1992, 2, 115-119
NETO, Abílio — *Código Comercial, Código das Sociedades, Legislação Complementar Anotados*, 7ª ed., Lisboa, 1986
NETO, Abílio — *Despedimentos e Contratação a Termo — Notas e Comentários*, Lisboa, 1989
NETO, Abílio — *Contrato de Trabalho — Notas Práticas*, 15ª ed., Lisboa, 1998
NEUMANN, Dirk — *Tarif- und Betriebsautonomie*, RdA, 1990, 5, 257-261
NEUMANN, Dirk — *Der sächsische Entwurf eines Arbeitsvertragsgesetz*, in FARTHMANN / HANAU / ISENHARDT / PREIS (Hrsg.), *Rückblick in Arbeitsgesetzgebung und Arbeitsrechtsprechung*, Fest. E. STAHLHACKER, Berlin, 1995, 349-361
NEUMANN, Franz — *Das Arbeitsrecht in der modernen Gesellschaft*, RdA, 1951, 1, 1-5; também em tradução italiana, sob o título *Il diritto del*

lavoro nella società moderna, in G. VARDARO (dir.), *Il diritto del lavoro fra democrazia e dittatura*, Bologna, 1983, 395-406

NEVES, Ana Fernanda — *Relação Jurídica de Emprego Público*, Coimbra, 1999

NEVES, António Castanheira — *A unidade do sistema jurídico: o seu problema e o seu sentido (Diálogo com Kelsen)*, in *Estudos em Homenagem ao Prof. Doutor J. J. TEIXEIRA RIBEIRO*, II, Coimbra, 1979, 73-184

NEVES, António Castanheira — *Considerações a propósito do direito à greve*, in *Temas de Direito do Trabalho. Direito do Trabalho na Crise. Poder Empresarial. Greves Atípicas. IV Jornadas Luso-Hispano-Brasileiras de Direito do Trabalho*, Coimbra, 1990, 449-452

NICCOLAI, Alberto — *Il recesso dal rapporto di lavoro fra diritto comune e diritto speciale*, Lav.Dir., 1991, 4, 667-689

NIKISCH, Arthur — *Die Grundformen des Arbeitsvertrags und der Anstellungsvertrag*, Berlin, 1926

NIKISCH, Arthur — *Die Bedeutung der Treupflicht für das Arbeitsverhältnis*, DAR, 1938, 7/8, 182-186

NIKISCH, Arthur — *Arbeitsvertrag und Arbeitsverhältnis*, Berlin, 1941

NIKISCH, Arthur — *Individualismus und kollektivismus im heutigen Arbeitsrecht*, RdA, 1953, 3, 81-85

NIKISCH, Arthur — *Dienstpflicht und Arbeitspflicht*, in R. DIETZ / A. HUECK / R. REINHARDT (Hrsg.), *Fest. NIPPERDEY*, München-Berlin, 1955, 65-82

NIKISCH, Arthur — *Die Eingliederung in ihrer Bedeutung für das Arbeitsrecht*, RdA, 1960, 1, 1-5

NIKISCH, Arthur — *Arbeitsrecht*, I e II, 3ª ed., Tübingen, 1961

NIKISCH, Arthur — *Das Arbeitsgesetzbuch und die Lehre vom Arbeitsverhältnis*, in H. C. NIPPERDEY (Hrsg.), *Fest. für Erich MOLITOR*, München-Berlin, 1962, 83-105

NIKISCH, Arthur — *Über «faktische Vertragsverhältnisse»*, in E. v. CAEMMERER / A. NIKISCH / K. ZWEIGERT (Hrsg.), *Vom Deutschen zum Europäischen Recht, Fest. für Hans DOLLE*, I, Tübingen, 1963, 79-102

NIPPERDEY, Hans Carl — *L'évolution du droit du travail dans la République Fédèrale d'Allemagne depuis 1945: I*, RIT, 1954, 1, 27-46

NIPPERDEY, Hans Carl / MOHNEN, Heinz / NEUMANN, Dirk — *Der Dienstvertrag*, Berlin, 1958

NOGLER, Luca — *Metodo tipologico e qualificazione dei rapporti di lavoro subordinato*, RIDL, 1990, I, 182-223

NOGUEIRA, Pedro Roque do Vale de Sá — *As actuais coordenadas do direito comercial face ao direito civil (portugueses)*, in José de Oliveira ASCENSÃO (dir.), *As Operações Comerciais — Trabalhos do Curso de Mestrado sob a orientação do Senhor Professor Doutor Oliveira Ascensão*, Coimbra, 1988, 349-396

NÖRR, Knut Wolfgang — *Grundlinien des Arbeitsrechts der Weimarer Republik*, ZfA, 1986, 4, 403-447
NUNES, Fernando Conceição — *Direito Bancário* (copiogr.), Lisboa, 1992

OGRIS, Werner — *Geschichte des Arbeitsrechts vom Mittelalter bis in das 19.Jahrhundert*, RdA, 1967, 8/9, 286-297
OJEDA AVILÉS — *vd* AVILÉS
OLAVO, Fernando — *Direito Comercial*, I, 2ª ed. (*reprint*), Lisboa, 1974
OLEA, Manuel Alonso — *Alienacion. Historia de una Palavra*, Madrid, 1974
OLEA, Manuel Alonso — *La abstencción normativa en las orígenes del Derecho del Trabajo moderno, in Estudios de Derecho del Trabajo en memoria del Professor Gaspar* BAYON CHACÓN, Madrid, 1980, 13-38
OLEA, Manuel Alonso — *De la Servidumbre al Contrato de Trabajo*, 2ª ed., Madrid, 1987
OLEA, Manuel Alonso — *Huelgas atípicas: identificación, caracteres y efectos jurídicos, in Temas de Direito do Trabalho. Direito do Trabalho na Crise. Poder Empresarial. Greves Atípicas. IV Jornadas Luso-Hispano--Brasileiras de Direito do Trabalho*, Coimbra, 1990, 453-467
OLEA, Manuel Alonso — *Introducción al Derecho del Trabajo*, 5ª ed., Madrid, 1994
OLEA, Manuel Alonso / BAAMONDE, Maria Emilia Casas — *Derecho del Trabajo*, 16ª ed., Madrid, 1998
OLIVEIRA, A. de — *Sistema*, Verbo, XVII, 1975, 282
OLLIER, Pierre-Dominique — *Réflexions sur le droit de se faire justice à soi--même dans les rapports de travail*, DS, 1967, 9/10, 496-505
OLLIER, Pierre-Dominique — *Le droit du travail*, Paris, 1972
ORIHUEL, Francisco Pérez de los Cobos — *La movilidad de los trabajadores en los grupos de sociedades europeos: el caso español*, Doc.Lab., 1991, I, 37-53
ORIHUEL, Francisco Pérez de los Cobos — *El trabajo subordinado como tipo contractual*, Doc.Lab., 1993, I, 39, 29-48
ORTEGA, Santiago González — *La difícil coyuntura del Derecho del Trabajo*, Rel.Lab., 1987, II, 257-279
ORTIZ LALLANA — *vd* LALLANA
OTERO, Paulo — *Conceito e Fundamento da Hierarquia Administrativa*, Coimbra, 1992
OURLIAC, Paul — *Le droit social du Moyen Age, in Histoire du droit social — Mélanges en hommage à Jean* IMBERT, Paris, 1989, 447-456

PALERMO, Antonio — *Sul concetto di lavoro e sullo stato giuridico del lavoratore*, DLav., 1956, I, 202-230

PALERMO, Antonio — *Manuale di diritto del lavoro e della sicurezza sociale,* II, Milano, 1957

PAPALEONI, Marco — *Il rapporto di lavoro,* in G. MAZZONI (dir.), *Manuale di diritto del lavoro,* I, 6ª ed., Milano, 1988, 221-1142

Parecer da Procuradoria-Geral da República n° 123/76-B, de 3/03/1977 — BMJ, 265-57 (transcrito in M. R. PALMA RAMALHO, *Lei da Greve Anotada,* Lisboa, 1994, 105-157

Parecer da Procuradoria-Geral da República n° 184/79, de 24/01/1980 — BMJ, 298-62

Parecer da Procuradoria-Geral da República n° 100/89, de 5/04/1990 — transcrito in M. R. PALMA RAMALHO, *Lei da Greve Anotada,* Lisboa, 1994, 197-218

Parecer da Procuradoria-Geral da República n° 1/99, de 18 de Janeiro — DR, II S, de 3/03/1999, 3171-3181

PARESCE, Enrico — *Dogmatica giuridica,* Enc.Dir., XIII, Milano, 678-712

PAWLOWSKI, Hans-Martin — *Einführung in die Juristische Methodenlehre. Ein Studienbuche zu den Grundlagenfächern Rechtsphilosophie und Rechtstheorie,* Heidelberg, 1986

PEDRAZZOLI, Marcello — *Prestazione d'opera e parasubordinazione,* RIDL, 1984, 506-556

PEDREIRA, Luíz de Pinho — *O direito do trabalho na crise (Brasil),* in *Temas de Direito do Trabalho. Direito do Trabalho na Crise. Poder Empresarial. Greves Atípicas — IV Jornadas Luso-Hispano-Brasileiras de Direito do Trabalho,* Coimbra, 1990, 51-79

PÉLISSIER, Jean — *Le réglement intérieur e les notes de service,* DS, 1982, 1, 75-82

PÉLISSIER, Jean — *La relation de travail atypique,* DS, 1985, 7, 531-539

PÉLISSIER, Jean — *La grève: liberté très surveillée,* Dr.ouv., 1988, 2/3, 59-66

PÉLISSIER, Jean — *Le droit civil et le contrat individuel de travail,* DS, 1988, 5, 387-394

PÉLISSIER, Jean — *Fautes des grèvistes et sanctions patronales,* DS, 1988, 9/10, 650-654

PERA, Giuseppe — *Intervento,* in *Prospettive del diritto del lavoro per gli anni '80 — Atti del VII Congresso Nazionale di Diritto del lavoro, Bari, 23-25 Aprile 1982,* Milano, 1983, 49-56

PERA, Giuseppe — *I contratti di solidarietà,* DLRI, 1984, 699-713

PERA, Giuseppe — *Il diritto di sciopero,* RIDL, 1986, I, 426-492

PERA, Giuseppe — *Der Prozeß der Neuregelung des italienischen Arbeitsrechts,* in *Flexibilisierung des Arbeitsrechts — eine europäische Herausforderung,* ZIAS, 1987, 291-314

PERA, Giuseppe — *Trasformazioni, fusioni e incorporazione nel settore creditizio; profili di diritto del lavoro,* RIDL, 1993, I, 430-448

PERA, Giuseppe — *Sciopero politico e preaviso,* RIDL, 1993, II, 503-641

PERA, Giuseppe — *Compendio di diritto del lavoro*, 4ª ed., Milano, 1996
PEREIRA, André Goncalves / QUADROS, Fausto de — *Manual de Direito Internacional Público*, 3ª ed., Coimbra, 1993
PEREIRA, António Garcia — *O Poder Disciplinar da Entidade Patronal — seu Fundamento*, Lisboa, 1983
PEREIRA, António Garcia — *Temas Laborais*, II, Lisboa, 1992
PEREIRA, Jorge Brito — *Do conceito de obra no contrato de empreitada*, ROA, 1994, 596-622
PEREIRA, Rui Carlos — *A garantia das obrigações emergentes do contrato de trabalho*, Dir., 1974/1987, 225-270
PÉREZ DE LOS COBOS ORIHUEL, Francisco — vd ORIHUEL
PERGOLESI, Ferruccio — *Contratto di lavoro, contratto di opera e contratti affini*, DLav., 1942, I, 201-207
PERGOLESI, Ferruccio — *Lineamenti sistematici del diritto del lavoro*, Riv.DL, 1954, I, 259-290
PERGOLESI, Ferruccio — *Principii costituzionali di diritto del lavoro.*, DLav., 1959, 4, 217-238
PERGOLESI, Ferruccio — *Introduzione al diritto del lavoro*, in U. BORSI / F. PERGOLESI, *Trattato di diritto del* lavoro, I (*Introduzione al diritto del lavoro*), 3ª ed., Padova, 1960, 1-436
PERREAU, C. — Prefácio à obra de A. MARTINI, *La notion du contrat de travail — Étude jurisprudentielle, doctrinale et législative*, Paris, 1912
PERULLI, Adalberto — *Diritto di lavoro e flessibilità. Linee di ricerca*, Lav.Dir., 1989, 3, 397-424
PERULLI, Paolo — *Le relazioni industriali e i due fronti della flessibilità*, DLRI, 1986, 29, 85-105
PESSI, Roberto — *Il potere direttivo dell'imprenditore ed i suoi nuovi limiti dopo la legge 20 maggio 1970, n. 300*, Riv.DL, 1973, 28-105
PESSI, Roberto — *Riflessioni sul diritto del lavoro negli anni' 80*, in *Prospettive del Diritto del lavoro per gli anni' 80 — Atti del VII Congresso Nazionale di Diritto del lavoro, Bari, 23-25 Aprile 1982*, Milano, 1983, 59-78
PESSI, Roberto — *I contratti di solidarietà*, DLav., 1983, I, 419-425
PESSI, Roberto — *I rapporti di lavoro c.d. atipici tra autonomia e subordinazione nella prospettiva dell'integrazione europea*, RIDL, 1992, I, 133-151
PIACENTIN, Mario — *Dogma*, Noviss.DI, VI, 146-147
PICA, Georges — *Le droit du travail à l'épreuve de l'économie (À propos des licenciements collectifs pour motif économique dans les groupes de societés)*, DS, 1994, 1, 26-29
PIGASSOU, Paul — *L'évolution du lien de subordination en droit du travail et de la sécurité sociale*, DS, 1982, 7/8, 578-590
PILATI, Andrea — *Problemi della contrattazione collettiva europea*, RIDL, 1992, I, 369-405

PINTHER, Helmut — *Ist das Arbeitsverhältnis ein personenrechtliches Gemeinschaftsverhältnis?*, ArbuR, 1961, 8, 225-230

PINTO, Carlos Alberto da Mota — *Cessão da Posição Contratual*, Coimbra, 1982

PINTO, Carlos Alberto da Mota — *Teoria Geral do Direito Civil*, 3ª ed., Coimbra, 1985 (reprint 1999)

PINTO, Maria da Glória Ferreira — *Princípio da igualdade: fórmula vazia ou fórmula «carregada» de sentido?*, BMJ, 1986 (358), 19-64

PINTO, Mário F. C. — *Greve — aspectos jurídicos*, Polis, III, 111-121

PINTO, Mário F. C. — *Os conflitos colectivos de trabalho no direito português*, SIv., 1959, 128-138

PINTO, Mário F. C. — *A função do direito do trabalho e a crise actual*, RDES, 1986, 1, 33-63

PINTO, Mário F. C. — *Die Flexibilisierung des Arbeitsrechts — eine europäische Herausforderung? (Portugal)*, in *Flexibilisierung des Arbeitsrechts — eine europäische Herausforderung*, ZIAS, 1987, 346-353

PINTO, Mário F. C. — *Garantia de emprego e crise económica. Contributo ensaístico para um novo conceito*, DJ, 1987/88, III, 141-162

PINTO, Mário F. C. — *L'assouplissement du temps de travail*, DJ, 1992, VI, 125-148

PINTO, Mário F. C. — *Direito do Trabalho — Introdução. Relações Colectivas de Trabalho*, Lisboa, 1996

PINTO, Mário F. C. / MARTINS, Pedro Furtado / CARVALHO, António Nunes de — *Comentário às Leis do Trabalho*, I, Lisboa, 1994

PIRON, Jacques / DENIS, Pierre — *Le droit des relations collectives du travail en Belgique*, Bruxelles, 1970

PISANI, Andrea Proto — *L'influenza del diritto del lavoro su diritto civile, diritto processuale civile, diritto amministrativo — diritto processuale civile*, DLRI, 1990, I, 23-38

PISANI, Carlo — *Rapporto di lavoro e nuove tecnologie*, DLRI, 1988, 2, 293-340

PIZZIO-DELAPORTE, Corinne — *La situation du salarié mobile dans le groupe de dimension communautaire*, DS, 1994, 11, 914-922

PLANIOL, Marcel — *Traité élémentaire de droit civil*, 6ª ed., II, Paris, 1912

PLAZA, José Luís Tortuero — *A insegurança do emprego: causas, instrumentos e políticas legislativas*, in A. MOREIRA (coord.), *X Jornadas Luso-Hispano-Brasileiras de Direito do Trabalho — Anais*, Coimbra, 1999, 69-90

POLICARPO, João de Almeida — *A colaboração na empresa — noção e fundamentos do princípio da colaboração*, ESC, 1962, 1, 72-82

POLICARPO, João de Almeida — *Conciliação dos conflitos colectivos de trabalho*, ESC, 1965, 13, 36-58

POLICARPO, João de Almeida — *O regulamento de empresa — sua função,* ESC, 1969, 29, 15-32
POLICARPO, João de Almeida — *O direito de reclamação do trabalhador,* ESC, 1969, 32, 41-60
POLICARPO, João Francisco de Almeida / FERNANDES, António de Lemos Monteiro — *Fundamento do poder disciplinar,* ESC, 1967, 24, 17-51
POSO, Vincenzo A. — *Esercizio del diritto di sciopero e interesse collettivo,* RIDL, 1988, II, 150-151
POTHOFF, Heinz — *Probleme des Arbeitsrecht,* Jena, 1912
POTHOFF, Heinz — *Ist das Arbeitsverhältnis ein Schuldverhältnis?,* ArbR, 1922, 5, 267-284
POTHOFF, Heinz — *Das Deutsche Arbeitsrecht,* Berlin, 1935
POTHOFF, Heinz — *Die Einwirkung der Reichsverfassung auf das Arbeitsrecht,* in Thilo RAMM (Hrsg.), *Arbeitsrecht und Politik. Quellentexte (1918-1933),* Luchterland, 1966, 1-77
PREIS, Ulrich — *Perspektiven der Arbeitsrechtswissenchaft,* RdA, 1955, 6, 333-343
PREIS, Ulrich — *Ist die Kodifikation des Arbeitsverhältnisrechts im Zuge der deutsch-deutschen und europäischen Rechtsangleichung erforderlich?,* ZRP, 1990, 8, 311-314
PREIS, Ulrich — *Die Zeit ist reif für ein modernes Arbeitsvertragsrecht,* AuA, 1996, 2, 41-46
PROENÇA, Alexandre — *Trabalho subordinado («locatio conductio operum») ou autónomo («locatio conductio operis»)?,* SIv., 1978, XXVII, 295-318
PROSPERETTI, Ubaldo — *I contratti collettivi di lavoro,* Riv.DL, 1953, 46-69
PROSPERETTI Ubaldo — *La posizione professionale del lavoratore subordinato,* Milano, 1958
PROSPERETTI, Ubaldo — *Problemi di diritto del lavoro,* I e II, Milano, 1970
PUGLIATI, Salvatore — *Autonomia — autonomia privata,* Enc.Dir., IV, 366-369
PUIGELIER, Catherine — *Indépendance et dépendance des statuts de salarié et de mandataire social (un exemple de paradoxe juridique),* DS, 1993, 11, 837-840

Quadros de Pessoal do Ministério para a Qualificação e o Emprego de 1996
QUADROS, Fausto de — *Direito Europeu das Sociedades,* in *Estruturas Jurídicas da Empresa — Curso do Centro de Estudos da Ordem dos Advogados em intercâmbio com a Faculdade de Direito da Universidade Clássica de Lisboa,* Lisboa, 1989, 151-181
QUADROS, Fausto de — *Os Conselhos de Disciplina na Administração Consultiva Portuguesa,* Lisboa, 1974
QUEIRÓ, Afonso Rodrigues — *Teoria dos Regulamentos,* RDES, 1980, 1/2/3/4, 1-19, e 1986, 1, 5-32

RABAGLIETTI, M. F. — *Introduzione alla teoria del lavoro nell'impresa*, Milano, 1956

RABIE, Hamed A. — *Lo sciopero e il diritto*, DLav., 1959, I, 9-27

RADBRUCH, Gustav — *Introducción a la Ciencia del Derecho* (trad. espanhola), Madrid, 1930

RAMALHO, Maria do Rosário Palma — *Greves de maior prejuízo — notas sobre o enquadramento jurídico de quatro modalidades de comportamento grevista (greves intermitentes, rotativas, trombose e retroactivas)*, Rev.AAFDL, 1986, 5, 67-115

RAMALHO, Maria do Rosário Palma — *Do Fundamento do Poder Disciplinar Laboral*, Coimbra, 1993

RAMALHO, Maria do Rosário Palma — *Sobre os acidentes de trabalho em situação de greve*, ROA, 1993, III, 521-574

RAMALHO, Maria do Rosário Palma — *Lei da Greve Anotada*, Lisboa, 1994

RAMALHO, Maria do Rosário Palma — *Igualdade de tratamento entre trabalhadores e trabalhadoras em matéria remuneratória: a aplicação da Directiva 75/117/CE em Portugal*, ROA, 1997, 159-181

RAMALHO, Maria do Rosário Palma — *Sobre os limites do poder disciplinar laboral*, in A. MOREIRA (coord.), *I Congresso Nacional de Direito do Trabalho — Memórias*, Coimbra, 1998, 181-198

RAMALHO, Maria do Rosário Palma — *Insegurança ou diminuição do emprego? A rigidez do sistema jurídico português em matéria de cessação do contrato de trabalho e de trabalho atípico*, in A. MOREIRA (coord.), *X Jornadas Luso-Hispano-Brasileiras de Direito do Trabalho — Anais*, Coimbra, 1999, 91-102

RAMM, Thilo — *Die Parteien des Tarifvertrages. Kritik und Neubegründung der Lehre vom Tarifvertrag*, Stuttgart, 1961

RAMM, Thilo — *Das Recht des Arbeitskampfes nach der Rechtsprechung des Bundesarbeitsgerichts*, JZ, 1961, 9, 273-275

RAMM, Thilo — *Der Begriff Arbeitskampf*, AcP, 1961, 336-365

RAMM, Thilo — *Arbeitsrecht und Politik. Quellentexte (1918-1933)*, Luchterland, 1966

RAMM, Thilo — *Die Arbeitsverfassung des Kaiserreichs, Fest. Walter MALLMANN*, Baden-Baden, 1978, 191-211

RAMM, Thilo — *La natura giuridica del contratto collettivo*, DLRI, 1984, 24, 797--817

RAMM, Thilo — *Das deutsche kollektive Arbeitsrecht zwischen den beiden Weltkriegen*, ZfA, 1988, 2, 157-173

RAMM, Thilo — *Bundesverfassungsgericht und kollektives Arbeitsrecht*, ArbuR, 1988, 12, 367-373

RAMM, Thilo — *Zur Soziologie der Arbeitsrechtswissenschaft*, in M. HEINZE / A. SÖLLNER (Hrsg.), *Arbeitsrecht in der Bewährung, Fest. für Otto Rudolf KISSEL*, München, 1994, 915-939

RAMOS, Rui Manuel Moura — *Da Lei Aplicável ao Contrato de Trabalho Internacional*, Coimbra, 1990

RATH, Fritz — *Flexibilisierung des Arbeitsrechts (Europäische Gewerkschaftsbund)*, in *Flexibilisierung des Arbeitsrechts — eine europäische Herausforderung*, ZIAS, 1987, 371-376

RAULINE, Hélène — *Le travail ilégal*, DS, 1994, 2, 123-126

RAY, Jean-Emmanuel — *Contrôle minimum ou contrôle normal du juge judiciaire en matière disciplinaire?*, DS, 1987, 4, 365-367

RAY, Jean-Emmanuel — *Mutation économique et droit du travail*, in *Les Transformations du droit du travail. Études offertes à G. LYON-CAEN*, Paris, 1989, 11-31

RAY, Jean-Emmanuel — *Droit public et droit social en matière de conflits collectifs*, DS, 1991, 3, 220-230

RAY, Jean-Emmanuel — *1988-1991: un nouveau droit jurisprudentiel de la grève*, DS, 1991, 9/10, 715-726

RAY, Jean-Emmanuel — *Les pouvoirs de l'employeur à l'occasion de la grève. Évolution jurisprudentielle et légale (1988-1991)*, DS, 1991, 11, 768-782

RAY, Jean-Emmanuel — *Nouvelles technologies et nouvelles formes de subordination*, DS, 1992, 6, 525-537

RAY, Jean-Emmanuel — *Du Germinal à Internet. Une nécessaire évolution du critère du contrat de travail*, DS, 1995, 7/8, 634-637

RAY, Jean Emmanuel — *Le droit du travail à l'épreuve du télétravail: le statut du télétravailleur*, DS, 1996, 2, 121-127

RAY, Jean-Emmanuel — *De l'ANI du 31 octobre 1995 à la loi Aubry de 1998*, DS, 1998, 4, 312-315

RAY, Jean-Emmanuel — *Du collectif à l'individuel. Les oppositions possibles*, DS, 1998, 4, 347-354

REDENTI, Enrico — *Variazioni sul tema del verbo comandare*, Riv.trimm.DPC, 1959, 777-794

REDINHA, Maria Regina Gomes — *Empresas de trabalho temporário*, RDE, 1984/85, 137-171

REDINHA, Maria Regina Gomes — *A Relação Laboral Fragmentada — Estudo sobre o Trabalho Temporário*, Coimbra, 1995

REDINHA, Maria Regina — *O teletrabalho*, in A. MOREIRA (coord.), *II Congresso Nacional de Direito do Trabalho — Memórias*, Coimbra, 1999, 81-102

REDMOND, Mary — *Flexibility / Labour Law in Ireland*, in *Flexibilisierung des Arbeitsrechts — eine europäische Herausforderung*, ZIAS, 1987, 289-290

REHHAHN, Hans — *Der inhaltsleere Arbeitsvertrag und die Betriebsnormen*, ArbuR, 1963, 238-244

RENARD, G. — *La théorie de l'institution. Essai d'ontologie juridique*, I, Paris, 1930

RESCIGNO, Pietro — *Sui principi generali del diritto*, Riv.trim.DPC, 1992, 2, 379-396
RESENDE, Feliciano Tomás de — *As prestações das partes no contrato de trabalho*, ESC, 1969, 32, 9-40
REUTER, Dieter — *Streik und Aussperrung*, RdA, 1975, 5, 275-288
REUTER, Dieter — *Das Verhältnis von Individualautonomie, Betriebsautonomie und Tarifautonomie*, RdA, 1991, 4, 193-204
RIBEIRO, José Joaquim Teixeira — *Lições de Direito Corporativo*, I, Coimbra, 1938
RICHARDI, Reinhard — *Kolletivgewalt und Individualwille bei der Gestalttung des Arbeitsverhältnisses*, München, 1968
RICHARDI, Reinhard — *Arbeitsrecht und Zivilrecht*, ZfA, 1974, 1, 3-27
RICHARDI, Reinhard — *Entwicklungstendenzen der Treue- und Fürsorgepflicht in Deutschland*, in T. TOMANDL (Hrsg.), *Treue- und Fürsorgepflicht im Arbeitsrecht*, Wien-Stuttgart, 1975, 41-70
RICHARDI, Reinhard — *Eingriff in eine Arbeitsvertragsregelung durch Betriebsvereinbarung*, RdA, 1983, 4, 201-217
RICHARDI, Reinhard — *Arbeitnehmerbegriff und Arbeitsvertrag*, in D. WILKE (Hrsg.), *Fest. zum 125jährigen Bestehen der Juristischen Gesellschaft zu Berlin*, Berlin — New York, 1984, 607-624
RICHARDI, Reinhard — *Arbeitskampfbegriff und Arbeitskampfrecht*, in D. BICKEL / W. HADDING / V. JAHNKE / G. LÜKE (Hrsg.), *Recht und Rechtserkenntnis, Fest. für Ernst WOLF*, Köln — Berlin — Bonn — München, 1985, 549-564
RICHARDI, Reinhard — *Der Arbeitsvertrag im Zivilrechtssystem*, ZfA, 1988, 3, 221-225
RICHARDI, Reinhard — *J. von Staudingers Kommentar zum Bürgerlichen Gesetzbuch mit Einführungsgesetz und Nebengesetzen*, 13ª ed., II — *Recht der Schuldverhältnisse (§§ 611-615)*, Berlin, 1999
RICHTER, Lutz — *Grundverhältnisse des Arbeitsrechts — Einführende Darstellung des gesamten Arbeitsrechts*, Berlin, 1928
RIDEOUT, Roger W. — *Principles of Labour Law*, London, 1972
RIPERT, Georges — *Aspects juridiques du capitalisme moderne*, 2ª ed., Paris, 1951
RIPERT, Georges — *Les forces créatrices du droit*, Paris, 1955
RIVERO, Jean — *La réglementation de la grève*, DS, 1948, 2, 58-65
RIVERO, Jean / SAVATIER, Jean — *Droit du travail*, 8ª ed., Paris, 1981
ROBERTI, Giovanni — *Il rapporto di lavoro e l'azienda*, DLav., 1940, I, 33-37
ROBERTI, Giovanni — *Espansione e sviluppo del diritto del lavoro*, DLav., 1964, I, 31-46
ROBERTI, Giovanni — *Spunti di evoluzione in senso participazionista del rapporto di lavoro*, in *Prospettive del diritto del lavoro per gli anni'80 — Atti del VII Congresso nazionale di Diritto del lavoro, Bari, 23-25 Aprile 1982*, Milano, 1983, 56-59.

ROBERTIS, Francesco M. de — *I rapporti di lavoro nel diritto romano*, Milano, 1946

ROCCA, Giuseppe della — *Le trasformazioni nell'organizzazione dell'impresa e del lavoro*, in *Il futuro della società e del lavoro*, Milano, 1992, 41-59

ROCHA, Isabel / PIMENTA, Nuno Gustavo (coord.) — *Trabalho — Legislação*, Porto, 1999

ROCHA, M. A. Coelho da — *Instituições de Direito Civil Portuguez*, II, 4ª ed., Coimbra, 1857

RODD, Max — *Aspects de la législation applicable aux fonctionnaires aux Pays-Bas*, in A. SUPIOT (dir.), *Le travail en perspectives*, Paris, 1998, 403-411

RODIÈRE, Pierre — *Construction europeéne et droit du travail*, in *Les transformations du droit du travail. Études offertes à G. LYON-CAEN*, Paris, 1989, 33-49

RODRIGUEZ-PIÑERO, Miguel — *Flexibilidad: un debate interesante o un debate interesado?*, Rel.Lab., 1987, I, 14-18

RODRIGUEZ-PIÑERO, Miguel — *Contratación temporal y nuevas formas de empleo*, Rel.Lab., 1989, I, 49-55

RODRIGUEZ-PIÑERO, Miguel — *La flessibilità e il diritto del lavoro spagnolo*, in M. D'ANTONA (dir.), *Politiche di flessibilità e mutameni del diritto del lavoro. Italia e Spagna*, Napoli, 1990, 205-227

RODRIGUEZ-PIÑERO, Miguel — *La huida del Derecho del Trabajo*, Rel.Lab., 1992, I, 85-92

ROMAGNOLI, Umberto — *Lavoratori e sindacati tra vecchio e nuovo diritto*, Bologna, 1974

ROMAGNOLI, Umberto — *Alle origini del diritto del lavoro: l'età pre--industriale*, RIDL, 1985, 514-527

ROMAGNOLI, Umberto — *Diritto del lavoro: quando e perchè?*, in *Studi in Memoria di Mariano OFFEDU*, Padova, 1988, 541-555

ROMAGNOLI, Umberto — *Origini, sviluppo e contraddizione del paradigma lavoro subordinato — Introduzzione*, in Marcello PEDRAZZOLI (dir.), *Lavoro subordinato e dintorni — comparazioni e prospettive*, Bologna, 1989, 15-24

ROMAGNOLI, Umberto — *Il diritto di sciopero: ieri e oggi*, Riv.trim.DPC, 1991, 4, 1165-1174

ROMAGNOLI, Umberto — *Egualizanze e differenze nel diritto del lavoro*, DLRI, 1994, 3, 545-565

ROMANO, Santi — *L'ordinamento giuridico*, 2ª ed., Firenze, 1945

ROPPO, Enzo — *O Contrato* (trad. portuguesa de A. Coimbra e M. J. C. Gomes), Coimbra, 1988

ROSCHER, Helmut — *Die Anfänge des modernen Arbeitsrecht — Ein Beitrag zur Geschichte des Jugendarbeitsschutzes unter besonderer Berücksichtigung der Entwicklung in Preußen*, Frankfurt — Bern — New York

ROTSCHILD-SOURIAC, Marie-Armelle — *Les accords de groupe, quelques difficultés juridiques*, DS, 1991, 6, 491-496

ROUAST, André / DURAND, Paul — *Précis de législation industrielle (Droit du travail)*, Paris, 1943

ROUAST, André / DURAND, Paul — *Précis de droit du travail*, 2ª ed., Paris, 1961

ROUBIER, Paul — *Les prérogatives juridiques*, Arch.Ph.Dr., 1960, V, 65-131

ROUDIL, Albert — *La génèse du droit du travail*, in F. COLLIN / R. DHOQUOIS / P. H. GOUTIERRE / A. JEAMMAUD / G. LYON-CAEN / A. ROUDIL, *Le droit capitaliste du travail*, Grenoble, 1980, 23-54

ROUDIL, Albert — *Le droit du travail au regard de l'informatisation*, DS, 1981, 4, 307-319

ROY, Thierry Le — *Droit du travail ou droit du chômage?*, DS, 1980, 6, 299-301

RÜCKERT, Joachim — *Philipp Lotmar Schriften zur Arbeitsrecht, Zivilrecht und Rechtsphilosophie*, Frankfurt am M., 1992

RUIVO, Margarida / GONZÁLEZ, Maria do Pilar / VAREJÃO, José M. — *Why is part-time work so low in Portugal and Spain*, in J. O'REILLY / C. FAGAN (dir.), *Part-Time Prospects — An international comparison of part-time work in Europe, North America and the Pacific Rim*, London — New-York, 1998, 199-213

RÜMELIN, Gustav — *Dienstvertrag und Werkvertrag*, Tübingen, 1905

RUNGGALDIER, Ulrich — *Tendances actuelles du droit du travail italien*, DS, 1985, 12, 856-862

RUSCIANO, Mario — *Il contratto collettivo*, in P. RESCIGNO (dir.), *Trattato di diritto privato*, 15 — *Impresa e lavoro*, I, 1986, 3-165

RUSCIANO, Mario — *Prospettive di reforma tra «desregulation» e nuove regole*, Lav.Dir., 1990, 2, 298-305

RUSSOMANO, Mozart Vitor — *I fondamenti del diritto del lavoro*, DLav., 1954, I, 229-247

RÜTHERS, Bernd — *Das Arbeitsrecht im Wandel der Industriegesellschaft*, in *Aktuelle Fragen des Arbeitsrechts*, Paderborn, 1972, 7-22

RÜTHERS, Bernd — *Die unbegrenzte Auslegung. Zum Wandel der Privatordnung im Nationalsozialismus*, 2ª ed., Frankfurt, 1973

RÜTHERS, Bernd — *Funktionswandel im Arbeitsrecht*, ZfA, 1988, 3, 257--265

RÜTHERS, Bernd — *35 Jahre Arbeitsrecht in Deutschland*, RdA, 1995, 6, 326-333

RÜTHERS, Bernd — *Arbeitsrecht und Ideologie*, in H. G. LESER (Hrsg.), *Arbeitsrecht und Zivilrecht in Entwicklung, Fest. Hyung BAE-KIM*, Berlin, 1995, 103-124

SAINT-JEVIN, Pierre — *Existe-t-il un droit commun du contrat de travail*, DS, 1981, 7/8, 514-518
SANSEVERINO, Luisa Riva — *Contratto colletivo di lavoro*, Enc.Dir., X, Milano, 55-77
SANSEVERINO, Luisa Riva — *Il lavoro nell'impresa*, in A. SCIALOJA (dir.), *Commentario del codice civile, Libro V — Del lavoro (art. 2188º-2246º)*, 2ª ed., Bologna-Roma, 1943
SANSEVERINO, Luisa Riva — *Contratto individuale di lavoro*, in U. BORSI / / F. PERGOLESI, *Trattato di diritto del lavoro*, II (*Il conttrato di lavoro*), 3ª ed., Padova, 1958, 1-379
SANSEVERINO, Luisa Riva — *Il contratto individuale di lavoro nell'ordinamento positivo italiano*, Riv.DL, 1958, I, 204-220
SANSEVERINO, Luisa Riva — *Lavoro autonomo*, in A. SCIALOJA / G. BRANCA (dir.), *Commentario del Codice civile, libro V — Del lavoro (art. 2188º-2246º)*, 2ª ed., Bologna-Roma, 1963
SANSEVERINO, Luisa Riva — *Diritto del lavoro*, 14ª ed., Padova, 1982
SANTONI, Francesco — *Il diritto del lavoro e i suoi confini*, in *Prospettive del Diritto del lavoro per gli anni '80 — Atti del VII Congresso di Diritto del lavoro, Bari, 23-25 Aprile 1982*, Milano, 1983, 163-168
SANTONI, Francesco — *La diversificazione dei rapporti di lavoro*, in M. D'ANTONA (dir.), *Politiche di flessibilità e mutamenti del Diritto del lavoro. Italia e Spagna*, Napoli, 1990, 73-88
SANTORO-PASSARELLI, Francesco — *Autonomia — autonomia colletiva*, Enc. Dir., IV, Milano, 369-372
SANTORO-PASSARELLI, Francesco — *Spirito del diritto del lavoro*, DLav., 1948, I, 273-276
SANTORO-PASSARELLI, Francesco — *Autonomia colletiva, giuridizione, diritto di sciopero*, in *Studi giuridici in onore di Francesco CARNELUTTI*, IV, Padova, 1950, 438-460
SANTORO-PASSARELLI, Francesco — *Lineamenti attuali del diritto del lavoro in Italia*, DLav., 1953, 3-12
SANTORO-PASSARELLI, Francesco — *Soggetività dell'impresa*, in *Scritti in Memoria di Alessandro GRAZIANI*, V — *Impresa e società*, Napoli, 1968, 1767-1773
SANTORO-PASSARELLI, Francesco — *Specialità del diritto del lavoro*, in *Studi in memoria di Tulio ASCARELLI*, IV, Milano, 1969, 1975-1994
SANTORO-PASSARELLI, Francesco — *Libertà e autorità nel diritto civile*, Padova, 1977
SANTORO-PASSARELLI, Francesco — *Autonomia colletiva e libertà sindacale*, RIDL, 1985, I, 137-141
SANTORO-PASSARELLI, Francesco — *Nozioni di diritto del lavoro*, 35ª ed., Napoli, 1995
SANTORO-PASSARELLI, Giuseppe — *Il lavoro parasubordinato*, Milano, 1983

SANTOS, A. Ary dos — *Acidentes de Trabalho,* Lisboa, 1932
SANTOS, António Marques dos — *Direito Internacional Privado — Sumários,* Lisboa, 1987 (reprint 1999)
SANTOS, Boaventura Sousa / REIS, José / MARQUES, Maria Manuel Leitão — *O Estado e as transformações recentes da relação salarial — a transição para um novo modelo de regulação da economia,* in *Temas de Direito do Trabalho. Direito do Trabalho na Crise. Poder Empresarial. Greves Atípicas — IV Jornadas Luso-Hispano-Brasileiras de Direito do Trabalho,* Coimbra, 1990, 139-179
SARAMITO, François — *Le droit du travail en question,* Dr.ouv., 1986, 1, 39-44
SAVATIER, Jean — *Le groupe de societés et la notion d'entreprise en droit du travail,* in *Études de droit du travail offertes à André BRUN,* Paris, 1974, 527-546
SAVATIER, Jean — *L'amnistie des sanctions disciplinaires dans les entreprises,* DS, 1981, 9/10, 609-620
SAVATIER, Jean — *Pouvoir patrimonial e direction des personnes,* DS, 1982, 1, 1-10
SAVATIER, Jean — *La responsabilité civile des syndicats à l'occasion des grèves,* DS, 1983, 3, 175-183
SAVATIER, Jean — *Droit de grève. Jurisprudence commentée,* DS, 1983, 4, 225-229
SAVATIER, Jean — *La distinction de la grève et de l'action syndicale,* DS, 1984, 1, 53-58
SAVATIER, Jean — *Les formes de l'avertissement disciplinaire et le rôle du juge des référés prud'homal dans le contrôle des sanctions disciplinaires — jurisprudence commentée,* DS, 1984, 3, 184-189
SAVATIER, Jean — *Le caractère illicite de l'occupation des locaux de travail par les grèvistes et le juge compétent pour ordonner l'expulsion,* DS, 1985, 1, 15-19
SAVATIER, Jean — *Accords d'entreprise atypiques,* DS, 1985, 3, 188-193
SAVATIER, Jean — *La répression d'actes de violence commis au cours d'une grève: l'affaire Citroën,* DS, 1986, 3, 228-235
SAVATIER, Jean — *Le contrôle judiciaire du pouvoir disciplinaire de l'employeur depuis la loi du 4 août 1982,* DS, 1986, 6, 501-505
SAVATIER, Jean — *Les accords collectifs d'intéressement et de participation,* DS, 1988, 1, 89-98
SAVATIER, Jean — *La liberté dans le travail,* DS, 1990, 1, 49-58
SAVATIER, Jean — *La protection de la vie privée des salariés,* DS, 1992, 4, 329-336
SAVATIER, Jean — *La nullité des sanctions disciplinaires prises contre des grèvistes en l'absence de faute lourde,* DS, 1993, 3, 291-294
SAVINO, M. — *Il lavoro nei rapporti di diritto privato,* Torino, 1950

SCELLE, Georges — *Le droit ouvrier — Tableau de la législation française actuelle*, 2ª ed., Paris, 1929

SCHAUB, Günther — *Arbeitsrecht Handbuch*, 6ª ed., München, 1987

SCHELP, Günther — *Es muß der Anfang gemacht werden — Betrachtungen zur Schaffung eines Gesetzbuchs der Arbeit*, RdA, 1960, 4, 127-133

SCHMIDT, Otto — *Kritische Gedanken zu Kollektivwirkung, Individualbereich und personenrechtlichem Gemeinschaftsdenken im Arbeitsrecht*, AcP, 1963, 162, 4, 305-353

SCHMITT, Carl — *Sobre as três modalidades científicas do pensamento jurídico* (1934), trad. portuguesa, BMJ, 1951, 26, 5-39, e 27, 5-35

SCHNORR, Gerhard — *Grundfragen der Arbeitsrechtsdogmatik in der Bundesrepublik Deutschland und in Österreich*, RdA, 1979, 6, 387-393

SCHNORR, Gerhard — *I contratti collettivi in una Europa integrata*, RIDL, 1993, I, 319-338

SCHOLZ, Rupert — *Rechtsfragen zur verweisung zwischen Gesetz und Tarifvertrag*, in T. MAYER-MALY / R. RICHARDI / H. SCHAMBECK / W. ZÖLLNER (Hrsg.), *Arbeitsleben und Rechtspflege, Fest. für Gehrard MÜLLER*, Berlin, 1981, 509-536

SCHWERDTNER, Peter — *Fürsorgetheorie und Entgelttheorie im Recht der Arbeitsbedingungen*, Heidelberg, 1970

SCHWERDTNER, Peter — *Gemeinschaft, Treue, Fürsorge — oder: die Himmelfahrt des Wortes*, ZRP, 1970, 3, 62-67

SCHWERDTNER, Peter — *Fürsorge- und Treuepflichten im Gefüge des Arbeitsverhältnis oder: vom Sinn und Unsinn einer Kodifikation des Allgemein Arbeitsvertragsrechts*, ZfA, 1979, 1-42

SCHWERDTNER, Peter — *Das Tarifdispositive Richterrecht als Methodenproblem*, in *Arbeitsrecht und juristische Methodenlehre*, Neuwied — Darmstadt, 1980, 109-130

SCIARRA, Silvana — *Un diritto del lavoro «post-moderno»?*, in *Prospettive del lavoro per gli anni'80 — Atti del VII Congresso di diritto del lavoro, Bari, 23-25 Aprile 1982*, Milano, 1983, 224-229

SCONAMIGLIO, Renato — *Considerazioni sull'oggetto del diritto del lavoro*, Riv.DL, 1964, I, 3-20

SCONAMIGLIO, Renato — *Autonomia sindacale ed efficacia del contratto collettivo di lavoro*, in *Studi in Onore di Francesco SANTORO-PASSARELLI*, V, Napoli, 1972, 963-1001

SCONAMIGLIO, Renato — *Per una nuova filosofia del diritto del lavoro*, in *Prospettive del Diritto del lavoro per gli anni '80 — Atti del VII Congresso Nazionale di Diritto del lavoro, Bari, 23-25 Aprile 1982*, Milano, 1983, 43-49

SCONAMIGLIO, Renato — *Diritto del lavoro*, 5ª ed., Napoli, 2000

SÉGUIN, Philippe — *L'adaptation du droit du travail*, DS, 1986, 12, 828-833

SENDIN, Paulo — *Lições de Direito Comercial e de Direito da Economia*, I, Lisboa, 1979/80

SERRA, Adriano Paes da Silva Vaz — *A revisão geral do Código Civil — Alguns factos e comentários*, BMJ, 1947, 2, 24-76

SERRA, Adriano Paes da Silva Vaz — *Objecto da obrigação. A prestação — suas espécies, conteúdo e requisitos*, BMJ, 1958, 74, 15-282

SERRA, Adriano Paes da Silva Vaz — *Efeitos dos contratos (princípios jurídicos)*, BMJ, 1958, 74, 333-369

SERRA, Adriano Paes da Silva Vaz — *Empreitada*, BMJ, 1965, 145, 19-190, e 146, 33-247

SERVAIS, Jean-Michel — *Pluralité des formes d'emploi et normes de l'OIT*, DS, 1989, 2, 136-143

SERVAIS, Jean-Michel — *Le droit international du travail en mouvement: déploiment et approches nouvelles*, DS, 1991, 5, 447-452

SERVAIS, Jean-Michel — *Le couple travail-emploi et son évolution dans les activités de l'OIT, avec une référence spécifique au travail indépendant*, in A. SUPIOT (dir.), *Le travail en perspectives*, Paris, 1998, 145-159

SIEBERT, Wolfgang — *Das Arbeitsverhältnis in der Ordnung der nationalen Arbeit*, Berlin, 1935

SIEBERT, Wolfgang — *Die Entwicklung der Lehre vom Arbeitsverhältnis im Jahre 1936*, DAR, 1937, 1, 14-19

SIEBERT, Wolfgang — *Die Begründung des Arbeitsverhältniss*, DAR, 1937, 11, 305-310 e 338-342

SIEBERT, Wolfgang — *Das Recht der Arbeit — Systematische Zusammenstellung der wichtigsten arbeitsrechtlichen Vorschriften*, 5ª ed., Berlin — Leipzig — Wien, 1944

SIEBERT, Wolfgang — *Kollektivnorm und Individualrecht im Arbeitsverhältnis*, in R. DIETZ / A. HUECK / R. REINHARDT (Hrsg.), *Fest. für Hans Carl NIPPERDEY*, München — Berlin, 1955, 119-145

SIEBERT, Wolfgang — *Einige Grundgedanken des gegenwärtigen Arbeitsrecht*, RdA, 1956, 1, 13-17

SIEBERT, Wolfgang — *Einige Entwicklungslinien im neueren Individualarbeitsrecht*, RdA, 1958, 10, 366-370

SIEBERT, Wolfgang — *Beiträge zum System des geltenden Arbeitsrecht*, RdA, 1959, 5, 167-173

SILVA, João Moreira da — *Direitos e Deveres dos Sujeitos da Relação Individual de Trabalho*, Coimbra, 1983

SILVA, Luís Gonçalves da — *A Portaria de Extensão: Contributo para o seu Estudo* (copiogr.), Lisboa, 1999

SILVA, Maria da Conceição Tavares da — *Trabalho no domicílio*, ESC, 1962, 4, 13-41

SILVA, Maria da Conceição Tavares da — *Direito do Trabalho* (copiogr.), Lisboa, 1964-65

SIMI, Valente — *La funzione del diritto di sciopero*, Riv.DL, 1976, I, 281-298

SIMITIS, Spiros — *Il diritto del lavoro e la riscoperta dell'individuo*, DLRI, 1990, 87-113
SINAY, Hélène — *La grève*, in G. H. CAMERLYNCK (dir.), *Traité de Droit du travail*, VI, Paris, 1966
SINAY, Hélène — *Le statut juridique des cadres dirigeants*, DS, 1982, 1, 70-74
SINAY, Hélène / JAVILLIER, Jean-Claude — *La grève — mise à jour au 1er janvier 1979*, in G. H. CAMERLYNCK (dir.), *Traité de Droit du travail*, VI, Paris, 1979
SINZHEIMER, Hugo — *Der korporative Arbeitsnormenvertrag*, I, II, Leipzig, 1907, 1908
SINZHEIMER, Hugo — *Ein Arbeitstarifgesetz. Die Idee der sozialen Selbstbestimmung im Recht*, Berlin, 1916
SINZHEIMER, Hugo — *Grundzüge des Arbeitsrechts*, 2ª ed., Jena, 1927
SINZHEIMER, Hugo — *La democratizzazione del rapporto di lavoro (1928)*, in G. ARRIGO / G. VARDARO, *Laboratorio Weimar — conflitti e diritto del lavoro nella Germania prenazista*, Roma, 1982, 53-78
SINZHEIMER, Hugo — *La crisi del diritto del lavoro (1933)*, in G. ARRIGO / / G. VARDARO (dir), *Laboratorio Weimar — conflitti e diritto del lavoro nella Germania prenazista*, Roma, 1982, 79-88
S. LUCAS — *Evangelho*
SMURAGLIA, Carlo — *La persona del prestatore nel rapporto di lavoro*, Milano, 1967
SMURAGLIA, Carlo — *Prospettive del diritto del lavoro, governo dell'economia ed evoluzione delle garanzie*, in *Prospettive del diritto del lavoro per gli anni '80 — Atti del VII Congresso di diritto del lavoro, Bari, 23-25 Aprile 1982*, Milano, 1983, 92-100
SOHM, Rodolfo, *Instituciones de Derecho Privado Romano — Historia y Sistema*, 17ª ed., (trad. espanhola), Madrid, 1928
SOINNE, Bernard — *Le contenu du pouvoir normatif de l'employeur*, DS, 1983, 7/8, 509-519
SÖLLNER, Alfred — *Das Arbeitsverhältnis als Austausch — und Gemeinschaftsverhältnis*, ArbuR, 1968, 8, 242-244
SÖLLNER, Alfred — *Grundriβ des Arbeitsrecht*, 9ª ed., München, 1987
SOUSA, António de / ROIG, Charles — *Sistemas (análise de)*, Polis, V, 812--837
SOUSA, José Ferreira Marnoco e — *Ciência Económica. Prelecções feitas ao Curso do Segundo Ano Jurídico do Ano de 1909-1910 (1910)*, Lisboa, 1997
SOUSA, José Ferreira Marnoco e / REIS, José Alberto dos — *O Ensino Jurídico em França e na Itália*, Coimbra, 1910
SOUSA, Marcelo Rebelo de — *Lições de Direito Administrativo*, I, Lisboa, 1994/95
SOUSA, Marcelo Rebelo de / GALVÃO, Sofia — *Introdução ao Estudo do Direito*, 4ª ed., Mem Martins, 1998

SOUSA, Miguel Teixeira de — *Da crítica da dogmática à dogmática crítica*, Dir., 1989, IV, 729-739
STADHAGEN, Arthur — *Das Arbeiterrecht*, Sttutgart, 1900
STOYANOVITCH, K. — *Sens du môt droit et idéologie*, Arch.Ph.Dr., 1974, XIX, 181-195
SUMMERS, Clyde W. — *Le tendenze del diritto del lavoro nell'Ocidente — Intervento*, Lav.Dir., 1987, 1, 138-148
SUPIOT, Alain — *Déréglementation des relations de travail et autoréglementation de l'entreprise*, DS, 1989, 3, 195-205
SUPIOT, Alain — *Pourquoi un droit du travail?*, DS, 1990, 6, 485-492
SUPIOT, Alain — *La réglementation patronale de l'entreprise*, DS, 1992, 3, 215-226
SUPIOT, Alain — *Le travail, liberté partagée*, DS, 1993, 9/10, 715-724
SUPIOT, Alain — *Critique du droit du travail*, Paris, 1994
SUPIOT, Alain — *La crisi del Welfare State e i mutamenti del diritto del lavoro in Francia*, Riv.GL, 1996, 1, 52-68
SUPIOT, Alain — *Le travail et l'opposition public/privé, in Le travail en perspectives*, Paris, 1998, 335-345
SUPIOT, Alain — *Au-delà de l'emploi. Transformations du travail et devenir du droit du travail en Europe — Rapport pour la Commission des Communautés Europeénnes avec la collaboration de l'Université Carlos III de Madrid*, Paris, 1999
SUPIOT, Alain — *Transformations du travail et devenir du droit du travail en Europe. Conclusions du Rapport Supiot*, DS, 1999, 5, 431-437
SUPPIEJ, Giuseppe — *La struttura del rapporto di lavoro*, II, Padova, 1963
SUPPIEJ, Giuseppe — *Diritto di sciopero e potestà di sciopero nella Costituzione*, Riv.DL, 1965, I, 3-74
SUPPIEJ, Giuseppe — *Il rapporto di lavoro*, Padova, 1982

TAMAJO, Raffaelle de Luca — *Proposta di discussioni: il lavoro e i lavori*, Lav.Dir., 1988, 415-421
TAMAJO, Raffaelle de Luca — *Gruppi di imprese e rapporti di lavoro: spunti preliminari*, Dir.RI, 1991, 2, 67-70
TELLES, Inocêncio Galvão — *Contratos Civis (Projecto completo de um título do futuro Código Civil Português e respectiva Exposição de Motivos)*, BMJ, 1959, 83, 113-283
TELLES, Inocêncio Galvão — *Parecer n° 45/VII à Câmara Corporativa — Regime do Contrato de Trabalho (Projecto de Proposta de L. n° 517)*, in Pareceres da Câmara Corporativa (VII legislatura), 1961, II, Lisboa, 1962, 515-560
TELLES, Inocêncio Galvão — *Manual dos Contratos em Geral*, 3ª ed., 1965, Lisboa (reprint 1995)

TELLES, Inocêncio Galvão — *Direito das Obrigações*, 7ª ed., Coimbra, 1997
TELLES, Inocêncio Galvão — *Introdução ao Estudo do Direito*, I, 11ª ed., Lisboa, 1999
TERRÉ, François — *Sur la sociologie juridique du contrat*, Arch.Ph.Dr., 1968, XIII, 71-88
TEUBNER, Günther — *O Direito como Sistema Autopoiético* (trad. portuguesa de J. Engrácia Antunes), Lisboa, 1989
TEYSSIÉ, Bernard — *Droit du travail*, Paris, 1980
TEYSSIÉ, Bernard — *Les conflits collectifs du travail — grève et lock-out*, Paris, 1981
TEYSSIÉ, Bernard — *Propos autour d'un projet d'autodafé*, DS, 1986, 7/8, 559-561
TEYSSIÉ, Bernard — *À propos de la négociation collective d'entreprise*, DS, 1990, 7/8, 577-579
TEYSSIÉ, Bernard — *Sur un fragment de la loi nº 94-126 du 11 février 1994: commentaire de l'article L. 120-3 du Code du travail*, DS, 1994, 7/8, 667-672
TEYSSIÉ, Bernard — *Le droit de lock-out*, DS, 1994, 9/10, 795-797
THILL, André — *Flexibilisierung des Arbeitsrechts (Luxemburg), in Flexibilisierung des Arbeitsrechts — eine europäische Herausforderung*, ZIAS, 1987, 315-328
TOFFOLETTO, Franco — *Subordinazione e carattere durevole della prestazione*, RIDL, 1986, II, 514-521
TOMAJOLI, Doro Muscari — *Istituzione di diritto del lavoro*, 4ª ed., Milano, 1985
TOMANDL, Theodor — *Entwurf eines Österreichichen Arbeitsgesetzbuch*, RdA, 1961, 1, 9-13
TOMANDL, Theodor — *Wesensmerkmale des Arbeitsvertrages in Rechtsvergleichender und Rechtspolitischer Sicht*, Wien — New York, 1971
TOMANDL, Theodor — *Die Ambivalenz des kollektiven Arbeitsrechts, in* B. RÜTHERS / T. TOMANDL, *Aktuelle Fragen des Arbeitsrechts*, Paderborn, 1972, 23-46
TOMANDL, Theodor — *Treue- und Fürsorgepflicht im Arbeitsrecht*, Wien-Stuttgart, 1975
TORRES, Mário — *Trabalho no domicílio*, RMP, 1987, 30, 25-66
TORTUERO PLAZA, José Luís — vd PLAZA
TOSI, Paolo — *Le nuove tendenze del diritto del lavoro nel terziario*, DLRI, 1991, 4, 613-632
TREGGIARI, Ferdinando — *La prestazione d'opera: fatti e idee nello «Schema» (1898) di Giuseppe Brini*, Riv.trim.DPC, 1995, 2, 431-454
TREU, Tiziano — *Bilancio e prospettive delle relazioni industriale, in* V. PANUCCIO (coord. e dir.), *Studi in memoria di Domenico NAPOLETANO*, Milano, 1986, 277-302

TREU, Tiziano — *Gruppi di imprese e relazione industriali: tendenze europee*, DLRI, 1988, 641-672
TREU, Tiziano — *Labour flexibility in Europe*, ILR, 1992, 4/5, 497-512
TRIESCHMANN, Günther — *Grundbegriffe des Arbeitsrechts*, ArbuR, 1962, 2, 42-47
TRINKNER, Reinhold / WOLFER, Maria — *Modernes Arbeitsrecht und seine Beziehungen zum Zivilrecht und seiner Geschichte*, BB, 1986, 1, 4-9
TROPLONG, M. — *De l'échange et du louage, in Le droit civil expliqué. Commentaire des Titres VII et VIII du livre III du Code Napoléon*, 3ª ed., II, Paris, 1859

ULBER, Jürgen — *Arbeitszeitrecht im Wandel*, WSI-Mitt., 1987, 745-752
ULRICH, Ruy Ennes — *Legislação Operária Portugueza*, Coimbra, 1906

VACHET, Gérard — *Les accords atypiques*, DS, 1990, 7/8, 620-625
VALLEBONA, Antonio — *Il lavoro in cooperativa*, RIDL, 1991, I, 291-300
VALLES, Arnaldo de — *Autonomia*, Noviss.DI, I (tomo II), 1558-1559
VALTICOS, Nicolas — *Droit international du travail, in* G. H. CAMERLYNCK, *Traité de Droit du travail*, VIII, Paris, 1970
VALVERDE, Antonio Martín — *El Derecho del Trabajo de la crisis (España), in Temas de Direito do Trabalho. O Direito do Trabalho na Crise. Poder Empresarial. Greves Atípicas — IV Jornadas Luso-Hispano-Brasileiras de Direito do Trabalho*, Coimbra, 1990, 81-89
VALVERDE, António Martín / GUTIÉRREZ, Fermín Rodriguez-Sañudo / MURCIA, Joaquin García — *Derecho del Trabajo*, 4ª ed., Madrid, 1995
VANACHTER, Othmar — *Flexibility and Labour Law: the Belgian Case, in Flexibilisierung des Arbeitsrechts — eine europäische Herausforderung*, ZIAS, 1987, 229-238
VARDARO, Gaetano — *Contrattazione collettiva e sistema giuridico*, Napoli, 1984
VARDARO, Gaetano — *Subordinazione ed evoluzionismo, in* M. PEDRAZZOLI (dir.), *lavoro subordinato e dintorni — Comparazioni e prospettive*, Bologna, 1989, 101-109
VARELA, João de Matos Antunes — *Das Obrigações em Geral*, I, 9ª ed., Coimbra, 1998
VASCONCELOS, Pedro Pais de — *Contratos atípicos*, Coimbra, 1995
VASCONCELOS, Pedro Pais de — *Teoria Geral do Direito Civil*, I, Lisboa, 1999
VEIGA, António Jorge da Motta — *A Regulamentação do Salário*, Porto, 1944

VEIGA, António Jorge da Motta — *Direito do Trabalho Internacional e Europeu*, Lisboa, 1994
VEIGA, António Jorge da Motta — *Lições de Direito do Trabalho*, 6ª ed., Lisboa, 1995
VENETO, Gaetano — *Nuova società industriale e strumenti di adeguamento del diritto del lavoro, in Prospettive del diritto del lavoro per gli anni'80 — Atti del VII Congresso di Diritto del lavoro, Bari, 23-25 Aprile 1982*, Milano, 1983, 168-175
VENEZIANI, Bruno — *Nuove tecnologie e contratto di lavoro: profili di diritto comparato*, DLRI, 1987, 1, 1-60
VENEZIANI, Bruno — *Gruppi di imprese e diritto del lavoro*, Lav.Dir., 1990, 609-647
VENEZIANI, Bruno — *La flessibilità del lavoro ed i suoi anditoti. Una analisi comparata*, DLRI, 1993, 2, 235-310
VENEZIANI, Bruno — *La crisi del Welfare State e i mutamenti del diritto del lavoro in Italia*, Riv.GL, 1996, 1, 69-120
VENNIN, Françoise — *L'aménagement du pouvoir disciplinaire de l'employeur*, DS, 1983, 7/8, 486-493
VENTURA, Raul Jorge Rodrigues — *Teoria da Relação Jurídica de Trabalho — Estudo de Direito Privado*, I, Porto, 1944
VENTURA, Raul Jorge Rodrigues — *Solução dos conflitos de trabalho*, BMJ, 1949, 11, 223-230
VENTURA, Raul Jorge Rodrigues — *O cúmulo e a conglobação na disciplina das relações de trabalho*, Dir., 1962, 94, 201-221
VERDIER, Jean-Maurice — *Syndicats et droit syndical*, in G. H. CAMERLYNCK (dir.), *Traité de Droit du travail*, V, tome II (*Le droit syndical dans l'entreprise*), 2ª ed., Paris, 1984
VERDIER, Jean-Maurice — *Débat sur le droit de grève à la Conférence internationale du travail*, DS, 1994, 12, 968-971
VERDIER, Jean Maurice / LANGLOIS, Philippe — *Aux confins de la théorie des sources de droit: une relation nouvelle entre la loi et l'accord collectif*, Dalloz (Rec.), 1972, Chr. XXXIX, 253-260
VERICEL, Marc — *L'exercice normal du droit de grève*, DS, 1988, 9/10, 672-681
VERNENGO, Roberto J. — *Le droit est-il un système?*, Arch.Ph.Dr., 1991, 36, 253-264
VIESTI, Luigi — *L'autonomia scientifica del Diritto del lavoro*, DLav., 1946, I, 8-14
VIGORITA, Luciano Spagnuolo — *Subordinazione e diritto del lavoro — problemi storico-critici*, Napoli, 1967
VIGORITA, Luciano Spagnuolo — *Impresa, rapporto di lavoro, continuità*, Riv.dir.civ., 1969, I, 545-578

VIGORITA, Luciano Spagnuolo — *Le apparenti contraddizzioni del nostro ordinamento in tema di subordinazione*, in M. PEDRAZZOLI (dir.), *Lavoro subordinato e dintorni — Comparazioni e prospettive*, Bologna, 1989, 93-99

VIGORITA, Vincenzo Spagnuolo — *Sciopero dei medici ospidalieri a autodisciplina nei servizi pubblici essenziali*, RIDL, 1984, I, 287-302

VILAR, António — *Flexibilidade e polivalência funcional*, in A. MOREIRA (coord.), *I Congresso Nacional de Direito do Trabalho — Memórias*, Coimbra, 1998, 145-168

VINEY, Geneviève — *Responsabilité civile et relations collectives de travail*, DS, 1988, 5, 416-425

VITAL, Domingos Fézas — *Discurso inaugural pronunciado na sessão do Congresso de Barcelona (22 de Maio de 1929)*, BFDUC, 1929, XI, 429-443

VITAL, Domingos Fézas — *Curso de Direito Corporativo*, Lisboa, 1940

VITALI, Danilo — *Orientamenti giurisprudenziali in tema di lavoro subordinato*, RIDL, 1989, 2, 220-240

VOISSET, Michèle — *Droit du travail et crise*, DS, 1980, 6, 287-297

WACKE, Andreas — *Die europäischen Recthswörter für den Arbeitskampf*, RdA, 1992, 1, 34-35

WANK, Rolf — *Zur Vorscshlag einer Kodifizierung des Arbeitskampfrechts*, RdA, 1989, 4/5, 263-270

WANK, Rolf — *Atypische Arbeitsverhältnisse*, RdA, 1992, 2, 103-113

WANK, Rolf — *Grundlagen des Arbeitskampfrechts*, in M. HEINZE / A. SÖLLNER (Hrsg.), *Arbeitsrecht in der Bewährung, Fest. für Otto Rudolf KISSEL*, München, 1994, 1225-1252

WANK, Rolf — *Arbeitsrecht nach Maastricht*, RdA, 1995, 1, 10-26

WAQUET, Philippe — *Que faut-il entendre par revendications professionelles? (Cour de Cassation, Chambre Sociale 2 juin 1992)*, DS, 1992, 7/8, 696-699

WAQUET, Philippe — *L'arrêt de travail collectif pour soutenir un autre salarié constitue-t-il une grève? (Cour de Cassation, Chambre Sociale 16 novembre 1993)*, DS, 1994, 1, 35-37

WATRIN, Christian — *Der Arbeitsvertrag aus ökonomischer Sicht*, in R. SCHOLZ (Hrsg.), *Kongreß Junge Juristen und Wirtschaft: Wandel der Arbeitswelt als Herausforderung des Rechts*, Köln, 1988, 23-35

WEISE, Günther — *Zum Zweck des Betriebsverfassungsrechts im Rahmen der Entwicklung des Arbeitsrechts*, in M. HEINZE / A. SÖLLNER (Hrsg.), *Arbeitsrecht in der Bewährung, Fest. für Otto Rudolf KISSEL*, München, 1994, 1269-1285

WEISS, Manfred — *Tendances récentes des négociations collectives en République Fédérale d'Allemagne*, DS, 1985, 11, 757-762

WEISS, Manfred — *Le tendenze del diritto del lavoro nell'Ocidente* — *Intervento*, Lav.Dir., 1987, 1, 162-170
WELLER, Bernhard — *Zur rechtlichen Stellung des Warnstreiks in der Arbeitskampfordnung*, ArbuR, 1989, 11, 325-330
WESTPFAHL — *Warum trägt das Arbeitsverhältnis personenrechtlichen Charakter*, DAR, 1938, 12, 329-330
WIEACKER, Franz — *História do Direito Privado Moderno*, 2ª ed., Göttingen, 1967 (trad. portuguesa de A. M. Botelho Hespanha), Lisboa, 1993
WIEDEMANN, Herbert — *Das Arbeitsverhältnis als Austausch- und Gemeinschaftsverhältnis*, Karlsruhe, 1966
WINDBICHLER, Christine — *Arbeitnehmer mobilität im Konzern*, RdA, 1988, 2, 95-99
WINDSCHEID, Bernhard / KIPP, Theodor — *Lehrbuch des Pandettenrechts, 9 Auflage unter vergleichender Darstellung des deutschen bürgerlicher Rechts*, II, Frankfurt, 1906 (reprint 1963)
WLOTZKE, Otfried — *Leistungspflicht und Person des Arbeitnehmers in der Dogmatik des Arbeitsvertrages*, RdA, 1965, 5/6, 180-191
WOHLGEMUTH, Hans H. — *Aktuelle Probleme des Arbeitskampfrechts*, ArbuR, 1991, 4, 108-112
WOLF, Ernst — *Das Arbeitsverhältnis. Personenrechtliches Gemeinschaftsverhältnis oder Schuldverhältnis?*, Marburg, 1970
WOLF, Ernst — *«Treu und Glauben», «Treu» und «Fürsorge» im Arbeitsverhältnis*, DB, 1971, 39, 1863-1868
WOLF, Ernst — *Der Begriff Arbeitsrecht*, in F. GAMILLSCHEG (Hrsg.), *25 Jahre Bundesarbeitsgericht*, München, 1979, 709-726
WOLTER, Heinner — *Für ein besseres Arbeitsrecht*, Hamburg, 1986

XAVIER, Alberto Santos Pinheiro — *O Poder Disciplinar do Dador de Trabalho* (dact.), Lisboa, 1965
XAVIER, Bernardo da Gama Lobo — *Direito do Trabalho*, Polis, II, 579-601
XAVIER, Bernardo da Gama Lobo — *Trabalhador*, Polis, V, 1222-1229
XAVIER, Bernardo da Gama Lobo — *A determinação qualitativa da prestação de trabalho*, ESC, 1964, 10, 9-45
XAVIER, Bernardo da Gama Lobo — *A estabilidade no direito do trabalho português*, ESC, 1969, 31, 35-68
XAVIER, Bernardo da Gama Lobo — *Regime Jurídico do Contrato de Trabalho Anotado*, 2ª ed., Coimbra, 1972
XAVIER, Bernardo da Gama Lobo — *A ilicitude dos objectivos da greve (A propósito do art. 59º nº 2 da Constituição)*, RDE, 1979, 2, 267-315
XAVIER, Bernardo da Gama Lobo — *Direito da Greve*, Lisboa, 1984
XAVIER, Bernardo da Gama Lobo — *A crise e alguns institutos de direito do trabalho*, RDES, 1986, 4, 517-569

XAVIER, Bernardo da Gama Lobo — *Sucessão no tempo de Instrumentos de Regulamentação Colectiva e princípio do tratamento mais favorável*, RDES, 1987, 465-512

XAVIER, Bernardo da Gama Lobo — *O direito do trabalho na crise (Portugal)*, in Temas de Direito do Trabalho. Direito do Trabalho na Crise. Poder Empresarial. Greves Atípicas — IV Jornadas Luso-Hispano-Brasileiras de Direito do Trabalho, Coimbra, 1990, 101-138

XAVIER, Bernardo da Gama Lobo — *Curso de Direito do Trabalho*, 2ª ed., Lisboa, 1993 (reprint 1999), e 1ª ed., Lisboa, 1992.

XAVIER, Bernardo da Gama Lobo — *Iniciação ao Direito do Trabalho*, Lisboa — S. Paulo, 1994

XAVIER, Bernardo da Gama Lobo — *A sobrevigência das convenções colectivas no caso das transmissões das empresas. O problema dos «direitos adquiridos»*, RDES, 1994, 1/2/3, 123-134

XAVIER, Bernardo da Gama Lobo — *A realização do Direito do trabalho europeu em Portugal*, RDES, 1994, 1/2/3, 225-251

XAVIER, Bernardo da Gama Lobo — *A mobilidade funcional e a nova redacção do art. 22º da LCT*, RDES, 1997, 1/2/3, 51-130

XAVIER, Bernardo da Gama Lobo — *Polivalência e mobilidade*, in A. MOREIRA (coord.), *I Congresso Nacional de Direito do Trabalho — Memórias*, Coimbra, 1998, 103-131

XAVIER, Bernardo da Gama Lobo — *Alguns pontos críticos das convenções colectivas de trabalho*, in A. MOREIRA (coord.), *II Congresso Nacional de Direito do Trabalho. Memórias*, Coimbra, 1999, 329-344

XAVIER, Bernardo da Gama Lobo / RIBEIRO, Maria Cândida Almeida — *Regulamento de empresa (subsídios para a elaboração de regulamentos de empresa)*, ESC, 1973, 36, 87-121

ZACHERT, Ulrich — *Hintergrund und Perspektiven der «Gegenreform im Arbeitsrecht»*, KJ, 1984, 17, 187-201

ZACHERT, Ulrich — *Die Zerstörung des Normalarbeitsverhältnisses*, ArbuR, 1988, 5, 129-137

ZACHERT, Ulrich — *Schwierigkeiten mit dem Arbeitskampf*, ArbuR, 1990, 3, 77-86

ZACHERT, Ulrich — *Die Begründung neuer Arbeitsverhältnisse als Austieg aus dem Normalarbeitsverhältnis? Überlegungen für eines neues Arbeitsgesetzbuch*, in W. DÄUBLER / M. BOBKE / K. KEHRMANN (Hrsg.), *Arbeit und Recht, Fest. für Albert GNADE*, Köln, 1992, 143-159

ZANGARI, Guido — *Contributo alla teoria del diritto di sciopero*, Riv.DL, 1968, I, 87-216

ZANGARI, Guido — *Il rischio di un nuovo feudalismo*, DLav. 1979, 4, 671-692

ZANOBINI, Guido — *Corso di diritto corporativo*, Milano, 1937

ZINGONE, Gaetano — *Die Flexibilisierung der Beschäftigung: Die Haltung der Europäischen Gemeinschaft*, in *Flexibilisierung des Arbeitsrecht — eine europäische Herausforderung*, ZIAS, 1987, 376-398
ZÖLLNER, Wolfgang — *Das Wesen der Tarifnormen*, RdA, 1964, 12, 443-450
ZÖLLNER, Wolfgang — *Arbeitsrecht und Politik*, DB, 1970, 1/2, 54-62
ZÖLLNER, Wolfgang — *Betriebsjustiz*, ZZP, 1970, 4, 365-393
ZÖLLNER, Wolfgang — *Arbeitsrecht und politisches System*, Frankfurt a.M., 1973
ZÖLLNER, Wolfgang — *Die vorvertragliche und die nachwirkende Treue- und Fürsorgepflicht im Arbeitsverhältnis*, in T. TOMANDL (Hrsg.), *Treue- und Fürsorgepflicht im Arbeitsrecht*, Wien-Stuttgart, 1975, 91-106
ZÖLLNER, Wolfgang — *Privatautonomie und Arbeitsverhältnis*, AcP, 1976, 176, 221-246
ZÖLLNER, Wolfgang — *Flexibilisierung des Arbeitsrechts*, ZfA, 1988, 3, 265-291
ZÖLLNER, Wolfgang — *Die politische Rolle des Privatrechts*, JuS, 1988, 5, 329-336
ZÖLLNER, Wolfgang — *Immanente Grenzen arbeitsvertraglicher Regelungen*, RdA, 1989, 3, 152-162
ZÖLLNER, Wolfgang — *Arbeitsrecht und Marktwirtschaft*, in F. BYDLINSKI / / T. MAYER-MALY (Hrsg.), *Die Arbeit: ihre Ordnung — ihre Zukunft — ihr Sinn*, Wien, 1995, 51-67
ZÖLLNER, Wolfgang / LORITZ, Karl-Georg — *Arbeitsrecht — ein Studienbuch*, 5ª ed., München, 1998
ZWEIGERT, Konrad / KÖTZ, Hein — *Einführung in die Rechtsvergleichung*, 3ª ed., Tübingen, 1996

ÍNDICE IDEOGRÁFICO*

abandono do trabalho – 658
acidentes de trabalho – 24, 39, 130, 204, 254, 621, 777
acordos colectivos de trabalho – 575, 805, 809, 825, 897, 903, 936
acordos de adesão – 819, 901, 988
acordos de associações de consumidores (e convenções colectivas de trabalho) – 829, **844 s.**
acordos de empresa – 312, 546, 575, 672 s., 898, 903, 932, 937
actividade laboral – 77, 99, 105, 106 ss., 110, 114, 116, 119, 126, 132, 136, 161 s., 191, 199 s., 248, 250, 264, 268, 373, 410, 437, 467, 471, 479, 481 s., 494, 717, 757
– conceito de... – **85 ss.**, 950, 955
– e disponibilidade do trabalhador –481 s., 497, 756, 769, 788
– indeterminação da... – 751, **753 ss.**
– inseparabilidade da pessoa do trabalhador – 753, 757, **764 ss.**, 783, 794, 885, 971
– materialização da... – 766, 769
– modernidade da... – **167 ss.**, 769

actividade laborativa – 4, **70 ss.**, 78, 80, 83 s., 85, 87, 96, 104 s., 109, 111, 161, 236, 251 s., 261, 282, 403, 757, 780, 784 ss.
actuações laborais colectivas – 899 ss.
adaptabilidade dos horários (princípio da) – 978
adequação social (princípio da / teoria da) – 427, 516, 853, 875
adesão (contrato de trabalho) – 75, 714
agência (contrato de) – 84, 491, 761
alienidade do trabalho – 67, 72, 98 s., 187, 766
anonimato das relações de trabalho – 371, 464, 491 s., 753
antiguidade do trabalhador – 118, 121, 541, 545, 746, 778, 864
arbitragem – 407, 424, 427, 575, 621, 804
– *vd* decisão arbitral
árbitros avindouros – 23, 203
áreas regulativas do direito do trabalho – 3, **33 ss.**, 55, 59, 61 s., 118, 124, 134 s., 188, 189 ss., 275, 445 s., 545, 890, 893, 899, 911, 949
– *vd* centros regulativos do direito do trabalho, direito colectivo do trabalho, direito das condições de trabalho, direito individual do trabalho

---

* As remissões são feitas para as páginas, podendo reportar-se ao corpo do texto ou a notas de rodapé, e devem considerar-se exemplificativas; os números a negro indicam as páginas onde a matéria é mais desenvolvida.

arrependimento (direito do trabalhador ao) – 655, 662, 667
assistência ao trabalhador (princípio da) – 975
assistência (dever de) – 5, 29, 112 s., **280 ss.**, 287, 332 s., 358, 372, 387, 399, 403, 418, 468 ss., 773
associação sindical (direito de / liberdade de) – 424, 511, 620, 808, 919
associações de classe – 24, 275, 802
associações patronais – 39, 41 s., 53, 123, 125, 179, 314, 393, 425, 444, 803, 830, 896, 899 s., 986
– publicização das... – 351 s., 818
– natureza jurídica das... – 511, 811, 822, 830
associações sindicais – 39, 41, 49, 53, 124 s., 276, 437, 425, 570, 599, 675, 830, 895, 899 s., 986
– actuação sindical na empresa – 546, 727, 897, 903 s., 987
– natureza jurídica das... – 511, 811, 822, 830
– publicização das... – 351 s., 818, 824
– representatividade mínima das... – 805, 808, 810
– *vd* sindicatos
associativismo laboral – 257, 799, 802, 805, 850, 894, 902
– crise do... – 569 s.
– proibição do... – 48, 183, 850
– *vd* sindicalismo
autonomia colectiva – 149, 178, 198, 216, 257, 396, 671, 674, 691, 799, 815, 834, 920, 931, 939
– princípio da... – 354, 370, 402 s., 420, **424 s.**, 506, 512 s., 720, 919 s, 953, 962, 984, 985 ss.
– singularidade dogmática da... – 799, 847

autonomia dogmática (conceito de) – 19, **141 ss.**, 149
autonomia dogmática do direito do trabalho – 1, 5, 7, 16, 58 s., 114, 133, 139, **151 ss.**, 157
– colocação tradicional do problema da... – 117, 165 ss., 199, 219 ss.
– inevitabilidade da... – 961 ss.
– negação da... – **499 ss.**, 516 ss.
– projecções e limites da... – 411 ss., **997 ss.**
– reconhecimento tradicional da... – 13, 404 ss.
autonomia jurisdicional do direito do trabalho – 5, 153, **202 s.**
autonomia pedagógica do direito do trabalho – 5, **203 s.**
autonomia privada – 149, 198, 803
– e convenções colectivas de trabalho – 41, 802 s., 815, 832
– no contrato de trabalho – 40 s. 508 s., 917
autonomia sistemática (conceito de) – **141 ss.**, 148 s., 199
autonomia sistemática do direito do trabalho – 5, 152, 154, **199 ss.**, 206 s., 210, 521, 707, 890, 892, 911 s., 948, 962
autonomia técnica do trabalhador – 89 s., 760
auto-tutela laboral
– meios de... – 242, 394, 416, 709, 804, 881, **949 ss.**
– princípio da... – 354, 370, 426 s., 506, 515 s., 969, **991 ss.**
avença (contrato de) – 91, 786

boa fé (princípio da) – 403, 468, 470, 474, 719, 722 ss., 794, 822, 833, 874 boicotes – 48, 203, 516, 857, 864

carácter compromissório do direito do trabalho – 696, **981**
carácter unitário do direito do trabalho – 253, 706, 999
carreira – 38, 118, 121, 545, 567, 601, 736, 774, 778, 990
categoria – 11, 38, 40, 42, 118, 325, 352, 643, 661, 734, 746, 754, 903, 909, 989
– irreversibilidade da... – 121, 436, 539, 545, 661, 774, 976
– mudança de... – 137, 393, 602, 728, 746
cedência de trabalhadores – 561, 565 s., 597, 601, 637, 649
centros regulativos do direito do trabalho – 33, 36, 50, 200, 707, 962
– *vd* áreas regulativas do direito do trabalho, direito colectivo do trabalho, direito das condições de trabalho, direito individual do trabalho
cessação do contrato de trabalho – 14, 123, 190, 393, 418, 746, 789, 844, 898, 936, 972, 975
– essência garantística do regime português de... – 440, 650 ss., **666 ss.**, 790
– flexibilização do regime jurídico da... – 603 ss.
– *vd* despedimento, extinção do posto de trabalho
chefe (princípio do) – 288, 331, 348, 350
– *vd Führerprinzip*
circulação de trabalhadores
– princípio da livre... – 436, 617
– regulamentação comunitária em matéria de... – 616 ss., 629

cláusulas contratuais gerais (e convenções colectivas) – 513, 829, **844 s.**, 946
coalisão (liberdade de / direito de) – 24, 48, 257, 420, 424, 460, 511, 802, 815, 850 s., 861, 986
codificação (das normas laborais) – 35 s., 153, 199, **208 ss.**, 220, 244, 407, 411, 445, 518, 521 s.
cogestão – 37, 418, 501, 514 s., 573, 739 s., 906
– princípio da... – 427, 970, 987
colaboração (dever de) – 118, 125, 370, 753
– das partes no contrato de trabalho – 122, 469, 717, 719, 721, 782
– entre trabalhadores – 122, 303, 743, 748, 910
colaboração (princípio da) – 337 s., 978
– dimensão organizacional do... – 716 ss., **723 s.**, 743 ss.
– interclassista – 275 s., 299, 338, 343, 348 s., 351 s.
– mútua... – 32, 369, 717 s., 722 s.
– na gestão – 506, 511, 514 s.
colectivo (princípio do) – 969, **982 ss.**, 992, 1000
– subprincípios e projecções normativas do... – 984 ss.
comissão de serviço – 14, 393, 632 s., 657, 660, 666, 672, 729, 979
comissão de trabalhadores – 4, 8, 38 s., 117, 123 s., 125, 179, 352, 393, 427, 895, 905, 987
– actuação na empresa da... – 488, 550, 573, 603, 654, 905
– personalidade jurídica da... – 895 s.
– protecção dos membros da... – 778, 898, 905, 987

compensação (princípio da) – 969, **970 ss.**
– subprincípios e projecções normativas do... – **974 ss.**, 992
compra e venda (contrato de) – 44 s., 69, 77, 236 ss., 467, 523
comunidade de trabalho – 286 s., 291, 321, 341, 369
– *vd* concepções comunitário-pessoais da relação de trabalho, elemento comunitário do vínculo de trabalho, empresa como comunidade de trabalho
concepção associativa da relação de trabalho – 349, 378 s., 400, **738 ss.**
concepção obrigacional da relação de trabalho – 115, **466 ss.**, 717 s.
concepções comunitário-pessoais da relação de trabalho – 112, 114, 206, **265 ss.**, 368 ss., 715, 717 s.
– apreciação crítica das... – 482 ss.
– e autonomia dogmática do direito do trabalho – 356 ss.
– projecções ideológicas das... – 348 ss.
concertação social – 573, 575 s., 585, 612, 642, 673, **924 s.**, 987, 991
– *vd* legislação laboral negociada
conciliação entre a vida profissional e familiar – 776, 975, 990
– *vd* maternidade e paternidade
concorrência entre empresas – 563, 618, 623
conflitos colectivos de trabalho – 7, 894
construção sistemática do direito do trabalho – **184 ss.**, 194 ss.
contra-ordenações laborais – 43, 137, 821, 828

contratação colectiva (direito de) – 986
contrato de trabalho (reconstrução dogmática do) – **708 ss.**, 971
– singularidade do contrato de trabalho e autonomia dogmática do direito do trabalho – 708 ss., **781 ss.**, 794 ss.
– zona obrigacional e zona laboral do contrato de trabalho – **784 ss.**
– *vd* relação de emprego, vínculo laboral (reconstrução dogmática do)
contrato-promessa de trabalho – 714, 977
contratos colectivos de trabalho – 52, 572, 575, 805, 809, 824 s.
contratos de trabalho especiais – 547, 672, 977
contratos equiparados – 312, 435, 637
convenções colectivas de trabalho – 3 s., 30, 42, 48, 53, 56, 191, 673, 986, 991
– como fontes laborais – 37, 201, 395, 440, 808, 811, 819 s., 830 s., 914 s.
– conteúdo das... – 37 s., 41, 576, 800, 818, 823, 831, 833 ss., 842, 847, 901 s.
– eficácia geral das... – 57, 275, 349 ss., **805 ss.**, 809, 815 s., 919, 923, 988
– inderrogabilidade *in pejus* do regime das... – 57, 806 ss., 809, 815, 901, 988
– natureza jurídica das... – 56 s., 118, 201 s., 513 s., 800 ss., **811 ss.**, 848
– singularidade dogmática das... – 709, 799, **831 ss.**, 847
– sucessão / revisão das... – 810, 832, **835 s.**
– *vd* negociação colectiva

corporações – 48, 175, 183, 319, 799
corporativismo (e direito do trabalho)
– 31 s., 200 ss., 274, 298, **348 ss.**,
582, 669, 799, 811, 819
crédito de horas – 550, 607, 778 s.,
898, 910
crise do direito do trabalho – 1, 13,
15, 17, 30, 133, 142, 158, 187 s.,
679, 918, 925 s., 969, **981**, 991,
997, 1000
 – dimensão dogmática da... –
454, 696
 – dimensão sistemática da... –
453 s., **533 ss.**, 550, 679, 695
cumprimento pontual dos contratos
(desvios laborais ao princípio do)
– 48, 122, 756, 771, 795 s., 870,
881, 994
 – vd pacta sunt servanda
custódia (dever de) – 401, 495, 869
custos do trabalho – 11, 67, 131, 553
ss., 925

decisão arbitral – 819, 900 s.
deficientes (trabalho de) – 43, 547,
586, 639
delegados sindicais (protecção dos) –
987
delimitação do direito do trabalho
como ramo jurídico – 21 ss., 54
ss., 119 ss., 131 ss.
dependência (do trabalhador) – 8, 66,
78, 85 s., 94 s., **246 ss.**, 260 ss.,
409 s., 421, 474, 479 ss., 757
 – dependência económica – 89,
98, 242 s., 260 ss.
 – dependência pessoal – 88,
104, 109, 252, 322, 481, 758
 – vd subordinação
descanso
 – intervalos de... – 641 s.
 – semanal – 24 s., 621, 640,
735, 776

desemprego – 12, 43, 552 s., 555,
558, 567, 579, 638 s.
 – desempregados de longa duração – 43, 586, 639
 – vd emprego
despedimento – 7, 11 s., 86, 135,
418, 440, 507, 653, 657, 664, 728,
906, 909
 – colectivo – 303, 393, 604,
618, 646, 651, 729, 897, 906,
909, 979
 – com justa causa – 86, 123,
181, 300, 390, 546, 651 ss.,
658, 660, 905
 – flexibilização do regime jurídico do... – 14, **603 s.**
 – modificativo – 191, 659, 661,
666
 – por inadaptação – 14, 657,
660, 729, 906, 979
 – por motivo atendível – 651,
655, 658
 – por motivos políticos ou ideológicos – 652
desregulamentação – 11, 454, 581,
605 ss., 678, 917, 991
 – conceito de... – **586 ss.**
 – no sistema laboral nacional –
630
deveres laborais acessórios – 56, 106,
280, 324, 335, 400 s., 440, 468 ss.,
476, 478, 722, 748, 704, 952
Dienstvertrag – 3, 44 ss., 79, 82 s.,
91, 112 s., 172, 233, 245, 248 s.,
267, 446, 470, 525
dignidade e segurança no trabalho
(princípio da) – 975
dimensão colectiva integral do direito
do trabalho – 709, 891, **893 ss.**
 – e autonomia dogmática do direito do trabalho – 911 s.
direito ao trabalho (princípio constitucional do) – 975

direito classista / direito de classe (direito do trabalho como) – 30, 127 s., 185, 226, 685, 694, 704, 894
direito colectivo do trabalho – 33, 48, 50, 53, 56, 125 s., 136, 153, 200, 209, 224, 227, 393, 409, 419, 476, 572, 694, 706, 894, 895 ss.
direito da segurança social (e direito do trabalho) – 34, 56, **130 ss.**, 150
– *vd* segurança social
direito das condições de trabalho – 34, 50, 52, 56, 136 s., 195, 224
direito especial (direito do trabalho como) – 6, **154 ss.**, 359, 405 s., 519
direito individual do trabalho – 33, 50 s., 53, 56, 125, 153, 200, 209, 224, 230, 297, 393, 409, 419, 475 s., 527, 706, 894
direito social (direito do trabalho como) – 54 s., 255 s., 341, 360
direitos adquiridos – 17, 205, 418, 539, 587, 589, 614, 673, **942 ss.**, 976
doenças profissionais – 130, 777
dogmática jurídica (conceito de) – 2, 143, **145 ss.**, 454

economia (e direito do trabalho) – 9 s., 17, 561, **578 s.**
elemento comunitário do vínculo de trabalho – 267 ss., 712 s., 716, 730
– apreciação crítica do entendimento tradicional do... – **459 ss.**, 486 ss., 715
– reconstrução dogmática do... (*vd* elemento organizacional do vínculo de trabalho)
elemento de pessoalidade do vínculo de trabalho – **246 ss.**, 265 ss., 322, 358, 371 ss., 712, 783, 789

– apreciação crítica do entendimento tradicional do... – 462 s., 715 s.
– aptidão explicativa do... – 773 ss.
– reconstrução dogmática do... – 712, **751 ss.**, 764 ss.
elemento organizacional do vínculo de trabalho – 716 ss., 782 s., 789, 895, 907 s., 983, 987
– aptidão explicativa do... – 724 ss.
– singularidade do... – **731 ss.**, 741
emancipação do direito do trabalho – 6, 149 s., 158, 207, **223 s.**, 347, 406, 916
emergência (direito do trabalho da) – 12, 454, 678, 690
empregador
– desdobramento da posição jurídica do... – 732, 761
– deveres do... – 29, 42 s., 56
– dificuldade de determinação do... – 564, 732
– interesses do... – 685, 696, 731 ss. (*vd* interesse da empresa)
– poderes do... – 16, 78, 85 s., 97 s., 102 ss., 106, 122 (*vd* poder directivo, poder disciplinar, poderes laborais)
emprego – 10, 13, 15, 17, 75, 123, 135, 540 s., 579, 622, 843, 901, 925
– protegido – 43, 639
– *vd* desemprego
emprego público – 67, 80, 84, **106 s.**, 437, 821, 954 s.
– privatização do... – 107, 438
empreitada (contrato de) – 47, 52, 69, 79, 84, 91, 97, 122, 491, 738, 761

empresa
- como comunidade de trabalho – 279, **284 ss.**, 291
- como instituição (*vd* instituição)
- conceito laboral de... – **310 ss.**, 727, 732
- pertença à... – 321, 330, 350
- *vd* interesses da empresa / interesses de gestão

empresas
- evolução dos modelos organizacionais das... – **561 ss.**
- fusões, cisões e grupos de... – 564, 566, 736
- internacionalização das – 563 s.

escravo – 74, 76, 171
- locação de escravos – 81, 170 (*vd locatio hominis*)
- trabalho... – 74, 76, 765 (*vd* trabalho servil)

estabelecimento – 311 s., 316, 397, 599, 727, 989
- mudança do local do... – 393, 728, 909
- transmissão do... – 303, 394, 418, 546, 736, 837, 839, 979

estabilidade do emprego (princípio da) – 546, 603, 631, 667, 695, 972
- *vd* segurança no emprego (princípio da)

estrangeiros (trabalho de) – 43
evolução tecnológica (e direito do trabalho) – 552, **558 ss.**
execução continuada (contrato de trabalho como um contrato de) – 785
expansionismo (como característica do direito do trabalho) – 69 s., 434, **437 s.**, 999 s.
extinção do posto de trabalho – 14, 658, 729, 906, 910, 979

falência (e contratos de trabalho) – 418, 494, 546, 646, 777
falsos independentes – 11, 556, **637 s.**, 668, 925
faltas – 658, 670, 728, 776, 779, 858, 862, 976
favor laboratoris (princípio do) – 417, 510, 589, 591, **926 ss.**, 933 ss., 947 ss., 974, 976, 988
- e autonomia dogmática do direito do trabalho – 948
- *vd* tratamento mais favorável ao trabalhador (princípio do / regra do)
feriados – 670, 778, 936
férias – 735, 776, 976
- retribuição e subsídio de... – 121, 779
fiduciário (contrato de trabalho como um contrato) – 344, 719
filiação (princípio da / regra da) – 42, 648, 823, 837, 901, 903, 918, 920
flexibilização do direito do trabalho – 11, 14, 454, 547, 580, **581 ss.**, 917, 941
- conceito de... – 581, **586 ss.**
- implicações dogmáticas da... – 677 ss., 692 ss.
- no quadro jurídico comunitário – 616 ss.
- no sistema nacional – 630 ss.
fontes de direito do trabalho – 3, 9, 37, 41, 613, 673 s., 819, 891, 929
- concurso de... / conflitos de... / sucessão de...– 423, 510, 673, 931 s., 933 s., 936, 942
- e contrato de trabalho – 943, 945 s.
forma (desvios laborais às regras civis em matéria de) – 714, 977
fracturas do sistema laboral – 12, 17, 454, **682**, 695

fuga ao direito do trabalho – 550, **556**, 582 s.
Führerprinzip – 288, 331
– *vd* chefe (princípio do)
função pública – 107, 516
– *vd* emprego público
fundo de trabalho – 326, **343**

garantismo (do sistema laboral) – 10, 15, 585, 691, 694
– como característica do direito do trabalho – **436**, 612
grémios – 200, 805, 809
greve – 36, 39, 48 s., 53, 117, 192, 206, 257, 379, 516, 856, 864, 868, 877, 897
– adesão à...– 54, 126, 135, 488, 761, 779, 859, 861, 863, 866, 870, 872, 876, 898, 907
– como mecanismo de auto-tutela laboral – 949, 953 s., 991
– conceito de... – 857 s., 866 s.
– direito de... – 24, 126, 139, 188, 192, 394, 424, 426, 488, 546, 694, 850 ss., 856, 880, 949 s., 954, 987
– dos trabalhadores públicos – 437, 516, 863 s.
– e autonomia dogmática do direito do trabalho – 881, 949, 956
– efeito suspensivo da... – 192, 852, 858, **867 s.**, 953, 993
– evolução histórico-legislativa da – 32, 48, 242, **850 ss.**, 950
– natureza jurídica da... – 118, **858 ss.**
– objectivos da... – **871 ss.**, 907
– pré-aviso de... – 729, 855, 858, 861 s., 876
– singularidade dogmática da... – 709, **849 ss.**, 856, 866 ss., 874, 880, 954

– *vd* piquetes de greve, serviços mínimos

harmonização comunitária dos sistemas laborais – 436, 589, 616
heterodeterminação da prestação de trabalho – 97, 387, 410, **479 ss.**, 485, 759, 783
horário de trabalho – 96, 543, 733, 735, 771, 776
– isenção de... – 137, 494, 640
– *vd* adaptabilidade dos horários (princípio da)

igualdade (princípio geral da) – 6, 47, 139, 174, 176, 180 187, 189, 499, 684, 770 s., 793, 928 s., 931, 990
– desvios laborais ao... – 98 s., 771 s., 784, 796, 857, 866, 871, 878 s., 881, 949, 954
igualdade de oportunidades (princípio da) – 975, 990
igualdade de tratamento (princípio da) – 43, 436, 477, 507, **743 s.**, 909, 962, 984, 990
– regulamentação comunitária em matéria de... – 616, **628**
– *vd* igualdade de oportunidades (princípio da), igualdade remuneratória (princípio da)
igualdade remuneratória – 42, 436, 494, 617, 744, 821, 837, 841, 909 s., 990
imperatividade das normas laborais – **38 ss.**, 134 s., 433, 610, 934
imperatividade mínima (princípio da / presunção da) – 423, 433, 610, 834, **938**, 948
inadaptação
– *vd* despedimento por inadaptação

inamovibilidade (garantia da / princípio da) – 7, 11, 437, 539, 600, 649, 898, 976
incapacidade genética permanente do trabalhador subordinado (mito da) – 538 s., 549, 608, 666
incorporação
– acto de... – 100 s., 110, 296, 318, **320 s.**, 329, 332, 398
– teoria da... – 114, 229, 296, **332 s.**
inderrogabilidade *in pejus* (princípio da / regra da) – 418, 423, 507, 539, 672, 834, 938, 942, 946
indígenas (trabalho dos) – 182
in racção disciplinar – 86, 390, 492, 651, 662 s., 743, 763, 773
instituição – 101, 300, **304 ss.**
– e empresa... – 101, 103, 275, 296 ss., **317 s.**, 809
– *vd* teorias institucionalistas
instrumentos de regulamentação colectiva do trabalho – 4, 9, 40, 194, 351, 394, 437, 673
– concurso de... / sucessão de... – 932, 936 s., 942
– e normas legais... – 673, 937 s.
interdependência dos vínculos laborais – 302 s., 501, **742 ss.**, 783, 796, 910
– princípio da... – 360, 982, 984, **989**
interesses comuns a trabalhadores e empregador – 427, 461, 487 s., 715, **725 s.**, 730, 740
interesses da empresa / interesses de gestão – 288 s., 324, 331, **341 s.**, 390, 462, 479, 685, 716 s., 726 ss., 733, 741, 789 s., 952, 962, 973, 978
– e interesses do empregador – 545 s., 731 ss.

– *vd* salvaguarda dos interesses de gestão (princípio da)
interesses pessoais e familiares do trabalhador (tutela dos) – **773 ss.**, 784, 788, 790, 792
interpretação
– das normas laborais – 510, 533, 718, 927 ss.
– do contrato de trabalho – 525, 714, **927 ss.**
intervenção dos trabalhadores na gestão (princípio da) – 984, **987 s.**
intuitu personae (contrato de trabalho como um contrato) – 374, 491 s., **751 ss.**
invalidade do contrato de trabalho – 189 s., 294 s., 301 s., 324 s., 440, 484, 525, 713 s., 946, 977
– *vd* substituição automática das cláusulas inválidas do contrato de trabalho (regime de invariabilidade da prestação (princípio da) – 539, 755, 976

job sharing – 10, 591, 594 s., 632
jovens (trabalho dos) – 23, 43, 349, 547, 586, 620, 639
justa causa
– *vd* despedimento com justa causa
jus variandi – 122, 136, 283, 314, 390 s., 483, 545, 602, 644, 649, 728, 733, 746, 771, 774

laboração contínua – 559, 778
lay-off – 393, 489, 499, **645 s.**, 728, 733, 906
lealdade (dever de) – 5, **279 ss.**, 287, 331, 335, 338, 341, 399, 402, 426, 468 ss., 472, 475 ss., 495, 743, 869

legislação laboral
- leis laborais de experimentação – 440 s.
- negociada – 611, 672, 914, **924 s.**, 991
- participação na elaboração da... – 896, **923 s.**, 986 s.

liberdade do prestador de trabalho – 11, 70, **73 ss.**, 86, 170, 174, 176, 180, 182, 233, 765

liberdade negocial (princípio da) – 47 s., 139, 189, 233, 235, 247, 834, 901, 931
- no contrato de trabalho – 384, 507 s., 608, 623, 977

liberdade sindical (princípio da) – 125, 178, 420 s., 570, 648, 694, 810, 821, 840 s., 896, 902 s., 905, 920, 922

libertos (trabalho dos) – 76, 172, 765
licença sem retribuição – 778
livre iniciativa económica privada (princípio da / direito de) – 183, 314, 573, 603, 623, 733, 978

locação (contrato de) – 3, 44, 46 s., 67, 69, 77, 83, 189, 195, 236, 238, 240, 325, 467

locação-condução (contrato de) – 3, 204

local de trabalho – 96, 315, 371, 380, 431, 559
- alteração do... – 122, 136, 312, 314, 426, 546, 600, **649 s.**, 728, 905, 909, 978
- vd mobilidade dos trabalhadores

locatio conductio – 3, 44, 83, 169 s., 195, 232 ss.
- estrutura da... – 46, 76 s., **170 ss.**, 235 s.

locatio conductio operarum – 75 ss., 83, 112, **168 ss.**, 180 s, 184, 188, 235, 238

locatio hominis – 76, 170 s.
lock-out – 36, 379, 857, 879, 953
- direito de... – 426, 853, 878 s., 992
- proibição do... – 32, 139, 669, 851, 856, 878, 993

louage (contrat de) – 3, 22, 46, 81, 249

louage de travail – 46, 81 s., 111, 233

mandato (contrato de) – 52, 83 s., 91 s., 485, 491, 568, 761, 815
master and servant law – 234
maternidade e paternidade – 121, 776, 778 s., 902
- princípio da protecção da... – 423, 975
- vd conciliação entre a vida profissional e familiar

método tipológico (na delimitação do contrato de trabalho) – 96, 439
mobilidade dos trabalhadores – 12, 565, 600 s., 685
monopólio da justiça pública (desvios laborais ao princípio do) – 98, 101, 359, 770, 772, 796, 949, 994
mulheres (trabalho de) – 23 s., 547, 620 ss.
- trabalho nocturno das mulheres – 24, 622

nacional-socialismo (e direito do trabalho) – 31 ss., 57, **274 ss.**, 327, 348 ss., 369
não concorrência
- dever de... – 339, 401, 472, 478, 495
- pactos de... – 975
negociação colectiva – 39, 48 s., 80, 117, 125, 573 s., 672, **822 s.**, 832

s., 842 s., 896, 915 s., 920 s., 923, 950, 986, 991 s.
– ao nível comunitário – 616, **629 s.**
– nos vínculos de emprego público – 821, 842, 916, 955
normas convénio-dispositivas – 41, 433, 539, 549, 575, 670 s., 820, 843 s., 932, **939 ss.**, 948

obediência (dever de) – 85, 87 s., 261, 288, 335, 338, 359, 759, 765, 769
ocupação efectiva (dever de / direito à) – 371, 507, 722, 753, 774
onerosidade
– da prestação laboratória – **81 ss.**, 86
– do contrato de trabalho – **82 ss.**, 111, 467, 484, 495

pacta sunt servanda (desvios laborais ao princípio) – 235, 302, 359, 771
– *vd* cumprimento pontual dos contratos (princípio do)
pactos de limitação da liberdade de trabalho – 728
para-subordinação / *parasubordinazione* – 435, 631
paridade de armas (princípio da) – 516, 879, 993
part-time (trabalho em) – 629
– *vd* tempo parcial (trabalho a)
participação na gestão (direito de) – 426, 724 s.
participação nos lucros – 487, 568, 647, 724 s.
paz social (dever de) – 426 s., 873, 875, 877, 993
período experimental – 604, 651, 655, 979

períodos de funcionamento – 312, 393, 735
perversão ideológica do direito do trabalho – **348 ss.**
piquetes de greve – 488, 860, 862, 876 s., 879, 891
pluralismo sindical (princípio do / sistema de) – 922, 986
poder directivo – 87 s., 101 s., 118, 261, 264, 322, 324, 440, 495, 497, 644, 650, 736, 754 s.
– enfraquecimento do / prescindibilidade do... – 760
– noutros contratos envolvendo uma actividade laborativa – 761
poder disciplinar – 139, 190, 264, 341, 344, 389 s., 431, 488, 491, 498, 546, 665, 762, 949 s., 954, 976
– como mecanismo de auto-tutela laboral – 949 ss., 991
– componente sancionatória e componente prescritiva do... – 737, 762, 771, 951
– e autonomia dogmática do direito do trabalho – 760 ss., 949, 952, 956
– essencialidade na delimitação do contrato de trabalho – 760 s.
– fundamento do... – 58, 101 ss., 118
– *vd* processo disciplinar
poder organizativo – 314, 477, 736, 759
poder regulamentar – 397, 736 s.
– *vd* regulamentos de empresa / regulamentos internos
poderes laborais – 58, 85, 98 s., 120, 136, 289 s., 331, 335, 341, 359, 390, 546, 567, 727, 751, 972

– justificação dos... – 98 ss., 190, 338, 342, 350, 389, 736
– *vd* poder directivo, poder disciplinar, poder regulamentar
policentrismo do direito do trabalho – 34, 195
polivalência funcional – 122, 136, 545, 561, **643 s.**, 925, 939
– princípio da... – 978
porosidade ideológica do direito do trabalho – 22, **28 ss.**, 56, 200, 221, 274, 298 s., 703 s., 720
portaria de extensão – 37, 42, 53, 138, 571 s., 575, 820 s., 828, 837, 839, 914, **918 s.**, 988
– especificidade normativa da... – 922 s.
portaria de regulamentação do trabalho – 37, 53, 138, 575, 820, 920 s., 988
pré-reforma – 602, 604
prestação de serviço (contrato de) – 44, 47, 52, 69, 71, 76 s., 80, 83, 87, 91 s., 171, 195, 238, 240, 268, 484, 490, 495, 497 s., 556, 780, 787
prestação de trabalho
– *vd* actividade laboral, actividade laborativa
prestação efectiva de trabalho (relevo autónomo da) – **318 ss.**
presunções de laboralidade – 638
primazia do colectivo (princípio da) – 984, **988**
princípios jurídicos
– características dos... – 966 ss.
– conceito de... – 2, 965
– *vd* valorações materiais
princípios laborais derivados – **419 ss.**, 443, 447, 966, 970
– apreciação civilista dos... – 505 ss.

princípios próprios do direito do trabalho – 5, 58, 141, 151 s., 158, 414, 961, 965 ss., **970 ss.**
– enunciado dos... – 419 ss., **965**
– função dos... – 15 s., **968 s.**, 999 s.
privilégios creditórios dos trabalhadores – 494
processo disciplinar – 393, 431, 489, 657, 663 s., 906, 909, 994
– *vd* poder disciplinar
produtividade
– dever de... – 743
– prémios de... – 487, 745, 910
progressividade (como característica do direito do trabalho) – 434, 681
proporcionalidade (princípio da) – 516, 853, 976, 993
protecção do trabalhador
– como objectivo do direito do trabalho – 52, 127, 135 s., **196 ss.**, 405, 791, 927, 981
– dever de... – 3, 86, 472, 477
– irredutibilidade da... – 8, 11, 16 s., 434
– universalização da... – 8, 11, 16 s., 434, 441, 682, 807
protecção do trabalhador (princípio da) – 7, 9, 16 s., 199, 265, 360, 410 s., **414 ss.**, 427 s., 443, 454, 498 ss., 528, 680 s., 695, 806, 931, 962, 966, 968, **972**, 977, 979 s.

qualidades pessoais do trabalhador (relevo das) – 88, 245, 322, 491 s., 752 s.
questão social – 167, 192, 221, 538

reforma – 478, 555, 576, 604, 778
– *vd* pré-reforma

regulamentação laboral colectiva administrativa (subsidiariedade da) – 920 s.
regulamentos de empresa / regulamentos internos – 9, 37, 86, 137, 396 s., 729, 804, 978
– vd poder regulamentar
relação de emprego – 711, 784, **788 s.**, 951, 971
– vd contrato de trabalho (reconstrução dogmática do)
relação de trabalho típica – 537, 542, 544, 550, 681
– erosão da... – 578, 732
– vd trabalhador atípico / típico, trabalho típico
relações laborais de acto – 190, 302 s., 324 s., 384 s., 525, 713
relatividade dos contratos (desvios laborais ao princípio da) – 48, 747, 750, 796, 808, 832, 837, 989
remuneração / retribuição – 81, 282, 843, 976
– conceitos de... – 468 ss., 647 s., 780
– dever remuneratório amplo do empregador – 472, **773 ss.**, 780, 783 s.
– forma de cálculo da... – 90, 92, 238, 240
– irredutibilidade da... – 7, 436, 494, 539, 598 s., 647, 976
– maleabilidade da... – **646 s.**
– vd igualdade remuneratória, salário
re-obrigacionalização da relação de trabalho – 399, 401, 403, 458, 483
respeito (dever de) – 118, 122, 125, 496, 743, 748, 869
respeito pela vida privada e convicções do trabalhador (princípio do) – 975

risco (da empresa / do empregador) – 93, 190 s., 263, 204, 418, 972

salário – 17, 82 s., 243, 260, 466
– função alimentar do... – 262, 373, 972
– impenhorabilidade do... – 67, 181, 494, 976
– justo – 67, 181
– mínimo – 98, 372, 417, 434, 494, 774
– vd remuneração / retribuição
salvaguarda dos interesses de gestão do empregador (princípio da) – **973**, 979 s.
– subprincípios e projecções normativas do princípio da... – 977 ss.
sanções disciplinares – 86, 102, 122, 137, 338, 340, 497, 663, 763, 844, 868 s., 951, 976
segurança no emprego (princípio da) – 652, 656, 788 s., 975, 979
– vd estabilidade do emprego (princípio da)
segurança social – 8, 127, 295
– regulamentação comunitária em matéria de... – 616
– sistema de... – 29, 131, 691, 777, 779, 972
serviço doméstico (contrato de) – 3, 47, 462, 504, 547, 593
– vd trabalho doméstico (contrato de)
serviço fiel (contrato de) – 46, 112, 234, 279 s.
– vd *Treudienstvertrag*
serviço salariado – 3, 47, 79, 91, 97
serviços mínimos – 135, 138, 487, 729, 855, 860, 862, 875 ss.
servidão da gleba – 74, 174
sigilo (dever de) – 283, 339, 478, 495

sinalagmático (contrato de trabalho como contrato) – 82 s., 401, 467, 484, 495, 785
- quebras do sinalagma no contrato de trabalho – 122, 191, **777 ss.**

sindicalismo – 7, 32, 117, 183, 204, 814
- *vd* associativismo laboral

sindicatos – 4, 123, 200, 352, 354, 424, 501, 557, 569, 583, 675, 809, 877
- *vd* associações sindicais

sistemática jurídica (conceito de) – **143 s.**, 147, 454

situações jurídicas laborais nucleares – **119 ss.**, 137, 200, 530, 749, 962
- efeito multiplicador das... – 124

situações laborais derivadas – 126, 200

sociedade (contrato de) – 44 s., 237, 462, 568, 738
- *vd* concepção associativa da relação de trabalho

solidariedade (princípio da) – 125, **425 s.**, 748, 989

subordinação
- conceito de... – **87 ss.**, 98, 205, 216, 260 ss.
- dimensão subjectiva da... – 88, **104 s.**, 261, 497, **758 s.**
- e delimitação do contrato de trabalho – 78, 85, **90 ss.**, 111, 264, 410, 757
- indícios de... – 94 ss., 264, 671
- justificação da... – 481 s., 736, **757 s.**, 770

subsídio de Natal – 121, 779

substituição automática das cláusulas inválidas do contrato de trabalho (regime da) – 54, 539, 670, 816, 946 s.

suspensão do contrato de trabalho – 57, 67, 121, 546, 602, 645, 777, 897

sustentabilidade económica do sistema laboral protectivo (mito da) – 540, 666

tele-trabalho – 88, 559, 596, 632

tempo de trabalho – 728, 844, 979
- flexibilização de regime jurídico do... – 595, 599 s. 640, 844, 925

tempo parcial (trabalho a) – 10, 14, 555, 559, 591, 595, 633, **634,** 843
- *vd part-time* (trabalho em)

teoria da remuneração – 469, **471 s.**, 495 s.

teorias contratualistas – 100 ss., 110, 112, 274, **291 ss., 398 ss.**, 715

teorias institucionalistas – 101, 103, 113, 274, **296 ss.**, 374 ss., 808
- contribuições originais das... – **387 ss.**, 726, 810
- críticas às... – 378 ss., 712 s.
- formulações das... – 328 ss., 334 ss.
- ineficácia explicativa global das... – 386 s., 712

tertium genus (direito do trabalho como) – 54 s., 253, 407

trabalhador atípico / típico – 11, 542, 567, 578
- *vd* trabalho atípico, trabalho típico, relação de trabalho típica

trabalhador estudante – 775, 902, 976

trabalhadores dirigentes – 434, 439, 567 s., 610

trabalho a bordo (contrato de) – 547, 593, 632 s.

trabalho abstracto (conceito de) – 187, 193, 766

trabalho agrícola / trabalho rural (contrato de) – 547, 633
trabalho a termo (contrato de) – 10, 12, 15, 393, 418, 547, 555, 591, 594 s., 629, **635 ss.**, 729, 746, 936, 975, 977, 979
trabalho atípico – 10, 593
– enquadramento jurídico do... – 590 ss.
– no sistema laboral nacional – 631 ss.
trabalho autónomo – 68, 71 s., 78 s., 85, 91, 93, 343, 435, 490, 556, 590, 596, 637, 695, 786, 792
– vd trabalho independente
trabalho clandestino – 11, 556, 597
trabalho desportivo (contrato de) – 547, 593, 632
trabalho doméstico (contrato de) – 632, 734
– vd serviço doméstico (contrato de)
trabalho gratuito – 67 s., 76, 78
trabalho independente – 72, 559, 596 s., 638
– vd trabalho autónomo
trabalho infantil – **23 s.**, 621
trabalho no domicílio – 10, 86, 88, 262, 312, 382, 435, 547, 555, 559, 597, 629, 632, **637 s.**
trabalho no sector dos espectáculos (contrato de) – 547, 593
trabalho penitenciário – 75
trabalho portuário (contrato de) – 632, 761
trabalho (sentidos do termo) – 65 ss., 68 ss., 109
trabalho servil – 68, 73 s., 78, 81, 171, 175, 181, 765
trabalho sob chamada – 10, **591 ss.**, 596, 599, 632
trabalho suplementar – 24, 122, 136, 283, 391, 426, 494, 555, 599, 607, 640, 642, 728, 733, 746, 748, 771, 976, 979
trabalho temporário – 10, 12, 15, 393, 434, 547, 555, 591, 595, **636 s.**, 729, 732, 761, 975, 977, 979
trabalho típico – 537, 542, 577 s.
– vd relação de trabalho típica, trabalhador atípico / típico, trabalho atípico
transmissão da posição contratual do empregador – 190 s., 341, 393, 839
tratamento mais favorável ao trabalhador (princípio do / regra do) – 38, 205, 418, 420, 424, 428, 506, 509 s., 631, 670, 673, 833, 835, 926 ss., 976
– vd favor laboratoris
Treudienstvertrag – 46, 112, 234, 249, 280, 370, 464, 765
– vd serviço fiel (contrato de)
tripalium – 64
tutela da personalidade do trabalhador (princípio da) – 421, 506 s.
tutela do contraente débil (princípio da) – 457, 499, 930
– e princípio da protecção do trabalhador – 500 ss.
– e princípio do *favor laboratoris* – 510, 930, 948

ultima ratio (princípio da) – 516, 853 s., 993
unicidade sindical (princípio da / sistema da) – 352, 721, 904, 919
unidade do sistema jurídico (princípio da) – 458, 519, 520
uniformidade do estatuto de trabalhador subordinado (mito da) – **542 s.**, 547, 550, 635, 666

unilateralidade (como característica do direito do trabalho) – 135 s., 197, **429 ss.**. 791
 – recusa da... – 980
urbanidade (dever de) – 122, 496, 722
usos profissionais / usos das empresas – 9, 37, 728

valorações materiais do direito do trabalho – 1, 15 s., 19, 28, 58, 141, 147 s., 153, 207, 210, 216, 224, 347, 359 s., 364, 413, 421, 455, 522, 692, 703, 707, 961, **965 ss.**
 – vd princípios jurídicos, princípios próprios do direito do trabalho
valorização educacional e profissional do trabalhador (princípio da) – 975
vínculo laboral (reconstrução dogmática do) – 716 ss.
 – vd contrato de trabalho (reconstrução dogmática do)

zelo e diligência (dever de) – 401, 495, 654, 753
zona obrigacional e zona laboral do contrato de trabalho – 784 ss.
 – vd contrato de trabalho (reconstrução dogmática do)

ÍNDICE GERAL

Ag adecimentos VII

Abreviaturas e outras indicações de leitura IX

Plano do trabalho XV

INTRODUÇÃO

§ 1º — *Preli ninares* 1

§ 2º — *A delimitação tradicional do direito do trabalho* 21

1. As dificuldades de delimitação do direito do trabalho como área jurídica 21

1.1. Generalidades 21
1.2. Os factores histórico-sociais 22
1.3. Os factores sistemáticos 33
1.4. Os factores dogmáticos 38

2. As consequências das dificuldades de delimitação: a definição tripartida do direito laboral 50

§ 3º — *O reposicionamento do problema: a delimitação unitária do direito do trabalho a partir do seu objecto nuclear — a prestação subordinada de trabalho* 61

3. Generalidades. Indicação de sequência 61

4. Delimitação conceptual do fenómeno do trabalho subordinado — decomposição analítica e apreciação crítica dos seus elementos integrativos 63

4.1. Sequência 63
4.2. A actividade de trabalho: apreciação crítica da delimitação doutrinal tradicional deste elemento. A multiplicidade de valências do fenómeno do trabalho e o relevo da contribuição sociológica para a sua compreensão jurídica 64
4.3. A actividade de trabalho como actividade livre para outrem: a delimitação negativa do conceito sociológico de trabalho e a importância dos contributos axiológicos para a delimitação do fenómeno do trabalho em sentido jurídico. O conceito de actividade laborativa .. 70
4.4. A onerosidade da prestação laborativa 81
4.5. A subordinação do prestador: da ideia de actividade laborativa ao conceito de actividade laboral 85
4.6. O requisito da natureza ou actuação jurídica privada do credor: a actividade laboral privada 106
4.7. Conclusão: a actividade laboral privada como objecto nuclear do direito laboral 108

5. O enquadramento jurídico da actividade laboral 110

5.1. O enquadramento jurídico tradicional da actividade laboral: os conceitos de contrato de trabalho, de relação de trabalho e de prestação efectiva de trabalho. Apreciação crítica 110
5.2. A alternativa: as situações jurídicas laborais nucleares inerentes à qualidade de trabalhador subordinado e à qualidade de empregador 119

6. Conclusão: noção, âmbito e inserção sistemática do direito do trabalho 131

6.1. Noção e âmbito do direito do trabalho 131
6.2. A inserção do direito do trabalho na ordem jurídica privada 134

§ 4º — *Autonomia sistemática e autonomia dogmática: os conceitos e a sua aplicação ao direito do trabalho* 141

7. Razão de ordem 141

8. Os conceitos de sistemática jurídica e de dogmática jurídica na delimitação do direito laboral 143

§ 5º — *O problema da autonomia dogmática do direito do trabalho — posicionamento, premissas metodológicas e enunciado do plano da investigação* 151

9. Posicionamento do problema da autonomia dogmática do direito do trabalho 151

10. Premissas metodológicas e plano da investigação 156
10.1. Premissas metodológicas 156
10.2. Sequência da investigação 158

§ 6º — *Conclusões do capítulo* 161

PARTE I

ENQUADRAMENTO CLÁSSICO DO PROBLEMA
DA AUTONOMIA DOGMÁTICA DO DIREITO DO TRABALHO

11. Sequência 165

I

A AUTONOMIZAÇÃO SISTEMÁTICA DO DIREITO DO TRABALHO

§ 7º — *A afirmação histórica dos fenómenos laborais e a construção sistemática do direito do trabalho* 167

12. A afirmação do direito do trabalho com a Revolução Industrial. A relativa modernidade da actividade laboral e a importância dos contributos pré-industriais para a ordenação sistemática e para a apreciação dogmática das matérias laborais 167

13. A construção sistemática do direito laboral — referências de enquadramento 184

13.1. Sequência 184
13.2. O carácter tardio da afirmação sistemática do direito laboral e a influência dos factores económico e sócio-político no seu desenvolvimento sistemático 184
13.3. O ponto de partida do desenvolvimento sistemático do direito do trabalho: a inadequação das normas civis aos fenómenos laborais. A lógica desviante e lateralizante da construção sistemática do di-

reito laboral e o desenvolvimento disjunto das suas áreas regulativas 180

13.4. A determinação finalística do desenvolvimento sistemático do direito laboral pelo objectivo da protecção do trabalhador 196

14. O reconhecimento da autonomia sistemática do direito do trabalho e as suas projecções: autonomia normativa, autonomia jurisdicional e autonomia pedagógica. A questão da codificação laboral (breve referência) 199

§ 8º — *Conclusões do capítulo* 213

II
DA AUTONOMIA SISTEMÁTICA À AUTONOMIA DOGMÁTICA DO DIREITO DO TRABALHO

15. Generalidades. Prevenção metodológica 215

§ 9º — *O ambiente jurídico que rodeou a colocação do problema da autonomia dogmática do direito do trabalho e as perspectivas doutrinais de reflexão* 220

16. O carácter tardio da elaboração dogmática no domínio laboral e o direito civil como quadro de referência dessa elaboração 220

17. O âmbito parcelar das reflexões doutrinais sobre o problema da autonomia dogmática do direito laboral e as perspectivas tradicionais na sua apreciação 223

§ 10º — *O processo de autonomização dogmática do direito laboral: do civilismo ao laboralismo* 231

18. Sequência 231

19. A apreciação dogmática do vínculo laboral a partir da figura da *locatio conductio operarum*: o enquadramento civilista da relação de trabalho 232

19.1. Os pressupostos axiológicos e técnico-jurídicos deste enquadramento: os princípios da liberdade e da igualdade dos sujeitos privados e a tripartição da figura da *locatio conductio* 232
19.2. A configuração do contrato e da relação de trabalho na perspectiva civilista e respectivas implicações dogmáticas 239

20. A apreciação dogmática da relação de trabalho a partir das ideias da dependência do trabalhador e da pessoalidade do vínculo laboral: a perspectiva laboralista 245
20.1. O ponto de partida da construção: a crítica dos pressupostos axiológicos e técnico-jurídicos e da configuração da relação de trabalho na concepção civilista 246
20.2. A configuração da relação de trabalho na perspectiva laboralista e respectivas implicações dogmáticas 250

21. A evolução dogmática das ideias de dependência e de pessoalidade na sua aplicação laboral: da dependência económica à subordinação jurídica; da pessoalidade do vínculo laboral à concepção comunitário--pessoal da relação de trabalho 260
21.1. A evolução dogmática da ideia de dependência: da dependência económica à subordinação jurídica 260
21.2. A evolução dogmática da ideia de pessoalidade: do elemento pessoal do contrato de trabalho à concepção comunitário-pessoal da relação de trabalho 265

§ 11º – Conclusões do capítulo 271

III

A AFIRMAÇÃO DA AUTONOMIA DOGMÁTICA
DO DIREITO LABORAL A PARTIR DA CONCEPÇÃO
COMUNITÁRIO-PESSOAL DA RELAÇÃO DE TRABALHO

22. Preliminares. O pressuposto ideológico da concepção comunitário--pessoal da relação de trabalho — referência de enquadramento 272

§ 12º — *A caracterização comunitário-pessoal da relação de trabalho: a projecção da ideia de pessoalidade nos deveres de lealdade* e de assistência e a sua justificação na empresa como comunidade de trabalho 279

23. O binómio dever de lealdade-dever de assistência como cerne da relação laboral 279

24. A justificação comunitária dos deveres de lealdade e de assistência: a empresa como comunidade de trabalho. A natureza desigual da comunidade empresarial 284

§ 13º — *O fundamento dogmático da relação de trabalho como relação comunitário-pessoal: o contratualismo e o institucionalismo* .. 291

25. As teorias contratualistas: o contrato «pessoal» de trabalho como fonte da relação comunitário-pessoal de trabalho 291

26. As teorias institucionalistas: a prestação efectiva de trabalho como fonte da relação comunitário-pessoal de trabalho; a incorporação; a caracterização da empresa como instituição para efeitos laborais 296

26.1. Sequência 296
26.2. As razões do desenvolvimento da fundamentação institucionalista da relação de trabalho 298
26.3. Os conceitos operatórios da fundamentação institucionalista da relação de trabalho: o conceito de instituição e o significado institucional da empresa no domínio laboral 304
26.4. A afirmação alternativa do institucionalismo: a prestação efectiva de trabalho e a incorporação como fontes da relação laboral e a natureza institucional da empresa como fundamento da sua natureza comunitário-pessoal 318
26.5. O desenvolvimento e as formulações das teorias institucionalistas: a concepção comunitarista germânica e a concepção organizacional/autoritária italiana. O papel do contrato de trabalho nestas construções 327

§ 14º — *As projecções dogmáticas imediatas da justificação da natureza comunitário-pessoal da relação de trabalho: as bases da autonomia dogmática do direito do trabalho* 347

27. Razão de ordem 347

28. A funcionalização ideológica da concepção comunitário-pessoal da relação de trabalho no nacional-socialismo e no corporativismo: a perversão ideológica do direito do trabalho 348

29. As projecções dogmáticas gerais da concepção comunitário-pessoal da relação de trabalho: a viabilização da autonomia dogmática do direito do trabalho pela inadequação das normas e dos princípios gerais do direito civil aos problemas laborais 363

§ 15º — *Conclusões do capítulo* 363

IV
A EVOLUÇÃO DA APRECIAÇÃO DOUTRINAL DO PROBLEMA DA AUTONOMIA DOGMÁTICA DO DIREITO DO TRABALHO

30. Sequência 365

§ 16º — *A evolução da justificação dogmática da relação individual de trabalho como relação comunitário-pessoal: o declínio do institucionalismo e o «retorno» ao contratualismo. A reconfiguração contratualista estrutural da relação de trabalho* 367

31. A delimitação conceptual da relação laboral: a persistência do consenso doutrinal sobre a importância e o conteúdo essencial dos elementos de pessoalidade e de comunidade 367

32. O declínio e a «herança» do institucionalismo laboral: as críticas da doutrina e a posição adoptada. A improcedência da justificação institucionalista da relação de trabalho e as contribuições originais do institucionalismo para o desenvolvimento dogmático do direito do trabalho 374

32.1. O declínio do institucionalismo laboral: críticas da doutrina e posição adoptada 374
32.2. As contribuições originais do institucionalismo para o desenvolvimento dogmático do direito do trabalho 387

33. O «retorno» ao contratualismo: a reconfiguração contratualista estrutural da relação comunitário-pessoal de trabalho 398

§ 17º — O direito do trabalho como direito de protecção do trabalhador na relação de trabalho — princípios e características 405

34. A afirmação da autonomia dogmática do direito laboral — efeitos práticos e parâmetros axiológicos: o direito do trabalho como área jurídica vocacionada para a protecção do trabalhador na relação de trabalho 405

35. Os princípios do direito do trabalho: o princípio da protecção do trabalhador e as suas concretizações nos domínios individual e colectivo da área jurídica 414

35.1. O princípio da protecção do trabalhador como princípio fundamentante geral do direito do trabalho 414
35.2. As concretizações do valor da protecção: os princípios laborais derivados 419

36. As projecções do valor da protecção na compreensão global do sistema laboral — a caracterização do direito do trabalho como um direito unilateral, tendencialmente imperativo e uniforme, progressivo, garantístico e de vocação expansionista 429

37. Apreciação crítica da construção dogmática do direito laboral a partir da relação de trabalho e do princípio da protecção — a ineptidão inicial desta construção 442

§ 18º — Conclusões do capítulo 449

PARTE II

A CRISE DOGMÁTICA DO DIREITO DO TRABALHO

38. Preliminares. Indicação de sequência 453

I
A NEGAÇÃO DA AUTONOMIA DOGMÁTICA DO DIREITO DO TRABALHO A PARTIR DA CRÍTICA À CONCEPÇÃO COMUNITÁRIO-PESSOAL DA RELAÇÃO LABORAL

39. Sequência 457

§ 19º — A crítica às concepções comunitário-pessoais e a reconstrução civilista do contrato e da relação laboral 459

40. A negação da natureza comunitário-pessoal da relação de trabalho ... 459

41. A reconstrução civilista do contrato e da relação de trabalho 465

41.1. Sequência 465
4.2. A deslocação do cerne do vínculo laboral para o binómio de troca trabalho-salário: a re-obrigacionalização definitiva dos deveres laborais essenciais 466
41.3. O enquadramento civilista dos deveres laborais acessórios: a integração do dever de assistência no conceito amplo de remuneração e a recondução do dever de lealdade ao princípio da boa fé 468
41.4. A funcionalização da dependência do trabalhador: a recondução da subordinação à actividade laboral e a sua justificação pela ideia de heterodeterminação 479
41.5. Conclusão: o contrato de trabalho como contrato de serviços indeterminados. A re-obrigacionalização definitiva do vínculo laboral.. 483

42. Apreciação da crítica às concepções comunitário-pessoais e do enquadramento civilista do contrato de trabalho e sua adequação ao caso português 485

§ 20º — A apropriação civilista do princípio da protecção e das suas concretizações: a negação da autonomia dogmática do direito do trabalho 499

43. A diluição do princípio da protecção do trabalhador no princípio civil geral de tutela do contraente débil 499

44. A apreciação civilista dos princípios laborais derivados 505

44.1. Sequência 505
44.2. A crítica dos princípios laborais derivados de incidência individual 506
44.3. A crítica dos princípios laborais derivados de incidência colectiva ... 511

45. Conclusão: a negação da autonomia dogmática do direito laboral e a sua compreensão como parcela do direito civil que regula o contrato e a relação de trabalho 516

45.1. A superação do problema da autonomia dogmática do direito do

trabalho pela re-obrigacionalização do contrato e da relação de
trabalho e pela generalização do princípio da protecção............... 516
45.2. As consequências da negação da autonomia dogmática do direito
laboral: a convicção da aptidão da dogmática civil para resolver
os problemas laborais e a concepção do direito laboral como direito do contrato e da relação de trabalho.. 524

46. Apreciação crítica: a improcedência da construção dogmática de recondução do direito laboral ao direito civil em razão das suas deficiências metodológicas 528

§ 21º — Conclusões do capítulo 531

II

A DIMENSÃO SISTEMÁTICA DA CRISE:
A SITUAÇÃO ACTUAL DO DIREITO LABORAL

47. Sequência.. 533

§ 22º — O enquadramento sócio-económico e as manifestações da crise
sistemática do direito laboral 537

48. A alteração do quadro sócio-económico subjacente ao desenvolvimento do direito do trabalho e a evolução dos seus mitos 537

48.1. Os pressupostos sociais e económicos e os mitos do desenvolvimento do direito laboral: a incapacidade genética permanente e a uniformidade do estatuto de trabalhador subordinado; a viabilidade do sistema laboral protectivo e a «relação de trabalho típica». O protagonismo das instituições laborais colectivas no desenvolvimento do direito laboral 537

48.2. A alteração dos pressupostos do desenvolvimento do direito do trabalho e a destruição dos seus mitos: a «erosão da relação de trabalho típica» e a «fuga ao direito do trabalho»; a crise das instituições laborais colectivas... 550

49. As manifestações da crise sistemática do direito do trabalho: a flexibilização e a desregulamentação dos sistemas normativos laborais .. 581

49.1. Preliminares: os conceitos de flexibilização e de desregulamentação 581
49.2. A flexibilização do direito do trabalho: o enquadramento jurídico do «trabalho atípico» e os apelos à reestruturação interna do vínculo laboral 590
49.3. As vias para a flexibilização do direito do trabalho: a desregulamentação laboral 605
49.4. A flexibilização do direito do trabalho no quadro jurídico comunitário 616
49.5. A flexibilização e a desregulamentação no sistema laboral nacional ... 630

§ 23º — *A dimensão global da crise do direito do trabalho e a urgência da recolocação do problema da autonomia dogmática* 677

50. As implicações dogmáticas do processo de flexibilização dos sistemas normativos laborais: a crise de valores do direito do trabalho e a urgência da recolocação do problema da autonomia dogmática ... 677

51. As implicações dogmáticas do processo de flexibilização no caso português: a crise do direito laboral nacional 692

§ 24º — *Conclusões do capítulo* 697

PARTE III
O REPOSICIONAMENTO DO PROBLEMA
DA AUTONOMIA DOGMÁTICA DO DIREITO DO TRABALHO

52. Preliminares. Indicação de sequência 701

I

OS ALICERCES ESTRUTURAIS DA CONSTRUÇÃO DOGMÁTICA
AUTÓNOMA DO DIREITO DO TRABALHO:
A SINGULARIDADE DOS PRINCIPAIS INSTITUTOS LABORAIS

§ 25º — *A singularidade do contrato de trabalho e do vínculo laboral: a relação de trabalho e a relação de emprego* 711

53. Os pontos de partida da reflexão: o fundamento negocial necessário do vínculo laboral e a negação da sua natureza comunitário-pessoal 711

54. A reconstrução dogmática do elemento de «comunidade» sobre a ideia de organização: o vínculo laboral como um vínculo de inserção organizacional necessária 716

54.1. O sistema normativo e os afloramentos da ideia de «comunidade» na perspectiva organizacional: a dimensão organizacional do princípio da colaboração; a partilha de interesses secundários na organização; o interesse de gestão do empresário/empregador 716

54.2. A singularidade do elemento organizacional: a transcendência da organização do empregador em relação ao contrato de trabalho e a sua penetração no vínculo; a compatibilidade entre conflitualidade e cooperação na organização laboral 731

54.3. A aptidão explicativa do elemento organizacional: a interdependência dos vínculos laborais dentro da organização. As relações entre os trabalhadores e as imposições do princípio da igualdade de tratamento 742

55. A reconstrução dogmática do elemento da pessoalidade sobre a conjugação da prestação laboral com a essência dominial do vínculo de trabalho 751

55.1. O relevo da ideia de pessoalidade no sistema normativo: o carácter *intuitu personae* do contrato de trabalho, a indeterminação da actividade laboral e a sujeição do trabalhador aos poderes laborais ... 751

55.2. A reconstrução dogmática do elemento de pessoalidade sobre a singularidade da prestação laboral e sobre a essência dominial do vínculo de trabalho 764

55.3. A aptidão explicativa do elemento da pessoalidade: a justificação da tutela de interesses pessoais do trabalhador subordinado e das quebras do sinalagma contratual em seu benefício previstas pelo sistema normativo laboral 773

56. Conclusão: a singularidade do contrato de trabalho e do vínculo laboral pela complexidade do seu conteúdo — a relação de trabalho e a relação de emprego. A importância do vínculo laboral para a firmação da autonomia dogmática do direito do trabalho 781

§ 26º — A singularidade das convenções colectivas de trabalho e da autonomia colectiva 799

57. As dificuldades dogmáticas colocadas pelo conteúdo normativo das convenções colectivas e pelas suas projecções no contrato de trabalho e as vias tradicionais apontadas para a sua superação — breve apontamento 799

58. As dificuldades dogmáticas colocadas pela convenção colectiva no caso português e as vias apontadas para a sua superação 819

59. A singularidade da convenção colectiva pela incapacidade explicativa do instituto da representação e pelas limitações da autonomia colectiva. A contribuição da convenção colectiva para a afirmação da autonomia dogmática do direito laboral 831

§ 27º — A singularidade do direito de greve 849

60. As dificuldades dogmáticas suscitadas pelo fenómeno da greve, em resultado das suas dimensões colectiva e individual e do seu contexto negocial 849

61. A irredutibilidade do direito de greve aos quadros dogmáticos do direito comum pela sua incompatibilidade com as regras gerais de cumprimento dos contratos e com o princípio da igualdade. A contribuição do direito de greve para a afirmação da autonomia dogmática do direito do trabalho 866

§ 28º — Conclusões do capítulo 882

II
OS ALICERCES SISTEMÁTICOS DA CONSTRUÇÃO DOGMÁTICA AUTÓNOMA DO DIREITO DO TRABALHO

62. Preliminares 889

§ 29º — A dimensão colectiva integral do direito do trabalho 893

63. A omnipresença do elemento colectivo no direito laboral português 893

63.1. Generalidades 893

63.2. O argumento subjectivo: a actuação singular e colectiva do *direito colectivo do trabalho* 895
63.3. O argumento objectivo: os interesses individuais e colectivos subjacentes às actuações laborais colectivas 899
63.4. O argumento genético: a ideia de grupo subjacente ao vínculo laboral, em resultado da sua componente organizacional 907

64. Conclusão: a dimensão colectiva integral do direito do trabalho e a sua autonomia dogmática 911

§ 30º — *As especificidades do direito do trabalho na construção e na aplicação das suas normas e na tutela dos seus interesses: a maturidade do direito laboral enquanto área jurídica* 913

65. Indicação de sequência 913

66. As especificidades da construção normativa no domínio laboral: as convenções colectivas como fonte de direito, a regulamentação laboral através das portarias de extensão e a «legislação laboral negociada» 914

67. As especificidades das operações de interpretação e aplicação do direito no domínio laboral: o papel do *favor laboratoris* 926

68. Os mecanismos de auto-tutela específicos do direito do trabalho: o poder disciplinar laboral e o direito de greve 949

§ 31º — *Conclusões do capítulo* 957

III

O RECONHECIMENTO DA AUTONOMIA
DOGMÁTICA DO DIREITO DO TRABALHO:
OS PRINCÍPIOS GERAIS DO DIREITO LABORAL

§ 32º — *A inevitabilidade do reconhecimento da autonomia dogmática do direito do trabalho português* 961

§ *33º* — *Os princípios próprios do direito do trabalho contemporâneo* 965

69. Considerações gerais 965

70. Os princípios gerais do direito do trabalho e os seus derivados 970

70.1. O princípio da compensação da posição debitória complexa das partes no vínculo laboral e as suas vertentes: o princípio da protecção do trabalhador; o princípio da salvaguarda dos interesses de gestão do empregador 970

70.2. O princípio do colectivo e as suas projecções: o princípio da autonomia colectiva e o princípio da intervenção dos trabalhadores na gestão; o princípio da primazia do colectivo, o princípio da interdependência dos vínculos laborais na organização e o princípio da igualdade de tratamento 982

70.3. O princípio da auto-tutela laboral e as suas projecções: o poder disciplinar e o direito de greve 991

§ *34º* — *As projecções e os limites da autonomia dogmática do direito laboral: a relação do direito do trabalho com o direito civil* .. 997

§ *35º* — *Conclusões do capítulo* 1001

Teses 1005

Jurisprudência 1039

Bibliografia 1043

Índice ideográfico 1109

Índice geral 1125